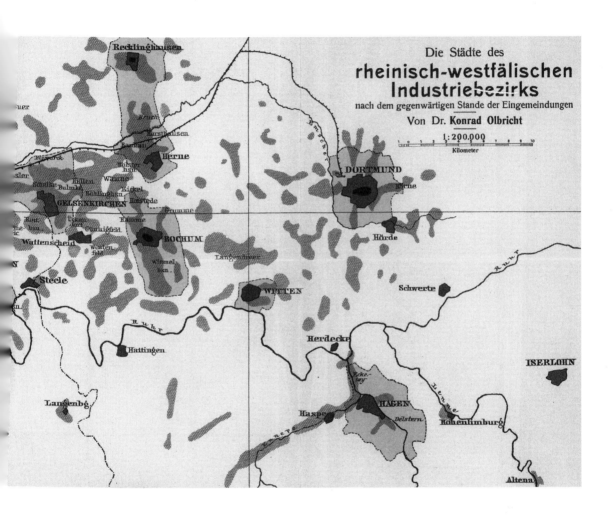

Das Ruhrgebiet –
Ein historisches Lesebuch

Das Ruhrgebiet – Ein historisches Lesebuch

zusammengestellt und bearbeitet von den
Mitarbeiterinnen und Mitarbeitern
des Instituts für soziale Bewegungen
der Ruhr-Universität Bochum und der
Stiftung Bibliothek des Ruhrgebiets

in zwei Bänden herausgegeben von
Klaus Tenfelde und Thomas Urban

Bd. 2

Die Umschlagabbildung zeigt Besucher einer Konzertaufführung zum Gesamtwerk des amerikanischen Komponisten Edgar Varèse (1883–1965) auf der Kokerei Zollverein in Essen am 4.9.1999 (Foto: Peter Liedtke). Die Aufführung war Teil eines »Marathonkonzerts«, das an diesem Tag auf dem Gelände der Kokerei und des Landschaftsparks Duisburg-Nord im Rahmen des IBA-Finales 1999 stattfand.
Die Karte im Vorsatz aus: Hans Petermann, Die Eingemeindungen der kreisfreien Städte des Rheinisch-Westfälischen Industriebezirks, Dortmund 1912.
Die Karte im Nachsatz aus: Stefan Goch, Im Dschungel des Ruhrgebiets, Bochum 2004 (= SBR-Schriften, Heft 14), S. 11.

Gefördert durch

Diese Quellensammlung bietet sich sowohl für den Geschichtsunterricht in der Sek I als auch in der Oberstufe an, da sich auf dieser Basis ein differenziertes Bild des Ruhrgebiets entfalten lässt. Die thematische Vielfalt der zusammengestellten Text- und Bildquellen ermöglicht nicht nur die Berücksichtigung individueller Interessenlagen von Schülerinnen und Schülern sondern kommt damit auch der Forderung nach Multiperspektivität besonders nach. Durch die Aufbereitung werden die Schülerinnen und Schüler zudem in ihrem eigenverantwortlichen Lernen unterstützt und gefördert.

1. Auflage, Juli 2010
Satz und Gestaltung: Klartext Medienwerkstatt GmbH, Essen
Umschlaggestaltung: Volker Pecher, Essen
Druck und Bindung: Druckerei Strauss, Mörlenbach
© Klartext Verlag, Essen 2010
ISBN 978-3-8375-0286-2
Alle Rechte vorbehalten

www.klartext-verlag.de

Inhalt

Das Ruhrgebiet: Raum – Zeit – Quellen (Einleitung)
Von Klaus Tenfelde und Thomas Urban 9
   I. Die Entwicklung der schwerindustriellen Ballungsregion 9
  II. Raum und Geschichte 13
 III. Quellen und Dokumente zur Ruhrgebietsgeschichte –
      Ziele der Dokumentation 16
 IV. Editorische Hinweise 20

Dokumentenverzeichnis und Kurzregesten 23

BAND 1

Kapitel I
Von der Alten Welt zum Bergbauland 51
Von Dieter Scheler
    Dokumente 56

Kapitel II
Frühindustrialisierung 125
Von Thomas Urban
    Dokumente 132

Kapitel III
Industrielle Revolution und die Entstehung des Ruhrgebiets 177
Von Gunnar Gawehn und Marco Rudzinski
    Dokumente 182

Kapitel IV
Arbeit in der Schwerindustrie 227
Von Hans-Christoph Seidel
    Dokumente 232

Kapitel V
Die Entwicklung der Städte bis zum Ersten Weltkrieg 281
Von Benjamin Ziemann und Klaus Tenfelde
    Dokumente 286

Kapitel VI
Oberschicht, wirtschaftliche Führungsgruppen und industrielle Interessenpolitik 341
Von Barbara Michels
    Dokumente 346

Kapitel VII
Arbeiterleben und Arbeiterkultur in der schwerindustriellen Erwerbswelt 399
Von Klaus Tenfelde
    Dokumente 404

Kapitel VIII
Sozialer Konflikt und Gewerkschaften bis zum Ersten Weltkrieg 449
Von Klaus Tenfelde
    Dokumente 454

Kapitel IX
Weltkrieg, Bürgerkrieg, Besetzung 1914–1924 – Das »unberechenbare Jahrzehnt« ... 501
Von Holger Heith
    Dokumente 505

BAND 2

Kapitel X
Weimarer Republik –
Zwischen scheinbarer Stabilisierung und Weltwirtschaftskrise (1923–1932) 551
Von Jürgen Mittag und Karsten Rudolph
    Dokumente 557

Kapitel XI
Nationalsozialistische Machtübernahme und
Konsolidierung der Terrorherrschaft 1933/34 611
Von Silvia Lagemann und Thomas Urban
    Dokumente 615

Kapitel XII
Nationalsozialismus und Zweiter Weltkrieg 653
Von Gustav Seebold und Holger Heith
    Dokumente 659

Kapitel XIII
Trümmer, Armut, Arbeit. Der Wiederaufbau der Region 715
Von Jürgen Jenko
    Dokumente 720

Kapitel XIV
Von der Industriestadtregion zur modernen Großstadtregion 767
Von Klaus Tenfelde und Benjamin Ziemann
    Dokumente 773

Kapitel XV
Wirtschaftlicher Strukturwandel –
technische Innovation und Arbeit im Ruhrgebiet 831
Von Walter Vollmer und John Wesley Löwen
    Dokumente 839

Kapitel XVI
Gewerkschaften, sozialer Konflikt, Mitbestimmung, Sozialdemokratisierung 889
Von Helke Stadtland
    Dokumente 896

Kapitel XVII
Gesellschaftlicher Strukturwandel –
Bildungsrevolution, Daseinsweisen und soziokulturelle Herausforderungen 947
Von Jens Adamski und Julia Riediger
    Dokumente 951

Kapitel XVIII
Ruhrstadt – Kulturhauptstadt. Region und Identität nach 1945 1001
Von Dagmar Kift
    Dokumente 1006

ANHANG

Verzeichnis der Abkürzungen 1055

Erklärung der bergmännischen Fachausdrücke (Bergbau-Glossar) 1061

Auswahlbibliografie
   1. Einführungen und Überblickswerke, Quellensammlungen
       und „Lesebücher" 1065
   2. Hilfsmittel (Atlanten, Beständeübersichten, Bibliografien,
       Forschungsberichte etc.) 1066
   3. Ausstellungs- bzw. Museumskataloge und Zeitschriften 1067
   4. Wichtige neuere Werke zur Bevölkerungs- und Stadtgeschichte 1068
   5. Wichtige neuere Werke zur Industrie- und Sozialgeschichte 1069

Verzeichnis der Mitarbeiterinnen und Mitarbeiter 1073

Nachweis der Urheberrechte 1075

Register 1077

Kapitel X
Weimarer Republik – Zwischen scheinbarer Stabilisierung und Weltwirtschaftskrise (1923–1932)

Von Jürgen Mittag und Karsten Rudolph

Der Zeitabschnitt zwischen dem Krisenjahr 1923 und dem Beginn der Weltwirtschaftskrise wird in wissenschaftlichen Darstellungen zur Weimarer Republik – in Abgrenzung zum weit verbreiteten Etikett der »Goldenen Zwanziger« – gemeinhin als Phase der relativen Stabilisierung oder der Scheinstabilität bezeichnet (H. A. Winkler). In dieser Zuschreibung kommt zum Ausdruck, dass die innen- und außenpolitische Lage der ersten deutschen Republik nach der Revolution von 1918/19 und der Reichsexekution gegen die »Arbeiterregierungen« in Sachsen und Thüringen, der Niederschlagung des Hitlerputsches und dem Ende des Ruhrkampfs begann, sich mit dem Jahr 1924 zu konsolidieren. Die Stabilisierung war aber weder von Dauer noch von tief greifender Natur. Vor allem das Ruhrgebiet galt unvermindert als unruhige politische Region Deutschlands *(Dok. 1, 2)*. Dies umso mehr, da es auch nach dem als Zäsur betrachteten Ende der Besetzung im August 1925 weiterhin in der Reichweite alliierter Truppen lag *(Dok. 4, 5)*.

Im Ruhrgebiet, das auch in der Weimarer Republik die größte Städteagglomeration Europas darstellte und dessen Großstädte infolge zahlreicher Eingemeindungsprozesse nochmals deutlich an Einwohnern gewannen, schwelten die politischen Konflikte und sozialen Spannungen der Weimarer Krisenjahre weiter. Dass sie zunächst nicht wieder an die Oberfläche drangen, hing mehr mit der allgemeinen politischen Erschöpfung nach dem turbulenten Auftakt und den gewalttätigen Konflikten zwischen 1920 und 1923 zusammen, als mit einer wirklichen sozialen Befriedung und der Akzeptanz friedlicher Konfliktlösungen im Rahmen eines demokratischen Rechtsstaats *(Dok. 3)*.

Von den Parteien der Weimarer Republik konnte allein das Zentrum seine Position in den 1920er Jahren behaupten, während SPD und DDP nicht an ihre Wahlerfolge von 1919 anknüpfen konnten. Zwar verlor auch die KPD in der Mittelphase der Republik im Ruhrgebiet an Unterstützung, sie legte jedoch bei den Wahlen während der Weltwirtschaftskrise erneut erheblich zu und stand weiterhin in erbitterter Konkurrenz mit der SPD um Wähler aus dem sozialistischen Milieu *(Dok. 6)*. Auf der rechten Seite des politischen Spektrums wurde die nationalliberale DVP vorübergehend Nutznießer des Niedergangs der DDP, doch das nationale Wählerlager wanderte zum Ende des Jahrzehnts von hier aus über verschiedene mittelständische Interessenparteien bis zur NSDAP weiter.

Wirtschaftliche und soziale Probleme nach 1923

Das Anhalten der Notenpresse und die Neuordnung der Währung sorgten zunächst für ein Ende der Inflation und schufen Vertrauen in die Rentenmark, sodann in die neue Reichsmark als Zahlungsmittel. Der mit dem Ziel einer Regelung der Reparationsfrage 1924 vorgestellte Dawes-Plans suchte, indem er in die deutschen Hoheitsrechte einschnitt, einen Ausgleich zwischen Währungsstabilisierung, Konsolidierung der öffentlichen Haushalte und Reparationszahlungen, wurde jedoch sogleich von rechts als ein »neues Versailles« diffamiert. Die Währungsstabilisierung und der Dawes-Plan machten Deutschland zwar zu einem attraktiven Ziel für ausländisches, vor allem US-amerikanisches Geldvermögen. Es wurden damit aber weder die Kosten des passiven Widerstands an der Ruhr abbezahlt, noch kam es zu einem sich selbst tragenden, stabilen Wirtschaftsaufschwung. Die protektionistische Wirtschaftspolitik wurde weiter verfolgt, inflationäre Tendenzen blieben bestehen, und die deutsche Handelsbilanz blieb negativ.

Aufgrund der zunehmenden technischen Rationalisierung wuchs zwar die Produktivität der deutschen Wirtschaft in der Mittelphase der Weimarer Republik sprunghaft an und es wurden binnen kurzer Zeit zahlreiche, zum Teil markante Neubauten errichtet – so etwa in Dortmund 1925 die Westfalenhalle, ebenfalls 1925 der Flughafen in Dortmund-Brackel und 1926 das Stadion Rote Erde. Infolge weiterer Zechenstilllegungen sorgten die Investitionen jedoch nicht dauerhaft für genügend Beschäftigung *(Dok. 7–9)*, sodass der Arbeitsmarkt labil blieb und sogar eine zunehmende Auswanderung zu verzeichnen war *(Dok. 10)*. Zugleich stieg die Abhängigkeit von Auslandsgeldern gefährlich an. Das deutsche Finanzsystem war insofern auf Sand gebaut, als dass die Banken kurzfristig angelegte Auslandsgelder als langfristige Kredite an die Unternehmen weitergaben. Sobald die ausländischen Anleger ihre Gelder zurückforderten, musste dieser Kreditkreislauf zusammenbrechen, die Banken in schwere Mitleidenschaft ziehen und die Realwirtschaft erschüttern. Genau dies trat nach dem Schwarzen Freitag an der Wall Street am 25. Oktober 1929 ein: Der Kollaps des US-Finanzwesens schlug unvermittelt auf die deutsche Wirtschaft und hier nicht zuletzt auf die Ruhrwirtschaft durch. Die Folgen bestanden in gravierenden Produktionseinbrüchen, Insolvenzen und einer Massenarbeitslosigkeit, wie es sie bis dahin noch nicht gegeben hatte.

Aufgrund des Verlustes der saarländischen Schwerindustrie und der »Amputation« des oberschlesischen Kohlenreviers hing die wirtschaftliche Leistungsfähigkeit der Weimarer Republik stark vom Ruhrgebiet ab. Das zunehmend häufiger als zusammenhängender Wirtschaftsraum wahrgenommene Ruhrgebiet galt als *das* industrielle Kraftzentrum des Deutschen Reichs, in dem sich aber bereits vor der Weltwirtschaftskrise wirtschaftliche Schwierigkeiten gezeigt hatten. So konnte die Krise im Bergbau nicht beigelegt werden, und es mussten »Feierschichten« an der Ruhr gefahren werden. Das Lohnniveau der Bergleute sank beständig ab und mündete in immer härtere Verteilungskämpfe.

Unter diesen Umständen musste allen verantwortungsbewusst Handelnden eigentlich an einem sozialen Ausgleich zwischen Kapital und Arbeit gelegen sein. Doch die Verteilungskämpfe eskalierten wiederholt – u.a. im sogenannten Ruhreisenstreit im Herbst 1928 *(Dok. 11)*. Der

»Verein Deutscher Eisen- und Stahlindustrieller, Nordwestliche Gruppe«, sperrte hierbei entgegen der Schlichtungsvereinbarungen nahezu eine Viertel Million Arbeiter aus und akzeptierte auch den von Reichsinnenminister Severing getroffenen Schiedsspruch nicht. Der Staat hatte sich tief in die Tarifauseinandersetzungen hineinziehen lassen und war nun der blamierte Dritte. Die Unternehmer setzten sich mit ihrer Angriffsaussperrung und der beharrlichen Weigerung, bestehende Vereinbarungen und Schlichtungsverfahren anzuerkennen, über jede sozialverträgliche Lösung des Streits um Löhne und Arbeitszeiten hinweg. Die Gewerkschaften mussten erkennen, dass auch der Staat ihre Verhandlungsschwäche nicht länger ausgleichen konnte. Für die Entwicklung der industriellen Beziehungen wirkte der »Ruhreisenstreit« insoweit als ein Menetekel, als damit der instabile soziale Frieden der Republik bereits vor der schweren Wirtschaftskrise einseitig und frontal aufgekündigt wurde. Die sozialen Probleme verschärften sich damit um ein Weiteres *(Dok. 12)*. Die Konfrontation und nicht der Kompromiss zwischen Kapital und Arbeit sowie deren politische Ausschlachtung standen seitdem auf der Tagesordnung und hielten sowohl die Reichsregierung in Berlin als auch die Medien in Atem *(Dok. 14, 15)*.

Politische Lager, soziale Milieus und Parteienwettbewerb

Obwohl die Weimarer Koalition aus SPD, Zentrum und Deutscher Demokratischer Partei auf kommunaler Ebene im Ruhrgebiet bisweilen eine ebenso strategische Rolle spielte wie im Reich und vor allem in Preußen (hier regierten diese Parteien mit kurzer Unterbrechung von 1919 bis 1932) – konnten die Grenzen zwischen tradierten sozialen Milieus und den aus dem Kaiserreich stammenden Wählerlagern nicht überwunden werden. Am stärksten war das katholische Milieu, das von der Zentrumspartei mit starkem sozialen Einschlag und einem einflussreichen Arbeitnehmerflügel repräsentiert wurde. Die SPD, die von der Forschung als die wichtigste die Republik tragende politische Kraft charakterisiert wird (H. A. Winkler), hatte es dagegen von Anfang an schwer, im Ruhrgebiet Fuß zu fassen. Noch nach der Jahrhundertwende sah sich Rosa Luxemburg auf einer Agitationsreise durch das Revier eher auf einen, wie sie meinte, Vorposten der Sozialdemokratie gestellt als in eine Hochburg. Zwar gewann die SPD bis in die frühen 1920er Jahre mehr Rückhalt vor allem in den evangelisch geprägten Teilregionen des Ruhrgebiets, doch wurde ihr die Vormachtstellung im sozialistischen Wählerlager sehr erfolgreich von den Kommunisten bestritten. Diese Konkurrenz brachte die SPD, in der Weimarer Republik eigentlich die stärkste Partei, in eine unangenehme Lage zwischen dem katholischen Arbeitermilieu, in das sie Brücken bauen wollte, und der breiten kommunistischen Bewegung, die die Sozialdemokraten als »Arbeiterverräter« denunzierte. In den meisten Ruhrgebietsstädten geriet die SPD so auf den dritten Platz hinter dem Zentrum und der KPD.

Im Zuge der Weltwirtschaftskrise gelang auch den Nationalsozialisten der Einzug in die Rathäuser des Ruhrgebiets – am stärksten 1929 in Bochum mit einer fünfköpfigen Fraktion im 69 Sitze zählenden Stadtrat *(Dok. 18)*. Doch bei den Reichstagswahlen im September 1930, die allgemein als parlamentarischer Durchbruch der Nationalsozialisten betrachtet werden, blieb die NSDAP im Ruhrgebiet deutlich unter dem Reichsdurchschnitt von 18,7 Prozent der abgegebenen Stimmen. Zurückzuführen ist dies nicht zuletzt auf den Effekt der starken Milieubildung im Ruhrgebiet. Im Gegensatz zur eigenen Legendenbildung gelang es den Nationalsozialisten, weder nennenswert in das katholische noch in das sozialistische Wählerlager einzudringen. Die NSDAP schnitt bei den Wahlen infolgedessen vergleichsweise schlecht ab – selbst bei der Reichstagswahl im November 1932 bildete sie lediglich in Bochum und Mülheim die stärkste Partei *(Dok. 25)*, konnte aber das nationale Lager Schritt für Schritt auf ihre Seite ziehen, sodass die rechtsbürgerlichen und konservativen Parteien nahezu aufgerieben wurden *(vgl. Dok. 3 in Kap. XI)*.

Radikalisierung und Weltwirtschaftskrise

Die Absatzkrise im Kohlenbergbau und die Konjunkturabhängigkeit der Eisen- und Stahlindustrie führten zusammen mit der Finanz- und Weltwirtschaftskrise zu erheblichen Einbrüchen auch im Handel und im Kleingewerbe und brachten eine hohe Arbeitslosigkeit – vor allem unter Jugendlichen – hervor. Da selbst die allenfalls in Ansätzen vorhandenen sozialen Sicherungssysteme nicht funktionierten, schlug Arbeitslosigkeit für die Betroffenen innerhalb kürzester Zeit in bittere Armut um *(Dok. 14, 16, 17)*. Den anstehenden Menschenmassen vor den Arbeitsämtern und kommunalen Fürsorgestellen folgten sogleich bittere Wohnungsnot und Schlangen vor den Stadtküchen. Die politischen Flügelparteien, KPD und NSDAP, beuteten in ihrer nochmals verschärften Agitation Not und Elend aus und trieben so die Radikalisierung voran. Sie bemühten sich vor allem darum, die Arbeitslosen gegen die demokratische Republik zu mobilisieren. Der KPD blieb allerdings auch kaum etwas anderes übrig, waren doch im Herbst 1932 nur noch 11 Prozent ihrer Mitglieder in Lohn und Brot. Die NSDAP forcierte ihr militantes Auftreten und suchte die politische Entscheidungsschlacht sowohl auf den Stimmzetteln wie in gewalttätigen Protesten gegen »das System« und in Straßenkämpfen, womit der politische Gegner niedergerungen und die Bürger eingeschüchtert werden sollten *(Dok. 18)*. Sie forcierte eine Eskalation der politischen Gewalt, um sich anschließend als Retter vor einem vermeintlichen kommunistischen Umsturz zu präsentieren und als eine neue Partei darzustellen, die den Parteienstreit, die »Schmach von Versailles« und die soziale Not ein für alle Mal überwindet.

Der Republik fiel es zusehends schwerer, das staatliche Gewaltmonopol zu behaupten. Die preußische Polizei war darauf eingestellt, größere Aufstände und Putschversuche niederzuschlagen, nicht jedoch militante Aufmärsche und den täglichen Straßenkampf zu beenden *(Dok. 20, 24)*. Gravierender war jedoch, dass die konservativen Funktionseliten und Parteien bis hin zum Zentrum ein politisches Bündnis mit der NSDAP nicht mehr ausschließen wollten, sodass diese Gegner des demokratischen Staats allmählich hoffähig wurden. Und auch die Justiz erwies sich vielfach nicht als entschlossene Verteidigerin der Demokratie *(Dok. 23)*. Verstärkt wurde die Tendenz zur Radikalisierung noch durch die inflationäre Inanspruchnahme des Notverordnungsrechts des Reichspräsidenten und die sukzessive Zurückdrängung des Parlaments zugunsten der Exekutive. Nach der Sprengung der Großen Koalition und mit der Übernahme der Regierungsverantwortung durch den Zentrumspolitiker Heinrich Brüning wurde die demokratische Republik Schritt für Schritt in ein Notstandsregime umgeformt, dessen autoritäre Früchte dann Hitler ernten sollte. Eine wichtige Etappe bildete dabei der Verlust der »Bastion« Preußen.

Die von der SPD geführte Regierung wurde dort am 20. Juli 1932 per Staatsstreich der nationalkonservativen Präsidialregierung von Papen abgesetzt. Die Sozialdemokratie musste dies letztlich akzeptieren, sah man doch auch im Ruhrgebiet jenseits parlamentarischer Proteste und größerer Kundgebungen keine Perspektive für einen wehrhaften demokratischen Widerstand *(Dok. 21, 22)*.

Bilder vom Ruhrgebiet in den 1920er Jahren

Am Ende des 19. Jahrhunderts hatte im Ruhrgebiet der Stolz auf die industriellen Errungenschaften überwogen. Breite Stadtansichten und ausladende Fabrikbilder mit rauchenden Schloten waren bevorzugte Motive, die für wirtschaftliche Stärke und moderne Industrieproduktion standen. Im Verlauf der 1920er Jahre mischte sich in diese Bilder aber zunehmende Skepsis, die auch in den sozialkritischen Reportagen von Autoren wie Erik Reger, Joseph Roth oder Egon Erwin Kisch zum Ausdruck kam *(Dok. 1)*. Es ist nicht allein Erik Regers bekannter, von der Schwerindustrie im Ruhrgebiet handelnder Roman »Union der festen Hand«, sondern auch seine viel zitierte »Weltbühnen«-Reportage »Ruhrprovinz«, in der die urbanen Defizite und ein gewisser Mangel an großstädtischem Selbstbewusstsein ungeschminkt beschrieben werden *(Dok. 12)*. Zugleich dokumentieren Reportagen wie die des Dortmunder Arbeiterjournalisten Georg Schwarz (1896–1943) die anhaltenden sozialen und politischen Konflikte *(Dok. 17)*.

Darstellungen, die von mangelnder Selbstsicherheit und Zukunftsangst zeugen, finden sich in zunehmendem Maße auch in der Schulbuch- und Reiseliteratur der Zeit *(Dok. 13)* sowie in Gedichten *(Dok. 26)*. Von den »Goldenen Zwanziger Jahren« lässt sich daher für das Ruhrgebiet, das nunmehr in dunkleren Farben gemalt wurde, kaum sprechen – eher schon von den »Krisenjahren der klassischen Moderne« (Detlev Peukert).

Literaturhinweise

Fritz Blaich, Der Schwarze Freitag. Inflation und Wirtschaftskrise, München 1990.
Karl Dietrich Bracher et al. (Hg.), Die Weimarer Republik 1918–1933, Politik, Wirtschaft, Gesellschaft, 2. Aufl., Bonn 1987.
Ursula Büttner, Weimar. Die überforderte Republik, Stuttgart 2008.
Dieter Hertz-Eichenrode, Wirtschaftskrise und Arbeitsbeschaffung, Konjunkturpolitik 1925/26 und die Grundlagen der Krisenpolitik Brünings, Frankfurt am Main 1982.
Eberhard Kolb, Die Weimarer Republik, 6. Aufl., München etc. 2002.
Ulrich Kluge, Die Weimarer Republik, Paderborn etc. 2006.
Hans Mommsen, Aufstieg und Untergang der Republik von Weimar, Berlin 1998.
Horst Möller, Die Weimarer Republik. Eine unvollendete Demokratie, 7. Aufl., München 2004.
Dietmar Petzina, Die deutsche Wirtschaft in der Zwischenkriegszeit, Wiesbaden 1977.
Detlev Peukert, Die Weimarer Republik. Die Krisenjahre der Klassischen Moderne, Frankfurt am Main 1987.
Werner Plumpe, Die Unternehmer im Ruhrbergbau zwischen Jahrhundertwende und Weimarer Republik, Essen 2001.

Bernd Weisbrod, Schwerindustrie in der Weimarer Republik. Interessenpolitik zwischen Stabilisierung und Krise, Wuppertal 1978.

Heinrich August Winkler, Der Schein der Normalität, Arbeiter und Arbeiterbewegung in der Weimarer Republik 1924–1930, Berlin etc. 1985.

Heinrich August Winkler, Der Weg in die Katastrophe, Arbeiter und Arbeiterbewegung in der Weimarer Republik 1930–1933, 2. Aufl., Bonn 1990.

Dokumente

1. Bilder vom Ruhrgebiet im Jahr 1923 [1924]

Egon Erwin Kisch,[1] Das Nest der Kanonenkönige: Essen, in: Ders., Der rasende Reporter, Berlin 1924, S. 17–22.

Aha, das ist die Vorstadt. Solches sagt man sich bei der Ankunft in Essen an der Ruhr. Denn die Gassen sind so eng, dass die Elektrische oft nur eingleisig fahren kann, wogegen das Postamt und das Bürohaus »Handelshof« respektable Ausmaße haben. Der Menschenstrom ist so groß, dass wir eigentlich wissen müssten, nicht in einer Kleinstadt zu sein, auch wenn wir nicht wüssten, in einer der größten Städte Deutschlands zu sein. Die Prestigebauten der Bankfilialen wirken wie einst die prachtvollen Gesandtschaften im armseligen Cetinje.[2] Schmal sind die Privathäuser, meist bloß eines, höchstens zweier Stockwerke teilhaftig geworden, gedunkelt von kohlenstaubhaltiger Luft, manche – schon in Voraussicht dieser unvermeidlichen Schwärzung – im Tudorstil aufgebaut, also schwarz von Geburt an. Wiederholt staunt man, hier, in der Kapitale des rheinisch-westfälischen Industriegebiets, hier, in der Hauptstadt der Montanindustrie, den Häuschen mit grotesk steilen Dächern, schieferbeschlagenen Fassaden und grasgrünen Fensterläden zu begegnen, die dem Wuppertal eigentümlich sind, nach Baum und Blumen rufen und hierorts nur von Rauch und Ruß beglückt werden. Niedrig ist auch das Münster, offen die Plätze, engbrüstig und bucklig und schlotternd die Straßen. Affichen[3] kleben an den Häuserwänden, der Christliche Gewerkschaftsverband plakatiert als Tagesordnung der nächsten Versammlung »Unsere Haltung zur Regierung Cuno«, die Kommunistische Arbeiterpartei lädt vereint mit der Allgemeinen Arbeiterunion zur Stellungnahme über das Ultimatum der »Moskauer Rätegewaltigen gegen uns« ein, die moskauzugehörige Kommunistische Partei Deutschlands ruft: »Leset das Ruhr-Echo! Ein neuer Verrat der Sozialpatrioten!« Und das Meeting der Sozialdemokraten hat folgendes Programm: »1. die drohende Besetzung des Ruhrreviers durch die Entente. – 2. Organisationsfragen.« Propheten anderer Art schlagen gleichfalls ihre Weisheit an: »Gibt es ein Weiterleben nach dem Tode?«, »Du selbst musst Gott werden!« Die Heilsarmee hat eine Brettsäge inne, der runde Holzbau eines hier ansässig gewordenen Wanderzirkus ist dunkelgrau, und dunkelgrau sind sogar seine Komödiantenkarren, die unbespannt rechts und links vom Eingang stehen. Zwischen Gertraudiskirche und Staatlicher

---

1 Egon Erwin Kisch (1885–1948) ist als einer der prominentesten Reporter des Journalismus bekannt. Vor allem seine Reisereportagen haben den Sozialisten und Kommunisten Kisch, der zunächst als österreichisch-ungarischer, später als tschechoslowakischer Staatsbürger in deutscher Sprache schrieb, einem breiten Publikum als »rasenden Reporter« bekannt gemacht.
2 Cetinje war vom Ende des 15. Jahrhunderts bis 1918 die Hauptstadt des Fürstentums bzw. des Königreichs Montenegros. Im 18. Jahrhundert begannen die europäischen Großmächte in der Stadt zahlreiche repräsentative Botschaften zu errichten, die das neue Stadtbild prägten.
3 Aushänge, Plakate.

Maschinenschule sieht es überhaupt aus wie am Rummelplatz äußerster Peripherien oder wie am Dorf, wenn die Komödianten kommen: grelle, ebenerdige Häuschen, von denen eines eine Schießbude ist, eines eine Eis- und Mokkastube, eines ein Hippodrom, eines (das größte allerdings) ein Kino und eines eine Spezialausstellung zur Bekämpfung der Geschlechtskrankheiten. Dörfisch oder kleinstädtisch heißen Gassen, die hier münden: Viehhofstraße, Kastanienallee, Pferdemarkt und Schützenbahn.

Das Plakat einer Firma ruft nach dem Westend, und der Fremde, das Wort »Westend« lesend, wird sich klar darüber, dass der Westen das eigentliche moderne Essen sein muss, während er sich hier zwischen Hauptbahnhof und Nordbahnhof nur mit der Vorspeise plagte. Also, auf nach dem vornehmen Westen, dem goldenen Westen!

Falsch alle Diagnosen! Immer dunkler tönt sich das Grau der Häuserwände, immer dunkler, und bald sind sie beinschwarz. Nackte, kahle, rußige Ziegelmauern unendlicher Fabriken und unendlicher Arbeitshöfe sind die Seitenkulissen der Straßen, das Balkengewirr eines Förderturms und Schlote von ungeahnter Breite mit eisernen Wendeltreppen an der Außenseite und ein unmutiger Himmel sind ihr Hintergrund. Nirgends eine Zierde, nirgends ein Schmuck, außer dem Kuppelturm des Verwaltungsgebäudes, einem Mausoleum gleich. Kein Straßenlärm ist vernehmbar, denn alles übertönt der Schall, der aus den Fabriken kommt und aus den Öfen: fallendes Eisen, rollendes Eisen, schlagendes Eisen. Fast stundenlang geht man durch diese lärmende Öde westwärts.

Das ist die Vorstadt, die typische Fabrikvorstadt. Es hätte den Anschein, als ob das wirklich der Annex jenes unregelmäßigen Gassennetzes wäre, das man vorher durchwanderte, wenn nicht die Ausmaße dieses Abdomens[4] so hypertrophische[5] wären – und wenn wir nicht wüssten, dass wir in Essen sind, wenn uns nicht Stadtplan und Tafeln längst darüber belehrt hätten, wem das alles gehört, dass wir im Reich …

»Kr.« Kr.-Friedhof, Kr.-Lazarett, Kr.-Verwaltungsgebäude, Kr.-Konsumverein, Kr.-Denkmal, Kr., Kr. und wieder Kr. – das bedeutet nicht »Kreis«, nicht »Krieg«, nicht »Krone«, das alles bedeutet »Krupp«. Und diese ganze dunkle Stadt und ihre Bewohner und ihr Leben haben nur einen Namen: »Friedrich Krupp, Gussstahlfabrik«. Die Krupps haben ihr schlichtes Stammhaus hier, sie haben es inmitten der monströsen Bauten ahnenstolz konserviert und ließen sich auf den besten Plätzen der Stadt Denkmäler stellen mit goldenen Regierungszahlen: Krupp I. 1811–1826, Krupp II. 1826–1887, Krupp III. 1887–1902.[6] Der erste der Dynastie ist noch mit dem Amboss abgebildet, auf dem er diese Stadt und ihre Bewohner und fremde Arbeiter fest schmiedete, um mit ihrer Kraft seinen Lebenszweck zu erfüllen: Geld verdienen. Der dritte Krupp aber hat ein besonderes, ein fulminantes Standbild aus Stein und Erz: Überlebensgroß und geschmacklos fällt die Bügelfalte der bronzenen Salonhose auf die bronzenen Schnürstiefel; rechts und links an dem steinernen Rondeau huldigen ihm vier Arbeiter, deren Gesichter den stumpfen Ausdruck

---

4 Bauch, Unter- bzw. Hinterleib.
5 Übermäßige.
6 Gemeint sind der Firmengründer Friedrich Krupp (1787–1826), der »Kanonenkönig« Alfred Krupp (1812–1887) und Friedrich Alfred Krupp (1854–1902).

der Meunierschen Skulpturen[7] haben, deren Körper aber nicht mehr dieser sozial anklagenden Kunst entlehnt sind, sondern den muskulösen deutschen Gigantengestalten Franz Metzners. Es ist ein demonstratives Monument. Denn dieser Friedrich Alfred Krupp hat sich erschossen,[8] als die Sozialdemokratie während einer Kampagne für die Aufhebung des Paragrafen 175 darauf hinwies, dass nur die Krankhaften der ärmeren Schichten von der Verfolgung betroffen seien, während zum Beispiel ein Krupp in Capri homosexuelle Orgien feiern könne, worüber die italienische und französische Presse bereits entrüstete Artikel veröffentlicht habe. Trotzdem Kaiser Wilhelm noch kurz vorher gegen Krupps preistreiberische Ausbeutung des Vaterlands eingeschritten war, trotzdem wenige Wochen vor dem Selbstmord auf Betreiben der Frau Krupp das Entmündigungsverfahren gegen F. A. Krupp eingeleitet werden sollte, trotzdem selbst die dem Toten nahestehende Presse in ihren Nekrologen ihn als »nicht übermäßig bedeutende« Persönlichkeit charakterisierte, fuhr Kaiser Wilhelm II. zur Beerdigung nach Essen, um im dortigen Bahnhofswartesaal die berühmte Rede zu halten, in der er die Sozialdemokraten als Verleumder, Giftmischer und Mörder, »niederträchtig und gemein« bezeichnete und die Arbeiter so apostrophierte: »Wer nicht das Tischtuch zwischen sich und diesen Leuten zerschneidet, legt moralisch gewissermaßen die Mitschuld auf sein Haupt«.[9] Dann wurde von den Arbeitern ganz Deutschlands die Absendung von Adressen gegen die Sozialdemokraten erpresst, und im Reichstag kam es deshalb zur Präsidentschaftsdemission Ballestrems.[10]

Aber Wilhelm hatte noch nicht genug, er hat dieses kolossale Denkmal veranlasst, das provokant und höhnisch auf dem Wege steht, den die Arbeiter um sechs Uhr früh und um sechs Uhr abends gehen müssen. Wilhelm hat auch der einzigen Leibeserbin Krupps den Bräutigam ausgesucht, den feudalen Legationsrat von Bohlen-Halbach, der bei der Hochzeit das Recht zur Führung des Namens Krupp erhielt – Krupp IV. Der soll nach der Verlobung von einem Kameraden der preußischen Garde du Korps gefragt worden sein: »Sansemal, Kamrad, müssense nu die janze Klempnerei ooch übernehmen?«

Er hat die janze Klempnerei ooch übernommen, und wenn Essen von den Franzosen dauernd besetzt worden wäre, so hätte er – oh, natürlich erst nach scharfem und mutigem Protest, erst nach Hemmungen, erst nach Umstellungen und erst nach Jahren! – genauso grandiose Kanonen und Mörser und Torpedos und Munition und Panzerplatten anderen Armeen geliefert, wie er sie der deutschen geliefert hat. Denn dieser von Kaiser Wilhelm ausgewählte Gatte des Fräulein Bertha Kr. wird die Tradition des Kr.schen Hauses so hochhalten, als ob er ein geborener Kr. wäre: tadellose Ware, tadellose Lieferung. Hier wurden all die tausendfachen Mordinstrumente geschmiedet, hier wurde der Rekord der Kriegsrüstungen erreicht, von hier

---

7 Constantin Emile Meunier war ein Bildhauer und Maler aus Belgien, der sich vor allem am Naturalismus orientierte.
8 Die genauen Todesumstände Friedrich Alfred Krupps wurden nie öffentlich bekannt gemacht.
9 Zur »Tischtuchrede« Kaiser Wilhelms II. vgl. Dok. 25 in Kap. VI.
10 Der Zentrumspolitiker Franz von Ballestrem (1834–1910) war von 1898 bis 1906 Präsident des Reichstags.

aus wurde geliefert, geliefert, bis man geliefert war. Und Hunderttausende schufteten hier, von ihrer Kindheit an bis zu ihrem Ende am Kr.-Friedhof, in einem Leben, dem alle die (noch so mustergültigen, noch so berühmten) Wohlfahrtsinstitutionen keine Freude geben konnten. So entstand dieses neue Essen, diese neue Vorstadt, die das alte Zentrum unterwarf, so entstand diese schwarze Hauptstadt der schwarzen Erde … Kaum eine Schnellzugstunde ist es nach dem wunderschönen, leuchtenden Düsseldorf, wo Heine dichtete, Richard Wagner komponierte und Achenbach malte, wo alles von Farben und Kunst blüht – trotz ungeheurer Fabriken. In Essen jedoch leiern abends in den beiden Kabaretts alte Komiker unveränderte Lieder aus den neunziger Jahren, von Bebel, der immer protestiert, vom Busen der Sarah Bernhardt, davon, dass jetzt alles sezessionistisch ist, und von den hohen Steuern, an denen die Regierung schuld ist; und der eingefrorene Wanderzirkus ist da. Bei Tag sieht man Menschen, die von der Macht des Gussstahls zertrümmert und vom Atem der Kohle vergiftet sind.

Und ihre Zwingherren? Wohl, er hat sein mächtiges Denkmal, der letzte Tote der Dynastie. Aber ist er nicht selbst geflüchtet aus dieser freudlosen Stadt, dieser sonnenlosen Gegend, von diesen ausgemergelten Menschen und von seinen unerreicht fabelhaften Gussstahlerzeugnissen zur Massentötung? Nach dem Süden, auf eine Insel des Friedens ist er geflohen, wo eine frohlockende Sonne auf Korallen und gesunde Knabenkörper leuchtet, die nackt in das Wasser vor der Blauen Grotte springen. Hier vergaß er sein Reich, hier vergaß er, eben weil er als Industrieller »eine nicht übermäßig bedeutende Persönlichkeit« war,[11] den Gussstahl und dessen Opfer, hier konnte er sich selbst vergessen. Er durfte davon träumen, immer wieder hierher zurückkehren zu können … Als man ihm aus seinem Paradies vertrieb, ihm auch dieses Eiland nahm, griff er zu einer der gussstählernen Waffen, die er geschmiedet.

aus: Egon Erwin Kisch: Der rasende Reporter. Gesammelte Werke in Einzelausgaben, Band 6. Hrsg. von Bodo Uhse und Gisela Kisch. © Aufbau Verlag GmbH & Co. KG, Berlin 1972 (dieses Werk erschien erstmals 1972 im Aufbau-Verlag; Aufbau ist eine Marke der Aufbau Verlag GmbH & Co. KG)

2. Der Gelsenkirchener Beigeordnete Jakob Sieglar (SPD) berichtet über die Auswirkungen von Inflation und Ruhrbesetzung auf die Arbeitsmarktlage der Stadt (1924).

Jakob Sieglar,[12] Lage des Arbeitsmarktes, Arbeitslosigkeit usw. in Gelsenkirchen, in: Zeitschrift für Kommunalwirtschaft 14 (1924), Nr. 23 vom 10.12.1924, S. 1239–1241. (Auszug)

Arbeitslosigkeit in größerem Umfang war bis vor Jahresfrist in Gelsenkirchen eine unbekannte Erscheinung. Verhältnismäßig schnell vollzog sich nach dem Krieg die Unterbringung der Kriegsteilnehmer. Konnte es doch auch nicht anders sein, da der Schrei nach Kohle, mit beeinflusst durch die Lieferungen an die Siegerstaaten, immer lauter wurde. So hatte es den Anschein, dass, abgesehen von der sich zwar langsam aber sicher entwickelnden Inflation, weitere Folgen eines verlorenen Kriegs vermieden würden. […]

---

11 Gemeint ist Friedrich Alfred Krupp, geboren 1854, gestorben 1902.
12 Jakob Sieglar (1876–1939), zuvor Gelsenkirchener Gewerkschaftssekretär und Bezirksleiter im »Alten Verband« sowie seit 1928 Stadtrat, wurde 1933 von den Nationalsozialisten aus dem Amt gedrängt.

Mit dem Eindringen der Besatzung änderte sich dieses Bild. Zunächst hörte die Meldung offener Stellen beim Arbeitsnachweis auf, und bald kamen viele kleine Betriebe wegen Stockung der Zu- und Abfuhr zum Erliegen. Insbesondere wurden auch zahlreiche Unternehmerkolonnen, die auf Zechen und anderen großen Werken Bauarbeiten und dergl. ausführten, beschäftigungslos. Die auf diesen Zechen und Werken im Produktionsprozess Beschäftigten blieben infolge der den Werken zufließenden Zuwendungen aus der sog. Rhein-Ruhr-Hilfe[13] zunächst von Arbeitslosigkeit verschont. Die Zechen als auch die Werke der Nord-West-Gruppe erhielten die Mittel aus besonders für diesen Zweck geschaffenen Stellen, während für die übrigen Betriebe die Handelskammer für Kredit- und das Arbeitsamt für Lohnsicherungsanträge zuständig waren. Paritätisch zusammengesetzte Ausschüsse erledigten diese Anträge.

Schwer getroffen wurde fast das gesamte Handwerk, dem teils die Aufträge der Werke ausblieben, teils infolge der durch die stärker werdende Geldentwertung verlorengegangene Kaufkraft der übrigen Bevölkerung. Aber auch Inhaber kleinerer Geschäfte, Firmenvertreter, Reisende, Agenten u.a. wurden durch die vermehrten Bahneinschränkungen bzw. [wegen] Fehlens von Ware und kaufkräftiger Kundschaft zu Unterstützungsempfängern.

Waren mit Beginn des Monats September fast 5.000 Kräfte gänzlich erwerbslos, so wurde diese an sich große Zahl Ende Oktober katastrophal überholt. Mit dem »Passiven Widerstand«[14] verschwand auch die Rhein-Ruhr-Hilfe, und am 22. Oktober schlossen sämtliche Fabriken und Hütten ihre Tore, und ehe die Woche ihr Ende erreicht hatte, bewegte sich auf den Zechen auch kein Förderseil mehr. [...] Es ist wohl verständlich, dass die Stilllegung der Werke die gänzliche Erstarrung des Wirtschaftslebens zeitigte.

Einschließlich des Ende 1923 eingemeindeten Rotthausen umfasste das Heer der Erwerbslosen am 1. November rund 60.000 Köpfe, wodurch einschließlich der Ehefrau, Kinder und sonstiger Unterhaltungspflichtiger mindestens 70 Prozent der Gesamtbevölkerung auf die karge Erwerbslosenunterstützung angewiesen waren. Eine nie für möglich gehaltene Geldentwertung erzeugte eine furchtbare Panik und Verzweiflungsstimmung. Zur Illustrierung diene Folgendes: Samstag, den 20. Oktober, wurden für den Dollar 12.030 Millionen Papiermark notiert, montags, den 22. Oktober, schnellte die Notierung auf 40.100 Millionen Mark, um dann in riesigen Sprüngen am 20. November den heutigen Stand von 4.210.500 Millionen Papiermark zu erreichen, das ist eine Steigerung gegenüber dem 20. Oktober (also binnen eines Monats) um das 350fache. Sicherlich nicht zu entschuldigen, umso weniger als nur verhältnismäßig wenige die Nutznießer waren, wohl aber verständlich ist es, dass es in jenen schrecklichen Tagen zu Plünderungen der Lebensmittelgeschäfte kam. Dass die Stellung der Stadtverwaltung in dieser Zeit keine beneidenswerte war, braucht wohl nicht näher begründet zu werden. [...]

---

13 Hierbei handelte es sich um staatliche Zuwendungen, um die im Zuge der Ruhrbesetzung und des Widerstands aufgetretene Not zu lindern.
14 Der passive Widerstand war von der Reichsregierung Wilhelm Cuno proklamiert worden. Er zielte darauf, keine Reparationen mehr zu zahlen sowie Produktion, Verkehr und Verwaltung durch Generalstreiks sowie die Missachtung der Anordnungen der Besatzer lahmzulegen.

Die Frage, wie sich in Zukunft Nachfrage und Angebot auf dem Arbeitsmarkt zueinander verhalten werden, kann heute noch nicht beantwortet werden, sicherlich nicht in günstigem Sinne. Verteuernd und [auf] das Wirtschaftsleben außerordentlich hemmend wirkt die augenblickliche Geldknappheit. Aber auch bei Behebung des Übels wird infolge der Arbeitszeitverlängerung für tausende »Hände« keine Nachfrage bestehen. Die Lage der davon Betroffenen dürfte eine besonders traurige sein, sind doch heute schon die Erwerbslosen zum großen Teil notleidend an Wäsche und Kleidungsstücken. Tief zu beklagen ist auch das Los der Jugendlichen, wo neben den physischen noch die moralischen Folgen schwer ins Gewicht fallen. Für die zu Ostern Schulentlassenen hat sich glücklicherweise ein Ausweg gefunden, indem diese, soweit sie keine Lehr- oder Arbeitsstellen nachweisen konnten, zum weiteren Schulbesuch (Lehrgänge für Schulentlassene) verpflichtet wurden.

Für die hiesigen Verhältnisse wäre aber auch ein ständiges Heer Erwerbsloser etwas Unerträgliches. Die Stadt ist nicht in der Lage, Notstandsarbeiten für mehr als einige Hundert Kräfte einzurichten, weshalb der Staat unbedingt Arbeitsgelegenheit schaffen muss. Die dazu notwendigen Schritte sind im Verein mit den übrigen Städten des Industriegebiets bereits getan, sie bringen hoffentlich das gewünschte Ergebnis.

3. Politische Auseinandersetzungen an der Ruhr anlässlich der Reichspräsidentenwahl (1925)

»Der Reichspräsidentenwahlkampf«, in: Bochumer Anzeiger, Nr. 93 vom 22.4.1925.

Auch die heute Abend [21. April 1925] im Vereinshaussaal abgehaltene zweite öffentliche Versammlung des Reichsblocks[15] gestaltete sich zu einer starken Kundgebung für die Wahl v. Hindenburgs.[16] Der Vorsitzende Direktor *Baare*[17] sprach einige Begrüßungsworte und zog eine Parallele zwischen den Kundgebungen v. Hindenburgs und denen von Marx und Braun; v. Hindenburg habe schlicht, klar und wahr gesprochen, keine Phrasen; hingegen habe sich Marx sehr vorsichtig ausgedrückt, um innere Gegensätze zu verdecken. Als Redner war Dr. *Troll* (Berlin) von der Liga zum Schutze der deutschen Kultur gewonnen.[18] Er wandte sich

---

15 Unter der Bezeichnung Reichsblock hatten sich bei der Reichspräsidentenwahl 1925 die Parteien DVP, Wirtschaftspartei und DNVP zusammengeschlossen, die im ersten Wahlgang den Duisburger Oberbürgermeister Karl Jarres und im zweiten Wahlgang, unter Beteiligung weiterer Parteien, die Kandidatur Paul von Hindenburgs unterstützten.

16 Paul von Hindenburg (1847–1934) war im Ersten Weltkrieg als Generalfeldmarschall und Chef der Obersten Heeresleitung nicht nur einer der führenden Militärs, sondern auch einer der wichtigsten Politiker. Als Reichspräsident griff er vor allem von 1930 durch auf Art. 48 der Reichsverfassung gestützte Notverordnungen erheblich in die Politik ein. 1933 ernannte er Adolf Hitler zum Reichskanzler.

17 Gemeint ist Wilhelm Baare (1857–1938), seit 1917 Generaldirektor des Bochumer Vereins für Bergbau und Gußstahlfabrikation.

18 Die rechtsradikale Liga zum Schutze der Deutschen Kultur war aus der antibolschewistischen Liga hervorgegangen und trat vor allem für den Kampf gegen den Kommunismus ein.

mit aller Entschiedenheit gegen die Anwürfe, die in den letzten Tagen gegen v. Hindenburg gerichtet wurden. Die Wahl solle den Beweis erbringen, dass das deutsche Volk auch außerhalb der Parteigrenzen zu denken vermöge. Die Wahl am 29. März sei im Lager der Gegner nichts als eine Parteiparade gewesen. Erst im zweiten Wahlgang hätten sie sich auf einen Mann geeinigt. Warum man an der Kandidatur Jarres[19] nicht festgehalten habe, erklärte der Redner durch die feste Erwartung, dass der Name Hindenburg die Wahlmüden an die Urne bringen und den Sieg an seine Fahnen heften werde. Dr. Jarres sei selbst für Hindenburg eingetreten, auch in öffentlichen Versammlungen, weil er als deutscher Mann wolle, dass an der Spitze des Reiches ein Führer stehe, der das deutsche Volk auf eine höhere Stufe bringe. Die große Machtfülle des Reichspräsidenten [und] die ihm zufallende Verantwortung erforderten einen Mann mit zielklarem Willen, der jede Gelegenheit ausnutze, die sich biete, um seinem Volk eine bessere Zukunft zu bahnen. Man könne sich nicht für sieben Jahre auf ein starres Programm festlegen. Der Zickzackkurs in Deutschland müsse aufhören, ein klarer, politischer Kurs gesteuert werden, unbekümmert um die wechselnde Meinung der Gosse. Hindenburg sei der Mann, das zu tun. Er habe sein Volk und sein Vaterland heißer geliebt als die Staatsform, und den besten Beweis dafür erbracht, als er das Heer in die Heimat zurückführte. Das deutsche Volk könne keine Männer gebrauchen, die auch einmal »an die Reihe« kommen und ihren Lohn für die Unterstützung einer bestimmten Kandidatur haben wollten. Hindenburg sei körperlich rüstig und geistig von großer Frische; er sei wohl befähigt, das deutsche Volk besseren Tagen entgegenzuführen und ihm größere Bewegungsfreiheit zu verschaffen. Hindenburg sei kein Mann des vielen Redens, wohl aber des Handels. Wer den Marschall als Strohpuppe selbstsüchtiger Hintermänner hinstelle, verkenne seine Tatkraft und seinen Willen. Er werde die Staatsform nach außen und nach innen schützen; die Weimarer Verfassung zu innerem Ausbau zu bringen, werde er sich aus Pflichtgefühl angelegen sein lassen. Hindenburg sei als Militärkenner nicht so töricht, angesichts der Wehrlosigkeit Deutschlands auf einen Krieg hinzusteuern. Ehrlich habe Deutschland abgerüstet, die anderen Staaten aber seien ihm nicht gefolgt. Erst dann, wenn auch diese die Waffen niedergelegt [hätten], sei der Friede gesichert. Der Redner wandte sich dann gegen den Einwurf, die Kandidatur Hindenburgs bringe uns um das Wohlwollen des Auslands. In der *Auslandspolitik* müsse künftighin eine ruhige, vernünftige und zielfeste Linie verfolgt werden. Hindenburg wolle auch Deutschlands innere Erstarkung; die Stärkung der Produktion; er sei ein Mann von sozialer Gesinnung. Die Wahl am 26. April möge ein Sieg werden, wie er diesem Feldherrn, Staatsmann und Führer gebühre. Der Vortragende wurde oft von lebhaften Beifallskundgebungen unterbrochen. Der Vorsitzende forderte zum Schluss auf, am 26. April Hindenburg die Stimme zu geben. Keiner dürfe der Wahl fernbleiben.

---

19 Zur Vita des Politikers und Unternehmers Karl Jarres (1874–1951) vgl. Dok. 18 in Kap. XI.

4. Erinnerung an die Beendigung der Besetzung des Ruhrgebiets 1925 [1950]

Carl Severing,[20] Befreiungskundgebungen im Ruhrgebiet, in: Ders., Mein Lebensweg, Köln 1950, S. 71–72.

Mit dem 25. August [1925] war die Besetzung des Ruhrgebiets beendet, die über zweieinhalb Jahre gedauert hat. Die größeren Städte: Bochum, Essen, Duisburg und einige andere Orte hatten Feiern veranstaltet und den Reichspräsidenten, die Reichs- und preußische Staatsregierung zur Teilnahme eingeladen. Mir lag es ob, dafür zu sorgen, dass, wie nach gewissen Stimmen und Anzeichen zu befürchten war, die Befreiungsfeiern nicht zu einer monarchistischen oder reaktionären Demonstration ausarteten. Es war bereits bekannt geworden, dass die Gewerkschaften und besonders das Reichsbanner eine Beteiligung an der Feier abgelehnt hatten, weil nach vielen Verlautbarungen durch die Rechtsorganisationen damit zu rechnen war, dass die Kundgebungen zu einseitigen parteipolitischen Zwecken ausgebeutet werden sollten. Dazu wollten sich die auf demokratischer Grundlage stehenden Vereinigungen nicht missbrauchen lassen. Um diese Besorgnisse zu zerstreuen, war durch die Behörden auf die Spalier bildenden Vereinigungen eingewirkt worden, auf das Mitführen von schwarz-weiß-roten Fahnen zu verzichten und auch davon abzusehen, Musikkapellen mitzuführen. Wenn der Sinn der Feiern, alle Bevölkerungsteile zu gemeinsamen Kundgebungen zusammenzuführen, erreicht werden sollte, musste alles unterbleiben, was die Feiern in ihr Gegenteil verkehren konnte. Die Kommunisten waren ohnehin eifrig bemüht, die Arbeiterschaft des Ruhrgebiets gegen die Feiern aufzuwiegeln. In ihrer Presse spannten sie die Kriegsopfer vor, um Hindenburg zu fluchen und in anderen scharfen Ausdrücken den Reichspräsidenten persönlich für das Elend verantwortlich zu machen, das durch die Kriegsfolgen gerade in den Kreisen der Kriegsopfer entstanden war. »Bei ihrer Begleitung, dem Herrn Severing, können Sie Näheres erfahren, wie die Befreiung in Wirklichkeit aussieht. Nur ein Besatzungswechsel hat sich vollzogen, sonst nichts! ... Sie kommen zur Befreiung, während gleichzeitig Ihre patriotischen Minister auf dem Weg zum zweiten Versailles sind, um einen Pakt zu schließen, der Deutschland zum militärischen Aufmarschgebiet gegen das erste Land der Arbeiter machen soll ... Der Fetzen an der Ruhr wird befreit und die Befreiung gefeiert, aber mithilfe des Paragrafen 16 des Völkerbundstatuts[21] wird ganz Deutschland unsichtbar besetzt ...«

Einen besonderen Eindruck haben diese uniformen Waschzettel in jenen Tagen auf die Teilnehmer an den Kundgebungen nicht gemacht. An die grobschlächtigen Formen der KPD-Presse war man nachgerade gewöhnt. Wer Tag für Tag in den klotzigsten Tönen schrie und schrieb, war schließlich keiner Steigerung in der Ausdrucksweise mehr fähig, die noch irgendwie »gezo-

---

20 Der SPD-Politiker Carl Severing (1875–1952) übte in der Weimarer Republik zahlreiche wichtige Regierungsfunktionen aus. Von 1919/20 amtierte er als Staatskommissar im Ruhrgebiet, von 1920 bis 1926 als Innenminister Preußens. Zwischen 1928 bis 1930 war Severing Reichsinnenminister im Kabinett Müller und von 1930 bis 1932 erneut preußischer Innenminister.

21 Art. 16 des Statuts des Völkerbunds verpflichtete die Mitgliedstaaten zur gegenseitigen Unterstützung bei beschlossenen Sanktionen.

gen« hätte. Die Feiern verliefen in allen Orten ohne erwähnenswerte Störungen, wenn sie auch nicht das Bild der Geschlossenheit zeigten, das vor fünf Jahren die aus ähnlichem Anlass getroffenen Veranstaltungen in Nordschleswig und Ostpreußen aufwiesen. Als ich in einer Rede in Essen davon sprach, dass es der Größe des Ruhrkampfs unwürdig sei, jetzt nach dem Abzug der Besatzungstruppen zu untersuchen, ob der eine oder andere bei seinen Maßnahmen und Handlungen auch immer vom richtigen hundertprozentigen Nationalgefühl geleitet gewesen sei, und dass das nationale Empfinden keine Eigenart eines bestimmten Standes und einer bestimmten Partei sei, dass vielmehr der *geräuschlose Dienst* am Vaterland im Ruhrkampf seine höchsten Triumphe gefeiert habe – da haben diejenigen, die mit diesen Bemerkungen angesprochen waren, die Jünger des aktiven Widerstands nämlich, es sich nicht versagen können, lauten Widerspruch anzumelden, der aber sehr bald durch die Beifallskundgebungen der Andersdenkenden übertönt wurde.

In den gesellschaftlichen Veranstaltungen aus Anlass dieser Feiern kam ich einige Mal mit den bekanntesten Vertretern der Schwerindustrie des Ruhrbezirks zusammen. Am Mittagessen in der Villa Hügel nahmen teil u.a. die Herren Reusch von der Gutehoffnungshütte, Geheimrat Klöckner von den Klöckner-Werken, Dr. Vögler vom Stahlverband, Geheimrat Duisberg von den IG-Farben, ferner die Herren Springorum, Kirdorf, Haniel und Winkhaus. In meiner unmittelbaren Nachbarschaft saß einige Male August Thyssen, und das nahm er zum Anlass, mir einen für den Reichspräsidenten bestimmten Brief auszuhändigen mit der Bitte, ihn für den Fall weiterzuleiten, dass ich mit seinem Inhalt einverstanden sei. Mit diesem Inhalt war ich aber durchaus nicht einverstanden, weil er die Arbeitsverhältnisse in der Großindustrie in der einseitigsten Weise schilderte und dem Standpunkt der Regierung und der Gewerkschaften nicht das geringste Verständnis entgegenbrachte. Ich habe das Herrn Thyssen ohne Umschweife erklärt. Aber er war von meiner Objektivität in der Beurteilung dieser Dinge so fest überzeugt, dass er mich nunmehr bat, mit dem Reichsarbeitsminister einmal zu überlegen, ob nicht in der Tarifpolitik andere Wege eingeschlagen werden könnten.

5. »Erlösung!« Artikel in der Erstausgabe der Zeitschrift »Hephästos« zum Ende der Ruhrbesetzung 1925

K. Boßdorf, Erlösung!, in: Hephästos. Zeitschrift für die Montan-Industrie. Sonder-Ausgabe anläßlich der Ruhrräumung »Das Ruhrgebiet«, Jahrgang 1925, September-Heft, S. 14.[22]

Lange, recht lange waren sie hier, und sie waren anscheinend recht gerne hier – diese Herren, denen es unerlässliche Pflicht schien, Rhein und Ruhr mit verlangenden Blicken zu mustern.

Nun endlich kommt doch der Tag des Abschieds! Doch – Scheiden muss einmal sein; mancher, ob er eben mag oder nicht, nur zu oft wird er der Stunden gedenken, welche ihm

---

22 Laut Geleitwort der Schriftleitung sollte die neu erschienene Zeitschrift, die sich nach dem griechischen Gott der Schmiede, des Eisens und des Feuers benannte, als »Spiegelbild der Industrie« und »Weckruf der Arbeit« fungieren, wobei der Zuschnitt der Artikel eher unterhaltend als technischwissenschaftlich gedacht war. Zu weiteren Ausgaben kam es jedoch nicht.

Cover der Erstausgabe des »Hephästos« von 1925 [Bibliothek des Ruhrgebiets Bochum]

beschieden waren, hier in deutschen Landen zu verweilen – vor seinem Geist wird ein Bild auftauchen – ein gewaltig[es] Bild von der Fahrt über den stolzen Rhein – den, laut sei es gesagt – »deutschen Rhein!« – der so ewig erhaben – ein mächtig[es], schillernd[es] Silberband, sich seinen Weg bahnt inmitten eines so herrlichen Fleckchens Erde, das so überaus reichlich gesegnet [ist] an Schönheit und Anmut, wie sie vollkommener – hier lieblich, dort gewaltig und packend – kaum einer anderen Gegend von der Natur beschieden wurde.

Aber noch eines wird mancher in seinem Gedächtnis bewahren; nämlich, dass hier ein regsam[es] – ein braves Volk wohnt, welchem nicht immer die leichteste Arbeit zur Pflicht ward! Am sonnigen Hang zeugen der Reben so viele in goldiger Pracht von deutschem Fleiß; aber auch tief drunten, fernab von der Sonne heiterem Licht – im unergründlich tiefen staubigen Schacht – wird ehrliche Arbeit geleistet. Wuchtige Hiebe lösen Kohle und Erz von eherner Wand. Mühsam verrichten sie dort drunten ihr Tagewerk – all' die sehnigen, kraftvollen Gestalten – und laden und fördern mit köstlichem Fleiß! Fördern an's Tageslicht die Güter der Erde – und droben regen sich gleichfalls geschicklich und sorgsam tausende, hunderttausende, Millionen rühriger Hände! Arbeit! Brave Arbeit! »Deutsche Arbeit« in Ehren!

6. Kommunismus und Internationalismus: eine KPD-Versammlung in Essen am 31.8.1925

Bericht über eine große KPD-Versammlung im Städtischen Saalbau zu Essen vom 1.9.1925. Historisches Archiv Krupp Essen, WA 41/6–161.

Gegen 7.30 Uhr betrat der Redner des Abends, der englische Gewerkschaftssekretär Cook, den Saal. Während die Musik spielte, erhoben sich die Versammelten von den Sitzen und sangen stehend die Internationale. Hierauf eröffnete der Versammlungsleiter die sehr stark besuchte Kundgebung. Er begrüßte die Anwesenden und dankte für das zahlreiche Erscheinen. Er erklärte, der Zweck der Versammlung sei, die Essener Arbeiterschaft mit der Internationalen Arbeiterhilfe, der Einheitsgewerkschaft und der Einheitskampffront bekannt zu machen. Aus diesem Grunde wäre der englische Kollege Cook erschienen, da dieser der beste Kenner der infrage kommenden Organisationen sei. Die Internationale Arbeiterhilfe sei nicht mit den bürgerlichen Wohlfahrtseinrichtungen zu vergleichen, sondern wäre geschaffen worden, um den durch wirtschaftlichen oder politischen Kampf in Not geratenen Arbeitern zu helfen. Diese Organisation solle sich über die ganze Welt erstrecken und auch die chinesischen Arbeiter in ihrem großen Kampf gegen das Unternehmer- und Ausbeutertum unterstützen. Weiter erklärte der Redner, dass Cook seinen Vortrag in englischer Sprache halten werde, da er der deutschen Sprache nicht mächtig sei. Kollege Brug werde den Vortrag übersetzen. – Dann erhielt ein anderer Kommunist das Wort. Er forderte die Anwesenden auf, sich ebenso wie die englischen und amerikanischen Arbeiter zu einer Einheitskampffront zusammenzuschließen. In diesen Ländern wären sich Bergarbeiter, Eisenbahner, Transportarbeiter, Textilarbeiter u.a.m., eins, um gemeinschaftlich den Kampf gegen das Unternehmertum zu führen. Er schloss mit der Mahnung: »Fort mit allen Berufsorganisationen und hinein in die Einheitsorganisation!«

Im Anschluss daran ergriff Cook das Wort und führte nach der Übersetzung etwa Folgendes aus: Ich hoffe, dass ich zu einem großen Teil der Bergleute von Essen und Umgegend spreche. Dieses ist nötig, weil sich in allen Ländern die Bergarbeiter im Kampf mit dem Kapitalismus befinden. Ich kenne den Bergbau, und ich habe selbst 20 Jahre in der Kohlengrube gearbeitet. Dann wurde ich von der gesamten englischen Bergarbeiterschaft zum Sekretär gewählt […]. Meine Kollegen und ich waren lange Kriegsgegner, und wir haben immer wieder den Bergarbeitern gesagt, dass der Krieg ein kapitalistisches Werk sei. Aber die Arbeiter haben sich durch ihre Regierungen mitreißen lassen. Die englischen Bergarbeiter und ihre Führer sind auch gegen das Londoner Abkommen,[23] gegen den Dawesplan und gegen sämtliche Reparationen gewesen,[24] da dieses zur Versklavung und zur Arbeitslosigkeit der Arbeiter aller Länder führen muss. Das hat sich schon in England gezeigt, wo jetzt bereits über 1 ½ Millionen Arbeitslose zu verzeichnen sind, die Kurzarbeit nicht einmal eingerechnet. Wir Engländer haben es am eigenen Leib erfahren, als wir im Jahre 1921 einen Lohnkampf führten. Bei dieser Gelegenheit hat das Unternehmertum mithilfe der Regierung und des Militärs zu Land und zu Wasser unsere Bergarbeiter niedergekämpft. Hierdurch haben wir gelernt, unsere letzten Reserven herangeholt und eine Einheitskampffront gebildet. Die bisherige Arbeitsgemeinschaft hat die Schaffenden nicht vorwärts-, sondern zurückgebracht, weil sie nur immer verhandeln aber nicht handeln wollte. Wir Engländer kennen […] nur eine Einheitsgewerkschaft. In Deutschland zersplittern sich die Arbeiter in Tausende von Berufsorganisationen. In England sagen die Unternehmer bei jeder Verhandlung: »Arbeitet erst einmal so billig wie die deutschen Arbeiter und denkt so viel an euer Vaterland wie sie, dann wird es auch schon besser gehen.« – Trotzdem ist es uns gelungen, das Unternehmertum zu zwingen, im Jahre 1924 12 bis 15 Pfund mehr an Arbeitslöhnen zu zahlen als in den Jahren vorher. Als Anfang dieses Jahres die Arbeiterregierung gestürzt wurde, glaubten die Unternehmer die Zeit für gekommen, um die Löhne zu drücken. Bei dieser Gelegenheit hat sich die Einheitskampffront bewährt. Die Arbeiter weigerten sich, auch nur einen Pfennig billiger zu arbeiten oder auch nur eine Minute länger zu schaffen. Die Regierung hatte daraufhin eine Kommission gewählt, die mit den Bergarbeitern verhandeln sollte. Deren Führer haben aber jede Verhandlung abgelehnt, und so ist das Unternehmertum zur Kampfaufgabe gezwungen worden. Das alte Lohnabkommen bleibt vielmehr bis Mai nächsten Jahres bestehen.

Die deutschen Unternehmer sagen euch immer: »Wir können keine höheren Löhne zahlen; wir haben kein Geld. Wir müssen erst wieder den Weltmarkt erobern.« Das Gegenteil ist der

---

23 Die Londoner Konferenz 1924 befasste sich mit der Regelung der Reparationsfragen des Ersten Weltkriegs und den Zahlungsverpflichtungen Deutschlands an die Siegermächte. Aus ihr ging der Dawes-Plan hervor.

24 Der auf den Leiter eines internationalen Sachverständigenausschusses, Charles Dawes, zurückgehende Plan sah im Kern einen neuen Finanzierungsplan für die deutschen Reparationszahlungen vor, die von der wirtschaftlichen Leistungsfähigkeit des Deutschen Reichs abhängig gemacht werden sollten. Verbunden mit dem Dawes-Plan markierte das Londoner Abkommen das Ende der Ruhr-Besetzung.

Fall und der Weltmarkt mit deutschen Produkten überfüllt, weil die deutschen Werktätigen zu billig arbeiten. In England verdient der Bergarbeiter täglich 15 bis 16 Mark, in Deutschland dagegen nur 6 bis 7 Mark. Ich bedauere es, sagen zu müssen, dass der deutsche Arbeiter im Ausland nur als Lohndrücker und Kuli betrachtet wird. Ich sage, es wird für die deutschen Arbeiter nicht eher besser, als bis sie sich der Einheitskampffront angeschlossen haben. Das bedingt aber, dass sich die Arbeiter geschlossen organisieren. Weiter sage ich, dass euch das Unternehmertum in nächster Zeit zum Kampf herausfordern wird. Wenn sich die deutsche Arbeiterschaft zur Einheitsfront bekennt, wird, das verspreche ich euch, die englische Arbeiterschaft mit allen ihr zur Verfügung stehenden Mitteln helfen. – Auch die belgischen und französischen Arbeiter haben zugesagt, der Einheitsfront beizutreten.

Der deutsche Arbeiterführer Graßmann hat im Jahre 1920 erklärt, Deutschland sei das freieste Land der Welt. Ich muss dagegen sagen, dass Deutschland vor dem Krieg, was Organisation und Soziales anbelangte, an erster Stelle marschierte, heute aber weit hinter Polen und T[s]chechen zurücksteht.

Nachdem Cook noch den ersten Empfang in Deutschland geschildert hatte, beendete er seine Ausführungen. Der Versammlungsleiter forderte daraufhin auch seinerseits die Versammelten auf, für die Einheitsfront zu werben.

Nachdem noch mehrere, für die Regierung und Parteitag in Breslau bestimmte Resolutionen verlesen worden waren, wurde die Versammlung fotografiert, um den bürgerlichen Parteien die Massenkundgebung im Bild vorzuführen.

Die Versammlung wurde dann mit Gesang und Musik geschlossen. – Vor dem Saalbau stellte sich eine große Anzahl der Versammlungsbesucher zu einem Zug auf. Die Polizei schritt aber ein und löste den Zug auf. Zu Ausschreitungen ist es hierbei nicht gekommen.

7. Protest der Wittener Stadtverwaltung und der Stadtverordnetenversammlung gegen Zechenstilllegungen (1925)
Wittener Tageblatt vom 3.10.1925 über die Stadtverordnetenversammlung am 1.10.1925. Stadtarchiv Witten, Witten-Alt, 5.50a.53. (Auszug)

Oberbürgermeister Laue[25] machte nun einige Erläuterungen, die die Zechenstilllegungen betrafen. Es lag hierzu ein Schriftsatz vor, der die Schlussfolgerungen des Ausschusses zur Prüfung der mit der Stilllegung von Zechen im südlichen Ruhrbezirk zusammenhängenden Fragen betraf. Diese Schlussfolgerungen stellen gewissermaßen einen Schlussstein langwieriger, sehr schwieriger Verhandlungen dar, die in Dortmund, Hagen und Berlin stattfanden. [...] Wie die Entwicklung weiter ginge, könne kein Mensch sagen, die Stadt Witten müsse natürlich bestrebt bleiben zu erreichen, dass die Zechen wieder in Betrieb kämen, aber jeder, der ohne

---

25 Otto Laue (1875–1933), seit 1911 Oberbürgermeister von Witten, wurde nach der »Machtergreifung« der Nationalsozialisten aus seinem Amt gedrängt. Laue, seit 1919 Mitglied der rechtsgerichteten Deutschnationalen Volkspartei, beging im Juni 1933 Selbstmord.

Voreingenommenheit an die Sache herantrete, müsse sich sagen, dass hierzu wenig Aussicht vorhanden sei. […]

Stadtv[erordneter] Banasiewicz [Unabhängige Sozialdemokratische Partei Deutschlands] bezeichnete in längeren Ausführungen die Behauptungen der Unrentabilität der Randzechen als eine Lüge. Der Bergbau sei der Kapitalismus, die Reichsbehörden seien die ausführenden Organe des Kapitalismus.

Stadtv[erordneter] Hollberg [Sozialdemokratische Partei Deutschlands] bestritt ebenfalls, dass die Randzechen unrentabel seien. Das System, was hier in Witten für die Bergarbeiter eingeführt sei, sei ein Sklavensystem. Es würden ihnen hohe Löhne vorgegaukelt, die sie aber nie erhielten. Statt der versprochenen 8–10 Mark würden 4,50–5 Mark gezahlt. Es gehe nicht an, die Bergarbeiter ohne Weiteres zu verpflanzen, man müsse doch auch die Verhältnisse an der neuen Arbeitsstelle prüfen. Es sei nicht so leicht, die Bergleute, die hier ansässig seien, die nun so lange hier gearbeitet hätten, in heiße Löcher zu schicken.

Stadtv[erordneter] Disselhoff [Deutsche Demokratische Partei]: Das treffe auch auf andere Arbeiter zu. Man solle sich doch mal erinnern, wie es bei früheren Stilllegungen gewesen ist. Die kleinen Zechen sollten kaputt gemacht werden, damit die größeren eine bessere Ausbeute hätten.

Stadtrat Bewig: […] Es wäre […] durchaus wünschenswert, wenn die Verpflanzung des alteingesessenen Arbeiterstammes, namentlich, wenn er sesshaft sei, nicht mehr notwendig wäre, dazu müssten, um dies zu erreichen, Arbeitsgelegenheiten durch Aufnahme von Notstandsarbeiten beschafft werden. Nach dieser Richtung schwebten verschiedene Pläne. Eine nennenswerte Umsiedlung käme für Witten nicht mehr infrage. Soweit das zu übersehen sei, handle es sich um rund 20 verheiratete Bergarbeiter. […]

Stadtv[erordneter] Belzer [Sozialdemokratische Partei Deutschlands]: Der Oberbürgermeister hätte sich in Fragen der Zechenstilllegung und der Verpflanzung der Bergarbeiter früher an die Stadtverordneten und die Öffentlichkeit wenden sollen und nicht, wenn es schon zu spät sei. Er würde dann die gesamte Bürgerschaft hinter sich gehabt haben. Er (der Redner) vermisse bei allen Verhandlungen die Hinzuziehung der Bergarbeiter (Zwischenruf: nicht möglich). Das wäre wohl möglich gewesen. Auf keinen Fall dürfe die Stadt es zugeben, dass nun die Zechen ersöffen. Wenn auf der einen Seite für die unverschuldet in Not geratenen Arbeiter von dem Oberbürgermeister und der Stadt etwas getan werden solle, dann solle man sich auf der anderen Seite nicht als einen Syndikus der Besitzenden zeigen; der Oberbürgermeister schien sich in der letzten Zeit jedenfalls so entwickelt zu haben. […]

Oberbürgermeister Laue: Es sei eine ganz niederträchtige Beschuldigung, wenn man ihm jetzt unterstelle, er habe die Interessen der Stadt nicht genug vertreten.

Stadtbaurat Bewig: Dass die langwierigen Verhandlungen irgendwie von parteipolitischen Gesichtspunkten beeinflusst seien, dass sie auf parteipolitische Momente eingestellt gewesen seien, treffe durchaus nicht zu. Wie scharf die Stadt vorgegangen [sei], erhelle schon die Tatsache, dass mit dem Enteignungsgesetz gedroht worden wäre gegen die Zechen, die hätten stilllegen wollen, zugunsten von Unternehmern, die bereit gewesen seien, den Betrieb fortzuführen. Es habe aber nichts genutzt. Es wäre so intensiv gearbeitet [worden], wie das überhaupt nur denkbar gewesen wäre.

8. Rationalisierung und Stilllegung im Ruhrbergbau (1926)

»Ein Mahnwort an die Reichsregierung. Gegen Stilllegungswillkür, Katastrophenpolitik und Wirtschaftsterror der Ruhrbergunternehmer«. Versammlungsbericht und Entschließung, in: Bergarbeiter-Zeitung 38 (1926), Nr. 26 vom 26.6.1926, Titelseite.

Kamerad *Husemann*[26] gab in kurzen Strichen einen Überblick über die Entwicklungstendenzen des Ruhrkohlenbergbaus während der letzten 15 Jahre. Anhand einschlägigen Zahlenmaterials vermochte er zu zeigen, wie die erschütternden Wirkungen der Ereignisse seit 1913 bis heute die Produktionskurve aller maßgebenden Steinkohlenbergbau treibenden Länder in entscheidendem Maß beeinflussten. Der deutsche Steinkohlenbergbau erhielt während der vergangenen Jahre seine besondere Note durch die Zwangslieferungen, die der deutsche Kohlenbergbau infolge der Bestimmungen des Friedensvertrags von Versailles an die ehemaligen Feindbundstaaten abführen musste. Infolge dieser über das natürliche Maß hinausgehenden Nachfrage erlebte der deutsche *Steinkohlenbergbau* zeitweise eine mit der gesunden Entwicklung im Widerspruch stehende Aufblähung. Dem Zwischenspiel der Ruhrbesetzung im Jahr 1923 folgte dann die sogenannte Stabilisierungskrise, während der die Unternehmer mit den rigorosesten Mitteln die geschwächte Position der Gewerkschaften zur Verankerung sozialrevolutionärer Maßnahmen zu benutzen versuchten. Unter dem Feldgeschrei: »*Einführung der Vorkriegsarbeitszeit!*« begann der reaktionäre Vorstoß der Zechengewaltigen, und unter der Devise: »*Vorkriegsarbeitszeit, Abbau der Löhne, Beseitigung der sozialen Fürsorgeeinrichtungen!*« wuchs die Kampfparole der geeinigten Unternehmerverbände, des Reichsverbands der deutschen Industrie, aus einer Denkschrift empor, die den verantwortlichen Regierungsstellen übermittelt wurde. Damit versuchten die Bergbauunternehmer, die zeitweilige Verschiebung, die im Reichstag zugunsten der schwerindustriellen schwarz-weiß-roten Hilfsparteien eingetreten war, auf dem schnellsten Weg in klingende Münze umzuwandeln. Einer Denkschrift des Zechenverbands an das Reichskabinett folgte dann am 20. August 1925 eine Denkschrift unseres Verbands,[27] die auf den internationalen Charakter der Krise hinwies und in der die Einsetzung eines Sachverständigenausschusses zur Prüfung der Zechenstilllegungsmaßnahmen gefordert wurde. Diese Forderung wurde nachhaltig unterstützt durch eine Eingabe aller am Tarifvertrag beteiligten Bergarbeiterorganisationen, in der darauf verwiesen wurde, dass ein solcher Ausschuss weitgehende Vollmachten erhalten müsste und in der weiter das Verlangen nach finanzieller Abfindung der durch die Stilllegungen geschädigten Bergarbeiter erhoben wurde.

---

26 Zur Vita Fritz Husemanns vgl. Dok. 22, Anm. 51 in Kap. VIII. Vgl. auch die Dok. 4 und 11 in Kap. XI.
27 Gemeint ist der Arbeitnehmer-Verband der Bergbauindustriearbeiter Deutschlands, während der Zechenverband eine Vereinigung von Arbeitgebern repräsentierte.

Diese Forderungen ergaben sich aus den praktischen Erfahrungen, die von den Organisationsvertretern in dem durch Verordnung vom 27. Oktober 1924 gebildeten Stilllegungsausschuss gesammelt wurden. Dieser Ausschuss hatte keine weitreichenden Vollmachten und entwickelte sich deshalb zu einer Attrappe, hinter deren Kulissenwand sich die Stilllegungen fast programmmäßig weiter entwickelten, sodass sich die Arbeiter- und Angestelltenvertreter genötigt sahen, aus diesem Talmiausschuss[28] auszutreten. Bis zum März 1926 wurden dann 79 Zechen, vornehmlich im südlichen Ruhrgebiet, stillgelegt und 63.000 Bergleute brotlos gemacht.

Trotzdem die Bergarbeiterorganisationen, gewitzt durch alle diese Erfahrungen, positive Vorschläge an die Reichsregierung beziehungsweise das Reichswirtschaftsministerium eingereicht hatten, die zur Grundlage von Verhandlungen dienen konnten, wurde kein positives Ergebnis erzielt, weil die Regierungsstellen selbst einer Regelung im Sinne der Arbeiterinteressen ablehnend gegenüberstanden und auch heute noch nicht ihren Standpunkt geändert haben. Das Reichswirtschaftsministerium hat in diesen Lebensfragen der deutschen Bergarbeiter eine geradezu unfassbare Regierungspolitik getrieben und unter Anwendung unqualifizierter Verschleppungsmanöver eine endgültige Regelung dieser Frage bis auf den heutigen Tag zu verhindern verstanden.

[…]

Der Referent schloss seine Ausführungen mit dem Hinweis, dass diese Kundgebung als letzter öffentlicher *Mahnruf* an die verantwortlichen Regierungsstellen aufzufassen sei. Die Regierung muss endlich an ihre Pflicht erinnert werden, mitzuhelfen, geordnete Zustände im deutschen Bergbau zu schaffen.

Als *zweiter Redner* sprach der sozialdemokratische Reichstagsabgeordnete und ehemalige Reichswirtschaftsminister *Robert Schmidt*.[29] Er ging einleitend auf die Umgestaltung der Energiewirtschaft ein und forderte, dass der allgemein in die Erscheinung tretenden Umformung der Wirtschaftswerte auch im Bergbau im Sinne der Gemeinwirtschaft Rechnung getragen werden müsste.

Schmidt wies darauf hin, dass heute noch, trotz der Schicksalsschläge, die uns die herrschende Wirtschaftsordnung gebracht hat, bei Zechenstilllegung zum großen Teil nur nach dem Vorteil der Quotenübertragung und nicht nach allgemeinen wirtschaftlichen Gesichtspunkten verfahren wird. Wir müssen deshalb danach streben, der Regierung so viel Befugnisse zu geben, dass sie bei einem solchen wirtschaftsfeindlichen Verfahren eingreifen und Quoten-

---

28 Talmi = Trödel, Krimskrams.
29 Robert Schmidt (1864–1943) saß als sozialdemokratischer Politiker von 1893–1898 und erneut von 1903–1930 in der Nationalversammlung und im Reichstag. Schmidt übte im Kabinett Scheidemann das Amt des Ernährungsministers, in den Kabinetten Bauer, Müller und Wirth das Amt des Wirtschaftsministers und im Kabinett Stresemann das Amt des Wiederaufbauministers aus. Er ist nicht identisch mit dem Essener Beigeordneten Robert Schmidt (1869–1934) der 1912 einen Generalsiedlungsplan für das Ruhrgebiet entwarf und als erster Verbandsdirektor des SVR amtierte.

verschiebungsaktionen auf jeden Fall verhindern kann. Das Ruhrkohlensyndikat ist unter dem Druck drohender Regierungsmaßnahmen zustande gekommen, deshalb müsste sich die Regierung auch den notwendigen Einfluss auf die innere Gestaltung des Syndikats einigermaßen gesichert haben.

Die Frage der sozialen Verpflichtung gegenüber den durch die Stilllegungsmaßnahmen betroffenen Bergarbeitern muss ganz besonders prägnant in den Vordergrund geschoben werden. Genauso, wie die Kaliberarbeiter, die aufgrund des Reichskaligesetzes bei Stilllegungen entschädigt werden, haben auch die geschädigten Steinkohlenbergarbeiter an der Ruhr ein Anrecht auf eine solche Abfindung.

Auf die tausendfältige Verwendungsmöglichkeit der Steinkohlen hinweisend, hob der Redner hervor, dass hier noch große Aufgaben für die Zukunft zu erfüllen sind. Diese Aufgaben gestaltender Umordnung vorhandener Werte können jedoch nur von einer Gesellschaft gelöst werden, die auf dem Boden der Gemeinwirtschaft steht und die Fesseln privatwirtschaftlicher Anarchie von sich gestreift hat.

Als Vertreter der freigewerkschaftlichen Angestelltenorganisationen des Bergbaus ergänzte Steiger *Halbfell*[30] die Ausführungen der Vorredner und wies mit besonderem Nachdruck darauf hin, dass die Stilllegungsaktion der Unternehmer sich auch für die Bergbauangestellten geradezu katastrophal ausgewirkt habe.

Der *Amtmann Dresing* aus Hörde[31] schilderte die geradezu verzweifelte Notlage der durch die Stilllegungsaktionen betroffenen Kommunen des südlichen Ruhrgebiets. In seinem Amt z.B. muss der vierte Teil der Bevölkerung aus öffentlichen Mitteln unterstützt werden. Auch auf diesem Gebiet müssen Mittel und Wege zur Abhilfe der beispiellosen Not gefunden werden, in die mit den betroffenen Gemeinden Zehntausende von Bergleuten mit ihren Familien versinken.

Der *Regierungspräsident König*[32] aus Arnsberg wies darauf hin, dass eine Lösung der Krise mit den heute angewandten Mitteln auf die Dauer nicht gefunden werden könne. Die Krise habe ihren Höhepunkt immer noch nicht überschritten. Trotzdem der Regierung in Arnsberg in diesem Jahr 300 Stilllegungsanträge vorgelegen haben, gehen immer noch weitere Anträge ein. Er werde versuchen, noch größere Mittel aus der produktiven Erwerbslosenfürsorge in das Notgebiet an der Ruhr durch die Regierung leiten zu lassen. Jedoch könnten das immer nur vorübergehende Hilfsmaßnahmen sein. Eine endgültige Lösung kann nur in einer Umformung

---

30 August Halbfell (1889–1965), seit 1913 Steiger auf der Gladbecker Zeche Scholven, war seit 1924 zugleich SPD-Stadtverordneter in Buer, bevor er 1928 die Leitung des Arbeitsamts Gelsenkirchen übernahm. Nach dem Zweiten Weltkrieg war Halbfell Arbeitsminister (1946–1950) und geschäftsführender Wiederaufbauminister (1948) in der NRW-Landesregierung.

31 Wilhelm Dresing (1885–1967) war seit 1919 SPD-Kommunalpolitiker im Landkreis Hörde, Amtmann sowie Bürgermeister von (Dortmund-)Wellinghofen.

32 Max König (1868–1941) war von 1919 bis 1933 der erste sozialdemokratische Regierungspräsident in Arnsberg. Zuvor gehörte der gelernte Schmied 1893 u.a. zu den Mitbegründern des freigewerkschaftlichen Deutschen Metallarbeiterverbands und war langjähriger Vorsitzender des SPD-Bezirks Westlichen Westfalen.

der Wirtschaftsstruktur und einer Anpassung an die Produktionsformen der Gemeinwirtschaft gefunden werden.

Das Ergebnis der Konferenz wurde dann in der folgenden, *einstimmig* angenommenen Entschließung zusammengefasst:

Entschließung

»Mit großer Sorge haben die wirtschaftlichen und politischen Vertretungen der Arbeiter und Angestellten des Bergbaus die unheilvollen Auswirkungen der fortgesetzten einseitigen Stilllegungsmaßnahmen in Deutschlands wichtigstem Kohlenrevier beobachtet und immer wieder ihre Stimme erhoben, um der Willkür und Planlosigkeit Einhalt zu bieten. Die Notrufe der im Bergbau Beschäftigten und der Gemeinden blieben unbeachtet. Den wohlbegründeten Vorschlägen der Gewerkschaften zur Umstellung des Bergbaus wurde von den verantwortlichen Stellen keine Folge gegeben, ja sogar einer bloßen Stellungnahme dazu ausgewichen. Dieses Hinhalten muss ein Ende haben, und so sehr wir alle wünschen, dass es der Regierung und den Beteiligten gelingen möge, alsbald zu einer erträglichen, das Maß der Opfer gerecht abwägenden Regelung zu kommen, so wenig dürfen wir, in Kenntnis der enttäuschten und verbitterten Empfindungen in den Reihen der schwer geschädigten Arbeiter und Angestellten, den Hinweis unterlassen, dass weitere Tatenlosigkeit die Gefahr schwerer wirtschaftlicher Erschütterungen heraufbeschwört. Neben der Denkschrift des Verbands der Bergarbeiter Deutschlands und den weiteren Darstellungen der Arbeiter- und Angestelltengewerkschaften des Bergbaus bietet die beschleunigte Durchführung der in einer Entschließung des Reichstags vom 30. April 1926 geforderten Prüfungs- und Schutzmaßnahmen einen Weg, der die anwachsende Beunruhigung im Bergbau hintanhalten kann. Dieser Reichstagsantrag, hinter den wir uns nachdrücklich stellen, verlangte von der Reichsregierung »einen aus Vertretern der Unternehmer, der Arbeiter und Angestellten paritätisch zusammengesetzten Ausschuss einzusetzen, der bei beabsichtigten Betriebseinschränkungen und Stilllegungen im Kohlenbergbau befugt ist, eine Prüfung der Verhältnisse dieser Betriebe vorzunehmen. Zu diesem Zweck sind dem Ausschuss alle für die Beurteilung der beabsichtigten Maßnahme notwendigen Unterlagen vorzulegen. Er hat das Recht, Sachverständige und Zeugen zu vernehmen. Die Stilllegung oder Einschränkung darf nur mit Zustimmung des Ausschusses erfolgen. Die Zustimmung ist nur zu erteilen, wenn die kommunalen Interessen in wirtschaftlicher und sozialer Beziehung berücksichtigt sind. Wird die Zustimmung erteilt, so sind die zur Entlassung kommenden Arbeiter und Angestellten zu entschädigen. Die Entschädigungsbeträge sind auf den Kohlenbergbau umzulegen.

Es darf keine Zeit mehr verloren werden, um das hier Geforderte endlich in die Tat umzusetzen. An alle, im Bergbau Beschäftigten aber lassen wir den Ruf ergehen, ihrem unbeugsamen Willen zum Erfolg durch festen organisatorischen Zusammenschluss wirksam Ausdruck zu geben.«

9. Rationalisierung und Mechanisierung im Bergbau (1928)
Rationalisierung und Mechanisierung im Bergbau. Wissenschaftliche Betriebsführung im Ruhrbergbau, in: Märkischer Sprecher (Bochum), Nr. 69 vom 21.3.1928.

Anlässlich der 10. Tagung des Verbands oberer Bergbeamter wurde ein bemerkenswerter Vortrag »Rationalisierung, Mechanisierung und wissenschaftliche Betriebsführung im Bergbau« gehalten, in dem es heißt:

»Was bedeutet Rationalisierung? Vernunftgemäß arbeiten! Was ist Mechanisierung? Wörtlich: Den Gesetzen der Mechanik entsprechend handeln, im übertragenen Sinne: Ersetzung der Handarbeit durch Maschinenarbeit. Was heißt wissenschaftliche Betriebsführung? Ein Arbeiten nach sorgfältig und wissenschaftlich ausgearbeiteten Grundsätzen. Eine Wissenschaft als solche, eine reine Wissenschaft kommt für den Bergbau kaum infrage. Der Begriff »wissenschaftliche Betriebsführung« würde, soweit der Bergbau infrage kommt, besser ersetzt durch den Begriff »wirtschaftliche Betriebsführung«. Betrachtet man den Entwicklungsgang des Bergbaus in den letzten Jahrzehnten, so lässt sich sagen, dass in dieser ganzen Zeit unablässig »rationalisiert« wurde. Das Gleiche gilt für die Mechanisierung. Es kann nicht verkannt werden, dass der Zwang zum vernunftgemäßen Arbeiten im Bergbau in den letzten Jahren stärker geworden ist, da die staatliche Zwangswirtschaft dem Bergbau fortwährend Lasten aufbürdet, die nur mit größter Mühe getragen werden können. Man muss es verurteilen, dass von allen Wirtschaftszweigen dem Bergbau allein die Preise vorgeschrieben, die Löhne diktiert und soziale Aufgaben aufgezwungen werden, die ihn zu ruinieren drohen. Der Bergbau muss seine frühere Bewegungsfreiheit wieder erhalten, oder er wird sich dauernd in einer Krise befinden.

Die großen Hoffnungen, die man vor einigen Jahren auf Rationalisierung und Mechanisierung setzte, sind nur zum kleinen Teil in Erfüllung gegangen. Rationalisierungsmaßnahmen in Bezug auf Verwaltungszusammenlegungen erwiesen sich in der Regel als äußerst kostspielige Experimente. Eine wirtschaftliche Rationalisierung stellt dagegen die Betriebszusammenfassung unter Tage dar. Eine große Rolle in der Frage der Wirtschaftlichkeit des Bergbaus spielt die Versatzfrage,[33] besonders hinsichtlich der Beschaffung geeigneten Versatzmaterials. Soll der Bergbau nicht unendlich zurückgeworfen werden in seiner Entwicklung […], so wird es nötig sein, dass die Bergbehörden mehr Freiheit im Bergeversatz gewähren. Hier ist der Blindort-Betrieb in dünnen Flözen zu nennen oder, wie es beispielsweise in Holland geschieht, der schnelle Verhieb ohne Bergeversatz.«

Abschließend führte der Redner aus, dass ausschlaggebend bei der Betrachtung all dieser Dinge der Mensch sei. »Die Leistung ist nicht nur abhängig von der Einführung neuer Maschinen, sondern in höherem Maße von der richtigen Disposition der Beamten und dem vollen Einsatz der menschlichen Kräfte.«

---

33 Im Bergbau wird unter Versatz das Material zum Ausfüllen von Hohlräumen unter Tage bezeichnet.

10. Auswanderung aus dem Ruhrgebiet (1928)

Der Oberbürgermeister von Herne an den Arnsberger Regierungspräsidenten und die Industrie- und Handelskammer Bochum vom 26.9.1928. Stadtarchiv Herne V/3033, Bl. 1.

Die Bedürfnisfrage für die Errichtung der Auswanderungsagentur in Herne wird dringend bejaht. Der Verkehrs-Verein hat nach Einrichtung der Geschäftsstelle eine erhebliche Frequenz aufzuweisen und erfreut sich bei dem Publikum eines besonderen Vertrauens. Nahezu täglich werden Anfragen über Seepassage auch von Auswanderlustigen gestellt, die mangels einer örtlichen Konzession nicht befriedigt werden können. Die Interessenten sind gezwungen, zu der Agentur nach Bochum zu fahren, wobei sie einen erheblichen Arbeitsausfall und dazu noch Fahrtkosten haben. Da die Nachfrage nach den Linien des Norddeutschen Lloyd sehr groß ist, die Nachfragenden jedoch hier nicht beschieden werden können, besteht weiterhin die Gefahr der Abwanderung der Passagiere auf auswärtige Linien, insbesondere auf holländische und italienische. Die Übertragung der Konzession an den Geschäftsführer des Verkehrsvereins Herne, Herrn Richard Koch, wird deshalb auf das Wärmste befürwortet.

11. Die Haltung der evangelischen Kirche zum Ruhreisenstreit (1928)

Schreiben der Kirchenleitungen der rheinischen und westfälischen Provinzialkirchen an die Reichsregierung vom 8.11.1928, in: Das Evangelische Rheinland 5 (1928), Heft 11, S. 165, abgedruckt in: Günter Brakelmann, Evangelische Kirche in den sozialen Konflikten der Weimarer Zeit. Das Beispiel des Ruhreisenstreites, Bochum 1986, S. 39 f.

Rheinische Kirche und Ruhreisenstreit

Im Verfolg einer eingehenden Aussprache über die durch den Wirtschaftskampf in der Eisenindustrie des Ruhrgebiets geschaffene ernste Lage und im Sinne wiederholter Kundgebungen des Deutschen Evangelischen Kirchentags halten wir uns für verpflichtet, von unserer durch das Evangelium maßgebend bestimmten Grundauffassung aus in Erfüllung der religiös-sittlichen Aufgabe der Kirche der Reichsregierung Folgendes vorzutragen:

Wir empfinden auf das Tiefste die mit jedem Tag wachsende materielle, nicht minder aber die seelische Not der vielen durch den Kampf betroffenen Volksgenossen. Darüber hinaus beklagen wir neben den ernsten Folgen des Kampfs für die Betriebe wie für die deutsche Gesamtwirtschaft die drohende Zerstörung einer im Wachsen begriffenen Schaffensgemeinschaft im Dienst des Volks-Ganzen.

Es kann nicht Aufgabe einer kirchlichen Stelle sein, über Recht oder Unrecht wirtschaftspolitischer Zielsetzungen oder über die Erfüllbarkeit wirtschaftlicher Forderungen zu entscheiden. Es ist erst recht nicht unsere Sache, ein Urteil in den verwickelten Rechtsfragen abzugeben, die der jetzt entbrannte Kampf aufgeworfen hat. Uns scheint, als könne auch eine Klärung der Rechtsfragen so wenig wie wirtschaftlicher Einzelfragen allein die Gesamtlage entwirren und den Wirtschaftsfrieden herbeiführen. Uns scheint ferner, dass z.B. weder die kämpfenden Gruppen, noch die Schlichtungsbehörden als solche, die Möglichkeit haben, neue Schritte zur Entwirrung der Lage zu tun.

Wir halten deshalb ein Eingreifen der Reichsregierung für das Gebot der Stunde. Welche Wege hier zu beschreiten sind, unterliegt ihrem Urteil und ihrer Verantwortung. Indes geben wir zu erwägen, ob nicht die Reichsregierung durch wirtschaftlich erfahrene Persönlichkeiten, die auf das Vertrauen der Parteien rechnen dürfen, einen Versuch zur Anbahnung erneuter Verhandlungen zwischen den streitenden Gruppen unternehmen sollte. Das erscheint uns nicht aussichtslos, da nach ernst zu nehmenden Zeitungsmeldungen bei allen Beteiligten Verhandlungsbereitschaft besteht. Allerdings wird nur bei offener Aussprache über die Grundfragen des Kampfs eine für die beiden streitenden Parteien annehmbare Vereinbarung zu erhoffen sein.

Von jeder Verzögerung, insbesondere von einem Abwarten arbeitsgerichtlicher Entscheidungen, befürchten wir eine fortschreitende Verwirrung der Lage, die sich schon jetzt nach deutlichen Anzeichen von Tag zu Tag unheilvoll verschärft. Wir bitten deshalb die Reichsregierung dringend um Beschleunigung ihres Eingreifens, damit Hunderttausende deutscher Familien von dem Druck schwerer Not und Sorge befreit werden.

12. Das Ruhrgebiet in sozialkritischen Reportagen (1928)
Erik Reger, Ruhrprovinz, in: Die Weltbühne 51 (1928), S. 918–924.

Ruhrprovinz

Um besseren Schlaf zu erzielen, werden die Zimmer schwarz angestrichen. In solchen Zimmern werden auch die erregtesten Kranken von einer großen Müdigkeit befallen.

Notiz einer Ruhrzeitung unter »Vermischtes«.

Eine chaotische Landschaft, in der sich Mietskasernen, Schornsteine, Sportplätze, Zechentürme, Parkanlagen, Aschenhalden, Villen in Barockmanufaktur, Gartenlokale, Hochöfen, burghafte Fabrikfassaden und Kolonien im Schwarzwälder Puppenstil unaufhörlich durcheinander schieben. Eine chaotische Landschaft, in der Handelskammern, Gewerkschaften, Industriellenverbände, Bürgervereine, Pressechefs und Kulturdirektoren am gleichen Strang ziehen, um den düstern Alltag zu verschönern und das barbarische Konglomerat der Einwohner mit Kultur zu beglücken.[34]

Eine sogenannte amerikanische Entwicklung: Wie Detroit vom Jargon der eingewanderten Rumänen, Ungarn, Italiener beherrscht wird, so verdanken die Ruhrstädte ihr Wachstum der ostpreußischen, sächsischen, württembergischen Invasion, die von einer Industrie, deren

---

34 Eriker Reger, am 8. September 1893 in Bendorf am Rhein als Hermann Dannenberger geboren, war nach Studium, Fronteinsatz im Ersten Weltkrieg und Kriegsgefangenschaft als Pressereferent und Bilanzkritiker bei der Fried. Krupp AG in Essen tätig. Sein 1931 erschienener Roman »Union der festen Hand«, für den Erik Reger den Kleist-Preis erhielt, zählt zu den bedeutendsten Industrieromanen des 20. Jahrhunderts. Während der NS-Zeit arbeitete Reger als Lektor des Deutschen Verlags in Berlin, der aus dem »arisierten« Ullstein Verlag hervorgegangen war. Nach dem Zweiten Weltkrieg gründete Reger den Berliner Tagesspiegel mit und arbeitete als dessen Chefredakteur. 1954 starb Reger in Wien.

Bedarf an billigen und unterwürfigen Arbeitskräften unerschöpflich war, mit allen Mitteln eines patriarchalischen Manchestertums unterstützt wurde. Unter dem Einfluss einer beispiellosen Konjunktur auf dem Eisen- und Kohlenmarkt sind über Nacht aus Ackerdörfern große Städte geworden. Aber der Charakter der alten Ackerdörfer hat sich hier in jenem geistigen Typus erhalten, der Lodenjoppen, Jägerhemden und Hüte mit Rasierpinseln trägt und sich aus Minderwertigkeitsgefühlen heraus um das Großstadtideal müht. Nun, die Einwohnerzahl, die Häusermasse, der Ehrgeiz, die Spekulation mit einer wirtschaftlichen Produktivität, die zu einem erheblichen Teil auf einem Geschenk der Natur beruht: Das schafft keinen Ersatz für Selbstbewusstsein, Freiheit, Grazie, Charme. Der Mangel an Großstadtsubstanz verursacht jene innere Unsicherheit, die in fieberhaftem Betätigungsdrang einen Ausgleich sucht. Das öffentliche Leben an der Ruhr vollzieht sich daher aufgrund von Fiktionen. Man läuft hinter den Größen der Vergangenheit mit Superlativen der Bewunderung her: Wo keine Überzeugung ist, hört die Überlieferung niemals auf. [...]

Eine Viertelstunde Schnellzugfahrt von Stadt zu Stadt. Fünf Viertel- und Halbmillionenstädte passiert man innerhalb einer Stunde. Dazwischen fast ein Dutzend Mittelstädte, um die wieder ein Kreis von Fabrikdörfern gestreut ist. Alle haben sie ihre Spezialitäten. Buer ist Deutschlands jüngste Großstadt, bekannt durch seinen Protest gegen Meyers Lexikon (weil darin über Buer nur zwölf Zeilen stehen), durch das Kolossalgemälde eines Kamels im Rathaussaal, eine züchtige Kleiderordnung für gastierende Sängerinnen und die nackte Göttin Hertha vor der Reichsbankfiliale. Essen hat noch seinen Krupp, aber es ist nicht mehr die Kanonenstadt, das Ziel aller Artilleriegeneräle, sondern die Möbelstadt, das Ziel aller Bräute. Mülheim hat seinen Thyssen, den es sich mit Hamborn teilt, da ihm noch der junge Stinnes, die venezianische Stadthalle und die Ruhrdampfschifffahrt verblieben sind. Bochum hat seinen Saladin Schmitt, Oberhausen seinen Paul Reusch, den Dauerredner und Scharfmacher des Langnamvereins. Duisburg ist der größte Binnenhafen Europas, weshalb es auf dem Balkon seines städtischen Hotels ein Segelschiffchen stehen hat, das abends grün und rot illuminiert wird. Gelsenkirchen ist die Heimat des Menschenbewirtschafters Arnhold, der jetzt Dintapräsident in Düsseldorf ist. Dortmund ist weltbekannt durch sein Bier und seine Westfalenhalle.

Mit diesen Spezialitäten hat man sich untereinander abgefunden. Außerdem hat man noch den Partikularismus. Partikularismus ist, wenn eine Stadt nicht einsehen will, dass die Hegemonie der Nachbarstadt ein Naturgesetz sei; wenn sie im Gegenteil sagt: Baust du ein Hochhaus, mache ich eine Ausstellung. Die Oberbürgermeister verkehren miteinander wie weiland Eduard VII. mit Wilhelm II. Sie spielen Einkreisungspolitik. Sie stecken auf der Generalstabskarte Interessensphären ab und stehlen sich gegenseitig mithilfe ministerieller Beziehungen die fetten Bissen aus den Landkreisen weg. Der Maßstab, der Sinn dieser Aktionen: die Eifersucht. Jeder fremde Machtzuwachs begründet eine eigne Eroberung. Wie die Schwerindustrie intrigiert, um ihren angestammten Einfluss auf die Gemeindeparlamente zu erhalten und neuen zu gewinnen; wie der Präsident des Ruhrsiedlungsverbands seine Schachzüge macht; wie in Berlin antichambriert und geschoben wird: Man muss schon an den Balkan denken, um einen Vergleich zu haben. [...]

Fährt man von Duisburg über Oberhausen nach Gelsenkirchen: Wie eine Kriegslandschaft sieht es aus. Ein Gewirr verwahrloster Höfe; brauner Rasen, Wäscheleinen mit blauen Hosen und Blusen; altes Geschirr, verwanzte Matratzen, Berge von Gerümpel. Alte Leute und barfüßige Kinder, die sich auf den Schlackenhalden um Kohlenbrocken balgen. Gänseherden in grünen Tümpeln. Ein verfallender Bauernkotten: Die Frau versorgt das Milchschaf, der Mann fährt mit Stielmus zu Markt, die Söhne gehen schon zur Zeche. Unternehmungslustige haben mit einer Kinderschaukel und drei Tischen unter einem kahlen Apfelbaum eine Gartenwirtschaft eröffnet. Eine Mulde: Bäume, fahl wie nach einem Gasangriff. Bretterbaracken mit Sonnenblumen und schwarzen Katzen vor den Türen: So gemütvoll ist der soziale Staat, dass er den Obdachlosen ein Idyll in Gottes freier Natur aufmacht. Und dann: Bergmannskolonien. Militärisch aufgerichtet, auf Vordermann, Tuchführung mittels der Kaninchenställe, die hintendran geklebt sind. Schwangere Weiber krakeelen über die Zäune hinweg. Auf den Treppen räkeln sich die Halbwüchsigen und strömen ihre in engen Schlafkammern überreizten Pubertätsgelüste in mystisch parfümierten Ziehharmonikaweisen aus.

Die Zeche ist ganz in der Nähe: Leibeigenschaft in der plausiblen Form der Bequemlichkeit. Hier kann niemand mehr entrinnen. Hier herrscht Sesshaftigkeit und Wirtschaftsfriede; aber nicht aus Gesinnung und Wohlbefinden, sondern aus Furcht und Zwang; jenem karitativ maskierten Zwang, der, wenn nicht bis zur Überzeugung, was schwer zu ergründen ist, so doch mindestens bis zur Überredung reicht, dass hier ein Geschenk gemacht sei, zu dem eigentlich keine Veranlassung bestünde; das man, wenn der Partner nicht die Verpflichtung zu ewiger Dankbarkeit eingehen wolle, ebenso gut unterlassen könne.

In angemessener Entfernung, mit einer durch die Weltordnung gebotenen reduzierten Behäbigkeit, folgen die Beamtensiedlungen: auf »Romantik« gearbeitet, Türmchen im Jugendstil, Gärten mit Natur-Imitation. In der Mitte das Kasino, zur Pflege weiterer Absonderungen; davor das Denkmal des Werkgründers, der vom Stein herunter wie ehemals das Kommen und Gehen seiner Scharen überwacht.

Das soziale Problem ist in diesem Land durch Wohlfahrt gelöst. Wohlfahrt von der Wiege bis zum Grab; was ich bin und was ich habe, dank ich dir, mein Vaterland. Noch beim zehnten Kind erscheint die Fabrikpflegerin, um die unerfahrene Mutter zu lehren, wie man ein Baby trocken legt; die nötige Wäsche hat sie leider mitzubringen vergessen, aber bitte, der Werkskonsum hat sie vorrätig. Der Krämer sagt: Liebe Frau, das müssen Sie bei mir kaufen; dieweil ich von der Gewerbesteuer geschröpft werde, zahlt der Konsum nichts, da er zum großen Betrieb gehört; der Zweck der Arbeit soll doch das Gemeinwohl sein, nicht wahr? Das ist mein Prinzip; und zum Donnerwetter, soll ich denn bloß herhalten, wenn Sie auf Pump kaufen wollen? Also geht die gute Frau hin; es gibt ja Vorschuss; gegen Weihnachten hin wird er einbehalten. Wohlfahrt ist alles. Zum Jubiläum kriegt der Arbeiter eine Ehrenurkunde von Hindenburg, zur silbernen Hochzeit ein Ständchen vom Werksgesangverein. Es ist für alles gesorgt. In einer Kolonie besteht die Bestimmung des Stifters, dass in jedem Zimmer ein Bett stehen muss. Anreiz zum Familienglück. Die Arbeitszeit beträgt neun und zehn Stunden, die Stunde zu siebzig Pfennig. Es ist für alles gesorgt.

Arbeit – das heißt hier: Beziehungen ausnutzen; ein Pöstchen bekommen; einander den »Rang« ablaufen. Nirgends wird so wenig gearbeitet wie in diesem »Land der Arbeit«. Natürlich arbeiten die Proleten in den Fabriken und Kohlengruben. Natürlich arbeiten die Industriellen, und der Generaldirektor, der vom Klubsessel her die Geldsäcke bewacht, ist bestimmt eine legendäre Figur. Aber das tonangebende Bürgertum, ganz Würde, ganz Poesie, versteht unter Arbeit die Erhaltung des Mittelmaßes. Es delektiert sich an der Metapher vom Unternehmergeist, die eine Umschreibung ist für die Sorge, wie man ohne Ideen und ohne Anstrengung Geld verdienen könne. Ein Zugereister braucht nur fünf Minuten früher aufzustehen und fünf Minuten länger zu arbeiten, um die Biedermänner, die nach schnell abgeschlossenen Geschäften bei opulenten Mahlzeiten ausruhen, aus dem Feld zu schlagen. Das Tempo der Eingeborenen: So etwas von fantastischer Langsamkeit kommt nicht wieder vor. Man muss sie einmal beobachten, wie sie in die Straßenbahn steigen. Erst verabschieden sie sich umständlich; dann sehen sie sich nach der Windrichtung um; auf dem Trittbrett schnäuzen sie sich noch die Nase. Auf alle Fälle richten sie es so ein, dass jedem, der von Natur oder aus Erziehung flinker ist, der Weg verlegt wird. […]

Man ist nicht so dumm, dass man das Manko an soliden Trümpfen nicht empfände. Daher ist man doppelt arrogant, doppelt reizbar, doppelt empfindlich gegen fremde Leistung. Man fühlt sich durch die Geografie gekränkt, die behauptet, dass die schöne, historische Stadt Düsseldorf und das alte heilige Köln dem Ruhrbezirk vorgelagert seien. Man fühlt sich durch den Fremdenstrom gekränkt, der den Rhein hinauf wandert und »alte Kulturstätten« bevorzugt. Festspiele? Bayreuth und Salzburg? Das kann man auch in Bochum. Das schöne Düsseldorf? Ein originelles Verkehrsamt entdeckt das »schöne Essen«. Das ist nicht schwer. Schwerer ist der Guerilakrieg gegen die Geschichte, die Berlin zur Reichshauptstadt gemacht hat. Berlin (und Köln): Das wirkt auf den Ruhrbürokraten wie das rote Tuch auf den Stier. Berlin ist der böse Geist des Ruhrreviers. Es nimmt ihm alles fort und duldet nicht, dass ihm etwas gegeben werde. Der Kurfürstendamm, aus dem bekanntlich Berlin besteht, hat nun einmal eine Antipathie gegen das »Land der Arbeit«. Deshalb hat Berlin den Konrad Adenauer in Köln gemietet und ihm den Westdeutschen Rundfunk in die Hände gespielt, um die Ruhr aus dem Gedächtnis der Menschheit auszulöschen. Es ist nur ein Treppenwitz der ausgleichenden Gerechtigkeit, dass die kerndeutschen Eichen von der Ruhr es nicht vier Wochen aushalten können, ohne die Berliner Sünden, zu Studienzwecken natürlich, gekostet zu haben; dass sie aus Mangel an eigenen Ideen darauf angewiesen sind, Berlin zu kopieren. Nichts erscheint erstrebenswerter als die Imitation der Weltstadt-Mondänität. Da die dazu nötige repräsentative Gesellschaft fehlt, hält man sich an dem Anhang von fünfhundert Männergesangvereinen schadlos. Der Liedertafelnde Spießer hat hier noch seine mythologischen Zeiten.

Diesem Talmiluxus, dieser falschen Vornehmheit entspricht das geistige Gesicht: Kolportage mit psychologischer Vertiefung. Witzig, wie man auch hier immer fünf Minuten zu spät kommt und gerade über das Trauerspiel zu weinen beginnt, wenn der Vorhang über einer Komödie aufgeht. Hier ist die Tanz- und Gymnastikepidemie aus den Jahren 1920/23 augenblicklich auf dem Höhepunkt. Hier werden jetzt Diskussionen über Wedekind geführt. Hier können bankrotte Erfinder Sensation machen, wenn keine Illustrierte mehr fünfzig Pfennig für ihr Bild bezahlt. Hier goutiert man die großen Kanonen, die anderwärts ihr Pulver verschossen haben, und katzbuckelt vor ihren Provinzstarlaunen. Und wenn die heutige Generation schon graue Haare haben wird, dann wird man hier vermutlich heftig fordern, dass sie berücksichtigt werde.

Man hat eine Arbeiterdichtung, eine Industriemalerei gegründet. Es ist die alte Butzenscheiben- und Goldschnittlyrik, es ist die alte Landschaftsmalerei, nur mit umgekehrten Vorzeichen. Es greift nicht in die Atmosphäre hinein, es spiegelt nicht das Dämonische, Gefräßige. Man verehrt den großen Arbeiterdichter Christoph Wieprecht: eine christlich-nationale Metapher. Man verehrt den großen Grafiker Kätelhön: kunstgewerbliches Geschmäcklertum. Man verehrt den großen Architekten Fahrenkamp: die letzte Stufe der historisierenden Architektur. Sie alle leben nur von imaginären Widersachern, die ihre großen Leistungen zu verheimlichen bestrebt sind; und von den Stammtischcliquen der Provinzler, die weniger harmlos als die der Kleinstädter sind: Hier wird zur öffentlichen Aktion, was dort Privatklatsch bleibt.

Man hält auf Fassade. Im Theater wird für eine Kreuzung zwischen Meiningen und Reinhardt geschwärmt. Die Foyers sind bevölkert von Greisen aller Geschlechter und Altersstufen. Man erschrickt vor dieser Kollektion von Provinzgesichtern: Wie der Ausflug eines Kaffeekränzchens sieht es aus. Küchenhyänen, die, bevor sie zur Hölle fahren, noch schnell etwas für die Bildung tun wollen; vollbusige Ehemänner, die mit unnachahmlicher Grazie die galanten Kavaliere spielen; blonde, behütete Gänschen mit ein bisschen Klavierspiel, Aquarellmalerei, rhythmischer Gymnastik und Seele. Eine vergreiste Jugend, die schon ihren Parkettplatz hat. Der Olymp ist leer. Wo ist die wirkliche Jugend? In den Kinos, wo die im Reich abgespielten Militär- und Rheinfilme laufen? In den Variétés, wo nicht die unsagbar provinziellen Programme das Peinliche sind, sondern die Ambitionen, die Allüren, womit sie in Szene gesetzt und geschleckt werden? In politischen Diskussionsabenden? In didaktischen Kursen? Auf den Sportplätzen? Daheim auf dem Sofa – und was liest sie da? Immer noch Hanns Heinz Ewers? Oder schon Klaus Mann? Wo ist sie? Wer sammelt sie?

Denn irgendwo hinter dieser jungen Generation im Magazinformat ist sie – die wahrhaftige Jugend des Industriebezirks, die Jugend ohne Kulturpathos, ohne die Ethik der »ewigen Werte«; die unassimilierte, produktive Jugend, die es nicht nötig hat, mit technischen Vokabeln und Requisiten zu prahlen, weil sie Wirklichkeitssinn hat und die Mechanik der Maschinenzeit durch Selbstverständlichkeit überwindet. Sie hervorzulocken, ihre Energien in Stoßtrupps zu verwerten – es bleibt eine Hoffnung.

13. Das Ruhrgebiet im Schulbuch (1929)

Teubners Erdkundliches Unterrichtswerk für höhere Lehranstalten, hg. von Dr. Robert Fox, Teil 1: Deutschland, bearb. v. Kurt Ceriep, Leipzig/Berlin 1929, S. 62–64. (Auszug)

Im Rheinisch-Westfälischen Industriegebiet

[Aufgaben]

1. Miss Länge und Breite des Rheinisch-Westfälischen Industriegebiets a) Duisburg – Hamm b) Hagen – zur Lippe! 2. Wie lange fährt ein Schnellzug mit 60 km Stundengeschwindigkeit von Essen a) nach Köln b) nach Berlin? 3. Welche Kanäle verbinden das Industriegebiet mit der Nordsee? 4. Nenne die Städte im südlichen und nördlichen Teil des Industriegebiets! 5. Welche Städte des Industriegebiets gehören zur Rheinprovinz, welche zur Provinz Westfalen? 6. Zähle die Städte des Industriegebiets auf! Stelle eine gleichgroße Fläche in Ostpreußen oder Mecklenburg fest und vergleiche sie mit dem Industriegebiet!

1. Überblick über das Industriegebiet

Am Nordfuß des Rheinischen Schiefergebirges zwischen der Ruhr und Lippe und von dem westlichen Ufer des Rheins bis nach Hamm liegt Deutschlands größtes Industriegebiet. Es ist das Land der Kohle und des Eisens, das Land, in dem nur mit Millionen gerechnet wird. Viele Millionen t Kohle werden jährlich aus den Tiefen der Erde gefördert, und nach Millionen zählen die Menschen im Land. Dichte Rauchwolken schweben über Städten, Ruß schwärzt die Häuser, und nur an wenigen Stellen erblickt das Auge Wald, Wiesen und grüne Felder. Wohin wir schauen, ragen hohe Schornsteine, mächtige Fabrikhallen und düstere Schutthalden empor. Riesige Eisengerüste türmen sich auf, gewaltige Räder schwirren auf ihnen ohne Unterlass. Es sind die Fördertürme der Bergwerke. Feuriger Schein glüht aus den Hochofenwerken und färbt in der Nacht den Himmel blutrot wie bei einem Brand. In diesen Werken wird das Eisen geschmolzen und zu Stahl verarbeitet. In weiten, hohen Hallen walzt man den Stahl zu Eisenbahnschienen und Trägern oder zieht ihn zu dünnen Draht aus. Andere Fabriken fertigen gewaltige Maschinen oder feine Instrumente an. Überall dröhnen die Hämmer, weiße Dampfstrahlen zischen, und der schrille Pfiff der Dampfpfeife gellt dazwischen.

Ein engmaschiges Netz von Schienensträngen der Eisenbahn überzieht das ganze Land. Lange Güterzüge rollen auf ihnen dahin und bringen die Kohlen in die verschiedenen Fabriken oder zu den Häfen, die am Rhein und an den Kanälen des Industriegebiets liegen. Andere Züge schaffen Erze, die aus Spanien, Schweden oder Kanada kommen, in die Hüttenwerke; denn anstelle der Eisenerze des Ruhrgebiets oder des benachbarten Siegerlandes werden die hochwertigen Erze aus dem Ausland bezogen. Schnellzüge jagen durch das Land, auf den Straßen eilen die Autos oder läuten die elektrischen Bahnen. Wenn die Sirenen der Bergwerke und Fabriken den Arbeitsschluss verkünden, strömen die Heere arbeitsmüder Männer aus den Toren, neue Scharen strömen herein. Tag und Nacht ruht die Arbeit nicht.

In dem ganzen Land schmiegen sich Bergwerke und Fabriken, Kolonien von Arbeiterwohnungen und Straßen mit hohen, vierstöckigen Häusern eng aneinander. Ohne es zu merken, kommen wir von einer Großstadt in die andere. Nicht weniger als zehn Städte mit mehr als

100.000 Einwohnern liegen im Industriegebiet, und zwischen ihnen liegen ebenso viele Mittelstädte. Die Städte bilden zwei Reihen. Der Mittelpunkt der südlichen Reihe ist Essen, die Stadt der gewaltigen Kruppschen Werke. Weiter östlich folgen Bochum und Dortmund. Als die Gruben im Süden nicht mehr genügend Kohle für den Handel und die Fabriken liefern konnten, trieb man auch weiter nördlich tiefe Schächte in die Erde. Um sie erwuchsen aus Bauerndörfern oft in wenigen Jahren stattliche Städte.

Wenden wir uns aus dem Rauch und Staub des Kohlengebiets nach Süden zu den Höhen des Sauerlandes, so umgeben uns hier freundlichere Bilder. Bauernhöfe liegen auf der Hochfläche inmitten der Äcker und schöner, grüner Wälder. In den engen Tälern aber herrscht auch hier die Industrie. Hagen hat gewaltige Maschinenfabriken. Die lang gestreckte Doppelstadt Elberfeld-Barmen an der dunklen, schmutzigen Wupper verdankt zahlreichen Spinnereien, Webereien und Färbereien ihre Größe, und in Remscheid und Solingen werden die Eisenerze zu Messern, Scheren und anderen Eisenwaren verarbeitet. Alle Städte des Berglandes benutzen zum Antrieb ihrer Maschinen die Kohlen des benachbarten Industriegebiets oder die Wasserkräfte der oft durch Talsperren aufgestauten Bergflüsse.

14. »Raub am Lebensnotwendigsten!« Zeitungsartikel zum Einkommen der Bergarbeiter im Ruhrbergbau (1930)

»Raub am Lebensnotwendigsten! Was dem Ruhrbergmann zum Leben bleibt. Erste Ergebnisse unserer Haushaltsuntersuchungen«, in: Bergbau-Industrie. Organ des Verbandes der Bergbauindustriearbeiter Deutschlands, Nr. 35 vom 30.8.1930, Titelseite.

I.

Was die Zechenbesitzer an der Ruhr mit der Kündigung des Lohntarifs angerichtet haben, ist mit einem Wort als *soziale Brandstiftung* zu bezeichnen. Ihre Absicht zielt ganz eindeutig auf einen Lohnraub ab. Sie nennen das »in eine Erörterung über die Senkung der Produktionskosten eintreten«, die im Hinblick auf die Entwicklung des Absatzes und der Preise unumgänglich sei. Damit glauben sie, ihrem Vorhaben ein sachliches Mäntelchen umhängen zu können und der Öffentlichkeit vorzutäuschen, als ob mit *Lohnverminderungen* und *nur* durch Lohnverminderungen eine Kohlenpreissenkung erfolgen könne. Und da Preisabbaudiskussionen gegenwärtig sehr modern sind, ohne dass dadurch weder die Großhandelspreise noch namentlich die Lebenshaltungskosten auch nur einen Deut zurückgehen, ja sie im Gegenteil noch weiter nach oben streben, so ist denn eine ziemlich verbreitete *Stimmung* für Lohnkürzungen entstanden.

Solche Stimmungen sind gefährlich. Das große Publikum, dem die objektiven Unterlagen für eine eigene Urteilsbildung fehlt, fragt im Allgemeinen weniger danach, ob die ihm von der großen Unternehmerpresse vorgesetzten Meinungen mit den Tatsachen übereinstimmen und ist nur allzu leicht geneigt, Meinungen schon deshalb für richtig zu halten, nur weil sie ihm in den Zeitungen und an Stammtischen immer wieder aufgetischt werden. Die Zechenbesitzer versuchen nun, diese Stimmungsfaktoren für ihre Sache nutzbar zu machen.

Es handelt sich aber dabei um einen ganz plumpen *Missbrauch der öffentlichen Meinung*. Die Öffentlichkeit will *niedrigere Preise* und sieht in dem Preisabbau den wirksamsten Anreiz für eine Wirtschaftsbelebung. Die Zechenbesitzer denken aber gar nicht ernstlich an einen Preisabbau. Sie sagen sogar, dass sie einen Preisabbau schon vorgenommen hätten. Man brauche sich nur die Entwicklung der *Umlage* anzusehen, um zu erkennen, dass sie alle markttechnischen Gesichtspunkte bereits berücksichtigt hätten. Vielmehr seien es die schon zurückgegangenen Preise, die sie veranlasst hätten, mit den Gewerkschaften über eine Senkung der Produktionskosten, d.h. ganz offensichtlich Senkung der Löhne, zu verhandeln. Ihnen schwebt also als Ergebnis dieser Verhandlungen nicht etwa ein durch Inlandspreissenkungen vermehrter Kohlenabsatz sowohl für die Winterbevorratung der Haushaltungen als auch zur Auffüllung der mangelhaften Industriebestände vor, sondern lediglich ein *Lohnabbau*, der ihnen für die gegenwärtigen Kriseneinwirkungen auf Kosten der Arbeiter einen *vollen Ausgleich* liefern soll. Die Krisenopfer der Arbeiterschaft, die durch die endlosen Feierschichten und zahlreichen Bergarbeiterentlassungen in die Millionen, ja in die Hunderte von Millionen gehen, wollen die Zechenbesitzer noch weiter vergrößern, um sich vollends zu entlasten. Das ist ihre mit der Kündigung des Lohntarifs verfolgte Absicht.

Dass sie mit dieser durchsichtigen Absicht gerade jetzt im Wahlkampf hervorgetreten sind, hat nebenbei auch noch *politische Gründe*. Gegenwärtig regiert im Reich unter der Führung des Zentrumskanzlers Brüning ein Kabinett, in dem die großagrarischen und großkapitalistischen Einflüsse überwiegen. Die Tage dieses Kabinetts sind gezählt. Der Unwille des Volkes über die rückschrittliche Zoll-, Steuer- und Sozialpolitik, die sich an die Namen Brüning, Schiele, Dietrich und Stegerwald[35] knüpft, wächst zusehends und wird verhindern, dass diese Minderheitsregierung in den jetzigen Wahlen eine Mehrheit findet. Das kommende Kabinett wird anders aussehen, und vor diesem Toresschluss wollen auch die Kohlenindustriellen ihren Lohnabbauweizen noch in die Scheuern bringen, den die Eisenindustriellen und andere schon unter Dach und Fach haben. Im Vertrauen auf Brüning hat der Essener Zechenverband dieses hohe Spiel der Tarifkündigung im Wahlkampf gewagt. Dieses Spiel muss ihm verdorben werden. Die Gewerkschaften nehmen den ihnen jetzt aufgezwungenen Kampf auf, und die Unternehmer sollen wissen, dass in den Verhandlungen nicht nur die von ihnen zur Diskussion gestellten Punkte auf der Tagesordnung stehen, sondern auch die von den Gewerkschaften aufgeworfenen Fragen.

II.

Da diesmal der Zechenverband die Kündigung ausgesprochen hat und infolgedessen, skattechnisch gesprochen, am Ausspielen ist, so trifft ihn auch die *volle Beweislast* für sein Vorhaben. Wir denken nicht daran, ihn von dieser Beweislast zu entbinden, und wir werden auch nicht

---

35 Im Präsidialkabinett Brüning I (30.3.1930 bis 7.10.1931) war Martin Schiele (1870–1939), DNVP, Reichsernährungsminister, Hermann Robert Dietrich (1879–1954), DDP, Vizekanzler bzw. zeitweise Wirtschafts- und Finanzminister, während Adam Stegerwald (1874–1945), Zentrum, das Reichsarbeitsministerium leitete.

die Beweiserhebung weder in den Parteiverhandlungen noch vor dem Schlichter, der sich mit einer erstaunlichen Fixigkeit dieses Falls angenommen hat, irgendwie behindern, wie das die Unternehmer in den umgekehrten Fällen bisher stets getan haben. Zu erinnern ist daran, dass bei der vorigen Lohnbewegung im Frühjahr 1929 die Unternehmer eine Untersuchung der Selbstkostenlage durch den dafür zuständigen Reichskohlenrat glatt abgelehnt haben. Nichtsdestoweniger ist jetzt schon auf einige *Tatsachen* hinzuweisen, die vermutlich in den Verhandlungen eine Rolle spielen werden.

Wie steht es mit den Löhnen, denen jetzt die Unternehmer zu Leibe gehen wollen? Der Barverdienst im Durchschnitt der Gesamtbelegschaft hat 1929 8,92 Mark betragen, im Monatsdurchschnitt des ersten Halbjahrs 1930 8,99 Mark. Eine irgendwie nennenswerte Veränderung des Barverdienstes je Schicht ist also nicht eingetreten. Gleichwohl aber haben sich die *Einkommensverhältnisse bedeutend verschlechtert,* da infolge der vielen Feierschichten ein ganz beträchtlicher *Lohnausfall* entstanden ist. Wurden im Jahr 1929 rund 23 Schichten im Monat von einem angelegten Arbeiter verfahren, so ist diese Zahl jetzt auf 20 Schichten je Monat gesunken. Das ist rein rechnerisch *bereits eine Einkommensminderung von dreizehn Prozent im Durchschnitt.* In Einzelfällen ist die Einkommensverminderung noch viel schwerwiegender, da doch die Feierschichten nicht alle Belegschaftsmitglieder gleichmäßig treffen. Es gibt zahlreiche Fälle, wo ein Bergarbeiter acht Feierschichten im Monat hat. Da jede Feierschicht dem Arbeiter etwa 4 1/3 Prozent des Monatseinkommens wegnimmt, bedeutet das einen Verdienstausfall von rund 35 Prozent. Bedenkt man ferner, dass die sozialen Abgaben und der sonstige feste Aufwand, z.B. Miete, den Bergarbeiter umso schwerer treffen, je geringer der Einkommensrest ist, aus dem er das zu bestreiten hat, so bedarf es keiner weiteren statistischen Nachweise, dass ein *Lohnabbau absolut undiskutabel* ist.

Schon bei einem *guten* Beschäftigungsgrad ist das aufgrund des gegenwärtigen Lohnstands erzielbare *Bergarbeitereinkommen mangelhaft.* Das Statistische Reichsamt hat kürzlich eine Haushaltserhebung durchgeführt, die uns bewogen hat, eine nach den gleichen Methoden aufgebaute Untersuchung für die *Bergarbeiterhaushalte* durchzuführen. Wir haben auf diese Weise sehr wertvolle Einblicke in die Haushaltsführung der Bergarbeiterfamilien gewonnen und sind dadurch in den Stand gesetzt worden, Vergleiche mit dem Reichsdurchschnitt anzustellen.

Dabei gab sich zunächst einmal die überraschende Tatsache, dass selbst in dem Jahr der guten Beschäftigung 1929 das *Einkommen der Bergarbeiterfamilien* ohne eine einzige Feierschicht hinter dem vom Statistischen Reichsamt ermittelten durchschnittlichen Arbeitereinkommen in Deutschland *um 11,2 Prozent zurückbleibt.*

Die Auswirkungen dieses Mindereinkommens zeigen sich dann auch bei den Verbrauchszahlen mit einer erschreckenden Deutlichkeit. So ist beispielsweise der *Frischfleischverbrauch* der Bergarbeiterfamilien durchweg *niedriger* als im Reichsdurchschnitt. Je Vollperson wurden im Reich im Monat 500 Gramm Rindfleisch verbraucht, in der Bergarbeiterfamilie nur 450 Gramm; an Schweinefleisch im Reich 700 Gramm, in der Bergarbeiterfamilie nur 500 Gramm; an Kalbfleisch im Reich 100 Gramm, in der Bergarbeiterfamilie nur 20 Gramm. Dafür aber ist der *Pferdefleischverbrauch in der Bergarbeiterfamilie siebenmal größer* als im Reichsdurchschnitt. Auch der *Milchverbrauch* der Bergarbeiter bleibt hinter dem Reichsdurchschnitt um 32,7 Prozent zurück. Geringer ist auch der *Butterverbrauch* der Bergarbeiterfamilien, dafür übersteigt der *Margarineverbrauch* den Reichsdurchschnitt um 46,7 Prozent. Die Bergarbeiterfamilie verbraucht mehr Roggen- und Schwarzbrot als die Arbeiterfamilie im Reichsdurchschnitt. Auf der anderen Seite ist jedoch ihr Weißbrotverbrauch geringer; ebenso der Verbrauch an sonstigem Backwerk. Selbst der Zuckerverbrauch bleibt in den Bergarbeiterhaushalten um 29,6 Prozent gegenüber dem Reich zurück.

Wie wenig die Weisheit Wilhelm Buschs: »Wer Sorgen hat, hat auch Likör« auf die Bergarbeiterfamilien zutrifft, weist der Verbrauch an *alkoholischen Getränken* aus, der im Reichsdurchschnitt mit 2,30 Mark im Monat, für die Bergarbeiterfamilien dagegen bloß mit 1,32 Mark, also 42,7 Prozent weniger, ausgewiesen wird.

Was kann unter diesen Umständen noch an *Kulturausgaben* je Haushalt übrig bleiben? Kärgliche Pfennige, viel weniger als im Reichsdurchschnitt. Man darf daraus nicht schließen, dass der Bildungshunger, das Bildungs- und Erholungsbedürfnis der Bergarbeiter etwa geringer ist als der sonstigen Arbeiter, sondern dass ihnen die Mittel zur Befriedigung dieses Bedürfnisses einfach fehlen. Geradezu himmelschreiend ist es, dass die Bergarbeiterfamilien *selbst in Zeiten guter Beschäftigung keinen Notgroschen* zurücklegen konnten, sondern im Gegenteil noch Schulden gemacht haben. Die *Verschuldung* je Bergarbeiterhaushaltung im Jahr beträgt 56,40 Mark durchschnittlich, im Reich dagegen nur rund 30 Mark. Die Ersparnisse je Bergarbeiterhaushaltung haben wir gegenüber dem Reichsdurchschnitt von 42,65 Mark im Jahr mit 6,12 Mark im Jahr ermittelt. Diesen 6,12 Mark stehen aber 9,07 Mark Abhebungen von der Sparkasse gegenüber, sodass keinerlei Ersparniszuwachs, im Gegenteil noch eine *Ersparnisverminderung* eingetreten ist. Im Reich hingegen ist ein echter Sparzugang von 16,36 Mark je Haushaltung vorhanden.

Diese Proben, deren wissenschaftliche Exaktheit verbürgt ist – wir werden die Ergebnisse unserer Bergarbeiterhaushaltserhebung in einer demnächst erscheinenden Studie veröffentlichen – machen doch die Situation vollkommen klar. Im Bergarbeitereinkommen ist *keinerlei Spielraum für Lohnverminderungen* vorhanden. Im Gegenteil werden bei der Neuregelung des Lohntarifs diese nachweisbaren Verhältnisse ihre Berücksichtigung finden müssen, und zwar nicht nur aus sozialen Erwägungen, sondern aus eminent *wirtschaftlichen* Überlegungen. Die Leistungsfähigkeit und die Leistungswilligkeit der Bergarbeiter sind die Grundlagen der Bergbauproduktion. Diese Grundlagen sind heute schon gefährdet und bedürfen einer Kräftigung, wenn nicht eines Tages die durch das überhetzte Betriebstempo völlig ausgepumpte Arbeitskraft der Bergarbeiter so fühlbar versagen soll, dass daraus sich die aller schlimmsten sozialen und wirtschaftlichen Konsequenzen ergeben können. Wenn wir also in der vorigen Nummer unserer Zeitung bereits *Lohnforderungen* in Aussicht gestellt haben, so ist das etwa kein kleinlicher Schachzug, um der Lohnabbauforderung der Unternehmer zu begegnen, sondern das *Ergebnis einer sehr ernsten Überlegung*, an der kein Zechenverband, kein Schlichter und kein Reichsarbeitsminister vorbeikommen darf. Uns ist Lohnpolitik kein Spiel mit Winkelzügen. Wir verteidigen damit den wichtigsten Wirtschaftswert unserer Nation, die deutsche *Arbeitskraft*, deren Schutz uns bei dieser Reichsregierung nicht gewährleistet erscheint.

III.

[...] Um keine Unklarheiten bestehen zu lassen, wollen wir auch das noch sagen, dass die *Kohlenpreisfrage nicht* Gegenstand der Besprechungen zwischen dem Zechenverband und den Bergarbeitergewerkschaften sein kann. Die Kohlenpreisfrage gehört zur Zuständigkeit der gesetzlichen *Kohlenwirtschaftsorgane*. Wir können uns nicht vorstellen, dass ein Schlichter oder selbst ein Reichsarbeitsminister über diese gesetzlich geregelte Zuständigkeit sich hinwegsetzen könnte. Ein Dreschen von leerem Stroh – und die ganze Preisabbaurederei der letzten Zeit verdient keine andere Bezeichnung – kann man den Gewerkschaften doch nicht schon deshalb zumuten, weil die Unternehmer damit beabsichtigen, sich die ihnen obliegende Beweislast für den geplanten Lohnabbau zu erleichtern.

Und noch eins muss gesagt werden, dass, nachdem durch die von den Unternehmern erfolgte Kündigung die Schaffung eines neuen Lohntarifs erforderlich geworden ist, es keine *kurzfristigen Vertagungen* geben darf, wie sie vielleicht von manchen Seiten aus wahltaktischen Gründen gern gesehen würden. Hier steht mehr auf dem Spiel, und die Bergarbeiter werden *klare Stellungnahmen* und *klare Lösungen* verlangen.

15. Die sozialpolitische Situation im Ruhrgebiet in der Ära Brüning (1930–1932)
Kabinettssitzung vom 8.1.1931, Nr. 215: Lage im Ruhrgebiet. Bundesarchiv, R 43 I/1448, Bl. 2–5, abgedruckt in: Tilman Koops (Bearb.), Akten der Reichskanzlei, Weimarer Republik, Die Kabinette Brüning I und II (1930–1932), Bde. 1–3, aus den Protokollen des Reichskabinetts, Bd. 1 (30. März 1930 bis 28. Februar 1931, Dokumente Nr. 1 bis 252), Boppard am Rhein 1982, S. 771–775, hier S. 771 ff.

Der *Reichsarbeitsminister*[36] trug vor, dass sich die Lage im Lohnkonflikt im Ruhrbergbau außerordentlich versteift habe. Er sei am vergangenen Montag und Dienstag (5. und 6. Januar) [1931] persönlich im Ruhrgebiet gewesen, um mit den streitenden Parteien zu verhandeln. Durch seine persönliche Anwesenheit habe er auch zum Ausdruck bringen wollen, dass die Reichsregierung kein Mittel unversucht lasse, das schwebende Schlichtungsverfahren zu einem befriedigenden Abschluss zu führen. Die Schlichtungsverhandlungen seien jedoch am 7. Januar gescheitert, weil sich in der Schlichtungskammer eine Mehrheit für einen Schiedsspruch über die Löhne nicht habe erzielen lassen, und ein Schiedsspruch mit der Stimme des Vorsitzenden allein mit Rücksicht auf die bekannte Entscheidung des Reichsarbeitsgerichtes im nordwestdeutschen Eisenstreit Anfang 1929 nicht in Frage komme. Die Vereinigung der Arbeitgeber verharre hartnäckig auf dem Standpunkt, unter keinen Umständen unter eine achtprozentige Lohnsenkung herunterzugehen. Der Zechenverband habe auch öffentlich behauptet, dass er von der Reichsregierung bei dem Lohnkonflikt enttäuscht worden sei. Die Bergbauunternehmer hätten nach dem Gang der Verhandlungen über die Preissenkung im Reichswirtschaftsministerium annehmen müssen, dass der Reichsarbeitsminister sich für eine Lohnsenkung von

---

36   Reichsarbeitsminister Adam Stegerwald (1874–1945), Zentrum.

mindestens acht Prozent ab 1. Januar einsetzen würde, und dass er sich dabei im Einverständnis mit dem Gesamtkabinett, insbesondere dem Reichskanzler befände. Diese Auffassung des Bergbaulichen Vereins sei irrig. Er habe sie in einer Besprechung mit dem Chefredakteur vom WTB,[37] die am heutigen Tag veröffentlicht werde, richtiggestellt [...].

Übrigens nehme Generaldirektor Vögler,[38] mit dem er sehr lange verhandelt habe, eine entgegenkommendere Haltung als der Bergbauliche Verein ein. Andererseits sei es auch nicht möglich gewesen, die Arbeitnehmer zu einem höheren Zugeständnis als eine vierprozentige Lohnsenkung zu bewegen.

Angesichts dieser Lage könne er dreierlei nicht tun:
1. Könne er keinen Schiedsspruch für verbindlich erklären, der auf acht Prozent Lohnabbau laute. Diese Möglichkeit scheide auch schon um deswillen aus, weil der Schlichter für einen derartigen Spruch nicht zu haben sei.
2. Ebensowenig könne er einen vierprozentigen Lohnabbau, wie ihn die Bergarbeiter wünschten, für verbindlich erklären.
3. Er könne es auch schließlich nicht verantworten, dass ein tarifvertragsloser Zustand, der in dieser lebenswichtigen Industrie zu den schwersten Erschütterungen des wirtschaftlichen und politischen Lebens führen müsse, eintrete. Wenn aber nichts geschehe, trete der tarifvertragslose Zustand am 15. Januar ein, und der Ausbruch des Streiks sei von diesem Tage an unvermeidlich. Der alleinige Ausweg aus dieser Situation erscheine ihm daher der Vorschlag an den Herrn Reichspräsidenten, eine Notverordnung zu erlassen, deren Entwurf er habe ausarbeiten lassen.

16. »Heute stirbt unser Pütt!« Ein gebürtiger Gelsenkirchener zur Stilllegung der Zeche Rheinelbe-Alma (1931)

G[ustav] A[dolf] Lehnert,[39] Wenn eine Zeche stirbt. Zur Stilllegung von Rheinelbe-Alma,[40] in: »Volkswille« (Gelsenkirchen) vom 1.6.1931.

Schingsching – sching – sching – schoch – schoch – schoch –. Auf und nieder geht die Schüttelrutsche. Doch die Kohlen schieben sich nur spärlich pfeilerabwärts. Die Abbauhämmer knat-

---

37 Wolffsches Telegraphenbureau.
38 Zu Albert Vögler vgl. u.a. Dok. 33 in Kap. VI (mit Vita) sowie Dok. 33 in Kap. XII.
39 Der Sozialdemokrat Gustav Adolf Lehnert (1896–1976), Kriminalbeamter im Polizeipräsidium Essen, veröffentlichte vor der NS-Machtergreifung z.T. anonyme sozialkritische Zeitungsartikel. Nachdem Lehnert 1933 aufgrund des § 4 des Berufsbeamtengesetzes entlassen worden war, wanderte er zunächst ins Saarland ab, wo er zum Kriminalkommissar ernannt wurde. 1935 floh Lehnert weiter nach Lothringen und fand dort Beschäftigung als Bergmann. Nach Kriegsende kehrte Lehnert ins Rheinland zurück, wurde im Oktober 1945 Leiter der Kriminalpolizei im Regierungsbezirk Düsseldorf und begleitete damit den Neuaufbau der Polizei im Ruhrgebiet.
40 Die Gesamtstilllegung der Zeche Rheinelbe-Alma erfolgte am 31.5.1931. In der Folgezeit wurden die Tagesanlagen abgebrochen und die restlichen Abbaufelder anderen Zechen zugeschlagen.

tern vereinzelt. Deutlich ist jeder vom ander[e]n zu unterscheiden; sonst hat sich ihr rasendes Rattern immer zu einem undefinierbaren Höllenlärm vereinigt, in dem jedes andere Geräusch erstarb. Ob wohl deshalb die Schwerhörigen von der Grubenarbeit ausgeschlossen sind?

Der Schrämbär brüllt nicht mehr. Warum auch? Weshalb soll er Lagen losfressen, die niemand mehr in die Rutsche werfen wird? Es hat ja alles gar keinen Zweck mehr. Wir machen die letzte Schicht. Heute stirbt unser Pütt!

Der Steiger hat viele ans Verbauen getan. Auch er legt keinen Wert mehr auf Förderung. Andere bauen Rohre aus, schrauben Rutschen auseinander, schleifen sie in den Berg, in die Strecke. Grimmige Witze flattern auf, kurzes, hartes Lachen. Ich habe solches Lachen schon einmal gehört – in Frankreich, als eine Landsturmabteilung ein riesiges Massengrab mit Leichen füllte. Merkwürdig, wir kommen uns heute alle wie Totengräber vor. Wir begraben unseren Pütt – oder begraben wir uns selbst? Nein, wir werden begraben unter einem Berg von Not. Irgendwo beim Kohlentrust wurde der Beschluss gefasst, unseren Pütt stillzulegen. Ein Trustgewaltiger griff zum Tintenstift – ein Schnörkel, den niemand lesen kann – da stürzte der Berg über uns.

900 Kumpels sanken in die graue Masse der Getretenen. Über 900 Schicksale wölbte sich der Berg des Unrechts. Aber mit diesen 900 Schicksalen sind ungezählte andere verknüpft. Sie trifft der Schlag mit gleicher Wucht. Eine graue Wolke des Elends wird sich erneut auf unsere Stadt senken, wenn unser Pütt gestorben ist. Muss das sein? Warum hat der Mann mit dem Tintenstift solche Macht? Mehr Macht als Regierung und Volk?

Viele wilde Reden flattern heute durch die Grubenbaue. Bittere, hasserfüllte Reden. Wir hocken in der Strebe und murksen herum. Alle Arbeit ist heute so sinnlos. Die glänzende schwarze Wand knistert. Die Kohle will sich setzen, die Kohle bietet sich an. Sechs bis sieben Fuß reine Kohle. Ach, wie sind wir doch alle mit der Kohle verwachsen, wir, die wir den Kohlberg tausendfach verflucht [haben].

Jagdlust kommt uns an. Jetzt müsste man den Abbauhammer nehmen und dem knisternden Flöz in die Flanke jagen, dass die Lagen polternd hereinbrächen. Aber es hat ja keinen Zweck mehr – weil ein Mann mit einem Tintenstift einen Schnörkel geschrieben hat.

17. Die Stimmung im Ruhrgebiet aus Sicht der Arbeiter (1931)
Georg Schwarz, Kohlenpott. Ein Buch von der Ruhr, Berlin 1931, S. 199–207.

Einst kommt der Tag …

[…] Im November 1930, zwölf Jahre nach jenen Novembertagen, die dem deutschen Volk die Staatsumwälzung brachten mit den Parolen: Frieden, Freiheit, Brot! Die Sozialisierung marschiert! – veröffentlichte der Verband der Bergbau-Industriearbeiter Deutschlands, die freie Gewerkschaft der Bergarbeiter, im Anschluss an eine Reichskonferenz, die in Berlin stattfand, eine Denkschrift, die feststellt, dass im Ruhrbergbau seit Kriegsende 10.000 Bergleute bei ihrer Arbeit den Tod fanden, und über 700.000 (siebenhunderttausend!) Bergleute im Pütt Unfälle erlitten. Dennoch ist »dieses Meer von Blut und Tränen« nur ein kleiner Teil all des Jammers, den die werktätigen Schichten auch im Ruhrgebiet zu »Deutschlands Wiederaufbau« beigetragen haben.

1918, da sah es für die Kumpel und Metallproleten an der Ruhr eine Zeit lang so aus, als ob die wüste Ausbeuterei, die Blut- und Knochenmühle sich abstellen lassen würde. Mit den ungeheizten Zügen, in den verwahrlosten Abteilen, aus denen man die Lederriemen von den zerbrochenen Fenstern schon längst für Schuhreparaturen weggeholt hatte, kamen Soldaten und Matrosen an, die alle Betriebe still setzten.

Rote Binden trugen die Matrosen auf ihren blauen Ärmeln, und an den Mützen mit den keck flatternden Mützenbändern leuchteten rote Kokarden. Sie zogen an die Zechentore und viel Volk mit ihnen. Keiner stellte sich dem Trupp entgegen, denn die Matrosen trugen schwere Mauserpistolen in den Gürteln, und die Großkopfe[r]ten hatten – beweglich und schlau, wie sie sind – zwar ihre Sache nicht aufgegeben, aber sich doch auf Abwarten eingestellt. So war kein Betriebsführer zu sehen und auch sonst keiner von den Herren, die sonst eine so verdammt große Klappe haben. Die Matrosen aber sandten eine Botschaft in den Schacht hinunter: »Jetzt hört mal auf da unten, kommt raus aus [Eurem] schwarzen Loch. Jetzt wird Revolution gemacht. Wilhelm ist abgehauen, und jetzt werden wir Proleten den Laden schmeißen. Uns gehören die Betriebe, uns gehört Deutschland, uns gehört die Welt.« [...]

Aufruhr flammte 1918 durchs Revier und auch noch das ganze Jahr 1919. Alle diese Bergarbeiter und Metallarbeiter wollten den versprochenen Sozialismus und wussten doch nicht so recht, wo anpacken und wie. Es fehlte die Schulung, die Erfahrung. Da war zu viel Gefühl, zu wenig klarer Kopf. [...] Mit Parolen wie: Nationalversammlung und Demokratie! Alle Macht den Räten! Sozialistische Republik Deutschland! wurden Zeit und Gelegenheit verloren; es kam nur zu Teilkämpfen, nur zu lokalisierten Putschen statt zur Sozialisierung der Betriebe. Truppen unter den reaktionären Fahnen des kaiserlichen Deutschlands marschierten ins Revier, und Arbeiterblut floss. Immer wieder flammten Kämpfe und isolierte Streiks auf, die ein einziges Mal ihre einheitliche Zusammenfassung unter einheitlichen Parolen in den ersten Tagen des Staatsstreichs von Kapp fanden.

Der auf die Herausforderung des Generallandschaftsdirektors Kapp in Berlin proklamierte Generalstreik schweißte das Ruhrgebiet zu einer Phalanx von ungeheurer Stoßkraft zusammen. Die Kumpels holten sich Waffen bei den städtischen Einwohnerwehren und formierten sich zum Kampf gegen die am Rande des Reviers stationierten Freikorps der Kondottiere[41] vom Schlage des Hauptmanns Lichtschlag oder des Majors Schulz, der in Mülheim ostentativ die schwarz-weiß-rote Fahne setzen ließ. Die Arbeiter hatten die Landsknechte bald auf den Trab gebracht. Innerhalb weniger Tage lag alle bewaffnete Macht in den Händen der Proleten, die vollziehende Gewalt ging auf die Aktionsausschüsse über, in denen Vertreter der verschiedensten Partei- und Gewerkschaftsrichtungen saßen. Die Rote Ruhrarmee rückte auf Wesel und ging vor gegen die militärische Zernierung[42] des Reviers unter dem General Watter, der offenkundig mit Kapp sympathisierte.

---

41 Anspielung auf die Söldnerführer in Italien im 14. und 15. Jahrhundert.
42 Einschließung einer bestimmten Örtlichkeit mit Truppen.

Die Wiedereinsetzung der alten Regierung in Berlin und der Abschluss des Bielefelder Abkommens[43] nahm[en] dem Arbeiterheer die Waffen aus der Hand.

Inter arma silent leges! Zwischen den Waffen schweigen die Gesetze, so nennt Carl Severing, der ehemalige Reichs- und Staatskommissar im industriellen Westen, ein Kapitel seines Buchs »Im Wetter- und Watterwinkel«. In diesem Kapitel schildert Severing das Verhalten der nach der Entwaffnung der Arbeiter im Ruhrgebiet einmarschierten Truppen. Es genügt zu erwähnen, dass an der Spitze einer Brigade der nachmalige nationalsozialistische Reichstagsabgeordnete General von Epp stand, um diese Truppen als geübte Arbeiterjäger zu charakterisieren. Da sorgten Formationen für Ruhe und Ordnung und die Anerkennung der verfassungsmäßigen Regierung, die noch vor ein paar Wochen für Kapp durchs Brandenburger Tor eingezogen waren. Mit Hakenkreuz am Stahlhelm und dem Lied vom Arbeiterschwein, das gekillt werden muss, hauste der weiße Schrecken im Ruhrland. Standrechtliche Erschießungen ohne Gerichtsverfahren, Fluchtversuch als Todesursache, Misshandlungen, Hunderte Jahre Kerker, das waren auch hier die weißen Methoden.

Die Niederknüppelung des Ruhraufstands war kein Friedensschluss im Klassenkrieg, sie hat nur die kurze heroische Phase des revolutionären Vormarsches der Ruhrarbeiterschaft zurückverwandelt in den täglichen Kleinkampf gegen die Reaktion.

In den folgenden Jahren wurde die arbeitende Bevölkerung immer mehr in die Defensive gedrängt, bis mit Ruhrbesetzung und Inflation durch List und Betrug das Kapital nicht nur seine alte Machtposition wiedergewann, sondern sie stärker ausbaute denn je.

Es ging wieder einmal um die Vermählung der Erzschätze von Brie und Longwy[44] mit der so gut verkokbaren Ruhrkohle. Frankreich bestand auf dem Reparationsabkommen, Deutschland erklärte sich außerstande, die Kohle zu liefern. Der Einmarsch der Franzosen ins Ruhrgebiet begann. Schon vor dem französischen Einmarsch verriet der Ruhrkrieg sein wahres Gesicht. Es mag vielleicht nur eine Kleinigkeit gewesen sein – sicherlich war sie symptomatisch. Die Kohlenhalden lagen voll. In ein paar Stunden werden die Franzosen da sein. Unmöglich, die Kohle in dieser Eile ins unbesetzte Gebiet zu retten. Dennoch lehnen die Unternehmer den Vorschlag ab, die Kohle unter die Bevölkerung zu verteilen. Die Tanks der horizontblauen Armee fauchten krachend durch die Städte. Militär zog durch die düstern Straßenschluchten. Die Bevölkerung verharrte in eisiger Abwehr. In diesem Land ist man auf Militär nicht gut zu sprechen. Das hat schon das kaiserliche Deutschland gewusst, und darum niemals Truppen in das eigentliche Kernrevier gelegt, so stark der eiserne Ring militärischer und polizeilicher Streitkräfte auch war, den man im Norden, Osten und Süden um den Industriebezirk schmiedete.

---

43 Das Bielefelder Abkommen war eine kurzfristig wirksame Vereinbarung zwischen Vertretern der Roten Ruhrarmee und Regierungsrepräsentanten im Ruhrkampf 1920, in der es primär um eine Entwaffnung der Ruhrarmee und um eine Amnestie für Gesetzesverstöße im Ruhrkampf ging.
44 Die Gegend um Longwy/Brie in Lothringen zählte im 19. und 20. Jahrhundert zu den Zentren der französischen Stahlproduktion.

Am 13. Januar 1923 wurde mit großem nationalistischen Brimborium der passive Widerstand proklamiert. Die Gewerkschaften schlossen sich ihm an. Die Unternehmer redeten große Töne, von auf Gedeih und Verderb mit der gesamten Bevölkerung Verbundensein. Aber nicht sie zahlten die Zeche, sondern die Arbeiter bezahlten und die kleinen mittelständischen Sparer. [...]

Im Revier aber waren die Zustände noch entsetzlicher als im übrigen Reich. Die Lebensmittelzufuhr stockte. Die Franzosen ließen die Berliner Inflations-Papierflut nicht herein. Da druckten die Betriebe eigenes Notgeld, von dem sie die Löhne bezahlten, die ihnen wertbeständig angerechnet wurden. Wenn aber ein Kumpel fünf Minuten in der Elektrischen gefahren war, dann galt sein Geld nichts mehr. So hungerten die Werktätigen, dafür durften sie in den Kämpfen gegen die Separatisten und in allen Wirren und nationalistischen Gewaltmaßnahmen ihre Haut zu Markte tragen.

Der passive Widerstand wurde erst abgebrochen, als die Unternehmer das ganze Volksvermögen in ihren Besitz gebracht hatten, Not und Verzweiflung der werktätigen Massen auf die Spitze getrieben waren und der Volkszorn die Regierung Cuno hinwegfegte.

Rasch waren die Phrasen von der Volksgemeinschaft verstummt, der mit einer ideologischen vaterländischen Kulisse verhüllte Klassenkampf stand wieder nackt und krass da. Stinnes marschierte sofort nach der Liquidierung des Ruhrkampfs ins französische Hauptquartier zum General Degoutte und forderte von ihm Unterstützung, um die Verlängerung der Arbeitszeit in den Zechen und Hütten zu erzwingen. Der General ließ allerdings den großen Expropriateur abblitzen, aber der hatte mittlerweile schon alle militärischen Maßnahmen überholt. Die Verständigung zwischen dem Comité des Forges und der Rohstahlgemeinschaft[45] hatte sich angebahnt, die deutschen und die französischen Montanherren hatten sich verständigt. Jetzt konnte man seine Kraft wieder ungeteilt dem Klassenkampf, der Ausbeutung widmen.

Eines guten Tages zogen die Franzosen ab. [...] Und jetzt redeten die französischen und die deutschen Finanzgewaltigen weiter in Wirtschaftszahlen miteinander und wurden sich ganz ohne Klamauk einig. Jetzt kamen der Ruhrkoks und die Minette[46] doch noch zusammen. Es gab keinen Erbfeind mehr, der Stahl schuf sich in einer kontinentalen Rohstahlgemeinschaft sein Paneuropa: Das deutsche Rohstahlkartell hat die Landesgrenzen gesprengt.

Wenn es auch mit den deutschen Dumping-Preisen der Inflation aus war, so hatte man doch zu all dem andern Inflationsprofit noch vom Reichskanzler Luther 715 Millionen Mark geschenkt bekommen als Ruhrentschädigung für das heroische Ausharren im Kampf gegen den Erbfeind, und so konnte man flott und mit aller notwendigen Energie an die Rationalisierung der ausgepowerten, heruntergewirtschafteten Betriebe gehen. Man musste, wohlig

---

45 Das Comité des Forges war eine 1864 gegründete Interessenvereinigung der französischen Montanindustrie, die (deutsche) Rohstahlgemeinschaft ein 1924 im Wesentlichen auf Betreiben Fritz Thyssens gegründeter Zusammenschluss zur Kontingentierung der Rohstahlerzeugung auf dessen Betrieben auch die 1926 etablierte Internationale Rohstahlgemeinschaft gegründet wurde.
46 Bezeichnung für Eisenerz.

aufseufzend, feststellen, dass die Jahre zwar aufregend und abenteuerlich, aber durchaus nicht unlukrativ verlaufen waren. Jetzt hatten die Techniker, die Betriebspsychologen, das Personalbüro das Wort. Das Heer der Arbeitslosen kümmert einen nichts; die Betriebe sind rationalisiert.

Jeden Morgen, jeden Mittag, jeden Abend rufen die Sirenen zur Arbeit. Niemals ist Stillstand, ununterbrochen läuft das gut geölte Räderwerk der Industrie an der Ruhr. Hunderttausende gehen täglich zur Arbeit, fahren täglich in die Grube, schreiten bei Arbeitsbeginn über das Gleisgewirr der Werkbahn, fluten in Massen nach Schichtschluss aus weit geöffneten Fabriktoren, wie ein Strom, der breites Hochwasser führt. Ob Du Straßenbahn fährst oder den Reichsbahnzug benutzt, ob Du zu Fuß läufst oder im Auto sitzt: Überall ist Masse Mensch, und der Mensch der Masse ist es, dessen Schicksal das Revier unerbittlich bestimmt.

Es ist aber auch die Masse Mensch, für deren Verbrauch hier die ganze Arbeit getan wird. Für die Masse werden die Kohlen aus der Erde geholt, für die Masse wird die Synthese aus Kohle und Erz: der Stahl. Die Kohle und der Stahl sind Unterbau und Träger des ganzen heutigen Lebensaufbaus. Aus ihnen wird Leben, Frucht, Fortschritt, Kraft. Aus Stahl lassen sich Pflugscharen bauen und Traktoren, der Wohnraum wird um ein stählernes Skelett herumgebaut, auf den stählernen Schienen rasen die stählernen Lokomotiven durch das Land, aus Stahl sind die Maschinen, die den elektrischen Strom zähmen und sammeln; ohne Geräte aus Stahl kein Handwerk, keine Industrie, keine Wissenschaft, keine Kunst.

Die aber, die Geburtshelfer des Stahles sind, deren Ohren von den Weheschreien der Materie bei ihrer Bändigung zerrissen werden, die, deren Körper vor den Stahlöfen dörren, sie sind die Sklaven des Stahls, wie die Männer unten in der Grube die Sklaven der Kohle sind. Das ganze ungeheure Heer, das in rhythmischen Stößen, in regelmäßigen Intervallen zur Arbeit strömt und von ihr hinwegfließt, immer ab und immer zu, es ist ein Geschlecht von Frönern, dem von dem Gewinn, den ihre Arbeit bringt, nur der geringste Teil als Lohn zugebilligt wird. [...]

Täglich vollzieht sich der Opfertanz der Arbeit. Die vielen Hunderttausende, denen im Takt der Hetzpeitsche die Schweißbäche von den Körpern rinnen, wissen nichts davon, dass sie für eine Gemeinschaft arbeiten. Sie spüren nichts von einer Einheit des Volks und von Werkfrieden. Ihnen bleib[en] die Arbeit und Not und die Sorge für den nächsten Tag. Immer noch verkauft die proletarische Klasse all ihre Kraft als Lohnsklave der herrschenden Klasse. Und selbst wenn der Kessel, überheizt, einmal explodiert, wissen die Mächtigen daraus Gewinn zu ziehen und mit allen Mitteln der militärischen und politischen Taktik den Klassengegner zu zermürben, bis er noch schmerzlicher gefesselt, weiter Mehrwert zeugt.

Dennoch zittern die Herrschenden vor dem Tag, der den Ausgebeuteten die klare Erkenntnis ihrer Lage und damit Einigkeit und Sieg bringen wird. Sie haben kleine Kostproben davon zu schmecken bekommen, wie es im Ruhrgebiet zugeht, wenn alle Proleten *einen* Weg nach *einem* Ziel gehen. [...]

Alle Versuche des Unternehmertums, das Ruhrproletariat ideologisch zu spalten, es mit Dinta-Methoden[47] und Faschismus dem Klassenkampf zu entfremden, es werkfriedlich gegeneinander auszuspielen, müssen fehlschlagen, weil trotz alledem der Arbeitsprozess, das Wohngebiet, die Gewerkschaft, der Verein, die Partei, das gedrückte Lebensniveau die Arbeiter immer wieder zusammenführen und aus ihnen eine einheitliche, einheitlich entrechtete Masse schaffen. […]

Einst kommt der Tag, der über alle künstlichen Hindernisse hinweg den Zusammenschluss der Massen bringt. Der Tag muss kommen, denn immer aufs Neue erweist sich die unausrottbare Lebenskraft der aufsteigenden Klasse, immer unvereinbarlicher werden ihre Organisationen und bewussten Ziele mit der Anarchie der kapitalistischen Produktions- und Lebensverhältnisse.

Einst … kommt der Tag!

18. Aufstieg der nationalsozialistischen Bewegung (1925–1932/33)

Auszug aus dem Tagebuch eines SA-Mannes aus Wanne Eickel 1925–1932/33, abgedruckt in: Kampf und Sieg. Geschichte der Nationalsozialistischen Deutschen Arbeiterpartei im Gau Westfalen-Süd von den Anfängen bis zur Machtübernahme. Im Auftrag des Gauleiters Josef Wagner herausgegeben und geschrieben von Alfred Beck, Dortmund 1938, S. 43–46.[48] (Auszug)

Aus München kam so ein frisches, zackiges Kampflied zu uns: »Brüder in Hütten und Gruben.« Da haben wir im Kohlenpott auch ein paar Strophen daran gehängt, von denen wir immer wieder vor allem die eine singen möchten:

»Einst war´n wir Kommunisten,
Zentrum und SPD. –
Heute nationale Sozialisten
Kämpfer für Hitlers Idee!«

Anfang 1925 …
Der Führer ist nun aus den Festungsmauern von Landsberg entlassen …

---

47 Gemeint ist das 1925 gegründete »Deutsche Institut für technische Arbeitsschulung« (DINTA), das bei der Arbeitsorganisation auf »wendige« Fachleute und einen Ausgleich zwischen den Anforderungen von Arbeit und Gesellschaft setzte. In diesem Zusammenhang wurde eine deutliche Distanz zur Gewerkschaftsbewegung verfolgt.
48 Auszugsweise abgedruckt ohne weiteren Quellenhinweis, aber mit dem Kommentar »Nun beginnt jenes Tagebuch des SA-Mannes, eines Kämpfers, der zu diesem Trupp der Verschworenen gehörte und der aus aktiver Teilnahme an diesem Kampf den ganzen wundervollen Erlebnisgehalt dieser Jahre geschildert hat. Um den Eindruck der Unmittelbarkeit nicht zu verwischen, wird dieses Tagebuch im wesentlich unverändert nunmehr hier folgen«, aus; Kampf und Sieg. Geschichte der Nationalsozialistischen Deutschen Arbeiterpartei im Gau Westfalen-Süd von den Anfängen bis zur Machtübernahme. Im Auftrag des Gauleiters Josef Wagner herausgegeben und geschrieben von Friedrich Alfred Beck, Dortmund 1938, S. 256–299.

Jetzt geht der Kampf erst richtig los. Auch in Wanne-Eickel hat die Propaganda schon eingesetzt. Parteigenosse Bezirksleiter Wagner[49] war schon ein paar Mal bei uns, um im engeren Kreise, nur vor etwa 12 bis 20 Kameraden, über Sinn und Aufgabe der Bewegung zu sprechen. […]

Mitte 1925 …
Nun sind die Franzosen glücklich aus dem Kohlenpott heraus. Wir müssen neue Aufnahmescheine bestellen, denn unsere Bewegung bekommt kräftigen Zulauf. Der Führer der braunen Bataillone will eine neue soziale Gerechtigkeit erkämpfen und den Weg bereiten zu Deutschlands Erneuerung – und das heißt heute Kampf, Kampf und wiederum Kampf! Ob da unsere schnell begeisterten »Neuen« alle mitmachen werden? […]

Ende 1925 …
(SA marschiert) Fast jeden Samstag gibt es jetzt große Aufmärsche. Zu Fuß nach Haltern und zurück, nach Dortmund, in die Haardt bei Recklinghausen und dann mal wieder nach Haltern und zurück, gut und gern 60 Kilometer. Das zieht am Monat so schön in den Knochen, aber es härtet auch ab und gewöhnt uns an kommende Strapazen …

Unter der frisch-fröhlichen Weise des alten Landknechtslieds »Vom Barette schwankt die Feder«, oder mit den bekannten Klängen des Erhardtlieds,[50] dem unsere SA einen eigenen Text gegeben hat […] ziehen wir SA-Männer aus Wanne-Eickel, jetzt 14–16 Mann hoch, am Wochenende gemeinsam mit der SA aus Bochum, Wattenscheid und Herne in die Haardt. […]

Leider geht es auf dem Heimweg nicht immer so glatt ab, und mitunter müssen wir uns kräftig unserer Haut wehren. Eine gefährliche Ecke ist vor allem der Anfang des »Börster Weges« so in der Gegend des Recklinghauser Friedhofs, wo sehr viele Kommunisten wohnen. Wenn wir da mit einem frischen Lied auf den Lippen vorbeimarschieren, öffnen sich oft die Fenster und die Türen – aber nicht, weil die Mädels »winkewinke« machen wollen – o, nein!
Ein Hagel von Steinen empfängt uns. […]
Genau so wichtig wie die Flugblattverteilung und das mit Lebensgefahr durchgeführte Plakatkleben ist es, die Zeitungen, Zeitschriften, Broschüren und Bücher der Bewegung Adolf Hitlers unter das Volk zu bringen, denn das gedruckte Wort hat es eben »in sich«, und wir müssen immer mehr Volksgenossen aufklären, unterrichten, was wir eigentlich wollen. Der Spießer hält uns ja noch immer dank der »Glanzleistungen« einer verlogenen Presse vielfach für eine Kreuzung zwischen Hunnen und »Bolschewisten« – und die von den Bonzen verhetzte Arbeiterschaft

---

49 Josef Wagner (1899–1945) war von 1925–1927 Ortsgruppenleiter der NSDAP in Bochum, 1929 wurde er zum Gauleiter des Gaus Ruhr, 1931 Gauleiter des Gaus Westfalen-Süd mit Sitz in Bochum. Bereits seit 1928 saß Wagner für die NSDAP im Reichstag. Der bis zum Staatssekretär aufgestiegene Wagner verlor Ende 1941 alle Ämter und wurde im Oktober 1942 aus der NSDAP ausgeschlossen.
50 Das so genannte Kampflied der Brigade Ehrhardt geht auf das Freikorps zurück, das vor allem bei der Zerschlagung der Münchner Räterepublik aber auch beim Kapp-Lüttwitz-Putsch gegen die Kräfte der Arbeiterbewegung vorging.

sieht in uns den »getarnten Vortrupp des Kapitalismus«. Deshalb haben wir uns sehr darüber gefreut, dass seit einiger Zeit die alte Ernstingsche Buchhandlung in Eickel es gewagt hat, das Schrifttum unserer Bewegung mit wirkungsvoller Propaganda in Vertrieb zu bringen und mehr als einer, der zu uns kam, hat vorerst hier seine Überzeugung

»Adolf Hitler ist Deutschlands Retter!«
aus dem Born nationalsozialistischen Schrifttums geschöpft. […]
Es geht endlich vorwärts!

Wir wollen das Jahr 1925 nicht schelten, denn es hat uns trotz Kampf und Sorge auch manches Schöne und Frohe gebracht. […]

Wir schrieben 1926 …

Überall ist es lebendig geworden im Ruhrland und wir sind in einer
Zeit der großen politischen Versammlungen.

Jetzt gilt es, die Ideen des Führers hineinzutragen ins Volk. Parteigenosse Paul Land aus Mengede sprach gestern in einer großen öffentlichen Versammlung in Holsterhausen. Zum ersten Male waren die Kommunisten und Sozialdemokraten in einer »Hakenkreuzler-Versammlung«, zu der wir mit Handzetteln eingeladen hatten, mit einem großen Aufgebot erschienen. Natürlich, um mit allen Mitteln die Versammlung zu stören. Aber unser durch Herner SA verstärkter Saalschutz, etwa 30 Mann stark, griff gleich energisch durch, und so konnte unsere erste öffentliche Volksversammlung in Wanne-Eickel glücklich durchgeführt werden. […]

Im Frühjahr 1927…
Die Bewegung Adolf Hitlers marschiert!

Das bewies wiederum in diesen regenfeuchten Frühlingstagen außer strammen Ausmärschen und Propagandafahrten der große Gautag des Gaus »Ruhr« in Essen, an dem in der überfüllten Rundhalle der Ausstellungsgebäude der Führer, umjubelt von über 10.000 Zuhörern, eine zündende Ansprache hielt. Ganz Essen war an diesem Tag auf den Beinen. An allen Ecken der Stadt ertönten die Hupen der Überfallkommandos und an der Zugangsstraße zu dem berüchtigten roten Segerothviertel standen sogar Polizeibeamte mit Maschinenpistolen. In der Nähe dieser Gegend versuchte eine unübersehbare Horde von Rotfrontkämpfern die dichten Reihen der zu Tausenden aufmarschierenden SA zu sprengen, aber unsere SA schlug alle Angreifer in die Flucht.

Ein aufrüttelndes Erlebnis für die Einwohnerschaft der Ruhr-Metropole war auch die öffentliche Massenkundgebung auf dem Kopstadtplatz, wo Dr. Goebbels in feurigen Worten aufrief zum Eintreten für die Idee des Führers – und brausend erklang immer wieder der begeisterte Kampfruf »Deutschland erwache!« Zum ersten Mal erzitterte hier die in ungeheurer Übermacht mit Johlen und Pfeifen anstürmende »Kommune« vor der geschlossenen Front eines kampfgestählten neuen Geistes, und sieghaft übertönte [dieser] den brausenden Lärm des Großstadtverkehrs und das Gebrüll der marxistischen Meute. […]

Die Ereignisse des Jahres 1928 … Große Aufzeichnungen brauche ich in diesem Jahre nicht zu machen – denn über außerordentliche Ereignisse ist jetzt eigentlich wenig zu melden. Wenn ich an der Jahreswende noch einmal die Kampferinnerungen aus dieser Zeitspanne an mir vorüberziehen lasse, weiß ich, dass die Fülle von Erlebnissen und wechselnden Eindrücken, die eine Unmenge von Kleinarbeit widerspiegel[t], uns kaum zur Ruhe und Sammlung kommen ließ. Neben den Werbefahrten, auf denen es natürlich an den üblichen Zusammenstößen nicht fehlte, dem Plakatkleben, bei dem es gleichfalls zahlreiche Verletzte durch marxistische kommunistische Überfälle gab und der Werbung von Mund zu Mund oder durch das Flugblatt traten wir übrigens auch in verschiedenen machtvollen Aufmärschen, besonders in der alten Hellwegstadt Bochum in Erscheinung, und vor allem in den Ruhrgroßstädten bekam die Bewegung Adolf Hitlers kräftigen Zustrom. […]

Jetzt schreiben wir also 1929 …
                    Der Kampf um die Kommunalwahlen hat begonnen!
[…] Die Kommunalwahlen des Jahres 1929 brachten überall, besonders in unsere Heimatstadt, größere Aufmärsche und Demonstrationszüge. Sehr rosig hatte das Jahr 1929 ja gerade nicht angefangen, denn das erste SA-Verbot, verbunden mit zahlreichen Haussuchungen, die natürlich keine nennenswerten Ergebnisse brachten, leitete das Jahr ein. Aber ein frisch-fröhliches »Nazigemüt« ließ sich natürlich durch solche Randverzierungen des Alltags nicht einschüchtern. […]

Nun ist die große Wahlschlacht geschlagen. Wir können uns noch nicht recht vorstellen, wer unsere Kandidaten den »bewährten Kulturpionieren« der bürgerlichen Gruppen und den fürchterlichen Maulhelden der KPD und SPD und ähnlicher Farbschattierungen vorzuziehen gewagt hat, aber unbestreitbar steht nunmehr die Tatsache fest, dass unser Spitzenkandidat Bernhard Bleckmann ganze 926 Stimmen auf sich vereinigte und damit als erster Kommunalvertreter der NSDAP in die Wanne-Eickeler Stadtverordnetenversammlung einziehen kann. […]

Anfang 1930 …
Dies[es] Jahr steht im Zeichen der großen Versammlungen und einer gesteigerten Werbearbeit durch Flugblatt- und Plakat-Propaganda, die einen durchschlagenden Erfolg erzielen konnte, denn bereits die ersten Monate ließen unsere Mitgliederziffern auf rund 100 Parteigenossen [steigen]. […]

Endlich bekamen wir nun auch in der »Neuen Front« ein eigenes Kampforgan, das im ganzen Westen bis nach Köln hin verbreitet war und auch für den örtlichen Kampf gegen die Bewegung tatkräftig Hilfestellung leisten konnte. Eine Reihe örtlicher Tagessorgen konnte hier zur Erörterung gestellt und zugleich offen der Kampf aufgenommen werden gegen die schwarz-rot-goldene Misswirtschaft und ihre jüdischen Nutznießer. […]

Ende 1930 …
Das hat Wanne-Eickel noch nicht erlebt! Eine großzügige Propaganda von bisher noch nicht bekannten Ausmaßen wurde jetzt immer wieder auf den Straßen unserer Kohlenstadt entfaltet.

Mit wehenden Sturmfahnen sausten wir auf einem Lastauto durch die Straßen und verteilten unsere Flugblätter vom Wagen herab, der immer von Volksgenossen dicht umdrängt war. [...]

Angespannt war die Erwartung auf die kommende Wahl, und mit allen Mitteln versuchten die Marxisten, ihre Leute zusammen zuhalten. Große Aufmärsche des Arbeiter-Turn- und Sportbunds und große Redereien der Reichsbannerbonzen täuschten »Machtvolle Kundgebungen für die Republik« vor. Was damals alles in der »Freien Presse«, dem Organ der Wanne-Eickeler Sozialdemokraten, zusammengelogen wurde, ging bald auf keine Kuhhaut mehr, sodass dies in einem Bochumer Marxistenverlag erscheinende Blättchen im Volksmund den Beinamen »Die Kuhhaut von der Hermannshöhe« erhielt. Hermannshöhe hieß nämlich die Straße, an der das Verlagsgebäude stand. [...]

Der Wahlsonntag, der 14. September 1930, brachte uns einen gewaltigen, in diesem Ausmaß nicht einmal von einem Optimisten erwarteten Sieg! Überall waren deutsche Volksgenossen unserem Mahnruf »Wollt ihr das Vaterland befrei[e]n, wählt Liste 9!« freudig gefolgt. Am Abend fanden wir uns in gespannter Erwartung in einem Eickeler Gasthof zusammen, wo der Kreisleiter immer wieder die Wahlergebnisse verkündete. Die Ruhrstädte hatten sich nun offen und in breiter Front zum Nationalsozialismus bekannt. [...] Immer höher stieg unsere Erwartung bei den ersten Meldungen aus dem Reich. 60 Mandate -, na das hatte man schließlich erwartet. 70 Mandate! Das freuten sich die Optimisten unter uns, dass sie doch recht behalten hätten. 80 – 90 – 100! Da schwoll der Jubel zum Sturm an, und als schließlich unleugbar feststand, dass die NSDAP mit 107 Abgeordneten in den Deutschen Reichstag einziehen würde, da war wohl jeder von uns durchdrungen von der weltgeschichtlichen Bedeutung dieses Tages. Auf dem Weg zur Macht und zur Errettung des deutschen Volks aus der Schmach der Nachkriegsjahre, auf dem Weg zur einigen Volksgemeinschaft im Dritten Reich waren wir nun ein großes Stück weitergekommen. Wie ein heiliges Gelöbnis lösten sich da von unseren Lippen die Klänge des Horst-Wessel-Liedes und jubelnd und hoffnungsfroh hallte es durch die Nacht:

»Bald wehen Hitlerfahnen über allen Straßen,
Die Knechtschaft dauert nur noch kurze Zeit!« [...]

Anfang 1931 ...
Während die rote Front langsam abbröckelte und auch die »Sozis« vergeblich in ihrer Presse nach dem »Zweiten Mann« schrien, den jeder Genosse möglichst bald mitbringen sollte, erhielt das braune Heer Adolf Hitlers schon in den ersten Monaten des Jahres 1931 auch in Wanne-Eickel kräftigen Zustrom. Das Jahr begann wieder mit einer Hochflut von Versammlungen, die meist im Norden und Westen des Stadtgebiets abgehalten wurden, vor allem in Bezirken, die bis dahin als unumstrittene Domäne der KPD galten. [...]

Mitte 1931...
Nun haben wir es gewagt! In den Räumen der früheren Gewerbebank und des ehemaligen Mittelstandshauses werden wir in Kürze neue Geschäftsräume für die weitere Organisationsarbeit einrichten. Besonders schwierig wird natürlich die Geldfrage sein, aber dies Problem und die Beschaffung einer Einrichtung wird schon zu lösen sein, denn unsere Bewegung,

die nun über 400 Parteigenossen zählt – die kürzlich nach den Stadtteilen in fünf Sektionen durchgegliedert wurden [...], hat schon schwierigere Aufgaben bewältigt! Nach wochenlangen Bemühungen ist es uns jetzt gelungen, wenigstens die notwenigsten Einrichtungsstücke für unser erstes Wanne-Eickeler Parteiheim zu beschaffen. Hier holen unsere eifrigen Mitglieder ein paar Stühle – und da ein paar Tische zusammen, und freundliche Spender vervollständigten immer mehr das Inventar. [...] Auch ein kleines SA-Heim mit einigen Feldbetten konnten wir schon einrichten, und darin steht sogar schon ein Kochherd, auf dem sich unsere Kameraden, die vielfach wegen ihres Eintretens für die Bewegung Adolf Hitlers aus dem Elternhaus verstoßen wurden und nun hier eine neue Heimat fanden, ein kräftiges Mahl bereiten können. [...]

18. März 1932 ...
Der rote Terror gegen die NSDAP hat begonnen! Im Auftrag Severings fand gestern in ganz Preußen, so meldete die »Rote Erde«, ein Polizeisturm von nie gekannten Ausmaßen gegen die NSDAP statt. In einem geharnischten Protest wandte sich der Führer gegen die Missdeutung des Zusammenhaltens der SA in ihrem Sturmlokalen, das einerseits mit Rücksicht auf die Wahlarbeit, andererseits zur Verhütung des wehrlosen Abschlachtens einzelner auf der Straße gehender SA- und SS-Männer durch die Genossen der Partei des Herrn Ministers Severing, des Reichsbanners, der »Eisernen Front« und der wesensverwandten Kommune notwendig gewesen sei. [...]

Mai 1932 ...
[...] Weiter konnten wir am 9. Mai im überfüllten Kurhaus den bekannten Rasseforscher, Parteigenossen Dr. Jeß (Dortmund), begrüßen, der uns eine gründliche Übersicht über das Rasseproblem vermittelte und das Goethewort

»Die Hauptsache ist, dass die Rasse rein bleibt!«

in den Vordergrund seiner aufschlussreichen programmatischen Ausführungen stellt. [...]

Im Juni 1932 ...
Der Kampf für die Reichstagswahlen ist mit voller Wucht entbrannt. Wir haben uns gefreut, vor einigen Tagen in der »Roten Erde« eine prächtig getroffene Beschreibung der unentwegt geschäftstüchtigen Spießerseele zu finden, die allen Kämpfern aus dem Herzen geschrieben war. [...]

Wenn man allerdings den Begriff des selbstsüchtigen, liberalistischen Spießbürgers zu sehr verallgemeinert, könnte man leicht irrtümlich manchem tapferen Volksgenossen bitter Unrecht tun, der Hab und Gut und seine ganze Persönlichkeit voll eingesetzt hat für die Bewegung Adolf Hitlers. Auch unter der Wanne-Eickeler Geschäftswelt und in den verschiedensten Vereinen, die man oft leichtfertig mit dem Sammelbegriff »Spießerklub« abzutun geneigt sein könnte, weht heute schon ein frischer Wind. [...]

Ende Juli 1932 ...
Der große Tag der Abrechnung – der Wahltag vom 31. Juli

Große Plakate an allen Wahllokalen mahnten die deutschen Volksgenossen, mit Adolf Hitler für Arbeit, Freiheit und Brot zu kämpfen. Unsere Listenführer saßen in jedem Wahllokal, und zum ersten Male hatten wir auch in großem Umfang Schlepperkolonnen eingesetzt, um die Wahlmüden aufzurütteln und den Kranken Gelegenheit zu geben, zum Wahllokal geschafft zu werden. Als das Ergebnis bekannt wurde:
      150 Mandate – 200 – 220 – 230 Reichstagsmandate!
Da erklang wie aus einem Mund jubelnd der Sturmruf des Horst-Wessel-Lieds [...]

Ende August 1932 ...
In den letzten Wochen konnten wir eines der interessantesten Kapitel unserer Kampfzeit erleben! Es kam nun die Zeit, in der gewisse Freunde und Anhänger der NSDAP ihre Treue beweisen konnten, die Sturmzeit nach dem 13. August. Damals konnten wir unsere Menschenkenntnis nicht unbeträchtlich erweitern. Nur zu oft beobachteten wir, dass die Männer, die sonst in ihren Vereinigungen so »mannhaft« von der »alten deutschen Treue« zu sprechen pflegten – und um den 31. Juli herum sich noch als begeisterte Anhänger der Bewegung Adolf Hitlers gefühlt hatten, plötzlich ihre Gesinnung änderten und unvermittelt erklärten:
      »Die nationalsozialistische Bewegung hat den Anschluss verpasst!« [...]

Ende 1932 ...
[...] Nunmehr hat die letzte Schlacht begonnen. Vor der Wahl wurde auch unserer Kohlenstadt in rund zwanzig größeren und kleineren Versammlungen unermüdlich unser Kampfruf in die Köpfe der schaffenden deutschen Volksgenossen gehämmert. Ungeheure Mengen von Propagandamaterial sorgten für die Aufklärung unserer Volksgenossen über die wahren Hintergründe des Schleicherkabinetts. Überfüllte Versammlungen riefen auf zum letzten Sturm auf Marxismus und Reaktion und kündeten unsere Parole
      »Hitler führt aus der Not«.
Wir verloren bei diesen Wahlen zwar einige Mandate – aber wir waren nicht traurig über diese Abtrünnigen, denn das waren die Kreise, die geglaubt hatten, mit der NSDAP ein schnelles und sicheres Geschäft auf eigene Rechnung machen zu können, während der Kern unerschüttert blieb.

19. **Gegen »Hungerlöhne«, »faschistische Beamte« und weitere Stilllegungen im Ruhrbergbau. Forderungen einer kommunistischen Betriebszellenzeitung in Datteln (1932)**
»Die Knochenmühle«. Zellenzeitung der Betriebszelle! [Zeche Emscher-Lippe in Datteln], Jg. 1, Nr. 3, undat. [März 1932]. Stadtarchiv Recklinghausen, ZF/29, G. 1.1.

Die Knochenmühle.

Nr. 8!   Zellenzeitung der Betriebszelle!   Jahrgang I.

Kameraden von Emscher-Lippe!

Hört von uns, was in Eurem Betrieb von sich geht!--- Weil von Seiten der Verwaltung, und des Betriebsrates, sämtliche Vorkommnisse im Betrieb totgeschwiegen werden; so sehen wir uns veranlasst, es Euch mitzuteilen! Mit eurem Leben und eurer Gesundheit wird Schindluder getrieben! Auf Grund der immer grösseren Treiberei, und des immer kleiner werdenden Lohnes!
Ging doch im Monat Januar eine Kameradschaft, von Revier 3., die pro Schicht 800---850 Wagen Kohlen liefert, mit einem Hungerlohn,-man höre und staune--- von 6,68M. nach Hause.
Wo bleibt da Euer Betriebsrat, der sich für die Durchführung des Tarifes einzusetzen hat????!
Ein anderes Beispiel Kameraden, wie man die Rechte der Kumpels mit Füssen tritt!!!

Im Monat Januar wurde der Kollege "Jendretzke" mit 5,00M. bestraft. Auf Grund seines Einspruches beim Arbeiterrat, wurde in der Sitzung vom 18.1. die Strafe nicht anerkannt. Die Verwaltung setzte sich über den Beschluss des Arbeiterrates hinweg, und zog dem Jendretzke, die 5,00M. ab!
Was gedenkt der Arbeiterrats-Vorsitzende PLEIN, dagegen zu unternehmen???
Das" Rote Betriebsrat-Mitglied Jendretzke" ist schon des öfteren beim "Betriebsrats-Vorsitzenden JOEMANN" vorstellig geworden. Er solle eine Belegschafts-Versammlung einberufen!
JOEMANN hält dies nicht für nötig, und lehnt es ab! JOEMANN scheint Angst zu haben, sich vor der Belegschaft zu rechtfertigen!!!

Kameraden! Was erlauben sich die "Faschistischen Beamten" von Emscher-Lippe?
Als im vorigen Jahre, in Revier 2. der Bergmann Jeitner, " Mitglied des Deutschen-Arbeiters und des Stahlhelms", das ausführte, was der Revier-steiger ihm anordnete, erlaubte sich der " Stahlhelm-Fährsteiger Schmidt" seinen " Stahlhelm-Kameraden Jeitner," in den Arsch zu treten!
Ja, er schlug ihm sogar mit seiner Meterlatte die Oberlippe auf!!!

NETTER KAMERADSCHAFTSGEIST!!!

[Stadtarchiv Recklinghausen]

Als Jeitner den Schmidt belangen wollte, wurde Er vom Schlepper zum Gedingearbeiter befördert, und damit schlief die Sache ein!
Warum erstattete JOEMANN, dem die Sache bekannt war, keine Anzeige bei der" Bergbehörde???
Das ist doch seine Pflicht als BETRIEBSRATS-VORSITZENDER!

Das die Kameraden sich nicht mehr alles bieten lassen, beweisen zwei andere Vorfälle!
Als in Revier 2, der Fahrsteiger-Aspirant "KLEIN" einen Kameraden als Faulenzer titulierte, nahm der Kumpel den Luftschlauch, drehte Luft auf, und blies dem KLEIN eine gute Portion Pressluft in seine Antreiberschnauze!

Ein anderer Kumpel in Revier 5, schlug dem Stahlhelm-Steiger GRONE, als der zu weit ging, in seinen AEusserungen, die Faust in's freche Gesicht!!!
Und das ist richtig so Kameraden, zeigt den Lakaien des Kapitals, wenn sie Euch als Sklaven behandeln wollen, die schwielige PROLETARIER-FAUST!!!

Kameraden, wisst Ihr schon das die Verwaltung, bei der" Demobilmachungs-Behörde, die Kündigung von 300 Arbeitern, zum 15.März, eingereicht hat???

ARBEITER, KUMPELS: Erkennt wo Euer Platz ist, tretet ein in die

EINHEITSFRONT ALLER WERKTAETIGEN!!!

Unter Führung der K.P.D.
Tretet ein, für die Wahl, am 13.März des Arbeiter-Kandidaten

ERNST THAELMANN!!!
!!!!!!!!!!!!!!!!!!!!!!!!!!!!!!!!!!

Für die Arbeitsbeschaffungs-Forderungen der K.P.D.!
Die wichtigsten Forderungen lauten:

Herabsetzung der Arbeitszeit auf"sieben Stunden täglich" bzw. 40 Stunden pro Woche, bei vollem Lohnausgleich!
Für Bergarbeiter, und Arbeiter in gesundheits-schädlichen Betrieben sowie für Jugendliche die Einführung des sechs-stündigen Arbeitstages!

Anträgen auf Stillegung oder Einschränkung, der Betriebe, ist nicht mehr stattzugeben!!!

Wiederherstellung der, durch die Notverordnung gekürzten Löhne!!!

Schaffung neuer Arbeitsmöglichkeiten durch Inbetriebnahme der stillgelegte Betriebe!!!

Abschaffung sämmtlicher Einschränkungen und Kürzungen der Knappschaft!

VORWAERTS!!!

KLASSE gegen KLASSE!
Für die Armen-gegen die Reichen!!!
Ausgebeutete gegen Ausbeuter!!!

Wir Alle aus dem Schacht,
Kämpfen gegen reaktionäre Macht.

Wir streiken fürs tägliche Brot:

Wir wählen THAELMANN,

wählen ROT!!!

[Stadtarchiv Recklinghausen]

20. Zulassung und Verbot von Demonstrationen (1932)

Der Polizeipräsident in Bochum an den Regierungspräsidenten in Arnsberg vom 26.4.1932. Abschrift. Landesarchiv NRW Abt. Westfalen, RA 14480.

Im Interesse der Aufrechterhaltung der öffentlichen Ruhe und Sicherheit bitte ich, den einzelnen Organisationen grundsätzlich in jeder Stadt nur eine Demonstration genehmigen zu wollen, da mehrere Veranstaltungen in den einzelnen Stadtbezirken eine zu große Zersplitterung der mir zur Verfügung stehenden Polizeikräfte bedeuten würde. Unter Berücksichtigung meines Vorschlags schlage ich die Erledigung anliegender Anträge wie folgt vor:

2. Genehmigung des Antrags der KPD, Bochum, Antragsteller Hermann Senft, Bochum, Henriettenstr. 35.
3. Ablehnung des Antrags der KPD, Bochum-Langendreer, Antragsteller Heinrich David, B.-Langendreer, Kaltehardtstr. 1.
4. Genehmigung des Antrags der KPD, Castrop-Rauxel, I, Antragsteller nicht genannt.
5. Ablehnung des Antrags der KPD, Castrop-Habinghorst, Antragsteller nicht genannt.
6. Genehmigung des Antrags der SPD, Herne, Antragsteller Krämer, Herne.
7. Genehmigung des Antrags der KPD, Wanne-Eickel, Antragsteller Alfred Erhardt, Wanne-Eickel, Füsilierstr. 23b.

Weitere Anträge auf Genehmigung von Maidemonstrationen sind hier von der RGO, der SAP, der SPD und der NSDAP vorgelegt worden. Ich bitte, mir die Genehmigung zur Erledigung dieser Anträge im Auftrag des Herrn Regierungspräsidenten wie in früheren Fällen übertragen zu wollen.

21. Der Preußenschlag – legalisierter Staatsstreich (1932)

Bekanntmachung des Reichskanzlers von Papen vom 20.7.1932, in: Ursachen und Folgen. Vom deutschen Zusammenbruch 1918 und 1945 bis zur staatlichen Neuordnung Deutschlands in der Gegenwart, Bd. 8: Die Weimarer Republik. Das Ende des parlamentarischen Systems. Brüning-Papen-Schleicher 1930–1933, Berlin [1963], S. 572.

Nachdem ich durch Verordnung des Reichspräsidenten vom 20. Juli 1932 (RGBl. I S. 377) zum Reichskommissar für das Land Preußen bestellt worden bin, habe ich aufgrund der mir durch diese Verordnung erteilten Ermächtigung die Mitglieder der Preußischen Staatsregierung

Ministerpräsident Dr. h. c. Dr. e. h. Braun,
Staatsminister und Minister des Innern Dr. e. h. Severing
ihrer Ämter enthoben.

Ich habe weiter aufgrund der mir erteilten Ermächtigung die Dienstgeschäfte des Preußischen Ministerpräsidenten übernommen und mit der Führung des Preußischen Ministeriums des Innern als Kommissar des Reichs den Oberbürgermeister von Essen, Staatssekretär a.D. Geheimer Regierungsrat Dr. e. h. Bracht,[51] betraut.

Der Reichskanzler

von Papen

22. Reaktionen der Sozialdemokratie auf den »Preußenschlag«: Kundgebungen und Proteste (1932)

»Es geht um die Freiheit! Der rechtmäßige preußische Minister Grimme spricht im Schützenhof zur Eisernen Front. Gegen den braunen Judas der Nation, für Freiheit und Demokratie«, in: Volksblatt. Wattenscheider Volksstimme, Nr. 177 (Rubrik »Groß-Bochumer Rundschau) vom 25.7.1932, S. 3. (Auszug)

Ein Schrei der Empörung geht durch das Volk, ein Schrei, der aus tiefster, verwundeter Seele kommt, ein Schrei, ausgelöst durch die unerhörten Gewaltmaßnahmen der Papen-Schleicher-Hitler und Bracht, ein Schrei nach Freiheit und Menschenrecht. Dieser Schrei wurde am Sonntag in Bochum vieltausendfältig ausgestoßen, dass es den Unterdrückern in [den] Ohren gellte. Im *Schützenhof* fand die große *Wahlkundgebung der Eisernen Front* statt. Und in dieser Kundgebung, die viele tausend begeisterte und kampfentschlossene Menschen sah, sprach *unser Kultusminister Dr. Grimme*![52] Im Zeichen der drei Pfeile stand diese Massenkundgebung, stand am Sonntag nahezu die ganze Stadt. Von den Häusern wehten die Freiheitsfahnen. Desgleichen an Fahrrädern in Form von Wimpeln, Männer und Frauen trugen sie stolz an der Brust. Den faschistischen Terrorbanden flogen sie um die Ohren, denn sie bedeckten die Straßen massenweise. Überall die Freiheitszeichen! Überall Begeisterung und Kampfeswille um die Erhaltung der Freiheit!

Der Schützenhof bot das Bild einer *gewaltigen Massenbewegung*. Alle Formationen der Eisernen Front waren vertreten. Auf der Bühne hatten Abordnungen der Jugend, der Arbeitersportler und des Reichsbanners Aufstellung genommen. Auch hier leuchteten die Freiheitspfeile überall. Als Genosse *Grimme* und Landtagsabgeordneter Franz *Klupsch*[53] den Saal durchschritten, braussten die Freiheitsrufe mächtig hoch. Ein wuchtiger, von lodernden Herzen kommender Gruß, der unseren Führern galt. […]

---

51 Franz Bracht, seit 1924 Essener Oberbürgermeister und seit Juli 1932, nach dem Preußenschlag, stellvertretender Reichskommissar für Preußen. In dieser Funktion übernahm er die Amtsgeschäfte des preußischen Innenministers.

52 Adolf Grimme (1889–1963) war Verwaltungsbeamter und sozialdemokratischer Politiker. Als Kultusminister Preußens amtierte er von 1930–32, in der Nachkriegszeit wurde er zunächst niedersächsischer Kulturminister und 1948 Generaldirektor des Nordwestdeutschen Rundfunks (NWDR). Nach seinem Tod wurde er Namensgeber des gleichnamigen Preises.

53 Franz Klupsch (1874–1957) gehörte für die SPD von 1919–1933 dem preußischen Landtag an.

Klupsch ruft alte Erinnerungen wach, er weist darauf hin, welche erbitterten Kämpfe die alten Genossen mit unserem verstorbenen *Otto Hue*[54] um den Riesenwahlkreis Bochum-Gelsenkirchen geführt haben.

Diese Bewegung, die uns zur zweiten Heimat geworden ist, soll jetzt niedergeschlagen werden. Der schändliche Plan darf nicht gelingen!

Er fordert die Arbeiter auf, *Schulter an Schulter in ausgeprägtester Kameradschaft zusammenzustehen.* Durch unüberlegte Handlungen die Geschäfte der Reaktion zu besorgen, wie die Kommunisten es vorhaben, können wir den Massen nicht zumuten. In dieser Zeit eiserne Vernunft zu haben, ist das Gebot der Stunde.

23. Das Vorgehen der Justiz am Beispiel des Dortmunder Schupo-Prozesses (1932)
»Die Tragödie der deutschen Justiz. Ein Überfallkommando auf der Strecke. Zum Schupo-Prozess in Dortmund«, in: Dortmunder Generalanzeige vom 12.8.1932. (Auszug)

Die Weimarer Verfassung, die den freiesten Volksstaat der Welt schuf, ist heute mit einem Nekrolog[55] des Verfassungsministers zu Grabe getragen, und so ist es kein Wunder, dass dieser Tag zusammenfällt mit der Betrachtung über das Urteil, das gestern ein republikanisches Gericht gegen ein Fähnlein der Dortmunder Schupo fällte, das als Überfallkommando vor einigen Monaten in einer Gegend eingesetzt wurde, die der eigentliche – und natürlich nationalsozialistische – Unruheherd der Stadt Dortmund geworden war.

Dieses Urteil, das an mittelalterliche Formen reiner Vergeltungsjustiz erinnert, ist ein Dolchstoß mitten ins Herz der Staatsräson und der Staatsautorität, und die Folgen werden zum Mindesten für die Ruhe und Ordnung einer der Hauptstädte des Ruhrgebiets von verheerender Wirkung sein. Welcher Polizeibeamte wird es angesichts der von einem republikanischen Gericht aufgerichteten Guillotine, die noch dazu im schärfsten Gegensatz zu dem die Schutzpolizei zu schärfstem und schnellstem Eingreifen verpflichtenden Erlass Brachts steht, noch wagen, sich den schweren Konflikten und persönlichen Schädigungen auszusetzen, die ihm aus einer nicht ganz einwandfreien Betätigung des Gummiknüppels erblühen! [...]

Wie lag der Fall? Seit Wochen und Monaten war die Gegend um das SA-Heim herum der Unruheherd der ganzen Stadt. Monatelang war das ein Hin und Her, ein Auf und Ab in dieser Straße, und jede Phase der politischen Entwicklung mit ihrer von der Reichsregierung geübten Passivität und »Toleranz«, ihrem Zaudern gegenüber der immer gefährlicher werdenden Unruhe, die durch eine Bürgerkriegsarmee in die Städte hineingetragen wurde, und schließlich mit dem Verbot der SA endete, als schon niemand mehr an dieses Verbot glaubte, fand in dieser Gegend ihren Widerhall. Alle diese Phasen spiegelten sich an den Brennpunkten, deren wichtigster das SA-Heim war. Das Hin und Her innerhalb der Reichsregierung brachte das

---

54 Otto Hue (1868–1922) war deutscher Gewerkschafter und sozialdemokratischer Politiker. Hue war von 1903–11 und erneut von 1919–1922 Mitglied des Reichstags bzw. der Verfassunggebenden Nationalversammlung. Zeitweilig war er auch Mitglied im preußischen Abgeordnetenhaus.
55 Nachruf.

Schwanken der Polizei mit sich, die ruhig und besonnen blieb, als schon die halbe Welt verrückt war. Der Terror wurde größer und größer, und besonders kritische Tage gab es nach dem SA-Verbot. Vor dem SA-Heim standen ständig die Fanatiker der Bewegung, und der politische Gegner, [der] zufällig vor diesem Lokal stehen blieb, lief Gefahr, terrorisiert zu werden, wenn er es gewagt hätte, seine Meinung zum Ausdruck zu bringen. Als Gegenbeispiel füge ich ein, dass vor dem Geschäftslokal der SA täglich von einer großen Menge aller politischen Richtungen friedlich diskutiert wurde, und dass hier während der ganzen Zeit Störungen, die zum polizeilichen Eingreifen genötigt hätten, unterblieben sind.

Statt diese Situation objektiv zu würdigen, bewies das Gericht ein außerordentlich weitgehendes und sehr einseitiges Verständnis gegenüber den »rauen Kriegern«, die, nachdem sie wochenlang die Gegend unter Druck gesetzt [haben], nun schließlich mit dem Gummiknüppel Bekanntschaft machten, wobei natürlich, wie so oft, nicht die Drahtzieher, sondern auch die Unbeteiligten zu Schaden kamen.

Eines Tages kam, was kommen musste, nachdem die oft alarmierte Polizei hundertmal die innere Erregung niedergekämpft hatte, das, was der Vorsitzende in seiner Urteilsbegründung als »Knüppelrausch« der Polizei bezeichnet. Aber er hat mit diesem medizinisch beinahe zutreffenden Wort nur das Stadium einer psychologischen Situation aufgezeigt, das nach so häufiger Zurückhaltung und Besonnenheit der Polizei schließlich einmal zum Ausbruch kommen musste, eben zu dem, was der Vorsitzende des Gerichts durch ein Wort von höchster Diffamierung als Knüppelrausch bezeichnete.

Aber er hat durch sein unfassbar strenges Urteil und bei dieser Charakterisierung vergessen, dass dem psychologisch erklärlichen Knüppelrausch der Polizei seit Jahren vorausgegangen war ein psychologisch nicht zu erklärender »Marxisten-Rausch« der deutschen Justiz. Es muss in diesem Zusammenhang daran erinnert werden, dass die deutsche Justiz dem Aufkommen des terroristischen Charakters der Nazibewegung durch eine Fülle äußerst milder Urteile und vieler Freisprüche, wo ein Linksradikaler zu schweren Strafen verurteilt worden wäre, Vorschub geleistet, und sich mitschuldig an der heutigen Situation gemacht hat. Die strengen Bestimmungen gewisser Notverordnungen, die schon unter Brüning erlassen wurden, und die dem Schutz der öffentlichen Ruhe und Sicherheit dienten, beweisen doch nur, dass die Justiz kaum jemals eingeschritten ist, wenn in den nationalsozialistischen Zeitungen zum Klassenhass und zu Gewalttätigkeiten aufgereizt wurde, und wenn nach diesen Aufreizungen der Nazipresse die SA oder sonstige Mitglieder der NSDAP dieser Presseverhetzung die Tat folgen ließen. Für diese milde Behandlung erhielten die Herren der preußischen Justiz dann die Quittung durch den Führer der nationalsozialistischen Preußen-Fraktion und eines weiteren prominenten Mitglieds dieser Fraktion, die von der Tribüne des preußischen Landtags den Satz in das Volk warfen, dass 90 Prozent der preußischen Richter und Staatsanwälte Rechtsbeugung trieben. Früher oder später wird eine höhere Gerechtigkeit [...] auf den Grundsatz verweisen: Fiat justitia, et pereat mundus (Gerechtigkeit – und wenn die Welt darüber zugrunde geht!).

Aber, wenn jemand auf dem Boden des Grundsatzes steht, ...

24. Machtanmaßung der SA: Beispiele aus Dortmund und Bochum (1932)

a) »Putschlustige Nazibanden. Von der Polizei festgenommen«, in: Westfälische Allgemeine Volks-Zeitung. Dortmunder Arbeiter-Zeitung, Nr. 178 vom 1.8.1932, Titelseite.

Auf der Evinger Straße zwischen Scharfeneck und der Lüner Ortsgrenze kam es am Sonntagabend gegen 22.30 Uhr zu einem Feuergefecht zwischen Polizei und Nationalsozialisten. Ungefähr 50 Nationalsozialisten hatten sich auf der Lüner Chaussee Polizeibefugnisse angemaßt, Kraftwagen angehalten, Personen nach Waffen untersucht usw. Als das alarmierte Überfallkommando erschien, kamen ihm auf beiden Seiten der Chaussee etwa 30 bis 40 Nationalsozialisten entgegen, die Schusswaffen in der Hand hatten. Von der Polizei erfolgte das Kommando Halt. Daraufhin wurde die Polizei von den Nationalsozialisten beschossen. Die Schützen ergriffen sofort die Flucht durch ein Kornfeld. Die Polizei erwiderte das Feuer. Insgesamt wurden etwa 40 Schüsse gewechselt. Nach den bisherigen Feststellungen wurde ein Nationalsozialist durch einen Streifschuss an der Hand leicht verletzt. 17 Nationalsozialisten konnten festgenommen werden. Bei ihnen wurden zwei langläufige 9 Millimeter Mauserpistolen Kaliber 7,65, zwei Trommelrevolver, ein Seitengewehr, ein Dolch, zwei große Taschenmesser und außerdem 52 Schuss Munition vorgefunden. Auf der Flucht haben die Nationalsozialisten einen Teil ihrer Waffen im Kornfeld fortgeworfen. Die Ermittlungen der Polizei sind noch nicht abgeschlossen.

b) »Wie ein SA-Sturm bewaffnet ist – 933 uniformierte Nazis zwangsgestellt«, in: Westfälische Allgemeine Volks-Zeitung. Dortmunder Arbeiter-Zeitung, Nr. 180 vom 3.8.1932, S. 3.

In einem Bochumer Vorort wurden [...] auf dem Gelände einer stillgelegten Fabrik in der Nacht zum Montag 933 uniformierte SA-Leute eines Sturmbanns mit Begleitformationen, wie Motorstaffel, Arzt usw., marschmäßig ausgerüstet und mit Proviant versehen, zwangsgestellt und in die Polizeiunterkunft überführt. Bei der Durchsuchung der Fabrik wurden gefunden: eine Rakete, vier Totschläger, sieben Taschenmesser, zwei Dolche, zwei Pistolen Kaliber 6,35, eine Pistolentasche mit Munitionsrahmen und 75 Schuss Munition, Schlagringe und eine Eierhandgranate.

Nachdem die Nationalsozialisten auch am Montag und Dienstag sich in einer Stärke von mehreren Hundert Mann in dem Fabrikgebäude versammelt aufhielten, hat die Polizei im Laufe des Dienstag Nachmittags endlich durchgegriffen und das Lager ausgehoben. Die SA-Leute, die größtenteils von auswärts stammten, wurden einzeln abgeschoben und das Fabriklager polizeilich geschlossen. Die Aktion vollzog sich ohne besonderen Zwischenfall.

25. Potenziale und Grenzen der NSDAP im Ruhrgebiet (1932)

Die Ergebnisse der Reichstagswahl vom 6.11.1932 in den Städten des Ruhrgebiets, in: Ruhr-Echo (Essen) vom 7.11.1932 (Fettdruck: jeweils stärkste Partei).

	KPD	SPD	Zentrum	DNVP	NSDAP
Essen	89 348	41 135	**109 443**	21 876	75 751
Dortmund	**97 936**	63 499	57 155	21 266	55 547
Duisburg	**63 846**	27 752	47 568	16 501	54 654
Gelsenkirchen	**52 796**	21 363	41 771	10 549	30 962
Bochum	39 611	31 448	38 869	10 285	**48 857**
Bottrop	**14 229**	3 735	13 101	1 769	5 249
Oberhausen	24 323	10 000	**29 999**	7 125	20 478
Recklinghausen	11 444	5 303	**13 045**	2 828	9 767
Münster	4 983	5 783	**31 661**	5 785	16 244
Wanne-Eickel	**15 018**	6 169	9 634	1 968	13 026
Wattenscheid	**9 122**	5 229	8 423	2 599	5 681
Gladbeck	**8 274**	5 572	7 789	2 219	5 384
Hamm	4 320	4 359	**9 851**	2 361	8 118
Herne	**15 596**	7 389	11 038	2 589	10 047
Mülheim	17 579	9 802	12 385	8 283	**20 332**
Castrop	**9 210**	4 792	7 508	1 883	5 082
Lünen	**7 511**	5 782	4 816	1 507	3 562
Rheine	2 400	1 416	**7 125**	1 360	1 722
Bielefeld	11 044	**28 709**	3 482	6 252	21 824

26. Sozialer Protest in der Lyrik (1933)

Hubert Steinkamp, »Die Tore auf«, in: Duisburger General-Anzeiger vom 5.7.1933, abgedruckt in: Hans-Georg Kraume, Die Zeit des Nationalsozialismus (1933–1945), in: Ludger Heid et al., Kleine Geschichte der Stadt Duisburg, 4. Aufl., Duisburg 1996, S. 309–354, hier S. 316.[56]

Die Tore auf![57]

1 Wir gehen tatenlos umher,
und dort, wo Hammerschlag erklang,
das hohe Lied der Arbeit sang,
liegt alles stumm und leer.

2 Wo einstens rastlos, nimmermüd,
in wahrhaft hehrer Majestät,
das große Schwungrad sich gedreht,
ein tiefes Schweigen zieht.

3 Wir stehen tatenlos umher!
Und fühlen uns doch hart und stark!
Das Nichtstun frisst an unserm Mark:
Gebt uns die Hütte her!

4 Wo einst die Flammen feurig-rot,
von unsern Händen hell entfacht,
zum Himmel lohten Tag und Nacht,
ist alles still und tot.

5 Wir stehen tatenlos umher.
Wo wir mit stählern-harter Kraft
und zäh am großen Werk geschafft,
raucht keine Esse mehr.

Hubert Steinkamp

---

56 Für den Hinweis auf diese Quelle danken wir Herrn Dr. Manfred Kanther, Stadtarchiv Duisburg.
57 Die seit 1926 in Besitz der Vereinigte Stahlwerke AG befindliche Hütte Ruhrort-Meiderich, die bei voller Auslastung rund 16.000 Arbeitsplätze bot, war infolge der Weltwirtschaftskrise im Februar 1932 vollständig stillgelegt worden. Die Nationalsozialisten setzten sich früh an die Spitze einer größeren, zum Teil bürgerlich getragenen Protestbewegung, die, u.a. durch offene Briefe an die Reichskanzler Brüning und Hitler, gegen die durch die Schließung verschärfte soziale Verelendung in der Stadt ankämpfte. Vor allem der 1. Mai 1933 geriet zu einer propagandistisch ausgeschlachteten Demonstration für die Wiedereröffnung der Hütte, die etwa 200.000 Menschen mobilisierte und damit reichsweite Aufmerksamkeit erlangte. Ziel der Inszenierung war es, eine »Schicksalsgemeinschaft zwischen Arbeiterschaft und mittelständischem Bürgertum« zu formieren, die sich dem Großunternehmertum entgegenstellen sollte. Als im Herbst 1933 mit der Instandsetzung der Hütte begonnen und diese im April 1934 wieder eröffnet wurde, hatten Reichsregierung und Vereinigte Stahlwerke dem öffentlichen Druck nachgegeben. Die Konzernleitung hatte mehrfach betont, dass die Wiedereröffnung der Hütte Ruhrort-Meiderich aus wirtschaftlichen Gründen nicht zu vertreten sei. Vgl. Kraume, Nationalsozialismus, in: Heid, Geschichte, S. 309–354, hier S. 317, 321.

Kapitel XI
Nationalsozialistische Machtübernahme und Konsolidierung der Terrorherrschaft 1933/34

Von Silvia Lagemann und Thomas Urban

Die Nachricht von der Berufung Hitlers zum Reichskanzler am 30. Januar 1933 führte im Ruhrgebiet zu einigen turbulenten und teilweise blutigen Zusammenstößen zwischen den politischen Gegnern der beiden radikalen Flügel auf der linken und rechten Seite. Die Kommunisten veranstalteten noch am selben Tag in vielen Städten spontane Demonstrationszüge gegen die neue Regierung. Der Aufstieg des Nationalsozialismus hatte sich zuvor in der Industrieregion langsamer und mit geringerem Erfolg als in anderen Regionen des Deutschen Reichs vollzogen. Schließlich lag in dem schwerindustriell geprägten Ballungszentrum seit Ende des 19. Jahrhunderts eine der Hochburgen der deutschen Arbeiterbewegungen. Diese Industriearbeiter-Milieus orientierten sich, soweit katholisch geprägt, am Zentrum, oder sie favorisierten die Parteien des linken Spektrums. Ihre Anfälligkeit gegenüber der »Hitlerbewegung« war damit eher gering. Die große Wählergruppe der NSDAP, die kleinbürgerlich-konservative Mittelschicht, war zudem nur schwach vertreten. Zwar profitierte an der Ruhr auch die NSDAP von der politischen Radikalisierung zur Zeit der Weltwirtschaftskrise, indem sie mit ihrem diffusen Parteiprogramm die Sehnsüchte der Bevölkerung nach Brot, Arbeit und Frieden bedienen konnte. Wie die Ergebnisse der Reichstagswahlen von 1930 und 1933 zeigen, sah sich die NSDAP im Ruhrgebiet allerdings einer starken Konkurrentin gegenüber. Die Kommunistische Partei, seit ihrer Gründung 1918/19 mit großem Zuspruch bei der Industriearbeiterschaft, konnte bei der letzten Reichstagswahl der Weimarer Republik im November 1932 die meisten Stimmen auf sich vereinigen. Im Reichsdurchschnitt lag die KPD dagegen weit abgeschlagen auf Platz drei, mit etwa der Hälfte des NSDAP-Stimmenanteils *(Dok. 3)*.

Der geringe Wählerzuspruch für die NSDAP spiegelte sich an der Ruhr in einem entsprechend schwachen Organisationsgrad wider: Die meisten Ortsgruppen, zum Teil bereits zu Beginn der 1920er Jahre gegründet, fristeten zunächst oft nicht mehr als ein Schattendasein *(Dok. 7)*. Eine größere Wirkung ging von den namhaften Vertretern der Schwerindustrie aus, die Hitler und dessen Partei zur Zeit der Weltwirtschaftskrise, zum Teil aber auch weitaus früher, aktiv unterstützten. Dabei wurden weniger von den Verbänden, sondern eher seitens einzelner Persönlichkeiten auch die Wahlkämpfe der NSDAP mit Spenden finanziert. Für Unternehmer wie Emil Kirdorf und Fritz Thyssen war es ebenso wichtig, Hitler weitere Kontakte zur deutschen Wirtschaftselite zu vermitteln und ihm die Möglichkeit zu geben, vor diesem Kreis für sein politisches Programm zu werben *(Dok. 1)*. Die insgesamt aufgeschlossene Haltung der »Schlotbarone« gegenüber dem Nationalsozialismus war allerdings eher nüchternem Pragmatismus als tiefer Überzeugung geschuldet: Mit Ausnahme Thyssens, bis zum Kriegsbeginn ein treuer Anhänger Hitlers, und weniger anderer ging es der Mehrheit darum, rechtzeitig auf das »richtige Pferd« zu wechseln, um von einem späteren Kabinett Hitler möglichst viele wirtschaftliche Vorteile eingeräumt zu bekommen. Bisweilen war es die schlichte Auffassung einer nicht mehr abwendbaren Regierungsbeteiligung, die die Unterstützung Hitlers bestimmte *(Dok. 2)*. Nach der Machtergreifung wurden Ruhrindustrielle wie Vögler, Springorum, Tengelmann und Stinnes bei einer Sitzung dann ein weiteres – und zugleich letztes – Mal aufgerufen, Wahlkampfgelder für die als »Schicksalsstunde der Wirtschaft« propagierte Reichstagswahl im März bereitzustellen *(Dok. 8)*. Fortan entzog sich die Ruhrwirtschaft weiterem Spendendruck durch die Bereitstellung einer »Adolf-Hitler-Spende« in Höhe von jährlich 3 Mio. RM.

Nachdem Reichspräsident von Hindenburg am 30. Januar 1933 Adolf Hitler zum Reichskanzler einer neuen Regierung ernannt hatte und damit der erste Schritt der sogenannten Machtergreifung vollzogen wurde, verfolgte der sich immer ungehemmter ausbreitende NS-Staat zwei Strategien: Als »Doppelstaat« (Ernst Fraenkel) suchte er auch im Ruhrgebiet seine Ziele sowohl durch Gewaltmaßnahmen als auch per Gesetz zu erreichen. Beide Elemente gingen in der Regel Hand in Hand. Auf kommunalpolitischer Ebene waren die Stadtverordneten der SPD – jene der KPD wurden überhaupt nicht mehr eingeladen – einem Spießrutenlauf ausgesetzt, als Ende März 1933 an der Ruhr die ersten Stadtverordnetenversammlungen nach der Machtergreifung zusammentraten. Sie wurden von der SA bedroht, geschlagen oder am Eintritt in die Rathäuser gehindert, was nach außen meist als »entschuldigtes Fehlen« verharmlost wurde *(Dok. 16)*. Spätestens nach dem SPD-Verbot im Juni 1933 und der Selbstauflösung des Zentrums und der anderen Weimarer Parteien war die NSDAP-Fraktion in den Städteparlamenten unter sich *(Dok. 26)*. Dies war das Ende der kommunalen Selbstverwaltung im Ruhrgebiet *(Dok. 9)*.

Die Entlassung nicht regimetreuer Personen des öffentlichen Lebens (u.a. Lehrer, Ärzte, Rechtsanwälte), die unverhohlen als »Säuberungen« bezeichnet wurden, machte auch vor den Oberbürgermeistern nicht Halt. Man drängte sie ziemlich rasch aus ihren Ämtern *(Dok. 19)*. An ihre Stelle traten, zunächst kommissarisch, überzeugte Nationalsozialisten. Theodor Reismann-Grone, der im April 1933 zum Oberbürgermeister der Stadt Essen ernannt wurde, war radikaler Nationalsozialist. Der bereits 70-Jährige gelangte, wie seinem Tagebuch zu entnehmen ist, auf höchst ungewöhnliche Weise in sein Amt, das er bis 1937 ausübte *(Dok. 9)*.

Die Sturmabteilung (SA) hatte als Kampforganisation der NSDAP bereits in der Endphase der Weimarer Republik für Angst und Schrecken auf den Straßen gesorgt. Nach dem 30. Januar 1933 und erst recht nach den erfolgreichen März-Wahlen ließ sie auch im Ruhrgebiet jegliche Rücksicht gegenüber den Behörden und politischen Gegnern fallen: In Städten wie z.B. Essen, Mülheim oder Bottrop riefen aufmarschierte SA-Posten zum Boykott jüdischer Geschäfte auf, in Bochum und Gelsenkirchen wurden schon im März 1933 Gewerkschaftsgebäude von der SA besetzt und verwüstet sowie stadtbekannte Gewerkschafter, Sozialdemokraten und Kommunisten verschleppt, misshandelt oder gar ermordet *(Dok. 11, 12, 20, 30)*. Die Schutzpolizei schritt in der Regel nicht zugunsten der Betroffenen ein, im Gegenteil: Dort wo, wie in Recklinghausen, rasch nationalsozialistisch gesinnte Polizeipräsidenten installiert worden waren, wurden die Beamten zum »rücksichtslosen Schusswaffengebrauch gegen Kommunisten« angehalten *(Dok. 14)*.

Damit war es den Nationalsozialisten gelungen, bereits nach wenigen Monaten die im Ruhrgebiet so starke politische Opposition in großer Zahl in den Foltergefängnissen der Geheimen Staatspolizei festzusetzen oder in den Untergrund zu treiben. Trotzdem fanden diese Gruppen auch nach der Machtergreifung Formen des Widerstands bzw. der Resistenz gegen das faschistische Herrschaftssystem *(Dok. 24, 32, 35, 36)*. Somit schlossen sich einige Industriearbeiter nach der Zerschlagung ihrer Interessenverbände den illegalen Organisationen an *(Dok. 4)*, wiederum andere traten in die NSDAP ein. Die Mehrheit der Industriearbeiter an der Ruhr nahm jedoch eine auf Abwarten und Skepsis beruhende Haltung ein, die sich zwischen diesen beiden Polen bewegte.

Die Kirchen beider Konfessionen im Ruhrgebiet konnten der Ruhrgebietsbevölkerung keine klare ideologische Richtschnur vorgeben. Hierfür war ihre Haltung zum Nationalsozialismus zu unterschiedlich. Es waren in erster Linie Vertreter der evangelischen Kirche, die die Machtübernahme des »Gottgesandten« Hitler zum Teil überschwänglich begrüßten *(Dok. 22)*. Spätestens zur Jahreswende 1933/34 ging ein tiefer Riss durch die evangelischen Gemeinden. Die nach dem »Führerprinzip« organisierten, regimetreuen »Deutschen Christen« standen der »Bekennenden Kirche« unversöhnlich gegenüber, die sich allein Jesus Christus verantwortlich fühlte und mehr und mehr vom NS-Staat distanzierte. Wegweisend für die Entwicklung der »Bekennenden Kirche« war neben der Rheinischen Bekenntnissynode, einer Art Parlament der »Bekennenden Kirche« im Rheinland, die Kundgebung der 1. Westfälischen Bekenntnissynode im März 1934 in Dortmund. Von den Vertretern der katholischen Kirche wurde die »NS-Machtergreifung« weitaus zurückhaltender aufgenommen. Doch auch hier schwankten die Reaktionen zwischen Fehleinschätzungen und Verharmlosungen bis hin zu offenem Protest und Widerstand *(Dok. 6, 10, 25)*.

Die in den ersten Monaten nach der Ernennung Hitlers zum Reichskanzler einsetzende Machteroberungs- und Gleichschaltungspolitik war geprägt von lang erprobten Kampftechniken der nationalsozialistischen Bewegung. Radikaler Kampf, Mobilisierung der Massen und die Durchdringung von Vereinen, Verbänden und Institutionen sollten im Ruhrgebiet erfolgreich dazu führen, die Einflüsse kommunistischer und gewerkschaftlicher Traditionen zu brechen. Dabei stand der hiesigen Bevölkerung schon bald nur noch eine »gleichgeschaltete«, von den Nationalsozialisten zensierte und kontrollierte Presse zur Verfügung. Die einst so starken Organisationen der Industriearbeiter waren zerstört, die Vertretung der Arbeiterinteressen der nationalsozialistischen Betriebszellenorganisation unterworfen und das kulturelle Leben mehr und mehr der nationalsozialistischen Ideologie angepasst.

Die Zerschlagung des Parteiensystems, die »Reichstagsbrandverordnung« zum »Schutz von Volk und Staat«, mit der wesentliche Grundrechte der Verfassung, wie die Freiheit der Person außer Kraft gesetzt wurden und das Ermächtigungsgesetz führten dazu, dass am Ende dieser ersten Phase der nationalsozialistischen Herrschaft, der sogenannten Machtergreifung, die politische Landschaft des Ruhrgebiets in kürzester Zeit tief greifend verändert worden war. Anstelle der parlamentarischen Republik von einst herrschte nun eine zentralistische Regierungsdiktatur mit Hitler als omnipotenten und charismatischen Führer, deren Ziel es war, alle Ebenen in Staat, Verwaltung und Gesellschaft dem nationalsozialistischen Willen zu unterwerfen.

Literaturhinweise

Wilfried Böhnke, Die NSDAP im Ruhrgebiet 1920–1933, Bonn-Bad Godesberg 1974.

Martin Broszat, Die Machtergreifung. Der Aufstieg der NSDAP und die Zerstörung der Weimarer Republik, 5. Aufl., München 1994.

Karl Dietrich Bracher et al., Die nationalsozialistische Machtergreifung. Studien zur Errichtung des totalitären Herrschaftssystems in Deutschland 1933/34, Frankfurt a.M. 1983.

Karl Dietrich Bracher et al., Die Nationalsozialistische Machtergreifung. Der 30. Januar 1933 in Rheinland, Westfalen, Lippe, Düsseldorf 1983.

Ingrid Buchloh, Die Nationalsozialistische Machtergreifung in Duisburg. Eine Fallstudie, Duisburg 1980.

Jürgen Falter, Hitlers Wähler, München 1991.

Wolfgang Jäger, Bergarbeitermilieus und Parteien im Ruhrgebiet. Zum Wahlverhalten des katholischen Bergarbeitermilieus bis 1933, München 1996.

Gotthard Jasper, Die gescheiterte Zähmung. Wege zur Machtergreifung Hitlers 1930–1934, 3. Aufl., Frankfurt a.M. 1994.

Wolfgang Michalka (Hg.), Die nationalsozialistische Machtergreifung, Paderborn etc. 1984.

Henry A. Turner, Die Großunternehmer und der Aufstieg Hitlers, Berlin 1985.

Dokumente

1. Unterschiedliche Wahrnehmungen der Industrieclub-Rede Hitlers Anfang 1932
Der Oberpräsident der Rheinprovinz an den Regierungspräsidenten in Düsseldorf vom 3.2.1932 (Geheim). Landesarchiv NRW Abt. Rheinland, Regierung Düsseldorf,[1] abgedruckt in: Stadtarchiv Duisburg (Hg.), Duisburg im Nationalsozialismus. Eine Dokumentation zur Ausstellung des Stadtarchivs Duisburg, Duisburg 1983, S. 19.

In meiner Vorlage vom 16. Januar dieses Jahres [...] habe ich bereits darauf hingewiesen, dass der Industrie[c]lub in Düsseldorf,[2] eine Vereinigung leitender Vertreter der rheinischen Schwerindustrie und sonstiger führender Persönlichkeiten aus dem öffentlichen Leben des rheinisch-westfälischen Industriegebiets, beabsichtige, Adolf Hitler zu einem Vortrag einzuladen. Der Vortrag fand am 26. Januar im Rahmen einer alljährlich veranstalteten Vortragsreihe über wirtschaftspolitische Fragen statt, in der Vertreter verschiedener politischer Richtungen zu Wort kamen, u.a. kürzlich auch der bekannte Wirtschaftspolitiker Cohen-Reuß.[3]

Über den äußeren Verlauf der Veranstaltung gibt der anliegende Bericht des Polizeipräsidenten in Düsseldorf vom 27.1. Aufschluss. Der Inhalt der Rede ist in der dieser Vorlage beigefügten Niederschrift des Kriminalkommissars Dr. Meyer wiedergegeben, der den Schutz der Versammlung gegen kommunistische Störungsversuche leitete und daher in der Lage war, die anliegenden Aufzeichnungen zu machen.

Der von dem Kriminalkommissar zusammenfassend hervorgehobene Eindruck, dass die 7–800 köpfige Versammlung, unter der sich zahlreiche führende Wirtschaftler des Industriegebiets sowie viele andere bekannte Persönlichkeiten des öffentlichen Lebens verschiedener politischer Einstellung befanden, dem Redner und seinen Ideen einmütig und begeistert zugestimmt hätten, stimmt mit den Mitteilungen, die mir persönlich vonseiten eines objektiv urteilenden und politisch geschulten Teilnehmers zugegangen sind, nicht überein. Danach war ein großer Teil gerade der bedeutenderen und ruhiger denkenden Wirtschaftsführer sichtlich enttäuscht darüber, dass der Führer der NSDAP, der ein bestimmtes Thema seines Vortrags nicht angekündigt hatte, ganz allgemeine politische Gedankengänge entwickelte, ohne in irgendeiner Weise sein *wirtschafts*politisches Programm, das man von ihm zu hören hoffte, zu entwickeln. Soweit überhaupt wirtschaftliche Fragen angeschnitten wurden, seien die Ausführungen des Redners so unklar und unverbindlich gewesen, dass man sich ein fassbares Bild von seinen

---

1 Die in der Dokumentation fehlende Signaturangabe konnte trotz intensiver Recherchen im Landesarchiv leider nicht ergänzt werden.
2 Vgl. hierzu Volker Ackermann, Treffpunkt der Eliten. Die Geschichte des Industrie-Clubs Düsseldorf, Düsseldorf 2006.
3 Max Cohen-Reuß (1876–1963), Journalist und sozialdemokratischer Politiker, war während der Weimarer Republik u.a. Mitglied des Reichswirtschaftsrats. Der Sohn eines jüdischen Kaufmanns emigrierte nach der NS-Machtergreifung nach Frankreich und kehrte nach 1945 nach Deutschland zurück.

Zielen auf diesem Gebiet nicht habe machen können. Über diese Empfindungen zahlreicher Zuhörer habe auch nicht der Beifall hinwegtäuschen können, der dem Redner, der sehr ruhig und sachlich und ohne Angriffe auf die Regierung oder führende Persönlichkeiten anderer Parteien sprach, in reichem Maße gezollt wurde, als er in vielen Punkten in hinreißender Sprache Gedanken ausführte, die Gemeingut weiter Bevölkerungskreise auch außerhalb der NSDAP sind und denen vernünftig denkende Deutsche aus allen Parteien unbedenklich zustimmen konnten.

Die Enttäuschung über das Fehlen jedes neuen, aufbauenden und großen Gedankens gerade auf wirtschaftspolitischem Gebiet sei in verschiedenen Bemerkungen hervorragender Mitglieder der Zuhörerschaft deutlich zum Ausdruck gekommen.

Im Gegensatz hierzu und im Gegensatz zu den zurückhaltenden und unverbindlichen kurzen Dankesworten des Versammlungsleiters, Landrat a.D. Haniel,[4] habe allerdings der Korreferent Fritz Thyssen[5] sich als überzeugter und begeisterter Anhänger Hitlerscher Ideen bekannt, und zwar in einer nach Auffassung vieler Teilnehmer der Zusammensetzung der Zuhörerschaft und dem Sinn der Veranstaltung in keiner Weise entsprechenden einseitigen Art und Weise. Der Schluss seiner Rede, die er mit dem nationalsozialistischen Gruß »Heil« beendete, soll zwischen ihm und Generaldirektor Poensgen[6] zu internen erheblichen Auseinandersetzungen geführt haben. Diese Haltung Thyssens ist nicht besonders erstaunlich, da er offenbar schon seit einiger Zeit mit seinen früheren deutsch-nationalen Parteifreunden in Mülheim politisch zerfallen ist und auch sein deutsch-nationales Stadtverordneten-Mandat niedergelegt hat. Nach persönlicher Mitteilung des Polizeipräsidenten in Oberhausen ist er seit der Harzburger Tagung »ein begeisterter Anhänger Hitlers«. In der *Neujahrsausgabe der Bergwerkszeitung*[7]

---

4   Der Unternehmer Karl Haniel (1877–1944) war von 1928 bis 1944 Vorsitzender des Industrieclubs Düsseldorf.
5   Fritz Thyssen (1873–1951) übernahm nach dem Tod seines Vaters 1926 die Leitung des Thyssen-Konzerns als führendes deutsches Eisen- und Stahlunternehmen. Als einer der ersten deutschen Unternehmer unterstützte er finanziell die NSDAP und gilt als Hitlers »Steigbügelhalter« und »Türöffner« zur westdeutschen Schwerindustrie, u.a. aufgrund seines Vorschlags, Hitler als Redner in der wirtschaftspolitischen Vortragsreihe des Industrieclubs sprechen zu lassen. Bis 1933 Mitglied der Deutschnationalen Volkspartei (DNVP), trat er erst 1933 der NSDAP bei. Nach der Machtübernahme wurde er preußischer Staatsrat, Mitglied des Reichstags und des Generalrats der Wirtschaft. Nach mehrmaliger Kritik an der Judenpolitik der Nationalsozialisten und an Hitlers Kriegsplänen kam es 1939 zum endgültigen Bruch mit dem NS-Regime. Thyssen emigrierte in die Schweiz und nach Frankreich, wurde 1941 verhaftet. Er überlebte die Haft in mehreren Konzentrationslagern und wurde 1948 als minderbelastet entnazifiziert. Vgl. Hans-Otto Eglau, Fritz Thyssen. Hitlers Gönner und Geisel, Berlin 2003.
6   Der Düsseldorfer Industrielle Ernst Poensgen (1871–1949) gehörte Ende der 1920er Jahre neben Fritz Thyssen und Emil Kirdorf zu den Mitgründern der Vereinigten Stahlwerke, dessen stellvertretenden Vorsitz er 1932 innehatte. Poensgen war nie Mitglied der NSDAP und zählte nicht zum engeren Kreis der finanziellen Unterstützer der »Hitlerbewegung«.
7   Der fragliche Artikel Fritz Thyssens ist weder in der Neujahrsausgabe 1931/32 der Deutschen Bergwerkszeitung noch in der Zeitschrift »Glückauf« auffindbar.

trat er bereits öffentlich in einer längeren Abhandlung für Hitler ein. Ob er sich offiziell von der deutsch-nationalen Partei als solcher getrennt hat, ist mir nicht bekannt. Dabei ist jedoch zu bemerken, dass Fritz Thyssen in maßgebenden Kreisen der rheinischen Industriellen als eine Persönlichkeit von wenig klarem politischen Urteil gilt.

2. Politische Haltung der Ruhrindustrie im November 1932

Auszug aus einem vertraulichen Bericht von Dr. Scholz, Leiter des Pressebüros der Industriellen Otto Wolff und Friedrich Flick, an den Reichskommissar in Preußen, Franz Bracht, über eine Tagung des schwerindustriell beherrschten Langnamvereins[8] am 26.11.1932, abgedruckt in: Reinhard Neebe (Hg.), Die Republik von Weimar 1918–1933, Stuttgart 1987, S. 111.

Die Tagung des Langnamvereins in Düsseldorf, die wohl ursprünglich im Rahmen des Papen-Programms und zur Stützung [der Regierung Papen] vorgesehen war, ergab anlässlich der zwanglosen Unterhaltung die überraschende Tatsache, dass fast die gesamte Industrie die Berufung Hitlers, gleichgültig unter welchen Umständen, wünscht. Während man noch vor wenigen Wochen Papen zugejubelt hat, ist man heute der Auffassung, dass es der größte Fehler sei, wenn Hitler, auch unter Vorbringung ernsthafter Gründe, nicht mit der Regierungsbildung beauftragt würde. [...]

Dabei scheint es sich weniger um einen Stimmungswandel zugunsten Hitlers als vielmehr um die Auffassung zu handeln, dass um eine Regierung Hitlers nicht mehr herumzukommen ist. Unter diesen Umständen müsse man aber den Regierungsantritt Hitlers beschleunigen, auch wenn er sich nicht bewähre und seine Regierung, wie Skeptiker in der Industrie annehmen, nur wenige Wochen dauert.[9]

3. Durchschnittliche Reichstagswahlergebnisse der fünf stärksten Parteien in ausgewählten Ruhrgebietsstädten im Vergleich zum Reichsdurchschnitt (1930–1933)[10]

Datenmaterial aus: 50 Jahre Wahlen in Nordrhein-Westfalen 1919–1968. Beiträge zur Statistik des Landes Nordrhein-Westfalen, Heft 244, hg. vom Statistischen Landesamt Nordrhein-Westfalen, Düsseldorf 1969. (Grundlage des dortigen Zahlenmaterials: Statistik des Deutsches Reiches, Bd. 372, I-III; Bd. 382, I-III; Bd. 434).

---

8 Der Verband war 1871 von Vertretern der Montan- und Textilindustrie als »Verein zur Wahrung der gemeinsamen wirtschaftlichen Interessen in Rheinland und Westfalen« gegründet worden. Rasch setzte sich jedoch die – besonders von Reichskanzler Bismarck eingeführte – Kurzbezeichnung »Langnamverein« durch.

9 Dieser zweite Abschnitt wurde bei der ersten Veröffentlichung des Berichtsauszugs 1967 von dem DDR-Historiker Eberhard Czichon nicht mit publiziert. Vgl. Dirk Hoffmann/Friedhelm Schütze, Weimarer Republik und NS-Herrschaft. Deutschland zwischen Demokratie und Diktatur, Paderborn 1989, S. 106.

10 Der Ruhrgebietsdurchschnitt (in Prozent) wurde gebildet aus den Wahlergebnissen der kreisfreien Städte Duisburg-Hamborn, Essen, Mülheim/Ruhr, Oberhausen, Bottrop, Gelsenkirchen, Recklinghausen, Bochum, Castrop-Rauxel, Dortmund, Herne, Wanne-Eickel, Wattenscheid und Witten.

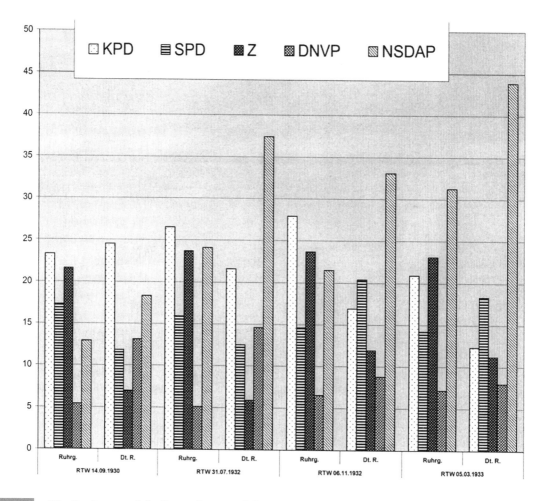

4. **Ein Bochumer Arbeiter erinnert sich an den 30. Januar 1933, den Tag der »NS-Machtergreifung«, in seiner Stadt [1983].**
Stadtarchiv Bochum, Bo 41 A/38 (3), abgedruckt in: Johannes Volker Wagner, Hakenkreuz über Bochum. Machtergreifung und nationalsozialistischer Alltag in einer Revierstadt, Bochum 1983, S. 150f.

Ich war Maschinensetzer und hatte Tagesschicht. Ich bin dann am Nachmittag in der Stadt gewesen und habe den großen Aufruhr gesehen: Alles in Bewegung, alles war auf der Straße, die Straße war überhaupt niemals leer. Und am Abend waren dann die Fackelzüge ... eine Begeisterung von SA- und SS-Leuten, das konnte man sich gar nicht vorstellen. Und – das muss man sagen – schon damals: Zustimmung der Bevölkerung ... Ich stand auch da am Straßenrand, mit meinen drei Pfeilen angetan; ich wurde ein bisschen komisch betrachtet von den Umstehenden, mit den drei Pfeilen. Ich denk, nanu, was ist denn jetzt los? Die gucken Deine drei Pfeile an, ich bin ja immer noch ein Kämpfer. Die drei Pfeile, das war das Abzeichen der Eisernen Front, die von den Gewerkschaften und von den demokratischen Organisationen gegründet war als Abwehr des Nationalsozialismus in der letzten Stunde.

Ich kam dann in das Gewerkschaftshaus, in dem sich sonst auch die arbeitslosen Reichsbannerleute[11] immer trafen, zu denen ich jeden Abend stieß, wenn ich Mittagsschicht hatte, um mit ihnen Skat zu spielen – nicht um zu gewinnen, sondern um sie zu einem Bier kommen zu lassen. Und ich staune, dass alle mich anbrüllen: »Was, Du trägst noch die drei Pfeile?« Ich sage: »Was ist denn jetzt los?« Keiner hatte mehr ein Abzeichen an, kein einziger mehr ein Abzeichen!

Draußen ging dann ein Tumult los. Ungrabe, der Wirt, schloss die Tür, es passierte aber nichts, und im Handumdrehen waren alle meine Leute verschwunden durch das Fenster im Saal, weg, nach Hause. Das Gewerkschaftshaus stand mutterseelenallein da.

Das war der Tag der Machtübernahme, wie er bei mir in Erinnerung ist.

Dann habe ich mir gedacht, wenn jetzt das schon passiert, was wird dann mit der Arbeiterbewegung wohl noch passieren.

Eine Woche vorher hatte ich mit dem damaligen Reichstagsabgeordneten Fritz Husemann[12] gesprochen und ihn eindringlichst gebeten, uns doch zu sagen, was wir tun könnten, wenn die Nazis die Macht übernehmen. Da sagte er zu mir: »Junger Freund, es ist alles vorbereitet, es ist alles vorbereitet! Keine Sorge!« Die Machtübernahme kam, und von uns aus geschah nichts … Ich bin dann nach Hause gegangen und sage zu meiner Frau: »Also, wir müssen unbedingt etwas tun, es kann ja nicht so weitergehen! Es ist weit genug gekommen, aber wir wollen uns doch entschließen, jetzt in der Illegalität weiterzuarbeiten!« (Fritz Claus)[13]

5. Noch am Abend des 30. Januar 1933 droht die Mehrheit der Polizisten eines Polizeireviers in Castrop-Rauxel Hitler-Überläufern mit Gewalt (31.1.1933).
Bericht der örtlichen NSDAP (»Bericht Tgb. 16/33 vom H3 an H1«) an den Sicherheitsdienst der SS vom 31.1.1933. Landesarchiv NRW Abt. Westfalen, PP 509.[14]

Der seit Jahren mit unserer Bewegung sympathisierende Polizeibeamte Neumann hat ausgesagt, die Kollegen seines Reviers[15] (Rev. 22 Habinghorst, Kaiserstr. 130) hätten geäußert, sie

---

11 Das Reichsbanner Schwarz-Rot-Gold (Bund deutscher Kriegsteilnehmer und Republikaner) war ein überparteiliches, aber sozialdemokratisch dominiertes Kampfbündnis zum Schutz der Weimarer Republik vor Feinden aus dem rechten, linken und monarchistischen Lager.
12 Zur Vita Husemanns vgl. Dok. 22, Anm. 51 in Kap. VIII. Vgl. auch Dok. 8 in Kap. X und Dok. 11 in diesem Kapitel.
13 Leider keine näheren Quellenangaben bei Wagner. Vermutlich handelt es sich um den Bochumer Fritz Claus (1905–1985). Claus absolvierte eine Lehre als Buchdrucker und Schriftsetzer, arbeitete zunächst als Schlosser und war später als Verwaltungsangestellter tätig. Während der Zeit des Nationalsozialismus wurde er politisch verfolgt. Von 1969 bis 1975 amtierte er als Oberbürgermeister der Stadt Bochum. 1975 wurde ihm die Ehrenbürgerschaft der Stadt Bochum verliehen.
14 Der Hinweis auf diese Quelle findet sich bei Daniel Schmidt, Schützen und dienen. Polizisten im Ruhrgebiet in Demokratie und Diktatur 1919–1933, Essen 2008, S. 338.
15 Das Polizeirevier 22 Castrop-Rauxel setzte sich zu dieser Zeit aus einem Hauptmann, drei Polizeioberwachtmeistern, sieben Oberwachtmeistern und 14 Hauptwachtmeistern zusammen.

stünden nach wie vor zu Severing,[16] und wer sich in der Nacht zu Hitler bekenne, würde über den Haufen geschossen.

Als besonders feindlich bezeichnete der Ortsgruppenleiter folgende Polizeibeamte: Reviervorsteher Hauptmann Karbe und die Wachtmeister Hansen, Bredenbröcker und Menke.

6. Wenige Tage nach dem 30. Januar 1933 wird der Zentrumspolitiker Weyer[17] seines Amts als Polizeipräsident von Oberhausen-Mülheim enthoben. Die katholische Presse berichtet über den diesbezüglichen »Sturm der Entrüstung« in ihrem Lager und ruft dazu auf, die Antwort bei der Reichstagswahl im März zu geben.
Ruhrwacht vom 13.2.1933, abgedruckt in: Peter Langer, Der Kampf um Gerechtigkeit und Demokratie. Oberhausen 1918–1933, Oberhausen 2000, S. 251.

Gestern teilte Provinziallandtagsabgeordneter *Dörr* in der großen Katholikenkundgebung in Oberhausen[18] [...] mit, dass *der Polizeipräsident von Oberhausen-Mülheim inzwischen vom Dienst beurlaubt worden* ist. Ein einziger *Sturm der Entrüstung* brach bei dieser Nachricht in dem großen Unionsaal los, in dem Mann an Mann gepresst stand. Man nahm diese Maßnahme als Beispiel dafür zur Kenntnis, in welcher Richtung und gegen wen heute das Regime sich etabliert. Klarer und aufrüttelnder konnte den Groß-Oberhausener Katholiken nicht demonstriert werden, dass jetzt »*alle Mann an Bord*« gehören. Die Katholiken Groß-Oberhausens und Mülheims werden die Antwort bald geben: *mit dem Stimmzettel!* »Das hat uns noch gefehlt«, sagte gestern jemand, als die spontan losbrechende Entrüstung sich gelegt hatte, »*jetzt weiß doch wohl jeder, woran wir sind,* jetzt werden wohl auch die wach werden, die bisher geglaubt haben, sie könnten bei der Wahl ruhig mal zuhause bleiben!« [...]

Wie wir hören, liegt irgendeine *Begründung* für die »Beurlaubung« des Polizeipräsidenten noch nicht vor. Sie ist zweifellos auf die Berichterstattung der nationalsozialistischen Abgeordneten zurückzuführen, die vor einigen Tagen dem Polizeipräsidenten einen Besuch abstatteten und von ihm, da ihre Legitimation lediglich in ihrer Parteizugehörigkeit bestand, abgewiesen werden mussten. Polizeipräsident Weyer hat damals den Herren gegenüber betont, dass er eine Überprüfung seiner Amtstätigkeit durch den zuständigen Minister jederzeit willkommen heiße. *So spricht der Mann, der das Bewusstsein hat, seine Pflicht getan und sein Amt gerecht*

---

16 Der SPD-Politiker Carl Severing (1875–1952), 1928 bis 1930 Reichsinnenminister bzw. von 1920 bis 1926 und erneut seit 1930 Innenminister in Preußen, war am 20. Juli 1932 im Zuge des sogenannten Preußenschlags zusammen mit dem SPD-Ministerpräsidenten Otto Braun von Reichskanzler von Papen abgesetzt worden. Vgl. hierzu die Einleitung sowie Dok. 21 in Kap. X.

17 Wilhelm Weyer (1875–1949) war seit 1922 Polizeipräsident von Oberhausen-Mülheim. Am 8. Februar 1933 hatten Funktionäre der NSDAP ohne jede Vollmacht Einsicht in die Polizeiakten gefordert, was Weyer ablehnte.

18 Die Großkundgebung der Oberhausener Katholiken wurde anlässlich des 11. Jahrestags des Amtsantritts von Papst Pius XI. im Jahre 1922 abgehalten und stand unter der Devise »In Treue fest zu Papst und Kirche«.

geführt zu haben. Dass es heute möglich ist, aufgrund der Berichterstattung von Parteiexponenten bewährte und staatstreue Beamte einfach beiseitezuschieben, das kennzeichnet die Situation außerordentlich. –

Der Schlag, der gegen Weyer geführt worden ist, *trifft das Zentrum, trifft die Katholiken von Groß-Oberhausen*, deren Komitee Herr Weyer vorsteht. Der *Gegenschlag* wird geführt werden, darauf können sich die verlassen, die die Faust jetzt aus dem Hintergrund vorstrecken. Augen auf, Katholiken! Sammelt Euch, schließt Euch fest zusammen!

Abrechnung folgt: am 5. März!

7. Die NSDAP über Ruhrarbeiter und »Westfalenschädel« im Zentrum der deutschen Industrie [1938]

Kampf und Sieg. Geschichte der Nationalsozialistischen Deutschen Arbeiterpartei im Gau Westfalen-Süd von den Anfängen bis zur Machtübernahme. Im Auftrag des Gauleiters Josef Wagner herausgegeben und geschrieben von Friedrich Alfred Beck, Dortmund 1938, S. 39f., S. 60f. (Auszug)

So gingen die Kämpfer Adolf Hitlers im Westen des Reichs ungewollt durch eine harte Schule. Und es lag sicher nicht an dem Ruhrkumpel, wenn beispielsweise der Ruhrkampf[19] doch zu keinem innerpolitischen Erfolg führte. Die Schuld daran trugen die schlechten Regierungen. Der Ruhrarbeiter ist treu, schollenverwurzelt und im Tiefsten auch opferbereit für Volk und Vaterland. Vielleicht erklärt sich aus seiner Treue auch seine Hartnäckigkeit im Beharren an den alten marxistischen Ideologien. Was einmal im Westfalenschädel drin steckt, das ist so leicht nicht mehr herauszubringen. Es gehören schon Kerle mit entflammtem Geist und mit ebensolcher durch nichts zu besiegender Beharrlichkeit dazu, um aus der Ruhrarbeiterseele den Unsinn des Marxismus herauszureißen. Wären die sozialen Verhältnisse nicht so himmelschreiend gewesen, so hätte hier die Internationale überhaupt keinen Einbruch halten können, aber die Behandlung, die man den Arbeitern seit Jahrzehnten zuteilwerden ließ, war häufig so wider alle Gerechtigkeit, dass die Arbeiter naturnotwendig in eine Front gegen alle staatserhaltenden Kräfte getrieben wurden.

Deshalb setzte auch hier die Arbeit des Nationalsozialismus ein. Deshalb schwebt der Sozialismus im Gau Westfalen-Süd nicht als verschwommenes Nebelgebilde in unirdischen Höhen. Hier ist er bei allen alten Kämpfern Erlebnis gewesen. Die sozialen Fragen traten, anders [als] in ländlichen Gegenden Deutschlands vielleicht, in den Anfängen der Bewegung nicht zurück, sondern jeder Parteigenosse musste mit ihnen ringen. Als Erbgut der Volksseele war ein starkes Gefühl für echte Gemeinschaftlichkeit vorhanden, und diesem natürlichen Fruchtboden wurden mächtige Triebkräfte eingeflößt durch die nationalsozialistische Führung, die konzentriert die besten Werte der heimischen Volkskraft von jeher in sich verkörpert. [...]

---

19 Gemeint ist der Widerstand der Ruhrbevölkerung gegen die Besetzung des Ruhrgebiets durch französische und belgische Soldaten von 1923 bis 1925 (vgl. dazu Kap. IX).

Der Kampf um die Macht war in den verschiedenen Gauen Deutschlands, bedingt durch die verschiedene geschichtliche Entwicklung, die andersartige seelische Verfassung der Menschen, die unterschiedliche wirtschaftliche Struktur des Landes, verschieden. Er war aber gewiss nirgendwo schwerer als im Zentrum der deutschen Industrie, in jenem Gebiet, in dem Menschen aller Provinzen Deutschlands zusammenwohnen, in dem die Bewohner in riesigen Großstädten eng zusammengepfercht leben mussten, in dem die Gegensätze der Parteien hart aufeinanderprallten, in dem deshalb auch der offene und versteckte Terror die meisten blutigen Opfer holte.

8. Reichsbankpräsident Schacht fordert im Februar 1933 die führenden Vertreter der westlichen Industrie auf, sich mit konkreten Fördersummen am kommenden Wahlkampf der NSDAP zu beteiligen.

Aufzeichnung[20] vom 21.2.1933 über die Sitzung Hitlers, Görings und Schachts mit Industriellen[21] am 20.2.1933, abgedruckt in: Dirk Stegmann, Zum Verhältnis von Großindustrie und Nationalsozialismus, in: Archiv für Sozialgeschichte 13 (1973), S. 399–482, hier S. 477ff.

Der Reichstagspräsident[22] [...] wies in einer Ansprache auf die Bedeutung des kommenden Wahlkampfs, der auf absehbare Zeit der Letzte sein werde, hin und berichtete von dem Wunsch des Kanzlers, sich vor den Herren der Wirtschaft persönlich zu äußern. Der Kanzler erschien dann [...] und begrüßte jeden der Erschienenen mit Handschlag. Er setzte dann in einer rhetorisch glänzenden, eineinhalbstündigen, frei gehaltenen Rede seine politischen Absichten auseinander. Zu wirtschaftlichen Fragen hat er [sich] verhältnismäßig wenig geäußert, aber die schon von anderer Seite gegebene Erklärung bestätigt, dass alle Gerüchte über etwaige Experimente, die mit der Wirtschaft gemacht werden sollten, falsch seien. Er bekannte sich ausdrücklich zum Privateigentum und zum Erbrecht, das aus der Leistung der Vorfahren heraus seine Berechtigung habe. Er ging dann auf die Geschichte der deutschen Revolution ein, stellte westliche Demokratie einerseits und Führertum, begründet auf Leistungen, andererseits einander gegenüber. [...]

Es sei wahrscheinlich das Richtige, das Volk noch einmal sprechen zu lassen. Er sei kein Freund von illegalen Maßnahmen, aber man werde sich auch nicht aus der Macht drängen lassen, wenn das Ziel der absoluten Majorität nicht erreicht sei. An sich sei dieses Ziel durchaus nicht unerreichbar. Unter täglichem Einsatz ihres Lebens kämpften SA und SS den Wahlkampf für die gegenwärtige Regierung. Der Reichskanzler hat dann seine eigenen Gedankengänge entwickelt, die ihn zur Gründung der NSDAP und zur Fortführung seines Kampfs geführt haben.

---

20 Die Aufzeichnung wurde verfasst vom Leiter des Berliner Büros der Gutehoffnungshütte, Dr. Martin Blank, für Paul Reusch, Vorstandsvorsitzender der Gutehoffnungshütte in Oberhausen.
21 Bei der Besprechung waren u.a. anwesend: RDI-Präsident Gustav Krupp v. Bohlen und Halbach, die Ruhr-Schwerindustriellen Albert Vögler, Fritz Springorum, Ernst Tengelmann und Hugo Stinnes jun., Fritz v. Opel, Ludwig v. Winterfeld, Vorstandsmitglied der Siemens & Halske AG, Georg v. Schnitzler, Vorstandsmitglied der IG Farbenindustrie, und Günther Quandt.
22 Gemeint ist Hermann Göring.

Grundlage sei die völkische Idee und der Gedanke der Wehrhaftigkeit. Das Leben sei ein fortgesetzter Kampf, und nur ein wehrhaftes Volk könne bestehen. Auch könne nur eine wehrhafte Nation eine blühende Wirtschaft haben. Volk und Boden seien die Wurzeln seiner Kraft und der Kraft der Nation.

Herr v. Bohlen sprach dem Redner den aufrichtigen Dank der Beteiligten aus und hob insbesondere das Bekenntnis zum Privateigentum und zur Wehrhaftigkeit hervor.

Der Kanzler verließ dann die Besprechung. […]

Herr Schacht[23] ergriff das Wort, indem er darauf hinwies, dass die Schicksalsstunde der Wirtschaft gekommen sei. Er wolle keine großen Worte machen und ohne Umschweife erklären, dass erforderlich seien insgesamt RM 3.000.000, deren Aufbringung er sich wie folgt gedacht habe:

RM 1.000.000 westliche Kohlen- und Eisenindustrie,
RM 1.000.000 chemische Industrie und Kalibergbau,
RM 1.000.000 Braunkohle, Maschinenbau und Elektrotechnik.[24]

9. Der Verleger und Oberbürgermeister der Stadt Essen, Theodor Reismann-Grone, über die Tage der »Machtergreifung«, seine politischen Ambitionen und das »Ende der Selbstverwaltung« (Januar bis Juli 1933)

Tagebuch Dr. Theodor Reismann-Grone[25] 1933–1949/Bd. IV. Stadtarchiv Essen 652/149. (Auszug)

30. Januar 1933 Hitler Kanzler. Ich schwankte täglich, ob ich nach Berlin fahren sollte. Ich glaubte nicht, dass Hitler durchdränge und wollte lieber nächste Woche ihn in München aufsuchen. Da kommt mittags die Granate: Hitler Reichskanzler. Aber unter welchen Bedingungen! Papen Vizekanzler und preußischer Kommissar. Hugenberg hat zwei Ministerien selbst und kommandiert sieben. Hitler hat nur Frick (Inneres) und Göring (Luft)!! Das ist ein Sieg Hugenbergs. Ich vermute, Hugenberg wollte sonst nichts und Hitler war am Ende seiner Kraft.

31. Januar 1933 Ich fuhr nach Bochum, traf Wagner[26] und Ulle[27] – voll Siegesjubel ohne Verständnis für die Gefahr. Gut ist nur, dass Hugenberg das schwerste Ministerium hat, er läuft sich tot. Die Rheinisch-Westfälische Zeitung behauptet, für dies[es] Ziel gekämpft zu haben. Dabei verweigerte sie Hitler die Kanzlerschaft.

---

23 Hjalmar Schacht (1877–1970) war von 1924 bis 1930 und nach Hitlers Amtsantritt erneut bis 1939 Reichsbankpräsident sowie von 1934 bis 1937 Reichswirtschaftsminister.

24 Eine Mio. RM aus der Ruhrindustrie sowie ein Teil der anderen Spenden wurden Hitler noch während der Sitzung zugesagt. Vgl. Dirk Hoffmann/Friedhelm Schütze, Weimarer Republik und NS-Herrschaft. Deutschland zwischen Demokratie und Diktatur, Paderborn 1989, S. 108.

25 Reismann-Grone war von 1933 bis 1937 Oberbürgermeister von Essen. Zu Reismann-Grone vgl. Stefan Frech, Wegbereiter Hitlers? Theodor Reismann-Grone. Biographie eines völkischen Nationalisten (1863–1949), Paderborn 2007 sowie Dok. 31 in diesem Kapitel.

26 Josef Wagner (1898–1945) war seit Oktober 1928 Leiter des Gaus Westfalen bzw. nach dessen Aufteilung 1931 Gauleiter von Westfalen-Süd mit Sitz in Bochum. 1935 bis 1941 war Wagner zugleich Gauleiter von Schlesien.

27 Der Name war nicht ermittelbar.

Berliner Reise [...]

Dienstag 7. Februar 1933 [...] Ich jagte vergeblich hinter den NS-Leuten her, traf nur Hess, den Generalsekretär, dem ich meinen Wunsch sagte zu kandidieren. Er antwortete: »Ich gebe es weiter«. Eindruck, er tut nichts. [...]

Freitag 10. Februar 1933 [...] Vier Uhr Rückfahrt. Ergebnis: Ich kann über die Hauptleitung nicht aufsteigen.

Montag 13. Februar 1933 fuhr ich nach Bochum. Ich gedachte über Westfalen-Ost aufzuklimmen, der Gauleiter, der mir sehr verpflichtet ist, ließ mich vergeblich 1 ½ Stunden warten, obgleich er mich bestellt hatte. So sind sie alle: nehmen, nie geben. Ich fuhr ohne allen Erfolg heim.

Freitag 17. Februar 1933 nach Düsseldorf. [Ich] warte anderthalb Stunden und treffe endlich den Gauleiter Florian.[28] Ich erbiete mich wieder zu Reden, Beiträgen und Geld für »Volksparole« und erbitte nur einen Sitz im Provinzial-Landtag. Er antwortet: »Sie gehören zu einem anderen Regiment. Das geht nur durch Essen«. Dann bin ich ja Terboven[29] ausgeliefert.

Sonntag 5. März 1933 Die Anzündung des Reichstags war buchstäblich ein Fanal: Das Volk wählte [zu] 48 Prozent Nationalsozialisten. Niemand rief mich. Kein Gau wollte mich. Ich saß einsam am Wahltag auf dem Hackenberg und schrieb das Radio auf. Ich habe umsonst meine Firma aufgegeben und umsonst fünf Monate gearbeitet. [...]

8. März 1933 SA-Leute hissen ihre Fahnen am Rathaus und [an der] Post und bewachen die Eingänge von Blum und ([dem] jüdischen Kaufhaus) Woolworth. Sie lassen eintreten, rufen aber jedem zu: »Ein Deutscher kauft nur bei Deutschen«. Ich denke mit grimmigem Hohn an den November 1918. Die Juden ernten Sturm mit Recht. 80 Prozent unserer Arbeit ist Beseitigung der Juden.

13. März 1933 Die Dinge überstürzen sich. Die schwarz-roten Bürgermeister fliegen. Die Städte sind in Aufregung. [...]

Montag 3. April 1933 [...] Montagabend. Ich treffe Terboven, Gauleiter, bei Gassmann.[30] Er fragt mich, ob ich Ernennung zum kommissarischen Oberbürgermeister annehme. Ich bejahe unter Bedingungen: Ich will nicht Schäfer[31] verdrängen, er muss freiwillig erst gehen. Ich nehme kein Geld an. Ich will vier bis fünf Jahre dienen.

---

28 Friedrich Karl Florian (1894–1975), seit 1930 Leiter des Gaus Düsseldorf, war 1933/34 Stadtverordneter in Düsseldorf.
29 Josef Terboven (1898–1945), seit August 1928 Gauleiter von Essen, wurde 1935 als Nachfolger Hermann Freiherr von Lünicks Oberpräsident der Rheinprovinz.
30 Der Name war nicht ermittelbar.
31 Heinrich Schäfer (1879–1951) war als Zentrumspolitiker erst im Dezember 1932 zum Oberbürgermeister der Stadt Essen ernannt und am 10. Januar 1933 in sein Amt eingeführt worden.

Dienstag 4. April 1933 Abschiedskonzert von Fiedler.[32] In der Pause holt mich Terboven und sagt: Schäfer sei bereit, abzudanken. Ich soll sofort nach Koblenz zum Oberpräsidenten von Lüninck.[33] Göring habe sich einverstanden erklärt.

Freitag 7. April 1933 4 ½ Uhr Stadtverordneten-Sitzung. Ich eröffne mit kurzer Rede. Nationalsozialistische Deutsche Arbeiterpartei marschiert an mit Musik. Sitzung eine Stunde. Auf dem Rathausmarkt alles voll. Ich spreche vier Sätze vom Balkon. Nachts 11–2 Uhr Konferenz mit Terboven im Bürgerheim.

Samstag 8. April 1933 Die Partei schaltet sich stark in die Verwaltung ein. Zum Beispiel Straßennamen, Absetzung des Schlachthausdirektors usw. Ich bin maßlos mit Arbeit überhäuft. […]

1. Mai 1933 Feier der nationalen Arbeit. Ich marschiere an der Spitze mit den nationalsozialistischen Leitern. Auf dem Festplatz abends läuft die übermüdete Menge auseinander. Der Festzug war großartig, wohl 150.000 Menschen.

Donnerstag 11. Mai 1933 […] Ich komme langsam weiter: Die Beigeordneten Bubenzer, Dillgardt, Russell, Bibliotheksdirektor Euringer und Musikdirektor Schüler engagiert und am Werk. Nur Folkwang[34] leistet Widerstand. […]

Sonntag 9. Juli 1933 Nachricht, dass großer Staatsrat gebildet sei. Die Mitglieder (darunter die Gauleiter) rangieren hinter den Ministern, also über [den] Oberpräsidenten. Das ist das Ende der Selbstverwaltung. Zugleich ist die Stadtverordnetenversammlung identisch mit der Fraktion, Erstere also überflüssig. Ich werde die Stadt also rein unpolitisch, wirtschaftlich-künstlerisch steuern. Das andere macht die Partei. Am selben Tag Hitlers Rede, jede Revolution muss angefangen werden oder kippt über.

---

32 August Max Fiedler (1859–1939) war Dirigent, Komponist und Pianist. Zwischen 1916 und 1933 leitete er den Essener Musikverein und war Stadtmusikdirektor der Stadt Essen.

33 Hermann Freiherr von Lüninck (1893–1975), langjähriges Mitglied der DNVP, wurde nach seinem Eintritt in die NSDAP 1933 zum Oberpräsidenten der Rheinprovinz ernannt, jedoch bereits 1935 von Josef Terboven abgelöst. Der ältere Brüder, Ferdinand Freiherr von Lüninck (1888–1944), von 1933 bis 1938 Oberpräsident von Westfalen und später beim Militär, wurde nach dem gescheiterten Hitler-Attentat vom 20. Juli 1944 festgenommen, zum Tode verurteilt und am 14. November 1944 in Berlin-Plötzensee hingerichtet.

34 Vgl. dazu Dok. 31 in diesem Kapitel.

10. Reaktion der regionalen Zentrums-Presse auf den 30. Januar 1933, die Ergebnisse der März-Wahlen und das Hissen der Hakenkreuzflagge auf dem Bochumer Rathaus
Westfälische Volkszeitung vom 8.3.1933.

Wir finden nicht, dass dieser Vorgang besonderer Aufregung wert wäre. Alles wiederholt sich auf dieser Welt. 1918/19 wurde die rote Fahne aufgezogen, nun ist eben die Fahne mit dem Hakenkreuz an der Reihe. Gut, das Hissen mag eine Frage des Akts sein in einer Stadt, in der die Nazis nur ein Drittel der Bevölkerung ausmachen. Aber wir haben Verständnis dafür, dass man in der ersten Siegesfreude an das örtliche Wahlergebnis gar nicht gedacht hat.[35] Umso kräftiger wird man darauf stoßen, wenn es demnächst gilt, im Stadtparlament Politik zu machen. Und im Übrigen findet nicht alles die ungeteilte Billigung bei der Regierung, was die örtlichen Parteiinstanzen machen ... Fanatisierte Anhänger gibt es in jeder Bewegung, und [sie] machen jeder Führung zu schaffen. Aber das legt sich alles mit der Zeit, weshalb auch jeder ruhiges Blut bewahren sollte. Warum auch die Nerven verlieren! Alle Hymnen finden einmal ein Ende, auch die Trommler hören mal mit ihrem Wirbel auf, und dann ist die Stunde gekommen, wo es gilt, praktische Arbeit zu tun. Warten wir also in Ruhe ab, bis es so weit ist!

11. Der Bergarbeiterführer und Reichstagsabgeordnete Fritz Husemann berichtet über die Besetzung des Verwaltungsgebäudes des »Alten Verbands« und andere Besetzungen durch die SA in Bochum (März 1933).
Auszug aus der Schriftlichen Sachdarstellung über die Vorgänge in Bochum am 11. und 12. März 1933 von Fritz Husemann[36] vom 13. März 1933 (abgefasst in Berlin), in: Johannes Volker Wagner, ... nur Mut, sei Kämpfer! Heinrich König – Ein Leben für die Freiheit, Bochum 1976, S. 162–167.

Am 11. März, morgens zwischen 2–3 Uhr, fuhren zwei Lastkraftwagen voll besetzt mit SA-Leuten vor der Einfahrt unseres Verwaltungsgebäudes in Bochum, Wiemelhauser Straße 38–42, vor. Die SA-Leute drangen in unser Verwaltungsgebäude ein, schlugen die Haustür entzwei und richteten ein ungeheures Durcheinander an. Weil ich das befürchtete, verlangte ich bei der Besprechung mit dem Herrn Polizeipräsidenten und auch mit Herrn Polizeimajor Grahn

---

35 Die NSDAP erhielt bei der Wahl am 5. März 1933 in Bochum 36,3 % der Stimmen, das Zentrum 21,3 %, die SPD 16,4 % und die KPD 16,3 %. Vgl. 50 Jahre Wahlen in Nordrhein-Westfalen 1919–1968. Beiträge zur Statistik des Landes Nordrhein-Westfalen, Heft 244, hg. vom Statistischen Landesamt Nordrhein-Westfalen, Düsseldorf 1969, S. 55.

36 Fritz Husemann (1873–1935), Bergarbeiterführer, geb. in Ostwestfalen, ab 1892 zunächst Zechenmaurer und Bergmann in Dortmund und Bochum, 1904 Gewerkschaftssekretär und 1919 Leiter des »Alten Verbands«, 1920 Vorstandsmitglied der Bergarbeiter-Internationale u.a., 1919 bis 1924 SPD-Abgeordneter in der Preußischen Landesversammlung und im Preußischen Landtag, 1924 bis 1933 als Nachfolger Otto Hues Mitglied des Deutschen Reichstags, insgesamt vier Verhaftungen durch die Nationalsozialisten, starb 1935 im KZ Papenburg-Esterwegen (eines der Emsland-Lager, vgl. dazu Dok. 17) an den Folgen einer Schussverletzung, die ihm von einer SS-Lagerwache zugefügt worden war.

und Herrn Kriminalkommissar Glein, dass die SA das Haus verlasse und Schu[tz]po[lizei] den Schutz des Hauses übernähme. Als ich diesen Wunsch vorgetragen hatte, wurde mir wiederholt gesagt, dass das leider nicht möglich sei, denn das Haus sei auf Befehl des Standartenführers Voß besetzt. [...]

In der Nacht vom 11. zum 12. März hat man dann an unseren Häusern an der Straße ein Schild »Hermann-Göring-Haus« angebracht. Damit wollen die SA-Leute bekunden, dass wir von ihnen ein für alle Mal aus dem Haus geworfen sind, und dass es der SA gehöre. Alle Versuche, das Haus freizubekommen, sind bisher gescheitert. Während der Besichtigung ist mir von dem Wachhabenden bestätigt worden, dass keine Waffen in dem Haus gefunden wurden. Es lag also kein ersichtlicher Grund vor, in solcher wüsten Weise das Eigentum des Verbands zu vernichten. [...]

Außer unserem Verbandshaus wurde auch das Haus unserer Ruhrbezirksleitung, Pieperstraße 37, in der Nacht vom 11. zum 12. März besetzt. Auch diese Verwaltung, die die Unterstützung an die erwerbslosen und kranken Mitglieder des Ruhrgebiets vorzunehmen hat, ist völlig stillgelegt. Zur Unmöglichkeit ist es auch geworden, die Vertretung unserer Invaliden, Witwen und Waisen und auch der aktiven Mitglieder vor den Arbeitsgerichten, dem Versicherungsamt und den Oberversicherungsämtern vorzunehmen. – Besetzt wurde ferner noch in der Nacht vom 10. zum 11. März das Gewerkschaftsgebäude, Viktoriastraße. Auch dort wurden alle Büroräume gewaltsam erbrochen, auch die Schränke und Schreibtische zertrümmert, die Akten zerrissen und vernichtet. Das Büro der Volksfürsorgeversicherung hat man [sich] besonders vorgenommen; die gesamte Kartothek und Schriften wurden vernichtet. Der Restaurationsbetrieb des Gewerkschaftshauses wurde geschlossen. SA-Leute mit Karabinern verweigerten den Eintritt.

12. Der ehemalige Kriminalbeamte Ernst B. über seine Verhaftung und Folterung bei der Gestapo in Recklinghausen im März 1933 [1947]

Stellungnahme Ernst B. vom 15.5.1947, abgedruckt in: Stadt Recklinghausen (Hg.), Hochlarmarker Lesebuch. Kohle war nicht alles. 100 Jahre Ruhrgebietsgeschichte, Oberhausen 1981, S. 137.

Am 18.3.33 wurde ich in Essen verhaftet. Drei Wochen später wurde ich von dem damaligen Kr[i]m[inal] Beamten N. von Essen nach Recklinghausen geholt. In den Räumen der Gestapo Recklinghausen empfing mich L. als Erster mit den Worten »Na, Du roter Kriminalinspektor, Du rotes Schwein«. Bei diesen Worten schlug L. mir mit seiner Rechten, an der er einen großen Siegelring trug, ins Gesicht.

Im Hintergrund saß der gefürchtete Kommissar T., der mir gleichfalls mit den Worten »Komm mal her, Du roter Kommissar« ins Gesicht schlug. Darauf bat ich um ein Glas Wasser, T. bot mir den Wasserkran an. Aber ich kam nicht bis dahin, die Faust des L. schlug mir abermals ins Gesicht und betonte dies mit den Worten »Du rotes Schwein, Du bekommst hier nichts zu trinken, trinke Dein Blut«. Er hatte recht, Blut und Zähne hatte ich im Mund.

L., den ich schon früher ob seiner Brutalität kannte, lernte ich in sieben Wochen noch näher kennen. Alle Inhaftierten gaben ihm den Namen »Der Totenkopf, das schmale Handtuch«. Wenn

L. schon mit dem Schlüssel an die Gittertür klopfte und pfiff, dann zitterte alles. Wer kommt jetzt wohl an die Reihe?

L. und T. waren die gemeinsten und brutalsten Menschen, die ich je kennenlernte.

Alle, die für eine Idee kämpften wie SPD, KPD oder religiös waren, nicht mit der Regierung Hitlers einverstanden waren, wurden auf das Brutalste und Gemeinste misshandelt. Man machte sie kopflos und erpresste somit von ihnen ein Geständnis. Um einer jahrelangen Haft im KZ oder Zuchthaus zu entgehen, gingen manche in den Tod, stürzten sich aus dem Fenster.

Meine acht Zähne habe ich durch die Schlägerei verloren, sodass ich eine Prothese tragen muss. Vor meiner Verhaftung am 18.03.33 hatte ich ein Gewicht von 135 Pfund und wog nach sieben Wochen in der Hölle von Recklinghausen nur noch 91 Pfund.

L. und T., das waren die Dirigenten, die selbst und unter deren Leitung die grausamsten Foltermethoden des Mittelalters durchführten.

13. Der Ruhrindustrielle Emil Kirdorf, ein früher Förderer Adolf Hitlers und der nationalsozialistischen Bewegung, spricht sich im März 1933 offen gegen »das unmenschliche Unmaß der fortgesetzten antisemitischen Hetze« aus.
Offener Brief Emil Kirdorfs[37] an die »Rheinisch-Westfälische Zeitung« (Essen) Ende März 1933, abgedruckt in: Reinhard Neebe, Großindustrie, Staat und NSDAP 1930–1933, Göttingen 1981, S. 194. (Auszug)

Als ein Verbrechen erachte ich das unmenschliche Unmaß der fortgesetzten antisemitischen Hetze. Eine große Anzahl um Deutschland verdienter Menschen, deren Familien seit Jahrhunderten hier eingebürgert sind, hat man in grausamer Weise deklassiert und ihnen den Boden unter den Füßen weggenommen … Der Dolchstoß, den man diesen wertvollen Menschen versetzt hat, hat auch mich getroffen. Jetzt ist meine Hoffnung dahin, mein Vertrauen, ein neues, unbeflecktes, stolzes Deutschland zu erleben.

14. Der Recklinghäuser Polizeipräsident ruft seine Beamten zum rücksichtslosen Gebrauch der Schusswaffe gegen Kommunisten auf (März 1933).
Verfügung des Herrn Polizeipräsidenten in Recklinghausen vom 3.3.1933. Abschrift. Landesarchiv NRW Abt. Westfalen, PP 3478, Bl. 13.

Ich weise erneut auf genaue Beachtung des Rd. Erl. d.M. d.J. vom 17.2.1933 […] hin, insbesondere darauf, dass gegen kommunistische Terrorakte und Überfälle mit aller Strenge vorzugehen und, wenn nötig, rücksichtslos von der Waffe Gebrauch zu machen ist. Ich betone

---

37 Emil Kirdorfs (1847–1938) erste Begegnung mit Hitler geht – folgt man dem Zeitungsinterview Kirdorfs mit der Preußischen Kreuzzeitung vom 3.1.1937 – auf das Jahr 1927 zurück. Bei dem Treffen in München habe Hitler Kirdorf dessen politisches Programm vorgestellt. Kirdorf, der im selben Jahr in die NSDAP eintrat, habe daraufhin weitere Kontakte Hitlers zu Vertretern der Ruhrindustrie vermittelt. Kirdorf trat im Frühjahr 1933 aus Protest aus der Partei aus, wurde aber später erneut NSDAP-Mitglied.

ausdrücklich, dass ich Polizeibeamte, die in Ausübung dieser Pflichten von der Schusswaffe Gebrauch machen, ohne Rücksicht auf die Folgen des Schusswaffengebrauchs decken werde. Desgleichen übernehme ich die Verantwortung dafür, wenn in Bedrängnis befindliche Beamte, die für die Notwehr gegebenen Bestimmungen in Ausübung ihres Dienstes überschreiten. Besonders ist zu beachten, dass jeder Beamte sich stets vor Augen halten muss, dass die Unterlassung einer Maßnahme schwerer wiegt als begangene Fehler in der Ausübung. Das Leben von tausend und mehr kommunistischen Verbrechern ist mir weniger wert als das Leben eines einzigen, sein deutsches Vaterland liebenden und seine Pflicht erfüllenden Polizeibeamten oder Hilfspolizeibeamten.

Es ist Vorsorge zu treffen, dass auch die Angehörigen der Hilfspolizei entsprechend angewiesen werden.

15. **Bekanntmachungen des Bochumer Anzeigers, um »Irrtümer« bezüglich der jüdischen Abstammung von deutschen Bürgern zu vermeiden (März und April 1933)**
Bochumer Anzeiger vom 30.3., 31.3. und 1.4.1933. Stadtarchiv Bochum.

Bekanntmachung!

Um Irrtümern vorzubeugen, mache ich hiermit bekannt, daß ich weder Jude noch jüdischer Abstammung bin

Dr. Heinrich Poutot, Zahnarzt
Bochum, Alleestraße 36

Bekanntmachung

Zur Vermeidung von Irrtümern bringen wir hiermit zur allgemeinen Kenntnis, daß wir weder Juden noch jüdischer Abstammung sind.

Gebrüder Straßburger
Inhaber: Hermann und Ernst Straßburger
Bochum, Wielandstraße 22-24
(Nähe Brückstraße)

Bekanntmachung

Um unliebsame Verwechselungen zu vermeiden, mache ich hierdurch bekannt, daß ich weder ein Jude noch jüdischer Abstammung bin.

Heinz Löw
staatl. gepr. Dentist
Bochum, Diekampstr. 22, Ecke Humboldtstr.

16. Erinnerungen eines ehemaligen SPD-Stadtverordneten an die erste Stadtverordneten-Versammlung nach der »Machtergreifung« in Duisburg-Hamborn am 31. März 1933 [1960]

Hermann Sors, 55 Jahre Kampf um freie Gemeinden, hg. SPD Duisburg, Duisburg 1960, S. 15f.

Nach allem, was wir bis dahin schon erlebt hatten an Terror und Gewaltmaßnahmen, an Presseverbot und persönlichen Schikanen, ist es verständlich, dass unsere Fraktionsbesprechung vor der ersten Stadtverordneten-Versammlung nicht gerade Optimismus und Siegesstimmung ausstrahlte.

In vielen Städten war die Einberufung der Stadtverordneten früher als in Duisburg-Hamborn erfolgt, und die Nachrichten, die wir von dort erhielten, waren nicht dazu angetan, uns hoffnungsvoll zu stimmen: In einigen Fällen hatte man die sozialdemokratischen Stadtverordneten mit Gewalt daran gehindert, das Rathaus zu betreten; in anderen Fällen wurden unsere Parteifreunde vor Erreichen des Sitzungssaals getreten, geschlagen, die Treppen hinabgeworfen wegen der »marxistischen Unverschämtheit«, ihr Mandat ausüben zu wollen.

Aber auch dort, wo unsere Freunde den Sitzungssaal betreten konnten, kam der kritische Augenblick, wenn die Braunhemden das Horst-Wessel-Lied[38] intonierten. Wer sich hierbei nicht vom Sitzplatz erhob, wurde erbarmungslos zusammengeschlagen.

Zu siebt war[en] wir zur Fraktionsbesprechung erschienen. Unter dem Eindruck all dieser Geschehnisse ist es verständlich, dass in der Besprechung die Frage anstand, ob wir unter diesen Umständen überhaupt an der Sitzung teilnehmen sollten. Denn eines war uns klar: An eine echte Mitarbeit in der Kommunalpolitik war – so wie die Verhältnisse nunmehr lagen – auch in unserer Heimatstadt nicht mehr zu denken. [...]

Die Nazis hatten die Eröffnung des Stadtparlaments zum Anlass genommen, vor Beginn zu einer Kundgebung auf dem Rathausvorplatz aufzurufen. Der Burgplatz war voller Menschen, überwiegend in Braunhemden gekleidet, und es nahm der Fraktionsführer der NSDAP, Neven, Gelegenheit, die dort Versammelten nochmals aufzuputschen.

Durch diese Menschenmenge bahnten wir uns den Weg zum Sitzungssaal, voran unser alter und bewährter Kämpfer Ernst Müller. Die Zuschauertribüne war überfüllt, vornehmlich mit Anhängern der NSDAP. Wir nahmen unsere Plätze ein. Der damalige Oberbürgermeister Dr. Jarres[39] eröffnete die Sitzung, traf Feststellungen über die Gültigkeit der Wahl, erledigte einige Formalitäten, von denen mir nur in Erinnerung geblieben ist, dass anschließend jeder Stadtverordnete durch Handschlag verpflichtet wurde.

In seiner Eröffnungsrede sprach Dr. Jarres von dem »Opfermut, von der Hingebung und dem leidenschaftlichen Kampf, der nun siegreich zugunsten der nationalen Volksbewegung« sich entschieden habe und auch davon, wie »schwer die national eingestellten Deutschen

---

38 Ursprünglich Kampflied der SA, wurde das Horst-Wessel-Lied rasch zur Parteihymne der NSDAP und wurde ab Juli 1933 gewöhnlich im Anschluss an die erste Strophe des Deutschlandlieds gesungen.
39 Zum Duisburger Oberbürgermeister Jarres vgl. auch Dok. 19 in diesem Kapitel.

unter dem gelitten haben, was die Staatsumwälzung von 1918 an Unwürdigkeit und an Unehre gebracht habe«. Er schloss mit einem Heil auf Vaterstadt und Vaterland. [...]

Wir beteiligten uns weder an den Aussprachen noch an den Abstimmungen, und als der Vorsitzende dann die Sitzung schloss, wurde, wie erwartet, von der NS-Fraktion das Horst-Wessel-Lied angestimmt. Auch wir erhoben uns von den Plätzen, wie wir es vorher besprochen hatten.

Die aufgepeitschte Menge auf dem Burgplatz ließ uns für unseren Weg zurück eine schmale Gasse und überschüttete uns mit Schmährufen. Dann war auch dieses überstanden.

Das war das Ende der Stadtverordneten-Versammlung vom 31. März 1933, das war auch das Ende meiner eben erst begonnenen Stadtverordneten-Tätigkeit. Es war aber auch das Ende der kommunalen Selbstverwaltung für die nächsten einundhalb Jahrzehnte.

17. Moorsoldatenlied[40] (April bis August 1933)

Wohin auch das Auge blicket, Moor und Heide nur ringsum. Vogelsang uns nicht erquicket, Eichen stehen kahl und krumm. Wir sind die Moorsoldaten und ziehen mit dem Spaten ins Moor! Hier in dieser öden Heide ist das Lager aufgebaut, wo wir fern von jeder Freude hinter Stacheldraht verstaut. Wir sind die Moorsoldaten... Morgens ziehen die Kolonnen in das Moor zur Arbeit hin. Graben bei dem Brand der Sonne, doch zur Heimat steht der Sinn. Wir sind die Moorsoldaten... Heimwärts, heimwärts jeder sehnt, zu den Eltern, Weib und Kind. Manche Brust ein Seufzer dehnet, weil wir hier gefangen sind. Wir sind die Moorsoldaten... Auf und nieder gehn die Posten, keiner, keiner kann hindurch. Flucht wird nur das Leben kosten, vier-

---

40 1933 wurden politische Häftlinge vor allem aus den Industriegebieten an Rhein und Ruhr in das KZ Börgermoor bei Papenburg im heutigen Niedersachsen gebracht. Die Einrichtung von Konzentrationslagern unter Aufsicht der SS erfolgte im Rahmen der Terrorwelle nach der »Verordnung zum Schutz von Volk und Staat« (»Reichstagsbrandverordnung«) vom 28.2.1933, durch welche neben anderen Grundrechten der Weimarer Verfassung auch die Unverletzlichkeit der persönlichen Freiheit aufgehoben und damit die politische Grundlage zur Verfolgung politischer Gegner geschaffen wurde. Anfang April 1933 ordnete das Preußische Innenministerium für das Emsland den Lageraufbau für 3.000 bis 5.000 Häftlinge vor allem aus dem Ruhrgebiet und dem Rheinland an und sah ihre Beschäftigung in den emsländischen Mooren vor. Die ersten politischen Gefangenen in den Emslandlagern nannten sich selbst »Moorsoldaten«, da sie grau-grüne Uniformen und Rekrutenkäppchen tragen mussten. Das berühmte Lied »Die Moorsoldaten« wurde hier 1933 von »Schutzhäftlingen« gedichtet und komponiert. Der Text stammt vom Bergmann Johann Esser und dem Schauspieler und Regisseur Wolfgang Langhoff, die Musik vom kaufmännischen Angestellten Rudi Goguel. Das Lied wurde am 27.8.1933 bei einer Veranstaltung namens »*Zirkus Konzentrazani*« von 16 Häftlingen, ehemaligen Mitgliedern des Solinger Arbeitergesangvereins, aufgeführt und kurz danach von der SS-Lagerleitung verboten. Dennoch wurde das Lied von den Häftlingen im Geheimen weiterverbreitet, durch entlassene bzw. in andere Lager verlegte Gefangene wurde es über Börgermoor hinaus bekannt und gilt heute als eine Art »Hymne« der Konzentrationslagerhäftlinge. Vgl. Gedenkstätten für die Opfer des Nationalsozialismus. Eine Dokumentation. Ulrike Puvogel (Bearb.) Band I, 2. überarb. u. erw. Aufl., Bonn 1995.

fach ist umzäunt die Burg. Wir sind die Moorsoldaten... Doch für uns gibt es kein Klagen, ewig kann's nicht Winter sein. Einmal werden froh wir sagen: Heimat, du bist wieder mein. Dann ziehn die Moorsoldaten nicht mehr mit dem Spaten ins Moor.

18. **Antrag der Recklinghäuser KPD an den Stadtverordnetenvorsteher vom 18.4.1933, Hitler nicht zum Ehrenbürger der Stadt zu ernennen**
Stadtarchiv Recklinghausen III Nr. 924, Bl. 7, abgedruckt in: Reinhard Dreischer, »Hakenkreuzfahnen sind in ausreichender Zahl angeliefert worden ...« Auf dem Weg zur Macht: Nationalsozialismus in Recklinghausen 1933. Dokumente – Fragen – Erläuterungen – Darstellung, Recklinghausen 1988, D 5b. Die Schriftform der Vorlage wurde beibehalten.

Die Fraktion der K.P.D. beantragt den Antrag Adolf Hitler als Ehrenbürger zu ernennen abzulehnen weil Hitler kein Deutscher ist und sich die deutsche Staatsangehörigkeit erschlichen und erschwindelt hat. Er war Deserteur sein Vaterland hatte ihn ausgewiesen er ist Homosexuell veranlagt. Wir beantragen Ernst Thälmann als Ehrenbürger zu ernennen. Das ist ein echter deutscher Mann mit reinen Gewissen.

Heil Moskau

[Unterschriften] Weiss, Bialkowski, W. Hagenberg

Wir beantragen die S.P.D. Feiglinge aus dem Stadtverordneten Kollegium auszuschließen und die K.P.D. zuzulassen.

[Stadtarchiv Recklinghausen]

Die Fraktion der K.P.D. beantragt den Antrag Adolf Hitler als Ehrenbürger zu ernennen abzulehnen weil Hitler kein Deutscher ist und sich die deutsche Staatsangehörigkeit erschlichen und erschwindelt hat. Er war Deserteur sein Vaterland hatte ihn ausgewiesen er ist Homosexuell veranlagt. Wir beantragen *Ernst Tählmann*[41] als Ehrenbürger zu ernennen das ist ein echter deutscher Mann mit reinen Gewissen

Heil Moskau
Gaick [unleserlich] Johann Weiers Bialkowski
W[ilhelm] Hegenberg

Wir beantragen die S.P.D. Feiglinge aus den Stadtverordneten kollegium auszuschliesen und die K.P.D. zuzulassen

19. Brief des Duisburger Oberbürgermeisters Jarres an Göring über seine bevorstehende Ablösung (April 1933)

Brief des Duisburger Oberbürgermeisters Dr. Jarres[42] an Ministerpräsident Göring vom 30.4.1933, abgedruckt in: Stadtarchiv Duisburg (Hg.), Duisburg im Nationalsozialismus. Eine Dokumentation zur Ausstellung des Stadtarchivs Duisburg, Duisburg 1983, S. 39–41.

Hochgeehrter Herr Ministerpräsident!
Im Anschluss an den persönlichen Vortrag, den ich Ihnen am 25. d. M. im Reichsministerium des Innern halten durfte, muss ich um Ihre alsbaldige Entscheidung in nachfolgender Angelegenheit ergebenst bitten.

Bei diesem Vortrag musste ich Ihnen berichten, dass die Zustände in der hiesigen Verwaltung infolge der Eingriffe und Angriffe von allen Seiten unhaltbar und unleidlich geworden seien. Ich bat Sie um klare Entscheidung, ob die Staatsregierung von der ihr durch das Reichsgesetz zur Wiederherstellung des Berufsbeamtentums gegebenen Möglichkeit meiner Abberufung Gebrauch machen wolle, und knüpfte für den Fall der Verneinung dieser Frage daran die dringende Bitte, die Stadtverwaltung, evtl. durch Bestellung eines mit besonderen Vollmachten

---

41 Ernst Thälmann (1886–1944), von 1925 bis 1933 Vorsitzender der KPD, wurde nach der NS-Machtergreifung im März 1933 verhaftet und wegen »Hochverrats« angeklagt. Nach Jahren der Inhaftierung in verschiedenen Gefängnissen wurde Thälmann im August 1944 in das Konzentrationslager Buchenwald verlegt und dort ermordet.

42 Der Politiker Karl Jarres (1874–1951) unterbrach sein Oberbürgermeisteramt in Duisburg (seit 1914) Mitte der 1920er Jahre und war u.a. Innenminister und Vizekanzler in drei Weimarer Kabinetten. 1925 kandidierte das DVP-Mitglied für die Reichspräsidentenwahl (vgl. Dok. 3 in Kap. X), zog die Kandidatur dann jedoch zugunsten Hindenburgs zurück. Sein Engagement als Oberbürgermeister der Stadt Duisburg während des Ersten Weltkriegs, der Novemberrevolution 1918/19 und der Ruhrbesetzung 1923 brachte ihm vordergründig großen Respekt bei den Nationalsozialisten ein, weshalb Göring zunächst an ihm festhielt. Nachdem Jarres im Mai 1933 aus seinem Amt entfernt wurde, bekleidete er allerdings bis 1945 und teilweise darüber hinaus hochrangige Positionen in der Ruhrindustrie, u.a. als Vorstandsmitglied der Demag AG in Duisburg und als Aufsichtsratsvorsitzender der Klöckner-Werke.

versehen Staatskommissars, zu stützen, damit in der geradezu verzweifelten Notlage der Stadt Duisburg-Hamborn eine ordnungsmäßige Amtsführung und Verwaltung gewährleistet werde. Sie erklärten damals, dass sie keine Veranlassung hätten, mich abzuberufen und stellten die Bestellung eines Staatskommissars in Aussicht. Ich hatte aufgrund dieses Vortrags die Hoffnung, dass nurmehr mir eine geordnete Führung der Geschäfte ermöglicht werden würde. Das Gegenteil davon ist eingetreten.

Alsbald nach den kommunalen Neuwahlen vom 12. März habe ich der verantwortlichen Kreisleitung der hiesigen NSDAP in offener und rückhaltloser Aussprache erklärt, dass meine Person nicht im Wege stehen würde, falls die neue Mehrheit des Stadtverordnetenkollegiums, d.h. in erster Linie die NSDAP, der Meinung sein sollte, dass ein Wechsel in der Stadtverwaltung angezeigt sei. Nur müsse ich im Interesse meiner Amtsehre und meiner persönlichen Ehre um offenes Spiel bitten. Auf diese meine wiederholten und vorbehaltlosen Erklärungen wurde mir ein derartiger Wunsch nicht ausgesprochen, vielmehr wurde mir deutlich zu verstehen gegeben, dass man, zum Wenigsten damals, einen solchen Wechsel nicht wünsche. Im Gegensatz zu anderen Städten wurde hier ein Staatskommissar nicht eingesetzt. Im Laufe der dann folgenden Wochen erfolgten jedoch immer weitere Eingriffe in die Verwaltung, die von unverantwortlichen, jede Autorität zersetzenden Presseangriffen begleitet waren. Ein Untersuchungsausschuss zweifelhafter Legitimation folgte dem anderen, sodass keiner mehr weiß, wer Koch und Kellner ist. In den Großbetrieben der städtischen Gas-, Wasser- und Elektrizitätswerke und der Verkehrsunternehmungen wurden Kommissare in die Leitung gesetzt, für deren Bestellung eine verantwortliche Stelle nicht festzustellen ist. Während die Kreisleitung der NSDAP angibt, dass diese Bestellung durch den Herrn Polizeipräsidenten erfolgt sei, lehnt dieser die Verantwortung dafür durchaus ab.

Nach meiner Rückkehr aus Berlin ist nun die Kreisleitung der NSDAP bei mir vorstellig geworden und hat mich ersucht, *freiwillig mein Amt niederzulegen*. Es wurde mir dabei gedroht, dass andernfalls die empörte Menge mit Gewaltmaßnahmen gegen das Rathaus und mich vorgehen werde, welche nicht zu verhindern seien. Ich habe darauf erwidert, dass solche Drohungen mit Gewalt auf mich keinen Eindruck machen dürften und auch nicht machten. Ich sei jetzt, nachdem so viele Angriffe ohne ordnungsgemäße Untersuchung gegen die Stadtverwaltung erhoben worden seien, nicht mehr in der Lage, freiwillig von meinem Amt zurückzutreten, müsse vielmehr die *Entscheidung in öffentlicher Sitzung der Stadtverordnetenversammlung* suchen, welche offen als maßgebendes Organ der Bürgerschaft Stellung zu mir nehmen könne. Falls, wie zu erwarten sei, die Mehrheit der Stadtverordnetenversammlung sich für mein Ausscheiden aus dem Amt aussprechen werde, so könne ich auch diesem Wunsch nur dann folgen, *wenn dies auch im Sinne der Staatsregierung sei*.

Die entscheidende Stadtverordnetenversammlung wird am *Freitag, dem 5. Mai, vormittags 10 Uhr* stattfinden. Bis dahin muss ich um eine *klare Stellungnahme der Staatsaufsichtsbehörde*, d.h. des Staatsministeriums, bitten. Ich richte deshalb an Sie, hochgeehrter Herr Ministerpräsident, die Bitte, mich möglichst *umgehend zu bescheiden, ob der Staatsregierung mein Verbleiben im Amt oder mein Ausscheiden erwünscht* ist. Die Staatsregierung hat mich in meinem Amt bestätigt; sie hat die Möglichkeit, mich abzuberufen; bei ihr steht, auch nach Ansicht der hiesigen Parteileitung, die Entscheidung. Diese Entscheidung wird für mich maßgebend sein. Ich bleibe auf meinem Posten, nicht aus Freude am Amt, sondern aus Pflicht.

Mit ausgezeichneter Hochachtung verbleibe ich, hochgeehrter Herr Ministerpräsident, Ihr sehr ergebener [gez.] Dr. Jarres

20. Erinnerungen eines Duisburger Gewerkschafters und Sozialdemokraten an seine Verhaftung und Drangsalierung durch die SA und SS am 2. Mai 1933 [1965]

Hermann Müsken, Eine Wanderung durch einige Jahrzehnte, Duisburg 1965, S. 87–91.

Am 2. Mai in aller Frühe wurden in ganz Deutschland alle gewerkschaftlichen Dienststellen durch Braunhemden besetzt. Ich wusste ja nichts. Wir Buchdrucker unterhielten für den Orts- sowie für den Bezirksverein kein Büro. Bei mir spielten sich die Begebenheiten wie folgt ab. Frühmorgens, meine Frau hatte Waschtag, ich hatte meine Fürsorgeunterstützung vom Rathaus abgeholt und ausgehändigt, sprang mein freundlicher Nachbar über den Zaun und rief uns in unserer Wohnung zu: *»Müsken, die SA!«* [...]

Am Tag vorher, da hatten wir im Familienkreis unsere eigene Maifeier gestaltet. Die unser Zimmer schmückenden Ebert- und Bebel-Bronzeplaketten hatten wir dem Tag entsprechend geziert. Ein Griff meiner Frau, und beide Plaketten waren in die auf dem Hof stehende Waschmaschine entschwunden. Die SA war unter dem Sturmführer Zimmermann und seinem Vertreter Bäumer erschienen. [...] Bäumer erklärte meiner Frau, wenn wir Waffen finden, wird ihr Mann erschossen. Ich hatte doch als Gewerkschafter meine Waffen im Kopf. [...] Dann kam unter Begleitung des Sturmführers Lorenz aus Obermeiderich ein LKW. Vereinsschrank, Schreibmaschine und Tischchen wurden verladen, und mit mir fuhr er dann nach Duisburg, zur SA-Standarte 138, zur Wittekindstraße. Hier sagte Lorenz zu mir, *»hier kommst Du nicht mehr heraus«*. [...]

Nach kurzem Aufenthalt wurde ich zum Haus des früheren Metallarbeiter-Verbands, Ruhrorter Straße 11, gebracht. Unter Stiefeltritten wurde ich hereingeführt. Im Zimmer des früher dort tätigen Kollegen Schlösser wurde ich von dem Nazireichstagsabgeordneten Multhaupt gefragt, ob ich der SPD angehöre. Ich bejahte die Frage. Dann erklärte er mich für verhaftet. Die Frage war ja nur Vorwand. Auf ein Handzeichen hatte ich das Zimmer zu verlassen. Unter Stiefeltritten flog ich bis zur Tür des mir bekannten Sitzungszimmers. Ich öffnete die Tür und sah dort alle meine ADGB-Kollegen der anderen Gewerkschaften. Mit meinem ebenfalls inzwischen eingelieferten Bezirkskassierer Karl Quast waren wir 19 Kollegen. [...]

Sprechen war nicht gestattet. Als ich meine Kollegen im Duisburger Dialekt grüßte, wurde ich ganz leicht verständlich gerügt. *Julius Birck* hatte eine geschwollene Hand, und *Heinrich Tüting* konnte sich nicht mehr an die Stuhllehne anlehnen.

Schnellstens hatten wir die Möglichkeit gefunden, uns durch Handzeichen oder Mienenspiel zu verständigen. Gegen 17 Uhr kamen Multhaupt, Parteikreisleiter Loch sowie Kriminalkommissar Busch. Wir wurden namentlich aufgerufen, und dann erklärte uns Busch für verhaftet. Wir wurden wieder mit Fußtritten aus dem Haus gejagt, und dabei stempelte man uns das Abzeichen der »Eisernen Front« auf die Stirn. Die »Eiserne Front« war der Zusammenschluss aller freiheitlichen, demokratischen Deutschen gewesen. Auf den linken Unterarm wurde uns eine schwarz-rot-goldene Armbinde geschoben, wie sie die »Eiserne Front« getragen hatte, und wir hatten uns auf der Ruhrorter Straße in Reihe rechts zwischen zwei Glieder SS-Leute zu stellen. SS-Sturmführer *Dr. Weyand,* Syndikus der Industrie- und Handelskammer, gab den Befehl, wer auch nur den Versuch der Flucht unternehme, der werde erschossen. Gustav Sander musste ein Schild tragen *»Wir haben die Arbeiter verraten«.* Dann, gleich nach dem Abmarsch, sollten wir die »Internationale« singen. Das taten wir ja nicht. Darum wurden wir auf dem weiteren Marsch durch die Schwanenstraße [...] bis hinter den Bahnhof [...] bis zum Polizeipräsidium geführt. An der Ecke König-/Düsseldorfer Straße schrie eine Frau *»Arbeiter, rettet Eure Führer!«* Uns konnte niemand helfen. Polizeioffiziere grüßten die uns begleitenden SS-Leute. Wir wussten es ja noch nicht. An dem Tag war die Polizei der SS gleichgestellt worden. Das erfuhren wir im Gefängnis von den uns gut behandelnden Polizeibeamten.

Weil wir nicht singen wollten, wurden wir mit Koppel und Schulterriemen furchtbar während des über zwei Stunden dauernden Marsches verprügelt. Im Gefängnis gaben die Polizeibeamten uns erst die Möglichkeit, uns zu reinigen.

Ehe wir auf der Ruhrorter Straße abgeführt wurden, waren nacheinander die Kollegen Julius Birck, Johann Schlösser,[43] Michael Rodenstock und Emil Rentmeister[44] aufgerufen worden. [Sie sind] nicht mehr zu uns zurückgekehrt.

---

43   Trotz der Verhaftung und Ermordung Schlössers sendete ihm der Beauftragte der NSBO am 19.5.1933 folgendes Schreiben zu: »Sehr geehrter Herr Schlösser! Bedauerlicherweise sind Sie nach dem 2. Mai 1933 geflüchtet und nach den Unterlagen, die wir hier in Ihrem Schreibtisch gefunden haben, und auch nach den Mitteilungen seitens unserer Vertrauensleute haben Sie Ihren Aufenthalt in Belgien genommen. Wie wir nun weiter hören, sollen Sie in letzter Zeit hier gesehen worden sein. Wir verstehen nun nicht, warum Sie Ihre Diensttätigkeit nicht wieder aufnehmen. Sollten Sie bis zum Montag, den 22. Mai 1933, hier nicht auf Ihrem Büro zwecks Ausübung Ihres Berufs erschienen sein, sehen wir uns veranlasst, Sie fristlos zu entlassen. Ihre bereits bestehende Kündigung gilt selbstverständlich als noch in Kraft. Heil Hitler! Der Beauftragte der NSBO der freien Gewerkschaften«, abgedruckt in Kuno Bludau, Gestapo – geheim! Widerstand und Verfolgung in Duisburg 1933–1945, Bonn/Bad-Godesberg 1973, S. 15.
44   Michael Rodenstock und Emil Rentmeister waren wie Johann Schlösser und Julius Max Birck am 2.5.1933 im Keller des Gewerkschaftshauses gefoltert und umgebracht worden. Ihre Leichen wurden im Hünxener Wald bei Dinslaken verscharrt.

21. Aufruf der Zeitung »Tremonia« an Dortmunder Lehrer zur Teilnahme an der Bücherverbrennung in Dortmund (Mai 1933)

»Lehrer und Erzieher!«, in: Tremonia[45] vom 29.5.1933.

Lehrer und Erzieher! Am Dienstag, dem 30. Mai, abends 9 Uhr, findet auf dem Hansaplatz die öffentliche Verbrennung marxistischer Schriften statt. Es sprechen u.a. Polizeipräsident Schepmann[46] und Oberstudienrat Eilers. An alle Lehrer wird die dringende Aufforderung gerichtet, dieser symbolischen Handlung beizuwohnen. Zeigt durch Eure geschlossene Teilnahme, dass Ihr nie und nimmer gewillt seid, deutsches Volk und deutsche Jugend dem Verderben preiszugeben. Auf zur Tat!

22. Der Essener Superintendent Johannsen resümiert die Tage der NS-Machtübernahme und rühmt die Tradition der Krupp-Stadt als »gute nationale Stadt« (Mai 1933).

Verhandlungen der Kreissynode Essen am 30.5.1933 in Essen-Karnap, unpag.

Sehr verehrte Damen und Herren, liebe Brüder im Amt!
[...] »Welch eine Wendung«, so sagen wir [...] und setzen mit vollem Bewusstsein hinzu: »durch Gottes Fügung«. Das, was viele der Besten unseres Volks seit Jahren erhofft und von Gott erbeten haben, wurde uns beschert, beschert aus der Hand des lebendigen Gotts, der unserem Volk den Mann gesandt hat, der mit unerschütterlichem Gottvertrauen, mit geradezu übermenschlicher Willenskraft und vorbildlicher Selbstzucht uns aus der Tiefe der Not und Verzweiflung emporzuführen entschlossen ist: Adolf Hitler.

---

45 Die 1875 in Dortmund gegründete, zentrumsnahe Tageszeitung »Tremonia« hatte vor dem 30. Januar 1933 unter ihrem Leiter Lambert Lensing jun. (1889–1965) eine durchaus kritische Haltung zum Nationalsozialismus eingenommen. Während der NS-Zeit konnte Lensing die institutionelle Selbstständigkeit seines Blatts gegen die nationalsozialistischen Bemühungen, die in privater Hand befindliche bürgerliche Presse auszuschalten, bewahren. Allerdings musste Lensing, der offenbar von einzelnen Vertretern des Regimes protegiert wurde, bereits vor dem Schriftleitergesetz vom 1. Januar 1934, das seinen Einfluss als Verleger stark einschränkte, zahlreiche »Kompromisse« eingehen, zu denen wohl auch der erwähnte Aufruf zur Verbrennung »marxistischer« Schriften in der christlich geprägten Zeitung gehörte. Für sein Festhalten an der »Tremonia« wurde Lensing nach 1945 in der Öffentlichkeit scharf kritisiert. Auch die britische Militärregierung untersagte Lensing zunächst die Gründung einer neuen Zeitung, weshalb die erste Ausgabe der »Ruhr-Nachrichten« erst im März 1949 erscheinen konnte. Vgl. hierzu Christopher Beckmann, Lambert Lensing (1889–1965). Verleger, Nordrhein-Westfalen, in: Günter Buchstab/Hans-Otto Kleinmann (Hg.), In Verantwortung vor Gott und den Menschen. Christliche Demokraten im Parlamentarischen Rat 1948/49, Freiburg 2008, S. 261–270.

46 Wilhelm Schepmann (1894–1970) war von Februar 1933 bis März 1934 Polizeipräsident von Dortmund. Schepmann, seit 1922 Mitglied der NSDAP, hatte vor und nach der NS-Machtübernahme mehrere führende Positionen in der SA inne.

Wir haben im vergangenen Jahr bei den verschiedenen Gustav-Adolf-Feiern[47] so oft des Gideon[48] aus dem Norden, Gustav Adolfs, gedacht. Ohne Übertreibung dürfen wir es sagen: Gott hat in Adolf Hitler einen Gideon aus dem Süden unserem ganzen Volk geschenkt, dessen Name tief in die ehernen Tafeln der Geschichte unseres deutschen Volks eingegraben ist. [...]

Dieses Hineingestelltsein unserer Kirche in die Erhebung unseres Volks hat natürlich auch für sie die größten Bewegungen und Erschütterungen zur Folge gehabt. Es ist ganz unmöglich, mit kurzem Wort die einzelnen Phasen der Entwicklung in den letzten acht Wochen zu kennzeichnen. Das muss einer späteren Geschichtsschreibung überlassen bleiben. [...] Wir sind ja hier in Essen, das dürfen wir ohne Selbstruhm sagen, auf der Linie, die jetzt maßgebend durch unser ganzes Volk geht, anderen Gebieten unseres Vaterlands gegenüber immer schon ein gutes Stück voraus gewesen. Essen ist, und das kam immer wieder auch in unserem kirchlichen Leben zum Vorschein, von jeher eine *gute nationale Stadt* gewesen. Schon, dass die Waffenschmiede Deutschlands hier in Essen stand und steht, hat dafür die besten Voraussetzungen geschaffen. Wir dürfen wohl sagen, alles, was in der Beziehung an Trübungen des nationalen Denkens hier in Essen zum Vorschein gekommen ist, ist seiner eigentlichen Art fremd und von außen her hineingetragen. Auch im Blick auf den *Sozialismus* sind wir hier in Essen anderen Gebieten weit voraus gewesen. Das, was auf dem Boden Essens in sozialer Beziehung, besonders auch von der Firma Krupp und den Zechenverwaltungen, geleistet ist, schon lange bevor der Marxismus tonangebend wurde, muss unvergesslich bleiben. Und das war auch früher schon nicht ein Abspeisen mit einigen überflüssigen Brocken, sondern es entsprang der ehrlichsten Überzeugung und einer sozialen Gesinnung. Ich brauche nur an die jährlichen Zusammenkünfte der Kruppschen Jubilare zu erinnern, bei denen alle Stände vom obersten Direktor bis zum schlichtesten Arbeiter nebeneinander standen und dabei eine Volksgemeinschaft zur Darstellung brachten, wie sie schöner kaum gedacht werden konnte. Auf dem kirchlichen Gebiet haben wir es schon seit Jahrzehnten gelernt, der Mitwirkung des Arbeiters dieselbe Achtung und Ehre zu zollen wie der des Kaufmanns, des Akademikers, des Fabrikdirektors. In unseren Presbyterien und Kirchenvertretungen wirken wir seit Jahrzehnten miteinander und wissen, was da jeder Einzelne für das Gedeihen des Ganzen bedeutet. In unseren Arbeitervereinen, Arbeiter- und Bürgervereinen, in den Bezirksvereinen, in unseren Frauenhilfsvereinen freuen wir uns ebenso dieser schon seit Langem bestehenden Verbundenheit, des gegenseitigen Verständnisses und der Achtung vor der Arbeit des Anderen in einem Maße, wie es kaum schöner und harmonischer gedacht werden kann. Das, was in der nationalsozialistischen Bewegung als Weltanschauung erst mit Mühe in viele Kreise hineingetragen werden musste, ist bei uns in Essen in den Ansätzen und in dem tiefsten Empfinden schon

---

47 Jährliche Feiern des Gustav-Adolf-Werks der evangelischen Kirche, das seit 1832 Diaspora-Gemeinden unterstützt und nach dem schwedischen König Gustav II. Adolf benannt wurde.
48 Richter, der um 1.200–1.000 v. Chr. nach dem Alten Testament von Gott berufen wurde, die Israeliten von der Unterdrückung durch die Midianiter, einem Stamm kriegerischer Wüstennomaden, zu befreien.

lange vorhanden gewesen. Ich glaube auch, dass darum die Bewegung gerade hier in Essen ein so besonders starkes Echo gefunden hat.

23. »Wie das rote Tuch auf den Stier«. SA- und SS-Führer in Witten fordern auch nach dem Erlass des Berufsbeamtengesetzes[49] die unverzügliche Entlassung von Polizeibeamten, die als Gegner des Nationalsozialismus angefeindet werden (Juni 1933).

Schreiben des SA-Standartenführers Carlau, des SA-Sturmbannführers Sauerbruch und des SS Sturmführers Weller an den Polizeimajor Menn in Witten vom 12.6.1933. Abschrift. Landesarchiv NRW Abt. Westfalen, PP 509. (Auszug)

Die unterzeichneten SA- und SS-Führer sehen sich gezwungen, den Herrn Pol[izei] Major auf Folgendes aufmerksam zu machen:

Auf die Wittener Bevölkerung und vor allen Dingen gesamte SA und SS wirkt es ganz eigenartig, dass heute immer noch einige Pol[izei] Beamte im Dienst sind, die sich in der allerkrassesten Art und Weise den Nationalsozialisten gegenüber verhalten haben. Es sind dieses vor allen Dingen die Herren von Sondern, Dochow-Lehmann, Pohl, Grawe, Ide, Rogge, Schönfelder und Hauptmann Kater. Schon die Namen dieser Herren wirken auf die SA und SS wie das rote Tuch auf den Stier. Es besteht gegen die Genannten eine derartige Wut, dass wir als Führer dauernd unsere Männer zurückhalten müssen, damit diese keine Gewaltaktionen gegen die Beamten unternehmen. Es ist daher unbedingt erforderlich, dass diese Beamten so schnell wie möglich verschwinden, damit nicht eines Tages auf der Straße etwas geschieht, was jetzt noch verhindert werden kann.

24. Aus der Entschließung der Revolutionären Gewerkschaftsopposition, Bezirkskomitee Ruhrgebiet (Juni 1933)

Entwurf einer Entschließung des Bezirkskomitees Ruhrgebiet der Revolutionären Gewerkschaftsopposition.[50] VVN-DÜ 2078, abgedruckt in: Detlev Peukert, Ruhrarbeiter gegen den Faschismus. Dokumentation über den Widerstand im Ruhrgebiet 1933–1945, Frankfurt/Main 1976, S. 127–133.

Mit der Aufrichtung dieser faschistischen Diktatur, die Ausdruck der tiefsten Fäulnis des deutschen Kapitalismus ist, ist der blutige Terror als Regierungsmethode an die erste Stelle getreten, wobei jedoch gleichzeitig mit den Mitteln der modernen Technik und Propaganda der Massenbetrug erweitert und ausgebaut wird. […] Der faschistische Gewaltstreich gegen die

---

49 Hierbei handelt es sich um § 4 des »Gesetzes zur Wiederherstellung des Berufsbeamtentums« vom 7.4.1933, in dem es zu Beginn heißt: »Beamte, die nach ihrer bisherigen politischen Betätigung nicht die Gewähr dafür bieten, dass sie jederzeit rückhaltlos für den nationalen Staat eintreten, können aus dem Dienst entlassen werden«.

50 In der 1929 gegründeten Revolutionären Gewerkschaftsopposition (RGO) schlossen sich ursprünglich kommunistisch gesinnte Arbeiter innerhalb des vorwiegend sozialdemokratisch geprägten

Gewerkschaften, die Unterstellung aller Gewerkschaftseinheiten unter die NSBO-Kommissare, soll durch den Raub des Koalitions- und Streikrechts, durch die Beseitigung der Tarifverträge in der früheren Form und Schaffung von vielen Bezirkstarifverträgen für eine Industriegruppe die Voraussetzung für einen neuen unerhörten Angriff auf die Lebenshaltung der Arbeiter einleiten. Unter den Bedingungen der Verschärfung der Krise geht der Kapitalismus nicht nur dazu über, die faschistische Zentralisierung der Staatsgewalt durchzuführen und alle Sozialdemokraten aus den Staatsämtern zu entfernen, sondern gliedert die Gewerkschaften direkt in die faschistische Staatsgewalt ein, um die Kapitaloffensive schneller durchführen zu können. […]

Die Schaffung der Einheitsfront der Arbeiter unter unserer Führung, die Organisierung und Führung von Kämpfen gegen die Kapitaloffensive ist die Voraussetzung zur Organisierung des politischen Massenstreiks zum Sturz der faschistischen Hitler-Diktatur. In dem Maße, wie wir als RGO und rote Verbände diese unsere Hauptaufgabe lösen, wie es uns gelingt, SPD-Arbeiter, gewerkschaftlich organisierte Arbeiter, christliche Arbeiter in aktive Kampfhandlungen in den Betrieben, bei den Erwerbslosen und Jungarbeitern unter unserer Führung einzubeziehen unter Anwendung der größten Selbstinitiative jeder unteren Einheit, wird es uns gelingen, auch die irregeführten Naziproleten, Angestellten und Mittelschichten aus der faschistischen Front herauszureißen. […]

Die faschistische Hitler-Diktatur führt zurzeit einen groß angelegten Massenbetrug mit ihrem Arbeitsbeschaffungsprogramm durch. […] Das Arbeitsbeschaffungsprogramm ist als ein noch nie da gewesener Schwindel bei den Arbeitern zu entlarven.

25. »Geistlicher Hetzer in Haft genommen«. Zeitungsbericht über die Festnahme des Bochumer Vikars Stöcker, dem Beleidigung der nationalsozialistischen Staatsführung vorgeworfen wird (Juni 1933)

Groß-Bochumer Nachrichten vom 29.6.1933, abgedruckt in: Vera Bücker et al. (Hg.), »Wenn wir heute nicht unser Leben einsetzen, wie sollen wir dann vor Gott und unserem Volk einmal bestehen?« Nikolaus Groß. Arbeitshilfe zur Geschichte des politischen und sozialen Katholizismus im Ruhrgebiet, Essen 1998, S. 137.

Vikar Stöcker[51] in Bochum-Riemke wurde gestern gegen 9 Uhr von dem Nachrichtendienst der Standarte 17 in Schutzhaft genommen und der politischen Polizei zugeführt. Stöcker ist ein Volksverderber schlimmster Art, der sich fortgesetzt in den größten Schmähungen gegen das neue Deutschland ergeht und seine Führer auf das Gröblichste beleidigt. Nicht nur von der Kanzel herab missbraucht er sein kirchliches Amt und schimpft und wettert auf die Nationalsozialisten, sondern er ist auch ein eifriger Wirtshausbesucher, der bis in die frühen Morgenstun-

---

Allgemeinen Deutschen Gewerkschaftsbunds zusammen, um dort gezielt eigene Forderungen im politischen Kampf um höhere Löhne, geringere Arbeitszeiten und bessere Arbeitsbedingungen durchzusetzen. Nach 1933 agierte die RGO bis zu ihrer Zerschlagung 1935 im Untergrund.

51 August Stöcker (1893–1976) wurde wegen Vergehens gegen den sogenannten Kanzelparagrafen zu neun Monaten Haft verurteilt.

den am Biertisch sitzt und hierbei das Volk zu verhetzen und das Vertrauen zu seinen Führern zu untergraben sucht.

Vikar Stöcker hat die Minister Göring, Goebbels und den Stabschef Röhm in einem öffentlichen Lokal derart beleidigt, dass es widerlich wäre, die gemachten Äußerungen zu veröffentlichen. Man ersieht hieraus den niedrigen Charakter dieses Zentrumsgeistlichen.

Da die Volkswut über diesen Lügner eine Form angenommen hat, dass Lebensgefahr für ihn bestand, wurde Vikar Stöcker von dem Nachrichtendienst der Standarte 17 festgenommen. Der Küster der Riemker Kirche sollte bei einer evtl. Verhaftung des Stöcker Sturm läuten.

Vikar Stöcker ist noch am Montagnachmittag, nachdem das Verhör bei der Politischen Polizei abgeschlossen war, im Gefangenenwagen in das Amtsgericht Bochum eingeliefert worden. Seine Aburteilung soll im Schnellverfahren erfolgen. Es wurde sofort ein Haftbefehl erlassen.

26. Der Duisburger Stadtverordnete Aloys Combes erklärt seinen Austritt aus der Zentrumspartei und bittet einen Tag später um die Aufnahme in die Stadtverordnetenfraktion der NSDAP (Juni 1933).
Stadtarchiv Duisburg, 102/456.

Combes an den Vorstand der Zentrumspartei vom 29.6.1933:
Sehr geehrte Damen und Herren!
Hiermit erkläre ich meinen Austritt aus der Zentrumspartei. Über die Ausübung des Stadtverordneten-Mandats behalte ich mir eine weitere Entschließung vor.
Mit deutschen Gruß
Aloys Combes

Combes an die NSDAP, Kreisleitung Duisburg-Hamborn vom 30.6.1933:
Wie Sie aus dem beiliegenden Durchschlag meines Schreibens an die Duisburger Zentrumspartei ersehen, bin ich aus der Zentrumspartei und damit aus der Stadtverordnetenfraktion der Zentrumspartei ausgetreten. Das Stadtverordneten-Mandat behalte ich bei.
Ich bitte um Aufnahme als Hospitant in die Stadtverordnetenfraktion der Nationalsozialistischen Deutschen Arbeiterpartei.
Mit deutschen Gruß und Heil
Aloys Combes

27. Denunziation eines Recklinghäuser Lehrers bei der örtlichen SA wegen Verbesserungen in einem Schüleraufsatz (Juli 1933)

Notiz des Recklinghäuser Stadtschulrats Hellermann mit Zettel des Schülers vom 4.7.1933. Stadtarchiv Recklinghausen III Nr. 4555, Bd. 2, abgedruckt in: Reinhard Dreischer, »Hakenkreuzfahnen sind in ausreichender Zahl angeliefert worden ...« Auf dem Weg zur Macht: Nationalsozialismus in Recklinghausen 1933. Dokumente – Fragen – Erläuterungen – Darstellung, Recklinghausen 1988, D 13d.

> Am Abend sprach unserer Volkskanzler Adolf Hitler über das Erwachen ~~des neuen jungen~~ Deutschlands und über den Tag der nationalen Arbeit.

Vorstehenden Zettel überreichte mir heute Mittag bei meiner Anwesenheit an der Schule der Lehrer Lechtenberg und berichtete, dieser Satz, wie er mit Stift geschrieben stehe, sei von dem Schüler W. in einem Aufsatz geschrieben. Er habe diesen Satz wie oben in dem Heft verbessert, denn nicht das junge Deutschland sei erwacht, dieses sei wach gewesen, sondern erwacht sei das ganze Deutschland. Nunmehr habe er am Samstag, den 1.7. gehört, er sei dieser Verbesserung wegen bei der örtlichen Stelle der SA angezeigt worden, da er bestrebt sei, der nationalen Bewegung Abbruch zu tun.

28. Die Dortmunder Staatspolizeistelle führt im Sommer 1933 eine veränderte Ermittlungstaktik gegenüber Kommunisten ein und nimmt Geiseln (August 1933).

Dortmunder Zeitung vom 3.8.1933, abgedruckt in: Günther Högl (Hg.), Widerstand und Verfolgung in Dortmund 1933–1945. Katalog zur ständigen Ausstellung des Stadtarchivs in der Mahn- und Gedenkstätte Steinwache, 2. Aufl., Bönen 2002, S. 158.

In der Nacht zum 2. August wurde der SA-Scharführer Hans *Kurze* an der Ecke Flur- und Robertstraße von vier Kommunisten überfallen und durch einen Unterarmschuss verletzt. Die Täter konnten in der Dunkelheit in den benachbarten Gärten unerkannt entkommen.

Als Gegenmaßnahme wurden von der Staatspolizeistelle sofort *vier bekannte Kommunisten, die in der Nähe des Tatorts wohnen, als Geiseln festgenommen.* Da sich die Übergriffe der Kommunisten in letzter Zeit wieder gemehrt haben, sieht sich die Staatspolizeistelle Dortmund gezwungen, in Zukunft – auch beim Verteilen hetzerischer Druckschriften – zu den geschilderten Maßnahmen zu greifen und *in jedem Fall bekannte, frühere Angehörige der KPD, die sich bis jetzt noch nicht in Schutzhaft befinden, oder wieder entlassen worden sind, als Geiseln festzunehmen.* Jedem früheren KPD-Angehörigen soll auf diese Weise zum Bewusstsein gebracht werden, dass er zweckmäßigerweise die Behörden bei der Abwehr weiterer kommunistischer Tätigkeit unterstützt oder wenigstens auf seine Genossen dahin gehend einwirkt, dass sie ihre Wühlarbeit unterlassen. Die Staatspolizeistelle wird sich in Zukunft nicht mehr mit der *Fahndung* nach den *jeweilige*n Tätern begnügen, sondern mit drakonischen Maßnahmen das rote Verbrecherpack *insgesamt* zu treffen wissen.

29. Kompetenzstreitigkeiten am Bochumer Theater (August 1933)

Brief des Gaukulturwarts der Gauleitung Westfalen-Süd, Dr. Erich Schwarzschulz, an den Bochumer Stadtrat Wilhelm Stumpf[52] vom 2.8.1933. Stadtarchiv Bochum, D St 70/1 (Dezernat Stumpf), abgedruckt in: Johannes Volker Wagner, Hakenkreuz über Bochum. Machtergreifung und nationalsozialistischer Alltag in einer Revierstadt, Bochum 1983, S. 281.

Sehr geehrter Herr Stadtrat!

Es tut mit leid, dass ich mich wieder einmal in Angelegenheiten mischen muss, die bisher ausschließlich von den Herren Dr. Saladin Schmitt und Professor Reichwein[53] erledigt worden sind.

Es ist unzulässig, dass die Spiel- und Konzertpläne sowie die Engagements der Solisten ohne die Zustimmung des Gaukulturwarts aufgestellt [werden] bzw. erfolgen.

Die Theaterangelegenheit ist ja zufriedenstellend gelöst, allerdings muss ich mir das Einspruchsrecht für das Schauspiel-Engagement vorbehalten.

Ich allein bin dem Paritätenausschuss beim Preußischen Innenministerium verantwortlich, und deshalb bitte ich, mir meine Tätigkeit nicht schwieriger zu machen als sie ist.

Den gesamten Programmentwurf des Pg. Reichwein, der bereits durch die Presse veröffentlicht ist, beanstande ich hiermit und verwahre mich dagegen, den Veranstaltungen en bloc meine Zustimmung zu geben.

Bitte veranlassen Sie Pg. Reichwein, dass er sich umgehend mit mir in Verbindung setzt, damit Störungen des kommenden Konzertwinters, die sonst unausbleiblich sind, vermieden werden.

Heil Hitler! Dr. Schwarzschulz, Gaukulturwart

30. Ärztliches Gutachten über die Todesursache Oskar Behrendts, eines bekannten Mitglieds der Gelsenkirchener KPD[54] (August 1933)

Stefan Goch (Bearb.), Dokumentationsstätte »Gelsenkirchen im Nationalsozialismus«. Katalog zur Dauerausstellung, Essen 2000, S. 155.

Die Leiche war vollkommen bestialisch verstümmelt! Der Kopf und das Gesicht waren durch äußere Gewalteinwirkung bis tief auf die Muskulatur und Knochen viehisch beschädigt. Der

---

52   Wilhelm Stumpf war seit 1904 besoldeter Stadtrat in Bochum. Er brachte das private Apollo-Theater an der Königsallee 1914 in städtischen Besitz. 1919 erreichte er, dass die Stadt Bochum Dr. Saladin Schmitt als künstlerischen Leiter des Theaters einstellte. Vgl. Johannes Volker Wagner, Hakenkreuz über Bochum. Machtergreifung und nationalsozialistischer Alltag in einer Revierstadt, Bochum 1983, S. 277f.
53   Saladin Schmitt (1883–1951) war der erste Intendant des Bochumer Theaters und Leopold Reichwein (1878–1945) seit 1926 Leiter des Bochumer Orchesters.
54   Oskar Behrendt war Bezirkssekretär Ruhr der »Roten Hilfe«, einer der kommunistischen Nebenorganisationen. Auf Anordnung der Staatsanwaltschaft war er am 16. August 1933 gegen 18.00 Uhr in das Gelsenkirchener Gerichtsgefängnis eingeliefert worden. Dort »verstarb« er am folgenden Tag gegen 14.30 Uhr. Aufgrund Mangels an Beweisen wurde das nach 1945 eingeleitete Totschlagsverfahren gegen den Gefängnisvorsteher und einen Hilfswachtmeister eingestellt.

Hals, Brust und Bauch wiesen taler- bis faustgroße Löcher auf, aus denen noch teilweise das Blut sickerte, obgleich es bei normalen Leichen gerinnt. Das allergrässlichste Bild aber wies der Rücken des Toten auf. Mehr als die Hälfte, ich bin sehr vorsichtig in meiner Äußerung, es war bestimmt mehr, war eine einzige blutige Masse, aus der die Muskulatur nur so herausquoll und vollkommen zerfetzt war. Die Wirbelsäule war mehrmals gebrochen, wenn nicht stellenweise zerbrochen. Meine Folgerung ist: Die Haupttodesursache kann unmöglich Herzschlag gewesen sein. Herzschlag war gewiss die sekundäre Todesursache der primären. Die primäre Todesursache war ein ganz gemeiner, langsam vollzogener Mord.

31. **Der Direktor des Essener Folkwang-Museums, Dr. Ernst Gosebruch, soll im August 1933 auf Initiative des Oberbürgermeisters Reismann-Grone als »Kunst-Bolschewist« seines Amts enthoben werden.**[55]
Der Düsseldorfer Regierungspräsident (gez. Schmidt) an den Preußischen Minister des Innern in Berlin vom 8.8.1933. Stadtarchiv Essen, 140/8157.

Ich beantrage hierdurch, den obengenannten Beamten aufgrund des § 4[56] zu entlassen.
Zur Begründung führe ich an:
Direktor Gosebruch ist zwar Kündigungsbeamter, doch erscheint es rechtlich nicht zweifelsfrei, ob von dem Kündigungsrecht ohne Weiteres Gebrauch gemacht werden kann. Auch würde Gosebruch, der immerhin rd. 27 Jahre im Dienst der Stadt Essen gestanden hat, hierdurch seiner Versorgungsansprüche verlustig gehen. Es erscheint daher angebracht, den Weg der Entlassung aufgrund des Gesetzes zur Wiederherstellung des Berufsbeamtentums vom 7.4.1933 zu beschreiten, zumal die Voraussetzungen des § 4 durchaus gegeben sind.

Die Stadt Essen erwarb im Mai 1922 das sogenannte Folkwang-Museum des privaten Sammlers Osthaus in Hagen. Es war damals schon ein im nationalen Sinne dekadentes Museum, sodass der Düsseldorfer Akademiedirektor Röber den Erwerb für die Stadt Essen mit vollem Recht ablehnte. Der Essener Oberbürgermeister Luther, dessen Kunstanschauung stark modern war, ging jedoch darauf ein. […]

Zum Direktor des Museums wurde […] Herr Gosebruch erwählt, der nun in Fortsetzung der dem Museum schon anhaftenden Dekadenz sich zehn Jahre, wie der Oberbürgermeister ausführt, als »Kunst-Bolschewist« betätigt hat.

Am 2. Juli 1924, also zu der Zeit, als die Franzosen Essen besetzt hielten, scheute sich Direktor G. nicht, von der Empore des Museums ein Bekenntnis zur Kunstinternationale abzulegen, indem er sagte: »In Paris schlägt das frische Herz unseres Weltgefühls. Ob ein Kunstwerk

---

55 Für die Überlassung dieser Quelle danken wir Herrn Dr. Klaus Wisotzky, Leiter des Stadtarchivs Essen. Zu den genaueren Umständen und dem Ergebnis des Antrags vgl. Klaus Wisotzky, Die Entlassung Ernst Gosebruchs als Leiter des Museum Folkwang im Jahre 1933, in: Essener Beiträge. Beiträge zur Geschichte von Stadt und Stift Essen 121 (2008), S. 285–304.
56 Vgl. auch Anm. 49 in diesem Kapitel.

in Moskau entsteht, in Paris oder in Brüssel, ist gleichgültig für uns, wenn es nur echter Ausdruck des neuen Weltgefühls ist.« [...]

Noch anfechtbarer aber war die allgemeine snobistische Haltung der Museumsleitung. Es wurde unablässig die Anzahl der kubistischen, futuristischen, snobistischen Bilder vermehrt. Es waren darunter Bilder, die, wie der Oberbürgermeister sagte, von Wahnsinnigen hergestellt zu sein scheinen; es gibt im Museum drei kleinere Zimmer, die im Volksmund als die »Schreckenskammern« bezeichnet werden.

Kennzeichnend für die ganze Tendenz ist auch die starke Bevorzugung der jüdischen Maler. Der aus Galizien stammende Jude Kandinsky, der russische Jude Chagall, der polnische Jude Lissitzky, der ungarische Jude Moholy Hagy,[57] die deutschen Juden Feininger, Paul Klee, Moll und viele andere bis zum Pariser Cogan[58] erfuhren liebevolle Pflege, während namhafte deutsche Künstler vielfach abseitsstanden. [...]

Es ist also festzustellen, dass das Folkwang-Museum neben der Kunstakademie zu Düsseldorf seit zehn Jahren der Hauptherd der kunstbolschewistischen Agitation in Essen und im ganzen Industriebezirk war, wofür sein Leiter, Direktor Gosebruch, die Hauptverantwortung trägt.

Die Anwendbarkeit des § 4 a.a.O. auf den vorliegenden Fall unterliegt keinen Bedenken, da unter »politischer« Betätigung dem Sinn des Gesetzes gemäß auch ein kunstpolitisches Verhalten zu verstehen ist, welches Rückschlüsse auf die nationale Zuverlässigkeit des verantwortlichen Beamten zulässt.

Hierdurch rechtfertigt sich der gestellte Antrag, der dem Vorschlag des Oberbürgermeisters entspricht. Der Beamte ist nicht gehört worden, weil bei der Eigenartigkeit des Falls eine Auseinandersetzung über die für die Beurteilung wesentlichen Kunstfragen von vornherein fruchtlos erscheinen muss.

Die Gauleitung hat zugestimmt.

32. Erinnerungen Fritz Bohnes, Mitglied der verbotenen »Naturfreunde«[59] in Gelsenkirchen, an die Auflösung ihres illegalen Zeltlagers in Dorsten-Wulfen durch die Gestapo im September 1933 [1982]

Interview mit Fritz Bohne vom 25.6.1982 in Gelsenkirchen, abgedruckt in: Frank Bajohr, Verdrängte Jahre. Gladbeck unter`m Hakenkreuz, Essen 1983, S. 84–85.

Also, das Zeltlager hatten wir bis zum September des Jahres 1933. [...] Wir waren der Bezirk Gelsenkirchen, der aus den Ortsgruppen Gladbeck, Bottrop, Herne, Herten, Wanne-Eickel, Recklinghausen, Gelsenkirchen, Buer und Horst bestand, die alle am Rande des nördlichen Industrieviers lagen. Als Bezirk hatten wir 1928 in Wulfen ein größeres Gelände für einen

---

57 Gemeint ist der ungarische Maler und Designer László Moholy-Nagy (1895–1946).
58 Gemeint ist offenbar der in Paris geborene Maler Paul Gauguin (1848–1903).
59 Die »Naturfreunde«, nach Bajohr ein »Paradebeispiel einer sozialdemokratischen Nebenorganisation«, bekamen wie andere als »marxistisch« eingestufte Organisationen bereits im April 1933 die städtische Unterstützung entzogen, wurden verschärft überwacht und schließlich verboten.

Spottpreis, ich glaube 100 Mark pro Jahr, von Wulfener Bauern gepachtet. Durch das Gelände floss ein kleiner Bach, auch eine schöne Wiese und etwas Wald waren vorhanden. Dort haben wir regelmäßig mit 30, 40, 50 Zelten gezeltet, Fußball, Skat oder auch Schach gespielt, Wanderungen gemacht, um uns auf diese Art, denn wir waren ja arbeitslos, die Zeit zu vertreiben. Zwischendurch aber saßen wir immer wieder zusammen und diskutierten über die Zukunft, wobei wir allerdings nie geglaubt haben, dass die ganze Sache so lange dauern würde – bis 1945, sondern wir waren immer der Meinung, in kurzer Zeit wäre alles vorbei und wir wieder dran.

Zu unserem Zeltplatz kamen mitunter so viele Menschen, dass sich an den Wochenenden oft 300–400 Personen bei uns versammelten und wir manchmal daran dachten: Mensch, wenn hier die Gestapo hinkommt, dann sind wir reif. Aber diese Angst haben wir dann nach und nach wieder verloren, und wir fühlten uns derart sicher, dass jeden Sonntag die einzelnen Ortsgruppen wie Gladbeck, Gelsenkirchen, Wanne-Eickel mit Lastwagen und selbstgezimmerten Bänken zu unserem Zeltplatz anrückten.

Die Arbeiterbewegung war zu diesem Zeitpunkt schon zerschlagen, die Arbeiterorganisationen aufgelöst oder gleichgeschaltet, wie die Gewerkschaften, wir selbst verboten wie die Nebenorganisationen der SPD, unser erster Vorsitzender Fritz Rogge nach Holland emigriert. [...]

Dann kam die Gestapo. An einem Dienstag rückten die mit 15–20 Mann an und trieben uns zusammen wie die Schweine im Schlachthof. Danach mussten wir uns in Reihen formieren, um uns registrieren zu lassen, bis wir dann schließlich die Anweisung erhielten, innerhalb einer halben Stunde zu verschwinden. Wir haben uns dann schnell zusammengesetzt, die Bauern angesprochen, einige zweirädrige Karren – Bollerwagen nannten wir die damals – gemietet, schleunigst alle Sachen aufgeladen und sind dann losgezogen bis nach Gelsenkirchen zum Schalker Markt. Dort haben die die ganzen Sachen ausgekippt, und wir, d.h. die Gladbecker, Bottroper, Gelsenkirchener usw. haben unsere Sachen herausgesucht und sind dann abgezogen. So haben wir wie die Kinder Israels Wulfen verlassen.

33. **Laut dem Verwaltungsbericht der Stadt Mülheim ist seit dem Tag der Machtübernahme der Nationalsozialisten eine »Besserung auf der ganzen Linie« eingetreten und wird das »Elend« der Arbeitslosigkeit mit »großem Erfolg« bekämpft [Anfang 1934].**
Verwaltungsbericht der Stadt Mülheim a.d. Ruhr, Rechnungsjahr 1933. Im Auftrage des Oberbürgermeisters nach den Berichten der Dienststellen bearbeitet vom Statistischen Amt, o.J. Stadtarchiv Mülheim 1404/111, S. 1, 15, 43f., 50f. (Auszug)

Vorbemerkung.

In den Schluss des vorigen Rechnungsjahrs fiel die Machtübernahme durch die nationalsozialistische Regierung, die kraftvoll den in der Vergangenheit entstandenen Missständen entgegentrat. Im Verwaltungsbericht 1932/33 konnte daher schon hoffnungsvoll auf die sich anbahnende Verbesserung hingewiesen werden. Die Hoffnung hat nicht getäuscht, denn der vorliegende Bericht zeigt – in aller Nüchternheit – auf der ganzen Linie eine beachtliche Besserung. […]

Als Ausfluss des politischen Elends der Vorjahre trat als wesentlichstes Moment die Arbeitslosigkeit mit allen hässlichen Begleiterscheinungen in den Vordergrund. Dieses Elend ist vom ersten Tag der Machtübernahme an durch Arbeitsbeschaffung usw. mit großem Erfolg bekämpft worden. Die Arbeitslosigkeit ist erheblich zurückgedrängt, der Beschäftigungsgrad gestiegen, und das Wirtschaftsleben hat einen entsprechenden Aufstieg erfahren. Die Besserung brachte eine Behebung der sozialen und wirtschaftlichen Not vieler Volksgenossen mit sich. Im kulturellen Leben zeigt sich ein beachtlicher Aufschwung durch lebhaftesten Besuch der künstlerischen Veranstaltungen usw., und auf bevölkerungspolitischem Gebiet ist ein nennenswerter Fortschritt durch Steigerung der Eheschließungen und der Geburten zu bemerken.

Bei Abschluss des Berichts ist schon klar zu übersehen, dass die Besserung auf der ganzen Linie weitere erheblich Fortschritte macht, sodass der Bericht des nächsten Jahres ein noch weit freundlicheres Bild zeigen wird. […]

Wahlen.

Am 12. November 1933 fand eine Reichstagswahl statt, bei der entgegen allen früheren Wahlen nur der Wahlvorschlag »Nationalsozialistische Deutsche Arbeiterpartei (Hitlerbewegung)« eingereicht worden war. Mit dieser Wahl war die Volksabstimmung verbunden, durch die der Führer, Reichskanzler Adolf Hitler, das Volk um Stellungnahme zu seiner bisher verfolgten Politik, insbesondere zur Austrittserklärung Deutschlands aus dem Völkerbund, befragen wollte. Während 90 Prozent aller Wahlberechtigten bei der Reichstagswahl ihre Stimmen für die NSDAP abgaben, stimmten bei der Volksabstimmung sogar 96 Prozent mit »Ja« ab. […]

Wohlfahrtswesen. A. Allgemeines.

In dem dem Berichtsjahr vorausgehenden Rechnungsjahr erreichte die Zahl der Unterstützungsempfänger ihren Höhepunkt; im Februar 1933 mussten in Mülheim a.d. Ruhr 14.378 Parteien mit 33.450 Personen aus Wohlfahrtsmitteln unterstützt werden. Das waren 25,1 Prozent der Gesamtbevölkerung.

Bereits im April 1933 begannen die von der nationalsozialistischen Regierung eingeleiteten Arbeitsbeschaffungsmaßnahmen, sich auszuwirken. Die gesetzlichen Maßnahmen der Reichsregierung hatten im Verein mit der in Mülheim mit Nachdruck durchgeführten Arbeitsfürsorge den erfreulichen Erfolg, dass erstmalig nach einem seit Jahren in steiler Kurve sich vollziehenden stetigen Ansteigen der Unterstützungszahlen ein Stillstand eintrat, dem dann eine stetige Verminderung folgte, sodass die Zahl der Parteien am Schluss des Berichtsjahres bereits um 25,7 Prozent auf 10.681 gesunken war. Es ist zu erwarten, dass der Rückgang anhalten wird.

Das Tempo der Verminderung kann als sehr zufriedenstellend bezeichnet werden, wenn man berücksichtigt, dass sich der Arbeitsbeschaffung in unserer im Rheinisch-Westfälischen Industriegebiet mit seiner ungeheuer hohen Erwerbslosenziffer liegenden Stadt naturgemäß besonders Schwierigkeiten entgegenstellten.

Schon mit Rücksicht auf die mit Nachdruck zu betreibende Arbeitsfürsorge musste die verwaltungstechnische Gliederung des Wohlfahrtsamts einige Änderungen erfahren.

Neben den Arbeitsgruppen wurde eine besondere Abteilung, die Arbeitsfürsorge, eingerichtet. Ihre Aufgabe ist, die arbeitsfähigen Wohlfahrtserwerbslosen in einer Anzahl Fürsorgearbeitermaßnahmen unterzubringen und sie arbeitsfürsorgerisch zu betreuen. Daneben wurde ihr die nicht minder wichtige Aufgabe übertragen, die bei einem großen Teil der Unterstützungsempfänger verloren gegangene Arbeitsmoral zu heben bzw. wieder herzustellen, den Arbeitswillen zu prüfen und damit allmählich wieder dem Grundsatz Achtung zu verschaffen, dass jeder Fürsorgeleitung nach Möglichkeit eine Arbeitsleistung des Unterstützungsempfängers gegenüberstehen muss. Daher wurde nach und nach von allen arbeitsfähigen Unterstützungsempfängern, soweit sie in Fürsorgearbeit nicht untergebracht werden konnten, gegen einen geringen Zuschlag zur Unterstützung Pflichtarbeit verlangt. Bezeichnend für den Tiefstand der Arbeitsmoral ist der Umstand, dass die Einführung der Pflichtarbeit zunächst, besonders bei den jüngeren, der regelmäßigen Arbeit entwöhnten Erwerbslosen, einen fühlbaren Widerstand auslöste. Andererseits kann festgestellt werden, dass durch Entziehung der Zuschläge, Einstellung der Unterstützung und andere geeignete und mit Nachdruck durchgeführte Maßnahmen auch diese Elemente nach und nach zu der Überzeugung gebracht wurden, dass die Zeiten eines mühelosen Bezugs einer Unterstützung aus öffentlichen Mitteln vorüber sind. [...]

Eine außerordentliche Belastung stellen die asozialen Elemente dar, die jetzt immer deutlicher sichtbar werden. Ihre Bekämpfung ist außerordentlich schwierig und erfordert außergewöhnliche Maßnahmen. Neben einer verstärkten Prüfung durch zahlenmäßig vermehrte Außenbeamte wurde daher zur besseren Überwachung und zur Vermeidung unberechtigten Unterstützungsbezugs bei den infrage kommenden Unterstützungsempfängern die Barunterstützung durch Gemeinschaftsverpflegung und -unterbringung ersetzt. Diese Maßnahme führte in einer großen Anzahl von Fällen zu einem Verzicht auf die Unterstützung und schränkte den unerwünschten Zuzug Asozialer erheblich ein.

34. Geburtstagsgratulation des Gelsenkirchener Oberbürgermeisters an Adolf Hitler (April 1934)

Stadtarchiv Gelsenkirchen 0/IV/18/1, abgedruckt in: Stefan Goch (Bearb.), Dokumentationsstätte »Gelsenkirchen im Nationalsozialismus«. Katalog zur Dauerausstellung, Essen 2000, S. 47.

An Herrn Reichskanzler Adolf Hitler, Berlin
Mein Führer!
Die Stadt Gelsenkirchen bringt dem Erwecker und Gestalter des neuen Deutschlands, dem Führer ins Dritte Reich, an dem Tag, an dem er das 45. Lebensjahr vollendet,[60] die herzlichsten Glückwünsche dar, erfüllt von dem Gefühl tiefster Dankbarkeit für sein großes Werk. Die Bevölkerung der größten Kohlenstadt des Festlands, in deren Mauern jahrelang die Verzweiflung

---

60 Gemeint ist der 20. April 1934.

gefährlich wuchs, als die Not gerade hier unendlich schwere Opfer forderte, hat dem Mann, dessen einziges Ziel die Einigung der deutschen Menschen in nationalem und sozialistischem Denken ist, aufrichtig zu danken gewusst, als seiner Tatkraft die ersten Erfolge entstiegen, als neues Hoffen einzog in das öde, arme und traurig gewordene Land an der Ruhr. Sie hat diesen Dank durch Verleihung der Ehrenbürgerrechte äußerlich zum Ausdruck gebracht als ein sichtbares Zeichen der Verbundenheit und der Hochachtung.

In dem einen Jahr nationalsozialistischer Führung, das heute hinter uns liegt, erlebte auch Gelsenkirchen die gewaltige Kraft eines neuen sieghaften Glaubens. Auch hier zog die Lebensbejahung wieder ein nach all den Jahren der niederdrückenden Sorge und Resignation. Gelsenkirchen weiß, wem der Aufschwung, der allenthalben spürbar und sichtbar wurde, zu danken ist. Die Volksgenossen dieser Industriegemeinde blicken bewundernd und in treuer Gesinnung auf ihren Führer und sein herrliches Werk. Sie werden weiter mit anpacken, dieses Werk zu Ende zu bauen um Deutschland willen!

Ihnen, mein Führer, ein dreifaches Siegheil!

35. Der ehemalige Gladbecker KPD-Stadtleiter Fritz Grabowski erinnert sich an den Aufbau einer illegalen »Bezirksleitung Ruhrgebiet« im Sommer 1934 und an den getarnten kommunistischen Widerstand im Dortmunder »Instruktionsgebiet« [1983].
Auszug aus dem Erlebnisbericht Fritz Grabowskis (o.J.), abgedruckt in: Frank Bajohr, Verdrängte Jahre. Gladbeck unter'm Hakenkreuz, Essen 1983, S. 124–126.

Ungefähr Mitte Juni [1934], an einem Sonntag, tagte die erste »Plenarsitzung« der neuen Bezirksleitung. Anwesend waren Ernst, Willi, der Schwarze Hans, Götz von Berlichingen[61] und ich. Wir trafen uns in Essen und fuhren hinaus nach Bredeney, suchten und fanden ein stilles Gartenlokal, wo wir ungestört vom Ausflugsverkehr die vordringlichsten Aufgaben besprechen konnten. Es war keine konstituierende Sitzung im üblichen Sinn, denn was hätte es genutzt, die Funktionen diese[r] illegalen Bezirksleitung [...] aufzuteilen. Vielmehr ging es darum, wer welches Instruktionsgebiet betreuen sollte. Ernst übernahm die Instruktionsgebiete Essen und Gelsenkirchen, dazu kam seine Funktion als Verbindungsmann zur Leitung des Instruktionsgebiets West mit dem Standort in Amsterdam. [...] Hans und Götz hatten ihren Standort in Duisburg, und von dort aus hatten sie Verbindungen nach Hamborn und Oberhausen. [...] Willis Funktion war vorbestimmt: Kontaktaufnahme mit ehemaligen Mitgliedern der RGO und Aufbau illegaler Gewerkschaftsgruppen in den Betrieben. Meine Tätigkeit beschränkte sich fortan auf die Arbeit im Instruktionsgebiet Dortmund, einschließlich Hörde, Castrop-Rauxel sowie Hattingen und eventuell Bochum. [...]

Im Dortmunder Instruktionsgebiet existierte [...] im Frühjahr und Sommer 1934 ein gut ausgebauter Parteiapparat. In fast jedem Stadtteil arbeiteten locker gefügte und funktionsfähige Parteigruppen. Sie arbeiteten getarnt als Kaninchen- oder Taubenzüchtervereine. Es gab

---

61 Viele Kommunisten nahmen während der NS-Zeit in der Illegalität einen Decknamen an.

Klubs oder Vereine für Hundeliebhaber, Schachfreunde und Briefmarkensammler. In Hörde gab es einen Kegelklub und in den ausgedehnten Siedlungen am Hattinger Stadtrand sogar einen Ziegenzüchterverein. Er verfügte zwar nur über drei Ziegen, aber über ein Mehrfaches an Ziegenfreunden. Die Mitgliedsbeiträge für die Partei galten als Klubspenden oder Vereinsbeiträge. Es existierten keine Beitragslisten, und es gab auch keine Quittung für geleistete Spenden. Die gesammelten Beiträge wurden von dem dazu bestimmten Genossen treuhänderisch verwaltet. Ein Teil davon wurde zur Unterstützung von Angehörigen inhaftierter Genossen verwendet, ein weiterer Teil zur Finanzierung der Organisation; dazu gehörten auch Reisespesen des Instrukteurs. Der Rest diente als Reserve für eventuelle Parteiaktivitäten: Kauf von Papier und Druckfarbe für die Herstellung eigener Flugblätter oder Streuzettel, und schließlich benötigten die Genossen auch Geld, um gezielte Briefsendungen zu finanzieren. Die Höhe der Beiträge war flexibel. Jeder gab, was er konnte, oft nur zehn oder zwanzig Pfennig, andere, die noch in Arbeit standen, an den Lohntagen eine Mark oder mehr.

36. Polizeifunkspruch über jüngst in Recklinghausen aufgefundene kommunistische Flugblätter (August 1934)

Funkspruch Nr. 4 der Nachrichtenstelle Münster an die Geheime Staatspolizei in Recklinghausen vom 13.8.1934. Landesarchiv NRW Abt. Westfalen, Polizeiregistratur Nr. 76 I.

1.) Funkspruch Nr. 4, Stapo, Recklinghausen.
In der Nacht zum 13.8.34 im Ostviertel hiesiger Stadt erneut kommunistische Flugblätter unter die Haustüren geschoben mit folgendem Inhalt:

Arbeit, Frieden und Brot

haben Euch die Nazis versprochen. Und wie sieht das »Dritte Reich« in Wirklichkeit aus? Schutzloser als je ist der Prolet dem Monopolkapital ausgeliefert. Um den Hungerlohn, der nach allen Abzügen bleibt, wird er noch betrogen durch Beiträge für Naziorganisationen und »freiwillige« Spenden, die dann Bonzen wie Nagel[62] verjubeln. Die Arbeitslosen kommen in die Sklaverei des FAD[63] oder müssen 48 Stunden schuften für die paar Groschen, »damit sie sich an die Arbeit gewöhnen«. Frieden und Brot? Proleten, die Brotkarten sind schon gedruckt für den Winter, und ein neuer Weltkrieg steht vor der Tür. Und jetzt wollen die Nazis hören, dass Ihr mit allem einverstanden seid, mit Hunger, Elend und Gastod für den Profit des Monopolkapitals. Sie haben Angst, weil ihre Pleite jeden Tag offener wird, deshalb haben sie beim Tod von Hindenburg noch mal kräftig auf die Tränendrüsen der Spießer gedrückt. Das soll ihnen wenig nützen. Proleten, gebt den kapitalistischen Ausbeutern und ihren faschistischen Helfern am 19. Eure Antwort! Kämpft mit der KPD für die Rätemacht!!

!!! NEIN !!!

---

62 Der Name war nicht ermittelbar.
63 Freiwilliger Arbeitsdienst.

Kapitel XII
Nationalsozialismus und Zweiter Weltkrieg
Von Gustav Seebold und Holger Heith

Arbeiter im NS-Regime

Erklärtes Ziel der Nationalsozialisten war es, die anderen Völker dem deutschen »Herrenvolk« zu unterwerfen und die Deutschen selbst als Rasse in einer »Volksgemeinschaft« zu umfassen, in der Gegensätze der Klassen, Konfessionen und politischen Kräfte aufgehoben sein sollten. Dieses Ziel sollte einerseits durch an deutsche Arbeiter gerichtete Integrationsangebote, andererseits durch Ausgrenzung von »Gemeinschaftsfremden« bis hin zu deren Ermordung erreicht werden. Neben dem Verbot von KPD und SPD sowie der Selbstauflösung der bürgerlichen Parteien bis Juli 1933 galt es, die Gewerkschaften als Massenorganisationen der Arbeiterschaft zu zerschlagen: Die Besetzung der Gewerkschaftshäuser nach der Reichstagswahl am 5. März 1933 bildete dabei, wie in Bochum, nur den Auftakt *(vgl. dazu Dok. 11 in Kap. XI)*. Die am 10. Mai 1933 gegründete Deutsche Arbeitsfront (DAF) übernahm die Gewerkschaften – die Mitglieder ebenso wie das gesamte Gewerkschaftsvermögen. Die DAF trat mit dem Anspruch an, die Arbeiter nationalsozialistisch zu sozialisieren und zu disziplinieren sowie die Arbeitswelt nach nationalsozialistischen Grundsätzen – als »Gefolgschaften« und nach dem »Führerprinzip« – zu organisieren. Die Arbeitgeber an Rhein und Ruhr waren im Allgemeinen bestrebt, die DAF aus den Betrieben heraus zu halten, aber es gab unter den Unternehmern bereits frühzeitig überzeugte Anhänger des Regimes *(Dok. 1)*. Entziehen konnten sich die Werktätigen diesen Ansprüchen nicht: Die Mitgliedschaft in der DAF war, übrigens auch für Arbeitgeber, Pflicht, und in der Presse kursierten Meldungen, wonach Nichtmitglieder bis Herbst 1933 ihre Arbeit verlieren sollten.

Während ihre Funktionäre die DAF gerade auch als ein Instrument betrieblicher und allgemeiner Sozialpolitik betrachteten, galt das am 20. Januar 1934 erlassene »Gesetz zur Ordnung der nationalen Arbeit« (AOG) den zeitgenössischen Arbeitsrechtlern als unternehmens- und sozialpolitisches »Grundgesetz« des »Dritten Reichs« *(Dok. 3, 5)*. Das Gesetz übertrug das nationalsozialistische Führersystem auf die Wirtschaft. Waren in der Weimarer Republik Unternehmer und Gewerkschafter im Prinzip, wenn auch nicht nach den realen Machtverhältnissen, autonome und gleichberechtigte Tarifpartner gewesen, so avancierten erstere nun zu »Führern« ihrer Betriebe, denen die Belegschaft – wie es im Gesetz hieß – die in der »Gefolgschaft« begründete Treue zu halten hatte. Sich zu widersetzen wagten nur wenige Arbeitnehmer – bei Ablehnung oder Widerstand drohten drakonische Strafen *(Dok. 4)*. Der Betriebsrat mutierte zu einem »Vertrauensrat«, dessen von der Nationalsozialistischen Betriebszellenorganisation bzw. der aus dieser hervorgegangenen DAF vorgeschlagenen und von den Beschäftigten gewählten Mitglieder dem Betriebsführer lediglich beratend zur Seite standen. Auch Angestellte und Unternehmer waren in den Vertrauensräten vertreten. Auseinandersetzungen und Forderungen der Belegschaftsmitglieder sollten nach den Bestimmungen des AOG innerbetrieblich geklärt, die Reichstreuhänder der Arbeit nur in Ausnahmefällen als Schlichter angerufen werden *(Dok. 3)*. Gewählt wurden die Vertrauensräte nur bis 1935, weil die Ergebnisse vielfach den Erwartungen der Nationalsozialisten nicht entsprachen. Seither ernannten die Betriebsführer die Mitglieder der Räte.

Hatten die Nationalsozialisten bis Anfang 1934 mit Arbeitsfront und AOG ein effizientes Instrumentarium zur Beherrschung von abhängig Beschäftigten geschaffen, so scheiterten sie zunächst an einer schnellen Überwindung der Massenarbeitslosigkeit: Im Jahresdurchschnitt 1935 betrug die Arbeitslosigkeit in den Großstädten des Ruhrgebiets noch zwischen 14 und 18 Prozent – die mit Notstandsarbeiten Beschäftigten und die zum Reichsarbeitsdienst Eingezogenen sind hier nicht eingerechnet. Noch im Oktober 1935 beklagten Bergwerksleitungen im Ruhrgebiet andauernde Feierschichten und einen zu hohen Belegschaftsstand. Zwar hatte der Rückgang der Arbeitslosigkeit zuvor bereits eingesetzt, aber erst die verstärkte – durch Staatsschulden finanzierte – Aufrüstung und der auf wirtschaftliche Autarkie abzielende Vierjahresplan von 1936 führten zu einem deutlichen Anstieg der Beschäftigtenzahlen und damit zu einer raschen Verringerung der Arbeitslosigkeit. Binnen Kurzem signalisierten vor allem die Rüstungsindustrie und der Bergbau erheblichen Arbeitskräftemangel, der durch staatlich-regulierende Eingriffe wie die zunächst vorsichtige Einschränkung der freien Wahl des Arbeitsplatzes und durch verlängerte Arbeitszeiten kompensiert wurde *(Dok. 12, 13)*.

Mit Ausbruch des Zweiten Weltkriegs veränderte sich die Lage der Beschäftigten zunächst wenig. Erst im weiteren Kriegsverlauf, seit 1942/43, wurden sie zu »Soldaten der Arbeit« mit gesetzlicher Arbeitspflicht. Wer sich dem entzog, dem drohten drakonische Strafen – Gefängnis, Arbeitserziehungslager oder KZ *(Dok.14, 16)*. Daneben prägten Arbeitskräftemangel und steigende Produktionsforderungen die Arbeitssituation auf Zechen und Hüttenwerken sowie in den sonstigen Betrieben. In ihrer knappen Freizeit musste die arbeitende Bevölkerung – auch Frauen wurden seit 1941 verstärkt in die Rüstungswirtschaft gedrängt *(Dok. 25)* – nun zusätzlich für die rationierten Lebensmittel anstehen *(Dok. 21, 25)*.

Die Jugendlichen, fast ausschließlich Mitglieder der Hitlerjugend (HJ) und des Bundes Deutscher Mädel (BDM), wurden in Schule und Freizeit gemäß den nationalsozialistischen Vorstellungen von Politik und Gesellschaft sozialisiert. Den Forderungen der allgegenwärtigen NSDAP und ihrer Gliederungen auszuweichen, wagten nur wenige. Zu diesen mutigen Jugendlichen gehörten neben anderen die Edelweißpiraten *(Dok. 20, 21, 30)*.

Der Bombenkrieg

Meldete der Wehrmachtsbericht in den ersten Monaten noch Sieg auf Sieg der deutschen Truppen, so sollte die trügerische Ruhe an Rhein und Ruhr nur kurz währen. Bereits im Frühjahr 1940 kam es zu ersten Luftangriffen der Royal Air Force (RAF) auf westdeutsche Städte. Eine weitere Front, die sogenannte Heimatfront, entstand, an der in den nächsten fünf Jahren Zehntausende von Einwohnern der Ruhrgebietsstädte ihr Leben lassen und die Städte in Schutt und Asche fallen sollten *(Dok. 31–33)*. Von ihrem Plan, die Rüstungsindustrie gezielt in Tagesangriffen zu zerstören, musste die britische Luftwaffenführung zunächst absehen: Zu hoch waren die Verluste durch deutsche Jagdflugzeuge und die im Ruhrgebiet konzentrierte Flugabwehr. Bei Nachtangriffen war es der RAF trotz moderner Funkpeilungs- und Radarverfahren nicht möglich, Punktziele zu bombardieren. Dies war umso schwieriger, als sich im Ruhrgebiet Industrieanlagen und Wohngebiete in enger Gemengelage befanden: Die Werkssiedlungen grenzten oft unmittelbar an Zechen und Hüttenwerke.

Es waren allerdings nicht ausschließlich technische Schwierigkeiten, die die britische Luftwaffe veranlassten, zu nächtlichen Flächenbombardements überzugehen. Churchill wollte mit dieser Art von Kriegsführung, wie sie die Deutschen bereits zuvor gegen Coventry praktiziert hatten, die Moral der deutschen Zivilbevölkerung brechen. Mit seiner Area Bombing Directive von Anfang 1942 wies er das Bomberkommando an, die deutschen Großstädte zu zerstören *(Dok. 29)*. Die Städte im Ruhrgebiet wurden in der zweiten Kriegshälfte immer wieder zum Ziel von Nachtangriffen der RAF. Die Menschen lebten in dauernder Angst und verbrachten einen Großteil der Nächte in den hastig erbauten Bunkern oder auch in den provisorisch als Schutzraum ausgebauten Kellern. Bunkerplätze standen nur für einen Teil der Bevölkerung zur Verfügung *(Dok. 32)*. Das Ziel, die Moral der Bevölkerung zu brechen, erreichten die alliierten Bombenangriffe indes nicht. Das NS-Regime hatte die Menschen im Griff; die Goebbelsche Propaganda und die drakonischen Strafandrohungen für Abweichler und Gegner des Nationalsozialismus taten das Ihre, aber die Menschen im Ruhrgebiet hassten diese Angriffe auch von sich aus, sie wurden verbissen, rückten zusammen und trotzten dem Bombenkrieg *(Dok. 31)*, soweit irgend möglich. Lediglich Schüler und Frauen – wenn sie nicht berufstätig waren – durften das Ruhrgebiet verlassen und wurden in noch nicht von Luftangriffen betroffene Gebiete evakuiert *(Dok. 18)*. Die »Kinderlandverschickung« gehörte zu den großen, durchaus erfolgreichen Maßnahmen des Regimes.

Bis 1944 trat trotz häufiger Bombenangriffe keine durchgreifende strukturelle Schädigung der Wirtschaft im Ruhrgebiet ein, das seit langem als »Waffenschmiede des Reichs« galt *(Dok. 28)*. Als die Alliierten im Herbst 1944 weitgehend die Lufthoheit über Deutschland erlangten, konnten sie mit massiven Großangriffen auch am Tag Unternehmen wie Hoesch, Krupp, Thyssen, Mannesmann oder den Bochumer Verein weitgehend lähmen und die noch vorhandenen Reste der Städte in Schutt und Asche legen *(Dok. 32)*. Dabei wirkte sich die Zerstörung der Transportwege als besonders nachhaltig aus.

Gegner und Feinde der Nationalsozialisten

Die Gegner der Nationalsozialisten – allen voran Politiker der KPD und der SPD sowie Angehörige der diesen Parteien nahe stehenden Organisationen, aber auch Politiker anderer Parteien wie der Essener Zentrumspolitiker Heinrich Hirtsiefer (1876–1941) – wurden unmittelbar nach der Machtergreifung mit Unterstützung der staatlichen Polizei gnadenlos denunziert, dem Gespött fanatisierter Nationalsozialisten ausgesetzt und verfolgt. Ihnen drohten Verhaftung,

Misshandlung oder Abtransport in eines der rasch errichteten zahlreichen Konzentrationslager *(Dok. 4)*.

Während die Parteileitung der SPD nach ihrem Verbot am 22. Juni 1933 ins Exil nach Prag zog und auch in den folgenden Jahren keine illegale Parteiorganisation im Ruhrgebiet errichten konnte, gelang es der KPD nach der Zerschlagung Ende Februar 1933, in den folgenden Monaten von grenznahen Städten in den Niederlanden aus eine geheime Parteistruktur im Ruhrgebiet aufzubauen. Erst 1934/35 enttarnte die Gestapo die Zellen der KPD: Zahlreiche Funktionäre starben unter der Gestapo-Folter, die Überlebenden wurden unter dem Vorwurf der Vorbereitung zum Hochverrat zu mehrjährigen Zuchthausstrafen verurteilt.

Ausgegrenzt wurden darüber hinaus alle, die nicht den nationalsozialistischen »Rassevorstellungen« entsprachen. Im Ruhrgebiet waren mit diesem Stigma vor allem Familien mit polnischem Migrationshintergrund behaftet, auch wenn sie dort bereits in der zweiten Generation lebten *(Dok. 6)* – allerdings verschärfte sich die Situation der »Ruhrpolen« erst mit Kriegsausbruch. Im September 1939 trat auch eine Verschärfung des Strafrechts in Kraft. Zahlreiche »Delikte«, und sei es nur das Hören ausländischer Rundfunksendungen, konnten nun mit der Todesstrafe geahndet werden *(Dok. 30)*.

Wie keine andere Bevölkerungsgruppe litten die Mitbürgerinnen und Mitbürger jüdischen Glaubens unter der Verfolgung durch das nationalsozialistische Terrorregime *(Dok. 7–10, 17)*. Bereits am 1. April 1933 organisierten SA und SS einen reichsweiten Boykott jüdischer Geschäfte. Es folgten immer wieder Aufrufe, nicht in jüdischen Geschäften zu kaufen oder jüdische Ärzte und Rechtsanwälte zu konsultieren. In den sogenannten Nürnberger Gesetzen (September 1935) wurden die Juden vollständig ausgegrenzt: Die Bestimmungen des »Gesetzes zum Schutze des deutschen Blutes und der deutschen Ehre« untersagten ihnen Eheschließungen mit Nichtjuden; das »Reichsbürgergesetz« sprach ihnen zahlreiche staatsbürgerliche Rechte ab, und weitere in der Folgezeit erlassene Verordnungen verwehrten ihnen den Zugang zu zahlreichen Berufen.

Nach weiteren Sanktionen inszenierte das Regime in der Nacht vom 9. auf den 10. November 1938 ein deutschlandweites Pogrom, bei dem, wie in Duisburg und Bochum, die Synagogen in Flammen aufgingen, jüdisches Eigentum unter Duldung der Polizei zerstört wurde *(Dok. 8–10)*. Deutschlandweit fanden bei diesen Übergriffen rund 400 Juden den Tod. Im Anschluss an das Novemberpogrom nahm man den Juden ihr Eigentum: Unternehmen, Geschäfte und Immobilien wurden enteignet – »arisiert«, wie es im damaligen Sprachgebrauch hieß *(Dok. 11)*. Nutznießer dieser Aktion waren auch im Ruhrgebiet Deutsche, die dem Regime nahe standen.

Nur etwa die Hälfte der mehr als 560.000 Juden konnten aus Deutschland fliehen oder – nach Übereignung ihres Vermögens an den Staat – ins Ausland emigrieren. Den Zurückgebliebenen drohte ebenso wie den jüdischen Bewohnern der von NS-Deutschland besetzten Gebiete der Tod, nachdem das Reichssicherheitshauptamt ab 1941 die »Endlösung der Judenfrage« betrieb. Mehr als 6 Millionen europäische Juden und 195.000 Juden aus Deutschland ließen bis 1945 durch Massenerschießungen, in Gettos, Konzentrations- und Vernichtungslagern ihr Leben.

Mit den durch das nationalsozialistische Regime schärfstens disziplinierten osteuropäischen Kriegsgefangenen kamen seit Kriegsbeginn fast ausnahmslos zwangsrekrutierte Männer und Frauen aus den von der Wehrmacht okkupierten Gebieten Polens und der Sowjetunion in das Ruhrgebiet. Untergebracht in mit Stacheldraht umzäunten Lagern, mussten diese Menschen bei völlig unzureichender Ernährung im Bergbau und in den Fabriken arbeiten und dort die zur Wehrmacht einberufenen Arbeitskräfte ersetzen. Dabei waren vor allem die sojwetischen Zivilarbeiterinnen und Zivilarbeiter – im NS-Sprachgebrauch sogenannte Ostarbeiter – sowie ihre kriegsgefangenen Landsleute der Willkür ihrer Bewacher und der Vorgesetzten ausgeliefert *(Dok. 22–24, 26, 27)*.

Das Ende des Kriegs

In der Endphase des Kriegs wurde das bereits rigorose nationalsozialistische Strafrecht außer Kraft gesetzt, und die Gestapo wie die SS gingen nach entsprechenden Befehlen des »Reichsführers SS und Chefs der deutschen Polizei« Heinrich Himmler, der von 1943 bis Kriegsende zudem das Amt des Innenministers bekleidete, mit größter Brutalität gegen Regimegegner und ausländische Zwangsarbeiter vor. Entscheidungen – auch die über Leben und Tod -, die bislang den Gerichten vorbehalten waren, gingen auf nachgeordnete Gestapo-Dienststellen und NS-Organisationen über. So begrüßte die NSDAP-Gauleitung Westfalen-Süd im November 1944 den Lynchmord an einem Mann in Bochum, der sich angesichts der Zerstörungen und der militärischen Lage skeptisch über den Ausgang des Kriegs geäußert hatte, und lobte die »verbissene, sture und feste« Haltung der Bochumer Bevölkerung *(Dok. 31)*.

Anfang 1945 begannen Gestapo und SS nach entsprechender Anweisung aus dem Reichssicherheitshauptamt mit der systematischen Verhaftung regimekritischer Deutscher und Ausländer. So wurden aus westfälischen Ruhrgebietsstädten – unter anderem aus Herne – Gefangene zur Gestapo-Leitstelle nach Dortmund gebracht und dort mit vielen anderen im März und April 1945 im Rombergpark ohne vorheriges Gerichtsverfahren exekutiert. In Herten ermordete die SS – offensichtlich auf Veranlassung von Gauleiter Albert Hoffmann – acht sowjetische Zwangsarbeiter. In Bochum erschoss der Leiter der Berufsfeuerwehr einen sowjetischen Staatsbürger, der sich bei Aufräumungsarbeiten einen Salz- oder Pfefferstreuer angeeignet hatte *(Dok. 34)*. In Herne erschossen Mitglieder des Volkssturms auf Befehl eines entlassenen Hauptmanns der Wehrmacht und ohne die geringste Beweiswürdigung am 5. April 1945 drei Menschen, die im vagen Verdacht standen, geplündert zu haben *(Dok. 37)*. International gültige Übereinkommen wie die Genfer Konvention oder die Haager Landkriegsordnung galten im nationalsozialistischen Deutschland schon lange nicht mehr: Kriegsgefangene wurden ebenso wie die Bevölkerung besetzter Gebiete unter menschenunwürdigen Verhältnissen zur Zwangsarbeit gezwungen. Im Februar 1945 schließlich forderte der schon erwähnte Gauleiter von Westfalen-Süd und Reichsverteidigungskommissar Albert Hoffmann die Lynchjustiz an abgeschossenen Piloten feindlicher Jagdflugzeuge und drohte Behörden, die sich dem widersetzten, mit Sanktionen *(Dok. 35)*.

Selbst als britische und amerikanische Truppen im März 1945 Brückenköpfe auf dem rechten Rheinufer errichtet hatten und daran gingen, die Heeresgruppe B unter dem Oberbefehl

Walter Models im sogenannten Ruhrkessel einzuschließen, war der Krieg für die Repräsentanten des Terrorregimes noch nicht beendet. Wer als Soldat oder Offizier Befehle verweigerte oder gar Kontakt mit feindlichen Kräften aufnahm, musste sich vor sogenannten fliegenden Standgerichten verantworten – ein Schuldspruch bedeutete hier den sicheren Tod.

Die Zivilbevölkerung der rechtsrheinischen Städte – soweit sie nicht bereits im Rahmen der Kinderlandverschickung oder der Evakuierung in »luftkriegssichere« Gebiete die Gemeinden an Rhein und Ruhr verlassen hatte – wurde Ende März vom Essener Gauleiter Schleßmann aufgefordert, sich in »innerdeutsche Gaue« in Sicherheit zu bringen. Dieser Befehl war angesichts der militärischen Lage und der zerstörten Verkehrsinfrastruktur jedoch nicht mehr realisierbar. Die mit der Versorgung betrauten Arbeitskräfte sowie die Arbeiter in Rüstungsbetrieben sollten erst auf besonderen Befehl evakuiert werden *(Dok. 36)*. Im April 1945 schließlich war der Krieg für fast alle Menschen an Rhein und Ruhr beendet: Alliierte Kampftruppen hatten – teils nach heftigen Kämpfen – Städte und Gemeinden besetzt. Die Menschen im Revier standen vor Trümmern – und vor dem Wiederaufbau.

Literaturhinweise

Götz Aly (Hg.), Volkes Stimme. Skepsis und Führervertrauen im Nationalsozialismus, Frankfurt/M. 2007.

Ulrich Borsdorf et al. (Hg.), Über Leben im Krieg. Kriegserfahrungen in einer Industrieregion 1939–1945, Reinbek 1989.

Karl Dietrich Bracher et al. (Hg.), Deutschland 1933–1945. Neue Studien zur nationalsozialistischen Herrschaft, 2. erg. Aufl., Bonn 1993.

Rüdiger Hachtmann, Industriearbeit im »Dritten Reich«. Untersuchungen zu den Lohn- und Arbeitsbedingungen in Deutschland 1933–1945, Göttingen 1989.

Ulrich Herbert, Fremdarbeiter. Politik und Praxis des »Ausländer-Einsatzes« in der Kriegswirtschaft des Dritten Reiches, Bonn 1999.

Günther Högl (Hg.), Widerstand und Verfolgung in Dortmund 1933–1945. Katalog zur ständigen Ausstellung des Stadtarchivs in der Mahn- und Gedenkstätte Steinwache, 2. überarb. Aufl., Bönen 2002.

Arno Klönne, Die Hitler-Jugend und ihre Gegner, 3. aktual. Aufl., Köln 2008.

Detlev J. Peukert/Frank Bajohr, Spuren des Widerstands. Die Bergarbeiterbewegung im Dritten Reich und im Exil, München 1987.

Wolfgang A. Schneider (Bearb.), Verfolgung und Widerstand in Essen 1933–1945. Dokumentation zur Ausstellung, Essen 1991.

Gerhard E. Sollbach, Flucht vor Bomben. Kinderlandverschickung aus dem östlichen Ruhrgebiet im 2. Weltkrieg, Hagen 2002.

Stadt Duisburg – Stadtarchiv (Hg.), Duisburg im Nationalsozialismus. Eine Dokumentation zur Ausstellung des Stadtarchivs Duisburg, Duisburg 1983.

Dokumente

1. Der Aufsichtsratsvorsitzende der Bergwerksgesellschaft Hibernia, Erich Winnacker, fordert umfangreiche Umstrukturierungen nach nationalsozialistischen Vorgaben (1933).

Schreiben Winnackers[1] an den Vorstand der Bergwerksgesellschaft Hibernia[2] vom 5.9.1933. Abschrift. Bergbau-Archiv Bochum 32/633.

Das Erleben des Nürnberger Parteitags der NSDAP zittert noch im Deutschen Volk nach. Aufgabe der Vorstände der Preußischen Bergwerksgesellschaften muss es sein, dies Erleben wach zu halten und in die Tat umzusetzen. Über den Inhalt unserer Arbeit und ihre Zielsetzung haben wir uns zu so wiederholten Malen mündlich ausgesprochen, dass es sich erübrigt, hier erneut darauf einzugehen.

Trotzdem erscheint es mir aber wichtig, hinsichtlich der Form nochmals auf einige Punkte hinzuweisen. Es ist selbstverständlich, dass in Zukunft der ganze Nachwuchs über die Einrichtung der Bergjungleute, die in Anlernwerkstätten oder Anlernecken ihre Lehre erhalten, herangebildet wird. Die erwachsene Belegschaft vom Schlepper bis zum Ortsältesten muss in besonderen Kursen geschult und nicht nur zum Bergmann, sondern auch zum aufbauwilligen, den Staat bejahenden Staatsbürger erzogen werden. Am Wichtigsten erscheint mir die Arbeit an der Beamtenschaft der Gesellschaften. Die Beamten[3] müssen Führer sein. Sie müssen daher charakterlich in jeder Weise richtunggebendes Beispiel darstellen. Sie müssen in erster Linie die richtige Einstellung zum Menschen, zum Werk und zur Arbeit haben.

Auf den einzelnen Werken muss eine Führerstruktur gebildet werden, bestehend aus der gesamten Beamtenschaft, die eine Einheit darstellen muss, die zwar mit verschiedenen Worten spricht, die aber in der Zielsetzung einer Auffassung unter sich und mit dem Werksdirektor ist. Auf diese Weise wird auch der Wunsch, sich bei übergeordneten Stellen Recht zu holen, vermieden, da die Arbeiterschaft weiß, dass auch der unterste Beamte zu ihr im Sinne seines Werksdirektors spricht und sie gerecht behandelt.

In den größeren Büros müssen Bilder der Führer der nationalen Revolution, insbesondere des Kanzlers und des Preußischen Ministerpräsidenten, angebracht werden. Auf geeigneten Plätzen müssen, umgeben von Rasenflächen als Teppichbeet oder mit verschiedenfarbigem Kies ausgefüllt, Karten angelegt werden, die Deutschland vor und nach dem Vertrag von Versailles darstellen, damit die Belegschaft immer wieder an das Unrecht erinnert wird, das uns angetan worden ist. Neben dieser Karte ist zweckmäßig eine schwarz-weiß-rot gestrichene

---

1 Erich Winnacker (1889–1944) war seit 1933 Oberberghauptmann und Ministerialdirektor im Reichsministerium für Wirtschaft und Arbeit und wurde 1934 in den einstweiligen Ruhestand versetzt.
2 Die Bergwerksgesellschaft Hibernia befand sich im preußischen Staatsbesitz.
3 Im damaligen Sprachgebrauch Bezeichnung für die leitenden Angestellten.

Fahnenstange aufzustellen, an der bei besonderen Gelegenheiten die Hakenkreuzfahne gehisst wird.

Um einen in jeder Beziehung körperlich und geistig gesunden Nachwuchs zu stählen, ist weitmögliche Sorgfalt auf Turnen und Sport zu verwenden. Auf den einzelnen Anlagen müssen Werksportvereine ins Leben gerufen werden, die miteinander und gegen Dritte sportliche Wettkämpfe austragen. Außerdem kommen für die Beamten noch besondere Gesangvereine in Frage. Den Bergjungleuten ist täglich Milch zu verabreichen, deren Kosten zur Hälfte vom Werk getragen werden können.

Durch Zurverfügungstellen von Schrebergärten, durch Vorgarten-Wettbewerbe und dergl. ist die Liebe zur Wohnung und zur eigenen Scholle groß zu ziehen. Innerhalb der Betriebe sind die Familien der Werksangehörigen weitmöglichst durch Werksfürsorgerinnen zu betreuen. Bisher gezahlte Unterstützungen an andere karitative Vereinigungen können dadurch fortfallen. Bei dem Sonnenmangel in den Industriegebieten können Höhensonnen in den Werksfürsorgestellen eingerichtet werden, um kostenlos die Kinder der Belegschaftsmitglieder zu bestrahlen.

Kurz – alles muss darauf abgestellt sein, dass jeder Einzelne, der mit unserer Belegschaft zu tun hat, sich bemüht, in ihren dunklen Beruf sowohl wie in ihr Familienleben Sonne zu bringen.

Ich bitte, dieses Schreiben zum Gegenstand eingehender Besprechungen mit allen Herren, vom Betriebsführer an aufwärts, zu machen und mir bis zum 1. Dezember d. J. zu berichten, was veranlasst worden ist.

Glückauf

gez. Winnacker

2. »Schluss mit polnischen Gerüchten«. Offener Brief der Vereinsführung des Deutschen Meisters FC Schalke 04 zur Abstammung ihrer Spieler (1934)

»Schluss mit polnischen Gerüchten. Die Abstammung der Spieler des FC Schalke 04«. Offener Brief der Vereinsführung des FC Schalke 04 an die Kicker GmbH in Nürnberg vom 14.7.1934, in: Der Kicker, Nr. 32 vom 7.8.1934.

Zu dem in Ihrer Ausgabe A Nr. 28 vom 10. Juli d. J. unter der Überschrift:

»Die Deutsche Fußballmeisterschaft in den Händen der Polen«

veröffentlichten Artikel, welcher die in der polnischen Presse erschienenen Berichte über das Ergebnis des Endspiels um die Deutsche Meisterschaft[4] wiedergegeben [hat], erlauben wir uns Folgendes mit der Bitte um Bekanntgabe zu erwidern:

Um für alle Zeiten das unwahre und unsachliche Gerede über die Abstammung unserer Spieler zum Schweigen zu bringen, geben wir nachstehend eine Darstellung nicht nur über die Herkunft unserer Spieler, sondern auch deren Eltern. [...]

---

4 Der FC Gelsenkirchen-Schalke 04 gewann 1934 im Endspiel gegen den 1. FC Nürnberg (2:1) seine erste von insgesamt sieben Deutschen Meisterschaften.

3. *Ferd. Zajonz,* geb. am 14.3.06 in Gelsenkirchen.
   Vater Zajonz, geb. am 11.5.75 in Klein-Gorschütz, Kreis Ratibor.
   Mutter Zajonz, geb. am 10.2.73 in Olsua, Kreis Ratibor. […]
5. *Fritz Szepan,* geb. am 2.9.07 in Gelsenkirchen.
   Vater Szepan, geb. am 25.2.70 in Neu-Borowen, Kreis Neidenburg.
   Mutter Szepan, geb. am 17.8.70 in Braynicken, Kreis Neidenburg.
6. *Otto Tibulski,* geb. am 15.12.12 in Gelsenkirchen.
   Vater Tibulski, geb. am 22.12.74 in Altgarschen, Kreis Heilsberg.
   Mutter Tibulski, geb. am 9.10.82 in Sommerfeld, Kreis Heilsberg.
7. *Emil Rothardt (Cerwinski),* geb. am 18.3.05 in Gelsenkirchen.
   Vater Rothardt, geb. am 15.2.70 in Sokollen, Kreis Lyck.
   Mutter Rothardt, geb. am 1.1.71 in Rogalyken, Kreis Lyck.
8. *Adolf Urban,* geb. am 9.1.14 in Gelsenkirchen.
   Vater Urban, geb. am 13.1.67 in Rosenau, Kreis Allenstein.
   Mutter Urban, geb. am 22.10.67 in Tollack, Kreis Allenstein. […]
10. *Ernst Kuzorra,* geb. am 16.10.05 in Gelsenkirchen.
    Vater Kuzorra, geb. am 28.9.77 in Osterwein, Kreis Osterode.
    Mutter Kuzorra, geb. am 31.7.79 in Wittigwalde, Kreis Osterode. […]

Aus diesen Darstellungen ist einwandfrei zu ersehen, dass die Eltern unserer Spieler sämtlich im heutigen oder früheren Deutschland geboren und keine polnischen Emigranten sind.[5] Ihre Söhne sind alle im westfälischen Industriebezirk geboren, wodurch die Behauptung, sie seien Emigranten, widerlegt ist. Da unsere Mannschaft also die von der polnischen Presse behauptete polnische Nationalität weder besaß noch besitzt, entfällt der gegen den Deutschen Fußball-Bund erhobene Vorwurf, als habe dieser unseren Verein aus dem von der polnischen Presse angegebenen Umstand auf alle mögliche Weise benachteiligt. Wir bestätigen im Gegenteil gern, dass der Deutsche Fußball-Bund in unserer sportlichen Entwicklung und auch aus anderen Gründen weder gehindert noch benachteiligt hat. Die Beziehungen unseres Vereins zur Bundesleitung sind die denkbar besten. […] Nach unseren Wahrnehmungen denkt in Deutschland niemand daran, unsere Mannschaft als Polen zu bezeichnen, das beweisen auch die nach Tausenden zählenden Glückwünsche aus allen Teilen und allen Kreisen Deutschlands, sowie die

---

5   Die Geburtsorte der Eltern der bezeichneten Spieler liegen im ostpreußischen Masuren. Es hatte vor 1914 zur Rekrutierungsstrategie der Gelsenkirchener Bergwerks-AG unter der Leitung von Emil Kirdorf gehört, evangelische Bergarbeiter aus Ostpreußen zu bevorzugen. Die Masuren sprachen in älterer Zeit einen slawischen, dem Polnischen ähnlichen Dialekt, der mit deutschen Lehnwörtern durchsetzt war. Diese Besonderheit verlor sich gegen Ende des 19. Jahrhunderts: 1875 sprachen noch ca. zwei Drittel der Bevölkerung dieses ostpreußischen Teilgebiets Masurisch. 1910 gaben zur Volkszählung 58 % der Bevölkerung Deutsch, 29 % Masurisch und 13 % Polnisch als Muttersprache an. Vgl. u.a. Richard Blanke, Polish-speaking Germans? Language and National Identity among the Masurians since 1871, Köln etc. 2001.

begeisterte Aufnahme unserer Mannschaft, wohin sie auch kommt. Ausdrücklich bemerken wir aber, dass wir niemandem das Recht geben, an der deutschen Nationalität unserer Mannschaft und unseres Vereins zu zweifeln.

Mit deutschem Sportgruß

Heil Hitler!
FC Gelsenkirchen-Schalke 1904 e. V.

Tschenscher Pieneck
Stellv. Vereinsführer Geschäftsführer

3. Die nationalsozialistische Betriebsverfassung definiert das Verhältnis von Unternehmern und Belegschaftsmitgliedern als eine archaische Abhängigkeit zwischen Führer und Gefolgschaft. Die in der Weimarer Zeit erkämpften Rechte der Belegschaft werden zugunsten der Macht des Unternehmers beschnitten (1935).

Karl Hahn, Treuhänder der Arbeit für das Wirtschaftsgebiet Westfalen: Förderung der Betriebsgemeinschaft, in: Hibernia-Zeitung. Werkzeitung der Bergwerksgesellschaft Hibernia AG Herne 3 (1935), Nr. 4 vom 23.2.1935. Bergbau-Archiv Bochum 32/1161.

Der Gedanke, dass Betriebsführer und Gefolgschaft in erster Linie berufen sind, ihre beiderseitigen Beziehungen als ihre ureigenste Angelegenheit selbst zu regeln, ist im Laufe der Zeit vollkommen verloren gegangen. An Stelle einer lebendigen Verbindung zwischen den im Betrieb aufeinander angewiesenen Personen übernahm die Regelung der Lohn- und Arbeitsbedingungen die Organisation der Arbeitgeber und Arbeitnehmer. Es musste dadurch zwischen Betriebsführer und Gefolgschaft eine Entfremdung eintreten, die von gewissenlosen Hetzern immer mehr vertieft wurde. – Damit räumt das Gesetz zur Ordnung der nationalen Arbeit[6] gründlich auf. Es geht von dem Grundgedanken aus, dass jeder Betriebsführer mit seiner Gefolgschaft die Lohn- und Arbeitsbedingungen, soweit nur irgend möglich, selbst ordnen soll. Der Betriebsführer wird wirklich wieder zum verantwortlichen Führer seiner Gefolgschaft, für deren Wohl er zu sorgen hat. Dafür ist die Gefolgschaft verpflichtet, ihm die in der Betriebsgemeinschaft begründete Treue zu halten. […]

Was haben nun die einzelnen im Betrieb zur gemeinsamen Arbeit Verbundenen zu tun, um den Gedanken der Betriebsgemeinschaft zu fördern und zu vertiefen?

1. Der *Betriebsführer* muss davon ausgehen, dass er nicht nur der verantwortliche Leiter des Betriebs hinsichtlich seiner wirtschaftlichen Leistungen ist, sondern dass er gleichzeitig als verantwortlicher Führer auch der Führer der im Betrieb tätigen Menschen sein muss. Die ihm auferlegte Sorgepflicht verlangt also von ihm nicht nur die *Erfüllung materieller Verpflichtung* gegenüber seiner Gefolgschaft, sondern auch die Pflege ideeller Werte. Hier kann der Führer zeigen, ob er zum wahren Menschenführer geboren ist. Er muss sich seinen Gefolgschaftsmitgliedern menschlich und persönlich verbunden fühlen, er muss ihnen nicht nur der unnahbare

---

6 RGBl. I, 1934, S. 45–56.

Vorgesetzte, sondern in erster Linie auch der *gute Kamerad* sein. Durch eine solche Einstellung vergibt sich auch der Führer keinesfalls irgendetwas an Autorität. Es muss jedem Gefolgschaftsmitglied letzten Endes möglich sein, mit seinen persönlichen Wünschen und Sorgen an seinen verantwortlichen Betriebsführer heranzukommen. – Zu einer echten Betriebsgemeinschaft gehört weiter, dass sich jedes Mitglied der Gefolgschaft in seinem Betrieb wohl fühlt. Das bedingt, dass die Arbeit in einer Umgebung ausgeführt wird, die hinsichtlich der *Gestaltung des Arbeitsplatzes* berechtigten Wünschen der Gefolgschaft entspricht. […]

Dass darüber hinaus der Betriebsführer die Lohn- und Arbeitsbedingungen seiner Gefolgschaftsmitglieder *so günstig wie möglich* zu gestalten hat und berechtigten Wünschen seiner Betriebsangehörigen nachkommen soll, wenn es seine wirtschaftliche Lage nur irgendwie erlaubt, ist eine Selbstverständlichkeit. Ein Betriebsführer, der dies vernachlässigt, verstößt gegen den Gedanken der echten Betriebsgemeinschaft, wenn er etwa nur unter Berufung auf andere Betriebe, denen es vielleicht wirtschaftlich schlechter geht, solche Verbesserungen für seine Gefolgschaft ablehnt. […]

3. Als Mittler zur echten Betriebsgemeinschaft sind in den größeren Betrieben die *Vertrauensmänner* berufen. Sie müssen sich immer mehr und mehr von dem Gedanken freimachen, der noch aus dem alten Betriebsrätegesetz in den Köpfen mancher Vertrauensmänner nachspukt, dass sie berufen sind zur Wahrung der Interessen der Gefolgschaft *gegenüber* dem Arbeitgeber. Die alten Betriebsräte haben mit unseren Vertrauensmännern nichts gemeinsam. Die Vertrauensmänner sollen mit dem Betriebsführer gemeinsam beraten, was unter Wahrung der Produktivität des Werks für die Gefolgschaft an sozial Bestmöglichem getan werden kann. Sie sollen *echte Mittler des Vertrauens* zwischen Betriebsführer und einer größeren Gefolgschaft sein. […] Vertrauensratsmitglieder, die bei jeder Gelegenheit eine Hilfsstellung oder Beratung *durch außerbetriebliche Stellen* brauchen, verstoßen gegen den Grundgedanken echter Betriebsgemeinschaft.

4. Auch die *Gefolgschaft* muss nach den langen Jahren der Verhetzung heute zum Teil noch umlernen. Sie muss sich daran gewöhnen, in ihrem Betriebsführer nicht, wie es ihr früher immer vorgeredet wurde, den Ausbeuter zu sehen, sondern ihren besten Kameraden, der bemüht ist, für ihr Wohl, soweit es wirtschaftlich möglich ist, zu sorgen. Der weitaus ganz überwiegende Teil aller Betriebsführer hat das ernstliche Bestreben, mit seiner Gefolgschaft in wahrer Kameradschaft zu leben. Die Vertrauensmänner haben gleichfalls in den meisten Fällen den besten Willen zur Gemeinschaftsarbeit; dem widerspricht es, wenn einzelne Mitglieder der Gefolgschaft unter Umgehung des Vertrauensrats *Beschwerden* über irgendwelche Angelegenheiten des Betriebs *sofort aus dem Betrieb heraustragen* und sich an die verschiedensten Stellen wenden. […]

Auch mein Bestreben als Treuhänder der Arbeit wird es immer sein, dafür zu sorgen, dass betriebliche Angelegenheiten im Betrieb selbst in echter Betriebsgemeinschaft gelöst werden. Nur wenn es gar nicht anders geht, muss ich als Treuhänder eingreifen, dann allerdings auch, wenn bei irgendeiner der beteiligten Stellen böser Wille festgestellt wird, von allen mir zur

Verfügung stehenden Machtmitteln Gebrauch machen. Ich möchte nur wünschen, dass dies so selten wie irgend möglich der Fall sein muss.

4. **Die Gestapoleitstelle Dortmund berichtet an das Geheime Staatspolizeiamt über den Brief eines unbekannten Arbeiters an einen Funktionär der Deutschen Arbeitsfront, in dem er sich systemkritisch äußert (1937).**
Geheime Staatspolizei für den Regierungsbezirk Arnsberg, Leitstelle Dortmund-Hörde, an das Geheime Staatspolizeiamt Berlin vom 23.4.1937. Bundesarchiv Koblenz, R 58/2075. (Auszug)

1. Kommunistische Bewegung

Im Markenkasten des Lagerraums des Stahlwerks II auf dem Bochumer Verein wurde ein verschlossener, an den Amtswalter der DAF, Lüchtemeier, gerichteter Brief gefunden, der ein anonymes Schreiben mit folgendem Inhalt enthielt:

»Unsere Versammlung am 14. 2. [1937] war wieder ein Prachtstück echter Volksverdummung, dass Du Dich in solchen Hirngespinsten verlieren kannst, ist unser größtes Wunder, aber wie Du selbst sagst, jeder ist sich selbst der Nächste – so auch hier. Löhne und Preise bleiben stabil, ja wo sind die Preise, und wie stehen die Löhne? Glaubt denn noch ein Mensch an Hitlers Programm, keiner soll mehr als 1.000 Mark den Monat haben, nun besehe Dir einmal diese Volksgenossen, beim Chef angefangen. Ich habe bei den Handlangern gearbeitet, bin mit meinen drei Kindern bald verhungert, da hast Du mit dem Chef über Lohn verhandelt, bei heißer Arbeit 70 Pfg. Das ist doch zum Lachen, sind das Löhne in einer Schwerindustrie? In jeder Strumpffabrik wird mehr verdient. Da bietest Du den Leuten noch Schichten an, schämst Du Dich nicht, es ist doch gleichbedeutend mit Lohnabzug. Da wollt Ihr von Volksgemeinschaft und einer Familie reden; isst in einer Familie auch einer Kotelett und der andere Hering. Was haben uns diese Lumpen belogen, wir gönnen jedem, der mehr gelernt hat, auch mehr Gehalt, aber das arbeitende Volk so auszubetteln[7] wie hier, geht doch noch über Russland.

Einmal wird es anders, dann geht aber nur laufen, lasst Euch auf keinen Krieg ein, dann sollt Ihr was erleben. Alle Menschen sind meine Brüder, fort mit den Grenzpfeilen,[8] fort mit unser[e]n Peinigern, dem Kapital, fort mit Hitler und seinem Anhang. Schweinehirten werden zu Regierungspräsidenten gemacht. Zu allem wird der schöne Name Deutsche Arbeiter Partei missbraucht. Die Herren lachen sich ins Fäustchen, weil keiner Lohnansprüche stellen kann. Eine Sklaverei, wie sie zu keiner Zeit und in keiner Welt bestanden hat, besteht in Deutschland. Invaliden müssen bei der Hungerrente noch arbeitslose Söhne ernähren, alte Leute, die mehr als sechs Kinder erzogen haben und zum Teil noch arbeitslos sind, kriegen keine Unterstützung. Der Vater zahlt Arbeitslosenunterstützung[9] und Steuern wie ein Junggeselle, Renten sind

---

7 Richtig wohl: auszubeuten.
8 Richtig wohl: Grenzpfählen.
9 Richtig wohl: Arbeitnehmeranteil an der Arbeitslosenversicherung.

gekürzt, Mieten unerträglich. Eintopf,¹⁰ als wenn der Arbeiter noch etwas in zwei Töpfen hätte. An allen Sammlungen kann sich der Arbeiter beteiligen, das durfte er früher nicht. Ja, ja, wir haben es weit gebracht, wer auf die Fahne Hitler schwört, ist seiner selbst nicht wert.

Aber der Kindersegen wird ausbleiben, wir werden dafür sorgen, dass die Steuerzahler weniger werden. Einen Vater haben wir gehabt, das Land fehlt uns aber, und dann verteidigen wir ein Vaterland. Was für eine hirnverbrannte Zumutung.

Diese Zeilen werden Dir ja nicht passen, aber es sind reine Wahrheiten, wer aber in Deutschland heute die Wahrheit sagt, wird gehangen.

Alles findet ein Ende, dies[es] System aber bestimmt, denn wir werden die Jugend aufklären.

Du wirst sagen, dies hat ein Feigling geschrieben, ja, eine Hummel kann keinen Bienenkorb stürmen. Also warten wir ab.«

5. Die Deutsche Arbeitsfront ist für die nationalsozialistische Ausrichtung der Betriebe verantwortlich und fungiert als Mittler zwischen Betriebsleiter und Belegschaft (1937).

Aufruf der DAF Gau Westfalen-Süd (Ernst Stein),¹¹ Bochum, an die Betriebszellen-Obmänner und Führer der Bergbau-Betriebe vom 27.6.1937. Bergbau-Archiv Bochum 13/1654.

Um die großen Aufgaben, die der Führer im Rahmen des Vierjahresplans dem Bergbau gestellt hat, auch im Gau Westfalen-Süd¹² erfolgreich zu lösen, ist es notwendig, auf einige nationalsozialistische Grundsätze hinzuweisen.

Die Nationalsozialistische Deutsche Arbeiterpartei hat die Verpflichtung, das Leben und alle Lebenserscheinungen des deutschen Volks nationalsozialistisch auszurichten. Ihr sozialpolitisches Instrument ist die Deutsche Arbeitsfront, die im Auftrag der Nationalsozialistischen Deutschen Arbeiterpartei alle Fragen der Sozialpolitik behandelt. Somit sind die Handlungen der Deutschen Arbeitsfront Hoheitsakte namens der Bewegung.

Sozial- und Wirtschaftspolitik sind nicht voneinander zu trennen und können nur aus der Gesamtschau deutschen Lebens betrachtet werden.

Die Deutsche Arbeitsfront ist daher keine Gewerkschaft, die einseitige Interessen vertritt, sondern sie ist die Mittlerin zwischen Führung und Gefolgschaft und fördert die wahre Betriebsgemeinschaft.

---

10 Offensichtlich Hinweis auf die sogenannten Eintopfsonntage, in deren Rahmen Spenden für das Winterhilfswerk erwartet wurden.

11 Der Gau-Obmann der Deutschen Arbeitsfront Ernst Stein (1906–1943 an der Ostfront vermisst) trat 1926 in NSDAP und SA ein. Von 1931 an war er Gaubetriebszellenleiter und von 1933 bis 1935 Leiter der Reichsbetriebsgruppe Bergbau. Anschließend wurde das Reichstagsmitglied zum Leiter der Arbeitskammer Westfalen-Lippe ernannt. In der SA erreichte er die Position eines Standartenführers.

12 Das Gaugebiet entsprach im Großen und Ganzen dem Regierungsbezirk Arnsberg.

Der Betriebszellenobmann ist der politische Beauftragte der Partei und der Deutschen Arbeitsfront; er ist für die nationalsozialistische Ausrichtung seines ihm anvertrauten Betriebs der Nationalsozialistischen Deutschen Arbeiterpartei und der Deutschen Arbeitsfront gegenüber verantwortlich.

Leben und Gesundheit aller Schaffenden sind das höchste Gut der Nation. Die Förderung des Lebens und die Erhaltung der Arbeitskraft ist daher eine der wichtigsten Aufgaben der Deutschen Arbeitsfront. Es werden alle Männer der Deutschen Arbeitsfront eifrig darüber wachen, dass alles vermieden wird, was dem Leben und der Gesunderhaltung des Einzelnen und damit der Gesamtheit schädlich sein kann.

Um die berufliche Tätigkeit zu sichern und das Leben unseres Volks zu wahren nach dem Willen des Führers, hat sich die Deutsche Arbeitsfront mit den Fragen der Berufsfortbildung eingehend zu befassen; sie hat die große Leistungsgemeinschaft aller Deutschen zu schaffen.

Die wahre Betriebs- und Volksgemeinschaft ist die Grundlage unseres Lebens. Deshalb arbeite jeder weiter unermüdlich an der Vertiefung des Gemeinschaftsgedankens, damit auch für die Zukunft unser Volk stark und mächtig bleibe.

6. Der Sozialwissenschaftler und Volkskundler Wilhelm Brepohl über den »Typus P« im Ruhrgebiet (1938/39)

Das Polenproblem im Ruhrgebiet. Kurze Zusammenfassung der beiden Denkschriften W[ilhelm] Brepohl,[13] I. »Die Eindeutschung der Polen an der Ruhr«, und II. »Der Polack im Ruhrgebiet« von der Gelsenkirchener Forschungsstelle für das Volkstum im Ruhrgebiet, Gelsenkirchen November 1939. Archiv der Sozialforschungsstelle Dortmund, BI, K. 10/36, B 35. (Auszug)

Nachdem im Ruhrgebiet durch mehrere Generationen der Vorgang der Eindeutschung beobachtet werden konnte, lässt sich einiges Grundsätzliche[s] über diese Menschen der *Unterschicht* des Ruhrgebiets, die hier mit Polacken bezeichnet werden, zusammenfassend sagen:

Wir können bei den östlichen Zugewanderten nicht immer entscheiden, ob der oder jener in seiner Volkstumszugehörigkeit Deutscher oder Pole ist. Die Entwicklung im Osten, die in Jahrhunderte dauernden Blutsverbindungen Deutsche und Slawen ständig neu mischte und die in weiten Landstrichen des Ostens kein sesshaftes Volk sich bilden ließ, hat jenen Typ mas-

---

13 Wilhelm Brepohl (1893–1975) war ein nationalsozialistischer »Volkstumsforscher«, der sich, mit Hilfe einer Forschungsstelle in Gelsenkirchen in den 1930er Jahren, in zahlreichen Büchern und Aufsätzen um den Nachweis der Besonderheit des »Volkstums« im Ruhrgebiet bemühte. Seine Veröffentlichungen sind in den in den 1950er und 1960er Jahren besonders stark beachtet worden. Vgl. Stefan Goch, Wege und Abwege der Sozialwissenschaft: Wilhelm Brepohls industrielle Volkskunde, in: Mitteilungsblatt des Instituts für soziale Bewegungen, Forschungen und Forschungsberichte 26 (2001), S. 139–176; Jens Adamski, Ärzte des sozialen Lebens. Die Sozialforschungsstelle Dortmund 1946–1969, Essen 2009.

senweise herausgebildet, den wir *weder als Ostdeutschen noch als Polen* bezeichnen können. Es ist der Polack, der unter den Menschen, die aus dem Osten einwanderten, sehr zahlreich vertreten war und den Ortsansässigen am meisten auffiel, weshalb es leicht kommen konnte, dass mit ihm der östliche Zuwanderer überhaupt abgelehnt wurde.

Die Beobachtung dieser Menschen bis heute zeigt eindringlich, dass sie nicht aus demselben Menschentum stammen können wie die Tüchtigen und dass sie sich vom westdeutschen Menschen ebenso scharf abheben wie von den Ostdeutschen.

So geht der Begriff Polack zwar aus von den herkunftsmäßig als Polen zu bezeichnenden Menschen, aber er braucht heute nicht immer auf wirkliche Polen zutreffen; im Ruhrgebiet wird er verwendet für alles, was die Volksmeinung ablehnt, bekämpft, verurteilt, verachtet, er ist längst keine Herkunftsbezeichnung mehr, sondern die Marke für eine bestimmte Menschenart. Besser als »Polack« ist für sie vielleicht die Bezeichnung »Typus P«, um sie von unsachlichen Begleitmerkmalen zu entkleiden. […]

So ist Typus P weder eine Nationalität, noch ein Volkstum, weder eine Rasse noch eine Klasse. Er ist ein Typ menschlicher Haltung, die sich teilweise auch im Erscheinungsbild kundtut. Er enthält alle durch Erbanlagen bedingten Minderwertigkeiten, vom noch Gesunden bis zum Krankhaften variierend. […]

Zum Typus P gehört sowohl die charakterliche wie die geistige Unzulänglichkeit. Als Asoziale zeichnen sie sich durch ihre Haltlosigkeit aus. Sie fordern geradezu die Hilfe der öffentlichen Hand. Aus ihrem Kreis entstammen die Fürsorgezöglinge ebenso wie der entscheidende Teil der Hilfsschulkinder. Sie haben auffallend viel mit den Gerichten zu tun, und in den Gebieten, in denen sie sich ansammeln, wächst die Kriminalität.

Wenn die Volksmeinung recht hat, dass der Typ P als zu erweiterte Form des Polack das Kontingent der Minderwertigkeit in sich begreift, so muss das etwa in der Hilfsschule festzustellen sein. Tatsächlich erweist sich durch Fragen nach der Herkunft der Eltern und Voreltern der Schulkinder Gelsenkirchens, dass die Hilfsschule von allen Schulgattungen am Allerstärksten aus dem Osten beliefert wird, dagegen die höhere Schule aus dem Westen. Wenn der Anteil des Ostens in der Hilfsschule riesengroß ist, so ist das nur aus einem minderen Erbwert sehr vieler aus dem Osten stammender Familien zu erklären. […]

Der große Anteil des Ostens an den Hilfsschulen muss *organische*, nicht vom Milieu oder der sozialen Lage bedingte *Gründe* haben. […]

Sollen noch einmal Polen ins Ruhrgebiet?

Die Beantwortung dieser Frage hängt wesentlich mit jenen Vorgängen zusammen, die wir oben schilderten. Es besteht die Gefahr, dass mit den Polen *neuer Flugsand* herüberkommt, der heute hier noch nicht ganz überwunden ist. Zwar sind solche Menschen für die gröbste Arbeit und für Hilfedienste unerlässlich, doch stören sie die Betriebsgemeinschaft, indem sie Misstrauen und Unfrieden stiften. Auch für die Bildung eines Volkstums an der Ruhr sind sie ein Hemmnis wegen ihrer gemeinschaftsstörenden Eigenschaften. Vor allem ist darauf zu achten, dass sie sich nicht mit den guten und tüchtigen Elementen mischen. Zwar haben sie aus sich schon die Neigung, sich nur mit anderen Minderwertigen zu verbinden, und ihre kinderreichen

Ehen sind ein Herd der Entartung. Sie müssten in Siedlungen möglichst *zusammengehalten und beaufsichtigt* werden.[14]

Wenn das Ruhrgebiet als Ganzes in der Wirtschaft und in der Bevölkerung die Einwanderungswelle mitsamt des Flugsands einmal zwar, wenn auch mit Krisen und Schwierigkeiten überstanden hat, so ist noch nicht gesagt, ob es auch einer zweiten Einwandererwelle standhalten würde. Denn das Ruhrgebiet ist nicht mehr in dem Sinne westdeutsch wie vor 70 Jahren. Es ist zu einem stark gemischten, von vielen Rasseelementen durchsetzten Volkskörper geworden. Eine erneut einsetzende Veröstlichung könnte den Industriekörper *in einen bedenklichen Gegensatz bringen zu den Nachbarlandschaften, und eine Abneigung, die schon heute besteht, verschärfen.*

7. Der Ende 1933 gegründete Jüdische Kulturbund Rhein-Ruhr versucht Anfang November 1938 letztmals, den dramatischen Mitgliederschwund zu stoppen.
Mitteilungen des Jüdischen Kulturbunds Rhein-Ruhr.[15] Gemeinschaft der Freunde des Theaters und der Musik e.V. 6 (1938), Nr. 2 (November 1938), [letzte Ausgabe], S. 3 (Online-Ressource).[16]

Ihre treue Mitgliedschaft
erhält den Jüdischen Kulturbund Rhein-Ruhr, dessen Veranstaltungen Ihnen
Anregung und Entspannung bieten. Glauben Sie nicht, dass die Ausgabe von
RM 2,50 monatl[ichen] Mitgliedsbeitrag
ein Luxus ist, den Sie sich nicht mehr leisten dürfen. Vergessen Sie nicht, dass
Sie mehr als je
frohe Stunden der Ablenkung
brauchen.

---

14 Diese Überlegungen Brepohls wurden später u.a. in der Denkschrift »Polen im Ruhrgebiet« des Leiters des Fachamts Bergbau der Deutschen Arbeitsfront, Ernst Stein, aufgegriffen, die sich im Juli 1940 gegen einen (erneuten) Einsatz polnischer Arbeitskräfte im Ruhrbergbau aussprach. Vgl. dazu Hans-Christoph Seidel/Klaus Tenfelde, Zwangsarbeit im Bergwerk, Bd. 2: Dokumente, Essen 2005, Dok. 78, S. 250–255.
15 Der Jüdische Kulturbund Rhein-Ruhr verfolgte das Ziel, jüdischen Künstlern, die im NS-Regime rasch mit Beschäftigungs- und Auftrittsverboten belegt worden waren, wieder künstlerisches Arbeiten zu ermöglichen und ihnen insgesamt »materiell *und* seelisch« zu helfen. (Paul Moses, 1. Vorsitzender, in den Mitteilungen Nr. 1 von Nov. 1933). Der Kulturbund finanzierte sich neben einiger weniger privater Spenden aus den Monatsbeiträgen ihrer Mitglieder, die ihre Mitgliedschaft nicht als »wohltätige Geste«, sondern in erster Linie zur Befriedigung ihres persönlichen Kulturbedürfnisses begreifen sollten. Trotz zahlreicher Schikanen von behördlicher Seite gelang es dem Kulturbund zunächst, einzelne Ortsgruppen wie in Dortmund, ins Leben zu rufen. Die immer rücksichtslosere NS-Politik gegenüber der jüdischen Bevölkerung und die damit einhergehende Auswanderungswelle führten allerdings zunehmend zu einem Mitgliederschwund des Kulturbunds.
16 Projekt »Jüdische Zeitschriften in NS-Deutschland« der Deutschen Nationalbibliothek, Direktzugriff unter <deposit.ddb.de/online/jued/jued.htm> (7.9.2009).

Unser Theaterplan 1938/39 ist nach diesem Gesichtspunkt zusammengestellt worden.
Wir bringen Ihnen neben Konzertdarbietungen erstrangiger Künstler
Komödien / Lustspiele / Kleinkunstabende
[dar], die Ihnen den Alltag erleichtern sollen.

8. Die Staatsführung erlaubt die Zerstörung jüdischen Eigentums und fordert die Verhaftung jüdischer Mitbürger im Anschluss an die Reichspogromnacht vom 9./10. November 1938.
Verfügung des Staatssicherheitsdienstes (Staatspolizeistelle) Dortmund (Funkspruch Nr. 4/2) an die Landratsämter vom 10.11.1938, nach Verteiler B weitergegeben (Geheim). Stadtarchiv Hattingen, Reg. B, Nr. 170.

Für die Behandlung von antisemitischen Kundgebungen ergehen folgende Anordnungen:
1. Es dürfen nur noch Maßnahmen getroffen werden, die keine Gefährdung deutschen Lebens und Eigentums mit sich bringen.
2. Geschäfte und Wohnungen von Juden dürfen lediglich zerstört, nicht geplündert werden.
3. Ausländische Juden dürfen nicht belästigt werden.
4. Jegliche Brandlegungen sind auf ausdrücklichen Befehl allerhöchster Stellen zu verhindern.
5. Demonstrationen sind, soweit die Anordnungen von 1–4 eingehalten werden, nicht von der Polizei zu verhindern, sondern lediglich auf die Einhaltung der Anordnungen zu überwachen.
6. In allen Synagogen und Geschäftsräumen der jüdischen Kultusgemeinden ist das vorhandene Archivmaterial polizeilich zu beschlagnahmen, damit es nicht zerstört wird.
7. Sobald wie möglich sind in den dortigen Bezirken insbesondere einflussreiche und vermögende männliche Juden und nicht zu hohen Alters festzunehmen, und zwar so viel, wie in den vorhandenen Hafträumen untergebracht werden können. Über Vorkommnisse und das Veranlasste ist laufend zu berichten.
8. Nach diesseitiger erfolgter Rücksprache mit der Gauleitung sind zu den öffentlichen Dienststellen der NSDAP Verbindungen aufzunehmen.

9. »Das sind Menschen«. Ein Essener Bürger, der Mitleid für die jüdischen Opfer der Reichspogromnacht äußert, wird denunziert und der Gestapo zugeführt (1938).
Protokoll der Gestapo-Außendienststelle Essen vom 10.11.1938. Landesarchiv NRW Abt. Rheinland, RW 58–41019, Bl. 4, abgedruckt in: Anselm Faust, Die Kristallnacht im Rheinland. Dokumente zum Judenpogrom im November 1938, Düsseldorf 1987, S. 171.

Aus eigenem Anlass erscheint die Ehefrau Gustav M., Klara, geb. W., […] wohnh[aft] in Essen, Hedwigstr. […] und erklärt:

Den beschuldigten Gorissen traf ich heute gegen 15.00 Uhr vor dem jüdischen Haus Heinemann, Haumannpl[a]tz 1. Dort fing das Haus an zu brennen. Hierzu fällte der Beschuldigte eine abfällige Kritik und sagte »Das ist Kultur«. Hierauf erwiderte ich: »Das sind lumpige Juden, und diesen geschie[ht] recht«. Darauf sagte er weiter: »Das sind Menschen«. Abschließend sagte ich dem Beschuldigten noch, der Gesandtschaftsrat, der in Paris erschossen [worden] sei,[17] wäre auch ein Mensch gewesen. Nun mischte sich noch ein Radfahrer in unsere Debatte, und darauf ging der Beschuldigte fort. Hierauf wurde er der Geheimen Staatspolizei zugeführt.

[Vermerk Gestapo-Außenstelle] Gorissen wurde eindringlich verwarnt.

10. Vorbereitung und Verlauf der Reichspogromnacht aus Sicht des Duisburger Polizeipräsidenten (1938)
Bericht des Duisburger Polizeipräsidenten an den Regierungspräsidenten in Düsseldorf vom 11.11.1938 über die Reichspogromnacht am 9.11.1938. Stadtarchiv Duisburg, 306/253, Bl. 30f.

Am 10. diesen Monats, 1 Uhr, erging an den Offizier v. D. der Schutzpolizei Duisburg durch Oberregierungsrat Korreng vom Polizeipräsidenten Düsseldorf im Auftrag des Obergruppenführers SS Weitzel als Höherer Polizeiführer West die Mitteilung, dass Demonstrationen gegen Juden im Laufe der Nacht zu erwarten seien, mit der gleichzeitigen Weisung an die Ordnungspolizei, Gefährdung deutschen Lebens und Eigentums sowie Plünderungen zu verhindern. Der Unterzeichnete wurde vom Offizier vom Dienst sofort verständigt und setzte sich nach fernmündlicher Rücksprache mit Oberregierungsrat Korreng mit den Dienststellenleitern in Verbindung, die kurze Zeit danach auf dem Polizeipräsidium erschienen.

Von der Ordnungspolizei wurden folgende Maßnahmen getroffen:
Alarmierung des Einsatzzugs der Hundertschaft,
Weisung an die Reviervorsteher, sich sofort auf ihren Dienststellen einzufinden,
Entsendung von Streifen nach genauer Instruktion im Sinne der von Oberregierungsrat Korreng mitgeteilten Weisungen,
Einsatz von Posten an Geschäftshäusern, an denen bereits Schaufenster zerstört waren, um Plünderungen und Diebstähle zu verhindern,
Einsatz von Posten in der Umgebung der brennenden Synagogen, um Ausbreitung des Feuers zu verhindern.
Ab 14 Uhr wurden die Polizeireviere durch SS verstärkt.

Die sofort bewirkte Alarmierung der Kriminalpolizei hatte zur Folge, dass trotz der Schwierigkeiten in der Befehlsübermittlung innerhalb 1½ Stunden fast sämtliche Kriminalbeamten einsatzbereit waren. Sie wurden in gleicher Weise wie die Ordnungspolizei in den verschiedenen Stadtteilen eingesetzt.

Die Aktionen setzten im ganzen Stadtgebiet in den frühen Morgenstunden ein. Bis zum Mittag wurden nach vorliegenden Meldungen insgesamt in etwa 25 Geschäften, darunter in

---

17 Gemeint ist die Ermordung des deutschen Diplomaten und Botschaftssekretärs in Paris, Ernst Eduard vom Rath (1909–1938).

einem großen Warenhaus, die Fensterscheiben zertrümmert, z.T. auch Waren und Einrichtungsgegenstände zerstört oder beschädigt.

Die Synagogen in Duisburg, Duisburg-Ruhrort und Dbg.-Hamborn sind ausgebrannt. Die Einrichtung von zwei jüdischen Gemeindehäusern wurde schwer beschädigt, ebenso die Einrichtung eines Rabbiners.

Von der Staatspolizei sind 60 Juden, darunter einige Verletzte, festgenommen worden. Sie befinden sich im hiesigen Polizeigefängnis. Weisungen über ihren weiteren Verbleib sind bei der Außenstelle Duisburg der Staatspolizeistelle noch nicht eingegangen. 37 Juden (Männer mit Familienangehörigen), die sich im Laufe des 10.11.1938 freiwillig bei der Außenstelle Duisburg der Staatspolizeistelle in Schutzhaft begeben hatten, sind heute morgen wieder entlassen worden.

Soweit zertrümmerte Schaufenster usw. noch nicht verschalt sind, werden sie durch Posten und Streifen der durch SA verstärkten Polizeireviere bewacht. Für die weitere Durchführung der Verschalung ist Vorsorge getragen. Soweit eine Verschalung von Amts wegen vorgenommen werden muss, ist die Technische Nothilfe eingesetzt.

Aktionen in der Nacht vom 10. zum 11.11.1938 sind noch nicht berücksichtigt. Nach den bisher vorliegenden Meldungen handelte es sich um einige Fälle ohne größeres Ausmaß.

Waffendurchsuchungen wurden durch Beamte der Sicherheitspolizei (Staatspolizei und Kriminalpolizei) im Einvernehmen mit den Organisationen der NSDAP durchgeführt.

11. »...weil es doch heißt, der jüdische Besitz soll in arische Hände übergehen«. Ein Oberhausener Bürger bittet die Stadtverwaltung um die Genehmigung zum Kauf eines in jüdischem Eigentum befindlichen Einfamilienhauses (1938).
Anfrage des Oberhausener Bürgers Wladislaus A. an die Stadtverwaltung vom 19.12.1938. Stadtarchiv Oberhausen, Abt. 14, Nr. 4, Bl. 54. (Auszug), abgedruckt in: Martina Franzke, Die »Arisierung« jüdischen Eigentums im nationalsozialistischen Deutschland 1933–1945 am Beispiel der Stadt Oberhausen/Rheinland, in: Historische Gesellschaft Oberhausen e.V. (Hg.), Ursprünge und Entwicklungen der Stadt Oberhausen. Quellen und Forschungen zu ihrer Geschichte 4 (1994), S. 11–127, hier S. 75.

Ich bin schon seit längerer Zeit auf der Suche nach einem Einfamilienhaus mit Land und Stall. Vor kurzem habe ich ein passendes Objekt gefunden, aber bereits festgestellt, dass der Besitzer des Hauses ein Jude ist.

Es handelt sich hier um das Haus Rolandstr. 63/65, oder das danebenliegende. Ich habe mich noch nicht für ein bestimmtes Haus entschlossen. Der Besitzer der Häuser ist der Jude Max *Behr,* Köln, Salierring 50. Die Vertreterin des Juden ist ein Frl. Erdmann. Hierdurch möchte ich einmal anfragen, ob ich die Genehmigung für den Kauf bekommen kann. Ich nehme an, dass es erlaubt ist, weil es doch heißt, der jüdische Besitz soll in arische Hände übergehen.

12. Stimmungsbericht über die Unzufriedenheit der Bergleute im Recklinghausener Revier und Zwangsmaßnahmen zur Verpflichtung der Bergarbeitersöhne für den Bergbau (1939)

Deutschland-Berichte der Sozialdemokratischen Partei Deutschlands (Sopade) 6 (1939), Nr. 6 von Juni 1939, Nachdruck, 7. Aufl., Frankfurt/Main 1989, S. 736f.

Unter den Bergarbeitern im Recklinghausener Revier herrscht eine an Empörung grenzende Missstimmung, die neben den allgemein bekannten Gründen aus der kürzlich erfolgten Verlängerung der Arbeitszeit herrührt.[18] Diese physische Überanstrengung wiegt umso schwerer, weil die Ernährung ungenügend ist. In letzter Zeit häufen sich die Todesfälle, die auf Lungenkrankheiten zurückzuführen sind. Auch die Zahl der Unglücksfälle steigt erschreckend; die Krankenhäuser weisen deshalb eine rasch steigende Frequenz auf. Je ungünstiger die Lage der Bergarbeiter wird, desto geringer wird natürlich die Neigung des Nachwuchses, sich dem Bergarbeiterberuf zuzuwenden. Diese Umstände haben jetzt schon dazu geführt, dass auf die schulentlassene Jugend ein Zwang ausgeübt wird, auf die Zeche zu gehen, während andererseits auf die Eltern eingewirkt wird, ihre Söhne dem Bergarbeiterberuf zuzuführen.

Das alles macht die Stimmung der Bergarbeiter nicht besser. Hinzu kommt noch, dass Bergarbeiterfrauen, die Unterstützung bezogen haben, unter Androhung des Unterstützungsentzugs zu Arbeiten gezwungen werden, denen sie körperlich nicht gewachsen sind. Rentenbezieher hat man unter der Vorspiegelung, dass ihre Renten nicht gekürzt werden würden, zu den Arbeiten an der Westbefestigung[19] herangezogen. Nachdem die Leute sich dazu bereit erklärten und eine Zeit lang diese Arbeit leisteten, hat man die Renten nun doch gekürzt. Dieser offenkundige Betrug hat naturgemäß die Verbitterung noch verstärkt. [...]

Im Bergbau herrscht ein sehr starker Arbeitermangel. Bei der schlechten Ernährung und der scharfen Antreiberei ist der Bergbau einer der aufreibendsten Berufe geworden. Das Regime macht sich um den Nachwuchs große Sorge, denn während es früher Tradition war, dass Bergarbeitersöhne wieder Bergarbeiter wurden, strebt jetzt die Jugend in andere Berufe. In den Volksschulen der Bergarbeiterkolonien wird den zur Entlassung kommenden Schülern im vaterländischen Unterricht ein Vortrag über die Schönheiten des Bergarbeiterlebens gehalten, mit der Schlussfolgerung, das Dritte Reich könne es nicht zulassen, dass Bergarbeitersöhne einen anderen Beruf ergreifen als den des Bergmanns. Der Sohn eines Bergarbeiters, der schon eine andere Lehrstellung angetreten hatte, musste sie auf Befehl wieder aufgeben und im Bergwerk antreten. Seine Mutter beklagte sich, dass er vor Aufregung und Erbitterung nachts nicht schlafe, denn er sehe seinen zum Skelett abgemagerten Vater vor Augen, der hochgradig tuberkulös sei und dem Jungen immer sage: »Nur nicht in den Berg, schau zu, dass Du was

---

18 Der Verfasser bezieht sich auf die Verordnung zur Erhöhung der Förderleistung und des Leistungslohns im Bergbau vom 2.3.1939 (RGBl. I, 1939, S. 482 f.), mit der die tägliche Arbeitszeit unter Tage um 45 Minuten (max. achtdreiviertel Stunden) verlängert wurde.

19 Schanzarbeiten am sogenannten Westwall, einem Befestigungswerk entlang der Grenze zu Belgien und Frankreich.

anderes tust.« Die Mutter klagte dem Lehrer ihr Leid, der achselzuckend sagte: »Was wollen Sie, unsere Gefühle sind heute tot.«

13. »Acht Stunden – genug geschunden!« Handzettel einer kommunistischen Widerstandsgruppe gegen eine Erhöhung der Arbeitszeit im Bergbau [September 1939]
Handzettel undatiert [September 1939], abgedruckt in: Detlev Peukert, Ruhrarbeiter gegen den Faschismus. Dokumentation über den Widerstand im Ruhrgebiet 1933–1945, Frankfurt/M. 1976, S. 266.

Achtung! Bergarbeiter!

Acht Stunden – genug geschunden! Ist die Losung des Tages und »Nieder mit der ›Verbrecherstunde‹!« wie die von Göring verfügte Überarbeit mit Recht genannt wird.

Kameraden! Nach den Phrasen der braunen Volksbetrüger sollt Ihr die Schicht achtzig Pfennig mehr verdienen, aber von diesen achtzig Pfg. nehmen Euch die braunen Kriegstreiber wieder sechzig Pfg. zurück durch Erhöhung der Abzüge und Ihr sollt für zwanzig Pfg. eine dreiviertel Stunde länger im Loch bleiben. Wo bleibt da der »gerechte Lohn«?

Bergarbeiter! Unsere Losung sei und bleibe: *Kein Pfund Kohle mehr* als wie in acht Stunden. Wir haben genug geopfert an Kraft und Gesundheit, jetzt sollen die einmal opfern, die die riesigen Gewinne machen.

Kumpels! *Langsamer arbeiten!* – so muss es von Mund zu Mund gehen, denn Niemand kann uns zwingen, schneller zu arbeiten, wenn wir sagen, wir können nicht mehr. Macht es wie die Kameraden von »Julia«,[20] kommt früher zum Schacht, damit verkürzt ihr Euren Aufenthalt in den Revieren und habt bessere Luft!

Bergarbeiter! Wir haben die Macht in Händen, denn ohne uns dreht sich kein Rad. Deshalb: benutzen wir unsere Macht und rufen wir es unseren Ausbeutern und den braunen Bonzen in die Ohren: Acht Stunden genug geschunden! Und kein Pfund Kohle mehr! Und der Sieg über die Volksbetrüger wird unser sein!

Antifaschistische Bergarbeiter

14. Das Amtsgericht Dortmund verurteilt den deutschen Berglehrling W. B. wegen »Arbeitsverweigerung« zu einem Monat Gefängnis. Eine Abschrift des Urteils wird zur Abschreckung auf der Schachtanlage öffentlich ausgehängt (1939).
Abschrift des Urteils mit Anonymisierung des Namens. Bergbau-Archiv Bochum 20/213 (Auszug: Urteilsbegründung).[21]

---

20 Die Herner Schachtanlage Julia gehörte zur Harpener Bergbau AG mit Sitz in Dortmund.
21 Die Verhandlung fand am 7.12.1939 statt.

Gründe:

Der Angeklagte ist auf Grund des Ausbildungsabkommens für Bergjungleute auf der Zeche »Fürst Hardenberg«[22] beschäftigt. Die vierjährige Ausbildungszeit endigt mit dem 31. März 1940, der Angeklagte arbeitet unter Tage. Er versäumte im Juli [1939] an fünf Tagen und im August vom 2. bis 7. und vom 12. bis 21. seine Arbeit. Am 22. August ds. Js. erschien er zur Arbeit, um dann wieder willkürlich zu feiern. Am 12. September 1939 wurde er vom Leiter des Arbeitsamts in Dortmund als dem Beauftragten des Reichstreuhänders für Arbeit unter Hinweis auf die geltenden Strafbestimmungen eingehend verwarnt. Er versprach in der hierüber aufgenommenen Niederschrift, nunmehr voll und ganz seine Pflicht zu tun. Trotzdem hat er am 16., 19., 20. und 22. Sept. 1939, wie er zugibt, seine Arbeit willkürlich versäumt. Nunmehr hat der Reichstreuhänder der Arbeit für das Wirtschaftsgebiet Westfalen-Niederrhein in Essen Strafantrag gegen den Angeklagten gestellt. Der Angeklagte suchte seine Arbeitsversäumnis damit zu entschuldigen, dass er seit Monaten Mittagschicht habe und dass er wünsche, zur Morgenschicht kommandiert zu werden. Er habe auch keine Lust an dem Bergmannsberuf und möchte zur Landwirtschaft. Bei seiner Vernehmung bei dem Jugendrichter am 24. Oktober 1939 hat er erklärt, er beabsichtige, zum Heeresdienst zu gehen und dort zwölf Jahre zu dienen. Der Angeklagte war zur Zeit seiner Verfehlungen noch nicht achtzehn Jahre alt. Er ist in der Volksschule zwei Jahre zurückgeblieben. Der Vater befindet sich seit August des Jahres im Feld. Nach der glaubwürdigen Darstellung der Stiefmutter des Angeklagten wollte dieser sowie mehrere Altersgenossen von ihm von dem Grubenbetrieb loskommen und suchten dies durch Arbeitsverweigerung zu erreichen. Die Stiefmutter hat sich bemüht, den Jungen zur regelmäßigen Arbeit anzuhalten. Er hat auch im Oktober, November und Dezember d.J. regelmäßig gearbeitet. Der Angeklagte war wegen Vergehens gegen Abschnitt II, Ziffer IV und V und Abschnitt V der Allgemeinen Anordnung des Reichstreuhänders der Arbeit für das Wirtschaftsgebiet Westfalen-Niederrhein in Essen vom 29. März 1939 in Verbindung mit § 2 der Verordnung über die Lohngestaltung vom 25. Mai 1938 zu bestrafen. Er hatte bei Begehung der Straftat die erforderliche Einsicht und Reife, zumal er durch den Leiter des Arbeitsamts in Dortmund am 12. September 1939 über seine Pflichten und über die Folgen eingehend belehrt worden war. Er hat sich von seinem Wunsch, von der Arbeit loszukommen, beherrschen lassen und hat, um zu seinem Ziel zu kommen, noch nach jener Verwarnung an vier Tagen seine Arbeitsschicht mutwillig versäumt. Hierin liegt ein grober Verstoß gegen die Arbeitspflicht des Angeklagten. Ihm war bekannt gegeben worden, dass er als Arbeiter eines kriegswirtschaftlich wichtigen Betriebs die besondere Pflicht hatte, seine Arbeit getreulich und regelmäßig zu versehen. Er wusste auch, dass das Interesse der Volksgemeinschaft seinem Privatinteresse vorgehen müsse. Er hat sich über alle diese Belehrungen und Ermittlungen hinweggesetzt, er hat seine Pflicht als Arbeitssoldat bewusst und hartnäckig verletzt und war im Interesse der Volksgemeinschaft empfindlich zu bestrafen. Erziehungsmaßnahmen konnten die Strafe nicht

---

22 Die Schachtanlage war Teil des Verbundbergwerks Vereinigte Stein und Hardenberg in Dortmund-Lindenhorst und gehörte zur Gelsenkirchener Bergwerks-AG.

ersetzen, es musste auf Gefängnisstrafe erkannt werden, um dem pflichtvergessenen Treiben des Angeklagten mit allem gebotenen Nachdruck entgegenzutreten. Bei der Strafbemessung ist berücksichtigt, dass der Angeklagte sich seiner Pflicht der Volksgemeinschaft gegenüber hartnäckig entzogen hat. Strafmildernd ist berücksichtigt, dass der Angeklagte, der in der Schule zwei Jahre zurückgeblieben ist, infolgedessen in seiner geistigen Entwicklung nicht auf der normalen Höhe stehen mochte und infolgedessen dem Einfluss schlechter Kameraden leichter zugänglich war. Auch bei Berücksichtigung dieser Milderungsgründe sowie der einschlägigen Bestimmungen des Jugendgerichtsgesetzes musste auf eine empfindliche Gefängnisstrafe erkannt werden, sie ist auf einen Monat Gefängnis bemessen.

Ein Strafaufschub mit Bewährungsfrist nach § 10 JGG[23] soll nur dann gewährt werden, wenn der Reichstreuhänder der Arbeit dieser Vergünstigung zustimmt.

Die Kostenentscheidung beruht auf § 465 StPO.[24]

15. Vorlage für ein »nationalsozialistisches Gebet« (1940)
»Das deutsche Kind betet«, in: Rhein-Ruhr-Fibel, bearbeitet von Josef Urhahn/Else Wenz-Vietor (Text) und Leo Sebastian Humer (Bilder), Düsseldorf 1940, S. 61.[25]

Siehe Abbildungen auf den Seiten 676 und 677.

16. Ein deutscher Bergarbeiter der Firma Fried. Krupp AG wird wegen des Vorwurfs mangelnder Arbeitsdisziplin in ein »Arbeitserziehungslager« überwiesen (1941).
Der Leiter des Arbeitsamts Essen an den Führer des Betriebs der Firma Fried. Krupp AG Bergwerke Essen vom 31.3.1941 betr. fortdauernder Verstoß Ihres Gefolgschafters Theodor *Balsam*, geb. 6.9.1922, wohnhaft Essen-West, Danziger Str. 28 gegen die 8. Allgemeine Anordnung des Reichstreuhänders der Arbeit. Bergbau-Archiv Bochum 20/227.

Ihr vorgenannter Gefolgschaftsangehöriger ist am 21.3.1941 laut Verfügung der Geheimen Staatspolizei in Düsseldorf für die Dauer von sechs Wochen dem Arbeitserziehungslager Hunswinkel[26] zugeführt worden.

---

23 Jugendgerichtsgesetz.
24 Strafprozessordnung.
25 Zum »Einbruch der Ideologie des Nationalsozialismus in die Schulstube bis ins 1. Schuljahr« vgl. am Beispiel der Rhein-Ruhr-Fibel E[rnst] Horst Schallenberger, Das Schulbuch, Produkt und Faktor gesellschaftlicher Prozesse, Ratingen 1973, hier S. 21 sowie allgemein Jan Thiele, Der Beitrag der Fibeln des Dritten Reichs zur Vermittlung der nationalsozialistischen Ideologie. Eine kritische Analyse ihrer Inhalte, Diss., Oldenburg 2005.
26 Das Arbeitserziehungslager Hunswinkel südlich von Lüdenscheid wurde – auch auf Initiative des Ruhrbergbaus – im Frühjahr 1940 als erstes von mehreren Lagern im rheinisch-westfälischen Industriebezirk eingerichtet. Die in diesen Lagern internierten Insassen wurden u.a. mit Prügeln, Essensentzug und bis zu 16-stündiger Strafarbeit bestraft. Zu den »Arbeitserziehungslagern« vgl. grundlegend Gabriele Lotfi, KZ der Gestapo. Arbeitserziehungslager im Dritten Reich, Stuttgart/München 2000.

Cover der »Rhein-Ruhr-Fibel« von 1940 [Bibliothek des Ruhrgebiets Bochum]

Das deutsche Kind betet.

Lieber Gott, ich bitte dich,
ein deutsches Kind laß werden mich,
das fröhlich an die Arbeit geht
und immer zu der Wahrheit steht.

Behüt, o Gott, mit starker Hand
mein liebes deutsches Vaterland.
Schütz unsern Führer jeden Tag,
daß ihn kein Unheil treffen mag!

»Kinder-Gebet« aus der »Rhein-Ruhr-Fibel« [Bibliothek des Ruhrgebiets Bochum]

Ich bitte um sofortige Mitteilung, falls B. nach seiner Entlassung die Arbeit nicht ordnungsgemäß aufnehmen sollte.

Gleichzeitig erhalten Sie als Anlage eine Anordnung über die Urlaubsentziehung, die Sie aus Gründen der Betriebsdisziplin für die Dauer von acht Tagen am »schwarzen Brett« aushängen wollen.

17. Nachdem sie Tabakwaren an einen Juden verkaufte, wird das Ladenlokal einer Oberhausenerin geschlossen (1941).

Der Oberbürgermeister der Stadt Oberhausen (Rheinland) als Ortspolizeibehörde an Frau Hedwig Schmidt vom 9.5.1941. Abschrift.[27] Stadtarchiv Oberhausen, Bestand 70, Signatur 79.

Aufgrund der Bestimmungen der §§ 20 und 22 der Verordnung über Handelsbeschränkungen vom 13. Juli 1923[28] [...] wird Ihnen hiermit der Handel mit Gegenständen des täglichen Bedarfs untersagt und Ihre im Haus Oberhausen, Markstraße 56 gelegene Verkaufsstelle für Tabakwaren geschlossen.

Gegen diese Verfügung ist binnen zwei Wochen nach Zustellung die Beschwerde an den Herrn Regierungspräsidenten in Düsseldorf zulässig. Die Beschwerde hat keine aufschiebende Wirkung. Die durch das Verfahren zur Untersagung Ihres Handelsbetriebs und die Schließung Ihrer Geschäftsräume entstehenden baren Auslagen, insbesondere die Gebühren für die noch zu erlassende öffentliche Bekanntmachung, haben Sie zu erstatten.

Begründung:

Sie sind die Inhaberin der in Oberhausen-Rhld., Markstraße 56 gelegenen Verkaufsstelle für Tabakwaren. Am 18. April d. J. haben Sie vor Beginn der Verkaufszeit an den Juden Gottschalk, der Ihnen als solcher bekannt war und der zu Ihrer Kundschaft gehört, Tabakwaren verkauft. Da der Eingang zur Verkaufsstelle noch geschlossen war, hat sich Gottschalk durch einen Hausbewohner die Haustür öffnen lassen und ist durch den Hausflur in Ihre Verkaufsstelle gelangt. In dem Verkauf von Tabakwaren zu dieser Zeit und in dieser Form liegt eine Bevorzugung des Juden. Wer als Deutscher Volksgenosse heute noch Juden bevorzugt, hat sich damit außerhalb der Deutschen Volksgemeinschaft gestellt und bewiesen, dass er zur Führung eines Handelsbetriebs unzuverlässig ist. Die weitere Ausübung eines Handelsbetriebs war Ihnen deshalb zu untersagen. Da begründeter Verdacht besteht, dass in den Geschäftsräumen weiterhin in unzu-

---

27 Die Abschrift wurde dem Oberhausener Polizeipräsidenten übersandt.
28 Nach § 20 Abs. 1 der Verordnung über Handelsbeschränkungen vom 13.7.1923 ist »der Handel mit Gegenständen des täglichen Bedarfs [...] von der zuständigen Behörde zu untersagen, wenn Tatsachen die Annahme rechtfertigen, dass der Handeltreibende die für den Handelsbetrieb erforderliche Zuverlässigkeit nicht besitzt«. Zudem kann nach § 22 »die zuständige Behörde die Schließung der Geschäftsräume anordnen, in denen der Betroffene den Handel betrieben hat, wenn begründeter Verdacht besteht, dass in den Geschäftsräumen weiterhin in unzuverlässiger Weise (§ 20 Abs. 1) Handel betrieben wird«. Vgl. RGBl. I 1923, S. 708f.

verlässiger Weise Handel getrieben wird, war neben der Untersagung des Handels gleichzeitig auch die Schließung dieser Geschäftsräume anzuordnen.

18. Kinderlandverschickung: Ein Gelsenkirchener Lehrer berichtet (1941).

Bericht des Gelsenkirchener Lehrers A. Rehbein an den Schulrat über das Lager der Kinderlandverschickung in Bad Zipser Neudorf[29] vom 3.6.1941. Stadtarchiv Gelsenkirchen, Ge 0/4308. (Auszug)

Sehr geehrter Herr Schulrat!

Nachdem nun die Einrichtung unseres Lagers als beendet angesehen werden kann, erstatte ich Ihnen gern Bericht.

Zunächst darf ich einmal darauf hinweisen, dass wir zu Beginn unserer Reise eine Enttäuschung erlebten: Der Sonderzug bestand aus zehn D-Zug-Wagen 3. Klasse, mit nur zwei halben Wagen 2. Klasse. Platz war allerdings genug vorhanden, und die Fahrt verlief ohne nennenswerte Zwischenfälle. Wir kamen am Sonntag – 27.4. – mit einer Verspätung von einigen Stunden gegen 9 Uhr auf dem Bahnhof »Zipser Neudorf« an. Von hier wurden wir mit Autobussen in unser Lager gebracht, welches von der Stadt etwa sieben Kilometer entfernt mitten im Wald liegt. Wir sind in drei Häusern untergebracht, die früher während des Sommers – von Juni bis Ende August – von Badegästen bewohnt wurden. In den Kriegsjahren sind sie jedoch nicht mehr benutzt worden, und in den letzten Jahren vor dem Krieg ist der Besuch sehr schwach gewesen. Von außen machen die Häuser einen guten Eindruck. Die Zimmer selbst und ihre Einrichtungen entsprechen jedoch nicht den Anforderungen, die man an eine einwandfreie Einrichtung stellen muss. Nur wenig Zimmer sind mit schlechten Öfen ausgestattet, die den Zimmern nicht genügend Wärme geben. Viele Kinder klagten deshalb darüber, dass sie frieren müssten. Auch sämtliche von Lehrern und HJ-Führern bewohnten Zimmer sind nicht heizbar. In keinem Haus ist Trinkwasser vorhanden. Dieses kann man nur aus einer Leitung erhalten, die von den Höhen kommt. Den größten Übelstand bilden jedoch die Klosettanlagen. Sie waren sehr unsauber, die Spülungen waren nicht in Ordnung, und es bedurfte wiederholter und sehr energischer Vorstellungen bei der Lagerwirtin, um hier Abhilfe zu schaffen. Auch heute entsprechen diese Anlagen noch nicht den Anforderungen, die an sie gestellt werden müssen. Wir waren deshalb gezwungen, einen besonderen Klosettdienst einzurichten. – Es liegen etwa zwei bis sechs Jungen in einem Zimmer. Die Gegend ist sehr schön, das Klima aber muss als rau bezeichnet werden. In den ersten vier Wochen regnete es täglich. Die Sonne kam nie hervor, nachts trat oft Frost ein. In den letzten Tagen ist es nun etwas wärmer geworden. Die Sonne kommt erst gegen 7 Uhr über die Höhe, und nur während der Mittagsstunden ist es warm. Kurz nach 17 Uhr liegen unsere Häuser bereits wieder im Schatten, und dann wird es empfindlich kühl. Volksdeutsche erzählten uns, dass es hier im Sommer höchstens vier bis sechs wirklich warme Tage geben soll. Im Winter können die Kinder

---

29 Heute: Spišská Nová Ves, im Nordosten der Slowakischen Republik gelegen.

hier unter keinen Umständen untergebracht werden. Das raue Klima ist wohl schuld daran, dass viele Kinder erkrankten: An manchen Tagen waren rund 60 Kinder bettlägerig. Zurzeit ist unser Lager wegen Scharlach gesperrt. Die Dienststelle KLV-Slowakei in Pressburg[30] hat dem Lager eine DRK-Schwesternhelferin zugeteilt, die nun den Kollegen Braches und den Lagerarzt bei der Betreuung der Kranken unterstützt.

Unterrichtsräume sind nicht vorhanden. Wir behelfen uns mit dem großen und dem kleinen Speisesaal und einer Glasveranda. Nur der kleine Saal kann ausreichend geheizt werden. Da inzwischen noch ein Haus mit 44 Mädchen aus Wanne-Eickel-Wattenscheid belegt worden ist, haben wir also für sechs Klassen nur drei Räume zur Verfügung. Mit Lehr- und Lernmitteln sind wir bisher überhaupt nicht versorgt worden, desgleichen fehlen alle Sportgeräte. Auf alle Anforderungen in Pressburg sind wir auf spätere Zeit vertröstet worden.

Die Zusammenarbeit mit den Kollegen ist sehr gut. Wir haben die Arbeit so eingeteilt, dass alle etwa gleichmäßig belastet sind.

Die HJ-Führer jedoch mussten erst mit aller Schärfe und sogar mit Strafen – z.B. Entziehung der Freizeit – zur Pflichterfüllung angehalten werden. Sie fügten sich nur widerwillig und versuchten anfangs immer wieder, Anordnungen zu umgehen.

Die Verpflegung ist sehr gut. Es gibt reichlich Fleisch, Brot, Eier, Milch und Käse, Gemüse allerdings zu wenig. Aber es ist unserer Lagerwirtin unmöglich, Gemüse in ausreichender Menge zu beschaffen. Vielleicht wird es damit besser werden, wenn die wärmere Witterung einsetzt.

Von mir selbst kann ich sagen, dass mir die Arbeit viel Freude macht. Leider hat es sich schon jetzt gezeigt, dass das Klima für mich zu rau ist. Unser Lagerarzt ist nach eingehender Untersuchung und Beobachtung zu der Überzeugung gekommen, dass ein längerer Aufenthalt in der Slowakei für mich mit einer schweren gesundheitlichen Schädigung verbunden sein könnte. Ich habe deshalb mit seiner Zustimmung bei der Dienststelle in Pressburg meine Ablösung beantragt. Voraussichtlich werde ich bald nach Gelsenkirchen zurückkehren und werde dann Gelegenheit nehmen, bei Ihnen vorzusprechen.

Im Namen aller Lagerlehrer grüßt Sie mit Heil Hitler!
Ihr erg. A. Rehbein

---

30 Heute: Bratislava.

19. Liesel K. (Jg. 1926) aus Wanne-Eickel notiert in einem teilweise illustrierten Album ihre Eindrücke und ihre Stellung zum Nationalsozialismus während des achtmonatigen Aufenthalts im Landjahrlager Abbenroth[31] (1941).
Privatbesitz.

Was ist Landjahr?

Was ist Landjahr? Diese Frage werden sich viele Eltern, die ihr Kind im Landjahr haben, stellen. Das Landjahr ist eine nationalsozialistische Einrichtung. Es wurde im Jahre 1934 von Reichsminister Rust[32] gegründet. Sein Vertreter ist Staatsrat Schmidt-Bodenstedt,[33] der auch jetzt noch die Verantwortung für das Landjahr trägt. Früher hätte man nie gedacht, dass das Landjahr solch einen großen Erfolg haben wird. Als aber Reichsminister Rust sah, dass sein Werk sich lohnte, ließ er mit Genehmigung des Führers neue Lager im ganzen Reich errichten. Jedes Jahr melden sich Jungen und Mädel für das Landjahr. Es werden aber nur die Besten ausgesucht, Dummköpfe können in einem Lager nicht gebraucht werden. Die Jungen und Mädel kommen aus allen Familienkreisen, ganz gleich, ob arm oder reich. Das Landjahr erzieht alle körperlich und geistig zu tüchtigen Menschen. Im Lager stehen Kameradschaft, Pflichtbewusstsein und Ordnung an erster Stelle. Die Führerinnen und Führer sind Kameraden und Kameradinnen und nicht irgendwelche fremden Personen. Sie ersetzen den Landjahrpflichtigen auf allen Gebieten die Eltern, machen sie auf ihre Fehler aufmerksam, zeigen ihnen alles richtig und setzen sich für alles ein. Sie zeigen, wie ein deutsches Volk zu leben hat und sind selbst in allem ein echtes Vorbild. Die Landjahrpflichtigen sollen einen anderen Geist in die Volksgemeinschaft tragen. Sie sollen alles, was urgermanisch ist, wieder im Volk lebendig werden lassen. Dazu gehören auch die Frisuren. Ein deutsches Mädel trägt Zöpfe. Über das Landjahr ist der Spruch gestellt: Gelobt sei, was da hart macht. Wer in der Lagergemeinschaft stehen will, der muss sich so manches gefallen lassen. Der Sinn des Landjahrs ist daher, schon die Jugend so zu erziehen, wie unser Führer sie braucht. Ein Volk zu sein, das ist die Religion unserer Zeit. Über uns allen steht das Wort: Über Dich sollst Du hinausbauen, aber erst musst Du mir gebaut sein, rechtwinklig an Leib und Seele. […]

Unsere Weltanschauung!

Mit dem Fortschritt der Wissenschaft hat sich der Mensch auch einmal mit dem Gedanken befasst. Wir wissen, dass unsere Vorfahren, die alten Germanen, ihren Gott in der Natur sahen. Durch das Christentum sind die gesunden Ansichten unserer Vorfahren immer mehr verdrängt

---

31 Heute: Nümbrecht (Oberbergischer Kreis).
32 Bernhard Rust (1883–1945) war 1934 bis 1945 Reichsminister für Wissenschaft, Erziehung und Volksbildung. Der Gymnasiallehrer trat bereits 1922 der NSDAP bei. Rust beging am 8. Mai 1945 Selbstmord.
33 Der Volksschullehrer Adolf Schmidt-Bodenstedt (1904–1981) war 1934 mit der Leitung der Abteilungen »Landjahr« und »Lehrerbildung« im Reichsministerium für Wissenschaft, Erziehung und Volksbildung betraut worden.

worden. An Stelle davon trat die jüdische Lehre, der wir Deutschen noch bis auf den heutigen Tag unseren Glauben schenken. Alte Sitten und Gebräuche unserer Vorfahren sind dadurch vollständig eingeschlummert. Erst unser Führer Adolf Hitler hat das Deutschtum im Volk wieder wachgerufen. Er hat das Deutsche wieder ans Licht gebracht und dem deutschen Menschen so manches wiedergegeben. Ihm verdanken wir es auch, dass wir im Landjahr acht Monate lernen dürfen und nicht blind durch die Welt laufen brauchen. Im Landjahr wird nicht nur der Körper, sondern Körper und Geist geschult und gestählt. Der junge deutsche Mensch soll möglichst viel mit ins Leben nehmen, das ja erst nach dem Landjahr anfängt. Die deutsche Jugend verdankt unserem Führer das Dasein, dass sie fröhlich im Kreis von Kameraden und Kameradinnen leben darf. Die weltanschauliche Schulung gehört zu den wichtigsten Erziehungsaufgaben des Landjahrs. Es ist gar nicht so leicht, vierzehnjährigen Jungens und Mädels einen anderen Standpunkt zu geben, zumal die Schule, die Kirche und auch die Eltern manche Kinder sehr christlich erzogen haben. Unsere Lagerführerin verstand es herrlich, uns auf den richtigen Gedanken zu bringen. Sie legte uns keinen Zwang auf. In der ersten Zeit liefen viele von uns eifrig zur Kirche. Erst nach den ersten Morgenfeiern merkten wir so ganz allmählich, dass die Kirche doch nicht das Richtige ist. Es ist der größte Mumpitz, wenn man etwas verbrochen hat, alles von sich zu wälzen. Ein rechter Deutscher macht das ein für alle Mal nicht. Deutsch sein heißt: gut sein, treu sein und echt, kämpfen für Ehre, Freiheit und Recht. Wir glauben an das Großdeutsche Reich und dessen Bestehen. Wir sind nicht auf dieser Welt, um glücklich zu sein und zu genießen, sondern um unsere Schuldigkeit zu tun. [...]

Der Führer spricht.

Das deutsche Volk liebt seinen Führer und steht in allem, was er tut und vorhat, hinter ihm. Wenn unser Führer spricht, wo und wann es auch sei, ist es ganz klar, dass im deutschen Volk reges Leben und Spannung herrscht. Adolf Hitler nimmt sich nicht oft die Zeit zum Reden. Er ist ein Mensch, der überlegt und nicht so oft an etwas vorübergeht. Wir kennen sein Leben und wissen, dass er sich von Jugend an hat durchsetzen müssen. Das hat aus ihm den Kämpfer immer mehr herausgeholt. Die meisten Einrichtungen auf sozialem Gebiet sind erst durch die Machtübernahme gegründet. Unser Führer weiß, dass es Not tut, dem deutschen Volk immer wieder den Sinn und Zweck seiner Arbeit und Gesetze darzulegen. Am meisten Arbeit hatte der Führer mit den Juden. Es dauerte eine geraume Zeit, das Volk für sich zu gewinnen, aber jetzt versteht und liebt das Volk den Führer umso mehr. Auch wir haben den Führer schon einige Male im Lager reden gehört. Zu Hause haben wir es vielleicht gar nicht verstanden! Die Kirche erzog uns auch so, dass wir an der Politik überhaupt kein Interesse hatten. Wenn man aber mit seinen Gedanken dabei ist, versteht man den Sinn und den Grund der Rede. Der Führer spricht niemals aus Sensationslust, sondern er hat schon Grund, wenn er sich die Zeit nimmt, zu seinem Volk zu reden. Er sagt dem Volk, was gespielt wird, und rechnet immer richtig. Churchill dagegen verrechnet sich immer, das heißt, er will sich verrechnen. Wenn [es] fünf Schiffe sind, rechnet er drei daraus. Das deutsche Volk weiß, dass es sich auf die deutsche Presse und das Wort des Führers verlassen kann. Wir im Lager kennen keine größere Feierstunde, als am Radio zu sitzen und den Worten des Führers zuzuhören. Im Landjahr sind wir auch mit der Politik lebendig in Berührung gekommen, dadurch verstehen wir jetzt auch viel besser, warum sich der Führer immer wieder vor das Volk stellt, um zu reden.

20. Bericht des Berggewerbelehrers E. Kramer aus Sterkrade an den Bergassessor Nebelung in Oberhausen vom 8. Juli 1941 über die Bewunderung seiner Schüler für die Edelweißpiraten.

Bericht des Berggewerbelehrers E. Kramer aus Sterkrade an den Bergassessor der Gutehoffnungshütte Oberhausen, Nebelung, vom 8.7.1941, weitergeleitet an Kriminalobersekretär Litwinski der Gestapo Oberhausen vom 10.7.1941. Abschrift von Abschrift. Landesarchiv NRW Abt. Rheinland, Gestapo 9213, Bl. 31–32, abgedruckt in: Detlev Peukert, Die Edelweißpiraten. Protestbewegungen jugendlicher Arbeiter im Dritten Reich, Köln 1980, S. 84.

Anlässlich der Abführung eines Berglehrlings in die Fürsorgeerziehung kam in meiner Klasse folgendes Gespräch in Gang:

»B. (der abgeführte Schüler Bergjungmann Anton Bartlock, Osterfeld, Wertfeldstraße 2) gehört auch zu den Kittelbach-Piraten!«

Auf meine Frage nach der Bedeutung dieses Ausdrucks wurde mir Folgendes von verschiedenen Schülern erzählt:

»Die KP[34] kennt doch jedes Kind, die gibt es überall, da sind mehr drin (Mitglieder) als in der HJ.[35] Die kennen sich auch alle untereinander, die halten schwer zusammen«.

»Was machen und wollen die denn?« Die verhauen die Streifen [der Hitlerjugend], weil sie so viele sind, die lassen sich nichts gefallen. Arbeiten gehen sie auch nicht, die sind immer am Kanal, an der Schleuse.

»Wer ist denn von uns dabei?« Petersdorf, Kaczmierczak, Jung, aber auch viele Reiche, nicht nur Arbeiter, auch Mädchen.

»Woher wisst Ihr das denn?« Die haben eine Uniform: Lederhose oder kurze Hose, weiße Strümpfe, Bauchriemen mit goldenen oder silbernen Nägeln, rotes Halstuch und Gelenkriemen mit Edelweiß. Darum heißen die auch Edelweiß-Piraten. Die haben auch Schlagringe und Pistolen, die haben vor keinem Angst.

Da mir eine solche Organisation bisher unbekannt war, ander[er]seits es eine Bandenbildung unter der Jugend vielleicht sogar auf kommunistisches Betreiben (KP)[36] befürchten lässt, möchte ich Ihnen davon Mitteilung machen und um entsprechende Weiterleitung bitten.

---

34 Kittelbach-Piraten.
35 Hitler-Jugend.
36 Kommunistische Partei.

21. »Was sagen die Leute über den Krieg?« Auszüge aus den Schulaufsätzen Bochumer Arbeiterkinder (1942)

Bericht des Sicherheitsdienstes (SD) der SS, Abschnitt Dortmund vom 11.5.1942. Stadtarchiv Herne, Bestand 1933–1945, Misc. Die Schriftform der Vorlage wurde beibehalten.[37]

Ein Mitarbeiter aus Lehrerkreisen der SD-Hauptaußenstelle Bochum wurde veranlasst, einer nur aus 12 bis 13-jährigen Arbeiterkindern bestehenden Klasse das Thema »Was sagen die Leute über den Krieg« als *Hausaufgabe* zu stellen. Dies geschah in der Erwägung, dass der Kindermund alles das wiedergibt, was er im häuslichen Kreise hört. Die Arbeiten liegen im Original hier vor und werden in Abschrift zur Kenntnis gegeben.

Es ist bemerkenswert, dass folgende Punkte in den abgegebenen Schülerarbeiten immer wiederkehren: Das Meckern und Geschimpfe über verknappte Waren, die Feststellung, dass die Menschen mit dem Brot nicht mehr auskommen, dass die Bauern zu wenig und zu schlechte Hilfe haben, weil ihre Söhne im Felde stehen, der Wunsch, dass die Engländer ihre Nachtangriffe einstellen, die Hoffnung auf eine baldige Beendigung des Krieges, die Frage nach der Kriegsschuld und die Frage, ob wir unter den heutigen Verhältnissen den Krieg überhaupt gewinnen können. Weiter werden die Gerüchte über erneute Lebensmittelrationskürzungen in den Hausaufgaben behandelt sowie die Klagen der Männer über zu wenig Rauchmaterial und Gerüchte, die wissen wollen, dass Gefangene mehr Lebensmittel zugeteilt erhalten als die deutsche Zivilbevölkerung.

Abschriften über das Thema »Was die Leute über den Krieg sagen«, gegeben der Klasse 7, ausschließlich von Arbeiterkindern besucht, einer Bochumer Volksschule. Alter der Kinder 12–13 Jahre.

*Johann B.: **7. Klasse***

Manche Leute sagen, der Krieg wäre bald zuende, und manche sagen in einem Jahr. Jetzt kan man nicht so viel kaufen wie im Frieden, jetzt gibt es alles auf Marken, und man kann nicht so viel kaufen darum sind die Leute ärgerlich. Deutschland hat den Krieg nicht gewollt nur England. Wenn Fliegeralarm ist, dann fangen die Leute an zu schimpfen, weil sie im Keller müssen, und können nicht schlafen. Die Männer, die von der Arbeit kommen, die können garnicht schlafen, die sind so ärgerlich. Die Brotmarken sind so wenig, manche Leute haben kein Brot mehr sie müssen Kartoffel essen. Im Keller erzählen sie sich wer denn den Krieg gewollt hat, so sagen alle Leute der Engländer und manche der Amerikaner und nicht Deutschland. Wenn sie nur hören, ein Tommi[38] ist abgeschossen, dann laufen sie alle hin. Die Leute haben kein Fleisch und keine Wurst, sie wüssen nich was sie ihren Männer aufs Brot schmieren. Wenn wo nur eine Bombe auf einem Feld gefallen ist, dann fangen sie an erzählen, sie sagen dann

---

37 Für den Hinweis auf diese Quelle danken wir Herrn Dr. Manfred Hildebrandt, Leiter des Stadtarchivs Herne.
38 Umgangssprachlich für britisches Flugzeug.

bekommen wir weniger Brot. Manche Leute sagen, die Gefangenen bekommen mehr als wir, sie bekommen auch Pferdefleisch. Das weiss ich was die Leute sagen über den Krieg.

Paul K.: **Klasse 7**

Was sagen die Leute über den Krieg. Die Leute sagen, wenn bloß der Krieg ein Ende hätte. Durch die Einteilung der Lebensmittel, schimpfen verschiedene Leute darüber. Viele wünschen sich, daß die Engländer nicht mehr des Nachts kommen. Im Krieg ist die Kleidung sehr knapp. Deswegen müssen wir uns die Kleider schonen. Für uns gibt es nichts anders, wenn auch alles sehr knapp ist, wir müssen auf jeden Fall siegen, wenn es auch sehr schwer ist. Einige sagen, wenn es bloß mehr Brot geben würde. Auch wird erzählt, daß wir den Krieg haben gewollt, aber die Juden waren es. Auch wird erzählt, daß Russen am Bochumer-Verein[39] arbeiten, ich habe aber noch keine Gefangene gesehen. Zigaretten und Tabak gibt es auch sehr knapp. Die jungen Freileins schimpfen immer, dass es keine Schokolade und Klümchens mehr gibt. An der Bezugscheinstelle wird auch immer gemeckert. Nun haben wir solange gestanden und doch nichts bekommen. Manche Leute sagen warum gibt es denn kein Fisch und kein Hering. Als ich gestern in der Stadt war, hörte ich auch zwei Leute über den Krieg sprechen. Durch die Einteilung der Kartfollen meckern auch schon wieder manche Leute. Sie haben auch schon wieder erzählt, dass es einhalbpfung Kartoffel mehr gibt. Die Frauen schimpfen, dass die Männer immer zwölf Stunden arbeiten und das Essen ist auch nicht das richtige. Durch die Abziehung des Fleisches meckern auch wieder Leute. Aber hoffentlich lassen sie und noch die 300 gramm.

Werner R.: 7. Kl.

Schon seit drei Jahren ist Krieg. Und die Leute sagen schon immer, wenn doch Frieden einmal kämme, auch sagen sie es über die Lebensmittelscheine. Die Leute auf dem Lande können die Arbeit auf dem Felde auch nicht alleine schaffen, denn viele Bauern habe ihre Söhne im Krieg und die alten Leute können (die alten Leute) auch nicht mehr so recht, so sagen die Bauern auch wenn denn einmal der Frieden durchs Radio gesprochen würde. Damit die Söhne wieder von den Bauern nach Hause kommen und die Landarbeit wieder besser in die Bewegung kommt. Als der Krieg mit Russland ausbrach, waren die Leute in aufregung, die alten Leute haben geglaubt, der russe wär in Deutschland herein gekommen aber dieses mal hat es den Feind nicht gelingt in die deutschen Stellungen einzubrechen sondern der deutsche ist in den Feind seine Stellungen eingebrochen. Wie sie das hörten waren sie wieder froh. Und als der Krieg in Russland voran ging, konnten die Leute wieder ruhig arbeiten die geglaubt haben der Feind wär in unser Land gekommen. Als ich in ein Geschäft kam da hörte ich wie die Leute sich am erzählen waren das sie uns wieder etwas Fleisch abziehen wollten. Aber einige Leute sagten, das der Krieg ein ende nehmen müsste.

---

39 Hüttenwerk in Bochum.

Willi R., Klasse 7

Überall sind die Leute am mekern. Auch werden viele Gerüchte verbreitet. Der eine sagt ich hab nicht genug zu Essen. Der andere hat nicht genug Punkte. So sind viele Leute am mekern. Manche Leute sagen was nicht der Krieg alles mit sich bringt. Aber die Hauptsache ist es dass wir den Krieg nicht verlieren. Dass unsere Soldaten genug zu Essen haben. Der Rüstungsarbeiter darf auch nicht immer an zu mekern fangen, wenn das der Fall wäre, so könnten sie ja alle sagen ich stelle den Soldaten keine Munition und Waffen mehr. Auch wird erzählt, dass die Gefangenen mehr zu Essen bekommen als wir. Viele Leute mekern auch, weil sie bei jedes bißchen Schlange stehen müssen. Darum sollen alle Deutschen damit zufrieden sein was sie bekommen. Auch mekern viele Leute weil sie wieder was abgezogen bekommen haben. An der Bezugscheinstelle gibt es auch viel zu hören. Die Leute stehen mehrere Stunden an der Bezugschein und bekommen doch nichts. Gestern war ich bei Kortum[40], da hörte ich auch viele Gerüchte. Die Leute schimpfen, wenn sie bei Obst Gemüse bei nehmen müssen. Manche Leute schimpfen weil sie was abgezogen bekommen haben und kein Fleisch und Heringe mehr kaufen können. Der Führer hat in seiner grossen Rede nochmals gesagt das wir siegen. Das glauben auch alle Volksgenossen.

22. Einblicke in die Ernährungslage sowjetischer Zwangsarbeiter im Ruhrgebiet (1942)

Schreiben des Tagesbetriebsführers des Bergwerks Shamrock 1/2 in Herne, Fritz Müller, an die vorgesetzte Hauptverwaltung der Bergwerksgesellschaft Hibernia vom 7.7.1942. Bergbau-Archiv Bochum 72/469. Abschrift, abgedruckt in: Hans-Christoph Seidel/Klaus Tenfelde (Hg.), Zwangsarbeit im Bergwerk, Bd. 2: Dokumente, Dok. 252, S. 659.

Im Gemeinschaftslager Schacht VII Shamrock 1/2 befinden sich z.Zt. 617 Zivilrussen. Die Verpflegung hat sich durch Mehrzuteilung im Monat Mai zwar gebessert, ist aber noch nicht ausreichend. Zur Ausgabe gelangen mittags und abends je zwei Liter warmes Essen pro Person, außerdem 500 bis 600 g Brot mit Aufstrich täglich. Die Zubereitung ist sorgfältig und schmackhaft. Der Lagerarzt Dr. Meier berichtet, dass Krankheiten, die auf schlechte Ernährung zurückzuführen sind, z.Zt. nicht beobachtet wurden. Trotzdem klagt der größte Teil der Lagerinsassen über zu wenig Essen. Sie bieten sich für alle möglichen Arbeiten außer ihrer verfahrenen Schicht an, um sich irgendeine Zulage zu erwerben. Es ist scheußlich anzusehen, wie die Russen über die Küchenabfälle, die teilweise faul und verdorben sind, herfallen. Auch ist festzustellen, dass die Russen auf den Arbeitsstellen alle Schutthaufen untersuchen, um irgendetwas Essbares zu finden. Selbst die Futterkisten der Pferde von unter Tage werden auf die dem Pferdefutter beigegebene Melasse (Futterbrot) untersucht.

Diese Beobachtungen lassen erkennen, dass die Russen mit der jetzigen Verpflegung bei weitem nicht auskommen.

---

40 Kaufhaus in der Bochumer Innenstadt.

23. Der Gesundheitszustand sowjetischer Kriegsgefangener im Ruhrbergbau (1942)

Schreiben des Vorstands der Gutehoffnungshütte AG Oberhausen (Bergassessor a.D. Wilhelm Nebelung und Bergassessor a.D. Georg Mogk) an die Bezirksgruppe Steinkohlenbergbau Ruhr der Wirtschaftsgruppe Bergbau zum Gesundheitszustand sowjetischer Kriegsgefangener vom 18.8.1942. Bergbau-Archiv Bochum 16/588, abgedruckt in: Hans-Christoph Seidel/Klaus Tenfelde (Hg.), Zwangsarbeit im Bergwerk, Bd. 2: Dokumente, Dok. 281, S. 704f.

Wie wir Ihnen bereits mit Schreiben vom 6.8.1942 mitteilten, ist der Einsatz der uns überwiesenen russ. Kriegsgefangenen bisher von äußerst geringem Erfolg gewesen.

Am 2.8. ds. Jrs. wurden uns 397 und am 6.8.1942 weitere 32 russ. Kriegsgefangene überwiesen. Von diesen 429 Mann sind aufgrund einer knappschaftsärztlichen Untersuchung, bei der ein äußerst strenger Maßstab angelegt wurde, 137 russ. Kriegsgefangene für den Einsatz in der Grube restlos untauglich. Der Knappschaftsarzt führt als Grund für die Grubenuntauglichkeit Unterernährung und im Zusammenhang damit den äußerst schlechten Gesundheitszustand der Kriegsgefangenen an. In den ersten 14 Tagen ihres Hierseins sind bereits sechs Kriegsgefangene an Herzschwäche gestorben. Zurzeit sind weitere 50 Mann derart erkrankt, dass ein Verlassen des Lagers unmöglich ist und an eine Arbeitsaufnahme unter Tage überhaupt nicht zu denken ist. Nach Urteil des Arztes werden auch von den erkrankten Kriegsgefangenen weitere eingehen. Außer den Kranken sind rd. 20 Kriegsgefangene derart schwach, dass sie nur zu leichteren Arbeiten – Aufbau neuer Lager, Kartoffelschälen und dergl. – herangezogen werden können. Die Zahl der Grubenuntauglichen wird nach Ansicht des Arztes ebenfalls weiter ansteigen. Die Leistung der restlichen im Untertagebetrieb eingesetzten Kriegsgefangenen liegt bei günstiger Beurteilung bei rd. 20 Prozent der Leistung deutscher Gefolgschaftsmitglieder.

Wir bitten, diese geschilderten Zustände umgehend den maßgebenden Stellen vorzutragen, damit man sich keinerlei falschen Hoffnungen über den Erfolg des Großeinsatzes derartiger russ. Kriegsgefangenen hingibt. Der Einsatz derartiger Kriegsgefangener in den Untertagebetrieben wird nicht die geforderte Fördersteigerung bringen, sondern stellt eine Belastung des Betriebs dar und wirkt, auf die Dauer gesehen, auch noch leistungshindernd auf unsere deutschen Gefolgschaftsmitglieder.

Nach unserer Ansicht, die durch das Urteil des Knappschaftsarztes in vollem Maße unterstützt wird, hat der Einsatz russ. Kriegsgefangener in den Untertagebetrieben lediglich Zweck und bringt die geforderte Fördersteigerung, wenn entweder dem Bergbau körperlich leistungsfähige Menschen zugewiesen werden oder die sowjet. Kriegsgefangenen vor dem Einsatz im Untertagebetrieb durch zweckmäßige Ernährung so leistungsfähig gemacht werden, dass ihr Einsatz Sinn hat.

Weiterhin weist der Knappschaftsarzt immer wieder darauf hin, dass die für die sowjet. Kriegsgefangenen bei der vorgesehenen Untertagearbeit vorgesehene Ernährung weitere Ausfälle herbeiführen wird.

Unser Vorschlag geht dahin, entweder die Lebensmittelzuteilungen für sowjet. Kriegsgefangene im Rahmen des Möglichen zu erhöhen oder aber den Einsatz im Bergbau derart einzuschränken, dass mit den zur Verfügung stehenden Mitteln eine in etwa ausreichende Ernährungsgrundlage geschaffen wird.

Zusammenfassend weisen wir darauf hin, dass bei der Zuweisung sowjet. Kriegsgefangener an den Bergbau eine grundlegende Änderung im obenstehenden Sinne eintreten muss, wenn der Einsatz den notwendigen Erfolg haben soll.

24. Baracken und Stacheldraht: Zur Unterbringung von Ausländern und Zwangsarbeitern im rheinisch-westfälischen Industriebezirk (1942)

Auszug aus einem Bericht des Reichsministeriums für die besetzten Ostgebiete über die Zustände in Lagern für sowjetische Zivilarbeiter im Großraum Rhein-Ruhr (Nov.-Dez. 1942).[41] Abschrift von Abschrift. Bergbau-Archiv Bochum 8/383.

In der Zeit vom 24.11.-5.12.1942 wurden in den Gauen Düsseldorf, Westfalen-Süd, Essen und Westfalen-Nord folgende Lager besucht:
    Rheinmetall-Borsig-Werke in Düsseldorf (drei Lager)
    IG Farben in Krefeld-Uerdingen[42]
    Grube Concordia in Oberhausen[43]
    Bochumer Verein in Bochum[44]
    Zeche Shamrock in Bochum[45] (Frauen- u. Männer-Lager)
    Zeche Holland in Wattenscheid[46]
    Durchgangslager in Soest[47]
    Dortmund-Hörder Hüttenverein in Dortmund[48]
    Krupp Essen[49]
    Essener Steinkohlen AG[50] (zwei Lager: Lager Katharina, Lager Prinz Friedrich)
    Gewerkschaft Emscher-Lippe in Datteln i. Westfalen[51] (zwei Lager)
    Chemische Werke Buna in Hüls[52] (zwei Lager)

---

41 Der Bericht ist die Zusammenfassung der im Rahmen einer Bereisung von November/Dezember gewonnenen Erkenntnisse.
42 Heute: Bayer AG, Chemiepark Uerdingen.
43 Richtig: Concordia Bergbau AG mit Sitz in Oberhausen.
44 Heute: größtenteils stillgelegt, Restanlagen im Eigentum der ThyssenKrupp AG.
45 Das Bergwerk Shamrock 1/2 der Bergwerksgesellschaft Hibernia AG befand sich in Herne, das Bergwerk Shamrock 3/4 in Wanne-Eickel.
46 Das Bergwerk Holland gehörte zur Gelsenkirchener Bergwerks AG, Gruppe Gelsenkirchen.
47 Lager, von dem sowjetische Zivilarbeiterinnen und Zivilarbeiter auf die Ruhrindustrie verteilt wurden.
48 Dieser Stahlstandort im Dortmunder Stadtteil Hörde wurde aufgelassen.
49 Heute: ThyssenKrupp AG.
50 Richtig: Essener Steinkohlenbergwerke AG, Essen.
51 Die bergrechtliche Gewerkschaft Emscher-Lippe gehörte zur Fried. Krupp AG.
52 Später: Chemische Werke Hüls AG; heute: Chemiepark Marl.

Die hier vorliegenden Überprüfungen von Ostarbeiterlagern wurden veranlasst durch verstärkte Meldungen über Unbotmäßigkeit von Ostarbeitern und damit verbundene Einstellung von Familienunterstützungen. Da die entsprechenden Meldungen aus dem bereisten Gebiet auffallend höher lagen als in anderen Gauen, trat die Vermutung auf, dass hierfür eine unzureichende Betreuung der Ostarbeiter durch die Betriebe ursächlich bestimmt sei. Diese Vermutung hat sich bestätigt. Die Fluchten, welche zum Teil sehr hoch waren, gegenwärtig nachgelassen haben, jeden Augenblick aber wieder höher werden können, wurden von Betrieben und Dienststellen sehr verschieden beurteilt. Hervorstechend war als Ursache mangelhafte Verpflegung und Unterkunft. Es ist bezeichnend, dass Betriebe, bei denen die Wichtigkeit einer ordnungsmäßigen Betreuung erkannt wurde, die Schwierigkeiten schneller ausgleichen konnten. Unbotmäßigkeiten und Fluchten in dem hochempfindlichen Industriegebiet der bereisten Gaue mit der nahen holländischen Grenze bedürfen der besonderen Aufmerksamkeit aller Beteiligten, ganz abgesehen von der Gefahr des Produktionsrückganges bei Fehlern in der Betreuung der Ostarbeiter.

Dass die Betreuung der Ostarbeiter sich nicht allein auf das notwendigste Essen und die Unterbringung, sondern z.B. auch vordringlich auf die Freizeitgestaltung u.a. erstrecken muss, ist bekannt. In den bereisten Gauen wird aber ganz im Allgemeinen, abgesehen von wenigen Musterbetrieben, der Ostarbeiter seinem Schicksal überlassen, weil man ihn lediglich als aus dem weiten Ostraum leicht [zu] ergänzendes Produktionsmittel betrachtet. Die Betriebsführer haben fast durchgängig keinerlei Verständnis für das Wesen der Ostarbeiterfrage und wollen auch kein Interesse daran nehmen. Infolgedessen lassen selbst die notwendigsten Dinge wie Essen und Unterkunft oft außerordentlich zu wünschen übrig, sind ungenügend, lieblos hergerichtet, schmutzig und zum Teil sogar über jedes Maß hinausgehend schlecht. Bei den Unterkünften herrscht zum Teil sogar Dunkelheit und mangelnde Lüftung.

Die Lagerführer sind im Allgemeinen ihrer Aufgabe nicht gewachsen, es fehlt auch hier jede Ausrichtung auf die Erkenntnis der Bedeutung des Ostarbeiters für die Kriegswirtschaft.

Deshalb sind u.a. die nur schwachen Anfänge von Freizeitgestaltung zum Teil geradezu naiv in Planung und Durchführung. Man kommt übrigens in den bereisten Gauen auch erst jetzt langsam dahinter, dass die Freizeitgestaltung in engster entscheidender Verbindung mit der sehr schwierigen Frage des Ausgangs der Ostarbeiter steht. Es fehlt an systematischer Krankenbehandlung. Man findet zuweilen monatelang ungenügende Revierbehandlung mit der selbstverständlichen Gefahr der Selbstverstümmelung. Auf Revierstuben, die zuweilen direkt dreckig sind, und [auf] pflegliche Behandlung durch geeignetes Personal wird nicht genügend Rücksicht genommen, obwohl dieses bei dem herrschenden Ärztemangel, Bettenmangel in Krankenhäusern und Mangel an Medikamenten besonders wichtig wäre. Umso bedauerlicher ist es, dass verhältnismäßig geringe finanzielle Gründe für den Nichteinsatz vorhandener Ärzte ausschlaggebend sind.

Bei der Frage der Strafen wurde der Auffassung begegnet, dass Prügel im Bergbau zwangsläufig dazu gehöre.

Ebenso wie bei den Fluchten werden hier beim Krankheitsstand Zahlen bewusst fortgelassen, denn die Abordnung musste feststellen, dass bei den schlechtesten Betrieben teilweise der Krankenstand sehr gering war, weil dieses aus der Krankenbehandlung und den Revierstuben ersehen werden konnte. Aufschlussreich war aber die Bemerkung, »der Ostarbeiter sei sehr zäh. Er arbeite, bis er an dem Arbeitsplatz mit dem Gesicht in den Dreck falle und der Arzt nur noch den Totenschein ausstellen könne«.

Soweit Klagen über die Lohnfrage auftraten, musste festgestellt werden, dass die Lohnabrechnung ebenso undurchsichtig war wie die Aufstellung über die Verpflegungsrationen, letzteres fast durchgängig. Der Küchenbetrieb war teilweise verpachtet, was zu höchst ungesundem Kriegsgewinn führt. Andererseits wurde bei Krupp selbst darüber geklagt, dass der Kruppsche Konsumverein die Verpflegungsform behindere.

Die Lohnfrage spielt zur Zeit noch eine wesentlich geringere Rolle als Essen und Unterkunft, weil die Ostarbeiter mit dem Geld nicht rechtes anfangen können und die Frage des Lohnsparens wegen mangelndem Interesse der Betriebsleitung und mangelnden Vertrauens seitens der Ostarbeiter nirgends geregelt ist. Selbst die drängende Frage des Rubelumtauschs und das Überweisungsverfahren nach der Heimat auf Grund der Sparbücher musste mit den Betriebsführungen erst direkt exerziert werden.

Die Postverhältnisse sind ungünstig.

Bei Beanstandungen wurde bezeichnenderweise der Abordnung entgegen gehalten, dass die sich die ungünstigsten Dinge »herausgepickt« haben. Die Entgegnung der Abordnung war: Wenn die Abordnung in der Lage sei, bei einem so überraschenden Besuch sich Missstände herauszupicken, dann müsse notwendigerweise die Betreuung auf der ganzen Linie schlecht sein. Die Stimmung der Ostarbeiter war mit wenigen Ausnahmen, wo sie ausgesprochen gut genannt werden konnte, im Allgemeinen eine unzufriedene bis zum Teil sogar katastrophale. So wird z.B. das Bild der Trostlosigkeit und Verelendung in dem Lager des Bochumer Vereins nie ausgelöscht werden können – dieses insbesondere im Gegensatz zu dem Bild der ankommenden Transporte kräftiger und gut gewillter Menschen im Soester Auffanglager. Die Stimmung bei den Frauen war hier im Allgemeinen besser als bei den Männern.

Trotz dieser Lage mussten die Betriebsführungen durchgängig zugeben, dass die Arbeitsleistung bei den Frauen bis zu 100 Prozent der deutschen Leistung und darüber anzusetzen sei, bei den Männern, bei denen der falsche Arbeitseinsatz mitbestimmend ist, mit 60 Prozent, 70 Prozent, 80 Prozent und mehr. Wie günstig müsste sich daher der Leistungsstand gestalten bei richtiger Betreuung, Überprüfung und Eignung und zweckentsprechendem Arbeitseinsatz.

[Es folgen Einzelberichte: ...]

1. Grube Concordia in Oberhausen:

20–25 Prozent Flüchtlinge! Unterbringung fehlt. Schlechte Beleuchtung, stickige Luft, Schmutz, Lagerführung, Dolmetscher und Sanitäter keinerlei Verständnis für Ostarbeiterfrage – begründet durch gleiche Einsichtslosigkeit bei Betriebsführung. Prügel sogar seitens des Sanitäters bei den Kranken.

Verpflegung mengenmäßig ausreichend aber schlecht und unhygienisch zubereitet, obwohl schwere Arbeit in liegender Stellung. Viele Facharbeiter mit bester bergmännischer Ausbildung aus Kriwoi-Rog.[53] Schlechte Kleidung, schlechtes Schuhwerk, viel Jugendliche. Ausgang schlecht geregelt. Stimmung unzufrieden, bedrückt.

2. Bochumer Verein in Bochum:

Arbeiter furchtbar heruntergekommen, Stimmung katastrophal, Lager vernachlässigt und dreckig, Essen unzureichend, Prügel. Familie auseinandergerissen. Fluchtversuche sogar von Frauen. Essen als Prämie – erst Leistung, dann Betreuung. Keinerlei Verständnis bei Leitung.

3. Zeche Shamrock in Bochum:[54]
Frauenlager:

Gute Unterbringung und Verpflegung. Berufskleidung und auffallend gutes Aussehen. Gute Stimmung. Gute Badeangelegenheit. Gute Behandlung. Ausgang in Ordnung.

Männerlager:

Bei 895 Arbeitern 154 krank. Rückwirkend aus schlechter Ernährung im Sommer und einer Zuweisung von Kranken aus einem anderen Lager. Ärztliche Versorgung gut, angeblich keine Selbstverstümmelung. Teilerfolg gehemmt durch die Unterernährung des Sommers und Mangel an Medikamenten. Besserung fortschreitend aber ungenügend. Revierstuben überfüllt und schmutzig. Küche verpachtet. Familien gesondert untergebracht und zufrieden. Betriebsführer verständig und aufgeschlossen. Sagten Abhilfe der Mängel zu.

4. Zeche Holland in Wattenscheid:

Betriebsführer und Lagerführung keinerlei Verständnis, ja sogar Widerstand. Revierstube und Krankenverhältnisse unerfreulich. Baracken und Essraum kalt, unordentlich, schmutzig. Küche an Italiener verpachtet. Das warme Essen wird stehen gelassen. Die gesamten Lagerverhältnisse sind unter aller Kritik. [...]

5. Krupp Essen:

Im Lager befindet sich eine vorbildlich eingerichtete Frauenbaracke, während andere unzureichend und verschmutzt sind. In einem Zimmer sind fünf Familien schon seit sieben Monaten ohne irgendeine Abtrennung untergebracht. Essen genügend. Sanitäre Verhältnisse unzureichend, da Krankenbaracke u.a. ohne Bettwäsche und Ordnung. Lagerführung nicht ausreichend. Besonders zu erwähnen, dass man hier mit großen Zahlen von Geburten bis zu acht Prozent des Frauenbestandes rechnet.

---

53 Heute: Кривий Ріг, Stadt in der Südukraine (Oblast Dnipropetrowsk) und Zentrum von Erz- und Uranbergbau.
54 Die Bergwerkdirektion Shamrock in Waltrop gehörte zur Bergwerksgesellschaft Hibernia AG. Die Schachtanlage Shamrock I/II lag in Herne, die Betriebsanlage Shamrock III/IV in Wanne-Eickel.

6. Essener Steinkohlen AG in Essen:
Lager Katharina:
Die Ostarbeiter sind gegenwärtig in Baracken für Kriegsgefangene mit schwerstem Stacheldraht und vergitterten Fenstern untergebracht. Entwesung mangelhaft. Viel Ungeziefer. Strohmatratzen mussten entfernt werden, daher Schlafen nur auf Drahtmatratzen. Zuweilen Prügel. Lohnfragen ungeklärt. Essen nicht besonders.

Lager Prinz Friedrich:
Essen genügend, Postverkehr mangelhaft, sanitäre Verhältnisse unzureichend. Ungeziefer. Schlafen auf Drahtmatratzen. Waschraum ungenügend mit warmem Wasser versorgt. Familienunterkunft zehn Menschen in acht Betten. Familien nicht getrennt, in einem Zimmer. Für eine Familie mit einem Säugling war hinreichend gesorgt. Unterkünfte im Allgemeinen unzureichend.

7. Gewerkschaft Emscher-Lippe in Datteln i. Westfalen:
Frauenlager:
Unterbringung und Essen gut. Auch die übrige Fürsorge ohne Bedenken. Mitbetreuung durch die Frauenschaft.[55]

Männerlager:
Weniger günstiger Eindruck. Die Betriebsführung und damit auch die Lagerführung ist aber energisch und zugänglich, scheint Gewähr dafür zu bieten, dass Einzelbeanstandungen entsprochen werden wird.

8. Gewerkschaft Auguste Viktoria in Hüls
Frauenlager:
Unterbringung schlecht, verschmutzt und überfüllt, teilweise kalt, Familien müssen getrennt wohnen, dürfen sich nur zweimal für ein paar Stunden sehen. Bedrückte Stimmung. Zwei Neugeborene vorläufig gut untergebracht, doch ist die Unterbringungsfrage ungeklärt, Lagerleitung völlig unzureichend, liegt offensichtlich an der Betriebsführung.

Männerlager:
Mit Essen sind die Ostarbeiter zufrieden. Unterbringung schmutzig und überfüllt. Ungeziefer. Hoher Krankenstand. Es wurde ein Ostarbeiter angetroffen, der seinen Fuß schwer verletzt hatte. Eiterungsherd war vom Arzt aufgeschnitten und wurde unter schmutzigen Verhältnissen in der Wohnbaracke mit heißem Wasser behandelt, ohne dass Lagerführung selbst nur Seife oder Kamille herbeigeschafft hatte. Unzureichende Abortanlagen. Angeblich stoßen Anregungen auf Widerstand bei der Betriebsführung.

---

55 NS-Frauenschaft. Frauenorganisation der NSDAP.

25. Die Nationalsozialisten proklamieren den »totalen Arbeitseinsatz« in Analogie zum »totalen Krieg«: Frauen und Rentner werden für die Rüstungsindustrie rekrutiert (1943).

Nun kommt es auf jeden an!, in: Werkzeitschrift der Deutsche Eisenwerke AG, Werk Schalker Verein, Nr. 2 (März 1943). Institut für Stadtgeschichte/Stadtarchiv Gelsenkirchen.

Es ist keine Zeit mehr zu verlieren, das steht fest! Der totale Krieg fordert von uns – ohne Ausnahme – den höchsten und letzten Einsatz. Das Beispiel ist gegeben, wir brauchen nicht zu fragen: Was müssen wir tun? Unsere Väter, Brüder und Söhne haben es uns in Stalingrad vorgelebt und schließlich mit dem letzten Einsatz bewiesen. Da ist es nun an uns, auf alle Bequemlichkeiten, die wir noch aus Friedenszeiten für uns in Anspruch genommen haben, zu verzichten und einzig und allein daran zu denken: Wie ist dieser Krieg schnellstens zu beenden und was kann *ich* dazu tun?

Es gibt für Dich, Kamerad an der Werkbank, und für Dich, Kameradin in unseren Reihen, keine Möglichkeit mehr zu sagen: »Ja, die *Anderen* sollen zuerst anfangen.« Drei Jahre Krieg haben uns gewiss hart gemacht, aber der Ansturm der Horden aus der östlichen Steppe verlangt von uns, dass wir noch härter werden. Wir müssen es alle ohne Ausnahme erkennen, dass es wirklich um das Leben des Volks, um das Leben jedes Einzelnen von uns geht! Wer wollte so töricht sein zu glauben, dass *ihn* der Terror des Bolschewismus verschonen würde? Wenn er sich also einsetzt, so tut er es nicht für irgendeine Sache, die ihn nichts angeht und die irgendwo in nebelhafter Ferne schwebt, sondern er kämpft mit seinem Einsatz um sein eigenes Leben, um das Leben seiner Familie, um den Bestand seines Besitzes, seiner Lebensgewohnheiten, kurz, um seine Existenz!

Wir müssen uns freimachen von dem Gedanken, dass unsere Arbeit, die wir heute tun, Gelderwerb ist, dass es sich um eine Leistung handelt, die wir für den Betrieb vollbringen. Unsere Arbeit dient einzig dem Volk und vor allem unseren Kameraden an der Front. [...]

Seit Jahren stehen Frauen in unseren Betrieben an den verschiedensten Arbeitsplätzen und erfüllen getreu ihre Pflicht. Sie waren damals ohne einen Aufruf bereit, sich einzusetzen für kriegswichtige Arbeit. Gewiss hat oft die Notwendigkeit des Nebenerwerbs bei derartigen Entschlüssen mitgesprochen. Es steht aber auch fest, dass diese Frauen zu einem großen Teil nicht unerhebliche Familienpflichten neben der Betriebsarbeit erledigt haben. Wir dürfen daher der Überzeugung sein, dass die nunmehr aufgerufenen Frauen, die zum Teil entschieden weniger Hausfrauenpflichten haben, ihre Arbeit ebenfalls leisten werden. Eins aber dürfen wir bei dem Einsatz der vielen neu hinzustoßenden Kräfte nicht vergessen: Sie müssen da eingesetzt werden, wo kriegswichtige Notwendigkeiten bestehen, und wenn auch persönliche Neigungen und Wünsche ihre Berücksichtigung finden sollen, so haben diese persönlichen Interessen zurückzutreten, wenn es die Notwendigkeit erheischt. Waffen und Munition, wie auch die Fabrikation des erforderlichen Lebensbedarfs unseres Volks gehören zu den wesentlichen Forderungen, die Berücksichtigung finden müssen. Es ist doch der Sinn der Anordnungen, dass durch den Fraueneinsatz Männer frei werden, die an der Front kämpfen können, um den Krieg in kürzester Frist zu beenden.

„Die Deutsche Frau kämpft mit!" NS-Propagandaplakat, vermutlich 1943/44 [Stadtarchiv Herne]

Vor allem kommt es nun darauf an, dass *wir*, die wir schon lange im Betrieb stehen und unsere Pflicht getan haben, diesen neuen, zu uns stoßenden Arbeitskräften die ungewohnte Arbeit nicht noch schwerer machen, sondern sie kameradschaftlich und herzlich aufnehmen in unsere Gemeinschaft. [...] Machen wir es ihr leicht, zu uns zu finden und die Arbeit zu tun, dann werden wir selbst die Freude an der Arbeit erhalten und mit diesen Neuen bald eine Front bilden, auf die sich unsere Soldaten verlassen können.

Auf die Leistung kommt es also an. Darum wäre es auch falsch, wenn wir Erfahrenen nun sagen wollten: Nach der Anordnung haben wir es nicht nötig zu arbeiten, also tun wir es auch nicht mehr! Damit wäre unserer Front nicht gedient, und wir könnten kaum die Verantwortung für eine solche Denkweise auf uns nehmen, wenn wir uns vorstellen müssten, dass eines Tages der Kamerad im grauen Rock vor uns hintritt und sagt: Wenn Du weitergearbeitet hättest, dann hätten wir genug Waffen gehabt, um standzuhalten.

Es kommt jetzt auch nicht darauf an, ob wir Geld verdienen wollen. Mancher von uns hat es infolge der hohen Familienunterstützung nicht recht notwendig, das zu tun. Es handelt sich gar nicht um das Erwerbsbedürfnis des Einzelnen, sondern um die kriegsentscheidende Notwendigkeit des Einsatzes für das gesamte Volk, wie für Dich und mich. Es müssen heute viele Opfer gebracht werden. Ganze Betriebszweige werden fast stillgelegt. Manche, die bisher stets selbständig gearbeitet haben, stehen nun plötzlich vor der Aufgabe, sich in eine große Betriebsgemeinschaft einordnen zu müssen. Es ist schon eine gewaltige Umstellung jedes Einzelnen erforderlich. Wer die Notwendigkeit erkannt hat, wird die Bereitschaft zu einer grundlegenden Wandlung seiner Lebensverhältnisse für die Dauer des Kriegs nicht ablehnen können. Denn er muss erkennen, dass es um Sein oder Nichtsein, um das Leben, die höchsten Werte unserer Kultur geht.

Ist die Aufgabe noch so groß und die Forderung noch so unbequem für den Einzelnen, verschwinden muss sie im Blick auf die Leistung der Front im Osten. Der deutsche Soldat von Stalingrad ist unser Vorbild! Wir wissen, was er von uns fordert, und wir werden ihn nicht enttäuschen.

26. Der Präsident des Fußballklubs Rot-Weiss Essen weigert sich, den Vereinssportplatz für die Aufstellung von Zelten für Zwangsarbeiter freizugeben (1943).

Georg Melches[56] an die Fried. Krupp-Wohnungsverwaltung vom 22.4.1943. Historisches Archiv Krupp Essen, WA 153/1264.[57]

Wir bestätigen die gestrige telefonische Unterredung zwischen Ihrem Herrn Grawe und Unterzeichnetem. Herr Gaustabsleiter Fischer erklärt uns, dass eine Freigabe unseres Sportplatzes an der Hafenstraße durch ihn für Ihre Zwecke nicht erfolgt sei; er habe im Gegenteil darauf

---

56 Zur Person Georg Melches vgl. das Porträt in Georg Schrepper/Uwe Wick, »... immer wieder RWE!« Die Geschichte von Rot-Weiss Essen, Göttingen 2004, hier S. 63–68.
57 Den Hinweis auf diese Quelle verdanken wir Herrn Dr. Klaus Wisotzky, Leiter des Stadtarchivs Essen.

hingewiesen, dass der Platz Privateigentum wäre und er nur die städtischen Plätze für Sie zur Verfügung stelle.

Wir möchten unseren Standpunkt von gestern, dass es unmöglich ist, den einzigen Sportplatz im Essener Norden, Bergeborbeck/Vogelheim, der Jugendpflege zu entziehen, beibehalten. Zur Ergänzung teilen wir ihnen mit, dass wir als einziger Essener Verein aufgrund der dichten Besiedlung des Essener Nordens über zwei Senioren-Mannschaften verfügen, von denen die 1. [Mannschaft] um die Gaumeisterschaft spielt, die auf Befehl des Führers unter allen Umständen ausgetragen werden muss, und dann anschließend eingreift in die Spiele im Tschammerpokal.[58] Auch diese Spiele sind laut Anordnung von höchster Stelle durchzuführen. Außer oben genannten zwei Senioren-Mannschaften verfügen wir noch über drei Jugendmannschaften, die an Diplomspielen, die der NSRL[59] durchführt, teilnehmen, und drei weitere Jugendmannschaften, die außer dieser Reihe tätig sind, die mannschaftsmäßig aber nicht eingeteilt werden können aus Mangel an Sportzeug für die Einzelnen. Darüber hinaus haben wir noch das Fähnlein 163 mit 120 Pimpfen[60] auf unserer Anlage zu betreuen, die dort regelmäßig ihre Übungen abhalten.

Aus diesen Gründen der Jugendpflege einerseits, aber auch aus der Erfahrung heraus, dass die arbeitende Bevölkerung sonntags als Erholung, gerade im Norden in unserem Stadtteil, gerne ein Fußballspiel sieht, möchten wir auch Sie bitten, Ihre Bemühungen um unser Sportgelände einzustellen. Wir rechnen umso mehr mit Erfüllung unseres Wunschs, als gerade wir Ihnen das Gelände zwischen unserem jetzigen Sportplatz und der Berne,[61] das ebenfalls als Sportplatz vorgesehen ist, aufgrund einer besonderen Vereinbarung bereits überließen.

Im Zusammenhang hiermit weisen wir darauf hin, dass gegenüber unserem Sportplatz Brachgelände liegt, das für Zeltläger durchaus geeignet ist. Weiter liegt an der Hafenstraße, an der Bottroper- und Vogelheimer Straße noch genügend freies Gelände. Weder unsere draußen im Feld befindlichen Soldaten noch unsere Mitglieder würden Verständnis dafür haben, dass eine gepflegte Anlage als Zeltlager für Ausländer dem eigentlichen Zweck entzogen wird und brachliegende Flächen unbenutzt bleiben. Unsere Soldaten müssen draußen in Schlamm und Dreck liegen und außerdem für unser Vaterland kämpfen, während die Ausländer hier, in den meisten Fällen nicht gerade gerne, für uns tätig sind und darüber hinaus noch ausgesucht gute Plätze als Zeltlagerwohnung bekommen sollen.

Wunsch des Führers und der ihm unterstellten Leitungen ist es, die Stätten der Jugendpflege zu erhalten und die Jugendpflege selbst gerade im Krieg als Vorbereitung für militäri-

---

58 Der 1935 eingeführte Tschammerpokal, der nach dem damaligen Reichssportführer Hans von Tschammer und Osten (1887–1943) benannt wurde, ist der Vorläufer des heutigen DFB-Pokal-Wettbewerbs.
59 Nationalsozialistischer Reichsbund für Leibesübungen.
60 Angehörige der jüngsten Jugendgruppe der Nationalsozialisten.
61 Nebenfluss der Emscher in Essen.

sche Dienste zu erweitern. Diese Aufgabe, die uns gestellt ist und die wir gerne ehrenhalber ausfüllen, muss durchgeführt werden, und dazu brauchen wir eben unser Sportgelände.

Heil Hitler!

Georg Melches

27. **Wilhelm Tengelmann, Vorstandsvorsitzender der staatlichen Bergwerksgesellschaft Hibernia, nimmt in einer Denkschrift zum Einsatz von Zwangsarbeitern im Steinkohlenbergbau an der Ruhr Stellung (1943).**
Wilhelm Tengelmann,[62] Erfahrungen aus dem Arbeitseinsatz der Fremdvölkischen im Ruhrbergbau, unter besonderer Berücksichtigung der Verhältnisse bei der Bergwerksgesellschaft Hibernia Aktiengesellschaft, Herne, vom 1.5.1943. Bergbau-Archiv Bochum 72/649. (Auszug)

Die gewaltigen kriegsbedingten Anforderungen an die deutsche Rüstungskraft führten im Ruhrbergbau schon Anfang 1940 zu dem ersten Arbeitseinsatz von fremdvölkischen Arbeitskräften. […]

Am Viertletzten des Monats April 1943 beschäftigte der Ruhrbergbau 370.451 Arbeiter, davon 100.344, Ausländer, d[as] s[ind] rd. 27 Prozent. Die Fremdvölkischen setzten sich im Wesentlichen zusammen aus:

13.182	männl. Ostarbeitern[63] aus der Anwerbung
7.358	männl. Ostarbeitern aus der Landwirtschaft
2.841	weibl. Ostarbeitern
9.260	Polen aus der Anwerbung
11.676	Polen aus der Landwirtschaft
5.840	westl. Kriegsgefangenen
43.758	östl. Kriegsgefangenen

Westarbeiter[64] wurden nur noch 3.374 und Italiener, Kroaten und Sonstige nur noch rd. 3.000 beschäftigt. 5.519 Zugängen im April standen 4.944 Abgänge gegenüber. […]

Das Verhältnis der Deutschen zur ausländischen Gefolgschaft, das heute noch knapp 3:1 beträgt, wird […] Ende dieses Jahres voraussichtlich bei 2:1 liegen.

---

62 Wilhelm Tengelmann (1901–1949) studierte das Bergfach und bestand 1926 die Diplomprüfung. 1931 wurde er Mitglied der Direktion der Schachtanlage Monopol in Kamen. Von März bis Oktober 1933 war Tengelmann, der bereits 1930 der NSDAP beigetreten war, Landrat in Unna. 1934 ernannte man ihn zum Vorstandsmitglied der staatseigenen Bergwerksgesellschaft Hibernia AG, ein Jahr später übernahm er den Vorstandsvorsitz. Angaben nach: Walther Killy/Rudolf Vierhaus, Deutsche Biographische Enzyklopädie, Band 13, München 1999, S. 675 sowie Walter Serlo, Die Preußischen Bergassessoren. 5. Aufl., Essen 1938, S. 477.
63 NS-Begriff für Zivilarbeiter aus den besetzten Gebieten der Sowjetunion.
64 NS-Begriff für Zivilarbeiter aus den besetzten Gebieten Westeuropas.

Diese Entwicklung birgt zwei Gefahrenmomente in sich:
>   die Überflutung der Gruben durch bergfremde Kräfte und
>   die ungünstige Rückwirkung auf die Leistung des deutschen Arbeiters. […]

Für den Leistungsrückgang sind u.a. die folgenden sachlichen Gründe anzuführen:
1. Die Erhöhung der Arbeitszeit von acht auf achtdreiviertel Stunden und die regelmäßige Einlegung bis zu zwei Sonntagsschichten im Monat sind auf die Dauer eine zu starke körperliche Belastung für unseren Bergmann. Es muss zu einem Leistungsabfall kommen, wenn die gesunde Relation zwischen Arbeitsauftrag und Leistungsvermögen fehlt.
2. Die häufigen Fliegeralarme und die seelischen Belastungen durch die Kriegsverhältnisse beeinflussen die Arbeitsleistung ungünstig.
3. In dem Masseneinsatz von Ausländern sieht der deutsche Bergmann eine Minderbewertung seiner Arbeit und auch einen Einbruch in die gerade im Bergbau so tief verwurzelte und eng geschlossene Arbeitskameradschaft. Das führt zu Missmut und mehr oder weniger zu einer weiteren Leistungsminderung. […]

Neben den weiblichen Ostarbeitern machen auch die im Ruhrbergbau eingesetzten jugendlichen Ostarbeiter im Allgemeinen einen guten Eindruck. Sie sind anständig und fleißig. Klagen sind nur in wenigen Fällen bekannt geworden. Der katastrophale Mangel an deutschem bergmännischen Nachwuchs zwingt uns, die jugendlichen Ostarbeiter zu einer Art bergmännischer Facharbeiter heranzubilden. […]

Die Ernährung der fremdvölkischen Arbeitskräfte – ohne Ostarbeiter und Kriegsgefangene – muss bei einem Vergleich mit den Verpflegungssätzen der eigenen Volksgenossen als überreichlich angesprochen werden. Die Ausländer erhalten die gleichen Verpflegungssätze wie die deutschen Arbeiter und genießen darüber hinaus den Vorteil aus der Gemeinschaftsverpflegung. […]

Die Sowjetrussen, die dem Bergbau zugewiesen wurden, waren zum Teil sehr schlecht ernährt, die Kriegsgefangenen stark unterernährt. Dass 50 Prozent von ihnen an Magenleiden, Furunkulose und geschwollenen Gliedern, also den typischen Merkmalen von Ernährungsstörungen, erkrankt waren, war keine Seltenheit. Es war sehr schwierig, sie mit den zugeteilten Lebensmitteln wieder gesund und leistungsfähig zu machen, zumal Gemüse in ausreichender Menge nicht geliefert werden konnte. […]

Über die Frage, ob es richtig ist, den sowjetrussischen Zivilarbeitern die gleichen Ernährungssätze wie den sowjetrussischen Kriegsgefangenen zu gewähren, lässt sich streiten.

Unangebracht ist die weitaus bessere Verpflegung wie auch Bezahlung der Polen gegenüber den Ostarbeitern, vor allen Dingen politisch betrachtet. Wir haben alle Veranlassung, wenn schon ein Unterschied gemacht werden muss, das Verhältnis umgekehrt festzulegen. Den Polen werden wir nie für uns gewinnen, den Ukrainer brauchen wir. […]

Zur Lohnfrage ist allgemein zu sagen, dass kein Ausländer den Lohn des deutschen Arbeiters, auch nicht bei gleicher Leistung, erreichen darf. Die Arbeitskraft des Deutschen muss in jedem Fall höher bewertet werden als die des Ausländers. […]

Ungeklärt sind bisher die Strafmöglichkeiten gegenüber den ausländischen Arbeitskräften. Die Verhängung von Bußen scheitert in den meisten Fällen daran, dass der den Ausländern zur Verfügung stehende Geldbetrag zu gering ist. Der Entzug von Essen führt zur Minderleistung. Prügeln ist verboten. Hier klafft eine Lücke, die noch geschlossen werden muss. Das bisherige System, für gute Leistungen Prämien zu gewähren, genügt nicht. […]

Eine Gefahrenquelle für biologische Schäden am Erbgut des deutschen Volks liegt darin, dass die starke Durchflutung des Arbeits- und öffentlichen Verkehrslebens durch den Ausländer dessen äußeres Erscheinungsbild allzu leicht verblassen lässt. Es geht in dem Verhalten gegenüber dem Ausländer nicht nur um die persönliche Ehre, auch nicht allein um die Blutehre des deutschen Volks, sondern um das Ansehen und seine Achtung überhaupt und um die Anerkennung, die es nach seinen kulturhistorischen und kulturschöpferischen Leistungen verdient. Das Auftreten gegenüber dem Ausländer darf nicht mit Überheblichkeit, sondern muss mit Stolz und Würde erfolgen! Darüber zu wachen, ist nicht nur Verpflichtung von Partei und Staat, auch der Betriebsführer kann an dieser Frage nicht achtlos vorübergehen. Die bereits erwähnte Schaffung einer zentralen Dienststelle für die Sachbearbeitung aller mit dem Arbeitseinsatz der Fremdvölkischen zusammenhängenden Fragen kann ihm dabei eine wertvolle Stütze sein (Verbindung zu den staatlichen und behördlichen Dienststellen, Partei und Lagerarzt).

Beziehungen zwischen deutschen Arbeitern und sowjetrussischen Arbeiterinnen oder Polinnen sind uns bisher aus unseren Betrieben nicht bekannt geworden. Bedauerlicherweise ist aber wiederholt beobachtet worden, dass deutsche Frauen gegenüber den Westarbeitern und Italienern die notwendige Haltung vermissen ließen.

Ich möchte hier ausdrücklich betonen, dass nach meiner Auffassung die Unterbringung der fremdvölkischen Arbeitskräfte in geschlossenen Lagergemeinschaften wesentlich dazu beigetragen hat, diese Gefahren nicht noch stärker auftreten zu lassen. Wir müssen daraus die Folgerung ziehen, dass, wenn es bedauerlicherweise nach dem Krieg notwendig sein sollte, in einem größeren Umfang fremdvölkische Arbeitskräfte sesshaft zu machen, ihre Unterbringung nur in geschlossenen, abseits gelegenen Siedlungsgemeinschaften vorgesehen werden darf, und zwar so, dass sich dort ihr Leben ihrer Eigenart, ihrer Mentalität und ihrem Volkscharakter entsprechend abwickeln kann.

28. Die Industriellen an der Ruhr organisieren die Waffenproduktion in vergleichsweise großer Eigenverantwortung (1943).

Walter Rohland[65] an Generaldirektor Ernst Poensgen[66] vom 21.6.1943. Abschrift. ThyssenKrupp Konzernarchiv Duisburg, NRO/114, Bl. 62–63. (Auszug)

Sehr verehrter lieber Herr Poensgen!

Vorab herzlichen Dank für die guten Wünsche zur Verleihung des Ritterkreuzes zum Kriegsverdienstkreuz.[67] Sie können sich denken, dass ich mich über diese Anerkennung, die in gleicher Weise ihre Geltung für alle meine Mitarbeiter hat, außerordentlich gefreut habe. Eine ganz besondere Freude war es jedoch für mich, bei dieser Gelegenheit von so vielen alten Freunden und Mitarbeitern und auch Weltkriegskameraden wieder einmal zu hören.

Aus Ihrem Brief entnehme ich, dass Sie vielleicht etwas Sorge haben betreffs meiner Inanspruchnahme durch die Panzersache und durch die RVE.[68] Zu Ihrer Beruhigung darf ich Ihnen mitteilen, dass trotz dieser Inanspruchnahme die Belange der Vereinigten Stahlwerke nicht zu kurz gekommen sind. Im Gegenteil, ich glaube, dass gerade meine Tätigkeit in den beiden genannten Organisationen für die VSt sich besonders vorteilhaft ausgewirkt hat.

---

65 Paul Walter Rohland (1898–1981) absolvierte ein Studium der Eisenhüttenkunde an der RWTH Aachen mit Diplom und Promotion. Von 1924 bis 1926 war Rohland Abteilungsleiter bei der Gesellschaft für Stahlindustrie GmbH, Bochum und wechselte danach zu den Deutschen Edelstahlwerken AG, Krefeld, einem Tochterunternehmen der Vereinigte Stahlwerke AG (VSt). Während des Zweiten Weltkriegs bekleidete Rohland, der 1941 in den Vorstand der VSt einzog und 1943 dessen Vorsitz übernahm, zahlreiche nebenberufliche Ämter – u.a. als Leiter des Sonderausschusses für Panzerwagen, als Vorstandsmitglied der Reichsvereinigung Eisen und der Gruppe Nordwest der Wirtschaftsgruppe Eisen schaffende Industrie sowie als Leiter des Hauptrings Eisenerzeugung beim Ministerium für Rüstung und Kriegsproduktion. Die Jahre 1945 bis 1947 verbrachte Rohland in einem alliierten Internierungslager; danach baute er eine Unternehmensberatung für den Montanbereich auf. Vgl. hierzu auch Manfred Rasch, Rohland, Walter, in: Neue Deutsche Biographie 21 (2003), S. 766 f. sowie die Autobiographie Rohlands: Bewegte Zeiten. Erinnerungen eines Eisenhüttenmannes. Stuttgart 1978.

66 Carl Albert Ernst Poensgen (1871–1949) trat nach einem Studium der Mathematik, der Chemie sowie des Bergbau- und Hüttenwesens (wohl ohne Abschluss) 1896 als Betriebsingenieur in das Stahl-, Walz- und Röhrenwerk seiner Familie in Düsseldorf ein, dessen Vorstandsmitglied er 1905 wurde. Die gleiche Position übte er auch nach Fusion des Familienunternehmens mit der Phoenix AG für Bergbau und Hüttenbetrieb aus. Poensgen profiliert sich in dieser Position als einer der führenden deutschen Montanindustriellen. 1925 beteiligte er sich maßgeblich an der Gründung der Vereinigte Stahlwerke AG (VSt), deren Vorstandsvorsitz er 1935 übernahm. Poensgen hatte zahlreiche führende Ämter in wirtschaftlichen Vereinigungen inne (u.a. im Stahlwerksverband). 1942 wurde er – wohl wegen seiner Distanz zum Nationalsozialismus – von der Leitung der Wirtschaftsgruppe Eisen schaffende Industrie abgelöst. Im Oktober 1943 legte er auch sein Amt als Vorsitzender des Vorstands der VSt nieder. Nach Kriegsende zog Poensgen in die Schweiz. Vgl. hierzu auch: Gerhard Th. Mollin, Poensgen, Ernst, in: Neue Deutsche Biographie 20 (2001), S. 569 f.

67 Auszeichnung für Verdienste im nichtmilitärischen Bereich.

68 Reichsvereinigung Eisen.

Ausschlaggebend für meine Tätigkeit innerhalb der einzelnen Betriebsgesellschaften wird die Frage sein, in welchem Umfang und zu welchem Zeitpunkt Herr Dr. Vögler[69] mir den Vorsitz in den Aufsichtsräten dieser Gesellschaften allmählich übertragen wird. Nach einer kürzlichen Unterredung wird wohl die August-Thyssen-Hütte zum 1. Oktober meinem Verantwortungsbereich angeschlossen werden. [...]

Ich nehme an, dass Dr. Helmut[70] Ihnen inzwischen den ersten Bericht über die Fliegerschäden in Düsseldorf zugestellt hat, und dass Sie inzwischen auch Näheres über Ihre Wohnung erfahren haben. Die Ereignisse hier in Düsseldorf sind wirklich wenig erfreulich, die Stadt ist nicht wieder zu erkennen. Trotzdem werden wir unsere Arbeit schaffen. Selbstverständlich werden wir an der Ruhr je Monat mit einem Ausfall von 2–300.000 t Rohstahl rechnen müssen, jedoch glaube ich, dass die sich hieraus ergebende Produktionshöhe *auf alle Fälle* gehalten werden kann.

29. Die britische Luftwaffe erklärt das rheinisch-westfälische Industriegebiet erneut zum Kriegsschauplatz, kündigt die Zerstörung der Rüstungsindustrie an und fordert die Zivilbevölkerung auf, das Gebiet zu verlassen (1943).
Britisches Flugblatt vom 26.6.1943. Stadtarchiv Bochum, ZGS, 1A4B.

An die Zivilbevölkerung der deutschen Industriegebiete

Im rheinisch-westfälischen Industriegebiet ist ein großer Teil der wichtigsten deutschen Rüstungsindustrie konzentriert. Es ist unser fester Entschluss, diese Industrien zu vernichten, und wir besitzen die Mittel, um diesen Entschluss durchzuführen. Durch unsere bisherigen Luftangriffe ist die Kriegsproduktion im rheinisch-westfälischen Industriegebiet um rund ein Drittel vermindert worden. Wir werden diese Angriffe so lange fortsetzen und steigern, bis jede Kriegsproduktion im rheinisch-westfälischen Industriegebiet vollkommen lahmgelegt und ihre Wiederaufnahme unmöglich gemacht worden ist.

Solange bis dieses Ziel erreicht ist, stellt das rheinisch-westfälische Industriegebiet einen Kriegsschauplatz dar. Jede Zivilperson, die sich auf diesem Kriegsschauplatz aufhält, läuft selbstverständlich ebenso Gefahr, ihr Leben zu verlieren, wie jede Zivilperson, die sich unbefugt auf einem Schlachtfeld aufhält.

Bereits am 10. Mai 1942 hat Premierminister Churchill alle deutschen Städte, in denen sich die Rüstungsfabriken der deutschen Kriegsmaschine befinden, öffentlich zum Kriegsgebiet erklärt und die deutsche Zivilbevölkerung aufgefordert, diese Städte zu verlassen.

Diese Warnung ist der Bevölkerung der deutschen Industriegebiete von der deutschen Regierung verschwiegen worden. Die deutsche Regierung hat es auch in verbrecherischer Weise unterlassen, hinlängliche Vorkehrungen zur Evakuierung der Bevölkerung aus diesen Gebieten zu treffen. Die Folgen fallen auf das Haupt der deutschen Regierung.

69 Zur Vita Albert Vöglers vgl. Dok. 33, Anm. 97 in Kap. VI.
70 Der Name war nicht zu identifizieren.

Dieses Gebiet ist ein Schlachtfeld und wird es bis zur vollständigen Vernichtung seiner Kriegsindustrien bleiben. Was die Frauen und Kinder betrifft, so haben sie auf einem Schlachtfeld nichts zu suchen. Was die Belegschaften der Rüstungswerke selbst betrifft, so sind sie in der Lage von Soldaten einer Armee, deren Verteidigung zusammengebrochen und deren Vernichtung unvermeidlich ist. Soldaten in solcher Lage können ohne Schmälerung ihrer Ehre den Kampf einstellen.

Wer diese Warnung missachtet, hat sich die Folgen selbst zuzuschreiben.

30. Die Bochumer Pöppe, Schmitfranz und Lotz werden, weil sie ausländische Rundfunksender abgehört, feindliche Flugblätter gelesen und über die Inhalte in Gaststätten mit Bekannten gesprochen haben, vom Zweiten Senat des Volksgerichtshofs zum Tode bzw. einer langjährigen Zuchthausstrafe verurteilt (1944).
Urteil des Volksgerichtshofs vom 10.10.1944. Bundesarchiv Koblenz, R 58/2075. (Auszug)

Die Angeklagten haben nach dem Besuch der Volksschule das Schlosserhandwerk gelernt und in Bochumer Industriebetrieben in ihrem Beruf gearbeitet. Sie sind seit vielen Jahren gut miteinander bekannt.

1. Der jetzt 46 Jahre alte [Moritz] *Pöppe* hat zuletzt bei den Eisen- und Hüttenwerken einen Monatslohn von 187 RM und seit 1937 zuzüglich als zu 40 Prozent Erwerbsbeschränkter eine Unfallrente von monatlich 42 RM bezogen. Er ist verwitwet und Vater einer ehelichen Tochter sowie einer Adoptivtochter, die beide ihren Lebensunterhalt selbst verdienen. Am Ersten Weltkrieg hat er von 1917 bis zum Ende teilgenommen und ist verwundet worden. Von Anfang bis Mitte 1919 hat er der »Eisernen Brigade« angehört und bei Mitau[71] gegen die Bolschewisten und bei Graudenz[72] und Thorn[73] gegen die Polen gekämpft. Er ist Inhaber des Frontkämpferehrenkreuzes, des Verwundetenabzeichens in schwarz und des Baltenkreuzes.

1921 wurde er Mitglied der KPD und betätigte sich 1923 als Rädelsführer bei einem Streik der Berg- und Metallarbeiter. Er wurde deshalb wegen schweren Aufruhrs zu einem Jahr, sechs Monaten Gefängnis verurteilt, die er bis 1925 verbüßte. Im gleichen Jahr trat er dem RFB[74] und der Roten Hilfe[75] bei. In der KPD übte er die Funktion eines Zellenkassierers aus, und im RFB war er Ortsgruppenkassierer. Unter dem Vorwurf, Unregelmäßigkeiten begangen zu haben, wurde er 1928 aus dem RFB ausgeschlossen. Er schied auch aus der KPD und der

---

71 Stadt in Zentral-Lettland, bis 1919 Hauptstadt von Kurland (heute: Jelgava).
72 Stadt an der Weichsel im ehemaligen Westpreußen, 1920 dem »polnischen Korridor« zugeschlagen (heute: Grudziądz in der Woiwodschaft Kujawien-Pommern).
73 Stadt an der Weichsel im ehemaligen Westpreußen, nach dem Ersten Weltkrieg Polen zugesprochen (heute: Toruń in der Woiwodschaft Kujawien-Pommern).
74 Der Rote Frontkämpferbund (RFB) war ein paramilitärischer Kampfverband der Kommunistischen Partei Deutschland (KPD).
75 Vorfeldorganisation der KPD. Die Rote Hilfe unterstützte vor allem verletzte und inhaftierte Mitglieder der KPD und der ihr nahe stehenden Verbände.

Roten Hilfe aus, sympathisierte aber weiter mit der KPD und gab ihr bei Wahlen seine Stimme. Unter der Beschuldigung, sich staatsfeindlich betätigt zu haben, wurde er 1933 nach der Machtübernahme in Untersuchungshaft genommen, aber nach zwei Monaten mangels Beweises entlassen. 1933 suchte ihn der Kommunist Karl Rostock[76] für die kommunistische Arbeit zu gewinnen, und 1935 oder 1936 trat der ehemalige kommunistische Reichstagsabgeordnete Walter Frank[77] mit der gleichen Aufforderung an ihn heran. Er will aber in beiden Fällen abgelehnt haben.

2. Der jetzt 46 Jahre alte ledige [Johann] *Schmitfranz* stammt aus einem Bauernhof in Bochum-Weitmar, den sein Vater an den Bochumer Verein veräußerte. Er ist zuletzt bei der Firma Seiffert & Co. gegen einen Monatslohn von durchschnittlich 190 RM beschäftigt gewesen. Am Ersten Weltkrieg hat er nicht teilgenommen, weil er reklamiert war.

1920 hat er einige Monate der USPD angehört. Er ist Mitglied des Allgemeinen Deutschen Metallarbeiterverbands gewesen.

3. Der jetzt fünfzigjährige [Adolf] *Lotz* hat von 1908 bis 1936 beim Bochumer Verein und zuletzt bei der Maschinenfabrik Mönninghof gegen einen Monatslohn von 200 RM gearbeitet. Nach dem Ersten Weltkriege, an dem er wegen Kriegsuntauglichkeit nicht teilgenommen hat, ist er mehrere Jahre Mitglied des Allgemeinen Deutschen Metallarbeiterverbands gewesen. Politischen Organisationen hat er angeblich nicht angehört.

1934 und 1936 ließ sich Schmitfranz wiederholt von Kommunisten Hetzschriften aushändigen und gab sie an Lotz weiter. Lotz las sie und reichte sie Schmitfranz zurück. Beide wurden deshalb wegen Vorbereitung zum Hochverrat, Schmitfranz mit drei Jahren neun Monaten und Lotz mit zwei Jahren drei Monaten Zuchthaus, bestraft.

II.

Nachdem Schmitfranz im Februar 1940 aus der Strafhaft entlassen worden war, kamen er und Lotz wiederholt zusammen. Einige Zeit darauf begegneten sie Pöppe und unterhielten sich mit ihm. Auf seine Anregung trafen sie alle drei sich in der Gastwirtschaft Schütte in Bochum und kamen dort regelmäßig sonnabends und nach Zerstörung der Gaststätte durch feindlichen Bombenangriff noch einige Male in der Gaststätte Dorlöchter zusammen. Während ihre

---

76 Vermutlich Karl Rosteck (1894–1944), seit 1919 KPD-Mitglied und nach der Machtergreifung am Aufbau der illegalen KPD im Ruhrgebiet beteiligt. Im Dezember 1934 wurde Rosteck zu 15 Jahren Zuchthaus verurteilt. Er starb im Juni 1944 als Angehöriger eines Entschärfungskommandos bei einer Bombenexplosion. Vgl. Hermann Weber/Andreas Herbst, Deutsche Kommunisten. Biographisches Handbuch 1918–1945, 2. Aufl., Berlin 2008, S. 748.

77 Walter Frank (1895–1971) gehörte Ende der 1920er Jahre der KPD-Bezirksleitung Ruhr bzw. ab 1930 dem Unterbezirk Gelsenkirchen an. Das Reichstagsmitglied wurde am 16. März 1933 in Schutzhaft genommen (KZ Esterwegen und Börgermoor). Nach mehreren Verhaftungen und Verurteilungen wurde Frank 1937 zu zwölf Jahren Zuchthaus verurteilt; er büßte die Haftstrafe bis zum 1. Mai 1945 ab. Vgl. Hermann Weber/Andreas Herbst, Deutsche Kommunisten. Biographisches Handbuch 1918–1945, 2. Aufl., Berlin 2008, S. 261.

Unterhaltungen anfangs einen allgemeinen und privaten Inhalt hatten, wurden im Laufe der Zeit auch politische Fragen und die Kriegslage erörtert. Hieran beteiligten sich alle drei Angeklagten, wobei Pöppe hervortrat. Den Angeklagten gesellten sich noch einige weitere Personen, nämlich Georg Möller, Fritz Schulz, Franz Kaminski, Wilhelm Volpert und »Leo« Rudeck, hinzu und nahmen an den Gesprächen teil. Bei diesen Männern handelte es sich, wie die Angeklagten wussten oder annahmen, um kommunistische Gesinnungsgenossen.

Pöppe und Schmitfranz trugen zu den Gesprächen auch dadurch bei, dass sie Nachrichten feindlicher Rundfunksender wiedererzählten, die sie abhörten, und den Inhalt von Feindflugblättern wiedergaben.

Insoweit ist folgendes festgestellt worden.

Pöppe suchte von August 1941 bis November 1942 alle zwei Wochen freitagabends den ihm bekannten Kommunisten Katberger in dessen Wohnung auf und hörte mit ihm zusammen deutschsprachige Sendungen des englischen und Moskauer Rundfunks ab. In der Zeit vom Sommer bis zum Winter 1942 hörte er ferner mindestens sechsmal den englischen Rundfunk in der Wohnung des Kommunisten Hartung gemeinschaftlich mit diesem und 1943 mindestens fünfmal – zuletzt zwei Wochen vor seiner Festnahme – auch in der Wohnung eines gewissen Wisotzky ab. Die Meldungen der Feindsender sagten die Niederlage des Reichs voraus, hoben die Überlegenheit der Feinde und die Rückschläge an den deutschen Fronten, zumal in Russland, hervor, erklärten die deutschen Wehrmachtberichte für unwahr und setzten den Führer herab. Ferner wurde u.a. behauptet, hinter der ehemaligen deutschen Front in Russland habe man Friedhöfe gefunden, auf denen Tausende wegen Fahnenflucht erschossene deutsche Soldaten beerdigt worden seien; die bei Flugzeugunfällen ums Leben gekommenen führenden deutschen Persönlichkeiten seien in Wirklichkeit auf Befehl des Führers liquidiert worden; die deutschen Soldaten griffen nur noch unter Drohungen ihrer Offiziere an. Über den Moskauer Rundfunk hörte Pöppe auch Reden Stalins in deutscher Übersetzung und Vorträge der nach Russland geflohenen kommunistischen Funktionäre Florin[78] und Sobottka.[79] Diese forderten die deutsche Arbeiterschaft auf, sich selbst zu »befreien«.

---

78 Wilhelm Florin (1894–1944), seit 1920 KPD-Mitglied, war seit 1923 als hauptamtlicher Funktionär in der Partei tätig und wurde 1924 in den Reichstag gewählt. Er war politischer Leiter verschiedener Parteibezirke und Vertrauensperson Ernst Thälmanns. 1925 übernahm Florin den Bezirk Ruhr. 1932 berief ihn die KP-Leitung als Nachfolger Walter Ulbrichts zum politischen Leiter des Bezirks Berlin-Brandenburg. Ein Jahr später emigrierte Florin und wurde 1935 Mitglied des Exekutivkomitees der Kommunistischen Internationale. Vgl. Hermann Weber/Andreas Herbst, Deutsche Kommunisten. Biographisches Handbuch 1918–1945, 2. Aufl., Berlin 2008, S. 255 f.

79 Gustav Sobottka (1886–1953), gelernter Bergmann und seit 1920 KPD-Mitglied, war von 1921 bis 1932 Abgeordneter im Preußischen Landtag. Nach seinem Ausschluss aus dem »Alten Verband« (1928), zählte er zu den Mitbegründern und Führungskräften der Revolutionären Gewerkschaftsopposition (RGO). 1933 emigrierte Sobottka und gelangte 1935 nach Moskau. 1945 kehrte er nach Berlin zurück. Vgl. Hermann Weber/Andreas Herbst, Deutsche Kommunisten. Biographisches Handbuch 1918–1945. 2. Aufl., Berlin 2008, S. 879 f.

Schmitfranz hörte mit seinem eigenen Rundfunkempfänger mindestens von November 1942 bis zu seiner Festnahme wöchentlich gleichartige Nachrichten des englischen Rundfunks ab.

Alle drei Angeklagten tauschten ferner wiederholt Flugblätter aus, die Feindflugzeuge über Bochum abgeworfen hatten, lasen sie und gaben sie zurück. So nahm Lotz mindestens vier Flugblätter von Pöppe entgegen, darunter auch ein russisches, in dem die deutschen Soldaten zum Überlaufen aufgefordert wurden. Unter den Flugblättern, die Schmitfranz Pöppe gab und dieser an Lotz weiterleitete, befand sich auch eins, das ein »Manifest der Münchener Studenten« gegen den Nationalsozialismus enthielt.

Was Pöppe und Schmitfranz den Nachrichten der feindlichen Sender und den Flugblättern entnahmen, gaben sie, und zwar vornehmlich Pöppe, bei den geschilderten Unterhaltungen in den Gastwirtschaften weiter.

Lotz verhielt sich zurückhaltender, wenngleich auch er sich an den Gesprächen beteiligte und dabei »Neuigkeiten«, die er gehört haben will, weitererzählte. Er blieb den Zusammenkünften auch wiederholt fern, da er sich, wie er angegeben hat, um seine alte und kränkliche Mutter kümmern musste. – Pöppe nahm wegen der Krankheit seiner Ehefrau, die im Februar 1943 starb, von November 1942 bis Februar 1943 nicht an den Zusammenkünften teil.

Durch die Festnahmen, die gegen Pöppe und Schmitfranz am 16. August und gegen Lotz am 17. August 1943 durchgeführt wurden, wurde der Betätigung der Angeklagten ein Ende gemacht. [...]

IV.

Die Angeklagten haben durch die geschilderten Äußerungen bei ihren regelmäßigen Zusammenkünften in den Gastwirtschaften sich selbst sowie die übrigen Gesprächspartner in der kommunistischen Gesinnung gestärkt und kommunistische Agitation betrieben. Sie haben dies auch untereinander durch den Austausch der Feindflugblätter getan, da durch diese im Ergebnis die kommunistischen Umsturzziele gefördert werden mussten. Damit haben sie den Hochverrat vorbereitet [...] und zugleich den Feind begünstigt [...], da diesem durch kommunistische Umtriebe unter der deutschen Bevölkerung während des Kriegs Vorschub geleistet wird. Diese Betätigung der Angeklagten ist zugleich auch öffentliche Zersetzung der Wehrkraft. [...]

V.

Pöppe und *Schmitfranz* sind als unbelehrbare und hartnäckige Kommunisten unserem Volk in seinem Kampf um Sein oder Nichtsein planmäßig und heimtückisch in den Rücken gefallen und haben sich als ehrlose Verräter an unserem Volk in den Dienst der Feinde gestellt.

Gegen sie ist daher auf die Todesstrafe erkannt worden, die das anzuwendende Gesetz auch ausschließlich vorsieht (§5 Abs. 1 KSStVO,[80] § 73 StGB).[81]

Bei *Lotz* ist der Senat nach dem Ergebnis der Hauptverhandlung davon überzeugt, dass dieser Angeklagte weniger aus staatsfeindlichen Beweggründen als aus persönlicher Verbundenheit zu Pöppe und Schmitfranz, und um sich nach getaner Arbeit einmal in der Woche durch Unterhaltung zu zerstreuen, an den Gesprächen in der Gastwirtschaft beteiligt hat. Seine Betätigung tritt auch, wie dargestellt ist, nach Bedeutung, Umfang und Art erheblich hinter der Tat von Pöppe und Schmitfranz zurück. Der Senat hat sein Tun deshalb, auch unter Berücksichtigung des infolge der ernster gewordenen Kriegslage erhöhten Schutzbedürfnisses unseres Volks, nicht als todeswürdig angesehen und es in Annahme eines minder schweren Falls bei einer Freiheitsstrafe gegen ihn bewenden lassen (§ 5 Abs. 2 KSStVO). Diese musste allerdings, zumal Lotz sich die erlittene Vorstrafe nicht hat zur Lehre und Warnung dienen lassen, auf Zuchthaus lauten und hoch bemessen werden. Als erforderliche, aber auch ausreichende und schuldangemessene Sühne seiner Tat ist gegen ihn auf eine Zuchthausstrafe von zehn Jahren erkannt worden.

Da alle drei Angeklagten ehrlos gehandelt haben, sind ihnen die bürgerlichen Ehrenrechte auf die erkannte Dauer abgesprochen worden (§ 32 StGB).

31. In Bochum erschlägt ein Stahlarbeiter einen Mitbürger, der bei Aufräumungsarbeiten nach einem Bombenangriff im November 1944 am siegreichen Ausgang des Kriegs zweifelt.

Bericht des Reichspropagandaamts Westfalen-Süd in Wetter/Ruhr[82] (gez. Kränzlein) an das Reichsministerium für Volksaufklärung und Propaganda vom 14.11.1944. Bundesarchiv Koblenz, R 55, 602, Bl. 142–146.

Mit besonderer Betonung muss in diesem Bericht von der Haltung der Bochumer Bevölkerung gesprochen werden. Nach dem furchtbaren Terrorangriff am Sonnabend, dem 4. November war die Reaktion der Bevölkerung selbstverständlich von der Schockwirkung und den Folgen dieses Angriffs beeinflusst. Aber bereits nach rund zwölf Stunden hatte sich der größte Teil der Bevölkerung so weit gefangen, dass die Aufräumungsarbeiten begonnen wurden und die Haltung sich von Stunde zu Stunde festigte. Bereits im letzten Wochenbericht habe ich einige bemerkenswerte Kennzeichen darüber mitgeteilt. Heute, nach acht Tagen Abstand von dem

---

80 Verordnung über das Sonderstrafrecht im Kriege und bei besonderem Einsatz (Kriegssonderstrafrechtsverordnung). Abgedruckt in RGBl. 1939, I, S. 1455–1457.
81 Die gegen Pöppe und Schmitfranz erkannte Todesstrafe wurde am 6.11.1944 in der Justizvollzuganstalt Brandenburg (Havel) vollstreckt.
82 Nach der wachsenden Anzahl der Bombenangriffe auf das Ruhrgebiet wurde die Gauleitung Westfalen-Süd von Bochum in einen für diese Zwecke vorbereiteten unterirdischen Bunker in Wetter an der Ruhr (Harkortberg) verlegt.

Ereignis selbst, lässt sich feststellen, dass die Haltung zweifelsohne verbissener, sturer und fester geworden ist. Ich berichte folgenden Vorfall:

Im Zentrum der Stadt befindet sich der Hochbunker Moltkemarkt. Der Moltkemarkt[83] ist eine Gegend, die in der Zusammensetzung der Bevölkerung etwa dem Wedding von Berlin entspricht. Er wird ausschließlich von Arbeitern des Bochumer Vereins bewohnt, im ganzen Viertel befinden sich Mietskasernen und Arbeitersiedlungen. Die Tausende[n], die in dem Hochbunker Unterschlupf suchen, bestehen nur aus Arbeitern. Am Freitag, dem 10.11.[1944] war auf dem Moltkemarkt eine Abteilung [der] Wehrmacht eingesetzt, die dort Aufräumungsarbeiten verrichtete; denn das ganze Viertel ist restlos zerstört und zwar so total, dass den Einwohnern auch nicht ein Schrank oder ein Stuhl verblieben ist. Die Menschen hatten nur das, was sie bei sich trugen, als sie im Bunker waren. Während der Aufräumarbeiten der Wehrmacht begab sich ein Mann zu dem Aufsicht führenden Unteroffizier und erklärte diesem: »Was macht Ihr hier eigentlich, das ist doch alles Quatsch! Wozu noch mal aufbauen? Macht lieber, dass ihr nach Hause kommt, der Krieg ist verloren!« Diese Redensarten hörte ein vor dem Bunker stehender Arbeiter des Bochumer Vereins,[84] der daraufhin aus den umher liegenden Trümmern einen Dachsparren hervorzog und so lange – unter dem Beifall der Umstehenden – auf den Redner einschlug, bis dieser tot auf dem Platz liegen blieb.

Der Vorfall ist kein frommes Märchen, sondern festgestellt und verbürgt. Ich habe dem zur Kennzeichnung der Haltung unserer Bevölkerung nichts hinzuzufügen. [...]

Nach dem Bochumer Angriff hatte sich herausgestellt, dass der Propagandaeinsatz der Partei einer Ausweitung bedarf. Das Gaupropagandaamt hat 45 Redner aus anderen Kreisen nach Bochum gesandt, die in Bunkern, Verpflegungsstellen usw. sprechen. Ebenso wichtig ist aber folgende Art:

Es müssen neben den Rednern die dreifache Zahl Politischer Leiter[85] in die angegriffene Stadt gesandt werden, die nichts anderes tun, als den Frauen und Männern beim Koffertragen zu helfen, beim Abtransport Hilfe zu leisten, in den Transportwagen mitzufahren und bei dieser Gelegenheit ganz wenige Worte der Aufmunterung und der Erhaltung des Siegeswillens einfließen zu lassen. Dieses Wort, verbunden mit der Hilfeleistung, wirkt, weil es ganz menschlich und ganz persönlich ist, tiefer und eindringlicher als jede große Rede in solchem Augenblick.

Dieser Einsatz ist in Bochum durchgeführt worden und hat hervorragende Erfolge gezeigt.

---

83 Heute: Springerplatz.
84 Hütten-, Stahl- und Fertigungswerk für Waffen in Bochum. Die nicht aufgelassenen Werksteile gehören heute zur Thyssen-Krupp AG. Ende November 1944 beschäftigte der Bochumer Verein rund 14.000 Männer und Frauen. Darüber hinaus waren in dem Werk etwa 4.000 ausländische Arbeitnehmer (darunter viele Zwangsarbeiter aus Osteuropa), rund 3.500 Kriegsgefangene und weit über 1.000 KZ-Häftlinge aus Buchenwald beschäftigt. Nach: United States Strategic Bombing Survey, Report Nr. 76.
85 Zu ihnen gehörten Funktionäre der NSDAP vom Blockleiter bis zum Reichsleiter. Politische Leiter mussten eine Ausbildung in Schulungseinrichtungen der NSDAP absolvieren. Hier sind wohl höhere Funktionäre gemeint.

Da alle Bochumer Zeitungen zerstört waren, wurde vom Gaupropagandaamt ein Nachrichtenblatt »Bochumer Nachrichten« herausgegeben, das täglich erschien und verteilt wurde.

32. »Bochum ist eine tote Stadt«. Brief einer ausgebombten Frau an ihren jüdischen Ehemann (1944)

Brief von Emmy Vollmann (1886–1978) an ihren Ehemann Siegbert Vollmann[86] vom 20.11.1944. Privatbesitz Dr. Hubert Schneider. Die Schriftform der Vorlage wurde beibehalten.[87]

M[ein] l[ieber] Bert! Heute erhielt ich Deine beiden Karten vom 2. Nov; inzwischen wirst Du meine div. + auch die Hiobspost vom 4. Nov. erhalten haben. Wir sind restlos ausgebrannt, auch der Keller; wir haben furchtbares erlebt. Der Tanz begann schon 10 Min. vor 7 Uhr, ich war noch unterwegs von Schlitt's aus, wo ich mein restliches Seifenpulver gekauft hatte. Er begann sogleich mit Vollalarm + gleich folgender akuter, so daß ich oben angekommen, das nötigste schnappte + für diesmal zum erstenmal nicht im Keller blieb, sondern nebenan bei Dröge, wo ich denn auch geduldet wurde. Das war mein Glück, sonst lebte ich nicht mehr. Auf der kl[einen] Rottstr[aße] Trichter an Trichter es dauerte ca. 40 Minuten + war sehr schaurig + schwer zu ertragen. Dann mußten wir den Stollen verlassen da Rauch eindrang + dann draußen durch die Hölle, mußte + konnte nur zusehen, wie unser Heim ein Flammenmeer war; es ist kein Haus verschont geblieben, alles restlos zerstört + ausgebrannt. Ich war ganz schwarz von der Flugasche; ich wußte nicht, wohin + stand in einer Ecke der Bürgergesellschaft,[88] wo mich Herr Trinter später fand + mit zu ihrem Stollen nahm.

Der Luftschutzwart war so nett, mich zu fragen, wenn sie nicht wissen, wo unterkommen, bleiben sie bei uns. Und so habe ich 13 Tage im Stollen verlebt mit den andern. Morgens die Verpflegung von der N.S.V.[89] geholt, das Mittagessen im Eimer + Abends um 5 Uhr war es dunkel; wir haben kein Wasser, kein Licht, kein Gas. Das Waschwasser fischten wir noch aus dem Löschteich der Synagoge, der II. Löschteich an der Grabenstr[aße] hatte einen Volltreffer + war ausgelaufen. Alles in Allem, Boch[um] ist eine tote Stadt, das Stadtinnere + Ehrenfeld sind vollständig ausgelöscht, Du kannst es Dir nicht vorstellen; Fremde sagen, daß so weder Köln, noch

---

86 Siegbert Vollmann (1882–1954) war als Jude vom 12. Mai 1943 bis zum 2. Mai 1945 inhaftiert. Die Zeit vom 12. Mai 1943 bis zum 1. Juni 1944 verbrachte er im Arbeitslager Kamen, wurde anschließend bis zum 28. September 1944 in einem Arbeitslager bei Letmathe gefangen gehalten. Über Weißenfels (2. Oktober bis 1. November 1944) wurde Vollmann nach Berlin in ein Internierungslager der Gestapo verschleppt. Am 2. Mai 1945 durch russische Truppen befreit, kehrte Vollmann nach Bochum zurück; später übernahm er die Leitung der jüdischen Gemeinde. Stadtarchiv Bochum, BO 50/68 S. 215 bzw. 407.

87 Für die Bereitstellung der Quelle danken wir Herrn Dr. Hubert Schneider, Bochum.

88 Die bereits zu Beginn des 19. Jahrhunderts gegründete Bürgergesellschaft Harmonie unterhielt von 1914 bis 1943 ein repräsentatives Gebäude in der Harmoniestraße. Nach: Stadt Bochum – Vermessungs- und Katasteramt (Hg.), Bochumer Straßennamen. Herkunft und Bedeutung, Bochum 1992, S. 218.

89 NS-Volkswohlfahrt, die u.a. auch das Winterhilfswerk und die Kinderlandverschickung organisierte.

Duisburg, noch Essen aussieht. Es konnte keiner beim Andern unterkriechen, alle sind restlos ausgebombt. Das Bergmannsheil[90] ist *vollständig* kaputt, ebenso auch das Elisabethhosp[ital], von 2 großen Volltreffern erledigt. Da war der Pfingstangriff[91] ein Kinderspiel dagegen. [...]

Gestern war Sonntag + haben wir geruht + heute Morgen um 7 Uhr bin ich wieder nach hier gefahren + erst heute Mittag um 2 Uhr eingetroffen; ich mußte auf dem Rathaus was erledigen, aber es war dauernd Vollalarm + habe ich nichts erreichen können. Heute Abend sitze ich bei Moers, wo ich auch schlafe auf dem Sofa, in dem Stollen in der Bürgergesellschaft sind seit heute nur noch Männer + würde ich mich allein dazwischen auch nicht wohl fühlen. Wir schliefen dort auf der Bretterbank + habe ich bei diesem Kampieren oft an Euch gedacht; es hatte aber auch sein Gutes, man hörte wenig oder gar keinen Alarm und es fallen hier noch tägl[ich] Bomben; so haben hier am Samstag Abend die Christbäume[92] wieder gestanden + die Vernichtung ging weiter: Dorstenerstr[aße], Riemke, Hamme, Wanne Eickel. Elektr[ische][93] fahren nicht mehr + wer weiß, wie lange Monate dies noch dauert. Einige Autobusse sind eingesetzt, aber viel zu wenig. [...] Du glaubst nicht, wie mir zu Mute ist, »ich möchte am liebsten sterben, da wär's auf einmal still!«[94] Und alles muß ich alleine meistern + durchleben. Bedenke »alles Verloren«.[95] Dein Paket ist noch nicht angekommen womöglich auch noch als verloren zu betrachten.

Mach Dir keine Sorgen, ich bin vorläufig bei Mimi. Was soll ich tun, wo sonst bleiben. Von D[üssel]dorf hatte auch heute eine Karte, deren Stadtteil hat nichts abbekommen, aber von Bielef[eld] hören wir nichts, es soll auch ganz platt liegen. Ulig [?] + ich wollten am 6. Nov. gefahren sein, daß hat uns der Tommy[96] durchstrichen. Man kann beinahe nicht mehr von einem Ort zum Andern kommen, wir sind hier schon Front + wer weiß, was wir noch erleben + ob man mit dem Leben davon kommt. [...] Daß Du auch so weit fort sein mußtest + nicht mal herkommen kannst bekommst Du kein Bombenurlaub[97] beim Totalschaden, den bekommen doch sogar die Soldaten von der Front + ich könnte Dich doch ganz gut mal hier gebrauchen. [...] Es ist ja gut, daß Dein Bein sich gebessert hat; hoffentl[ich] fühlst Du Dich dort einigermaßen wohl. Dies ist ein langer Brief geworden. Hier die Post + Rathaus haben auch Volltreffer

---

90 1890 in Bochum gegründetes, weltweit erstes Krankenhaus zur Versorgung verunglückter Bergleute.
91 Angriff der britischen Royal Air Force auf Bochum vom 12.6.1943 (Pfingstsamstag). 454 Flugzeuge warfen 984 t Spreng- und 803 t Brandbomben ab. Nach: United States Strategic Bombing Survey, Report Nr. 76.
92 Zielmarkierungen für britische Bombenflugzeuge. Die »Christbäume« waren Leuchtbomben und wurden von speziell ausgebildeten Flugzeugbesatzungen unmittelbar vor einem Angriff abgeworfen.
93 Straßenbahnen.
94 Zitat aus dem Gedicht »Das zerbrochene Ringlein« von Joseph von Eichendorff (1788–1857). Hier 5. Strophe, Zeile 3 und 4.
95 Zitat aus »Die Zauberei im Herbste« von Joseph von Eichendorff.
96 Im Volksmund für »Engländer«.
97 Kurzer Sonderurlaub für Werktätige, deren Wohnung durch Luftangriffe vollständig zerstört war.

bekommen. Die Post ist heute meist 15 Tage unterwegs. An Gert kann auch erst heute schreiben, hoffentlich geht es ihm gut. Schreib bald wieder.

H[e]rzl[ich] grüßt + küßt Dich Deine unglückliche Emmy.

33. Nach einer neuen Welle von Luftangriffen auf das Ruhrgebiet erhält die dortige Rüstungswirtschaft eigene Entscheidungsstrukturen: Der Industrielle Albert Vögler wird im Dezember 1944 Chef des Ruhrstabs, dem auch der Bergbau angehört (1945).
Rundschreiben der Bezirksgruppe Steinkohlenbergbau Ruhr der Wirtschaftsgruppe Bergbau an die Direktionen vom 12.1.1945. Westfälisches Wirtschaftsarchiv Dortmund, F 26 Nr. 363.

Infolge der verstärkten Luftangriffe auf das Rhein-Ruhr-Gebiet hat Reichsminister Speer Herrn Generaldirektor Dr. Albert *Vögler* [am 6.12.1944] als Generalbevollmächtigten für die Rüstungswirtschaft des Rhein-Ruhr-Gebiets und als Chef des Ruhrstabs[98] eingesetzt. Der Generalbevollmächtigte ist ermächtigt, alle ihm notwendig erscheinenden Entscheidungen auf dem Gebiet der Rüstungs- und Kriegsproduktion im Namen des Reichsministers zu treffen. Insbesondere hat der Generalbevollmächtigte die Dringlichkeit für die Wiederherstellung und die Aufrechterhaltung der Produktion ohne Rücksicht auf die Sondervollmachten und Sonderprogramme in eigener Verantwortung zu veranlassen und die hierzu erforderlichen Arbeitskräfte und Materialien sicherzustellen.

Der Bergbau wird innerhalb des Ruhrstabs durch mich vertreten. Mit der Betreuung der Energie-Werke (Strom, Wasser, Gas), der Kokereien und der chemischen Werke ist Herr Bergwerksdirektor Bergassessor Dr. Winkhaus[99] beauftragt und zum Mitglied des Ruhrstabs ernannt worden.

Der gesamte Schriftverkehr in Fragen des Ruhrstabs ist zur Vermeidung von Verzögerungen ausnahmslos an die Bezirksgruppe Ruhr zu richten. Auch etwa erforderliche Verhandlungen mit dem Ruhrstab bezüglich Fliegerschädenbeseitigung, Arbeits-, Materialeinsatz usw. führt grundsätzlich die Bezirksgruppe.

Glückauf und Heil Hitler!

Buskühl[100]

---

98 Der von Rüstungsminister Speer nach den alliierten Luftangriffen auf die Möhnetalsperre eingerichtete Ruhrstab sollte die Reparatur- und Präventionsmaßnahmen im gesamten Industriegebiet koordinieren.

99 Hermann Winkhaus (1897–1968) trat 1927 als Bergwerksdirektor in die Gutehoffnungshütte, Aktienverein für Bergbau und Hüttenbetrieb, Oberhausen ein und wechselte nach dreijähriger Tätigkeit bei der Dortmunder Hoesch AG 1935 in den Vorstand der Mannesmann-Röhrenwerke, deren technische Gesamtleitung er 1940 übernahm. Nach zweijähriger Internierung übernahm Winkhaus 1952 die technische Gesamtleitung der Mannesmann AG. Vgl. auch: Walther Killy/Rudolf Vierhaus (Hg.), Deutsche Biographische Enzyklopädie, Bd. 10, München 1999.

100 Ernst Buskühl (1880–1945) war ab 1908 als Bergassessor beim Verein für die bergbaulichen Interessen in Essen tätig. 1912 übernahm er als Vorstandsmitglied Aufgaben in der Bergwerks-AG

34. **Der Leiter der Bochumer Feuerwehr meldet die Erschießung eines sowjetischen Zwangsarbeiters, der bei Aufräumungsarbeiten einen Salzstreuer gestohlen hatte (1945).**
Aktenvermerk des Kommandeurs der Feuerschutzpolizei und Führer des Feuerschutz- und Entgiftungsdienstes, SS-Sturmbannführer Dr. Kurth,[101] an den Bochumer Polizeipräsidenten vom 16.1.1945, per Durchschlag an Bochums Oberbürgermeister Hesseldieck. Stadtarchiv Bochum, BO 37/40, Bl. 68. (Auszug)

Heute Vormittag 11.15 [Uhr] befand ich mich auf einem Kontrollgang in dem Einsatzgebiet der mir unterstellten F[euerschutz] u[nd] E[ntgiftungs]-Einheiten in Werne. In der Wittekindstraße war ich Zeuge, wie Russen, die zu Räumarbeiten eingesetzt waren, Deutschen Volksgenossen, die gerade aus einem Keller Lebensmittel geborgen hatten, unter den Händen Sauerkraut und Eingemachtes wegrissen, um es teils sofort zu verzehren, bzw. es in die Taschen steckten. Die zur Aufsicht eingeteilte Führungskraft konnte sich den Russen gegenüber nicht durchsetzen, obwohl sie mit einem Holzstück auf die Bolschewisten einschlug. Unter den vielen auf der Straße anwesenden Deutschen Volksgenossen herrschte eine starke Erregung. Ich beobachtete einen Bolschewisten, wie dieser sich einen vernickelten Salz- oder Pfefferstreuer aneignete. Ich habe ihn an Ort und Stelle erschossen.

Consolidation, Gelsenkirchen. Nach einer Vorstandstätigkeit bei den Mannesmann-Röhrenwerken wurde Buskühl 1935 zum Vorstandsvorsitzenden der Harpener Bergbau AG berufen. Von 1937 an leitete er die Bezirksgruppe Steinkohlenbergbau Ruhr der Wirtschaftsgruppe Bergbau. Buskühl gehörte zahlreichen Wirtschaftsverbänden an und war in den Gemeinschaftsunternehmen des Ruhrbergbaus vertreten. Vgl. auch: Bayerische Akademie der Wissenschaften (Hg.), Neue Deutsche Biographie, Bd. 3, Berlin 1957, S. 69 f.
101 Kurth beging wenige Tage nach der Besetzung Bochums durch alliierte Truppen Selbstmord.

35. Der Gauleiter und Reichsverteidigungskommissar des Gaus Westfalen-Süd, Albert Hoffmann, sanktioniert die Lynchjustiz an abgeschossenen alliierten Jagdbomberpiloten (1945).

Runderlass des Gauleiters und Reichsverteidigungskommissars des Gaus Westfalen-Süd,[102] Albert Hoffmann,[103] an alle Polizeidienststellen im Gaugebiet vom 25.2.1945. Stadtarchiv Bochum, BO 37/41, Bl. 70.[104]

Sämtliche Jabo-Piloten,[105] die abgeschossen werden, sind grundsätzlich der Volksempörung nicht zu entziehen.

Ich erwarte von allen Dienststellen der Polizei, dass sie sich nicht als Beschützer dieser *Gangstertypen* zur Verfügung stellen.

Behördliche Dienststellen, die dem gesunden Volksempfinden zuwiderhandeln, werden von mir zur Rechenschaft gezogen. Alle Polizei- und Gendarmerie-Beamten sind unverzüglich über diese meine Auffassung zu unterrichten.

36. Der rheinische Teil des Ruhrgebiets wird evakuiert (25.3.1945).

Aufruf des stellvertretenden Gauleiters und Reichsverteidigungskommissars Fritz Schleßmann[106] vom 25.3.1945 zur Evakuierung der rechtsrheinischen Kreise des Niederrheins. Die angeordnete Evakuierung wurde nicht mehr realisiert, abgedruckt in: Stadtarchiv Duisburg (Hg.), Duisburg im Nationalsozialismus. Eine Dokumentation zur Ausstellung des Stadtarchivs Duisburg. Duisburg 1983, S. 137.

An die Bevölkerung der Kreise Duisburg, Oberhausen, Dinslaken und Rees!
Der Feind hat auf dem rechten Ufer des Niederrheins Brückenköpfe errichtet.

---

102 Das Gebiet des Gaus Westfalen-Süd entsprach in etwa dem heutigen Regierungsbezirk Arnsberg.
103 Albert Hoffmann (1907–1972), gelernter Tabakkaufmann, tendierte schon früh zum Nationalsozialismus und war 1926 Mitbegründer der NSDAP in Bremen. Während des NS-Regimes war er zunächst hauptamtlich in der Münchener Parteizentrale tätig und übernahm organisatorische Aufgaben bei der Annexion in Österreich und im Sudentenland. 1935 wurde Hoffmann als Amtsleiter in den Stab des Stellvertreters Hitlers aufgenommen und trat 1936 der SS bei. 1941 ernannte man ihn zum stellvertretenden Gauleiter in Oberschlesien und versetzte ihn in gleicher Position 1943 zum Gau Westfalen-Süd, den er 1944 als Gauleiter übernahm. Seit 1942 gehörte Hoffmann zum persönlichen Stab Himmlers.
104 Zur Vorgeschichte und kritischen Einordnung von Hoffmanns »Fliegerbefehl« vgl. Ralf Blank, »… der Volksempörung nicht zu entziehen«. Gauleiter Albert Hoffmann und der »Fliegerbefehl«, in: Jahrbuch des Vereins für Orts- und Heimatkunde in der Grafschaft Mark (Witten) 98 (1998), S. 255–296.
105 Jagdbomber.
106 Fritz Schleßmann (1899–1964) gehörte zu den »alten Kämpfern« der NSDAP. In der SS erreichte er die Stellung eines Obergruppenführers und war Mitglied des persönlichen Stabs des Reichsführers der SS Heinrich Himmler. Von 1934 bis 1937 war Schleßmann als Polizeipräsident in Bochum, danach in gleicher Funktion in Essen tätig. Von 1940 bis Kriegsende bekleidete er die Funktion des stellvertretenden Gauleiters des Gaus Essen.

Es muss damit gerechnet werden, dass er unter Einsatz seiner schweren Bomber und schwerster Artilleriewaffen, wenn auch nur vorübergehend, weiter vorrückt und in unsere Großstädte eindringt.

Der Feind wird mit brutalster Härte wieder herausgehauen werden. Kein Mittel wird gescheut werden, unsere niederrheinische Heimat, unsere Städte an Ruhr und Niederrhein, wieder freizukämpfen.

In diesem Kampfgebiet dürfen Frauen und Kinder nicht mehr sein. Verpflegung, Wohnung, Brot, Milch, Wasser, Licht usw. werden ausfallen. Lebensmöglichkeiten wird es nicht mehr geben.

Die totale Räumung ist daher zwingendes Gebot!

Männer der Versorgungsbetriebe, Bäcker, Metzger, Angehörige des Lebensmittelhandels, Ärzte, Angehörige der Wasser- und Energie- sowie der Kraftfahrzeugreparaturbetriebe, Kraftfahrer mit Fahrzeugen, die dem Fahrbereitschaftsleiter unterstehen oder Rüstungsbetrieben angehören, ferner Männer, die zum Volkssturm einberufen, bei der Reichsbahnsoforthilfe eingesetzt sind, sowie die zum Befestigungsbau notdienstverpflichteten Männer bedürfen zunächst einer besonderen Aufforderung, das Gebiet zu verlassen.

Beamte und Behördenangestellte erhalten besondere Weisungen ihrer Behördenleiter.

Abwanderungen mit Kraftfahrzeugen bedürfen der besonderen Genehmigung des Fahrbereitschaftsleiters. Kraftfahrzeuge, die ohne Fahrbefehl angetroffen werden, werden beschlagnahmt.

Väter und Mütter, packt sofort Euer unentbehrliches Gepäck, nehmt Eure Kinder mit, verlasst Eure Wohnungen und begebt Euch in innerdeutschen Gauen solange in Sicherheit, bis unsere Heimat wieder frei ist! Eure Weiterleitung werden die Dienststellen der NSV[107] übernehmen.

37. Aussage des Herner Volkssturmangehörigen Heinrich Naumann über die Ermordung von zwei Deutschen und einem sowjetischen Staatsangehörigen in der Endphase des Zweiten Weltkriegs (17.5.1945)[108]

Stadtarchiv Herne, Bestand 1933–1945, Misc.

Bericht über die Wache.

Im Keller der Schule Breddestraße war die Volkssturmwache untergebracht, die dem Ortsgruppenleiter Spaltenburg unter[stellt] war. Die Wache, die die Aufgabe hatte, die Panzersperren zu bewachen und auf die Plünderer oder andere zweifelhafte Personen zu achten, hatte ich

---

107 Nationalsozialistische Volkswohlfahrt.
108 Diese Tat und ihre Begleitumstände wurden in einem Verfahren vor dem Landgericht Bochum aufgearbeitet, in dem der Volksschullehrer Abendroth, der Bergmann Naumann und der Straßenbauarbeiter, Spaltenburg wegen Verbrechen gegen die Menschlichkeit und Totschlags angeklagt waren. Die Angeklagten, die sich auf einen Befehlsnotstand beriefen, wurden freigesprochen. Vgl. hierzu die Urteilsbegründung in Adelheid Rüter-Ehlermann/F. Rüther (Bearb.), Justiz und NS-

auf Anordnung vom Ortsgruppenleiter Spaltenburg einzuteilen. Am 5.4.1945 gegen 1.30 Uhr bekam ich von Spaltenburg den Befehl, zum Polizeigebäude zu gehen und bei Hauptmann Abendroth weitere Aufträge entgegenzunehmen. Hptm. Abendroth gab einem Beamten den Auftrag, mir die Leute zu übergeben, die wir Volkssturmmänner zu erschießen hätten. Es wurden mir zwei Männer übergeben. Nachdem die beiden dem Spaltenburg vorgeführt waren, wurde der Befehl ausgeführt. Gegen 17.00 Uhr brachte die Streife einen Mann, einen Russen, zu Spaltenburg, der sich in Häusern zu schaffen gemacht hatte. Nachdem Spaltenburg den Mann vorgeführt hatte und mit dem Polizeigebäude telefoniert hatte, wurde uns der Befehl erteilt, den Russen zu erschießen. Außer mir waren noch dazu kommandiert Gasmann, Hensel, Schween, Gunkel, Böninghoven und Preuß. Das ist alles, was ich zu der Sache aussagen kann. Ich möchte aber noch hinzufügen, dass Spaltenburg strikte Durchführung seiner Befehle verlangte und bei Nichtausführung derselben mit den schärfsten Strafen drohte. Am 4.5.1945 wurde ich zum Verhör über diese Sache hier vorgeführt und habe dann alles schriftlich niederlegen müssen. Dieses Schreiben ist am 8.5.1945 abgegeben. Am 16.5.1945 um 17.00 Uhr bin ich aus dem Gefängnis nach Hause geschickt [worden].

Verbrechen. Sammlung deutscher Strafurteile wegen nationalsozialistischer Tötungsverbrechen 1945–1966, Bd. 3, Amsterdam 1969, S. 419–428.

Kapitel XIII
Trümmer, Armut, Arbeit.
Der Wiederaufbau der Region
Von Jürgen Jenko

Die ersten Nachkriegsjahre standen im Zeichen einer »materiellen Existenzkrise«, die sich primär in einem Mangel an Wohnraum und einer sich in Gestalt von Mangelkrankheiten und geringer Arbeitsleistung niederschlagenden Ernährungskrise äußerte. Zum einen war das Ruhrgebiet wegen seiner Bedeutung für die Rüstungsproduktion ein Hauptziel der alliierten Luftangriffe gewesen. Zum anderen bewegte sich die Versorgung mit Lebensmitteln, die bis 1944 auf Kosten der besetzten Gebiete sichergestellt worden war, nur noch am Rande des Existenzminimums und unterschritt es insbesondere an der Ruhr oft *(Dok. 7, 15, 18, 19, 23)*. Während die Mehrheit der Normalverbraucher daher auf die Zusatzversorgung über den Schwarzmarkt oder durch Hamsterfahrten aufs Land angewiesen war, profitierten vor allem die Bergarbeiter unter Tage vom Interesse der britischen Militärregierung an einer raschen Steigerung der Kohlenproduktion.

Neben einer Vergrößerung des Arbeitskräftepotenzials, das sich durch den Abzug der ausländischen Zwangsarbeiter verringert hatte, sollte dies durch eine Steigerung der Arbeitsmotivation mittels einer besseren Versorgung mit Konsumgütern, u.a. durch spezielle Schwerstarbeiterzulagen nach einem Punktesystem und einer Verbesserung der Wohnverhältnisse, erreicht werden *(Dok. 19, 23, vgl. auch Dok. 1 in Kap. XVI)*. Bezeichnenderweise waren es in den ersten Nachkriegsmonaten die seinerzeit meist ungenügend versorgten ehemaligen Zwangsarbeiter *(vgl. Kap. XII)*, denen die schlechte Ernährungslage im Ruhrgebiet häufig angelastet wurde. Nun als sogenannte Displaced Persons (»Entwurzelte«) erneut in Lagern zusammengefasst und auf die Rückführung in ihre Heimatländer wartend bzw. diese aus Angst vor Repressalien zu verhindern suchend, wurden sie von deutscher Seite vielfach nur als Plünderer und Krankheitsüberträger angesehen *(Dok. 7, 9, 10)*. Vor allem hinsichtlich der Menschen polnischer und sowjetischer Herkunft wirkten hier rassistische Denkmuster nach, die sich z.T. bereits im Kaiserreich herausgebildet *(vgl. Kap. VII)* und in der Zeit des Nationalsozialismus *(vgl. Kap. XII)* verfestigt hatten. Diese Denkmuster ermöglichten es, die eigene Unzufriedenheit mit den Lebensverhältnissen nach Kriegsende auf eine bestimmte Gruppe zu projizieren.

Nach einer vorübergehenden Entspannung spitzte sich die Ernährungskrise Anfang 1947 durch Engpässe im Transportsystem erneut zu *(Dok. 26)* und löste Arbeitsniederlegungen und Hungermärsche aus. Am 3. April 1947 beteiligten sich über 300.000 Bergarbeiter an einem Protestreik, woraufhin die britische Militärregierung die für diesen Monat fällige Zusatzverpflegung bis zur Nachholung der Streikschicht zurückhielt *(Dok. 27)*. Letztlich erhöhte sich aber die Attraktivität der Arbeit im Bergbau für Arbeitskräfte aus anderen Branchen auf diese Weise in einem Ausmaß, sodass auf das Mittel der Dienstverpflichtungen bald weitgehend verzichtet werden konnte.

Weniger gravierend, als es der äußere Anschein vermuten ließ, und in geringerem Maße als die Wohnviertel oder das Verkehrssystem von Zerstörung betroffen waren im Ruhrgebiet die Industrieanlagen – selbst der Rüstungsbetriebe. Im Falle der im Revier besonders bedeutsamen Stahl- und Investitionsgüterindustrie, aber auch des Bergbaus, war dies ein wesentlicher Faktor für die zukünftige wirtschaftliche Rekonstruktion.

Insgesamt geringfügiger als die psychologischen Auswirkungen auf die vom Verlust ihrer Arbeitsplätze betroffenen Belegschaften, die auch Unterstützung seitens der Arbeitgeber fanden und mit denen sich zahlreiche Mitarbeiter der Abbruchunternehmen durch Arbeitsverweigerung solidarisierten, waren ebenfalls die langfristigen volkswirtschaftlichen Folgen der alliierten Reparations- und Demontagepolitik. Sie diente, einem Beschluss der Potsdamer Konferenz gemäß, sicherheitspolitischen Erwägungen und zur Kompensation von Kriegsschäden *(Dok. 13, 30)*. Die Zahl der zu demontierenden Werke, vor allem aus dem Bereich der Rüstungsindustrie und mit kriegsbedingten Überkapazitäten, wurde indes in den folgenden Jahren schrittweise reduziert. Der durch den Koreakrieg ausgelöste Wirtschaftsboom und die Zuspitzung des Kalten Kriegs sowie die Gründung der Europäischen Wirtschaftsgemeinschaft für Kohle und Stahl im Juli 1952 führten schließlich zu Beginn der 1950er Jahre zur vollständigen Einstellung der Demontagen. Deren wirtschaftlicher Nutzen für die Alliierten war fragwürdig geblieben, zumal die beschlagnahmten Anlagen vielfach mithilfe sogenannter Demontagekredite durch moderne, rationeller arbeitende Produktionseinrichtungen ersetzt werden konnten.

Montanunion und Ruhrstatut markierten zugleich die letzten Etappen der Neuordnung und Kontrolle der Schlüsselindustrien an der Ruhr. Vor allem die Betriebsräte und -ausschüsse, die sich auf den Zechen und in den Metallbetrieben bereits unmittelbar nach der Befreiung des Ruhrgebiets durch die Alliierten bildeten und in denen oftmals Betriebsratsmitglieder aus der Weimarer Zeit fungierten, hatten eine Veränderung der ökonomischen Machtverhältnisse angestrebt *(Dok. 3, 4, 25)*. Die an einer möglichst schnellen Wiederaufnahme der Produktion interessierte Militärregierung setzte dem – allerdings genauso wie der spontanen Säuberung der Betriebe von besonders exponierten Nationalsozialisten – bald Grenzen *(Dok. 11)*. Die betrieblichen Gremien durften sich lediglich mit unmittelbaren Wohlfahrtsangelegenheiten der Belegschaften befassen, die Regelung von Löhnen und Arbeitszeiten blieb ausschließlich der Militärregierung vorbehalten.

Die Gründung von Gewerkschaften vollzog sich nach einen im Herbst 1945 bekanntgegebenen Drei-Stufen-Plan, der ein langwieriges Lizenzierungs- und Kontrollverfahren und einen Aufbau von der Basis her vorsah und der Militärregierung auf jeder Stufe weitgehende Eingriffsmöglichkeiten sicherte. Erst in der letzten Phase war der Zusammenschluss im größeren Rahmen möglich, was im Falle der Berg- und Metallarbeiter im Laufe des Jahres 1946 geschah. Dieser Vorgehensweise fiel auch das ursprüngliche Konzept der Einheitsgewerkschaft mit Branchengruppen zum Opfer, an dessen Stelle die Briten die Bildung von Industrieverbänden durchsetzten *(Dok. 22)*. Mit der zunehmenden Institutionalisierung schwand zugleich ab 1947/48 der Einfluss der KPD, die anfänglich – vor allem im Ruhrbergbau – über starken Rückhalt unter den Betriebsräten der ersten Stunde verfügt hatte. In die Führungspositionen auf überlokaler Ebene rückten mit Unterstützung der christlichen Minderheitsfraktion reformistisch orientierte Akteure sozialdemokratischer Provenienz ein *(Dok. 31)*. Diese begannen Ende 1946, mit Kampagnen in den Betrieben und bei Betriebsratswahlen gegen die Kommunisten vorzugehen, bauten eigene Betriebsgruppen auf und konnten die Kommunisten bis 1950 auch in den gewerkschaftlichen Basisorganisationen isolieren *(Dok. 34)*.

Aus den Führungen der Ruhrkonzerne wurden nur die Inhaber leitender Positionen entfernt. An deren Stelle rückten die durch ihre Rolle im »Dritten Reich« in der Regel kaum weniger belasteten, aber aufgrund ihrer Expertise als unverzichtbar geltenden Manager der zweiten Garnitur. Und sowohl bei der Beschlagnahme der Firma Krupp Ende 1945, für die als gefürchtete »Waffenschmiede« eigens eine Allgemeine Anordnung erlassen wurde *(Dok. 12, 13)* als auch bei der Übernahme anderer Betriebe der Montanindustrie im August 1946 wurde die für die Sozialisierung relevante Eigentumsfrage ausgeklammert.

Die Umsetzung der Kontrollziele wurde von den Briten, nicht zuletzt aufgrund des Mangels an eigenen Fachkräften, schließlich mit deutschen Vertretern besetzten Treuhandverwaltungen anvertraut. Letztere sorgten dafür, dass die Schwerindustrie an der Ruhr nach der Entflechtung der Konzerne und der Neustrukturierung der ausgegliederten Unternehmensteile auf privatwirtschaftlicher Basis allmählich aus dem Fokus der Neuordnungsdiskussion rückte, und trugen damit zur Wahrung der Besitzverhältnisse in ihren wesentlichen Grundkomponenten bei. Mit der Ankündigung von Arbeitskämpfen, die von einer überwältigenden Mehrheit der Arbeitnehmer in Urabstimmungen unterstützt wurde, konnten die IG Bergbau und die IG Metall 1951 zumindest die gesetzliche Fixierung der paritätischen Mitbestimmung in den Aufsichtsräten der Montanindustrie durch Repräsentanten der Arbeitgeber und Arbeitnehmer durchsetzen.

Ein ähnliches Bild bot sich auf der politischen Ebene. Zwar verschwanden die als Exponenten des NS-Regimes profilierten Parteifunktionäre mit dem Einmarsch der Amerikaner ebenso von der Bildfläche wie die Polizeistellen und die Spitzen der Kommunalverwaltung. Ein personeller Kern von Verwaltungsbeamten blieb aber bestehen und wurde von der Militärregierung nach dem Prinzip der »indirect rule« reaktiviert, sofern es sich um als politisch unbelastet eingestuftes Personal handelte. Ihm oblag es, Recht und Ordnung durch Bereitstellung der lebensnotwendigsten öffentlichen Dienste und der Versorgung der Zivilbevölkerung zu gewährleisten, sich vor allem um die Trümmerbeseitigung, die Wiederherstellung der Verkehrswege und die Nahrungsmittelbeschaffung zu kümmern *(Dok. 1, 5, 6)*. Gegenüber gesellschaftlichen Neuordnungsansätzen und alternativen Versuchen öffentlicher Herrschaftsausübung seitens spontan gebildeter Aktionsausschüsse wie auch direkten Aktionen gegen Nationalsozialisten konnten die Verwaltungen die Militärregierung rasch zum Eingreifen veranlassen und die Ausschüsse so in ein formalisiertes, traditionell-bürgerliches Partizipationssystem integrieren. Als kommunale Verwaltungsleiter fungierten nach dem Ende der unmittelbaren Besatzungsphase ab Ende Juli 1945 meist langjährig geschulte und herkömmlich qualifizierte bürgerliche Fachbürokraten *(Dok. 17, 21)*. Sie nutzten die ihnen zugewiesene exponierte Machtstellung, um die lokalpolitische Struktur entscheidend zu beeinflussen. Als größtenteils ehemalige Zentrumsanhänger schalteten sie sich aktiv oder zumindest unterstützend bei der Formierung bürgerlicher Parteien ein und trugen damit wesentlich zur raschen Durchsetzung der CDU bei.

Mit der Zulassung von Parteien ab Herbst 1945 setzte die Militärregierung das Programm einer schrittweisen Demokratisierung von unten und einer Kompetenzverschiebung von der Verwaltung zu den neuen Lokalparlamenten in Gang. Bei diesen Gremien handelte es sich zunächst um ernannte Räte mit beratender Funktion, die als Forum zur Einübung demokratischer Verhaltensformen dienen sollten. Bei der Benennung der Parteivertreter lagen oft die Quoten nach den Wahlergebnissen vor 1933 zugrunde, des Weiteren wurden oft auch Repräsentanten der Wirtschaftskreise, der Gewerkschaften und Kirchen in die Räte aufgenommen *(Dok. 16, 19)*. Mit der Gemeindeverfassungsreform wurden die Aufgaben der bisherigen Verwaltungsspitze 1946 auf einen »unpolitischen« Oberstadtdirektor als Verwaltungsleiter und einen parteigebundenen ehrenamtlichen Oberbürgermeister als städtischen Repräsentanten und Ratsvorsitzenden aufgeteilt. Nach der Kommunalwahl im Oktober 1946 lockerte die Militärregierung die Kontrolle der Räte und nahm nur noch ein allgemeines Aufsichtsrecht wahr. Das sich unter diesen Bedingungen herausbildende und für die ersten Dekaden der Bundesrepublik charakteristische politische System hatte sich mit der Kommunalwahl 1948 auf der lokalen Ebene in den Grundzügen stabilisiert. Die KPD konnte auf dessen Entwicklung angesichts geringer Wahlerfolge keinen größeren Einfluss nehmen. Die Durchsetzung der Block- und Einheitsfrontkonzeption nach dem Vorbild der SBZ scheiterte am Widerstand der bürgerlichen Seite und der Sozialdemokratie.

Kennzeichnend für deren mittlere Funktionäre, die im »Dritten Reich« meist »überwintert« hatten und in den ersten Nachkriegstagen überall wieder in Kontakt zu kommen suchten, war eine starke Organisationsorientierung im Sinne einer Wiederbelebung der SPD in enger Anknüpfung an die reformistisch-pluralistische Parteitradition *(Dok. 2)*. Gegenüber einem engen Zusammengehen mit den Kommunisten oder gar einer ungeformten Bewegung wie den Antifa-Ausschüssen herrschte deutliche Zurückhaltung. Eine alternative, linkssozialistische Richtung wie die Bochumer Union deutscher Sozialisten, die eine neue sozialistische Partei konstituieren wollte, verengte sich unter den Bedingungen der Besatzungsherrschaft und war im August 1945 gezwungen, die Vereinigung mit der Sozialdemokratie zu suchen *(Dok. 8)*. Etwas langwieriger als die Reorganisation von KPD und SPD vollzog sich die Konstituierung von Gruppen aus der Tradition des Zentrums oder der Liberalen. Ehemalige Zentrumspolitiker entwickelten in der Zeit von Mai bis Juli/August 1945 im Rheinland und in Westfalen die Konzeption einer christlichen Sammlungspartei unter Einbeziehung auch evangelischer Kreise und konnten der Idee dank der politischen Quarantäne der ersten Nachkriegsmonate Resonanz verschaffen. Die rasche Parteiorganisation nach der überörtlichen Konstituierung der Partei im September stieß nur in den wenigen lokalen Schwerpunkten wie Oberhausen und Gelsenkirchen-Buer auf größere Anlaufschwierigkeiten, wo sich die frühere Zentrumsprominenz nicht für die neue Partei gewinnen ließ und die Wiedergründung der alten Partei betrieb *(Dok. 14)*.

In der Folgezeit, insbesondere angesichts der im Zuge der globalen Rüstungskonjunktur rasch wachsenden Produktionsziffern in der Eisen- und Stahlindustrie, avancierte das Ruhrgebiet in ökonomischer Hinsicht zur bundesdeutschen Schlüsselregion *(Dok. 35)*. Langsamer, d.h. erst nach Verabschiedung des Investitionshilfegesetzes Anfang 1952, fand auch der Kohlenbergbau als traditionell bedeutendster Rohstoff- und Energielieferant der deutschen Industriewirtschaft Anschluss an das »Wirtschaftswunder«. Angesichts des wirtschaftlichen Aufschwungs konnten die Gewerkschaften Lohnerhöhungen durchsetzen, welche die Beschäftigten des Bergbaus und der eisenschaffenden Industrie gemeinsam an die Spitze der industriellen Lohnskala beförderten. Dabei blieb der bergbauliche Arbeitsmarkt trotz der relativ guten materiellen Situation der Bergarbeiterschaft, die durch zahlreiche Zuwanderer aus allen Regionen der Bundesrepublik und Flüchtlinge aus den ehemaligen Ostgebieten verstärkt wurde, von einer starken Fluktuation gekennzeichnet *(Dok. 32, 40)*.

Die Produktivität der Ruhrzechen stieg vor allem dank dieser zusätzlichen Arbeitskräfte und weniger durch Modernisierung und Rationalisierung. Aufgrund der rasch wachsenden Nachfrage vor allem der Stahlindustrie, aber auch des sprunghaft zunehmenden Energieverbrauchs der übrigen Industriezweige und der privaten Haushalte stieß der Steinkohlenbergbau in den 1950er Jahren an seine Grenzen und wurde immer mehr durch US-Importkohle und Öl verdrängt. Mit der Kohlenkrise begann sich der Traum der »immerwährenden Prosperität« im Revier ab 1958 zu verflüchtigen und einem langwierigen Anpassungsprozess Platz zu machen *(vgl. Kap. XV)*.

Literaturhinweise

Werner Abelshauser, Der Ruhrkohlenbergbau seit 1945. Wiederaufbau, Krise, Anpassung, München 1984.

Werner Abelshauser, Rüstungsschmiede der Nation? Der Kruppkonzern im Dritten Reich und in der Nachkriegszeit 1933 bis 1951, in: Lothar Gall (Hg.), Krupp im 20. Jahrhundert. Die Geschichte des Unternehmens vom Ersten Weltkrieg bis zur Gründung der Stiftung, Berlin 2002, S. 267–472.

Jan-Pieter Barbian/Ludger Heid (Hg.), Die Entdeckung des Ruhrgebiets. Das Ruhrgebiet in Nordrhein-Westfalen 1946–1996, Essen 1997.

Christoph Kleßmann/Peter Friedemann, Streiks und Hungermärsche im Ruhrgebiet 1946–1948, Frankfurt a.M./New York 1977.

Martina Köchling, Demontagepolitik und Wiederaufbau in Nordrhein-Westfalen, Essen 1995.

Lutz Niethammer (Hg.), »Hinterher merkt man, daß es richtig war, daß es schief gegangen ist.« Nachkriegserfahrungen im Ruhrgebiet, Berlin/Bonn 1983.

Hartmut Pietsch, Militärregierung, Bürokratie und Sozialisierung. Zur Entwicklung des politischen Systems in den Städten des Ruhrgebietes 1945 bis 1948, Duisburg 1978.

Dokumente

1. **Der von den Alliierten im April 1945 zum Altenessener Ortsbürgermeister bestellte katholische Kaufmann Wilhelm Kleff berichtet über die ersten von ihm angeordneten Maßnahmen.**
Berichte der Ortsbürgermeistereien. Stadtarchiv Essen, 28-Altenessen/Karnap undat. [April/Mai 1945], abgedruckt in: Hartmut Pietsch, Militärregierung, Bürokratie und Sozialisierung. Zur Entwicklung des politischen Systems in den Städten des Ruhrgebietes 1945 bis 1948, Duisburg 1978, S. 52f. (Auszug)

Am 10.4.1945 wurde ich von dem amerikanischen Oberst als Bürgermeister eingesetzt. Zu meiner Mithilfe erhielt ich meinen Stellvertreter und 14 Ordnungspolizisten.

Meine erste Arbeit war, Unterkunft für die Bürgermeisterei und Ordnungspolizei zu suchen, die ich in den Räumen des alten Pol[izei] Revier[s] 8 [...] fand. [...] Sämtliche Karten, Karteien, Maschinen waren vernichtet, und es fehlten sämtliche Unterlagen, so dass der Aufbau der Bürgermeisterei größte Schwierigkeiten verursachte. [...] Die nächste Aufgabe war, in Altenessen die gefallenen Soldaten und Zivilpersonen, die in vielen Straßen lagen, ordnungsgemäß zu bestatten.

Trupps von Altenessener Bürgern wurden zusammengestellt, welche die toten Soldaten und Zivilisten zum Friedhof schafften. Andere Trupps schaufelten die notwendigen Gräber, und nach Einsegnung durch den Geistlichen wurden die Gräber wieder ordnungsgemäß zugeschaufelt, da durch die Kämpfe am Rhein-Herne-Kanal und den Artilleriebeschuss in den letzten drei Wochen keine Beerdigungen stattfanden. [...] Ruhe und Ordnung herzustellen, war ebenfalls wichtig, jedoch erschwert durch die vielen Fremdarbeiter, die bisher auf den Zechen gearbeitet hatten und in Lagern verpflegt worden waren. Die verantwortlichen Zechenherren waren jedoch flüchtig und die Fremdarbeiter sich selbst überlassen. Da es ihnen an Lebensmitteln und anderen Dingen fehlte, gingen sie zu systematischen Plünderungen über.

Die kleine Truppe unserer Ordnungspolizei hatte Tag und Nacht zu tun, um die Übergriffe einzudämmen, dazu die Sicherheit in den Straßen und den Verkauf in den Geschäften zu überwachen, Stadt- und Staatsgut sicherzustellen. [...]

Die Strom- und Lichtversorgung unserer Bürgermeisterei wurde mit Hochdruck gelöst, und im Laufe von acht bis zehn Tagen nach dem Einmarsch war Altenessen, darüber hinaus auch ein Teil des Stadtgebiets Essen, mit Licht und Strom versorgt. [...]

Mit gleichem Eifer wurde an der Instandsetzung der Wasserleitung gearbeitet. [...]

Diesen Aufgaben folgte die Instandsetzung der Straßen, Plätze, Beseitigung der Panzersperren, Verkehrshindernisse usw., damit auch nach außen hin sichtbare Zeichen unseres Ordnungssinns und Aufbauwillens in Erscheinung traten. [...]

Zur Behebung der Transportnot wurden täglich 300–400 Arbeiter für die Instandsetzung der Eisenbahn eingesetzt, um das notwendigste Verkehrsnetz in Ordnung zu bringen. Dann mussten die Arbeiten für die städtischen Abteilungen mit übernommen werden, da alle Abteilungen geschlossen waren. [...]

Eine weitere Notwendigkeit war die Sicherstellung des Gesundheitszustands der Ortseinwohner. Zu diesem Zweck war eine Rücksprache mit den ansässigen Ärzten notwendig, die auch auf meine Einladung hin stattfand. [...]

Als eine Aufgabe von erhöhter Wichtigkeit trug mir der hiesige Kommandant auf, die Milchversorgung in Altenessen in Ordnung zu bringen.

2. Dortmunder Sozialdemokraten beraten im April 1945 über die Reorganisation der Partei und ihre Mitwirkung am kommunalen Wiederaufbau.

Protokoll der ersten Zusammenkunft führender SPD-Funktionäre nach dem Ende der Kampfhandlungen in Dortmund vom 19.4.1945, unterzeichnet von Paul Sattler.[1] Institut für Zeitungsforschung Dortmund, Best. M 36, Durchschrift im Stadtarchiv Dortmund, Nachlass Heinrich Wenke, Best. 473, Nr. 2, abgedruckt in: Günther Högl (Bearb.), Dortmund im Wiederaufbau 1945–1960. Eine Dokumentation des Stadtarchivs Dortmund, Dortmund 1985, S. 119f.

Am 12. April 1945 wurde Dortmund von den alliierten Truppen besetzt. Im gleichen Augenblick traten natürlich auch die neuen gesetzlichen Bestimmungen zur Auflösung der nationalsozialistischen Organisationen usw. in Kraft. Diese Situation rief unsere Parteigenossen auf den Plan, die während der gesamten rückliegenden Zeit Verbindung untereinander aufrechterhalten hatten. Parteimitglieder wandten sich in diesen Tagen auch fortgesetzt insbesondere an Genossen, die irgendwie in der Zeit vor 1933 in politischer Beziehung herausgestellt waren, um Auskünfte und vor allen Dingen mit der Frage, was nun weiter zu geschehen habe. Das führte zu einer Zusammenkunft derjenigen Parteigenossen, die unter den chaotischen Verkehrszuständen am schnellsten erreichbar waren, um in einer gemeinsamen Besprechung zu der neuen Situation Stellung zu nehmen. [...]

Es wurden Beobachtungen aus den Tagen seit der Besetzung vorgebracht, Beschwerden in der einen oder anderen Frage vorgetragen, vor allen Dingen aber wurde die Frage erörtert, was nun in organisatorischer Hinsicht zu unternehmen sei, und in welcher Weise die Partei bei dem nun kommenden Aufbau und bei der vorzunehmenden Neuregelung des kommunalen Lebens mitwirken könne. Allgemeine Einigkeit herrschte darüber, dass die Partei als solche wieder erstehen müsse und sich in die Arbeit einzuschalten habe, ebenso, wie das auch von den Freien Gewerkschaften erwartet wurde. Da es sich im gegenwärtigen Augenblick nicht darum handele, Revolution zu machen, sondern alles, was in organisatorischer Beziehung getan werden kann, nur im Rahmen der Bestimmungen der Alliierten Militärverwaltung möglich ist, kam man überein, zunächst die Frage zu klären, in welcher Weise der Aufbau der politischen und gewerkschaftlichen Organisationen möglich ist, und zwar sollte dieses durch persönliche Rück-

---

1 Paul Sattler (1894–1965) übernahm 1945 als Beigeordneter der Dortmunder Stadtverwaltung die Dezernate Wirtschaft, Versicherung und Personal, wechselte 1946 zu den Vereinigten Elektrizitätswerken Westfalen AG (VEW) und war von 1948 bis 1952 Ratsmitglied der Stadt Dortmund. Als Mitglied und Funktionär der SPD sowie Mitglied des Reichsbanners Schwarz-Rot-Gold in der Weimarer Republik war Sattler während der NS-Zeit politisch verfolgt worden.

sprache bei dem zuständigen Militärkommandanten erfolgen. Es wurde ein kleiner Ausschuss gebildet, bestehend aus den Genossen Levermann,[2] Sattler, Sträter,[3] Schmidt,[4] Wenke,[5] die den Auftrag erhielten, ein Exposé für diese Verhandlung mit dem Militärkommandanten auszuarbeiten und baldmöglichst diese Unterredung herbeizuführen.

Ferner bestand darin Übereinstimmung, sofort einen größtmöglichen Kreis aller Parteigenossen über diese Maßnahmen zu unterrichten, zur weiteren Mitarbeit heranzuziehen und nach Möglichkeit in jeder alten Ortsgruppe wieder Fühlung mit den noch vorhandenen Vertrauensleuten aufzunehmen. Die vorhandenen Gewerkschaftsvertreter wurden aufgefordert, soweit das noch nicht geschehen sei, sich sofort dafür einzusetzen, dass auf allen Werken die alten Betriebsräte anstelle der bisherigen Vertrauensräte einzusetzen sind. Diese Aktion war schon erfolgreich in einigen Betrieben durchgeführt worden.

Es bestand auch weiter Einmütigkeit darüber, dass in erster Linie die vordringlichsten Arbeiten, wie Lebensmittel-, Strom- und Wasserversorgung, mit aller Energie in Angriff zu nehmen seien.

Die Kommunistische Partei war durch ihre Vertreter an Paul Sattler herangetreten zwecks gemeinsamer Arbeit, mindestens aber mit dem Ziel eines gemeinsamen Vorgehens bei den Besatzungsbehörden. Ein solches Zusammengehen fand allgemeine Billigung, und es wurde zum Ausdruck gebracht, dass die Bildung wilder und unkontrollierbarer Organisationen, wie z.B. des Antifaschistischen Bunds, nicht im Interesse eines wiederaufzubauenden geordneten politischen Lebens liege.

2   Gottlieb Levermann wurde im April 1945 vom kommissarischen Dortmunder Oberbürgermeister Dr. Ostrop zum Dezernenten für das Wohlfahrtswesen berufen und war später Dezernent für Leibesübungen und Jugendpflege. Während der NS-Zeit war Levermann im März 1933 als sozialdemokratischer Dortmunder Stadtrat in »Schutzhaft« genommen worden.
3   Heinrich Sträter (1891–1968), Geschäftsführer der Ortsverwaltung Hörde des Deutschen Metallarbeiter-Verbands (DMV), war 1945 Vorsitzender des DGB-Ortsausschusses und wurde 1950 in den Vorstand der IG Metall gewählt. Sträter war zudem u.a. von 1953 bis 1957 Mitglied des Bundestags.
4   August Schmidt (1878–1965), von 1946 bis 1953 Erster Vorsitzender der IG Bergbau, war im Kaiserreich und in der Weimarer Republik u.a. Sekretär, geschäftsführendes Vorstandsmitglied und schließlich Zweiter Vorsitzender des Alten Verbands. Darüber hinaus gehörte Schmidt von 1922 bis 1933 dem Reichswirtschaftsrat an. Zu August Schmidt vgl. auch Dok. 1 in Kap. XVI und Dok. 5, Anm. 7 in Kap. XVIII.
5   Heinrich Wenke (1888–1961) war von 1945 bis 1955 Vorsitzender des SPD-Unterbezirks Dortmund und bis 1956 Sekretär des SPD-Bezirks Westliches Westfalen. Zudem gehörte er u.a. dem Dortmunder Stadtrat und dem nordrhein-westfälischen Landtag an. Als Redakteur bei der sozialdemokratischen Westfälischen Allgemeinen Volkszeitung der Weimarer Zeit (1919–1933) hatte er nach der NS-Machtergreifung Berufsverbot erhalten.

3. Die Belegschaftsvertreter der Bochumer Zechen beschließen im April 1945 die Bildung einer Einheitsgewerkschaft auf betrieblicher Basis.

Protokoll der Konferenz[6] vom 23.4.1945 in der Anlernwerkstatt der Zeche Prinz Regent in Bochum. Archiv für soziale Bewegungen Bochum, Nachlass Weeke, Mappe 3, Bl. 2ff., abgedruckt in: Siegfried Mielke et al. (Hg.), Organisatorischer Aufbau der Gewerkschaften 1945–1949, Köln 1987, S. 1213–1218 (Dok. 43).

Die Konferenz wurde von dem Obmann der Schachtanlage Prinz Regent, Schürmann,[7] um 11 Uhr mit dem Bergmannsgruß »Glückauf, Kameraden!« und einem herzlichen Willkommen für die Gäste eröffnet.

Er gedachte zunächst der Toten, die während der zwölfjährigen Nazi-Herrschaft ihr Leben lassen mussten. [...] Im Namen aller seien nur zwei genannt: Der frühere Vorsitzende des Bergarbeiter-Verbands Fritz Husemann[8] und der Funktionär der KPD Karl Springer.[9] [...]

Zu Punkt 1 der Tagesordnung[10] führte Kamerad Schürmann ungefähr Folgendes aus:

Jetzt, nach dem Zusammenbruch der Naziherrschaft, wo alles drunter und drüber geht, wo keine Behörde mehr vorhanden ist, wo keiner noch aus und ein weiß, haben sich in den Betrieben die alten Funktionäre der Gewerkschaften wieder in die Bresche geworfen, um zu retten, was noch zu retten ist. Sie sind teilweise durch Zuruf ernannt oder auch gewählt worden. Wir von Prinz Regent als die stärkste Anlage haben es für notwendig gehalten, die heutige Konferenz einzuberufen, um innerhalb der Gruppe Bochum der GBAG und ihrer näheren Umgebung auf einer einheitlichen Grundlage vorzugehen und nach einheitlichen Richtlinien zu arbeiten. Ich bitte, dass nach meinen Ausführungen die einzelnen Kollegen der Schachtanlagen Bericht darüber geben, wie es bei ihnen aussieht. Wir sind nicht nur Betriebsfunktionäre, sondern man kommt mit allen möglichen Fragen zu uns und will, dass geholfen wird, will Auskunft haben, da ja jede Behörde dafür fehlt. Wir müssen uns um die notleidende Bevölkerung kümmern. Die Ernährung für die Arbeiter unserer Schachtanlagen muss sichergestellt werden. Im Einvernehmen mit der Besatzungsmacht wollen wir alles tun, um diese schwere Übergangszeit reibungslos zu überwinden. Besonders im Bergbau kommt es darauf an, dass zusammengearbeitet wird. Die Stromversorgung muss sichergestellt werden. Es dürfen keine Pütte versaufen. Von uns aus haben wir als Notstandsmaßnahme am ersten Sonntag nach der Besetzung eine

---

6 An der Konferenz nahmen neben drei Gästen Vertreter von zehn Schachtanlagen in Bochum und Dortmund sowie jeweils ein Vertreter der Ruhrknappschaft und der Metallarbeiter in Bochum teil.

7 Das SPD-Mitglied Friedrich Schürmann wurde 1946 zum Geschäftsführer des vorläufigen Vorstands des FDGB Bochum ernannt und war Mitglied des Bezirksausschusses des FDGB Bochum.

8 Zu Fritz Husemann vgl. Dok. 11 in Kap. XI.

9 Karl Springer (1895–1936), Redakteur bei der KPD-Tageszeitung »Ruhrecho«, war 1926 bis 1933 Mitglied der Bochumer Stadtverordnetenversammlung. Nach seiner Inhaftierung im KZ Esterwegen von Juni bis Dezember 1933 leitete er die illegale KPD in Bochum. Springer starb am 18. Oktober 1936 an den Folgen der Misshandlung im Bochumer Polizeigefängnis, nachdem die KPD-Organisation im mittleren Ruhrgebiet von den Nationalsozialisten zerschlagen worden war.

10 D. i. »Bericht über die allgemeine und betriebliche Lage«.

Pflichtschicht eingelegt, damit die Bäcker Strom hatten, um Brot backen zu können und auch nicht eine Anzahl Zechen zum Erliegen kam. Unsere Direktion arbeitet mit uns so ziemlich Hand in Hand. Mit ihrer Zustimmung haben wir einige Entlassungen vorgenommen. Wir müssen im Bergbau alle an einem Strick ziehen. Auch um die Polizei müssen wir uns kümmern. Von uns aus müssen wir der Besatzungsbehörde Leute benennen, auf die wir uns verlassen können und die auch wirkliche Antifaschisten sind. [...]

Es wird nun zur Behandlung des Punkts 3 a der Tagesordnung »*Stellungnahme zur Organisationsfrage*« geschritten.

Schürmann führt hierzu aus:

Ich halte es für angebracht, eine Industriearbeiterorganisation mit den Gruppen Bergbau, Metall, Transport usw. zu bilden. Die Betriebsorganisation ist die Grundlage, auf der wir aufbauen müssen. Von jeder Schachtanlage und jedem Betrieb soll ein Mann als Vertreter in die Dachorganisation entsandt werden. Diese Vertreter bilden den Ausschuss und wählen dann unter sich den Vorsitzenden. Wir an der Ruhr haben früher den Anstoß zur Organisation gegeben, und draußen im Reich wird man verstehen, dass wir Bergleute an der Ruhr wieder den Anstoß zum Zusammenschluss geben. Im Großen gesehen, sind wir hier im Ruhrrevier mehr verschont geblieben als die anderen im Reich. Es ist deshalb zu verstehen, wenn von uns aus der Ruf erschallt: »Arbeiter, organisiert Euch!«

Nach kurzer Diskussion [...] wird beschlossen, einen Einheitsverband, den »Allgemeinen Industriearbeiterverband« zu bilden. Auf Vorschlag von *Schürmann* sollen für den Bergbau im Laufe der Woche dann Belegschaftsversammlungen stattfinden, um die Organisation für die Gruppe Bergbau zu schaffen. [...]

Schürmann zum Schluss: Im zukünftigen Staat wird es auch einen Unternehmer wie bisher nicht geben. Wir müssen uns alle so einstellen und so arbeiten, als wenn die Betriebe unser wären.

Hoch die klassenbewusste Arbeiterschaft! Hoch die rote Armee![11]

4. In einer Ende April 1945 auf der Bochumer Zeche Prinz Regent verteilten Proklamation an die Bergarbeiter wird der organisatorische Zusammenschluss in einem Einheitsverband als Mittel zum demokratischen Neuanfang nach dem Ende des NS-Regimes gefordert.

Proklamation an die Bergarbeiter, undat. [Ende April 1945]. Archiv für soziale Bewegungen Bochum, Nachlass Weeke, Mappe 3, Bl. 5, abgedruckt in: Christoph Kleßmann/Peter Friedemann, Streiks und Hungermärsche im Ruhrgebiet 1946–1948, Frankfurt a.M./ New York 1977, S. 93–94.

---

11 Hier wird auf die »Rote Ruhr-Armee« angespielt, die, überwiegend aus Arbeitern bestehend, während des »Ruhrkampfs« 1920 gegen Freikorps und Reichswehrtruppen gekämpft hatte. Vgl. dazu Kap. IX.

Kameraden!

Mit dem siegreichen Einmarsch der Alliierten Armeen sind auch wir Bergarbeiter nach zwölfjähriger Nazityrannei wieder freie Männer geworden. Für diese Befreiung von Terror, Knechtschaft und grenzenloser Ausbeutung schulden wir unseren Befreiern aufrichtigen, heißen Dank. Doch dies allein genügt nicht. Wir müssen uns der wieder gewonnenen Freiheit auch würdig erweisen, denn mit der Freiheit von Furcht ist uns die Glaubens- und Gewissensfreiheit, die Rede- und Versammlungsfreiheit, die Koalitionsfreiheit geschenkt worden. Wir dürfen uns wieder zu wirklichen Kampforganisationen zusammenschließen und damit unsere speziellen Berufsinteressen verfechten. Nicht länger mehr wollen wir mit den Grubengewaltigen, Antreibern und Ausbeutern organisatorisch unter einem gemeinsamen Dach leben, sondern gegen das Unternehmertum uns zu einem klassenbewussten Berufsverband zusammenschließen. Denn einzig und allein im Zusammenschluss liegt die wahre Kraft der Arbeitermassen begründet. Von dieser Erkenntnis ausgehend wurde kürzlich der Allgemeine Industriearbeiterverband Deutschlands ins Leben gerufen, worin die Gruppe Bergbau ihren besonderen Platz einnehmen und behaupten soll. Jetzt liegt es an uns Bergarbeitern, in welcher Art und Weise, in welcher Stärke wir unsere Kraft innerhalb dieser neuen Berufsorganisation zu entfalten vermögen. Unzählige Forderungen und Aufgaben, die während der verfluchten zwölf Terrorjahre verschüttet und bewusst versäumt waren, liegen wieder frei vor uns. Aus dunkler Vergangenheit sollen sie nunmehr in das helle Sonnenlicht der Gegenwart emporgetragen werden. Da ist vor allen die Forderung der Achtstundenschicht, für Untertage Siebenstundenschicht. Mitbestimmungsrecht in den Betrieben durch selbstgewählte Körperschaften. Verbesserung des Unfallschutzes. Reorganisation des gesamten Knappschaftswesens. Wiedereinführung von Lohn- und Tarifverträgen. Eine warme, d. h. menschenwürdige Behandlung. Diese letzte Forderung ist nicht weniger bedeutsam wie die erste. Es sind Mindestforderungen, die uns Bergarbeitern [auf] den Nägeln brennen. Sie können jedoch nur Verwirklichung finden, wenn alle Bergarbeiter, ohne Unterschied in ihrer religiösen oder parteipolitischen Auffassung, nur auf freigewerkschaftlicher Grundlage sich in ihrer einheitlichen Berufsorganisation zusammenschließen und zielbewusst diese Forderungen vertreten. Niemals wieder darf es zu parteipolitischen oder religiösen Auseinandersetzungen kommen, wie sie früher in kräftezehrenden Bruderkämpfen scheußlichen Ausdruck gefunden hatten. Keine Macht der Welt soll noch einmal die Arbeiterschaft allgemein und die Bergarbeiter insbesondere zerklüften, spalten und gegeneinanderhetzen. Nicht noch einmal werden wir uns zerfleischen, während die Todfeinde der Arbeiterklasse billige Triumphe feiern und ihre Knute über uns schwingen. Deshalb Kameraden, hinein in den Allgemeinen Industriearbeiterverband Deutschlands. Hinein in die einheitliche Kampforganisation der Bergarbeiter. Ein neues Leben blüht aus den Ruinen.

Durch Nacht zum Licht!

5. **Der kommissarische Direktor des Siedlungsverbands Ruhrkohlenbezirk, Rappaport, plädiert Ende Mai 1945 dafür, die zentrale Lenkung der Bauwirtschaft aus Kriegszeiten beizubehalten, um ein »gleichmäßiges Vorgehen« beim Wiederaufbau des Ruhrgebiets zu erreichen.**

Rundschreiben Rappaports[12] an die Oberbürgermeister und Landräte im Gebiet des SVR vom 25.5.1945. Abschrift. Stadtarchiv Witten, Witten-Alt, 1.17c.11.

Der Verbandsdirektor des Siedlungsverbands Ruhrkohlenbezirk war bisher für einen Teil des Gebiets Gebietsbeauftragter für die Bauwirtschaft. Die gesetzlichen Vorschriften über diese Tätigkeit sind nicht erloschen und mit Rücksicht auf die ungewöhnliche Knappheit an Baustoffen und Baukräften jetzt besonders dringlich. Das bisher sehr weitgehende und nicht ganz übersichtliche Verfahren muss aber möglichst vereinfacht werden. Im Benehmen mit einzelnen Städten ist daher folgendes Verfahren für die Zukunft vorgeschlagen:

Das während des Kriegs bestehende Verfahren zur bauwirtschaftlichen Lenkung der Bauarbeiten muss vorab grundsätzlich beibehalten werden. Die Anträge auf Neubauten, Wiederaufbauarbeiten und Instandsetzung sind bei der Stadtverwaltung (Bürgermeisteramt, Kreisverwaltung) einzureichen. Die Anerkenntnis oder Versagung erfolgt lediglich nach Maßgabe der bauwirtschaftlichen Wichtigkeit des beantragten Bauvorhabens. Vorab werden nur die allerdringendsten Maßnahmen, die für die Ernährungswirtschaft, die Industrie oder das Wohnungswesen bevorzugte Bedeutung haben, anerkannt werden können. [...]

Für Bauvorhaben, die nicht anerkannt sind, dürfen weder Arbeitskräfte noch Baustoffe noch Transportmittel eingesetzt werden. [...]

Um ein gleichmäßiges Vorgehen im gesamten Ruhrgebiet mit Rücksicht auf die außerordentliche Baustoffknappheit und Knappheit an Arbeitskräften und im Hinblick auf die Anforderungen der Besatzungsbehörde zu erreichen, habe ich diese gebeten, das vorgenannte Verfahren allgemein im Bezirk gutzuheißen. [...]

Die wichtigste Aufgabe der Städte wie des Verbands liegt daher darin, sich für eine möglichst weitgehende Förderung der Bauwirtschaft einzusetzen. Dies ist diesseits bereits für die wichtigsten Baustoffe vor allem für Dachziegel, Glas, Holz und Zement geschehen. Größere Anforderungen der Industrie, Tiefbauunternehmungen, der Reichsbahn, der wasserwirtschaftlichen Verbände usw. auf Zement, Eisen und Holz bitte ich grundsätzlich dem Gebietsbeauftragten zuzuleiten.

---

12 Philipp Rappaport (1879–1955), 1945 bis 1951 kommissarischer Direktor des Siedlungsverbands, hatte dieses Amt bereits 1932 ausgeübt. Aufgrund seiner jüdischen Herkunft wurde Rappaport nach der NS-Machtergreifung 1933 zwangsweise in den Ruhestand versetzt sowie nach Arbeitsverbot und Verhaftung 1944 in das Arbeitslager Vorwohle bei Holzminden überführt. Zur Vita Rappaports vgl. Hans H. Hanke, Philipp Rappaport, in: Landschaftsverband Rheinland, Rheinisches Industriemuseum Oberhausen etc., War die Zukunft früher besser? Visionen für das Ruhrgebiet, Essen 2000, S. 139–144.

Ich wäre der dortigen Verwaltung für eine weitgehende Unterstützung meiner Bemühungen in dieser Richtung besonders dankbar. Der Vorschlag für ein Antragsformular zur bauwirtschaftlichen Anerkenntnis liegt bei.

6. **Der kommissarische Dortmunder Oberbürgermeister Dr. Ostrop ruft die Bevölkerung Anfang Juni 1945 zur Trümmerbeseitigung auf.**
Aufruf Dr. Ostrops[13] vom 6.6.1945. Stadtarchiv Dortmund, Best. 503/1, Nr. 35, abgedruckt in: Günther Högl (Bearb.), Dortmund im Wiederaufbau 1945–1960. Eine Dokumentation des Stadtarchivs Dortmund, Dortmund 1985, S. 51.

Mitbürger der
Stadt Dortmund!

Der Wiederaufbau unserer Heimatstadt liegt uns allen am Herzen. Es gilt jetzt, in planvoller Gemeinschaftsarbeit ans Werk zu gehen. Ich rufe Euch alle, insbesondere aber die Männer von 15–60 Jahren, zur Mitarbeit auf.

Sie muss Ehrendienst eines jeden sein; sonst kommen wir nicht zu dem Ziel, das doch uns allen vorschwebt, die Wunden zu heilen und unsere Heimatstadt wieder aus dem Schutt erstehen zu sehen.

Ich weiß, dass die Lebensmittelzuteilungen für die Ausnutzung zur vollen Arbeitskraft, die alle diejenigen von uns, die guten Willens sind, doch gern einsetzen möchten, unzureichend sind. Wir bemühen uns Tag und Nacht, diese Folgewirkung der Vergangenheit und des verlorenen Kriegs für Euch zu mildern. Trotz aller Schwierigkeiten aber muss das Ziel, der Wiederaufbau unserer Stadt, erreicht werden. Es sind planmäßig im ganzen Stadtgebiet Arbeitsstellen vorgesehen und vorbereitet, an denen auch Ihr in der Freizeit, die Euch die Berufsarbeit noch lässt, mitarbeiten sollt. Für alle diejenigen unter Euch, die Mitglied der NSDAP waren, ist verstärkte u[nd] bevorzugte Mitarbeit selbstverständliche Pflicht.

48 Arbeitsstunden im Laufe des Sommers für alle Jungen
und Männer von 15 bis 60 Jahren,
für Parteigenossen die doppelte Arbeitszeit
Jeder erhält in den nächsten Tagen eine Kontrollkarte zugestellt. Auf ihr wird an der Arbeitsstelle die abgeleistete Stundenzahl vermerkt.

13 Dr. Hermann Ostrop (1888–1963) wurde am 13. April 1945 von den Amerikanern zum kommissarischen Oberbürgermeister ernannt und am 8. Februar 1946 zum Oberstadtdirektor gewählt. Wegen fehlender Bestätigung durch die britische Militärregierung trat er jedoch bereits einen Monat später wieder von diesem Amt zurück. Das Gründungsmitglied der Dortmunder CDU und frühere Zentrumsmitglied war von 1925 bis 1937 (mit Unterbrechung 1933) Beigeordneter der Stadt Dortmund und 1939 bis 1945 Dezernent für Wohlfahrt und Kriegshilfe.

Wie unsere Vorfahren in Notzeiten früherer Jahrhunderte ihre »Hand- und Spanndienste« als selbstverständliche Gemeinschaftsaufgabe[14] zur Beseitigung von Katastrophenschäden erfüllten, so wollen wir gemeinsam jetzt an die Aufbauarbeit gehen. Die Arbeitsstellen in den einzelnen Stadtteilen und die vorgesehenen Arbeitszeiten werden besonders bekanntgegeben. Jeder bringt Schaufel und Schippe und, soweit er über Spitzhacke und Spaten verfügt, auch diese mit.

Die Arbeit beginnt am kommenden Sonnabend und Sonntag in erster Linie für die »Parteigenossen«, die sich an einer der vorgesehenen Meldestellen mit Arbeitsgerät einfinden.

Auf zum Aufbau unserer Heimatstadt!

7. Der Essener Oberbürgermeister Rosendahl bittet die britische Militärregierung im Juli 1945, angesichts des unter der deutschen Zivilbevölkerung herrschenden Mangels an Kleidung von deren Requisition abzusehen.

Oberbürgermeister Rosendahl[15] an die Militärregierung in Essen betr. Requisition von Kleidung der deutschen Zivilbevölkerung vom 4.7.1945. Stadtarchiv Essen, 1001/9.

Die Militärregierung hat 11.000 Kleidergarnituren von der Bevölkerung der Stadt Essen angefordert. Wenn auch der Herr Regierungspräsident in seiner Verfügung vom 27.6. [1945] ersucht, von Vorstellungen gegen diese Anforderung abzusehen, so halte ich es doch für meine Pflicht, auf folgende Bedenken hinzuweisen:

Essen ist vorwiegend eine Arbeiterstadt. Die werktätige Bevölkerung ist schon vor dem Krieg nicht in dem Umfang mit Bekleidungsstücken usw. ausgerüstet gewesen wie beispielsweise die wirtschaftlich besser gestellte Bevölkerung anderer Städte (Düsseldorf oder Hannover). Ein großer Teil der männlichen Arbeitskräfte war in den Jahren vor 1933 lange erwerbslos und, dann später wieder zur Arbeit gelangt, nicht in der Lage, die vorhandenen Lücken an Bekleidungsstücken und Haushaltungsgegenständen ausfüllen zu können. Zu Beginn des Kriegs trat eine scharfe Bewirtschaftung dieser Artikel ein. Es war nur möglich, Bekleidungsstücke usw. aufgrund von Bezugscheinen zu beschaffen, die nur erteilt wurden, wenn ein gewisser Normalbestand unterschritten war. Der Normalbestand war für Männer und Frauen so gering bemessen, dass durchschnittlich nur zwei Garnituren (Wechselbekleidung) zugebilligt wurden. Diese an sich schon vorhandene Mangellage wurde verschärft durch die zahlreichen schweren Schäden, die durch Luftangriffe entstanden. In Essen sind durch die Luftangriffe rd. 40.000 Wohnhäuser total zerstört worden. Bei Anwendung des Erfahrungsschlüssels = 4 Familien je Haus und jede Familie = 3½ Köpfe sind rd. 560.000 Personen totalgeschädigt, also um ihren gesamten Besitz gebracht worden. Dabei ist allerdings zu berücksichtigen, dass viele Familien

---

14   Die Hand- und Spanndienste des Mittelalters waren ein fester Bestandteil des feudalen Herrschaftssystems. Sie verfolgten damit nicht, wie von Ostrop behauptet, solidargemeinschaftliche Ziele.
15   Dr. Hugo Rosendahl (1884–1964) wurde am 20. Mai 1945 von den Amerikanern zum Essener Oberbürgermeister ernannt und war von 1946 bis 1950 Oberstadtdirektor. In der Weimarer Zeit war das Zentrumsmitglied von 1931 bis 1933 Oberbürgermeister der Stadt Koblenz.

mehrfach ausgebombt worden sind. Auch in den nur teilweise zerstörten Gebäuden ist sehr viel an Bekleidungsstücken und Hausrat in Verlust geraten. Im Stadtgebiet Essen werden nicht viele Personen vorhanden sein, die über Wechseloberbekleidung, mehr als zwei Garnituren Unterbekleidung und mehr als ein oder zwei Paar Schuhe verfügen.

Die nicht durch Luftangriffe in Mitleidenschaft gezogene Bevölkerung hat in mehrfachen Spinnstoffsammlungen, die behördlich gelenkt wurden, entbehrliche Bekleidungsstücke abgegeben. So fand noch zu Beginn dieses Jahres ein sogenanntes Volksopfer statt, welches die letzten noch irgendwie entbehrlichen Spinnstoffe anforderte. Aus dem Ergebnis der Sammlung wurden vornehmlich die infolge [der] Luftangriffe besonders notleidenden Bevölkerungskreise bedacht. Die Verteilungsaktion war während des Beginns der Besatzung noch im Gange. In der Übergangszeit ist ein erheblicher Teil der noch vorhandenen Vorräte durch Ostarbeiter[16] geplündert worden.

Die Ostarbeiter sind, als sie hier zur Arbeit eintrafen, alle mehr oder weniger nur sehr spärlich mit Bekleidungsstücken ausgerüstet gewesen. Das Wirtschaftsamt hat im Rahmen der ihm gegebenen Möglichkeiten immer geholfen, um auch in diesen Kreisen bestehende Notstände zu beseitigen. Besonders groß ist diese Hilfe in den letzten Monaten seit Beginn der Besatzung gewesen. Fast der gesamte Nachschub an Textilwaren ist für die Versorgung der Ausländer verwendet worden. […] Darüber hinaus ist bekannt, dass die Ausländer wochenlang allnächtlich durch Plünderungen in den Wohnungen der deutschen Zivilbevölkerung in erheblichem Umfang Bekleidungsstücke an sich gebracht haben. Ein Teil der gestohlenen Bekleidungsstücke wird über den schwarzen Markt gelaufen sein, sonst wären nicht in dem geschehenen Maße unter Mitwirkung der Lagerleitungen beim Wirtschaftsamt Bezugsrechte angefordert und gewährt worden. Das Straßenbild hat zudem gezeigt, dass die Ausländer zurzeit zusehends besser gekleidet sind als in früherer Zeit.

Der an sich schon geringe Nachschub an Textilwaren ist, wie schon geschildert, vorwiegend zugunsten der Ausländer verwendet worden. Dann müssten aber auch, was geschehen ist, KZ-Häftlinge, die nichts mehr besaßen, und Juden, die nur unzulänglich mit Bekleidung versehen waren, versorgt werden. […]

Angesichts der Tatsache, dass Essen neben Köln die am stärksten durch Bomben geschädigte Großstadt Westdeutschlands ist, bitte ich ebenso herzlich wie dringend, den vorgebrachten Argumenten eine wohlwollenden Beachtung zu schenken und von der Durchführung der Requisition absehen, oder sie doch wenigstens auf ein erträgliches Maß mildern zu wollen. Gleichwohl habe ich die Bezirksamtsleiter angewiesen, unverzüglich die Sammlung zu organisieren.

---

16 NS-Begriff für Zivilarbeiter aus den besetzten Gebieten der Sowjetunion, die zwischen 1941 und 1945 meist unter Zwang für die nationalsozialistische Kriegswirtschaft eingesetzt wurden. Zum Einsatz von »Ostarbeitern« im Ruhrgebiet vgl. Kap. XII.

8. Die SPD und die Union deutscher Sozialisten in Bochum beschließen am 13. August 1945 ihre organisatorische Vereinigung.

Beschluss der Bochumer SPD und der Union deutscher Sozialisten vom 13.8.1945. Stadtarchiv Bochum, Dep. SPD-Unterbezirk, Nr. 190, abgedruckt in: Johannes Volker Wagner (Hg.), Vom Trümmerfeld ins Wirtschaftswunderland. Bochum 1945–1955. Eine Dokumentation, Bochum 1989, S. 147, 444. (Auszug)

Der Genosse Bangel eröffnete und nannte noch einmal den Zweck der Zusammenkunft: Herbeiführung der Einigung. Angesichts der Tatsache, so führte er aus, dass die Militärregierung die alten Parteien zunächst einmal zulässt, wir unsererseits die Arbeiterbewegung nicht spalten wollen, nehmen wir davon Abstand, eine zweite sozialistische Partei anzumelden und bemühen uns stattdessen, die angemeldete SPD zu einer Einheitspartei zu machen. Die heutige Sitzung soll die Voraussetzungen einer einheitlichen Organisation in Bochum schaffen, da es sich nicht einfach um die organisatorische Zusammenlegung der beiden Gruppen handeln kann, die neu gebildete SPD vielmehr gewisse Züge aufweisen muss, wenn sie zu einem Sammelbecken für alle Sozialisten, kurz zu einer wirklichen Einheitspartei werden soll. Der Genosse Bangel gab seiner Zuversicht Ausdruck, dass die Sitzung mit einem positiven Ergebnis enden werde. Der Genosse Nickel unterstrich in seiner Antwort die Notwendigkeit einer Einheitspartei für die soz[ialistische] Bewegung. Er begrüßte unsere Absicht, die Einheitspartei nunmehr zu bilden, der Anschluss müsse aber an die SPD erfolgen, – er sei zu keinen Konzessionen bereit. Es sei im Übrigen selbstverständlich, dass die neue SPD eine neue Partei nach Geist und Arbeit sein werde in dem vom Genossen Bangel gekennzeichneten Sinne. […][17]

Das Ergebnis der Besprechung ist wie folgt kurz zusammenzufassen:

Die SPD muss zur Wahrung ihrer Interessen (Rückerstattung des 1933 beschlagnahmten und enteigneten Vermögens) ihre Zulassung unter dem alten Namen beantragen und hat das auch getan. Die Genossen von der SPD und die von der UNION sind gleicherweise der Auffassung, dass die sozialistische Bewegung nur im Rahmen einer Einheitspartei ihre Ziele wird durchsetzen können. Die SPD muss darum so gestaltet werden, dass sie zu einer Partei wird, der Sozialisten verschiedener Parteirichtungen beitreten können und auch alle die Sozialisten, die früher wegen der Zersplitterung parteipolitisch abseitsgestanden haben. Aus diesem Grund sollen SPD und UNION zu einer neuen Partei verschmolzen werden, in der alle Genossen sich mit aller Kraft dafür einsetzen werden, dass Name, Statut und Programm der Partei auf überbezirklicher Basis durch gemeinsame Arbeit neu gestaltet werden.

---

17 Im Folgenden wurde besprochen, welchen Namen die künftige Partei tragen und nach welchem Programm sie sich richten solle. Bei der Programmfrage kam man darin überein, sich nach einem Beschluss des Dortmunder SPD-Bezirksvorstands bis zur Ausarbeitung eines neuen Parteiprogramms am Heidelberger Programm zu orientieren.

9. Wie vielerorts im Ruhrgebiet, so wird auch im Landkreis Recklinghausen die desolate Ernährungslage mit plündernden Ausländern in Zusammenhang gebracht (1945).

Aus einer Übersicht über die Entwicklung auf dem Ernährungssektor und über die Tätigkeit des Wirtschaftsamts im Landkreis Recklinghausen seit dem 1.4.1945, für den Landrat zusammengestellt am 23.8.1945. Stadtarchiv Recklinghausen III Nr. 1867.

Amerikanische Truppen besetzten in der letzten Märzwoche den nördlichen und westlichen Teil des Landkreises. Am 1.4.[19]45 fiel die Stadt Recklinghausen. Die Kämpfe um den östlichen Teil des Kreises dauerten, ohne dass es zu größeren Kampfhandlungen im Kreisgebiet selbst kam, noch weitere zwei Wochen an. Die Verteidigung des östlichen Kreisgebiets durch deutsche Einheiten wirkte sich äußerst nachteilig für die Kreisverwaltung aus. Der amerikanische Oberst, der die Militärverwaltung leitete, erklärte in einer bereits am 2.4. einberufenen Besprechung, in der er den kom[missarischen] Oberbürgermeister der Stadt einsetzte, auf die Bitte des die Verhandlung auf deutscher Seite führenden Verlagsdirektors Bitter, gleichzeitig den komm[issarischen] Landrat zu bestellen, dass er daran kein Interesse habe, solange das Kreisgebiet noch Kampfgebiet sei. [...]

Alle Bemühungen von deutscher Seite, wenigstens die Verwaltung wieder arbeiten zu lassen, waren in den ersten vier Wochen ohne Erfolg. Die Verhältnisse im Landkreis nahmen vorübergehend chaotische Formen an. In einem Stadtviertel von Haltern, das nicht durch Bombenangriffe zerstört worden war, sammelten sich Tausende von Ausländern. Die Bewohner dieses Stadtteils, die durchweg kleine Einfamilienhäuser besaßen, mussten ihre Wohnungen räumen. Sie sind noch heute aus ihren Häusern. Infolge des kurzfristigen Räumungsbefehls konnten sie nicht einmal das notwendigste Hab und Gut mitnehmen. Es ist jetzt vernichtet oder verschleppt. Die Ausländer zogen raubend und plündernd in die nähere und weitere Umgebung. Nicht nur die Bauern, auch die Lebensmittelläger und -geschäfte wurden ausgeraubt. Ähnliche Zustände traten bald darauf auch in Waltrop, Marl, Hervest-Dorsten, Herten und Kirchhellen ein. In Marl musste ein ganzes Stadtgebiet für die Polen geräumt werden. Von allem anderen abgesehen, waren die Verluste an Lebensmitteln, die durch die Plünderungen vernichtet wurden, ganz ungeheuer. Leider muss festgestellt werden, dass sich auch Deutsche mit den Ausländern, besonders mit den Russen, Polen und Italienern, zu Plünderungen verbanden. Schon in der Karwoche hatten Deutsche damit begonnen. So wurde der Fleischwarenfabrik Schweisfurth in Herten am Karfreitag 625 t Konservenfleisch geraubt. Ebenso begannen Deutsche mit der Plünderung der großen Getreidesilos im Halterner und Dorstener Bezirk, die sie nach dem Einmarsch der Amerikaner mit den Fremdarbeitern fortsetzten. Die Bauern organisierten den Kunstdünger, der in den verschiedenen Munitions- und Sprengstoffwerken lagerte. Schwarzschlachtungen wurden nicht mehr geheim, sondern in aller Öffentlichkeit ausgeführt.

10. »Stärkste Bazillenverbreiter«. Der kommissarische Bürgermeister der Stadt Recklinghausen bittet die britische Militärregierung im November 1945 um die baldige Räumung eines »Polenlagers« bei Waltrop.
Der kommissarische Bürgermeister der Stadt Recklinghausen an Herrn Major Dunsmore vom 2.11.1945. Stadtarchiv Recklinghausen III Nr. 5396.

Es wird mir soeben mitgeteilt, dass im Amtsbezirk Waltrop die Maul- und Klauenseuche ausgebrochen ist. Die Polen im Lager der Rieselfelder erweisen sich als stärkste Bazillenverbreiter dadurch, dass sie von Hof zu Hof laufen und bei den Bauern wegen Abgabe von Lebensmitteln vorsprechen. Ich halte es für meine Pflicht, Sie darauf aufmerksam zu machen und erneut zu bitten, für die baldige Räumung dieses Polenlagers bemüht zu sein.

11. Captain Siruge von der britischen Militärregierung teilt dem Betriebsausschuss der Zeche Prinz Regent im November 1945 die Rücknahme »wilder« Entnazifizierungsmaßnahmen mit.
Aussprache des Capt. Siruge in seinem Büro Gudrunstr. 9 und dem Betriebsaussschuß Prinz Regent am 3.11.1945. Abschrift. Archiv für soziale Bewegungen Bochum, Nachlass Weeke, Mappe 3, Bl. 47f. (Auszug)

Capt. Siruge führte etwa Folgendes aus: »Im Ausschuss auf Prinz Reg[en]t wird viel zu viel Politik getrieben anstatt gearbeitet. Die Leistung von vier Wagen im Streb von 1,20 m Mächtigkeit ist zu niedrig. Das ist Sabotage. In Frankreich wurde bei nicht besseren Bedingungen das Doppelte geleistet. Zwei Stunden wird bei Euch nur gearbeitet. Das kann so nicht weitergehen. Sie haben den Krieg verloren. Ihr sollt Euch mehr um Arbeit bekümmern. Die Absetzung der beiden Steiger Freund und Kamrad[18] ist nicht Eure Sache. Ihr seid keine Richter. Die Entscheidung fällt die Militärbehörde. Ich befehle: Diese beiden nehmen ihre Arbeit wieder auf, und zwar als Steiger. Ich bin kein Freund der Nazis. Ich hasse sie vielleicht noch mehr als Sie. Die haben drei meiner besten Freunde ermordet. Die Arbeiter von Prinz Regent reden nur noch von Lebensmitteln und Schuhen und Kleidung anstatt von Arbeit. Es mag stimmen, dass es weniger Speck und Fleisch gibt, aber es gibt mehr Brot usw. Auf den Kaloriengehalt kommt es aber an, und dieser ist größer als [der, den] sie vorher bekommen haben. Eure Aufgabe ist [es] nicht, Politik zu [be]treiben, sondern Euch um Arbeit zu sorgen, Kleidung und Wohnung.

Es muss mehr gearbeitet werden. Wie viel[e] waren denn auf Prinz Regent keine Nazis? Jetzt wollen alle keine Nazis gewesen sein, und dabei haben 99,9 Prozent für ihren Adolf gestimmt. Also befolgen Sie meinen Befehl, und warten Sie die Entscheidung der Militärbehörde ab, und arbeiten Sie mehr.«

---

18 Schreibweise an anderer Stelle: Kammradt.

12. **Das Vermögen der Firma Fried. Krupp wird Ende 1945 per Gesetz der Kontrolle der britischen Militärregierung unterstellt.**
Militärregierung Deutschland – Britisches Kontrollgebiet: Bekanntmachung betreffs Übernahme Vermögen der Firma Fried. Krupp, undat. [Okt./Nov. 1945]. Stadtarchiv Essen, 1001/18.

Es wird hiermit bekannt gemacht, dass gemäß Gesetz Nr. 52 und Allgemeiner Anordnung Nr. 3 der Militärregierung das im Nachfolgenden erwähnte Vermögen nunmehr der Kontrolle der Militärregierung unterworfen ist.

Der Zeitpunkt der Übernahme ist der 16. November 1945, um 10.30 morgens.

Unbefugte Eingriffe jeder Art, soweit sie dieses Vermögen betreffen, sind streng verboten und unterliegen der Bestrafung durch Gerichte der Militärregierung.

Beschreibung des Vermögens

Fabriken, Werke, Anlagen, Einrichtungen, Baulichkeiten, Grundstücke, Liegenschaften, Güter, Waren, Guthaben, Lager sowie sonstige Aktiven jeder Art in Essen (Ruhr), Rheinhausen und sämtlichen anderen Orten innerhalb des Britischen Kontrollgebiets in Deutschland.

Im Auftrage der Militärregierung

13. **Die Arbeiter und Angestellten der Essener Gussstahlfabrik der Firma Fried. Krupp schlagen Ende 1945 anstelle einer Demontage eine Umgestaltung der Kruppwerke und deren Überführung in öffentliches oder gemischtwirtschaftliches Eigentum vor.**
Memorandum der Arbeiter und Angestellten der Gussstahlfabrik der Firma Fried. Krupp an die Militärregierung, z.Hd. Feldmarschall Montgomery vom 12.11.1945. Stadtarchiv Essen, 1001/18. (Auszug)

Die Arbeiter und Angestellten der früheren Essener Gussstahlfabrik der Firma Fried. Krupp, vertreten durch ihren vorläufigen Betriebsrat und die vorläufige Geschäftsleitung, in Verbindung mit den Ortsleitungen der demokratischen Parteien, dem vorbereitenden Gewerkschaftsausschuss, dem Bürgerausschuss, den Vertretern der verschiedensten Religionsgemeinschaften und dem Oberbürgermeister der Stadt Essen, erlauben sich hiermit, der Militärregierung nachfolgendes Memorandum zu unterbreiten.

Zu diesem Schritt drängt uns die ernsteste Sorge sowohl um die jetzige als auch um die künftige Existenz von mehr als 20.000 Arbeitern und Angestellten mit ihren etwa 80.000 Familienangehörigen, die bisher in den Essener Betrieben der ehemaligen Kruppschen Werke beschäftigt waren, sowie das Gesamtinteresse der Stadt Essen.

Unser Leitgedanke ist der, einem großen Teil der Bevölkerung der Stadt Essen die Arbeitsmöglichkeit und dadurch das tägliche Brot zu erhalten bzw. zu beschaffen.

Wir erkennen an, dass durch einen Teil der früheren Produktion der Kruppwerke die Politik Hitlers, die zum Krieg führen musste, gefördert und unterstützt wurde. Um diese Politik endgültig zu liquidieren, setzen wir uns rückhaltlos für eine angemessene Wiedergutmachung ein. Wir erkennen weiter an, dass es notwendig ist, den Teil der Essener Kruppwerke, der Kriegsmaterial hergestellt hat, endgültig und dauernd stillzulegen. [...]

Wir sind der Auffassung, dass die Fa. Fried. Krupp als solche nicht wieder erstehen und dass eine Umgestaltung oder Neugründung im Einvernehmen mit der Militärregierung erfolgen wird. Dabei kann es ratsam sein, die Essener Krupp-Werke zu gegebener Zeit in die öffentliche Hand zu überführen oder sie in gemischtwirtschaftlicher Form, also unter Beteiligung der öffentlichen Hand (Stadt, Staat etc.), der künftigen freien Deutschen Gewerkschaften und der Privatwirtschaft zu betreiben.

Dass die Leitungen der Betriebe neu bestellt werden und frei sein müssen von Personen mit militaristischer oder nationalsozialistischer Gesinnung, betrachten wir als selbstverständlich.

Sind diese Voraussetzungen geschaffen, wird die Bevölkerung der Stadt Essen sich durch friedliche und schwere Arbeit die Achtung und das Vertrauen der Welt wieder erwerben.

14. Die Christlich-Demokratische Partei Gelsenkirchen informiert die britische Militärregierung im November 1945 über die Zusammenarbeit mit dem Zentrum in Buer.
Tätigkeitsbericht für die Zeit vom 21.11.-27.11.1945, abgedruckt in: CDU Gelsenkirchen informiert, Nr. 2 von Oktober 1985; Heinz-Jürgen Priamus (Hg.), »Wir sehen vor uns nur einen schmalen Weg voller Geröll und Unverstand ...« Wiederanfänge demokratischer Politik in Gelsenkirchen 1945–1949, Gelsenkirchen 1989, S. 38f. (Auszug)

Herr Dr. Wagner berichtete eingehend über eine im Hause des Herrn Butz[19] stattgefundene Aussprache mit den Bürgerratsmitgliedern unserer Partei und der Zentrumsrichtung. Erstrebt wurde auf Anregung des Horster Bürgerratsmitglieds Herrn Löbbert die Formierung einer formellen Arbeitsgemeinschaft zwischen den Mitgliedern der Christlich-Demokratischen Partei[20] und dem neuen Zentrum-Buer im Bürgerrat, während im sonstigen politischen Leben und ganzen öffentlichen Bereich die Trennung beider Gruppen auch weiterhin sichtbar bleiben solle. Die anwesenden Vertreter der Christlich-Demokratischen Partei betonten ausdrücklich, dass dieses Bemühen ohne die Beendigung des unheilvollen Risses, der gerade durch das Verhalten der sog. Zentrumsleute aus Buer herbeigeführt worden ist, nur halbe Arbeit darstellen. Wir in Alt-Gelsenkirchen setzen uns immer noch für die politische Einheit aller Christen Groß-Gelsenkirchens ein. Es stehe fest, dass Herr Weiser[21] – Buer – seit April 1945 regelmäßige Zusammenkünfte mit den Ob- und Vertrauensleuten des ehemaligen Zentrums abhalte, uns dagegen in dem Glauben gelassen hat, dass an dem Zustandekommen der Christlich-Demokratischen Partei auch im Stadtteil Buer gearbeitet werde. Noch am

---

19 Der Apotheker Robert Butz (1885–1956) war erster CDU-Kreisvorsitzender in Gelsenkirchen (bis 1946) und Fraktionsvorsitzender im Bürgerrat.
20 Die Christlich Demokratische Partei, Vorläufer der späteren CDU, wurde am 2. September 1945 in der britischen Besatzungszone gegründet.
21 Josef Weiser (1881–1964), gelernter Textilkaufmann, war u.a. 1946 und von 1954 bis 1956 Bürgermeister von Gelsenkirchen. 1930 bis 1933 war Weiser Reichstagsabgeordneter für das Zentrum gewesen.

10.10.1945 teilte Herr Weiser dem Vorstand durch hier vorliegendes Schreiben mit, dass er sich in der schwebenden Parteienfrage noch nicht habe entscheiden können. In Alt-Gelsenkirchen wurde noch bis Mitte Oktober auf die Gründung einer Christlich-Demokratischen Partei im Stadtteil Buer gehofft und sehnlichst [ge]wartet. Stattdessen wurde uns Mitte Oktober endgültig bekannt, dass Herr Weiser mit einigen politischen bekannten Herren das alte Zentrum aufgezogen habe. Nunmehr ist es mit der Formierung einer losen Arbeitsgemeinschaft nicht getan. Vielmehr ist sofortige Beseitigung des politischen Spaltpilzes, der in den Reihen der christlichen Bürgerschaft Groß-Gelsenkirchens sein Unwesen treibt, das dringende Gebot der Stunde. Unsere Bürgerratsvertreter und der Vorstand sind bereit, mit dem sog. Zentrum nach Möglichkeit gemeinsame Wege zu gehen, sind aber trotzdem darauf bedacht, alle Christen der Großstadt Gelsenkirchen baldigst zu einer politischen Einheit zusammenzuschließen.[22]

15. Eine Herner Bürgerin beantragt im Dezember 1945 beim städtischen Hauptwirtschaftsamt die Ausbesserung ihres Schlafzimmermobiliars.

Bittgesuch der Familie August Luce (Else Luce) an den Leiter des Hauptwirtschaftsamts der Stadt Herne vom 2.12.1945. Stadtarchiv Herne, 3 W 4, Bl. 168ff. (Auszug) Die Schriftform der Vorlage wurde beibehalten.

Ich erlaube mir folgendes Bittgesuch unterbreiten zu dürfen.

Auf Grund meines am 4. April des Jahres durch Artilleriebeschuß beschädigten Schlafzimmers möchte ich einmal meine Bitte äußern. Ich, Frau Else Luce habe 2 Kinder, 1 Kind von 9 Jahren, das andere 1 ¼ Jahr. Dazu habe ich 1 Vollwaisen meiner seeligen Schwester, einen Knaben von 7 Jahren. Also 3 Kinder. Mein Mann ist Bergmann auf der Zeche Shamrock I/II. Er hat einen weiten Weg, daß er also nach seinen Arbeitsstunden wohl verdient hätte, sich gut auszuruhen, besonders in seinem schweren Beruf als Bergmann. Statt dessen muß er sich mit 3 Kindern und mit mir, seiner Frau nur auf verregnete Matratzen auf der Erde behelfen. Wir besitzen 2 Zimmer, Schlafzimmer und die Möbel desselben beschädigt und so schlafen wir schon seit April mit 5 Personen auf der Erde. Im Sommer habe ich mich mit meiner Familie gerne auf der Erde beholfen. Jetzt aber ist es kalt und es wird Winter, es zieht durch alle Fugen. Mein Mann und die Kinder sind alle sehr stark erkältet, ich selbst habe mir eine nette Krankheit auf dem Fußboden zugezogen, woran ich nun schon 3 Wochen liege, welches ich ärztlich nachweisen kann. Wir können also den Winter durch nicht weiter so leben. [...] Ich habe versucht und darum gebeten, mir die Möbel meines Schlafzimmers auszubessern, damit wir alle wenigstens schlafen können, besonders mein Mann als Bergmann. Ich wurde aber überall abgewiesen, mit den Worten, man darf es nicht machen, wenn ich nicht besondere Genehmigung dazu hätte. Dieses Schreiben habe ich bereits dem Herrn Oberbürgermeister der Stadt Herne vorgelegt, es

---

22 Am 17.12.1945 wurde der britischen Militärregierung die Gründung der Christlich-Demokratischen Union Gelsenkirchen offiziell bekannt gegeben.

gelangte zum Wohnungsamt. Auf dieses Schreiben wurde meine Wohnung geprüft. Dann verwies man mich von dort zum Leiter des Wirtschaftsamtes. […] Es sind nun schon verschiedenlich Personen in meiner Wohnung gewesen, die dieses Behelfen und die Not gesehen haben. Man bedauert und bemitleidet und tröstet uns von einen Tag auf den andern, aber auf schöne Worte oder Trostworte kann seine müden und kranken Glieder nicht strecken. Dann wendete man sich zum Wirtschaftsamt, wo man starke Hoffnungen hatte bestimmt geholfen zu werden, bekommt man die Antwort, wir könnten Luftschutzbetten haben, aber auch nur dann wenn welche da wären. Von einer anderen Seite bemerkte man, Leute die früher nichts gehabt hätten, stellten heute Ansprüche. O nein, aus sauer erquälten Pfennigen in dem Beruf meines Mannes, nannte ich ein ganz neues, vollständiges, modernes Schlafzimmer mein Eigentum. Wenn ich also nichts gehabt hätte, würde ich heute keine Ansprüche stellen. […] Denn Ansprüche stellen, oder irgend jemanden belästigen will ich ja garnicht, ich möchte mir nur ganz höflich etwas Holz zur Ausbesserung meiner beschädigten Möbel erbeten. Es sind ja schließlich Möbel eines Schlafzimmers, die doch lebenswichtig sind und mir die Gesundheit meiner Familie erhalten helfen. Es sind doch keine Möbel eines Wohnzimmers die im Moment nicht so wichtig sind. […] Wenn man da zum Beispiel sieht, das eine allein stehende junge Frau mit einem Kind von ungefähr 4 Jahren eine vollständige 3 Zimmerwohnung besitzt. Unter dem selben befindet sich ein vollständiges Schlafzimmer, ein Kinderbett und 2 Couchen, worauf sich mancher müde Mensch ausruhen könnte, wenn er nur einen Teil davon sein Eigen nennen dürfte. Da, vielleicht auch noch in mancher andern Familie, stehen überflüssige Sachen zum Prunken. Damit will ich nun nicht gesagt haben, das ich persönlich von diesen Leuten etwas haben wollte, nein, ich möchte nur den Unterschied mal da stellen, wie so die einzelnen Familien leben.

16. Major Fox, Kommandant der britischen Militärregierung, schwört im Dezember 1945 die erstmals zusammentretenden Wanne-Eickeler Stadtverordneten auf demokratisches Handeln in der Selbstverwaltung zum Wohl der Bevölkerung ein.
Protokoll der Stadtverordnetenversammlung vom 4.12.1945. Stadtarchiv Herne, Stadt Wanne-Eickel, Protokollbuch Stadtvertretung Wanne-Eickel, 4.12.1945–11.10.1948. (Auszug)

Meine Damen und Herren!
Es ist heute ein großer Tag für die Stadt Wanne-Eickel. Das, wofür wir während mehrerer Monate gearbeitet haben, trägt endlich Früchte. Im ganzen englischen besetzten Gebiet wird die Saat der Selbstverwaltung für jeden Stadt- und Landkreis jetzt gesät. Lassen Sie uns hoffen, dass in jedem Kreis ein starker Stamm der Selbstverwaltung gepflanzt werden kann, und lassen Sie uns hoffen, dass im Verlauf der Zeit dieser Stamm sich zu einem mächtigen Baum entwickelt, unter dessen Zweigen die Menschheit in Ruhe und Frieden leben kann – unsere Kinder ohne Angst vor zukünftigen Kriegen und vor der Gefahr, auf dem Schlachtfeld in Stücke gerissen zu werden.

Sie, meine Damen und Herren, beginnen jetzt mit dieser großen Arbeit. Viele Schwierigkeiten stehen Ihnen bevor. Vielleicht wird man Sie zwingen, Ziegelsteine ohne Stroh (Unmögliches) herzustellen.[23] Aber Sie müssen sich nicht beirren lassen. Jedes Hindernis muss überwunden werden, sodass im Verlauf der Zeit innerhalb des ganzen britisch besetzten Gebiets eine Regierung geschaffen werden kann – um ein altes Wort zu gebrauchen – aus dem Volk, durch das Volk, für das Volk.

Ich möchte Ihnen nun Auszüge der Anweisungen verlesen, die der Oberstkommandierende in diesem Zusammenhang erlassen hat.

Es wird festgelegt, dass unser Bezirk ein ordnungsgemäß und fest verwaltetes Gebiet sein muss.

Eine ernannte Stadtvertretung wird die Möglichkeit zur Erreichung dieses Zieles geben. Dies wird der erste Schritt sein zu dem Endziel einer absolut selbst verwalteten deutschen Regierung.

Die Ziele dieser Anweisung sind folgende:

Die Demokratisierung der örtlichen Selbstverwaltungen, die Demokratisierung der Kräfte von den höchsten Stellen bis auf die niederen, um dem einfachen deutschen Staatsbürger das größtmögliche Recht zur Mitsprache bei der Selbstverwaltung zu geben. Dieser letzte Passus kann als einer der wichtigsten angesprochen werden.

Sie waren es in der Vergangenheit gewohnt, eine Regierung zu haben, die alles von oben herab anordnete. Dieser Prozess soll nun umgekehrt werden. Wir müssen jetzt eine Regierung aufbauen von unten herauf, damit die Bevölkerung in der Lage ist, bei ihrer Selbstverwaltung mitzusprechen. Zu diesem Zeitpunkt sind noch einige Einschränkungen von der Militärregierung festgelegt worden.

Die Macht, die von den deutschen Selbstverwaltungen ausgeübt werden kann, unterliegt vier Haupteinschränkungen:

Sicherheit der alliierten Besatzungstruppen,

Entfernung aller Spuren des nazistischen oder irgendeines anderen artverwandten Regimes,

Aufrechterhaltung von Sicherheit unter allen Umständen.

Das ist alles bezüglich der Anweisung, über die der Herr Oberbürgermeister wahrscheinlich zu Ihnen sprechen wird.

Ehe ich mich jedoch setze, möchte ich noch zwei Dinge erwähnen:

Wenn Sie sich zu den Ratssitzungen begeben, kommen Sie ohne jeden Hintergedanken bezüglich der Parteien. Lassen Sie Ihre Parteien draußen, als wenn Sie Ihren Mantel und Hut ablegen. – Im nächsten Jahr werden Sie reichlich Gelegenheit haben, sich mit Ihren Parteien zu beschäftigen. – Was ich von jedem Einzelnen von Ihnen hier erwarte, ist, dass wenn er hierher kommt, er lediglich einfach und ehrlich nur das Wohl der Bevölkerung von Wanne-Eickel im Auge hat. – Wie kann ich der Bevölkerung von Wanne-Eickel behilflich sein? – Entschlossen sein, jedes Hindernis, das sich in den Weg stellt, fortzuschaffen! Kommen Sie nicht hierher in einer kritisierenden Laune. Sie können damit niemals vorwärtskommen. Kommen Sie in der Absicht, mit dem Ziel, zu helfen.

---

23 To make bricks without straw = Ohne ausreichende Mittel an die Arbeit gehen.

Kommen Sie niemals mit selbstsüchtigen Gedanken hierher! Sie sind hier als Vertreter des Volks, und wenn Sie sich dies immer vor Augen halten, werden Sie in der Lage sein, eine gute, starke Selbstverwaltung zu errichten.

Es bleibt mir nur noch, Ihnen jeden nur möglichen Erfolg für diesen Tag der Eröffnung zu wünschen.

17. Die Belassung ehemaliger NSDAP-Mitglieder in hohen Verwaltungspositionen sorgt 1946 in Mülheim für Proteste und Schwierigkeiten im demokratischen Aufbau der Kommunalverwaltung.

»Freie Bahn für Mülheim. Wird Herr Hasenjäger[24] die Konsequenzen ziehen?« Ausschnitt aus dem Rhein-Echo 1 (1946), Nr. 6, Ausgabe Mülheim/Oberhausen, undat. [1946]. Landesarchiv NRW Abt. Rheinland, RD 50003, Bl. 240.

Es kommt darauf an, aus der Erkenntnis, dass wir als Volk nur in einer Demokratie die Möglichkeit zu einer friedlichen Aufwärtsentwicklung haben, die Konsequenzen zu ziehen. Das gilt sowohl im Großen als auch im Kleinen, im Staat wie in der Stadt oder in der Gemeinde. Die demokratischen Parteien haben die Verpflichtung, darüber zu wachen, dass sich nicht wieder Kräfte an die Spitze der Verwaltung schieben, die den demokratischen Aufbau gefährden. Diese Gefahr besteht auch in unserer Heimatstadt Mülheim. Wie berichteten bereits, dass die Fraktion der SPD ihren Protest gegen die diktatorischen Gelüste des derzeitigen Oberbürgermeisters Hasenjäger dadurch zum Ausdruck brachte, dass sie während einer Schulausschusssitzung den Sitzungssaal verließ. Es war vorauszusehen, dass es bei diesem ersten Schritt nicht bleiben würde. Die Sicherung der demokratischen Verwaltung und das Wohl der Bevölkerung zwingen alle ehrlichen, aufbauwilligen Menschen dazu, jetzt endlich reine Bahn zu schaffen. In einer Bürgerratssitzung am Freitag, die sich mit Etatberatung befassen sollte, gab der Fraktionsführer der SPD nach Kennzeichnung der despotischen Amtsführung des Oberbürgermeisters die Erklärung ab, dass die SPD an dieser Sitzung und auch an nachfolgenden Beratungen nicht teilnehmen werde, wenn Herr Hasenjäger den Vorsitz habe. Und da Herr Hasenjäger erklärte,

---

24 Edwin Renatus Hasenjaeger (1888–1972) hatte als Mitglied der DNVP und Oberbürgermeister in Stolp (Provinz Pommern) im März 1933 Übergriffe der SA auf jüdische Geschäfte durch Einsatz von städtischen Polizeikräften verhindert. Daraufhin wurde er im Mai 1933 zwangsbeurlaubt und in den Ruhestand versetzt. Seine kommunalpolitische Karriere konnte Hasenjaeger jedoch im Juni 1936 fortsetzen, als er vom preußischen Innenminister zum Oberbürgermeister der Stadt Mülheim an der Ruhr ernannt wurde. 1937 trat er auf massiven Druck bzw. wegen eines drohenden Amtsverlusts in die NSDAP ein. Nach dem Einmarsch der Amerikaner in Mülheim wurde Hasenjaeger zunächst routinemäßig verhaftet und zur Entnazifizierung in ein besonderes Kriegsgefangenenlager gebracht, wo er als unbelastet eingestuft wurde. Seiner Wiedereinsetzung am 11. Oktober 1945 durch die alliierte Militärregierung folgten heftige Proteste und eine Blockadepolitik von SPD und KPD in der Stadtvertretung. Unter deren Eindruck und aufgrund des Widerstands gegen die Wiedereinführung von Konfessionsschulen legte Hasenjaeger Ende April 1946 sein Oberbürgermeisteramt schließlich freiwillig nieder.

dass er nicht bereit sei, den Vorsitz abzugeben, verließ die Fraktion der SPD geschlossen den Saal. Die Fraktionsmitglieder der KPD schlossen sich diesem Schritt an.

Herr Hasenjäger wird sich nun überlegen müssen, welche Schlüsse er aus der Tatsache ziehen will, dass die Vertreter der Bürgerschaft ihn ablehnen. Er war Pg. seit 1937 und hat als Nazi-Oberbürgermeister in zahlreichen Kundgebungen Hitler als den Führer der Deutschen gefeiert und in Rundverfügungen an die städtische Beamtenschaft immer wieder die unbedingte Treue und Hingabe zum »Führer« verlangt, selbst noch in einer Zeit, wo Tausenden ehemals begeisterten Anhängern schon ein Licht aufgegangen war.

Wir brauchen an der Spitze der Verwaltungen Männer, die sich der Aufgabe der neuen Zeit bewusst sind. Nur dann ist ein gedeihliches Zusammenarbeiten aller aufbauwilligen Kräfte garantiert und nur so wird es uns gelingen, die Wunden zu heilen, die Nationalsozialismus und Krieg dem deutschen Volk geschlagen haben.

18. Der Wittener Oberstadtdirektor legt im Frühjahr 1946 eine Bilanz der NS-Zeit vor und macht Angaben zur dortigen Versorgungs- und Flüchtlingslage.
Der Oberstadtdirektor (Hauptamt) der Stadt Witten an den Herrn Regierungspräsidenten in Arnsberg vom 5.3.1946.[25] Stadtarchiv Witten, Witten-Alt, 1.11b.49.

Frage 1: Gesamtzahl der im Hitlerkrieg Gefallenen [aus Witten]
993. Diese Zahl wird sich noch erhöhen, wenn Sterbefallanzeigen von der Wehrmachtsauskunftsstelle, die seit etwa 1 ½ Jahren nicht mehr eingegangen sind, wieder erstattet werden. [...]

Frage 5: Zahl der durch Bomben Getöteten [in Witten]
589. In dieser Zahl sind 38 Todesfälle enthalten, die beim Aufsuchen eines Bunkers während eines Fliegeralarms infolge einer Panik entstanden sind, ohne dass ein Luftangriff stattgefunden hatte.

Frage 6: Zahl der in Witten wohnhaften Konzentrationslagerinsassen
a) Zahl der Verhafteten: 195. Von den 195 Verhafteten wurden 123 Personen in die verschiedensten Konzentrationsläger verschleppt. Von ihnen sind 18 Todesfälle zu verzeichnen. Wegen politischer Vergehen wurden 72 Personen verhaftet, die zum Teil bestraft wurden.
b) Zahl der jetzt Wohnhaften: 103.

Frage 7: Zahl der Juden in Witten vor dem Hitlerismus
186. *Zahl der jetzt in Witten wohnenden Juden:* 23 [...]

25 Der Fragenkatalog wurde vom Oberpräsidenten der Provinz Westfalen allen Städten und Gemeinden vorgelegt, wobei er die Angaben in einer Gesamtbilanz zusammenzustellen und diese zu veröffentlichen beabsichtigte. – Der Oberstadtdirektor der Stadt Witten hatte daraufhin in einem Rundschreiben alle Dienststellen, das Bergamt und die Kirchenbehörden um die Bereitstellung der geforderten Daten gebeten.

Frage 22: Wie viele Kinder wurden evakuiert? Wohin?

An der Umquartierung der Wittener Schulen nach Baden, die in der Zeit vom 14.7.-21.7.1943 und als Nachtransport im August 1943 erfolgte, nahmen teil: 5.181 Schulkinder, 1.255 Kleinkinder. Bei Verwandten waren untergebracht 1.523 Schulkinder, sodass insgesamt 7.959 Kinder umquartiert waren. Die einzelnen Schulsysteme waren durchweg geschlossen im Aufnahmegau Baden untergebracht, und zwar in den Kreisen: Bruchsal, Mosbach, Lauda, Emmendingen, Freiburg, Brühl, Donaueschingen, Heidelberg, Kehl, Neustadt, Konstanz und Lörrach. [...]

Frage 34: In welchen Orten (wo früher vorhanden) gibt es heute noch
a) kein Gas
b) kein Wasser
c) keine Elektrizität?

Die Gasversorgung Wittens ist seit Anfang Dezember 1945 wieder aufgenommen. Lediglich einige Straßen sind bis heute ohne Gas, da die Hauptgasleitungen dieser Straßenzüge zum Teil verschlammt sind oder neue Anschlussleitungen gelegt werden müssen.

Wasser ist im gesamten Versorgungsgebiet vorhanden. Es sind lediglich noch kleinere Schäden, die aber die Wasserversorgung nicht stören, zu beseitigen.

Strom ist im gesamten Versorgungsgebiet vorhanden. Wegen Materialmangel (Masten, Anschlusskästen, Kabel, Freileitungen u.a.) konnten bis heute allerdings eine geringe Anzahl Einzelhäuser nicht an das Stromnetz angeschlossen werden. Die während der Kriegszeit zwangsweise durchgeführte Kupferaktion wirkt sich durch die Auswechselung in Eisen in häufigen Störungen aus. Die Eisenleitungen müssen nach und nach wieder durch Kupferleitungen ersetzt werden. [...]

Frage 40: Eindrucksvolle Zahlen über das Flüchtlingswesen

Die Stadt Witten hat unter den Kriegsereignissen besonders stark gelitten. Von rd. 23.600 Wohnungen sind rd. 13.600 zerstört worden. Etwa 15.000 Wittener Bürger haben in den letzten Jahren aus Gründen der Luftgefährdung oder wegen Zerstörung ihrer Wohnungen Witten verlassen müssen. Diese Personen waren gezwungen, jahrelang als Evakuierte außerhalb Wittens zu leben. Viele von ihnen sind inzwischen nach hier zurückgekehrt. Sie wohnen z.T. in Kellern, Ställen und anderen nicht winterfesten Räumen. Da jetzt alle Unterbringungsmöglichkeiten erschöpft sind, hat die Militärregierung die Stadt Witten zum Sperrgebiet[26] erklärt. Das bedeutet, dass die noch außerhalb Wittens untergebrachten Wittener Einwohner in absehbarer

---

26 Diese in den westlichen Besatzungszonen häufig eingeleiteten Maßnahmen verfolgten unterschiedliche Ziele. In erster Linie wollten die Militärregierungen die Bevölkerungsströme in geregelte Bahnen lenken, d.h. den Zuzug weiterer Flüchtlinge in bereits übervölkerte Gebiete nach Möglichkeit unterbinden. Ferner wurden einzelne Regionen z.B. nach gehäuften Lebensmitteldiebstählen oder zur bevorzugten Ansiedlung von Arbeitskräften für bestimmte Industriebetriebe zu Sperrgebieten erklärt. Personen, die sich im Sperrgebiet ohne eine behördliche Genehmigung aufhielten, wurden ausgewiesen.

Zeit nicht nach hier zurückkehren können. Es handelt sich schätzungsweise um etwa 2–3.000 Personen, von denen ein Teil in Flüchtlingslagern auf die Möglichkeit zur Rückkehr in die Heimat wartet.

Infolge der Unterbringungsschwierigkeiten sind in Witten verhältnismäßig wenige Evakuierte und Flüchtlinge untergebracht. Zurzeit haben etwa 1.200 Flüchtlinge bei hier wohnenden Verwandten und Bekannten notdürftige Unterkunft gefunden. Etwa 500 Personen haben neben ihrer Heimat auch ihre Existenz oder ihren Ernährer verloren. Sie müssen jetzt aus öffentlichen Mitteln unterhalten werden. Der Unterstützungsaufwand beträgt in Witten z.Zt. rd. 13.000 RM mtl.

19. **Fritz Günzburger berichtet im April 1946 in einem Artikel für die niederländische KP-Zeitung »De Waarheid« über die Lebensverhältnisse im Ruhrgebiet.**
Fritz Günzburger,[27] Das Leben im Ruhrgebiet. Übersetzung durch Gerda Günzburger, abgedruckt in: Frank Braßel et al. (Hg.), »Nichts ist so schön wie …« Geschichte und Geschichten aus Herne und Wanne-Eickel, Essen 1991, S. 272–276. (Auszug)

Die Züge im Ruhrgebiet fahren verhältnismäßig häufig und pünktlich. Natürlich gibt es auch Verspätungen, und dann kann es passieren, dass der Anschlusszug weg ist. Zwischen den großen Städten im Ruhrgebiet gibt es meist stündlich Pendelverkehr, alle zwei Stunden fährt ein Zug in jede Richtung. […]

So reist man also durch das Ruhrgebiet. Schön ist es nicht, war es niemals, wenn man von der eigenartigen Schönheit der großen Industriekomplexe, vor allem wenn sie in Betrieb sind und nachts mit ihrer Glut den Himmel in Brand setzen, absieht. Aber selbst diese besondere Schönheit besteht nicht mehr. Tot liegen die Riesen, ausgebrannt, ein Bild der Vernichtung. Die schweren Eisenträger greifen in die Luft, rostig, krumm gebogen, ziellos. Hier Bombentrichter, da eine umgefallene Lokomotive, dann Baulöcher und überall Schutt und Ruß. Auf den Straßen der großen Städte kein unbeschädigtes Haus, fast keine Schaufenster. Die Straßen sind zum Teil sauber gefegt, aber es gibt auch noch solche, wo man über den Schutt oder entlang von Bombentrichtern und Panzerfallen hinwegklettern muss. Manchmal läuft so eine Straße ganz tot. Es gibt kein Durchkommen, gerade da, wo man glaubte, ein Stück abschneiden zu können.

An der Straße entlang sieht man bizarre Formen, besonders da, wo die Häuser ausgebrannt sind. Die Rippen der Zentralheizung sind häufig stehen geblieben, wo das Haus einstürzte,

---

27 Fritz Günzburger (1911–1986), seit 1931 Mitglied der KPD. Nach der nationalsozialistischen Machtübernahme Emigration nach Frankreich, später in die Niederlande, ab Mai 1943 aktiv in der niederländischen Widerstandsbewegung. Seit Herbst 1945 wohnhaft in Herne und als Journalist für diverse kommunistische Zeitungen tätig. Nach dem KPD-Verbot 1956 als ehemaliger Redakteur des »Volksecho« von der politischen Strafkammer des Dortmunder Landgerichts zu sechs Monaten Haft auf Bewährung verurteilt, die später aufgehoben wurde. Ab 1957 Angestellter der Westdeutschen Allgemeinen Zeitung und u.a. Vorsitzender der Vereinigung der Verfolgten des Naziregimes – Bund der Antifaschisten (VVN-BdA) in Herne.

eigenartig verbogen, an der Mauer anhängend wie Früchte an einem exotischen Gewächs. Der Schutt ist meist an den Straßenrändern aufgehäuft, wie Schnee im Winter, dahinter laufen die Fußgänger entlang der vernichteten Häuser. Es sind immer viele Menschen auf der Straße, man fragt sich unwillkürlich, wo diese Menschen herkommen, und wo sie sich aufhalten. Sie wohnen in Kellern, in Zimmern ohne Fenster, in Behelfsheimen zwischen nackten Mauern unter löcherigen Dächern, aber sie wohnen irgendwo und leben. [...]

Wöchentlich gibt es 2.500 g Brot, 125 g Zucker, 100 g Fett, Butter und Margarine, 100 g Fleisch und 400 g Nährmittel; Bergarbeiter bekommen bedeutend mehr. Kohlen für Privatleute, mit Ausnahme der Bergarbeiter, gibt es nicht. In jeder Stadt sind schon Restaurants eröffnet, wo man auf seine Lebensmittelbons ordentlich und nicht zu teuer essen kann. Für Suppe, Fleisch, Gemüse und Kartoffeln muss man 5 g Fett, 50 g Fleisch und einen Kartoffelabschnitt abgeben, mit einem Glas Bier und incl. Trinkgeld muss man dann ungefähr RM 2,– bezahlen. In Cafés kann man für 50 g Brotmarken ein Stück Torte essen, Kaffee-Ersatz trinken und manchmal ein kleines Eis ergattern, alles für Preise, die meist unter denen liegen, die man in den Niederlanden hierfür bezahlen muss.

In jeder Stadt sind ein bis zwei Kinos geöffnet – es ist schwer, eine Eintrittskarte zu ergattern. Es wird Theater gespielt, meist in Notgebäuden. So sah ich die Essener Schauspieler in einem Gymnastiksaal spielen; nicht schlecht, aber es fehlte natürlich die Atmosphäre.

Militär sieht man wenig auf der Straße und dann noch unbewaffnet; aber man sieht sie auch wenig mit deutschen Mädchen laufen, es kommt vor, aber selten. Von der Stimmung und der Auffassung der Deutschen etwas zu sagen, ohne einseitig zu werden, ist fast nicht möglich. Den Deutschen gibt es nicht. Es gibt immer noch Anhänger der Nazis, aber sie sind in der Minderheit. Sicher sind es mehr, als zugegeben wird. Spricht man mit ihnen, will niemand jemals Nazi gewesen sein. Aber die überwiegende Mehrheit der deutschen Bevölkerung ist jetzt ehrlich gegen die Nazis. Das ist eine Tatsache, und wir sollten uns mehr auf diese Kreise stützen. Man kann auch nicht sagen, dass alle Deutschen für das Hitlerregime gewesen sind. Tausende und Abertausende wurden in den Konzentrationslagern gefangen gehalten und ermordet, Tausende wurden zu Strafkompanien zusammengefasst. Wie viel Deutsche weigerten sich nicht, trotz Zwang, Druck, lästigen Verhören und trotz Versprechungen auf Anträge, Beförderungen usw. Mitglieder der Nazipartei zu werden? Ihre Zahl geht in die Millionen. Aber leider sind es gerade diese Leute mit Charakter und Anstand, die sich jetzt insgesamt von der Politik und den Staatsgeschäften abgestoßen fühlen und mit nichts zu tun haben wollen. Sie sind keine Faschisten, aber sie sind auch keine Demokraten. Sie sind indifferent geworden, fatalistisch. Es ist ein großes Problem, diese Leute, die gerade wegen ihrer Ehrlichkeit und Moral unverzichtbar sind, wieder für Dinge zu interessieren, die über die Interessen ihrer Familie hinausgehen.

Hiermit sind wir dann auf politischem Gebiet. In der britischen Zone sind seit September 1945 vier Parteien zugelassen: Die Kommunistische, die Sozialdemokratische, eine Katholische und eine Demokratische Partei. Demonstrationen und Versammlungen dieser Parteien, die bis jetzt nur auf lokaler Ebene erlaubt wurden, müssen von der Militärregierung erlaubt werden, während eine Partei-Presse bis jetzt nicht besteht. Die Publikationsmöglichkeiten der Parteien sind daher gering. Die einzige im Ruhrgebiet erscheinende Zeitung, »Die Ruhr-Zeitung«, wird zweimal in der Woche durch die Militärregierung mit einer Auflage von 500.000 Exemplaren herausgegeben. Die Lokalberichte und die Anzeigen sind in den großen Städten verschieden. In Kürze soll dieses Blatt durch Partei-Zeitungen abgelöst werden. [...] Die Säuberung darf nicht zu chaotischen Zuständen in der Wirtschaft führen. Ein Nazi darf erst dann entlassen werden, wenn ein unbelasteter Fachmann an seine Stelle gesetzt werden kann. Der Durchschnittsdeutsche, besonders die Anti-Nazis, finden das Tempo zu langsam. Aber andererseits können die Engländer auch durchgreifen, wenn man dieses Tempo noch zu schnell findet.

20. »Keine Strafkolonie«. Der Essener Vorstand des Industrieverbands Bergbau wehrt sich im April 1946 gegen die Beschäftigung belasteter, ehemaliger »Parteigenossen« im Ruhrbergbau.

Protokoll über die Vorstandssitzung des Industrieverbands Bergbau[28] vom 4.4.1946 im Rathaus Stoppenberg. Archiv für soziale Bewegungen Bochum, IGBE-Archiv Nr. 3005. (Auszug)

Zu Punkt 2) sprach Kamerad Herzfeld[29] über die Ernährungsschwierigkeiten. Es würde viel versprochen, aber man merke von all diesen Versprechungen für den Bergmann nichts. In letzter Zeit wende man das Mittel der Drohung mit Stilllegung der Betriebe an, welche eine nicht genügend hohe Leistung erzielten. Wenn man heute davon spreche, die Nazis in den Betrieben zu beschäftigen, so müssten wir das ablehnen, da der Bergbau keine Strafkolonie sei. Selbst der englische Arbeitsminister habe es abgelehnt, die deutschen Kriegsgefangenen in den englischen Bergwerken zu beschäftigen mit der Motivierung, dass der englische Bergarbeiter selbst die Mittel finden solle zur Hebung der Förderung. Allerlei Vorkommnisse zeigten die faschistische Gefahr. Auf der Schachtanlage Emil-Emscher sei ein Transport von Pflichtarbeitern aus Hannover angekommen, welche das Horst-Wessel-Lied und andere nationalsozialistischen Lieder gesungen haben. [...]

Kamerad Sipmann weist darauf hin, dass es notwendig sei, Mitgliederversammlungen abzuhalten, um die Kameraden über die faschistische Gefahr aufzuklären. Die Militärbehörden müssten uns mehr Ellenbogenfreiheit geben.

Kamerad Blankmeister sieht die Gefahr in einem Artikel der »Rheinischen Post« aus Braunschweig, worin angedeutet wurde, Faschisten und Schwarzhändler in den Bergbau zu schicken. Sie würden uns dort höchstens noch die anderen Bergarbeiter verseuchen. Wir müssten uns gegen die Werbungsmethoden der Versorgungszentrale wenden. Er erwähnte noch den Vorgang auf Emscher, wo die Neuankömmlinge nationalsozialistische Lieder gesungen hätten.

---

28 Der Industrieverband Bergbau ist der Vorläufer der späteren Industriegewerkschaft (IG) Bergbau.
29 Karl Herzfeld (1896–1968) baute 1945 gemeinsam mit Willi Blankmeister, Heinrich Göbert, Heinrich Scheppmann (1895–1968) und Karl Hörster die Geschäftsstelle der späteren IG Bergbau in Essen auf.

Kamerad Scheppmann[30] führt aus, dass der Hauptvorstand dazu Stellung nehmen müsse. Kamerad Herzfeld müsse mit der Militär-Polizei Rücksprache nehmen.

Kamerad Göbert wendet sich gegen planmäßige Einweisung von Nazis in den Bergbau. Er ist für einen Aufruf in den Zeitungen gegen die faschistische Gefahr.

Kamerad Tauber bemerkte, dass Nazis, die aus den Betrieben entfernt würden, noch ihr Gehalt weiter bekämen und die Deputatkohle vors Haus gebracht bekämen. Es soll sich um Fahrsteiger handeln.

21. Über den Stand der Entnazifizierung und den dadurch hervortretenden Mangel an ausgebildetem Verwaltungspersonal in Mülheim an der Ruhr (1946)

Bericht des Oberstadtdirektors Poell[31] zur »Säuberung des Verwaltungskörpers« bei der ersten öffentlichen Sitzung der neuen Stadtvertretung am 9.5.1946. Landesarchiv NRW Abt. Rheinland, RD 47545, Bl. 22–27. (Auszug)

Nach der Besetzung der Stadt durch alliierte Streitkräfte hat die Militärregierung zunächst alle politisch belasteten Personen aus dem öffentlichen Dienst entfernt. Diese Maßnahmen sind in unserer Stadt mit größter Beschleunigung vorgenommen worden. Dadurch wurde die Stadtverwaltung schon zu einem verhältnismäßig frühen Zeitpunkt in den Stand gesetzt, Ersatzkräfte anstelle der ausgeschiedenen Beamten, Angestellten und Arbeiter einzustellen. Gleichwohl ist der Bedarf der Verwaltung an ausgebildeten Verwaltungsbeamten bei Weitem nicht gedeckt. Auch in absehbarer Zeit ist nicht damit zu rechnen, dass der Verwaltung genügend ausgebildete Kräfte zur Durchführung ihrer Aufgaben zur Verfügung stehen werden. Zahlreiche Verwaltungsbeamte befinden sich noch in Kriegsgefangenschaft, und in allen Stadt- und Gemeindeverwaltungen sind durch die Säuberungsmaßnahmen der Militärregierung erhebliche Teile der Beamtenschaft aus ihrem Amt gesetzt worden. Bei dem Umfang und der Bedeutung der Verwaltungsaufgaben, die heute überall zu lösen sind, ist daher ein starker Mangel an geeigneten Ersatzkräften vorhanden. Diese Schwierigkeiten lassen sich nur dadurch überwinden, dass die Ausbildung der eingesetzten Ersatzkräfte mit besonderem Nachdruck betrieben wird. Nur auf diesem Wege können diese Kräfte für den Verwaltungsdienst vorgebildet und ihnen die notwendigen Fachkenntnisse vermittelt werden. Abschließend gebe ich das vorläufige Ergebnis der Säuberung des Verwaltungskörpers von politisch belasteten Personen bekannt:

Von der Militärregierung sind aus den öffentlichen Diensten
a)   119 Beamte,
b)   95 Angestellte,
c)   62 Arbeiter und

---

30 Heinrich Scheppmann (1895–1968) wurde 1956 in den Hauptvorstand der IG Bergbau berufen und war später für die CDU langjähriges Bundestagsmitglied.
31 Josef Poell (1892–1953), von 1946 bis zu seinem Tod Oberstadtdirektor, war 1945 kurzzeitig Oberbürgermeister der Stadt Mülheim an der Ruhr gewesen.

d) 83 Lehrkräfte

entfernt worden.

Wie Ihnen bekannt ist, wird die abschließende Entnazifizierung des öffentlichen Lebens aufgrund der Bestimmungen durchgeführt, die der Kontrollrat in der VO Nr. 24 niedergelegt hat. Die Ausschüsse, die aufgrund dieser VO zu bilden sind, werden in Mülheim a.d. Ruhr in wenigen Tagen ihre Tätigkeit aufnehmen; die vorbereitenden Arbeiten sind bereits im Gange.

22. Gründung des Gelsenkirchener Kreisverbands der Industriegewerkschaft Metall im Juli 1946

»Kreisgründung der IG Metall«, in: Westdeutsches Volks-Echo vom 16.7.1946, abgedruckt in: Heinz-Jürgen Priamus (Hg.), »Wir sehen vor uns nur einen schmalen Weg voller Geröll und Unverstand ...« Wiederanfänge demokratischer Politik in Gelsenkirchen 1945–1949, Gelsenkirchen 1989, S. 82f./Dok. 60. (Auszug)

In der Aula der Mädchenmittelschule Gelsenkirchen beschlossen am Sonntag die Delegierten der Metallbetriebe den Zusammenschluss zum Kreisverband und wählten ihren Vorstand. [...] Koll. Melchers, Vorsitzender des Arbeitsgerichts, wies darauf hin, dass auch in den Metallbetrieben gleich nach dem Einmarsch der Alliierten der Wunsch zur Schaffung einer Gewerkschaftsorganisation zum Ausdruck kam. Der Referent trat für die Schaffung von Industrieverbänden ein. Er behandelte auch die viel umstrittene Angelegenheit »Angestellte« und vertrat die Ansicht, dass diese Frage jetzt von den Angestellten diskutiert und geklärt werden müsse. [...] Kollege Klever, Mitglied des Zonenbeirats[32] und erster Vorsitzender des Bezirksverbands Essen (Industriegewerkschaft Metall), umriss mit den Worten »Wir haben eine total zertrümmerte und desorganisierte Wirtschaft übernommen und müssen diese wieder aufbauen« die großen Aufgaben der Gewerkschaften. Nur, wenn es nie wieder eine Zersplitterung gibt, können die Gewerkschaften diese Aufgaben meistern. Die beste und erfolgreichste Form der Gewerkschaftsorganisation sei der Freie deutsche Gewerkschaftsbund. Die Aufgaben der Wirtschaftslenkung, wie auch der Unterstützungsregelung, können nicht von einzelnen autonomen Industrieverbänden durchgeführt werden, sondern sind Aufgaben für den FdGB. Leider hätte die Militärregierung diese zentrale Organisationsform nicht genehmigt und nur organisatorisch selbständige Industrieorganisationen zugelassen, welche sich später unter der Dachorganisation FdGB zusammenschließen können. [...] Der Zonenbeirat hätte mit großer Mehrheit gegen nur drei Stimmen für die Industrieorganisation unter Einbeziehung der Angestellten gestimmt. Innerhalb der Industrieorganisation könnten die Angestellten in weit besserem Maße die Vertretung ihrer besonderen Interessen wahrnehmen, als in dem großen Mischmasch einer selbständigen Angestelltengewerkschaft. Der Referent wandte sich dann gegen die Teilung der Gewerkschaften im Ruhrgebiet. So gehöre Gelsenkirchen zur westfälischen Gewerkschaftsor-

---

32 Dem Zonenbeirat, der auf Anordnung der britischen Militärregierung im Februar 1946 als beratendes deutsches Gremium für die britisch besetzte Zone gegründet wurde, gehörten Vertreter der Landesregierungen, Gewerkschaften, Parteien und Wirtschaftsverbände an.

ganisation, während Essen zum Niederrhein gehört. Verhandlungen seien dieserhalb mit der Militärregierung angestrengt. Die Auffassung, dass alle in England gesammelten Erfahrungen auch beim Neuaufbau der deutschen Gewerkschaften verwertet werden können, sei unrichtig. Vertreter der englischen Gewerkschaften in Deutschland brächten uns mehr Verständnis in dieser Frage entgegen. Die Hauptforderung ginge dahin, den Gewerkschaften Mitbestimmungsrecht im Wirtschaftsleben einzuräumen. [...] In Deutschland würde zurzeit der Lohnstopp strikt eingehalten, jedoch stiegen die Preise immer höher an. Aus diesem Grund müsse in nächster Zeit auch die Lohnfrage stärker in den Vordergrund gestellt werden.

23. Die Stadt Bottrop bittet die Militärregierung um schnelle Hilfe bei der Schaffung neuer Bergarbeiterwohnungen im »Kern des Kohlengebiets« (1946).
Monatliche Berichterstattung an die Militärregierung Bottrop 1945–1947: Lagebericht über die Wohnungsnot vom 17.7.1946. Stadtarchiv Bottrop, B I 10 Nr. 77.

Arbeiter-Wohnungsfragen

Durch den Krieg ist die vorher schon herrschende Wohnungsnot in Bottrop auf das Äußerste verschärft worden. 1939 waren hier 22.240 Wohnungen. Davon waren etwa 11.500 im Juni 1945 noch bewohnbar. Am 1. Juli 1946 waren in 12.955 Wohnungen mit 31.092 Wohnräumen und etwa 466.000 qm Wohnfläche 24.780 Haushaltungen. Bereits diese Zahl lässt ein unnatürliches Verhältnis von Wohnungen zu Haushalten erkennen. Trotz aller Bemühungen konnte die Wohnfläche je Einwohner in den letzten zwölf Monaten nicht gehalten werden. Die Ursache ist die starke Bevölkerungszunahme durch Rückkehr der Evakuierten und Soldaten. Am 1. August 1945 entfielen auf eine Wohnung etwa 5,7 Personen, am 1. Juni 1946 bereits 6,1 Personen. Vor 1939 waren die Wohnungen mit durchschnittlich 3,8 Personen belegt. In diesen Zahlen spiegelt sich ganz deutlich die Verschärfung der Wohnungsnot wieder.

Diese Wohnungsnot aufzulockern durch Schaffen neuen Wohnraums ist das Bemühen der Stadtbauverwaltung. Bottrop liegt im Kern des Kohlengebiets; fast 80 Prozent der Stadtbewohner gehören dem Bergarbeiterstand an. Die Bergarbeiter sollen die Kohlen zum Wiederaufbau des deutschen Wirtschaftslebens fördern. Für sie muss deshalb unbedingt ausreichender Wohnraum geschaffen werden.

Aus dieser Notwendigkeit heraus hatte die Militärregierung im Herbst 1945 die Stadt mit der Durchführung eines »I. Hilfeprogramms für Wohnungen« beauftragt. Bottrop erhielt Weisung, insgesamt 6.279 Wohnungen winterfest zu machen. Wenn unter dem Ausdruck »winterfest« nun auch nicht die endgültige Instandsetzung zu verstehen ist, so konnten die Wohnungen jedoch durchweg so hergerichtet werden, dass die Bewohner gegen Kälte und Nässe geschützt waren. Diese Forderung der Winterfestmachung wurde in der Zeit vom 1. September 1945 bis 15. April 1946 erfüllt. Vom 16. April 1946 bis heute sind insgesamt weitere 1.644 Wohnungen mit einem Beschädigungsgrad von 15–40 Prozent instand gesetzt worden.

24. Situation der Volksschulen in Recklinghausen (1946)

Bericht des Städtischen Schulrats für den Jahresbericht 1946 der Stadt Recklinghausen vom 6.3.1947. Stadtarchiv Recklinghausen III Nr. 1271. (Auszug)

Seit dem 1.1.1946 waren mit Ausnahme der kath. Schule an der Bockholterstr. und der beiden Hilfsschulen sämtliche Volksschulen wieder voll in Betrieb. Die Wiedereröffnung der Bockholterschule erfolgte im Mai und die der beiden Hilfsschulen im April [19]46.

Anstelle der nationalsozialistischen Gemeinschaftsschule erstand im Jahr [19]46 für den Stadtbezirk Recklinghausen die konfessionelle Schule. Die zu diesem Zweck erfolgte Abstimmung ergab 87,5 Prozent zugunsten der konfessionellen Schulen.

Die Stadt zählt 33 Volks- und zwei Hilfsschulen, die in 25 Gebäuden untergebracht sind. Fünf Gebäude sind noch so stark beschädigt, dass sie sich für Schulzwecke nicht eignen, aber z.Zt. wieder instand gesetzt werden. Vier Gebäude stehen dem Wohnungsamt zur Unterbringung von Flüchtlingen und Bergleuten zur Verfügung. […]

Im Jahr 1946 war ein 9. Schuljahr obligatorisch. Entlassungen aus dem 9. Schuljahr erfolgten nur im Einverständnis mit dem Arbeitsamt in besonders schwierig gelagerten sozialen Fällen.

Mit Beginn der Heizperiode konnte an einer größeren Anzahl Schulen der Unterricht wegen Mangel an Brennstoff nur mit Unterbrechung durchgeführt werden. Insgesamt [mussten] vorübergehend 18 Schulen für mehrere Tage bis wenige Wochen geschlossen werden. Nur bei äußerster Sparsamkeit im Brennstoffverbrauch und dank der Selbsthilfe mancher Schulleiter konnte der Unterricht notdürftig aufrechterhalten werden. Die Schulspeisung lief in allen Fällen weiter.

An allen Schulen wurde im Jahr [19]46 Schulfunk gehört. Für diesen Zweck wurden seitens des Besatzungsamtes zwanzig Geräte auf Anordnung der Militärregierung in der Bevölkerung beschlagnahmt und den Schulen zur Verfügung gestellt. […]

Im Zuge der Entnazifizierung wurden bis zum Jahresschluss insgesamt 29 Volksschullehrkräfte entlassen. Bis zum Jahresschluss wurden in den Volksschuldienst der Stadt Recklinghausen sieben Lehrkräfte neu eingestellt, davon drei Flüchtlingslehrer.

25. Sozialisierung des Bergbaus: Resolution der Belegschaftsversammlung der Zeche Bruchstraße in Bochum-Langendreer (1947)

Resolution des Betriebsrats der Zeche Bruchstraße an den Landtagspräsidenten Dr. Lehr des Landes Nordrhein-Westfalen und an das Hauptquartier der NGCC (Villa Hügel) vom 2.2.1947. Archiv für soziale Bewegungen Bochum, IGBE-Archiv Nr. 19238.[33]

Resolution

In der Belegschaftsversammlung der Zeche »Bruchstraße« am 2.2.1947 wurde einstimmig beschlossen, dass die Enteignung des gesamten Bergbaus eine unbedingte Notwendigkeit zur Steigerung der Förderung und dies so schnell wie möglich zu geschehen sei.

Die Wirtschaft kann nur gesunden, wenn die Enteignung, und zwar die *entschädigungslose Enteignung*, vorgenommen wird.

Die Belegschaft fordert deshalb eine Urabstimmung der gesamten Bergarbeiter zum Volksentscheid.

26. Der Wittener Oberstadtdirektor befürchtet im März 1947 baldige Unruhen in seiner Stadt, falls die Versorgung mit Lebensmitteln weiterhin ungeregelt erfolgt.

Tagesbericht des Wittener Oberstadtdirektors an den Regierungspräsidenten in Arnsberg über die Ernährungslage vom 10.3.1947. Stadtarchiv Witten, Witten-Alt, 1.17d.3, Bd. 1. (Auszug)

1. a) Brot:

Da Ende vergangener Woche weitere Zuweisungen an Mehl durch das Landesernährungsamt in Unna nicht erfolgen konnten, ist nunmehr die Brotversorgung vollkommen infrage gestellt. Die vorhandenen Restbestände an Mehl sind aufgebraucht. Die Sonnabend in Hamburg freigestellten 50 t Getreide können frühestens erst morgen hier eintreffen. Das Landesernährungsamt hat heute 55 t Mehl freigestellt, die unverzüglich herangeschafft und morgen an die Backbetriebe ausgegeben werden. Die Bevölkerung ist auf das Äußerste beunruhigt. Wenn es nicht in Kürze gelingt, eine einigermaßen geregelte Versorgung sicherzustellen, muss mit Unruhen gerechnet werden.

b) Nährmittel:

Die aufgerufenen Mengen werden in dieser Woche ausgegeben werden können.

c) Kartoffeln:

Versorgung erfolgt durch Trockenkartoffeln.

d) Fleisch:

Die für die vergangene Woche aufgerufene Menge konnte nur mit 30 Prozent abgedeckt werden. Für diese Woche ist noch kein Fleisch zugesagt worden.

e) Milch und Milcherzeugnisse:

Versorgung normal.

---

33 Die Akte enthält weitere Resolutionen ähnlichen Inhalts aus sämtlichen Revieren des Ruhrbergbaus.

f) Gemüse:

keine Anlieferungen.

g) Fisch:

Ein Teil der aufgerufenen Menge ist inzwischen angeliefert worden.

h) Zucker:

Versorgung normal.

2. Die Verkehrslage ist nach wie vor außerordentlich kritisch. Es ist auf die Dauer unmöglich, die erforderlichen Getreide- bzw. Mehlmengen aus Hamburg abzuholen, da weder die hier zur Verfügung stehenden Fahrzeuge, noch die zugewiesenen Treibstoffmengen auch nur einigermaßen für diesen Zweck ausreichen.

3. Vorerst [sind] Ruhe und Ordnung noch gewährleistet.

27. **Ein Bergmann aus Moers berichtet dem stellvertretenden Vorsitzenden des Industrieverbands Bergbau, Willi Agatz, über den Proteststreik vom 3. April 1947.**
Gerhard Hucks an Willi Agatz[34] vom 25.5.1947. Archiv für soziale Bewegungen Bochum, IGBE-Archiv Nr. 19238 (Auszug). Die Schriftform der Vorlage wurde beibehalten.

Werter Kamerad Agatz!

Nach langem überlegen, komme ich nun zu dem Entschluss, um mich bei dir über den vorgenannten Fall mal Auskunft zu holen, wie eigentlich die Sache mit dem am 3. April durchgeführten 24stündigen Proteststreik zusammenhängt. Weil eben auf der Arbeitsstelle wo ich bin, die Meinungen der Kameraden so verschieden sind. War? es eine Aufforderung der Gewerkschaften, am 3. April den 24stündigen Streik durchzuführen? Eizelne Kameraden sagen, die Gewerkschaften als solche waren dagegen, andere sagen der Engländer sei dagegen und wiederrum äußerte sich ein teil, die Zechenverwaltungen haben alles versucht, den geplanten Proteststreik bis zur letzten Minute zu verhindern. Nun wird erzählt, die Betriebsräte von den Schachtanlagen hätten auf einer Delegierten Konferenz in Bochum den Streik beschlossen. Zur damaligen Zeit kam durchs Radio, in einer Unterredung in Düsseldorf mit dem Englischen Minister Asbury,[35] dass der Bergmann für die am 3. April durchgeführte Protestschicht keinerlei Bestrafung auferlegt werden sollte. Ich war jedenfalls Erstaunt, dass die gesamte Arbeiterschaft den Aufruf zu dem Proteststreik so 100% und diszipliniert durchführte zumal

---

34 Willi Agatz (1904–1957), von 1946 bis 1948 Zweiter Vorsitzender des Industrieverbands Bergbau, war bis zum Verbot der KPD Mitglied des Parteivorstands. Agatz gehörte von Oktober 1946 bis September 1949 dem nordrhein-westfälischen Landtag bzw. von 1949 bis 1953 dem Bundestag an, bevor er 1953 in die DDR übersiedelte. In der Weimarer Republik hatte sich Agatz u.a. ab 1930 in der Revolutionären Gewerkschafts-Opposition (RGO) der KPD engagiert. Nach der NS-Machtergreifung wurde Agatz 1934 verhaftet und von 1935 bis 1939 im KZ Sachsenhausen inhaftiert.

35 William Asbury (1889–1961), Labourabgeordneter, war seit Mai 1946 Zivilkommissar für die Nordrheinprovinz und seit Juli 1946 Regional Commissioner für das neu gegründete Land Nordrhein-Westfalen.

Plakat der britischen Militärregierung zum neu eingeführten Punktsystem im Bergbau, März 1947 [Stadtarchiv Herne]

wenn derselbe von den Gewerkschaften erfolgte. [...] Nun Kamerad Agatz jetzt kommt der Knall, denn als auf unserer Schachtanlage[36] der Anschlag ausgehängt wurde, [...] da hätte ich gerne erlebt, daß Du als stiller Beobachter die Meinungen und Äußerungen von den eizelnen Kameraden mit gehört hättest. Mir persönlich tat es Leid solche gemeine Äußerungen zu hören. Wenn es sich um junge Kameraden gehandet hätte, die noch zum Teil durch die voraufgegangenen 12 Jahre der Nazis nichts anderes gelernt hatten, dann hätte ich schon eher Verständnis dafür gehabt, weil diese Kameraden eben von Gewerkschaftlicher Arbeit noch zu wenig verstehen und die meisten noch garnicht begreifen was es heißt Gewerkschaftler zu sein. Aber weit gefehlt, den zum größten teil waren es ältere Kameraden die hier so richtig gehend zeigten wess Geisteskinder sie sind. Mann konnte hier so richtig den Materiellen nicht den Idealistischen Charakter feststellen. [...] Nun es gab für den Monat April keine Rauchwaren und keinen Schnaps. Für viele eine Härte und einen Schlag, denn wenn Kameraden schon anfangen zu rechnen, 100 Zigaretten 300,00 Rm, 2 Flaschen Schnaps 360,00 Rm dann noch die Punkte 150–200,00 Rm also einen Schaden von ungefähr 800,00 Rm, sich da Kameraden erbosten und sich zu den Äußerungen hinreißen ließen, dass können wir unseren Gewerk-

36   Um welche Schachtanlage es sich handelt, konnte nicht ermittelt werden.

Plakat der britischen Militärregierung zum neu eingeführten Punktsystem im Bergbau, März 1947 [Stadtarchiv Herne]

schaften verdanken, die sollen uns noch mal kommen und Streiken, die liegen alle unter einer Decke und Veraten und Verkaufen uns doch wieder, versuchte ich es immer wieder die Kameraden eines besseren zu belehren, aber alles war vergebens. Trotz der stattgefundenen Belegschaftsversammlungen wo jeder das Recht hatte, sich darüber zu Wort zu melden, kam es bei der Abstimmung zu einer allgemeinen Resulution, geschlossen darauf zu verzichten. Jetzt sind nun so ein paar Miesmacher da, die den wirklich aufrichtig und ehrlich kämpfenden Gewerkschaftlern die Schuld zuzuschieben. Ja die Beamten und Angestellten haben sogar schon an einem Sonntag die Schicht als solche für den 3.4.47 nachgeholt, um ja den Schnaps, Zigaretten und Punkte keinen Verlust zu erleiden. So was nennt sich Gewerkschaftler, nein, dass sind unsere Totengräber erneut und diese Elemente warten nur wieder auf den Tag und die Stunde wo es ihnen gelingt die Gewerkschaften als solche wieder zu zerschlagen, um erneut die Gewalt wieder an sich zu reißen und den Zepter zu schwingen. Dann ist es traurig, wenn es heute noch innerhalb der deutschen Arbeiterschaft gewisse Elemente gibt, die so etwas Fördern und Unterstützen. Nun Kamerad Agatz hätte ich gern Auskunft von Dir darüber, von wem eigentlich der Abzug der Rauchwaren, Trinkbranntwein und 1/5 der Punkte angeordnet wurde. Ich nach meiner Auffassung nach stehe auf dem Standpunkt dass man uns nach demokratischer Grundlage dass Recht zum Streiken eingeräumt hatt, desweiteren die

NGCC[37] doch wohl von dem Vorhaben und dem geplanten Proteststreik genaustens Unterrichtet war, man dann nachträglich kommt und uns die Schicht vom 3.4.47 als Willkürlich gefeiert anrechnen will. Ob ich nun Recht habe, in meinem Schreiben bleibt dahin gestellt auch will ich keine Behauptungen anführen die nicht der tatsache entsprechen. Wie ich weiterhin erfahren habe, wird von den Gewerkschaften noch der Kampf geführt gegen diesen Abzug, hoffentlich wird er zum Siege führen, um dann den sogenannten Miesmachern die Schnauze zu stoppen.

28. »Wer will da undankbar sein?« Petition eines Essener Bürgers an Oberbürgermeister Dr. Gustav Heinemann, Gustav Krupp von Bohlen und Halbach das entzogene Ehrenbürgerrecht wieder zu verleihen (1948)

Heinrich Posser[38] an Oberbürgermeister Dr. Gustav Heinemann,[39] Oberstadtdirektor Dr. Hugo Rosendahl[40] und den Rat der Gemeinde Essen vom 17.2.1948 (mschr., per Einschreiben). Stadtarchiv Essen, 1001/18.

Es ist der Wunsch vieler Essener Bürger, dass das unserem ehrwürdigen und allseitig beliebten Herrn Gustav *Krupp* von Bohlen und Halbach
geb. 7. August 1870
am 27. März 1946 entzogene
Ehrenbürgerrecht
wieder rückgängig gemacht wird.
Was wäre Essen ohne Familie Krupp? Eine große Zechensiedlung und weiter nichts.
Wer will da undankbar sein?
Ich bitte die zuständigen Stellen zu prüfen, was dieser Handlung zuwider steht.

Gerne hätte ich an der Stadtverordnetensitzung am 11.2.1948 um 16 Uhr in Kray teilgenommen, es fehlte mir aber ein Parteiausweis. Mir und vielen, sehr vielen Mitbürgern ist jede Partei lieb und wert, die sich praktisch erfolgreich für das Wohl im Volksleben betätigt und nicht Zuschauer spielt. Wir sind doch nicht dafür verantwortlich, was der brutale, unvernünftige und gewissenlose Hitler ausgeführt hat. So wird auch die Militärregierung – die nobelste und

---

37 Die North German Coal Control (NGCC) wurde 1945 als Kontrollorgan der britischen Militärregierung über den Bergbau in der britischen Besatzungszone gegründet. Ihr Sitz war die Villa Hügel in Essen.
38 Heinrich Posser (1884–1951), der Vater des langjährigen NRW-Justizministers Diether Posser (Jg. 1922), war kaufmännischer Angestellter bei der Fried. Krupp AG in Essen.
39 Dr. Gustav Walter Heinemann (1899–1976), während des »Dritten Reichs« aktiv in der Bekennenden Kirche. 1945 bis 1967 Mitglied des Rats der Evangelischen Kirche in Deutschland (EKD) und von 1949 bis 1955 Präses der EKD-Synode. Mitbegründer der CDU, 1946 bis 1949 Oberbürgermeister von Essen, 1947 bis 1950 CDU-Landtagsabgeordneter. 1947 bis 1948 Landesjustizminister, 1949 bis 1950 Bundesinnenminister, Rücktritt wegen der Pläne zur Wiederbewaffnung der Bundesrepublik. 1952 Austritt aus der CDU, Gründungsmitglied der Gesamtdeutschen Volkspartei (GVP). 1957 Übertritt zur SPD, Mitglied des Partei- und Fraktionsvorstands. 1966 bis 1969 Bundesjustizminister, 1969 bis 1974 Bundespräsident.
40 Zu Rosendahl vgl. Dok. 7 in diesem Kapitel.

einsichtvollste Stelle – nichts dagegen einzuwenden haben. Vor 30 Jahren habe ich aus Dank und Heimatliebe meiner Vaterstadt ein Lied für die Gesangvereine drucken lassen.

Stadtverwaltung, erfülle unsere *Bitte*.

Herzlichen Dank!

29. »Deklassiert, zurückgesetzt und verachtet«. Der Volksmissionar Tolksdorf berichtet über die geistige und soziale Isolierung der in Gelsenkirchener Berglehrlingsheimen untergebrachten Jungbergleute aus den Ostgebieten (1948).

Antrag des Volksmissionars Tolksdorf an das Presbyterium der Evangelischen Kirchengemeinde Rotthausen vom 21.4.1948. Archiv der Evangelischen Kirchengemeinde Rotthausen, H 1+4. (Auszug)

Hiermit stelle ich an das Presbyterium folgenden Antrag:

Presbyterium wolle beschließen: Die oberen beiden Räume im Gemeindehaus sind als Jugendheim für die Bergarbeiterbetreuung täglich ab 18 Uhr geöffnet. Das Jungmännerwerk (CVJM) stellt die vorhandenen Spiele, Zeitschriften usw. zur Benutzung durch die Neubergleute innerhalb der bezeichneten Räume zur Verfügung. Falls sich unter den Besuchern musikkundige Leute befinden, darf von diesen auch das Klavier oder Harmonium benutzt werden.

Um Missbrauch zu verhindern, stellt das Jungmännerwerk und, falls dieses nicht in der Lage ist, genügend geeignete Personen zu benennen, auch der Männerdienst oder der Gesellenverein in gegenseitiger Vereinbarung für jeden Abend eine oder mehrere Aufsichtspersonen, welche für die Ruhe und Ordnung verantwortlich sind. […] Dieser Beschluss tritt sofort in Kraft.

Ich begründe meinen Antrag wie folgt:

Bei der Betreuung der Neubergleute in den Bergarbeiterlagern[41] bereitete besonders die Eingliederung derselben in die Gemeinde große Schwierigkeiten. Die Leute stehen, je länger je mehr, in Gefahr, der Lagerpsychose zu verfallen, d.h. sich zu isolieren, geistig zu verstumpfen und zu versturen. Viele von ihnen haben durch den Dienst in der Wehrmacht und anschließende Kriegsgefangenschaft jahrelang in Lagern gelebt. Andere, insbesondere die Jüngeren, sind

---

41 Tolksdorf wurde vom Volksmissionarischen Amt der westfälischen Landeskirche in Gladbeck mit der Betreuung mehrerer Berglehrlingsheime in Gelsenkirchen-Rotthausen, u.a. der Zechen Dahlbusch und Bonifacius, betraut. Dabei sei er, wie er Ende Februar 1948 berichtete, vom Lagerleiter der Essener Zeche Bonifacius wiederholt am Betreten der Stuben gehindert worden. So habe sich der Lagerleiter »nach Rücksprache und im Einverständnis mit Herrn Assessor von Waldthausen dazu gezwungen [gesehen], weil er für die Aufrechterhaltung der Ruhe und Ordnung im Lager verantwortlich ist. Es gebe Leute im Lager, welche solche Besuche nicht wünschten. Wie mir, sei auch den Vertretern von Versicherungen, Hausierern, Sekten, Parteien usw. das Betreten des Lagers verboten. Gestattete er mir den Besuch, so müsse er auch die Agitation der verschiedenen Parteien und Sekten zulassen, und dadurch entstehe die Gefahr, dass das Lager beunruhigt würde und u.U. gar Schlägereien entstünden«. Bericht des Volksmissionars Tolksdorf an das Volksmissionarische Amt der westfälischen Landeskirche in Gladbeck vom 28.2.1948. Archiv der Evangelischen Kirchengemeinde Rotthausen, H 1+4.

durch HJ-Lager, Trecks und Bunkeraufenthalt einem geordneten Gemeindeleben entfremdet. Kirchliches Bewusstsein oder irgendwelche religiösen oder geistigen Bedürfnisse sind auch bei denen, bei welchen es früher nach ihren Aussagen vorhanden war, durch das Lagerleben weithin verloren gegangen oder verschüttet. Bei Annäherungsversuchen an die heimische Bevölkerung haben viele starke Enttäuschungen erlebt, zumal es oft besonders zweifelhafte Elemente der ansässigen Bevölkerung sind, welche sich den Lagerinsassen nähern und manchmal gar aufdrängen, um sie auszubeuten. Die Leute fühlen sich deklassiert, zurückgesetzt und verachtet. So ziehen sie sich zurück, kapseln sich gegen die Gemeinde immer mehr ab und, von einigen Ausnahmen, insbesondere unter den jüngeren Leuten, die von einer starken Vergnügungssucht und dem Trieb sich auszuleben beherrscht sind, abgesehen, bewegt sich ihr Leben nur noch zwischen Arbeiten, Essen und Schlafen in einem eintönigen Kreislauf. Zuletzt erstirbt auch das Bedürfnis nach geistiger Beschäftigung, Bildungstrieb, Gemeinschaft, Kameradschaft, Brüderlichkeit, die, insbesondere in der ersten Zeit, bei manchem ihm selbst unbewusst noch schlummert. Sollen die Leute nicht dem völligen Nihilismus verfallen, so muss es m.E. die dringlichste Aufgabe der christlichen Gemeinde sein, sie aus ihrer Isolierung zu reißen.

30. Eingabe des Bochumer Vereins an US-Präsident Truman, US-Außenminister Marshall und den US-Kongress vom 8.1.1949, die Demontage des Werks einzustellen.

Stadtarchiv Bochum, Sammlung Arens, Nr. 7, abgedruckt in: Johannes Volker Wagner (Hg.), Vom Trümmerfeld ins Wirtschaftswunderland. Bochum 1945–1955. Eine Dokumentation, Bochum 1989, S. 346, 474f. (Auszug)

»Dringender Appell des Bochumer Vereins«

An seine Exzellenz, den Präsidenten der Vereinigten Staaten Mr. Harry Truman […]
Seine Exzellenz Außenminister Marshall […]
An den Kongress der Vereinigten Staaten […]

Im Namen von 12.000 Stahlarbeitern des *Bochumer Vereins* und von Millionen Mitbürgern des Ruhrgebiets appellieren wir Unterzeichneten – Betriebsleitung und Betriebsrat gemeinsam – an Sie in Ihrer Eigenschaft als gewählte Vertreter des Volks der Vereinigten Staaten und bitten Sie höflich und dringend:

Eingabe

(1) Sofort die Demontage unserer Fabrikanlagen, die für den hiesigen Aufbau so wichtig sind, einzustellen,
(2) Eine Kommission unparteiischer Fachleute zu entsenden, um unseren *Demontage*-Fall […] mit dem Ziel einer endgültigen Entscheidung zu untersuchen.

Erklärung

[…] Aufgrund militärischer Befehle muss die Demontage unserer Fabrik-Hallen sofort beginnen; aber unsere Arbeiter nehmen an den Zerstörungen keinen Anteil – und werden auch künftig keinen Anteil daran nehmen – selbst nicht unter dem Druck militärischer Machtanwendung.

Trotz verschiedener Bitten der Firma haben die britischen Militärbehörden uns noch kein offizielles amerikanisches »OK« hinsichtlich der *Demontage* unserer Anlagen unterbreitet. Die Einzelheiten der Verletzung wirtschaftlicher und psychologischer *Vernunft* können in unserem Falle leicht verfolgt werden. Wir nehmen uns die Freiheit, eine besonders hervorstehende Tatsache zu erwähnen:

Vier Jahre nach dem Ende des Kriegs erhielten wir von einer britischen Militärbehörde den Befehl, unsere Stahlwerke I und II, das Elektrostahlwerk und ein Drittel der Gesenkschmiede zu zerstören, (welche alle in gutem Zustande sind), während uns zur selben Zeit das Recht zusteht, ein anderes Stahlwerk des *Bochumer* Vereins wieder aufzubauen, welches vollkommen ausgebombt ist, zu einem Kostenwert von etwa 8.000.000 DM.

Es ist unsere feste Überzeugung hier in Deutschland, dass Mr. Marshalls Hände nicht voll darüber informiert wurden, was Mr. Morgenthaus[42] Faust tut, oder, wie Victor Gollancz[43] es ausdrückte, »Kein Deutscher kann den Widerspruch verdauen, der zwischen dem Marshall-Plan auf der einen und der bewussten Zerstörung von Friedens-Produktions-Chancen auf der anderen Seite besteht«.

Einer unserer Arbeitskameraden, [Heinrich] Hossiep,[44] der im Alter von 50 Jahren steht und Mitglied unseres Betriebsrats ist, drückte es in seinen eigenen Worten folgendermaßen aus:

»Gewiss, der Besiegte hat die Plackerei. Wir haben freiwillig dazu beigetragen, zu zerstören, was noch an Kriegsproduktion vorhanden war; aber man kann seitens der Sieger nicht von uns erwarten, dass wir unser eigenes Haus zerstören und unsere gefährlich wachsende Bevölkerung mit Schrott und Steinen füttern. Der Friede macht sich nicht bezahlt, wenn *Rache* die *Vernunft* ersetzt. Kein einziger wirklicher Deutscher wird sich die Finger schmutzig machen, um bei der Zerstörung unserer Werksanlagen Hilfe zu leisten!«

Gentlemen, hier ist die Stimme von Deutschen, die ihre Heimat lieben und die für den gesunden Menschenverstand und um ihre Existenz kämpfen. Sie können nicht von uns erwarten, dass wir unsere eigene Hinrichtung durchführen.

Eine Demontage unserer Fabriken würde in dieser kritischen Stunde bedeuten: eine Niederlage jeglicher wirtschaftlicher Vernunft, Schrott als deren Folge, Zerstörung auf amerikanische Kosten.

---

42 Henry Morgenthau jr. (1891–1967) verfasste als US-Finanzminister im September 1944 ein Memorandum (»Morgenthau-Plan«), das eine Aufteilung des Deutschen Reichs in mehrere Staaten vorsah, die demilitarisiert und in Agrarländer umgewandelt werden sollten. Nach seinem Bekanntwerden wurde der Plan allerdings massiver öffentlicher Kritik unterzogen und schon bald nicht mehr offiziell weiterverfolgt.
43 Gemeint ist Victor Gollancz (1893–1967), Londoner Humanist und Pazifist jüdischer Abstammung.
44 Heinrich Hossiep (1898–1975), Vorsitzender des SPD-Kreisverbands Bochum, Zweiter Bevollmächtigter der Verwaltungsstelle Bochum der IG Metall und stellvertretender Betriebsratsvorsitzender des Bochumer Vereins, 1950 bis 1966 Landtagsabgeordneter.

Es würde das ebenso sehr einen gefährlichen Schlag gegen die Zusammenarbeit mit USA, Idee der Gemeinschaft (»Teamwork-Idee«) in Westdeutschland bedeuten wie einen Triumph des *Eisernen* Vorhangs.

Die Aufrechterhaltung des Bochumer Vereins bedeutet:

den Triumph der wirtschaftlichen Vernunft,

einen definitiven Gewinn für den amerikanischen Steuerzahler,

einen Sieg der Gemeinschaftsidee in den Herzen aller Deutschen, eine Stärkung ihres Glaubens an das Europäische Wiederaufbau-Programm – und eine Ansporn für sie, nach ihren Kräften beizutragen zum Aufbau eines Vereinigten *Europa*.

31. Ein Recklinghäuser Diözesansekretär beschwert sich im Februar 1949 beim Vorsitzenden des Industrie-Verbands Bergbau, August Schmidt, über die Missachtung der Parität in der Stellenbesetzung innerhalb der Gewerkschaft.

Bernhard Winkelheide[45] (Diözesanverband katholischer Arbeitervereine im Bistum Münster) an August Schmidt[46] vom 11.2.1949. Archiv für soziale Bewegungen Bochum, IGBE-Archiv Nr. 19238.

Die Stellenbesetzung im Industrie-Verband Bergbau hier in Recklinghausen, wo meines Wissens fünf Kollegen sozialistischer Weltanschauung sitzen und kein christlicher, hat mich veranlasst, einmal eine diesbezügliche Feststellung für den Gesamtbereich zu treffen. Dabei habe ich die Feststellung gemacht, dass im gesamten Ruhrgebiet ca. 96 Angestellte ohne [die] Hauptverwaltung im Bergarbeiter-Verband sich befinden, von denen nur zwölf christlich sind. Hier liegt ein vollständiges Übergehen des Grundsatzes der Parität vor. Das Verlassen dieses Grundsatzes schadet der inneren Einheit und Einigkeit der Gewerkschaftsbewegung. Aus dieser Schau meines Bereichs für den engeren Kreis Recklinghausen ist die Besetzung geradezu eine Unmöglichkeit. Stadt- und Landkreis Recklinghausen sind im Wesen christlich orientiert. Im Stadt- und Landkreis haben früher die christlichen Gewerkschaften sehr gut gewirkt. Alle meine Kollegen stehen in der Einheitsgewerkschaft und im Industrie-Verband Bergbau. Sie fühlen sich hintangesetzt durch die einseitige Personalpolitik. Wenn der Fortbestand der Einheitsgewerkschaft gesichert sein soll, dann können wir diese einseitige Personalpolitik nicht schweigend hinnehmen. Die letzte Stellenbesetzung in Recklinghausen hat dasselbe Bild wieder gezeigt, und wir verlangen mit aller Entschiedenheit eine Umbesetzung und eine stärkere Berücksichtigung im Gesamtbereich des Industrie-Verbands in der Freistellung von Kollegen. Wir fordern, dass der Hauptvorstand diese Frage in einer eigenen Sitzung überprüft und entsprechende Maßnahmen einleitet, damit der Grundsatz der Parität in der Gewerkschaft bewahrt bleibt.

---

45 Bernhard Winkelheide (1908–1988) war seit 1946 hauptamtlicher Arbeitersekretär in Recklinghausen und 1955 Mitbegründer des Christlichen Gewerkschaftsbunds. Von 1948 bis 1949 gehörte Winkelheide dem Wirtschaftsrats der Bizone und anschließend von 1949 bis 1972 dem Bundestag als Abgeordneter der CDU an.

46 Zu August Schmidt vgl. Dok. 2, Anm. 4 in diesem Kapitel.

Durch diesen Brief teile ich die Missstimmung vieler tausender christlicher Arbeiter mit, die in der Einheitsgewerkschaft stehen und genauso um die Belange der Arbeiterschaft kämpfen, wie alle anderen Arbeitskameraden neben ihnen.

In der Erwartung, dass recht bald sichtbare Abhilfe geschaffen wird und nicht von der Parität gesprochen, sondern nach der Parität gehandelt wird, zeichne ich

mit kollegialem Arbeitergruß

Bernhard Winkelheide

Diözesansekretär der kath. Arbeiterbewegung

32. **Ein Flüchtling aus Schlesien berichtet 1950 über sein Verhältnis zu den einheimischen Bergleuten am Arbeitsplatz und die Versorgungslage seiner Familie.**
Carl Jantke, Bergmann und Zeche. Die sozialen Arbeitsverhältnisse einer Schachtanlage des nördlichen Ruhrgebiets in der Sicht der Bergleute. In Verbindung mit Wilhelm Kleiber, Otto Neuloh, Helmut Paul, Rudolf Schmitz, Tübingen 1953. Anhang II: Beobachtungsprotokolle 21. September 1950 (untertage), S. 217ff. (Auszug)

Anschließend wurde B. von einigen Kumpels gefragt, wohin das Holz transportiert und welche Arbeit zuerst erledigt werden solle. B. erzählte dann, dass meistens genügend Holz da ist, und wenn nicht, läge das am Steiger. Es folgten einige Erklärungen über die Verdienstmöglichkeiten beim Kameradschafts- und Einzelgedinge: »Ich persönlich habe lieber Einzelgedinge, weil ich da besser auf meinen Lohn komme. Da ich alles verloren habe, bin ich auf jeden Pfennig angewiesen. Aber die Arbeit muss ja trotzdem immer gemacht werden, wo man auch ist, muss man arbeiten, das sind wir Schlesier so gewöhnt. Aber vor allem lege ich Wert auf Sicherheit. Die ist für alle Mann im Streb die Hauptsache. [...] Ich sage den Kumpels immer, hier herrscht manchmal ein rauer, aber herzlicher Ton. Nur wirtschaftlich geht es mir schlecht, es fehlt an allen Ecken und Kanten. Jetzt muss man wieder Kartoffeln kaufen und noch vieles andere. Anschaffungen habe ich mir noch nicht machen können, das Geld gebraucht man alles zum Leben. Die Zeche tut nichts. Ich habe mich schon mal an den Betriebsrat gewandt, der sagt, das kommt alles noch und auch das Baubüro sagt immer: Ja, das wird alles gemacht, aber es geschieht doch nichts. Wenn ich nach Hause komme und immer das Elend sehe, dann bin ich lieber wieder hier unten im Pütt. Wir Schlesier sind auch sowieso nicht angesehen. Die Leute hier halten uns für Pollacken, und viele Kumpels sagen immer: ‚Ach, Du alter Pollack!' Die wissen ja gar nicht, wie es uns ergangen ist, ich habe dort von den Polen Schläge bekommen, weil ich ein Deutscher bin und dann wird man als Flüchtling so behandelt. Wir müssen sparsam sein, weil uns jeder Pfennig fehlt. Die Wohnung haben sie sich schon angesehen, aber es passiert nichts. Die Jauche läuft die Wand herunter, zwischen Weihnachten und Pfingsten sollte es schon gemacht werden, – aber gepfiffen. [...] Aber wenn man arbeitet, will man auch wenigstens menschenwürdig leben, sonst hat man ja zu nichts Lust. Möbel und einen Ofen habe ich von der Zeche, dafür muss ich Miete zahlen. Dort haben sie mir meine Möbel weggenommen, hier muss ich Miete bezahlen. Meine Frau ist ganz niedergeschlagen, dass wir es als Flüchtlinge so schlecht getroffen haben. Wir mussten alles stehen und liegen lassen, und jetzt muss ich zuerst für die Kinder sorgen. Meine Frau ist fleißig und strickt immerzu, wir Schlesier sind aus anderem Holz geschnitzt. Wir arbeiten und arbeiten. Wenn man nach Hause kommt, hat man gar keine Freude. […] Ich sage mir immer wieder, warum muss ich es als Flüchtling so schlecht haben und wenn man dann noch von den Kumpels als Wasserpollack[47] angesprochen wird! Es ist ja so, dass ich keinen leichten Stand habe. Die Kumpels sind an vielen Dingen selbst Schuld, sie sind leicht aufgebracht und leichtsinnig, dann muss ich es manchmal dem Steiger sagen. Es sind auch viele Flüchtlinge hier, die wollten etwas anderes werden und sind nun niedergeschlagen. Die Hiesigen sind gut angezogen, und unser einer geht schlicht daher, das ist auch nicht angenehm.

33. Verwaltungsbericht über den Bevölkerungsanteil der Vertriebenen und Flüchtlinge in verschiedenen Städten des Ruhrgebiets (1950)

Dr. Zwick an das Wohlfahrtsamt (durch Stadtrat Eigner) und Stadtrat Sturm Kegel[48] über den Bevölkerungsanteil der Vertriebenen und Flüchtlinge B[49] in Essen und Vergleichsstädten vom 16.10.1950. Stadtarchiv Essen, 1001/39. (Auszug)

In Nordrhein-Westfalen nimmt der Anteil der Vertriebenen und Flüchtlinge an der Bevölkerung im Allgemeinen von Westen nach Osten bzw. Nordosten zu. So haben, wie es die Zahlen unter »Regierungsbezirke« zeigen, der Regierungsbezirk Aachen nur 6,05, der Regierungsbezirk Düsseldorf 7,17 Prozent Vertriebene, dagegen der Regierungsbezirk Arnsberg 11,11 Prozent, Münster 12,22 Prozent und Detmold 17,59 Prozent. Diese Entwicklung erklärt sich daraus, dass für die Verteilung der Vertriebenen weniger der Gesichtspunkt eines möglichen Arbeitsplatzes, als der des vorhandenen Wohnraums maßgebend war, die Vertriebenen also in erster Linie in die weniger zerstörten Gebiete aufgenommen werden mussten.

In Essen liegt der Anteil der Vertriebenen und Flüchtlinge mit 4,66 Prozent im Vergleich zu anderen Städten recht niedrig, etwa gleich groß wie Wuppertal mit 4,65 Prozent und in Mönchengladbach mit 4,54 Prozent. In den großen Ruhrgebietsstädten bewegt sich der Vertriebenenanteil im Allgemeinen zwischen 5–7 Prozent, in den kleineren Städten am Nordrand des Reviers liegt er zum Teil erheblich höher, so mit über 10 Prozent in Castrop-Rauxel, Recklinghausen und Herne. Den geringsten Anteil an Vertriebenen mit 3,50 Prozent hat Köln.

---

47 Bezeichnung für die Einwohner Oberschlesiens, die den polnischen Dialekt Schlesisch (dt. Wasserpolnisch) sprechen.
48 Sturmius (Sturm) Kegel (1892–1979) wirkte bereits seit den 1930er Jahren in Essen als Beigeordneter und Baudezernent und war nach 1945 eng in den Wiederaufbau der Stadt eingebunden. Von 1951 bis 1958 übernahm er die Leitung des Siedlungsverbands Ruhrkohlenbezirk.
49 Als »Flüchtlinge B« wurden die Flüchtlinge aus der russischen Besatzungszone eingestuft.

34. Die innergewerkschaftliche Auseinandersetzung mit den Kommunisten (1950)

Rundschreiben der IG Bergbau-Hauptverwaltung (August Schmidt, Heinrich Gutermuth[50]) an die Bezirksleitungen und Geschäftsstellen, Betriebsrats- und Gewerkschaftsvorsitzenden im Ruhrgebiet über den Streik auf Zeche Nordstern im November 1950. Archiv für soziale Bewegungen Bochum, IGBE-Archiv Nr. 19238. (Auszug)

Auf der Zeche Nordstern kam es am Donnerstag, den 2.11.50 bei der Einfahrt der Mittagsschicht zum Streik, der bis einschl[ießlich] Samstag, den 4.11.50 dauerte. Am Montag, den 6.11. fuhren bereits ca. 80 Prozent der Belegschaft wieder an. Seit Dienstag, den 7.11. ist die Belegschaft restlos angefahren. Die Förderung läuft seit diesem Tag wieder normal. Nach dem letzten Stand sind acht Belegschaftsmitglieder fristlos entlassen worden; 91 wurden kontraktbrüchig. Über die weitere Verwendung der Letzteren wird noch entschieden.

Zur Information unserer Funktionäre geben wir zum Streik Nachfolgendes bekannt: [...]

Dass die kommunistische Partei von Anfang an wieder hinter diesem Streik stand, ist ersichtlich aus der Verteilung von Flugblättern, dem Einsatz betriebsfremder Personen und den Rundfunkberichten aus der Ostzone. Die Verbandsleitung der IG-Bergbau hat von Anfang an keinen Zweifel darüber gelassen [...], dass sie diesen illegalen Streik nicht unterstützt. Sie ist verpflichtet, die Verbandssatzungen und die Streikordnung ebenso einzuhalten wie die Mitglieder. Einen Streik, der nicht den satzungsmäßigen Bestimmungen entspricht, wird sie nie anerkennen und könnte auch niemals anders handeln, wenn sie sich selbst nicht Satzungsverletzungen zuschulden kommen lassen wollte. [...]

Die Gewerkschaftsarbeit auf der Schachtanlage Nordstern macht der Verbandsleitung seit vielen Monaten große Sorge. Jede Versammlung ließ eine gewerkschaftliche Grundhaltung vermissen. Sie arteten in parteipolitische Versammlungen aus und befassten sich überwiegend nur mit Friedenskomitees, Bildung von nationalen Fronten, Sympathieerklärungen für die politischen Organe der Ostzone, Begrüßungstelegramme für SED-Parteitage und ähnlichen Dingen mehr. Die Verbandsleitung hat wiederholt gewarnt und gebeten, eine gewerkschaftliche Haltung einzunehmen; trotzdem ging diese zersetzende, ungewerkschaftliche Arbeit weiter. Die Spannungen auf der Schachtanlage wurden unerträglich.

Wäre die Verbandsleitung vor dem Streik um Vermittlung gebeten worden, hätte sie auch entsprechende Schritte unternommen. Aber erst wurde der Streik inszeniert und dann, nachdem die Lage verfahren war, um Vermittlung gebeten. Das lag aber im Interesse einiger politischer Drahtzieher. [...]

Wir bitten sämtliche Gewerkschaftsvorstände und Betriebsratsmitglieder, sich geschlossen hinter die Verbandsleitung zu stellen und jedes Streikansinnen abzulehnen. Die parteipoliti-

---

50 Heinrich Gutermuth (1898–1977), 1926 bis 1933 hauptamtlicher Funktionär im Gewerkverein christlicher Bergarbeiter. Seit 1946 im Hauptvorstand des Industrieverbands Bergbau, 1956 bis 1964 Vorsitzender der IG Bergbau (und Energie) und 1963–1964 Präsident des Internationalen Bergarbeiterverbands. Zu Gutermuth vgl. auch Dok. 3 in Kap. XV, Dok. 7 in Kap. XVI sowie Dok. 12 in Kap. XVIII.

schen Interessen und Zielsetzungen einer gewissen Gruppe interessieren uns nicht. Ihr Ziel ist es, in den Westzonen Unruhe und Chaos herbeizuführen ohne Rücksicht darauf, ob die Belegschaftsmitglieder und ihre Familien geschädigt werden. Wir sind eine Gewerkschaftsorganisation und führen unsere Aufgaben im wirtschaftlichen und sozialen Raum unter Beachtung unserer Satzung durch. Alle Betriebsratsmitglieder, die auf diesem Boden arbeiten, genießen zu jeder Zeit und Stunde den Schutz ihrer Organisation. Wer sich außerhalb der Satzung stellt, das Ansehen der Organisation schädigt oder durch Unruhestiftung die soziale Lage der Belegschaftsmitglieder unberechtigt gefährdet oder verschlechtert, kann durch eigenes Verschulden den Schutz der Verbandsleitung nicht mehr für sich in Anspruch nehmen. Die Zeit, in der wir stehen, erfordert gewerkschaftliche Geschlossenheit. Wer diese Geschlossenheit durch parteipolitischen Fanatismus stört und die Bewegung zersetzt, gehört nicht in unsere Reihen.

35. Wiederaufbau der Schwerindustrie im östlichen Ruhrgebiet: Gründung der Dortmund-Hörder Hütten-Union (1951)

»Dortmund-Hörder Hütten-Union beginnt optimistisch«, in: Westdeutsche Allgemeine Zeitung vom 29.8.1951, abgedruckt in: Günther Högl (Bearb.), Dortmund im Wiederaufbau 1945–1960. Eine Dokumentation des Stadtarchivs Dortmund, Dortmund 1985, S. 310. (Auszug)

Mit kühlem Verstand und ganzem Herzen wollen wir an unsere neue Aufgabe herantreten, und der Geist der Gemeinschaft möge uns helfen, aller Schwierigkeiten Herr zu werden«, sagte gestern Aufsichtsratsvorsitzender Dr.-Ing. Fritz Harders[51] nach der Versammlung zur Gründung der neuen Kerngesellschaft »Dortmund-Hörder Hütten-Union«. [...] Mit einer Belegschaft von rund 18.000 Mann erwartet sie eine maximale Jahresproduktion von 2,2 bis 2,3 Millionen t Rohstahl. [...]

Dr. Harders betonte, dass bei der Namensgebung für die neue große Stahlgesellschaft entscheidend die Absicht mitspielte, das in der Welt bekannte Dortmunder Union-Qualitätszeichen der drei »U« beizubehalten. In ihrer Kapazität sei die DHHU künftig mit etwa 15 Prozent an der Gesamterzeugung von Eisen und Stahl im Bundesgebiet beteiligt. Das Dortmunder Werk habe in den letzten Monaten durchschnittlich 77.000, das Hörder Werk 100.000 t Rohstahl erzeugt.

Beide Unternehmen können auf ein Bestehen von fast 100 Jahren zurückblicken. Im Jahre 1926 wurden sie von den Vereinigten Stahlwerken übernommen und 1933 als Dortmund-Hörder Hütten-Verein zusammengefasst. 1947, im Zuge der Entflechtung, löste sich das Werk Hörde aus dem Hütten-Verein und bestand weiter als für sich selbständiges Hüttenwerk Hörde AG.

---

51 Dr.-Ing. Dr. phil. Friedrich Harders (1909–1973), 1945 bis 1946 Werksdirektor bzw. Vorstandsmitglied des Werks Dortmund des Dortmund-Hörder Hüttenvereins. Seit 1947 technischer Vorstand und Aufsichtsratsvorsitzender der ausgegliederten Hüttenwerk-Hörde AG, nach der Wiedervereinigung mit der Hüttenwerk Union AG am 28. August 1951 Vorstandsvorsitzender der DHHU.

„Nanu, sieben Jahre bin ich dabei und immer noch schmuggelt man mir diese Eier ins Nest". Karikatur zur Entnazifizierung nach 1945 (Zeichner: O. Brandes), in: Die Bergbauindustrie Nr. 15 vom 12.4.1952, S. 114 [Archiv für soziale Bewegungen Bochum]

36. Zeitungsbericht über die Arbeit von Bochumer Trümmerfrauen (1952)

»›Wetterfeste‹ Frauen enttrümmern noch immer«, in: Westdeutsche Allgemeine Zeitung vom 8.5.1952, abgedruckt in: Johannes Volker Wagner (Hg.), Vom Trümmerfeld ins Wirtschaftswunderland. Bochum 1945–1955, Bochum 1989, S. 181. (Auszug)

Fast 90 Prozent der bebauten Fläche des Bochumer Stadtgebiets sind während des Kriegs zerstört worden. Erinnert man sich an diese Zahl, dann wird es verständlich, dass noch immer – sieben Jahre nach dem Krieg – Frauen als Ziegelsteinputzerinnen eingestellt werden. Gerade jetzt mit den wärmer werdenden Tagen tauchen sie wieder im Straßenbild auf. In manchem Trümmergrundstück – wie jetzt an der Lichtburg – sieht man sie; in alter verstaubter Arbeitskleidung, mit langen Hosen, einer großen Schürze und einem Kopftuch über den Haaren sitzen sie dort auf selbst aus Steinen zusammengebauten Hockern und putzen unendlich viele Ziegelsteine. [...]

Das ist nun wirklich keine ausgesprochene weibliche Tätigkeit, aber von den Baugeschäften und Abbruchfirmen hört man immer wieder, dass gerade für diese Arbeit Frauen bevorzugt werden. Es hat sich erwiesen, dass sie dabei besonders wendig, geschickt und sorgfältig sind. Und es gibt noch genug junge Frauen und Mädchen, die diese Arbeit übernehmen, und sei es meistens auch nur für vorübergehende Zeit. Indessen: Bei dem Problem der Frauenarbeit in unserem Schwerindustriegebiet bietet sich hier eine Möglichkeit zum Geldverdienen. Besonders für junge Mädchen, die noch nichts gelernt haben, ist hier im Verhältnis der Verdienst sehr hoch.

37. Die Bewohner einer Duisburger Siedlung wehren sich gegen die Ansiedlung von »Zigeunern« in ihrer unmittelbaren Nachbarschaft (1952).

Die Einwohner von Neuenkamp-Lehm- und Essenbergerstraße an Duisburgs Oberbürgermeister Seeling vom 13.11.1952. Stadtarchiv Duisburg 101/318.

Wie wir erfahren haben, besteht die Absicht, auf dem Gelände der ehemaligen Ziegelei Kiefer Lehmstr. (Neuenkamp) eine größere Anzahl Zigeuner anzusiedeln bzw. mit ihren Wohnwagen für längere Zeit Aufenthalt zu gewähren.

Gegen diese Absicht protestieren sämtliche Anwohner der Lehmstraße und der mittleren Essenbergerstr.

Begründung:

Begünstigt durch die Dunkelheit (keinerlei Beleuchtung) herrscht seit Jahren eine Unsicherheit (Belästigungen von Frauen und Kindern, Diebstählen von Federvieh usw.), deren wir uns kaum erwehren können. Unsere Frauen trauen sich nach Einbruch der Dunkelheit überhaupt nicht mehr ohne Begleitung auf die Straße.

Sollte nun durch die Ansiedlung einer derart großen Menge fahrenden Volks die Unsicherheit ins Unerträgliche gesteigert werden? Sind wir Menschen zweiter Klasse, dass wir das alles ohne Widerspruch annehmen sollen? Nicht genug, dass wir bereits seit drei Jahren den unerträglichen Gestank der Müllabfuhr mit in Kauf nehmen müssen, sollen wir auch noch den

Dunst eines Massenaborts, das in der Entfernung von *nur 20 Metern*[52] bereits im Bau begriffen ist, einatmen.

Aus allen oben angeführten Gründen bitten die Bewohner des in Mitleidenschaft gezogenen Gebiets, den Entschluss, das fahrende Volk hier anzusiedeln, rückgängig zu machen und ihnen anderweitig, wo auch genügender Polizeischutz möglich ist, einen Platz anzuweisen.

[gez. ca. 25 Unterschriften]

38. Der Oer-Erkenschwicker Ortsvorsitzende des Bundes der vertriebenen Deutschen appelliert 1956 an die alteingesessene Bevölkerung, den Vertriebenen zu helfen.

Julius Tengler, Vertriebenen helfen, in: 125 Jahre Recklinghäuser Zeitung. Jubiläumsausgabe vom 7.5.1956 (Teil Oer-Erkenschwick).

Jeder achte Einwohner in Oer-Erkenschwick ist ein Vertriebener oder ein Flüchtling. Gerade die Heimatvertriebenen wissen zu schätzen, was es hieß, soviel Zustrom aus dem deutschen Osten Unterkunft und Erwerb zu verschaffen. Bei aller Anerkennung für den Einsatz der Stadt darf aber nicht vergessen werden, dass es noch viel zu tun gibt, um den Heimatvertriebenen und Ostflüchtlingen zu einem Leben zu verhelfen, das zu dem allgemeinen Lebensstandard in angemessenem Verhältnis steht. Dies gilt vor allem für die Wohnraumbeschaffung. Noch immer hausen Vertriebene in unzulänglichen Räumlichkeiten, noch immer sind Flüchtlinge in Massenquartieren und dumpfen Baracken untergebracht.

Wir alle wissen, dass die Wohnraumbeschaffung nicht allein eine Sache der Stadt sein kann. Wenn aber alle infrage kommenden Stellen an der Behebung dieses Übelstands arbeiten würden, hätten die Vertriebenen und Flüchtlinge Grund, zuversichtlicher in die Zukunft zu schauen. Jeder Einheimische sollte sich nämlich vor Augen halten, dass für das Opfer der verlorenen Heimat auch eine angemessene Wohnung nur ein spärlicher Ersatz ist.

39. »Kumpelpastoren« unter Tage. Die beiden evangelischen Hilfsprediger Helmut Disselbeck und Gerhard Leipski berichten über die Erfahrungen ihrer einjährigen Bergmannstätigkeit auf Kohlenzechen des Ruhrgebiets (1957).

Gerhard Leipski/Helmut Disselbeck,[53] Erfahrungsbericht über den Einsatz im Untertagebetrieb, Gladbeck, undat. Mskr. [1957],[54] abgedruckt in: Neue Aufgaben der Seelsorge. Referate und Entschließungen auf der Landessynode 1958 der Evangelischen Kirche von Westfalen, hg. von Hans Thimme im Auftrage der Leitung der Evangelischen Kirche von Westfalen, Witten/Ruhr 1958, Anhang: S. 83–107, hier S. 83–85.

---

52 Handschriftlicher Bearbeitervermerk: 40 Metern.
53 Gerhard Leipski (1926–1995) war ab 1958 Pfarrer in Bochum-Werne, später u.a. Gewerkschafter, SPD-Mitglied und Ratsmitglied der Stadt Bochum. Helmut Disselbeck war später u.a. Superintendent des Kirchenkreises Gladbeck.
54 Über ähnliche Kontakte zwischen Kirchenvertretern und Industriearbeiterschaft vgl. Michael Schibilsky, Alltagswelt und Sonntagskirche. Sozialethisch orientierte Gemeindearbeit im Industriegebiet, München 1983, S. 99–136 (Weltenwechsel-Beispiele und Grenzen).

Als wir am 15. November 1956 unsere Arbeit im Bergbau[55] aufnahmen, geschah das aus mehreren Gründen. Einmal lag uns daran, in einem kleinen Bereich deutlich zu machen, dass die vielfachen Erörterungen im Raum der Kirche über »Kirche und die moderne Arbeitswelt« nicht nur theoretische Verlautbarungen sind, sondern, dass es der Kirche ernst damit ist. Es ging uns darum, die Einheit von Wort und Tat zu bezeugen, und zwar so nachdrücklich, dass die Arbeiterschaft selbst, um die sich die Kirche müht, etwas von der Echtheit und Wahrhaftigkeit kirchlichen Denkens und Handelns spürt. Von diesem Motiv unseres Tuns her musste unser Zeugnis wesentlich Arbeit, Dasein, Miteinanderleben sein und nicht Rede. Von daher konnte das Gespräch nicht in erster Linie unsere Aufgabe sein. Wir haben es nicht gesucht und es erst dann für sinnvoll gehalten, wenn es sich von unserer Arbeit her, von unserem Bergmannssein her ergab.

Weiter ging es um den Abbau des Vorurteils gegenüber der Kirche, das in der Arbeiterschaft einfach da ist und über dessen Ursache genug diskutiert ist. Auch hierbei spielte eine Argumentation, die sich logisch an den Verstand des Bergarbeiters wendet, keine Rolle, weil dieses Misstrauen tiefschichtiger ist. Die Ebene des Gefühls ist gerade nicht vom Wort her zu erreichen, sondern durch ein tathaftes Zeugnis in der gemeinsamen Arbeit.

Obwohl man so die Ziele unserer Arbeit, unser Wollen und die Vorstellung von dem, was zu tun ist, umreißen kann, waren sich alle Beteiligten – dazu gehören die Kirchenleitung, das Sozialamt und die Amtsbrüder in [Gladbeck-]Brauck – von Anfang an darüber im Klaren, dass unser Einsatz den Charakter eines Experiments trägt. […]

Nach nun fast einjähriger Tätigkeit im Bergbau haben sich bei unserer Arbeit eine Reihe von Schwierigkeiten eingestellt. Es war nicht gut, auf verschiedene Schachtanlagen zu gehen. Eine noch straffere Schwerpunktarbeit wäre besser gewesen. Dabei hätten Missverständnisse über den Sinn unseres Dienstes nicht so leicht aufkommen können, und der Auftrag der Kirche wäre deutlicher gewesen. Man hätte uns nicht so schnell für »verkrachte Existenzen« gehalten. Von unseren verschiedenen Charakteren her, von unseren verschiedenen politischen Einstellungen her, wäre wahrscheinlich auch eine größere Breite der Kirche in das Blickfeld der Arbeiter gerückt worden. Und ohne Zweifel hätten sich auch durch die Arbeit selbst mehr Querverbindungen ergeben, wodurch unser Dienst an Intensität gewonnen hätte.

Je länger man als Bergmann arbeitet, je größer die Solidarität wird, je mehr Kenntnisse und mehr Fertigkeiten bei der Arbeit erworben werden, desto mehr erscheint man als Bergmann, und desto weniger wird man als Pastor angesehen. Das hat sicherlich sein Gutes und ist auch für unseren Dienst von erheblichem Nutzen. (Der Kumpel sagt: »*Du* kannst mitreden!«) Aber in der darin enthaltenen Möglichkeit, dass das Bewusstsein schwindet, die Kirche und der Pastor sind hier, liegt die Schwierigkeit. Auf dieses Bewusstsein kommt es uns an, es ist für die Organbildung wesentlich. Dieser Schwierigkeit kann man nur so begegnen, indem man mehr als bisher Amtshandlungen in Bergmannsfamilien übernimmt und häufiger predigt, indem man

---

55 Die Arbeit wurde im November 1956 auf den beiden Schachtanlagen Mathias Stinnes 3/4 in Gladbeck-Brauck und auf Nordstern in Gelsenkirchen-Horst aufgenommen.

so einen von der Intention unserer Arbeit her notwendigen Ausgleich schafft. Dies führt aber zu einer großen Beanspruchung körperlicher und geistiger Art.

Weiter haben wir die Erfahrung gemacht, dass in demselben Maße, in dem sich die Einordnung in das Bergmannsdasein vollzieht, geistiges Interesse und geistliches Leben nachlassen. Daraus ergeben sich erhebliche Schwierigkeiten, sind doch beides wesentliche Voraussetzungen theologischer Arbeit, die für uns besonders wichtig ist. Besondere Not macht uns das Verflachen geistlichen Lebens. Es ist jedermann klar, dass man in unserer Situation nur wirken, dass man Schuldigwerden in der Solidarität nur ertragen kann aus der erlebten Kraft des Evangeliums.

40. **Im Januar 1960 wird das letzte Flüchtlingslager in Duisburg geräumt. Zu viele Schlichtwohnungen stehen leer.**
»Letztes Flüchtlingslager geräumt. Schlichtwohnungen stehen schon leer«, in: Rheinische Post vom 13.1.1960. Stadtarchiv Duisburg 101/725. (Auszug)

Haus Hartenfels, das letzte Flüchtlingslager in Duisburg, wird geräumt. Die Räumung ist seit Dienstag im Gange und wird Donnerstag beendet sein. Zuletzt bewohnten noch vier Familien das schlossartige Gebäude, das der Begründer des Klöckner-Konzerns vor dem Ersten Weltkrieg hatte bauen lassen. Vor einem Jahr lebten hier noch 260 Menschen.

Die Auflösung des Flüchtlingslagers Haus Hartenfels ist mehr als ein Symbol. Es war einmal ein Meilenstein für viele Familien beim Neuaufbau ihres durch Krieg und Kriegsfolgen zerstörten Lebens. Seit 1945 hat Duisburg 107.000 Menschen aufgenommen, die ihre Heimat verlassen mussten. Sie alle sind in das Wirtschaftsleben eingeordnet worden und haben Wohnungen bekommen. In Duisburg ist also nach dem Krieg eine neue Großstadt aus Flüchtlingen und Vertriebenen entstanden. Jeder fünfte Duisburger ist Flüchtling oder ein Vertriebener. Die gewaltige wirtschaftliche und soziale Leistung war nur möglich aufgrund der Wirtschaftsblüte seit 1949 und der umfassenden sozialen Maßnahmen der Bundesregierung.

Anfangs lange Wartezeiten

Die für die Unterbringung der Flüchtlinge erforderliche Zeitdauer war sehr verschieden. In den ersten Jahren nach der Währungsreform dauerte es bis zu zwei Jahren. Heute geht die Unterbringung wesentlich schneller. Die Stadt selbst hat 540 Schlicht-, besser gesagt Schlichtstwohnungen, die als Übergang zwischen Lager und eigener Wohnung zur Verfügung gestellt werden. Nördlich der Ruhr waren es 200, südlich der Ruhr 340. Außerdem waren 100 größere Wohnungen von der Stadt für die Unterbringung von Flüchtlingen und Vertriebenen angemietet worden.

Ein Drittel nicht bewohnt

Jetzt zeigt sich plötzlich ein neues Problem. Die Stadt hat praktisch zu viele Schlichtwohnungen, da die Stadt ihr Aufnahmesoll erfüllt hat. Von den 540 Schlichtwohnungen steht jetzt etwa ein Drittel leer.

Wie schnell sich die Dinge entwickeln und zugunsten der Flüchtlinge verändern können, zeigt das Beispiel der im vorigen Jahr für Flüchtlinge und Vertriebene gebauten Wohnungen in Großenbaum. Sie wurden im Juli bezugsfertig. Jetzt stehen in diesen Häusern 17 Wohnungen leer, weil die Bewohner bessere Wohnungen bekommen haben. Meist sind es Wohnungen der Werke, bei denen die Männer arbeiten.

Mehr Wohnungen für Obdachlose

Das ist sehr erfreulich. Auf der anderen Seite entsteht die Frage, ob es richtig war, die Schlichtwohnungen so zu bauen, dass sie nur bei ärgster Not bezogen werden. […]

Die zweite Frage heißt: »Was geschieht jetzt mit den Schlichtwohnungen?« Sie können nur bescheidenste Ansprüche befriedigen. Sie werden also für die Obdachlosenfürsorge herangezogen. Daran haben wir in Duisburg keinen Mangel.

Kapitel XIV
Von der Industriestadtregion zur modernen Großstadtregion
Von Klaus Tenfelde und Benjamin Ziemann

Im Ersten Weltkrieg darbten die Städte. Der Ausbau der Infrastrukturen und auch der Wohnungsbau kamen weitgehend zum Erliegen, und die Finanzkraft der Gemeinden, die sich bisher in großem Umfang aus städtischen Eigenbetrieben wie Elektrizitätswerken, Wasserwerken und Einnahmen aus dem Nahverkehr finanziert hatten, litt besonders stark unter den durch den Krieg verursachten Ausgaben, darunter vor allem die Kosten für die Sicherung der Versorgung und die Beiträge zum Unterhalt der Soldatenfamilien. Obwohl sich dann mit den Erzbergerschen Finanzreformen von 1920 die finanzielle Ausstattung auch der Städte und Gemeinden hätte stabilisieren lassen, gerieten die kommunalen Haushalte bis 1923 in die Nöte der grassierenden Inflation. Der infrastrukturelle Ausbau stockte deshalb weiterhin. Allein in den Wachstumsjahren zwischen etwa 1925 und 1929 balancierten sich die städtischen Haushalte einigermaßen, bis dann die Weltwirtschaftskrise das städtische Haushaltsgebaren mancherorts bis an die Grenze des Bankrotts deformierte.

Krisenjahre bestimmten also die Stadtentwicklung im Ruhrgebiet auch in der Zwischenkriegszeit – mindestens bis um 1936, als dank der nationalsozialistischen Rüstungskonjunktur die Beschäftigung deutlich zunahm. Als besonders schwer wiegende, in der Region verursachte Krise traten nun die immensen Umweltschäden, die durch die Schwerindustrie verursacht wurden, stark in den Vordergrund *(Dok. 1, 7, 8, 10, 15)*. Was man vor 1914 längst wusste, aber nicht leicht öffentlich monierte: dass die Gesundheit der Bevölkerung unter den weiterhin so gut wie ungehemmten Emissionen erheblich litt, das wurde nun weit mutiger beklagt *(Dok. 10)*. Andere, politische Krisen waren nicht im Ruhrgebiet verursacht worden; es waren Krisen der Reichspolitik, beginnend mit der Revolution von 1918 bis 1920, als in den Novembertagen 1918 Arbeiter- und Soldatenräte das Kommando in den Kommunalverwaltungen zu übernehmen schienen *(vgl. Kap. IX)*. Das gelang den entweder reformorientierten oder radikal gesinnten Räten im Revier nirgendwo durchgreifend, und die Kommunalverwaltungen amtierten sowieso ungebrochen fort. Wer erwartet hatte, dass die Einführung des allgemeinen gleichen Wahlrechts als Revolutionserfolg und die damit fälligen Kommunalwahlen vom März 1919 weithin linkspolitische Kräfte ans Ruder hätte bringen können, der irrte: Die Wahlen brachten gerade in den Großstädten des Ruhrgebiets weithin Mehrheiten aus der Zentrumspartei und aus sonstigen bürgerlichen Parteien an die Macht, teilweise mit reformorientierten Sozialdemokraten in Koalitionen, während allerdings in den noch nicht eingemeindeten Bürgermeistereien und »Vororten« häufiger linke Mehrheiten zustande kamen. Zu den politischen Ereignissen zählte auch der durch den reaktionären Aufstandsversuch in Berlin im März 1920 ausgelöste »Ruhrkampf«, ebenso wie die Ruhrbesetzung von 1923, als die Franzosen und Belgier die Herrschaft über das Industriegebiet übernahmen *(vgl. Kap. X)*.

Stadtplanung und Städtebau rangen um die Bewältigung der Strukturfolgen einer weiterhin ungehemmt produzierenden Industrie *(Dok. 5)*. Der Prozess der großstädtischen Gebietserweiterungen erreichte in den 1920er Jahren seinen Höhepunkt und vorläufigen Abschluss. Jetzt bereits wurden die Landkreise weitgehend aufgelöst und die dort noch selbstständigen Gemeinden den großen Hellwegstädten von Duisburg über Essen und Bochum nach Dortmund sowie neuen Großstädten wie Gelsenkirchen und Herne zugegliedert, und das gab oftmals bitteren Streit *(Dok. 4, 12)*. Demgegenüber brachte die weitere kommunale Gebietsreform, mit der ganz Nordrhein-Westfalen in den 1970er Jahren neu geordnet wurde, im Ruhrgebiet nicht mehr grundsätzliche, aber im Einzelfall – man denke an Kettwig und Essen, an Wattenscheid und Bochum, an Herne, Wanne und Eickel – erneut schmerzhafte Eingriffe.

Nicht zum ersten Mal kam in der Landtagsdebatte der Jahre 1927/28 der Gedanke der Bildung einer einzigen großen »Ruhrstadt« auf *(Dok. 9, 14)*. Die Idee ist auch in der weiteren Öffentlichkeit rege diskutiert worden. Verwaltungsorganisatorische Vereinfachungen waren von Seiten der Wirtschaft schon seit Ende des 19. Jahrhunderts gefordert worden, aber es sollte – bis heute – bei der Regionalgliederung in drei Regierungsbezirken (mit Sitzen in Arnsberg, Münster und Düsseldorf, nicht im Ruhrgebiet) und bei den allerdings wenig wichtigen Provinzialverwaltungen bzw., in der Nachkriegszeit, Landschaftsverbänden bleiben. Hatte bisher die bürokratische Schwerkraft der Regionalverwaltungen solchen Reformvorstellungen im Wege gestanden, so sollte sich, seit der Gebietsreform von 1928, mehr und mehr das Gewicht der Städte gegeneinander kehren: Die Zeit einer oftmals eifersüchtelnden Kirchturmspolitik zwischen den Städten begann; namentlich Essen und Dortmund konkurrierten seither – und wiederum bis heute – nachdrücklich um eine jeweils beanspruchte Führungsrolle im Revier *(Dok. 23, 30)*.

Daran sollte auch der Zusammenschluss in kommunalen Zweckverbänden und zweckorientierten Körperschaften wenig ändern. Unter Letzteren ist die 1899 in Bochum gegründete Emschergenossenschaft meistens zu wenig gewürdigt worden: Damit regelten die Städte ein Problem, dessen sie je für sich in der urbanisierenden Ballungsregion aus leicht einsichtigen Gründen nicht Herr zu werden vermochten, das Problem der Wasser-Versorgung und Abwasser-Entsorgung. Ganz langfristig wurde damit die Ruhr zum Trink- und die auch deshalb kanalisierte Emscher zum Abwasserfluss fast der gesamten Region entwickelt, mit allen Vor- und Nachteilen, die das für den Einzugsbereich dieser Flüsse hatte. Dem Siedlungsverband Ruhrkohlenbezirk, der 1920 nach vorausgehenden Plänen rasch und zunächst vornehmlich zur Bekämpfung der Nachkriegs-Wohnungsnot gebildet wurde, oblag dann in den Folgejahren die wichtige Aufgabe der regionalen Grünflächen- und Verkehrsplanung *(Dok. 3, 18, 21, 31)*. Der Verband wirkte darin über lange Zeit erfolgreich. Auf sein Wirken ging beispielsweise die Planung der Autobahn-Trassen zurück *(Dok. 6)*. Er verlor in der zweiten Nachkriegszeit an Bedeutung, weil die groß gewordenen Städte sich Eingriffe zunehmend verbaten, sodass ihm noch vor der Umwandlung in den Kommunalverband Ruhrgebiet (1978) die Planungskompetenz entzogen wurde. Erst die jüngste Reform, mit der 2004 der Regionalverband Ruhr entstand, hat diesem Zweckverband wieder gewisse Zuständigkeiten für die Regionalplanung überantwortet.

Die Zusammenarbeit der Städte in der Ballungsregion fand also im Zeitablauf nur schwache institutionelle Grundlagen. Das wurde umso problematischer, je näher die Städte aneinander wuchsen. Große Städte strahlen stets in ihr »Hinterland« aus, aber im Ruhrgebiet bildet die eine Großstadt das Hinterland der anderen, und das erklärt, weshalb die Rand- und »Flügelstädte« ihre Zugehörigkeit zur Region heute gern in Frage stellen *(Dok. 30)*. Alle Städte sind überdies durch einen ziemlich verdeckten Prozess der Abwanderung geschwächt worden, der offenbar spät erkannt wurde und den man, nach der montanbedingten ersten »Zersiedlung« der Region *(Dok. 15, vgl. Kap. V)*, als »zweite Zersiedlung« bezeichnen könnte: Mit zunehmendem Wohlstandsgewinn und der Herausbildung eines neuen »Aufstiegsbürgertums« der Angestellten und Beamten begründeten diese, wie überhaupt die Bildungs- und Vermögensschicht, ihre Familien und Familienvermögen gern durch Ansiedlung am Rande und außerhalb der Region, um täglich zu Erwerbszwecken einzupendeln. Auf diese Weise entstand, erleichtert durch den beispiellosen Ausbau der Verkehrswege, ein suburbaner »Speckgürtel« im Süden des Reviers, aber auch am Niederrhein und im Münsterland. Diese »Besserverdiener« entzogen den gewachsenen Stadtvierteln Steuerkraft. Im Verein mit den Folgen der Montankrise verschärfte dies den Prozess der sozialen Entmischung, weil die weniger steuerkräftigen Schichten (Geringverdienende, Rentner, Alleinerziehende, fremdethnische Zuwanderer, Arbeitslose) verblieben.

Aber das Bevölkerungswachstum hielt, in der Zwischenkriegszeit namentlich wegen anhaltend hoher Gebürtigkeit, einstweilen an, auch zunächst in der Zeit des Strukturwandels. Erst seit den 1980er Jahren sind Schrumpfungsprozesse erkennbar. Das ging und geht mit sehr tief greifenden Veränderungen in der Zusammensetzung der Bevölkerungen einher. Während bis in die frühe Nachkriegszeit das Revier eine Region der Jugend gewesen ist, wird es in der Gegenwart mehr und mehr eine Pilotregion der alternden Gesellschaft.

Gehemmt und sehr stark beeinflusst wurden diese Entwicklungen vor allem durch zwei weitere Zuwanderungswellen in der Zeit nach 1945. Während des Zweiten Weltkriegs waren die Industriestädte regelrecht entvölkert worden: durch den Kriegsdienst der Männer, durch die Evakuierungen während des Bombenkriegs. Auf zahllose industrielle Arbeitsplätze wurde unter oftmals schrecklichen Umständen ein Heer von Kriegsgefangenen und »Ostarbeitern« gezwungen *(vgl. Kap. XII)*. Nach dem Krieg fehlte es an Wohnraum für die bald zurückkehrenden oder neu hinzuziehenden Menschen. In den Innenstadtbezirken war der Wohnraum zu bis zu 90 Prozent zerstört oder stark beschädigt, und mancherorts wurde überlegt, ob die Städte nicht in ganz anderen Formen wieder aufgebaut werden sollten. Die Chance einer neuen innerstädtischen Raumplanung *(Dok. 18, 19)* ist hier und da durch neue Straßenzüge, Bahnhofsverlagerungen und Ringbildungen wahrgenommen worden. Zum Atemholen für den Aufbau einer tragfähigen städtischen Infrastruktur blieb wieder einmal zu wenig Zeit. Denn das Land hungerte, im Wiederaufbau und bald dann in den Wirtschaftswunderjahren, nach Kohle und nach Stahl und deshalb nach Arbeitern. Die zwei neuerlichen Zuwanderungswellen wurden zunächst von den Vertriebenen aus den Ostgebieten, bald dann zunehmend von Flüchtlingen aus der DDR gebildet *(vgl. Kap. XIII)*, und seit den späten 1950er Jahren kamen die damals so genannten »Gastarbeiter«: Italiener zunächst, dann Spanier, Griechen und Portugiesen, bald Arbeiter aus den Ländern des früheren Jugoslawien, seit Mitte der 1960er Jahre dann aus der Türkei *(vgl. Kap. XVII)*. Von den Polen war nur noch selten die Rede. Deren ehemals große Zahl war schon in den frühen 1920er Jahren durch die Wahlfreiheit infolge der Pariser Vorortverträge stark dezimiert worden. Sie hatten die Wahl, entweder in ihre jetzt als eigenständiger Staat entstandene Heimat zurückzukehren, zu bleiben oder an andere Orte zu wandern, etwa nach Belgien und Nordfrankreich in die dortigen Kohlenreviere. Es scheint, dass etwa ein Drittel von ihnen im Revier verblieb und sich fortan, eben wegen dieser Wahlentscheidung, ziemlich bereitwillig assimilierte. Man sollte deshalb nur mit Vorsicht vom »Schmelztiegel Ruhrgebiet« sprechen: Inter-ethnische Konflikte fanden auch in dieser Region statt, und es ist keineswegs ausgemacht, dass eine überwiegend aus Arbeiterfamilien bestehende Bevölkerung solche Spannungen besser auszuhalten und auszugleichen vermag.

Die typische industriestädtische Sozialschichtung der Ruhrregion dürfte sich in der Mitte der 1920er Jahre voll ausgebildet haben. Zu dieser Zeit erreichte die Arbeiterschicht ihre größte Stärke, vermutlich durchschnittlich drei Viertel und in vielen Vororten bis zu 90 Prozent der Erwerbsbevölkerung, und die Mittelschichten blieben vergleichsweise schwach. Dieses Strukturbild hielt bis in die 1960er Jahre an. Die Bedürfnislagen dieser Bevölkerungen bestimmten in starkem Maße die Stadtentwicklungen. Dabei hatte man, wegen des raschen wohnungswirtschaftlichen Wiederaufbaus aus den Trümmerfeldern, zunächst im Bundesgebiet einen Vorsprung erreicht, der sich, indem der Bestand veraltete, gegen Ende des 20. Jahrhunderts mehr und mehr in ein Sanierungsproblem wandelte. Es handelt sich im Ruhrgebiet bis heute eher um eine Mieter- als eine Eigentümergesellschaft, wobei der Werks- und der soziale Wohnungsbau, zumal der Bergarbeiter-Wohnungsbau, stark überwogen. Der kleine Konsum und kleinräumige Mobilität hatten bisher den Alltag bestimmt, aber die Städte sind der raschen Mobilisierung durch den Individualverkehr seit den 1960er Jahren in einem heute manchmal beklagten Ausmaß durch den Straßenbau nachgekommen. Sie betrieben mit der Erweiterung der Bildungsangebote intensiv den Schulhausbau und zierten sich vor allem seit den 1970er Jahren mit kulturellen Einrichtungen. Schon vor 1933 waren Parks, Stadtbüchereien, städtische Museen und Volkshochschulen entstanden *(Dok. 2, 11)*; jetzt traten vor allem Sportstätten, Freizeiteinrichtungen und Neubauten für die »Hochkultur«: Theater, Konzertsäle und Kulturzentren, hinzu *(Dok. 31)*.

Die Schichtungsverhältnisse und die »Revierkultur« veränderten sich grundlegend erst unter dem Einfluss des Strukturwandels, aber diese Entwicklungen spiegelten zugleich entsprechende Tendenzen in der westdeutschen Nachkriegsgesellschaft – die Stadtgesellschaften des Ruhrgebiets, Stadtplanung und Infrastrukturen, »normalisierten« sich. Die Entwicklung der Stadtverwaltungen war darin, dem Ausmaß und der inneren Differenzierung nach, selbst Ausdruck des Strukturwandels, weil auch dadurch der Anteil der Beschäftigten in den Dienstleistungen enorm zunahm, während die Aufgaben der Stadtverwaltung professionalisiert, »verwissenschaftlicht« wurden. Das betraf vor allem die Stadtplanung, denn mit der Schrumpfung der Montanindustrie gingen enorme Aufgaben und Lasten einher. Nicht nur, dass die riesigen ehemaligen Werksflächen als meist kontaminierte Industriebrachen erneuter Nutzung harrten (Dok. 27). Neue Industrien und Arbeitgeber waren, in hartem interstädtischen Wettbewerb, anzusiedeln, und um die verfügbaren Fördermittel entbrannte ein steter Konkurrenzkampf, der die Grenzen der Belastbarkeit der kommunalen Haushalte seit den 1990er Jahren wiederholt streifte und heute vielfach überschritten hat. Außerdem verlangte eine in ihren Erwerbsverhältnissen nun ganz anders strukturierte Bevölkerung nach anderen, erweiterten städtischen Dienstleistungen. Ohne Subventionshilfen, mit denen im Zuge kompakter Mischfinanzierungen eine verdeckte Verstaatlichung einherging, und ohne stadtplanerische Kompromissfähigkeit (»Erbötigkeitsplanung«: Dok. 32) hätte keine Stadt »aus eigener Kraft« den Weg in eine Moderne nach der Schwerindustrie geschafft.

Die seit Beginn der Industrialisierung weithin sehr ähnliche Geschichte der ehemals montanindustriellen Großstädte spiegelte sich mithin seit Beginn des Strukturwandels in wiederum weitgehend ähnlichen Problemen der Lastenbewältigung. In der Wahrnehmung dieser Herausforderung sowie in der Entwicklung einer urbanen europäischen Kernregion aus der »Städtestadt Ruhrgebiet« (Dok. 21) hätten die großen Städte vermutlich erfolgreicher sein können, wenn sie sich zu engeren Kooperationen und Koordinationen verstanden hätten. Dieser bereits sehr alten Herausforderung stehen die Schwerkräfte im landes- und regionalpolitischen Gefüge der Institutionen ebenso entgegen wie das konkurrierende, im kommunalen Verfassungsrecht gestützte Selbstbewusstsein der Leitstädte entlang des Hellwegs. Mit dem Weltkulturerbe Zollverein und der Wahl zur europäischen Kulturhauptstadt 2010 scheint außerhalb des Ruhrgebiets wie auch in seiner Bevölkerung die Anerkennung der besonderen Geschichtlichkeit der Region und ihrer kulturellen Leistungen jenseits einzelner Städte stärker fortgeschritten als in den Stadtverwaltungen und kommunalpolitischen Führungen.

Literaturhinweise

(Vgl. auch die Hinweise zu Kap. V)

Jan-Pieter Barbian/Ludger Heid (Hg.), Zwischen Gestern und Morgen. Kriegsende und Wiederaufbau im Ruhrgebiet, Essen 1995.

Rainer Bovermann et al. (Hg.), Das Ruhrgebiet – Ein starkes Stück Nordrhein-Westfalen. Politik in der Region 1946–1996, Essen 1996.

Günter Brakelmann et al. (Hg.), Kirche im Ruhrgebiet, Essen 1998.

Dittmar Dahlmann et al. (Hg.), Schimanski, Kuzorra und andere. Polnische Einwanderer im Ruhrgebiet zwischen der Reichsgründung und dem Zweiten Weltkrieg, Essen 2005.

Karl Ditt/Klaus Tenfelde (Hg.), Das Ruhrgebiet in Rheinland und Westfalen während des 19. und 20. Jahrhunderts. Selbstverständnis und Fremdwahrnehmung im Raumverbund, Paderborn 2008.

Stefan Goch (Hg.), Städtische Gesellschaft und Polizei. Beiträge zur Sozialgeschichte der Polizei in Gelsenkirchen, Essen 2005.

Marion Heistermann, Demontage und Wiederaufbau. Industriepolitische Entwicklungen in der Kruppstadt Essen nach dem Zweiten Weltkrieg (1945–1956), Essen 2004.

Beatrix Herlemann, Kommunalpolitik der KPD im Ruhrgebiet 1924–1933, Wuppertal 1977.

Hein Hoebink (Hg.), Staat und Wirtschaft an Rhein und Ruhr. 175 Jahre Regierungsbezirk Düsseldorf, Essen 1992.

Heinz Wilhelm Hoffacker, Entstehung der Raumplanung, konservative Gesellschaftsreform und das Ruhrgebiet 1918–1933, Essen 1989.

Rolf Lindner/Heinrich Th. Breuer, »Sind doch nicht alle Beckenbauers«. Zur Sozialgeschichte des Fußballs im Ruhrgebiet, Frankfurt a. M. 1978

Thomas Parent/Thomas Stachelhaus, Stadtlandschaft Ruhrrevier. Bilder und Texte zur Verstädterung einer Region unter dem Einfluß von Kohle und Stahl, Essen 1991.

Wilfried Reininghaus/Karl Teppe (Hg.), Verkehr und Region im 19. und 20. Jahrhundert. Westfälische Beispiele, Paderborn 1999.

Karl Rohe, Vom Revier zum Ruhrgebiet. Wahlen, Parteien, politische Kultur, Essen 1986. Ruhrgebiet – Oberschlesien. Stadt – Region – Strukturwandel, Essen 2006.

Cäcilia Schmitz, Bergbau und Verstädterung im Ruhrgebiet. Die Rolle der Bergwerksunternehmen in der Industrialisierung am Beispiel Gelsenkirchen, Bochum 1987.

Dokumente

1. »Von allen Göttern der Heimat verlassen«. Industrie und Naturschutz 1919

Wolfgang Paeckelmann,[1] Industriestadt und Naturschutz, in: Heimatblätter. Monatsschrift für das niederrheinisch-westfälische Land, besonders für das Industriegebiet 1 (1919), Nr. 1 (April 1919). (Auszug)

Dass heute mitten im Industriegebiet eine Zeitschrift gegründet wird, die sich den Heimatschutz dieses scheinbar von allen Göttern der Heimat verlassenen, jedem naturfrohen Menschen im Grunde fürchterlichen Landes zur Aufgabe macht, ist so merkwürdig, dass sie auf eine tiefe Not hinweist. Dieses Land um Ruhr und Lippe, mit Bochum, Essen, Dortmund, Wanne, Duisburg, Hamborn scheint jedem Menschen rettungslos ausgeliefert zu sein vollständiger Ausbeutung seiner Bodenschätze, seiner Menschenkraft, alles dessen, was einst die Natur ihm an Schönheit mitgab. Reine Nützlichkeit, ja, reine Not, Arbeits- und Unterkunftsverhältnisse für die Millionen sich häufender Menschen zu finden, scheinen allein herrschend. Wie ein Aufschrei aus der Not dieses Lebens eines Utilitarismus in Reinkultur ist der Ruf einer solchen Zeitschrift, ein Zeichen, dass mit der einfachen Befriedigung des rein Maschinellen des Lebens der Mensch eben noch nicht befriedigt ist, sondern dass ein tiefer Rest von Sehnsucht zurückbleibt. In keiner Gegend blühen die Wandervereine, die Gebirgsvereine, Alpenverein und Sauerländischer Gebirgsverein an der Spitze, so, wie hier im Industriegebiet; auch das ist ein Zeichen der unbefriedigten Sehnsucht der eingemauerten Bewohner dieser Städte. Für die Behörden ergibt sich hieraus die unbedingte Pflicht, alles zu tun, was geschehen kann, um dieser inneren Not ihrer Bewohner [entgegen] zu steuern. Es ist nicht jedem Bürger möglich, häufig genug weit hinauszustreben, bis er die befreiende Luft der Berge atmet.

Es wäre unrecht, wollte man glauben, dass bisher nichts in dieser Richtung geschehen ist. Essen an der Spitze mit seinen ausgedehnten Anlagen zur Ruhr hinunter, Duisburg mit seinem Stadtwald haben die Sorge längst erkannt. Wenn hier die ganze Frage trotzdem noch einmal aufgerollt wird, so geschieht das, um ihre unendliche Bedeutung für das Wohlbefinden der im Industriegebiet angesammelten starken Menschenmassen zu unterstreichen und um einige Punkte praktischer Art hervorzuheben, die bisher weniger beachtet worden sind.

Es scheint mir vor allem nicht nur darauf anzukommen, »Lungen« für die Städte zu schaffen. Schon mit diesem Namen ist die ganze Frage wieder auf den Punkt der reinen biologischen Nützlichkeit gestellt. Es scheint mir vielmehr nötig zu sein, den ganzen Ausbau der Städte so zu gestalten, dass die nötige körperliche und vor allem auch seelische Befreiung für den darin wohnenden Menschen möglich ist. In den großen Industriestädten ist das ganze Seelenleben des Menschen nach einer bestimmten Richtung hin gerichtet, alles drängt nur auf die Notdurft

---

1 Wolfgang Paeckelmann, Oberstudiendirektor aus Barmen und Geschäftsführer des bergischen Komitees für Naturdenkmalpflege, war später Mitbegründer und erster Leiter der Studienstiftung des Deutschen Volkes in Dresden.

des Lebens. Es ist kein Wunder, dass der so aufs höchste einseitig gespannte Mensch sich schließlich entspannt in Genüssen rohester Art, die das Bild der modernen Großstadt nach der anderen Seite heute ergänzen. Wie wenig eine innerlich gesunde Natur hierbei auf die Dauer sich wohl befinden kann, zeigen die erwähnten Symptome.

Es müssen die der Erholung dienenden Anlagen der Städte vielmehr so eingerichtet werden, dass sie den seelischen Bedürfnissen der Bewohner entgegenkommen. Das, was der Mensch dem unharmonischen, wirren Getriebe der Stadt gegenüber nötig hat, ist ein Doppeltes: Kunst und Natur! Das erste Sehnen wird neben anderem auch befriedigt durch die wohl gepflegten Parkanlagen unserer Städte mit ihren farbigen Blumenteppichen, ihren wohl gezogenen Bäumen und Sträuchern. Die Natur aber tritt hier hinter der Kunst zurück.

2. »Sittliche Erneuerung des Volks«: Planung eines gemeinnützigen Theaters für das Ruhrgebiet (1920)

Eingabe des Ersten Bürgermeisters der Stadt Gladbeck, Michael Jovy, und des Beigeordneten der Stadt Herne, Dr. Friedrich Odenkirchen,[2] an den preußischen Minister für Kunst, Wissenschaft und Volksbildung, den Wohlfahrtsminister und den preußischen Finanzminister, undatiert [Herbst 1920]. Abschrift. Stadtarchiv Herne V/3349, Bl. 465–466. (Auszug)

Im Industriegebiet hat sich ein starkes Bedürfnis geltend gemacht zur Errichtung einer guten Bühne für die Städte ohne eigenes Theater. Das sind alle Städte außer Duisburg, Essen, Bochum und Dortmund. Dem außergewöhnlich großen Theaterbedürfnis, welches in allen Städten und größeren Gemeinden des Industriebezirks bei der großenteils schwer arbeitenden Bevölkerung auftritt, dienen nur die privaten Operettenbühnen, welche dort in erheblicher Zahl bestehen beziehungsweise in den letzten Jahren entstanden sind. Diese Bühnen werden ausschließlich nach dem Geschäftsinteresse der Inhaber geführt und bieten der Bevölkerung das denkbar Schlechteste sowohl in Beziehung auf den Inhalt als [auch auf] die Ausstattung und die mitwirkenden Kräfte. Ferner dienen dem starken Schaubedürfnis der Bevölkerung die im Industriegebiet besonders zahlreichen Lichtbildtheater. Dagegen wird an ernster Kunst der Bevölkerung nichts geboten. Die Möglichkeit, in den benachbarten Großstädten zuweilen ernste Kunst zu genießen, ist der Gesamtbevölkerung heute abgeschnitten durch die Schwierigkeiten des Verkehrs, die hohen Fahrpreise und die hohen Eintrittspreise dieser Bühnen.

An die theaterlosen Städte und Gemeinden des Industriebezirks tritt daher die unabweisbare Aufgabe heran, ein gemeinnütziges Theater zu schaffen, das unter Ausschaltung jeglicher Geschäftsinteressen dem wahren Kulturbedürfnis der Bevölkerung dient. Dem Ruf nach sittlicher Erneuerung des Volks wird […] in erster Linie Rechnung getragen werden durch die Vermittlung der Werke unserer Geisteshelden an die Arbeiterbevölkerung unseres Industriebezirks. Nichts dürfte geeigneter sein, den Blick des Volks, der zur Zeit vom großen Materialismus

---

2   Dr. Michael Jovy (1882–1931) war ab August 1919 zunächst Bürgermeister bzw. von August 1921 bis zu seinem Tod Oberbürgermeister Gladbecks, das erst 1919 Stadtrechte erhalten hatte. Friedrich Odenkirchen (1888–1933) war ab 1921 Beigeordneter der Stadt Düsseldorf.

befangen ist, wieder aufwärts zu richten zu den Idealen, deren ein gesundes Volk bedarf, als eine gute und ernste Bühnenkunst, welche allein imstande ist, den Arbeiter auch nach schwerer Tagesarbeit zu fesseln. Alles dies gilt in besonderem Maße auch für die heranwachsende Jugend. Dadurch, dass diese in der Befriedigung ihres Schaubedürfnisses ausschließlich auf die Lichtspieltheater angewiesen ist, welche ihrer Natur nach in ihren Vorführungen nur Plattheiten zeigen können, mangelt es an einer geistig inhaltlichen und erhabenen Belehrung der heranwachsenden, schulentlassenen Jugend, welche dadurch in ihrem Denken und Wollen gleichfalls nur dem Materialismus ausgeliefert sind. Gerade die Jugend bedarf heute dringend einer Erneuerung, die durch nichts besser angebahnt werden kann als durch die Darstellung unserer großen Klassiker.

Diese Aufgabe wird von den Städten und Gemeinden des Industriebezirks als so dringlich anerkannt, dass die Gemeinden trotz der allzu bekannten Geldknappheit bereit sind, selbst unter Beeinträchtigung anderer wichtiger Aufgaben (Wohlfahrtspflege, Kriegs- und Hinterbliebenenfürsorge) nennenswerte Mittel hierfür aufzuwenden. Andererseits muss hervorgehoben werden, dass die Gemeinden *allein* nicht in der Lage sind, die ungewöhnlich hohen Kosten, welche ein gemeinnütziges Theater heute verursacht, aufzubringen. Sie rechnen mit Bestimmtheit auf die Hilfe des Staats.

3. Der Schutz der Wälder sowie die Koordinierung des Bergmannswohnungsbaus sind die wichtigsten Arbeitsfelder des Siedlungsverbands nach seiner Gründung (1921).

Verwaltungsbericht über das erste halbe Geschäftsjahr des Siedlungsverbands Ruhrkohlenbezirk, Essen 1921, S. 3–4, 6–7. Stadtarchiv Herne, VII/239, Bl. 59–61.

Wichtiger aber als die äußere Begrenzung der Grünflächen ist der tatsächliche Schutz des Grüns auf diesen Flächen. Alle bestehenden Reichs- und Staatsgesetze reichen in keiner Weise aus, auch nur für den notdürftigsten Schutz und die dringlichste Erhaltung des Bau- und Grünbestands Sorge zu tragen, denn sie dienen lediglich der Holzpflege, nicht aber dem Menschenwohl. Es bedarf kaum eines Hinweises, dass für das Industriegebiet neben der Erhaltung und sachgemäßen Pflege der Waldflächen auch die gleichen Maßnahmen für die sonstigen Grünflächen, Buschwerke, Alleen, einzelnen Bäume und dergl. erforderlich sind. Oft sind schmale langgezogene Siepen[3] mit ihren niederen Grünhängen die einzige Erholungsfläche, die in industriereichen Gebieten hier überhaupt noch besteht. Gegenüber dem Vorgehen der Besitzer war der Verband nahezu machtlos. Erst durch die Polizeiverordnung des Verbandspräsidenten vom 18. Dezember 1920 ist wenigstens vorübergehend ein Eingreifen des Verbands ermöglicht. Nach dieser Polizeiverordnung ist für die Ausnutzung der Grünflächen, soweit sie in das Verbandsverzeichnis aufgenommen sind, die Zustimmung de[s] Verbandsdirektors erforderlich. Durch diese Maßnahme ist es in zahlreichen Fällen möglich gewesen, besonders an den Hängen der Ruhr im Gebiet von Bochum und im südlichen Teil des Kreises Recklinghausen,

---

3 Täler (sauerländisch).

bereits im Gange befindliche oder geplante Abholzungen und Verwüstungen der Grünflächen zu verhindern. Diese Polizeiverordnung des Verbandspräsidenten muss alsbald durch eine klare gesetzliche Handhabe ersetzt werden. Es ist daher der Verbandsversammlung der Entwurf zu einem Nachtragsgesetz zur Verbandsordnung vorgelegt, das lediglich den Schutz der Grünflächen bezweckt. Neben diesen Gesetzesmaßnahmen ist es aber auch erforderlich, aufklärend und belehrend auf die Notwendigkeit der Erhaltung der Grünflächen zu wirken. Vor allem die Jugend muss in Schulen, Sportplätzen und dergl. auf die Notwendigkeit der Erhaltung hingewiesen werden; in gleicher Weise muss die werktätige Bevölkerung auf die unerbittliche Notwendigkeit der Erhaltung der Grünflächen immer wieder aufmerksam gemacht werden. Der Verband wird versuchen, neben anderen Mitteln durch Plakate in Schulen, Werkstätten, Zahlstellen, Eisenbahnen usw. auf den Schutz der Grünflächen hinzuwirken. Er beabsichtigt ferner, durch belehrende Vorträge und Flugschriften das gleiche Ziel zu erreichen. Wie notwendig das ist, darf durch das eine Beispiel erläutert werden, dass in der Nähe einer großen industriellen Anlage ein herrlich gelegener Wald z.Zt. nur noch 20 Prozent seines Sollbestandes aufweist, alles andere ist unberechtigter Weise abgeholzt, abgerissen, verwüstet und zertreten. [...]

Auf dem z.Zt. für das hiesige Gebiet vorübergehend wichtigsten Baugebiet, nämlich dem Bau von Bergmannswohnungen, hat der Verband versucht, die durch die Organisation bedingten Schwierigkeiten allmählich auszugleichen. Insbesondere sucht er mit allen zu Gebote stehenden Mitteln die vielfachen Hindernisse zu beseitigen, die dem Baubeginn entgegenstehen. Auf Grund eines Übereinkommens mit dem Verbandspräsidenten hat der Verbandsdirektor die sonst den Staatsbehörden zustehende siedlungstechnische Prüfung der Bergmanns-Bauvorhaben übernommen. Auf diese Weise ist eine Einheitlichkeit mit den sonstigen Aufgaben des Verbands erreicht worden. Die Schwierigkeiten auf diesem Gebiet sind besonders groß. Das natürliche Bestreben der Bergleute, aus Mitteln des Kohlenfonds Wohnungen bester Art zu erhalten, ist oft schwierig mit der wirtschaftlichen Notwendigkeit sparsamer Verwendung der Mittel in Übereinstimmung zu bringen. Der Verband musste bei der heutigen wirtschaftlichen Lage in erster Linie darauf dringen, dass jegliche unnötigen Ausgaben, die, ohne das Wohnungswesen an sich zu verbessern, nur verteuernd wirken und damit die Zahl der Wohnungen unverantwortlich einschränken, vermieden werden. In erster Linie musste daher auf den Bau an vorhandenen, zu Friedenszeiten ausgeführten Straßen gedrungen werden. Ferner konnte nicht durchweg das freistehend hinsichtlich Herstellung, Beheizung und Unterhaltung teuere Haus durchgeführt werden, sondern es musste das Doppel- und Reihen-Einfamilienhaus in weitem Maße herangezogen werden. Das konnte um so eher geschehen, als ausschlaggebend für eine gesunde Bauweise lediglich die Größe des zugehörigen Gartenlandes ist. Hierin aber konnte bei den geringen Grundstückskosten gegenüber den hohen Baukosten den Wünschen der Antragsteller in weitem Maße entsprochen werden. Nur in wenigen Fällen musste allerdings vor übertriebenen Forderungen auch in dieser Hinsicht gewarnt werden, da es nicht verantwortet werden kann, gute Bodenflächen der landwirtschaftlichen Nutzung zu entziehen, wenn ihre Verwendung als Gartenland nicht unbedingt gesichert ist. Nach den anfänglichen Schwierigkeiten gerade auf dem Gebiet der Bergmannswohnungen, die, wie gesagt, zum nicht unerheblichen Teil durch die Organisation bedingt sind, ist sowohl im Benehmen mit dem Verbandspräsidenten wie mit der Treuhandstelle und deren örtlichen Bezirksgesellschaften ein einwandfreies Zusammenarbeiten erreicht worden. Die sämtlichen Baustellen im Verbandsgebiet sind im Benehmen mit Vertretern der Treuhandstelle und des Verbandspräsidenten örtlich besichtigt. Dabei wurden etwa 181 Bauplätze mit 4.290 Wohnungen geprüft, von denen wegen siedlungstechnischen Bedenken etwa 33 mit 573 Wohnungen abgelehnt oder verlegt werden mussten. Im Ganzen haben gerade diese Ortsbesichtigungen sich als ein sehr günstiges Mittel gezeigt, mit den sämtlichen örtlichen Stellen schnell und reibungslos zusammen zu arbeiten. Allerdings zeigt sich an vielen Stellen noch ein nicht unerheblicher Mangel an Verständnis für die heutige wirtschaftliche Lage. Gerade bei diesem Punkt muss aber scharf betont werden, dass die Aufgabe des Siedlungsverbands sich lediglich auf die siedlungstechnische Güte der Bauvorhaben, auf die einwandfreie Lage zu den vorhandenen Ortschaften und Zechen, auf verkehrstechnische Fragen bezieht, dass aber der Bau der Bergmannswohnungen selbst nicht Sache des Verbands ist, sondern allein Sache der mit der Verwaltung der Reichsmittel betrauten Treuhandstelle.

4. Die Zentrumsfraktion der Stadt Gladbeck zieht frühzeitig eine negative Bilanz der Eingemeindungsdiskussion nach dem Ersten Weltkrieg (1922).

Grundgedanken zu den Eingemeindungsplänen im Rheinisch-Westfälischen Steinkohlengebiet, hg. von der Zentrumsfraktion der Stadtverordnetenversammlung Gladbeck i. Westf., vom 12.4.1922. Stadtarchiv Herne V/3080, Bl. 351. (Auszug)

Im gesamten R[heinisch-] W[estfälischen] Steinkohlengebiet wird heute über Zusammenschluss von Gemeinden zu größeren, kraftvolleren Gemeinwesen verhandelt. Großstädte streben nach Eingliederung benachbarter Industrieorte, Mittelstädte eifern demgegenüber, durch den Anschluss anliegender Gebietsteile zu leistungsfähigen kommunalpolitischen Gemeinden emporzuwachsen; Landkreise und kleinere Gemeinden suchen die Gefahr des Verlusts ihres Selbstbestands zu beschwören oder haben sich bereits mit ihrer Aufteilung und Einverleibung in größeren Gemeinden abgefunden. Ihren Ausgang nehmen diese Pläne von einzelnen örtlichen Ausdehnungsbestrebungen. Seit dem Vorjahr aber einigten sich etliche der größten Städte durch Ausgleich ihrer Ansprüche zu gemeinsamem Vorgehen; einige Mittelstädte suchten ihre Interessen gleicherweise durch Ringbildung zu stärken, und Gruppen von Kleingemeinden erhoben sich zu gemeinsamer Verteidigung ihrer besonderen Belange. Eine Reihe von Großstädten wie Mittelstädten stellten ihre Wünsche in Form von Richtlinien zusammen und suchten die Vertreter der Regierung auf ihre Auffassung festzulegen. Die beteiligten Landkreise endlich haben im Verband preußischer Landkreise mit dem Gemeindeausschuss des Landtags verhandelt und sich dort an der Aufstellung allgemeiner grundsätzlicher Forderungen für Eingemeindungsverhandlungen beteiligt. Das Gesamtbild der Zusammenlegungsströmungen im R[heinisch-] W[estfälischen] Kohlengebiet bildet heute ein unübersichtliches Gemenge von örtlichen Ausdehnungs- und Selbstbehauptungsbestrebungen sowie von Gegensätzlichkeiten verschiedenartigster Interessengruppen. Zwar streben sowohl die Staatsregierung wie auch der seit einiger Zeit gutachtlich tätige Siedlungsverband für den Ruhrkohlenbezirk nach Scheidung, Klärung und Bindung der widerstrebenden Belange. Was aber bisher fehlt, ist ein einheitlicher Versuch einer Erörterung der Gesamtlage auf Grund der Besonderheiten des R[heinisch-]W[estfälischen] Steinkohlengebiets und der Entwurf zu Grundlinien für einen Gesamtplan der kommunalpolitischen Neuordnung dieses wirtschaftlich bedeutungsvollsten Teils unseres Vaterlands. [...]

In der Tat ist es bisher trotz aller bisherigen Versuche zu sachlicher Betrachtung wesentlich bei Teilplänen, Gruppenforderungen und Gruppeneinsprüchen geblieben. Örtlich aber mischt sich vielfach darein ein gut Teil von überstiegenem oder üppig schwellendem Lokalpatriotismus, au[ch] Standes- und Parteiwesen und gar persönliche Interessen blieben mancherorts nicht ganz fern. Wenn wir aber hier im Zentrum deutscher Aufbaukräfte noch weiter einseitig Kirchturmspolitik nach Väterweise treiben oder doch, wenn den Bezirks- und Gruppenforderungen nicht der Gemeinschaftsgedanke, den Gliederwünschen nicht das Recht des ganzen Einheitskörpers sieghaft vorangestellt wird, dann wird eine Zersetzung des Industriegebiets in übermächtige Zentren und zukunftsarme Überbleibsel oder ein ständig revisionsbedürftiges Flickwerk die Folge sein, und das zum entsetzlichen Schaden unseres ganzen Volks. In unserem Gebiet handelt es sich nicht bloß um die Belange *einer* deutschen Großstadt, und sei es auch ein mächtiges Handelszentrum, etwa von der überragenden Allgemeinbedeutung von Hamburg oder Köln, sondern um *das* Wirtschaftsgebiet, mit dessen Gedeihen und Verkümmern das Wohl und Wehe unserer gesamten Volkszukunft in ganz eigenartiger Weise verknüpft ist. Und mag man auch anderwärts in deutschen Landen Kleinstadtzänkereien als gutes Herkommen betrachten oder behaglich poetisch erklären, hier muss selbst die Lokalpresse in Zukunft auf die im Brustton des Kirchturmruhms vorgetragenen Oberflächlichkeiten, Eifersüchteleien und Schlagwortsensationen verzichten lernen. Ja, mehr als das. Wir müssen auch über den bloßen diplomatischen Ausgleich streitender Parteien hinaus zu den Grundgedanken einer Gesamtneuordnung vordringen, damit nicht hundert Fetzenpläne, sondern *ein* Plan entsteht.

5. Eine »unfertige Stadt«: Gelsenkirchen 1924
Carl von Wedelstaedt,[4] Einleitung zur »Sondernummer Gelsenkirchen«, in: Zeitschrift für Kommunalwirtschaft 14 (1924), Nr. 23 vom 10.12.1924, S. 1225–1227. (Auszug)

Wer Gelsenkirchen bei flüchtigem Besuch mit kritischen Augen gemustert hat und nun zu schildern versucht, wird hierzu der Regel nach nicht gerade besonders schmückende Worte verwenden. Er wird wahrscheinlich die Stadt im Ganzen als unschön, die Zahl ansehnlicher öffentlicher und privater Gebäude als gering bezeichnen, und wenn er Größe und Anlage der öffentlichen Gärten lobend hervorhebt, so wird er das vermutlich durch die fatale Betrachtung ergänzen,

---

4 Carl von Wedelstaedt (1864–1959) war von 1919 bis 1928 Oberbürgermeister der Stadt Gelsenkirchen.

dass diese Gärten leider das Fehlen einer schönen und wenigstens freundlichen natürlichen Landschaft in der Umgebung der Stadt nicht ersetzen können, dass durch sie oder an ihr vorbei kein Fluss strömt, ja dass nicht einmal Bäche mit klarem Wasser zu finden sind. Großartig und bewundernswert wird auch der Kritiker die Gelsenkirchener Industrie finden. Er wird kaum vergessen, hervorzuheben, dass Gelsenkirchen als Bergwerks-Stadt in Europa nicht seinesgleichen hat, er wird wohl auch viele von der Industrie und neuerdings von der Stadt hergestellte Siedlungen als erfreuliche Erscheinungen anerkennen, wird aber auch kaum verschweigen, dass das Vorhandensein und der Betrieb der gewaltigen industriellen Anlagen das Wohnen in der Nähe unbehaglich macht. Im Ganzen wird er vielleicht sein Urteil in die lapidaren Worte zusammenfassen: Arbeiterstadt – oder etwas schöner: Stadt intensivster Arbeit, traditionslos, daher ohne Zeichen aller Kultur, aber auch arm an neueren Kulturwerken, Natur ganz abwesend.

Dass solche Charakteristik vollständig falsch wäre, kann leider nicht behauptet werden. Aber sie ist unvollständig, denn sie berücksichtigt nur den ersten Anschein, dringt nicht in die Tiefe. Ihr fehlt gerade die Berücksichtigung dessen, was die Stadt – vor allem vom Standpunkt des Kommunalpolitikers – am stärksten kennzeichnet: ihre sehr eigenartige Entwicklung, die sich für den Kenner auf Schritt und Tritt spüren lässt, ihr schnelles, noch immer fortschreitendes Werden und Wachsen nach außen und nach innen, das ihre Gestalt von Jahr zu Jahr ändert. Und diese Änderung ist unausgesetztes Besserwerden.

Gelsenkirchen ist eine unfertige Stadt. Nicht deshalb, weil sie äußerlich noch immer weiter wächst – soeben hat sie durch Einverleibung der Gemeinde Rotthausen rund 27.000 Einwohner und 568 ha gewonnen –, sondern weil sie der inneren Ausgestaltung und der Beseitigung überkommener schwerer Schäden bedarf. [...]

Verhängnisvollerweise strebten die meisten Gemeinden hier wie auch anderwärts im Industriegebiet nach möglichst schneller Zunahme an Einwohnerzahl, in hohem Maße angeregt durch die Industrie, die nur für einen Teil ihrer Arbeiter selbst Wohnungen errichtete und im Übrigen auf schnelle Schaffung von privaten Mietwohnungen Wert legte. Nur allzu oft blieben diese Wohnungen Jahre, manchmal Jahrzehnte lang ohne ausreichende Entwässerung, ohne ordnungsgemäße Straßen. Fast planlos wurden Industrieanlagen und Wohnhäuser zugelassen. Dem Grundsatz nach galt jeder Quadratmeter in der Gemeinde als berechtigter Baugrund. An die Schonung der noch vorhandenen Waldstücke, an die Sicherung großer freier Flächen, die hier im Herzen des Industriegebiets viel notwendiger sind als in normalen Städten mit ländlicher Umgebung, dachte niemand. Nur einige öffentliche Gärten und Parkanlagen entstanden schließlich, an sich wertvolle Einrichtungen, aber für die sich immer dichter zusammendrängende Bevölkerung ganz unzureichend. Statt der weiträumigen flachen Bebauung, die auf dem weitaus größten Gebiet des jetzigen Stadtgebiets richtig und natürlich gewesen wäre, wurden überall dreistöckige Bauten mit kleinem Hofraum erlaubt. Ein Unterschied zwischen Wohn- und Verkehrsstraßen wurde nicht gemacht.

6. Frühe Planungen: Autobahnen für das Ruhrgebiet (1925)
»Straßenwesen und Wegebau. Automobilstraßen im Ruhrgebiet«, in: Zeitschrift für Kommunalwirtschaft 15 (1925), Nr. 4 vom 25.2.1925, S. 179.

Große Verkehrsverbesserungen, aus denen der gesamte Ruhrbezirk Nutzen ziehen soll, werden im Laufe der nächsten Zeit in Angriff genommen werden. Es handelt sich um den Bau von drei großen Verkehrsstraßen innerhalb des Industriebezirks. Maßgebend für diesen Plan war zunächst die unhaltbare Überlastung der vorhandenen Straßen durch Automobile, die jeden Tag nur noch stärker wird. Die erste der drei Verkehrsstraßen, deren Breite 30 m betragen wird, soll ihren Anfang in Duisburg nehmen und über Essen, Wattenscheid, Bochum nach Dortmund führen. Die zweite erschließt das Gebiet zwischen Lippe und Emscher und führt von Oberhausen nach Recklinghausen. Die dritte Linie, die notwendigste, bringt die lang ersehnte Nord-Süd-Verbindung. Sie beginnt in Hattingen, läuft über Eppendorf, Westenfeld, Wattenscheid, Gelsenkirchen nach Dorsten. Diese neuen Straßen werden sowohl als Automobilstraßen als auch zur Durchführung elektrischer Schnellbahnlinien mit Doppelgleisen ausgebaut. Die notwendigsten Vorarbeiten sind bereits eingeleitet worden.

7. Zwei Sonette über Umweltschäden: Der Gelsenkirchener Bergarbeitersohn, Lehrer und Dichter Josef Voß über den »Wäldermord« im Ruhrgebiet (1925)
Josef Voß, »Wäldermord«, alle vier Sonette abgedruckt in: H. E. Käufer (Hg.), Josef Voß (1898–1961). Ein Dichter des »Ruhrlandkreises« – Eine Dokumentation, Gelsenkirchen 1986, S. 26–27; Franz-Josef Brüggemeier/Thomas Rommelspacher, Blauer Himmel über der Ruhr. Geschichte der Umwelt im Ruhrgebiet 1840–1990, Essen 1992, Dok. 15, S. 176–177.

1 In allen Winden lauert längst schon Mord,
Der aus den Städten giftig in die Wälder kroch.
Die Buchen schließen die Umarmungen dichter noch
und stehen brüderlich geschart am engen Ort.

2 Mit grauen Wurzeln tausendfingrig greifen
Sie nun der Erde an das braune Herz,
Und ihrer Stämme Riesenleiber schweifen
Voll namenloser Inbrunst himmelwärts.

3 Sie harren, blasse Wintersterne im Geäst,
Voll Bangen unterm dunklen Dach der Nacht,
Ob sie der neue Frühling auferstehen lässt.

4 Und stehen im Tag, von Wolken überflaggt –
Bis aus des Himmels blauem Schoß das Gold
Unzähl'ger Knospen schimmernd auf sie niederrollt.

5   Es steht am Horizont ein Wald aus Stein
Seit vielen Jahren schon. Wenn du ihn siehst,
Wie er im Ring sich um den Himmel schließt,
Dann stürmt auf dich sein Bild gewaltig ein.

6   Er wächst aus Eisentürmen, Schloten steil.
Und springt der Sturm ihn an, er beugt sich nicht.
Er bläst ihm Rauch ins Wolkenangesicht
Und fürchtet weder Feuer, Blitz noch Beil.

7   Er schwingt kein einzig Blatt im Wind und spricht
Dich doch mit dunklen Stimmen mächtig an.
Erschüttert tief verfällst du ihrem Bann.

8   Am Tag schaust du seine Vögel nicht.
Zur Nacht jedoch entschweben sie dem Grund.
Und schwirren leuchtend auf, zahllos und zauberbunt…

8. »Hier ist der Rauch ein Himmel.« Joseph Roths literarischer Blick auf das Revier (1926)

Joseph Roth,[5] Der Rauch verbindet Städte, in: Frankfurter Zeitung vom 18.3.1926, nachfolgend u.a. abgedruckt in: Joseph Roth Werke 2, Das journalistische Werk 1924–1928, hg. und mit einem Nachwort von Klaus Westermann, Köln 1990, S. 547–549. (Auszug)

Hier ist der Rauch ein Himmel. Alle Städte verbindet er. Er wölbt sich in seiner grauen Kuppel über dem Land, das ihn selbst geboren hat und fortwährend neu gebärt. Wind, der ihn zerstreuen könnte, wird vom Rauch erstickt und begraben. Sonne, die ihn durchbohren möchte, wehrt er ab und hüllt sie in dichte Schwaden. Als wäre er nicht erdgezeugt und sein Wesen nicht vergänglich, erhebt er sich, erobert himmlische Regionen, wird konstant, bildet aus Nichts eine Substanz, ballt sich aus Schatten zum Körper und vergrößert unaufhörlich sein spezifisches Gewicht. Aus ungeheuren Schornsteinen zieht er neue Nahrung heran. Sie dampft zu ihm empor. Er ist Opfer, Gott und Priester. Milliarden kleiner Stäubchen atmet er wieder aus, er, ein Atem. Indem man ihn erzeugt, betet man ihn an. Man erzeugt ihn mit einem Fleiß, der mehr ist als Andacht. Man ist von ihm erfüllt.

Erfüllt ist von ihm die ganze große Stadt, die alle Städte des Ruhrgebiets zusammen bilden. Eine unheimliche Stadt aus kleinen und größeren Gruppen, durch Schienen, Drähte, Interessen verbunden und vom Rauch umwölbt, abgeschlossen von dem übrigen Land. Wäre es eine einzige, große, grausame Stadt, sie wäre immer noch phantastisch, aber nicht drohend

---

5   Zum österreichischen Schriftsteller und Journalisten Moses Joseph Roth (1894–1939) vgl. Helmuth Nürnberger, Joseph Roth. In Selbstzeugnissen und Bilddokumenten, 4. Aufl., Reinbek b. Hamburg 1994.

gespenstisch. Eine große Stadt hat Zentren, Straßenzüge, verbunden durch den Sinn einer Anlage, sie hat Geschichte, und ihre nachkontrollierbare Entwicklung ist beruhigend. Sie hat eine Peripherie, eine ganz entschiedene Grenze, sie hört irgendwo auf und läuft in Land über. Hier aber ist ein Dutzend Anfänge, hier ist ein Dutzend Mal Ende. Land will beginnen, armseliges, rauchgeschwängertes Land, aber schon läuft ein Draht herbei und dementiert es. Große Fabrikwürfel aus Ziegelstein rücken unversehens heran, stehen da, fester gegründet als Berge, Hügel, naturnotwendiger als Wälder. Jede kleine Stadt hat ihren Mittelpunkt, ihre Peripherie, ihre Entwicklung. Da sie aber alle vom Rauch zu einer einzigen Stadt vereinigt werden sollen, verliert ihre natürliche Anlage und ihre Geschichte an Glaubwürdigkeit, jedenfalls an Zweckmäßigkeit. Wozu? Wozu? Wozu hier Essen, da Duisburg, Hamborn, Oberhausen, Mülheim, Bottrop, Elberfeld, Barmen? Wozu so viele Namen, so viele Bürgermeister, so viele Magistratsbeamte für eine einzige Stadt? Zum Überfluss läuft noch in der Mitte eine Landesgrenze. Die Bewohner bilden sich ein, rechts Westfalen, links Rheinländer zu sein. Was aber sind sie? Bewohner des Rauchlands, der großen Rauchstadt, Gläubige des Rauchs, Arbeiter des Rauchs, Kinder des Rauchs.

Es ist, als wären die Bewohner der Städte weit zurück hinter der Vernunft und dem Streben der Städte selbst. Die Dinge haben einen besseren Zukunftsinstinkt als die Menschen. Die Menschen fühlen historisch, das heißt rückwärts. Mauern, Straßen, Drähte, Schornsteine fühlen vorwärts. Die Menschen hemmen die Entwicklung. Sie hängen sentimentale Gewichte an die beflügelten Füße der Zeit. Jeder will seinen eigenen Kirchturm. Indessen wachsen die Schornsteine den Kirchtürmen über die Spitze. Verschiedenartige Glockenklänge verschlingt der Rauch. Er hüllt sie in seine düstere Wattesubstanz, dass sie nicht vernehmbar, geschweige denn zu unterscheiden sind. Jede Stadt hat ihr Theater, ihre Andenken, ihr Museum, ihre Geschichte. Aber nichts von diesen Dingen hat erhaltende Resonanz. Denn die Dinge, die historischen (so genannten »kulturellen«), leben vom Echo, das sie nährt. Hier aber ist kein Raum für Echo und Resonanz. Glockenklänge leben vom Widerhall, und alle kämpfen gegeneinander, bis der Rauch kommt und sie erstickt.

9. »Ganz und gar im Aufbau« unter der »Herrschaft der Arbeit«. Hans Spethmann über Ruhrstadt und Ruhrstädter (1926)

Hans Spethmann,[6] Die Ruhrstadt und der Ruhrstädter, in: Die Heimat (Oktober 1926), S. 282–286. (Auszug)

Wenn wir in dieses Ruhrgebiet eintreten, so sehen wir, dass es noch ganz und gar im Aufbau begriffen ist. Überall ist Werden und Wachsen, alles in ihm ist Entwicklung. Nicht einmal seine eigene Begrenzung liegt fest. Sie lässt sich nicht scharf umreißen, weil der Begriff Ruhrgebiet keine gegebene natürliche Landschaft umspannt, sondern eine Industriezone, das *Revier*

---

6 Der Geograf Hans Spethmann (1885–1957) verfasste zahlreiche landeskundliche und bergbaugeschichtliche Untersuchungen zum Ruhrgebiet.

geheißen, die noch nicht das Höchstmaß der Kraftentfaltung gewonnen hat. *Dem Revier verleiht die großgewerbliche Betätigung in Kohle und Eisen das Gepräge der Einheitlichkeit. So weit diese reicht, so weit reichend auch das Ruhrgebiet.* Gegenwärtig deckt es geschlossen die Fläche zwischen Ruhr und Emscher, Rhein und Dortmund. Das ist der Kern, um den sich, mit Ausnahme nach Süden, bereits deutlich eine weitere Zone legt, bis zum linksrheinischen Moers und bis zum Lippetal im Norden und im Osten. Bis dorthin wird sich einmal das Revier der Zukunft ausbreiten, an das sich alsdann ein neuer Streifen jetzt noch vom Ackerbau bestellten Landes anschließen wird, auch er wird umgestaltet. [...]

Das Großgewerbe zog fremde Leute herbei und brachte in kurzer Zeit eine gewaltige Zunahme der Bevölkerung. Mit 1.500 Einwohnern auf dem Quadratkilometer zählt das Ruhrgebiet zu den am dichtesten besiedelten Flächen Europas. Nirgends auf der Welt gibt es auf so engem Raum so viele Großstädte wie hier. Nicht weniger denn ihrer neun mit zwei Millionen Einwohnern stoßen beinahe aufeinander, und eine stattliche Zahl mittlerer und kleinerer Gemeinden sowie isolierter Zechenkolonien decken das restliche Land.

Die führenden Plätze sind im äußeren Gepräge zum Teil noch recht jung, und wenn wir von jenen älteren absehen, die, wie Dortmund, einen mittelalterlichen Stadtkern aufweisen, so haftet ihnen allen noch ein Zug des Unfertigen an. Buer und Hamborn sind nichts anderes als eine Gruppe einzelner Siedlungen ohne ausgesprochen geschäftlichen und kulturellen Mittelpunkt, ebenso ist Gelsenkirchen eine Ansammlung einzelner Gemeinden. In dem kleineren Herne steht das Rathaus auf grüner Flur, und Wanne ist eigentlich nur eine bebaute Straße. Noch liegen überall große Arbeiterkolonien abseits und stellen Siedlungen für sich dar, der Schacht ist ihr Ansatzpunkt und ihr Lebenselement.

Aber diese Stadien werden rasch durchlaufen werden, wie es weiter südlich schon geschehen ist. Die Zechen von Essen, die auch einmal draußen in den Feldern standen, erheben sich jetzt im Weichbild des Ortes, ebenso werden die Hütten von Dortmund schon ganz von der Stadt umschlungen, während sie einst weit vor den Toren arbeiteten. An zahlreichen Stellen fangen die Lücken zwischen den Niederlassungen an, sich zu schließen. Von Dortmund bis Duisburg wird alles bebaut, die gigantische Stadt an Ruhr und Rhein tritt alsdann ins Leben. Gegenwärtig ist es noch die werdende *Ruhrstadt*, wie wir sie nennen wollen. [...]

Wir dürfen uns diese werdende Ruhrstadt in der Zukunft nicht vorstellen wie ein restlos bebautes Berlin. Es wird gerade ihr besonderes Gepräge sein, dass in ihr größere Flächen immer frei dastehen, sei es für spätere Anlagen von Fabriken und Häfen, sei es, dass sie in Form von Grünflächen dem Wohl der Bevölkerung dienen sollen. Das zwischen ihnen gelegene Areal wird stärker bebaut werden als gegenwärtig, es wird eine Zeit kommen, in der es an Bauland mangelt. Aber auch im äußeren Aussehen wird die Ruhrstadt von Berlin abweichen. Hohe Mietskasernen werden hier nicht entstehen, die durch den Bergbau bedingte Unruhe des Bodens wird Hochbauten aller Art vom Revier fern halten, das flache Siedlungshaus wird nach wie vor in ihm überwiegen.

Ein Siedlungsverband versucht, der Ruhrstadt einheitliche Leitlinien zu geben, und die größeren Städteverwaltungen streben danach, in der Bewegung des Zusammenschlusses möglichst viel für sich zu erhaschen. Noch sind jedoch manche Fragen der Eingemeindung unreif, noch fehlt auch in der Bevölkerung und ihrer Leitung vielfach der Sinn für das Gemeinsame, die Menschen fühlen sich noch nicht als Teile der kommenden Stadt. Sonderwünsche werden gar zu gern dem Ganzen übergeordnet, durch Quertreibereien und Kurzsichtigkeit werden Fehler begangen, die später oft schwer wiedergutzumachen sind. Ein typischer Beleg dafür sind die jeweiligen Verhandlungen über die Führung der Fernzüge durch das Revier. Mit oft recht fadenscheinigen Gründen bekämpfen sich dann die Städte, jede will den Zug für sich haben, anstatt um das größere Ziel zu ringen: die Erreichung möglichst günstiger und zahlreicher Verbindungen vom Revier nach Ost und West, Nord und Süd. Wenn auf dieses Ziel ebensoviel Energie verwendet würde wie auf die Frage, ob ein Zug über Essen oder Gelsenkirchen laufen muss, stände es besser um die Verkehrsbeziehungen des Industriegebiets! […]

Vieles ist freilich in ihm in dieser Richtung noch zu lösen. Wir greifen als Beispiel den Innenverkehr heraus. […]

Die Ausgestaltung des Innenverkehrs wird den Vorgang der Verschmelzung der Bevölkerung beschleunigen. Gegenwärtig gibt ihr noch die Verschiedenheit das Gepräge. Westfalen und Rheinländer geben den Kern ab. Als sie nicht mehr genügend Arbeiter zu stellen vermochten, kamen aus der Nachbarschaft und dann aus Hessen weitere hinzu. Seit den siebziger Jahren setzt dann die große Zuwanderung aus dem Osten ein, gutes deutsches Blut aus Mitteldeutschland, Schlesien und Ostpreußen, aber auch slawisches aus Polen. All diese Menschen suchten an der Ruhr ihr täglich Brot. »Im Westen ist gut verdienen«, heißt es im Osten. Noch stehen wir mitten in dieser großen Bewegung des Zuströmens landfremder Elemente. Wenn sie auch jüngst etwas stockte, sie setzt mit der Besserung der Wirtschaftslage sofort mit erneuter Stärke ein. Die große Industrie der Ruhr braucht viele Kräfte.

Diese verschiedenartigen Menschen bilden glücklicherweise nicht solch ein Sammelsurium wie Groß-Berlin. Sie gleichen sich im Laufe der Zeit einander an, denn sie stehen sämtlich unter einer Herrschaft: Es ist die Herrschaft der Arbeit, die von allen harten Frondienst fordert. Die Arbeit bringt ein stummes Gefühl der Gemeinsamkeit, die Arbeit drückt ihnen allen innerlich einen einheitlichen Stempel auf. Deshalb hat sich auch der Bodenständige gewandelt. Der Westfale der Ruhrstadt ist ja gar nicht mehr der Westfale der Soester Börde oder des Münsterlandes, von der Bielefelder Ecke ganz zu schweigen, und der Rheinländer von Essen und Mülheim ist doch nicht mehr der Rheinländer des Niederrheins! An ihnen vollzieht sich bereits der Vorgang der Umbildung. Etwas Neues ist im Heranwachsen, in zwei bis drei Generationen reift der Ruhrstädter heran. Er wird sich dann rühmen, dass die Wiege seiner Großeltern im Revier stand, die ganze Bevölkerung fühlt dann, dass Ruhrstadt ein Individuum ist. Es wickeln sich die gleichen Erscheinungen ab, die Berlin und die Brandenburger bereits hinter sich haben. […]

Zum Dank sollte das Reich dem Ruhrgebiet die Einheit schenken. All die vielen Aufgaben der Zukunft leiden, weil mitten durch das Revier hindurch die Provinzgrenze läuft. Der Westen zählt zum Rheinland, der Osten gehört Westfalen. Drei Regierungsbezirke teilen sich die Verwaltung. Wer zum Oberpräsidenten will, muss von Essen nach Koblenz fahren, von Bochum nach Münster. Das sind auf die Dauer unhaltbare Zustände! Es ist, als ob mitten durch Groß-

Berlin eine Grenze derart zöge, dass die Gegend östlich vom Dom von Küstrin und westlich vom Dom von Stendal regiert würde. Das Ruhrrevier ist ein einheitlicher Organismus, nicht nur industriell, sondern auch in den Lebensbedingungen der Bevölkerung. Er ist auch so groß und mächtig, dass er einen eigenen Verwaltungskörper darstellen kann. Es tut deshalb Not, ihn in einen solchen überzuführen, ohne dabei aber zu übersehen, dass er mit einem Umland verbunden sein muss, das andere Lebensbedingungen aufweist. […]

Ihm freilich fehlt noch der Rang eines ausgesprochen geistigen Sammelpunkts, der zu solch einer Stellung nun einmal gehört und der die kulturellen und wissenschaftlichen Bestrebungen in überragender Weise in sich vereint und führend in ihnen vorangeht. Es mangelt auf diesem Gebiet im Revier nicht an einzelnen vortrefflichen Einrichtungen, deren Bedeutung weit in die Lande hinausgeht, es sei auf dem Feld der Forschung nur an das Kohleninstitut in Mülheim erinnert, an die Bergschule in Bochum, an das Oberbergamt in Dortmund oder an den Bergbauverein in Essen, der in seiner Bibliothek einen einzigartigen Schatz zur Kunde der Ruhr birgt, aber noch fehlt zwischen all diesen Instituten der gemeinsame Zug der Arbeitsteilung und namentlich der Verbreitung der gewonnenen Kenntnisse. So wie sich Hamburg sein Kolonialinstitut schuf, das in seiner Eigenart nur dort an der Wasserkante leben kann und Weltruf genießt, so fehlt an der Ruhr jene Zentrale, die ihre Wirtschaft auf wissenschaftlicher Grundlage in weitem Rahmen pflegt und die gewonnenen Kenntnisse der breiten Öffentlichkeit vermittelt. Wer gegenwärtig derlei sucht, muss nach den Universitäten Münster und Köln reisen und findet dort gerade auf diesem Gebiet nicht allzu viel. Die Kunde von der Ruhr muss im Revier selber eine Stätte der Forschung und Lehre besitzen, sie würde das Ohr nicht nur der Wissenschaft, sondern auch der Wirtschaft der Welt finden.

10. Amtsärztlicher Bericht über Gesundheitsschäden an Schulkindern infolge von Rauchemissionen: Herne-Sodingen 1927

Der Kreisarzt des Landkreises Dortmund, Dr. Wollenweber, an den Arnsberger Regierungspräsidenten betr. Gesundheitsschädigung durch die Feuerungsanlagen der Zeche Mont-Cenis in Sodingen vom 3.11.1927. Stadtarchiv Herne VII/247a, Bl. 1.[7]

Auf Antrag des Herrn Amtmanns in Sodingen habe ich heute an Ort und Stelle folgende schweren Schädigungen eines Teils der Bewohner von Börnig-Sodingen, insbesondere der Schulkinder der Peter-und-Paul-Schule, festgestellt:

Die Zeche Mont Cenis hat eine große neue Feuerungs- und Heizkesselanlage errichtet, die sie nach Mitteilung durch Kohlenstaub beheizt. Die Anlage hat vier Kamine, von denen heute zwei in Betrieb waren. Dieselben entwickeln ungeheure Mengen eines feinen grauen Staubs, der sich unter der vorherrschenden Windrichtung niederschlägt in die Häuser, besonders auch in die Peter-Paul-Schule eindringt, Augenentzündungen und Entzündungen der oberen Luft-

---

7 Der weitere Vorgang ist dokumentiert bei Franz-Josef Brüggemeier/Thomas Rommelspacher, Blauer Himmel über der Ruhr. Geschichte der Umwelt im Ruhrgebiet 1840–1990, Essen 1992, S. 180–188 (Dok. I-VIII).

wege hervorruft und eine erhebliche unmittelbare Gesundheitsschädigung bewirkt. Ich selbst, ebenso wie die Teilnehmer an der Besichtigung, empfanden sofort im Bereich des Rauchs bzw. Staubs einen unangenehmen Reiz der Augen und der oberen Luftwege. In der Peter-Paul-Schule lagert sich der Staub selbst bei geschlossenen Fenstern überall ab. Eine anwesende Lehrerin bestätigte die Reizerscheinungen [bei den] Schulkindern. Die Fenster können überhaupt nicht geöffnet werden und sind durch die Ablagerungen beschlagen. Der in der Schule wohnende Hausdiener erklärte, mit seiner Familie durch die Schädigungen unangenehm betroffen zu sein. In einer daneben liegenden Gastwirtschaft lag der Staub trotz geschlossener Fenster dick auf. Der Gastwirt erklärte, unter dem Schaden des Rauchs unter Reizhusten zu leiden. Ein hinzukommender Herr erklärte, dass er seine Frau deshalb habe in ärztliche Behandlung geben müssen.

Der Amtmann erklärte, dass sich der geschädigten Bevölkerung eine große Erregung bemächtige.

Die Schädigung ist für jedermann offen erkennbar, die benachbarten Häuser sind wie von einem Mehlstaub überzogen, die Bäume wie von Raureif bedeckt. Auch das unter dem vorherrschenden Wind liegende Krankenhaus wird benachteiligt.

Da es sich um eine zweifellos erhebliche Schädigung durch Gase und Staub handelt – in einem Umfang, wie ich ihn niemals auch nur annähernd im Industriebezirk gesehen habe –, so bitte ich durch sofortige Maßnahmen den Missstand beseitigen lassen zu wollen, da er für die Betroffenen unerträglich ist.

Ich habe dem Herrn Amtmann auf seine Anfrage für notwendig erklärt, dass die Peter-Paul-Schule im Benehmen mit den Schulbehörden sofort geschlossen wird, da man den Schulkindern eine solche Gesundheitsschädigung nicht länger zumuten kann.

11. »Hausrecht« und »Faustrecht«. Theaterkritik in Bochum 1928
Hermann Dannenberger (alias Erik Reger), Der Fall Saladin Schmitt, in: Westdeutscher Scheinwerfer, Nr. 26 vom 21.7.1928.[8] Institut für Zeitungsforschung Dortmund. (Auszug)

II. Was ein Kritiker erleben kann.

Die Leser des Westdeutschen Scheinwerfers entsinnen sich der in der vorigen Nummer veröffentlichten Kritik an der *Spielplangestaltung der Vereinigten Stadttheater Bochum-Duisburg*.

Die Kritik überschritt in keiner Zeile, mit keinem Wort den Rahmen dessen, wozu eine *produktive Theaterkritik* nicht nur berechtigt, sondern *verpflichtet* ist. Am Sonntag Nachmittag, drei Stunden vor Beginn der »Faust«-Uraufführung im Bochumer Stadttheater, teilte mir der

---

8 Für den Hinweis auf diese Quelle danken wir Herrn PD Dr. Karl Lauschke, Dortmund. Zum Hausverbot für Reger vgl. ausführlich Karl Lauschke, Warum Erik Reger am Bochumer Stadttheater Hausverbot erhielt, in: Peter Friedemann/Gustav Seebold (Hg.), Struktureller Wandel und kulturelles Leben. Politische Kultur in Bochum 1860–1990, Essen 1992, S. 284–299. Zur Vita Erik Regers vgl. Dok. 12, Anm. 34 in Kap. X.

Verwaltungsvorstand dieser Bühne *im Auftrag des Intendanten Dr. Saladin Schmitt*, der sich seinerseits wiederum *hinter [den] Stadtverwaltungen verschanzte, telefonisch* mit, dass ich keine Karten mehr für die Aufführungen der Stadttheater in Bochum und Duisburg erhalten würde, weil ich »gegen diese Theater« schriebe. Ich erklärte, dass ich also auf Pressekarten verzichte und *wie jeder andere Besucher meine Eintrittskarten bezahlen würde*. Darauf kam die verblüffende Antwort, dass die Stadtverwaltung Anweisung gegeben habe, den *Verkauf von Karten an mich zu verhindern*.

Diese *Verweigerung von Eintrittskarten durch ein Institut, dass sich alljährlich für einen Millionenzuschuss aus öffentlichen Mitteln verantworten muss*, erschien mir geradezu grotesk. Da ich der Ansicht bin, dass ein Theater *nicht* die Instanz ist, die über die Berechtigung oder Nichtberechtigung einer Kritik zu entscheiden hat, ließ ich mir von anderer Seite eine Eintrittskarte – zugleich auch für die Uraufführung des zweiten Teils am Mittwoch – besorgen. Mit dieser betrat ich ungehindert das Theater. Nachdem die Aufführung *in fünf Stunden ungefähr bis zur Hälfte des Stücks* gediehen war, bat mich der Verwaltungsvorstand im Wandelgang um eine Unterredung, die ich, *ohne dazu im Geringsten verpflichtet zu sein*, gewährte. Unterdessen patrouillierte der Intendant Schmitt ganz gegen seine Gewohnheit, allerdings halb hinter Säulen versteckt, im Wandelgang auf und ab, um sich für den geeigneten Moment zur Verfügung zu halten. Der Verwaltungsvorstand forderte mich im Namen der Stadtverwaltung auf, *das Theater zu verlassen*.

Ich weigerte mich und *verbat mir diese Beleidigung eines zahlenden Theaterbesuchers*. Hierauf wurde ein *Polizeioffizier* herangeholt, den man *bereits in Reserve* gehalten hatte. Ich ersuchte ihn meinerseits um Schutz gegen die *unerhörte Vergewaltigung eines friedlichen Theaterbesuchers*.

Er bedauerte, nichts unternehmen zu können, da die Intendanz das *Hausrecht* ausübe. *In diesem Augenblick trat Herr Saladin Schmitt aus dem Hinterhalt hervor* und gab lächelnd die Erklärung ab, »unsere« Stadtverwaltungen hätten beschlossen, mir den Zutritt zum Theater zu verwehren. Ich ersparte dem Polizeioffizier, der sich durchaus korrekt und höflich benahm, die Mühe, seine Beamten zu Hilfe zu rufen und verließ nunmehr das Theater. Die ganze Szene war *von Herrn Stadtrat Stumpf aus der Tür der Bühnenloge überwacht* worden.

Am Mittwoch Abend betrat ich wiederum mit meiner *rechtmäßig erworbenen Eintrittskarte* das Bochumer Theater. Am Eingang tauchten plötzlich *zwei berühmte Essener Kunstredakteure* auf, von denen der eine zum anderen bemerkte: »*Er ist ja doch wieder da!*«

Ich tauschte aus vielleicht übertriebener Rücksicht auf das Bochumer Theater, um ihm für den Fall einer abermaligen Ausweisung unliebsames Aufsehen zu ersparen, meinen Platz im Sperrsitz mit einem solchen im II. Rang. Unterdessen hatten wohl die Kunstredakteure die Theaterleitung von meiner gefährlichen Anwesenheit verständigt. Kurz vor Beginn der Vorstellung erschien der Verwaltungsvorstand, worauf sich folgende Szene entspann.

Er: Dürfte ich Sie einen Augenblick sprechen?
Ich: Bitte sehr.
Er (nach einer Pause): Dürfte ich Sie vielleicht *draußen* sprechen?

Ich: Das erscheint mir unnötig.

Er (geht hinaus und bespricht sich mit dem bereit gehaltenen Polizeioffizier).

Er (kommt zurück): Ich muss Sie auffordern, das Theater zu verlassen.

Ich: Das haben Sie mir am Sonntag schon einmal gesagt. Ich erkläre Ihnen, dass ich als zahlender Besucher hier sitze, niemanden störe und also bleiben werde.

Er: Dann muss ich die Polizei herbeiholen.

Ich: Bitte.

Der Polizeioffizier (nach beiderseitiger Vorstellung): Sie müssen das Theater verlassen.

Ich: Ich bitte als Bürger der Republik um die Gründe.

Der Polizeioffizier: Vielleicht ist es besser, wenn wir uns draußen erklären.

Da ich kein Interesse daran hatte, dass beim Publikum die Meinung entstünde, es handle sich um die Abführung eines Schwerverbrechers, sprach ich im Hinausgehen zwei aufklärende Sätze. Im Flur entspann sich dann eine in sehr höflichen Formen verlaufende Diskussion über die *Rechte eines Bürgers der deutschen Republik*.

Um dem Polizeioffizier, der durchaus in die ganze Angelegenheit eingeweiht war und mir empfahl, den Schutz der Gerichte anzurufen, keine Unannehmlichkeiten zu machen, verließ ich darauf ruhig das Theater.

III. Sachliche Feststellung.

Die städtischen Theater sind *gemeinnützige Anstalten* und gegen Hinterlegung des Eintrittspreises *jedermann zugänglich*. Eine Ausübung des Hausrechts ist nur dann statthaft, wenn der Besucher im Theater Ruhestörungen verursacht. Außerhalb des Theaters hat jedermann nach der deutschen Reichsverfassung das *Recht der freien Meinungsäußerung.*

Aber der Fall liegt noch viel ernster. Nicht nur, dass die Stadt Bochum *aus dem Hausrecht ein Faustrecht* gemacht hat, sie hat einen *Angriff auf die Freiheit der Kritik und damit auf die Freiheit der Presse* unternommen, der bisher in Deutschland beispiellos ist und der, wenn er ungesühnt bliebe, zu *mittelalterlichen Zuständen geistiger Knechtung* führen würde. [...]

Saladin Schmitt war einmal die große Hoffnung für das Theater des Ruhrgebiets. Er war beweglich, voll Initiative, voll reformerischer Ideen. Er machte Klassiker lebendig, er arbeitete an der schauspielerischen Durchbildung der Opernszene. Ich habe das oft und oft ausgesprochen, und ich besitze einen *Brief von Saladin Schmitt, worin er gesteht, dass es ihm schwer falle zu sagen, wie dankbar er mir sei.* Ein andermal schreibt derselbe Saladin Schmitt:

»Ich meinerseits kann nur nochmals gerade einer Kritik wie der Ihrigen mein Gefühl der Verpflichtung ausdrücken... Dies ist ganz aus dem Geist überschauender kritischer Würdigung geschrieben, der uns im Ruhrgebiet so Not tut«.

Dabei habe ich von Anfang an auf die Gefahren hingewiesen, die dem Regisseur Schmitt von seiner *Neigung zu dekorativem Überschwang* drohen. Damals waren diese Gefahren nur an kleinen Anzeichen zu erkennen. Damals hatte Schmitt noch nicht den Ehrgeiz, Ehrenmitglied philologischer Vereinigungen zu werden. Die schrankenlose Hinwendung zu pompöser

Artistik setzte im Herbst 1925 mit Hoffmannsthals »Großem Welttheater« ein. Ich lehnte diese Aufführung ab – worauf Schmitt mir schrieb, Hoffmannsthal selbst habe die Inszenierung sehr gefallen (was kein Einwand ist). Zugleich begann die Erstarrung des Spielplans. Es war Pflicht des Kritikers, immer deutlicher und schärfer zu sagen, wohin dieser Weg führen muss. Die Schauspieler selbst kamen nicht mehr vorwärts. Die Einheit des Ensembles, die bis dahin vorbildlich gewesen war, wurde bedroht.

Kennzeichnend für die Situation sind Briefe, die prominente Mitglieder der Bochumer Bühne noch in den letzten Monaten an mich geschrieben haben und die sich in aller Schärfe gegen die Spielplanpolitik des Intendanten wenden. Ich behalte mir vor, diese Briefe zu gegebener Zeit zu veröffentlichen. [...]

Hermann Dannenberger
(Erik Reger).

12. Hernes Oberbürgermeister Täger zur langwierigen Eingemeindungsdiskussion (1928)

Denkschrift des Herner Oberbürgermeisters Täger[9] an den Regierungspräsidenten in Arnsberg vom 31.7.1928. Stadtarchiv Herne V/3097, Bl. 267–269.

Eine endgültige Lösung der Frage der kommunalen Grenzziehung im Industriegebiet soll gefunden werden. Eine Lösung, die auf Jahrzehnte den betroffenen Gebieten Ruhe gönnt und sie aus dem unerquicklichen Eingemeindungskampf mit allen seinen wenig erfreulichen Nebenerscheinungen loslöst und ihnen die Möglichkeit einer für Jahre oder Jahrzehnte vorgesehenen ruhigen organischen Entwicklung gibt. Die Kommunen, die in den letzten Jahren den Eingemeindungs[k]ampf mitgemacht haben, werden der Staatsregierung aufrichtig dankbar sein, wenn sie endlich diese Lösung finden würde. Denn in dem dauernden Kampf, in manchen Kommunen in hässlichster Form gegen die Nachbargemeinden, leiden alle kommunalen Aufgaben schwer. Ja, es ist teilweise den Kommunen überhaupt unmöglich, Beschlüsse für eine weitgehende kommunale Politik zu fassen, denn sie wissen nicht, ob sie morgen noch als selbständige Kommune da sein werden, ob sie selbst verschluckt sein werden in irgend ein größeres kommunales Gebilde oder selbst in vergrößerter Form aus dem Kampf mit völlig unberechenbaren Folgen herausgehen werden. Von vornherein ist zu sagen, dass die bisherige Form der Behandlung der Eingemeindungsfrage eine Lösung nach dieser Richtung hin nicht ermöglichen durfte. Wenn wegen kleiner untergeordneter Fragen die leitenden Beamten der Städte und ihre sie unterstützenden politischen Vertreter der Stadtgemeinde wochen- und monatelange Arbeit daran setzen, um irgendeinen kleinen Prestigeerfolg zu erreichen, so ist das keine großzügige Arbeit und des Kraftaufwands nicht wert. Das Problem muss von einem ganz anderen Gesichtspunkt aus angefasst werden. Unter vollem Einsatz der Staatsautorität müssen Prestigefragen einzelner Personen und einzelner Kommunen zurückgeschoben werden

---

9 Curt Heinrich Täger (1879–1946) war 1925–1933 Oberbürgermeister von Herne.

hinter der Frage, *in welcher Form kann in diesem oder jenem Gebiet bei heutigem Stand der Entwicklung die Erfüllung kommunaler Aufgaben zum Wohl der darin angesiedelten Bevölkerung sichergestellt werden.* Hier [müssen] Freundschaft und Parteizugehörigkeit aufhören. Hier müssen Formen und Wege gefunden werden, die nach dem Stand der heutigen kommunalpolitischen Erfahrung und der Verwaltungswissenschaft die nach menschlichem Ermessen denkbar beste Lösung bieten. [...]

Diese eine Frage ruft sofort die weitere Frage auf, welche Formen kommunaler Gestaltungen die richtigen sind. Wir lösen in Deutschland die kommunalen Aufgaben nach vielen verschiedenen Verwaltungssystemen. Teils als Landgemeinde verschiedenster Ausmaße, teils als Kreis, teils als Stadt (kleine Landstadt, Mittelstadt ländlichen Charakters, Mittelstadt industriellen Charakters, größere Stadt, Großstadt und sehr große Stadt). In allen Formen glauben wir die Aufgaben je nach dem örtlichen Bedürfnis lösen zu können. Bei dem starken Überwiegen großer wichtiger industrieller Unternehmungen muss im Industriegebiet der Charakter der Industriestadt die Grundlage bilden. Bei der mit der Industrie des Industriegebiets notwendigerweise verbundenen Menschenansammlung (Kohle- und Eisenindustrie) werden die Städte auch ein gewisses Ausmaß durch die Menge der in ihnen vereinigten Bevölkerung haben müssen. Aber je nach dem Status der Entwicklung wird bald die größere, bald die kleinere Form der Stadt, vielleicht auch der Industriekreis das Richtige sein. Die Zusammenballung braucht aber nicht immer im Rahmen einer heutigen Stadt zu erfolgen. Geht sie ohne erkennbare Grenze und ohne, dass eine ausgesprochene Verschiedenheit durch andere Momente gegeben ist, in einander über, liegt also bereits eine ausgesprochene Siedlungseinheit vor, so werden in vielen Fällen die formalen Stadtabgrenzungen der Nachbarn gegeneinander nicht mehr berechtigt sein, und ihre Aufrechterhaltung würde ein Hemmnis gesunder kommunaler Entwicklung sein und ein kommunales Gegen- oder Nebeneinanderherarbeiten dort bedeuten, wo nur einheitliche Lösungen Gutes bringen können. Sieht man eine solche Entwicklung rechtzeitig kommen, so kann auch schon zur Beschleunigung dieser unabwen[d]baren Entwicklung vorher die kommunale Zusammenlegung erfolgen. Dieser Schritt wird aber dann nicht zu tun sein, wenn eine ausgesprochene Verschiedenheit der Entwicklung festzustellen ist, denn dann könnte ein solcher Schritt das eine oder andere kommunale Gebilde in seiner selbständigen eigenartigen Entwicklung lahmlegen. Es hat den Anschein, als ob die Städte an der Ruhr mit ihrer auf über 100 Jahre zurückreichenden industriellen Entwicklung in dieser Beziehung in ihrer Entwicklung eine gewisse Sättigung zeigen, die im Emschertal gelegenen Städte von diesem Entwicklungsstand noch eine ganze Spanne entfernt sind, die nach der Lippe zu gelegenen noch weit davon entfernt sind, weswegen auch festzustellen ist, dass die Ruhrstädte bereits Großstädte, die Emscherstädte Mittelstädte verschiedenen Ausmaßes, die Lippestädte noch Kleinstädte sind; wobei aber auch weiter festgestellt werden kann, dass eine gewisse Gleichartigkeit der Entwicklung, folgend den natürlichen und künstlichen Verkehrswegen (Wasserstraßen und Eisenbahnen), von Osten nach Westen zu erkennen ist; aber ausgesprochenermaßen nicht von Süden nach Norden. Würde man die Anschlüsse künstlich von Süden nach Norden unter Außerachtlassung der genannten Wasserscheide treiben, so würde man störend in ein größeres

Werden hineingreifen und sicherlich nichts Gutes schaffen. Betrachtet man unter diesem allgemeinen Gesichtspunkt ein Beispiel wie Bochum im Verhältnis zu den nördlich von ihm gelegenen Emschermittelstädten, so darf man nicht außer Acht lassen, dass Bochum im Zeitalter der Kohle und des Eisens entstanden, nach ganz bestimmten Gesichtspunkten wirtschaftlicher Auffassung vor 100 bis vor 30 Jahren sich aufgebaut und ausgebaut hat. In dieser wirtschaftlichen Konstruktion hat es seine Größe erworben, und in dieser Form ist es berufen, weiter zu wachsen, soweit dazu noch Gelegenheit gegeben ist. Anders sind zu beurteilen die Städte an der Emscher und noch anders die Siedlungen noch weiter nördlich nach der Lippe zu. […]

Ob die Emscherstädte noch nicht berufen sind, den Entwicklungsboden für andere Energiequellen und eine andere Energiewirtschaft abzugeben, bleibt der Zukunft überlassen. Wenn sie aber ein in sich geschlossenes einheitliches gesundes wirtschaftliches Gebilde werden sollen, dann darf man sie nicht verkuppeln mit Städten älterer Formung wie Bochum.[10] Würde man aber die zu gleich großen Städten bereits gewachsenen Städte an der Emscher mit den Ruhr-Städten verbinden, dann würde man eine zu erwartende anders geartete fortschrittliche, den heutigen Verhältnissen entsprechende industrielle Entwicklung wahrscheinlich stark beeinträchtigen und der gesamten volkswirtschaftlichen Entwicklung sicherlich keinen Gefallen tun. Noch anders gestaltet sich die Frage bezüglich der Lippe-Städte, die sich überhaupt erst die Kohlenbasis, die die Emscherstädte bereits haben, schaffen müssen oder die schon erheblichen Anfänge erweitern müssen. Diese Überlegungen zeigen, dass eine Zusammenlegung von Emscherstädten mit Ruhrstädten etwas Widernatürliches und Ungesundes ist, dass hingegen gegen eine engere Verbindung von Emscherstädten miteinander nicht die geringsten Bedenken bestehen.

13. Über die Bedeutung der Bergschäden für die wirtschaftliche Gewinnung der Steinkohle im Ruhrgebiet (1929)

Ulrich Storck, Zusammenfassende Darlegung der Erfahrungen und Maßnahmen auf dem Gebiete der Sicherung von Gebäuden gegen Bergschäden im Ruhrkohlengebiet und Vorschläge für die Anwendung neuzeitlicher Hilfsmittel bei Bauausführungen über Tage unter Berücksichtigung eines Sonderbeispiels auf der Zeche Hannover 1/2 [in Bochum], Berlin 1931, S. 5. (= Diss. Berlin 1929, Auszug)

Wie groß die Bedeutung der Bergschäden im Ruhrgebiet in letzter Zeit geworden ist, lässt sich am Besten aus den Kosten ersehen, die dafür von den verschiedenen Zechen aufgebracht werden müssen. Sie betragen im Durchschnitt 30–40 Pfennig pro Tonne Kohlengewinnung,

---

10 Die Stadt Herne und ihr Bürgermeister kämpften beharrlich gegen die in den 1920er Jahren drohende Eingemeindung nach Bochum. Das Gesetz zur kommunalen Neuordnung des rheinisch-westfälischen Industriegebiets vom 10.7.1929 sicherte schließlich Hernes Eigenständigkeit. Vgl. Jürgen Mittag, Vom Dorf zur Großstadt. Industrialisierung, Bevölkerungswachstum und Eingemeindungen in Bochum und dem Ruhrgebiet, in: ders./Ingrid Woelk (Hg.), Bochum und das Ruhrgebiet. Großstadtbildung im 20. Jahrhundert, Essen 2005, S. 25–77, hier S. 54f.

bei einzelnen Gruben sogar bis 1 RM pro Tonne. Nicht unbeachtet darf dabei bleiben, dass diese Kosten sich in Zukunft noch weiter steigern müssen, da einerseits Gebäude, Straßen, Gasleitungen usw. und die dadurch geschaffenen Angriffspunkte ständig vermehrt werden, andererseits aber auch die Höhendifferenzen der Tagesoberfläche eine weitere Steigerung erfahren, wodurch die Gebäude ebenso wie die Flüsse und Kanäle noch in stärkerem Maße in Mitleidenschaft gezogen werden. Berücksichtigt man, dass schon jetzt eine wirtschaftliche Gewinnung der Kohle im Ruhrgebiet auf vielen Gruben in Frage gestellt ist, so muss umso mehr das Augenmerk des Bergbaus darauf gerichtet sein, die durch die Bergschäden verursachte Erhöhung der Gestehungskosten der Kohle soweit wie möglich einzuschränken. Der Frage der Gebäudesicherung im Bergbaugebiet muss sich daher der Bergmann mindestens im gleichen Maße wie der Bergbauingenieur zuwenden, wobei er sich durch das notwendige Eindringen in das ungewohnte Gebiet der Statik nicht abschrecken lassen darf.

14. Die Stellung der KPD zur kommunalen Neugliederung im Ruhrgebiet 1929

Gustav Sobottka,[11] Kommunale Neugliederung im rheinisch-westfälischen Industriegebiet, in: Die Kommune. Zeitschrift für kommunistische Kommunalpolitik, hg. v. d. KPD (Sektion der 3. Internationale), Nr. 14 vom 15.7.1929. (Auszug)

Auf [unsere] Vorschläge antworteten die Sozialdemokraten und die bürgerlichen Parteien, dass sie der Bildung von Großstädten nicht zustimmen könnten. Sie wären für die Erhaltung von Mittelstädten, weil in den Mittelstädten die Selbstverwaltung durch die Bevölkerung besser gewahrt sei. Tatsächlich war nicht das der leitende Gesichtspunkt, sondern man wollte nur solche Mittelstädte, in denen der Einfluss der Arbeiterschaft nicht sehr groß ist und die Mittelstadt als eine Domäne der Volkspartei oder der Deutschnationalen erhalten werden konnte. Beispiele hierfür sind *Kettwig und Langendreer-Werne.* Kettwig, eine an der Ruhr liegende Stadt, die eine starke Bourgeoisbevölkerung hat, wurde nicht mit dem Landkreis Essen nach Essen eingemeindet. Sie blieb selbstständig. Langendreer-Werne, zwei große Industriegemeinden des aufgelösten Landkreises Bochum, an Bevölkerungszahl zweimal so groß wie Kettwig, wollten eine selbständige Mittelstadt werden. Diese Forderung wurde von der gesamten Bevölkerung vertreten, jedoch wurde ihr nicht Rechnung getragen, obwohl die beiden Gemeinden vollkommen ineinander gebaut sind. Warum nicht?

Als die kommunistische Fraktion [im Preußischen Landtag][12] beantragte, aus Langendreer-Werne unter Hinzuziehung von zwei benachbarten kleinen Gemeinden eine selbstständige Mittelstadt zu machen, rechneten Volksparteiler und Sozialdemokraten aus, *dass in dieser Mittelstadt eine Arbeitermehrheit bei den nächsten Stadtverordnetenwahlen zustande kommen*

---

11 Gustav Sobottka (1886–1953) war als Kind mit seiner Familie aus Ostpreußen nach Herne gezogen, wurde Bergmann und gehörte zu den führenden Funktionären der KPD-Emigration nach 1933. Er übernahm nach Rückkehr aus der Sowjetunion 1945 hohe Ämter in der SBZ/DDR.
12 Vgl. zu den Landtagsdebatten über die Eingemeindungsfrage Klaus Tenfelde, Ruhrstadt - Historischer Hintergrund, in: ders. (Hg.), Ruhrstadt. Visionen für das Ruhrgebiet, Bochum 2002, S. 9–23.

würde. Deshalb müsse diese Mittelstadt verhindert werden. Sie wurde auch mit den Stimmen der Sozialdemokraten verhindert.

Ebenso war es bei den Städten *Schwerte*, *Westhofen* und *Wandhofen*. Diese drei kleinen Städte, die eng zusammen liegen und baulich verbunden sind, gehörten bisher dem Landkreis Hörde an, der durch das Gesetz aufgelöst wurde. Ein Teil des Kreises Hörde wurde nach Dortmund eingegliedert. Die oben genannten drei Städte mit zwei kleinen Gemeinden, die ebenfalls in baulichem Zusammenhang stehen, blieben übrig. Es lag daher nichts näher, als sie zu einer kreisfreien Stadt zu vereinigen. Die kommunistische Fraktion beantragte dies auch entsprechend dem Willen aller örtlichen Parteien, Arbeiterorganisationen und Gewerkschaften. Der Sozialdemokrat *Müller* (Hameln) erklärte dazu, *dass die Bevölkerung dieses Gebiets erst unter der Leitung und Aufsicht eines Landrats lernen müsste, sich zu entwickeln*. Unter der Führung der SPD wurde die Kreisfreiheit und Selbständigkeit der Stadt abgelehnt und das ganze Gebiet dem reaktionären Landrat des Kreises Iserlohn unterstellt.

Der ganze Zug der SPD ging da hin, wenn eben möglich, etwa entstehende Arbeitermehrheiten bei der Neubildung der Städte zu verhindern. Genau so wie bei Langendreer bestand auch bei einer kreisfreien Stadt *Schwerte* die Möglichkeit einer Arbeitermehrheit bei den kommenden Kommunalwahlen. Dies galt es zu verhindern. Diese Tatsachen müssen sich unsere Kommunalfunktionäre besonders merken. Bei den Wahlen verlangt ja die SPD immer, dass alles drangesetzt werden müsste, um »Arbeitermehrheiten« zu schaffen oder zu erhalten. Hier, wo sie die Möglichkeit hatte, die Bildung von Arbeitermehrheiten durch entsprechende Neugliederung zu fördern, hat sie das Gegenteil getan.

Wie die Industriemagnaten die kommunale Neugliederung bestimmten, zeigt sehr drastisch das Problem der *Ruhrmündungsstadt* oder *Gutehoffnungsstadt*. Hier an der Mündung der Ruhr in den Rhein liegen die Städte *Duisburg, Hamborn, Oberhausen, Mülheim, Sterkrade* und *Osterfeld*. Diese sechs Städte gehören schon lange zusammen. Von kommunalpolitischen städtebau- und siedlungstechnischen Gründen wird der Zusammenschluss dieser Städte von jedermann anerkannt. Dieser Zusammenschluss wurde aber abgelehnt, obwohl er von allen als richtig anerkannt wurde. Auch ein Zusammenschluss der Städte Oberhausen, Mülheim, Osterfeld und Sterkrade wurde abgelehnt. Für diesen Vierstädtezusammenschluss hatten sich fast alle Parteien der Stadtverordnetenversammlungen ausgesprochen. Er wurde vom Direktor des Ruhrsiedlungsverbands befürwortet, besonders wurde als dringend notwendig die Zusammenlegung von Oberhausen und Mülheim bezeichnet. Der Regierungspräsident Bergemann von Düsseldorf hat in seiner ersten Vorlage diese Zusammenlegung vorgeschlagen, und der sozialdemokratische Innenminister sie als richtig bezeichnet. Trotzdem ist sie nicht zustande gekommen. Warum nicht?

Auf dem Mülheimer Stadtgebiet an der Ruhr hat der Großindustrielle *Fritz Thyssen* sein Schloss Landsberg. Bei einer Zusammenlegung von Mülheim und Oberhausen bestand die Gefahr, dass dann die Wohnsiedlungen bis in die Nähe des Schlosses vom ungekrönten König Thyssen rücken würden. Nur deshalb und um die Herrschaft Thyssens in Mülheim unter allen Umständen aufrechtzuerhalten, verlangte dieser Thyssen kategorisch, dass Mülheim auch weiterhin selbstständig bleiben müsse. Er hat es auch durchgesetzt. Der sozialdemokratische Regierungspräsident Bergemann und der sozialdemokratische Innenminister Grzesinski sind vor ihm in die Knie gesunken und haben ihre zuerst gemachten Pläne zurückgezogen und dem Landtag nur die Zusammenlegung der drei Städte Oberhausen, Sterkrade und Osterfeld vorgeschlagen. Diese Zusammenlegung wurde von der Direktion der Gutehoffnungshütte, besonders von dem Generaldirektor *Reusch*, gewünscht, fand aber nicht die Zustimmung der gesamten Bevölkerung. An den Willen der Bevölkerung störte sich aber weder der Ausschuss, noch das Plenum des Landtags. Für sie war maßgebend der Wille der hier ausschlaggebenden Industriemagnaten.

15. Essen-Karnap: Die Zersiedelung eines Industrie-Vororts (ca. 1930)

Richard Kremer, Wahrnehmungsgeografische Beschreibung eines Lebensraumes im Ruhrgebiet: Karnap (Essen) 1933–1945, in: Koblenzer geographisches Kolloquium. Mitteilungsblatt des Geographischen Instituts der Universität Koblenz-Landau, Sonderheft 1999/2, S. 39–77, hier S. 47–49, 55f.

Die Hauptstraße und die Eisenbahnlinie bestimmten die Aufgliederung von Karnap. Die Hauptstraße, die Karnaper Straße, teilte den Ort in zwei Teile, einen größeren westlichen Teil und einen kleinen östlichen Teil, weil hier die Hauptstraße nach Osten abknickt. Quer dazu und ziemlich genau in der Mitte teilte die Eisenbahnlinie von Oberhausen nach Wanne-Eickel den Ort ihrerseits in zwei Teile, so dass als kombinierte Wirkung eine Vierteilung eintrat. Da auf dieser Eisenbahnlinie sehr viele lange Güterzüge (50 Waggons und mehr) im Bummeltempo verkehrten, waren die Eisenbahnschranken oft und lange geschlossen. Das führte zu einem Denken »diesseits« (vor der Bahn) und »jenseits« (auf der anderen Seite) der Eisenbahnlinie, je nachdem wo man wohnte. Wer geografisch gesehen im Norden wohnte, wo die Karnaper Straße nach Horst führte (die Chaussee nach Horst, sagten die alten Leute), für den war das Gebiet vor der Bahn »diesseits«. Es bedeutete, dass man, wenn man auf die »andere« Seite wollte, oft vor den Schranken warten musste. Die Schrankenschließungen waren zweifellos ein Verkehrshindernis, besonders für die Straßenbahnen, die auf dem Bahnübergang eingleisig rangieren mussten. »Jenseits«, auf der anderen Seite der Bahn, lagen fast alle Geschäfte und Handwerksbetriebe, der Bahnhof, die Post usw. In dem Teil zwischen Brücke und Bahn war Karnap nämlich siedlungsmäßig ausgedehnt, und dort wohnten die meisten Karnaper.

Nur ein kleiner Teil der Ansässigen fand Wohnmöglichkeiten entlang der ebenso langen Hauptstraße, die nach Horst führte, der administrativ wichtigen Grenze zwischen Essen (Essen-Karnap) und Gelsenkirchen (Gelsenkirchen-Horst). Die beiden nördlichen Viertel erschienen recht schmal. Auf der einen Seite der Straße füllten Gebäude der Zeche (Fördertürme, Schornsteine, Kohlenwäsche u.a.m.), der Kokerei mit ihren zahlreichen Labors und Kohlenwertstoff-Gewinnungsstätten und mehrere hohe, kegelförmige Aschenhalden das Gelände fast gänzlich aus, bis hin zur Waldstraße, die zum kleinen Karnaper Wäldchen führte, das hinter den Aschenhalden verborgen lag und sich bis zur Glasfabrik erstreckte, die so jedem Einblick von der Hauptstraße aus entzogen war. Auf der anderen Seite der Hauptstraße war Platz für Wohnhäuser, aber das Gebiet gehörte recht bald zu Horst, genauer Horst-Süd. Es gab zwar eine natürliche Grenze, die Alte Emscher, aber sie stellte in ihrer kanalisierten, eingeengten Form keine auffällige Markierung mehr dar, zumal sie unter der Straße her geführt wurde. Vielleicht gab es Ortsschilder, um auf die Stadtgrenzen zwischen dem Großraum Essen und dem Großraum Gelsenkirchen aufmerksam zu machen. Besonders verwunderlich erschien das Phänomen der administrativen Grenze, die natürliche geografische Zugehörigkeit durchschneidend, in der Waldstraße. Sie bildete zunächst die Grenze zu Horst. Dort, wo sie eine kleine Biegung nach rechts macht, befand man sich plötzlich in Brauck. Die Kinder, die dort wohnten, mussten nach Brauck zur Schule und zur Kirche; infolgedessen kannte man sie nicht. Ihre Eltern arbeiteten vielleicht in Karnap, wahrscheinlich aber auf der Zeche bzw. in der Kokerei in Brauck, und zwar wegen ihrer Werkswohnungen. So wurden geografische Gegebenheiten von administrativen Einteilungen, Arbeits- und Besitzverhältnissen überformt.

Die erwähnte Alte Emscher konnte im Verein mit anderen Grenzmarkierungen durchaus Grenzcharakter annehmen. Das war der Fall im Westteil, wo sich das Friedhofsgelände befand, das sich bis an die Alte Emscher ausdehnte. Da Bäume und Sträucher die Alte Emscher verdeckten, stellte sich die Bepflanzung eher als Abschluss dar.

Auf andere Grenzen stieß man, wenn man durch das Karnaper Wäldchen hindurch ging. Dann gelangte man zur Hinterseite der Glasfabrik, und ein Stacheldrahtzaun verhinderte das Eindringen in das Werksgelände, das durch die Boye abgeschlossen wurde. So war es nicht möglich, einen Rundgang um Karnap zu machen.

Der südliche Teil war in der Breite offen. Er endete an Kanal und Emscher. Man konnte dort ein gutes Stück entlang gehen, in beide Richtungen etwa einen Kilometer. Emscher und Kanal bildeten die breite Basis für ein räumliches Bild von Karnap. Bis zur Eisenbahnlinie hin verschmälerten sich die Uferbereiche nur wenig, aber dann trat eine Verengung zu einem Flaschenhals ein, teils wegen der administrativen Grenze zu Horst hin, die Karnap einschnürte, teils wegen der Uneinsehbarkeit des Werksgeländes. Unter Einbeziehung des Geländes von Zeche, Kokerei und vor allem der völlig dahinter versteckten Glasfabrik ergibt sich ein objektiv treffenderes Bild, nämlich die Form einer Glocke, deren Seitenränder nicht ganz regelmäßig sind, aber doch ziemlich regelmäßig im nordwestlichen Teil, wo die Boye zwischen Karnap und Welheim verläuft, während die Form im östlichen oberen Teil etwas eingedrückt erscheint. Dort mag die Alte Emscher in früherer Zeit eine durchaus zu beachtende Grenze zwischen Horst und Karnap gebildet haben.

Das Urbedürfnis des Menschen, sich mit seinem Lebensraum allseitig vertraut zu machen, stößt bei großen Werksanlagen auf unübersteigbare Grenzen. Es bilden sich blinde Flecken, und es ist unmöglich, sich ein vollständiges Bild zu machen. Solche Lücken können nur topografische Karten und Luftbilder ausfüllen. […]

Wie ist es vor sich gegangen, dass sich in überraschend kurzer Zeit fast der gesamte Grundbesitz in Karnap in den Händen der Bergwerkseigner befand? Welcher Bauer verkauft schon gern das Land, von dem er lebt? Mancher Bauer mag verkauft haben wegen der gestiegenen Bodenpreise oder wegen der Ernteeinbußen aufgrund der Luftverschmutzung oder ruinös geänderter Wasserverhältnisse. Andere, die sich im Bergbau finanziell engagiert hatten, wurden in die im vorigen Jahrhundert häufigen Krisensituationen im Bergbau mit hineingerissen. Solche Krisensituationen gibt es immer bei großen, sehr schnell wachsenden und sehr kapitalintensiven Unternehmen. Kleinaktionären geht dabei schnell der Atem aus, die Kurse fallen, die Schulden drücken, und die kleinen Leute sind gezwungen, auszusteigen. So ging es manchen kleinen Bauern im Ruhrgebiet, die eingeladen worden waren, mit ins große Geschäft einzusteigen – sie verloren ihren Grundbesitz.

Von den Geschäftsleuten abgesehen, die eigene Häuser besaßen, wohnten in Karnap fast alle zur Miete, Arbeiter, Angestellte und kleine Beamte – alle waren sie besitzlos und ohne Aussicht auf den Erwerb von Grundbesitz. Die Zechenherren hatten in Karnap fast alles aufgekauft, aber sie verkauften nichts. Kein Bergmann hätte daran denken können, im schönen, aber teuren »Süden« zu wohnen und von dort aus Tag für Tag zur Arbeit zu fahren, und kein Bewohner des Südens hätte in Karnap wohnen und arbeiten mögen – die Segregation war total, wenn man vom Bergwerksdirektor absieht und den zwei Ärzten, deren Beruf auch ihre nächtliche Anwesenheit am Ort erforderte. Im Ort selbst ergab sich durch die Bergmannssiedlungen eine gewisse Separation, aber da die Mehrheit in ihnen wohnte und die Häuser in gutem Zustand waren, stellten sie die Normalität dar.

16. »Zwei Welten« diesseits und jenseits der Fabrikmauer (1935)
»Die Fabrikmauer. Eine Stadt und doch zwei Welten«, in: Gelsenkirchener Allgemeine Zeitung, Nr. 99 vom 10.4.1935. (Auszug)

Die Fabrikmauer gehört zu den Kennzeichen aller Industriestädte – diese trostlose Mauer, die sich an den Bürgersteigen entlangzieht, die es macht, dass auf der Straße nichts zu sehen ist außer etwa den Menschen, die von den Arbeitsstätten oder den Wohnungen aus [zu] dem Fabrikviertel in die Stadt oder in die Kolonie streben. Aus Essen kennt sie jedermann, die *Mauerstraße* ist geradezu weltbekannt, die sich mitten durch die Kruppsche Fabrik hindurch zieht; aber es gibt solche Straßen auch in allen anderen Orten mit groß angelegter Industrie, man findet sie in Dortmund, in *Gelsenkirchen* wie in Bochum. Das Werksviertel erhält durch die langen Mauern das kennzeichnende Aussehen, wie es aus der Ferne durch die Schlote zu erkennen ist.

Der Fremde mag in den Schloten, die manchmal wie Soldaten in einer Linie dastehen, weit eher das Wesentliche der Industriestadt sehen als eben in den Mauern; aber wer genauer zugesehen hat, der weiß, dass vieles im Menschentum der Industrie einzig durch die Mauer angekündigt wird. Diese Mauern sind Symbol und Grund zugleich für vieles, was uns im Volksleben unserer Werkstädte eigenartig und unverständlich vorkommt. Und solange man nicht hinreichend berücksichtigt, dass es solche Mauern gibt, wird man zu Fehlern in der Auslegung und im Verstehen der Industriemenschen gleichsam veranlagt bleiben.

Diese Mauern sind keine Trennwände schlechthin, sie sind – ohne urteilen zu wollen – *chinesische* Mauern, die zwei Welten trennen, zwei Welten allerdings, die aufeinander angewiesen sind und die sich erst wechselseitig erklären und erhellen. Der eigene Charakter der schwerindustriellen Arbeit, aber auch der des Volkslebens wird erst verständlich, wenn wir uns klar machen, dass jeder Tag, der heraufsteigt, durch diese Steinwälle mitten durchgeteilt ist. Auf der einen Seite die Welt der Muse, der Familie, des Stammtisches, der Vereine, der Naturliebe – auf der anderen Seite die Welt der Maschinen, der zähen, harten Schwerarbeit, der vollkommensten Technik, der Gefahren, des rechnenden Denkens. Auf der einen Seite geht ein kleinbürgerliches Leben mit letzten Erinnerungen an ein einstiges Bauerndasein weiter, auf der anderen Seite möchte man meinen, gebe es so etwas gar nicht mehr. [...]

Es ist ja gar nicht so, als ob das Wesen der Fabrik mit ein Bestandteil des Alltagslebens sei. Die Frau weiß nur wenig davon, und selbst wenn sie Jahr für Jahr ihrem Mann den Henkelmann zur Mittagspause gebracht hat, dann kennt sie wohl einiges vom Schauplatz der Arbeit, aber die Arbeit selbst ist ihr meist fremd geblieben. Auch wenn der Junge aus der Volksschule dem Vater die Butterbrote bringt, Tag für Tag, so lernt er die Fabrik doch erst kennen, wenn er selbst als Lehrling in den Betrieb als vollwertiges Mitglied hineinkommt.

Hinter die Mauer schauen mit hinreichender Kenntnis nur die, die dort ihr Arbeitsleben verbringen. Darum ist die Kenntnis der Industriearbeit im ganzen Volk, selbst in den Städten an der Ruhr, so erschreckend gering. Wo wäre der Kaufmann oder Beamte, der sagen dürfte, er kenne das Leben der Arbeiter genau? Auch für ihn tut sich hinter dem »Portier« eine Welt auf, die seinem Kennen wie seinem Verstehen unzulänglich ist. [...]

Am schlimmsten ist es naturgemäß mit der Welt des *Bergmanns*. Der Fremde und Tausende von Menschen in den Industriestädten selbst reden leichtfertig vom Bergmann, verbreiten witzig sein sollende Geschichten, haben aber dabei keine Ahnung von dem starken Männerhumor, der in der Zeche heimisch ist oder war. Das Recht, über solche Bergbaustädte schnell und elegant zu urteilen, glaubt *jeder* zu haben. Aber wenn er könnte, sollte er eher hingehen und die Arbeit und die Welt des Bergmanns kennen lernen. Er würde dann ehrerbietiger sein und dürfte sich im Stillen zugeben, dass er zu solch einer Arbeit vielleicht nicht einmal die seelischen Kräfte hätte!

Dass solche Bergmannsstädte nicht schön und durchweg arm sind, ist allgemein bekannt, man muss auch da den Mut haben, die Grundlagen zum Verstehen zu suchen. Wer nicht daran denkt, dass Städte wie Gelsenkirchen, Wanne-Eickel, Herne und andere einige hundert Meter *unter* der Erde die Welt ihrer unerbittlichen Gesetze haben, der kann kein Recht haben, hierüber zu urteilen! Jede dieser Städte besteht aus zwei Welten; aus der *sichtbaren* der Straßen, Bahnhöfe, Wirtschaften und Läden wie der Kolonien, und der *unterirdischen* der Sohlen, der Querschläge und Richtstrecken, der Überhauen und des Sumpfs.[13] *Das* ist die Welt, in der die schweigsamen Männer mit der grauen Haut ihre Tage verbringen! Es wäre gut, wenn man

---

13 Es handelt sich um bergmännische Fachausdrücke für verschiedene Strecken und Räume des Grubengebäudes.

einen Weg fände, auch andere einen Blick in diese unterirdische Welt tun zu lassen. Es würde viel zur Förderung der Volksgemeinschaft[14] beitragen!

17. Eine »gewaltige Harmonie«. »Ruhrland« – eine nationalsozialistische Wahrnehmung um 1935

Führer durch das rheinisch-westfälische Industriegebiet, hg. von den Landesverkehrsverbänden Rheinland und Westfalen, bearb. vom Landesverkehrsverband Westfalen e.V. Dortmund, o.O., o.J. [um 1935] unpag. (Auszug)

Das Ruhrgebiet offenbart sich in seiner Schönheit und Eigenart keineswegs dem, der es in kürzester Zeitspanne durchfährt, sondern nur dem, der sich die Mühe nimmt, es zu studieren. Ob der Fremde das Ruhrland antrifft, wenn es in seinem Arbeitskittel werkt, oder ob es in seinem Feiertagskleid geht, bleibt sich ganz gleich. Er wird stets auf freundliche Landschaft, auf Wunderwerke der Technik von gigantischen Ausmaßen oder auf die unverzagte und arbeitsfrohe Geschäftigkeit des Handels und der Gewerbe stoßen, immer aber auf aufgeschlossene Menschen, die ihre Heimatscholle und ihr Vaterland lieben, ohne die Welt zu verachten. Wem es vergönnt ist, in das Wesen des Ruhrlandes tiefer einzudringen, die Kraftquellen seines völkischen und wirtschaftlichen Lebens zu erkennen und die naturgegebene Unbeugsamkeit seines Tod verachtenden und Schicksal überwindenden Arbeitswillens wahrzunehmen, dem wird auch bald die harmonische, innere und äußere Geschlossenheit dieses Gebiets vor Augen treten. Er wird zu der Erkenntnis kommen, dass das alles zusammengehört; der eiserne vaterländische Wille des Ruhrlandmenschen und der Reichtum der Bodenschätze, das Fördergerüst des Kohlenschachts und die sorgliche Pflege edelster Kunst, der Hochofen, das Walzwerk und die herrlichen Park- und Gartenanlagen in grüner und blühender Pracht, die Wasserstraßen und Häfen in der Ebene und die grünen Berge und idyllischen Täler am silbernen Band der Ruhr, das dichte Netz der Schienenstränge mit seinem ratternden Betrieb und die lauschige Unberührtheit des ruhrländischen Forstes und der grünen Heide, der Stahlwerksverband und der Erbhof, der Großindustrielle und der betagte Arbeitsinvalide im Kleingarten. Das ist die gewaltige Harmonie, das ist die deutsche Einheit im Ruhrgebiet.

18. Zentrale des Wiederaufbaus: Der Direktor des Siedlungsverbands Ruhrkohlenbezirk, Rappaport, betont im Dezember 1945 gegenüber der britischen Militärregierung die große Bedeutung seiner Dienststelle für die Neugestaltung des Ruhrgebiets.

Notiz Rappaports[15] zur Eingabe an die britische Militärregierung vom 5.12.1945. Stadtarchiv Essen, 1001/9. (Auszug)

---

14 Der Ausdruck »Volksgemeinschaft« stand im Kern der rassistischen, den Gegensatz von Klassen leugnenden Ideologie der Nationalsozialisten.
15 Dr. Philipp Rappaport (1879–1955), Architekt und Regierungsbaumeister, war seit 1920 Staatskommissar für den Bergmannswohnungsbau im Ruhrgebiet. Er wurde 1932 zum Direktor des SVR

Der Siedlungsverband Ruhrkohlenbezirk ist eine gesetzliche Vereinigung der Städte und Landkreise im Ruhrgebiet. Die Behörde ist durch Preußisches Gesetz von 1920 eingesetzt. Aufgabe der Verwaltung ist, die Übereinstimmung zwischen der industriellen und kommunalbaulichen Entwicklung des Ruhrgebiets sicherzustellen. Die Verwaltung ist verantwortlich für die planmäßige Einteilung des Geländes für Zechen, Industrieanlagen, Wasserversorgung, Entwässerungsfragen usw. Die Verwaltung ist beauftragt mit Fragen der Landesplanung, der Baupolizei, der Bergarbeiterwohnungen, allen zwischengemeindlichen Verkehrseinrichtungen vor allem der Straßenbahnen; bei sonstigen Verkehrsfragen im Zusammenwirken mit den Reichsbahndirektionen Essen, Münster und Wuppertal. Die Verwaltung ist ferner zuständig für den Ausbau zwischengemeindlicher Hauptverkehrsstraßen.

Seit 1940 ist die Verwaltung zusätzlich beauftragt mit den Aufgaben eines Gebietsbeauftragten für die Bauwirtschaft, die zurzeit alle Probleme der Vereinheitlichung von Baustoffen, Ersatzbauweisen, Verwendung der Trümmermassen usw. einschließt. Zurzeit ist die Verwaltung auch mit der ersten Instandsetzung von Wohnungen im Ruhrgebiet beauftragt, besonders mit dem Zweck, eine einheitliche Wiederherstellung der Bergarbeiterwohnungen zu erzielen. Ähnliche Aufgaben größeren Umfangs werden sich als notwendig ergeben, sobald neue Bergleute im Ruhrgebiet angelegt werden.

Die Städte und kleineren Ortschaften im Ruhrgebiet liegen so eng beieinander und die Grenzen der Städte sind so unregelmäßig; die Zechen und Industrieanlagen sind so zahlreich; der Straßenverkehr läuft zumeist über die Grenzen eines Stadtgebiets hinaus: Es ist daher von höchster Wichtigkeit, dass *eine* Dienststelle die bauliche Entwicklung des Gesamtbezirks betreut.

Das Ruhrgebiet kann daher als *eine* Großstadt betrachtet werden, deren bauliche Entwicklung nur von einem Gesichtspunkt aus geleitet werden kann. Gerade jetzt, wo der Wiederaufbau beginnt, ist es völlig unmöglich, dass jede Stadt für sich ganz unabhängig von der nächsten diese Arbeiten durchführt. Alle Wiederaufbaumaßnahmen, die sich im Ruhrgebiet der beiden Provinzen Rheinland und Westfalen, d.h. im Gebiet der drei Regierungsbezirke Düsseldorf, Arnsberg, Münster ergeben, müssen von dieser einen Stelle aus einheitlich behandelt werden.

Zahlreiche Verkehrsanlagen laufen von einem Provinzialgebiet in das andere; die industriellen Anlagen haben oft Zweigniederlassungen in beiden Provinzen. Alle Fragen des Verkehrs, der Stadtplanung, der Wirtschaftsentwicklung über das ganze Gebiet hinaus verlangen eine einheitliche Regelung. Es sind auch noch andere Dienststellen vorhanden, die ebenfalls über das ganze Ruhrgebiet hinaus tätig sind, wie z.B. der Reichsbahnverkehr, der durch die Reichsbahndirektion Essen geleitet wird; das Rheinisch-Westfälische Elektrizitätswerk, das alle Stromversorgungsanlagen behandelt; der Ruhrverband und der Ruhrtalsperrenverein für die Frischwasser-Versorgung sowie die Emschergenossenschaft für die Entwässerungsfragen. Alle diese Organisationen arbeiten im Interesse des gesamten Ruhrgebiets.

    bestellt, von den Nationalsozialisten aus diesem Amt 1933 entlassen und versah das Amt erneut von 1945 bis 1951.

In den nächsten Jahren müssen alle beschädigten Gebäude im Ruhrgebiet instand gesetzt und allmählich Städte und Ortschaften wieder aufgebaut werden. Vor allem müssen die Zechen selbst und die Industrieanlagen, die wieder eröffnet werden sollen, baulich in Ordnung gebracht werden; es müssen auch die verschiedenen zerstörten Brücken, Hauptstraßen usw. instand gesetzt werden; daneben kommen auch zahlreiche Flüchtlinge aus den östlichen Gebieten zum Ruhrbezirk, so dass für Unterkünfte gesorgt werden muss. Es ist daher offensichtlich, dass gerade jetzt die Aufgaben des Siedlungsverbands Ruhrkohlenbezirk von ganz besonderer Bedeutung sind.

19. Der Dortmunder Stadtbaurat Delfs erläutert, warum bei der Stadtplanung im Wiederaufbau der Nachkriegszeit Kompromisse geschlossen werden mussten (1951).

[Heinrich] Delfs,[16] Der goldene Mittelweg. Die neue Dortmunder Stadtplanung hält Maß zwischen Wunsch und Wirklichkeit, in: Von der toten zur lebendigen Stadt. Fünf Jahre Wiederaufbau in Dortmund, Dortmund 1951, S. 139–142.

Wenn man sich aus der Fülle städtebaulicher Rezepte, die uns in den zahllosen Abhandlungen über Stadtplanung serviert werden, das Vernünftige und auf Landschaft und Bevölkerung Zutreffende heraussucht und sinngemäß anwendet, kann die Planung einer neuen Stadt nicht allzu schwer sein. Viel schwerer ist es allerdings, diese Rezepte, selbst wenn sie auch noch so richtig und noch so überzeugend sind, beim Wiederaufbau einer zerstörten Stadt anzuwenden. Das haben wir bei der Neuplanung von Dortmund erfahren müssen. Wenn wir uns auch von vornherein bewusst waren, dass bei aller Zuversicht die wirtschaftliche Lage der Gegenwart und der Zukunft uns eine gewisse Beschränkung auferlegt, sahen wir doch bei dem Stand der Zerstörung zumindest die Möglichkeit, nach den Erfahrungen der Vergangenheit und nach städtebaulichen Erkenntnissen so manches wieder auszugleichen, was das überstürzte und planlose Anwachsen gerade unserer Ruhrstädte verdorben hatte. Wir sahen die Gelegenheit, die Wünsche nach Auflockerung, Herabzonung, Durchgrünung und Durchlüftung in die Tat umzusetzen. Vor allem aber erschien es möglich, all die dringenden Verkehrswünsche, die in der Vergangenheit als unerfüllbar immer wieder zurückgestellt waren, nunmehr zu verwirklichen. Wir waren deshalb bei unserer Planung zunächst auch nicht kleinlich. Es erschien uns unwichtig, wenn zu einer zukünftigen Straßenverbreiterung oder zu einem geplanten Durchbruch ein Hindernis in Gestalt einiger Ruinen beseitigt werden musste. Die Hindernisse mehrten sich aber und, was wesentlich ist, die Bewertung der Hindernisse selbst erfuhr unter dem Eindruck der ganzen wirtschaftlichen Entwicklung eine langsame, aber grundlegende Wandlung, die uns schließlich dazu führte, in jeder aus-

---

16 Heinrich Delfs (1885–1958), seit Beginn der 1920er Jahre Magistratsbaurat und Leiter der Baupolizei bei der Stadt Dortmund, war 1931 zum Leiter aller technischen Ämter aufgestiegen. Nach seinem vorläufigen Ruhestand, der Einberufung zur Wehrmacht und einer Tätigkeit als Bauberater im Reichsluftschutzbund 1944/45 wurde Delfs im Mai 1945 als Stadtbaurat wieder einberufen und bis 1952 weiterbeschäftigt.

baufähigen Ruine, überhaupt in jeder verwendbaren baulichen Substanz nicht nur einen zu schützenden Eigentumswert, sondern auch ein wichtiges volkswirtschaftliches Gut zu sehen, das man nicht ohne zwingenden Grund beseitigen sollte. Die Planungsstellen wurden auch bald durch die tägliche Berührung mit den Sorgen der Besitzer, durch die Notwendigkeit, sich mit den unzähligen dringenden Ausbau- und Aufbauwünschen entscheidend auseinanderzusetzen, allmählich von dem ursprünglichen Idealplan abgedrängt. Sie lernten einsehen, dass die Zielsetzung der Planung die Mitte zu halten hat zwischen dem städtebaulich Wünschenswerten und dem wirtschaftlich Möglichen, zwischen dem Wunschbild der Idealstadt und der Stadtsanierung in Gestalt von Auflockerung, Durchgrünung und Herabzonung. Dass dabei die Richtung je nach dem Grad der Zerstörung naturgemäß nach der einen oder anderen Seite ausschlägt, ist selbstverständlich. Ein Beispiel: Auch in Dortmund wäre nach den Wunschrezepten der Städtebaubücher in erster Linie eine völlige Neuordnung der Industrie-, Wohn- und Erholungsgebiete erwünscht. Wer könnte aber eine Verlegung der weniger schwer angeschlagenen Großindustrie gerade in dieser Zeit wirtschaftlicher Depression in Vorschlag bringen, nachdem ein derartiges Problem nicht einmal in Zeiten wirtschaftlicher Hochkonjunktur durchführbar erschien. Wenn man weiter bedenkt, dass die Reste der Verkehrs- und Versorgungsanlagen in und unter der Straße immerhin noch einen Wert repräsentieren, der zwischen ½ bis 1 Milliarde Mark schwanken mag, wird man ermessen können, wie sehr die Aufbauplanung von den Gegebenheiten beeinflusst wird. […]

Neben der Verbesserung der Verkehrsverhältnisse war bei der Planung die Notwendigkeit maßgebend, die Zerstörungen zur Auflockerung der zu dicht bebauten Innenstadt zu nutzen. Wir haben versucht, so gut es ging, für die Altstadt Sanierungsvorschläge zu machen, die nördlichen Wohnviertel aufzulockern, besonders aber da, wo es zulässig war, die am Rande der Innenstadt noch vorhandenen Erholungsflächen durch bescheidene Grünadern an die Altstadt heranzuführen, Grünflächen, die letzten Endes im rund um die Altstadt geführten Grünring der erweiterten Wallanlagen ihren Zusammenschluss und ihre Krönung finden sollen. Leider wird auch der in Zukunft auf seine alte mittelalterliche Breite gebrachte Wallring nur zu einem Teil als repräsentative Schmuckfläche beibehalten werden können, denn eingehende Untersuchungen gerade der letzten Zeit haben uns überzeugen müssen, dass die innerhalb des Walls am Auslauf des Hauptstraßenkreuzes vorgesehenen Parkplätze selbst unter Hinzurechnung der Parkmöglichkeiten auf den verbreiterten Straßen wohl dem gegenwärtigen Bedarf des ruhenden Verkehrs genügen, dass wir aber bei einer weiteren sprunghaften Zunahme des Kraftwagenverkehrs wohl oder übel auf den Wall als Reserve zurückgreifen müssen.

20. »Ruhrschnellweg« oder »Ruhrschleichweg«? Schnellstraßenbau im Widerstreit von Verkehrschaos, Finanzpolitik und Modernitätserwartung. Ein Radio-Streitgespräch aus dem Jahr 1953
Wortprotokoll der Sendung »Echo des Tages« im NWDR vom 27.10.1953, 10.45 Uhr. Stadtarchiv Bochum, Bo OB 142, unpag. (Auszug)

»Ansager: Ein Verkehrsproblem erster Ordnung, das nicht erst durch ein Unglück wie jenes von der Wiedbachtalbrücke[17] aktualisiert werden braucht, ein Verkehrsproblem von äußerster Dringlichkeit stellt der sog. Ruhrschnellweg dar. Dr. Bernhard Ernst hat sich an die höchsten Stellen gewandt, um zu erfahren, was nun mit dieser wichtigen Verkehrsader Westdeutschlands geschehen soll. Dr. Ernst: Ich sitze im Landtagsgebäude, an einem beinah runden Tisch, neben mir Wirtschafts- und Verkehrsminister Dr. Sträter, Finanzminister Dr. Flecken, der Vorsitzende des Verkehrausschusses des Landtags, Herr Jöstingmeyer, der Oberbürgermeister von Essen, Dr. Toussaint, und der Direktor des Ruhrsiedlungsverbands, Herr Sturm Kegel.[18] Thema: Der Ruhrschnellweg.

Meine Herren, ich sitze unter Ihnen als kleiner Mann, als einer von den Zehn-, ja vielleicht Hunderttausenden, die gezwungen sind, den Teil der Bundesstraße 1 zu benutzen, der quer durch das Ruhrgebiet läuft und 1928 den schönen Ehrentitel `Ruhrschnellweg` bekam. Heute ist der Titel geändert worden. Wir nennen ihn Ruhrschleichweg, die Nervensäge, übertrieben gesprochen die Todesstraße, die Verkehrskatastrophe Nr. 1. Für unsere Hörer vielleicht ganz kurz eine Situationsschilderung. Herr Kegel, ich darf Sie darum bitten, uns zu sagen, warum der Ruhrschnellweg nicht genügt; Sie sitzen mitten in Essen am Ruhrschnellweg.

Verb[ands]Dir[ektor] Kegel: Ja, es ist an und für sich jedem klar, dass der Verkehr sprunghaft gestiegen ist, denn in zwölf Tagesstunden fahren heute 12.000 Fahrzeuge durch den `Ruhrschleichweg`. Leider müssen wir damit rechnen, dass es bald mindestens 30–35.000 je Tag sind. Aber der Weg hat noch immer die drei Spuren, die er 1929/30 bekam. Auf seinen 65 km zieht er natürlich jetzt oft durch städtische Bebauung, welche mit ihren Querstraßen den zügigen Verkehr hemmt.

Dr. Ernst: Also er muss verbessert werden. Wie kann man ihn verbessern? Es gibt viele Lösungen wahrscheinlich.

Verb. Dir. Kegel: Es gibt viele Lösungen; aber es muss so gehen, dass man den Charakter als Fern-, Bezirks- und Ortsstraße aufrecht erhält. Das ist schwer, denn er hat die Verkehrsdichte einer Autobahn, muss aber überall ins Straßennetz des Ruhrgebiets hineinverflochten werden; und deshalb forderten der Siedlungsverband und die Gemeinden schon seit 1949 den Umbau. Und die Vorschläge? Worin bestanden sie? Es sollten von den Gemeinden aus gesehen folgende Dinge durchgeführt werden: Zwei Richtungsfahrbahnen mit zwei Spuren, mit begrüntem Trennstreifen von vier Metern, dann trompetenförmige Ausweitungen an den Kreuzungen, bei Querstraßen mit gleicher Belastung niveaufreie Überführungen. Aber nur kurze Abfahrten, nicht wie bei der Autobahn mit den großen Abfahrten. Um aus der stärksten Bebauung Essens herauszukommen, schlug schon 1950 die Stadt Essen die Verlegung in eine neue Trasse vor.

---

17 Die Wiedbachtalbrücke der Autobahn Köln-Frankfurt galt in den 1950er Jahren als einer der unfallträchtigsten Autobahnabschnitte. Am 24.10.1953 hatte ein LKW-Fahrer auf diesem Streckenabschnitt einen Verkehrsunfall mit sechs Toten und drei Schwerverletzten verursacht.
18 Regierungsbaurat Sturm Kegel (1892–1979) war von 1951 bis 1958 Verbandsdirektor des Siedlungsverbands Ruhrkohlenbezirk.

Dabei werden Überbrückungen und später eine 500 m lange Einschlitzung nötig. In Dortmund und Bochum sollen sich die Grünstreifen verbreitern, ebenso wie in der Essener Kruppstraße und in Mülheim bis zum dem Verteilerkreis Heißen, teilweise, um auch die Straßenbahn auf [einen] eigenen Bahnkörper zu bringen. Die gefährlichen Überlagerungen mit den Wattenscheider Straßen werden sämtlich überbrückt.

Dr. Ernst: Wenn nun die Städte, wie sie hier eben sagten, den Ruhrschnellweg selbst gebaut hatten, warum geht`s denn nun nicht schon wieder los?

Verb. Dir. Kegel: Ja, wir sind nicht mehr diejenigen, die dort zu bauen haben. Die Straße gehört jetzt dem Bund.

Dr. Ernst: Aha!

Verb. Dir. Kegel: … und nur in den Ortsdurchfahrten den Städten. Wenn die Städte bauen, tun sie es nur im Einvernehmen mit Land und Bund, und wie weit der Bund Mittel für den Ruhrschnellweg bereitstellen soll, das schlägt das Land vor. Der Verkehrsausschuss des Bundestags hatte sich ja auch befürwortend für die Hergabe von Millionenbeiträgen eingesetzt.

Dr. Ernst: Ja, und warum hat das Land nicht die Mittel vorgeschlagen?

Verb. Dir. Kegel: Wir sind mit dem Land seit September 1950 in Unterhaltungen über die technischen Forderungen an den Ruhrschnellweg. Darüber kann man verschiedener Meinung sein. Tja, nun, das Land hat eben andere Ansichten gehabt; denn denken Sie daran, die jetzigen Mittel für den Umbau sind allein mit 70 Mio. DM veranschlagt. […]

Dr. Touissant: Es ist untragbar, dass hier die Diskussionen weitergeführt werden, derweil wir in einem Jahr allein auf dem Ruhrschnellweg insgesamt 1.566 Unfälle haben. Es wird uns seitens des Landes gesagt: Ihr Gemeinden, ihr seid verantwortlich, gebt das Geld, dann kann es geschafft werden. […] Und wir sind der Ansicht, dass hier den Gemeinden des Ruhrgebiets – wir haben es hier mit einer Art Autobahn des Ruhrgebiets zu tun – die Hilfestellung gegeben wird, um so mehr, als wir und auch die anderen Städte feststellen können, Dortmund und Bochum und Wattenscheid feststellen müssen, dass über 50 Prozent aller Fahrzeuge, die über den Ruhrschnellweg fahren, nicht Fahrzeuge aus der gleichen Gemeinde sind, sondern im Durchgangsverkehr sich befinden. […]

Min[inister] Dr. Sträter: Ich wäre natürlich dankbar, wenn finanziell möglichst schnell eine Einigung herbeigeführt werden könnte, aber die ist nicht so einfach, wie das im Volk und leider in der Presse immer dargestellt worden ist. […] Wenn man in der Öffentlichkeit hört, die Planung habe so lange gedauert, so wird auch gerade der Verbandsdirektor Kegel wissen, und er hat es ja auch vorgetragen, dass man sich über die Art und Weise der Ausführung einer so modernen Straße, angepasst an den modernen Verkehr, Vorstellungen gemacht hat, die zu einer Einigung geführt haben (- Unruhe im Mikrofon -), dass wir heute eine Planung haben für den gesamten Ruhrschnellweg, der das Modernste darstellt, was überhaupt, auch gegenüber Autobahnen, in Deutschland gemacht werden soll. […] Jeder von uns weiß, dass der Ruhrschnellweg eine ungewöhnlich schwer zu befahrende Straße heute ist, wegen des riesigen Lastkraftwagenverkehrs. Aber man sollte es dem Verkehrsminister gerade auch bei dieser Gelegenheit nicht übelnehmen, wenn er auf eines hinweist. Wir können noch so gute Straßen bauen wie wir wollen: Wenn die deutsche Verkehrsdisziplin sich nicht endlich dem anpasst, was wir im ganzen anderen Europa feststellen können, werden uns auch die modernsten Straßen nichts helfen.

21. Der Direktor des Siedlungsverbands Ruhrkohlenbezirk, Sturm Kegel, sieht das Ruhrgebiet nicht als monströse »Ruhrstadt«, sondern als »föderalistische Städtelandschaft« (1954).
Sturm Kegel, Das Revier lebt nach harten Gesetzen. Die Sonderheiten des Ruhrgebietes, in: Aus Politik und Zeitgeschichte. Beilage zur Wochenzeitung »Das Parlament« vom 10.2.1954. (Auszug)

Der Fremde, der über den Ruhrschnellweg oder auf den großen Bahnen diese Kernzone durchquert, gewinnt aus der Reihung der Städte den Eindruck, als handele es sich hier um eine einzige monströse Stadt. Monströs nicht so sehr aus großstädtischen Akzenten, als vielmehr aus der bestürzenden, scheinbaren Inkonsequenz, mit der die Bebauung über das Land südlich und nördlich vom Hellweg, der alten Handelsstraße, hingebreitet ist. Normalerweise ist jede Stadt eine Kulmination ihrer Landschaft, auf der Reise ein Ereignis, das am Horizont einer Ebene, an der Krümmung eines Flusses, aus einem Tal aufsteigt und an der Natur Maß nimmt. Zwar liegen auch hier Strecken freien Landes zwischen den Städten, aber sie sind schnell durchfahren und lassen, weil immer Zechentürme, Fabriksilhouetten, Kirchen oder das blaugraue Gewölk der Kühltürme im Blickfeld bleiben, schon am Rande der einen Stadt die Nähe der anderen spürbar werden.

Jedoch der Augenschein von der monströsen »Ruhrstadt« trügt. Bei aller wirtschaftlichen und technischen Verflechtung haben auch diese Städte ihre ausgeprägte Eigenart. Jede hat ihr Rathaus, und der Eigenwille wie die Mentalität derer, die dort regieren und beraten, werden in der Stadtgestalt, im kulturellen, gesellschaftlichen Leben und in vielerlei anderem sichtbar. Diese Eigenständigkeit, in der kommunalen Selbstverwaltung verwurzelt, wird sorgsam gehütet. Das ist gut so, denn mit ihrer schöpferischen Fülle bildet sie den Damm gegen die nivellierende Flut der Vermassung. Aus der räumlichen Nähe aber, aus dem einzigartigen Beieinander tüchtiger Stadtgemeinschaften ergibt sich die Verpflichtung zur gegenseitigen Rücksichtnahme wie die Chance zu nachbarlicher Bereicherung. Das Ruhrgebiet ist eine föderalistische Stadtlandschaft. Das sei als Sonderheit Nr. 1 festgehalten.

22. Leistungen und Grenzen des sozialen Wohnungsbaus am Beispiel Essen (1955)
Willi Körnemann, 10 Jahre sozialer Wohnungsbau, in: NRZ vom 29./30.5.1955. Stadtarchiv Essen, Dezernat 3, 2791.

Der Mai dieses Jahres – zehn Jahre nach dem Zusammenbruch unseres staatlichen, wirtschaftlichen und sozialen Gefüges – verpflichtet anscheinend zur Rückschau und zur Rechenschaft. Gerade weil der Abgrund, in den wir stürzten, so tief war und der Wiederaufstieg so mühselig und beschwerlich, können wir uns auf den Gipfelziffern neu errungenen Wohlstands sonnen … Und auf welchem Gebiet neben den Produktionsziffern der Industrie sprächen Zahlen eine scheinbar beredtere Sprache als auf dem Gebiet des Wohnungsbaus? Auch in der Stadt Essen. Hören wir:

Die Sprache der Zahlen.
Mai 1939: rund 199.000 Wohnungen mit 641.700 Räumen,
Mai 1945: rund 97.000 Wohnungen mit 306.000 Räumen.

Hunderttausend vernichtete oder bis zur Unbewohnbarkeit beschädigte Wohnungen, das war das Trümmerfeld, auf dem die Arbeit des Wiederaufbaus begann. Dabei konnte von einem wirklichen Wiederaufbau oder gar von großzügiger Neuplanung in den ersten Jahren kaum die Rede sein. Das vergessen viele, die aus der heutigen Sicht Kritik darin üben, dass die große einmalige Chance verpasst sei, die diese Trümmerfelder dem Städteplaner und Städtebauer boten. Bis zur Währungsreform und noch eine gute Weile danach wurde[n] das Wie und Was des Wohnungsbaus fast ausschließlich beherrscht von der unabweisbaren Notwendigkeit, den Menschen, die ihr Heim im Bombenhagel und Feuerbrand verloren hatten oder die aus der Evakuierung in die Städte zurückströmten, unter allen Umständen ein Dach über dem Kopf, und sei es noch so primitiv, zu schaffen.

Vom Kriegsende bis zur großen Wohnungszählung im September 1950 wurden rund 35.000 Wohnungen notdürftig wieder hergestellt und bewohnbar gemacht. Von einem systematischen Wohnungsbau konnte dabei naturgemäß noch in keiner Hinsicht gesprochen werden. Erst 1949/50 begann – auf der Grundlage des Ersten Bundeswohnungsbaugesetzes – der »Soziale Wohnungsbau«, neben dem bis heute der sogenannte frei (d.h. ohne Inanspruchnahme öffentlicher Mittel) finanzierte bzw. steuerbegünstigte Wohnungsbau wenigstens in den Großstädten nur eine untergeordnete Rolle spielt. [...]

Eine überschlägige Berechnung ergibt, dass seit der Währungsreform ein Betrag von mindestens 600 bis 700 Mill. DM im Wohnungsbau in unserer Stadt investiert worden ist. In der gleichen Zeit sind an Landesmitteln vom Amt für Wohnungsbau rund 210 Mill. DM für den Wiederaufbau und rund 84 Mill. DM für den Neubau von Wohnungen bewilligt worden. Nicht eingeschlossen hierin ist der Wohnungsbau für Bergarbeiter, der seit 1952 aus der sogenannten Kohlenabgabe gespeist wird. Die Stadt Essen hat aus ihrem eigenen Haushalt bisher mehr als 25 Mill. DM für den Wohnungsbau aufgebracht und damit insbesondere die Durchführung einiger städtebaulich und wohnungspolitisch wichtiger Bauvorhaben wirksam gefördert.

Sicherlich verbirgt sich hinter diesen Zahlen eine außerordentlich wirtschaftliche Leistung, eine Unsumme industrieller, handwerklicher und organisatorischer Arbeit. Darüber ist kein Wort zu verlieren.

Diese Zahlen lassen aber nicht nur den Umfang der geleisteten Arbeit erkennen, sondern sie regeln mit unerbittlicher Nüchternheit auch den Umfang der noch zu erfüllenden Aufgaben. Heute noch fehlen am Vorkriegsbestand in Essen rund 30.000 Wohnungen. Diese Ziffer entspricht fast genau der Anzahl der gegenwärtig registrierten echten wohnungsuchenden Familien. Wir müssen zudem berücksichtigen, dass Essen eine ständig wachsende Stadt ist, deren Einwohnerzahl sich mit schnellen Schritten der 700.000-Grenze nähert. Überalterte Wohnungen fallen aus, die moderne Stadt- und Verkehrsplanung erfordert Raum. Es müsste daher, um nur den dringendsten Wohnbedarf zu befriedigen, der bisherige Bauumfang noch eine Reihe von Jahren aufrecht erhalten werden. Leider [lässt] – ohne dass hier auf Einzelheiten eingegangen zu werden braucht – eine Reihe von Umständen befürchten, dass die Summe der für den echten sozialen Wohnungsbau zur Verfügung stehenden öffentlichen Mittel geschmälert werden wird. Man muss deshalb der Tatsache ins Gesicht sehen, dass auch in unserer Stadt Tausende von Familien noch jahrelang auf eine menschenwürdige Wohnung warten müssen. Das gilt vor allem für die sozial leistungsschwachen Teile der wohnungsuchenden Bevölkerung, sofern nicht eine durchgreifende Besserung in Bezug auf die Finanzierungsmöglichkeiten für diesen Teil des sozialen Wohnungsbaus eintritt. Damit ist eines der wichtigsten Probleme des sozialen Wohnungsbaus berührt. Es ist eine nicht nur für Essen, sondern für fast alle vergleichbaren Großstädte nachweisbare Tatsache, dass mindestens ein Viertel bis ein Drittel der Wohnungsuchenden selbst die Richtsatzmiete für eine raummäßig ausreichende Neubauwohnung nicht aufbringen kann. [...]

Die Auswirkungen der Tatsache, dass einem nicht unerheblichen Teil der wohnungsuchenden Bevölkerung mit den Mitteln des gegenwärtigen sozialen Wohnungsbaus nicht geholfen werden kann, mögen im Augenblick für die Allgemeinheit noch nicht in die Augen springen, weil genug andere zahlungskräftige Wohnungsuchende vorhanden sind. Die Lösung dieses Problems wird jedoch von Jahr zu Jahr unabweisbarer werden. Der oft gehörte Hinweis, diesen Teil der Wohnungsuchenden auf die billigen älteren Wohnungen zu verweisen, geht an der Wirklichkeit vorbei. Wie in anderen Großstädten, so ist auch in Essen ein großer Teil gerade der alten und billigen Wohnungen vernichtet worden.

Was erhalten geblieben ist, wird oft von Mietern bewohnt, die keineswegs als leistungsschwach bezeichnet werden können. Sie sind aber erfahrungsgemäß selten bereit, ihre billige Altwohnung zu Gunsten einer teureren aufzugeben und wenn – dann ist noch lange nicht gesagt, dass der Vermieter gewillt ist, sie einem sozial schwächeren Wohnungsuchenden zu überlassen.

23. Essen, Dortmund und die Verwaltungsstrukturreform: Das Ruhrgebiet – ein Integrationsproblem (1957)
Franz Ronneberger,[19] Verwaltung im Ruhrgebiet als Integrationsproblem, Stuttgart/Köln 1957, S. 134–136, 139–140. (Auszug)

Die Pole Essen – Dortmund

Die unverkennbaren dynamischen Kräfte, die im Aufbau der Verwaltungsräume des Ruhrgebiets um Geltung ringen, kulminieren in der Auseinandersetzung zwischen den rheinischen und westfälischen Schwerpunkten Essen und Dortmund. Die beiden Städte rivalisieren nicht

---

19 Franz Ronneberger (1913–1999) war als junger Jurist dem »Dritten Reich« dienstbar. 1945 amtsenthoben, wirkte er zunächst als Redakteur bei der Westdeutschen Allgemeinen Zeitung, Essen, und als Mitarbeiter des Stifterverbands für die deutsche Wissenschaft. Er habilitierte sich 1960 zum zweiten Mal und nahm seither Professuren in Bielefeld und Erlangen-Nürnberg wahr.

nur in Bevölkerungszahl und Wirtschaftskraft miteinander. Das eigentliche Motiv ihres Machtkampfs ist das (verwaltungs-)politische Hegemoniestreben im Ruhrgebiet. Beide können Tradition und wirtschaftliche Vormachtstellung für sich in Anspruch nehmen. Der Vorsprung Essens an internationalem Rang durch den Namen Krupp hat sich durch Diskriminierung und Demontage verringert. Beide Städte werden gleichermaßen von Kriegszerstörungen und Demontagen betroffen. Für Essen ist damit ein nicht unbedeutender wirtschaftlicher Strukturwandel verbunden […]. Dortmund konnte dagegen seinen Charakter als schwerindustrielles Zentrum der Kohleförderung und Eisengewinnung bewahren. Noch verschiedener sind Gesellschaftsaufbau, Lebensstil und »Temperament« der beiden Städte. Brepohl[20] sieht in Essen die einzige echte Großstadt des Ruhrgebiets. Zugleich bescheinigt er, dass in ihr das Rheinische und das Westfälische zur Synthese gelangt sei. Sicherlich macht Essen im Ganzen einen großstädterischen Eindruck als Dortmund, das seinerseits mehr an die Arbeiterstädte des Kohlereviers erinnert. Aber solche Wertungen sind, weil von persönlichen Vorstellungen abhängig, schwer oder überhaupt nicht beweisbar und vor allem zeitbedingt. Eindeutig sind dagegen die Unterschiede in der Industrie- und Sozialstruktur. Wenn, was zumindest für die Großstadtwerdung in historischer Zeit ausschlaggebend war, der Handel, und zwar der Großhandel in Essen weiter an Bedeutung gewinnen sollte, könnte man darin ein Indiz für die Qualifikation zur »echten« Großstadt erblicken. Als gesichert kann die Brepohlsche Beobachtung des rheinisch-westfälischen Charakters der Stadt gelten. Wenn überhaupt an einem Punkt des Ruhrgebiets eine Verschwisterung dieser beiden im Wesen so grundverschiedenen Kultursphären und Lebensstile erfolgte, so in Essen. Aber hieran hat gerade seine Funktion als Verwaltungszentrum für das gesamte Ruhrgebiet entscheidenden Anteil. Das Rheinisch-Westfälische ist hier nicht etwa zu einem Dritten verschmolzen, aus zwei Stämmen hat sich kein neuer Stamm gebildet. »Entscheidend ist der Bindestrich«, sagt Brepohl. Beides hat sich hier aufeinander eingespielt, lebt nebeneinander und übereinander in urbaner Toleranz.

So trügt also das gern gebrauchte Bild von der Ellipse des Ruhrgebiets mit den beiden Brennpunkten Essen und Dortmund. Brennpunkte ja, aber nicht die einer Ellipse, sondern jeder für sich einen Raum bestimmend. Welchen Raum? Die von Dortmund aus gesteuerten Verwaltungsräume sind uns bereits bekannt. Sie beschränken sich keineswegs aufs Ruhrgebiet. Dortmund ist wechselweise Zentrale für Verwaltungen des Regierungsbezirks Arnberg und der westfälischen Landeshälfte. Und selbst mit seinen Verwaltungsteilräumen greift es nicht selten über das Ruhrgebiet hinaus. Dagegen beherbergt die Stadt nur wenige Verwaltungen,

---

20   Wilhelm Brepohl (1893–1975) war ein nationalsozialistischer »Volkstumsforscher«, der sich, mit Hilfe einer Forschungsstelle in Gelsenkirchen in den 1930er Jahren, in zahlreichen Büchern und Aufsätzen um den Nachweis der Besonderheit des »Volkstums« im Ruhrgebiet bemühte (vgl. dazu Dok. 6 in Kap. XII). Seine Veröffentlichungen sind in den 1950er und 1960er Jahren besonders stark beachtet worden. Vgl. Stefan Goch, Wege und Abwege der Sozialwissenschaft: Wilhelm Brepohls industrielle Volkskunde, in: Mitteilungsblatt des Instituts für soziale Bewegungen 26 (2001), S. 139–176; Jens Adamski, Ärzte des sozialen Lebens. Die Sozialforschungsstelle Dortmund 1946–1969, Essen 2009.

in deren Zuständigkeitsbereich auch Teile des Rheinlands fallen. Das Oberbergamt und der Lippeverband sind die bemerkenswertesten Beispiele. Dortmund qualifiziert sich somit nicht nur kulturell (man denke allein an seine Bedeutung als Presse-Zentrum), sondern auch verwaltungsmäßig als westfälische Metropole. Wenn überhaupt von einer Integration durch Verwaltung des westfälischen Ruhrgebiets in das Gebiet Gesamt-Westfalen gesprochen werden kann, so vollzieht sich dieser Prozess nicht über die Landeshauptstadt Münster, sondern über den westfälischen Ruhrgebietspol Dortmund. Jedenfalls ist das Doppelgesicht der Stadt als Ruhrgebiets- und gesamtwestfälisches Verwaltungszentrum unbestreitbar.

Ganz anders liegen die Verhältnisse in Essen. Seine spezifisch rheinische Bedeutung ist im Vergleich zur westfälischen Bedeutung Dortmunds gering. Dafür sorgt die Konkurrenz durch bedeutende rheinische Städte, voran der Landeshauptstadt Düsseldorf. So hat sich das Gesicht Essens entschieden dem Ruhrgebiet zugewandt. Es ist nicht west-, sondern ostwärts gerichtet. Schon die Teilräume weisen auf Städte jenseits der rheinisch-westfälischen Grenze (Bottrop, Gladbeck, Gelsenkirchen), erst recht die Gesamtverwaltungen für das Ruhrgebiet wie Ruhrsiedlungsverband, Emschergenossenschaft, Ruhrverband und Ruhrtalsperrenverein, Verkehrsverbände. Neben Bochum ist Essen der Sitz für Verwaltungen des Bergbaus (ehem. Kohlensyndikat, Bergbauverein, Unternehmensverband Ruhrbergbau usw.). Wie es überhaupt auffällig ist, dass die wenigen Verwaltungen der privaten Wirtschaft, in denen das Ruhrgebiet oder wenigstens Teile desselben ohne Rücksicht auf die einstige Provinzgrenze erfasst sind, ausnahmslos in Essen sitzen. Symptomatisch ferner, dass sich die Zentralredaktion der »Westdeutschen Allgemeinen« ebenfalls in Essen befindet. Schließlich wird die Bedeutung der Stadt als Verwaltungsmetropole durch den Sitz einiger Landesverwaltungen, voran des Landessozialgerichts erhöht. Das Hegemoniestreben Essens und Dortmunds spielt sich also nicht genau auf der gleichen Ebene ab. Essen strebt an, die (Verwaltungs-)Hauptstadt des Ruhrgebiets zu sein, Dortmund macht ihm diesen Rang nur insoweit streitig, als es sich um die, allerdings größere, westfälische Hälfte handelt. Essen bemüht sich um einen spezifisch großstädtischen Charakter, der es zur »Führung« der anderen Ruhrgebietsstädte berechtigt. Dortmund hat in seiner Stellung als gesamt-westfälisches Verwaltungszentrum ein gewisses mittelstädtisches Gepräge behalten, wie es für die westfälischen Landstädte typisch ist. So liegt also genau genommen nur das westfälische Ruhrgebiet im Spannungsfeld der beiden Städte. Doch dieses Ringen um die Vorherrschaft wirkt sich im Sinne eines spezifischen ruhrgebietlichen Raumbewusstseins aus. Stünde Dortmund allein, so wäre ein Ausgleich zwischen den ruhrgebietlichen und westfälischen Integrationstendenzen denkbar. Der Gegensatz zu Essen fordert aber das Interesse am Ruhrgebiet heraus und legt die Stadt insoweit auf diesen Raum fest. Im Spannungsfeld der beiden Städte erleben die dazwischen liegenden Städte und durch das Gewicht dieses Teilganzen auch die westlicheren Städte bis an den Rhein ihre Zugehörigkeit zu einem allen gemeinsamen Raum. Da Essen nicht anders kann, als für das ganze Ruhrgebiet zu »denken«, ist auch die Gefahr ausgeschlossen, dass sich der Antagonismus desintegrierend zu einer Teilung des Raums in die rheinische und westfälische Hälfte auswirkt. Einer solchen Desintegration, so sehr sie durch die Macht der Verwaltungstradition in den Grenzen der einstigen Provinzen vorgezeichnet zu sein scheint, stehen schließlich die Ansätze zu echten Gesamtverwaltungen des Ruhrgebiets gegenüber. Auf sie soll abschließend kurz eingegangen werden. [...]

Somit sind wir bereits am Ende der Aufzählungen von Gesamtverwaltungen des Ruhrgebiets angelangt: fürwahr ein mageres Ergebnis. Es berechtigt gewiss nicht, von einer Integration des Ruhrgebiets als Ganzem durch die Verwaltung zu sprechen. Verglichen mit der Zahl und der Bedeutung der Verwaltungen, deren Zuständigkeitsgebiet durch die rheinisch-westfälische Provinzgrenze bestimmt wird oder die den Regierungsbezirksgrenzen folgen, verlieren sich diese wenigen Fälle einer echten Gesamtverwaltung. An diesem Bild würde vermutlich auch die Gründung einer weiteren Gesamtverwaltung wie der des Bistums Ruhrgebiet wenig ändern, und zwar schon deshalb nicht, weil nach den bisher vorliegenden Informationen die Zuständigkeit dieses Bistums nur Teile des Ruhrgebiets (Ausschluss Dortmunds!) umfassen würde. Nur eine Gesamtreform der öffentlichen Verwaltung im Sinne einer völligen Strukturumwälzung könnte hier Wandel schaffen. Überaus lebhaft wurde dieses Problem in den zwanziger Jahren, insbesondere im Zusammenhang mit der Eingemeindungsaktion 1928/29, dann wieder nach 1933 aus Anlass von Bestrebungen zur Bildung eines Gaues der NSDAP Ruhr diskutiert. 1945/46 bei der Entstehung des Landes Nordrhein-Westfalen traten solche Probleme verständlicherweise hinter dringlicheren Sorgen um den Bestand des Ruhrgebiets als Teil des deutschen Territoriums zurück. Eine verwaltungsmäßige Herauslösung hätte gewissen Abtrennungswünschen der Siegermächte möglicherweise Vorschub leisten können. So taucht die Frage erst neuerdings im Zusammenhang mit den Vorschlägen des Innenministers von Nordrhein-Westfalen zur Neuregelung der Regierungsbezirke auf Grund einer Untersuchung im Regierungsbezirk Arnsberg wieder für die Öffentlichkeit auf. Die Denkschrift[21] gipfelt im Vorschlag, anstelle der jetzigen sechs künftig nur drei Regierungsbezirke in Nordrhein-Westfalen einzurichten. Diese Lösung würde eine »verwaltungsmäßig einheitliche Behandlung des Ruhrgebiets« ermöglichen, heißt es wörtlich. Die Außenstelle des Wiederaufbauministeriums in Essen könnte in den Gesamtkomplex einbezogen werden. Am bemerkenswertesten für den Gedankengang und die Ergebnisse der vorliegenden Untersuchung erscheinen die Überlegungen des Innenministers, die Einheit der Verwaltung in der Mittelinstanz zu verstärken und den Regierungsbezirken einige zur Zeit auf Provinzebene organisierte Sonderverwaltungen einzugliedern. Als solche werden die Schulkollegien, die Landeskulturämter und die Landeseichdirektionen genannt. Ferner sollen zwei Landesverwaltungen, das Landessiedlungsamt und das Landesernährungsamt in Düsseldorf, auf die Zuständigkeiten der Bezirksregierungen aufgeteilt und schließlich die Verbindungsstelle

---

21   Hierbei handelt es sich um die von der Kommission des Innenministeriums NRW 1955 in fünf Bänden herausgegebenen sogenannten Arnsberger Gutachten. In den damaligen Untersuchungen wurde bewusst (Bd. IV, S. 64) auf eine Berücksichtigung wirtschaftsstruktureller, konfessioneller oder politischer Überlegungen verzichtet; man plädierte für Regierungsbezirke mit 4–6 Mio. Einwohnern, im Ergebnis also für drei Regierungsbezirke in NRW. Das maschinenschriftliche Gutachten befindet sich in der Bibliothek des Ministeriums des Innern, Düsseldorf. Zum Arnsberger Gutachten vgl. Birgit Anne Pickenäcker, Bezirksregierungen in NRW. Entwicklung – Transformation – Perspektive, Ibbenbüren 2007, S. 28f.

der Regierungspräsidien Arnsberg, Düsseldorf und Münster für die Unterbringung von Bergarbeitern in Essen der Bezirksregierung des Ruhrgebiets unterstellt werden. Erst durch eine solche Konzentration von Verwaltungsaufgaben bei den neu zu bildenden Bezirksregierungen, von denen die Denkschrift sagt, dass sie »aufgabengemäß an die Stelle heranwächst, die in der früheren Verwaltungsentwicklung einmal der Oberpräsident bekleidet hat«, könnte die Vorherrschaft der rheinisch-westfälischen Grenze gebrochen werden. Vielleicht würde dann auch die Wirtschaft von ihrem traditionellen Verwaltungsschema abgehen. Dagegen würde die Schaffung eines Regierungsbezirks Ruhrgebiet allein ohne eine gleichlaufende materielle Verwaltungsreform an der bestehenden verwaltungsmäßigen Desintegration des Ruhrgebiets nichts Entscheidendes ändern.

24. Das Ruhrgebiet erhält ein Bistum. Gruß- und Abschiedsworte zur Gründung des Bistums Essen 1958

a) Grußwort Bischof Franz Hengsbach (Essen), in: Kreuz über Kohle und Eisen. Unser Bistum Essen, hg. im Auftrag des Bischofs v. Essen, Essen 1958, Vorwort. (Auszug)

Mitten im Getriebe der Großstadt steht das tausendjährige *Münster am Hellweg*. Edel in seinen Formen, ehrwürdig durch die Gebete der Jahrhunderte, ist es seit dem 1. Januar 1958 Bischofskirche, Mitte des neuen Bistums Essen[22] geworden. Die Sorge und die Liebe unseres Heiligen Vaters Papst Pius XII.[23] haben dieses unser neues Bistum erstehen lassen, damit die Kirche den arbeitenden Menschen im Ruhrgebiet nahe sei, näher komme ihren Fragen und Nöten, dass sie tiefer verwurzelt werde in diesem Raum zwischen Zechen, Schloten, Fabrikhallen, Kaufhäusern. Die Kirche will nichts anderes als denen dienen, die hier wohnen und arbeiten. *Im neuen Bistum sollen alle Gläubigen eine neue geistliche Heimat finden*. In einer lebendigen Gemeinschaft kennen sich die einzelnen Glieder, wissen voneinander und sorgen füreinander. Nicht anders darf es auch in der Gemeinschaft unseres neuen Bistums sein. Der Bischof und seine Mitarbeiter wollen mehr und mehr die einzelnen Gemeinden, die Priester und die Gläubigen kennen lernen und die Diözesanen den Bischof. Unser Bistum ist aus drei Teilen der Erzdiözesen Köln und Paderborn und der Diözese Münster zusammengefügt. Wohl ist die soziale und wirtschaftliche Struktur in diesem Raum kaum unterschiedlich, und doch hat jeder der drei Bistumsteile seine Besonderheiten, seine eigene Geschichte und sein eigenes Gesicht.

Von all dem soll diese Schrift in Wort und Bild berichten. Sie ist als *kleines Familienbuch des neuen Bistums* gedacht und soll mithelfen, dass unser Bistum zu einer rechten Gemeinschaft zusammenwächst, in der Einer vom Anderen weiß, in der Einer auch des Anderen Last trägt. Mehr und mehr muss das Bewusstsein lebendig und wirksam werden: Wir alle, Laien,

---

22 Erste Pläne zur Errichtung eines Ruhrbistums wurden bereits vor dem Ersten Weltkrieg formuliert. Mit der Inthronisation von Franz Hengsbach (1910–1991) als erstem Bischof wurde das Ruhrbistum am 1.1.1958 errichtet. Hengsbach wurde 1988 zum Kardinal ernannt.
23 Pius XII. (1876–1958) war seit 1939 Papst.

Priester und Bischof, die wir nach Gottes Vorsehung in diesem neuen Bistum zusammengeschlossen sind, wir alle gehören zusammen.

 b) Abschiedsworte des Erzbischofs Lorenz Jäger[24] (Paderborn), in: Ebd., S. 183f. (Auszug)

Liebe Erzdiözesanen im bisherigen Paderborner Anteil des Bistums Essen!
Liebe Brüder und Mitarbeiter im Priesteramt!
Zum letzten Mal kann ich heute als Euer Erzbischof ein Hirtenwort an Euch richten. Am ersten Tag des neuen Jahres 1958 wird in der Münsterkirche zu Essen die Päpstliche Bulle verkündet werden, durch die unser glorreich regierender Heilige Vater Papst Pius XII. das neue Bistum Essen errichtet. Aufgrund der konkordatären Abmachungen zwischen dem Heiligen Stuhl und der Landesregierung von Nordrhein-Westfalen vom 26. Februar 1957 wird die neue Diözese Essen gebildet aus Gebietsteilen der drei Diözesen Köln, Münster und Paderborn, und die Münsterkirche zu Essen wird zum Rang einer Kathedralkirche erhoben. Aus der Diözese Paderborn scheiden damit aus die Großstädte Bochum, Gelsenkirchen und Wattenscheid, die Kreise Altena, Ennepe-Ruhr-Kreis sowie Stadt- und Landkreis Lüdenscheid. In den mehr als 130 Jahren, die diese Gebiete zum Bistum Paderborn gehört haben, sind naturgemäß echte, lebendige Verbindungen gewachsen. Waren doch diese 130 Jahre für das Land an der Ruhr die entscheidenden Jahre, in denen Schacht auf Schacht abgeteuft wurde; Jahre, in denen aus kleinsten Anfängen sich dieses größte Industriezentrum Europas entwickelt hat. Vor allem in den letzten 50 Jahren sind aus kleinen Städtchen und Dörfern diese Riesenstädte mit ihrem geprägten Eigenleben und ihrem starken Selbstbewusstsein geworden. Die Bischöfe von Paderborn haben mit wacher Sorge die Entwicklung dieses ehemals ländlichen Raums zum Land der Fördertürme und Schlote begleitet und versucht, den großen seelsorglichen Aufgaben gerecht zu werden, die diese rapide Entwicklung stellte. Es wird immer ein Ruhmesblatt für den katholischen Klerus und unsere apostolisch gesinnten Laien wie für die bedeutsame Arbeit unserer katholischen Verbände und Vereine bleiben, dass es in diesen Jahrzehnten gelungen ist, den Aufbau der kirchlichen Organisationen mit der sprunghaft empor schnellenden industriellen Entwicklung Schritt halten zu lassen. Großer gemeinsamer Anstrengungen hat es bedurft, um unter dem Segen des Himmels die Hunderttausenden, die aus allen Gauen Deutschlands und aus dem Ausland in das Industriegebiet an der Ruhr auf der Suche nach Arbeit und Brot hineinströmten, dort kirchlich zu beheimaten und verwurzeln zu lassen.

 In Dankbarkeit gegen Gott den Herrn, aber auch mit aufrichtigem Dank gegenüber dem Klerus des Industriegebiets und seinen Laienhelfern aller Altersstufen und aller sozialen Schichten kann ich heute feststellen, dass die Katholiken des Ruhrgebiets wahrlich nicht die schlechtesten Katholiken sind. Unter dem Arbeitskittel schlägt diesen hart arbeitenden Menschen ein Herz voller Glaube und Hingabe an den Herrn, voller Liebe und Treue zur heiligen Kirche. Diese

---

24 Lorenz Jäger (1892–1975) wurde 1941 Erzbischof von Paderborn und erhielt 1965 die Kardinalswürde.

Verbundenheit zwischen Pfarrgemeinde und den Seelsorgern, die für unsere Industrie-Pfarreien charakteristisch ist, hat den Priestern die Arbeit im Ruhrgebiet immer wieder leicht gemacht. Jeder Paderborner Priester, der dort gearbeitet hat, denkt gern und dankbar an diese Jahre zurück.

Danken muss ich auch persönlich in dieser Stunde für all die seelsorglichen Freuden, die ich im Industriegebiet erlebt habe. Ich verbinde damit zugleich den Dank an die Ordensfrauen der verschiedensten Kongregationen, die aus der Seelsorge und karitativen Arbeit des Reviers nicht wegzudenken sind. Ihr stilles Wirken ist mir oft zur Erbauung und Anlass zu dankbarer Freude gewesen.

Diese wachsende Verbundenheit ist noch inniger und kerniger geworden in den harten Kriegs- und Nachkriegsjahren. Wie oftmals habe ich nach schweren Bombenangriffen inmitten der Trümmer Eurer Häuser und Werkstätten Euch besuchen und Euch die Hand drücken können. Wie oft habe ich in diesen furchtbaren Jahren von den Kanzeln Eurer halbzerstörten Kirchen Euch Mut und Gottvertrauen zugesprochen. Das hat Bande geknüpft zwischen Bischof und Gemeinden, die sich nicht mehr zerreißen lassen.

25. Eine junge französische Bibliothekarin schildert Ende der 1950er Jahre ihre Eindrücke vom Ruhrgebiet.
Karl Grimm/Odile Gruhier, Flug durch die Dunstglocke, in: ruhrgebiet 1 (1959), Heft 1, S. 38–43.[25] (Auszug)

Ich erreichte Mülheim bei strahlendem Sonnenwetter und bestieg ein Sportflugzeug, von welchem aus ich einen ausgezeichneten Blick hatte. Auf einer Karte wurde mir die Flugroute gezeigt, dann ging's los!

Der erste Eindruck, den ich beim Anflug auf Duisburg hatte, ließ mich fast während meiner ganzen Reise nicht mehr los. Ich war erschüttert von dem Schmutz der fast gesamten Gegend, Häuser, Gärten, Straßen, alles ist schwarz. Durch all den Staub und Schmutz der Industrie, der vielen Schornsteine, ist die Sicht nur unklar. Dieser Staub von Duisburg, Gelsenkirchen, Wanne-Eickel, Dortmund, Bochum und zum Teil von Essen ist wenig einladend, die Städte bieten einen traurigen Anblick, aber nicht nur in Deutschland, sondern auch in Frankreich und anderswo.

Während meines Flugs herrschte dichter Verkehr auf den Straßen. Autos rollten unaufhörlich über die Straßen, die mir zwar weniger zahlreich zu sein schienen als in Frankreich. Die Eisenbahnlinien, auf denen Züge hin- und herfahren, versetzten mich in Erstaunen. Hauptsächlich der Ruhrhafen – in dem viele Schiffe und Kähne, schwer beladen, vor Anker lagen, andere bewegten sich mit ihrer kostbaren Last in Richtung Rhein – ließ mich an das gewaltige Industriepotenzial des gesamten Ruhrgebiets denken.

---

25 Den Schilderungen Gruhiers gegenübergestellt wurden in dem Artikel die jeweiligen Eindrücke des deutschen Studenten Karl Grimm.

Wie sehr freute ich mich zu entdecken, dass die Deutschen es verstehen, ihre Städte zu schmücken, um die Hässlichkeit der benachbarten Fabriken zu verstecken! Es mutet fast wie eine Entschuldigung an! Welch angenehme Überraschung, eine so große Anzahl schöner Gärten und Parks zu sehen! Wie wunderbar lag der Park von Dortmund unter uns, die Blumen glänzten vielfarbig in der Sonne! Der Baldeneysee, der Park von Velbert wirkten beruhigend in ihrer Schönheit und Abgeschlossenheit nach der langen Einöde der schwarzen Häuser.

Fabriken von Duisburg bis Dortmund, von Recklinghausen bis Velbert, die fast eine einzige Kette darstellen, Dächer, Hallen, die sich über weite Flächen ausbreiteten. Die zahlreichen Schornsteine, die schwarzen, grauen und rötlichen Rauch ausspien, boten einen atemberaubenden Anblick. Man war zugleich von Furcht ergriffen und von Begeisterung befallen beim Anblick der kolossalen Kraft dieser Industrie, deren Maßstab die des Menschen zu übersteigen scheint.

Um all meine Eindrücke zusammenzufassen, kann allein das Symbol der Musik bringen, was ich gesehen habe. Sinfonie der menschlichen Klugheit, die es versteht, auf allen Gebieten »alle schönen Früchte der Erde« auszubeuten. Allegro der kleinen Gärten und Parks, Andante der weiten Felder, Menuett des täglichen Lebens und Adagio grandioso dieser rhythmisch majestätischen Industrie, in der der Mensch seine ganze Macht ausdrücken kann.

26. Vom Mythos des Ruhrgebiets (1959)

Franz Ronneberger,[26] Mythos und Wirklichkeit. Ruhrgebiet am Wendepunkt, in: ruhrgebiet 1 (1959), Heft 1, S. 3–6. (Auszug)

Eines der Grundelemente unseres gegenwärtigen Gesellschaftsverständnisses ist die »Irrealität des Sozialbewusstseins«. Das bedeutet: Es gelingt uns nicht mehr, die sich immer schneller vollziehenden Veränderungen der Wirtschafts- und Gesellschaftsverfassung zu verstehen. Das Bild, das wir uns von unserer Gesellschaft machen, entspricht einem bereits überwundenen Zustand, es hinkt der Wirklichkeit nach. Das muss zu bösen Missverständnissen und zu schlechter Anpassung führen. Wir werden den Forderungen der Wirklichkeit nicht gerecht, sehen sie in einem falschen Licht, stellen ungerechte Forderungen an uns und andere und werden – in einem Wort – immer unsicherer, wie wir uns eigentlich verhalten sollen. Man pflegt diesen erstarrten geistigen Hintergrund als Ideologie zu bezeichnen, die Amerikaner haben sich neuerdings angewöhnt, von einem Mythos zu sprechen. Für das Ruhrgebiet passt dieses Wort ausgezeichnet. Es gibt durchaus einen Mythos des Ruhrgebiets, einen Mythos der Pioniere, der harten Gründerjahre, der schweren und schmutzigen Arbeit, der Jugendkraft, der Eroberungslust und des Expansionsgefühls, des rücksichtslosen Erfolgstrebens, der gewagten Spekulation, des Schwindel erregenden Wachstums, des schnellen Reichwerdens und des plötzlichen Sturzes und Rückschlags, also einen Mythos des gefährlichen Lebens, der ein wenig an Goldgräberei und Abenteuer erinnert. In diesem Mythos sind die Erlebnisse der

---

26 Zum Verfasser vgl. Dok. 23 in diesem Kapitel.

Frühzeit aufgehoben und verewigt. Wir begegnen ihnen in den wenigen Ruhrgebietsromanen ebenso wie in dem »Ruf«, den das Ruhrgebiet außerhalb seiner Grenzen hat. Wir begegnen ihm aber auch in den übrig gebliebenen sichtbaren Zeugen der Frühzeit. Er beherrscht die Grundtönung des Selbstverständnisses der älteren Generation. Sie weiß es nicht anders und glaubt noch daran, dass diese Industriegesellschaft in besonderer Weise offen ist, weil sie unkonventionell und willkürlich entstand. Sie sieht im Kumpel und seiner gefahrvollen Tätigkeit noch immer das Symbol dieses Raums und neigt dazu, die schwere körperliche Arbeit als den alleinigen Maßstab für die Zugehörigkeit zum »Kohlenpott«, den Schmutz und die schlechte Luft als notwendiges, aber stolz ertragenes Übel eines Industrieraums zu betrachten, der zwar vernachlässigt und verkannt, aber nichtsdestoweniger die Basis der deutschen Wirtschaft ist. Dieser Mythos ist zwar nicht frei von Neuromantik, Heroisierung und Sentimentalität, hat sich aber über Jahrzehnte und vor allem während der Notzeiten als außerordentlich zuverlässiger Integrationsfaktor bewährt.

Und dann erscheint ein Bilderbuch wie das von Böll und Chargesheimer,[27] und mit einem Schlag wird offenbar, dass dieser Mythos, wird er als Wirklichkeit geschildert, nicht mehr stimmt, dass man sich von ihm distanziert, dass man ihn verpönt. Was ist geschehen? Es haben sich zwei Wandlungen vollzogen, eine der Wirklichkeit und eine der Ideologie. Die Veränderungen der wirtschaftlichen und gesellschaftlichen Wirklichkeit können wir mit sozialwissenschaftlichen Mitteln nachweisen, die der Ideologie lassen sich vorerst nur intuitiv erkennen und beschreiben. In ihnen kündigt sich das radikale Umschlagen von einem Extrem ins andere an. Die alte Ideologie hat, weil sie mit der Wirklichkeit nicht mehr übereinstimmt, eine Gegenideologie auf den Plan gerufen, die nun ihrerseits übers Ziel hinauszuschießen droht. Auf einmal wollen die Ruhrgebietsstädte nun überhaupt keine Industrie- und Arbeiterstädte, sie wollen Kulturstädte sein. Die schwere Industriearbeit wird möglichst aus dem Bild verdrängt, das man sich von seiner Umwelt machen möchte. Sie wird sozusagen in die Symbolwelt verbannt. Man benutzt das Etikett der »Stadt der tausend Feuer« wie eines jener beeindruckenden und Furcht erregenden Symbole aus der Welt der Heraldik. Aber man brüstet sich mit Grüngürteln und neuen Stadttheatern.

Das alles ist nur zu verständlich. Ist es nicht das gute Recht jeder Stadt, sich so schön zu machen und kulturell so hoch stehend zu zeigen wie nur eben möglich? Diese Sehnsucht dürfte dem Herzen der Millionen im Ruhrgebiet viel mehr entsprechen als der alte Mythos vom Pioniergeist, vom Wagemut, vom Risiko und vom harten Leben.

---

27 Heinrich Böll/Chargesheimer, Im Ruhrgebiet, Köln 1958. Vgl. dazu auch die Rezeption dieses Bildbands im Beitrag von Daniel Deckers, Helles Brot in kohlenschwarzer Hand. Heinrich Böll und Chargesheimer »Im Ruhrgebiet«, in: Ders. (Red.), Das Ruhrgebiet. Porträt einer Region, Essen 1997, S. 36–41. Heinrich Böll (1917–1985), Schriftsteller und Übersetzer aus Köln, erhielt 1972 den Nobelpreis für Literatur. Carl-Heinz Hargesheimer (Pseudonym: Chargesheimer 1924–1971) war ein in den 1950er Jahren zu Ruhm gelangender Fotograf und Künstler aus Köln.

27. Die Adam Opel AG will für die Ansiedlung eines Automobilwerks von der Stadt Bochum drei Geländestücke mit zusammen mehr als 120 Hektar Größe erwerben. Sie stellt der Stadt Bedingungen für Zustand und Erschließung der Flächen (1960).

Ohne Verfasser, ohne Datum [Fragenkatalog der Adam Opel AG an den Oberstadtdirektor Bochum im Zusammenhang mit dem geplanten Erwerb des Geländes für ein Autowerk, Mitte April 1960]. Stadtarchiv Bochum, Bo OstD 885, unpag.

Fragen, die seitens des Verkäufers vor Erwerb der Grundstücke durch den Käufer klar beantwortet bzw. restlos geklärt werden müssen:

1. Größe des Geländes (Fläche I, II und III), das sofort protokolliert werden kann.
2. Welches Gelände hiervon (Fläche I, II und III) ist bebaubar, welches ist nicht bebaubar.
3. Welches Gelände (Fläche I, II und III) ist berggefährdet und kann mit Sicherungsmaßnahmen bebaut werden, und wer trägt die Kosten für diese Sicherungsmaßnahmen.
4. Ein neutraler, amtlicher oder hauptamtlicher Sachverständiger muss vor Protokollierung die Bebaubarkeit bzw. Unbebaubarkeit feststellen und begutachten, mit welcher Bodenpresse das Gelände belastet werden kann und in welcher Tiefe (d.h. mit 1,2 oder 3 kg/cm^2). Ferner muss zu jeder Zeit die Möglichkeit gegeben sein, mit Maschinen mit einer Genauigkeit von 1/1000 mm zu arbeiten.
5. Sind einwandfreie Grundwasserverhältnisse gegeben (Fläche I, II und III).
6. Das Gelände muss vom Verkäufer dem Käufer geländegleich übergeben werden, d.h. sämtliche auf dem Gelände befindlichen Zechen- und Wohngebäude etc. müssen entfernt werden.
7. Der Baugrund muss für Bauzwecke einwandfrei sein (Fläche I, II und III), d.h. es müssen Einzelheiten über die Lagen (Schichten) durch den Verkäufer angegeben werden.
8. Sämtliche Halden, die sich noch auf dem sogenannten unbebaubaren Gelände befinden, müssen abgetragen werden, und [es] muss festgestellt werden, ob auf diesem Gelände Werkstraßen bzw. Parkplätze für PKW und Lastzüge errichtet werden können.
9. Es muss ein Termin festgelegt werden, bis wann mit der Ausführung der Fabrikgebäude begonnen werden kann.
10. Seitens der Stadt dürfen dem Käufer keine Beschränkungen auferlegt werden über die Art, Größe, Ausführung und Architektur sowie Benutzung der neu zu errichtenden Gebäude sowie über die Anordnung der Werkstraßen.
11. Ferner darf die zu bebauende Fläche auf diesem Gelände in keiner Weise beschränkt werden, und [es] müssen hierfür vor Protokollierung Zusicherungen gegeben werden.
12. Von der Stadt muss dem Käufer eine eindeutige Erklärung gegeben werden, dass das gesamte Gelände (Fläche I, II und III) für Industriezwecke geeignet ist und dass mit keinen Schwierigkeiten durch Nachbarschaft oder irgendwelche Organisationen und Behörden, wie Gewerbeaufsichtsamt, Technisches Überwachungsamt, Bergbaugesellschaft etc. zu rechnen ist.
13. Es muss gewährleistet sein, dass die bei der Fabrikation anfallenden Abwässer in ein Kanalsystem geleitet werden können; evtl. wäre die vorhandene Kläranlage, soweit sie

brauchbar ist, zu benutzen. Vor Protokollierung müsste hierfür eine grundsätzliche Genehmigung vorliegen.

14. Der jetzige Bahnanschluss mit seinen Nebengleisen muss durch Festlegungen der Stadt in Übereinstimmung mit der Bundesbahn für Zwecke des Käufers zur Verfügung stehen, evtl. teilweise übereignet oder eine Benutzungsgenehmigung auf lange Dauer gewährt werden.
15. Ferner müsste die Bundesbahn dem Ausbau der Gleisanlage auf dem Gelände nach Vorschlägen des Käufers mit Genehmigung der Stadt zustimmen und dem Käufer auf dem Gelände vollständig freie Hand lassen. Das Rangieren erfolgt auf dem Gelände mit werkseigenen Lokomotiven des Käufers.
16. Da die Gleisanlage auf Fläche I jetzt nur Gütergleise umfasst, reicht sie für die Zwecke des Käufers nicht aus, und es muss seitens der Stadt in Verbindung mit der Bundesbahn festgelegt werden, dass auch Arbeiterzüge an dem Bahnhof halten und eine Verbindung mit Langendreer und umgekehrt zum Bahnhof Bochum geschaffen wird, damit die An- und Abfahrt der Belegschaft sichergestellt ist. Auch diese Haltestelle muss vorher festgelegt werden.
17. Um das Gelände für unsere Zwecke nutzbar zu machen, ist der Ausbau der Fernstraße NS 7[28] mit kreuzungsfreier Auffahrt und Zufahrt auf das Werksgelände des Käufers nach Vorschlägen des Käufers so rechtzeitig festzustellen, dass mit Inbetriebnahme der Fabrik die Zufahrt gewährleistet ist. Außerdem muss die NS 7 mit dem Ruhrschnellweg verbunden werden, damit eine Fernverbindung gegeben ist. [...]
20. Für die An- und Abfahrt der Belegschaft, die sich in der Hauptsache auf Omnibusse und Straßenbahn einstellen wird, müssen vor sämtlichen Eingängen der Fabriken (Flächen I, II und III) große Haltestellen und Wendevorrichtungen ausgeführt werden, um die An- und Abfahrt der Arbeiter in kürzester Zeit zu ermöglichen. [...]
22. Die Beschaffung von Wohnungen für Führungspersonal und Spezialisten in noch festzulegender Zahl muss vorher mit der Stadt sichergestellt sein.

28. Selbstbild der Städte: Bochum und Gelsenkirchen 1962
a) Bochum. Porträt einer Stadt, Bochum 1962 [unpag.].
b) Gelsenkirchen. Porträt einer Stadt, Gelsenkirchen 1962 [unpag.].

a) Im Sommer 1962 legte der Ministerpräsident des Landes Nordrhein-Westfalen, Franz Meyers,[29] in Bochum-Querenburg den Grundstein für den ersten Bau zu einer Universität an der Ruhr. Diese Hochschule wird in den nächsten sechs Jahren gebaut und soll einmal 10.000 Studenten aufnehmen. Damit werden die Struktur und das Ansehen einer Stadt erweitert, mit deren Namen sich bisher nur die Vorstellung von Wirtschaftskräften verband – Kohle, Eisen und

---

28 Gemeint ist die autobahnähnliche Nord-Süd-Verbindung, d.h. der Teil des Bochumer Rings, der heute nach der englischen Partnerstadt Sheffield benannt ist.
29 Franz Meyers (1908–2002) gehörte für die CDU 1950–1970 dem NRW-Landtag an, war 1952–1956 Innenminister und 1958–1966 Ministerpräsident.

Stahl, Chemische Industrie, Maschinenbau, Braugewerbe, seit 1962 auch Automobilindustrie – und die als Handels- und Einkaufsplatz sowie auf kulturellem Gebiet als Theaterstadt seit langem einen besonderen Ruf besitzt. Mit einem vorbildlichen Wiederaufbau wurden hier die Kriegsfolgen überwunden – Bochum war zu 56 Prozent zerstört -, und heute sind die Hauptkennzeichen der Stadtlandschaft: die blanken Fronten eleganter Geschäftsstraßen und schmucke Wohnviertel, die strahlenden Akzente charaktervoller Hochbauten von moderner Linienführung, die breiten Ringstraßen und weiten Plätze im Stadtkern, dazu zahlreiche gepflegte Parks und Grünanlagen zwischen dem Geschäfts- und Verwaltungszentrum und den licht bebauten Stadtteilen rings um dieses Herz der Gemeinde. In Bochum leben heute rund 370.000 Menschen. Sie besitzen in ihrem Schauspielhaus eines der ersten Sprechtheater Deutschlands, in der diesem angegliederten Westfälischen Schauspielschule und in dem Deutschen Institut für Puppenspiel künstlerische Lehrstätten von besonderer Eigenart. Das Bergbaumuseum, die neue Städtische Kunstgalerie, das Geologische Museum, Europas größtes Unfallkrankenhaus »Bergmannsheil«, die durch ihre Satellitenbeobachtungen in der ganzen Welt bekannt gewordene Bochumer Sternwarte, zahlreiche Forschungsstätten und Fachschulen sowie große Verwaltungszentren von berufsständischen Organisationen tragen mit dazu bei, dass Bochum zu einem bevorzugten Treffpunkt im Revier geworden ist.

b) Feuer leuchten auf schwarzem Grund in grünem Land. Gelsenkirchen, die »Stadt der Tausend Feuer«, ist eine Schöpfung des 19. und 20. Jahrhunderts. Zwischen Bauernhöfen und kleinen Ortschaften der Emschermulde am Nordrand des alten Reviers waren über mächtigen Kohlelagern die Städte Gelsenkirchen und Buer bereits zu bedeutenden Industrieplätzen geworden, bevor sie sich im Jahre 1928 mit dem Amt Horst zu jenem kommunalen Gemeinwesen vereinigten, das heute eine Bevölkerung von über 390.000 Einwohnern hat. Kohle, Stahl/Eisen, Chemie, Glas- und Bekleidungsindustrie sind die Kräfte, die Gelsenkirchens Wirtschaft entscheidend bestimmen. Heute sind acht Schachtanlagen in Betrieb. Die Eisen schaffende und Eisen verarbeitende Industrie besitzt Werke von Weltruf, wie etwa in der Rohstahlproduktion, in der Armaturenfertigung oder auch in der Herstellung von Herden. In der Flachglaserzeugung nimmt Gelsenkirchen eine Spitzenstellung ein: Jede zweite Fensterscheibe in Deutschland und jede vierte in Europa stammt aus Gelsenkirchen. Mit der Ansiedlung ostdeutscher Betriebe der Bekleidungsindustrie setzte nach dem Krieg eine Entwicklung ein, die aus Gelsenkirchen inzwischen auch ein Zentrum der westdeutschen Bekleidungsindustrie gemacht und seine Anziehungskraft als Einkaufszentrale noch verstärkt hat. Für die Lebendigkeit des kulturellen Wirkens der Stadt zeugen der Neubau des modernsten Theaters im Ruhrgebiet, die Pflege der drei Spielgattungen Oper, Operette und Schauspiel, ständige Kunstausstellungen, eine umfangreiche Gemäldesammlung, die Künstlersiedlung »Halfmannshof«, die Stadtbücherei und eine vielfältige Volkshochschularbeit. Als Heimat des Fußballklubs Gelsenkirchen-Schalke 04, durch die Trabrennbahn im Stadtbezirk Feldmark sowie die Galopprennbahn in Horst ist Gelsenkirchen auch in der Sportwelt bekannt. Der Ruhr-Zoo ist Ziel für Tierfreunde von nah und fern. Grünanlagen und Wälder schmücken das Stadtgebiet.

29. Ein katholischer Pastoralsoziologe des Bistums Essen beschreibt 1963 die historisch tradierten Defizite der städtischen Pfarrstrukturen und die Wandlung des Charakters der Pfarreien im Ruhrgebiet nach 1945.

Egon Golomb, Seelsorgsplanung in der Großstadt. Entwurf eines Organisationsmodells, in: Trierer Theologische Zeitschrift 72 (1963), S. 129–149, hier S.135–139, 147–148.

Seit dem Entstehen großer industrieller Städte, also heute seit etwa 90 Jahren, kennen wir eine Krise der Stadtseelsorge. Neben den tiefer im Urbanismus und der Säkularisierung des öffentlichen Lebens, allgemein gesprochen also im kulturellen System wurzelnden Gründen, war von Anfang an zu sehen, dass die Krise der Religion in der modernen Gesellschaft auch eine Krise der Seelsorgsorganisation war, die mit der Inkongruenz des Organisationsgrades in den verschiedenen gesellschaftlichen Systemen, besonders mit dem Begriff der Unterorganisiertheit der Seelsorgsgliederung, umrissen werden kann. […]

Das gigantische Wachsen der Bevölkerungszahlen im Zuge der industriellen Entwicklung, die gewaltige Mobilität – zunächst vor allem räumlicher, später auch sozialer Art –, die Entwurzelung und das Fremdsein warfen Probleme auf, die das alte Pfarrkonzept durchbrachen. Diese Gefahr wurde für die deutschen Großstädte und Industrieballungen durchweg schon bald erkannt. Doch sah man in dem Problem, soweit es die Seelsorgsorganisation betraf, vor allem nur die quantitative Seite, die zwar eine wichtige Voraussetzung der Seelsorgsarbeit betraf, nämlich die überschaubare Gemeinde, aber mit der aus der rein numerischen Betrachtungsweise folgenden Verkleinerung der städtischen Riesenpfarreien war das Problem nicht grundsätzlich gelöst. Es blieb und bleibt die Frage, ob eine Seelsorgsorganisation, die im Wesentlichen auf den beiden Institutionen der Pfarrei und der Diözese beruht, der Struktur der urbanen Industriegesellschaft angepasst ist, und ob nicht auch die pastorale Organisation notwendigerweise stärker differenziert und gegliedert sein muss.

Die gesellschaftliche Entwicklung im modernen Urbanismus ist aber augenscheinlich über die pastoralen Einrichtungen hinweggegangen. Vor allem die Unangepasstheit der pfarrlichen Strukturen stellte eine der größten Schwierigkeiten der Seelsorge im städtischen Milieu dar.

Während die alte Landpfarrei wie auch die alte Stadtpfarrei auf eine wirklich lokale Gemeinschaft aufgebaut war, die zumindest den Großteil der täglichen Aktivitäten der Pfarrangehörigen umfasste, ist die heutige Großstadtpfarrei im Wesentlichen eine gesellschaftliche Agglomeration, aus der die Aktivitäten hinein und auch wieder hinaus gehen. Den Pfarreien ist der Charakter einer sozialen und religiösen Einheit verlorengegangen. Die Untersuchungen zeigen, wie sehr auch die einzelnen Stadtteile der Städte selbst nur Wohnagglomeration sind und keine gewachsenen Gemeinschaften. Dementsprechend sind auch die Pfarreien nicht mehr geschlossene, primäre Gruppen, sondern nur ein lockeres, sekundäres System. Die Stadtseelsorge kann deshalb nicht als ein Mosaik von Pfarreien angesehen werden, die sich ineinander fügen und nur noch höchstens durch ein Sekretariat oder einen im Grunde gleichberechtigten Stadtdechanten koordiniert werden müssten.

Die Untersuchungen zeigten deutlich die Zufälligkeit und Zusammenhangslosigkeit der Struktur der gegenwärtigen großstädtischen Pfarrei. Der Gedanke der Pfarrfamilie ist ein

Mythos, der bestenfalls für den kleinen Kreis der Kerngemeinde zutreffen mag, aber für einen längeren Zeitraum und für die gesamte Pfarrbevölkerung keinen Wirklichkeitswert besitzt.

Aber auch als sekundäres System ist die herkömmliche Seelsorgsorganisation in den Städten nicht genügend durchstrukturiert. Die Pfarrei nimmt selbst als sekundäres System immer mehr den Charakter einer »service station« an. Als Ausweg hat sich gerade in den letzen hundert Jahren im verstärkten Maße das Verbands- und Vereinswesen als Differenzierung neben der eigentlichen Seelsorgsorganisation herausgebildet. Weil die menschlichen Aktivitäten in der industriellen Stadt die alte Einheit der Pfarrei sprengen, müssen neuere Gliederungsprinzipien den Seelsorgsaufbau ergänzen, ja geradezu strukturell durchforsten. Der gleiche Wohnplatz ist in der modernen Großstadt nur ein, wenn auch immer noch wichtiger Anküpfungspunkt. Wenn die Kirche aber alle ihre Anstrengungen nur auf die Seelsorge am unmittelbaren Wohnplatz richtet, erreicht sie nur einen kleinen Teil, und zwar nur die weniger aktiv im Leben Stehenden. Damit ergibt sich die Gefahr, dass die Kirche in ihren pastoralen Bemühungen am Rande des modernen Lebens bleibt und auch der Kern der Pfarrei zum Getto introvertiert und die Pfarrei nicht zum umfassenden Rahmen des religiösen Lebens im Pfarrbezirk wird.

Die stärkere Durchgliederung der Seelsorgsorganisation muss auf den verschiedenen Ebenen zwischen und unter den beiden bisherigen und neu zu schaffenden Institutionen erfolgen. Im Grunde handelt es sich bei dem Aufbau um den gleichzeitigen Vorgang von Zentralisation und Dezentralisation, um eine dem Bild der gesellschaftlichen Gegebenheiten in der Stadt entsprechende Struktur der Seelsorgsorganisation zu erreichen. Dieses Ergebnis wird durch die Delegierung und Zusammenfassung von Kompetenzen und Aufgaben der verschiedenen Ebenen der Seelsorgsorganisation nach dem Gedanken echter Subsidiarität zu erreichen sein. [...]

Die Stadtkirche muss in ihrer pastoralen Arbeit immer von dem Ganzen der Stadt ausgehen und alle die Aufgaben, die die Pfarreien wegen ihrer territorialen Begrenzung nicht ausführen können, übernehmen. Dazu gehören die überpfarrlichen Seelsorgsaufgaben, die sich auf der Ebene der Stadt ergeben und die heute teilweise noch nicht erkannt und teilweise durch mehr oder weniger systematische, organisatorische Ad-hoc-Konstruktionen und Sonderinstitutionen aufgefangen werden. Eine Pastoral des Ganzen hat also nicht allein die Koordination und Leitung der Seelsorge der Stadt zum Ziel, sondern muss sich auch den überpfarrlichen Bereichen und Einflüssen widmen. Alles, was sich heute an Spezialseelsorge in Personal- und Quasi-Pfarreien tut, könnte in der Stadtkirche seinen institutionellen Ort finden. Durch das katholische Zentrum der Stadtkirche müssten Dienste übernommen werden, die hier zusammengefasst besser getan werden können, als wenn jede Pfarrei in zahlreichen Kleinaktionen alles macht. Dazu gehören die Aufgaben der kategorialen Seelsorge, die kirchliche Sozialarbeit, die Caritasarbeit, die kirchliche Planung, die Information und auch die Werbung, die Reisenden-, Bahnhofs- und Hotelseelsorge, die Betriebsseelsorge und die Freizeitseelsorge und auch die Telefonseelsorge. An interpfarrlichen Diensten könnte die Stadtsekretariatsarbeit im Rahmen der innerstädtischen Mobilität straffer und genauer organisiert werden, und durch Übernahme von pfarrlichen Verwaltungsarbeiten in einem zentralen Sekretariat könnte die pfarrliche Verwaltungsarbeit rationalisiert werden. Dazu kämen aber auch noch überpfarrliche Aktionen im Vorfeld der Seelsorge, die Brautleutekurse usw. […]

Die Citypfarrei richtet sich nicht allein an die Einwohner ihrer unmittelbaren Umgebung. Die bevölkerungsmäßige Entleerung der Innenstadt nimmt hier der Zentralpfarrei auch mehr und mehr die Grundlage für eine herkömmliche Pfarrseelsorge. Die Zentralpfarrei bedarf deshalb der Aufwertung durch zentralere, für das Ganze der Stadt stehende Aufgaben als Sakralraum der Stadtkirche. Sie muss das geistliche, kultische Zentrum der gesamten Stadt werden, das aber auch in seiner personellen und sachlichen Ausstattung dieser Aufgabe und der Bedeutung der jeweiligen Stadt entsprechen muss.

In ihrer besonders gepflegten Liturgie, in ihren Predigten muss sich die Stadtkirche an die Gläubigen in der gesamten Stadt wenden. Die innerstädtische Mobilität bedarf einer solchen seelsorglichen Klammer für die Stadt.

Vor allem auf die Bewohner der Wohnstadtviertel übt die zentrale Kirche schon heute, wie die Ergebnisse der differenzierten Kirchenbesucherzählungen bei den Daten der zwischenpfarrlichen Wanderung immer wieder zeigen, eine erhebliche Anziehungskraft aus. Der Dienst der Zentralkirche muss zum seelsorglichen Band für die Stadtkirche werden. Sie wird zum Bindeglied zwischen den Katholiken aus sozial unterschiedlich strukturierten Bezirken der Stadt, zum Bindeglied zwischen bürgerlichen Residenzvierteln und den dichtbesiedelten Wohnblöcken und Häuserzeilen.

Zentrale Gottesdienste in der Citykirche geben die Möglichkeit, auf der Basis der sozialen Einheit der Stadt so die Einheit des Glaubens zu erleben. Während die Seelsorge in Dekanat und Pfarrei möglichst auf den geschlossenen sozialen Charakter homogener Zonen aufbauen soll, ist der Zentralkirchenbau der Stadtkirche vor Ort, wo von Fall zu Fall das Erlebnis der über die Ortspfarreien hinausgehenden Zugehörigkeit zur größeren Gemeinschaft möglich ist. Hier könnten auch über das Stadtgebiet – besonders die Vorstadtgürtel – verstreut lebende Katholiken ihre seelsorgliche und gottesdienstliche Betreuung finden, die aus den verschiedensten Gründen sich nicht in den festgefügten Rahmen einer Pfarrei stellen wollen, sodass von hier aus auch eventuelle innerpfarrliche Spannungen aufgefangen werden können, die sich z.B. auch aus einer Inhomogenität der Pfarrbevölkerung oder eventuellen Rivalitäten und Abneigungen ergeben.

30. Die Industrie- und Handelskammer Dortmund legt einen eigenen Vorschlag für eine Verwaltungsreform im Ruhrgebiet vor (1965).

Eingabe der Kammer an den Ministerpräsidenten des Landes Nordrhein-Westfalen vom 18.8.1965, abgedruckt in: Das Wirtschaftsjahr 1965. Bericht der Industrie- und Handelskammer zu Dortmund, Dortmund 1966, S. 187–188. Westfälisches Wirtschaftsarchiv Dortmund S 6 Nr. 949. (Auszug)

Mit großer Sorge hat die Industrie- und Handelskammer zu Dortmund davon Kenntnis genommen, dass nach dem vom Innenministerium des Landes erstellten Gutachten ein Regierungsbezirk Ruhr geschaffen werden soll, der lediglich das Kerngebiet des Ruhrgebiets von Dortmund und Castrop-Rauxel im Osten bis Essen, Mülheim und Oberhausen im Westen umfassen soll.[30]

Mit Nachdruck warnen wir vor einem solchen Ergebnis der angestrebten Verwaltungsreform. Wir erinnern daran, dass der Ausgangspunkt der eingeleiteten Überlegungen einzig und allein die Absicht war, für Struktur verbessernde Maßnahmen der Landesregierung die verwaltungsmäßigen Voraussetzungen zu schaffen, die für eine konsequente und erfolgreiche Regionalpolitik notwendig sind. Die jetzt vom Innenministerium für zweckmäßig gehaltene Reform erreicht jetzt genau das Gegenteil. [...]

Für den Fall, dass [...] aus uns nicht erkennbaren Gründen die Grenzen der Regierungsbezirke geändert werden sollen, unterbreiten wir als Alternative zur Schaffung eines »kleinen« Regierungsbezirks Ruhr folgenden Vorschlag:

Das Ruhrgebiet in seiner Ganzheit (das heißt etwa in den Grenzen des Siedlungsverbands Ruhrkohlenbezirk) wird in einen östlichen und einen westlichen Regierungsbezirk eingeteilt. Die Zahl der Regierungsbezirke innerhalb des Landes Nordrhein-Westfalen wird auf diese Weise von sechs auf acht vergrößert.

Der Regierungsbezirk Ruhrgebiet-Ost könnte neben den Stadt- und Landkreisen Bochum, Bottrop, Castrop-Rauxel, Dortmund, Gladbeck, Eickel, Wattenscheid und Witten (die nach dem Gutachten des Innenministeriums den mittleren und östlichen Teil eines »kleinen« Regierungsbezirk Ruhr bilden sollten) die Stadt- und Landkreise Hamm, Lünen und Unna sowie Hagen und den Ennepe-Ruhr-Kreis umfassen. Er würde eine Einwohnerzahl von rund 3,3 Millionen erreichen.

Der Regierungsbezirk Ruhrgebiet-West könnte neben den Stadtkreisen Essen, Oberhausen, Mülheim, die Stadt- und Landkreise Dinslaken, Duisburg, Moers und Rees umfassen. Dieser Bezirk würde eine Einwohnerzahl von rund 2,2 Millionen erreichen.

Gerade im gegenwärtigen Zeitpunkt, in dem die Wirtschaft des Ruhrgebiets durch die Lage im Steinkohlenbergbau vor schwere Belastungsproben gestellt ist, werden verwaltungsmäßige

---

30   Gemeint ist eine Gesetzesinitiative der Fraktionen der Regierungskoalition von CDU und FDP mit dem Titel »Ziele der Neuordnung der staatlichen Mittelinstanz, Schaffung der Deckungsgleichheit von Regierungsbezirken und Regionen für Maßnahmen der Strukturverbesserung und Übergang der Zuständigkeiten der Landesplanung auf die Regierungsbezirke«, o. O. 1965, die am 6.4.1965 im nordrhein-westfälischen Landtag lebhaft diskutiert wurde. Vgl. LT-Dr NW 1965, S. 1911–1952. Die umfassenden Änderungen in der Verwaltungsgliederung, die die Einführung eines neuen Regierungsbezirks »Ruhr« zur Folge gehabt hätten, fasste Innenminister Willi Weyer (FDP) am 16.9.1965 in einer Kabinettsvorlage zusammen. Auf Druck der Opposition und Teilen der Öffentlichkeit beschloss das Kabinett jedoch am 5.10.1965, zunächst eine Sachverständigenkommission einzusetzen, um die Möglichkeiten und Grenzen einer Verwaltungsreform zu prüfen. Zum Beschluss vgl. Landschaftsverband Westfalen-Lippe (Hg.), 150 Jahre Verwaltungsraum Westfalen 1815/1965, Münster 1966, S. 56–60 sowie zur Verwaltungsreformgeschichte in NRW in den 1960er Jahren Birgit Pickenäcker, Bezirksregierungen in NRW. Entwicklung – Transformation – Perspektive, Ibbenbüren 2007, S. 31–41, hier S. 33.

Experimente, die den gegenwärtigen und zukünftigen Bedürfnissen der Wirtschaft dieses Raums nicht gerecht werden können, mit Unverständnis, aber auch mit großer Sorge betrachtet. Die Wirtschaft des Ruhrgebiets hat – so glauben wir feststellen zu dürfen – einen Anspruch darauf, dass bei einer Verwaltungsreform seitens der Landesregierung ihren berechtigten Belangen Rechnung getragen wird und dass insbesondere die Voraussetzungen geschaffen werden, die den in den letzten zehn Jahren eingeleiteten Entwicklungsprozess fördern und begünstigen.

31. Experten des Siedlungsverbands Ruhrkohlenbezirk entwerfen minutiöse Pläne für die Anlage von Freizeitparks zu Erholungszwecken (1967).

Beraterkreis für Freizeitparks beim Siedlungsverband Ruhrkohlenbezirk: Das Leitprogramm für die Gliederung und Einrichtung des Freizeitparks (März 1967). Stadtarchiv Bochum, Bo OB 193, unpag.

Vorbemerkung: Das Leitprogramm geht davon aus, dass ein Freizeitpark eine Größe von mindestens 20–25 ha besitzen muss und dass er an eine bereits vorhandene Zone der stillen Erholung angegliedert werden kann, die ebenso groß ist. [...]

Parkplätze = rd. 25.000 qm. Es sind öffentliche und private Einstellplätze für 800–1.000 Pkw sowie Abstellplätze für Mopeds und Fahrräder vorzusehen, die auf die einzelnen Eingänge zu verteilen sind. Der größte Teil der Parkplätze ist jedoch in der Nähe des Haupteingangsbereichs anzulegen.

Autowaschplätze = rd. 5.000 qm. Erwünscht sind Autowaschplätze nahe der Haupteingangszone, damit hier für manche Familie der Wochenendbesuch im Freizeitpark nicht daran scheitert, weil ein Familienmitglied Wagenwäsche betreiben will. Es ist bei entsprechenden Standortvoraussetzungen denkbar, die Autowaschplätze mit einer privatwirtschaftlich betriebenen Tankstelle zu kombinieren.

Haupteingangsbereich = rd. 15.000 qm. Er umfasst einen Werbe- und Ausstellungsbereich, den Verwaltungs- und Informationsbereich sowie den Betriebshof und einige Wohnungen für Bedienstete einschließlich den dazugehörigen Frei- und Grünbereich.

Werbe- und Ausstellungsbereich: Dieser Bereich soll eingeplant werden für evtl. Ausstellungs-, Werbe- und Büroflächen für Institutionen und Verbände usw., die sich dem Freizeitwesen widmen und die für den Parkbesucher interessant sein könnten (z.B. Do it yourself, Campingwesen usw.). Der Werbebereich, der in direktem Zusammenhang mit der Parkverwaltung stehen muss, soll privatwirtschaftlich betrieben werden (Einnahmen der Parkverwaltung durch Verpachtung und Vermietung.) [...] Promenade = rd. 30.000 qm

1. Promenade = 2.5 km x 6 m = 15.000 qm
2. Sonderanlagen = 6.000 qm wie z.B. Kinderautobahn
3. Frei- und Grünflächen (rd. 9.000 qm).

Die Promenade soll an allen besonders attraktiven bzw. anziehenden Einrichtungen des Freizeitparks entlang führen, wie Kinderautobahn, Modellbauhalle, Pony-Koppel usw. Sie soll ferner den Hauptrestaurationsbereich, die Bade-, Spiel- und Tierzone berühren.

32. »Erbötigkeitsplanung«. Probleme der Stadtplanung im Ruhrgebiet am Beispiel der Stadt Herne (1971)

Seminargruppe Planungspartizipation, Protokoll des Treffens vom 7.12.1971. Stadtarchiv Herne, unverzeichnet, Aktenordner »Stadtsanierung«, unpag.

Am 7.12.1971 fand im Rahmen des kommunal- und verwaltungssoziologischen Lehrprogramms zum Problem der Planungspartizipation ein Gespräch zwischen Seminarteilnehmern und Planungsfachleuten der Stadt Herne statt.

Teilnehmer waren von der Stadtverwaltung Herne die Herren Krummrey, Leyh und Rasche sowie der Direktor der Stadtsparkasse Rohrmann. Von der Ruhr-Universität Bochum und der Pädagogischen Hochschule Ruhr (Abt. Essen) nahmen Prof. Dr. Eckart Pankoke (Lehrstuhl für Soziologie und Sozialpädagogik/Schwerpunkt: Kommunal- und Verwaltungssoziologie), Dipl.-Sozialwissenschaftler Theodor W. Beine (wiss[enschaftlicher] Ass[istent] PH-Essen), Dipl.-Sozialwissenschaftler Hans-Peter Mayer und 14 Studenten teil. Die Leitung des Gesprächs hatte MdL Pohlmann, der auch zu diesem Gespräch eingeladen hatte.

In der Begrüßung von MdL Pohlmann und Prof. Dr. E. Pankoke wurde von beiden Seiten betont, wie notwendig es sei, dass Wissenschaft, Politik und Verwaltung zum besseren Verständnis ihrer Probleme in engeren Kontakt treten müssten. Derartige Gespräche sollten deshalb nicht nur Einzelerscheinungen bleiben. [...]

Prof. *Pankoke* stellte hier die Frage nach der kommunalen Öffentlichkeit: Wird diese durch den Rat repräsentiert? Sei der Planungsprozess bereits in der Vorbereitungsstufe so politikhaltig, dass man davon ausgehen könne, der Problemgehalt sei identisch mit dem Politikgehalt? Werde der Problembereich durch die Öffentlichkeitsvorlage partizipativ aufbereitet, bevor der Rat Prioritäten setze? Ist sozusagen im Vorfeld die Prioritätensetzung etwas gewesen, was unsere Problematik betrifft?

Herr *Leyh* holte in seiner Antwort etwas weiter aus, um die Vielzahl der Probleme aus der Sicht des Praktikers zu verdeutlichen. Bevor eine Politisierung der Öffentlichkeit einsetze, müsse es zunächst zu einer Re-Politisierung der Politiker kommen. Diese Repolitisierung auf kommunaler Ebene müsse im Zusammenhang mit der Politisierung der »Menge« gesehen werden. Es gebe eine Initiativdelegation der Politiker an die Fachleute. Dies sei aber keine Entscheidungsdelegation. Diese Initiativdelegation führe aber zu einer Pseudoneutralität: technokratische Belange stünden im Vordergrund, Jurisdiktion usw. Im Grunde sei es in Herne wie anderswo, dass die parteipolitische Haltung dem Parlament häufig fernbleibe. Die parteipolitische Seite trenne sich von der gesellschaftspolitischen Seite. Die Initiative im gesellschaftspolitischen Bereich bleibe aufgrund mangelhafter Fach- und Sachkenntnis bei den Politikern den Technokraten überlassen. Der Zielfindungsprozess finde also in der Verwaltung statt.

Einwurf *Pankoke*: sozusagen im Windschatten der Politik...

Leyh: Nun ja, die Nahtstellen sind die gewählten politischen Kommunalbeamten. Hier treffe sich die parteipolitische Interessenbildung mit privatwirtschaftlichen Interessen. Der »höhere« Kommunalbeamte vertritt in erster Linie Parteiinteressen. Seine Legitimation durch die Wahl führe bei der Bevölkerung zu der Meinung »Was soll`s, es wird schon nicht in die Hose gehen«!«

Dieser Meinung sei auch der Rat. Die vage Zielformulierung, so betonte Leyh, führe zu der Erkenntnis, dass das, was zu tun sei, aus der Administration heraus formuliert werden muss. Damit aber werde die Administration politisch handelnd. [...]

Nach dem B[undes]BauG[esetz] sei man auch in Herne vorgegangen: Man habe die Mängelhäufung im Stadtkern festgestellt. Ergebnis: der ganze Stadtkern ist sanierungsreif.

Da von den Politikern keine Hilfe kam, sei man auf Initiativensuche gegangen, indem man nach der »Schweizer Masche« verfahren sei: Man habe eine demoskopische Untersuchung in Auftrag gegeben. Lasse man einmal die Fragwürdigkeit eines solchen Unternehmens außer Betracht, so ging es damit um drei Dinge:
— man wollte den Bedarf ermitteln,
— man wollte Meinungen bekommen,
— man wollte ins Gespräch kommen.

Man habe dazu den Angesprochenen drei Skizzen vorgelegt – und damit natürlich eine Vorbeeinflussung herbeigeführt, und es sei genau das herausgekommen, was man erwartet und gewollt hatte. (Hier wurde nachgefragt, ob sich dies auf die Formulierung im Textheft beziehe, wonach das Ergebnis bei der Kaufmannschaft positiv sei, was bestätigt wurde.)

Leyh bezeichnete es als Illusion, wenn die Politiker heute verkünden, dass Informationen der Transparentmachung von Planungsprozessen dienten. Dies stimme nicht: eine Information sei praktisch eine amtliche Bekanntmachung, ob sie nun in der Zeitung oder anderswo erfolge. [...]

Leyh erläuterte nun – auf eine Frage von Prof. Pankoke hin – den Begriff Erbötigkeitsplanung: Man habe hier z.B. einen stark emittierenden Betrieb. Der Plan sehe nun daran angrenzend ein reines Wohngebiet vor. Nun gebe es ja die Immissionsschutzgesetzgebung, Regionalplanung usw., die Grünstreifen verlange. Es gebe nun die Möglichkeit, dass man aus dem Wohngebiet ein Gewerbegebiet mache und damit dem emittierenden Betrieb Schutzinvestitionen erspare. Das sei Erbötigkeitsplanung. Leyh zeigte das auch noch für den Grünstreifen auf. Dies alles sei möglich durch die Pseudozielformulierung durch die Politiker, die an die Administration weitergegeben werde.

Krummrey wies hier auch auf die Zuständigkeiten der Gewerbeaufsichtsämter hin. Der Bürger habe also durchaus Möglichkeiten, sich gegen stark emittierende Betriebe durchzusetzen. Im Umweltschutzgesetz von Hessen gebe es eine vernünftige Sache, indem man dem uralten BGB-Prinzip folge – eben dem Verursacherprinzip. [...]

Base fragte, ob die U-Bahn-Haltestelle bei Karstadt auch ein Beispiel der Erbötigkeitsplanung sei.

Ley sagte, dieser Fall sei eine andere Form der Erbötigkeitsplanung. Karstadt sei positiv zur Planung eingestellt, wolle aber einen direkten Zugang zur U-Bahn haben durch eine Treppe (sonst könne man sich nicht für die Durchführung des Projektes aussprechen).

Pohlmann verwies auf die Verbindung von Attraktivität des öffentlichen Nahverkehrs und privatwirtschaftlichen Interessen hin, die gerade hier am Beispiel Karstadt deutlich werde. Nun kam man auf die demoskopischen Untersuchungen zu sprechen.

Leyh gab die Frage zurück: man solle sich doch an den Oberstadtdirektor wenden und ihn um die Gründe fragen, warum die Untersuchungen nicht veröffentlicht würden. Er hätte nichts gegen die Transparenz des Verwaltungshandelns.

Hier schaltete sich *Nokielski* ein: Das Wissen um die Stadt sei auf der höchsten Ebene konzentriert. Wenn man dieses Wissen transparent mache, dann würden dadurch auch die Nachbarstädte informiert.

Leyh stimmte dem zu und führte an, dass beispielsweise das Entwicklungsprogramm Ruhr[31] und das NWP 75[32] außerhalb der parlamentarischen Kontrolle entstanden seien.

Krummrey vertrat die Auffassung, die Verwaltung würde der Wissenschaft gern die Gutachten zugänglich machen, wenn wir nicht im Zeitalter der kommunalen Neuordnung lebten. Da sammele jede Stadt für sich positive Punkte, um überleben zu können. Auch übergeordnete Stellen erhielten nur die Informationen und Daten, die sie unbedingt brauchten.

Pankoke fasste dies zusammen: Bestimmte Dinge seien nicht veröffentlichbar aus Selbsterhaltungsinteressen. Man könne also feststellen, dass bestimmte Postulate des demokratischen Lebens nicht absolut übertragbar seien.

Base warf ein, dass man dann die Aufgabe der Wissenschaft falsch gesehen habe.

Mayer wies auf die Bedeutung der Konkurrenz hin, die kein Grund für die Nichtveröffentlichung von Daten und Untersuchungen sein könne. Im Gegenteil: Wettbewerb sei überaus nützlich. Der Bürger würde zusätzliche Informationen erlangen und damit sei doch ein Beitrag zur Transparenz erfolgt.

Krummrey lenkte hier etwas ein und sagte, die Städte würden ja Gutachten veröffentlichen, allerdings von der Verwaltung überarbeitete. Der Ausbau und die Erhaltung der Selbständigkeit der Stadt seien nur durch »Geheimhaltung« möglich. In der Tat gebe die Verwaltung zu wenig Informationen heraus. Daran sei in NRW jedoch die Zweigleisigkeit der Verwaltung schuld.

33. Strukturprobleme der Großstädte im Ruhrgebiet in den 1970er Jahren (1977)

Bruno Weinberger,[33] Die Zukunft des Ruhrgebietes – ein kommunales Problem, in: 125 Jahre Industrie-Entwicklung im Ruhrgebiet. Verlagsbeilage der Ruhr-Nachrichten, Nr. 245 vom 21.10.1977.

---

31 Das von der sozialliberalen Koalition unter Ministerpräsident Heinz Kühn erarbeitete »Entwicklungsprogramm Ruhr« aus dem Jahr 1968 war das erste Strukturförderprogramm für die Region Ruhrgebiet. Zentrale Punkte des Handlungsrahmens waren die Sanierung des Steinkohlenbergbaus (Gründung der Ruhrkohle AG) (vgl. Dok. 20 in Kap. XV), die Errichtung weiterer Universitäten und Maßnahmen gegen Luft- und Gewässerverschmutzung.

32 Das »Nordrhein-Westfalen Programm« der Regierung Kühn 1975 führte das »Entwicklungsprogramm Ruhr« konzeptionell und inhaltlich fort. Die Internationale Bauausstellung Emscher Park (1989–1999) konnte auf den Organisationsstrukturen beider Programme aufbauen.

33 Bruno Weinberger (geb. 1920) war von 1968 bis 1986 Geschäftsführendes Präsidialmitglied und später Ehrenmitglied des Deutschen Städtetags. Weinberger, der u.a. maßgeblich an der Gemeindefinanzreform von 1969 beteiligt war, wurde bei seinem Ausscheiden vom damaligen Bundespräsidenten Richard von Weizsäcker als »Mister Städtetag« gewürdigt.

Nach der industriellen Explosion im vorigen Jahrhundert waren die Dynamik des Wiederaufbaus, der Bauboom des »Wirtschaftswunders«, der Druck ansiedlungswilliger Unternehmen, die vorrangige Orientierung der Stadtpolitik an quantitativen Wachstumsidealen, chronische Finanzengpässe sowie letztlich wohl auch ein traditionelles Planungsbewusstsein Ursachen dieser Planungsstrategien, die auf Entwicklungen manchmal nur reagierten, anstatt sie durchdachten Raumordnungskonzepten zu unterwerfen. Die Folgen dieser Politik sind auch und insbesondere in den Großstädten des Ruhrgebiets deutlich zu spüren:

Lärm und Luftverschmutzung belästigen mehr als zumutbar die Wohnbevölkerung besonders der innerstädtischen Wohngebiete.

In den günstigen Citylagen kann zwischen den Funktionen Wohnen und Arbeiten eine Art Verdrängungswettbewerb beobachtet werden, in dem die kapitalkräftigen Unternehmen des tertiären Sektors in der Regel die Oberhand behalten werden.

In Anbetracht sinkender städtischer Lebensqualität und auf der Suche nach größeren, komfortabler ausgestatteten Wohnungen flüchtet die ökonomisch leistungsfähige und aktivere Bevölkerung in die städtischen Randzonen oder ins Umland. Zurück bleiben in erster Linie die sogenannten gesellschaftlichen Randgruppen. Aus den alten Wohngebieten der Kernstädte werden Rentner- oder Gastarbeiter-»Gettos«.

Die Städte selbst haben bereits seit Jahren die Gefahren dieser Entwicklung erkannt: Die soziale Erosion der Großstadtzentren, die Einebnung charakteristischer Stadtstrukturen, die Tendenzen zu einem ausufernden Siedlungsbrei ins Umland, der Verlust an Vitalität und Urbanität bedrohen die Lebensfähigkeit der großen Städte. Der Appell des Deutschen Städtetags von 1971 »Rettet unsere Städte jetzt« gilt heute mehr denn je. […]

An Konzepten zur Revitalisierung der Städte fehlt es nicht. Die jüngste Novellierung des Bundesbaugesetzes lässt die notwendigen rechtlichen und planerischen Voraussetzungen für die zitierten Maßnahmen auch erhoffen. Wie aber kann dies finanziert werden?

Gerade die Städte des Ruhrgebiets kämpfen seit Jahren, bedingt durch die rezessiven Tendenzen in ihren klassischen Wirtschaftszweigen, gegen ihre chronische Finanznot. Kostspielige Umweltschutzauflagen belasten das Verhältnis zur Industrie und ließen die Bemühungen um Steuer versprechende Industrieansiedlungen vielfach scheitern. Der »Exodus« einkommensstarker Bürger ins Umland führte zu schmerzlichen Verlusten an Steuern und allgemeinen Finanzzuweisungen. Gleichzeitig steigt der Umfang an zentralörtlichen Leistungen, den die großen Städte für das Umland erbringen, ohne hierfür einen kostengerechten Ausgleich zu erhalten:

Die Bürger des Umlandes nutzen weiterhin die sozialen und kulturellen Einrichtungen der Kernstadt.

Die trotz sinkender Bevölkerungszahl wachsende Arbeits- und Erwerbszentralität der großen Städte verschärft das Pendlerproblem und erhöht damit sowohl die Kosten für den öffentlichen Personennahverkehr als auch über das Anwachsen des Individualverkehrs die Umweltbelastungen und den Infrastrukturbedarf in der Innenstadt, insbesondere für den ruhenden Verkehr.

34. Gegen den Abriss von Zechensiedlungen. Ein Mieterprotest an den Ministerpräsidenten Johannes Rau[34] (1985)

Anwohner der Dunkelschlagsiedlung Dammstraße und Zechenstraße (Oberhausen) an den Ministerpräsidenten von Nordrhein-Westfalen, Herrn Johannes Rau, vom 20.9.1985. Archiv für soziale Bewegungen Bochum, IGBE-Archiv Nr. 857.

Als Anwohner der Dunkelschlagsiedlung wenden wir uns in tiefer menschlicher Not an Sie. Hier soll durch bewusste Maßnahmen des Hauseigentümers Thyssen Bauen und Wohnen und der Wohnungsverwaltung der Bergbau AG Niederrhein unserer Bergarbeitersiedlung das Lebenslicht ausgeblasen werden.

Dass in der Zechenstraße und in der unteren Dammstraße Bergschäden an den Häusern bestehen, bestreitet kein Anwohner. Schon vor sieben Jahren bildete sich eine Bürgerinitiative, die wie die örtliche IGBE gegen die ungenügende Beseitigung der Bergschäden protestierte. Es wurde sogar ein Mängelkatalog erstellt, der diese ganzen Beschädigungen aufzeigte. Zur Beseitigung der Risse in den Häusern wurde sieben Jahre nichts unternommen, nur dass äußere Risse teilweise mit Papier und Zement beseitigt wurden. Nach kurzer Zeit entstanden natürlich durch diese Reparaturweise neue Risse. Wenn diese größer wurden, wurden die Häuser leer gezogen und abgerissen.

Im Augenblick stehen nach Meinung der Wohnungsverwaltung 28 Häuser auf der Liste des Abbruchs.

Die Anwohner wussten sich nicht anders zu helfen, als am Anfang des Jahres den Antrag an den Rat zu stellen, diese Siedlung unter Denkmalschutz zu nehmen. Der Rat der Stadt Oberhausen hat diesem Antrag zugestimmt und einen neutralen Gutachter bestellt.

Jetzt holt Thyssen Bauen und Wohnen zum Gegenschlag aus.

Dem Gutachter wurde das Betreten der Siedlung vorerst untersagt. Es erschienen Baukolonnen und machten das Wohngebiet zu einer Stätte des Terrors. Sie setzten in den Kellern Stempel und Unterzüge. Unter Fenstern und Türen geschah das gleiche. Dabei wurde teilweise Holz verwendet, das nass und nicht ungezieferfrei ist. Risse wurden sogar mit der Taschenlampe gesucht. Wer sich diese Stempel nicht setzen lassen wollte, dem wurde mit Wohnungskündigung gedroht.

Dies alles geschieht mit Witwen und Rentnern, die nach 1945 den Bergbau unter schwersten körperlichen und materiellen Opfern wieder aufgebaut haben. Eine der Hauptursachen sehen wir in dem Pauschalvertrag zwischen der Wohnungsverwaltung RAG und der Bergschädenabteilung RAG. Hier bekommt schon seit Jahren die Wohnungsverwaltung für den ganzen Bezirk Niederrhein einen Pauschalbetrag von 0,45 DM/Wohnraum, ob Bergschäden vorliegen oder nicht. Das Berggesetz sagt: »Wo Bergschäden vorliegen oder entstehen, sind sie voll und ganz zu beseitigen.«

---

34 Johannes Rau (1931–2006) war 1969–1970 Oberbürgermeister von Wuppertal, 1977–1998 Landesvorsitzender der SPD in NRW, 1978–1998 Ministerpräsident in NRW, 1987 SPD-Kanzlerkandidat und 1999–2004 Bundespräsident.

Als Anwohner stellen wir uns die Frage, wo ist das viele Geld der RAG hingewandert? Hier müsste durch die Öffentlichkeit untersucht werden, warum hier mit Bausubstanz und Menschen Schindluder getrieben wird.

Hiermit protestieren wir entschieden gegen diese wahllose Stempelaktion in unseren Wohnungen und gegen die damit verbundenen Drohungen mit einer Räumungsklage, wenn sieben Jahre keine Gefahr für Leib und Leben bestand, warum dann plötzlich diese Eile, soll der neutrale Gutachter ein Pfahldorf vorfinden? - Die Stempel müssen aus der Siedlung verschwinden, es muss repariert werden.

Wir bitten Sie, doch alles in Ihrer Macht Stehende zu unternehmen, dass in dieser Siedlung der Terror und die willkürlichen Maßnahmen der Wohnungsverwaltung aufhören.

Der Pauschalvertrag zwischen Wohnungsverwaltung und Bergschädenabteilung müsste gelöst werden. Für die Beseitigung von Bergschäden ist *allein* die Bergschädenabteilung der RAG verantwortlich und zuständig.

35. Stadtdirektor Wallmann,[35] Bottrop, beurteilt 1986 das Image seiner Stadt und die Entwicklungschancen im nördlichen Ruhrgebiet.

Ruhrkohle-Verwaltung: Sammlung von Informationen zur Stadtgeschichte. Aus den Interviews der RAG mit Vertretern der Stadt und des Bergbaus über die Entwicklung, das Image und die Zukunft der Stadt Bottrop. Stadtarchiv Bottrop F I 1 Nr. 4 (Auszug). Die Schriftform der Vorlage wurde beibehalten.

Wir sind sehr traurig darüber, dass […] immer wieder so Klischeevorstellungen verkauft werden, und ich sage mir immer wieder, wenn jemand erstmal […] hier in den Mauern der Stadt gewesen ist, dann wundert er sich, was eigentlich hier an Stadtstrukturen in der Zwischenzeit vorhanden ist. Was an modernen Einrichtungen vorhanden ist, wie viel Freiraum wir in der Gemeinde haben und wie gut [wir] den Siedlungsbereich haben. Bottrop besitzt nach meiner Auffassung einen sehr zentralen Ortskern, einen Stadtkern, der sehr übersichtlich ist. Man sagt, dass der Bergbau vielleicht häufiger zu Negativaussagen beigetragen hat. Ich denke mal an den Bildband von Chargesheimer, ich weiß nicht, ob Sie den einmal in die Finger bekommen haben. Böll hat den Text gemacht, der Band ist, glaube ich, 1958 herausgekommen, und das war eine Grau-in-Grau-Darstellung des Ruhrgebiets und eine triste Darstellung der Zechensiedlungen.[36] Ich bin heute der Meinung […], was man nicht verstecken kann, muss man unterstreichen. Ich bin der Meinung, warum sollen wir uns heute vor so einer Struktur verstecken. Die ist doch, unsere Wohnsiedlungen, die der Bergbau geprägt hat, sind hervorragend. Wenn Sie in die Rheinbahn-Siedlung hineinfahren, das sind gesuchte Wohnlagen mit großen Gärten. Das ist doch eine Entwicklung, die damals weitsichtig in Siedlungsbereichen gemacht wurde, und mancher moderne Städtebau wäre glücklich, wenn er auf so große Flächen so wenig Wohnungen hätte unterbringen können. Ich meine, dass uns da Unrecht getan wird, was das Image

---

35 Norbert Wallmann (geb. 1929) war von 1976 bis 1996 Stadtdirektor von Bottrop.
36 Vgl. Dok. 26 in diesem Kapitel.

angeht. Und dass man sich zu wenig Mühe macht, wirklich in das Ruhrgebiet hineinzukommen und in die Kernbereiche hineinzugehen. Und dass man immer so leicht betont, vielmehr das ist alles dreckig, da brauche ich gar nicht rein. Sicher ist hier Dreck, den können wir gar nicht verschweigen. Wo gearbeitet wird, gibt's auch Belastungen, gibt's auch Dreck. Aber es gibt hier für meine Begriffe einen wohnwerten Bereich, einen lebenswerten Bereich. Den muss man nur sehen wollen, und wenn man den sehen will, wir sind bereit, jedem das Ruhrgebiet in den Farben zu zeigen, wie es tatsächlich ist, nicht schön auf Postkartenklischee gemacht. Nur so, wie es ist und dann ist es gut. Es ist ein guter Raum. Wir sind nicht Rothenburg ob der Tauber und wir können auch keinen Bayrischen Wald simulieren. Wir können aber hier einen durch wirklich harte Arbeit geprägten Raum, der ordentlich gegliedert ist, wo der Mensch sich wohlfühlen kann, vorzeigen, und die Bevölkerung bemüht sich hier, solche Dinge auch entsprechend immer aufzubessern und aufzubereiten und für die Bevölkerung vorzuhalten. […]

Ich glaube einfach, dass Standorte im Ruhrgebiet vielfach verkannt werden. Und auch Standorte der Emscherzone vielfach verkannt werden. Wir haben eine für meine Begriffe hervorragende Infrastruktur. Nur muss man solche gewerblichen Bauflächen da ansiedeln, wo die Infrastruktur gut ist. Das heißt, es sollte ein Gleisanschluss vorhanden sein. Und es sollte auch ein Übergang zum Straßennetz unmittelbar vorhanden sein, damit gewerblicher Güterverkehr nicht durch Wohnanlagen muss. […]

Aber im Grunde genommen bin ich der Meinung, dass gerade der Nordrand des Ruhrgebiets, sprich also hier unser Bereich Emscher-Lippe-Zone, dass dieser in ganz besonderen Maße geeignet ist, hier die neue Entwicklung des Ruhrgebiets mit einzuleiten. Weil wir das haben, was andere Städte heute nicht mehr haben. […] Kirchhellen zum Beispiel ist eine Fläche, das sind 50 qkm. Die alte Gemeinde Bottrop hatte auch 50 qkm Fläche. In Kirchhellen wohnen 15.000 Menschen, in Alt-Bottrop 100.000 Menschen. Eine ganz andere Einwohnerdichte. Diesen Freiraum zu erhalten und den praktisch vorzuhalten für die Bevölkerung hier, ist ein ganz wichtiges Kapitel, und das ist auch eine Vorgabe, die so ein Standort nach meiner Auffassung wesentlich günstiger gestaltet, weil man hier sofort im Norden im Freien ist. […] Deshalb bin ich da voller Hoffnung, dass die Städte der Emscherzone zwar zurzeit eine ganz erhebliche Durststrecke durchmachen, gerade was also die Steuereinnahmen und die Finanzkraft der Gemeinde angeht, aber dass, wenn wir nur ausreichend Puste haben, dass die Entwicklungschancen dieses Raumes mit Sicherheit gut sind. Wir müssen nur sehen, dass wir den Maßstab finden, der da für diesen Raum gemäß ist. […] Wir wollen nicht morgen 200.000 Einwohner haben, uns reichen die 115.000. Wenn es ein bisschen mehr werden, gut, das nehmen wir auch nicht so tragisch. Aber wir müssen den Maßstab finden, den wir in der Region, in dieser Raumordnung haben. Wir können kein Überzentrum werden, das wird immer Essen bleiben, aber wir wollen ein voll funktionsfähiges Mittelzentrum bleiben und gleichgewichtig zu den Nachbarn Oberhausen und zu den Nachbarn Gladbeck oder Gelsenkirchen. Und dazu bedarf es eben eines Maßstabes. […]

Dass wir gute Vorgaben haben, wenn wir mit dem Aufräumen der alten Brachen fertig sind und wenn es uns gelingt, die Wohnbereiche im Süden der Stadt zu stabilisieren, das Wohnumfeld entsprechend zu verbessern, dann ist mir um die Region gar nicht bange. Es darf nur nicht so weit kommen, dass sich in anderen Bereichen Konkurrenzsituationen entwickeln, und das ist unser Problem bei der Raumordnung. […]

Die Chancen, die wir selbst hier haben, sind nach meiner Auffassung gut. Die dürfen nur nicht durch Entwicklungsziele anderer unterlaufen werden. Und das war vorhin auch meine Aussage zum tertiären Sektor, was die Oberzentren angeht. Man muss sich nach meiner Auffassung damit auseinandersetzen, dass diese Konzentrierung des tertiären Sektors in den Städten der Hellwegzone unterbunden wird oder dass man gegensteuert. Und das kann nicht eine Gemeinde Bottrop, das kann aber eine Region und das können Industriebetriebe. Die können sich dazu entscheiden, dass sie sagen, wir gehen jetzt in den Raum hinein, damit sich das hier stabilisiert.

Kapitel XV
Wirtschaftlicher Strukturwandel – technische Innovation und Arbeit im Ruhrgebiet

Von Walter Vollmer und John Wesley Löwen

Strukturwandel ist in einer am Weltmarkt orientierten Wirtschaft unabwendbar, stetig und niemals abgeschlossen. Er entsteht durch die Entwicklung neuer Produkte oder Techniken, aber auch durch Veränderungen des privaten Nachfrageverhaltens. Strukturwandel ist facettenreich und betrifft nicht nur eine Branche und deren Mitarbeiter, sondern wirkt sich auf alle vor- und nachgeschalteten Wirtschaftssektoren wie Lieferanten und Weiterverarbeiter sowie bei elementaren Einschnitten auch auf den Einzelhandel und andere Dienstleister im Einzugsbereich der kriselnden Branche aus. Allerdings war nur selten eine Region einem derart tief greifenden industriellen und sozialen Wandel unterworfen wie das Ruhrgebiet in der zweiten Hälfte des vorigen Jahrhunderts, da die Existenzgrundlage der meisten Menschen direkt oder indirekt von Kohle und Stahl abhing. Vom Strukturwandel ebenso betroffen waren die auf Basis der Kohle entstandenen Gasversorger und Chemieunternehmen, auch wenn es dort gelang, den Wandel in weit kürzerer Zeit und weniger spektakulär zu vollziehen als in der Montanindustrie. Die aufstrebenden Branchen konnten den Verlust an Arbeitsplätzen, den die strukturellen Veränderungen in den klassischen Industriezweigen nach sich zogen, jedoch nicht annähernd ausgleichen. Dies stellte zusammen mit Problemen der traditionell an der Ruhr angesiedelten Textilbranche Wirtschaft und Politik vor große Herausforderungen.

Nach dem totalen Zusammenbruch im Jahr 1945 war Steinkohle zum Wiederaufbau der Industrie, zum Heizen der Wohnräume und auch im Verkehrssektor bei der Bahn eine gefragte Energiequelle. Bergleute wurden händeringend gesucht und mit Lebensmitteln, Spirituosen und Zigaretten – im Nachkriegsdeutschland heiß begehrte Waren, die auf dem Schwarzmarkt einen hohen Tauschwert besaßen – in die Bergwerke gelockt *(vgl. dazu Kap. XIII sowie Dok. 1 in Kap. XVI)*. Umso verständnisloser reagierten die Bergleute, als sich im Jahr 1958 die Kohlenkrise mit ersten Feierschichten im Ruhrbergbau ankündigte *(Dok. 1, 2)*.

Die ersten Feierschichten entpuppten sich bald als Auftakt einer tief greifenden und anhaltenden Strukturkrise, die nur für ganz wenige Fachleute nicht überraschend ausbrach: Die strukturellen Veränderungen hatten sich schon in der Weimarer Zeit angedeutet, waren aber durch besondere Einflüsse wie die Rüstungs- und die Autarkiewirtschaft des NS-Regimes sowie durch den Energiebedarf in der Aufbauphase der Nachkriegszeit überlagert worden. Um dem Wettbewerbsdruck der auf den Weltmarkt drängenden neuen Energieträger zu begegnen, unternahmen die Bergbauunternehmen große Anstrengungen zur Rationalisierung und Mechanisierung ihrer Betriebe. Die Leistung je Mann und Schicht unter Tage verdoppelte sich seit

Beginn der Kohlenkrise innerhalb von zehn Jahren, was mit einer Halbierung der Belegschaften einherging. Dies wurde u.a. möglich durch einen enormen Fortschritt der Abbautechnik. Der Abbauhammer hatte ausgedient und musste Platz machen für hochwertige Gewinnungsmaschinen wie Kohlehobel oder Schrämmaschine *(Dok. 27)*, was allerdings eine Konzentration der Kohlegewinnung auf flach gelagerte, mächtige Flöze unausweichlich machte. Die Kohlenvorräte in steil gelagerten Flözen wurden für immer aufgegeben. Trotz aller Anstrengungen gelang es jedoch den Tiefbauzechen des Reviers nicht, ihre Wettbewerbsfähigkeit gegenüber dem preisgünstigen und leichter zu handhabenden Mineralöl und Erdgas oder der teils im Tagebau gewonnenen Importkohle herzustellen. Damit wurden massive Einschnitte in die Förderkapazität auch auf den bis dahin als rentabel geltenden Zechen unerlässlich. Die Kommunen bekundeten ihre Solidarität mit Kohle und Stahl, standen der Kohlenkrise aber weitgehend hilflos gegenüber *(Dok. 4, 9, 14)*.

Da ohne den Einsatz der Bergarbeiter die Not in der Nachkriegszeit nicht hätte überwunden werden können und viele Menschen durch Aufforderung oder mit Unterstützung des Staates eine Beschäftigung im Bergbau aufgenommen hatten, kündigte die Bundesregierung im Krisenjahr 1966 im Bundestag eine Hilfe für die Bergleute an, die die Regierung anderen Mitbürgern, die durch marktwirtschaftliche Strukturveränderungen Ähnliches erleben mussten, nicht gewährt hat. Der Strukturwandel wurde zwar mit ungebremster Heftigkeit fortgesetzt, die von einer Stilllegung betroffenen Bergleute sollten jedoch durch soziale Überbrückungsmaßnahmen vor den ärgsten Folgen der Krise bewahrt werden. Obwohl »kein Bergmann ins Bergfreie gefallen ist«, bedeutete der Verlust der angestammten Arbeitsplätze für die Bergleute nicht nur eine räumliche oder berufliche Veränderung, sondern zog vielfach auch eine Schädigung des gesellschaftlichen Ansehens und der sozialen Gemeinschaft nach sich. Hiervon betroffen waren auch die Familienangehörigen *(Dok. 7, 9, 18)*. Die Argumente für die Hilfen an die Bergarbeiter waren jedoch nicht monokausal: Neben den sozialen Aspekten wurde in den Debatten eine sichere Energieversorgung für Deutschland gefordert. Darüber hinaus wollte die Bundesregierung vermeiden, dass die Medien in Moskau und Ost-Berlin – wie mehrmals geschehen – von bürgerkriegsähnlichen Zuständen im Ruhrgebiet berichteten, wenn die Bergarbeiter für den Erhalt ihrer Arbeitsplätze demonstrierten *(Dok. 3)*.

Die Folgen der Kohlenkrise zerrissen das über mehrere Generationen gewachsene Gefühl enger Verbundenheit der Menschen mit der Zeche: Die jüngeren, leistungsfähigen Bergleute wanderten nach einem Stilllegungsbeschluss freiwillig in andere Wirtschaftsbereiche ab, wo sie schnell – manchmal auch außerhalb des Reviers – einen neuen Arbeitsplatz fanden. Die älteren Bergleute über 50 Jahre konnten mittels gut dotierter Sozialpläne in einen vorgezogenen Ruhestand ausscheiden, und den mittleren Jahrgängen wurden Arbeitsplätze auf weiter fördernden Schachtanlagen angeboten.

Als ein Handicap für eine grundlegende Rationalisierung des Kohlenabbaus an der Ruhr entpuppte sich die historisch gewachsene Unternehmensstruktur mit keineswegs einheitlichen Interessen der Anteilseigner: Seit der Privatisierung durch das Allgemeine Berggesetz im Jahr 1865 *(vgl. Dok. 18 in Kap. III)* hatten sich die großen Kohleverbraucher, d.h. die Stahlindustrie, die Elektrizitätswirtschaft und die chemische Industrie, zur Sicherung ihres Kohlebedarfs das Eigentum an einzelnen Zechen verschafft und damit eine vertikale Verbundwirtschaft mit zersplittertem Felderbesitz etabliert. In dem so entstandenen »Flicken-Teppich« an Grubenfeldern suchten 29 Bergbauunternehmen zwar in ihren eigenen Grubenfeldern nach Rationalisierungsmöglichkeiten, eine Konzentration des Kohlenabbaus auf die wirtschaftlichsten Betriebspunkte der gesamten Lagerstätte an der Ruhr bzw. eine Verlagerung auf Schachtanlagen mit der nachhaltigsten Ertragskraft konnte unter den gegebenen Umständen jedoch nicht stattfinden *(Dok. 11)*. Eine geordnete, zeitlich gestreckte Rückführung der Förderkapazität auch unter Berücksichtigung der sozialen und regionalwirtschaftlichen Auswirkungen war bei den gegebenen Eigentumsstrukturen eine nahezu unlösbare Aufgabe.

Mit dem Kohlegesetz vom 19. Mai 1968 wurde vom Deutschen Bundestag ein Instrument geschaffen, das den Zecheneigentümern die Möglichkeit bot, ihr Bergbauvermögen in einer Gesamtgesellschaft zusammenzufassen. Für einige Unternehmen bedeutete dies die Aufgabe ihres bisherigen Geschäftsbetriebs, den sie oft über ein Jahrhundert ausgeübt hatten. Bergwerksunternehmen, die auch in anderen Wirtschaftszweigen tätig waren, stellten mit der Einbringung ihres Bergbaus in die neue Gesellschaft einen wichtigen Geschäftszweig ein. Als Gegenleistung erhielten die Alteigentümer an dem neu zu gründenden Unternehmen Anteilsrechte, die im Prinzip dem Zeitwert des jeweils eingebrachten Bergbauvermögens abzüglich der übertragenen Schulden entsprachen. Auf dieser Grundlage wurde am 18. Juli 1969 der Grundvertrag zur Gründung der Ruhrkohle AG, die 85 Prozent der Ruhrkohlenförderung auf sich vereinte, öffentlich unterzeichnet *(Dok. 20)*. Eine der größten und schwierigsten Unternehmenskonzentrationen der deutschen Wirtschaftsgeschichte war damit perfekt. Die schwarzen oder roten Fahnen, die das Bild bei Zechenschließungen bisher bestimmt hatten, blieben künftig eingerollt, obwohl die Förderung in den folgenden Jahrzehnten ständig zurückgenommen wurde. Lediglich nach den beiden Energiekrisen 1973/74 und 1979/81 trat eine vorübergehende Stabilisierung ein. Im Jahr 2012 wird die Politik entscheiden, ob nach 2018 weiterhin Steinkohle in Deutschland abgebaut werden soll.

Die meist mittelständisch strukturierte Zuliefererindustrie *(Dok. 35)*, die für den Bergbau u.a. Bergwerksmaschinen entwickelte und produzierte sowie ein besonderes Know-how erfordernde Arbeiten durchführte, aber auch kleine und mittlere Handwerksbetriebe, die von den Aufträgen der Zechen lebten, standen durch den Schrumpfungsprozess der Steinkohle vor elementaren Einschnitten. Einige Firmen gerieten an den Rand der Zahlungsunfähigkeit *(Dok. 12, 17)*. Die Branche reagierte mit engerer Zusammenarbeit bis hin zu Fusionen und der Aufgabe ganzer Geschäftsbereiche. Allerdings zeigte sich in der Krise auch deren Innovationsfähigkeit, insbesondere die der mittelständischen Unternehmen: Sie erschlossen neue Märkte, indem sie ihre im Ruhrgebiet entwickelten Maschinen und Patente sowie die hier gewonnenen Kenntnisse und Erfahrungen in alle Welt, vor allem in die aufstrebenden Bergbaureviere in China und Indien, exportierten. Diese Erfolge dürfen jedoch nicht darüber hinwegtäuschen, dass auch dieser Umstrukturierungsprozess mit einem Verlust von Arbeitsplätzen im Ruhrgebiet einherging.

Auch in der Stahlindustrie waren die Vorboten einer tief greifenden Strukturveränderung nicht länger zu übersehen. Zwar stieg der Stahlverbrauch auf den Weltmärkten stetig an, aber die Schwellen- und Entwicklungsländer bauten ihre eigenen Produktionskapazitäten unaufhörlich weiter aus. Traditionelle Stahlimportländer entwickelten sich zunehmend zu Stahlexportländern, deren kostengünstige Produkte auf den Weltmärkten mit dem Massenstahl von der Ruhr konkurrierten. Dies führte trotz der Interventionsversuche der Europäischen Gemeinschaft zu einem Preisdruck auf den Binnenmärkten und zu Erlöseinbrüchen bei den Stahlunternehmen. Die Stahlkonzerne begegneten dem Druck der internationalen Konkurrenz mit Unternehmensfusionen und investierten in größere, modernere, damit aber auch kapitalintensivere Produktionsanlagen, ohne dass sie dabei auf staatliche Hilfe rechnen konnten. Die Produktionstechnik wurde einem einschneidenden Wandel unterworfen: Während z.B. im Jahr 1960 der Rohstahl noch zu 90 Prozent in Siemens-Martin-Öfen und Thomaskonvertern erzeugt worden war, fanden diese umweltbelastenden und kostenintensiven Verfahren seit Mitte der 80er Jahre keine Anwendung mehr. Die rasante technische Entwicklung war mit einer Konzentration auf weniger Standorte, insbesondere in der Nähe des Rheins verbunden. Der massive Produktivitätsfortschritt und die Konzentrationsprozesse blieben nicht ohne Folgen für die Beschäftigten: Seit 1970 gingen in der Stahlindustrie drei Viertel der Arbeitsplätze verloren, obwohl die Rohstahlerzeugung in Deutschland im Großen und Ganzen – von zeitlichen Schwankungen abgesehen – auf einem konstanten Niveau von 40 bis 45 Millionen Tonnen verharrte.

Die Strukturprobleme zwangen die Stahlwerke vor allem im östlichen Ruhrrevier zu einem Umstrukturierungs- und Konsolidierungsprozess, der verbunden war mit zahlreichen Rationalisierungsmaßnahmen bis hin zu Werksschließungen. Beispielsweise fusionierte schon im Jahr 1966 die Dortmund-Hörder Hüttenunion, die tiefrote Zahlen schrieb, mit der Hoesch AG, 1968 wurden die Hüttenwerke Oberhausen von der August Thyssen-Hütte AG übernommen. Um Zugang zu dem kostengünstigen Meeresstandort Ijmuiden zu bekommen, schloss sich Hoesch im Jahr 1972 mit dem niederländischen Stahlkonzern Hoogovens zu dem ersten länderübergreifenden Stahlkonzern Europas, der Estel NV Hoesch-Hoogovens zusammen. Doch die Estel-Ehe funktionierte nicht und wurde im Jahr 1982 geschieden. Vor dem Hintergrund der zunehmenden Globalisierung des Stahlmarktes bestand jedoch weiterhin der Druck, die Wettbewerbsfähigkeit durch größere, modernere, aber kapitalintensivere Hüttenwerksanlagen zu verbessern. Die Selbstständigkeit des Dortmunder Traditionsunternehmens Hoesch endete im Jahr 1992 nach einem für die Öffentlichkeit überraschenden, aufsehenerregenden Erwerb der Kapitalmehrheit durch Krupp. Hoesch wurde Teil der Fried. Krupp AG, die in Fried. Krupp AG Hoesch-Krupp umbenannt wurde *(Dok. 30)*. Damit war der Konzentrationsprozess keineswegs abgeschlossen, im Jahr 1999 folgte die Fusion der beiden Stahlkonzerne Krupp und Thyssen zur ThyssenKrupp AG *(Dok. 34)*. So betriebswirtschaftlich sinnvoll und unausweichlich dieser Konzentrationsprozess auch gewesen sein mag, für die betroffenen Stahlarbeiter hatte der damit meist verbundene Arbeitsplatzverlust im angestammten Betrieb deprimierende Folgen *(Dok. 25)*.

Zeitgleich mit der Kohlenkrise setzte Ende der 1950er Jahre eine Krise in der Textilindustrie ein, die noch im Jahr 1950 nach dem Bergbau die zweitstärkste Branche in Nordrhein-Westfalen gewesen war. Bereits in der Frühindustrialisierung *(vgl. Kap. II)* hatte sich im Süden des Reviers am Ufer der Ruhr eine Vielzahl von meist kleinen bis mittleren Betrieben angesiedelt. In den Jahren des Wiederaufbaus expandierte die Branche zunächst stetig weiter und zählte auf ihrem Höhepunkt im Jahr 1957 fast 240.000 Beschäftigte. Als Folge der Sättigung des Nachkriegsbedarfs an Textilien und Bekleidung stagnierte der Inlandsmarkt, gleichzeitig drängten ausländische Textilprodukte auf den deutschen Markt. Die Branche begegnete dieser Entwicklung – nicht viel anders als die Kohle- und Stahlunternehmen – durch Investitionen in Maschinen und automatische Anlagen, um die Produktivität ihrer Betriebe zu steigern. Logische Folge war ein enormer Arbeitsplatzabbau: In den Jahren 1960 bis 1974 konnte die heimische Textilindustrie zwar ihren Umsatz – u.a. mithilfe der neu entwickelten Chemiefasern – durch eine Verdopplung der Exportquote um ein Drittel steigern. Im gleichen Zeitraum wurde jedoch die Zahl der Beschäftigten aufgrund der vorangegangenen Rationalisierungs- und Modernisierungsanstrengungen *(Dok. 21)* nahezu halbiert. Auf Dauer konnte die arbeitsintensive Textil- und Bekleidungsindustrie den Druck aus den Niedrigpreisländern jedoch nicht durch technische Innovationen ausgleichen, sodass Teile der Produktion ins Ausland verlagert wurden. Das ganze Ausmaß der Krise zeigt ein Vergleich über vier Jahrzehnte: Von 1960 bis zur Jahrtausendwende waren 184.000 Arbeitsplätze verloren gegangen, von 1.561 Betrieben, die im Jahr 1960 noch produzierten, waren 324 übrig geblieben, d.h. zwei Drittel der Betriebe hatten aufgegeben. Der drastische Arbeitsplatzabbau und die Stilllegungen bzw. Betriebsfusionen wurden von der Öffentlichkeit weit weniger beachtet als bei der Montanindustrie; auf Finanzhilfen seitens des Staates konnte die Textilindustrie nicht rechnen. Für kleinere Gemeinden wie Werden oder Kettwig im Süden von Essen, die sich weitgehend zu monostrukturierten Textilzentren entwickelt hatten, führte der Niedergang der Textilindustrie zum Verlust des oft einzigen größeren Arbeitgebers *(Dok. 22)*.

Beim Blick auf Kohle, Stahl und andere kriselnde Branchen wurden die Vielfalt des Reviers und der technische Wandel in anderen Industriezweigen häufig kaum wahrgenommen, auch wenn namhafte Unternehmen aus dem Ruhrgebiet hervorgegangen und dort noch heute angesiedelt sind: In der Elektrizitätswirtschaft gehören die Stromerzeuger RWE und Steag nach wie vor zu den führenden Unternehmen dieses Wirtschaftszweiges. Auf dem Gebiet der Gasversorgung gründete der Ruhrbergbau bereits in den 1920er Jahren ein Gemeinschaftsunternehmen, die sogenannte Ruhrgas AG, um das bei der Verkokung anfallende Kokereigas zu vermarkten. Sehr schnell erweiterte das Unternehmen sein bald zahlreiche Städte verbindendes Leitungsnetz und wuchs zum größten Gasversorger in Deutschland heran. Schon Anfang der 1950er Jahre zeigte sich, dass Kokereigas niemals ausreichen würde, um den steigenden Gasbedarf von Industrie und Haushalten zu decken. Die Gesellschaft reagierte auf diese Herausforderung, indem sie ab Mitte der 1960er Jahre ihren Vertrieb nach und nach vollständig auf Erdgas umstellte. Durch erfolgreiche Pionierleistungen bei der Erdgasförderung in der Nordsee und bei der Erschließung von Erdgasfeldern, u.a. in dem entfernt gelegenen Sibirien, weitete das

Unternehmen seine Bezugsquellen bei gleichzeitiger Risikostreuung aus und wuchs in seiner mehr als 80-jährigen Firmengeschichte von einem regionalen Verteilerunternehmen zu einer international tätigen Gasgesellschaft heran *(Dok. 36)*.

Auf der Grundlage der bei der Verkokung der Kohle anfallenden Kohlenwertstoffe (neben Gas u.a. Ammoniak, Teer, Schwefel und Benzol) hat sich im Ruhrgebiet eine vielfältige Chemieindustrie entwickelt. Bereits in den 1920er Jahren gründeten 13 Bergwerksgesellschaften die ARAL AG, der es gelang, durch ein Benzin-Benzol-Gemisch einen Kraftstoff zu erzeugen, der leistungsstärker und Motor schonender als herkömmliche Kraftstoffe war. Mit Beginn des Zechensterbens sank der Benzolanfall, die Gesellschaft gewann die Kraftstoffe nahezu ausschließlich aus Mineralöl. Der Chemiepark Marl, ein weiteres Beispiel für gelungenen Strukturwandel, geht auf die Chemischen Werke Hüls GmbH zurück, ein Unternehmen, das von der IG Farben und der Bergwerksgesellschaft Hibernia im Jahr 1938 gegründet wurde. Nachdem in Marl zunächst synthetischer Kautschuk (Buna) für die Produktion von Reifen hergestellt worden war, stellte das Unternehmen nach dem Krieg insbesondere Kunststoffe und viele andere chemische Erzeugnisse her. Im Jahr 1998 entstand in Marl ein umfangreicher Dienstleistungs- und Produktionspark mit verschiedenen Anbietern vornehmlich der chemischen Industrie: der Chemiepark Marl, einer der größten Chemiestandorte in Europa.

Die industriellen Leuchttürme dürfen jedoch nicht darüber hinwegtäuschen, dass mit dem Niedergang der Kohle und den strukturellen Verwerfungen beim Stahl das Ruhrgebiet sein typisches industrielles Gepräge verlor mit einschneidenden Konsequenzen für Menschen, Unternehmen und Landschaftsbild. Der Verlust der Arbeitsplätze im Montanbereich und in den mit ihm vernetzten Betrieben konnte von anderen Wirtschaftsbereichen nicht aufgefangen werden; die Industrieregion an der Ruhr drohte zu veröden. Mit den sozialen Stützungsmaßnahmen für die betroffenen Arbeiter waren die Strukturprobleme des Reviers nicht gelöst, sondern allenfalls die Folgen des Strukturwandels sozial abgefedert worden. Die Kommunen versuchten zwar, durch Ansiedlung neuer Industrien der Erhöhung der Arbeitslosenzahlen entgegenzuwirken, stießen bei ihren Aktivitäten aber auf Widerstand und konnten angesichts ihrer schwachen Finanzkraft den brisanten industriellen und sozialen Umbau allein nicht bewältigen. Durch den Rückzug des Bergbaus gab es im Ruhrgebiet zwar geeignete Flächen für Industrieansiedlungen; Bergschädenrisiken standen einer Ansiedlung arbeitsplatzintensiver Betriebe jedoch oftmals im Wege. Hinzu kam, dass sich der Bergbau als Eigentümer der frei werdenden Flächen zunächst nur zögernd von seinem Grundbesitz trennte, da die Zechen fürchteten, ihre knappen Arbeitskräfte auf den noch fördernden Zechen zu verlieren *(Dok. 4, 5)*. Durch neue Nutzungskonzepte entstanden jedoch allmählich auf den früheren Bergwerken und den dazugehörenden Liegenschaften nach Sanierung und Rekultivierung attraktive Areale für eine neue Bebauung oder künstlerisch gestaltete und touristisch gut erschlossene Industriedenkmäler, die heute Besucher aus aller Welt ins Ruhrgebiet locken.

Ein großer Wurf gelang der Stadt Bochum im Jahr 1960, als sie eine Zechenbrache für die Ansiedlung von Opel einer neuen Nutzung zuführen konnte *(Dok. 16)*. Allerdings war dies für lange Zeit die einzige große Industrieansiedlung, andere Projekte scheiterten *(Dok. 5)*. Als

Kompensationsmöglichkeit bot sich an, neue Arbeitsplätze im Dienstleistungssektor, im Handel, bei Banken und Versicherungen sowie vor allem im Bildungsbereich zu schaffen. Der Erfolg war in der Anfangsphase jedoch eher bescheiden. Neue regional- und strukturpolitische Projekte waren nicht von heute auf morgen aus dem Boden zu stampfen: Der wirtschaftliche Strukturwandel war ein langwieriger, aber stetig fortschreitender Prozess, der Geduld erforderte, wenn er halbwegs harmonisch vollzogen werden sollte *(Dok. 31)*. Unerlässlich dazu war, die vorhandenen Bildungsbarrieren breiter Bevölkerungsschichten zu beseitigen und die Bereitschaft zu fördern, neue Lerninhalte, Berufe und Ausbildungen einzuführen.

Mit Gründung der Ruhr-Universität, um deren Standort äußerst heftige Kontroversen zwischen den interessierten Städten geführt wurden, endete die universitätsfreie Zone im Ruhrgebiet *(vgl. Dok. 9, 13 in Kap. XVII)*. Nach weiteren Hochschulgründungen in Dortmund, Duisburg, Essen und Hagen folgten mehrere Fachhochschulen, Forschungsinstitute und Technologiezentren – ein wissenschaftlich-ökonomisches Netzwerk, wie es in der Bundesrepublik nur selten zu finden ist *(Dok. 32)*. Innerhalb weniger Jahre verfügte das Ruhrgebiet über eine der dichtesten und differenziertesten Forschungslandschaften Europas, in der das Bildungspotenzial der Region erschlossen werden konnte.

Damit waren die institutionellen Voraussetzungen für eine höhere Qualifizierung der Menschen im Revier gegeben. Nunmehr galt es, die Chancen zu nutzen und neue Arbeitsplätze in Zukunftstechnologien und im produktionsnahen Dienstleistungssektor zu schaffen. Hierzu bedurfte es eines politisch angestoßenen Prozesses, der inzwischen zum Markenzeichen des Ruhrgebiets geworden ist: Zwischen Moers und Hamm entstanden etwa 40 Technologieparks und -zentren, die heute als Motoren der regionalen Erneuerung gelten. Moderne Produktionsverfahren und neue Produkte bedürfen wissenschaftlicher Spezialisten, die am ehesten in der Nähe der Hochschulen zu finden sind. Beispielsweise wurden im TechnologieZentrum in Dortmund die bereits vorhandenen Stärken der Region für neue Strukturen genutzt: Auf Basis des Wissens aus den Fakultäten der nahe gelegenen Universitäten oder der vielfältigen Forschungseinrichtungen schuf man eine Verbindung zwischen Wissenschaft und Wirtschaft, junge Unternehmer entwickelten neue innovative Produkte, Prozesse und Leistungen *(Dok. 26)*. Nach und nach entstanden mehr als 250 neue Unternehmen mit über 8.000 hoch qualifizierten Arbeitsplätzen.

Dennoch darf man vor der sozialen Realität nicht die Augen verschließen: Die Arbeitslosenquote an der Ruhr liegt nicht ohne Grund über dem Bundesdurchschnitt. Betroffen sind vor allem weniger qualifizierte, aber oft handwerklich begabte Menschen, die früher in der Schwerindustrie eine praktische Beschäftigung gefunden hatten, die aber an der Hightech-Entwicklung nicht teilhaben können. Erst am Ende des noch nicht abgeschlossenen Wandlungsprozesses wird man durch Gegenüberstellung von Gewinnern und Verlierern abschließend beurteilen können, ob der Strukturwandel mit all seinen sozialen Folgen als eine Erfolgsgeschichte interpretiert werden kann. Der 1991 verstorbene Kardinal Franz Hengsbach, der seit dem Beginn der Kohlenkrise als Bischof das Ruhrbistum in Essen geleitet und damit den Strukturwandel im Ruhrgebiet aus unmittelbarer Nähe verfolgt hatte, mahnte 1987, »technischer Fortschritt und Umstrukturierung dürf[t]en nicht auf dem Rücken der Menschen durchgeführt werden«, da »nicht der Mensch [...] für die Wirtschaft«, sondern »die Wirtschaft [...] für den Menschen da« sei.

Trotz seiner mannigfachen Probleme ist das Ruhrrevier die einzige Industrieregion Europas, in der Wandel geplant vollzogen wurde. Die Veränderungen griffen tief in gewachsene Strukturen und Mentalitäten ein und brachten einige Härten mit sich. Die neuen Bildungschancen und die im Dienstleistungsbereich entstandenen Arbeitsplätze eröffneten aber auch für Frauen, die bisher in der Schwerindustrie kaum eine Beschäftigung gefunden hatten, bislang ungekannte berufliche Möglichkeiten; die althergebrachten Familienstrukturen begannen, sich langsam aufzulösen *(vgl. Dok. 22 in Kap. XVII)*. Der weitgehend sozialverträgliche Niedergang bei Kohle und Stahl verlief trotz der fundamentalen Einschnitte ohne schwere Auseinandersetzungen und ohne soziale Brüche. Der Weg in eine moderne Industrie- und Dienstleistungsgesellschaft war, auch im Weltmaßstab betrachtet, eine große politische Leistung. Unternehmen und Gewerkschaften, die die Strukturmaßnahmen gemeinsam planen, verantworten und vollziehen mussten, sowie der Staat, der mit seinen Bildungs-, Forschungs- und Kultureinrichtungen die Grundlagen für den Strukturwandel schuf, sorgten für einen beispiellosen Neubeginn am Ende des Zeitalters von Kohle und Stahl. Die einst von Willy Brandt im Wahlkampf 1961 verkündete Vision vom »blauen Himmel über der Ruhr«, die durch den Strukturwandel und strengere gesetzliche Auflagen weitgehend realisiert werden konnte, ist heute zur Vision von der »blauen Emscher im grünen Emschertal« weiterentwickelt worden *(vgl. Dok. 6, 12, 17 in Kap. XVI)*.

Literaturhinweise

Werner Abelshauser, Der Ruhrkohlenbergbau seit 1945, Wiederaufbau, Krise, Anpassung, München 1984.

Heiner Dürr et al. (Hg.), Erneuerung des Ruhrgebiets, regionales Erbe und Gestaltung für die Zukunft, Paderborn 1993.

Karl-Peter Ellerbrock et al. (Hg.), Stahlzeit in Dortmund, Münster 2005.

Stefan Goch, Eine Region im Kampf mit dem Strukturwandel. Bewältigung von Strukturwandel und Strukturpolitik im Ruhrgebiet, Essen 2002.

Stefan Goch et al. (Hg.), Strukturwandel und Strukturpolitik in Nordrhein-Westfalen, Münster 2004.

Industriegewerkschaft Metall (Hg.), 90 Jahre Industriegewerkschaft 1891–1991. Vom deutschen Metallarbeiter-Verband zur Industriegewerkschaft Metall, Köln 1985.

Hans Mommsen/Ulrich Borsdorf, Glück auf, Kameraden! Die Bergarbeiter und ihre Organisation in Deutschland, Köln 1979.

Christoph Nonn, Die Ruhrbergbaukrise. Entindustrialisierung und Politik 1958–1969, Göttingen 2001.

Helmut Uebbing, Wege und Wegmarken, 100 Jahre Thyssen, 1891–1991, o. O., o. J.

Dokumente

1. Sechs Zechen im südlichen Ruhrgebiet legen Ende Februar 1958 erstmals seit 25 Jahren wieder eine Feierschicht wegen Absatzmangels ein. Diese Maßnahme ruft Proteste der IG Bergbau hervor.

Weitere Feierschichten. Jetzt sechs Schachtanlagen im Ruhrgebiet betroffen, in: Frankfurter Rundschau vom 22.2.1958. Archiv für soziale Bewegungen Bochum, IGBE-Archiv Nr. 13695.

Zu den drei Zechen in Essen, Mülheim und Bochum, die für Samstag bereits Feierschichten angekündigt hatten, sind inzwischen drei weitere Schachtanlagen in Essen und Unna/Westfalen hinzugekommen.[1] Insgesamt sind damit jetzt 16.000 Bergleute von der unbezahlten Arbeitsruhe betroffen.

Die Industriegewerkschaft Bergbau hat gegen diese Maßnahme protestiert, weil damit den Arbeitnehmern die Folgen einer verfehlten Kohlenpreispolitik aufgebürdet würden. Vor allem müsse verlangt werden, dass vor der Einlegung von Feierschichten zunächst alle Lagermöglichkeiten ausgenutzt werden. Auf der die Förderung unterbrechenden Zeche »Katharina« in Essen, die dem Mannesmann-Konzern gehöre, lägen beispielsweise nur 17.000 Tonnen auf Halde, während Lagerraum für 100.000 Tonnen vorhanden sei.

In unterrichteten Kreisen des Ruhrbergbaus wurde am Donnerstag [...] ausdrücklich betont, dass die Haldenbestände an Kohle in Höhe von 590.000 Tonnen noch kein Anlass seien, die Absatzlage zu dramatisieren. Die tägliche Förderung halte mit über 480.000 Tonnen nach wie vor einen hohen Stand. Die Krise im Absatz liege bei den Hausbrandsorten.[2] Daher hätten die Zechen, die diese Kohlesorten fördern, fast ausschließlich die hohen Haldenbestände.

2. Stimmen von Bergarbeitern zur ersten Feierschicht auf Zeche Katharina in Essen (Februar 1958)

Kurt Gehrmann, Kumpels über Feierschichten erregt. Mitten im Winter!, in: Neue Rhein-Zeitung Köln vom 24.2.1958. Archiv für soziale Bewegungen Bochum, IGBE-Archiv Nr. 13695.

»Man müsste darüber lachen, wenn es nicht so traurig wäre – mitten im Winter eine Flaute im Kohlenabsatz!« Das sagte uns gestern der erste Kumpel, den wir fragten. Und der zweite: »Das ist ja paradox – unten im Schacht treiben sie uns seit Jahren an, ‚Kumpel, mach Kohle, Kumpel, mach Kohle!', hier oben aber müssen sie sie jetzt auf Halde kippen!« Wahrhaft historischer Moment: Seit 25 Jahren zum ersten Mal wieder eine Feierschicht im Bergbau wegen

---

1 Im Einzelnen handelte es sich um die Zechen Katharina und Theodor Heinrich in Essen, Dahlhauser Tiefbau in Bochum, Rosenblumendelle/Wiesche in Mülheim an der Ruhr sowie die Zeche Alter Hellweg in Unna.
2 Die Absatzschwierigkeiten im Hausbrand trafen zeitgleich zusammen mit einer Abschwächung der allgemeinen Konjunktur in zahlreichen Industrieländern und als Folge davon einem geringeren Stahlverbrauch, vor allem im Export und im Baugewerbe.

Absatzmangels! »Und das im Wirtschaftswunder!« Der Ruhrkumpel ist erschüttert, versteht die Welt nicht mehr. Und schimpft, schimpft, schimpft …

Freitag Mittag an Schacht Katharina. Schichtwechsel. Für die, die aus der Waschkaue kommen, beginnt jetzt das unvorhergesehen frühe Wochenende. Seit Donnerstag Mittag hängt an der Markenkontrolle der Aushang: Samstag Feierschicht!

3. Strukturkrise der Steinkohle aus Sicht der Bundesregierung (1959)

Protokoll der Hauptvorstandssitzung der IG Bergbau und Energie am 25.9.1959, auf der der damalige Bundeswirtschaftsminister und spätere Bundeskanzler Ludwig Erhard am Vortag des »Marsches der Bergleute nach Bonn«[3] dem Hauptvorstand seine Anschauungen über die Kohlenkrise vortrug. Archiv für soziale Bewegungen Bochum, IGBE-Archiv II 3238. (Auszug)

Herr Gutermuth,[4] meine Herren! Ich freue mich, dass mir Gelegenheit gegeben wird, Ihnen meine Ansichten und die Ansichten meines Ministeriums vorzutragen. Ich habe seit Langem den Eindruck, dass diese Aussprache auf ein beiderseits vorhandenes Bedürfnis zurückgeht.

Der Steinkohlenbergbau ist durch eine starke strukturelle Umwandlung auf dem Energiesektor betroffen, die noch nicht abgeschlossen ist. Wir werden uns in verhältnismäßig kurzer Zeit, z.B. auch im Rahmen des Gemeinsamen Marktes, mit dem Öl und dem Erdgas aus der Sahara auseinanderzusetzen haben. Umso notwendiger ist es, dass wir die Probleme miteinander beraten, um gemeinsam eine Lösung zu finden.

Ich bin nicht hierher gekommen, um mich zu entschuldigen oder zu rechtfertigen. Es hat mir nie das Verständnis für die Kohle gefehlt. […]

Das Strukturproblem mit dem Zentralproblem Kohle ist in allen Kohleländern aufgetreten. Auch die sorgfältigsten Planungen kamen an diesem Problem nicht vorbei. Allerdings bedauere ich, dass die Bundesregierung ihre Beschlüsse nicht früher gefasst hat. Es wäre möglich gewesen. Andererseits hat die Fortführung der Verhandlungen dazu beigetragen, dass Herr *Gutermuth* mir in wiederholten Gesprächen die ganze Schwere des Sozialproblems schildern konnte. Wir haben harte Verhandlungen geführt und schließlich auch ein Ergebnis erzielt. Wenn heute der Härteausgleich erreicht ist, dann danken Sie das nicht zuletzt dem unermüdlichen Trommeln Ihres Vorsitzenden.

---

3 Lohnausfälle von insgesamt 134 Mio. DM, ausgelöst durch 6 Mio. Feierschichten, hatten zunächst zu zahlreichen Kundgebungen der Bergarbeitergewerkschaft in mehreren Ruhrgebietsstädten geführt. Beim »Marsch nach Bonn«, an dem am 26. September 1959 rund 60.000 Bergleute teilnahmen, wurde u.a. der Forderungen nach Mitbestimmung aller Betroffenen bei Zechenstilllegungen und Entschädigung für den krisenbedingten Verdienstausfall Nachdruck verliehen. Vgl. dazu Werner Abelshauser, Der Ruhrkohlenbergbau seit 1945, München 1984, S. 112 sowie die Dok. 7 und 8 in Kap. XVI.

4 Heinrich Gutermuth (1898–1977), 1956–1964 Vorsitzender der IG Bergbau und 1963–1964 Präsident des Internationalen Bergarbeiterverbands, war bereits in den 1920er Jahren gewerkschaftlich aktiv gewesen. Der gelernte Schlosser und Schmiedehandwerker wurde u.a. 1926 als Hauptfunktionär in den Gewerkverein christlicher Bergarbeiter berufen.

Gestern Nachmittag habe ich außerdem noch mit Vertretern des Öls verhandelt und mich bemüht, ihnen begreiflich zu machen, dass auch sie eine soziale Verantwortung haben und strukturelle Veränderungen nicht durch organische Brüche, sondern in überschaubarem Rahmen vollzogen werden müssen.

Bedenken Sie bitte weiterhin eines. Die Kohle ist nicht in allen deutschen Ländern beliebt. Die Energieverbraucher sind über das ehemalige System der Zuteilungen und den mangelnden Kundendienst verärgert. […]

Wir dürfen uns nun nicht der Illusion hingeben, dass die Heizölsteuer das Problem löst oder heilt. Sie ist ein Element, das zu einer psychologischen Entlastung der Kohle führen wird. Der Drang zum Übergang von Kohle auf Öl wird nicht mehr so stark sein. […]

Unter diesen Gesichtspunkten bedauere ich natürlich Ihre Demonstration in Bonn: weniger wegen der Tatsache, dass die IG Bergbau diese Demonstration durchführt, sondern wegen der Beleuchtung, die diese Tatsache im Osten gefunden hat. Herr Botschafter *Kroll* teilte mit, dass die Moskauer Zeitungen bereits von einem bevorstehenden Bürgerkrieg an der Ruhr schreiben. Ähnlich berichten alle Zeitungen im östlichen Raum.

Seien Sie trotzdem bedankt, weil Sie sicherlich eine schwere Aufgabe als Auffangstation vieler unzufriedener Äußerungen erfüllt haben. Wenn nun morgen noch nichts passiert, dann mag auch das hingehen: Aber dann, Herr *Gutermuth,* meine Herren, sollten wir wieder an die Arbeit gehen. Ich verspreche Ihnen, mich mit meinem ganzen Einfluss vor die Kohle zu stellen, um Ordnung zu schaffen.

4. Bergbau und kommunale Finanzkraft in den Kohlenstädten der Emscher- und Lippezone (1960)

Denkschrift der Arbeitsgemeinschaft der sieben Bergbaustädte Recklinghausen, Herne, Bottrop, Wanne-Eickel, Castrop-Rauxel, Gladbeck und Wattenscheid und des Landkreises Recklinghausen von Juli 1960. Stadtarchiv Essen 1001/234. (Auszug)

Das starke Übergewicht des Bergbaus hat sich in den genannten Städten schon immer auf den Arbeitsmarkt und die kommunale Finanzkraft sehr nachteilig ausgewirkt. So war das Stellenangebot von jeher eingeengt, weil nur ein Teil der Bevölkerung bergbautauglich ist und Frauen für eine Beschäftigung unter Tage nicht infrage kommen. […]

Die Bergbaustädte haben sich in der Erkenntnis dieser Zusammenhänge schon seit Jahren bemüht, verarbeitende Industrien anzusiedeln, sind dabei aber auf folgende Widerstände gestoßen: Es war nicht möglich, die erforderlichen Grundstücksflächen zu bekommen, weil sie sich überwiegend in den Händen der Bergbaugesellschaften befinden und von diesen aus verschiedenen Gründen nicht abgegeben werden. […]

Der Hauptgrund, warum der Bergbau sich von seinem Grundbesitz nicht trennen will, ist seine im Allgemeinen Bergrecht festgelegte Haftung für auftretende Bergschäden. Sie veranlasst ihn, die Grundstücke, unter denen die Kohle abgebaut wird, von einer Bebauung durch Dritte nach Möglichkeit freizuhalten. Zu diesem Zweck sucht er schon bei der Niederbringung jeder neuen Schachtanlage sich einen großen Teil der Grundstücke in der

Umgebung durch Erwerb zu sichern. Das ist regelmäßig in den hier untersuchten Gemeinden geschehen.

Die aus Bergschäden resultierenden Kosten sind schwer zu übersehen, weil sie nicht nur von der Bewegung des Deckgebirges, sondern auch von der Art der aufstehenden Gebäude und Einrichtungen abhängen. Wollte man das Bergschädenrisiko ablösen, indem man die nach bisherigen Erfahrungen ermittelten Durchschnittsaufwendungen ansetzt und auf die Grundstücke umlegt, so würde das die Grundstückspreise, selbst bei Anrechnung eines Minderwertes, so stark erhöhen, dass sie für keinen Unternehmer interessant sein könnten. Der andere Weg, dass der Unternehmer mit der Übernahme des Grundstücks die Bergschädenhaftung übernimmt, würde das Grundstück beleihungsunfähig machen.

Dies[es] Problem konnte bisher von den Gemeinden nicht gelöst werden.

Im Übrigen erschwert noch ein anderer Umstand die Ansiedlung verarbeitender Betriebe, und das ist das im Vergleich zu anderen Städten gleicher Größe zurückgebliebene allgemeine Kommunalniveau. Die Bergbaustädte sind aus Arbeitersiedlungen entstanden, die infolge ihrer beispiellosen Bevölkerungsdynamik (Vermehrung um das Dreißigfache in hundert Jahren) kaum imstande waren, ihren Pflichtaufgaben gerecht zu werden. Alle die Dinge aber, die über diese hinausgehen und einer Stadt erst Anziehungskraft geben, wie die städtebauliche Gestaltung, Grün- und Erholungsflächen, Sportplätze, Bade- und Schwimmgelegenheiten, Turnhallen, kulturelle Einrichtungen und Bildungsstätten, ausreichende Gaststätten und Versammlungsräume, die man unter dem Begriff Kommunalniveau zusammenfassen kann, konnten nicht oder nur unzureichend geschaffen werden, weil die Mittel gefehlt haben. Dieses Kommunalniveau gehört heute zu den wichtigsten Standortfaktoren, umso mehr als Energiequellen und Eisenbahnverbindungen durch die neueste Entwicklung an Bedeutung verloren haben.

Die Bemühungen um die Ansiedlung anderer Industrien waren aus den vorgenannten Gründen relativ wenig erfolgreich.

5. Die Stadt Herten versucht 1960 die Ansiedlung der Ford-Werke im nördlichen Ruhrgebiet gegen den Widerstand des Bergbaus durchzusetzen.

Bericht des Hertener Stadtdirektors Hans-Ulrich Stanke[5] anlässlich der Sondersitzung der Stadtverordnetenversammlung vom 22.7.1960. Stadtarchiv Essen 1001/142.

I. Lassen Sie mich an den Beginn meiner Ausführungen die Feststellung treffen, dass von den in dieser Stadt in der Industrie Beschäftigten 71,86 Prozent im Bergbau beschäftigt sind und ich der Auffassung bin, dass auch in den nächsten Jahrzehnten der Bergbau eine außerordentlich wichtige Rolle spielen wird und – weil er standortgebunden ist – durchaus unserer Unterstützung sicher sein kann. Wir wissen ganz genau, welche besondere Bedeutung der Bergbau für unsere Stadt und das nördliche Revier hat und auch in der Zukunft haben wird. Ich

---

5 Hans-Ulrich Stanke (1910–1987), SPD-Mitglied seit 1948, war von 1958 bis 1975 Stadtdirektor von Herten.

bin daher der Auffassung, dass es dringend notwendig ist, die Zukunftsplanungen in Gemeinsamkeit zu erarbeiten und meine, dass das möglich sein sollte, wenn der gute Wille auf allen Seiten vorhanden ist.

Die von mir angesprochene einseitige Wirtschaftsstruktur – denn in dem Gebiet der Arbeitsgemeinschaft der sieben Bergbaustädte liegt der Durchschnitt der im Bergbau Beschäftigten bei 72,6 Prozent aller in der Industrie tätigen Menschen – bedarf – und auch das ist unbestritten – einer Auflockerung. [...]

In Verfolgung dieser Absichten im Hinblick auf die Strukturauflockerung des nördlichen Reviers hat der Minister für Wirtschaft und Verkehr unseres Landes die Ford-Werke AG – ein im Land beheimatetes Unternehmen – auf das einzige im nördlichen Revier gelegene große und als solches seit vielen Jahren ausgewiesene Industriegelände in Herten aufmerksam gemacht. [...]

Wir haben von den Ansiedlungsabsichten der Ford-Werke erst Mitte Juni erfahren und alsbald nach Abschluss eines Vorvertrags zwischen dem Grundstückseigner und der Firma den Direktor des SVR ordnungsgemäß unterrichtet. [...] Der Herr Verbandsdirektor hat in allen bisher in der Ansiedlung der Ford-Werke stattgefundenen Besprechungen – auch das sei von mir hier ausdrücklich festgestellt – erklärt, dass die Ansiedlung eines Zweigbetriebs der Ford-Werke auf dem Industriegelände in Herten den arbeitsmarktpolitisch, verkehrsmäßig und standortmäßig besten Platz im Neuen Revier[6] finde. Mitentscheidend für seine Stellungnahme ist die Tatsache, dass 70 Prozent der Gestehungskosten des Fertigprodukts auf den Einkauf von Einzelbestandteilen entfielen und damit eine Festigung und Erweiterung bestehender Klein- und Mittelbetriebe sowie die Strukturauflockerung im nördlichen Revier durch die Ansiedlung weiterer Klein- und Mittelbetriebe gegeben würde. Außerdem wäre mit der Ansiedlung des Zweigwerks die Schaffung von Frauenarbeitsplätzen in größerem Umfang verbunden.[7] [...]

II. Die genannten Schwierigkeiten haben sich aus folgenden Tatsachen ergeben:
1. Nach Bekanntwerden der Ansiedlungsabsichten der Ford-Werke hat ein eigen[s] zu diesem Zweck gebildeter Kreis einiger Bergbaugesellschaften als Aktionäre der Ruhrgas die Option auf ein im Industriegelände gelegenes Grundstück der Ruhrgas ausgesprochen und damit den Vorstand der Ruhrgas angehalten, einen bereits von diesem gefassten Beschluss zur Verkaufs- bzw. Tauschbereitschaft aufzuheben.
2. In Verfolg der Politik zur Ansiedlungsverhinderung der Ford-Werke ist die bereits schriftlich mitgeteilte Bereitschaft zur Aufgabe von Pachtflächen zweier Bergwerksgesellschaften zurückgezogen worden.

---

6 Bezeichnung für die im Zuge der Nordwanderung des Bergbaus industriell spät erschlossene Region nördlich des Rhein-Herne-Kanals.
7 Die Ford-Werke hatten angekündigt, für das Zweigwerk in Herten insgesamt 6.000 Arbeitsplätze einzurichten. Heinz Michaels, Kampf um die Kumpels, in: Die Zeit, Nr. 31 vom 29.7.1960.

3. Beide Flächen sollen vorerst keinerlei industrieller Nutzung zugeführt werden.[8] [...]
Bei Eintritt dieser Situation habe ich im Einvernehmen mit der Fa. Ford vergeblich versucht, Gespräche zwischen dem Optionsausüber und den Ford-Werken zu vermitteln. Erst auf das Drängen des Herrn Verbandsdirektors sind solche Gespräche zustande gekommen, die allerdings bisher zu keinem Erfolg geführt haben. Dabei muss ich leider berichten, dass alle Versuche der Ford-Werke, zu einem Arrangement zu kommen, trotz tatkräftiger Unterstützung des SVR an der einseitigen Haltung ihrer Gesprächspartner gescheitert sind. Dabei ist in den Versuchen, eine Verhandlungsbereitschaft zu erreichen, immer klarer und deutlicher der Wille zum Ausdruck gekommen, nicht nur die Ansiedlung der Ford-Werke, sondern jeder nicht bergbaugebundenen Industrie zu verhindern.[9] Es ist offensichtlich die gleiche Einstellung, die bei Ansiedlungsverhandlungen mit Schering schon zutage trat. Ich bedaure außerordentlich, feststellen zu müssen, dass heute stärker denn je der absolute Anspruch einiger Bergbaugesellschaften auf dieses Gelände und damit auf den Raum des nördlichen Reviers entgegen der Landesplanung vertreten wird. [...]

Die Stadt war unter diesen Umständen gezwungen – der Gesamtschau Rechnung tragend – einen Alternativvorschlag zu suchen.

Aus diesem Grund hat dann auch die Stadtverordnetenversammlung einstimmig als Alternativlösung den Beschluss gefasst, bei Nichtfreigabe des durch die Option nachträglich beanspruchten Grundstücks und Verweigerung der Auflösung des Pachtvertrags – in beiden Fällen wäre von der Fa. Ford der Anspruch des Bergschädenverzichts in Kauf genommen worden – Teile westlich des Resser Bachs aus der Verbandsgrünfläche und dem Landschaftsschutz herauszunehmen. [...]

Sicherlich ist es keine unbedingt erfreuliche Maßnahme, Teile einer Verbandsgrünfläche im Laufe der nächsten Jahre in ein Industriegelände umzuwandeln. Es kommt aber unter den gegebenen Umständen auf die Beschaffenheit dieses Geländes an, dessen Name »Emscherbruch«[10] allen Kennern genügend sagt darüber, dass es sich um alles andere als hochwertiges Wald- und Grüngelände handelt. Im Übrigen lassen sich Eingrünungen vornehmen, und der Ehrentitel »grüne Lunge« reicht nicht aus, wenn es eine Lunge ohne Blut ist. [...]

---

8 Die Zechengesellschaften vor Ort wehrten sich im Wesentlichen aus zwei Gründen gegen eine Ansiedlung der Ford-Werke. Zum einen befürchtete man – erst recht unter dem Eindruck der Kohlenkrise – eine Abwerbung von Arbeitskräften durch das generell attraktivere Arbeitsbedingungen in Aussicht stellende Automobilwerk. Zum anderen sollte verhindert werden, dass die Zechengesellschaften von Ford »auf Dauer für Bergschäden in unabsehbarer Höhe haftbar gemacht« werden konnten. Vgl. dazu Christoph Nonn, Die Ruhrbergbaukrise. Entindustrialisierung und Politik 1958–1969, Göttingen 2001, S. 222.
9 In einem Vermerk vom 30.6.1960 hatte Stadtdirektor Stanke sogar von einer »Kriegserklärung des Bergbaus gegen die Ansiedlung jeglicher Industrie« gesprochen. Landesarchiv NRW Abt. Rheinland, NW 310 Nr. 277, zit. bei Nonn, Ruhrbergbaukrise, S. 222.
10 Das zahlreiche Sumpf- und Wasserflächen aufweisende Gelände im Raum Herten-Recklinghausen steht heute als Landschaftspark Emscherbruch unter Naturschutz.

Ich möchte abschließend nur noch darauf hinweisen, dass seit 1957 bis auf den heutigen Tag in Herten die im Bergbau tätige Bevölkerung von 9.386 auf 8.410, also um rund 1.000 gesunken ist. Die gleiche Zahl für das Gebiet der sieben Bergbaustädte beträgt 12.917. Niemand wird daher bestreiten können, dass sich hier die Folgen der Krise im Bergbau bemerkbar machen und es dringend notwendig ist, die von der Landesregierung und dem Siedlungsverband Ruhrkohlenbezirk erstrebte Strukturauflockerung im Interesse der Gesamtbevölkerung anzustreben.

6. Technischer Fortschritt im Ruhrbergbau: Die ersten Grubenwarten werden eingerichtet (1962).

Auf dem Weg zum »Knopfdruck-Bergwerk«. Große technische Fortschritte – Grubenwarte zur zentralen Steuerung einer Zeche, in: Rheinische Post vom 27.3.1962. (Auszug)

Die Zukunft des westdeutschen Steinkohlenbergbaus scheinen die Techniker optimistischer zu beurteilen als die Kaufleute und Volkswirte. Dieser Optimismus gründet sich auf den beachtlichen Fortschritten, die gerade in den letzten Jahren beim Einsatz von Maschinen unter Tage erzielt worden sind. Wenn auch das »Knopfdruck-Bergwerk«, das wie ein Automat mit wenigen Leuten vom Klubsessel im teppichbelegten Zimmer aus – eine so eingerichtete Grubenwarte gibt es tatsächlich schon an der Ruhr – bedient wird, einstweilen Utopie ist, so bestehen doch nur noch wenig Zweifel daran, dass die Schichtleistung des Ruhrbergbaus binnen weniger Jahre bei durchschnittlich 3.000 kg angelangt sein wird und damit eine Höhe erreicht, die noch vor gar nicht langer Zeit selbst Optimisten für unmöglich gehalten hätten.

Zwei Aufgaben hat sich der Steinkohlenbergbauverein gestellt, wie sein Sprecher, Bergrat a.D. H[elmut] Ernst,[11] vor der Presse ausführte: Er will die Technik der Kohlengewinnung vorantreiben, und er will das größtmögliche Maß an Sicherheit für die Belegschaften und die Betriebe schaffen. Beide Aufgaben decken sich zum Teil, so bei der Fernmeldetechnik unter Tage, die allerdings immer noch an den Draht gebunden bleibt. Fernsehfunk unter Tage wäre zwar ein Ideal, ist aber einstweilen technisch nicht zu verwirklichen.

In zentralen Grubenwarten, wie sie von verschiedenen Zechen bereits eingerichtet worden sind, wird beispielsweise erfasst, ob alle Maschinen unter Tage laufen, wo und welche Störungen auftreten, wie der Verkehr vom Kohlenstoß bis zur Aufbereitungsanlage und Wäsche über Tage abrollt. Die Grubenwarte soll aber auch registrieren, ob sich irgendwo Gase, vielleicht sogar schlagende Wetter ansammeln, kurzum, wo Gefahren heraufziehen. In der zentralen Erfassung dieser Vorgänge als Voraussetzung für eine zentrale Steuerung steht freilich die Bergbautechnik trotz aller Fortschritte erst am Anfang. Bergrat a.D. Ernst sprach jedoch von einem so stürmischen Tempo, dass es selbst für den Fachmann nicht immer leicht sei, über den neuesten Stand vollständig unterrichtet zu sein.

---

11 Helmut Ernst (1912–1977) war von 1956 bis 1975 als Geschäftsführer des Steinkohlenbergbauvereins u.a. zuständig für die Bereiche Verwaltung, Technik und Sicherheit.

7. Menschliche Probleme der Bergleute beim Verlust des Arbeitsplatzes (1962)

Rede von Walter Arendt[12] vor dem Deutschen Bundestag am 16.5.1962, in: Stenografischer Bericht, Verhandlungen des Deutschen Bundestages, 4. Wahlperiode, 30. Sitzung, S. 1263. (Auszug)

Meine Damen und Herren, heute wird erklärt: Ja, wenn irgendeine Zeche stillgelegt wird, dann braucht man keine Sorge zu haben; es gibt ja nach der Statistik noch Tausende freier Stellen auf dem Arbeitsmarkt, und wir haben gar nicht genügend Arbeitskräfte.

Glauben Sie mir, die bergmännische Belegschaft, insbesondere die, die im Ruhrgebiet zu Hause ist, besteht zu einem großen Teil aus heimatverbundenen Menschen, die nicht nur ihre Heimat lieben, sondern die auch keinen gleichwertigen Dauerarbeitsplatz in ihrer Nähe sehen. Erstens stehen dort nämlich nicht genügend Arbeitsplätze zur Verfügung, und zweitens sind die Bergleute, die ein bestimmtes Alter erreicht haben, gesundheitlich so angeschlagen, dass sie gar nicht für andere Berufe umgeschult werden können.

Die Bergleute fragen deshalb nicht, ob in Untertürkheim oder in irgendeinem anderen Ort der Bundesrepublik noch ein offener Platz ist, sondern sie fragen: Wo bleibt mein Arbeitsplatz, wo bleibt meine Wohnung, wo bleibt meine Familie? Hier liegt die Unsicherheit, und hier liegt auch der Unruheherd.

Der Herr Bundeswirtschaftsminister spricht sehr gern davon, man müsse die *Flexibilität des Energie- und Kohlemarkts* sicherstellen. Das hört sich furchtbar interessant an, bedeutet aber im Grunde genommen nicht mehr und nicht weniger, als dass er der bergmännischen Belegschaft, den sozial Schwächsten also, die Lasten für unzureichende Maßnahmen aufbürden will. Flexibilität des Kohlemarkts bedeutet unter den obwaltenden Verhältnissen nämlich nicht mehr und nicht weniger, als dass in Zeiten des Kohlemangels die Bergleute Überschichten verfahren sollen und dass in Zeiten eines Kohleüberschusses Feierschichten eingelegt werden sollen.

Das ist keine gute Sache, nein, das ist sogar eine sehr schlechte Sache. Denn dieses Rezept ist uralt und hat schon an der Wiege des deutschen Bergbaus Pate gestanden. Nur ist es dadurch nicht besser geworden.

12 Walter Arendt (1925–2005) war Vorstandsmitglied und ab 1964 erster Vorsitzender der IG Bergbau und Energie. Er begründete in seiner Eigenschaft als Abgeordneter eine Große Anfrage der Fraktion der SPD zu Maßnahmen der Bundesregierung auf dem Gebiet der Energie- und Kohlewirtschaft.

8. Das Dortmunder Brauereiwesen – eine Bestandsaufnahme Mitte der 1960er Jahre
G. Huhndorf, Bierstadt Dortmund, in: Ruhr-Wirtschaft. Zeitschrift der Industrie- und Handelskammer zu Dortmund, 5/1964, S. 209f. (Auszug)

Bierstadt Dortmund? Jedes zehnte Glas deutschen Bieres kommt aus der größten Stadt Westfalens, gewiss, aber beim Stahl sind es 14,8 Prozent und bei der Kohle immerhin 7,8 Prozent. Die Zechen beschäftigen 32.600 Menschen, die Hüttenwerke 33.600, die Brauereien ganze 6.700. Trotzdem nicht: Stahlstadt Dortmund, Kohlenstadt Dortmund, nein, Bierstadt Dortmund!

Die Kohle, aus der Tiefe heraufgeholt, Spender von Wärme und Energie, verleugnet ihre Herkunft, Stahl bleibt Stahl, wird erst verarbeitet zum Markenartikel, aber Bier ist nicht Bier, oh nein, da gibt es Unterschiede. Gerste und Hopfen gehören dazu, Wasser und Hefe, aber was in die Flaschen gefüllt wird und in die Fässer – das ist sehr unterschiedlich in Farbe und Geschmack. Hunderte, Tausende verschiedene Etiketten und Bierdeckel gibt es, Sammelobjekte sind sie geworden, wie Briefmarken. Viele Brauereien in Deutschland loben ihr Bier als das Beste, das man brauen kann, und viele Biertrinker schätzen das »Dortmunder« als den besten Gerstensaft, den man trinken kann.

Bierstadt Dortmund – das meint nicht nur Quantität, sondern auch Qualität. Aber beides, ganz klar, hängt zusammen. Und da ist noch der Dortmunder Typ, hier entwickelt vor bald einem Jahrhundert, von der Fachwissenschaft längst analysiert und definiert. Ein helles, starkes Bier, gehaltvoll, charaktervoll, so recht westfälisch, wie Kenner meinen. [...]

Tatsächlich nimmt Dortmund aber auch in der Ausstoßmenge einen ganz überragenden Platz ein. Um die zehn Prozent Bundesanteil richtig zu beurteilen, muss man daran denken, dass die Zahl der Brauereien in Deutschland ungeheuer groß ist – allein Bayern besitzt mehr als 1.500 Braustätten. Der Bergbau konzentriert sich auf relativ engem Raum, die Stahlindustrie sogar an wenigen Orten, das Braugewerbe aber ist über das ganze Land verteilt. Viele Menschen wissen nicht, dass die Dortmunder Bierproduktion [...] weit mehr als doppelt so hoch ist wie die von München. Dortmund ist mit seinen Brauereien – darunter sieben Großbrauereien – das bedeutendste Brauzentrum des europäischen Kontinents. [...]

An der Ausfuhr ist die Dortmunder Brauindustrie mit 20,7 Prozent beteiligt, das heißt, dass mehr als jeder fünfte Hektoliter, der den Weg über die Grenzen findet, aus der westfälischen Metropole kommt. »Dortmunder« trinkt man im Nahen Osten ebenso wie in den USA oder in Südamerika und selbstverständlich in den westlichen Nachbarländern. Wie geschätzt das Dortmunder Bier nicht nur in Deutschland ist, zeigt sich sehr augenfällig in der Tatsache, dass einzelne ausländische Brauereien immer wieder versuchen, ihre Biere in Verbindung mit dem Namen Dortmund in den Handel zu bringen. [...]

Um den Erfolg des heimischen Brauwesens zu erklären, darf man auf keinen Fall die Biertrinker in und um Dortmund vergessen. Mit der Industrialisierung des Ruhrgebiets, der Ausbreitung des Kohlebergbaus, dem Ausbau der Hüttenindustrie wuchs die Bevölkerung rapide an, und den Menschen, die hierher kamen und in der Regel schwere Handarbeit zu verrichten hatten – ihnen war das Dortmunder Bier zumeist von Anfang an sympathisch. Ohne die vielen

Bergleute und Stahlwerker, ohne diesen riesigen Absatzmarkt vor der Tür, wären die Dortmunder Brauereien schwerlich so schnell in den Rang von Großbetrieben emporgestiegen.

9. Auswirkungen von Zechenschließungen auf die Menschen innerhalb der Region – Ansichten der Kommunen (1964)

Entschließung der Stadtverwaltung Gladbeck Ende Oktober 1964/Anlage 3 zur Ausarbeitung »Die Auswirkungen der Bergbaukrise auf Gladbeck«. Archiv für soziale Bewegungen Bochum, IGBE-Archiv Nr. 1401.

Am 31. Oktober 1964 läuft die Frist zur Anmeldung von beabsichtigten Stilllegungen von Steinkohlenbergwerken im Rahmen der Rationalisierung im Steinkohlenbergbau ab.[13] Die dabei sich abzeichnende Entwicklung hat die Bevölkerung unserer Städte stark beunruhigt. Geradezu schockiert hat die Nachricht, dass auch solche Zechen stillgelegt werden sollen, die bisher rentabel arbeiteten oder durch Teilstilllegung wieder rentabel gestaltet wurden. Gerüchte, dass neben Brassert noch eine große Zahl von Zechen ähnlicher Größenordnung stillgelegt werden sollen, steigern die Unruhe und lassen die Befürchtung aufkommen, dass zutreffendenfalls das Schicksal dieser Zechen damit auch besiegelt ist.

Es kann nicht Aufgabe einer kommunalen Vertretungskörperschaft sein, zu prüfen und dazu Stellung zu nehmen, ob der Beschluss eines Unternehmens, den Betrieb stillzulegen, sinnvoll, zweckmäßig, notwendig, vertretbar ist.

Pflicht des Rats einer Stadt [oder] eines Kreistags ist es jedoch, für das Wohl der Bevölkerung, und zwar für das Wohl der Gesamtheit wie des Einzelnen zu sorgen. Aus dieser Pflicht heraus ergibt sich von selbst die Sorge für den im Bergbau tätigen Menschen, der im Falle der von uns vertretenen Kommunen nicht nur eine der tragenden Kräfte des Bergbaus ist, sondern auch den Hauptteil der Bevölkerung darstellt.

Nachdem in den zurückliegenden Jahren die soziale Sicherheit eines der stärksten Argumente bei der Werbung für den Beruf des Bergmanns war, ist es praktisch unmöglich, den betroffenen Menschen die Unabweisbarkeit der angemeldeten Stilllegungen mit noch so gut klingenden Argumenten klarzumachen. Alle aus Anlass von Stilllegungen ausgearbeiteten Sozialpläne dürfen nicht darüber hinwegtäuschen, dass gerade der Bergmann seinen Arbeitsplatz nicht beliebig wechseln kann und wechseln mag. Die Unterbringung auf stets entfernter liegenden Anlagen, das Überwechseln in einen anderen Beruf [und] der Wechsel der Wohnung

---

13 Um einen Anreiz zur Rationalisierung und insbesondere zum Kapazitätsabbau im Bergbau an der Ruhr und Saar mithilfe von staatlichen Stilllegungsprämien zu schaffen, beschloss die Bundesregierung u.a. die Einrichtung eines Rationalisierungsverbands des Steinkohlenbergbaus, der am 1.7.1963 gegründet wurde. Am 31.10.1964 meldeten die Bergwerksunternehmen insgesamt 31 Groß- und 20 Kleinzechen mit 64.000 Beschäftigten und einer Gesamtförderleistung von 26 Mio. Tonnen beim Rationalisierungsverband zur Stilllegung an. Es folgten wochenlange Demonstrationen von Bergarbeitern. Vgl. dazu Abelshauser, Ruhrkohlenbergbau, S. 106–108.

bring[en] stets menschliche Härten mit sich, die mit wirtschaftlichen Gütern nicht aufgewogen werden können.

Die Stilllegungen sind daher nicht nur bei den im Bergbau beschäftigten Menschen selbst, sondern auch bei allen, denen das Los des Bergmanns ein ehrliches Anliegen ist, Anlass zu großer Beunruhigung.

Aus ehrlicher Sorge um das Wohl der schaffenden Menschen unserer Gemeinden geben wir der Erwartung Ausdruck, dass Bundestag und Bundesregierung eine den gesunden Lebensinteressen der Bevölkerung unserer Gemeinden gerecht werdenden Lösung der Probleme finden und endlich hinsichtlich der Existenzsicherung und der sozialen Stellung des Bergmanns die Beschlüsse fassen mögen, auf die man seit Jahren vergeblich wartet.

10. Strukturwandel: Resümee einer wissenschaftlichen Untersuchung (1964)
Christel Jarecki, Der neuzeitliche Strukturwandel an der Ruhr, Marburg 1967, S. 221. (= Diss. Marburg 1964).

Verfolgen wir [...] den Strukturwandel an der Ruhr, so zeigt sich: Trotz seines hohen Industriepotenzials ist das Ruhrgebiet heute in vielen Teilräumen ein »Entwicklungsgebiet«. Nicht überall hat die Industrialisierung zu einem wirtschaftlichen Reifestadium mit vielseitiger Industriestruktur und hohem kommunalen Leistungsniveau sowie einem angemessenen Tertiärbesatz führen können. Dieser Entwicklungsrückstand in den Teilräumen ist umso größer, je enger und je ausschließlicher deren Industrien an die Kohlewirtschaft gebunden sind, je mehr also die Schwerindustrie das Strukturbild bestimmt, je geringer der Besatz mit Struktur auflockernden Verarbeitungsindustrien ist und je weniger ein ausreichender Besatz mit Unternehmen der Versorgung, Vermittlung und Verwaltung zu einem angenehmen wirtschaftlichen Lokalklima beiträgt. Von hier aus gesehen ist der neuzeitliche Strukturwandel an der Ruhr mit seiner Standortsondierung der Schwerindustrie, mit der gezielten Ansiedlung von Verarbeitungsbetrieben, der daraus folgenden Aufstockung des Tertiärbesatzes und Verbesserung des Kommunalniveaus mehr als eine bloße wirtschaftliche Revolution; mit ihm bietet sich ein Weg zur längst fälligen regional differenzierten Beseitigung eines wirtschaftlichen und sozialen Entwicklungsrückstands.

11. Die IGBE fordert eine Neuordnung der Bergbau- und Energiewirtschaft (1965).

Diskussionsbeitrag von Heinz Kegel[14] auf dem außerordentlichen Gewerkschaftskongress der Industriegewerkschaft Bergbau und Energie, Oberhausen 23.-24.9.1965 (Auszug), abgedruckt in: Hauptvorstand der IGBE (Hg.), Protokoll des außerordentlichen Gewerkschaftskongresses vom 23.-24. September 1965 in Oberhausen, Bochum 1966, S. 27 ff.; Martin Martiny, Hans-Jürgen Schneider (Hg.), Deutsche Energiepolitik seit 1945, Köln 1981, S. 258f.

Wir sind der Auffassung, dass zunächst die Zersplitterung des Steinkohlenbergbaus beseitigt werden muss. 42 Bergwerksgesellschaften oder Montangesellschaften, die auch Bergbau betreiben, gibt es in der Bundesrepublik Deutschland. Die kleinste von ihnen hat im Jahr 1964 mit 900 Belegschaftsmitgliedern 230.000 t, die größte mit 45.000 Belegschaftsmitgliedern 17 Mill. t Kohle gefördert. Alle anderen liegen ihrer Größe nach dazwischen.

Dieses Durcheinander, verbunden mit rationalisierungshemmendem Besitz an Gerechtsamen,[15] ist ein nicht unwesentlicher Grund für die schwierige Situation, in der sich der Bergbau befindet. Eine einheitliche Gesellschaft mit einigen Gruppendirektionen und leistungsfähigen Zentralanlagen könnte manchen Leistungsfortschritt erzielen, der die Marktposition der Kohle festigen würde.

Und ein Zweites liegt in diesem Oberbegriff der Neuordnung: die Frage der Eigentumsregelung. So wie wir unsere Satzung als Grundgesetz achten, achten wir auch die einschlägigen Bestimmungen des Grundgesetzes der Bundesrepublik Deutschland. Wir haben auch für die Eigentumsregelung Vorschläge jenseits aller ideologisch beladenen Bezeichnungen – wie Sozialisierung, Gemeinwirtschaft, Vergesellschaftung, Verstaatlichung oder Nationalisierung – unterbreitet. Wir wollen eine Form finden, die einerseits den Eigentümern gerecht wird, andererseits aber dieses einheitliche Bergwerksunternehmen nicht von vornherein mit Zins- und Schuldenlasten belegt, die seine Leistungsfähigkeit infrage stellen. Wir wollen eine Lösung finden, die die bisherigen Eigentümer im Zusammenhang mit der Entschädigung nicht aus der Verantwortung entlässt und sie etwa über Entschädigungszahlungen zu Staatsrentnern macht. Sie sollen in der Verantwortung bleiben; andererseits muss aber auch der Staat in diese Verantwortung zu einem so beträchtlichen Anteil hineingebracht werden, dass seine Energiepolitik auch auf der Grundlage, die er selber als Verpflichtung gegenüber der Kohle hat, vollzogen wird. Genau dieses System gilt es zu finden und zu praktizieren, um dem Gedanken der Neuordnung und der wirtschaftlichen und sozialen Sicherheit im Bergbau gerecht zu werden.

---

14 Heinz Kegel (1921–2003), Sekretär in der Abteilung Schulung und Bildung der IGBE (1952–1957) und in der Abteilung Gesamtleitung und Wirtschaftspolitik (1957–1960), Mitglied des Geschäftsführenden Vorstands der IGBE (1960–1965), Mitglied des Beratenden Ausschusses der EGKS (1961–1965) und dessen Präsident (1963–1964), Mitglied des Landestags von Nordrhein-Westfalen als Abgeordneter der SPD (1962–1966), Arbeitsdirektor der Bergwerksgesellschaft Hibernia AG (1966–1969) und Arbeitsdirektor der neu gegründeten Ruhrkohle AG (1969–1981). Zu Kegel vgl. auch Dok. 15 in diesem Kapitel.

15 Gerechtsame sind das Recht, die Kohle unter einem Grundstück unabhängig von den Besitzverhältnissen abzubauen.

Auch der Steuerzahler, dessen Geld über offene und versteckte Subventionen vielen Einzelunternehmen zufließt, hat einen legitimen Anspruch darauf, dass der Staat eine Unterstützung aus Steuergeldern einem Unternehmen zukommen lässt, das der Sicherheit der Energieversorgung dient, dieses aber unter den bestmöglichen rationellen und finanziellen Bedingungen tut.

Es ist nach Veröffentlichung unseres Satzungsentwurfs in der Presse davon die Rede gewesen, wir hätten die Sozialisierung aufgegeben. Ich möchte hier erklären: Wir haben keine Gedanken aufgegeben, der uns dem Ziel einer neu geordneten Bergbau- und Energiewirtschaft mit sicheren Arbeitsplätzen und gutem Sozialstand näherbringt. Wir lassen uns eben nicht mehr auf eine Diskussion um Ideologien abdrängen, sondern verlangen für unsere sachlichen Vorschläge sachliche Gegendarstellungen, wenn man uns schon nicht zustimmen will. Bis zum Augenblick haben es die Gegner unserer Vorschläge an solchen Gegendarstellungen fehlen lassen, was ein Beweis für die Richtigkeit unserer Ziele sein muss.

12. Die Dortmunder Industrie- und Handelskammer sieht für den Bergbau kaum noch Entwicklungschancen und tritt daher für eine Beschleunigung des Strukturwandels ein, der im Ruhrgebiet nicht neu, sondern lediglich in ein »akutes Stadium« getreten sei (1966).

Das Wirtschaftsjahr 1965. Bericht der Industrie- und Handelskammer zu Dortmund. Aus der Einführung des IHK-Präsidenten Hans Hartwig und des Hauptgeschäftsführers Dr. Keunecke, Dortmund 1966, S. 5–13, hier S. 7–10 (Auszug). Westfälisches Wirtschaftsarchiv Dortmund S 6 Nr. 949.

Natürlich wird die besondere wirtschaftliche Lage des Kammerbezirks immer stärker überschattet durch die Situation im Steinkohlenbergbau. Hier wird rund ein Fünftel der Steinkohle des Ruhrgebiets und etwa ein Sechstel der Bundesrepublik gefördert. Vielerlei Wirtschaftszweige sind mit der Lage im Bergbau eng verbunden: Das gilt für Hersteller der maschinellen Ausrüstung genauso wie für Zulieferer, das gilt für Reparaturbetriebe ebenso wie für den Einzelhändler oder den Gastwirt in Bergarbeitersiedlungen. Im Kammerbezirk ist die Menge der geförderten Steinkohle vom Spitzenjahr 1956 mit 27,2 Millionen Tonnen auf 23,4 Millionen Tonnen (-14 Prozent) im Berichtsjahr zurückgegangen. Der Umstand, dass in der gleichen Zeit die Zahl der im Bergbau Beschäftigten von 104.208 auf 65.637 zurückgegangen ist, beweist einerseits den hohen Rationalisierungsgrad, der in der Kohlenförderung erreicht werden konnte, wie auch andererseits die Aufnahmefähigkeit der sonstigen Wirtschaftszweige des Kammerbezirks.

Die Frage, die gegenwärtig die gesamte Wirtschaft im Ruhrgebiet beschäftigt, ist die, wie es gelingen soll, den Schrumpfungsprozess im Bergbau aufzuhalten oder ihn doch jedenfalls in ein Zeitmaß zu zwingen, das Gelegenheit lässt, die vielfältigen wirtschaftlichen, sozialen, aber auch politischen Konsequenzen sinnvoll zu verkraften. Die Erwartungen, die insoweit gehegt werden, sind nicht sehr hoffnungsvoll. […] Man muss sich immer wieder fragen, warum es nicht möglich war, mithilfe einer einigermaßen langfristigen Vorausschau die Entwicklung im Energiesektor rechtzeitig und richtig einzuschätzen, um daraus notwendige Konsequenzen zu ziehen. Inzwischen sind völlig unnützerweise auch noch politische Verhärtungen eingetreten, die die Findung und Durchsetzung praktikabler Lösungen noch schwerer machen, als dies von der Sache selbst hier schon der Fall ist. Der Bergbau, der mit seiner Leistung wesentliche Voraussetzungen für die wirtschaftliche Expansion in der gesamten Bundesrepublik in den Anfangsjahren nach dem Krieg geschaffen hat, kann sich in dieser Situation nicht einer gleichen massiven politischen Unterstützung erfreuen, wie sie beispielsweise die Landwirtschaft sich häufig genug nutzbar machen konnte. Welche Pläne auch im Laufe dieses Jahres ausreifen mögen [...], sie werden sich immer nur in dem engen Dreieck bewegen können, das abgesteckt ist erstens durch den unausweichlichen Kostendruck, der auf dem Bergbau liegt, zweitens durch die Notwendigkeit, eine Verteuerung der Energieversorgung der verarbeitenden Industrie auf alle Fälle zu vermeiden, und drittens schließlich durch die Tatsache der leeren Kassen von Bund und Land. Das aber ist ein sehr enger Bewegungsraum. Angesichts solchen Umstands muss befürchtet werden, dass die Absatzmengen auch in der überschaubaren Zukunft stärker als die Fördermengen zurückgehen werden. Die Zechenstilllegungen könnten dann eines Tages ein Ausmaß und Tempo annehmen, das zu ernstesten Spannung[en] führt.

Der Prozess einer strukturellen Umschichtung im Ruhrgebiet wird sich daher nicht nur fortsetzen, sondern notwendigerweise beschleunigt werden müssen. Deswegen werden unter allen energiepolitischen Konzeptionen, die entwickelt werden können, diejenigen besondere Beachtung finden müssen, die sich bemühen, diesem Prozess die notwendige Hilfestellung zu gewähren. Die Lösung, die dem Bergbau für weitere Rationalisierungen erforderliches Kapital zuführt, die Folgen unvermeidbarer Zechenstilllegungen mildert und gleichzeitig geeignete Gewerbeflächen – unbelastet von Bergschäden – einer gewerblichen Nutzung verfügbar macht, sollte dabei Vorrang haben.

Es muss immer wieder betont werden, dass dieser Prozess einer Umstrukturierung des Reviers im Grunde genommen nichts Neuartiges darstellt. Er ist lediglich in ein neues, spannungsgeladenes Stadium getreten. Wenn man die Dinge über eine sehr lange Frist hin betrachtet, ergibt sich folgendes Bild: Die Zahl der im Bergbau des Kammerbezirks Beschäftigten ist heute (rund 66.000) fast genau die gleiche wie im Jahr 1907 (rund 64.000). In der Zwischenzeit stieg diese Zahl erheblich an. [...] Wenn man die Dinge so langfristig sieht, wird deutlich, dass in der Tat ein lang währender Prozess nur in ein neues – allerdings sehr akutes – Stadium getreten ist.

13. Stimmungsbericht zur Stilllegung der Zeche Langenbrahm in Essen (1966)
Bert Frings, Die letzte Schicht, in: Neue Ruhr-Zeitung, Nr. 74 vom 28.3.1966. (Auszug)

Mit Wäschebündeln, Aktentaschen, Kartons kommen die Männer aus der Kaue. Sie haben die Spinde ausgeräumt, ihre Habseligkeiten zusammengepackt: Arbeitskleidung, Handtücher, Stiefel, Seife. Die Grubenlampe, der Selbstretter,[16] der Helm – das blieb zurück, Zecheneigentum.

---

16 Der Selbstretter ist Bestandteil der modernen bergmännischen Sicherheitsausrüstung unter Tage. Im Falle eines Grubenbrands ist der Bergmann mithilfe eines Aktivkohlefilters, der die giftigen Gase

»Glück auf«, »Lebewohl«, »Machs gut« – so grüßen sie ihren Kameraden in der Markenkontrolle, werfen die Blechmarke mit der Schichtnummer in den Behälter, tippen stumm an die Schirmmütze. Einige blicken verstohlen, fast schüchtern, damit es der Nachbar nicht merkt, zurück durch den Regenschleier in die Nacht: Langenbrahm – Lebewohl!

14. Auswirkungen der Bergbaukrise aus kommunaler Sicht und Maßnahmen zur Strukturverbesserung an Rhein und Ruhr (1966)
Städtebrief Nordrhein-Westfalen (Landesvorstand des Städtetages), Nr. 27 vom 20.9.1966. Stadtarchiv Essen 1001/230. (Auszug)

Folgen der Strukturkrise
Die Bevölkerungsentwicklung in den Städten stagniert oder geht zurück. Vor allem junge Arbeitskräfte wandern ab. Die Zahl der Rentner steigt; sie ist inzwischen in den meisten Ruhrgebietsstädten höher als in allen anderen Städten.

Die Pendlerströme nehmen zu. Das Gewerbesteueraufkommen der Revierstädte stagniert; wo noch ein Zuwachs ist, liegt er weit unter den bundes- und landesdurchschnittlichen Zuwachsraten; in einigen Städten ist das Gewerbesteueraufkommen auch absolut gesunken.

Die Städte haben infolge des mangelhaften Steueraufkommens nicht mehr die nötige Finanzkraft, ihre kommunale Infrastruktur zu verbessern. Sie verlieren dadurch an Attraktivität für neue Industrien und für Arbeitskräfte.

Die Gemeinden haben darüber hinaus trotz schwindender Steuerkraft neue Belastungen zu bewältigen. Zechenstilllegungen führen zu vermehrter Inspruchnahme der Sozialhilfe. Die Zechen stellen zudem auch den Betrieb zecheneigener Sportanlagen, Schwimmbäder, Kindergärten und -spielplätze, Büchereien usw. ein; die Städte müssen Ersatz schaffen. Kündigungen von Bergarbeiterwohnungen führen zu steigenden Obdachlosenzahlen.

Zechenstilllegungen machen vielfach Stadtsanierungen erforderlich, in anderen Fällen bieten sie eine einmalige Gelegenheit dazu. Wegen fehlender Finanzierungsmittel muss die Sanierung vielfach zurückgestellt werden.

Strukturverbesserung kann helfen
Die Folgen der Strukturkrise müssen und können für die Revierstädte durch eine Umwandlung ihrer industriellen Struktur vermieden werden. Das im Ruhrgebiet konzentrierte menschliche, technische und organisatorische Potenzial bietet sich für neue Industrien an und bedeutet eine volkswirtschaftliche Vorausleistung, die in anderen Gebieten erst mit enormen Investitionen nachgeholt werden müsste. Die Städte können trotz stärkster Bemühungen aus eigener Kraft die Aufgabe einer Umstrukturierung nicht bewältigen. [...]

in Sauerstoff umwandelt, in der Lage, sich bis zu 90 Minuten mit atembarer Luft zu versorgen.

Maßnahmen von Bund und Land

Bund und Land Nordrhein-Westfalen entwickeln zwar – alarmiert durch vermehrte Zechenstilllegungen und die dadurch bedingte Verschärfung der Krise – in den letzten Monaten eine verstärkte Aktivität zur Überwindung der Krise im Ruhrgebiet. Die Probleme der Städte und auch deren eigene Bemühungen um Strukturverbesserungen werden dabei aber oft in ihrer Bedeutung nicht genügend gesehen.

Für den Bund handelt es sich in erster Linie um ein energiewirtschaftliches und ein soziales Problem. […] Für das Land Nordrhein-Westfalen stehen stärkere Bemühungen um eine Strukturverbesserung des Ruhrgebiets im Vordergrund. Sein Ziel, die strukturelle – auf Kohle gegründete – Einseitigkeit des Reviers aufzulockern und die Ansiedlung neuer Industrien anstelle der stillgelegten Zechen zu unterstützen, verfolgt es mit einer schwer übersehbaren Vielfalt von wenig aufeinander abgestimmten Einzeleinrichtungen, -programmen und -maßnahmen. Hier seien beispielhaft genannt die Wirtschaftsförderungsgesellschaft des Landes Nordrhein-Westfalen, der Sonderbeauftragte des Ministerpräsidenten für das Ruhrgebiet, das Landeskredit- und Bürgschaftsprogramm in Höhe von 300 Mio. DM, ein Strukturfonds von 100 Mio. DM, die Richtlinien über die Gewährung von Beihilfen an Unternehmen der gewerblichen Wirtschaft und an Gemeinden zur Errichtung von Produktionsbetrieben und Arbeitsplätzen in den Steinkohlegebieten. Angekündigt sind Zuschüsse und Garantieversprechen für Sicherungsmaßnahmen gegen Bergschäden.

Die Deutsche Industrie will – gefördert durch Bund und Land Nordrhein-Westfalen – in einem Selbsthilfeprogramm (Aktionsgemeinschaft Deutsche Steinkohlenreviere) durch Erwerb und Freihaltung von Grundstücken künftig stillzulegender Zechen die Grundlage für die Ansiedlung neuer Industrien im Ruhrgebiet schaffen.

15. Protokoll der Betriebsversammlung der Gladbecker Zeche Möller/Rheinbaben,[17] nachdem der Vorstand der Bergwerksgesellschaft Hibernia AG am 2. November 1966 die Stilllegung beschlossen hatte

Rede des Arbeitsdirektors der Bergwerksgesellschaft Hibernia AG, Herne[18], abgedruckt in: Bottroper Protokolle, aufgezeichnet von Erika Runge, Frankfurt/Main 1968, S. 115 ff. (Auszug)[19]

Der Arbeitsdirektor Herr K[egel][20] spricht, er hat jetzt das Wort.

Kameraden! (Zwischenrufe) Ich weiß nicht, wem die vielen Pfui-Rufe galten, als mein Name erwähnt wurde. Wenn sie der Person K[egel] galten, dann möchte ich hier deutlich sagen, dass ich lange genug als Gewerkschafter und als Politiker gegen diese Entwicklung im Ruhrgebiet und für den deutschen Steinkohlenbergbau gekämpft habe. (Zwischenrufe: Hört, hört! Proteste. Klingel) Ich weiß, dass oft genug die Kameraden nicht gekommen sind, die damals noch glaubten, sie würden diejenigen sein, die ihren Arbeitsplatz bis zuletzt behalten. (Zwischenrufe) Und in der Not waren sie dann da. Und in dieser Situation war ich auch da, als Politiker und als Gewerkschafter. (Zwischenruf: Ein bisschen spät, nicht!) Und da sollte mir keiner einen Vorwurf machen. (Zwischenruf: Und heute als Stillleger, nicht?) Da komme ich gleich drauf. (Lachen) Wer hier mit mir das nicht diskutieren will, der kann das tun. Das weiß jeder ganz genau, das mach ich viel zu oft auf Versammlungen mit 10 und 15 Kollegen, wo man sich deutlich miteinander aussprechen kann ... (Zwischenruf: Bloß auf *Rheinbaben* habe ich nichts gemerkt) – Nicht in Zurufen auf einer Massenversammlung ... (Zwischenruf: Dann mach doch keine Schachtanlage still! Du sprichst ja bald so wie der Erhard![21] Lachen) Wenn das dem Arbeitsdirektor galt, dann hab ich dazu Folgendes zu sagen: Die Entwicklung hat (Zurufe: lauter!) dazu geführt, dass einfach die Kohle, die heute gefördert wird, und das gilt für alle Bergwerks-

---

17 Das Bergwerk Möller/Rheinbaben in Gladbeck und Bottrop wurde am 31.3.1967 stillgelegt; es beschäftigte am Jahresende vor der Stilllegung 3.138 Mitarbeiter und förderte im Jahr vor der Stilllegung 1,4 Mio. Tonnen Steinkohle.
18 Die Authentizität der Wiedergabe bestätigte der damalige Arbeitsdirektor Heinz Kegel in einem Interview an seinem Wohnort auf Norderney am 5.7.2002. Kegel hatte im Vorstand für den Stilllegungsbeschluss gestimmt und dies den Betriebsräten auch freimütig mitgeteilt.
19 Die Versammlung wurde geleitet vom Betriebsratsvorsitzenden August Sych. – Die Autorin der »Bottroper Protokolle«, die Schriftstellerin und Regisseurin Erika Runge (Jg. 1939), protokollierte laut Einband »Entwicklungen im Ruhrgebiet, Lebensumstände und Ausdrucksweise der Bewohner einer kleinen Stadt, die fast völlig von der benachbarten Zeche abhängt«. In den Texten, die aus Interviews hervorgehen, kommen neben Beteiligten der Betriebsversammlung Möller/Rheinbaben ein Betriebsratsvorsitzender, ein Pfarrer, eine Hausfrau, ein Rektor, ein Verkäufer, eine Putzfrau, ein Beat-Sänger und eine kaufmännische Angestellte zu Wort. Vgl. hierzu neuerdings Markus Wiefarn, Zur Problematik der literarischen und politischen Repräsentation in Erika Runges Bottroper Protokollen, in: Jan-Pieter Barbian/Hanneliese Palm (Hg.), Die Entdeckung des Ruhrgebiets in der Literatur, Essen 2009, S. 231–245.
20 Zur Vita Heinz Kegels vgl. Dok. 11, Anm. 14 in diesem Kapitel.
21 Gemeint ist der ehemalige Bundeswirtschaftsminister und damalige Bundeskanzler Ludwig Erhard, der wenig später zurücktrat.

unternehmen, nicht mehr absetzbar ist. (Ha! Zwischenrufe) Es steht dahinter die Frage, was ist in einer solchen Situation zu tun. (Große Unruhe, Zwischenrufe: Kohlen in die Ostzone! – Rede doch nicht so einen Mist! – Bitte, den Arbeitsdirektor, jetzt lasst ihn doch sprechen! – In Gottes Namen, Kameraden. – Das wollen wir gar nicht mehr hören! – In die Ostzone mit der Kohle!) […] Die Frage in unserem Unternehmen und für mich als Arbeitsdirektor war die: Wo steht die Chance, dem einzelnen Kollegen einen, wenn schon nicht seinen Arbeitsplatz zu sichern. Und über die Kurzfristigkeit: Es ist das erste Mal, dass eine Entscheidung des Vorstandes nicht über irgendwelche Kanäle, durch Vermutungen und sonstige Dinge gekommen ist, sondern am Tag, nachdem sie gefallen war, den Vertretern der Belegschaft – zu allererst – gesagt worden ist. (Empörung, Zwischenrufe: Wir haben vor Wochen unsere Gewerkschaftszeitung bekommen, *Die Einheit*,[22] da stand *Möller/Rheinbaben* oben! – Warum sprechen Sie jetzt vom 2. November?![23] – Da war das alles doch schon klar! – Zustimmung, Bravo!) Zunächst einmal müssen wir klarstellen: Der Vertreter der *Einheit* sitzt hier vor mir, dass das keine Liste der *Einheit* oder der Gewerkschaft war, sondern, dass sie abgedruckt war aus einer Tageszeitung. (Zwischenrufe, große Unruhe) Es stand dort, es stand dort auch der Name *Schlägel und Eisen*[24] (anhaltende Unruhe), und es war in dieser Situation für jeden Reporter eine Leichtigkeit, aus den Gerüchten in Herten und in Bottrop und Gladbeck herauszulesen, dass da irgendetwas passieren kann. Es ist dann ganz einfach, diese Namen hinzuschreiben und zu erwarten – (Zwischenruf: Der stand oben! Weitere Zwischenrufe) Dann sind alle Namen dementiert worden. Ich weiß nicht, ob für alle Fälle, die dort in der Liste stehen, dieses Dementi in einem halben Jahr auch noch gilt. (Unruhe) *Hibernia* hat klar geantwortet: eine Schachtanlage. Die andere ist damit von dieser Liste gestrichen. (Zwischenrufe: Wie lange? – Unruhe) Wie lange? Auch das ist eine Frage, die wir nicht allein beantworten können (höhnisches Lachen, Unruhe, Zwischenrufe) – so lange, so lange, wie es möglich ist, noch Kohle abzusetzen. So lange werden wir uns bemühen, auch die Schachtanlagen zu erhalten und in ihnen die Arbeitsplätze unserer Kumpels. (Zwischenrufe, große Unruhe) Ja, wer soll sie denn verbrennen? (Zwischenrufe, vereinzelt, dann im Chor: Ostzone! Ostzone! – Anhaltende andere Zwischenrufe: Wenn die Förderung hochgetrieben wird, wie stellen Sie sich denn dazu?) Auch dazu wollte ich etwas sagen, das kann man nämlich auch von der anderen Seite sehen und muss man auch mit von der anderen Seite sehen. (Zwischenrufe) Nicht der Wille zum Hochtreiben der Förderung ist dabei allein ausschlaggebend, sondern die Tatsache, ob ich in der Lage bin, den Belegschaftsmitgliedern einer stillzulegenden Anlage Arbeitsplätze auf anderen Anlagen anzubieten. Wenn dadurch dort die Förderung nicht hochgeht, dann ist der Arbeitsplatz einfach nicht da! (Zwischenruf: Aber die Kohle ist doch nicht abzusetzen!) Die Kohle ist dann abzusetzen, wenn bei dieser Situation die Förderung ohnehin langsam nach einer Steuerung … (große Unruhe anderthalb Minuten lang, Proteste,

---

22 »Die Einheit« war im Oktober 1960 aus der im Februar 1948 gegründeten »Bergbau-Industrie« als Gewerkschaftszeitung der IG Bergbau hervorgegangen.
23 Am 2. November hatte der Vorstand die Stilllegung der Zeche Möller/Rheinbaben beschlossen.
24 Die Zeche Schlägel und Eisen gehörte ebenfalls zur Bergwerksgesellschaft Hibernia AG.

Klingel. Zwischenrufe: Geh nach Hause auf Deinen Posten! – Wie sprichst Du denn eigentlich. – Bitte, Ruhe, Kollegen, lasst doch einen sprechen! – Pfui! – Kollegen, ich darf doch wohl um Ruhe bitten, wir wollen unserem Arbeitsdirektor zuhören ... Es hat jeder Gelegenheit ... Und ich meine, es ist nicht fair, wenn wir jetzt hier aus dem Haufen heraus anfangen zu schreien ... – Aber ich möchte auch so einen Direktorposten haben, dann würde ich genauso lügen wie die Herren auch! – Jawoll! – Bravo! – Kauft doch jedem einen Wohnwagen, dann fahren wir von Schachtanlage zu Schachtanlage! – Lachen. – Ruhe!) Ich habe – ich habe zu einem Punkt inzwischen auch – dass ich, wenn die Entscheidung im Aufsichtsrat negativ ausfällt, mit dem Betriebsrat nicht nur über einen Sozialplan (Zwischenrufe: Aber dann als Gewerkschafter oder als was?), sondern auch über die Probleme einzelner, besonders hart betroffener Kollegen sprechen werde. (Zwischenrufe, Unruhe) Ich habe hier, was *Scholven* und so weiter anbelangt, einige Bemerkungen gehört, ich kann sie an Ort und Stelle nicht überprüfen, wie weit die sachliche Richtigkeit besteht, wie weit die Verzweiflung aus den Worten manches Diskussionsredners gesprochen hat. Aber dass wir uns gemeinsam, Betriebsrat und Vorstandsmitglieder, ganz deutlich darum bemühen wollen, Härten so weit wie möglich auszuschalten und die Sorgen in Einzelfällen mit den einzelnen Kollegen zu besprechen (Hört, hört!), ich glaube, das kann ich hier sagen, und darüber wird es zwischen dem Betriebsrat und uns sicher eine faire Vereinbarung geben. (Unruhe. Zwischenruf: Dich holen wir gleich runter, da oben! – Lachen. – Kollegen, Paul, einen Moment mal! Ich möchte doch mal darum bitten, die Kollegen aufzuklären, wie der Aufsichtsrat überhaupt zusammengesetzt ist: Zehn Arbeitnehmer, zehn Arbeitgeber und ein Neutraler! Wer stimmt denn für uns? Der Neutrale? Für uns? Für uns bestimmt nicht! – Keiner!)

16. »Kadetten« und »Kommilitonen«. Bochum wird Musterbeispiel des Strukturwandels (1966).
Peter Seidlitz, Eine Zechenstadt wandelt ihr Gesicht. Bochum wurde Paradebeispiel des Strukturwandels, in: Neue Ruhr-Zeitung vom 18.11.1966.

Der Wandel hat sich jahrelang, fast unbemerkt von der Öffentlichkeit, vollzogen. Doch jetzt hat es die rund 365.000 Einwohner große Ruhrstadt Bochum, die von den Städten Castrop-Rauxel, Witten, Essen, Wanne-Eickel, Dortmund, dem Ennepe-Ruhr-Kreis, Wattenscheid und Herne eingeschlossen ist, so gut wie geschafft: Mit Hilfe von »Kadetten«[25] und Kommilitonen ist der Strukturwandel größtenteils zu einem guten Ende gekommen.

Während die meisten anderen Städte des Kohlenpotts noch über Absatzschwierigkeiten, Kohlenhalden, Zechenstilllegungen klagen und die arbeitslos gewordenen Ruhrkumpels in Ermanglung anderer Arbeitsstätten abwandern, hat sich die überwiegend evangelische Stadt Bochum zu einer der modernsten und arbeitssichersten Städte in Nordrhein-Westfalen entwickelt.

25 Das erste Auto, das in Bochum produziert wurde, war der Opel Kadett.

Die Stadtväter und der Stadtrat erkannten, wie sie heute stolz sagen, die aufkommende Steinkohlenkrise früh genug. Nach Bildung einer Arbeitsgemeinschaft zur »Wirtschaftsförderung« im November 1959 gelang es innerhalb weniger Monate, »über ein Dutzend neuer Ansiedlungsverträge« mit anderen Wirtschaftszweigen zu schließen. Den ersten »großen Wurf« machte die Stadt jedoch im Jahr 1960, als sich die Adam Opel AG (Rüsselsheim), eine hundertprozentige Tochtergesellschaft der amerikanischen Automobilbauer General Motors, auf einer Fläche von rund 550.000 Quadratmetern mit einem Zweigwerk in Bochum niederließ. [...]

Doch noch während die Produktion der in Bochum hergestellten Opelwagen vom Typ Kadett weiter hochgeschraubt wurde, zogen in die Stadt der »Kadetten« die Kommilitonen. Bochum hatte sich erfolgreich gegen die harte Mitbewerberkonkurrenz der Nachbarstädte durchgesetzt und die Ruhr-Universität in ihre Mauern geholt. Diese Universität soll sich im Laufe der Jahre, so ist es geplant, zu der zweitgrößten Deutschlands nach München entwickeln.

Während sich die Rektoren und Professoren von Westdeutschlands ältester und bekanntester Universität in Heidelberg mit Hilferufen an die Öffentlichkeit wenden, um die alten Gebäude ganz vor dem Verfall zu bewahren und um die geforderten Neubauten zu erhalten, und während sich die Studenten der Universitäten von München bis Kiel in meist überfüllte und alte Hörsäle drängen, entstehen in Bochum neue Studentenhochhäuser, -heime und Hörsäle. Die Ruhr-Universität ist für 18.000 Studierende gedacht. In dieser westfälischen Stadt, der man teilweise noch das »Steinkohlenzeitalter« ansieht, lebten, wie aus den Statistiken der Städte hervorgeht, vor 100 Jahren nur insgesamt 12.000 Einwohner.

»Bochum ist das Paradebeispiel der verfolgten Strukturpolitik«, erklärte kürzlich anlässlich der Endmontage des Millionsten »Kadett« der nordrhein-westfälische Minister Gerhard Kienbaum.[26] Der Vorstoß des Fahrzeugbaus in das Ruhrgebiet habe sich »außerordentlich günstig« ausgewirkt. Und Oberbürgermeister Fritz Heinemann[27] meinte unlängst, Bochum stehe »am Anfang eines neuen Abschnitts seiner fast hundertjährigen Geschichte und hat bereits seine traditionelle überörtliche Stellung im Ruhrgebiet gefestigt«. [...]

Ein einheitliches Stadtbild hat sich allerdings noch nicht ergeben. Neben Getreidefeldern erheben sich massive Schornsteine, neben alten, einförmigen Bergmannswohnungen in den grauen Vorstädten, neben ausgedienten Zechen ragen riesige schlanke Hochhäuser in den neuen Ruhrhimmel. In einem Umkreis von 50 Kilometern der Stadt leben dicht gedrängt rund 8,3 Millionen Menschen.

---

26 Gerhard Kienbaum (1919–1998), 1962–1966 Minister für Wirtschaft, Mittelstand und Verkehr des Landes NRW und 1954–1969 CDU-Landtagsmitglied, hatte 1945 im Alter von 26 Jahren als erster Deutscher eine Unternehmensberatung, den Vorläufer der heutigen Kienbaum Consultants International GmbH, gegründet.
27 Fritz Heinemann (1903–1975), 1952–1969 Oberbürgermeister der Stadt Bochum, gehörte zwanzig Jahre lang (1950–1970) dem nordrhein-westfälischen Landtag als SPD-Abgeordneter an.

17. Die Handwerkskammer Dortmund sorgt sich um die Existenz der vom Strukturwandel betroffenen Zulieferer und bietet gleichzeitig ihre Unterstützung bei der Beschäftigung bzw. Umschulung entlassener Bergarbeiter an (1967).

Beitrag »Strukturelle Schwierigkeiten im Ruhrgebiet«, in: Jahresbericht der Handwerkskammer Dortmund für das Jahr 1966, Dortmund 1967, S. 13–14. Westfälisches Wirtschaftsarchiv Dortmund S 7 Nr. 596.

Wenn wir es auch nach Lage der Dinge für ungerechtfertigt halten, die wirtschaftliche Lage am Ende des Jahres 1966 mit der Bezeichnung »Krise« zu belegen, so fällt es uns ziemlich schwer, dieses Wort für die Situation im Ruhrgebiet, das zu einem beträchtlichen Teil mit unserem Kammerbezirk identisch ist, zu vermeiden. In diesem Raum wurden die konjunkturellen Abschwächungserscheinungen überlagert von den Schwierigkeiten des Bergbaus und den Produktionseinschränkungen besonders der Eisen- und Stahlindustrie. Diese beiden Faktoren haben die Arbeitslosenziffern im Ruhrrevier höher ansteigen lassen als im Durchschnitt des Bundesgebiets; sie sind auch für das Handwerk nicht ohne Rückwirkungen geblieben. Handwerksbetriebe, die sich auf Zulieferaufgaben für Zechen oder Eisen- und Stahlwerke spezialisiert oder in typischen Bergarbeiterwohngebieten ihren Sitz hatten, sind zum Teil in Situationen geraten, die man schlechthin als existenzgefährdend bezeichnen kann. [...] Die Kammer sieht es als ihre Aufgabe an, diesen Betrieben zu helfen. Ihre Mittel reichen aber nicht aus. Sie meint daher, dass für Überbrückungs- oder Umsetzungsmaßnahmen zugunsten wirtschaftlich gesunder Betriebe, die durch außerhalb ihres Einflussbereichs liegende Vorgänge in Not geraten sind, ebenso öffentliche Mittel zur Verfügung gestellt werden sollten wie für Stilllegungsaktionen und die Maßnahmen zur Umsetzung oder Umschulung freigestellter Bergarbeiter.

Andererseits hat die Handwerkskammer Dortmund auch für diese Umschulungsmaßnahmen ihre Hilfe angeboten. In einem Gespräch, das Präsident Derwald[28] und Mitglieder der Geschäftsführung mit dem Präsidium und dem Vizepräsidenten des Landesarbeitsamts Nordrhein-Westfalen und dem Direktor des Arbeitsamts Dortmund führten, hat die Kammer angeboten, die in ihrem Bezirk vorhandenen Lehr- und Übungswerkstätten für die überbetriebliche Lehrlingsunterweisung soweit wie möglich auch in den Dienst der Umschulung von Bergleuten und gegebenenfalls von Stahlarbeitern zu stellen. Darüber hinaus ist das Handwerk, soweit es ihm möglich ist, bereit, aus der Industrie freigestellte Arbeitskräfte evtl. nach erfolgreich abgeschlossener Umschulung aufzunehmen.

Die Kammer meint, dass die Hilfen der öffentlichen Hand, die für die Schaffung von Arbeitsplätzen für freigestellte Bergarbeiter gewährt werden, auch solchen Betrieben zugutekommen sollten, die ihrer Struktur und Größe wegen nur in der Lage sind, vielleicht zwei oder drei ehemalige Bergleute aufzunehmen. Sie meint, dass die jetzt noch bestehende Grenze von [mindestens] zehn Arbeitsplätzen entsprechend den Möglichkeiten, die das Handwerk zu bieten hat, herabgesetzt werden sollte.

---

28 Walter Derwald sen. (1911–2004), Bau- und Maurermeister, war von 1961 bis 1984 Präsident der Handwerkskammer Dortmund.

Insgesamt dürfen die konjunkturellen Abschwächungstendenzen, die in der Bundesrepublik weitgehend zu einer mehr oder weniger erwünschten Normalisierung der Lage geführt haben, nicht verwechselt werden mit den offensichtlichen strukturellen Schwierigkeiten im Ruhrrevier. Diese räumlich begrenzten Erscheinungen haben mit der konjunkturellen Entwicklung nichts zu tun; ihre Behebung bedarf daher des Einsatzes anderer bzw. gezielterer Mittel, als sie zu Beginn des Jahres 1967 zur Wiederanfachung der allgemeinen Konjunktur eingesetzt worden sind.[29]

Die Kammer begrüßt es daher, dass die neue Landesregierung beabsichtigt, die für Strukturmaßnahmen zur Verfügung stehenden Mittel des Landeshaushalts schwerpunktmäßig im Ruhrrevier mit dem Ziel einzusetzen, die Beschäftigungsmöglichkeiten für die Bevölkerung dieses Raums durch Ansiedlung neuer wachstumsträchtiger Industrie- und Gewerbebetriebe zu erhalten. Das Handwerk hofft auf angemessene Beteiligung und ist selbst vollauf bereit, bei diesem Unterfangen den ihm möglichen Beitrag zu leisten.

18. Der nordrhein-westfälische Ministerpräsident Heinz Kühn[30] beschreibt im November 1967 die Lage des Bergbaus und der Bergbaustädte sowie die Gefühle der Menschen des Reviers im Deutschen Bundestag.
Verhandlungen des Deutschen Bundestages, 5. Wahlperiode, 131. Sitzung am 8.11.1967, S. 6651f. (Auszug)

Allein im Ruhrgebiet jedoch hängen über zwei Millionen Menschen unmittelbar oder mittelbar am Bergbau. Das *Bestellvolumen des Steinkohlenbergbaus* an andere Wirtschaftszweige betrug 1966 rund drei Milliarden DM. Bei einer Stilllegung von 35 Millionen t Förderkapazität wird das Bestellvolumen des Bergbaus um rund 800 Millionen DM jährlich zurückgehen, auch da mit den Konsequenzen des Freisetzens von Arbeitnehmern.

Es gibt zahlreiche *Städte des Reviers*, bei denen der Anteil der Beschäftigten des Steinkohlenbergbaus an der Zahl der in der gesamten Industrie Beschäftigten 50 bis 75 Prozent beträgt. Kein Wunder, dass in vielen Orten des Reviers gegenwärtig die Stimmung einer belagerten Stadt herrscht. Wenn die schwarzen Fahnen der Stilllegung auf den Fördertürmen hochgehen, dann ist das so, als ob die weiße Fahne der Kapitulation über einer Stadt hochgeht. Das rührt an das Lebensgefühl aller Menschen dieser Städte. Wer in Dortmund-Huckarde[31] vor den 15.000 Menschen gestanden hat, der vergisst Hass und Demagogie einer Minderheit vor den

---

29 Gemeint sind die keynesianischen Investitionsprogramme der öffentlichen Hand unter dem Bundeswirtschaftsminister Karl Schiller (SPD) und dem Bundesfinanzminister Franz-Josef Strauß (CSU).
30 Heinz Kühn (1912–1992), 1966–1978 SPD-Ministerpräsident einer sozialliberalen Koalition in NRW, war zudem u.a. Mitglied des Bundestages (1953–1963) und des Europaparlaments (1979–1984).
31 Kühn hatte auf der Protestkundgebung gegen die geplante Schließung der Zeche Hansa in Dortmund-Huckarde gesprochen, bei der die Bergleute »von leidenschaftlicher Empörung erfüllt« waren (Kühn im weiteren Verlauf seiner Rede). Es kam zu heftigen Auseinandersetzungen: »Kühn und Schiller – Zechenkiller«.

Gesichtern der Bedrücktheit und der Sorge, die die Existenzangst von Hunderttausenden von Familien an der Ruhr widerspiegeln. [...]

Niemand wird sich technologischen Entwicklungen widersetzen können. Auch die Bergarbeiter sind keine Maschinenstürmer des vorigen Jahrhunderts. Sie wissen aus ihrer gewerkschaftlichen Tradition, aus dem Erlebnisbereich, den sie in ihrem Berufsleben unmittelbar durchschritten haben, dass technologische Fortschritte unaufhaltsam sind und, richtig gehandhabt, zum Segen der Menschen führen können, dass man sie nicht aufhalten kann und nicht aufhalten darf.

19. Neuordnung bei Krupp: Gründung der Stiftung 1968

Friedrich Wolff, Wohin steuert die Firma Krupp?, in: Essener Stadtanzeiger vom 27.1.1968. Stadtarchiv Essen 1001/230.

Spektakulär waren die Umstände, unter denen der neue Aufsichtsrat der Fried. Krupp GmbH am 23.01.1968 in der Villa Hügel tagte: Absperrungen wie bei Staatsbesuchen sicherten die Beratungen vor Störungen, während die Arbeiter der Kraftwagenfabrik, die um ihre wirtschaftliche Zukunft bangen, die Arbeit niederlegten und Tausende der Belegschaft einen »Sympathie-Streik« durchführten. Das war bei dem häufig bewiesenen Verständnis der Krupp-Belegschaft ein außergewöhnliches Ereignis. Es zeigt, wie groß die Unruhe über die Zukunft des Konzerns ist, dass schwerwiegende Entscheidungen erwartet werden, die bisher einem Minimum an Publizität, zumindest bis zum Redaktionsschluss dieser Zeitung, unterlagen.

Die Geschichte von Deutschlands größtem Familien-Imperium in der Wirtschaft, der Firma Fried. Krupp in Essen, ist nach 156 Jahren in eine neue Phase getreten. Das Unternehmen schickt sich an, in zeitgemäßer Form nach den Schwierigkeiten der letzten Jahre, die den Bund und das Land zwangen, Bürgschaften für die Aufrechterhaltung der Zahlungsbereitschaft zu übernehmen, einen neuen Abschnitt seiner Geschichte zu beginnen. Am 2. Januar 1968 ist die Fried. Krupp GmbH als Kapitalgesellschaft gegründet worden. Das Kapital beträgt 500 Mill. DM; es liegt voll bei der am 29. November 1967 geschaffenen »Alfried Krupp von Bohlen und Halbach-Stiftung«, die ihrerseits alle Vermögenswerte der bisherigen Einzelfirma der GmbH übergeben hat. Am 23. Januar wurde für die GmbH ein 15köpfiger Aufsichtsrat gebildet – ohne personelle Überraschungen! Vorsitzender ist, wie erwartet, der deutsche Banken-Allvater Hermann J. Abs.[32] Auch die übrigen großen Banken-Gläubiger des Konzerns sind vertreten. Vorstandsvorsitzender wurde, ebenfalls wie erwartet, Günter Vogelsang,[33] früher Mannesmann.

---

32 Zur Biografie von Hermann Josef Abs (1901–1994), einem der einflussreichsten und umstrittensten Manager der deutschen Banken- und Wirtschaftsgeschichte des »Dritten Reichs« und der Bundesrepublik, vgl. Lothar Gall, Der Bankier Hermann Josef Abs, München 2004.

33 Günter Vogelsang (Jg. 1920), Wirtschaftsmanager und Multiaufsichtsrat u.a. bei Daimler-Benz, Deutsche Bank, RAG, Gerling, 1958 Vorstandsmitglied des zum Kruppkonzern gehörenden Bochumer Vereins, 1960 Finanzvorstand bei Mannesmann, 1968 bis 1972 Vorstandsvorsitzender der Fried. Krupp GmbH, Ehrenvorsitzender der Aufsichtsräte von Eon und ThyssenKrupp.

20. Gründung der Ruhrkohle AG: Unterzeichnung des Grundvertrags (1969)

Glückauf 105 (1969), Nr. 18 vom 4.9.1969, S. 888–891. (Auszug)

Am 18. Juli 1969 wurde im Ruhrkohle-Haus, Essen, in Anwesenheit des Bundesministers für Wirtschaft Professor Dr. Karl Schiller der Grundvertrag zwischen der Bundesrepublik Deutschland, den Bergbauunternehmen des Ruhrreviers und der Ruhrkohle AG geschlossen. Zwanzig Unternehmen des Ruhrbergbaus[34] unterzeichneten diesen Grundvertrag. [...]

Gemeinsame Erklärung

des Bundes, des Landes Nordrhein-Westfalen, des Unternehmensverbandes Ruhrbergbau und der Industriegewerkschaft Bergbau und Energie aus Anlass der Unterzeichnung des Grundvertrages zur Gründung der Ruhrkohle[35]

Der heutige Abschluss des Vertrages über die Neuordnung des Steinkohlenbergbaus an der Ruhr ist das Ergebnis der gemeinsamen Bemühungen des Bundes, des Landes Nordrhein-Westfalen, der Bergbauunternehmen an der Ruhr und der Industriegewerkschaft Bergbau und Energie. Mit der Gründung der Ruhrkohle verfolgen die Beteiligten das Ziel, für den Steinkohlenbergbau an der Ruhr und die in ihm beschäftigten Menschen die Grundlage für eine gesunde wirtschaftliche und soziale Entwicklung in der Zukunft zu legen. Eine solche Entwicklung im Steinkohlenbergbau ist zugleich ein Beitrag zur Strukturverbesserung im gesamten Ruhrgebiet.

Die Beteiligten erwarten, dass die Ruhrkohle alle notwendigen Maßnahmen treffen wird, um die Wettbewerbsfähigkeit der Steinkohle auf dem Energiemarkt zu verstärken und so die Sicherheit der Arbeitsplätze zu gewährleisten.

Bundeswirtschaftsminister Professor Schiller erklärte für die Bundesregierung, Ziel der Energiepolitik der Bundesregierung werde es weiterhin sein, eine dauerhafte Gesundung des Steinkohlenbergbaus herbeizuführen.

Sie sei sich bewusst, dass dafür die von der Bundesregierung in Kraft gesetzten Absatz stabilisierenden Maßnahmen von maßgeblicher Bedeutung sind. Sie habe den Willen, diese Absatzhilfen – soweit erforderlich – aufrechtzuerhalten.

Die Beteiligten gehen davon aus, dass die Muttergesellschaften und die Ruhrkohle AG die volle Funktionsfähigkeit der neuen Gesellschaft herstellen, dass die noch abseitsstehenden Gesellschaften die für sie noch einmal bis zum 15. August 1969 verlängerte Frist zum Beitritt nutzen und dass die Ruhrkohle AG eine dauerhafte Gesundung des Steinkohlenbergbaus herbeiführt.

---

34 Es handelte sich um 19 Gesellschaften und einen Treuhänder, der die Kapitalanteile der noch abseitsstehenden Gesellschaften übernahm.
35 Unterzeichnet wurde die gemeinsame Erklärung von Bundeswirtschaftsminister Karl Schiller, dem Minister für Wirtschaft, Mittelstand und Verkehr des Landes NRW, Fritz Kassmann, dem Vorstandsvorsitzenden des Unternehmensverbands Ruhrbergbau, Heinz P. Kemper, und dem Vorsitzenden der IG Bergbau und Energie, Walter Arendt.

21. »Im Augenblick der entscheidende Faktor«. Der nordrhein-westfälische Wirtschaftsminister Riemer (FDP) zum Strukturwandel in der krisenbehafteten Textilindustrie (1973)

Rede Dr. Horst Ludwig Riemers[36] zum Antrag der CDU-Fraktion zur Erhaltung und Sicherung der Arbeitsplätze in der Textil- und Bekleidungsindustrie. Landtag Nordrhein-Westfalen, 7. Wahlperiode, 90. Sitzung vom 18.12.1973, S. 3558–3559. (Auszug)

Herr Präsident! Meine sehr geehrten Damen und Herren! Die Landesregierung begrüßt den Antrag der CDU (Beifall bei der CDU), und zwar als eine Unterstützung der Bemühungen der Landesregierung, (Oh, oh! bei der CDU) bei der Bundesregierung (Zuruf von der SPD: Das freut die gar nicht!) Verständnis für die besonderen strukturellen Schwierigkeiten zu wecken, die das Land Nordrhein-Westfalen verzeichnet.

Meine Damen und Herren! Nordrhein-Westfalen ist durch eine besondere Wirtschaftsstruktur gekennzeichnet, und es unterscheidet sich sehr deutlich von der Struktur anderer Bundesländer. Wir haben es mit der Kohle zu tun, wir haben es mit dem Stahl zu tun, und wir haben es – das ist der dritte Schwerpunkt – mit der Textil- und Bekleidungsindustrie zu tun. Das sind Monostrukturen, insbesondere im westfälischen Bereich. Es ist selbstverständlich, dass wir immer wieder auch die Bundesregierung darauf aufmerksam gemacht haben, dass diese Situation besondere Maßnahmen erfordert und dass es notwendig ist, auf diese besonderen strukturellen Schwierigkeiten Rücksicht zu nehmen. Natürlich haben wir unsere Bedenken geltend gemacht, als es darum ging, die Importkontingente aufzustocken. Aber dies waren Maßnahmen im Rahmen des Stabilitätspakets. Stabilität ist ja gerade das gewesen, meine Damen und Herren von der Opposition, was Sie immer besonders gefordert haben. Und, Herr Brömmelhaus,[37] es nutzt sehr wenig, jetzt in der Debatte Zahlen aus den Jahren 1969 bis 1972 zu nennen. Da gab es nämlich bei der Textilindustrie keine Schwierigkeiten; sie sind jetzt aufgetreten. Diese Zahlen nützen uns gar nichts. Deswegen war es durchaus richtig – weil nämlich eine Übernachfrage auch im Textilbereich damals bestand – die Importquote hochzusetzen. Dieses ist mit Zustimmung der Verbände und der Gewerkschaften geschehen.

Dies hat die Bundesregierung nicht allein so vom grünen Tisch her gemacht. Das ist vorher verhandelt und besprochen worden. Man hielt es für notwendig, um ein Gleichgewicht zwischen Angebot und Nachfrage wiederherzustellen. Das muss man sehen. Dieses darf man der Bundesregierung nicht jetzt vorwerfen, wo wir besondere Schwierigkeiten haben. Wodurch sind die entstanden? – Jetzt wollen wir das doch einmal genauer analysieren. So einfach ist das ja nicht zu sagen: Das ist einmal die »verfehlte« Konjunkturpolitik – die ist es am wenigsten. Natürlich ist durch die Restriktionspolitik, die Stabilitätspolitik, die Nachfrage auch im Textil-

---

36 Dr. Horst Ludwig Riemer (Jg. 1933), seit 1952 Mitglied der FDP, war von 1970 bis 1979 Landesminister für Wirtschaft, Mittelstand und Verkehr in Nordrhein-Westfalen und gehörte dem Landtag von 1965 bis 1980 bzw. von 1985 bis 1995 an.

37 Helmut Brömmelhaus (Jg. 1927), der dem NRW-Landtag als CDU-Abgeordneter von 1966 bis 1985 angehörte, war langjähriger Sekretär der Gewerkschaft Textil und Bekleidung.

bereich gedämpft worden. Darüber gibt es nichts zu diskutieren. Da sind wir wohl auch nicht verschiedener Meinung. Aber das war ja der Sinn der Sache.

Hinzu kommt – und das scheint mir besonders wichtig zu sein – nicht so sehr das, was durch die Energiekosten entstanden ist, sondern der Strukturwandel. Ich würde nicht sagen, Herr Brömmelhaus, wie Sie es hier so absolut formuliert haben, dass das hier überhaupt keinen Einfluss hat. Natürlich hat das Einfluss. Auch die Energiekostenfrage hat Einfluss auf die wirtschaftliche Entwicklung der Textilindustrie. Aber das Entscheidende ist tatsächlich ein Strukturwandel, der dort eingetreten ist, und diese drei Faktoren kumulieren sich im Bereich der Textilindustrie aktuell und führen jetzt zu diesen Schwierigkeiten. [...]

Aber was ist nun der Strukturwandel? Er entsteht durch die Vergrößerung der Märkte, wie wir das jetzt bei der EWG erleben, durch die Liberalisierung; wir haben ja einen Gemeinsamen Markt. Der Strukturwandel entsteht durch die Entwicklung neuer Techniken, Verfahrenstechniken, neuer Produkte, aber auch – und das ist das, was jetzt für die Textilindustrie aktuell zutrifft – durch eine Veränderung der Verbrauchergewohnheiten, meine Damen und Herren. Diese Verbrauchergewohnheiten haben sich im Bereich der Textilindustrie sehr, sehr entscheidend gerade im letzten Jahr gewandelt. Man nennt das technisch den »Trend zur nichteleganten Mode«. Ich kann nur alle auffordern, weiterhin Anzüge und Kleider zu kaufen. Aber Sie wissen sehr genau, dass sich in unserer Gesellschaft ein Wandel vollzogen hat und dass man sich bemüht, wenn man Bluejeans kauft, sie möglichst schnell mittels besonderer Verfahren in einen Zustand zu versetzen, dass der Eindruck entsteht, als hätte man sie schon fünf Jahre getragen.

Und immer mehr – auch bei den Damen hat sich einiges geändert – (Heiterkeit) immer mehr junge Mädchen tragen keinen BH mehr. (Heiterkeit und Zurufe) Ich meine, es ist eine ernste Frage, über die wir hier diskutieren. (Heiterkeit bei der CDU) Aber dieses sind Fakten, die wir sehen müssen, und wir müssen erkennen, dass eben der Strukturwandel im Augenblick der entscheidende Faktor ist.

22. Die Bedeutung der Textilindustrie für kleinere Gemeinden des Ruhrgebiets. Das Beispiel Kettwig (1974)

Heiner Radzio, Scheidt in Kettwig will aufgeben – 293 Jahre alte Textilfirma schon länger mit Verlust, in: Handelsblatt, Nr. 114 vom 19.6.1974.

Eine der traditionsreichen deutschen Textilfabriken, die Scheidt AG in Kettwig an der Ruhr, will ihren Betrieb stilllegen. Wie es in einer Firmenmitteilung heißt, hat sich das Unternehmen entschlossen, »die Kammgarn-Produktion in den nächsten Monaten auslaufen zu lassen«.

Die Firmenleitung legt Wert auf die Feststellung, dass keine Zahlungsschwierigkeiten bestehen und alle Verpflichtungen erfüllt werden. Der Auftragsbestand werde ordnungsgemäß abgewickelt. Für die rund 560 Mitarbeiter sei ein Sozialplan vorgesehen.

Damit hat die Krankheitswelle, die die deutsche Textilindustrie seit geraumer Zeit heimsucht, ein weiteres Opfer gefunden. Die Firma ist 293 Jahre alt geworden, und man kann ohne Übertreibung sagen, dass das, was Krupp einmal für Essen war, mindestens so sehr Scheidt für die kleine benachbarte Ruhrstadt Kettwig bedeutete. Scheidt ist hier immer noch der größte Arbeitgeber. Kettwig soll übrigens nach den Neuordnungsplänen für das Ruhrgebiet in die Stadt Essen eingemeindet werden.

Der Text der Firmenerklärung über den folgenschweren Entschluss des Unternehmens ist sehr karg gehalten und enthält keinerlei Begründung. Es ist aber kein Geheimnis, dass die Branche der Kammgarn-Spinnereien in der Bundesrepublik unter schwerem Konkurrenzdruck steht. So wird seit einiger Zeit ein Plan diskutiert, dass sich eine Reihe von großen Kammgarn-Spinnereien zusammenschließen sollten. An diesen Gesprächen beteiligten sich mehr als 20 Spinnereien. Der Markt ist zweifellos übersetzt. Die starken Schwankungen der Wollpreise beeinflussen die Produktionskosten erheblich. [...]

Jetzt scheinen die Würfel gefallen zu sein: Es soll stillgelegt werden. Die Tuchfabrik, die Weiterverarbeitungsstufe einer Kammgarnspinnerei, wurde von Scheidt bereits 1962 stillgelegt. Die jetzt angekündigte Stilllegung deutete sich schon im November vergangenen Jahres an, als die Firma Kurzarbeit beantragte. Vor einiger Zeit wurden 100 Leute entlassen. Unter den Mitarbeitern der Firma Scheidt ist ein hoher Anteil von Gastarbeitern, besonders Griechen. Es wird nicht leicht sein, gerade für diese ungelernten Arbeitskräfte neue Arbeitsplätze zu finden.

23. Der Hauptgeschäftsführer der IHK Dortmund zieht 1977 eine pessimistische Zwischenbilanz zum Strukturwandel in seinem Kammerbezirk, dem östlichen Ruhrgebiet.
Helmut Keunecke, Zwanzigjähriger Prozess der Umstrukturierung, in: Ruhr-Nachrichten, Nr. 245 vom 21.10.1977. Beilage »125 Jahre Industrie-Entwicklung im Ruhrgebiet«, S. 2–3.

Zusammenfassend bleibt [...] festzuhalten, dass die Bemühungen um Strukturverbesserung im östlichen Ruhrgebiet insgesamt keine ausreichenden Ergebnisse erbrachten. Von den hier seit 1957 verloren gegangenen ca. 70.000 Arbeitsplätzen entfielen mehr als 63.000 allein auf den Bergbau und nahezu 7.000 auf die Stahlindustrie. In der gesamten übrigen Industrie blieb im Zeitraum von 1957 bis 1976 die Zahl der Arbeitsplätze mit 81.000 konstant. Auch der Dienstleistungssektor hat keinen entsprechenden Ausgleich an Arbeitsplätzen schaffen können. Der Handel hat zwar seine Position erheblich ausgeweitet, gleichzeitig aber unter dem Zwang der Rationalisierung Arbeitskräfte freigesetzt. Die Banken und Versicherungen haben expandiert. Auch der Sektor der öffentlichen Verwaltungen hat die Zahl seiner Arbeitsplätze im östlichen Revier vergrößert, wobei dies insbesondere dem Bildungssektor zugutekam. Insgesamt gesehen bot und bietet der Dienstleistungsbereich jedoch im Kammerbezirk keine großen Kompensationsmöglichkeiten. Er konzentriert sich auf wenige Städte der Bundesrepublik, zu denen Dortmund trotz aller relativen Erfolge, insbesondere im Versicherungssektor, nicht zählt.

Zieht man eine kritische Bilanz der Bemühungen um Strukturverbesserungen im östlichen Ruhrgebiet, so darf nicht übersehen werden, dass das Revier und auch sein östlicher Teil eine von vielen untereinander konkurrierenden Wirtschaftsregionen der Bundesrepublik ist. Für die Struktur- und Regionalpolitik des Bundes hat stets der Grundsatz der Angleichung innerhalb des Bundesgebietes gegolten. Die anderen Regionen haben auch sehr aufmerksam darauf geachtet, dass dieses Postulat nicht vernachlässigt wurde. Wenn der Prozess der Strukturverbesserung im Revier größere Erfolge hätte haben sollen, wäre es notwendig gewesen, alle eingeleiteten Maßnahmen mit größerem Nachdruck zu betreiben. Mit der praktizierten Halbherzigkeit waren im Wettbewerb der Regionen größere Erfolge nicht zu erzielen. Hinzu kam, dass in den wachstumsstarken sechziger Jahren der Widerstand der ortsansässigen Industrie gegen Neuansiedlungen recht erheblich war, weil man den Konkurrenzkampf um die Arbeitskräfte fürchtete. Das viel beklagte Beispiel dafür bietet die geplante Ansiedlung der Ford-Werke im östlichen Ruhrgebiet, die nicht realisiert werden konnte.[38] [...]

Wir müssen uns damit abfinden, dass die Zeiten des »goldenen Westens« der Vergangenheit angehören. Aber als zukunftsträchtige Aufgabe stellt sich das Ruhrgebiet heute nicht weniger als vor zwanzig Jahren.

„Kannst wohnen bleiben, Kumpel!" Karikatur zum subventionierten Ruhrkohlenbergbau und seiner Stellung zur Erdöl- und Atomwirtschaft (Zeichner: Pielert), in: Handelsblatt vom 28.4.1978
[Archiv für soziale Bewegungen Bochum, IGBE-Archiv Nr. 12014]

38 Gemeint ist die gescheiterte Ansiedlung eines Zweigwerks der Ford-Werke in Herten 1960, vgl. dazu Dok. 5 in diesem Kapitel.

24. Die Handwerkskammern des Ruhrgebiets sehen sich als »Gegengewicht zur Monostruktur« der Region (1979).

Handwerk im Ruhrgebiet – Gegengewicht zur Monostruktur, in: Daten und Fakten. Aus dem Kammergeschehen der Handwerkskammer Dortmund '78/79, Dortmund 1979. Westfälisches Wirtschaftsarchiv Dortmund S 7 Nr. 596.

Wie die Industrie- und Handelskammern im hiesigen Revier haben die Ruhrgebiets-Handwerkskammern Düsseldorf, Münster und Dortmund eine Arbeitsgemeinschaft gebildet. In einer kleinen Arbeitsgruppe haben sich diese drei Kammern gefunden, um die Position des Handwerks in diesem Bereich abzustecken und die entsprechenden Vorstellungen zu entwickeln. Dabei wurde bald erkennbar, dass es notwendig ist, sich konkret auf die Probleme des Handwerks zu konzentrieren und dabei Kompetenzgrenzen nicht zu überschreiten.

Die erste Ruhrgebietskonferenz fand am 8. und 9. Mai 1979 in Castrop-Rauxel statt; zu ihr waren 130 Organisationen und Institutionen eingeladen. Die drei Ruhrgebietskammern konnten ihre Anliegen vortragen. Man hatte festgelegt, dass der Präsident unserer Kammer, Baumeister Derwald, für das Handwerk des Gebiets sprach. Ergänzend sei erwähnt, dass unsere Kammer die Federführung für ein Jahr übernommen hat.

Bei den Ausführungen des Handwerks zum Revier und der derzeitigen Situation kam es darauf an, Analysen und notwendige Maßnahmen aufzuzeigen. Deshalb folgen einige wesentliche Aussagen des Handwerks in der Konferenz:
- Im Ruhrgebiet sind in 32.000 Handwerksbetrieben rund 320.000 Beschäftigte tätig. Das sind doppelt so viele Personen wie im gesamten Bergbau. Das Umsatzvolumen des Handwerks betrug im Jahr 1978 rund 20 Milliarden DM. Auf den Bergbau bezogen ist dies das Eineinhalbfache des Bergbauumsatzes.
- Im Ruhrgebiet hat das produzierende Gewerbe von 1961 bis 1976 24,9 Prozent Arbeitsplätze verloren. Die Zahl der Arbeitsplätze im Handwerk ist dagegen konstant geblieben. Nach einschlägigen Erhebungen herrscht Mitarbeitermangel im Handwerk des Ruhrgebiets; zurzeit fehlen rund 30.000 Fachkräfte. Somit wird deutlich, dass das Arbeitslosenproblem im Ruhrgebiet weniger ein quantitatives als ein qualitatives Problem ist. [...]

Aufgrund dieser Feststellungen und Tatsachen schlägt das Handwerk folgende Förderungsmaßnahmen für das Ruhrgebiet vor:
- Verbesserung der Arbeitsmarktstruktur durch Ausbau des Angebots an Aus-, Fort- und Weiterbildungsmaßnahmen zur Eingliederung ungelernter Bürger [...]
- Schaffung eines Existenzgründerprogramms Ruhr mit konkreten Gründungshilfen auch bei der Grundstücksbeschaffung
- Erweiterung der Fördergebiete im Rahmen der regionalen Wirtschaftsförderung und Änderung der Fördervoraussetzungen [...]

Bei den Anregungen, Wünschen, Empfehlungen und auch Forderungen des Handwerks geht es darum, die Handwerksbetriebe zu erhalten und damit die Rolle des mittelständisch orientierten Handwerks als Gegengewicht zur überkommenen Monostruktur des Ruhrgebiets zu festigen.

"Wachsende Halden". Karikatur zur Absatz- und Beschäftigungslage im Ruhrgebiet (Zeichner: R. Candea), in: Rheinische Post vom 9.7.1983 [Archiv für soziale Bewegungen Bochum, IGBE-Archiv Nr. 12014]

Wichtigster Punkt bleibt die Versorgung unserer Bürger und die Bereitstellung der notwendigen Dienstleistungen, wobei die Qualität, Pünktlichkeit und das Preisangebot wesentlich sind und bleiben.

25. »Das Ungewisse macht Dich fertig«. Arbeitsplatzabbau in einem Duisburger Stahlwerk: Ein Arbeiter spricht über die Auswirkungen aus Sicht eines Betroffenen [1983].
Richard Albrecht (Hg.), Erkundungen, Texte aus (dem) Revier, o. O., o. J. [1983], S. 100 ff. (Auszug).[39] Die Schriftform der Vorlage wurde beibehalten.

Ich erzähl' Dir mal meinen Fall, da wird das ganz schön deutlich.[40] Ich bin im letzten Jahr umbesetzt worden aus dem Walzwerk ins BSW II.[41] Da ging das über das berüchtigte Umbesetzungsgespräch. Da wirst Du mir nichts, dir nichts vorgeladen vor die Umbesetzungskommis-

---

39   Eingangs berichtet der Erzähler, dass auf der Mannesmann-Hütte in Duisburg-Huckingen zu Beginn der 1980er Jahre 3.000 Arbeitsplätze innerhalb von zwei Jahren wegrationalisiert werden sollten. Betriebsräte und Gewerkschaft könnten dagegen nichts tun. Aber gleich nach Bekanntwerden des Arbeitsplatzabbaus auf der Hütte seien die Betroffenen beschwichtigt worden: »Keiner wird entlassen!« Nach außen sei alles zivilisiert und anscheinend sozial abgelaufen. Der Erzähler führte die Ruhe zum Beispiel bei Hoesch in Dortmund und auch in Duisburg-Huckingen darauf zurück, dass das Ausmaß der Anpassung nur »scheibchenweise« bekannt gegeben wurde.
40   Der Erzähler meint die »unheimliche Brutalität« eines Arbeitsplatzabbaus und die »Hilflosigkeit« der Betroffenen dagegen.
41   Blasstahlwerk II.

"Paß' auf, eines Tages stehen wir wieder ganz groß da!" Karikatur zur Lage der Montanindustrie im Ruhrgebiet (Zeichner: R. Candea), in: Rheinische Post vom 20.8.1983 [Archiv für soziale Bewegungen Bochum, IGBE-Archiv Nr. 12014]

sion. [...] Der Betriebsrat muss seine Zustimmung zur Umbesetzung geben. Da ist dann in der Umbesetzungskommission schon alles ausgeguckt worden, wohin Du kommst und so, bevor Du was von erfährst. Das ist wie'n Hammer vor'n Kopf und Du kriegst das Maul nicht auf. Und wenn Du benommen bist, dann registrierst Du erst, dass Du das Urteil unterschrieben hast.

Konkret war das bei mir so, dass mir erst nachher eingefallen ist, dass ich mit der Umbesetzung vom Regen in die Traufe gekommen bin. Denn das BSW II wird demnächst dicht gemacht. Bis `83 – hieß es damals. Von wegen Umbesetzung auf einen sicheren Arbeitsplatz! Da werd' ich jetzt im BSW II auf einem Arbeitsplatz angelernt, der morgen schon nicht mehr existiert. Das musst Du Dir mal in den Kopf tun! Der Vorarbeiter hat den Meister gefragt, wofür er mich überhaupt noch anlernen soll. Und der Meister hat abgewinkt und gesagt: »Mach doch, was Du willst!«

Ich weiß nicht, ob Du Dir das richtig vorstellen kannst? Da bist Du 20 Jahre im Walzwerk, hast da Deine Kollegen, hast gelernt, wie Du mit jedem Einzelnen klarkommst, und mit dem Vorgesetzten. Das gibt Dir so etwas wie Sicherheit. Auch in der Arbeit – da beherrscht Du alles! Und dann umgesetzt. Das ist schon an und für sich die Härte. Gerade als älterer Kollege wächst Du im Bereich nie mehr so richtig an. Und anfangs bist Du einfach ein Fremdkörper. Wenn Du Pech hast, lassen Dich die Kollegen das auch spüren. Ist ja logisch. Erstens ist das für den Kollegen, der Dich am Arbeitsplatz anlernt, ja mehr Aufwand, Dir alles und jedes beizubringen. Vor allem auch die ganz kleinen Tricks, mit denen man sich die Arbeit erleichtert. Und dazu kommt noch, dass mit Dir z.B. die Sollstärke einer Arbeitsgruppe aufgefüllt worden ist. Aber die Kollegen müssen für längere Zeit für Dich die Arbeit machen, weil Du das ja alles noch gar nicht selbstständig machen kannst. [...]

Ich kann Dir ja Storys erzählen! Ist ja meistens so, dass Du mit Deinen Kollegen aus der Abteilung enger zusammen bist. Auch nach der Arbeit. Da ist Kegeln und Skatrunde und so. Und da wirst Du rausgerissen. Und allmählich ist dann Sense mit den alten Kreisen, in denen Du Dich ein bisschen wohlgefühlt hast. Am Schlimmsten ist das, wenn Du von der Schicht versetzt wirst. Also, das ist so: Mein ganzes Leben ist auf Schicht 2 ausgerichtet. Alle meine Bekannten und meine Familie haben sich auf meinen Schichtplatz eingestellt. Und Du hast Bekannte und Freunde aus dem Betrieb fast nur aus der gleichen Schicht. Das ist so, als wären die 4 Schichten 4 eigene Belegschaften, die sich untereinander wenig kennen.

Und dann stell' Dir das mal zu Hause vor. Als ich nach der Umsetzung nach Hause kam, hat meine Frau natürlich gleich gemerkt, dass da was nicht stimmte mit mir. Ich hab' aber nichts rausgebracht, außer dass ich umbesetzt worden bin. Dann bin ich raus in die Hüttenschenke. Und die Frau hat sich so ihre Gedanken gemacht. Und die kennen doch den ganzen Betriebsablauf nicht so. Was meine Frau sich so alles ausgemalt hat! Und dann mit dem Geld! Ist doch abzusehen, dass Du dabei echtes Geld verlierst. Da ist zwar für ein Jahr die Lohnsicherung weiter ausgehandelt. So ist das jedenfalls bisher noch gewesen. Aber wenn Du auf 'nen Arbeitsplatz kommst, der paar Lohngruppen tiefer liegt, dann ist da bald nichts mehr zu halten. Dann wirst Du abgruppiert im Lohn. [...] Wenn ich z.B. durch Feiertagszulage im Monatslohn über meinem früheren Lohn liege, wird mir das abgezogen. So kleinkariert sind die! Sind ja auch kein Wohlfahrtsinstitut! Jedenfalls ist die Frau dann schon am Rechnen, wenn Du umbesetzt bist. Und wie stehst Du dann vor Deiner Frau da – in all Deiner Ohnmacht und Winzigkeit gegenüber den Bossen! Das ist so eine Stunde der Wahrheit. Nur die meisten versaufen sie, um darüber hinwegzukommen. [...] Und durch diese Wahrheit musst Du, muss Deine Frau, muss Deine Ehe hindurch! [...]

Niemand weiß Genaues, wann seine Schicht, wann er reif ist. Das ist ein ganz übles Spiel, das die da mit Dir treiben, ein Herumjonglieren mit Arbeitsplätzen und Kollegen, ein Spiel mit der Angst, die allmählich in allen hochsteigt.

26. Einer der Gründungs-Geschäftsführer erläutert die Ziele und Besonderheiten des TechnologieZentrums Dortmund und dessen Beitrag zum Strukturwandel (1986).
Aus dem unveröffentlichten Interview des Journalisten Georg Rose mit TZ-Geschäftsführer Guido Baranowski vom 6.6.1986.[42] Archiv des TechnologieZentrums Dortmund.

Die Grundüberlegung war 1984, da hat man sich erstmalig in Dortmund getroffen, und zwar von der Stadt Dortmund, insbesondere Wirtschaftsförderung, von der IHK und von der Universität. Man wusste, dass in Dortmund die Universität und die Fachhochschule überwiegend ingenieur- und naturwissenschaftlich ausgerichtet sind, es sind beides technische Hochschulen, und man wusste auch, dass es in Dortmund über 20 wissenschaftliche Institute gibt, Fraunhofer, Max Planck usw. Und man wusste auch, dass diese Institute schon in der Vergangenheit für

---

42 Zwei leicht veränderte Zitate des Interviews gingen ein in den Beitrag von Georg Rose, Kein Wunder, aber Impulse. High-Tech in Westfalen, in: Westfalenspiegel 36 (1987), Nr. 1, S. 12–13.

Unternehmen tätig geworden sind in Form von Entwicklungsaufträgen, die an diesen Instituten und Lehrstühlen durchgeführt worden sind. Man wollte ganz einfach mal überlegen: Wie kann man dieses Potenzial, das in Dortmund vorhanden ist, stärker für die Region vor dem Hintergrund [der] Wirtschaftsförderung nutzen. Da ist man schnell zu der Erkenntnis gekommen, dass in irgendeiner Form ein zentrales Zentrum zu schaffen sei, wo sich auf der einen Seite die Unternehmen und auf der anderen Seite die Wissenschaftler der Institute treffen, um gemeinsam an verschiedenen Entwicklungsaufgaben zu arbeiten. [...]

Konzeptionell ist das TechnologieZentrum (TZ) so entstanden, dass wir gesagt haben: keine Grundlagenforschung, sondern anwendungsbezogene Entwicklung, und zwar in den Feldern, [in denen] Dortmund überregional durch Institute und Hochschule einen guten Ruf hat. [...] Das sind insbesondere die Felder Materialflusssysteme und Logistik, die repräsentiert werden auch durch ein Fraunhofer Institut, dann der Bereich Werkstofftechnologie, der Bereich Qualitätssicherung, der Bereich Handhabungsautomaten, also Roboter im engeren Sinne, und übergreifend über alles dann die Informatik. [...]

In der Konzeption haben wir uns überlegt, dass wir kein Gründerzentrum sein wollten. [...] Wir setzen sehr stark auf bestehende mittelständische Unternehmen, und hier haben wir auch aus dem gesamten Bundesgebiet und drei aus dem Ausland soweit gefunden, dass das Zentrum komplett vermietet ist. Das war schon bei offizieller Eröffnung im Mai 1985 komplett vermietet, die Unternehmen sind dann sukzessiv[e] im Jahr 1985 eingezogen, und zurzeit überlegen wir bauliche Erweiterungen. Von der Konzeption her war uns auch von vornherein klar, dass das nicht als Subventionszentrum geführt wird, sondern das Zentrum wird nach unternehmerischen, betriebswirtschaftlichen Gegebenheiten geführt, und das geht so weit, dass wir marktübliche Mieten hier nehmen. [...]

Diese Überlegungen zur Konzeption wurden im Februar/März 1984 angestellt. Ende März wurde bereits eine Trägergesellschaft gegründet. In dieser Trägergesellschaft ist als Hauptgesellschafter die Stadt Dortmund, dann weiterhin die IHK, die Deutsche Bank, die Commerzbank, die Dresdner Bank, die Westdeutsche Landesbank, die Stadtsparkasse Dortmund, die Dortmunder Volksbank und eine Gesellschaft für Prozessautomation, [hinter der] zehn mittelständische deutsche Unternehmen stehen. Allein die Gesellschafter sagen sicherlich schon ein bisschen was über die Qualität des Zentrums aus. Es gibt kein Zentrum in der Bundesrepublik, wo sich die drei großen Banken überhaupt daran beteiligen. Das ist in Dortmund auch einmalig. Man versucht es zurzeit in Berlin, etwas Ähnliches mit der Deutschen Bank zu installieren, aber es ist noch nicht so weit. [...] Der Standort ist verkehrsgünstig gelegen. Wir waren uns auch von vornherein darüber einig, dass man so ein Zentrum nur in unmittelbarer Nachbarschaft zur Universität und ihren Instituten schaffen könnte. Selbst wenn wir hier nur wenige Meter weiter ein Gewerbegebiet errichtet hätten, käme dieser eigentliche Transfer, der überall angesprochen wird, nämlich nicht zustande. Das heißt, dass sich die Unternehmen und die Wissenschaftler hier vor Ort treffen, um gemeinsam an der Lösung eines Problems zu arbeiten. [...]

Kann ein Zentrum wie Dortmund oder mehrere Zentren dieser Art wirklich einen entscheidenden Beitrag leisten zur Arbeitsmarktsituation im Ruhrgebiet?

Wir sind uns natürlich darüber im Klaren, dass die gegenwärtige Arbeitsmarktsituation mit so einer Maßnahme mit Sicherheit nicht behoben werden kann. Die Arbeitsplätze, die hier geschaffen worden sind, das sind im Zentrum etwas über 150 zurzeit, und das sind alles hoch qualifizierte Arbeitsplätze – davon kann man ausgehen. Wenn wir das Ganze aber mal mittelfristig betrachten, wissen wir, dass in den nächsten Jahren enorme Studienabgänger an den Hochschulen frei werden, gerade hier in der dichten Hochschullandschaft des Ruhrgebiets, und diesen Studienabgängern steht mittelfristig nicht das Arbeitsplatzangebot gegenüber, dass man diese Leute überhaupt in der Region halten kann, d.h., diese Leute gehen entweder von vornherein gleich in die Arbeitslosigkeit oder werden die Region verlassen. Und da ist es mittelfristig für uns eben wichtig, dass diesen Leuten adäquate Arbeitsplätze auch hier geboten werden. Die gegenwärtige Struktur des Arbeitsmarkts, und ich kann jetzt nur für Dortmund reden, aber das trifft auf andere Ruhrgebietsstädte auch zu, [kann ein Gründerzentrum] mit Sicherheit nicht beheben. Darüber sind wir uns einig, aber dieses Problem wird sicher auch nur mittelfristig sein, wenn man bedenkt, in Dortmund schließt in diesem Jahr, ich glaube zum 1.7., die letzte Zeche,[43] und dann gibt es keine mehr von ehemals über 20, sodass das Arbeitsplatzproblem aus dem Bereich Kohle/Stahl mit Sicherheit in den nächsten fünf bis sechs Jahren behoben sein wird, denn dann sind die Leute, die heute arbeitslos gemeldet sind, sich aber quasi im Vorruhestand befinden, und niemals mehr vermittelt werden können, von der Prozentzahl heruntergefallen. Die werden heute nämlich alle noch zur Arbeitslosenziffer dazu gezählt, aus bestimmten Gründen, muss man auch dazu sagen. Man fährt politisch auch ein bisschen die Linie, um in bestimmte Förderquoten [he]reinzukommen, und die gibt es nämlich nur, wenn man das auch zum Teil nachweisen kann, denn dann hat man diese Mittel, um solche Sachen für solche Sachen, nämlich für einen Strukturwandel, den wir hier vollziehen wollen, [...] freizubekommen.

27. **Abschied vom »Bergmann alten Stils«. Der Wandel der Arbeit wird auf einer Recklinghäuser Zeche besichtigt (1986).**
Max von der Grün,[44] Was ist geblieben vom alten Pütt? Reportage. Privatdruck Ruhrkohle AG, Essen 1986, S. 11–30. (Auszug)[45]

---

43   Die Stilllegung der letzten Dortmunder Zeche, Minister Stein im Ortsteil Eving, erfolgte am 31.3.1987.
44   Max von der Grün (1926–2005) war von 1951 bis 1954 Hauer auf der Zeche Königsborn in Unna. Nach einem schweren Unfall wurde er zum Grubenlokfahrer umgeschult. Diese Tätigkeit übte er bis 1963 aus. Der schriftstellerische Durchbruch gelang ihm mit seinem Roman »Irrlicht und Feuer« (1963), in dem er die mangelhaften Arbeitsbedingungen der Bergleute beschrieb. Danach lebte er als freier Schriftsteller in Dortmund. Zahlreiche Auszeichnungen und Ehrungen, Rundfunksendungen, Verfilmungen. Gründungsmitglied u.a. der »Gruppe 61« und Mitglied des PEN-Zentrums der Bundesrepublik Deutschland. Zu von der Grün vgl. auch Dok. 13 in Kap. XVI.
45   Max von der Grün fuhr am 14.11.1986 auf dem Schacht An der Haard 1 des Recklinghäuser Bergwerks Haard der Ruhrkohle AG ein. Seine Reportage wurde vom Westdeutschen Rundfunk am 29.11.1986 im Dritten Hörfunkprogramm gesendet.

Für mich war es eine Reise in die Vergangenheit. Seit 23 Jahren war ich erstmals wieder unter Tage, und zwar auf einer der wohl modernsten Zechen Europas: Schacht An der Haard 1. [...] Der Förderkorb ist so groß, dass ganze Fahrzeuge, wie etwa kleine Lastwagen, darin nach unter Tage transportiert werden können. [...] In knapp drei Minuten sind wir in 950 Metern Tiefe.

Auch hier erinnert nichts mehr an den alten Pütt: Selbstverständlich fahren noch Dieselloks auf Schienen, aber daneben rollen auch gummibereifte Fahrzeuge durch die Strecken. [...] Aber der große, einschneidende Wandel wird bald sichtbar: In dem rund 250 Meter langen Streb sieht man fast keine Menschen mehr, nur noch an den Übergaben von Förderband zu Förderband. Die Maschinen wirken wie schwerfällige Ungetüme auf mich, und mich wundert, wie sie mit ihrem enormen Gewicht – bis zu fünfzehn Tonnen – überhaupt unter Tage an die zum Teil engen Betriebspunkte transportiert werden können. Früher hätten in so einem Streb fünfzig bis sechzig Hauer mit Presslufthämmern gearbeitet und noch einmal ebenso viele Schlepper, die die gebrochene Kohle mit großen Schaufeln auf die Förderbänder geschippt hätten. Der Presslufthammer ist noch vereinzelt da, aber vorwiegend für die Reparaturarbeiten, nicht mehr vor Kohle. Da wird alles maschinell abgebaut mit Hobeln und Schrämmaschinen. Deshalb ist [es] nicht übertrieben zu sagen, dass es den Bergmann alten Stils nicht mehr gibt. Heute werden Schlosser gebraucht, Elektriker, Monteure, Kraftfahrer, Maschinenbauingenieure. Auch Holz zum Ausbau und zur Sicherung des Hangenden, also zur Sicherung des Gebirges über dem Flöz, ist selten geworden. Hydraulisch bewegliche Stahlstempelgestelle, der sogenannte Schildausbau, beherrschen die Szenerie. Die Kohlenflöze sind frei von Holzausbau, wie sie fast frei von Menschen sind. Auch hier ein völlig anderes Bild als im alten Pütt. [...]

Die alten Hüte des Bergbaus hat man hier weitgehend abgelegt. Die junge Schachtanlage hat gegenwärtig (1986) eine durchschnittliche Tagesgewinnung von 6.000 Tonnen bei einer Gesamtbelegschaft unter und über Tage von 2.250 Beschäftigten. Das wiederum entspricht einer Leistung je Mann und Schicht unter Tage von 4,5 Tonnen. Auf meiner längst stillgelegten Zeche in Unna wurden damals knapp zwei Tonnen je Mann und Schicht gefördert. [...]

Ich war nach 23 Jahren wieder eingefahren in dem Bewusstsein, das kennst Du alles, Dich kann nichts mehr überraschen und nichts mehr erstaunen, schließlich hast Du 13 Jahre unter Tage gearbeitet. Was ich an technischen Neuheiten sah, das verwirrte und erstaunte mich dann doch, und ich kann getrost sagen, im neuen Pütt ist wenig vom Alten erhalten geblieben, sieht man einmal davon ab, dass Kohle immer noch schwarz ist, dass es unter Tage immer noch staubt und die Sohle in den Querschlägen immer noch feucht und glitschig ist. [...]

Irgendjemand hatte mir erzählt, auch der Computer habe unter Tage Einzug gehalten; nun, ich habe keinen gesehen, [...]. Selbstverständlich sitzt ein Mann an einem elektronischen Schaubild und überprüft die Transportwege der Kohle zum Schacht, die über Transportbänder läuft und in Großraumwagen fortbewegt wird. Die Kohlezüge allerdings fahren vollautomatisch, da sitzt keiner mehr in der Lok. Das ist gespenstisch.

28. Norbert Lammert, Vorsitzender des Bezirksverbands Ruhr der CDU, fordert von allen Beteiligten, die Entwicklungschancen des Reviers zu nutzen (1986).

Norbert Lammert, Zukunftsstandort Ruhrgebiet. Notizen über alte und neue Industrien, Smog, Kleinmut, Großunternehmen, Kirchtürme und andere Schwierigkeiten einer Region mit sich selbst, in: Revier-Kultur. Zeitschrift für Gesellschaft, Kunst, Politik im Ballungsraum 4/1986, S. 37–41.

Das Ruhrgebiet kommt im öffentlichen Bewusstsein heute fast nur noch als Problemregion vor. Dies entspricht der tatsächlichen wirtschaftlichen Entwicklung, verkennt aber sowohl die vorhandene Substanz als auch die möglichen Entwicklungsperspektiven. Tatsächlich ist schon seit den 60er Jahren eine Abkopplung des Reviers von der allgemeinen volkswirtschaftlichen Entwicklung zu beobachten. [...]

Die Umstrukturierung unserer Volkswirtschaft ist am Ruhrgebiet weitgehend vorbeigegangen. Diese Fehlentwicklung der letzten Jahre hat vielfältige Ursachen. Sie liegen nicht nur, aber auch in der Politik begründet, die eine in die Zukunft weisende Perspektive für diese Region bis heute nicht entwickelt hat. Eine Wiederherstellung der Leistungsfähigkeit des Ruhrgebiets als der über viele Jahre dynamischsten Industrieregion Westeuropas ist nur über ein breit gefächertes, innovatives Konzept aufeinander abgestimmter politischer, wirtschaftlicher und gesellschaftlicher Veränderungen möglich. Die notwendige »Suche nach einer neuen Mission« (Peter Dietz, Revier-Kultur 3/1986, S. 41) fördert vermutlich unbequeme Wahrheiten zutage und erklärt damit zugleich, warum sie bis heute nicht konsequent und mit vollem Ernst aufgenommen worden ist.

Zu den unbequemen Wahrheiten gehört, dass der Strukturwandel im Ruhrgebiet nicht zu schnell, sondern zu langsam stattgefunden hat. [...] Der Strukturwandel im Ruhrgebiet muss beschleunigt statt gebremst werden.

Das Ruhrgebiet ist nach wie vor mehr mit der Bewältigung seiner Vergangenheit beschäftigt als mit der Sicherheit seiner Zukunft. Der Anteil der ehemals dominierenden Branchen Kohle und Stahl an Umsatz und Beschäftigungszahlen im Ruhrgebiet geht seit vielen Jahren stetig zurück, dennoch ist die Wirtschaftspolitik für diese Region nach wie vor auf Großunternehmen im Allgemeinen und die Montanindustrie im Besonderen fixiert, in denen schon weniger als ein Drittel aller Arbeitnehmer im Revier beschäftigt sind. Die Prioritäten im Ruhrgebiet müssen neu gesetzt werden: Die Zukunft des Reviers besteht sicher nicht in Kohle und Stahl.

Das Ruhrgebiet wird auch in Zukunft eine hervorgehobene Rolle in der Energieversorgung des gesamten Landes spielen müssen. Ob die von manchen erwartete Renaissance der Kohle nach der Jahrhundertwende für diese Region tatsächlich neue Chancen eröffnet, hängt wesentlich von der Energiepolitik ab, die bis dahin betrieben wird. Deshalb ist die Wiederherstellung eines Konsenses in den Grundsatzfragen der Energiepolitik, der vordergründige Alternativen vermeidet, die Folgen des Einsatzes wie des Verzichts auf einzelne Energieträger nüchtern abwägt und die unter den geänderten technischen und gesellschaftlichen Bedingungen verfügbaren Optionen offen hält, gerade für das Ruhrgebiet von vitaler Bedeutung. Jede beliebige Veränderung in der deutschen Energiepolitik schlägt sich in keiner anderen Region so unmittelbar und handfest nieder wie im Revier.

Das Ruhrgebiet ist seit über hundert Jahren eine Industrieregion und wird es bleiben, dies gehört zu den allgemein akzeptierten Spruchweisheiten, die nicht einmal in aufwendigen Anzeigen der Korrektur des einseitigen Erscheinungsbildes dieser Region in Abrede gestellt werden. Viel wichtiger ist aber eine andere Erkenntnis, die weit weniger im öffentlichen Bewusstsein ist: »Die Industrielandschaften von morgen haben nichts gemeinsam mit denen der Vergangenheit und wenig mit dem, was noch heute damit assoziiert wird« (Peter Dietz). In den größten Städten des »Industriegebiets« ist die Mehrzahl der Beschäftigten schon heute nicht mehr in der Industrie, sondern in Dienstleistungsberufen tätig. Der moderne Trend zur Informations- und Kommunikationsgesellschaft ist dagegen im Ruhrgebiet fraglos unterentwickelt, wie nicht nur der im nationalen und internationalen Vergleich niedrige Anteil der Ausbildungs- und Arbeitsplätze in den Informations- und Kommunikationstechniken belegt. Fast noch dramatischer ist die Verkennung der strategischen Bedeutung der Kommunikationstechnologien für die Entwicklungsmöglichkeiten einer Region, deren vielfältige Anwendungsmöglichkeiten für die wirtschaftlichen Entwicklungschancen des Reviers ganz offensichtlich nicht begriffen worden sind, wie die kleinkarierte Diskussion über Zahl und Organisation künftiger lokaler Rundfunk- und Fernsehstationen beweist. Das Ruhrgebiet braucht keinen »Oberbürgermeister-Rundfunk«, wohl aber zukunftssichere Kommunikationskanäle.

Gerade im Ruhrgebiet, wo die Stadtgrenzen eher willkürlich als organisch sind, kann auch Kommunalpolitik weitgehend nur als Regionalpolitik Erfolg versprechend betrieben werden. Gemeinsame Interessen müssen auch gemeinsam verfolgt werden. Dies gilt für den verbesserungsfähigen Wirkungsgrad städtischer Kulturinstitutionen mit regionaler Bedeutung wie Theater, Oper, Orchester nicht weniger als für die wirksame Koordination der Wirtschaftsförderung. Tatsächlich findet aber eine Regionalpolitik für das Ruhrgebiet nicht statt. Die kommunalen Räte sind notwendigerweise an den Kirchtürmen der jeweils eigenen Gemeinde orientiert, und ihre Zuständigkeit wie ihre Handlungsperspektive enden spätestens dort, wo die Probleme eigentlich anfangen: an den Stadtgrenzen. [...]

Die zentrale Herausforderung und die mit Abstand wichtigste Aufgabe einer Politik zur Erneuerung des Ruhrgebiets [sind] die Wiederherstellung des Selbstbehauptungswillens und die Mobilisierung der eigenen Kräfte. Sie [sind] umso wichtiger, als das Ruhrgebiet sich politisch in einer schwierigen Wettbewerbslage befindet: Es ist zwar strukturschwach geworden, wird von anderen Regionen gleichwohl aber nicht als unterstützungsbedürftig angesehen. Deshalb braucht das Revier umso dringender ein Klima der Öffnung, des Aufbruchs, des Neuanfangs, des Wagnisses und des politischen Muts, diese Herausforderung auch anzunehmen. »Der Smog muss weg!« [...], der politische Mief, der durch das weder aussichtsreiche noch attraktive Festhalten am Status quo die freie Sicht auf neue Chancen in der Zukunft versperrt und damit das Klima in der Region nach innen, wie vor allem nach außen verpestet.

Das Ruhrgebiet ist ein schlafender Riese, der von seiner Vergangenheit träumt und die Zukunft verschläft. Es hat eine große Vergangenheit hinter sich und eine große Zukunft vor sich, wenn bei allen Beteiligten – in Politik, Wirtschaft und Gesellschaft – Kleinmut überwunden und Kleinkariertheiten vermieden werden.

29. Altkanzler Helmut Schmidt (SPD) plädiert im September 1987 für den Erhalt des heimischen Steinkohlenbergbaus.

Schreiben Helmut Schmidts an Helmut Kohl vom 9.9.1987, Abschrift an den Vorsitzenden der IGBE, Heinz-Werner Meyer. Archiv für soziale Bewegungen Bochum, IGBE-Archiv Nr. 2202.

Die wirtschaftliche Lage des Steinkohlenbergbaus veranlasst mich, Ihre Zeit für diesen Brief in Anspruch zu nehmen.

Ich war vor zwei Jahrzehnten an dem schwierigen Prozess beteiligt, der zur Gründung der Ruhrkohle AG[46] führte, später an vielen anderen energiepolitischen Entscheidungen, auch am Zustandekommen des sogenannten Jahrhundertvertrags.[47] In allen Phasen waren meinen Kollegen und mir die erheblichen, schwer kalkulierbaren längerfristigen Risiken jeder deutschen Energiepolitik immer bewusst. Deshalb erschien uns eine Streuung des Risikos immer notwendig.

Unter diesem Aspekt der Risikostreuung, angesichts der Risiken der Kernkraft einerseits wie der Versorgungs- und Preisrisiken bei importiertem Öl und Erdgas andererseits, erscheint mir auch heute dringend wünschenswert, eine erhebliche eigene Steinkohlenförderung zu erhalten. Dies kann heute am Einfachsten – und für die öffentlichen Haushalte praktisch unschädlich – durch erhöhten Einsatz inländischer Steinkohle in der Elektrizitätserzeugung geschehen. Je nach dem Ausmaß des Mehreinsatzes von Steinkohle wird natürlich der Strompreis steigen – daher die entgegengesetzten Vorstellungen einiger Landeswirtschaftsminister. Das in Betracht kommende Ausmaß der Strompreissteigerung bleibt jedoch volkswirtschaftlich relativ geringfügig – schließlich hat sich bisher der Strompreis für die Stromabnehmer sehr günstig entwickelt. Übrigens könnte – je nach Ausmaß – ein Mehreinsatz deutscher Steinkohle in der Kraftwirtschaft auch den öffentlichen Haushalt von Kokskohle-Förderbeihilfen entlasten.

Ohne mich in Zahlen oder Modellrechnungen zu verlieren, möchte ich doch auf die ganz erheblichen Folgekosten hinweisen, die sich ansonsten aus der Stilllegung jeder einzelnen Tonne Förderkapazität ergeben müssten. Dabei kann kein Zweifel bestehen über die Notwendigkeit, etwaigen Kapazitätsabbau hinsichtlich der Belegschaftsanpassung für die betroffenen Kumpel und ihre Familien sozialverträglich zu gestalten – das heißt: Er würde teuer.

Ich hörte im Aufsichtsrat der Ruhrkohle AG von bisher geführten Gesprächen der Gesellschaft mit dem Bundesminister für Wirtschaft. Bisher gibt es außerdem zwischen dem Letzteren und öffentlichen Äußerungen des Bundesministers für Arbeit hinsichtlich des Jahrhundertvertrags beträchtliche Meinungsdifferenzen. Weitere Gespräche stehen bevor; gewiss wird schließlich auch die Auffassung des Bundesministers der Finanzen eine wichtige Rolle spielen.

---

46 Zur Gründung der Ruhrkohle AG vgl. Dok. 20 in diesem Kapitel.
47 Der »Jahrhundertvertrag« wurde 1977 als Abkommen zwischen der deutschen Energiewirtschaft und dem deutschen Steinkohlenbergbau unterzeichnet; er sicherte den Einsatz der inländischen Steinkohle bei der Stromerzeugung. Dabei wurden u.a. die Mehrkosten, die beim Einsatz von Gemeinschaftskohle gegenüber Wettbewerbsenergien auftraten, durch eine Verbraucherabgabe, den sogenannten Kohlepfennig, ausgeglichen.

Die seit längerer Zeit andauernde Verworrenheit der energiepolitischen Situation und – damit verbunden – die beschäftigungspolitische Besorgnis (es stehen mindestens 20.000 Arbeitsplätze auf dem Spiel), veranlasst mich zu der Bitte an Sie, sich im Interesse der Steinkohle richtungweisend einzuschalten.

30. »Das Ende einer Epoche«. Ein Journalist zur Stahlfusion Krupp-Hoesch 1992

Gunter Rathke, Das Ende einer Epoche, in: Ruhrwirtschaft. Zeitschrift der Industrie- und Handelskammer zu Dortmund 8/1992, S. 12–14, hier S. 12.

Zwar bleibt der Stahlstandort Dortmund – noch – erhalten, lebt der Name Hoesch fort in dem neuen Revierkonzern Fried. Krupp AG Hoesch-Krupp, wird auch Dortmund wohl Sitz der einen oder anderen der sechs Konzernsparten – aber wieder einmal gehen für Dortmund Entscheidungskompetenzen verloren, wie schon manches Mal vorher in den vergangenen Jahren. Von dem Handstreich – bestaunt und bewundert von den einen, verdammt von den anderen –, mit dem sich Krupp-Chef Cromme[48] in den Besitz der Hoesch-Anteile gesetzt hatte, spricht niemand mehr. Zumal der Krupp-Vorstandsvorsitzende mit seinem Coup nur eine Stahlehe wiederbelebte, die vor genau zehn Jahren mit der Ruhrstahl AG aus Hoesch und Krupp schon fast besiegelt schien und zu der dann ausgerechnet Krupp das endgültige Jawort verweigerte.

Der Zorn über die heimliche Machtübernahme ist verflogen. Ohne Resignation, vielmehr in kühl-realistischer Einschätzung der Gegebenheiten hat Hoesch schließlich gestaltend an den Vorbereitungen zur Fusion mitgewirkt, die Ende Juli von einer außerordentlichen Hauptversammlung beschlossen wurde und die jetzt der Registerrichter absegnen muss. Solche Mitarbeit fiel umso leichter, als der Konzern mit seinem Konzept Hoesch 2000 und seiner günstigen Position wohl stärker als Krupp auf die gemeinsame Zukunft eingestellt war.

Der neue Konzern – mit 25 Mrd. Mark Umsatz und rund 100.000 Mitarbeitern nach Thyssen auf Rang zwei vorgerückt und in Europa einer der bedeutendsten Zulieferer der Autoindustrie – bedeute nicht das Ende von Hoesch, sondern den Beginn einer neuen Zukunft, hat Krupp-Chef Cromme versprochen. Dennoch bleibt Wehmut. Denn mit der Auflösung von Hoesch schließt nicht nur ein Kapitel in der Wirtschaftsgeschichte Dortmunds, verabschiedet sich nicht nur ein Unternehmen, sondern eine ganze Epoche geht zu Ende: Die traditionsreiche Dortmunder Stahlindustrie verliert ihre Selbstständigkeit.

---

48 Gerhard Cromme (Jg. 1943) war seit 1986 im Krupp-Konzern tätig, zunächst als Vorsitzender der Krupp Stahl AG in Bochum, schließlich als Vorsitzender der Fried. Krupp AG Hoesch-Krupp. 1999 zählte Cromme zu den Initiatoren der Fusion von Krupp und Thyssen zur ThyssenKrupp AG und war bis 2001 einer der beiden Vorstandsvorsitzenden, bevor er in den Aufsichtsrat wechselte.

31. Zeitbedarf für den Strukturwandel aus Sicht des Managements eines Stahlunternehmens (1992/93)

Detlev Rohwedder,[49] Management im Ruhrgebiet – Unternehmensführung im Strukturwandel, in: Gestalt und Wandel des Reviers. Jahresgabe 1993 der HOESCH AG, Dortmund, und der FRIED. KRUPP AG, Essen/Dortmund 1992, S. 247 ff. (Auszug)

Ich habe bei der Diskussion, die über das Thema Strukturwandel im Ruhrgebiet geführt wird, den Eindruck, dass der Zeitbedarf für tief greifende Veränderungen unterschätzt wird. Der Faktor Zeit scheint gar nicht in die Rechnung einbezogen, anders ist der hektische Ruf nach Aktionen kaum erklärbar. Dabei deutet doch schon das Wort Strukturwandel an, dass es sich um einen organisch sich entwickelnden, einigermaßen harmonisch ablaufenden, stetig voranschreitenden Prozess handeln soll. Es geht dabei nicht nur, jedenfalls gar nicht einmal in erster Linie, um das Aufziehen neuer Produktionen. Das wird entweder nicht gelingen oder gar nicht erst begonnen, wenn nicht eine allgemeine Bewusstseinslage breiter Schichten gegeben ist oder erwartet werden kann, die bereit ist, über das Bekannte, Hergebrachte hinaus vorzustoßen in neue Lerninhalte, Berufe, Ausbildungen. Die Bereitschaft und die Fähigkeit zur Neuorientierung sind die eigentlichen Auslöser für die Schaffung neuer Strukturen. Sie müssen sich in den Menschen entwickeln, der jüngeren Generation mitteilen, und das sind Prozesse, die sich nicht auf Knopfdruck auslösen lassen, sondern Jahre stetiger, geistiger Aufbauarbeit brauchen. Es geht darum, einen Humus zu bereiten, der in einer Region und ihren Menschen auf das Neue hinwirkt. Es muss ein Klima geschaffen werden, in dem das Neue ausgebreitet werden kann, aufgenommen wird und dann eben auch gedeiht. Neue, junge Industrien brauchen die ihnen gemäße Atmosphäre, das geistige Umfeld des unbedingten, entschlossenen Wollens einer Zukunft.

32. Region im Umbruch: Das Ruhrgebiet, jahrzehntelang von der Schwerindustrie geprägt, setzt auf Technologie und Dienstleistungen (1995).

Dieter Buhl, Von der Maloche zur Hirnarbeit, in: Die Zeit, Nr. 17 vom 21.4.1995, S. 7–8. (Auszug)

Nichts ist mehr so, wie es seit der großen Industrialisierung vor über hundert Jahren war. Den lebenslangen Arbeitsplatz bei Thyssen oder unter Tage gibt es nicht mehr. Aber es wird auch nicht so bleiben, wie es heute ist. »Man fällt nicht ins Bergfreie« war eine beruhigende Gewissheit für Generationen. Sozialverträglich hieß das Leitmotiv der Bewältigung aller industriellen Verwerfungen. Inzwischen drohen auch in der Montanindustrie ungefederte Kündigungen. Der Wind wird rauer im Revier.

---

49 Detlev Karsten Rohwedder (1932–1991), Mitglied der SPD, war von 1969 bis 1978 Staatssekretär im Bundeswirtschaftsministerium, u.a. unter Karl Schiller. Von 1979 bis 1990 war er Vorstandsvorsitzender der Hoesch AG; er wurde 1983 und 1990 Manager des Jahres. Danach war Rohwedder Präsident der Treuhandanstalt, bevor er 1991 von der Roten Armee Fraktion (RAF) ermordet wurde.

Die alte Subventionsmentalität stirbt dennoch nur langsam aus. Vor allem die Kohle bleibt sakrosankt. Jeder weiß, dass es für den Bergbau keine Zukunft mehr gibt. Aber nur hinter vorgehaltener Hand wird die überfällige Sterbehilfe beschrieben – eindeutige Absichtserklärungen der Politik und degressive Beihilfen bis zum Exitus der letzten Zechen. Die Aussicht bereitet Pein. [...]

Am eindringlichsten offenbart [sich der Strukturwandel] im Bildungsbereich. Bis 1964 hatte die Direktive von Wilhelm II. fortgewirkt: Keine Soldaten und Studenten im Ruhrgebiet, um jeglicher Unruhe vorzubeugen. [...] Heute studieren dort 150.000 junge Menschen an 14 Hochschulen. Sechs Max-Planck- und Fraunhofer-Institute und mehrere Dutzend Technologiezentren verdichten sich zu einem wissenschaftlich-ökonomischen Netzwerk, wie es sich in der Bundesrepublik nur selten findet. [...]

Am deutlichsten fällt der Wandel in den Großstädten entlang der Ost-West-Achse auf. Duisburg provozierte vor zwei Jahrzehnten das gesammelte Mitleid als erste Armutskommune der Republik. [...] Die Not hat erfinderisch gemacht und der Gemeinde Ideen für ihren größten Binnenhafen der Welt und ihr Mikroelektronik-Zentrum eingebläut. Duisburg am Rhein nennt sich die Stadt heute bewusst, um Distanz zu schaffen zum Moloch Ruhrgebiet.

Darauf legt Essen keinen Wert, denn es lebt gut vom und mitten im Revier. [...] Essen ist mit den Giganten RWE, Ruhrgas und Ruhrkohle AG das Energiezentrum der Bundesrepublik. Gemeinsam mit dem benachbarten, wohlhabenden Mülheim beherbergt es die Zentralen solcher Kaufhausriesen wie Aldi, Tengelmann und Karstadt. [...]

Nicht ohne Neid blicken viele Revierkommunen auf Dortmund, die Stadt am Ostrand der Region. »Die haben alles abgeräumt, was abzuräumen war«, heißt es von der dortigen Koalition aus Politik und Universität, Industrie und Handel. [...] Die Stadt, noch vor wenigen Jahrzehnten von der Montanindustrie fest im Griff gehalten, firmiert inzwischen als aufstrebender Standort für Versicherungen, Logistik und Technologie. »Für den Bergmann konnten wir nichts mehr tun«, umschreibt der Leiter des TechnologieZentrums, Guido Baranowski, die Dortmunder Strategie, »aber für sein Kind, das Elektrotechnik studiert, können wir das nun.«[50] [...]

Mit der sozialen Topografie ändert sich auch die politische Landschaft. Das Revier ist die einzige Industrieregion Europas, wo seit drei Jahrzehnten versucht wird, Wandel geplant zu vollziehen. Die Veränderungen haben Härten und Schmerzen mit sich gebracht. Aber sie verliefen ohne Aufruhr und Krawall. Das ist eine große politische Leistung. Jetzt kommt es darauf an, ob Geduld, Geld und Kraft reichen, um die Erneuerung zu vollenden. Wenn sie gelingt, wird sich mit Sicherheit auch ein neues Etikett für das Ruhrgebiet finden.

---

50 Zu den Zielen und Aufgaben des TechnologieZentrums Dortmund vgl. Dok. 26 in diesem Kapitel.

33. »China-Town in Westfalen«. Das letzte Dortmunder Stahlwerk wird demontiert (2002).

Frank Dohmen/Barbara Schmid, China-Town in Westfalen. In Dortmund demontieren 1000 Chinesen das letzte gewaltige Stahlwerk der Stadt – um es danach in China wieder aufzubauen, in: SPIEGEL 15/2002 vom 8.4.2002.

Seit Tagen belagert ein Trupp von rund 100 Chinesen in blauen und roten Overalls das einstige Wahrzeichen des Dortmunder Nordens. Wie Zirkusakrobaten turnen sie in schwindelerregender Höhe über den Hochöfen der Westfalenhütte. Jeder noch so rostige Winkel wird begutachtet, geprüft und anschließend mit schwerem Gerät sorgfältig abgebaut. Am Boden des in den sechziger Jahren erbauten Monuments stehen große Lastkräne und Lkw, die auf kurze chinesische Kommandos gewaltige Stahlträger, Schutt und Maschinenteile abkarren.

Wenige Hundert Meter weiter verpacken chinesische Ingenieure und Arbeiter kilometerlange Kabelstränge, Schaltschränke und Motorenteile in unzählige Container. An jeder Ecke des gewaltigen Areals sind Hinweisschilder in chinesischer Schrift angebracht. Selbst die Waschkaue, in der einst ThyssenKrupp-Stahlarbeiter am Ende der Schicht ihre schmutzigen Körper duschten, ist fest in fernöstlicher Hand. Dort brutzelt ein chinesischer Koch in schwarzen Woks das Abendessen.

Das wuselige Treiben der Chinesen auf dem Betriebsgelände der ThyssenKrupp-Stahlwerke im Dortmunder Norden ist der Auftakt zu einem der größten Demontage- und Wiederaufbauprojekte, die es jemals gegeben hat – und eine logistische Herausforderung, die weltweit ihresgleichen sucht.

Bis zu 1.000 Mitarbeiter des chinesischen Stahlunternehmens Shagang werden auf dem traditionsreichen Gelände der Westfalenhütte in den nächsten eineinhalb bis zwei Jahren eine schier unglaubliche Fleißarbeit vollbringen. Ein komplettes Stahlwerk inklusive Hochöfen, Walzwerk und Sinteranlage soll in Millionen Einzelteile zerlegt werden, um es anschließend, 9.000 Kilometer entfernt, im chinesischen Zhangjiagang wieder aufzubauen.

Rund 250.000 Tonnen Eisen, Stahl, Elektroinstallationen, Steuereinrichtungen und Motoren wollen die Chinesen auseinanderschweißen, demontieren und verpacken. Minutiös wird jede noch so kleine Schraube nummeriert und in große Lagepläne eingetragen. Per Lkw und Binnenschiffen werden die Teile zur Nordsee transportiert, dort auf Ozeanriesen verschifft, um sie schließlich in der Provinz Jiangsu in der Nähe von Schanghai wie in einem gewaltigen Puzzle Stück für Stück zu einem Stahlwerk zusammenzusetzen.

Zuerst wollte ThyssenKrupp-Chef Ekkehard Schulz gar nicht glauben, dass es Mitarbeitern Ende vergangenen Jahres gelungen sein sollte, die alte Stahlschmiede zu verhökern. Doch für den Stahlkocher Shagang mit seinen rund 7.000 Mitarbeitern ist der Erwerb des längst abgeschriebenen ThyssenKrupp-Hochofens ein wahrer Meilenstein.

Rund 4,5 Millionen Tonnen Stahl produziert das Unternehmen heute. Nach einer Reinstallation der Anlage, jubelte Shagang-Chef Shen Wenrong, »können wir die Kapazität des Werkes um weitere vier Millionen Tonnen erhöhen«. […]

»Spätestens 2004«, glaubt auch Shagang-Dolmetscher Ju, »wird bei uns der erste Stahl über die Anlage laufen und Tausenden Menschen in der Heimat neue Beschäftigung bieten.«

Mit dem Verkauf des letzten Hochofens an die Chinesen geht in Dortmund unwiderruflich die 160-jährige Ära der Eisen- und Stahlproduktion zu Ende. Angefangen hatte sie 1841 mit dem Industriepionier Hermann Diedrich Piepenstock, der in Dortmund-Hörde das erste Puddel- und Walzwerk errichtete.[51] Zehn Jahre später rauchten auf der Hermannshütte mehr als 50 Öfen, wurden Schienen, Achsen und Räder hergestellt.

Im Jahr 1871 begann in Dortmund die Ära Hoesch. Im Norden der Stadt entstand ein neuer Stahlgigant, der in den sechziger Jahren mit anderen ansässigen Stahlunternehmen verschmolzen wurde und zu Spitzenzeiten (1964) fast 40.000 Stahlarbeiter beschäftigte.

Doch selbst Hoesch war der in den siebziger Jahren beginnenden Stahlkrise mit den Billigexporten aus dem Ostblock nicht gewachsen. Nach erbittertem Kampf wurde das Dortmunder Unternehmen 1992 vom Essener Rivalen Krupp geschluckt. Nur sieben Jahre später fusionierte der Essener Traditionskonzern mit dem Düsseldorfer Konkurrenten Thyssen.

Den wesentlich moderneren und effizienteren Stahlwerken von Thyssen in Duisburg hatte Dortmund nichts entgegenzusetzen. Es begann ein schleichender Tod. Werk für Werk und Hochofen für Hochofen wurden stillgelegt.

Was bleibt, ist ein Teil der Thyssen-Logistik, Tausende verlorene Arbeitsplätze und riesige industrielle Brachflächen. Und genau hier, auf den alten Industrieflächen, sehen Landesregierung und Stadt in schillernden Visionen bereits das neue Dortmund entstehen. Alles was modern und hip ist, soll sich nach ihrem Willen demnächst in der ehemaligen Stahlmetropole tummeln: Software und E-Commerce, Medien und Kommunikation, Mikrosystemtechnik und Infotechnologie. Ganz so, als hätte es den Zusammenbruch am Neuen Markt nicht gegeben, und ganz so, als würde es in NRW nicht mindestens ein Dutzend anderer Städte geben, in denen ähnlich hochtrabende Versuche inzwischen kläglich gescheitert sind. Weiße Yachten sollen nach dem Willen der Planer demnächst über einen neu geschaffenen Phoenix-See gleiten, gespeist auch aus der Emscher, einst eine der schmutzigsten Industriekloaken Europas. Direkt neben einem Yacht-Hafen sind elegante Häuser für die Macher der New Economy geplant, die in Industriedenkmälern wie der ehemaligen Gebläsehalle des Stahlwerks für ein Jobwunder sorgen sollen.

70.000 neue Arbeitsplätze verspricht ein eigens gegründetes Unternehmen mit dem wohlklingenden Namen »dortmund project«. Ein deutsches Silicon Valley. Einziges Problem: Von den Investoren ist auf den insgesamt 206 Hektar großen Industriebrachen trotz gewaltiger Anstrengungen kaum etwas zu sehen. Bisher hat lediglich der örtliche BMW-Händler angekündigt, sein Geschäft in Phoenix zu erweitern.

Und selbst die Finanzierung für den Umbau der Gelände ist nicht gesichert. Rund 217 Millionen Euro Fördergelder sollen Land und EU je zur Hälfte springen lassen. Noch sind die

---

51   Vgl. dazu Dok. 21 in Kap. II.

hochtrabenden Pläne nicht einmal so weit ausgearbeitet, dass sie in Brüssel präsentiert werden können.

Bis es so weit ist, erlebt zumindest eine kleine Branche in Dortmund einen ungeahnten wirtschaftlichen Aufschwung: die Asia-Geschäfte. Die mitgereisten Köche decken sich hier täglich ein, mit Zutaten für die heimische Reisküche.

34. Der frühere Krupp-Vorstandsvorsitzende Gerhard Cromme über die großen Fusionen in der Eisen- und Stahlindustrie im Ruhrgebiet der 1990er Jahre (2005)

Gerhard Cromme,[52] Bedeutung von Fusionen für eine wettbewerbsfähige Stahlindustrie – Beispiel Ruhrgebiet, in: Karl-Peter Ellerbrock et al. (Hg.), Stahlzeit in Dortmund, Begleitbuch zur Dauerausstellung des Hoesch-Museums Dortmund – Forum zur Geschichte von Eisen und Stahl und zum Strukturwandel in Dortmund, Münster 2005, S. 65 ff.

Hoesch hatte immer wieder versucht, seine im Verlauf der Kohlekrise in den 1960er Jahren evident gewordenen Standortprobleme zu lösen. Wichtigster Schritt aus damaliger Sicht war der Zusammenschluss mit dem niederländischen Stahlkonzern Hoogovens zu Estel NV Hoesch-Hoogovens im Jahr 1972. Damals erhielt Dortmund zumindest indirekt Zugang zum kostengünstigen Meeresstandort Ijmuiden, dem Sitz von Hoogovens. Doch die Estel-Ehe funktionierte nicht und wurde im Dezember 1982 geschieden. Die Gründe dafür waren vielfältig; im Wesentlichen scheint das sinnvolle Konzept daran gescheitert zu sein, dass bei der Umsetzung nicht Sachargumente, sondern nationale Erwägungen den Ausschlag gaben. Möglicherweise war Europa damals noch nicht reif für ein supranationales industrielles Zusammenwachsen. [...]

Erst das seit Anfang der 1990er Jahre schrittweise umgesetzte Konzept funktionierte. Krupp hatte im Herbst 1991 ein Hoesch-Aktienpaket erworben – mit dem Ziel einer Verschmelzung beider Unternehmen. Mit deren Wirksamwerden Ende 1992 begann das Zusammenwachsen, das etwa zwei Jahre später abgeschlossen war. Das Ergebnis konnte sich sehen lassen. Die neue Spartenstruktur hatte sich im Markt bewährt, die geplanten Synergievorteile wurden erreicht, die Belegschaften wuchsen zusammen, der Konzern kam aus der schweren Stahlkrise 1992–1993 insgesamt gestärkt heraus und arbeitete ab 1994 mit Gewinn. [...]

Mit dem Zusammenschluss von Krupp und Hoesch war der Konsolidierungsprozess bei Weitem nicht beendet. Im Jahr 1997 wurden die Flachstahlbereiche von Thyssen und Krupp zusammengelegt, und 1999 folgte die Fusion der Gesamtunternehmen – die ThyssenKrupp AG ging am 17. März 1999 an den Start. Heute ist ThyssenKrupp ein weltweit tätiger Konzern mit 180.000 Mitarbeitern, rund 40 Mrd. Umsatz und einem Vorsteuergewinn von 1,6 Mrd. im Geschäftsjahr 2003/2004. Und die Tendenz ist eindeutig: Es geht weiter aufwärts.

Dass der Zusammenschluss von Thyssen und Krupp so schnell vollzogen wurde und zügig auch erste Früchte trug, ist nicht zuletzt auch den Erfahrungen aus der Fusion von Krupp und

---

52 Zu Gerhard Cromme vgl. Dok. 30, Anm. 48 in diesem Kapitel.

Hoesch zu verdanken. Deren Erfolgsfaktoren zeichneten auch für das Gelingen dieser Fusion verantwortlich.

Der ThyssenKrupp Konzern ist stolz auf die lange Tradition seiner Vorgängerunternehmen – sei es Hoesch, Krupp oder Thyssen – und pflegt sie im besten Sinne weiter. Aber im Vordergrund stehen die gemeinsamen Ziele und Aufgaben für die Zukunft, um ThyssenKrupp im globalen Wettbewerb nachhaltig erfolgreich zu machen. Und die Chancen stehen gut, denn dafür arbeiten der Aufsichtsrat und der Vorstand einerseits sowie die Mitarbeiter und das Management andererseits vertrauensvoll und effizient zusammen.

35. Der Geschäftsführer eines Bergbau-Zulieferers erläutert die Strategien, mit denen sich das mittelständische Unternehmen dem Strukturwandel stellt (2005).

Paul Rheinländer[53] und Karl Nienhaus,[54] Forschung und Entwicklung für den internationalen Hochleistungsstrebbau. Wie ein mittelständisches Unternehmen dieser Herausforderung begegnet, in: Sonderdruck aus Glückauf 141 (2005), Nr. 11 vom 8.11.2005, S. 536–539. (Auszug)

Das Unternehmen Eickhoff liefert seit 141 Jahren Hochleistungsausrüstungen für den Bergbau unter Tage. Leitsatz dabei war stets: Klasse statt Masse – also nicht Big ist Beautiful, sondern Glänzen in der Nische. Bei dieser Strategie ist entscheidend, eher auf Mengenwachstum zu verzichten und stattdessen die technologische Führerschaft in engen Segmenten anzustreben. Zugleich entsteht ein hoher Grad der Spezialisierung. Sie zielt weltweit auf hochproduktive, technologisch leistungsfähige Abnehmer. [...]

Die Risiken versucht Eickhoff abzufedern, indem sich das Unternehmen auf voneinander abgekoppelten Märkten betätigt. Dazu gehören neben der Bergbautechnik die Antriebstechnik (vor allem für die Windkraft), Gießerei-Spezialprodukte (vor allem für die Hydraulikindustrie) und der Anlagenbau (insbesondere Kokereitechnik und Speziallokomotivenbau). Mit dieser Philosophie hat Eickhoff angesichts der Strukturkrise im Bergbau die Weichen für die Gegenwart gestellt. Folgende Zahlen veranschaulichen den Wandel: Wurden im Jahr 1985 mit 1800 Mitarbeitern rund 300 Mill. DM Umsatz erzielt – wobei der überwiegende Teil der Maschinen in den inländischen Bergbau geliefert wurde –, so werden im Jahr 2005 in Bochum mit etwa 800 Mitarbeitern rund 150 Mill. Euro umgesetzt, davon etwa die Hälfte im Bergbau und davon wiederum 75 Prozent im Export.

Zugleich hat sich in den maßgeblichen Exportländern während der letzten 20 Jahre eine massive Entwicklung abgezeichnet: Die Produktionsdaten von Hochleistungsstreben haben sich mehr als vervierfacht.

---

53 Dr. rer. pol. Paul Rheinländer ist Geschäftsführer der Gebr. Eickhoff Maschinenfabrik und Eisengießerei GmbH, Bochum.
54 Universitätsprofessor Dr.-Ing. Karl Nienhaus ist Leiter des Lehr- und Forschungsgebiets Betriebsmittel für die Gewinnung mineralischer Rohstoffe der Rheinisch-Westfälischen Technischen Hochschule Aachen.

Entsprechend aggressiv ist auch die Produktentwicklung im Haus Eickhoff verlaufen. Mittlerweile hat sich die Schneid- und Windenmotorleistung bei gleicher Einsatzmächtigkeit mehr als verdreifacht. Diese enorme Leistungssteigerung geht auf bessere Konstruktionskonzepte der Walzenlader zurück, besonders aber auch auf die erfolgreiche Zusammenarbeit mit den Entwicklungspartnern des Unternehmens. [...]

Bei der Bewältigung des Strukturwandels war es für Eickhoff wichtig, sich auf bestimmte Kernfähigkeiten zu konzentrieren; Kompetenzen, die aus dem langjährigen Umgang mit Bergbautechnologie resultieren.

Zunächst einmal gibt es einen Erfahrungsvorsprung bei der Herstellung hochfester Komponenten im Sondermaschinenbau. [...]

Strategische Forschungs- und Entwicklungsaktivitäten erfolgen gemeinsam mit Universitäten und anderen Forschungseinrichtungen, zum Beispiel der RWTH Aachen, der Ruhr-Universität Bochum, der Universität Witten/Herdecke und der Forschungsvereinigung Antriebstechnik (FVA). Darüber hinaus arbeitet Eickhoff in einer Vielzahl von Gremien im Bereich des Normungs- und Zulassungswesens mit. Bei Produktneuentwicklungen verstärkt das Unternehmen ein permanentes Benchmarking mit anderen Marktteilnehmern. [...]

Globale Märkte und Kunden erfordern eine globale Kommunikation. Die hohe Qualifikation und die damit verbundenen hohen Arbeitskosten in Deutschland verlangen nach effizienten Arbeits- und Kommunikationsmethoden und ermöglichen diese zugleich. Moderne Rechner und Internetverbindungen erlauben die Zusammenführung global verteilter Kompetenzen gerade in kleineren Unternehmen mit neuen Arbeitswerkzeugen, die den kognitiven Fähigkeiten der Menschen angepasst sind. [...]

Im Moment arbeitet Eickhoff vor allem daran, die Fertigung neu auszurichten, um die im internationalen Maßstab notwendigen Kostenstrukturen zu erlangen. Dies bedeutet eine Konzentration auf Arbeitsoperationen mit Hightech-Anspruch. Gleichzeitig internationalisiert das Unternehmen sein Beziehungsnetz, sodass auch die Leistungen ausländischer Partner besser in Produkte integriert werden können. Außerdem werden zwei neue Geschäftsfelder aufgebaut; eines davon betrifft den Bergbau.

36. Strukturwandel aus Sicht des Vorstandschefs von Eon Ruhrgas (2007)

Burckhard Bergmann[55] im Gespräch mit der NRZ, in: Richard Kiessler (Hg.), Metropole Rhein-Ruhr. Eine Region im Aufbruch, Oberhausen 2007, S. 21 ff.

NRZ: Wie schätzen Sie die ökonomischen Entwicklungen des Ruhrgebiets ein?

---

55 Dr. Burckhard Bergmann (Jg. 1943) war seit 1980 Vorstandsmitglied und von 2001 bis 2008 Vorsitzender des Vorstands der Eon Ruhrgas AG, der für das paneuropäische Gasgeschäft verantwortlichen Gesellschaft im Eon-Konzern. Er gehört dem Direktorenrat der russischen Gazprom an, der größten Erdgasförder- und -exportgesellschaft in der Welt, und ist stellvertretender Vorsitzender des Ostausschusses der Deutschen Wirtschaft.

Burckhard Bergmann: Die Wirtschaft des Ruhrgebiets hat sich aus der Montanabhängigkeit gelöst und neue Produkte und Märkte erschlossen. Beispiele sind Umwelttechnik, Entsorgungs- und Recyclingwirtschaft, Anlagenbau und Elektronik und nicht zuletzt Energie. Das Ruhrgebiet ist das Zentrum der deutschen Energiewirtschaft mit Unternehmen wie RAG, dazu gehörend Steag, sowie RWE und Eon Ruhrgas. Wir sind eines der führenden Unternehmen der europäischen Erdgasversorgung mit zunehmenden internationalen Aktivitäten.

Die Strukturveränderungen im Ruhrgebiet sind aber noch nicht erfolgreich abgeschlossen. Die Arbeitslosigkeit liegt mit 14,5 Prozent deutlich über dem deutschen und auch dem nordrhein-westfälischen Durchschnitt. Besonders besorgniserregend ist der Anstieg der Jugendarbeitslosigkeit.

NRZ: Wird der Strukturwandel hier eher erlitten oder gestaltet und von den Menschen angenommen?

Bergmann: Man findet beides. Meines Erachtens überwiegt aber klar die Bereitschaft, die Anpassungsnotwendigkeiten als Chance zu begreifen und sich nicht aufs Lamentieren zu konzentrieren. Die hohe Integrationskraft des Ruhrgebiets ist auch ein Beispiel hierfür. […]

NRZ: Welche Bedeutung hat die Region für Eon Ruhrgas?

Bergmann: Sie war Ausgangspunkt unserer unternehmerischen Tätigkeit. Wir sind ein Kind des Ruhrgebiets, ein Kind der Kohleindustrie und haben hier unsere Wurzeln.

NRZ: Wäre es egal, ob Sie die Unternehmenszentrale in Essen oder in London haben?

Bergmann: Keineswegs. Essen ist Energiemetropole. Unser Hauptabsatzmarkt ist Deutschland und insbesondere auch Nordrhein-Westfalen. Wir werden natürlich immer internationaler. Das Erdgas beschaffen wir ohnehin schon überwiegend aus dem Ausland, und auch unsere Kundenstruktur wird internationaler.

Im Eon-Konzern sind wir für die europäische Erdgasversorgung zuständig. Gleichwohl macht ein Standortwechsel, zum Beispiel nach London, für uns wenig Sinn. Nicht zuletzt würden wir einen wesentlichen Teil unserer Mitarbeiter verlieren, deren Qualifikation und Engagement im internationalen Erdgasgeschäft keinen Vergleich zu scheuen brauchten. Ein Standortwechsel ist also kein Thema für uns. […]

NRZ: Kann sich das Ruhrgebiet mit den Metropolregionen dieser Welt messen?

Bergmann: Es gibt noch einiges zu tun, bevor wir behaupten können, in der Spitzengruppe zu sein, doch wir brauchen uns als einer der größten wirtschaftsgeografischen Ballungsräume mit einer vielfältigen Kulturlandschaft und einem breiten Bildungsangebot auch nicht zu verstecken. Wir brauchen eine Verbesserung des Innovationsklimas und in der dichten Hochschullandschaft mehr Excellence.

37. Ein ehemaliger Bergmann, der heute Besuchergruppen durch das »Weltkulturerbe« Zollverein führt, erinnert sich an die Stilllegung und beschreibt die neue Nutzung »seiner« Zeche (2008).
Gespräch mit Hermann Neuhaus am 22.4.2008 auf der Zeche Zollverein in Essen.[56]

Wir haben noch einmal gemeinschaftlich einen ökumenischen Gottesdienst abgehalten, haben uns gegenseitig noch »Glückauf« gewünscht und sind in alle Winde zerstreut worden. Wir hatten aber im Vorfeld einen Sozialplan abgeschlossen. Und aus diesem Sozialplan ging hervor: Jeder Bergmann, der 50 Jahre alt war und 25 Jahre ständig unter Tage gearbeitet hatte, durfte in den Vorruhestand ausscheiden. Die jüngeren Leute haben wir auf die Randzechen[57] verlegt, oder wir haben sie umgeschult, als Krankenpfleger, als Kraftwagenfahrer, als Landschaftsgärtner, sodass hier keine sozialen Unruhen entstanden sind. Es hat immer geheißen, kein Bergmann darf ins Bergfreie fallen. Das haben wir damit auch bewerkstelligt.

Nach der Stilllegung tat sich von 1986 bis 1990 hier gar nichts. Und erst ab 1990 ist dann dieses ehemalige Bergwerk unter Denkmalschutz gestellt worden. Das Kasino Zollverein war ja früher unser Kesselhaus. Es wurde nach einer Idee des weltbekannten Architekten Sir Norman Foster umfunktioniert, ein Engländer, der auch den Reichstag in Berlin neu gestaltet hat, und seit 1997 haben wir hier das Designzentrum von Nordrhein-Westfalen untergebracht. In unserer ehemaligen Lesebandhalle, in der ich als Lehrling mit 15 Jahren meinen ersten Arbeitstag hatte – dort mussten wir die Kohle noch von Hand verlesen – finden heute die sogenannten Zollverein-Konzerte statt. Die Halle bietet heute ungefähr 400 Leuten Platz.

Und der Strukturwandel geht weiter: In die ehemalige Aufbereitung, die Kohlenwäsche, kommt nach der Fertigstellung das Ruhr Museum, dort haben wir auch das Besucherzentrum aufgebaut. Inzwischen wurden auf Zollverein 200 Millionen Euro investiert, es muss aber immer noch weitergehen, es heißt doch »Stillstand ist Rückstand«, und so werden wir auch weiter in den nächsten Jahren investieren, es ist alles eine Geldfrage. Das ganze Projekt wird zu 50 Prozent über die EU finanziert, und die anderen 50 Prozent über das Land und die Stadt Essen. Das sind die Geldgeber, und wir hoffen, dass sich später einmal Sponsoren hier bereitfinden, denn es soll sich ja einmal selber tragen.

Wir haben uns hier eine gute Adresse gebaut, Zollverein ist Weltkulturerbe, international bekannt; das kommt auch der Region zugute. Vor zehn Jahren haben ein paar Frauen hier in Stoppenberg ein Bed & Breakfast eröffnet, die hatten damals im Jahr 50 Übernachtungen,

---

56 Das ehemals selbstständige Bergwerk Zollverein war bereits zum 1.1.1983 mit dem Bergwerk Nordstern zusammengelegt worden. Im Dezember 1986 wurde auf Zollverein die letzte Tonne Kohle gefördert. Das neue Bergwerk wurde unter der Bezeichnung Nordstern/Zollverein weitergeführt und am 1.6.1988 mit dem Bergwerk Consolidation zusammengelegt. Nach diesem abermaligen Zusammenschluss hieß das Bergwerk Consolidation/Nordstern. Unter den fördernden Bergwerken war der Name Zollverein damit verschwunden. Vgl. dazu die Statistik der Kohlenwirtschaft e. V., Essen.

57 Gemeint sind offensichtlich die Schachtanlagen am äußersten (nördlichen) Rand des Ruhrgebiets, wie z.B. in Kamp-Lintfort.

heute haben sie 4.000. So hat sich das hier entwickelt, Tendenz steigend. Wir wollen hoffen, dass es weiter aufwärtsgeht.

Wie war die Stimmung unter den Kumpel, als im Jahr 1986 der Stilllegungsbeschluss bekannt wurde?

Die Kumpel hatten ein lachendes und ein weinendes Auge. Das weinende Auge, weil 50 Jahre zu früh ist, um nichts mehr zu tun, wenn Du noch relativ gesund bist. Das ist doch kein Alter für einen Bergmann, für einen Mann, der noch voll im Leben steht. Aber das lachende Auge war: Du konntest mit 50 Jahren aufhören, normalerweise hätten die Kumpels bis 60 Jahre arbeiten müssen, das waren für uns zehn geschenkte Jahre. Und da wir ja keine Alternative hatten – Du kriegtest ja keinen neuen Arbeitsplatz – mussten wir gehen. Das war eben so, es wurden Arbeitsplätze abgebaut, Rationalisierung nennt man das, und dann wurde den Leuten gesagt, Du hast die Voraussetzungen erfüllt, Du musst morgen zu Hause bleiben.

Wie haben die Kumpel darauf reagiert?

Der Betriebsrat hatte vorher einen Sozialplan vereinbart! Früher war es so, dass die Werkswohnung mit dem Arbeitsplatz gekoppelt war. Wenn Du Dich beruflich verändern wolltest, hast Du sofort die Kündigung Deiner Wohnung bekommen. Die haben Dich knallhart auf die Straße gesetzt. Durch die Rationalisierung, die Stilllegung, durftest Du Deine Werkswohnung behalten. Das war auch ein großes Plus. So haben sich die Bergleute damit abgefunden.

Viele sind auch abgedriftet. D.h., wenn sie keine Beschäftigung mehr hatten, waren die schon morgens um 10 Uhr in der Kneipe. Dann um 12 nach Hause, ein bisschen gegessen und geschlafen und nachmittags das Gleiche. Wenn Du das zehn bis zwanzig Jahre machst, ist es nur eine Frage der Zeit, wann Du das nicht mehr kannst. Das war die Gefahr dabei, ich habe immer wieder gesagt, Leute, besorgt Euch eine kleine Tätigkeit, z.B. Zeitung austragen oder karitative Sachen im Verein oder in der Kirche. Oder kommt nach Zollverein, da werden alte Bergleute für Führungen gebraucht. Aber ich bin oft auf taube Ohren gestoßen. In Katernberg ist dienstags und freitags Wochenmarkt, das ist der Kommunikationstag, da kommen die Kumpels zusammen, da kann man sie ansprechen, und die wussten, ich hatte mich hier so ein bisschen auf Zollverein engagiert. »Lass uns mit Deinem Zollverein in Ruhe, wir wollen hier kein Weltkulturerbe, wir wollen hier Arbeitsplätze. Schaff' Arbeitsplätze, dass wir hier wieder arbeiten können, dass unsere Kinder hier wieder Arbeit finden.« [...] Die Stiftung Zollverein hat Arbeitsplätze geschaffen, das Museum schafft Arbeitsplätze, auf der Kokerei werden immer ein paar Arbeitsplätze geschaffen. Natürlich nicht in der Größenordnung, wie es einmal war, 8.000 Arbeitsplätze auf der Zeche, das ist Schnee von gestern. Das kommt nicht mehr wieder. Aber man muss ja heute dankbar sein um jeden Arbeitsplatz, der hier neu geschaffen wird.

Wie wurde der Stilllegungsbeschluss damals bekannt gegeben?

Wir waren ja immer auf dem Laufenden durch unsere Gewerkschaftsarbeit. Wir waren ja alle gewerkschaftlich organisiert, und der Betriebsrat musste ja auch immer Rede und Antwort stehen. Dann wurde am Schwarzen Brett bekannt gegeben, dass hier am 23.12. die letzte

Tonne Kohle gefördert wird, und darauf haben wir uns einstellen müssen. Wir hatten auch früher im Jahr 1967 schon den Abbau in der steilen Lagerung auf Zollverein 4/11 eingestellt. Damals wurden im Ruhrgebiet ganze Schachtanlagen stillgelegt, und die Kumpels kamen nach Zollverein. Und wir waren in der glücklichen Lage, bis 1986 noch Kohle fördern zu können, weil wir gute Fettkohle hatten, die sich vorzüglich zum Verkoken eignete. Und die Kokerei war auch auf den neuesten Stand gebracht worden.

Haben die Kumpels in der Betriebsversammlung den Betriebsrat oder die Gewerkschaft für die Stilllegung von Zollverein verantwortlich gemacht?

Es war ja auch politisch eine große Propaganda. Als Zollverein 4/11 im Jahr 1967 stillgelegt wurde, hieß es, der Pütt wird nie zugemacht. Da hat man uns immer noch im Glauben gelassen, es läuft weiter. Dann kamen aber schon Nachrichten aus der DDR. Die haben uns gesagt, lasst Euch nicht irreführen, Zollverein 4/11 ist eine beschlossene Sache. Da wurde von den Betriebsräten immer noch dementiert, das stimmt nicht, lasst Euch nicht bange machen, und wer solche Gerüchte in die Belegschaft bringt, wird fristlos entlassen. Aber auch da mussten wir uns eines Besseren belehren lassen, der Tag ist eingetreten und der Pütt wurde zugemacht. Trotz des Dementis der Betriebsräte, nein, nein, das stimmt nicht, hat man uns irgendwie von oben rumgeführt. […]

Wurde die Gewerkschaft von den Kumpels damals trotz des Sozialplans kritisiert?

Natürlich! Die Gewerkschaft sollte ja unsere Interessen vertreten. Wenn ein Sekretär vom Hauptvorstand oder vom Bezirk da war, hat man die zur Rechenschaft gezogen: »Ihr habt zu wenig getan, man hätte den Pütt noch ein paar Jahre laufen lassen sollen. Warum habt Ihr nicht mehr für uns getan?« Diese Vorwürfe standen im Raum. Die haben sich gewunden wie ein Wurm: »Ihr habt doch einen Sozialplan gekriegt, mehr konnten wir leider nicht tun, bleibt vernünftig, wir müssen doch alle ein bisschen kürzertreten und den Riemen enger schnallen.« So haben die uns den Honig um die Schnute geschmiert. Da ging es zur Sache! Die Betriebsräte waren ja schon geimpft, aber ein paar von unseren Kumpels sind auf den Versammlungen in die Bütt gegangen, wie man so sagt, und dann haben die vom Leder gezogen. Die haben rote Ohren gekriegt. Aber das war beschlossene Sache. Man konnte Luft ablassen und auch seine Meinung kundtun. Das war für Dich auch so eine kleine Genugtuung. Aber gebracht hat es nichts, es war schon in trockenen Tüchern. Und dann machen wir pro forma noch eine Betriebsversammlung, und da wurde noch ein bisschen geredet, aber im Großen und Ganzen wurde gesagt, Ihr seid ja sozial abgesichert, seid zufrieden, andere sind noch schlechter dran.

Kapitel XVI
Gewerkschaften, sozialer Konflikt, Mitbestimmung, Sozialdemokratisierung[1]
Von Helke Stadtland

Drei Faktoren prägten die politische Kultur und die sozialen Beziehungen im Ruhrgebiet maßgeblich. Erstens waren hier Betriebsräte und Gewerkschaften außerordentlich einflussreich, namentlich die IG Bergbau und Energie, die IG Metall und teilweise auch die IG Chemie, Papier, Keramik. Zweitens war die im Ruhrgebiet nach dem Krieg durchgesetzte wirtschaftspolitische Partizipation der Arbeiter und Angestellten durch die Montanmitbestimmung einzigartig in der Bundesrepublik. Drittens galt lange die Anfang der 1960er Jahre durchschlagende Sozialdemokratisierung des Ruhrgebiets als wesentliches Kennzeichen dieser Region.

Dass ein Mitbestimmungsgesetz gerade im Ruhrgebiet verwirklicht werden konnte, hätte in der ersten Hälfte des 20. Jahrhunderts wohl kaum jemand vermutet. Der gewerkschaftsfeindliche, konservativ-autoritäre »Herr-im-Haus«-Standpunkt vieler Unternehmer hatte gerade im Bergbau die heftigsten Konflikte zwischen den Vertretern von Kapital und Arbeit hervorgerufen. In der Nachkriegszeit jedoch verhielten sich die Unternehmer, solange sie noch eine strafrechtliche Verfolgung für ihre Unterstützung der NS-Diktatur befürchteten, gegenüber den nicht selten durch Widerstandstätigkeit legitimierten Gewerkschaftsführern und Betriebsräten sehr vorsichtig. Zeitgleich bestand in der ersten Wiederaufbauphase ein breiter gesellschaftlicher Konsens, der bis in die CDU hineinreichte (Ahlener Programm), dass Mitbestimmung und Sozialisierung Voraussetzungen für Demokratie auf der politischen Ebene darstellen würden *(Dok. 1)*. In dieser Situation traten einige Vertreter der Schwerindustrie an der Ruhr – auch um die von der britischen Besatzungsmacht angekündigte Entflechtung und Enteignung der Eisen- und Stahlindustrie abzuwehren – die Flucht nach vorne an, indem sie von sich aus Anfang 1947 volle Mitbestimmungsrechte anboten *(Dok. 2)*. In vielen Betrieben handelten Gewerkschaften und Treuhandverwaltung eine paritätische Mitbestimmung in den Aufsichtsräten sowie die Einführung eines Arbeitsdirektors aus.

Als mit der Gründung der Bundesrepublik eine einheitliche gesetzliche Regelung hätte getroffen werden können, hatte sich das politische Klima gewandelt: Die Unternehmensverbände ebenso wie der CDU-Wirtschaftsminister Erhard diffamierten nunmehr Mitbestimmung als Instrument der DDR-Planwirtschaft, in einer freien Wirtschaft hingegen müsse der Unternehmer rasche Entschlüsse fassen können *(vgl. a. Dok. 16)*. Als IG Metall und IG Bergbau

---

1   Mein Dank geht an Till Kössler, der sich in einer frühen Phase der Erarbeitung dieses Kapitels konzeptionell beteiligt hat.

daraufhin Streikbereitschaft signalisierten, lenkte die Bundesregierung ein, weil sie die gewerkschaftliche Unterstützung für ihr Vorhaben der Rekonzentration der Montanindustrie nicht verlieren wollte: Am 21. April 1951 verabschiedete der Bundestag mit den Stimmen der CDU/CSU und SPD das Montan-Mitbestimmungsgesetz für Kohle- und Stahlunternehmen, das zum 21. Mai 1951 in Kraft trat: Damit waren die paritätische Besetzung der Aufsichtsräte und die Institutionalisierung des Arbeitsdirektors als gleichberechtigtes Vorstandsmitglied neben dem kaufmännischen und dem technischen Direktor gesetzlich abgesichert.

Für die anderen Bereiche der Wirtschaft galten diese Mitbestimmungsrechte jedoch nicht. Zwar waren die Gewerkschaften davon ausgegangen, dass das Montangesetz nur der Anfang auf dem Weg zur Wirtschaftsdemokratie sei; für die Bundesregierung hatte es aber das letzte große Zugeständnis an die Gewerkschaften sein sollen. So sah der Entwurf zum Betriebsverfassungsgesetz Ende 1951 keinen Arbeitsdirektor und nur eine Drittelparität im Aufsichtsrat vor; die Betriebsräte wurden auf Information und Mitwirkung beschränkt. Trotz Demonstrationen und Warnstreiks wurde dieses Gesetz im Juli 1952 verabschiedet.

Dieser Niederlage der Gewerkschaften folgte ein erfolgreicher Abwehrkampf gegen das Anliegen der Unternehmer, welche – nach den Amnestiegesetzen wieder selbstbewusst geworden – 1954 gerichtlich durchzusetzen versuchten, dass in den neuen Verwaltungseinheiten, in denen die einst von der britischen Besatzungsmacht entflochtenen Betriebe wieder zusammengeführt wurden, nur das Betriebsverfassungsgesetz und nicht die Montan-Mitbestimmung gelten solle. Insbesondere die Äußerungen von Hermann Reusch, Generaldirektor der Gutehoffnungshütte in Oberhausen, gegen die Mitbestimmung provozierten den bis dahin gewaltigsten Streik der Nachkriegsgeschichte: einen 24-stündigen Warnstreik von 800.000 Hütten- und Bergarbeitern am 21. Januar 1955 *(Dok. 5)*. Am 7. Juni 1955 verabschiedete schließlich der Bundestag das »Mitbestimmungsergänzungsgesetz«.

In den 1950er Jahren hat die Montanmitbestimmung vermutlich weniger für ein kooperatives Klima im Ruhrbergbau gesorgt, als vielmehr die Gräben kurzfristig noch vertieft. Die IG Bergbau hoffte noch 1957, dass ein Wahlsieg der SPD nicht nur zum Ausbau der Mitbestimmung, sondern auch zur – zunächst vor allem von der amerikanischen Besatzung verhinderten – Sozialisierung führen würde. Einzig das gemeinsame Interesse an einer lohn- und sozialpolitischen »Spitzenstellung des Bergmanns« überbrückte punktuell den Gegensatz zwischen Kapital und Arbeit im gemeinsamen Einsatz für Subventionierungen und gegen Energieimporte. Dabei nahm die IG Bergbau faktisch immer wieder in Kauf, dass sich durch hohe Energiekosten für andere Branchen der Spielraum für Lohnerhöhungen verengte und die Lebenshaltung für die Verbraucher, um welche sich insbesondere die SPD bemühte, verteuerte. Insgesamt betrachtet balancierte die IG Bergbau in den 1950er Jahren auf dem schmalen Grat zwischen den Interessen der Branche und denen der Arbeiterbewegung, entschied sich jedoch im Zweifelsfall in aller Regel für den gewerkschaftssolidarischen Kurs.

Diese Konstellation änderte sich grundlegend in der Bergbaukrise seit 1958, welche Symptom eines allgemeinen Strukturwandels der Industriegesellschaften war, gekennzeichnet durch sektoralen Wandel, Rationalisierungsprozesse und zunehmenden internationalen Wettbewerb –

in diesem Fall durch Importe von Heizöl und amerikanischer Steinkohle. Zunächst verschärften sich die Gegensätze zwischen Arbeitgeber und Arbeitnehmer noch. Feierschichten belasteten das Einkommen der Bergarbeiter empfindlich, und mit der möglichen Stilllegung von Zechen ging erstmals seit einem Vierteljahrhundert im Ruhrgebiet das Gespenst der Arbeitslosigkeit wieder um. Ein gemeinsames Agieren gegen die Importe war zunächst kaum möglich, wurde das Geschäft mit der amerikanischen Kohle doch zu zwei Dritteln von den in langfristigen Verträgen gebundenen Handelsgesellschaften der Ruhrzechen abgewickelt. Die IG Bergbau und Energie hingegen wollte aus Solidarität mit der übrigen Arbeiterbewegung nicht für Schutzzölle gegen Ölimporte demonstrieren. Ihr erschien zunächst die Sozialisierung das adäquate Mittel gegen die Krise zu sein. Aber bereits ab dem Spätsommer 1958 suchte die IG Bergbau die Verständigung mit dem Unternehmensverband Ruhrbergbau. Für ein gemeinsames Drängen auf staatliche Schutzmaßnahmen für die Ruhrkohle war die Gewerkschaftsführung bereit – anders als Teile ihrer Basis oder noch der wirtschaftspolitische Sprecher der SPD –, künftig auf Sozialisierungsforderungen zu verzichten: Die Branche sollte nunmehr nicht mehr durch »Überführung in Gemeineigentum«, sondern durch die Ausschaltung von Konkurrenzenergien konserviert werden.

Zugute kam der IG Bergbau dabei der traditionelle Ruf der Bergarbeiter an der Ruhr, politisch radikal zu sein. Ende der 1950er Jahre fürchtete man – insbesondere Adenauer –, dass soziale Unruhe in dieser Region kommunistischer Agitation Tür und Tor öffnen würde. Geschickt setzte die IG Bergbau in diesem Klima darauf, eine Unzufriedenheit der Bergarbeiter gegenüber der Bonner Regierung in Szene zu setzen, während sie zeitgleich die Zusammenarbeit mit den Zechengesellschaften intensivierte. Kundgebungen und Großdemonstrationen in allen Städten des Ruhrgebiets seit November 1958 kulminierten schließlich im »Marsch nach Bonn« im September 1959: 200.000 Bergarbeiter nahmen an dieser bis dahin größten Demonstration in der Bundesrepublik teil und erreichten die von ihnen geforderte Mineralölsteuer. Diese war allerdings so niedrig angesetzt, dass sie den Krisenverlauf nur abschwächen konnte *(Dok. 7, 8)*.

Tatsächlich war die Gefahr einer politischen Radikalisierung auf dem Höhepunkt der nächsten und stärkeren Bergbaukrise von 1966/1968, als die erste spürbare Rezession der Nachkriegszeit das Ruhrgebiet mit seinen konjunkturabhängigen Branchen besonders traf, viel eher gegeben. Zeitweilige NPD-Wahlerfolge an der Ruhr schreckten auf. In dieser Situation beschlossen die sozialliberale Koalition in Düsseldorf und die Große Koalition in Bonn, weitere Zechenstilllegungen mit strukturverändernden Maßnahmen zu begleiten und in eine sozialverträgliche Politik einzubetten. Die Unternehmensstruktur des Bergbaus wurde durch die Gründung der Ruhrkohle AG geändert, zudem sicherten Subventionen und langfristige Verträge mit Kraftwerken und der stahl- und eisenerzeugenden Industrie den Erhalt des Bergbaus ab. In korporativer Zusammenarbeit suchten die Bergwerksgesellschaften die Sozialisierung wirtschaftlicher Verluste, die Gewerkschaften eine soziale Abfederung und der Staat Systemloyalität trotz wirtschaftlicher Krise. Erleichtert wurde diese Zusammenarbeit durch einen Generationenwechsel seit den 1960er Jahren, durch den einerseits die alten Gewerkschafter, welche im sozialdemokratischen Milieu der Weimarer Republik aufgewachsen und oftmals von den Nationalsozialisten verfolgt worden waren, durch pragmatischer orientierte und parteilich zunächst noch nicht gebundene Funktionäre ersetzt wurden, und durch den andererseits die alten gewerkschaftsfeindlichen Werksleitungen einer »neuen« Unternehmerschaft den Weg freimachten.

Seit ab 1975 der Kohlenkrise auch eine Absatzflaute des Stahls folgte, beinhaltete Strukturwandel im Ruhrgebiet – im breiten gesellschaftlichen Konsens *(Dok. 27)* – in erster Linie den Versuch, neue Arbeitsplätze zu schaffen. Die Montanmitbestimmung und die damit nunmehr einhergehende Kooperation von Arbeitern, Gewerkschaften, Unternehmern und politischer Administration ermöglichten zudem das Aushandeln von Sozialplänen, die den von Schließungen Betroffenen den Wechsel in eine andere Branche oder den Vorruhestand (mit 93 Prozent des letzten Lohneinkommens für Bergleute) erleichterten. Die seither spektakulärsten sozialen Konflikte bezogen sich gleichwohl auf den Erhalt von Betrieben. Der persönlich erlebte Einschnitt in der Karriere, das Zerbrechen langjähriger Nachbarschaften und des bisherigen Familienalltags und möglicherweise auch ein Sinnverlust der eigenen Biografie wogen auch bei großzügiger finanzieller Absicherung schwer *(Dok. 13)*. Auch die Kommunen und deren Politikfähigkeit wurden stark belastet *(Dok. 20)*. Gleichzeitig ist die hohe Protestbereitschaft aber auch dadurch zu erklären, dass noch lange an der Vorstellung festgehalten wurde, die Beschäftigten der Montanindustrie seien als Schrittmacher des wirtschaftlichen Wiederaufbaus zu privilegieren – ein Anspruch, der zudem noch von so manchem Stadtdirektor oder Konzernchef, der selbst einmal als Bergmann angefangen hatte, unterstützt wurde.

Von den Abwehrkämpfen gegen Betriebsschließungen hat sich vermutlich der monatelange, von starker Medienpräsenz begleitete Konflikt um die geplante Schließung des Stahlwerks in Rheinhausen 1987/88 am stärksten in das kulturelle Gedächtnis eingeprägt *(Dok. 22, 23)*. Hierbei kam es zu breiten Solidarisierungen nicht nur von den Kirchen, sondern auch aus den Reihen der Frauenbewegung *(Dok. 24)*. Auch um den Erhalt der Henrichshütte in Hattingen wurde intensiv gekämpft *(Dok. 26)*. Die vorerst letzte gigantische Anstrengung ist die von der IG Bergbau 1996/1997 minutiös organisierte Protestbewegung gegen die Einsparungen in der Kohlepolitik der Bundesregierung, welche am 14. Februar 1997 im »Band der Solidarität« mündete, einer 93,1 Kilometer langen Menschenkette von Neukirchen-Vluyn über Moers, Duisburg, Oberhausen, Essen, Bochum und Dortmund bis nach Lünen, an der sich circa 220.000 Menschen aus dem Ruhrgebiet beteiligten. Anschließende Bergwerksbesetzungen brachten dabei noch einmal eine Verlangsamung im Abbau der Kohlehilfen *(Dok. 29)*.

Jenseits solcher bundesweite Aufmerksamkeit erreichenden Konflikte war der Arbeitsalltag *(Dok. 11)* der Betriebsräte und Gewerkschaften im Ruhrgebiet aber eher durch pragmatische Sozialpartnerschaft gekennzeichnet. Unmittelbare Lebensinteressen und eine gerechte Verteilung zunächst von Zuwächsen der Nachkriegszeit, dann der Lasten des Strukturwandels bestimmten die Arbeit der in die korporatistischen Strukturen der Schwerindustrie eingebundenen, insgesamt eher gemäßigten Gewerkschafter und Betriebsräte. Damit blieben »wilde Streiks«, ein Aufbegehren gegen »Mitbestimmungskumpanei« *(Dok. 14)*, die Bildung einer kommunistischen Gewerkschaftsopposition in Gefolge der Studentenbewegung *(Dok. 15)* oder die Wiederaufnahme von Sozialisierungsforderungen durch lokale Gewerkschaftsorganisationen *(Dok. 19)* Ausnahmen. Insgesamt hatten die Gewerkschaften seit Mitte der 1950er Jahre die kapitalistische Ordnung der Bundesrepublik akzeptiert und sich auf die Berücksichtigung gesamtwirtschaftlicher Ziele verpflichtet. Kämpferisch waren sie nunmehr nur noch in der Tarif- und Sozialpolitik *(Dok. 18, 25)*.

Über die betriebliche Tätigkeit hinaus wirkten Betriebsräte und Gewerkschaftsfunktionäre als basisnahe Vermittlungsinstanz in die lokale Politik hinein. Für die SPD bildeten sie zudem entscheidende »Durchgangsschleusen« zum Erlangen der politischen Hegemonie im Ruhrgebiet seit den späten 1950er Jahren. Die hier in der Weimarer Republik einst starken christlichen Gewerkschaften hatten in den neuen Einheitsgewerkschaften der Bundesrepublik mit dem Einflussverlust des sozialkatholischen Flügels in der Regierungspartei CDU rasch an Bedeutung verloren, und auch die Kommunisten unter den Betriebsräten und Gewerkschaftern sollten nach 1950 nur noch eine Minderheitenrolle spielen *(vgl. a. Dok. 3)*. Entscheidend für die »Sozialdemokratisierung« des Ruhrgebiets war zudem, dass sich mit der abnehmenden Bedeutung des Bergbaus regionale Besonderheiten abschliffen. Insbesondere die hier einst besonders fest gefügten Milieus des Katholizismus *(Dok. 4)*, der Arbeiterbewegung und der bürgerlich-nationalen Schichten lösten sich mit dem Strukturwandel beschleunigt auf. Der schwindenden Bedeutung des politischen Katholizismus im Ruhrgebiet sollte zwar noch die Gründung des Ruhrbistums 1957 entgegenwirken, dessen erster, politisch und sozial engagierter Bischof Franz Hengsbach ein wichtiger Protagonist der korporatistischen Herangehensweise zur Lösung von Interessenkonflikten im Ruhrgebiet wurde. Gleichwohl ließ sich ein bedeutender Säkularisierungsschub nicht mehr aufhalten. Indem die – ihrerseits mit dem Godesberger Programm neu aufgestellte *(Dok. 9, 10)* – SPD nunmehr zunehmend auch die katholischen Wähler erreichte, festigte sie mit der Bundestagswahl 1961 die auf kommunaler und Landesebene bereits zuvor erreichten Mehrheiten *(Dok. 27)*. Typisch wurden personell eng miteinander vernetzte Strukturen von Betriebsrat, Aufsichtsrat, Arbeitsdirektor, Gewerkschaftsfunktionär und Kommunalpolitiker, Grubenkontrolleur und Knappschaftsältester, getragen von sowohl gewerkschaftlich als auch sozialdemokratisch engagierten Multifunktionären.

Der Strukturwandel wurde im Ruhrgebiet zunehmend nicht nur auf dem Gebiet der Arbeitsplätze angestrebt. Auch die im Vergleich zur übrigen Bundesrepublik ungleich höher belastete Umwelt war ein zentrales Thema, wobei in den 1950er und 1960er Jahren insbesondere die Luftverschmutzung zur Gründung erster Bürgerinitiativen führte *(Dok. 6, 12)*. Die im Ruhrgebiet niedergehenden Industriestaubmengen wurden als so massiv wahrgenommen, dass die SPD in ihrem Bundestagswahlkampf 1961 die Forderung nach einem »blauen Himmel über der Ruhr« aufnahm. In kurzfristiger Perspektive sollten zwar immer wieder Umweltanliegen mit dem Argument der Arbeitsplatzbeschaffung in Konflikt geraten *(Dok. 17)*. Ein erster Erfolg einer aktiven Umweltpolitik seit Anfang der 1960er Jahre war jedoch das nordrhein-westfälische Immissionsschutzgesetz vom 10.4.1962 – das erste Immissionsschutzgesetz der Bundesrepublik. Innerhalb von gut zwanzig Jahren sollte, flankiert durch weitere umweltpolitische Maßnahmen, die Belastung der Luft um die Hälfte reduziert werden und sich den Werten anderer großstädtischer Regionen angleichen, wobei allerdings auch der Rückgang der Montanindustrie eine bedeutende Rolle spielte. Seit den 1970er Jahren erhielten zudem die Wasserverschmutzung und die Bodenbelastung sowie schließlich die Müllproblematik öffentliche Aufmerksamkeit. Die Kosten für die Beseitigung der wesentlich von der Montanindustrie verursachten Umweltprobleme musste die Allgemeinheit tragen.

Ein Bewältigungsversuch des Strukturwandels zugleich auf ökologischem wie auch wirtschaftlichem Gebiet stellte die zwischen 1989 und 1999 durchgeführte Internationale Bauausstellung (IBA) Emscher Park dar. Diese hatte zum Ziel, die Lebensqualität in der benachteiligten Emscherzone zu heben und damit ein Auseinanderfallen des Ruhrgebiets zu verhindern *(Dok. 21, 30, 31)*. In der Tat ist, was man sich klischeehaft als Ruhrgebiet vorstellt, längst weiter nach Norden gewandert und eigentlich Emscherregion geworden. Die Chronologie der Industrialisierung hatte sich im Strukturwandel fortgesetzt: Der Süden, der den Strukturwandel bereits ab den 1960er Jahren bewältigen musste, konnte von der damals insgesamt noch günstigen Wirtschaftslage profitieren; im Norden wurde die Schwerindustrie hingegen erst seit den 1980er oder gar 1990er Jahren, also einer Zeit wirtschaftlicher Rezession, abgebaut. Das Resultat ist ein ausgeprägtes Wohlstandsgefälle in Süd-Nord-Richtung. Während im renaturierten Süden in den 1960er Jahren Dienstleistungsbetriebe und die Ruhr-Universität gebaut wurden, entstand zwanzig Jahre später im Norden der Städte eine Schrott- und Müllschiene. Ob die vielfältigen, von der IBA Emscher Park bis hin zur Ruhrstadt-Initiative reichenden Bemühungen genügen werden, um dem historisch gewachsenen Ruhrgebiet – auch ohne einen neuen ökonomischen Leitsektor – eine gemeinsame Zukunft zu bereiten, ist noch offen.

Literaturhinweise

Werner Balsen et al., Erlebte Geschichte. Montanmitbestimmung in Rheinhausen und anderswo, Köln 1995.

Rainer Bovermann, Das »rote« Rathaus. Die Sozialdemokratisierung des Ruhrgebiets am Beispiel Dortmund 1945–1964, Essen 1995.

Franz-Josef Brüggemeier/Thomas Rommelspacher, Blauer Himmel über der Ruhr. Geschichte der Umwelt im Ruhrgebiet 1840–1990, Essen 1992.

Bernd Faulenbach et al. (Hg.), Vom Außenposten zur Hochburg der Sozialdemokratie. Der Bezirk Westliches Westfalen 1893–1993, Essen 1993.

Stefan Goch, Die Rolle der Gewerkschaften und der Betriebsräte im Ruhrgebiet in den 50er und 60er Jahren, in: Jan-Pieter Barbian/Ludger Heid (Hg.), Die Entdeckung des Ruhrgebiets. Das Ruhrgebiet in Nordrhein-Westfalen 1946–1996, Essen 1997, S. 82–106.

Karl Lauschke, Schwarze Fahnen an der Ruhr. Die Politik der IG Bergbau und Energie während der Kohlenkrise, Marburg 1984.

Christoph Nonn, Klassengegensatz und »Branchenindividualismus«. Gewerkschaften und Unternehmer im Ruhrbergbau vor und in der Kohlenkrise, in: Mitteilungsblatt des Instituts für soziale Bewegungen 22 (1999), S. 36–58.

Norbert Ranft, »Vom Objekt zum Subjekt«. Montanmitbestimmung, Sozialklima und Strukturwandel im Bergbau seit 1945, Köln 1988.

Karl Rohe, Vom sozialdemokratischen Armenhaus zur Wagenburg der SPD. Politischer Strukturwandel in einer Industrieregion nach dem Zweiten Weltkrieg, in: Geschichte und Gesellschaft 13 (1987), S. 508–534.

Thomas Urban (Bearb.), Visionen für das Ruhrgebiet. IBA Emscher Park – Konzepte, Projekte, Dokumentation, Essen 2008.

Alexander von Plato, »Der Verlierer geht nicht leer aus«. Betriebsräte geben zu Protokoll, Bonn 1984.

Dokumente

1. Vor der Mitbestimmung: Sozialisierung des Bergbaus? (1947)

»400.000 Bergarbeiter erheben ihre Stimme«, in: Westfälische Rundschau, Nr. 63 vom 9.8.1947, S. 1f.

In voller Einmütigkeit nahmen rund 500 Vertreter aller Reviere und Zweige des deutschen Steinkohlenbergbaus der britischen Zone am Freitag [den 8. August 1947] in Herne Stellung zur Frage des deutschen Bergbaus. Im Hinblick auf die Washingtoner Konferenz,[2] die am 12. August über das Schicksal des Bergbaus entscheiden soll, hielt es der Industrieverband Bergbau[3] für seine Pflicht, sich in diesem entscheidungsvollen Augenblick zum Sprecher der Interessen des deutschen Volkes am Ruhrbergbau zu machen.

Nach begeistert aufgenommenen Ausführungen der beiden Vorsitzenden der Zonengewerkschaft der Bergarbeiter, August Schmidt[4] und Willi Agatz,[5] nahm der Kongress, der auf eine Diskussion der beiden Reden verzichtete, eine Entschließung an, in der es u.a. heißt:

»Der Ruhrbergbau muss das Herzstück der deutschen Wirtschaft bleiben. Darum fordert die Konferenz dringend die Durchführung des Beschlusses des Landtags von Nordrhein-Westfalen vom 2. August 1947, wonach die Militärregierung die Beschlagnahme des Eigentums an der Kohlenwirtschaft aufheben und das Bergbaueigentum an eine deutsche Treuhandverwaltung übertragen möge. Die Bergarbeiter erwarten, dass die gegebene Zusicherung gehalten und dem deutschen Volk die Sozialisierung seines Bergbaus gestattet wird. Ohne Überführung der Gruben in den Besitz des Landes Nordrhein-Westfalen als Treuhänder für das kommende einheitliche Deutschland, ohne das volle Mitbestimmungsrecht der Bergarbeiter und der Bergbauangestellten in deutschen demokratischen Bergbauverwaltungsorganen ist eine genügende Steigerung der Kohlenförderung nicht denkbar. Alle Absichten, den Ruhrbergbau aufs Neue unter die Herrschaft des deutschen oder des internationalen Monopolkapitals zu bringen, werden auf den entschiedenen Widerstand der gesamten Bergarbeiter und der Bergbauangestellten stoßen.«

Die Versammlung unterstrich die Bereitschaft der deutschen Bergarbeiter, noch mehr Kohle zu fördern, sprach aber die Erwartung aus, dass die deutsche Bevölkerung und die deutsche Industrie durch eine vermehrte Zuteilung für den Hausbrand und für die Stahl- und Eisenindus-

---

2 Auf der Kohlenkonferenz, die vom 12.8.-10.9.1947 in Washington stattfand, sollten u.a. die Weichen für einen leistungsfähigeren Ruhrbergbau gestellt werden. Eine endgültige Klärung der künftigen Eigentumsverhältnisse an der Ruhr blieb zwischen der amerikanischen und britischen Delegation jedoch aus. Zu den Hintergründen und Folgen der Washingtoner Konferenz vgl. Werner Abelshauser, Der Ruhrkohlenbergbau seit 1945, München 1984, S. 28f.
3 Gründungsname der Industriegewerkschaft (IG) Bergbau.
4 Zu August Schmidt vgl. Dok. 2, Anm. 4 in Kap. XIII.
5 Zu Willi Agatz vgl. Dok. 27, Anm. 32 in Kap. XIII.

trie die Vorteile der Förderung zu spüren bekomme. Solange der deutsche Export sich zu 80 Prozent aus Kohle und fast zu 100 Prozent aus Kohle und Holz zusammensetze, könnten die deutschen Gebiete nicht wirtschaftlich auf eigene Füße kommen. Die Kohle müsse vor allem für den Fertigwarenexport verwendet werden.

Zu den Verhandlungen über einen *Umbau des Punktsystems*[6] wurde berichtet, dass der Industrieverband »Bergbau« an einer solidarischen Lösung für die gesamte Bergarbeiterschaft festhalte und ein antreibendes Leistungslohnsystem ablehne. *Zur Care-Paketaktion*[7] wurde festgestellt, dass der Industrieverband »Bergbau« auf die Verteilung der Care-Pakete keinen Einfluss habe, da die Besatzungsmacht seinen Rat abgelehnt habe, der auch die Übertagearbeiter berücksichtigen wollte. »Wir wissen, dass unsere Bergarbeiter den Inhalt der Care-Pakete gut gebrauchen können, aber wir geben unsere Sozialisierung nicht für ein Care-Paket ab«, erklärten die Sprecher. Kompensationsgeschäfte[8] mit Deputatkohle[9] und Punktware[10] seien den Bergarbeitern der Schachtanlagen durch Beschluss des Industrieverbands »Bergbau« verboten worden. Dieser Beschluss werde durchgeführt. Zur Entnazifizierung richtete der Bergarbeiterkongress einen Appell an die North [German] Coal Control[11] in Essen, die Wiedereinstellung führender Nationalsozialisten, die von den Belegschaften abgelehnt werden, zu verbieten.

»*Macht den Weg frei*«, so wandte sich der Sprecher des Kongresses an die Besatzungsmacht, »*für eine gesteigerte Kohlenförderung, indem ihr die Voraussetzungen schafft.* Wir wollen dann das Äußerste tun und die Dinge vorantreiben. Dass wir dazu in der Lage sind, haben wir selbst in den Monaten der schwersten Ernährungskrise bewiesen.« Die Voraussetzungen seien:

---

6   Das von der Versorgungszentrale des deutschen Bergbaus, dem Industrieverband Bergbau und Vertretern der Zechenverwaltungen in Abstimmung mit der britischen Militärregierung 1947 eingeführte Punktsystem sollte allen im Bergbau tätigen Arbeitnehmern zusätzliche Nahrungs- und Genussmittel zur Verfügung stellen. Ziel dieser Maßnahme war es, die Arbeitsleistung der Zechenbelegschaften zu steigern. Da die Höhe der Punktzahl jedoch zunächst ausschließlich vom Verdienst abhing und bei Fehlschichten Abzüge vorgenommen wurden, war das Punktsystem »eher eine Anwesenheits-, denn eine Leistungsprämie« (Abelshauser, Ruhrkohlenbergbau, S. 39). Die deutsche Wirtschaftsverwaltung drängte darauf, das Leistungsprinzip beim Punktsystem stärker zu berücksichtigen, was bei der Gewerkschaft Befürchtungen hervorrief, damit den Boden für »Antreiberei« im Bergbau zu bereiten. Das auf diese Weise im September 1947 revidierte Punktsystem lief bis September 1948 weiter.
7   Ausgabe von Sonderpaketen mit Lebens- und Genussmitteln an die leistungsfähigsten Untertage-Bergarbeiter des Ruhrbergbaus im Zeitraum von Ende 1947 bis Ende 1948.
8   Geschäft, bei dem die Ware nicht nur mit Geld, sondern auch durch Tausch oder Dienstleistung beglichen werden kann.
9   Kohle, die als Lohn an die Bergarbeiter ausgegeben wird.
10 Lebens- und Genussmittel wie z.B. Speck, Kaffee, Zucker, Schnaps und Zigaretten, die der Bergarbeiter an der Ruhr im Rahmen des Punktsystems erhielt.
11 Bergbaukontrollorgan der britischen Militärregierung mit Sitz in Essen (Villa Hügel).

1. Die Eigentumsfrage müsse klargestellt werden durch die Übergabe des Eigentums an das deutsche Volk ohne Entschädigung der Vorbesitzer.
2. Produktion und Verwaltung der Kohlen müssten schnellstens in deutsche Selbstverwaltung übergeben werden.
3. Ein Kohlenrat als demokratisches Organ, in dem alle anstehenden Bergbaufragen [zu] beraten sind, muss gebildet werden.

Die Bergarbeiterschaft wolle nicht allein bestimmen, wohl aber mitbestimmen.

Wir halten die Weitersteigerung der Kohlenförderung für eine unumgängliche Notwendigkeit, denn wir wollen nicht untergehen!

2. Mitbestimmung – Angebote der Unternehmer 1947

Hermann Reusch,[12] Gutehoffnungshütte Oberhausen AG/ Karl Jarres,[13] Klöckner-Werke AG/ Ludger Hehemann, Otto Wolff, Köln, an Dr. Viktor Agartz,[14] Leiter des Verwaltungsamts für Wirtschaft für das amerikanische und britische Besatzungsgebiet in Minden betr. Konzernentflechtung vom 21.1.1947, abgedruckt in: Die Neuordnung der Eisen- und Stahlindustrie im Gebiet der Bundesrepublik Deutschland. Ein Bericht der Stahltreuhändervereinigung, München 1954, S. 610f.

Die außerordentliche Tragweite der von Herrn Direktor Dinkelbach,[15] dem Leiter der Treuhandverwaltung der North German Iron and Steel Control,[16] angekündigten Maßnahmen zur »Ent-

---

12 Hermann Reusch (1896–1971) gehörte seit Ende der 1930er Jahre dem Vorstand der Gutehoffnungshütte AG an und folgte seinem Vater Paul Hermann Reusch auf den Posten des Generaldirektors. Unter dem politischen Druck des NS-Regimes legte er dieses Amt allerdings 1942 nieder; an seine Stelle trat ein Parteimitglied. Von 1947 bis zu seinem Ausscheiden 1966 konnte Reusch erneut die Leitung des Unternehmens übernehmen, das die meiste Zeit unter »GHH Aktienverein« firmierte. Zur Biografie Hermann Reuschs vgl. Werner Bührer, Karl Hermann Reusch, in: Neue Deutsche Biographie 21 (2003), S. 457f.
13 Zu Karl Jarres vgl. Dok. 3 in Kap. X und Dok. 19 in Kap. XI (mit Vita).
14 Viktor Agartz (1897–1964), Wirtschaftswissenschaftler und Gewerkschafter, leitete 1946/47 das Mindener Verwaltungsamt für Wirtschaft, Vorläufer des Bundeswirtschaftsministeriums. Von 1948 bis 1955 übernahm er die Leitung des Wirtschaftswissenschaftlichen Instituts (WWI) des Deutschen Gewerkschaftsbundes in Köln. Von ihm stammt u.a. das Konzept der »expansiven Lohnpolitik«, nach der Tarifverhandlungen nicht zuletzt die Funktion haben müssten, Mittel umzuverteilen. Wegen seiner linkssozialistischen Tendenzen und dem Verdacht, mit der SED bzw. dem FDGB zu kooperieren, wurde Agartz 1957 des »Hochverrats« angeklagt. Trotz seiner Entlastung schlossen ihn die SPD und der DGB 1958 wegen »parteischädigenden Verhaltens« aus.
15 Heinrich Dinkelbach (1891–1967), als Leiter der Treuhandverwaltung für die Entflechtung der Stahlindustrie verantwortlich, hatte seine berufliche Laufbahn als kaufmännischer Angestellter in der Maschinenfabrik Thyssen & Co. in Mülheim/Ruhr begonnen. In den 1930er Jahren stieg Dinkelbach als Industriemanager bis zum Vorstandsmitglied der neu gebildeten Vereinigte Stahlwerke AG auf. Vgl. dazu Jeff Fear, Heinrich Dinkelbach, in: Horst A. Wessel (Hg.), Mülheimer Unternehmer – Pioniere der Wirtschaft, Bd. 2, Essen 2010 (in Vorbereitung).
16 Eisen- und Stahlkontrollorgan der britischen Militärregierung mit Sitz in Düsseldorf.

flechtung der Konzerne« macht es erforderlich, zu diesen, erst in groben Umrissen vorliegenden Plänen Stellung zu nehmen und für die von uns vertretenen Werke geeignete Vorschläge zu machen. [...]

Die Herausnahme der Eisen schaffenden Betriebe aus den großen Werksgruppen würde eine lebensgefährliche Amputation darstellen in einem Stadium der industriellen Krise, das nicht einmal als Rekonvaleszenz bezeichnet werden kann. Die ungewöhnlichen Schwierigkeiten, die zur Zeit einer Wiederingangsetzung der Wirtschaft im Wege stehen, würden durch diesen Eingriff beträchtlich verschärft. [...]

Wir schlagen ferner die Überführung dieser neuen Werke in gemischtwirtschaftlichen Besitz – gegebenenfalls unter kapitalmäßiger Beteiligung auch der Gewerkschaften – vor, um schon auf der Ebene des Betriebes die öffentlichen Interessen mit dem privatwirtschaftlichen Ertragsstreben in Übereinstimmung zu bringen und einen möglichst hohen Leistungsgrad zu erreichen.

Schließlich erklären wir unsere aufrichtige Bereitwilligkeit, den Belegschaften und den Gewerkschaften volle Mitwirkungsrechte einzuräumen. Wir wollen uns den Forderungen einer neuen Zeit nicht verschließen und stimmen einer Beteiligung auch der Arbeitnehmerschaft an der Planung und Lenkung sowie an den Aufsichtsorganen für die großen Erwerbsgesellschaften der Eisen- und Stahlindustrie voll und ganz zu.

Dabei erfüllt uns die Hoffnung, dass die Verwirklichung unserer aus der allgemeinen Not geborenen Vorschläge eine neue und sichere Vertrauensgrundlage für die Zusammenarbeit zwischen den Werksleitungen und den berufenen Vertretern der Arbeitnehmer und der Allgemeinheit schafft, dass es damit gelingt, unsere für die Gesamtwirtschaft so ungemein wichtige Schlüsselindustrie endlich von einem politischen Odium zu befreien und die in ihr schlummernden Kräfte zu voller Entfaltung für die friedliche Wiederaufbauarbeit zu bringen.

3. SPD-Betriebsgruppen in Duisburg 1951

Bericht von Hans Sudowe,[17] in: Jahresbericht 1951 des SPD-Unterbezirks Duisburg-Hamborn, abgedruckt in: »Ein schwerer Kampf ist's, den wir wagen«. 125 Jahre Sozialdemokratische Partei in Duisburg, hg. im Auftrag der Sozialistischen Bildungsgemeinschaft Duisburg von Hartmut Pietsch/ Horst Scherschel, Duisburg 1989, S. 188.

Als in der Jahreshauptversammlung [des Unterbezirks] am 8. April 1951 erstmalig ein für die Betriebsgruppentätigkeit Verantwortlicher in den Unterbezirksvorstand gewählt wurde, wurde damit eine bis dahin vorhandene Lücke ausgefüllt, die sich in den Jahren zuvor für unsere Parteigenossen im Betrieb schmerzlich bemerkbar machte. Wenngleich mit dem Aufbau von Betriebsgruppen schon 1949 in Duisburg begonnen wurde – weil das Vorhandensein anderer politischer Betriebsgruppen uns als SPD dazu zwang –, so waren diese damals gebildeten Betriebsgruppen nicht aktionsfähig, wie es an sich notwendig gewesen wäre. Der Grund hierfür lag darin, dass viele Genossen die Bildung von Betriebsgruppen aus den verschiedensten

---

17 Sudowe war im Unterbezirksvorstand für die Betriebsgruppenarbeit verantwortlich.

„Gesunder Wettbewerb durch Sozialisierung!" SPD-Wahlplakat zur Sozialisierung in der Montanindustrie, vermutlich 1947 [Stadtarchiv Herne]

Gründen ablehnten … Wenn es uns durch intensive Aufklärungs- und Organisationsarbeit im Laufe des vergangenen Jahres gelungen ist, in der gesamten Metallindustrie, in allen Betrieben des öffentlichen Dienstes, in mehreren Schachtanlagen des Bergbaus, in der chemischen Industrie, in der Bauwirtschaft usw. arbeitsfähige Betriebsgruppen zu bilden, dann ist dies ein beachtlicher Fortschritt …

Ein Teil der Genossen war der Ansicht, die Bildung von Betriebsgruppen würde den Bestand der Einheitsgewerkschaft gefährden. Diese Ansicht ist deshalb falsch, weil man doch den gegebenen Verhältnissen nach erkennen muss, dass andere politische Gruppen sehr aktiv waren und die von diesen Gruppen ausgelösten, durchaus nicht immer gewerkschaftsfreundlichen Aktionen den Bestand der Einheitsgewerkschaft bedroht hätten, wenn das notwendige Gegengewicht durch die Schaffung sozialdemokratischer Betriebsgruppen nicht erstellt worden wäre …

Die Aufgabe sozialdemokratischer Betriebsgruppen besteht darin, im Betrieb, in der Verwaltung, ja überall dort, wo Sozialdemokraten mit anderen Menschen zusammenarbeiten, durch zielbewusste und überzeugende Verbreitung sozialdemokratischer Ideen und Forderungen betriebswirtschaftlicher Art … in das Wesen des Betriebs Einblick zu erhalten … Eindringen in die kaufmännischen und finanztechnischen Gepflogenheiten, zur Erreichung der fachlichen und sachlichen Fähigkeiten eines wirtschaftlichen und sozialen Mitbestimmungsrechts, das soll die Arbeit unserer Betriebsgruppen sein. Politisch haben die Betriebsgruppen die Aufgabe, den Einfluss aller störenden und zersetzenden Kräfte zu erkennen und mit allen Mitteln zu bekämpfen, [als] da sind: Verhinderung der systematischen Infiltration durch Kommunisten …

Darüber hinaus ist aber auch dem politischen Klerus in allen Betrieben, wo dieser in Erscheinung tritt, mit Entschiedenheit zu begegnen, weil hier die Gefahr besteht, dass auf dem Wege des Gefühls die arbeitenden Menschen für die Belange des Unternehmertums missbraucht werden können. Die Aufgabe unserer Betriebsgruppen besteht also darin, durch Vermittlung von politischem Wissen und volkswirtschaftlicher Erkenntnis im Geist einer wahren sozialen Demokratie im Betrieb tätig zu sein, um dadurch für unsere Partei zu werben und zu wirken.

4. Vor der Auflösung des katholischen Milieus: Frontstellung gegen die SPD 1952
Ruhrwacht (Oberhausen) vom 8.11.1952.

Die Ruhrwachtleser haben immer christlich gewählt. Sie waren eine erstaunlich feste und geschlossene Bastion, an der sich Sozialisten und Liberalisten bei jeder Wahl den Schädel zerschlugen. Sie mochten sich tarnen, wie sie wollten, sie mochten den Christen hinter der »Ruhrwacht« Seim[18] und Leim hinhalten, sie heuchlerisch als »Klerikale« bedauern, auf der Rattenfängerflöte eines unsozialen Besitzbürgertums, oder auf der Jerichotrompete des Klassenkampfes süß oder hymnisch locken oder ängstigen – die Ruhrwachtleser wählten christlich.

18 Altertümliche Bedeutung für »dicker Saft«.

»Wir sind auch Christen«

»Wir sind auch Christen« – wird heuer wieder manchmal gebrüllt, manchmal mit (scheinbar) tränenerstickter Stimme gebetet. Die falschen Jodler schmieren sich ihre Kehlen mit christlichem Öl, denn es wird gewählt. Sie möchten *Euch*! In dieser Stadt, wo die Christen die Mehrheit *sind* – auch wenn sie sie nicht *hätten*, was ihre eigene Schuld wäre! – in dieser Stadt Oberhausen »verteidigen« neuerdings Sozialisten und FDPisten zwar nicht den Katechismus, aber immerhin *ihr* »Christentum«. Hier in Oberhausen können sie keinen roten Blumentopf hinzugewinnen, wenn sie nicht wenigstens vor der Wahl die Kirchenglocken streicheln. Und während sie noch streicheln, spucken sie ihre Wut gegen die Geistlichen – gegen die Kirche aus.

Brechreiz

Da war, erinnert Euch, der brillante Bonmot-Fabrikant und geistreiche Redner Genosse Prof. Nölting[19] hier in Oberhausen. In schillernden »gags« versuchte er, den Sozialismus vor allem von dem »lügenhaften Vorwurf der Religionsfeindlichkeit« reinzuwaschen. Aber selbst seine dialektische Feinseife reichte nicht hin, aus rot vorübergehend *schwarz* zu machen. Denn darauf kam es in diesem Oberhausen an: den vielleicht Farbenblinden eine Christlichkeit vorzuspiegeln, die in Wirklichkeit sowohl der SPD wie der FDP innerlich Brechreiz verursacht, wenn es um die Bekenntnisschule, um Forderungen der Kirche, um Beseitigung von Schmutz und Schund, um die christliche Ehe, um christliche Erwachsenenbildung, um die Enttarnung von Sünderin-Filmen[20] und um Schauspielprogramme geht, die Index-Größen wie Sartre nicht genügend berücksichtigen.

Das Abkommen

Leser der »Ruhrwacht«, als dieser Wahlkampf begann, veröffentlichten wir ein Abkommen zwischen CDU und Zentrum. Der Geist dieses Abkommens ist christlich. Die sozialistischen Nebelwerfer haben auch bei uns das Gelände so geschickt in Dunst gehüllt, dass sie glauben, den »kleinen Mann« mit einem unverbindlichen Allerweltschristentum aus den Reihen des Zentrums und der CDU hinaus und in jenes »christliche Abendland« hineinlocken zu können, wo sich Dissidenten, Freidenker, Berserker-Nationalisten, Gottgläubige, Schönheitsköniginnen, stramme Materialisten und unbekleidete Sonnenanbeter, Sünderin-Verteidiger und Anwälte für Zeltlager-

---

19 Erik Nölting (1892–1953), SPD, war von 1946 bis 1950 Wirtschaftsminister des Landes Nordrhein-Westfalen.

20 Der Spielfilm »Die Sünderin« mit Hildegard Knef in der Hauptrolle, der am 18.1.1951 in Deutschland erstaufgeführt wurde, sorgte u.a. wegen einer Nacktszene der Schauspielerin für einen handfesten Skandal und löste heftige Diskussionen über den sittlichen Zustand der Gesellschaft in der jungen Bundesrepublik aus. Gerade die katholische Kirche war schockiert, setzte u.a. Aufführungsverbote durch und verweigerte die weitere Mitarbeit an der »Freiwilligen Selbstkontrolle« (FSK) der deutschen Filmwirtschaft. Der Film handelt von einer ehemaligen Prostituierten, die, um das Geld für eine Operation ihres todkranken Freundes zusammenzubekommen, wieder ihrem »alten Gewerbe« nachgeht, und endet nach der gescheiterten Operation mit der Sterbehilfe an ihrem Freund und dem Selbstmord der Hauptfigur.

geschlechtergemeinschaften der Jugendlichen frech auf ihren »inneren« Glauben berufen, der allerwegs christlich sei. Ruhrwachtleser sind in dieser Hinsicht nicht zu täuschen.

5. **Kampf um Mitbestimmung 1955**
Flugblatt zur Reusch-Aktion 1955 des Bochumer Hauptvorstands der Industriegewerkschaft Bergbau vom 20.1.1955, abgedruckt in: Reader des Betriebsräte-Seminars II »Entwicklung und Stand der Arbeits- und Sozialgesetzgebung und der Unternehmensverfassung« an der Ruhr-Universität Bochum, Arbeitsgemeinschaft Arbeit und Leben, VHS/DGB Dortmund, Sept. 1975, S. 47.

An alle Bergarbeiter und Bergbauangestellte!
Liebe Kameraden!
Am 11. Januar 1955 erklärte der Generaldirektor der Gutehoffnungshütte Oberhausen AG, Dr. Hermann Reusch,[21] in einer Aktionärsversammlung:
»... Das Mitbestimmungsrecht für Eisen und Kohle ist das Ergebnis einer brutalen Erpressung durch die Gewerkschaften. Es ist in einer Zeit durchgesetzt worden, in der die Staatsgewalt noch nicht gefestigt war.«

„So stellen sich die Holding-Gesellschaften die Zusammenarbeit mit den Gewerkschaften vor!" Karikatur zur Mitbestimmung in der Montanindustrie (Zeichner O. Brandes), in: Die Bergbauindustrie, Nr. 33 vom 15.8.1953, S. 290. [Archiv für soziale Bewegungen Bochum]

21 Zu Hermann Reusch vgl. Dok. 2, Anm. 12 in diesem Kapitel.

Hinter diese provokatorischen Äußerungen stellte sich das Deutsche Industrieinstitut[22] mit einer Verlautbarung, die u.a. feststellt:

»... Wenn ein namhafter Unternehmer von diesem Recht (Freiheit der Meinungsäußerung) Gebrauch macht, und die Gewerkschaften daraufhin einen »Proteststreik« auslösen, so wird zu fragen sein, wie die Gewerkschaften reagieren würden, wenn die Arbeitgeber ihrerseits gewerkschaftliche Äußerungen mit Aussperrungen beantworten wollten. An Gelegenheiten dazu hätte es nicht gefehlt ...«

Die am Mittwoch, dem 19. Januar 1955 in Gelsenkirchen tagende Funktionärskonferenz der IG Bergbau beschäftigte sich mit diesem Angriff auf die Rechte der Arbeitnehmerschaft. Sie beschloss als Antwort auf diese Äußerungen für Sonnabend, den 22. Januar,

einen 24-stündigen Streik

in allen dem Mitbestimmungsgesetz unterliegenden Betrieben des Bergbaus durchzuführen.

Kameraden, zeigt Eure entschlossene Abwehr, dass die Arbeitnehmerschaft des Bergbaus nicht bereit ist, Angriff[e] gegen die vom Parlament geschaffenen Rechte hinzunehmen.

6. Luftverschmutzung im Ruhrgebiet I (1957)

»Viel Staub aufgewirbelt«, in: Der Brennpunkt. Informationen der Duisburger Bürgervereinigung Stadtmitte für ihre Mitglieder und Freunde, Nr. 2/1957, S. 1–2. (Auszug)

Die Versammlung der Bürgervereinigung Stadtmitte über die Rauchplage in Duisburg[23] hat reichlich Staub aufgewirbelt. Nicht nur in unserer Stadt, sondern weit über die Grenzen hinaus. Eine große Zahl von Gästen in der ‚Schützenburg' bewies, wie aktuell das Thema für den Duisburger Bürger ist, und die anschließende Diskussion zeigte, dass er sich energisch gegen die zunehmende Luftverschmutzung zur Wehr setzt, wenn ihm die Gelegenheit dazu gegeben wird.

Dem Vorstand war es außergewöhnlich schwergefallen, einen Fachmann zu finden, der in öffentlicher Versammlung das »heiße Eisen« anfassen wollte. Monatelang wurde verhandelt und mit Diplom-Landwirt Fortmann aus Bochum (Landesanstalt für Bodennutzungsschutz) schließlich ein Experte gefunden, der mit wissenschaftlicher Exaktheit das Thema anfasste. Die Presse hat das Referat ausführlich abgehandelt.

Fortmann zeigte mit vielen Zahlen, Beispielen und Lichtbildern die zunehmende Gefahr der Abgase und der Flugasche für Mensch, Tier und Vegetation auf. Er ließ keinen Zweifel daran, dass es um die Luft unserer Stadt besonders schlecht bestellt ist, wenn auch die

---

22 1951 gegründetes, arbeitgebernahes Wirtschaftsforschungsinstitut, Vorläufer des heutigen Instituts der deutschen Wirtschaft in Köln.

23 Diese Versammlung fand am 17.1.1957 statt. Die Duisburger Innenstadt lag im Abwind der Industriebetriebe am Rheinufer und war damit besonders intensiven Verschmutzungslasten ausgesetzt. Die Bürgervereinigung Stadtmitte initiierte in der Folgezeit eine Resolution zur Luftverunreinigung des Zentralverbands der Deutschen Haus- und Grundbesitzer und des Verbands Deutscher Bürgervereine (verabschiedet im September 1957), die weite Beachtung fand. Für die Überlassung dieser Quelle danke ich Frank Uekötter.

Immissionen kein Duisburger Problem allein sind, sondern das ganze Ruhrgebiet treffen. Von den 1,43 Mill. t (!) Rauchgasen, die jährlich im Bundesgebiet in die Luft geschickt werden, fallen 80 Prozent auf das Ruhrgebiet. In Duisburg regnen monatlich zwischen 68 t und 13 t Flugasche je Quadratkilometer nieder. Rechnet man den Durchschnitt mit 20 t sehr niedrig, so macht das für das ganze Duisburger Stadtgebiet 35.000 t festen Staub im Jahr.

Der Duisburger Himmel ist also dunkler als anderswo. Nur 50 Prozent der ultravioletten Strahlung dringen durch die dichte Dunstglocke, die ständig über unserer Stadt lagert. Dass es auch anders geht, darüber berichtete in der gleichen Versammlung der Godesberger Redakteur Manfred Schwan, der die amerikanische Montanstadt Pittsburgh besucht hatte. Obwohl sie früher die »dreckigste Stadt« (ein Superlativ, der in Deutschland Duisburg anhängt) genannt worden sei, gebe es dort heute keine Dunstglocke mehr. Der Flugaschenregen sei in Pittsburgh in den letzten drei Jahren um 50 Prozent zurückgegangen. Überall ließen die Bürger ihre Häuserfassaden frisch streichen.

Vorsitzender Witzer leitete zur Diskussion über: »Wenn wir doch auch in Duisburg die Anstreicherkolonnen bald beauftragen könnten!« Heftige Worte gegen die Luftverschmutzung gebrauchte vor allem eine starke Abordnung des besonders arg betroffenen Stadtteils Hochfeld. Lebhafte Kritik fand die Stadtverwaltung, die ein Großteil des Gutachtens von Prof. Heller geheim hält. Polizeidirektor i.R. Alfons Nagel berichtete für die Notgemeinschaft Curtiusstraße, die sich der Bürgervereinigung Stadtmitte angeschlossen hat und einen Prozess gegen die Ultramarinfabrik führt, weil in der Nachbarschaft starke Vegetationsschäden aufgetreten sind.

Die Versammlung fasste eine Resolution, die vom Zweiten Vorsitzenden, Rechtsanwalt Hutmacher, vorbereitet worden war. In der Entschließung werden unverzüglich Sofortmaßnahmen, etwa in Form eines Ortsstatuts, gegen die zunehmende Rauch- und Abgasplage von der Stadtverwaltung gefordert. Entsprechende Maßnahmen auf Bundes- oder Landesebene sollen nicht mehr abgewartet werden, da befürchtet wird, dass bis zu ihrer Durchführung noch viel Zeit vergehen würde.

Diese Resolution ist inzwischen auch von der Gemeinschaft der Duisburger Bürgervereine während einer Sondersitzung im »Prinz-Regent« diskutiert und gutgeheißen worden. Es erwies sich, dass auch die Bürgervereine der anderen Duisburger Stadtteile sich dem – demokratischen – Kampf um eine bessere Sauberhaltung der Luft anschließen und mit uns gemeinsam vorgehen wollen. Der Sitzung wohnte außerdem ein Abgesandter des Rheinhausener Bürgervereins bei, der sich im gleichen Sinne erklärte.

Die Duisburger Aktion, die erst ein Anfang war, ist weithin im Ruhrgebiet gehört worden. Auch in anderen Städten regen sich Kräfte, die der zunehmenden Luftverschmutzung und den dadurch entstehenden Gefahren für die Bevölkerung nicht länger untätig zusehen wollen. Verschiedene Bürgervereine aus Revierstädten haben bereits mit der Bürgervereinigung Stadtmitte Fühlung aufgenommen. Und es ist anzunehmen, dass Proteste bald überall im Ruhrgebiet laut werden.

Die Gemeinschaft der Duisburger Bürgervereine wird jedenfalls nicht eher ruhen, bis wesentliche Besserung erreicht ist, bis der Himmel über unserer Stadt wieder freundlicher und heller leuchtet.

7. In der Vorbereitung auf den Marsch nach Bonn – ein »wirtschaftliches Stalingrad an der Ruhr«? (1959)

»Wirtschaftliches Stalingrad an der Ruhr«. Referat des Kollegen Heinrich Gutermuth[24] anlässlich der Großkundgebung der Industriegewerkschaft Bergbau am Sonntag (25.1.1959) in der Halle des Bochumer Vereins. Archiv für soziale Bewegungen Bochum, IGBE-Archiv Nr. 1448 A. (Auszug)

Seit vielen Monaten lagern Sorge und Leid über den Lebensbereichen der deutschen Bergarbeiter. Ihre Ausstrahlungen berühren nicht nur die Steinkohlengebiete an Rhein und Ruhr, sondern gefährden auch die Existenz unserer Kameraden im Eisen- und Metallerzbergbau.

Feierschichten, Haldenbestände, mangelnde Absatzlage, also soziale Unsicherheit, bedrohen eine Bevölkerungsschicht, die an der Entwicklung unschuldig ist und ein besseres Schicksal verdient hätte.

In dieser Stunde schwerer sozialer Bedrängnisse hat der Hauptvorstand der Industriegewerkschaft Bergbau 50–60.000 Kameraden aufgerufen, als Vertreter der Bergarbeiter und ihrer Familien einen massierten Protest gegen eine Entwicklung, die nicht notwendig war und verhindert werden konnte, vor der Weltöffentlichkeit zu erheben. Dieser denkwürdige 25. Januar 1959 wird unsterblich in die Geschichte der deutschen Bergarbeiter eingehen. [...] In Bochum ist der Sitz Eurer Organisation.[25] Von hier aus sind zu allen Zeiten Ströme des kämpferischen Geistes und der gewerkschaftlichen Grundhaltung ausgegangen, die das Ziel haben, auch den schaffenden Menschen gleichberechtigt in Staat, Wirtschaft und Gesellschaft einzuordnen. Wenn der Hauptvorstand diesen Ort auswählte, so liegt darin eine besondere Bedeutung. [...]

Diese Massenkundgebung ist ein Protest der Bergarbeiter gegen die Kohlen- und Energiepolitik der Bundesregierung, insbesondere aber des Bundeswirtschaftsministers. Trotz des pausenlosen Einsatzes unseres Hauptvorstands und seiner rechtzeitigen Warnungen an die Bundesregierung ist die Vollbeschäftigung unserer Menschen unterbrochen und ihr Sozialstand gefährdet. Ihr allgemeiner Lebensstandard wurde auf dem Altar liberaler marktwirtschaftlicher Prinzipien geopfert. Das Wort vom Hochverrat an den national-wirtschaftlichen Interessen des Bergbaus und seiner Beschäftigten eilte durch die Reviere.

Ein wirtschaftliches Stalingrad bereitete sich vor, ein Stalingrad, nicht basierend auf den militärischen Auseinandersetzungen im Winter 1943 an der Wolga, sondern wirtschaftspolitisch an Rhein und Ruhr.

Unser Protest soll nicht nur eine Mahnung an die breite Öffentlichkeit sein, die Sturmzeichen zu erkennen, sondern eine Aufforderung an alle Verantwortlichen, Feierschichten und Massenentlassungen zu verhindern und die Vollbeschäftigung, verbunden mit Wohlstand und sozialer Sicherheit, wiederherzustellen.

Die heutige Kundgebung ist sowohl eine Anklage und ein Protest gegen das Verhalten der Unternehmer in der Kohlenkrise als auch eine letzte Warnung. Wir sind heute angetreten für die Durchführung unserer Forderung:

---

24 Zu Heinrich Gutermuth vgl. Dok. 34, Anm. 50 in Kap. XIII.
25 Zur Gründung des Industrieverbands Bergbau in Bochum vgl. Dok. 3 in Kap. XIII.

Einführung der Fünf-Tage-Woche mit Lohnausgleich

anstelle von Massenentlassungen nach den dem Privatkapitalismus eigenen und bekannten Gesetzen.

Die Kundgebung hat darüber hinaus die Aufgabe, die Öffentlichkeit auf die Unsicherheit in den Gruben aufmerksam zu machen und ist ein Versuch, das Gewissen der breiten Öffentlichkeit wachzurufen für die augenblickliche Unfallentwicklung und gesundheitliche Bedrohung des schwer arbeitenden Bergmanns.

Die Kundgebung ist nicht zuletzt auch ein Appell an die politischen Leitungen des Bundes, der Länder, der Kommunen und ihrer Versorgungsbetriebe, deutsche Kohlen und Erze abzunehmen, um den deutschen Bergarbeitern einen Absturz ins soziale Elend zu ersparen.

Im Bewusstsein meiner vollen Verantwortung erkläre ich im Namen des Hauptvorstands der Industriegewerkschaft Bergbau, dass wir diese Aktionswelle nicht gewünscht haben, sondern sie durch die Entwicklung aufgezwungen wurde. Diese Kundgebung ist der Beginn eines Aktionsplans, der von uns in beispielloser Härte durchgeführt werden wird nach den Grundsätzen, dass man um seine Lebensrechte nicht bettelt, sondern kämpft.

Für unsere organisierten Bergarbeiter aber soll diese Veranstaltung ein flammender Appell an ihre Einigkeit und Geschlossenheit, ihre Kameradschaft, Solidarität und Treue zur Gewerkschaftsbewegung sein.

In dieser entscheidenden Stunde solle die Welt wissen – und wir wollen ihr das noch einmal in Erinnerung bringen –, dass wir uns dem nationalsozialistischen Terror nicht beugten – Tausende von Blutzeugen sind dafür der Beweis –, dass wir in jahrelangen Bombennächten und namenlose[m] Leid ausgehalten, trotz Sterbens und Niedergangs der ganzen Nation nicht versagt haben und auch heute nicht weich werden, wenn es um unser und unserer Familien Lebensschicksal geht.

Unser Bekenntnis zur Freiheit und Demokratie war stets unteilbar. Trotzdem dürfen wir heute die Einschränkung machen, ohne dass wir diese Unteilbarkeit aufkündigen, und ich spreche hier mit den Worten unseres unvergessenen Hans Böcklers,[26]

dass wir uns nur für einen Staat einsetzen werden, der es sozial wert ist. [...]
Herr Bundeskanzler! Nach dem Bonner Grundgesetz bestimmen Sie die Richtlinien der Politik. Höchste Eile für wirkungsvolle Maßnahmen war geboten, wenn Sie für Handlungen, die diese schwere Krise verursachten, nicht schuldig werden wollten.

Wir wissen um Ihre außenpolitischen Sorgen. Wir wissen aber auch, dass Milliarden D-Mark für teilweise wertlose Rüstungen ausgegeben werden, und wir meinen, dass einige Hundert Millionen D-Mark für die soziale Sicherheit der Bergarbeiter besser angelegt sind als für Rüstungszwecke.

---

26 Hans Böckler (1875–1951) war seit 1949 Vorsitzender des neu gegründeten Deutschen Gewerkschaftsbunds. Wenige Wochen vor seinem Tod am 16. Februar 1951 hatte sich Böckler am 25. Januar mit Bundeskanzler Adenauer auf die Montanmitbestimmung einigen können. Zur Vita Böcklers vgl. Ulrich Borsdorf/Karl Lauschke, Hans Böckler, Bde. 1–2, Essen 2005.

Die Freiheit der Welt und die Sicherheit unserer Demokratie, die wir so sehr wünschen, beruht nicht allein auf Sicherheitsgarantien, sondern vornehmlich auf dem Wohlstand und der sozialen Sicherheit der Schaffenden im Betrieb.

Wir stellen in einer geschichtlich dunklen Stunde der Bergbauwirtschaft fest: Unentschlossenheit, Halbheiten, mangelnde Einsicht, zu spätes Handeln, zu große Rücksichtnahme auf den großen Bruder über dem Teich, Blindheit gegenüber den wirtschaftlichen Notwendigkeiten und fehlende Logik, die jedem vernünftig denkenden Menschen eigen ist, haben an der Ruhr eine Lage herbeigeführt, die verhindert werden könnte, wenn man dem Vorschlag der IG-Bergbau seit vielen Monaten gefolgt wäre.

Das Drama von Stalingrad, auf einer anderen Ebene, war nicht notwendig, denn eingekesselt wurden ohne Schuld treue Bergarbeiter, die in schwerster Stunde nach dem Zusammenbruch, ausgehungert und verelendet zu ihrem Volk standen und von der Kohle her den Aufstieg der Wirtschaft ermöglichten. Verraten und verkauft auf internationalen Kohle- und Energiemärkten, und wie weiße Sklaven im Raum marktwirtschaftlicher Prinzipien behandelt, Prinzipien, wie sie kein Land der Welt kennt und übt, das war mit Berechtigung der Eindruck, den diese Menschen im Bergbau gewonnen haben. So führte man einen ganzen Stand in die soziale Verelendung.

Lukrative Einkünfte aus Importkohle- und Ölgeschäften waren interessanter als das Schicksal dieser treuen Menschen an Rhein und Ruhr, im Sieger- und Sauerland, Dill- und Lahngebiet. Spekulanten, übelste Geschäftemacher, Finanzhyänen, alles Partisanen der Wirtschaft, wälzten sich aufgrund der ihnen gegebenen politischen Möglichkeiten national würdelos in der Gosse ihrer Lebensgewohnheiten. Glück und Sonnenschein der Bergarbeiter und ihrer Familien waren für sie Nebensache, und Ehrfurcht vor dem Lebensrecht dieser Menschen kennen sie nicht.

Das alles war nur möglich, weil man die Importschleusen der internationalen Energiemärkte öffnete – hohe Devisenüberschüsse gestatteten das ja – und eine überliberalisierte Politik betrieb, die kein anderes Land der Welt praktiziert.

Dieses große Maß an Schuld, meine Herren Minister, nimmt Ihnen niemand ab. Nie werden die Bergarbeiter diese Stunden politischen Versagens vergessen. [...]

Wenn auch zuletzt, aber doch nicht minder klar, wende ich mich nun an die Unternehmer in der deutschen Kohlenwirtschaft. Aus der von mir angesprochenen Reihenfolge wollen Sie bitte nicht eine Rangordnung der Schuldigen lesen.

Im Mai 1958 sind die Verträge über die Arbeitszeit, den Manteltarif und die Arbeitsordnung gekündigt worden. Unsere Forderungen sind Ihnen bekannt. [...]

Seit dem 1. Januar 1959 besteht ein tarifloser Zustand. Eine Schlichtungsvereinbarung liegt nicht vor, und wir sind vollkommen frei in unseren Entscheidungen. Das scheint einigen Herren im Kohlenbergbau an der Ruhr noch nicht bewusst und auch bei einigen politisch verantwortlichen Stellen noch nicht angekommen zu sein. Ein Teil ist der Meinung, dass Haldenbestände und Feierschichten genügende Sperrriegel wären, sich negativ zu den Forderungen der Industriegewerkschaft Bergbau zu verhalten.

Sie haben sich schon einmal geirrt, Sie, die an das tausendjährige Reich glaubten und sein Ende in Camps und Unfreiheit verlebten. Wir können nur warnen. Hass und Rache sind uns fremd, aber pausenloser Einsatz für die Bergarbeiter Aufgabe und Verpflichtung. Noch ist es an der Zeit, sich zu besinnen. [...]

Die neue Bergarbeiterbewegung hat aus der Geschichte wenn auch oftmals bittere Lehren gezogen. Sie kennt Herz und Pulsschlag und Kreislauf der Bergbauwirtschaft sehr genau. Wir werden uns, wenn es notwendig ist, für jede Teile der Bergbauwirtschaft interessieren, die genügend Sicherheit für den Erfolg verbürgen.

Schon bemühen sich höhere Vorgesetzte in den Betrieben, ihre fehlenden menschlichen Führungsqualitäten durch Drohungen gegenüber einzelnen Belegschaftsmitgliedern und Angestellten zu ersetzen. Die Betriebsatmosphäre ist teilweise schwer vergiftet. Gedingekürzungen und Lohndruck sind erkennbar. Manchem Persilscheinbesitzer können wir nur empfehlen, vorsichtiger zu sein. Das Archiv der IG-Bergbau ist umfangreich und ausgezeichnet geordnet.

Wer mitschuldig war am Opfergang der Nation von 1933 bis 1945, ihrem Leiden und Sterben, hat zunächst wiedergutzumachen, ehe er würdig ist, die Kommandobrücke der deutschen Wirtschaft zu betreten. [...] Hinzu kommen die Verdienste aus der Leistungssteigerung unserer Bergarbeiter. Wer gibt den Unternehmen das Recht, diese Mehrverdienste für sich allein in Anspruch zu nehmen? Mit rein privatkapitalistischen Methoden vergangener Zeiten und ihren angewandten bekannten Mitteln ist diese Krise nicht zu wenden.

Die Industriegewerkschaft Bergbau ist zur Mitarbeit an einer sinnvollen Rationalisierung immer bereit. Diese Bereitschaft findet jedoch dort ihre Grenzen, wo der Sozialstand der Menschen im Revier bedroht ist.

Der neue Staat und die neue Gesellschaft, wie wir sie bauen wollen, erfordern einen neuen Unternehmertyp, nicht den aus Nacht und Vergangenheit, welcher Krisen nur auf die Arbeitnehmer abwälzte, sondern wir brauchen einen sozial aufgeschlossenen Typ, dem gerechtes und menschliches Handeln immer Verpflichtung ist. Zunächst kommt der Mensch und dann die Interessen der Kapitalgruppen und Aktionäre. Wir arbeiten, um zu leben und leben nicht, um freudlos und in sozialer Unsicherheit zu arbeiten. Nur einen Staat, in dem wirtschaftliche Gleichberechtigung und soziale Gerechtigkeit herrschen, können wir aus vollem Herzen bejahen.

Unsere Forderung zur Schaffung einer neuen Gesellschaftsordnung und einer neuen Betriebsverfassung für den Bergbau haben wir in München der Öffentlichkeit unterbreitet.

8. Marsch nach Bonn – September 1959

»Wasserwerfer wurden nicht benötigt«, in: Westdeutsche Allgemeine Zeitung, Nr. 224 vom 28.9.1959. (Auszug)

DGB-Vorsitzender Willi Richter und IG-Bergbau-Chef Heinrich Gutermuth vorneweg, so setzte sich der schier endlose Schweigemarsch in Bewegung. Jeder Block einige Tausend Mann stark. An der Spitze jeweils einige Landknechtstrommeln, deren dumpfer Klang die Straßen der Stadt mehr als sechs Stunden lang erfüllte. Hinter jeder Trommlergruppe schwarze Fahnen. [...]

Der Wirkung dieses Stunde um Stunde dahinziehenden Schweigemarsches hat sich wohl kaum jemand entziehen können. Auch wer nur eine schemenhafte Vorstellung von dem hat, was den

Bergleuten an der Ruhr, im Aachener Revier und an der Saar seit Jahr und Tag Sorgen bereitet, musste beim Anblick dieser Zehntausende begreifen: Da stimmt etwas nicht, irgend etwas hat da nicht funktioniert, denn diese Männer ziehen hier nicht ohne Grund durch unsere Stadt. [...]

Die meisten der Bonner, die dem Zug der Bergleute eine Weile zusahen, um dann wieder ihren Besorgungen nachzugehen, blickten nachdenklich und schweigend auf die Szene. Nur wenige machten Bemerkungen des Unverständnisses und der Missbilligung: »Die haben ja noch immer mehr als wir.« – »Jeder einmal in Bonn, Fahrt und Verpflegung frei.« – »Du, da ist 'ne Ölpfütze!« So und ähnlich die Stimme des Bonner Volks. Als einer der Bonner zu bedenken gab: »Was das nur soll! Der Spaß kostet eine Million!«, meinte eine Frau beschwichtigend und allen Ernstes: »Lassen Sie die doch, das bezahlt ja alles die Arbeitsfront.«

Störenfriede hatten kein Glück an diesem Samstag. Omnibusse mit Störtrupps aus Mitteldeutschland, die der Polizei angekündigt worden waren, wurden weder unterwegs noch in Bonn gesichtet ... Viktor Agartz, der ehemalige »Chefideologe« des Deutschen Gewerkschaftsbundes, saß etwas betrübt und völlig unbeachtet in einer Gaststätte.

Die ganze Ausbeute der mehr als 1.000 Polizisten: drei Zettelverteiler, die vorübergehend festgenommen wurden. Einige Sonderkommandos der Polizei und die Besatzungen von sechs Wasserwerfern – alles für den Fall eines Falles bereitgestellt – vertrieben sich skatspielend, gähnend und zeitunglesend die Zeit. Das Urteil der Polizei über die Demonstrationsleitung: Generalstabsarbeit! [...]

Schlussbild auf dem Jahnplatz im Bonner Norden: Die letzten Teilnehmer haben ihre Marschverpflegung empfangen. Lautsprecher rufen ununterbrochen: »Bitte steigen Sie ein, Kollegen. Wir können auf Nachzügler nicht warten!« Über dem Platz liegt eine riesige Staubwolke, aufgewirbelt von den Rädern der endlosen Omnibusschlange. Aus den Bonner Elendsbaracken, die den Platz nach Köln zu begrenzen, kommen in Scharen Kinder und Halbwüchsige, um im Laufschritt die zu Hunderten herumliegenden Bierflaschen in Sicherheit zu bringen. Auch sie haben ihre Probleme, und zwanzig Pfennig Flaschenpfand sind zwanzig Pfennig.

9. Godesberger Programm[27] – Rezeption im Ruhrgebiet I (1959)

Protokoll der erweiterten Unterbezirksvorstandssitzung vom 24.9.1959, abgedruckt in: »Ein schwerer Kampf ist's, den wir wagen«. 125 Jahre Sozialdemokratische Partei in Duisburg, hg. im Auftrag der Sozialistischen Bildungsgemeinschaft Duisburg von Hartmut Pietsch/Horst Scherschel, Duisburg 1989, S. 199.

Genosse Brünen[28] kritisierte, dass eine gründliche Debatte bis zum Godesberger Parteitag nicht mehr möglich sei. Deshalb halte er einen Beschluss für verhängnisvoll, der den Entwurf zum

---

27 Grundsatzprogramm der Sozialdemokratischen Partei Deutschlands, das auf dem außerordentlichen Parteitag der SPD vom 13.–15.11.1959 in Bad Godesberg beschlossen wurde.
28 Eberhard Brünen (1906–1980), Landtags- und Bundestagsmitglied, gehörte einer kleinen Minderheit von Duisburger SPD-Funktionären an, die sich auch im September 1959 noch gegen das Godesberger Programm aussprach.

Programm mache. Die Debatte vor der Öffentlichkeit erinnere an einen Ausspruch Kurt Schumachers[29] vom Jahr 1945, der sagte, die Nazi-Herrschaft habe einen Typ Mensch hinterlassen, der nichts wisse, aber immer lauter dreinrede, wenn ihm nichts passiert.

Er hielt den Entwurf für unmöglich. Es sei keine wissenschaftliche Arbeit. Er hielt es für gefährlich und verhängnisvoll, dass auf eine Zeitanalyse verzichtet worden sei. Das sei aber nicht zufällig, sondern absichtlich geschehen.

Er vertrat die These, dass die Eigentumsverhältnisse an den Produktionsmitteln geändert werden müssten, da sie die Ursache für alle Erscheinungen im gesellschaftlichen Leben seien. Die Aufhebung des Privateigentums an den Produktionsmitteln würden erst Sozialismus und klassenlose Gesellschaft möglich machen. Der Entwurf enthalte starke Formulierungen, die vollkommen abweichen von allen bisherigen Programmen bis hin zur programmatischen Erklärung Kurt Schumachers.

Auch das Verhältnis zu den Kirchen, wie es im Programmentwurf fixiert sei, sei falsch. Die Kirchen im europäischen Raum seien im Wesen und der Lehre nach totalitär, deshalb müssen sie unduldsam sein. Auch die Stellung zur Landesverteidigung sei falsch. Angesichts der Teilung Deutschlands sei bei der Einschmelzung in die beiden Paktsysteme ein Angriff auf die Bundesrepublik und ihre Verteidigung mit den heutigen Waffen gleichbedeutend mit Ausrottung.

Er [...] wies auf das englische Wahlprogramm der Labour-Party hin, die Stahlindustrie und Großverkehr sofort verstaatlichen und dann überlegen wolle, was noch zu verstaatlichen sei. Insgesamt lehnte Genosse Brünen den Entwurf als eine Ungeheuerlichkeit ab.

10. Godesberger Programm – Rezeption im Ruhrgebiet II (1960)

Niederschrift über die Distriktsversammlung am 4.3.1960, Sterkrade-Nord, abgedruckt in: Claudia Bruch, Sozialdemokratische Partei Deutschlands in Oberhausen, 1945–1988. Ein historischer Überblick, Oberhausen 1988, S. 60. (Auszug)

Referat des Gen. Henning »Das Gesicht unserer Zeit.«

In den Mittelpunkt seines Vortrags stellte der Referent die Thesen: Wirtschaftswunder, Kirchliche Kräfte, Der gegenwärtige Staat, Die Menschen in diesem Staat.

Zu 1. Wirtschaftswunder

Ausgehend vom Godesberger Grundsatzprogramm der Partei, das gerade in unseren Reihen sehr viel Unruhe hervorgerufen habe. Wo aber liegen die Gründe?

---

29 Kurt Schumacher (1895–1952), seit 1918 SPD-Mitglied, zog 1930 für seine Partei in den Reichstag ein. Wegen seiner scharfen Kritik am Nationalsozialismus wurde er nach dem SPD-Verbot im Juli 1933 verhaftet und in mehrere Konzentrationslager verschleppt. Nach dem Krieg begann Schumacher als Parteivorsitzender (1946–1952) mit dem Wiederaufbau der SPD. Zu den wichtigsten politischen Erfolgen des Oppositionsführers der Regierung Adenauer gehörte die Durchsetzung der Montanmitbestimmung.

1945 brach der Staat zusammen und damit das Staatsleben überhaupt. Heute stellen wir fest, dass sich nach 15 Jahren große Veränderungen im politischen Leben vollzogen haben. Am 20. Juni 48[30] waren wir alle gleich arm, und was ist bis heute daraus geworden?

Heute besteht eine wirtschaftliche Macht, die es zuvor noch nie gegeben hat, denn 15 Jahre sind noch keine Zeitepoche. Wohl war der Wiederaufbau eminent unbestreitbar groß. Frage: Ist dieser Wiederaufbau krisenfest? Nun, kapitalistische Staaten haben durchweg einen ansprechenden Lebensstandard; der Staatskapitalismus im Osten hat lediglich die Lebensweise seiner Völker verbessert, aber auch nicht mehr.

Eine Wirtschaftskrise können wir uns nicht leisten, vor allem nicht als Partei. Denn in einer Krisenzeit kommt kein Mensch mehr zu uns. Ein Beispiel dafür sind die Jahre 1928/33. Auch die Kapitalisten haben aus der Zeit ihre Lehre gezogen. Ja, der Kapitalismus vermeidet daher Krisen, und zwar unter ständig schleichender Geldentwertung. Dabei geht ihm der Mittelstand mit dem goldenen Boden verloren.

Nur wenn unsere Parteiarbeit rege und lebendig bleibt, haben wir die Chance, einmal an die Macht zu kommen.

Zu 2. Kirchliche Kräfte

Die SPD stand früher gegen die Kirche. Viele ihrer Anhänger sind daher aus der Kirche ausgetreten. Heute aber sei die Austrittsbewegung zum Stehen gekommen. Der Einfluss der Kirche geschehe nicht aus ideellen Gedanken, sondern aus organisatorischen Gründen. Weil nun aber die Kirche eine gesellschaftliche Macht sei, muss die SPD versuchen, in diese Macht einzudringen. Denn im Gegensatz zu der kirchlichen Macht steht der sozialistische Gedanke:

»Der Mensch ist gut.«

Zu 3. Unser gegenwärtiger Staat

[...] Dieser Staat ist seit elf Jahren in den Händen der CDU. Sie habe heute alle Stellen in der Verwaltung in eigener Hand. Es bestehe daher die Gefahr, dass auf demokratischem Weg ein Parteienstaat entstehen könne.

Darum müssen wir Sozialdemokraten die Türen der heutigen Regierung aufbrechen. Dieses Vorhaben sei aber nur möglich, wenn wir bei der nächsten Bundestagswahl unser gestecktes Ziel, die Macht in die Hand zu nehmen, erreichen. [...]

Damit schloss Gen. Max Henning seine Ausführungen, die bei der Versammlung einhelligen Beifall fanden.

---

30 Hier wird auf die Währungsreform angespielt, die am 20.6.1948 in den drei Westzonen durchgeführt wurde. An diesem Tag wurde die Reichsmark als Zahlungsmittel von der Deutschen Mark abgelöst.

11. Klage eines Funktionärs (1961)

J.B., Der Gewerkschaftsfunktionär, in: Einheit 14 (1961), Ausgabe 7, S. 3.

Der Gewerkschaftsfunktionär

1 Selten nur hat er das Glück
und weilt ungestört zu Hause.
Von Besprechung zur Versammlung
hetzt er täglich – ohne Pause.
Als ob er auf alle Fragen
Antwort wüsste …
Als ob er den Lauf der Dinge
ändern müsste …
Als ob er auf seinen Schultern
könnte Atlaslasten tragen …
Als ob jeder Unzufriedne
müsste ihm »die Meinung sagen« …
Und so hat er selten Glück
und weilt ungestört zu Hause.
Von Besprechung zur Versammlung
hetzt er täglich – ohne Pause.

2 Heute hab' ich ihn gesehn
hinterm Rednerpulte stehn.
Rot vom Tabakrauch die Lider,
blickt er auf die Menge nieder.
Zur Debatte stand der Lohn.
Und ein jeder wusste schon:
Arbeitgeber bleiben hart,
denn im Bergbau wird gespart.
Trotzdem gingen immer wieder
böse Worte auf ihn nieder,
der schon müde, abgespannt,
hinter seinem Pulte stand,
dem die Stimme heiser schon:
denn es ging ja um den Lohn!

3 Spät zu mitternächt'ger Stunde
kommt todmüde er nach Hause.
Kurze Ruhe; denn schon morgen
geht es weiter – ohne Pause.
Als ob er auf seinen Schultern
könnte Atlaslasten tragen …
Doch er liebt sein hartes Leben,
und er würd' es jedem sagen:
Niemals wär' er Funktionär,
wenn er nicht ein Kämpfer wär!

12. Luftverschmutzung im Ruhrgebiet II (1963)

Flugblatt der Interessengemeinschaft gegen Luftverschmutzungsschäden durch Luftverunreiniger, Essen-Dellwig e.V., o. J. [ca. 1963].[31] Landesarchiv NRW Abt. Rheinland, NW 66 Nr. 352, Bl. 102.

»Das geht uns alle an!
Bürger wehrt euch!

Wer Dreck macht, muss ihn auch beseitigen! Wer mit seiner Produktion Milliardenumsätze erzielt und dabei Dreck verursacht, muss auch Millionen aufbringen, um die Menschen vor Schäden, die dadurch entstehen, zu schützen!

---

31 Für die Überlassung dieser Quelle danke ich Frank Uekötter.

75.000 Güterwagen Ruß, Staub und Asche fallen jährlich auf das Ruhrgebiet. Zwei Drittel des lebensnotwendigen Sonnenlichts werden dadurch zurückgehalten. Millionen Kubikmeter des gefährlichen Schwefeldioxydgases verpesten die Luft und bedeuten auf die Dauer langsames Ersticken! Schon heute zeichnen sich nachweisbare *Gesundheitsschäden* ab:

- *Wachstumsverzögerung,* einschließlich Zahnentwicklungsstörungen bei Industriekindern. Erste Todesfälle von Säuglingen unter der Dunstglocke wurden bereits gemeldet.
- *Die Rachitis* ist im Industriegebiet doppelt so stark wie in ländlichen Gegenden.
- *Lungenkrankheiten* treten immer mehr in den Vordergrund, wie Atemnotzustände und Bronchitis (Ruhrschnupfen und Ruhrhusten). Der Tod an diesen Erkrankungen ist in den Industriestädten doppelt so häufig wie auf dem Land.
- *Der Lungenkrebs* hat in erschreckendem Maße zugenommen. In den Zentren der Schmutzberieselung bei 50 von 100.000 Einwohnern. Im Bundesdurchschnitt dagegen bei 29 von 100.000 Einwohnern.
- *Herz- und Kreislaufschäden* nehmen zu. Herzinfarkte sind in Industriegroßstädten doppelt so hoch.
- *Bindehautkatarrhe und Augenverletzungen* treten immer häufiger auf.
- *Hauterkrankungen* greifen um sich. Allergosen gegen Rußbestandteile der Luft zeitigen die verschiedensten Wirkungen.
- *Das Blutbild* ist in staubreichen Gebieten deutlich schlechter als außerhalb.
- *Leistungsabfall der Ruhrkinder* und *allgemeine körperliche Missempfindungen* der Industriemenschen machen den Ärzten in diesen Gebieten immer mehr zu schaffen!

Unser Leben ist dadurch in Gefahr!
Wer hilft uns?« […]

- *Die Gesetze,* die 1959 und 1962 in Kraft getreten sind,[32] reichen nicht aus und weisen Lücken auf. Ihre Durchführung wird nach Aussagen der Regierung mindestens zehn Jahre benötigen.

Wir sind der Ansicht:
Bis dahin sind wir erstickt! Was sollen die ewigen Staubmessungen, wenn man den Dreck riechen, sehen und schmecken kann.

Es muss sofort gehandelt werden!
- *Die Industrie* hat nur teilweise guten Willen, weiß von diesen Dingen und wird immer wieder Gründe finden, um sich an entscheidenden Maßnahmen herumzudrücken.
- *Wir meinen:* Die Industrie soll endlich ihre Gewinne dazu benutzen, statt weiterhin zu investieren, unser Leben zu schützen, indem sie endlich Filter einbaut und sie auch benutzt!

---

32 Gemeint ist hier vor allem das nordrhein-westfälische Immissionsschutzgesetz vom 10.4.1962, das erste Immissionsschutzgesetz der Bundesrepublik (vgl. Einleitung).

Die Gesundheit des Menschen muss an erster Stelle stehen!

- *Die Gewerbeaufsicht* als wichtigste Instanz ist mit Aufgaben überhäuft und kann gegen die Schmutzerzeuger nichts unternehmen, weil klärende Durchführungsbestimmungen zwar erlassen, aber die technischen Anleitungen noch immer auf sich warten lassen.

Somit wird sich auf lange Zeit nichts ändern an der Dunstglocke des Industriegebietes!
Wir fordern
von unseren gewählten Regierungsvertretern:
1. Macht Schluss mit weiteren Versprechungen, wir wollen endlich Taten sehen!
2. Verschärfte Durchführungsbestimmungen und Strafen, damit die Aufsichtsämter mit Erfolg einschreiten können!

Denn wir wollen nicht ersticken!

Darum, Bürger, wehrt Euch, die Luftverpestung bedroht Euer Leben! Schließt Euch der ›Interessengemeinschaft gegen Luftverschmutzungsschäden‹ Essen-Dellwig an! Sie kämpft für die Reinhaltung der Luft und damit für die Gesundheit der Menschen, die unter der Luftverpestung zu leiden haben.

13. Auswirkungen des Strukturwandels (1972)

Max von der Grün, Am Tresen gehen die Lichter aus (1972), aus: Max von der Grün, Ein Bild von Eintracht und Verlorenheit, Gesammelte Erzählungen, Werkausgabe Band IX, Pendragon Bielefeld 2010.

Die Gemeinde hat Sorgen. Die Zeche, der achtzig Jahre lang alleinige Steuerbringer, stirbt. Die Zeche aber brachte nicht nur Steuern, sie gab auch freiwillig Zuwendungen für Kindergärten, Schulen und Kirchen. Sie lieferte den Koks an die Schulen für das ganze Jahr, gemessen an den Handelspreisen fast umsonst. [...]

In meiner Siedlung beginnt das große Rechnen, denn der Arbeitsplatzwechsel und der damit verbundene Ortswechsel bringt nicht nur einen neuen Rhythmus in das Leben der Familie; wer von der Zeche geht, wird bald gewahr, dass er außer der billigen Wohnung noch mehr aufs Spiel gesetzt hat. Da sind einmal die hundert Zentner Deputatkohlen, wie es heißt, die durch alle Preiserhöhungen seit Kriegsende für den Kumpel immer gleich blieben: 44 Pfennig pro Zentner, dazu der Fuhrlohn, fünf Mark für die Tonne. Auch die zwei Fuhren Holz pro Jahr entfallen, und plötzlich erschrickt man, denn nun weiß man endlich, wie viel Geld von der Haushaltskasse für Brennstoff und dergleichen abgezweigt werden muss. Auf der Zeche konnte man auch sonst allerlei billig erwerben, etwa alte Rohre für Gartenpfosten; die Zeche lieferte im Herbst verbilligte Einkellerungskartoffeln und Torfmull für den Garten, sie finanzierte Urlaubsreisen bis nach Bayern oder an die Nordsee, der Kumpel brauchte nur 40 Mark für drei Wochen zu bezahlen. Das alles fällt weg, das alles kommt als neue finanzielle Belastung hinzu, und die Wohnung selbst kostet nicht mehr 45 Mark wie bisher: Wird sie gekündigt, kostet sie nicht selten gleich das Drei- und Vierfache. [...]

Die Frauen aber stöhnen, nicht weil sie das Rechnen lernen mussten, sondern über ihre Männer. Als die Männer noch auf der Zeche waren, hatten sie Schichtarbeit, sie waren in die Lage versetzt, immer einen halben Tag über ihre Zeit zu verfügen. Jetzt, im neuen Betrieb, sind sie den ganzen Tag von zu Hause weg, mit dem Weg, von und zur Arbeitsstelle oft zehn bis zwölf Stunden. Die Frauen sind allein. Manche, deren Kinder ein Alter erreicht haben, in dem sie schon allein bleiben können, haben Arbeit angenommen in den zu Fertigungsstätten umgebauten Wirtshaussälen. Morgens fährt ein großer Bus in eine Kettenfabrik ins nahe Sauerland, voll mit Mädchen und Frauen. Im Sommer findet man nichts dabei, aber im Winter, da ist es erbarmungswürdig. [...]

Nein, es wird sich nicht, wie so viele meinen, alles von selbst regeln, wenn die Agonie der Zeche zu einem Ende kommt. Es kann eintreten, was schon in vielen Industriedörfern im Ruhrgebiet schreckliche Wirklichkeit geworden ist: Einst wohlhabende Industriegemeinden sind Kinder- und Rentenwohnstätten geworden. Und in diesen Siedlungen erzählen alte Männer den Kindern Märchen. Es sind Märchen der letzten 60 bis 100 Jahre:

Da kam einmal ein Mann, der zeigte auf eine Stelle, dann kamen immer mehr Leute und teuften einen Schacht ab, und nach Jahren förderten sie aus dem Schacht Kohlen, und um den Schacht bauten sie Häuser für die Männer, die unter den Häusern das schwarze Zeug brachen. Und dann brauchten sie das schwarze Zeug nicht mehr, und auch nicht mehr die Männer. Deshalb mussten die Männer sich anderswo Arbeit suchen, damit die Kinder leben konnten, und jetzt fahren Eure Väter in eine andere Stadt, und Ihr seid mit uns alten Leuten allein. Es ist still geworden. Auch Euer Kindergeschrei wird diese Stille nicht durchbrechen.

14. »Wilder Streik« im Februar 1973 bei Hoesch in Dortmund – Vorwurf der »Mitbestimmungskumpanei«

Spontane Streiks 1973. Krise der Gewerkschaftspolitik, hg. vom Redaktionskollektiv »express«. Zeitung für sozialistische Betriebs- und Gewerkschaftsarbeit, Offenbach 1974, S. 56–61. (Auszug)

Der Streik begann am Donnerstag, 8. Februar um 4 Uhr in der Feineisenstraße, in der vornehmlich Kollegen der niedrigeren Lohngruppen arbeiteten, die insgesamt nichts bekommen hätten. Dieser Streik breitete sich bis um 8 Uhr auf die gesamte Westfalenhütte und die beiden Werke Phönix und Union aus. Die Kollegen forderten die restlichen Pfennig[e] nach, die dem Tarifkompromiss geopfert worden waren. Die ursprüngliche Forderung von 60 Pfennig war von ihnen immer als Mindestforderung verstanden worden.

Während des Streiks in der Westfalenhütte hatten die Streikenden eine alte Fahrradhalle mit Lautsprecheranlagen zur Verfügung, in der sie sich versammelten. D[ie] kritische[n] Punkt[e] des Streiks waren jeweils die Schichtwechsel. Die Streikenden saßen in Arbeitskleidung in dem Saal, der gleichzeitig Kommunikations- und Koordinationszentrum war und gingen vor Schichtwechsel in den Waschraum, um die Kollegen der nachfolgenden Schicht zu informieren.

Bereits am Donnerstag und Freitagabend waren Mitglieder des Zweigbüros der IG Metall in Dortmund bei den Streikenden anwesend. Sie haben sich aber im Hintergrund gehalten. Es hat keine Stellungnahme der IG Metall gegeben. Erst am Samstag wird ein Rundfunkinterview von Eugen Loderer[33] bekannt, in dem er sich von dem Streik distanziert. Dieses war mit Sicherheit ein erster Schritt zur Demoralisierung der Streikenden. Am Samstag marschiert ein Zug der Westfalenhütte mit ca. 200 Kollegen zum Werk Union, das bereits die Arbeit wieder aufgenommen hatte. Die Streikenden der Westfalenhütte werden dort zum Teil von ihren eigenen Kollegen angegriffen, weil diese nicht mehr streikbereit sind. [...]

Die Vertrauenskörperleitung der Westfalenhütte beschließt, den Streik abzubrechen, um dem Betriebsrat die Verhandlungsmöglichkeit zu geben, und um nicht alleine diesen Streik weiterzuführen. [...] Erreicht wurde lediglich eine allgemeine Zulage von fünf Pfg. Die Streikzeit wurde nicht bezahlt. [...]

Bereits am Freitag, 16. Februar, schlägt die Unternehmensleitung zurück. Sie teilt dem Betriebsrat die fristlose Kündigung von acht Belegschaftsmitgliedern mit, unter ihnen zwei Betriebsratsmitglieder. [...]

Am Montagmorgen findet eine Sitzung der Vertrauensleuteleitung Westfalenhütte statt, die beschließt, eine Vertrauensleutevollversammlung für Dienstag, 20. Februar, einzuberufen und anschließend eine Betriebsversammlung für Dienstagmittag zu beantragen. Die Vertrauensleutevollversammlung kann auf Einspruch des Arbeitsdirektors nicht während der Arbeitszeit und nicht im Werk, wie traditionell immer gehandhabt, durchgeführt werden. Sie findet am Dienstagnachmittag nach der Arbeitszeit, außerhalb des Werks, statt. Bei dieser Vertrauensleutevollversammlung sind von 589 gewählten Vertrauensleuten ca. 500 Vertrauensleute anwesend. Die Versammlung dauert vier Stunden. Zur Diskussion sprechen 45 Kolleginnen und Kollegen. Gefordert wird der Rücktritt des Arbeitsdirektors und – als Ausdruck der Solidarität mit den entlassenen Kollegen – der Rücktritt des Betriebsrats. Beschlossen wird ein Schreiben an alle Vertrauenskörper und Betriebsräte der IG Metall mit der Aufforderung zur Solidarität, und eine öffentliche Solidaritätskundgebung, die am Sonntag, 24. Februar, stattfinden soll.

Der Wunsch des Vertrauenskörpers auf eine Betriebsversammlung am Dienstag wird vom Betriebsrat nicht mit Nachdruck verfolgt. Die Unternehmensleitung überredet den Betriebsrat mit fadenscheinigen Gründen, die Betriebsversammlung erst am Donnerstag, 22. Februar, außerhalb des Betriebs und außerhalb der Arbeitszeit abzuhalten. Dort erklärt IG Metall-Vorstandsmitglied Rudolf Judith vor der Belegschaft der Dortmunder Westfalenhütte, er und sein Vorstandskollege Heinz Troche (gleichzeitig stellvertretender Aufsichtsratsvorsitzender der Hoesch AG) hätten trotz »erheblicher Bedenken« schließlich »aus übergeordneten Gründen« den Hoesch-Vorstand »gebeten«, die gegen acht Belegschaftsmitglieder ausgesprochenen Kündigungen wegen Beteiligung an der spontanen Arbeitsniederlegung zurückzunehmen. Dem entspricht die Unternehmensleitung schließlich auch, nachdem eine breite Welle der Solidarität mit den entlassenen Hoesch-Arbeitern gezeigt hat, dass solche Maßnahmen die Unruhe nur verschärfen würden. [...]

---

33 Eugen Loderer (1920–1995) war von 1972 bis 1983 Vorsitzender der IG Metall.

Bereits nachdem die Kündigungen bekannt geworden waren, bestand die erste Reaktion von Rudolf Judith darin, vorsorglich erst einmal die Position der Unternehmensleitung zu übernehmen. [...] Das gemeinsame Interesse von Unternehmensleitung und Gewerkschaftsvorstand an der Disziplinierung der Kollegen bei Hoesch macht Judith unmissverständlich deutlich, als er die Maßnahmen des Konzernvorstands mit den Worten begrüßt: »Der Schuss vor den Bug hat ja gewirkt.« Den Gipfel der Diffamierung der Kollegen erreicht Judith aber schließlich, als er auf der Belegschaftsversammlung endlich mit seinen »übergeordneten Gründen« herausrückt: 1. Der Gewerkschaftsvorstand will die gekündigten Kollegen nicht zu Märtyrern machen. 2. Der Gewerkschaftsvorstand will die qualifizierte Mitbestimmung vor Schaden bewahren. 3. Der Gewerkschaftsvorstand will verhindern, dass die Kollegen, die (angeblich) zugunsten des Hoesch-Vorstands gegen die gekündigten Kollegen aussagen wollen (auf Deutsch heißt das wohl: die diese Kollegen denunzieren wollen), später im Betrieb Spießruten laufen müssen.

Mitbestimmungskumpanei

Was bei diesen Vorgängen und Aussprüchen sichtbar wird, reicht in seiner Bedeutung weiter über die aktuellen Vorgänge bei Hoesch hinaus. Deutlich wird hier die Verfilzung der Interessen von Gewerkschaftsführung und Konzernvorständen im Rahmen einer Mitbestimmung, die längst nicht mehr das Interesse der Arbeiter und Angestellten im Auge hat, sondern die Eingliederung der Gewerkschaftspolitik in die langfristige Planung der Konzerne. Wo dieser Prozess durch die davon betroffenen Kolleginnen und Kollegen gestört wird, wie im Fall Hoesch, wendet sich die geballte Macht von Konzern- und Gewerkschaftsvorstand gegen diejenigen, die aufbegehren. Die Gewerkschaftsvorstände verweigern ihren Mitgliedern die primitivsten Schutzfunktionen, aus denen Gewerkschaften einmal entstanden sind, und machen sich zum Komplizen der Unternehmensleitung.

15. Gewerkschaftsopposition im Betriebsrat bei Opel (1973)
Heinz Michaels, Die Chaoten von Bochum, in: Die Zeit, Nr. 35 vom 24.8.1973.

An den Fließbändern der Opel-Werke in Bochum zirkulieren seit einiger Zeit Unterschriftenlisten, mit denen drei Betriebsräte sich selbst und ihre 36 Betriebsratskollegen absetzen möchten, in der Hoffnung, dann selbst die Macht übernehmen zu können.

Die Handhabe hierzu bietet ihnen das Betriebsverfassungsgesetz, wonach ein Viertel der wahlberechtigten Arbeitnehmer beim Arbeitsgericht Auflösung des Betriebsrats beantragen kann. Dass dem Betriebsrat eine »grobe Verletzung seiner gesetzlichen Pflichten« nachgewiesen werden muss, ficht die Agitatoren dabei kaum an. Ihnen geht es allein um die Propagandawirkung eines möglichen Coups.

Die Unterschriftenaktion ist der vorläufige Höhepunkt einer Auseinandersetzung, die die Mehrheit des Betriebsrats seit Monaten mit der »Basisgruppe Opel«[34] austrägt und die sich zu einem Lehrstück für Arbeitsweise und Taktik »roter Zellen« in den Betrieben entwickelt.

Angefangen hat es damit, dass sich vor etwa drei Jahren der Religionslehrer Wolfgang Schaumberg und der Volksschullehrer Klaus Schmidt bei den Opel-Werken als Hilfsarbeiter verdingten. Statt in der Schule die Kinder zu indoktrinieren, wollten sie nun über den Betrieb die Welt verändern. Sie verhehlten nicht, dass sie Kommunisten sind, auch ihre Verbindung zur »Basis-Gruppe Opel« der KPD/ML wurde bald offenbar.

Günter Perschke, der Betriebsratsvorsitzende in den Bochumer Opel-Werken, meint allerdings, dass die Saat für die heutige Entwicklung schon früher Anfang der sechziger Jahre gelegt wurde. Als die Stadt Bochum das Gelände der stillgelegten Zeche Mansfeld an die Adam Opel AG verkaufte, bemühten sich die Stadtväter gleichzeitig um die Ruhr-Universität. Fast Tür an Tür wurden neben der Automobilfabrik die Betonklötze der neuen Universität aus dem Boden gestampft.

Hier wuchsen dann, so Perschke, die geistigen Urheber der Auseinandersetzung heran. »Die Studentenunruhen der sechziger Jahre wirkten sich natürlich auf die Nachbarschaft aus.« Aus einer der linksradikalen Studentengruppen bildete sich jedenfalls die »Basis-Gruppe Opel«, die schließlich bei der KPD/ML landete, jener Gruppe, deren Mitglieder von Bundeskanzler Brandt nach dem Bonner Rathaussturm[35] als »Chaoten« klassifiziert wurden und die den sowjetischen Parteichef Breschnjew bei seinem geplanten Besuch in Dortmund mit einer Protestdemonstration empfangen wollten.

In den Betrieben richtet sich die Agitation der Chaoten in erster Linie gegen Gewerkschaftsfunktionäre und Betriebsräte, um den »revisionistischen Bonzen die Maske von der Arbeiterfratze zu reißen«. Als »Revolutionäre Gewerkschaftsopposition« versuchen sie, Basis und Gewerkschaftsführung auseinanderzubringen.

Bei den Opel-Werken schafften es die Chaoten jedenfalls, die Betriebsratswahlen im Frühjahr des letzten Jahres chaotisch zu gestalten. Der Kandidatenliste der IG Metall stellten die

---

34 Im Gefolge der 1968er-Studentenbewegung gründete sich in einigen Betrieben, so auch bei Opel 1972, eine »Gruppe oppositioneller Gewerkschafter« (GoG). Ziel dieser nicht ausschließlich von Betriebsräten getragenen Gruppe war es, eine alternative basisgewerkschaftliche Praxis zur IG Metall im Betrieb zu entwickeln. Die Metallarbeitergewerkschaft schloss daraufhin die GoG-Mitglieder aus. Nach der Hochzeit in den politisierten 1970er Jahren, als die Gruppe eine Frauen-Selbstorganisation aufbauen konnte, verlor die GoG in den 1980er Jahren nach dem Austritt einiger Aktivisten an Einfluss. Nach der Namensänderung der Gruppe in »Gegenwehr ohne Grenzen« erfolgte in den 1990er Jahren die Wiederaufnahme ihrer Mitglieder in die IG Metall. Zur Selbstdarstellung der Gewerkschaftsopposition bei Opel vgl. Jochen Gester/Willi Hajek (Hg.), Sechs Tage der Selbstermächtigung. Der Streik bei Opel in Bochum Oktober 2004, Berlin 2005.
35 Hierbei handelt es um eine Anti-Vietnam-Demonstration linker Gruppierungen in Bonn im Februar 1973, bei der einige Demonstranten in das Bonner Rathaus eindrangen und auf dem Dach rote Fahnen hissten.

akademischen Hilfsarbeiter Schaumberg und Schmidt eine »Liste der oppositionellen Gewerkschaftsgruppe« entgegen. Daraufhin fanden sich noch andere Dissidenten-Gruppen zusammen und stellten eigene Listen auf, sodass dem Wahlvorstand schließlich elf Kandidatenlisten vorlagen. 40 »Verfahren zur Feststellung von gewerkschaftsschädigendem Verhalten« gegen Mitglieder, die gegen die IG-Metall-Liste kandidierten, waren die Folge.

Bei den Betriebsratswahlen konnte die IG Metall dann zwar 28 der 39 Betriebsratssitze für sich gewinnen, doch auf Anhieb erhielten die Chaoten fast 2.000 Stimmen und konnten damit fünf Vertreter in den Betriebsrat senden. Eineinhalb Jahre intensive Propaganda hatten sich ausgezahlt.

Dafür, dass sich die Opel-Belegschaft als so anfällig erwies, gibt es mancherlei Erklärungen. Vor allem fehlt dem jungen Werk eine Stammbelegschaft qualifizierter Facharbeiter, die sich in anderen Betrieben als stabilisierendes Element gegen Radikalisierung erweist.

Als die Stadtväter das Autowerk nach Bochum holten, sollten sie Arbeitsplätze für die arbeitslos werdenden Kumpel schaffen. Doch die an selbstständiges Arbeiten gewöhnten Bergarbeiter konnten sich nur schwer umstellen; die Monotonie der Fließbandarbeit machte sie unzufrieden mit ihrem neuen Job. Angelernte Arbeiter aus vielen Berufen kamen hinzu. Und seit einigen Jahren werken auch etwa zweieinhalbtausend ausländische Arbeiter, zumeist Spanier, an den Fließbändern. Für die Agitation erwies sich diese heterogene Zusammensetzung als ein geeigneter Nährboden.

Einmal im Betriebsrat, machte sich die rote Zelle daran, dieses Gremium von innen heraus aus den Angeln zu heben. Ihre Mitglieder stellen Anträge, die zwar utopisch waren, ihnen aber Material für die Agitation bei der Belegschaft gaben. Betriebsversammlungen ziehen sich über acht Stunden hin, weil sich die Chaoten und ihr Anhang lange Redeschlachten mit der Betriebsratsmehrheit liefern.

Günter Perschke: »Es ist natürlich einfach, im Betriebsrat eine Lohnerhöhung von 1,50 Mark zu beantragen und sich dann, wenn man natürlich überstimmt worden ist, vor die Belegschaft hinzustellen und zu sagen: Die haben mich behandelt wie einen Irren.« [...]

Da hilft es wenig, dass der Beirat der IG Metall am 16. April dieses Jahres die »Revolutionäre Gewerkschaftsopposition« zu einer »gegnerischen Organisation« erklärt hat wie Jahre zuvor schon die rechtsradikale NPD. Nach der Satzung ist die Zugehörigkeit zu einer solchen gegnerischen Organisation unvereinbar mit der Mitgliedschaft in der IG Metall. Doch die Zugehörigkeit zu einem Betriebsrat wird von dieser klaren Abgrenzung gegenüber den Radikalen nicht betroffen.

Günter Perschke kann also nur darauf hoffen, dass die 726 gewerkschaftlichen Vertrauensleute in den Bochumer Opel-Werken die Politik der IG Metall nachdrücklich vertreten und der roten Agitation entgegenwirken können. Gegenüber den pädagogisch ausgebildeten und in der Rhetorik überlegenen Anführern der Chaoten ist das keine leichte Aufgabe.

»Der Betriebsrat«, so resümiert der Vorsitzende weiter für sich selbst, »muss aus der Isolierung herauskommen, in die er geraten ist, weil die vielfältigen Aufgaben nach dem neuen Betriebsverfassungsgesetz seine Arbeit immer mehr verbürokratisiert haben.« Denn für viele

Arbeiter ist heute der Betriebsratsflügel im Gebäude der Personalverwaltung, wo rund 60 Menschen mit der Verwaltung der betrieblichen Mitbestimmung beschäftigt sind, auch nur ein Teil von »denen da oben«.

16. Mitbestimmung ist »scheinsozial« (1975).

Wolfgang Frickhöffer, 1. Geschäftsführer der Aktionsgemeinschaft Soziale Marktwirtschaft (Heidelberg)[36] an Adolf Schmidt,[37] Vorsitzender der IGBE, vom 23.1.1975. Archiv für soziale Bewegungen Bochum, IGBE-Archiv Nr. 14703.

Sehr geehrter Herr Schmidt,

die Mitbestimmung ist zwar eine Reform, die (scheinbar) kein Geld kostet, und sie ist eine der wenigen Reformen, die nach sonstigen Abstrichen nun noch übrig geblieben ist. Wir verstehen, dass die Koalition[38] sich daher umso mehr an die Mitbestimmung klammert. Dennoch darf sie nicht kommen, denn sie ist ordnungspolitisch gefährlich wie kaum ein anderes Vorhaben.

Die Mitbestimmung wäre in Wahrheit eine sehr teure Reform, sie kostet Leistung, Wettbewerb, Beweglichkeit und Marktbedienung, wodurch die Arbeitnehmer in ihrer Verbrauchereigenschaft schwer geschädigt werden. Außerdem ist die Mitbestimmung keine Reform, sondern ein Rückschritt. Ein Rückschritt in ständestaatliche Erstarrung, in mehr Machtbildung als bisher, in frühere Stadien geringerer Beweglichkeit, geringerer Differenzierung und Arbeitsteilung.

Die Mitbestimmung fördert die von allen politischen Kräften beklagte Konzentration bis zur Monopolisierung – weil sie die Unternehmensmacht und die Anbieterseite auf Kosten der Abnehmerseite stärk[en], und weil sie (auch bei Aufgabe des Wahlmännersystems)[39] die Macht der Gewerkschaften ausbaut, die in sich weit einheitlicher sind als die Unternehmerschaft mit ihren erheblichen inneren Interessengegensätzen und ihrem von der Wirtschaftspolitik und der Marktdynamik bisher (ohne Mitbestimmung!) erzwungenen Wettbewerb.

Selbst wenn Mitbestimmung die einzige »Reform« bliebe, die man jetzt noch vorweisen kann (was nicht einmal zutrifft) – sie wäre ein ganz besonders schädlicher Schritt, den wir uns gerade in der jetzigen Lage mit ihren gewaltigen Flexibilitäts-Erfordernissen nicht leisten

---

36 Die Aktionsgemeinschaft Soziale Marktwirtschaft e. V. (ASM) wurde 1953 als eine überparteiliche Vereinigung von Wissenschaftlern, Unternehmern, Verbänden und Privatpersonen gegründet. Ihr Ziel war und ist – nach Eigenangabe –, die Soziale Marktwirtschaft als »freie und humane Wirtschafts- und Gesellschaftsordnung zu verwirklichen.« <www.asm-ev.de/ueber-uns.htm> (zuletzt gesehen am 6.3.2010).
37 Adolf Schmidt (Jg. 1925), SPD-Mitglied, war von 1969 bis 1985 Vorsitzender der IG Bergbau und Energie. Zudem gehörte er von 1972 bis 1986 dem Deutschen Bundestag an.
38 SPD-FDP Koalition unter Kanzler Helmut Schmidt.
39 Für das Mitbestimmungsgesetz vom 4.5.1976 wurde das Wahlmännersystem nicht aufgegeben. Der Gesetzestext besagt, dass die Wahl der Arbeitnehmervertreter im Aufsichtsrat bei Betrieben mit mehr als 8.000 Arbeitnehmern, sofern nicht per Urabstimmung eine Direktwahl beschlossen wird, durch Delegierte, sogenannte Wahlmänner, erfolgt.

können. Diese Lage, auf deren Ernst von allen politischen Seiten hingewiesen wird, gebietet zumindest eine Besinnungspause in der seit Jahren geschürten »Mitbestimmungs«-Emotion.

Dass die Mitbestimmung in allen drei Parteien[40] Befürworter hat, beweist keineswegs, dass sie eine richtige, gar eine soziale Sache sei. In Wahrheit ist sie nur scheinsozial. Niemand, der von ihr jetzt abrückt, braucht sich den politischen Vorwurf machen zu lassen, er handele unsozial und vernachlässige Arbeitnehmerinteressen. Im Gegenteil handelt er weit sozialer, worauf wir auch auf der Rückseite hinweisen.

17. Kontroverse in der SPD Oberhausen: Vorrang von Arbeitsplätzen oder Umweltschutz? (1977)

»Es ging um Arbeitsplätze und Umweltschutz. Kontroverse auf dem Parteitag: Luise Albertz und Erich Meinike greifen sich in harter Form an«, in: Neue Ruhr-Zeitung vom 4.7.1977.

Ob Umweltschutz und die Erhaltung oder Schaffung von Arbeitsplätzen miteinander vereinbar sind, beschäftigte die Oberhausener SPD auf ihrem Unterbezirksparteitag am Freitagabend im Mittelsaal der Stadthalle. Die Diskussion der Delegierten gipfelte schließlich in einer scharfen Kontroverse zwischen Oberbürgermeisterin Luise Albertz[41] und MdB Erich Meinike.[42] Der Bundestagsabgeordnete hatte daran Anstoß genommen, dass Luise Albertz in einem Brief an Bundeskanzler Helmut Schmidt eine Novellierung der Umweltschutzbestimmungen im Zusammenhang mit dem Bau von Kohlekraftwerken verlangte.

Wie Erich Meinike ausführte, befindet sich die SPD in einer Identifikationskrise. Das gelte auch für den kommunalen Bereich. Meinike lehnte eine Frontstellung innerhalb der SPD zwischen Befürwortern der Bürgerinitiativen und denjenigen, die um die Erhaltung und Schaffung von Arbeitsplätzen kämpfen, eindeutig ab.

In der Aussprache hatte Ratsmitglied Manfred Röse – der für den Bau der Kokskohlenmischanlage plädierte – unter anderem gesagt, mit Bürgerinitiativen sei dann nicht mehr zu reden, wenn diese alle rechtlichen Möglichkeiten zur Verhinderung eines Industrieprojekts ausschöpfen wollten.

»Ich halte das für Irrsinn«, rügte Meinike die Ansicht Röses. Sozialdemokraten könnten dem Bürger nicht absprechen, auf Recht und Gesetz zu pochen. Wenn die Gerichte entschieden hätten, dass der Schutz der Bürger erfüllt werde, stünde den Vorhaben nichts mehr im Wege. […] »Das Umweltschutzgesetz haben Sozialdemokraten nicht nur gemacht, das haben wir

---

40 Gemeint sind die im Bundestag vertretenen Parteien SPD, CDU und FDP.
41 Luise Albertz (1901–1979) war von 1946 bis 1948 und von 1956 bis zu ihrem Tod Oberbürgermeisterin von Oberhausen. Albertz, SPD-Mitglied seit 1915, gehörte zudem von 1947 bis 1950 dem nordrhein-westfälischen Landtag und von 1949 bis 1969 dem Deutschen Bundestag an.
42 Erich Meinike (Jg. 1929), der von 1969 bis 1978 den Unterbezirk Oberhausen leitete, gehörte zu einer kleinen Gruppe von SPD-Bundestagsabgeordneten, die als sogenannte Viererbande in den 1970er Jahren öffentlich die Politik des Bundeskanzlers Helmut Schmidt kritisierten. Meinike trat 1999 aus der SPD aus und schloss sich der PDS bzw. der Partei »Die Linke« an.

gefeiert«, betonte Erich Meinike. Deshalb dürften sich Sozialdemokraten nicht in eine falsche Richtung drängen lassen. »Mit dem Begriff Arbeitsplätze wird in diesem Land auch ganz hart gepokert – vonseiten der Unternehmer«, unterstrich der Bundestagsabgeordnete.

Zu Luise Albertz gewandt äußerte er sich dann, ihr Brief an den Bundeskanzler habe ihn zutiefst erschreckt. In dem Schreiben sei die Rechtslage für den Bau von Kohlekraftwerken als unsicher bezeichnet worden. »Es gibt keine Rechtsunsicherheit!« rief Meinike aus. […]

Außerdem stellte er einen Zusammenhang her zwischen Aussagen von Babcock zur Rechtslage für den Bau von Kohlekraftwerken und dem Schreiben der Oberbürgermeisterin, der er vorwarf, die Argumente der Unternehmerseite aufgegriffen zu haben.

Als »ungeheuerlich« bezeichnete es Luise Albertz, sie zur Sprecherin des Unternehmerlagers machen zu wollen. Sie verwies auf ihren jahrzehntelangen Einsatz für die Ziele der SPD. […] [Meinike] solle lieber in Bonn für klare Mehrheiten sorgen. Sozialdemokraten und Betriebsräte hätten in Oberhausen alles zum Wohle der Arbeitnehmer getan. »Damit bin ich mit Dir fertig!« schloss sie ihre Rede.

Erich Meinike erwiderte, es sei ihm nur darum gegangen, informiert, nicht gefragt zu werden. Bei seiner Entscheidung in Bonn habe er zwischen sozialdemokratischen Vorstellungen und von FDP aufgezwungenen Bedingungen abgewägt. Solche Sachentscheidungen seien nicht bei der Partei abzufragen. Er kritisierte, Luise Albertz sei ihm die Antwort schuldig geblieben, welche Vorstellungen sie dazu bewegten, die Novellierung des Immissionsschutzgesetzes zu fordern. »Ich widerspreche der These der Rechtsunsicherheit«, legte Meinike dar.

Luise Albertz stellte daraufhin heraus, sie habe lediglich beklagt, dass Gerichtsverfahren den Bau von Kohlekraftwerken verzögerten.

18. Streiklied aus dem Stahlarbeiterstreik 1978/79

Streiklied der Schmetterlinge, Improvisiertes Streiklied der Schmetterlinge, zuerst aufgeführt auf der Streikversammlung am 4.12.78 bei Mannesmann in Duisburg-Huckingen, abgedruckt in: Streikwinter. Der Stahlarbeiterstreik 1978/79. Eine Dokumentation, erarbeitet von der REVIER-Redaktion in Zusammenarbeit mit Kollegen aus den bestreikten und ausgesperrten Stahlbetrieben, Duisburg 1979, S. 95f.

Streiklied der Schmetterlinge

1 Der lange Tag und die lange Nacht
dort am Streiktor
hab'n uns stark gemacht.
Das ist unser Streik und wir wissen sehr gut,
wir sind es, die schaffen,
und das gibt uns Mut.
Und heute noch sind wir Tausende,
die da schuften rund
um die Uhr am Stahl.
In den nächsten Jahr'n steht die Hälfte vor'm Tor.
Wenn wir uns jetzt nicht wehren,
ist's für'n Rest auch verlorn.

2 Nichts kann uns dazu bringen
Habt Acht, am Fleck zu stehn.
Und niemand kann uns zwingen,
einen Fehler zweimal zu begehn.

Wir lernen im Vorwärtsgehn.
Wir lernen im Gehn.

3 Doch der Arbeitsplatz ist es nicht allein –
grad die Hetze
macht uns krank und alt.
Dieses Leben ist ein Betrug
und 35 Stunden sind mehr als genug.
Wir kämpfen hier vor dem Hüttenwerk
nicht für uns allein,
es geht uns alle an.
Macht mit bei dem Streik,
denn wir brauchen auch Dich.
Um den Kampf zu gewinnen,
lass uns nicht im Stich.

4 Nichts bringt uns mehr zu Stehn.
Die Strecke wird genommen.
Wir wissen, wohin wir gehn,
weil wir wissen, woher wir kommen.

Wir lernen im Vorwärtsgehn.
Wir lernen im Gehn.

19. Stahlkrise 1982 – Forderung der IG Metall Dortmund nach Überführung der Stahlindustrie in Gemeineigentum

Entschließung der Vertreterversammlung der IG Metall, Verwaltungsstelle Dortmund, »Über die Überführung der Stahlindustrie in Gemeineigentum« vom 13.12.1982, in: Jens Bünning et al. (Hg.), Stahlkrise – Regionalkrise. Ursachen, Verlauf und regionale Auswirkungen der Stahlkrise, mit einer Dokumentation der Lösungskonzepte, Duisburg 1983, S. 182f. (Auszug)

Die deutsche Eisen- und Stahlindustrie befindet sich wegen der weltweiten Wirtschaftskrise, aber auch wegen erheblicher Wettbewerbsverzerrungen durch die Subventionspolitik in den anderen EG-Staaten in einer äußerst bedrohlichen Situation, die die Existenz ganzer Unternehmen und damit Tausende von Arbeitsplätzen bedroht.

Auf diesem Hintergrund suchen die Vertreter der Kapitalseite offensichtlich nach privatwirtschaftlichen Lösungsmodellen. Die Arbeitnehmer müssen davon ausgehen, dass die Neuordnung nach privatwirtschaftlichen Gesichtspunkten zur Folge haben werden:
- eine rein auf Kapitalverwertung und unter Inkaufnahme von Kapitalvernichtung bedachte Strategie,
- die Vernichtung der an den einzelnen Standorten angesiedelten Unternehmen zugunsten größerer Lösungen,

- die Nicht-Berücksichtigung der regionalen Strukturen, in die die Stahlunternehmen eingebettet sind.

Die Folge einer solchen Politik ist Massenarbeitslosigkeit. Sie verschärft damit die ohnehin schon schwierige Situation von Ländern und Kommunen.

Die Vernichtung von Stahlstandorten bedeutet auch die Vernichtung der Montan-Mitbestimmung und bedeutet somit ebenfalls, dass die an den einzelnen Standorten verantwortlichen Mitbestimmungsträger im Rahmen einer Gesamtstrategie der Kapitalseite gegeneinander ausgespielt werden.

Dieser sich abzeichnenden Entwicklung müssen die Arbeitnehmer und ihre gewählten Funktionäre massiv entgegentreten. Der Vernichtungsstrategie der Kapitalseite muss deshalb eine nationalstaatliche, auf der Grundlage der Montan-Mitbestimmung basierende Lösung entgegengestellt werden.

Nationalstaatliche Lösung heißt:
1. die Überführung der Stahlindustrie in Gemeineigentum,
2. Schaffung einer nationalen paritätisch mitbestimmten Stahl AG,
3. Sicherung der regionalen Stahlstandorte,
4. Sicherung der Stahlstandorte durch eine demokratische Rahmenplanung,
5. gezielte Investitions-, Sozial- und Innovationspolitik.

Nationalstaatliche Lösung heißt auch:
- Die Entwicklung eines Stahlprogramms muss die Grundversorgung der Bundesrepublik Deutschland sichern!

Nachdem das von der *IG Metall* im Mai 1981 vorgelegte Konzept durch die dramatische Entwicklung in der Eisen- und Stahlindustrie praktisch überholt ist, fordert die Vertreterversammlung der *IG Metall* Dortmund den Vorstand auf, eine Gegenstrategie im Sinne der vorgenannten Punkte unter Einbeziehung der Belegschaften und der Mitbestimmungsträger schnellstens zu entwickeln.

Dieses Konzept muss in einer Stahlarbeiterkonferenz Anfang des Jahres 1983 diskutiert werden. Ferner ist es in den Vertrauensleute- und Funktionärsversammlungen der *IG Metall* in voller Übereinstimmung aller Organisierten in der Eisen- und Stahlindustrie gegen die anders gelagerten Interessen von Politik und Kapital durchzusetzen.[43]

---

43 Diese Entschließung wurde von den Vertrauenskörperleitungen der Hoesch-Werke Westfalenhütte, Phönix und Union erarbeitet und von der Dortmunder Vertreterversammlung verabschiedet. Am 7.1.1983 fand in Dortmund eine gemeinsame Vertrauensleutevollversammlung der drei Hoesch-Werke statt. Sie stand unter dem Motto »Stahlstandorte sichern – Stahlindustrie verstaatlichen!« Die Versammlung verabschiedete die obige Entschließung ebenfalls. Der letzte Abschnitt wurde erst auf dieser Versammlung eingebracht und verabschiedet.

20. SPD und Strukturkrise – Duisburg 1984

Duisburg-Plan 1984–1989. Kommunalwahlprogramm der SPD Duisburg, in: »Ein schwerer Kampf ist's, den wir wagen«. 125 Jahre Sozialdemokratische Partei in Duisburg, hg. im Auftrag der Sozialistischen Bildungsgemeinschaft Duisburg von Hartmut Pietsch/Horst Scherschel, Duisburg 1989, S. 134f.

Die Handlungsfreiheit der Gemeinden ist in der Vergangenheit immer stärker eingeengt worden. Hierfür gibt es drei Hauptursachen:

1. Die Gemeinden sind in hohem Maße von der Situation der heimischen wie auch der allgemeinen Wirtschaft abhängig, mit allen sich hieraus ergebenden Finanz- und Arbeitsmarktproblemen.
2. Zunehmend wälzt die Bundesregierung bisher von ihr finanzierte Leistungen auf die Gemeinden ab; gleichzeitig kürzt der Bund die Steuereinnahmen der Gemeinden.
3. Bundes- und landesrechtliche Regelungen beschneiden die kommunale Selbstverwaltung. Aus eigener Kraft sind die meisten Gemeinden deshalb nicht mehr in der Lage, ihre Aufgaben wie bisher wahrzunehmen.

Duisburgs Wirtschaft wird bestimmt durch Eisen, Stahl und Kohle, Maschinen- und Anlagenbau, Chemie und Petrochemie. Besonders die drei erstgenannten Branchen befinden sich in einer schweren strukturellen Krise. Überdurchschnittliche Arbeitslosigkeit und unterdurchschnittliche Steuereinnahmen treffen unsere Stadt. Parallel dazu schiebt die Bundesregierung den Gemeinden die Folgelasten der Arbeitslosigkeit zu …

Inzwischen sind nahezu alle Möglichkeiten, den städtischen Haushalt leistungsfähig zu halten, ausgeschöpft. In Zukunft muss es darum gehen, die Versorgung aller Bevölkerungsschichten, besonders aber der sozial Schwachen, zu sichern. […]

Bei der Duisburger Industrie ist kaum Bereitschaft zu erkennen, z.B. durch den Verkauf von ungenutzten Flächen für die Ansiedlung neuer Unternehmen, einen Beitrag zur Überwindung der Krise zu leisten. Hier sollte der von der Landesregierung geschaffene Bodenfonds[44] Hilfestellung leisten …

Angehörige einkommensstärkerer, mobiler Bevölkerungsschichten wandern ab. Die einkommensschwächeren, wenig mobilen Bevölkerungsschichten in der Duisburger Bevölkerungs- und Sozialstruktur nehmen zu. Der Anteil der älteren Mitbürger und Ausländer wächst.

Das bedeutet: Bei sinkenden Einnahmen kommen auf die Stadt steigende Sozialausgaben zu. In Duisburg kündigt sich keine Wende, sondern eine Zuspitzung der allgemeinen und folglich der städtischen Situation an. Das kann jedoch kein Grund zur Resignation sein. Sozialdemokraten werden – soweit es in ihrer Macht steht – Probleme und Schwierigkeiten nicht tatenlos hinnehmen. […]

---

44 Im Mai 1979 wurde auf der Ruhrgebietskonferenz in Castrop-Rauxel von der NRW-Landesregierung die Errichtung eines Grundstücksfonds Ruhr beschlossen, mit dessen Hilfe alte Industriebrachen in öffentliches Eigentum überführt und u.a. für neue Gewerbeansiedlungen genutzt werden sollten. 1984 wurde der Grundstücksfonds auf ganz Nordrhein-Westfalen ausgeweitet.

Die Umweltpolitik muss als strukturpolitisches Steuerinstrument eingesetzt werden. Bund und Land müssen ihrer Mitverantwortung für die großen Industriestädte gerecht werden. Hierzu gehören insbesondere umfassende Strukturhilfen und eine Gemeindefinanzreform, die den tatsächlichen Aufgaben und der besonderen Stellung der Gemeinden gerecht wird.

21. IBA Emscher Park – Zielsetzungen (1987)

Mschr. »Urmanuskript« Karl Gansers[45] vom 26.5.1987, S. 1–5, 30–36. Kopie im Archiv für soziale Bewegungen Bochum.

»Internationale Bauausstellung Emscher-Park«
1. Kurzbeschreibung

Die Internationale Bauausstellung Emscher Park *(IBA Emscher Park)* soll konzeptionell, praktisch, politisch, finanziell und organisatorisch den ökologischen und wirtschaftlichen Umbau der Emscherzone vorantreiben. Sie beginnt 1988 und endet 1995. Die erste Stufe von 1988 bis 1990 dient der Vorbereitung, die zweite Stufe von 1991 bis 1995 der Realisierung und dem Abschluss.[46]

Am Ende der Internationalen Bauausstellung soll, entlang der Emscherzone von Duisburg bis Dortmund, ein System von Naturparks, Freizeitparks, Kulturparks, Industrieparks und Wissenschaftsparks entstanden sein. Diese sollen glaubhaft machen, dass es innerhalb einer Generation mit dem konzentrierten Einsatz der gestalterischen, technischen, politischen und finanziellen Kräfte gelingen kann, die Schäden der Industrialisierung zurückzubauen und eine attraktive Natur- und Kulturlandschaft entstehen zu lassen.

Die kurzfristigen und langfristigen strukturpolitischen Effekte dieser ins nächste Jahrtausend tragenden Idee entstehen vor allen Dingen durch die Beseitigung der vielfältigen ökologischen Schäden, durch eine Verbesserung der Rahmenbedingungen für gesellschaftliche und technische Innovationen und durch eine Steigerung des Selbstwertgefühls in dieser Region. Die Internationale Bauausstellung soll dazu beitragen, die nationalen und internationalen Vorurteile gegenüber dieser Region abzubauen.

Die Finanzierung der Internationalen Bauausstellung ist eine Gemeinschaftsaufgabe der Europäischen Gemeinschaft, des Bundes, des Landes und der Städte. Von den Großunternehmen, die lange Zeit ihre Gewinne aus dieser Region entnahmen und zum Teil auch heute

---

45 Karl Ganser (Jg. 1937), Geograf und Stadtplaner, zählt gemeinsam mit dem damaligen Städtebauminister des Landes NRW, Christoph Zöpel, zu den Initiatoren der Internationalen Bauausstellung (IBA) Emscher Park. Ganser, der in den 1980er Jahren u.a. die Leitung der Abteilung Städtebau in Zöpels Ministerium innehatte, war Geschäftsführender Direktor der IBA Emscher Park Planungsgesellschaft. In den 1990er Jahren wurde Ganser zum »Ehrenbürger des Ruhrgebiets« und zum Ehrendoktor der Ruhr-Universität Bochum ernannt.

46 Die Internationale Bauausstellung Emscher Park wurde in ihrer späteren Form von 1989 bis 1999 durchgeführt. 1994/95 fand eine erste Zwischenpräsentation statt, bevor die IBA 1999 mit dem »Finale« öffentlichkeitswirksam endete.

noch entnehmen, wird ein hohes Maß an Engagement und Kooperationsbereitschaft erwartet. Die Kosten der Internationalen Bauausstellung in den öffentlichen Haushalten wird auf zwei Mrd. DM veranschlagt. Verglichen mit bisherigen Großinvestitionen (Stadtbahnbau im Ruhrgebiet bisher fünf Mrd. DM, Schneller Brüter in Kalkar ca. sieben Mrd. DM, Neubau der Bundesbahnstrecke von Hannover nach Würzburg elf Mrd. DM), ist dies keine unvorstellbare Größenordnung.

Mit der Internationalen Bauausstellung wird eine Aufgabe vorbereitet, die sich früher oder später in allen hoch entwickelten Industriegesellschaften stellt, nämlich der Rückbau von Industrialisierungsschäden als Voraussetzung für neue Entwicklung. Die Internationale Bauausstellung soll dazu das international vorhandene Wissen und den praktischen Erfahrungsaustausch zusammentragen und für die Emscherzone nutzbar machen.

Die Vision ist ambitioniert, entlang der Emscher inmitten einer Industrielandschaft mit einer Länge von 40 km den größten Park der Welt entstehen zu lassen, sodass das Ruhrgebiet nicht nur einen grünen Süden sondern auch einen grünen Norden erhält.

2. Die historische Aufgabe

In der Emscher Zone wurden in einer vergleichsweise kurzen Industrialisierungsphase sehr große Flächen durch Produktions- und Verkehrsanlagen der Sektoren Kohle, Stahl und Chemie belegt. Die Emscherzone wurde zu *der* Industrielandschaft in Mitteleuropa mit der dichtesten Besiedlung und größten Umweltbelastungen.

Der Strukturwandel in diesen Sektoren bringt es nun mit sich, dass wiederum in sehr kurzer Zeit große Flächen ihre großindustrielle Funktion verlieren. Ein großer Teil dieser Flächen wird für Siedlungszwecke nicht mehr gebraucht, denn die Bevölkerung in der Emscherzone nimmt langfristig ab, und die zukünftigen Arbeitsplätze brauchen weit weniger Flächen; flächenaufwendige Verkehrsanlagen für den Transport von Massengütern entfallen ebenso.

Das bisherige »Brachfallen« von Flächen ist ein Indiz für diese Entwicklung, macht aber die Größe der damit verbundenen gesellschaftlichen Aufgabe nicht begreifbar. Denn diese Brachen entstehen nach einzelwirtschaftlichen Kalkülen, scheibchenweise und ohne räumlichen Zusammenhang. Würde man warten, bis aus diesen Mosaiksteinen eine neue räumliche Ordnung zusammengefügt werden kann, würde zumindest der Zeitraum einer Generation für die Vorbereitung künftiger Entwicklungen ungenutzt verstreichen. Vor allem aber wird durch das »Brachfallen« eine Fläche nicht »frei«: Eigentumsrechte, Beleihungen und sonstige Belastungen der Grundstücke bleiben erhalten. Bauwerke und Erschließungsanlagen werden nicht oder nur teilweise beseitigt und die vielfältigen Belastungen des Bodens durch Schadstoffe sowie durch hydrogeologische Veränderungen werden nicht rückgängig gemacht. Die macht deutlich, dass der Rückbau von dicht besiedelten Landschaften in Zukunft zumindest ebenso viel planerische Vorbereitung und öffentlich-rechtliche Steuerung benötigt, wie die Ausweitung der Siedlungsflächen zu Lasten der unbesiedelten Räume in der Vergangenheit.« […]

9. Was unterscheidet diese Internationale Bauausstellung von üblichen »Weltereignissen«?

[...] Hier geht es um die dauerhafte und auf eine lange Periode angelegte Revitalisierung einer alten Industrielandschaft. Das Bleibende und der kontinuierliche Prozess stehen im Vordergrund. Das Einmalige dagegen ist eine Beigabe zur Bewusstmachung eines allgemeinen gesellschaftlichen und vermutlich im Laufe der Zeit weltweiten Problems: nämlich der Wieder-Urbarmachung ausgebeuteter Landschaften. Denn die Welt ist zu stark bevölkert, zu klein geworden, um sich noch leisten zu können, Wirtschaftsräume und Kulturregionen solange zu nutzen, bis ihre Leistungsfähigkeit erschöpft ist und dann weiter zu ziehen. [...]

10. Vergleich mit anderen Entwicklungsstrategien

[...] Gerade am Paradebeispiel der Londoner Docklands[47] kann man aber die zentralen Unterschiede deutlich machen: Am Standort London konzentriert sich eine ungewöhnlich hohe Nachfrage nach Büroflächen in den Sektoren internationale Finanzmärkte, Nachrichtentechnik und Druckerzeugnisse. Mit diesen Arbeitsplätzen ist eine besondere Subkultur gut verdienender Bevölkerungsgruppen mit besonderen Ansprüchen an die Dienstleistungen verbunden. [...] Die Kluft zwischen neu und alt, zwischen arm und reich, zwischen ansässig und zugewandert wächst. [...]

Unter den wirtschaftlichen Rahmenbedingungen des Ruhrgebiets und unter den gesellschaftlichen Vorstellungen einer sozialdemokratischen Regierung stellt sich eine völlig andere Aufgabe: Hier müssen für einen großen Wirtschaftsraum und für viele Standorte Entwicklungsbedingungen für eine allmähliche Umstrukturierung für eine langfristige Entwicklung geschaffen werden. Dabei sollen sich die sozialen Unterschiede nicht vergrößern; vielmehr müssen die sozialen Kosten des Strukturwandels und die damit verbundenen Integrationsaufgaben mit gelöst werden. Es geht also nicht um das »Herausputzen« eines Mikrostandorts, sondern um die Revitalisierung einer Makro-Region.

Basis der geplanten Internationalen Bauausstellung Emscher Park ist daher die mit dem Ruhrprogramm eingeleitete systematische und kontinuierliche soziale, ökologische und wirtschaftliche Erneuerung des gesamten Ruhrgebiets. [...]

Bei den Londoner Docklands dagegen kann man mit ziemlicher Sicherheit prognostizieren, dass durch die massierte und durch vielfältige Befreiungen von Steuern und umweltpolitischen Auflagen herausgeforderte »Super-Investition« das Sanierungsgebiet der Zukunft gebaut wird, wobei sich der Zeitraum zwischen Aufstieg und Verfall im Vergleich zu den bisherigen Industrialisierungsphasen deutlich verkürzen wird.

---

47 Ganser spielt hier auf das Konzept der »Enterprise zones« an, das vor allem im angelsächsischen Raum Anwendung findet mit der Zielsetzung, alte Industriestandorte ökonomisch zu revitalisieren. Sein konkretes Beispiel ist die Hafen-Revitalisierung in London.

22. Rheinhausen – Rede vom 30.11.1987 zum »Kampfauftakt«

Rede von Helmut Laakmann,[48] Obermeister von Krupp Rheinhausen, auf der Betriebsversammlung des Rheinhausener Werks vom 30.11.1987, abgedruckt in: Rheinhausen muß leben – Erhalt aller Stahlstandorte. Eine Dokumentation der Krupp Stahlarbeiter in Rheinhausen, Duisburg o.J. [1988], S. 14.[49]

Glück auf, Kollegen,

Herr Dr. Cromme,[50] Sie haben mit uns Verträge gemacht und diese Verträge auf beschämende Weise gebrochen. Sie haben sich mit dem Betriebsrat an einen Tisch gesetzt und unseren Betriebsratsvorsitzenden Manfred Bruckschen in beschämender Weise hintergangen.[51] Manfred, Dir kann ich sagen, dass wir jetzt hinter Dir stehen und den Kampf ausweiten werden, bis wir den Sieg in unserer Tasche haben.

Da treibt man die Kruppsche Belegschaft zur Arbeit an wie noch nie. Da wird die Belegschaft auf unerträgliche Weise dezimiert. Und dann kommt der Herr Dr. Cromme, nachdem wir alle im Dreieck gesprungen sind, und knallt uns den Dolch in den Rücken.[52]

Aber wir leben noch und werden uns wehren.

Wir leben in einem freien Land; wir leben in einem Rechtsstaat. Es kann doch nicht sein, dass eine kleine Clique, eine kleine Mafia, mit den Menschen in diesem Land macht, was sie

---

48 Helmut Laakmann (Jg. 1948) übernahm 1997, wenige Jahre nach der endgültigen Stilllegung des Stahlwerks in Duisburg-Rheinhausen, einen zu Krupp gehörenden Recyclingbetrieb, der jedoch 2004 schließen musste. Das langjährige SPD-Mitglied ist heute Mitglied im Kreisvorstand der Partei »Die Linke« in Duisburg.

49 Auf der Betriebsversammlung in der Halle an der alten Drahtstraße waren über 10.000 Menschen anwesend. Gerhard Cromme redete, Eier flogen, die Anlagen waren heruntergefahren. Obermeister Laakmann hielt seine Rede unter tosendem Beifall; sie wurde in den folgenden Tagen häufig zitiert und vielfach abgedruckt. »Warum? Weil Helmut Laakmann kein Blatt vor den Mund nahm. Er ist kein taktierender Funktionär, sondern einfach ein Mensch, der mit dem Werk verwachsen ist. Er redet Tacheles mit den Krupp-Managern, er redet aber auch Tacheles mit den Funktionären der IG Metall. Später sagte er in der WAZ, dass er in diesem Moment gemerkt habe, dass ‚die da oben' nicht richtig ausdrückten, was viele der Anwesenden unten fühlten und dachten. Deshalb habe er sich ein Herz gefasst und das Podium bestiegen.« Theo Syben, Abstich in Rheinhausen. Dokumentation, Analyse, Geschichtliches und Geschichten, Duisburg 1988, S. 34.

50 Zu Gerhard Cromme vgl. Dok. 34 in Kap. XV.

51 Gerhard Cromme hatte am 10.9.1987 eine Vereinbarung zur Sicherung und Schaffung von Arbeitsplätzen unterzeichnet, in der es hieß »Gesamtbetriebsrat und Vorstand der Krupp Stahl AG stimmen darin überein, dass alle – ich betone alle – Standorte der Krupp Stahl AG erhalten bleiben.« Rheinhausen muß leben, S. 15.

52 In Rheinhausen, seit 1975 ein linksrheinischer Bezirk der Stadt Duisburg, kam es 1987/1988 zu einem von starker Medienpräsenz begleiteten mehrmonatigen Widerstand gegen die geplante Schließung des Stahlwerks. Im Winter gab es große Demonstrationen, Blockaden der Autobahn sowie der in »Brücke der Solidarität« umbenannten Rheinbrücke, eine Besetzung der Krupp-Hauptverwaltung in der Villa Hügel in Essen sowie monatelange Mahnwachen. Am 15.8.1993 wurden die Kruppschen Hüttenwerke endgültig geschlossen.

will. Wem kann man in diesem Land noch glauben? Welchem Menschen, der in der Öffentlichkeit steht, kann man noch etwas abnehmen? Was die Herren heute sagen – morgen stehen sie nicht mehr dazu. In dieser Stadt gibt es noch einen Menschen, mit dem ich einen Vertrag per Handschlag machen würde: Das ist unser Oberbürgermeister,[53] der vor Ort steht und mit uns kämpft. Man will uns hier Beruhigungspillen geben. Wir sollen am Tag X[54] sang- und klanglos verschwinden und mit unseren Familien ganz allein krepieren, wenn es sein muss, und diesmal kann keiner wegsehen, diesmal hat jeder etwas gewusst. Die neue Generation wird hier den Laden sauber machen. Wir bringen das Schiff jetzt in Ordnung. Leute, das Buch der Geschichte ist aufgeschlagen, und jetzt liegt es an Euch, hier mal ein paar neue Seiten zu schreiben. Lasst die Generation, die nach uns kommt, nachlesen, wie man einen Arbeitskampf führt, wie man diesen Vorstand in die Knie zwingt.

Mich bringt keiner gegen meine Kollegen von Mannesmann auf. Ich habe dort viele Freunde, und mich bringt auch keiner gegen meine Kollegen von Thyssen auf.

Ich werde oft von meinen Kollegen gefragt: Was kann ich schon alleine tun. Ich sage ganz klar: Vor dieser Woche waren wir noch alleine, vor ein paar Tagen war die ganze Belegschaft da, heute ist es die Stadt Duisburg und morgen wird es das ganze Revier sein. Herr Bundespräsident Richard von Weizsäcker: Ich habe Sie gestern im Fernsehen gehört. Sie haben sich dort zur Hafenstraße[55] geäußert. Sie haben gesagt, Sie schreiben nicht gerne Beileidstelegramme. Jetzt ist Ihre Stunde. Jetzt sagen Sie das den Menschen in diesem Land, die ihre Existenz verlieren. Jetzt dürfen Sie mal parteiisch sein. Hier ist nicht die Hafenstraße; wir werden keine Gewalt anwenden. Wir lieben diese Gewalt nicht, Herr Dr. Cromme, die Ihnen ja so bekannt ist. Wir werden uns auch nicht vermummen. Es wird eine Zeit geben, wo Sie sich vermummen müssen, Herr Dr. Cromme, damit Sie keiner mehr erkennt.

Ich werde auch gefragt: Hat es denn überhaupt einen Sinn, den Kampf aufzunehmen? Kollege, ich möchte Dir sagen: Es gibt immer einen Sinn, für Menschen einzustehen und für Menschen, die in Not sind, etwas zu tun. Man sagt ja, alle Macht geht vom Volk aus. Wir haben diese Macht nur verliehen, und wir werden uns diese Macht zurückholen, wenn die Herren, die in der Öffentlichkeit stehen, sich nicht endlich darauf besinnen, was ihre Pflicht ist.

Ich fordere auch den Kollegen Hans-Jochen Vogel[56] auf: Lieber Kollege Vogel. Du holst Dir ja bei jeder Wahl bei uns einen Faustpfand ab. Jetzt ist es auch an Dir, dieses Pfand einzulösen. Wir wollen hier keine Schwätzereien. Wir wollen Aktionen, die diesen Standort Rheinhausen erhalten.

---

53 Gemeint ist Josef Krings (Jg. 1926), 1975–1997 Oberbürgermeister der Stadt Duisburg.
54 Terminus der SED, mit dem der Aufstand vom 17.6.1953 in der DDR als Werk ausländischer Agenten hingestellt werden konnte.
55 1987 hatten die gewaltsamen Auseinandersetzungen zwischen den Einsatzkräften der Polizei und der Hausbesetzerszene rund um die Hamburger Hafenstraße einen neuen Höhepunkt erreicht.
56 Hans-Jochen Vogel (Jg. 1926) war 1987 bis 1991 Parteivorsitzender der SPD.

Und dem Herrn Steinkühler:[57] Dein Verein hat schon einmal versucht, für eine Mark etwas zu verkaufen.[58] Wir in Rheinhausen lassen uns nicht verscherbeln. Uns verkauft keiner: weder für dumm noch im Sack.

Ich rufe alle Meister und Vorarbeiter dieses Werkes: Wenn Ihr immer vorgegeben habt, hinter Euren Leuten zu stehen, dann ist es jetzt Eure Pflicht, sich vor Eure Männer zu stellen. Lasst Euch nicht zum Werkzeug des Unrechts machen.

Und Herr Pfarrer Kelp,[59] Ihnen sage ich: Ich bin kein besonders frommer Mann. Aber Sie haben mich in den letzten Tagen schon inspiriert, und da habe ich mal Ihr Verhandlungsbuch für Menschen zu Brust genommen. Und da habe ich etwas über Krupp gelesen. Da stand drin: Wir hätten jahrelang die linke Wange und dann die rechte Wange hingehalten. Doch da habe ich noch etwas gelesen, und das könnte in Zukunft unsere Parole sein: Auge um Auge, Zahn um Zahn. Kruppsche Arbeiter: Nehmt jetzt diese historische Stunde wahr, um endlich das auszufechten, was wir ausfechten müssen. Für unsere Familien, für unsere Kinder, für die Menschen in diesem Land, für die Städte.

Glück auf!

23. Rheinhausen – Position der Arbeitgeber (1987)

Heinz Kriwet, der Vorsitzende der Wirtschaftsvereinigung Eisen- und Stahlindustrie, und Zimmermann, der Vorsitzende des Arbeitgeberverbands Eisen- und Stahlindustrie e.V., an die IG Metall, o.D. [9.12.1987], in: Rheinhausen muß leben – Erhalt aller Stahlstandorte. Eine Dokumentation der Krupp Stahlarbeiter in Rheinhausen, Duisburg o.J. (1988), S. 28.

Sehr geehrter Herr Steinkühler!
Sehr geehrter Herr Ippers![60]
Wir teilen die Sorge aller Stahlarbeiter um die weitere Zukunft ihrer Arbeitsplätze. Insbesondere haben wir Verständnis für die Sorgen und Ängste der Arbeitnehmer an Standorten, die von Stilllegungen betroffen sind. Aus diesem Grund bemühen wir uns, wie in der Vergangenheit auch, in der Zukunft intensiv in Bonn und Brüssel die politischen Rahmenbedingungen unserer Industrie zu verbessern. Gleichzeitig setzen wir alles daran, unsere Wettbewerbssituation zu halten und auszubauen. Schließlich tragen wir auch durch eine Vielzahl von kostenintensiven Regelungen dafür Sorge, dass die Folgen notwendiger Kapazitätsanpassungen sozial möglichst erträglich gestaltet werden.

---

57 Franz Steinkühler (Jg. 1937) war 1986 bis 1993 Vorsitzender der IG Metall.
58 Hier wird auf den 1986 vollzogenen Verkauf des gewerkschaftseigenen, hoch verschuldeten Wohnungsbauunternehmens »Neue Heimat« durch den Deutschen Gewerkschaftsbund an einen mittelständischen Unternehmer für den symbolischen Betrag von 1 DM angespielt. Die Sanierung scheiterte, und das Wohnungsbauunternehmen wurde abgewickelt.
59 Pfarrer Kelp, der in den Medien als »Stahlpfarrer« auch einige Berühmtheit erlangte, hielt im Rahmen des Rheinhausen-Konflikts u.a. einen ökumenischen Gottesdienst mit 20.000 Besuchern im alten Walzwerk ab.
60 Georg Ippers war Vorstandsmitglied der IG Metall.

Flugblatt zum „DGB-Solidaritätstag" in Duisburg-Rheinhausen am 18.12.1987 [Archiv für soziale Bewegungen Bochum, IGBE-Archiv Nr. 19731]

Der Presse haben wir entnommen, dass der »Stahl-Aktionsausschuss« der IG Metall Arbeitsniederlegungen an allen Standorten für die Frühschicht des 10.12.1987 beschlossen hat. Die Arbeitsniederlegungen werden begründet mit der geplanten Stilllegung in Rheinhausen.

Sie wissen, dass Arbeitsniederlegungen mit solchen tariflich nicht regelbaren Zielen ohne jeden Zweifel rechtswidrig sind. Die jetzt wieder angekündigte Aktion am 10.12.1987 ist schon die vierte bundesweite Aktion in diesem Jahr. Die Produktion wird dadurch erheblich beeinträchtigt. Den Unternehmen entstehen Schäden.

Wir haben kein Verständnis für rechtswidrige Aktionen, die von den Arbeitnehmern unterstützt durch die IG Metall oder organisiert von der IG Metall – durchgeführt werden. Die krasse Widerrechtlichkeit solcher Aktionen ist in einem Rechtsstaat nicht hinnehmbar.

Wir fordern Sie daher dringend auf, die Rechtsordnung wieder zu beachten und die Organisation oder Unterstützung rechtswidriger Aktionen zu unterlassen.

24. Rheinhausen – ein Jahr danach: Bericht einer Fraueninitiative (1988/89)
Sigrid Kleer, Ein Jahr danach, in: Die Frauen von Rheinhausen. Der Hochofen vor unserem Fenster. Texte und Bilder aus dem Arbeitskampf, hg. von der Schreibwerkstatt der Kruppianer-Frauen, Köln 1989, S. 152f.

In unserem Stadtteil Rheinhausen hat sich kaum etwas verändert. Die Mahnfeuer an Tor 1 – es spendete während zahllos durchwachter Aktionsnächte wohltuende Wärme und wurde zu einem Treffpunkt zwischen Kruppianern und Bürgern – ist endgültig erloschen. An seinem Platz steht ein stählernes Kreuz. Es erinnert an den über fünfmonatigen Arbeitskampf.

Ein Teil der Kruppianer soll bei Thyssen und Mannesmann einen neuen Arbeitsplatz finden. Andere scheiden über den Sozialplan aus.

Doch noch ist unklar, welche Unternehmen sich endgültig in Rheinhausen ansiedeln wollen, um die vereinbarten Arbeitsplätze zu schaffen. Ein Jahr danach wissen viele Kruppianer noch nicht, was mit ihnen wird.

Ob es nochmals zu einem Arbeitskampf kommt? Ich glaube es nicht. Die Bereitschaft dazu scheint nur noch bei wenigen Kruppianern zu bestehen. Nur sehr wenige kritisieren noch den Betriebsrat und befürworten Kampfmaßnahmen.

Die Fraueninitiative Krupp-Stahl hat sich nach dem Arbeitskampf gespalten. Nach harten Auseinandersetzungen war eine Zusammenarbeit nicht mehr möglich. Die Initiative entwickelte sich immer mehr zu einem Tummelplatz von Leuten, die von außen kamen, keine Rheinhausener sind, doch hier Mitstreiterinnen für die Durchsetzung ihrer politischen Ziele suchen. Sie schaffen es, dass die Frauen aus Rheinhausen, die in langen Jahren ehrenamtliche und politische Arbeit gemeinsam leisteten, sich jetzt feindlich gegenüberstehen. Was ist das für eine Solidarität?

Mitleid empfinde ich für die Frauen, die sich schwer daran tun, nun nicht mehr im Rampenlicht der Öffentlichkeit zu stehen, keine Titelbilder bestimmter Zeitungen mehr zu zieren oder ihre lilagesprühten Haarsträhnen nicht mehr zur Schau stellen zu können. Sie wollen wieder im Mittelpunkt stehen, wollen nach Bonn zur Hardthöhe, um dort Sandsäckchen zu verteilen, wollen Norbert Blüm[61] durch die rosarote Brille schauen lassen.

Nein, das war nicht mein Ziel und auch nicht das Ziel der Fraueninitiative.

Ich erinnere mich an den großen gemeinsamen Gottesdienst im Walzwerk, erinnere mich an Worte wie »nur Gemeinsamkeit macht stark« und an unser Lied »Deine Hand in meine Hand«.

Das wurde von einigen Frauen vergessen.

Ein Jahr danach: Wir Frauen, die angetreten waren, den Stahlstandort Rheinhausen mit zu retten, treffen uns nun schon seit vielen Monaten jeden Montagabend und schreiben an diesem Buch. Wenn wir unsere Texte lesen und gemeinsam daran arbeiten, fallen noch oft Tränen aufs Papier.

Wir sind Frauen in den verschiedensten Altersstufen und mit verschiedenen Interessen. Der gemeinsame Kampf um die Hütte hat uns zusammengeführt. Wir halten zusammen, auch ein Jahr danach.

25. Betriebsrat – Werdegang und Tätigkeitsprofil [1988]
Bernd Schimmeyer, Erinnerungen: Weißt Du noch?, in: Ders.: Warum schrei'n wir nicht? Zur Innenansicht der Stahlkrise, Duisburg 1988, S. 10–12.

Irgendwann, ich glaube 1967, wurde ich als Jüngster unserer Schicht Vertrauensmann. Gewerkschaftliche Gründe waren das nicht, die meine Kollegen dazu veranlassten, mich zu wählen. Wohl eher meine große Klappe, ja, und vielleicht taten sie es auch, weil ich mir nichts gefallen ließ. Weder von den Vorgesetzten noch von den eigenen Kollegen. Nun war ich gewerkschaftlicher Vertrauensmann; natürlich hatte ich mit der Gewerkschaft Kontakt, kannte die Auseinandersetzungen z.B. in den Tarifrunden. Aber konnte ich damit etwas anfangen? Direkt wohl kaum!

Sehr schnell merkte ich: Meine Kollegen brauchen einen *betrieblichen* Vertrauensmann, einen, der zum Meister ging, wenn sie Urlaub haben wollten, wenn sie sich ungerecht behandelt fühlten. Erst nach und nach wurde mir klar: Das konnte nicht alles sein. Also meldete ich mich zu Seminaren an, besuchte Veranstaltungen und lernte so andere Kollegen kennen. Solche, die damals schon Funktionäre waren, die also funktionierten, Beschlüsse und Satzungen im Kopf hatten und auf jede Frage eine vorgefertigte Antwort hatten.

Aber war es das, was ich wollte? Nein! Das Wissen um die Dinge gehört dazu, aber Gewerkschaftsarbeit sollte mehr sein. Ich wollte eigene Ideen einbringen, wollte kreativ sein.

Wenn ich heute darüber nachdenke, muss ich grinsen. Ich glaube, ich war ziemlich naiv. Schließlich war die IGM eine Massenorganisation und ist es ja noch heute. Bürokratie und Technokratentum traf man überall, und hatte ich eine Idee im Kopf, sprach ich sie aus, hieß es oft, ich sei blauäugig. Noch heute ärgert es mich, wenn jemand so etwas sagt, denn dahinter verbirgt sich allzu häufig: Nur nicht nachdenken!

---

61 Norbert Blüm (Jg. 1935) war von 1982 bis 1998 Bundesarbeitsminister in der Regierung Kohl.

Ich glaube, wäre ich damals alleine gewesen, ich hätte aufgegeben. Im Betrieb wurden die Auseinandersetzungen immer härter, und mehr gewerkschaftliche Diskussionen kamen auf. Die ersten Auseinandersetzungen auf Ortsverwaltungsebene begannen. Bei Wahlen wurden meistens die Kollegen gewählt, die eine erhaltende Struktur repräsentierten. Wir Jungen sollten uns erst einmal die Hörner abstoßen. […]

In dieser Runde junger Kollegen war für mich klar: Hier konnte ich arbeiten, durfte auch einmal wirklich meine Gedanken aussprechen und wurde nicht ausgelacht. Meine Arbeit wurde strukturierter, die Argumente, der persönliche Einsatz, das Gespräch mit den Kollegen hatten mehr Inhalte.

In der Tarifrunde 1972 kam für mich die erste große Auseinandersetzung. Wir sollten im Stahlwerk die Arbeit niederlegen. Nächte vorher konnte ich nicht schlafen, mein Magen oder besser, mein Bauch, tat weh. Immer wieder die Frage: Wie fange ich das an? Die Gespräche in den Leitständen wurden härter. Natürlich: Mehr Geld wollten alle. Die Forderung war, glaub' ich, neun Prozent mehr Lohn und Gehalt. Aber dafür die Arbeit niederlegen? Weiß man denn, wie lange das gehen kann?

Dann kam der Morgen. Um 4 Uhr hieß es aufstehen – ich wollte ja noch die Kollegen der Nachtschicht erwischen. Waschkaue, warme feuchte Luft, Schweiß, Seife und dann die Kollegen. »Klar wollen wir mehr Geld, jetzt muss ich aber ins Bett, ich habe schließlich Nachtschicht gehabt!« Einige Kollegen waren merkwürdig ruhig, ruhiger als sonst. Und ich, ich stand allein, angezogen zwischen nackten, schmutzigen oder schon fast angezogenen Kollegen. »Wir müssen was tun! Die Arbeitgeber geben nichts auf Argumente, sie müssen merken: Die Belegschaften stehen dahinter. Wir können uns nicht ausklinken. Seid Ihr Sklaven? Das ist Euer Recht! Also los, argumentiert haben wir genug!« Die Bauchschmerzen wurden stärker. Da! Die ersten Kollegen diskutierten mit; ältere Kollegen, die ohne Bezahlung nach dem Krieg eine Menge Auseinandersetzungen mitgemacht hatten. »Wollt Ihr Euch verkriechen? Wenn wir alle gehen, kann uns keiner was!« Dann das Versprechen: »Wir gehen zum Tor und warten auf Euch.«

Die erste Hürde ist genommen. Jetzt in den Betrieb. Wieder die gleichen Fragen und Antworten. Endlich – viel zu lange schon dauert die Diskussion – wollen sie gehen. Da geht die Tür auf und der Betriebsleiter kommt rein: »Morgen! Was ist los? Warum steht der Konverter? Soll das eine Arbeitsniederlegung sein!« Alle Augen schauen mich an. Jetzt bloß nicht schlappmachen. »Keine Arbeitsniederlegung, wir machen von unserem Recht Gebrauch, zum Betriebsrat zu gehen.« Jetzt war es raus. »Ich fordere Sie auf, die Arbeit aufzunehmen, und zwar sofort!« »Nein, wir gehen jetzt, einer bleibt hier, damit nichts kaputtgeht. Kommt!« Sekundenlanges Zögern, dann die Tür auf und raus.

Hinter uns der wütende Betriebsleiter, der ans Telefon stürzt. Draußen die Kranführer, die Kollegen aus der Gießgrube. Keine Diskussion mehr, wie automatisch schließen sie sich an. Als wir am Tor ankommen, stehen da schon die Kollegen aus anderen Betrieben. Eine riesige Menschenmenge.

Den Rest kann ich mir sparen. Jetzt lief alles nach Plan. Reden des Betriebsratsvorsitzenden und eines Kollegen aus der Ortsverwaltung der IGM. Drei Tage dauert die Auseinandersetzung, immer wieder fingen andere Abteilungen an. Sollte der Fahrbetrieb arbeiten, hörten die Kranführer auf; begannen die Kranführer, wurde in der Gießgrube nicht gearbeitet. Ohne uns darüber im Klaren zu sein, praktizierten wir damals bereits die sogenannte »Neue Beweglichkeit«, die Jahre später zu einer konkreten Kampfform der IGM wurde.

Die ausgefallenen Schichten mussten bezahlt werden, die Tarifrunde war beendet. Wie immer konnte zwar nicht alles durchgesetzt werden, aber wir konnten zufrieden sein.

Wir haben in den nachfolgenden Jahren immer wieder solche Aktionen durchführen müssen. Besonders hart wurde es noch einmal 1973. Damals wurden einige Betriebsräte entlassen. Jetzt musste sich zeigen, dass die Belegschaften standen. Mehrere Tage dauerte die Auseinandersetzung, dann waren die Kollegen wieder eingestellt.

26. »Eigentum verpflichtet« – Rede eines Pfarrers in Hattingen 1988

Pfarrer Sombrowsky,[62] Sprecher des Bürgerkomitees »Hattingen muss leben«, abgedruckt in: Peter Baummöller, Heinz Schäfer, Hattingen – ein Beispiel. Verteidigt die Arbeitsplätze auf der Hütte, Frankfurt/M. 1988, S. 151.

Es ist einzigartig, dass Bürger aller Bevölkerungsschichten Hattingens auf die Straße gehen. Doch angesichts der gegenwärtigen Notsituation, die durch die Schicksalsfrage »Henrichshütte« hervorgerufen wurde, ist es für alle Bürger dieser Stadt eine Selbstverständlichkeit, sich mit allen Mitteln für die Erhaltung der Arbeitsplätze auf der Henrichshütte einzusetzen. Die ganze Stadt ist eine einzige Solidargemeinschaft, aus der sich keiner ausschließen kann.

Stellvertretend für alle Christen im Hattinger Raum sagen alle evangelischen und katholischen Geistlichen: In Solidarität mit den Arbeitern und Angestellten der Henrichshütte und ihren Angehörigen erklären wir: In unserer Stadt geschieht Unrecht. Wir halten die Entscheidung des Thyssen-Konzerns, 2.900 Arbeiter und Angestellte zu entlassen, für sozial nicht vertretbar. Hattingen ist die stahlabhängigste Stadt der BRD. Bei den Schwächsten in unserer Region fängt man an und tritt eine Lawine im Ruhrgebiet los.

Unser Herr Jesus Christus gebietet, Ungerechtigkeit beim Namen zu nennen und an der Seite der Schwächsten zu stehen. An die Adresse des Thyssen-Konzerns und der Politiker in Bund und Land gerichtet sagen wir: Eigentum verpflichtet, und Sorge füreinander ist oberstes Gebot. Wir erwarten, dass der Thyssen-Konzern seine Entscheidung überdenkt und die Politiker aus Bund und Land ihrer sozialen Verantwortung für die Menschen unserer Stadt gerecht werden.

Die Zeit, in der sich mündige Bürger Sand in die Augen streuen lassen, ist längst vorbei. So will denn auch der heutige Tag verstanden sein. Alle Bürger der Stadt Hattingen unterstützen mit allen Mitteln die Bestrebungen, mit geeigneten Maßnahmen die Erhaltung der Arbeitsplätze auf der Henrichshütte zu erreichen.

---

62 Klaus Sombrowsky war von 1986 bis 2005 Pfarrer der St. Georgs-Gemeinde in Hattingen.

Liebe Hattinger Bürger, lasst uns den eingeschlagenen Weg gemeinsam konsequent zu Ende gehen. Im Interesse der gefährdeten Arbeitnehmer, im Interesse der betroffenen Familien und insbesondere aus der Verpflichtung gegenüber den Kindern für eine sorgenfreie Hattinger Zukunft dürfen wir alle nichts unversucht lassen, was der gemeinsamen Sache dient. Hier muss jeder Hattinger Bürger mitmachen, keiner darf sich ausschließen. Alle Bürger Hattingens stehen fest an der Seite der Arbeiter und Angestellten der Thyssen-Hütte, die um ihre Zukunft, damit zugleich aber die Zukunft dieser Stadt kämpfen.

Dies ist natürlich für alle Hattinger Bürger eine Selbstverständlichkeit. Den Arbeitern und Angestellten der Henrichshütte sagt das Bürgerkomitee im Namen aller Hattinger Bürger: Eure Sache ist unsere Sache. In dieser Schicksalsfrage steht ihr nicht allein.

27. Strukturwandel: Einschätzungen (1989)

Gerd Duckwitz/Horst-Jürgen Wienen (Hg.), Städtische Lebensverhältnisse im Spiegel der Bürgermeinung. Eine Befragung der Bochumer Bevölkerung 1989, Bochum 1990, S. 42, 54.[63]

Frage: Wie beurteilen Sie allgemein die heutige wirtschaftliche Lage?
in der Bundesrepublik Deutschland?
in Nordrhein-Westfalen?
in Bochum?
Ihre eigene Lage?
Knapp über die Hälfte der Befragten schätzen die *eigene* wirtschaftliche Lage gut ein. Dies lässt auf eine hohe Zufriedenheit der BürgerInnen schließen.

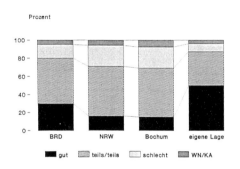

Auffällig ist, dass die eigene Lage und die Lage in der *Bundesrepublik* deutlich besser eingestuft werden als die in *Nordrhein-Westfalen* und in *Bochum*. Für *Nordrhein-Westfalen* und *Bochum* überwiegen die schlechten Einschätzungen die guten (23 Prozent zu 16 Prozent bzw. 23 Prozent zu 15 Prozent). Hier zeigt sich also Unzufriedenheit der Bochumer BürgerInnen mit der wirtschaftlichen Lage in ihrer *Stadt* und in ihrem *Bundesland*.

Der Anteil derer, die die wirtschaftliche Lage nicht einschätzen konnten oder wollten, war für *Nordrhein-Westfalen* und *Bochum* deutlich höher als für die *Bundesrepublik* und die *eigene* wirtschaftliche Lage.

Vergleichbare Ergebnisse aus Duisburg [...] zeigen, dass auch hier die eigene gegenwärtige Lage erheblich besser beurteilt wird als die Lage im Bundesgebiet. Aber auch in Duisburg überwiegen die schlechten Bewertungen der eigenen wirtschaftlichen Lage die guten. [...]

---

63 Im Frühjahr 1989 befragten Studierende des Geographischen Instituts der Ruhr-Universität Bochum mittels eines umfangreichen Fragebogens 1.737 Deutsche ab 18 Jahre, die nach dem Zufallsprinzip aus dem Einwohnerregister der Stadt Bochum ausgesucht worden waren.

Frage: In den letzten Jahren sind im Ruhrgebiet viele Arbeitsplätze im Bergbau und in der Stahlproduktion verloren gegangen, während gleichzeitig neue Arbeitsplätze entstanden sind, z.B. in Computerfirmen, bei Opel oder im Dienstleistungsbereich. Meinen Sie, man sollte diesen Strukturwandel beschleunigen, verzögern oder verhindern, oder sollte man gar nichts Besonderes tun?

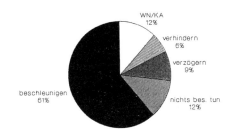

Ungefähr zwei Drittel der Bochumer BürgerInnen sind dafür, den Strukturwandel im Ruhrgebiet zu beschleunigen. Lediglich eine Minderheit von sechs Prozent spricht sich gegen den Strukturwandel aus. Zwölf Prozent sind dafür, »nicht Besonderes [zu] tun«, neun Prozent sind für eine Verzögerung.

28. Die Sozialdemokratisierung des Ruhrgebiets [1996]

Rainer Bovermann, Wahlen im Ruhrgebiet in vergleichender Perspektive, in: Ders./Stefan Goch/Heinz-Jürgen Priamus (Hg.), Das Ruhrgebiet – ein starkes Stück Nordrhein-Westfalen. Politik in der Region 1946–1996, Essen 1996, S. 336–364, hier: S. 339, 341, 344.

1 Bundestagswahlen im Gebiet des KVR 1949–1994 (in Prozent der gültigen Stimmen)
2 Landtagswahlen im Gebiet des KVR 1950–1995 (in Prozent der gültigen Stimmen)
3 Kommunalwahlen im Gebiet des KVR 1948–1994 (in Prozent der gültigen Stimmen)

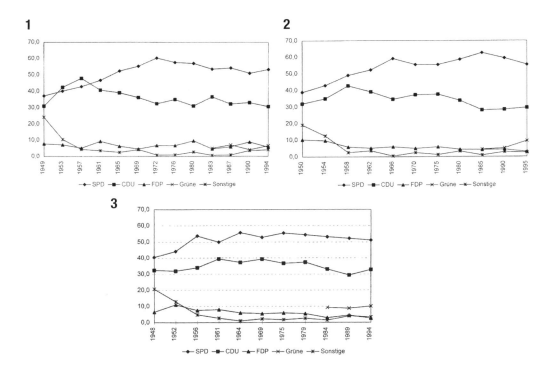

29. »Das Band der Solidarität« 1996/97 – eine Chronik

IGBE Jahrbuch 1996/97, hg. vom Hauptverband der IG Bergbau und Energie, Bochum 1997, S. 66–100. (Auszüg, vgl. auch Anm.)

In den letzten Jahrbüchern der IG Bergbau und Energie haben wir berichtet, dass sehr viele Aktionen und Demonstrationen durchgeführt werden mussten, um unsere Forderungen in den einzelnen Bergbaubereichen durchzusetzen.

Die Jahre 1996 und 1997 waren in dieser Hinsicht ein Höhepunkt. Ja mehr noch, die von Oktober 1996 bis März 1997 dauernde Protestbewegung wird wohl als bislang größter und längster Arbeitskampf in die Geschichte der IG Bergbau eingehen. Wir haben versucht, die Aktionen in Form eines Terminkalenders bzw. einer Schlagzeilenübersicht aufzulisten. Dabei stehen diese Aktionen beispielhaft für viele andere. [...][64]

Mit einer ungewöhnlichen Aktion machen die Bergleute der Hückelhovener Zeche Sophia Jacoba auf sich aufmerksam. Am 23. Februar starten sie über 2.000 Luftballons unter dem Motto: »Eine Belegschaft geht auf Arbeitssuche und bittet um Hilfe«. Per Luftpost werben sie um Betriebe, die sich in Industrie- und Gewerbegebieten ihrer Stadt ansiedeln sollen. [...]

1. Mai, Tag der Arbeit. In vielen Veranstaltungen kündigen die Gewerkschaften harten Widerstand gegen das Sparpaket der Bonner Regierung an. Alle Gewerkschaften geben sich kampfbereit. [...]

Juni/Juli/August 1996: [...] Auf den Betriebsversammlungen in den einzelnen Bergbaurevieren werden jetzt andere Töne angeschlagen. Als man die Bergleute darüber informiert, dass ein Gespräch über die Zukunft der Steinkohle noch nicht stattgefunden hat und frühestens im Herbst zu erwarten ist, zeigen Zwischenrufe – »Wir wollen, dass wir gerecht behandelt werden«, »Wir gehen für unsere Zeche auf die Straße, notfalls auch mit Knüppeln« –, wie gereizt die Stimmung unter den Bergleuten ist. Die IG Bergbau und Energie befürchtet gewalttätige Aktionen. [...][65]

---

[64] »In den ersten Januartagen [1996] verstärken die Kohlegegner ihre öffentlichen Angriffe auf den Steinkohlenbergbau: ›CDU/CSU Fraktion: Kohlesubvention schneller senken‹, ›Kohlesubventionen sollen noch früher gekappt werden‹. Diese und andere Nachrichten aus dem Regierungslager verunsichern die Bergleute. [...] Februar-Mai 1996: Die Schlagzeilen um die Steinkohle werden bedrohlicher: ›Bergbau ist besorgt über den Kohlekurs des Kanzlers‹, ›Von derzeit 10 Milliarden auf 1 Milliarde DM zurückfahren‹, ›300.000 Stellen in Gefahr‹«. [...]

[65] Am 7.9.1996 demonstrieren rund 250.000 Menschen in Dortmund, Berlin, Stuttgart, Hamburg, Leipzig und Ludwigshafen gegen das Sparpaket der Bundesregierung. Vor etwa 40.000 Menschen in Dortmund wirft der IGBE-Vorsitzende Hans Berger der Bundesregierung einen »kohlepolitischen Chaoskurs« vor, der nicht nur den Bergbau an der Ruhr, sondern auch den Industriestandort Nordrhein-Westfalen zerstöre.
»25. Oktober 1996: Bei einem Spitzengespräch mit der IGBE in Bonn verkündet Bundeskanzler Helmut Kohl: ›Die Subventionen von 7 Milliarden sind nicht zu halten, es muss deutlich darunter sein‹. Eine endgültige Entscheidung könne er aber erst am 14. November mitteilen. [...]

30. Oktober 1996: [...] Über 7.000 Bergleute sind im östlichen Ruhrgebiet sowie in weiteren Ruhrkohlebetrieben in Dortmund und Lünen verspätet zur Arbeit eingefahren. Vor Betrieben und Parteibüros wollen die Bergleute in allen Steinkohlerevieren Mahnwachen errichten. Noch in der gleichen Woche läuft auch eine groß angelegte Flugblattaktion an, um die Bevölkerung über die Situation im Steinkohlenbergbau zu informieren. [...]

6. November 1996: Mit einem Fackelzug durch die Innenstadt von Kamp-Lintfort demonstrieren mehr als 500 Kumpel gegen den Abbau der Kohlesubventionen. Während der Abschlusskundgebung folgen viele Geschäfte dem Aufruf, bei der Demonstration ihre Lichter auszumachen.

Mit rund 8.000 Kerzen und Fackeln bilden die Auszubildenden des Bergwerks Schlägel & Eisen ein riesiges Lichtermeer auf dem Marktplatz in Herten. Die 8.000 Lichter stehen für die 8.000 Bergbaubeschäftigten in dieser Region. Wer genau hinschaut, kann erkennen, dass dieses Lichtermeer die 40 Meter große Silhouette eines Schachtgerüsts darstellt.

7. November 1996: In einer kohlepolitischen Resolution haben sich mehr als 200 Bürgermeister aus den Steinkohlerevieren für die Entwicklung einer gemeinsamen, langfristigen Regionalpolitik für die von den geplanten Subventionskürzungen betroffenen Regionen eingesetzt. [...] Den ganzen Tag über legen abermals Zehntausende von Bergleuten und Beschäftigten kurzfristig die Arbeit nieder, um an den Informationsveranstaltungen teilzunehmen. Auf allen Schachtanlagen im Revier und im Saarland wehen schwarze Fahnen. Die Unruhe unter den Bergleuten wächst. [...][66]

6. Dezember 1996: [...] Alle Mahnwachen im Revier bekommen tagtäglich Besuch von Politikern, Wirtschaftsvertretern, Kirchenvertretern, Vereinen und Schulen. Sie alle zeigen Solidarität mit den Bergleuten. [...]

24. Dezember 1996: Auch an Heiligabend sind die Mahnwachen mit vielen Kolleginnen und Kollegen besetzt. Auf dem Bergwerk Lohberg/Osterfeld wird in 850 Meter Tiefe ein ökumenischer Gottesdienst gefeiert. 600 Menschen nehmen am Gottesdienst der Walsumer Bergleute teil. [...]

16. Januar 1997: Über 10.000 Demonstranten sind dabei, als in Werne ein neues Mahnfeuer angezündet wird. Über dieser Aktion schwebt wiederum der Heißluftballon der IGBE.[67] Auf der Kundgebung sagt Hans Berger: »Wir setzen unsere Aktionen fort.« [...]

17. Januar 1997: Es läuft wie am Schnürchen. Mit einer Schnur von Kamp-Lintfort bis Neukirchen-Vluyn demonstrieren Kumpel gegen den Abbau der Kohlesubvention. Bereits am

---

66 »11. November 1996: Vor der FDP-Zentrale und vor dem Bundeskanzleramt werden jetzt Mahnwachen eingerichtet, die Tag und Nacht besetzt sind. Am gleichen Tag teilt Kohl der IG Bergbau und Energie mit, dass er das Kohlegespräch erst am 5. Dezember fortsetzen will und die endgültige Entscheidung über die Kohlesubvention erst Mitte Februar 1997 fallen soll.« [...]
»5. Dezember 1996: [...] Nach dem Gespräch im Kanzleramt sagt Berger: ›Liebe Kolleginnen und Kollegen, Ihr müsst Euren Protest verstärken. Die Kohlegegner sind laut, wir müssen lauter sein!‹ [...]«

67 Dieser trägt die Aufschrift: »Erst stirbt die Zeche, dann stirbt die Stadt«.

Mittag ist das »Band der Solidarität«, an dem hundert Vereine und Schulklassen in den letzten Wochen gearbeitet haben, stattliche 12 km lang. Bis zum Abend sind es über 17,5 km.

Danach bilden 15.000 Menschen entlang des Bandes eine Lichterkette. Im Anschluss an diese Veranstaltung läuten Hunderte von Kirchenglocken. Zum Abschluss der Veranstaltung findet in Neukirchen-Vluyn ein Solidaritäts-Rockkonzert statt. [...]

25. Januar 1997: Über 15.000 Kumpel reichen sich im Fackelschein die Hände. Ca. 6,5 km lang ist die Kette von Recklinghausen nach Oer-Erkenschwick. Von beiden Orten aus wird die Menschenkette aufgebaut. Sie schließt sich dort, wo schon einige Hundert Leute rund um das Mahnfeuer versammelt sind. [...]

4. Februar 1997: [...] Der 14. Februar rückt immer näher. Mit einer groß angelegten Flugblattaktion – mehr als 150.000 Flugblätter – bittet die IG Bergbau und Energie die Bevölkerung im Ruhrgebiet, sich an dem »Band der Solidarität« zu beteiligen. [...]

13. Februar 1997: In den Medien, auf der Straße, in den Kneipen, auf der Arbeitsstelle oder in den Schulen – überall gibt es jetzt nur noch ein Thema: die große Menschenkette. Alle Zeitungen haben mit Zeichnungen, Skizzen und Landkarten informiert, wo die Menschenkette verläuft, damit sich die Menschen einreihen können. Die Zeitungen haben auf Sonderseiten berichtet, einige haben sogar ihren Druck umgestellt, um über mehrere Seiten die Kette darstellen zu können. [...]

[14. Februar 1997:] 11.00 Uhr: Hans Berger gibt in Neukirchen-Vluyn den Startschuss für ein beeindruckendes Schauspiel. Über eine Strecke von 93,1 km – von Neukirchen-Vluyn über Moers, Duisburg, Oberhausen, Essen, Bochum, Dortmund bis Lünen, greift eine Hand in die andere, bis die Menschenkette geschlossen ist. An vielen Punkten stehen die Menschen in Dreier- und Viererreihen. Nach Schätzung der Polizei haben sich 220.000 Menschen in das »Band der Solidarität« eingereiht. Damit sind die Erwartungen der IGBE weit übertroffen. Das durch die Menschenkette an vielen Stellen verursachte Verkehrschaos wird bis auf wenige Ausnahmen wohlwollend hingenommen. Der Medienrummel an diesem Tag übertrifft alles, was wir erwartet haben. Alle namhaften großen Fernsehanstalten sind vertreten und berichten von dem einmaligen Ereignis. Selbst aus Japan sind Fernsehteams angereist, um die Aktion zu dokumentieren. [...] Als Hans Berger gegen 12 Uhr in Lünen eintrifft, hat sich Johannes Rau schon eingefunden. Gemeinsam beenden sie um 12.00 Uhr die Aktion »Das Revier knüpft ein Band der Solidarität«. Zu dieser Zeit läuten von Neukirchen-Vluyn bis Lünen Hunderte von Kirchenglocken. [...][68]

6. März 1997: Die Gespräche mit der Bundesregierung verlaufen enttäuschend. Angeboten werden nur noch 3,8 Mrd. [D-]Mark. Hans Berger hat »kaum noch Hoffnung auf Kohleeinigung«. Die Bergleute – ob an der Saar oder an der Ruhr – machen jetzt ihrer Wut über den Ausgang der Gespräche in spontanen Aktionen Luft: Autobahnen, Straßen und Plätze werden

---

[68] »26. Februar 1997: Der Termin ist bekannt. Bundeskanzler Kohl lädt die IG Bergbau und Energie zum Kohlegespräch ein. Am 6. März soll in Bonn weiter über die Kohle befunden werden. Die Nerven der Bergleute liegen blank. Wieder ist der Termin etwas hinausgeschoben worden«. [...]

besetzt. In vielen Städten finden sich die maßlos enttäuschten Kumpel zusammen, um zu diskutieren. »Wir müssen wohl noch mehr Dampf machen«, so ihre einhellige Meinung. Alle Aktionen sind bis jetzt friedlich verlaufen. Aber wie lange noch? […]

7. März 1997: Das hat es in der Geschichte der IG Bergbau und Energie noch nie gegeben: Alle Bergwerke werden besetzt. Ab dem frühen Nachmittag steht auf allen Bergwerken an Ruhr, Saar und in Ibbenbüren die Produktion still. Bereits am frühen Morgen protestieren Bergleute in allen Revieren gegen die Bonner Kohlepolitik. Im Laufe des Tages weiten sich die Proteste aus. Die Betriebe bleiben besetzt. […]

10. März 1997: […] Alle Bergwerke sind weiterhin besetzt. Die Aktionen und Demonstrationen werden rund um die Uhr fortgesetzt. Selbst am Sonntag blockieren Bergleute an vielen Stellen Autobahnen und Straßen. Die Protestaktionen weiten sich aus. Der Zuspruch aus der Bevölkerung wächst. Viele Zulieferungsbetriebe erklären sich solidarisch mit den Bergleuten. […] Mit einer Spontandemonstration blockieren ca. 4.000 Bergarbeiter den Bereich der B9/Walter-Flex-Straße. In das Demonstrationsgeschehen werden die Parteizentralen der FDP und CDU zeitweise miteinbezogen. […][69]

13. März 1997: […] 10.30 Uhr: In der NRW-Landesvertretung in Bonn werden die Betriebsräte und BGA-Vorsitzenden über den Stand der Kohleverhandlungen informiert. […] 16.00 Uhr: Die B9 im Bereich Walter-Flex-Straße und Museum ist wieder frei. Nichts deutet mehr darauf hin, dass dort ein tagelanger Kampf der Bergleute stattgefunden hat. Auf allen Bergwerken finden am Nachmittag außerordentliche Betriebsversammlungen statt, auf denen die Kolleginnen und Kollegen über den Kohlekompromiss informiert werden. 17.00 Uhr: Auf fast allen Bergwerken läuft die Förderung wieder an. […]

14. März 1997: Zeitungsschlagzeilen zum Kohlekompromiss: »NRW trägt jetzt noch zusätzliche Last«, »Bund und Land legen drauf, Abbau der Kohlehilfen wird verlangsamt«, »Ein bisschen Sicherheit«, »Einigung, im Bergbau wird keiner entlassen«, »Ratlosigkeit, Freude, Schweigen und Jubel«. […]

16. März 1997: Dankgottesdienst der Kumpel. »Glück auf, der Steiger kommt« singen mehr als 1.000 Bergmänner und ihre Familien vor der Schachtanlage Haus Aden/Monopol. In einem ökumenischen Gottesdienst danken sie den Kirchen und der Bevölkerung für die große Unterstützung im Kampf um ihre Arbeitsplätze.

---

69 »11. März 1997: 11.30 Uhr: Bundeskanzler Helmut Kohl sagt das Gespräch mit Hans Berger ab. Die Wut der Bergleute wächst; die Gewaltbereitschaft nimmt zu.
11.55 Uhr: Ca. 250 Demonstranten durchbrechen im Bereich der B 9, Theodor-Heuss-Allee, die polizeilichen Absperrungen und dringen in die Bannmeile ein. Etwa 300 weitere Personen folgen ihnen. Sie werden an der zweiten Absperrung aufgehalten. Nach Aufforderung verlässt ein Teil der Teilnehmer die Bannmeile, die restlichen Demonstranten rücken gegen 13.30 Uhr wieder ab«. […]

30. »IBA von unten« (1997)

Volker Wilke/Peter Albertz, Der Initiativkreis Emscherregion – seine Arbeit, seine Ziele, seine Entwicklung, in: iba von unten, initiativkreis emscherregion, ... zum stand der dinge ..., dokumentation, hg. von Peter Albertz u.a., Dortmund/Essen 1997, S. 162–166. (Auszug)

Mit der IBA wurde erstmals offensiv für eine Beteiligung von bürgerschaftlichen Initiativen für die Erneuerung der Emscherregion geworben. Bis zum Sommer 1989 gingen rund 400 Projektvorschläge von Kommunen, PlanerInnen, Unternehmen und Initiativen ein; 160 Projektideen können dem bürgerschaftlichen Spektrum zugeordnet werden. Insgesamt wurden bis zum jetzigen Zeitpunkt ca. 90 Einzelprojekte gefördert.

Als »Parallelaktion« luden Dortmunder Projektgruppen zahlreiche Initiativen des Emscherraums zu einem Erfahrungs- und Informationsaustausch ein. Die große Resonanz – ca. 40 Initiativen und Projekte nahmen teil – signalisierte ein breites Mitwirkungsinteresse an der IBA. [...]

Nur einem einzigen bürgerschaftlichen Projekt gelang es zunächst, vom IBA-Lenkungsausschuss als »förderungswürdig« eingestuft zu werden: dem »Altenessener Forum«. Diese Bürgerinitiative hatte in den 80er Jahren ein soziokulturelles Zentrum in Gebäuden der ehemaligen Zeche Carl in Essen durchgesetzt; ihr Stadtteilentwicklungsprojekt »Wohnen, Arbeiten, Freizeit und Kultur in Altenessen« schaffte diese Einstufung ohne ausdrückliche Zustimmung der Kommune.

Der weitaus größere Teil der Projekte wurde zunächst auf eine mittelfristige Zeitschiene [...] gesetzt, andere wurden ganz abgelehnt. Der Hintergrund: Die IBA-Verantwortlichen vermieden und vermeiden, wenn eben möglich, programmatische Konflikte. Projekte, die in den Kommunen keine politische Unterstützung erhielten, kamen daher von vornherein nicht in die engere Wahl – also vor allem Projekte »von unten«: Denn gerade auf lokaler Ebene haben Berührungsängste mit Basisinitiativen die Wirkung von Käseglocken. Statt innovativer Ideen kamen auf diese Weise »gute Beispiele« zur Realisierung: Projekte, die gut sichtbar sind, die eher in die Höhe schießen als in die Breite und Tiefe verzweigen.

Die Unverbindlichkeit der IBA wird besonders deutlich im sozialen Bereich. Hier ist die Palette der Defizite vollgeladen: unzureichende Lösungsansätze für die Beteiligung von Kindern an Planungsprozessen, für den Umgang mit MigrantInnen bei der Stadterneuerung, fehlende Integration von Arbeitslosen usw. [...]

Zu einer wirklichen Zusammenarbeit mit der IBA kam es (bislang) nicht – aber nicht nur aufgrund der fehlenden Kontinuität der IBA von Unten. Mangelnde Aufnahmebereitschaft für bürgerschaftliche Ansätze ist bei der IBA eine Konstante. Trotz aller wohllautenden Erklärungen: Eine verstärkte Partizipation von BürgerInnen und Bürgerinitiativen am Erneuerungsprozess der Region, vor allem über ein systematisches Experimentieren, hatte und hat in der IBA sehr wenig Platz. [...] Alle Versuche, die Selbstheilungskräfte der Region zu mobilisieren, werden ohne eine neue Beteiligungskultur (bei der Planung wie der Umsetzung) auf halber Strecke stehen bleiben.

31. IBA – eine Würdigung danach (2000)

Jörg Bartel, Karl Ganser. Eine etwas andere Würdigung, in: War die Zukunft früher besser? Visionen für das Ruhrgebiet, hg. vom Landschaftsverband Rheinland, Rheinisches Industriemuseum Oberhausen, Bottrop/Essen 2000, S. 331–336.

Eines Nachts hatte Wolfgang Clement einen Albtraum: IBA-Finale war angesagt, das endgültige IBA-Finale zum endgültigen Ausklang der IBA, das fünfundzwanzigste in vier Wochen. Und alles geschah genau so, wie es die 24 Mal zuvor verlaufen war, auf irgendeiner bemoosten Zeche. Er hatte eine wirklich schöne Rede gehalten mit lauter Strukturwandel, Medienstandort und Dienstleistung und mindestens fünf Mal »global« gesagt, und sein »Wirschaffendas«-Gesicht hatte gesessen wie die Anzüge von Schröder,[70] und die Leute hatten kräftig applaudiert. Nichts hatte er falsch gemacht, gar nichts. Und dann war da ein miserabel gekleideter Mann mit fränkischem rrrrrr ans Rednerpult gestiefelt und hatte die Arme ausgebreitet und gesummt, gebrummt, gesungen, und die Leute hatten sich mit halb geschlossenen Augen im Rhythmus seiner rrrrrrs gewiegt und gelächelt; einige hatten sogar zu schmusen angefangen und damit, Moos aus den Mauerritzen der verfallenen Backsteingebäude zu kratzen, und sie betupften und umschmeichelten damit ihre Gesichter; andere kauten verzückt Löwenzahnblätter, die sie zwischen rostigen Zechenbahngleisen gepflückt hatten, offensichtlich hatten sie Visionen. Und alle Augen aller Festgäste blitzten, und fünftausend Fotografen, allesamt von überregionalen Zeitungen, blitzten auch – aber sie blitzten alle, die Mooskauer und Löwenzahnfresser, nur mit Ganser, der lächelte, rrrrrrrr, fast gelangweilt lächelte. Und er, Wolfgang Clement, der Ministerpräsident des Landes Nordrhein-Westfalen, schubste die weinende Schließlich-auch-Kulturministerin und unter anderem Ministerin für Stadtentwicklung, Ilse Brusis, beiseite und versuchte, hüpfend, winkend, stark errötend, auch aufs Bild zu kommen, zumindest ein bisschen, hinter dem Ganser. Und dazu rief er immerzu mit überschnappender Stimme, Gott, wie peinlich: »Ich hab den Mann bezahlt, ich ich! Der Chef bin ich, das ist doch bloß der Ganser ...!«

Und dann wurde Wolfgang Clement schweißgebadet wach und befand sich gerade auf irgendeinem Zechengelände bei irgendeinem IBA-Finale und hörte, links vorn vom Rednerpult her, ein sanftes fränkisches rrrrrrrr...

Ja, das ist erstunken und erlogen. Aber Visionen sind ja jetzt erlaubt in einem Land, Bundesland, in einer Region, die ihre Zukunft hinter sich zu haben schien, erst ganz langsam aus dem Schacht der Vergangenheit kroch, strukturwandelte und sich jetzt, geblendet, die Augen reibt. Es spinnt sich auch leichter: von Zechenbahnen, die, voll mit Popcorn essenden Nordrheinern, Japanern, Australiern, Eskimos, Bayern und Westfalen zwischen Dinslaken und Dortmund durch die verdschungelten Hinterhöfe der Industriellen Revolution rattern; von der in Coca-Cola-Rot getauchten Erlebnis-Zeche Hugo in Gelsenkirchen, wo täglich Tausende für 50 DM pro Nase in, boah, Bergmannskluft 500 m abwärts fahren und mit echten Grubenlampen Schächte, Flöze, Strebe erkunden, mit rumpelnden und pumpelnden Loren durch den Berg abenteuern,

---

[70] Gemeint ist der damalige Bundeskanzler Gerhard Schröder.

hui, und schaudern und schauen und schwitzen, richtige Kohle sehen und riechen und schmecken, sich in der schwarzen Kaue umziehen und in der Waschkaue Buckel schrubben und sich waschen und sich in der weißen Kaue freuen, dass Kohlenstaub noch schönere Augen macht als der Kajalstift; und hinterher einen riesigen MacPütt verdrücken. Und morgen aufs Rad steigen und gemütlich die saubere Emscher entlang radeln in guter Luft, vorbei an Schleusen und Schwimmern und Stellwerken und alten Fabriken und Hütten und Kokereien in sattem wilden Grün. Am Emscherstrand die Reisebeilage der Frankfurter Allgemeinen lesen über das Reiseziel Emscherstrand. Grillen. Und übermorgen morgens auf den Oberhausener Gasometer, wenn da oben noch Platz ist bei all den Touristen, und Panorama gucken und drinnen Glaslift fahren und schwindeln, bisschen groß einkaufen im Centro oder sonstwo, und dann abends zum Meidericher Hüttenwerk zum Farb- und Stahlspektakel oder doch lieber zur Kokerei: Der Blick aufs lichterlohe Revier ist doch zu schön, und Bottroper Schlote sind, irgendwie, viel schöner als die blöden Zypressen der Toskana. Und überübermorgen zum Top-Design auf Zollverein und ins Reviermuseum und in Halle 5 zu Anselm Kiefer und nebenan reinhören bei Ligetti mit Likörchen und Penderecki bei Pils, Schampus und Feuerwerk. Baden im Baldeneysee? Wenn's Wetter gut ist, warum nicht?!
Ja, warum eigentlich nicht?

Kapitel XVII
Gesellschaftlicher Strukturwandel – Bildungsrevolution, Daseinsweisen und soziokulturelle Herausforderungen
Von Jens Adamski und Julia Riediger

Bildung als Schlüssel zu neuen Perspektiven abseits der Montanindustrie

Nachdem das Ruhrgebiet im Nationalsozialismus als Stützpfeiler der deutschen Rüstungspolitik in seiner traditionellen Funktion als schwerindustrielles Zentrum gestärkt worden war, kam es auch nach 1945 infolge der Bedeutung der Grundstoffindustrien in der Wiederaufbauphase zunächst zu einer neuerlichen Festigung herkömmlicher Strukturen. Einerseits bildete die Restauration der Montanindustrie eine wesentliche Voraussetzung für den ökonomischen Aufstieg Westdeutschlands und die Wirtschaftswunderjahre, andererseits speiste sich das Selbstbewusstsein des »Kohlenpotts« weiterhin ausschließlich aus seinem althergebrachten wirtschaftlichen Stellenwert, wenngleich dieser gerade außerhalb der Region nicht unbedingt mit einer generellen Wertschätzung des Industriegebiets verbunden war *(Dok. 3)*. Doch spätestens die seit 1958 infolge der Absatzprobleme des Ruhrbergbaus zunehmenden unbezahlten Feierschichten, die nachfolgend einsetzenden Entlassungen und ersten Stilllegungen von Schachtanlagen *(vgl. Kap. XV)* machten schmerzhaft deutlich, wie dringend die Region Alternativen zur Montandominanz benötigte. Diese hatte zudem seit jeher aufgrund ihrer durchweg männlichen Prägung die strukturelle Benachteiligung der Frauen im Erwerbsleben forciert *(Dok. 2)* bzw. Frauen nur geringfügige berufliche Perspektiven geboten *(Dok. 4)*.

Diese Defizite konnten nur durch den intensivierten Ausbau des tertiären Sektors und die Schaffung von weiterführenden Bildungsangeboten in Angriff genommen werden. Insbesondere akademische Bildungsstätten fehlten dem Ballungsraum. Dabei hatte es bereits seit der Wende vom 19. zum 20. Jahrhundert immer wieder kommunale Initiativen zur Gründung von (Technischen) Hochschulen im Ruhrgebiet gegeben *(vgl. Dok. 20 in Kap. V)*, die aber aufgrund staatlicher Vorbehalte gegenüber der Bildungsbereitschaft sowie der politischen Zuverlässigkeit der örtlichen Bevölkerung nicht realisiert wurden. Auch von der Industrie gingen nur wenige Impulse zu bildungspolitischen Maßnahmen aus, die unmittelbar über ihre eigenen Bedürfnisse hinausreichten. Nach der Konstituierung des nordrhein-westfälischen Landtags kam es bald zu fraktionsübergreifenden Vorstößen zur Gründung einer Technischen Hochschule im Ruhrrevier *(Dok. 1)*, die von zahlreichen kommunalen Kuratorien und Gremien aus Politik, Wissenschaft und Wirtschaft flankiert wurden *(Dok. 5)*, zumal man zur Wiederinstandsetzung der zerstörten

Siedlungs- und Infrastruktur dringend auf Fachkräfte sowie eine qualifizierte Ausbildung des technischen Nachwuchses angewiesen war.

Obgleich der seit der zweiten Hälfte der 1950er Jahre verstärkt proklamierte »Bildungsnotstand« und die anwachsende Zahl der Studierenden geburtenstarker Jahrgänge von den in NRW bestehenden Hochschulen in Aachen, Bonn, Köln und Münster kaum noch bewältigt werden konnten, kam es in der nachfolgenden Zeit aufgrund verschiedener Hemmnisse, darunter parteipolitischen Erwägungen und städtischen Rivalitäten, zu keinen konkreten Entscheidungen *(Dok. 7)*. So sollte es noch bis zum Jahr 1965 dauern, bis mit der Ruhr-Universität Bochum die erste Universität im Revier ihren Betrieb aufnehmen konnte *(Dok. 13)*, was seitens der Bevölkerung auf vielfältige und originelle Weise kommentiert wurde *(Dok. 9)*. Nur drei Jahre später wurde die Universität Dortmund eröffnet, die Gesamthochschulen Essen und Duisburg folgten 1972.

Mit dem Aufbau der akademischen Landschaft vollzog sich langsam, aber stetig der Wandel zur Dienstleistungs- und Wissensgesellschaft: Während sich der Anteil der Erwerbstätigen im produzierenden Gewerbe im Kommunalverband Ruhrgebiet in den letzten 40 Jahren mehr als halbierte, arbeiten inzwischen mindestens zwei von drei Beschäftigten im Dienstleistungssektor. Insbesondere jungen Frauen und Arbeiterkindern gelang es, sich neue Berufs-, Aufstiegs- und Partizipationsmöglichkeiten zu eröffnen. So lag beispielsweise der Anteil der Studentinnen an der Ruhr-Universität bereits Ende der 1970er Jahre bei etwa 30 Prozent, während zugleich immerhin rund 22 Prozent der Studierenden Arbeiterfamilien entstammten – im Bundesdurchschnitt waren es dagegen nur 13 Prozent.

Als Ausgangspunkt für diese Entwicklung hatte man sich schon im Vorfeld, d.h. im schulischen Sektor, entschiedener um eine Öffnung der Bildungsschleuse für die Arbeiterjugend bemüht *(Dok. 11)*. Dazu gehörte die Beseitigung finanzieller Barrieren, im Allgemeinen die Einführung der Schulgeldfreiheit an Gymnasien, als symbolisches und regionalspezifisches Element aber auch die 1969 begründete Gesamtschule: Die Mehrzahl dieser »Gymnasien des kleinen Mannes« in NRW entstand dabei im Ruhrgebiet *(Dok. 15)*. Die neue Schulform sollte nicht nur helfen, bisherige Bildungsbenachteiligungen auszugleichen, sondern auch subjektive Hemmnisse abzubauen. Denn es galt zugleich, über Generationen hinweg gefestigte Orientierungen und eingefahrene Ordnungsmuster zu überwinden und Einsichten in die dem Nachwuchs durch Bildung erwachsenden Chancen zu vermitteln. Vor vergleichbaren Herausforderungen steht auch das heutige Bildungssystem bezüglich der Bemühungen um den Integrationsprozess von Einwandererkindern *(Dok. 24)*.

»Gastarbeiter« als neue Komponente im Sozialgefüge des »Schmelztiegels«

Der seit den 1950er Jahren in der Bundesrepublik aufkommende Wirtschaftsboom schuf einen Arbeitskräftebedarf, der nach der vollzogenen wirtschaftlichen Integration der Vertriebenen und Flüchtlinge sowie dem infolge des Mauerbaus ausbleibenden Arbeitskräftezustrom aus der DDR nicht mehr gedeckt werden konnte. Dies bildete den Hintergrund für die mit Italien (1955), Spanien und Griechenland (1960), der Türkei (1961), Marokko (1963), Portugal (1964), Tunesien (1965) und Jugoslawien (1968) geschlossenen Anwerbungsverträge, von denen lediglich die Vereinbarungen mit den beiden nordafrikanischen Staaten nahezu bedeutungslos blieben. Im Ruhrgebiet bestimmten zunächst kurzfristige arbeitsmarktpolitische Motive die Anwerbung, wobei die sogenannten Gastarbeiter in den Zentralbereichen der schwerindustriellen Produktion als fluktuierendes Arbeitskräftereservoir dienten und damit in Bereiche einrückten, aus denen deutsche Arbeitnehmer zugunsten attraktiverer Beschäftigungsverhältnisse in zunehmendem Maße abwanderten *(Dok. 10)*. Gerade der krisengeschüttelte Ruhrbergbau setzte – trotz anfänglicher, mitunter früheren Wahrnehmungen geschuldeter Bedenken *(Dok. 6)* – neben der Hüttenindustrie, dem Bau- und verarbeitenden Gewerbe infolge fehlender einheimischer Nachwuchskräfte verstärkt »Gastarbeiter« ein *(Dok. 17)*. Hatten in den 1960er Jahren zunächst Italiener die Hauptgruppe der in das Revier Angeworbenen gebildet, stammte seit Beginn der 1970er Jahre die Mehrheit der Zugewanderten aus der Türkei. Als temporäre Arbeitskräfte vorgesehen, lebten sie zu Beginn ohne ihre Familien und unter spartanischen, oft unzureichenden Bedingungen in von den Unternehmen gestellten Gemeinschaftsunterkünften *(Dok. 16)*. Erst im Zuge der sich verlängernden Aufenthaltsdauer verloren provisorische Formen der Lebensführung an Bedeutung, zumal insbesondere der Anwerbestopp von 1973 in unvorhergesehener Weise dazu führte, dass die ausländischen Arbeitskräfte sich auf einen längeren Verbleib einrichteten und ihre Familien zu sich holten *(Dok. 18)*. Was in den 1950er Jahren als staatlich organisierte Arbeitsmigration auf Zeit begonnen hatte, wandelte sich gut zwei Jahrzehnte später zur Einwanderungssituation, die sich infolge der Familiennachzüge zunehmend als solche konsolidierte.

1980 entsprach der Anteil der ausländischen Bevölkerung im Ruhrgebiet mit knapp acht Prozent im Wesentlichen dem Wert für das Land NRW und lag damit nur geringfügig über dem der Bundesrepublik (7,2 Prozent). Während jedoch zu diesem Zeitpunkt jeder zweite Zugewanderte im Revier türkischer Nationalität war, traf dies für Nordrhein-Westfalen bzw. die BRD nur für jeden Dritten zu *(vgl. dazu auch Dok. 25)*.

Die türkischen Migrantenfamilien ließen sich häufig in alten und preisgünstigen Werkssiedlungen in direkter Nachbarschaft zueinander nieder, sodass sich – durch den gleichzeitigen Fortzug deutscher Familien beschleunigt – ethnisch neu dominierte Stadtteile herausbildeten. Neben Faktoren wie unterschiedlicher Lebensart, Mentalität und traditionellen Bindungen unterstrich diese räumliche Konzentration in besonderer Weise die Wahrnehmung von Differenz zwischen Einheimischen und Einwanderern, zumal die deutsche Bevölkerung seit Beginn der Gastarbeiterbeschäftigung mit sehr unterschiedlichen Assoziationen auf die verschiedenen Ausländergruppen reagierte *(Dok. 8)*. Gegenseitig bestehende Vorbehalte und ausbleibende Begegnungen im privaten Bereich konnten im Extremfall zu heftigen Konfrontationen führen, die wiederum die beiderseitige Separierung verstärkten *(Dok. 19)*. Segregationstendenzen, wie sie auch im Kontext anderer stigmatisierter und von Armut bedrohter Milieus zu beobachten waren bzw. sind *(Dok. 12, 23)*, nahmen hier strukturelle Formen an, die insbesondere die nachfolgenden Generationen vor die Schwierigkeit stellten, ihre kulturellen Wurzeln mit dem deutschen Wertesystem in Einklang zu bringen. Dieser Balanceakt, der u.a. im Hinblick auf unterschiedliche geschlechtsspezifische Rollenvorstellungen zum Ausdruck kam, war und ist nicht selten mit innerfamiliären Zerreißproben verbunden *(Dok. 21)*.

Trotz der vorhandenen Komplikationen lässt sich konstatieren, dass einzelne Bestandteile der Zuwandererkulturen einen festen Platz in der Aufnahmegesellschaft des Ruhrgebiets gefunden haben. Am augenfälligsten – und zugleich als kulturelle Bereicherung empfunden – hat sich die neu gewonnene Vielfalt im gastronomischen Bereich etabliert *(Dok. 20)*; zumindest hier scheint der zu relativierende, allerdings durchaus populäre Mythos des »Schmelztiegels« tatsächlich zuzutreffen. Wenn es auch offenkundig ist, dass der Eingliederungsprozess, vornehmlich der türkischen Zuwanderung, noch nicht als abgeschlossen gelten kann, lässt sich vermerken, dass das Ruhrgebiet, das seit dem Beginn des schwerindustriellen Zeitalters durch mehrere Immigrationsschübe geprägt worden ist, als Zuwanderungsregion der Aufnahme neuer Bevölkerungsgruppen im Verhältnis zu anderen Landschaften eher aufgeschlossen gegenüber steht.

Literaturhinweise

Jan Pieter Barbian/Ludger Heid (Hg.), Die Entdeckung des Ruhrgebiets. Das Ruhrgebiet in Nordrhein-Westfalen 1946–1996, Essen 1997.

Wilhelm Bleek/Wolfhard Weber (Hg.), Schöne neue Hochschulwelt. Idee und Wirklichkeit der Ruhr-Universität Bochum, Essen 2003.

Robert Dreger/Kurt Lamschik (Hg.), Woher kommst Du – Wohin gehst Du? Migrationsbewegungen im Ruhrgebiet, Münster 1995.

Heimat Dortmund: 40 Jahre Universität Dortmund, 1 (2009).

Karin Hunn, »Nächstes Jahr kehren wir zurück…«. Die Geschichte der türkischen »Gastarbeiter« in der Bundesrepublik, Göttingen 2005.

Jutta de Jong (Hg.), Kinder, Küche, Kohle – und noch viel mehr! Bergarbeiterfrauen aus drei Generationen erinnern sich, Essen 1991.

Joachim H. Knoll/Hans Wenke (Hg.), Festschrift zur Eröffnung der Ruhr-Universität, Bochum 1965.

Annette Krus-Bonazza, Einwanderer im Ruhrgebiet 1945–1995, Erfurt 2000.

Yvonne Rieker, Ein Stück Heimat findet man ja immer. Die italienische Einwanderung in die Bundesrepublik, Essen 2003.

Hans Stallmann, Euphorische Jahre. Gründung und Aufbau der Ruhr-Universität Bochum, Essen 2004.

Klaus-Peter Strohmeier, Bevölkerungsentwicklung und Sozialraumstruktur im Ruhrgebiet, Essen 2002.

Dokumente

1. Fraktionsübergreifender Antrag im nordrhein-westfälischen Landtag auf Errichtung einer Technischen Hochschule im Ruhrgebiet, insbesondere zur Ausbildung junger Ingenieure (1948)
Landtag für Nordrhein-Westfalen – Erste Wahlperiode (S. 369f.), Nr. II-736, Düsseldorf, den 30.9.1948.

Der Landtag wolle beschließen:

I. Zur Sicherstellung eines ausreichenden Nachwuchses an akademisch vorgebildeten Ingenieuren ist eine zweite Technische Hochschule in Nordrhein-Westfalen zu errichten, und zwar im Ruhrgebiet.

II. Als Sitz dieser Technischen Hochschule wird die Stadt Dortmund bestimmt.

III. Die für die Vorarbeiten zur Errichtung der Technischen Hochschule notwendigen Mittel sind im Haushaltsplan des nächsten Rechnungsjahres vorzusehen.

Begründung

Zu I.

1. Bedarf an Ingenieuren.

Der Bedarf an Ingenieuren in den nächsten Jahrzehnten setzt sich zusammen aus dem normalen Nachwuchsbedarf, der zum Ersatz der ausscheidenden Jahrgänge nötig ist, und zweitens einem heute außerordentlich hohen zusätzlichen Bedarf

a) für den Wiederaufbau der zerstörten Städte,
b) für den Bau zusätzlicher Wohnungen für die Flüchtlinge,
c) für den Wiederaufbau der zerstörten Industrie- und Verkehrsanlagen,
d) für die Modernisierung und Mechanisierung der Fabrikbetriebe. Sie ist nötig, damit unsere Industrie mit dem Weltmarkt konkurrieren kann, ferner weil die überalterte Bevölkerung weniger leistungsfähig ist und weil in Zukunft mehr Frauen als bisher in den Fabriken arbeiten werden,
e) für die Entwicklung einer leistungsfähigen Exportindustrie. [...] Wettbewerbsfähig kann die deutsche Industrie nur dann wieder werden, wenn sofort Forschungs- und Entwicklungsarbeiten auf wissenschaftlicher Grundlage in bisher unbekanntem Ausmaß in Gang gesetzt werden. Dazu ist eine große Zahl von wissenschaftlich aufs Beste vorgebildeten Ingenieuren unerlässlich. [...]

2. Deckung des Bedarfs.

Der Bestand an berufstätigen Ingenieuren ist stark überaltert. Durch den Abfall der Studentenzahlen nach 1932 fehlt etwa die Hälfte des normalen Nachwuchses von rund 15 Jahren. [...] Die in dem Restdeutschland noch vorhandenen, zum Teil stark zerstörten Technischen Hochschulen reichen nicht aus, um den Normalbedarf und den Zusatzbedarf an Ingenieuren zu decken. Die Technischen Hochschulen in Danzig und Breslau, ferner die in der Tschechoslowakei und in Österreich sind für die deutschen Studenten fortgefallen. Augenblicklich entfallen in den Westzonen auf 10.000 Einwohner 4,5 Studienplätze an Technischen Hochschulen. Für das am stärksten industrialisierte Land Nordrhein-Westfalen (mit nur einer Technischen Hochschule in Aachen) stehen aber nur 0,9 Studienplätze auf 10.000 Einwohner zur Verfügung. […] Maßnahmen zur Abhilfe müssen sofort ergriffen werden, weil sie erst nach Beendigung der Ausbildung, frühestens nach fünf Jahren, wirksam werden können.

3. Soziale Notwendigkeit.

Den Ingenieurnachwuchs für das Industriegebiet muss vorwiegend die mit der Wirtschaft unmittelbar verbundene Bevölkerung des Gebiets stellen. Auf die technischen Begabungen aus den werktätigen Schichten können wir nicht verzichten. Diese Kreise können die Kosten für die Ausbildung ihrer Söhne in entfernten Hochschulstädten, namentlich nach der Währungsreform, nicht aufbringen. Mit Freistellen und Stipendien allein kann hier nicht geholfen werden. Nur dadurch, dass die Studierenden während ihrer langen Ausbildungszeit bei den Eltern wohnen können, werden die Kosten für Unterkunft und Verpflegung tragbar. […]

4. Vorteile für die Ausbildung.

Durch die Lage der neuen Technischen Hochschule im Industriegebiet können Männer der Praxis in großem Umfang als Dozenten herangezogen werden, wodurch zugleich eine Senkung der Personalkosten erreicht wird. Einrichtungen der Industrie, Laboratorien, Lehrwerkstätten usw. können für die Zwecke der Hochschule dienstbar gemacht werden. Dadurch werden die jungen Ingenieure in ganz anderem Maße als bisher schon während des Studiums die praktische Seite ihres Berufs kennen lernen. Zur Ausbildung der jungen Ingenieure gehört nicht nur das Studium der technischen Wissenschaften, sondern auch eine Einführung in die sozialen Verhältnisse und in das menschliche Zusammenleben der Angehörigen eines Betriebs, weil ja der Mensch im Mittelpunkt der Wirtschaft stehen muss. Dies ist am sichersten zu erreichen bei einer Hochschule, die, inmitten der werktätigen Bevölkerung errichtet, ihre Aufgabe darin sieht, die lebendige Verbindung mit Betrieb und Bevölkerung täglich zu pflegen. Schon aus diesem Grund gehört eine Technische Hochschule, abweichend von früheren Ansichten, mitten hinein in das industrielle Wirtschaftsgebiet.

Zu II.

Die bestgeeignete Stadt für die neue Technische Hochschule ist Dortmund. Dortmund hat im Industriegebiet eine sehr günstige Verkehrslage. In einem Umkreis von 35 Bahnkilometern wohnen fast vier Millionen Menschen, auf die nach dem augenblicklichen westdeutschen Durchschnitt allein schon 1.800 Studierende der Technik entfielen. Außerdem liegt Dortmund sehr günstig ungefähr in der Mitte zwischen den Technischen Hochschulen Aachen und Hannover. Die Wirtschaft des Dortmunder Bezirks weist alle Zweige auf, die für die Aufgaben der Technischen Hochschule von Bedeutung sind. Schon vorhandene wissenschaftliche Institute, Laboratorien und Bibliotheken können mit ausgenutzt werden. Die Technische Hochschule mit ihren Instituten kann in Dortmund in unzerstörten, umfangreichen und modernen – erfahrungsgemäß hervorragend geeigneten – Kasernenbauten mit zugehörigen großen Werkstatthallen am Stadtrand untergebracht werden. Die Stadt Dortmund hat sich bereit erklärt, den Umbau der Kasernen zu übernehmen. Mit der Einrichtung einer Technischen Hochschule in Dortmund würde die Benachteiligung, die der westfälische Teil des Landes Nordrhein-Westfalen in Bezug auf die Versorgung mit Hochschuleinrichtungen aller Art in der Vergangenheit erfahren hat, wenigstens etwas gemildert. Im Nord-Rheinland bestehen zwei Universitäten, eine Technische Hochschule und vier Spezialhochschulen; in Westfalen nur eine Universität. Selbst wenn die Technische Hochschule in Dortmund errichtet wird, bleibt das gesamte Land Nordrhein-Westfalen mit der Zahl der Studienplätze (einschließlich der an Universitäten) noch erheblich hinter dem gesamtdeutschen Durchschnitt zurück. Mit der Errichtung einer Technischen Hochschule in Dortmund würde zugleich einer seit etwa 50 Jahren immer wieder erhobenen Forderung des östlichen Industriegebietes endlich Rechnung getragen.

Zu III.

Wegen der Notwendigkeit, mindestens die Vorarbeiten zur Errichtung der Technischen Hochschule in Dortmund sofort zu beginnen und Mittel dafür zur Verfügung zu stellen, wird insbesondere auf die Begründung zu I.2 verwiesen.

Dr. Scholtissek, Henssler, Brockmann, Dr. Unshelm und andere Mitglieder der Fraktionen der CDU, SPD, Zentrum und FDP.

2. Die Volkswirtin Resi Dieckmann, Mitarbeiterin der Sozialforschungsstelle Dortmund, äußert sich über die Erwerbsnot der Frauen und ihre Arbeitsmotive im Ruhrgebiet (1948/1949).
a) Resi Dieckmann, Die Erwerbsnot der Frauen im Ruhrgebiet, in: Sozialpolitische Beiträge. Aufsätze und Kommentare zu sozialen Fragen der Gegenwart, Nr. 3 (September 1948), S. 13–15.

Wie überall die Erwerbsmöglichkeiten der Frau sehr eng mit der Struktur der Wirtschaft zusammenhängen, so zeichnet sich auch im Ruhrgebiet das Profil des Wirtschaftsgefüges hinter der Frauenarbeit fest umrissen ab. In der einseitig von der Schwerindustrie bestimmten Wirtschaftsstruktur ist für Frauenarbeit wenig Raum. So machten im Ruhrgebiet bis zum Krieg die Frauen nur ein Fünftel aller Erwerbstätigen aus gegenüber einem Anteil von einem Drittel im Reichsdurchschnitt. Obendrein standen und stehen die Frauen der Arbeit in der Industrie grundsätzlich ablehnend gegenüber. Darüber hinaus ist auch die Struktur der Wirtschaft in diesem Revier der Frauenarbeit keineswegs günstig. So blieb einem großen Teil der auf Erwerb angewiesenen Frauen nur artfremde Arbeit oder die Abwanderung in gemischtwirtschaftliche Bezirke mit vorherrschenden frauenintensiven Wirtschaftszweigen über. Demnach hat im Ruhrgebiet eine strukturell bedingte Erwerbsnot für Frauen immer bestanden. [...]

Wenn schon vor dem Krieg die vorhandenen Beschäftigungsmöglichkeiten für Frauen nicht ausreichten, wie viel schwieriger muss es dann heute sein, allen arbeitswilligen Frauen eine dauerhafte artgemäße Beschäftigung zuzuweisen. Besonders eindringlich wird das Problem, wenn wir die voraussichtliche Schrumpfung gerade der Wirtschaftsabteilungen in Betracht ziehen, die bislang in weitem Umfang Frauen beschäftigten, wie z.B. die öffentlichen und privaten Dienstleistungen. […] Die sinnvolle Ordnung der Frauenarbeit darf aber trotz ihrer Dringlichkeit nicht sogleich überstürzt und weit ausholend in Angriff genommen werden (dazu sind die künftigen Wirtschaftsformen noch zu undurchsichtig), sie hat vielmehr schrittweise zu erfolgen. So hat man sich in einer ersten Phase streng sowohl an die vorgezeigten Grenzen der Wirtschaftsstruktur als auch an die der überkommenen Berufsstruktur der Frauen zu halten. Hierbei ist eine Umschichtung der weiblichen Arbeitskräfte vordringlich. Diese hat so vor sich zu gehen, dass alle Frauen, die, beeinflusst durch die materielle Begünstigung einzelner Wirtschaftszweige oder durch den Arbeitszwang vergangener Zeiten, einer berufsfremden Beschäftigung nachgegangen sind, solchen Beschäftigungen zugeleitet werden, die ihrer erlernten Arbeit entsprechen. Erst für die zweite Phase wäre eine grundlegende Änderung in der Struktur der Frauenarbeit vorzuschlagen, zumal im Ruhrgebiet von jeher die Frauen in der Hauptsache als Hilfsarbeiterinnen tätig waren. Insbesondere heute, wo die Frauenarbeit nicht mehr Zwischenstadium, sondern oft fester Lebensberuf sein muss, sollen den Frauen solche Berufe erschlossen werden, in denen sie, ihrem Wesen gemäß, vollwertige fachliche Leistungen erbringen können. Hier wäre vor allem an eine Ausbildung für die Arbeit in der elektrotechnischen, optischen, Textil- und Kleidungsindustrie zu denken.

Selbst nach einer erfolgreichen Änderung der weiblichen Berufsstruktur kann die Erwerbsnot der Frauen im Ruhrgebiet noch nicht restlos beseitigt sein. Dies ist erst möglich, wenn in einer letzten Phase die Wirtschaftsstruktur des Ruhrgebiets zugunsten der Frauenarbeit gewandelt wird. Dass es grundsätzlich möglich ist, auch im westfälischen Ruhrgebiet frauenintensive Betriebe anzusiedeln, haben die schon hier und dort vorgenommenen Verlagerungen erwiesen. Nur durch einen planvollen Strukturwandel wäre die Frage der Frauenarbeit im Ruhrgebiet in der Verbindung mit der angestrebten Krisenfestigkeit der Arbeiterfamilien zu lösen.

b) Resi Dieckmann, Zur Frage der Frauenarbeit im Ruhrgebiet, in: Sozialpolitische Beiträge. Aufsätze und Kommentare zu sozialen Fragen der Gegenwart, Nr. 11 (April 1949), S. 7–8.

Aus dem gesamten Fragenkreis, der mit der immer erneut von verschiedenen Seiten geforderten Ausweitung der Frauenarbeit verbunden ist, soll hier nur das Verhältnis der Frau zur Arbeit betrachtet werden. Dabei müssen von vornherein die Berufe außer Acht bleiben, welche die Frau aus einer klaren inneren Bereitschaft heraus ergreift, z.B. pflegerische und erzieherische Berufe. Eine Erweiterung lässt sich in diesen Berufen nicht erzwingen. Abgesehen von dem Verhältnis der Frau zu diesen Berufen – streng genommen könnte man nur hier von wirklichen Frauenberufen sprechen – macht die Frau grundsätzlich ihre Einstellung zur Erwerbstätigkeit von deren Auswirkungen auf ihren persönlichen Lebensbereich abhängig. Die Motive, aus denen sich die Frau zu einer gewerblichen Arbeit entschließt, liegen nicht im Interesse am Sein und Zweck der Arbeit selbst. Für die jungen Mädchen, die noch im Familienverband leben, steht im Vordergrund das Ziel, sich der häuslichen Eintönigkeit zu entziehen, unter Menschen zu kommen oder auf eigenen Füßen zu stehen. Bei einigen mag auch schon bewusst der Gedanke mitsprechen, auf diese Weise eine Eheschließung zu beschleunigen. Bei den älteren Frauen, ganz gleichgültig, ob sie verheiratet sind oder nicht, entscheidet in erster Linie das materielle Ergebnis ihrer Arbeit. Diese, von der Frage der wirtschaftlichen Existenz her bestimmte Haltung ist keineswegs einer materiellen Gesinnung der Frau gleichzustellen. Sie dient nur der Sicherung der typisch weiblichen ideellen Ziele, die in der Häuslichkeit und in der Familie ihre Erfüllung finden. Die Mehrzahl der Frauen ist so fest mit ihrem engen Lebenskreis verwurzelt, dass sie ihn nur verlässt, um ihn zu festigen oder aber in einen neuen hinüberzuwechseln. Die Art der Arbeit erhält dabei ihre Bedeutung über den mittelbaren Erfolg.

Wenn wir speziell die Arbeitsbereitschaft der Frauen im Ruhrgebiet betrachten, so kann man hier eine allgemein ablehnende Einstellung beobachten. Dabei ist ein wesentlicher Unterschied zu treffen zwischen den Familien der Facharbeiter – es ist dies zumeist der alte Arbeiterstamm – und den Familien der Hilfsarbeiter. In den erstgenannten Familien nimmt die Frau alle mit der Haushaltsführung verbundenen Arbeiten und Pflichten sehr genau. Der kleine Kreis ihrer Angehörigen, die Sorge und Pflege von Haus und Garten, füllt sie vollständig aus. Darüber hinaus enthebt sie die ausreichende Lohnhöhe der Männer der Notwendigkeit eines Mitverdienens. Wohl wissen diese Frauen genau, dass auch sie einmal wirtschaftlich getroffen werden können. Vorsorglich sparen sie daher vom Einkommen des Mannes, um der Ausbildung und Ausstattung ihrer Kinder oder wirtschaftlich ungünstigen Zeiten ruhiger entgegensehen zu können. Den Töchtern dieser Familien verbietet eine gesunde Auffassung vom natürlichen Wirkungskreis der Frau jede Arbeitsaufnahme in der Industrie; das ist Sache der Männer. Für sie kommt höchstens zur Vorbereitung auf ihre künftigen Aufgaben eine vorübergehende Betätigung im fremden Haushalt in Frage, jedoch auch dann nur, um etwa Kochen oder Kinderpflege zu lernen. Die Ablehnung der Arbeit in der ungelernten Arbeiterschaft beruht auf anderen Motiven. Diese Einstellung ändert sich grundlegend in Wirtschaftskrisen mit zunehmender Arbeitslosigkeit. Sodann ist den Frauen des Ruhrgebiets jede Arbeit recht, wenn nur ihre Familien vor dem wirtschaftlichen Ruin bewahrt bleiben.

Aus diesen kurzen Darlegungen ist zu erkennen, dass hinter der Frauenarbeit, sobald sie verstärkt auftritt, die wirtschaftliche Notlage der Familie steht. Das galt zur Zeit der Industrialisierung, das gilt auch heute wieder. Für das verhältnismäßig einseitig auf die Schwerindustrie ausgerichtete Ruhrgebiet erscheint daher eine Ausdehnung des Berufsraumes der Frau heute umso berechtigter. Ansätze dazu finden sich in der Konfektionsindustrie, die in Gelsenkirchen entstanden ist, und in der für Hamm geplanten Textilindustrie, deren Entwicklung man mit besonderem Interesse entgegensehen darf.

3. **Der Initiator und Geschäftsführer der Sozialforschungsstelle Dortmund, Otto Neuloh, kritisiert die Diskrepanz zwischen der wirtschaftlichen Bedeutung des Ruhrgebiets und dem negativen Image des Reviers als »Kohlenpott« (1949).**
Otto Neuloh,[1] »Der Kohlenpott«, in: Sozialpolitische Beiträge. Aufsätze und Kommentare zu sozialen Fragen der Gegenwart, Nr. 10 (März 1949), S. 1–3.

Jeder Deutsche weiß, welche Wirtschaftslandschaft man als »Kohlenpott« bezeichnet, und niemand würde auf den Gedanken kommen, anstelle des aus dem westfälischen Platt kommenden Ausdrucks »Pott« »Kohlentopf« zu sagen. Es verbinden sich damit also bestimmte allgemeine Vorstellungen, in erster Linie die von einem Bezirk der Hütten und Zechen zwischen Ruhr, Lippe und Rhein, in dem es dampft und raucht und lärmt und nach viel Arbeit riecht. Diese Vorstellungen aber ändern sich nach Zeit und Entfernung. 1945, als der »Kohlenpott« leer war, waren alle Augen sehnsüchtig und Hilfe suchend auf ihn gerichtet. Auch in Zeiten innenpolitischer Hochspannung und wirtschaftlicher Krisen, wenn Streiks und Aussperrungen drohen, wird ängstlich darauf gesehen, wie der »Kohlenpott« reagiert. Für die Außenpolitik und die internationale Wirtschaftspolitik ist er immer das wichtigste Objekt gewesen, was vor gar nicht langer Zeit noch durch das Ruhrstatut[2] besonders deutlich hervortrat. Man bezeichnet ihn deshalb auch gern als das Herz nicht nur der deutschen, sondern auch der europäischen Wirtschaft und als Kraftspender für den wirtschaftlichen Wiederaufbau.

Aber es bestehen auch ganz andere Vorstellungen in der öffentlichen Meinung, die mit der wachsenden Entfernung vom »Kohlenpott« eine zunehmende Abwertung enthalten. Solange sich diese noch humorvoll äußert, wie in dem kleinen Scherz, der einmal vom Rundfunk verbreitet wurde: »Wenn man sich im Ruhrgebiet die Nase putzt, hat man ein Brikett im Taschentuch«, solange kann man das noch hinnehmen. Dieser Scherz hört aber auf, wenn aus der Bezeichnung ernste Konsequenzen gezogen werden, wie sie das Gutachten zur Hochschulreform[3] enthält. Dort heißt es auf Seite 94, »man kann sagen, dass eine Technische Hochschule nicht in den »Kohlenpott« unmittelbar hinein gehört, wohl aber in dessen Nähe, um sowohl die für wissenschaftliche Arbeit erforderliche Ruhe als auch die für die technischen Wissenschaften notwendige Verbindung mit dem Betrieb und seinen werkschaffenden Menschen zu sichern.« Wenn auch die Bezeichnung »Kohlenpott« in Anführungsstrichen steht, so verrät ihre Anwendung doch gewisse Bedenken, die schon seit 1890 verhütet haben, den Plan einer Hochschule,

---

1 Der Sozial- und Arbeitswissenschaftler Otto Neuloh (1902–1993) war in der Sozialforschungsstelle Dortmund von 1946 bis 1961/62 gleichzeitig Leiter der Abteilung für (Industrie-)Soziologie und Sozialpolitik.
2 1948 hatte Frankreich der Gründung der Bundesrepublik Deutschland nur unter der Bedingung zugestimmt, dass in einem »Ruhrstatut« die westdeutsche Schwerindustrie von einer internationalen Ruhrbehörde beaufsichtigt werden würde. Nach längeren Verhandlungen wurde das Ruhrstatut schließlich am 28.4.1949 von den westalliierten Siegermächten Großbritannien, Frankreich, den USA und den Beneluxstaaten verabschiedet.
3 Studienausschuss für Hochschulreform, Gutachten zur Hochschulreform, Hamburg 1948.

in erster Linie einer Technischen Hochschule im Ruhrgebiet selbst, zu verwirklichen.[4] Man will doch offenbar damit ausdrücken, dass dieser »Kohlenpott« weder landschaftlich noch nach der Art seiner Bevölkerung, noch nach dem Charakter seiner Arbeit geeignet ist, Standort einer Hochschule zu werden, weshalb man in respektvoller Entfernung bleiben will. Immerhin wagt man bereits die Nähe, während man in der traditionellen Beurteilung dieses Bezirks, vor allem in hochschulpolitischen Fragen, immer auf möglichst weite Entfernung Wert gelegt hat.

Wer das Ruhrgebiet wirklich kennt, weiß, dass es im Verhältnis zu englischen Industriegebieten, insbesondere den alten Bergbau-, Hütten- und Textilbezirken in Mittelengland und Wales, geradezu einer Parklandschaft gleicht. Trotzdem haben die Engländer mitten in diesen Industriegebieten wie Leeds, Sheffield, Manchester, Birmingham, dessen Umgebung man als black country (schwarzes Revier) bezeichnet, allgemeine und technische Universitäten großen Stils geschaffen. Im »Kohlenpott« haben Städte wie Duisburg, Essen, Bochum und Dortmund, vor allem im Süden dieser Hellwegreihe, ein Landschaftsbild, wie es nur wenige Großstädte in Deutschland aufzuweisen haben. Auch die Auffassung, dass im Ruhrgebiet ein ununterbrochenes Dröhnen und Lärmen herrsche, sodass wissenschaftliche Arbeit nicht die nötige Ruhe findet, sollte man endlich hinter eine wirklichkeitsnahe Beurteilung zurücktreten lassen. Es gibt in den Ruhrgroßstädten genügend Forschungsinstitute, die auf äußerste Ruhe angewiesen sind und seit Jahrzehnten bahnbrechende Forschungsarbeit geleistet haben.

Solange aus dem Ausdruck »Kohlenpott« eine kulturelle Deklassierung abgeleitet wird, und nicht eine Anerkennung seiner fundamentalen Bedeutung für die Wirtschaft und der Leistungskraft dieses Reviers und seiner Menschen, solange sollte in einem ernst zu nehmenden Gutachten die Bezeichnung vermieden werden. Denn diese negativen Vorstellungen und ihre praktischen Konsequenzen wirken sich gerade auf die Schichten des Ruhrgebiets, die seine wirtschaftliche Leistung zu verantworten und hervorzubringen haben, so ungünstig aus, dass man sich nicht zu wundern braucht, wenn ihre besten Angehörigen, vor allem der bestgeeignete Nachwuchs, bemüht ist, bei der ersten Gelegenheit sich in anderen deutschen oder gar ausländischen Gebieten niederzulassen. Ohne die Anerkennung der kulturellen Werte und Bedeutung des Ruhrgebiets und ohne entsprechende kulturpolitische Förderung können wir in der Zukunft nicht mehr damit rechnen, dass der »Kohlenpott« mit der selbstverständlichen Bescheidenheit seine Arbeit tut wie bisher.

---

4 Vgl. dazu Dok. 20 in Kap. V.

4. Ergebnisse einer zwischen Dezember 1951 und März 1952 von der Sozialforschungsstelle Dortmund durchgeführten Erhebung in Datteln über den Berufsweg der weiblichen Jugend, insbesondere den der Bergarbeitertöchter (1953)

Gertrud Balzer, Der Berufsweg der weiblichen Jugend in einer Bergarbeitergemeinde, Mskr. 1953 (Auszug). Archiv der Sozialforschungsstelle Dortmund, Ordnungspunkt V (Forschungsverwaltungsunterlagen), Projektnr. 1, Untersuchungen zum »Datteln-Komplex«.

Von den 94 Jugendlichen der Jahrgänge 1935–1930 waren zur Zeit der Untersuchung 68 Berufstätige, 23 Ober- bzw. Handelsschülerinnen, drei Berufslose. Von 71 befragten Jugendlichen, die nicht Schüler der Handels- oder Oberschule sind, befinden sich 35 (49,3 Prozent) in einem gelernten Beruf und 30 (42,3 Prozent) in einem ungelernten Beruf; je drei (4,2 Prozent) sind berufslos oder mithelfende Familienangehörige in der Land- und Gastwirtschaft. [...]

Aus Interviews mit Persönlichkeiten der Gemeinde geht hervor, dass die Töchter der Bergleute nicht in den Haushalt sollen; sie sollen etwas lernen, beliebt sind die Berufe: Verkäuferin, Schneiderin und Friseuse. Bergleute sind nach den Schilderungen nicht bereit, ihren Kindern eine langfristige Ausbildung zu gewähren, länger als drei Jahre darf diese nicht dauern. Höhere Schulausbildung von drei Jahren ist ihnen unvorstellbar. Solche Berichte dürfen aber nicht dahin gehend gedeutet werden, als ob dem Bergmann die Geduld zur Erreichung eines weit gesteckten Ziels fehlte. Die wahre Ursache für die Bevorzugung kurzer, überschaubarer Ausbildungsarten für ihre Kinder dürfte die im Rahmen unserer Familienbefragung angesprochene Bergarbeiterfrau ausgedrückt haben: »Der Bergmann muss früh heiraten, damit seine Kinder, wenn er mit 40 Jahren nicht mehr arbeiten kann, groß und versorgt sind.« Der Bergarbeiter ist durchaus bereit, seine Kinder – auch seine Töchter – etwas lernen zu lassen. Sie dürfen auch die Handelsschule besuchen und danach eine Bürolehre mitmachen. Für Töchter von Bergarbeitern, die aber nicht zu den Eingesessenen gehören, besteht nach den Befragungsunterlagen nur geringe Aussicht, in die kaufmännischen Büroberufe hineinzukommen. [...]

Da »in der Kolonie alles abfärbt« – wie wiederholt in Gesprächen betont wurde, liegt die Vermutung nahe, dass, beeindruckt durch die schlechten Erfahrungen bei der Suche nach einer kaufmännischen Lehrstelle, Bergarbeiterfamilien in Zukunft immer weniger Neigung haben werden, ihre Töchter zur Handelsschule zu schicken. Für die Töchter der Bergleute – insbesondere der Kolonie – besteht auch wenig Aussicht, in die handwerklichen Berufe hineinzukommen. Der begehrteste Beruf ist das Damenschneiderhandwerk. Von 71 Berufstätigen wünschten 32 eine Schneiderlehre, d.h. 45 Prozent der Jugendlichen. Nur sechs der befragten Jugendlichen, darunter zwei, deren ursprünglicher Berufswunsch in eine andere Richtung ging, ist es gelungen, eine Handwerkslehre zu erhalten: drei Damenschneiderinnen, zwei Herrenschneiderinnen, eine Friseuse. [...] Relativ günstig sind die Aussichten für diejenigen Bergmannstöchter, die eine Verkaufslehre anstreben. Hier ist erstmalig eine Chance für die weibliche Jugend vorhanden, Berufswunsch und Berufswahl zu einem hohen Prozentsatz in Übereinstimmung zu bringen. Von 15 weiblichen Jugendlichen, deren Berufswunsch Verkäuferin war, konnten elf ihren Wunsch realisieren. [...] Es ist erfreulich, dass gerade in der Verkaufssphäre eine Chance für die weibliche Jugend sonst benachteiligter Bevölkerungsschichten gegeben ist, da der

Beruf der Verkäuferin durch alle sozialen Berufsschichten der Väter hindurchgeht. Er wird von denjenigen, die ungelernten Arbeiterfamilien entstammen, als ein Aufstieg in einen gelernten Beruf empfunden und von den Töchtern der übrigen Familien als in sozialer Hinsicht tragbar angesehen, wobei die Branche und der Geschäftsbetrieb als solcher noch eine gewisse Rolle spielen. Bevorzugt wird die Textilbranche wegen der »sauberen Arbeit«, die man gut angezogen erledigen kann. [...]

Auffallend ist, dass es unter der weiblichen Jugend eine beachtliche Anzahl nicht voll Beschäftigter oder Berufsloser gibt. Nimmt man die 23 Schüler von den 94 Befragten heraus, so haben von den verbleibenden 71 Jugendlichen 18 (25,4 Prozent) kein volles Arbeitsverhältnis. Der Umfang ihrer Arbeit ist unterschiedlich, die einen arbeiten nur halbe Tage (acht), die anderen stundenweise als Gelegenheitsarbeiterinnen (vier). Wieder andere sind – wenn auch ganztägig beschäftigt – Saisonarbeiterinnen (drei), und schließlich gibt es noch solche, die ohne Arbeit zu Hause sind (drei). Es erhebt sich sofort die Frage: Was veranlasst ein Viertel der weiblichen Jugendlichen, keiner vollen Arbeit nachzugehen? Haben die eingesessenen Familien Recht, wenn sie nicht wollen, dass ihr Sohn ein Mädchen aus der Kolonie heiratet? Zwar ist ihre Abneigung gegen eine Schwiegertochter aus der Kolonie nicht wie in früheren Jahrzehnten von vornherein eine Hundertprozentige. Da heißt es: »Das wird nicht gerne gesehen. Ich würde mir die Familie genauestens ansehen, ich würde auf die Namen achten. Mit den Ki, Ka und Kos ist nicht viel los. Wir würden das Mädchen nicht allein deswegen ablehnen, weil es aus der Kolonie stammt, sondern weil die Mädchen in der Masse so sind: Sie wollen nicht arbeiten, halten in keiner Stelle aus, wechseln dauernd, gehen am langen Seil oder bleiben auch ganz zu Hause, tun nichts, weil der Vater gut verdient, geben das Geld leichtfertig aus, liegen dem jungen Mann dann auf der Tasche und können selbstverständlich nicht vorankommen.«

Von den Jugendlichen aus gesehen liegen die Verhältnisse so: Fünf Mädchen betrachten die augenblickliche Arbeit und Berufslosigkeit nur als eine Übergangssituation, warten auf den 18. Geburtstag, da dann die Berufsschulpflicht beendet ist und sie die Chance haben, von gewerblichen Unternehmungen genommen zu werden. So erwartet eine mit Erreichung der Altersgrenze eine Anstellung als Putzhilfe auf der Zeche, eine andere hat von dem Kinobesitzer bereits die Zusage, mit 18 Jahren als Platzanweiserin eingestellt zu werden. Die drei Berufslosen streben Fabrikarbeit an. Bei einer anderen – der größten Gruppe – spielt der Zeitfaktor die Rolle, [...] sie wollen über Zeit disponieren können, um einen Teil ihres Arbeitseinsatzes individuell bestimmen zu können. Zu dieser Gruppe gehören zehn Jugendliche. Sie haben verschiedene Pläne. Die einen (sechs) fühlen sich verpflichtet, im elterlichen Haushalt mitzuhelfen, da die Mutter krank, verstorben (vier) oder berufstätig ist (eine), oder aber größere Vieh- und Gartenwirtschaft die Mithilfe der Tochter erforderlich macht (eine). Töchter der Familie sind naturgemäß verpflichtet, ein Berufsopfer zugunsten des harmonischen Ablaufs des Familienlebens zu bringen und tun es auch mit einer gewissen Selbstverständlichkeit. Fälle, wo Krankheit der Mutter nur als Vorwand diente, waren klar ersichtlich, da die Krankheit der Mutter Nebensache wurde, wenn die gewünschte Fabrikarbeit zur Diskussion stand. Die anderen wollen die Zeit gebrauchen (vier), um – wie sie es sagen – »ihre Sachen in Ordnung zu bringen.« Sie wollen für sich und ihre Familie nähen und stricken. Sie schaffen so Werte für die Familie, der relativ geringere Lohn aus der unselbstständigen Beschäftigung wird hierdurch wieder wettgemacht. [...] Der Neigung der Mädchen, Halbtagsstellen zu bevorzugen, kommt das Bestreben der Hausfrauen, Hilfskräfte nur stundenweise einzustellen, entgegen. Mit der Einkommensminderung weiter sozialer Schichten nach dem Kriege ist es diesen nicht wie früher möglich, eine volle Arbeitskraft zu halten. [...]

Zur Zeit der Befragung hatten 25 Jugendliche der ungelernten Berufsgruppen ein festes Arbeitsverhältnis. Diese waren: fünf Hausgehilfinnen, fünf Tagesmädchen, acht Halbtagsmädchen, drei landwirtschaftliche Arbeiterinnen, vier Fabrikarbeiterinnen. [...] Im Ganzen befinden sich [...] drei Berufslose und fünf Gelegenheitsarbeiterinnen = 8,5 Prozent der befragten Jugendlichen in keinem geordneten Arbeitsverhältnis. Nur in Ausnahmefällen liegt die Ursache bei den Jugendlichen selbst. Entweder sind sie durch Krankheit der Mutter an vollem Arbeitseinsatz verhindert, oder aber die Eltern selbst wollen keine volle Berufstätigkeit ihrer Töchter. »Mein Vater sagt: Für 30,- DM Hausarbeit, das lohnt nicht, da kannst Du besser zu Hause bleiben. Meine Mutter sagt: Hilf mir im Haus und Garten. Was Du woanders verdienst, gebe ich Dir auch.« Oder: »Anderer Leute Dreck brauchst Du nicht wegzumachen.« Im Unterschied zur männlichen Jugend werden berufslose Töchter nicht ungern im elterlichen Haushalt gesehen. Sie werden meistens in den Arbeitsprozess, der durch den Rhythmus des Haushaltes vorgeschrieben ist, eingespannt und erfüllen dort ihre Arbeit.

5. Das »Kuratorium zur Förderung des wissenschaftlichen Lebens der Stadt Dortmund« diskutiert über die dringende Notwendigkeit einer Technischen Hochschule im Ruhrgebiet (1956).

Auszug aus der Niederschrift über die Sitzung des »Kuratoriums zur Förderung des wissenschaftlichen Lebens der Stadt Dortmund« mit Vertretern der Industrie und Wirtschaft über die Frage einer II. Technischen Hochschule in Nordrhein-Westfalen vom 4.1.1956. Archiv der Sozialforschungsstelle Dortmund, Ordnungspunkt IX, Nachlass von Wilhelm Brepohl, Abteilung »Volkstumsforschung im Ruhrgebiet« (B II), Karton 2/4, Ordner B II/6.

Nach einer Begrüßung der Gäste und der Mitglieder des Kuratoriums durch Oberstadtdirektor Dr. Kliemt,[5] der ausdrücklich betonte, dass die Verwaltung der Stadt Dortmund in der Vergangenheit und auch jetzt alle Bemühungen um die Verwirklichung des Plans, eine Technische Hochschule im Ruhrgebiet einzurichten, nachdrücklichst unterstützen würde, übergab Oberstadtdirektor Dr. Kliemt das Wort an den Schul- und Kulturdezernenten der Stadt Dortmund, Stadtrat Hansmeyer.[6] [...] Stadtrat Hansmeyer wies darauf hin, dass der Plan, in Westfalen

---

5 Walter Kliemt (1920–2003) war von 1955 bis 1967 Oberstadtdirektor der Stadt Dortmund und von 1967 bis 1983 Direktor der Vereinigten Elektrizitätswerke Westfalen (VEW).
6 Karl Hansmeyer (1897–1981), seit 1953 Oberschulrat, war von 1955 bis 1962 Schul- und Kulturdezernent der Stadt Dortmund.

eine Technische Hochschule zu errichten, schon um die Jahrhundertwende auftauchte[7] und nach Beendigung des I. und II. Weltkrieges ganz besonders lebhaft erörtert wurde; denn mit den Veränderungen der politischen Verhältnisse nach 1918 und dem deutschen Zusammenbruch von 1945 stellten sich folgenschwere Ereignisse ein, die unmittelbar nach Reformen verlangten. Daher wurde die Hochschulverfassung und die Standortfrage der nach historischen und dynastischen Gesichtspunkten im 18. und 19. Jahrhundert in Deutschland gegründeten Universitäten und Hochschulen gerade in dieser Zeit als besonders unzulänglich empfunden. So kam es, dass der Oberpräsident der Provinz Westfalen dem Dortmunder Oberstadtdirektor am 5. Juni 1946 erklärte, dass »die Frage der Errichtung der Technischen Hochschule in Dortmund entschieden sei«. Es kam aber nicht zur Ausführung dieses Beschlusses. Die englische Besatzungsmacht versagte die Erlaubnis zur Gründung, und nach der Vereinigung Westfalens mit der Nordrheinprovinz zu Nordrhein-Westfalen verfolgte die neue Landesregierung die Pläne für eine II. Technische Hochschule nicht weiter. [...] In den Jahren 1949/50 hatte aber schon ein vom Ministerpräsidenten Arnold[8] eingesetzter Expertenausschuss, der aus sieben Mitgliedern bestand, ein umfangreiches Gutachten über die Frage der höheren technischen Ausbildung im Land Nordrhein-Westfalen vorgelegt. Die Arbeitsergebnisse des damaligen Ausschusses wurden in einem umfangreichen Gutachten niedergelegt. Vier Mitglieder des Ausschusses [...] kamen damals zu dem Ergebnis, dass die Notwendigkeit der sofortigen Verwirklichung einer II. Technischen Hochschule in Nordrhein-Westfalen bejaht werden müsse. [...] Dieses 1949/50 erstellte und für das Ruhrgebiet günstige Gutachten wurde von der Landesregierung nicht beachtet. [...] Die Bildung der vom Landtag am 1. April 1955 geforderten Einsetzung einer neuen zweiten Gutachterkommission erforderte sechs Monate. Unter Datum vom 30. September gab der Kultusminister die Zusammensetzung der Kommission bekannt, die diesmal zehn Persönlichkeiten umfasst, von denen nur vier in Nordrhein-Westfalen ihren Wohnsitz haben, und die durchweg alle mit bestehenden Technischen Hochschulen entweder als Professoren oder Ehrensenatoren eng liiert sind. Die Gutachterkommission der Landesregierung tagte in mehreren Sitzungen seit Oktober 1955, ohne die Öffentlichkeit über den Fortgang ihrer Arbeit zu unterrichten. [...] Die zweite Kommission trifft im Grunde auf keine andere Situation als die Kommission von 1949/50. Sie kann deshalb das damals erarbeitete Mehrheitsgutachten nur bestätigen, oder sie muss ein ähnlich wissenschaftlich fundiertes Gutachten der Öffentlichkeit vorlegen. [...]

Dr. Neuloh machte noch darauf aufmerksam, dass gerade Ausländer, Ingenieure und Praktikanten immer wieder ihr Erstaunen darüber zum Ausdruck bringen, dass keine akademische Ausbildungsstätte für die Millionen-Bevölkerung des Ruhrgebiets existiere. Leider bedeute auch für viele deutsche Akademiker der »Kohlenpott« kulturell gesehen immer noch eine Wüste und von der Standortfrage aus gesehen ein nicht hochschulmäßig geeignetes Gebiet. Dieses unverantwortliche Vorurteil sei uns schon teuer zu stehen gekommen.

---

7 Vgl. dazu Dok. 20 in Kap. V.
8 Karl Arnold (1901–1958), CDU, war von 1947 bis 1956 Ministerpräsident des Landes Nordrhein-Westfalen.

Dir[ektor] Dr. Bischof[9] [...] betonte, dass [...] durch die ungleichmäßige Verteilung der bestehenden Technischen Hochschulen die westfälische und die Ruhrgebietsbevölkerung zum Schaden des gesamten Volks benachteiligt wird. Die Intelligenzquote der technisch begabten Industriebevölkerung wird nicht ausgenutzt mit dem Ergebnis, dass an den Hochschulen viele mittelmäßige Begabungen studieren. [...]

Zuletzt betonte Dr. Krüger,[10] dass die Frage der Errichtung einer weiteren Technischen Hochschule auch eine ›soziale Frage‹ sei. Es käme in unserer Lage alles darauf an, die vorhandene echte Intelligenz zu aktivieren und das Reservoir der Intelligenz der Arbeiterschaft auszuschöpfen. Die Studiumsmöglichkeit dürfe vom finanziellen Standpunkt aus nicht zu einem Privileg der Reichen werden.

Auch Dir[ektor] Dr. Harr[11] bezeichnete es als absurd, dass im Ruhrgebiet keine Technische Hochschule als Forschungsstätte bestehe, eine Hochschule, die Forschung und Lehre miteinander verbinde. Eine Hochschule im Revier ermögliche den Kontakt zwischen Hochschule und Industrie, und aus dem riesigen Reservoir der Industrie an Diplomingenieuren könnten geeignete nebenamtliche Hochschullehrer gewonnen werden. Es sei richtig festgestellt worden, dass sich bisher bei der Unterstützung des Plans einer II. Technischen Hochschule die Eisenindustrie vornehm zurückgehalten habe. Er könne aber jetzt sagen, dass die Eisenindustrie unbedingt eine II. Technische Hochschule im Ruhrgebiet begrüße. [...]

Prof. Dr. Kaiser[12] [...] erinnerte weiter daran, dass jeder Fortschritt der Technik identisch sei mit einem Fortschritt der Wissenschaft. Die Wichtigkeit einer Reform unseres Hochschulwesens sei allein aus dieser Schau schon zu begründen. Auch für die soziale Gesundheit eines Raumes mit so breiter Arbeiterbevölkerung wie das Ruhrgebiet spielt es eine große Rolle, dass die breiten Bevölkerungsschichten unmittelbar sehen, dass allen technisch-schöpferischen Leistungen geistige Anstrengungen vorausgehen, dass die Wissenschaft für unsere Existenz notwendig ist. An Dr. Brepohl[13] richtete Prof. Dr. Kaiser dann die Frage, ob irgendwelche Gründe für die Annahme einer Minderbegabung für technische Berufe bei der Ruhrgebietsbevölkerung vorliegen würden.

Dr. Brepohl antwortete unmittelbar und wies auf Untersuchungsreihen hin, die schon 15 Jahre zurückreichen. Schon Wehrmachtspsychologen hätten die besondere technische Begabung der Rekruten aus dem Revier bestätigt. Die Bevölkerung war ursprünglich kaum technisch begabt, aber sie habe sich seit Beginn der Industrialisierung angepasst. Heute würden die vorhandenen technisch qualifizierten Begabungen der Bevölkerung nicht ausgenutzt. [...]

---

9 Wilhelm Bischof amtierte als leitender Direktor des Staatlichen Materialprüfungsamts.
10 Hugo Krüger war als Bergwerksdirektor bei der Harpener Bergbau AG beschäftigt.
11 Albrecht Harr (1904–1984) war seit 1945 technischer Leiter der Westfalenhütte sowie von 1963 bis zu seiner Pensionierung 1968 Vorstandsmitglied der Hoesch AG.
12 Heinrich Kaiser war leitender Direktor des Instituts für Spektrochemie und angewandte Spektroskopie in Dortmund.
13 Zu Wilhelm Brepohl vgl. auch Dok. 6 in Kap. XII sowie Dok. 23 in Kap. XIV (mit Vita).

Der Oberstadtdirektor stellte dann unter Zustimmung aller Anwesenden fest, dass man erfreulicherweise in drei Punkten einer Meinung sei, und zwar:
1. Die Notwendigkeit einer II. Technischen Hochschule in Nordrhein-Westfalen wird von allen Sitzungsteilnehmern bejaht.
2. Als Standort kommt für diese Hochschule nur das Ruhrgebiet infrage, und
3. Die Stadt Dortmund erweist sich aus vielerlei Gründen, vor allem aber aufgrund der Lage der vorhandenen Technischen Hochschulen in der Bundesrepublik und des weiträumigen Einzugsgebiets als durchaus geeigneter Standort.

6. Zeitgenössische Kritik am anfänglichen Desinteresse des deutschen Bergbaus an der Beschäftigung italienischer »Fremdarbeiter« (1956)

Kurt Fiebich,[14] Die deutsche Kohlenwirtschaft vor der Wende, in: Gewerkschaftliche Monatshefte 7 (1956), S. 154–161, hier S. 158. (Auszug)

Der Verfasser hat an anderer Stelle darauf hingewiesen, dass von allen deutschen Wirtschaftszweigen lediglich der Bergbau mit stichhaltigen Argumenten die Anwerbung von Fremdarbeitern betreiben könnte. Aber ausgerechnet an der Ruhr und im Aachener Revier hat man im Gegensatz zu Landwirtschaft und Baugewerbe keinerlei Interesse. Einmal gibt man sich der Hoffnung hin, mit den geschilderten direkten und indirekten Lohnerhöhungen die Arbeiterknappheit mit Einheimischen beseitigen zu können, zum anderen befürchtet man, dass »vornehmlich ungelernte Süditaliener« nach der Bundesrepublik kommen, die als »nicht besonders arbeitswillig gelten« und ferner, dass »durch Sprachschwierigkeiten die Unfallgefahr außerordentlich stark erhöht wird«. Der Bergmannsberuf verlöre noch mehr an Anziehungskraft, wenn man ausgerechnet (!) Süditaliener im Ruhrgebiet heimisch machen würde.

Offenbar hat man über allem nationalen Arbeitsethos ganz übersehen, dass es die »faulen und schmutzigen Polen« waren, die entscheidend dazu beigetragen haben, dass das Ruhrgebiet zu dem geworden ist, was man in der ganzen Welt heute darunter versteht, und dass die USA und die meisten lateinamerikanischen Staaten die Zuwanderung von Italienern außerordentlich schätzen. Außerdem scheint in Essen unbekannt zu sein, dass in Belgien und Frankreich die Kohlengewinnung mit dem Einsatz oder Nichteinsatz von ausländischen, überwiegend italienischen Arbeitskräften steht und fällt.

Hinter dem Desinteresse des deutschen Bergbaus, des einzigen wirklich [an] Arbeitskräfte[n] knappen deutschen Wirtschaftszweigs, scheinen besondere Überlegungen zu stehen: Wenn innerhalb weniger Monate rund 20.000 geeignete ausländische Arbeitskräfte angelegt würden – was praktisch durchaus möglich wäre, denn in *allen* Teilen Italiens, auch in den Bergbau-

---

14 Der gelernte Kaufmann Kurt Fiebich (Jg. 1921) gehörte nach dem Ende des Zweiten Weltkriegs zu den Mitbegründern der SPD im Kreis Vechta/Oldenburg, wo er in der Folgezeit u.a. als Stadt- und Kreistagsmitglied sowie stellvertretender Landrat agierte. Von 1956 bis 1962 wirkte Fiebich als Assistent des Vorstands bei Hoesch, anschließend als freiberuflicher Volkshochschuldozent und – streitbarer und umstrittener – Aktionärssprecher.

bezirken, wartet man auf die Chance eines gut bezahlten Arbeitsplatzes in der Bundesrepublik! – wäre der Bergbau in der Lage, seine Kapazitäten mit einem Schlag auszunutzen, käme in die Kostendegression und könnte dann noch weniger überzeugend als heute nachweisen, dass es ihm finanziell schlecht geht. Es würde also keinesfalls überraschen, wenn der Bergbau zunächst einmal alle beschriebenen Erleichterungen mitnimmt *und anschließend lauter als jeder andere Wirtschaftszweig nach Fremdarbeitern ruft, mit der Begründung, dass die fehlenden 20.000 Arbeitskräfte eben doch nicht vom einheimischen Arbeitsmarkt zu beschaffen waren.*

7. Offener Brief an die Zeitschrift »ruhrgebiet« über Gründe und Hemmnisse für die Errichtung einer Technischen Hochschule im Ruhrgebiet (1960)

R. Siehak,[15] TH Dortmund – zu den Akten?, in: ruhrgebiet 2 (1960), Heft 1, S. 34–37.

Sehr geehrter Herr Döbler![16]

[…] Warum ist die Frage einer Technischen Hochschule im Ruhrgebiet eigentlich ein heißes Eisen? Alle Beobachter sind sich doch darüber einig, dass das Ruhrgebiet – verwaltungsmäßig eine Anhäufung großer Städte auf engem Raum – eigentlich schon eine einzige große Stadt ist und ganz sicher auf dem Weg dazu. […] Wo sonst in aller Welt gibt es eine Großstadt mit fünf Millionen Menschen, die so arm ist an kulturellen Einrichtungen großen Ranges? […] Weshalb kommt eine Sache nicht weiter, deren Wichtigkeit einleuchten müsste und die seit etwa 1900 in immer neuen Vorstößen diskutiert und gefordert wird? Ein erster wichtiger Grund ist die Tatsache, dass nur verhältnismäßig wenige Menschen genau wissen, was eine Hochschule und eine Universität im Ruhrgebiet bedeuten würde[n]. […] Da sich das Ruhrgebiet ohne die geistigen Zentren entwickelt hat, wie sie sich in den alten Städten finden, so wissen die Menschen nicht, was ihnen fehlt. Wie groß ihre Bereitschaft ist, geistiges Leben aufzunehmen, das zeigt sich gerade an dem starken Besuch der vorhandenen kulturellen Einrichtungen. Diejenigen aber, die in anderen Städten oder durch eigenes Studium erfahren haben, was eine Hochschule und was andere Einrichtungen hohen Ranges bedeuten können, klagen über die schwarzen, geist- und kunstlosen Städte des Reviers, in die sie verschlagen sind, und verzichten. Sie sehen den Mangel, erkennen aber nicht die Aufgabe und die große, noch nicht geweckte Bereitschaft.

Die Außenstehenden aber, besser noch die Draußen wohnenden (»Barbaren«?), die Politiker, die Zeitungsleute, die Manager geistiger Betriebsamkeit, auch die Professoren von Universitäten und Hochschulen, sehen, was fehlt, rümpfen die Nasen und betrachten das Ruhrgebiet im Geistigen als eine unterentwickelte Kolonie mitten in der Kulturlandschaft des übrigen Deutschlands.

---

15 R. Siehak war seit 1951 als Industrieberater tätig und in dieser Eigenschaft vielfach im Ausland beschäftigt. Sein besonderes Interesse galt Fragen der Berufsausbildung und Berufsfortbildung.

16 Hannsferdinand Döbler (1919–2004) war der Schriftleiter der Zeitschrift »ruhrgebiet«.

Es gibt noch mehr Hemmnisse, innere und äußere: die Rivalität zwischen den schnellen, beweglichen und politisch aktiven Rheinländern und den langsamen, bedächtigeren Westfalen, die den größten Teil der eingesessenen Bevölkerung des Ruhrgebiets stellen. Es gibt die Rivalität der Ruhrgebietsstädte untereinander, die in dieser Frage noch kein gemeinsames Bewusstsein entwickelt haben. Es gibt die Sorgen der benachbarten Hochschulen, insbesondere die Sorge Aachens, dass sie die Mittel, die für ihre Weiterentwicklung und für die laufenden Arbeiten benötigt werden, mit neuen Hochschulen teilen müssten. Man muss sich auch darüber klar sein, dass sogar das wirtschaftliche Interesse des einzelnen Hochschullehrers (durch das veraltete System der Kolleggelder) von einer anderen örtlichen Verteilung der Studenten berührt wird. Das ist ohne jede Bosheit gesagt. Ich kann mich auch des Argwohns nicht erwehren, dass parteitaktische Erwägungen der beiden großen Parteien dem Plan nicht gerade förderlich sein könnten. Das Ruhrgebiet mit seiner Arbeiterbevölkerung ist ein starkes Reservoir der SPD. Die alten Hochschulen sind im großbürgerlichen Zeitalter geformt worden. Wie wird sich eine neue Hochschule unter der Arbeiterbevölkerung an der Ruhr parteipolitisch auswirken? […]

Aus all dem folgt eine große Unsicherheit der Politiker und auch der Wirtschaftler, die zusammen entscheiden müssten, weil sie die Macht und das Geld haben. Sieht man auf die Einzelheiten, dann erscheint alles furchtbar kompliziert. Gründliche Unterrichtung ist schwierig; die Hochschulreform, die Studienreform werden seit Jahren diskutiert, ohne weiterzukommen; klare Grundsätze fehlen. So treibt alles in Entscheidungslosigkeit dahin. […]

Es ist nicht nur eine Frage des Ingenieurnachwuchses, es ist in erster Linie eine Frage der sozialen Gesundheit, der angestrebten neuen Ordnung in der Massengesellschaft des Industriezeitalters. Würde die Diskussion über die Technische Hochschule im Ruhrgebiet vor diesem Hintergrund geführt, dann bekäme sie ein anderes Gewicht. Ob die Verantwortlichen vor dem Ernst der Frage auch dann noch ausweichen werden?

8. Zeitungsbericht über unterschiedliche Erfahrungen mit ausländischen Arbeitskräften – insbesondere Japanern und Türken – bei der Hamborner Bergbau AG (1962)
Friedrich Spiegelberg, Im Schmelztiegel des Ruhrreviers, Westdeutsche Rundschau vom 19.7.1962.

Die Lieblinge der Ruhrbevölkerung unter den rund 17.000 ausländischen Gastarbeitern im Bergbau sind unangefochten 250 Japaner. In Castrop-Rauxel, Gelsenkirchen und Duisburg-Hamborn ist das sehr schnell zu spüren. Nippons Söhne unterscheiden sich von den Bergarbeitern anderer Länder in vielerlei Hinsicht. Es sind ausgesuchte Leute, die während eines dreijährigen Aufenthalts in der Bundesrepublik bei der praktischen Arbeit unter Tage Kenntnis für Aufsichtsfunktionen sammeln sollen. Einer inzwischen abgereisten Gruppe ist eine zweite gefolgt. »Die immer freundlichen Männer sind diszipliniert, arbeitsam und lerneifrig«, kommentiert der Ausbildungsleiter der Hamborner Bergbau AG, Direktor Dr. Heinz Steffen, ihre Haltung. Er ist der »Vater« der rund 1.600 ausländischen Bergarbeiter aus über zehn Nationen, die beim Hamborner Bergbau tätig sind. Wegen des überschwänglichen Lobs, das andererseits die japanischen Bergarbeiter dem deutschen Bergbau zollen, hat die Ausbildungsaktion bei den japanischen Bergbauunternehmern teilweise zwiespältige Gefühle ausgelöst. Einmütig wird aber anerkannt, dass die jungen Bergarbeiter nach ihrem dreijährigen Aufenthalt in der Bundesrepublik nicht nur gut ausgebildet, sondern auch als aktive Antikommunisten in den Fernen Osten zurückgekehrt sind.

Ob bei den 500 Türken, die in Hamborn arbeiten, auch die gleiche Einstellung wie bei den Japanern Platz greifen wird, ist nicht ganz so sicher. In den zahlreichen schmucken und modern eingerichteten Wohnheimen der Hamborner Bergbau AG spielen ständig Kofferradios. Nicht selten wird von den Türken der Sender Budapest gehört, der umrahmt von türkischer Musik Nachrichten und Kommentare in ihrer Heimatsprache ausstrahlt. Da die Türken grundsätzlich misstrauisch sind, fiel es ihnen am schwersten, sich in Deutschland einzuleben. »Was glauben Sie wohl, wie schwierig es war, den Leuten beizubringen, dass der Februar nur 28 Tage hat und es deshalb nicht soviel Geld geben konnte wie im Januar.« Die Zeiten, in denen man in Hamborn der aus Missverständnissen heraus entstandenen stürmischen Massenproteste der Türken nur mit Hilfe der Polizei Herr werden konnte, sind vorbei. Die Aufwiegler wurden schnell wieder in ihre Heimat abgeschoben. Die »alten« Türken wissen, dass sie vertragsgerecht behandelt werden und erzählen es auch den neuen. Wenn heute ein Polizist in ein Türkenheim kommt, dann meistens wegen Verkehrsübertretungen. Während die Japaner sehr schnell Führerscheine erwerben und sich mit kleinen Wagen begnügen, kutschieren die Türken nur in großen Straßenkreuzern durchs Revier und zeigen treuherzig ihren türkischen Personalausweis als Führerschein vor. Beim Hamborner Bergbau stand man lange Zeit vor einem Rätsel, denn immer wieder verschwanden Türken aus den Heimen. Erst vor wenigen Tagen hat man entdeckt, dass ein sehr fleißiger Türke seinen Nebenverdienst darin suchte, indem er seine Landsleute in den belgischen Bergbau weitervermittelte. Damit das nicht auffiel, ließen die Türken ihr Gepäck in Hamborn zurück. In Belgien bekamen sie es ersetzt. Diese Aktion konnte unterbunden werden.

»Mit jeder Nationalität machen wir neue Erfahrungen«, erklärte Direktor Dr. Steffen dazu. Bisher hat er in seiner Gesellschaft Arbeiter aus über zwölf Nationen getestet und für den Ruhrbergbau damit Pionierarbeit geleistet. In den Untertagebetrieben sind Deutsche und Ausländer bunt durcheinander gewürfelt. Die Gastarbeiter stellen dabei rund 19 Prozent der Untertagebelegschaft in Hamborn, während im Ruhrgebiet im Durchschnitt unter Tage nur 7,1 Prozent Ausländer tätig sind. Die heimischen Schlachtbeile der verschiedenen Nationen sind zur Freude der Hamborner nicht nur am Arbeitsplatz, sondern auch während der Freizeit begraben. »Selbst Italiener und Südtiroler verstehen sich bei uns blendend. Und Türken und Griechen, die sich zu Hause spinnefeind sind, tragen wirkliche Freundschaftskämpfe auf dem Fußballplatz aus.« Alle Nationen sind außerdem noch im deutschen Kochtopf vereint. Dabei wird jedoch auf religiöse Sitten und die Vorliebe der Türken und Griechen für scharf gewürzte Speisen Rücksicht genommen. Finanziell werden bei den fast 1.200 Heimplätzen mit Vollverpflegung täglich rund fünf Mark zugesetzt. Andererseits hat die Gesellschaft aber auch kräftige Arbeiter, und das ist für den Bergbau ausschlaggebend.

9. **In Straßeninterviews erfragt eine Studentenzeitung in Bochum Meinungen zum Aufbau der Hochschullandschaft im Ruhrgebiet (1963).**
Straßeninterview im Ruhrgebiet »Advent 63«, in: der ruhr-student. Bochumer, Dortmunder und Essener Studentenzeitung, Heft 1 (1963/64), S. 40–42. Die Schriftform der Vorlage wurde beibehalten.

RENTNER

Was wissen Sie von der Ruhr-Universität?
   Noch Gott, viel nicht, es ist ja noch nicht so weit, noch lange nicht so weit, außer dass der Streit war zwischen Bochum und Dortmund, das blieb mir ja doch ziemlich in Erinnerung.
Ist Bochum die ideale Universitätsstadt?
   Tja, warum nicht, warum nicht?

BEAMTER

Was versprechen Sie sich von der Ruhr-Universität?
   Gott, versprechen tu ich mir an und für sich gar nichts, vielleicht, dass meine Jungens was davon haben, meine Söhne. Es ist sehr günstig, da sie selbst hier in Bochum zur Schule gehen und zum Beispiel je nachdem wofür, welches Fach sie sich entscheiden, mal hier studieren können.

PENSIONÄR

Begrüßen Sie die Ruhr-Universität?
   Ja, das ist von meiner Sicht aus gesehen sehr erfreulich. Dadurch wird ja hier der geistige Aufschwung etwas erhöht, das ist meine Auffassung, und et kommt auch wenigstens wahrscheinlich etwas Ruhe in unsere Jugend, meine durch die Studenten, dann wird alles etwas ruhiger werden, nicht mehr so Wildwest.
Ist die Universität Querenburg nicht zu weit draußen gelegen?
   Och, ich meine nicht, das ist gerade, nach meiner Auffassung ist das gerade gesunder Lageplan, auch wenn der Stausee mal da sein sollte, schwimmtechnisch gesehen, paddelboottechnisch gesehen, meine ich, wär das wohl das Richtige. Ich habe wohl darüber gelesen, dat die Studenten nicht so hundertprozentig damit einverstanden sind, aber ich glaube doch, dass vor allen Dingen die Dunstglocke da nicht so hoch ist, wie hier, ist etwas sauberer die Luft da unten.
   […]

ÄLTERE DAME

Werden Sie an Studenten vermieten?
   Ja, warum nicht, ich dürft's nicht von Wirts wegen, in Breslau habe ich immer Studenten gehabt, bin aus Schlesien aus ner Universitätsstadt.
Begrüßen Sie die Ruhr-Universität?
   Ja, weiß ich, in Querenburg draußen war es auf dem Gelände, ist sehr schön. Wir werden hierdurch viel mehr Bevölkerung bekommen, und es wird auch mehr Geschäfte werden und

auch so, wenn ältere Leute Zimmer vermieten, ist Gelegenheit dann dazu, aber was wollen sie machen, wenn es von Wirts wegen nicht erlaubt wird, ich weiß es nicht.

[...]

VERKÄUFERIN

Freuen Sie sich auf die Ruhr-Universität?

Ja, ich finde es sehr gut.

Was wissen Sie darüber?

Ja, dass in zwei Jahren aufgemacht wird, alle Fakultäten sind hierhin gekommen. Ja, das ist natürlich ein sehr großer Fortschritt für Bochum und hier ist, mehr Betrieb, kommt hierher.

Bochum erhält einen zusätzlichen Heiratsmarkt?

Ja, sicher, ist natürlich interessant, wenn interessantere Leute als sonst vielleicht hierher kommen.

PRIMANERIN

Wird Bochum eine echte Universitätsstadt?

Ja, ich finde Bochum als Universitätsstadt direkt nicht geeignet, ich finde, also, so eine Universitätsstadt wie Münster oder München kann Bochum überhaupt nicht werden. Es ist irgendwie zu kleinstädtisch und so, es kann aber großstädtisch werden, dadurch einen Charakter annehmen. Nein, ich meine die Stadt an und für sich kann sich ändern, der Charakter der Stadt.

STENOTYPISTIN, 25 Jahre

Was halten Sie von der Ruhr-Universität in Bochum?

Ja, was soll ich sagen – Bochum hat's nötig, mehr kann ich dazu nicht sagen.

ÄLTERER MANN

Bringt die Universität Vorteile für Bochum?

Meines Erachtens nach wohl, denn dadurch bekommen wir ja allerhand von, wolln wir sagen, Vermietungen an Zimmern oder so was ähnliches, da verdienen Leute Geld durch, und es macht auch einen besseren Eindruck auf die Stadt, weil wir ja nur vorher der sogenannte Kohlenpott hier waren, und ich glaube dadurch, dass ja auch mehr Verkehr hier in Bochum kommt, dass da ja schließlich auch auswärtige Studenten und so was kommen und dass wir dadurch in der Stadt ein ganz Teil verdienen können.

[...]

HAUSFRAU

Was wissen Sie über die Ruhr-Universität?

Was ich über die Ruhr-Universität weiß, dass sie sich im Bau befindet, dass es eine technische Universität wird, dass schon einige Professoren verpflichtet sind, zur Universität, das ist soweit alles. Dass ein Wettbewerb ausgeschrieben wurde für den Bau und dass der erste Preis von einem Ausländer, glaube ich, gemacht wurde, das weiß ich nicht mehr so ganz genau.

Würden Sie Zimmer an Studenten vermieten?
   Ja, das würde ich ohne Weiteres machen, warum nicht?
Wie teuer?
   Das kann ich Ihnen nicht sagen, also auf dem Gebiet bin ich vollkommen tabu.
Nähmen Sie auch einen Farbigen auf?
   Nja, warum nicht, auch Neger, denn er ist ein Ausländer genau wie jeder andere.

JUNGER ARBEITER

Was wissen Sie über die Universität?
   Ja, was soll ich denn da groß zu sagen?
Was halten Sie davon?
   Jo, einerseits wird schon bisschen gut sein. Vor allem kommt der Kohlenpott dann weg, nicht?
Wird Bochum eine Universitätsstadt werden können?
   Tja, das glaube ich kaum.

10. Der Arbeitsdirektor einer Bergwerksgesellschaft berichtet der IGBE über seine Erfahrungen mit »Gastarbeitern« im Bergbau (1964).
Brief von Hermann Weber, Arbeitsdirektor Bergwerksgesellschaft Walsum AG, Walsum an Herrn Kegel, Industriegewerkschaft Bergbau und Energie, Bochum vom 22.5.1964. Archiv für soziale Bewegungen Bochum, IGBE-Archiv Nr. 19093 A (ORG) 18, Mappe 2. (Auszug)

Lieber Kollege Kegel!
Mit Deinem Schreiben vom 5. d. M. hast Du ein Problem angeschnitten, mit dem ich mich hier schon seit längerer Zeit intensiv beschäftige. […]

Die Fluktuation der Belegschaft in den vergangenen Jahren und die damit verbundenen Abgänge an leistungsfähigen Belegschaftsmitgliedern zwingen immer wieder dazu, alle Anstrengungen zu unternehmen, um den Ersatz für Abgänge auszugleichen.

Leider Gottes war auch ich hierdurch gezwungen, auf fremdsprachige Mitarbeiter zurückzugreifen. Ich war bis heute bemüht, Gruppen von fremdsprachigen Mitarbeitern zu nehmen, die in ihrer Sprache, in ihrer Kultur und in ihren Lebensgewohnheiten artverwandt sind. Bereits seit 1957 beschäftigen wir italienische Arbeiter und seit gut 1½ Jahren spanische Mitarbeiter. Von den zurzeit bei uns beschäftigten rd. 190 italienischen Mitarbeitern sind inzwischen 50 Prozent hier mit ihren Familien sesshaft geworden. Nach anfänglichen Schwierigkeiten haben sie sich in unseren Wohngebieten sehr gut eingelebt. Die Kinder besuchen mit den Kindern unserer deutschen Belegschaftsmitglieder gemeinsam die Volksschule hier am Ort. Diese Italiener treten als »Fremdkörper« kaum noch in Erscheinung.

Dass wir bereits 1957 mit der Anlegung von italienischen Mitarbeitern begannen, hat sich für uns sehr gut ausgewirkt. Wir hatten mit der Anwerbung dieser Kräfte bereits zu diesem Zeitpunkt begonnen, weil ich die Situation auf dem Arbeitsmarkt in der Zukunft gesehen berücksichtigen wollte.

Auch unsere spanischen Mitarbeiter, von denen wir zurzeit rd. 130 beschäftigen, sind nach Ablauf des Arbeitsvertrags zufrieden. Wir haben damit begonnen, die Familien nachzuführen.

Ich bin der Meinung, dass wir verpflichtet sind, die Familienzusammenführung zu ermöglichen, da wir auf Dauer gesehen nur dadurch eine unheilsame Fluktuation unterbinden können. Selbst wenn die Familien nur für einige Jahre hier sesshaft werden, müssen wir den fremdsprachigen Mitarbeitern die Möglichkeit des Zusammenlebens mit ihren Familien einräumen. Eins der gegebenen Mittel, um die Fluktuation zu bremsen, ist deshalb immer noch die Sesshaftmachung. Hierbei möchte ich gleich erwähnen, dass die arbeitsrechtliche und sozialpolitische Gleichstellung dem deutschen Arbeitgeber gegenüber mit all ihren Nebenerscheinungen als primär gegeben sein muss.

Zu Frage Nr. 1

[...] Ich habe hier im Hause bereits vor längerer Zeit – in Anbetracht der noch ausstehenden Anlegungen – die Kosten einmal ermitteln lassen und bin zu dem Ergebnis gekommen, dass für einen fremdsprachigen Mitarbeiter im ersten Jahr an Aufwendungen DM 1.850,00 zu leisten sind. Die Kosten [...] setzen sich etwa wie folgt zusammen:

Durchschnittliche Vermittlungspauschale	DM 113,00[17]
Stuhluntersuchung	DM 3,75
Arbeitseinsatz-Umlage Unternehmensverband Ruhrbergbau	DM 22,00[18]
Kosten für Umzüge	DM 53,35
Direkte Werbungskosten (Dienstreisen, Broschüren etc.)	DM 50,00
Zeitungen und Zeitschriften für die Heime sowie Betreuung	DM 6,50
Zuschuss für die Heimunterkunft	DM 111,25
Dolmetscherkosten	DM 100,00
Bisher sechswöchige Beschäftigung im Tagesbetrieb und Sprachunterricht (Lohn, Soziallohn, Arbeitgeberanteile, Berufsgenossenschaft, Weihnachtsgeld, Kindergeldumlage, Trennungsgeld, Familienheimfahrten)	DM 1.372,10
	DM 1.831,95

Demnach betragen also die Kosten pro Person rd. DM 1.850,00. [...]

Zu Frage Nr. 9

[...] Ich möchte noch darauf hinweisen, dass ich es für außerordentlich problematisch halte, global anzudeuten, dass der Bergbau genügend Arbeitskräfte hätte, wenn die bisher gemachten Aufwendungen, die für Ausländer gezahlt werden, für deutsche Arbeiter verwendet würden. Dieser Meinung muss entschieden entgegengetreten werden, zumal man sie sehr oft noch hört. Bei uns ist die Situation so, dass wir im Jahre 1964 ca. 300 Ausländer einstellen müssen. Wenn ich pro Kopf eine Belastung [...] von rd. DM 1.850 voraussetze, würde dies eine

---

17 Handschriftliche Anmerkung: zu niedrig.
18 Handschriftliche Anmerkung: Auch für deutsche Arbeitskräfte 26,89 DM.

Gesamtbelastung von DM 555.000 ergeben. Dies bedeutet bei 51 Mio. DM Lohnsumme für unsere Arbeiter im Jahre 1963 ein Prozent Lohnerhöhung. [...]

Als vordergründiges Ziel müsste gelten, was ja auch von Seiten der Gewerkschaft mehrfach betont wurde, den Bergarbeiter absolut an die Spitze der Lohnskala zu bringen und noch darüber hinaus. Des Weiteren müssten ihm Sondervergünstigungen gewährt werden, die ich im Einzelnen nicht darzulegen brauche. Ob aber bei einer Heraushebung des Bergarbeiters unter den heutigen Umständen die Fluktuation aufhört und eine Einstellung von Ausländern damit entfällt, wage ich zu bezweifeln. [...]

Bei der Gelegenheit möchte ich nicht versäumen, Dir meinen Eindruck von der Art und dem Auftreten der ausländischen Arbeitskräfte insgesamt zu geben. Dabei kann ich mich natürlich nur auf italienische und spanische Kräfte beziehen, weil diese bei uns beschäftigt sind. Im Allgemeinen hat der ausländische Arbeiter ein verhältnismäßig sicheres Auftreten. Ein Denunzieren unter sich oder von Arbeitskameraden erfolgt in keinem Fall. Sein Verhalten ist durchaus kameradschaftlich, wobei er das Schicksal des Einzelnen zum Schicksal Aller macht, das soweit geht, dass ein geschlossenes Auftreten öfter erfolgt.

Nachteilig ist es, dass die bei der Anwerbung erfolgten und noch so präzise und sachlich geführten Verhandlungen und Erklärungen sich bei der Ankunft nicht decken. So weiß zum Beispiel der durchschnittliche Spanier den Unterschied zwischen Netto- und Bruttolohn auch nach langen Erläuterungen kaum zu verstehen. Des Weiteren ist die Dolmetschertätigkeit immer eine unvollkommene Angelegenheit, weil der Steiger und die Aufsichtsperson vor Ort bei einer Gedinge- oder Lohnregelung einen Dolmetscher haben müssten, der aber nur schwerlich von Arbeitsplatz zu Arbeitsplatz, von Sohle zu Sohle wechseln kann.

Darüber hinaus ist es erfahrungsgemäß so, dass ein nicht genügendes Verstehen von beiden Seiten, d.h. der ausländischen und deutschen Arbeiter, vorhanden ist. Hier wird meines Erachtens auch zu wenig getan, um die Sache zu fundieren, auch soweit es sich um die Betreuung außerhalb der Arbeitszeit handelt. Erst nach längerem Zusammenleben in einer Gedinge- oder Arbeitskameradschaft lernt man sich gegenseitig schätzen und verstehen.

11. Werner Willutzki, Mitglied des Schulausschusses des Rats der Stadt Dortmund, erörtert die Frage, warum sich so wenige Arbeiterkinder an höheren Schulen befinden (1965).

Werner Willutzki, Warum sind so wenige Arbeiterkinder an höheren Schulen?, in: Werk und Wir 13 (1965), H. 1, S. 32–33.

Ist unser Bildungswesen wirklich katastrophal, wie man heutzutage häufig lesen und hören kann, oder ist das gegenwärtige Gespräch um unser Bildungswesen nur künstlich aufgebauscht? Haben diejenigen recht, die die Bildungsmöglichkeiten, die wir unserer Jugend bieten, für völlig unzureichend halten? [...] In den Erörterungen und Auseinandersetzungen um unser Bildungswesen mischen sich Unzufriedenheit und die Sorge, dass unsere Bildungseinrichtungen nicht ausreichen könnten, um im geistigen und wirtschaftlichen Wettbewerb mit anderen Nationen zu bestehen. Im Mittelpunkt dieser Diskussionen stehen die Überfüllung der

Hochschulen, der Lehrermangel an den Volksschulen und der niedrige Anteil der Arbeiterkinder an den weiterführenden Schulen und an den Hochschulen. […]

Während 50 Prozent der westdeutschen Bevölkerung der Arbeiterschaft angehören, sind an unseren Hochschulen nur 5 Prozent der Studenten Arbeiterkinder; in den Vereinigten Staaten sind es dagegen 30 Prozent, in England 25 Prozent und in Schweden 20 Prozent. Sind deutsche Arbeiterkinder dümmer als die der anderen Länder? Oder liegt es vielleicht daran, dass auf unseren weiterführenden Schulen verhältnismäßig wenig Arbeiterkinder zu finden sind? So besuchten in Dortmund, mit seiner überwiegenden Arbeiterbevölkerung, im Mai 1962 von 100 Schülern 7,4 Prozent die Realschulen und 10,0 Prozent die Gymnasien, während zum Beispiel in der Beamtenstadt Bonn 8,2 Prozent der Schüler zur Realschule und 31,3 Prozent zum Gymnasium gingen. Woran liegt das? Sind unsere Gymnasien Standesschulen? Oder schenken Arbeiterfamilien der höheren Schulbildung ihrer Kinder zu wenig Aufmerksamkeit? […] Sind unsere Bildungseinrichtungen zu wenig arbeiterfreundlich, oder ist unsere Arbeiterschaft zu wenig bildungsfreundlich? […]

Die Entscheidung, ob ein genügend begabtes Kind zur weiterführenden Schule geht, d.h. die Mittelschule oder das Gymnasium besucht, liegt in erster Linie bei den Eltern. Wenn Arbeiter den Wunsch haben, ihr Kind solle einmal »etwas Besseres« werden – und wer hätte diesen Wunsch nicht? –, dann ist dazu erste Voraussetzung eine möglichst gute, der Begabung des Kindes entsprechende schulische Ausbildung. […] Wie ist es heutzutage in den Büros und Unternehmen? Viele Arbeiterkinder mit »Köpfchen« entdecken leider erst im Büro oder im Betrieb den Nutzwert der höheren Ausbildung. […] Der viel gerühmte zweite Bildungsweg ist für die meisten kein Trost. Der doppelten Belastung von Beruf und Schule sind die meisten jungen Menschen einfach nicht gewachsen. Unser Bildungswesen legt den Eltern eine große Verantwortung auf. Sie haben zu entscheiden, ob ihr Kind zur weiterführenden Schule gehen soll, und damit die Chance bekommt, die Mittelschulreife oder das Abitur zu erreichen. […] Sind die Eltern im Zweifel, ob ihr Kind genügend begabt ist, sollten sie sich vertrauensvoll an den Lehrer ihres Kindes wenden. Sollte ihnen der Lehrer aber von sich aus zum Besuch der weiterführenden Schule raten, dann sollen sie diesem Rat um der Zukunft ihres Kindes willen möglichst folgen. […]

Aber nicht nur die Arbeiterfamilien sollten einer längeren Ausbildung ihrer Kinder größere Bedeutung beimessen, auch unsere Schulen müssten dem begabten Arbeiterkind bessere Chancen geben. Die Lehrerschaft an den höheren Schulen sollte mehr Verständnis für die Eigenart der Fähigkeiten von Arbeiterkindern aufbringen. Hat doch das Arbeiterkind auf dem Gymnasium und auf der Hochschule größere Schwierigkeiten zu überwinden als das Kind aus der Akademikerfamilie. Bedingt durch die einfache Sprache in der Familie, ist sein Wortschatz schlichter. Oft liegt eine geringere Beherrschung der Muttersprache vor. Die fremden Umweltverhältnisse auf der weiterführenden Schule machen das Arbeiterkind nicht selten unsicher. Arbeiterfamilien können ihren Kindern auch nicht soviel bei den Schularbeiten helfen, wie das oft in anderen Familien üblich ist. Ihre finanzielle Lage macht es ihnen unmöglich, notfalls Nachhilfestunden zu bezahlen. Deshalb würde es für viele Kinder unbegüterter Eltern eine große Hilfe bedeuten, wenn sie die Möglichkeit hätten, ihre Schularbeiten nachmittags in der Schule unter Aufsicht und Beratung eines Lehrers zu machen. […]

Ein Wort noch zu den finanziellen Gegebenheiten. Es ist ein selbstgefälliges Fehlurteil, wenn oft behauptet wird, dass Arbeiterverdienste höher sind als Angestellten- und Beamtengehälter. Das ist keineswegs die Regel. Es gibt aber solche Überschneidungen, und manche Arbeiterfamilien könnten sich das Studium ihrer Kinder ebenso oder sogar eher leisten als etwa die Familien mittlerer Beamter. Viele Beamte sind bereit, für die Ausbildung ihrer Kinder große finanzielle Opfer zu bringen, weil sie das Prestige und die beruflichen Aufstiegsmöglichkeiten des Studiums sehr hoch einschätzen. […]

Mit dem Bau der Universität Bochum und der Technischen Hochschule Dortmund wird in Zukunft das Studium für die Jugend des Ruhrgebiets auch wesentlich billiger und bequemer sein. Sie braucht dann nicht mehr an den Ort der Hochschule umzuziehen, sondern kann im Elternhaus wohnen bleiben. […]

In Zukunft wird noch viel mehr getan werden müssen, um Arbeiterkindern den Besuch weiterführender Schulen und der Hochschulen zu erleichtern. So sehr unsere Bildungseinrichtungen noch verbesserungsbedürftig und die Bildungschancen noch lange nicht für alle gleich sind, so sehr darf doch nicht übersehen werden, dass in der deutschen Arbeiterschaft die Einsicht wachsen sollte, ihren Kindern eine längere und bessere Ausbildung zu geben. Für begabte Kinder lohnt sich durchaus das finanzielle Opfer und das Risiko des längeren Schulbesuchs.

12. Die Beschreibung der Situation eines »sozialen Brennpunkts« in Duisburg (1965)

Aktenvermerk des Duisburger Beigeordneten Dr. Wilhelm Wehner an Oberstadtdirektor Gerhard Bothur[19] vom 11.3.1965. Stadtarchiv Duisburg 101/726. (Auszug)

Wie in allen größeren Städten gibt es auch in Duisburg einige soziale Brennpunkte. Rat und Verwaltung beobachten seit Jahren die Entwicklung und die Zustände in diesen Gebieten und haben Überlegungen für Hilfsmaßnahmen angestellt. Die Sorge gilt in erster Linie der heranwachsenden Jugend, die zweifelsohne erheblichen Gefährdungen ausgesetzt ist. Um ein möglichst umfassendes Bild über die Situation in den Notstandsgebieten zu erhalten, hat das Jugendamt bereits 1954 zwei Jugendfürsorger beauftragt, während ihres Jahrespraktikums in den beiden Brennpunkten Gleisdreieck und Werthacker/Schwiesenkamp Untersuchungen vorzunehmen und eine jugendfürsorgerliche Sonderbetreuung durchzuführen. […]

[Z]um Brennpunkt Schwiesenkamp. Die Situation dieses Gebiets ist in dem Bericht der Verwaltung im Jahr 1958 wie folgt dargestellt worden:

»Ähnlich wie das Gleisdreieck ist auch das Wohngebiet Schwiesenkamp durch drei Bahnlinien nach außen hin abgegrenzt. Die Entstehung dieses Wohngebiets geht in das Jahr 1945 zurück. Zunächst haben sich hier in den halb zerstörten ehemaligen Verpflegungsbaracken

---

19 Der SPD-Politiker Gerhard Bothur (1905–1971) war von 1960 bis 1967 Oberstadtdirektor von Duisburg.

Obdachlose niedergelassen. Einige Zeit später kamen Zigeuner hinzu und stellten dort ihre Wohnwagen auf. Gegenwärtig stehen neben vier Baracken (drei Holz- und eine Steinbaracke) ein ausgedienter Eisenbahnwaggon und einige Zigeunerwagen auf dem Gelände des Schwiesenkamps. Im Zuge der Bunkerräumung wurden für normale Wohn- und Mietverhältnisse noch zumutbare Familien aus dieser Notsiedlung ausgesiedelt und erhielten für Bunkerbewohner erstellte Wohnungen; stattdessen wurden allgemein nicht mehr zumutbare Familien aus Bunkern in die freigewordenen Notunterkünfte eingewiesen. Die Räumlichkeiten sind in jeglicher Hinsicht primitiv und unzureichend. Durchschnittlich müssen sich fünf bis acht Personen jeweils zwei Räume teilen. Die Toilettenanlage ist in letzter Zeit soweit verbessert worden, dass nunmehr von jeweils drei Familien eine eigene Anlage benutzt werden kann. Die einzelnen Barackenwohnungen sind nur durch dünne durchlässige Zwischenwände voneinander getrennt, so dass ein isoliertes Wohnen und ein ungestörtes Familienleben kaum möglich ist.

In den Notunterkünften wohnen insgesamt 37 Familien bzw. Teilfamilien mit insgesamt schätzungsweise 170 Personen, von denen etwa neunzig minderjährig sind, davon sind wieder 21 im Alter von 14 bis 21 Jahren. Es überwiegt also beträchtlich die Anzahl der Kinder und Kleinkinder. [...] Durch das Zusammenleben mit den benachbarten Zigeunern, die sich einer Kontrolle teilweise entziehen, sowie durch Fluktuation unter den übrigen Bewohnern sind im Übrigen konstante Zahlenangaben nicht möglich. Bei den Bewohnern des Schwiesenkamps handelt es sich fast durchweg um sozial abseits stehende Familien und Einzelpersonen, deren Lebensverhältnisse nicht unter dem Stand und den Lebensbedingungen der übrigen sozialen Brennpunkte liegen.«

Z. Z. wird der Schwiesenkamp von 247 Personen bewohnt. Von insgesamt 36 Wohneinheiten sind dreißig an Familien mit minderjährigen Kindern vergeben. [...]

Von den 31 Jugendlichen im Alter von 14 bis 21 Jahren sind 14 im Rahmen der Jugendgerichtshilfe erfasst. Zwei davon befinden sich in Jugendstrafanstalten, einer steht unter Bewährungsaufsicht. Für zwei Minderjährige wurde durch das Vormundschaftsgericht die Fürsorgeerziehung angeordnet. Vier Kinder befinden sich in Kinderheimen, zwei in Schwachsinnigen-Bildungseinrichtungen. 17 Kinder sind unehelich geboren. Von den dreißig Familien mit Kindern werden 21 vom Jugendamt betreut. Die Gesamtzahl der betreuten Kinder beträgt 91. Die räumliche Situation unterscheidet sich im Wesentlichen nicht von der im Bericht des Jahres 1958 gegebenen Darstellung.

Das Jugendamt ist nach wie vor der Auffassung, dass die im Schwiesenkamp heranwachsenden Kinder und Jugendlichen unter den derzeitigen Lebensbedingungen als gefährdet anzusehen sind. Entgegen einer anders lautenden Pressemeldung wird hier weiterhin die Auffassung vertreten, dass das Problem keineswegs durch die Herausnahme von Kindern aus den Familien zu lösen ist, obwohl eine Anzahl von Kindern in pflegerischer Hinsicht in Heimen besser aufgehoben wäre. Den bereits erwähnten Kindergarten der Kath. Kirchengemeinde St. Elisabeth im nahe gelegenen Werthacker (ca. zehn Minuten Fußweg für Kleinkinder) besucht z. Z. ein Kind aus dem Schwiesenkamp, zwei Kinder der Notunterkunft besuchen den Kinderhort. Die Leiterin des Kindergartens vertritt die Ansicht, dass von Seiten der Bewohner des Schwiesenkamps kein Interesse für eine solche Einrichtung bekundet wird. Sie hat von sich aus die Eltern schon mehrfach auf die Möglichkeit der Unterbringung hingewiesen.

Das Jugendheim der Offenen Tür »Haus Duissernberg« an der Schweizer Straße wird von Kindern und Jugendlichen des sozialen Brennpunktes Schwiesenkamp häufig besucht. Nach Mitteilung der Heimleiterin sind es täglich ca. dreißig Kinder im Alter von 9 bis 14 Jahren. In den Abendstunden kommen etwa zwanzig Jugendliche regelmäßig in das Heim. Im Zusammenleben mit anderen Jugendlichen ergeben sich nicht selten Schwierigkeiten. In einigen Fällen haben Eltern ihren Kindern den Heimbesuch untersagt, damit sie nicht mit den Kindern des Schwiesenkamps in Berührung kommen.

Neben dem ständigen Bemühen in Verbindung mit den fürsorgerlichen Fachkräften der Wohlfahrtsverbände und der Familienfürsorge, die laufende Betreuung der Kinder und Jugendlichen soweit wie möglich sicherzustellen, hat das Jugendamt auch versucht, Familien zu Wohnungen außerhalb dieses Notstandsgebiets zu verhelfen. Die Frage, ob diese Aussiedlungen zu dem gewünschten Erfolg geführt haben, lässt sich jetzt noch nicht abschließend beurteilen.

13. Auszug aus der Ansprache von Ministerpräsident Franz Meyers zur Eröffnung der Ruhr-Universität Bochum am 30. Juni 1965

Ansprache Franz Meyers[20] vom 30.6.1965. Landesarchiv NRW Abt. Rheinland, NW 122 Nr. 85, Landesregierung Nordrhein Westfalen, Landespresse- und Informationsstelle: III – 298./6./65, Düsseldorf, den 29.6.1965. (Auszug)

Der heutige Tag, der 30. Juni 1965, wird als ein denkwürdiger Tag in die Geschichte des Landes Nordrhein-Westfalen, aber auch in die Geschichte des deutschen Bildungswesens in dieser zweiten Hälfte des 20. Jahrhunderts eingehen. Die Ruhr-Universität Bochum, die erste Universität, die aufgrund der Empfehlungen des Wissenschaftsrats gegründet und errichtet worden ist, tritt an diesem Tag zum ersten Mal als jüngste deutsche Universität in den Kreis der vielen alten und ehrwürdigen wissenschaftlichen Einrichtungen unseres Landes und der Bundesrepublik. Jahre intensiver Vorbereitungen finden in dieser festlichen Stunde ihre Bestätigung und Krönung; und was lange Zeit Gegenstand von Gutachten, Konferenzen, Planungen und Architektenwettbewerben war – in seiner Zielrichtung erkennbar nur dem Auge des Wissenschaftlers oder des Baufachmanns – zeigt sich nun der deutschen Öffentlichkeit in einem Zustand der Entwicklung, der es erlaubt, diese Universität zu eröffnen und ihrer Bestimmung zu übergeben. […]

Die Struktur der Ruhr-Universität soll und wird ein Bekenntnis sein für die Aufgeschlossenheit des Landes Nordrhein-Westfalen und seinen Willen, sich von Unzeitgemäßem zu trennen und neue Wege zu gehen. Bochum ist eine Stadt im Herzen der größten Industrielandschaft der Bundesrepublik. Wir sind bewusst in den Brennpunkt dieses dicht besiedelten Gebietes gegan-

---

20 Franz Meyers (1908–2002), CDU, war von 1958 bis 1966 Ministerpräsident von Nordrhein-Westfalen.

gen, um direkt und unmittelbar Menschen anzusprechen, denen der Weg zum akademischen Bereich auf Grund ihrer wirtschaftlichen Lage oder durch die Vorstellung von der Universität als einer fremden, fernab gelegenen Größe schwer fällt. Die Ruhr-Universität soll die enge Verbindung zwischen Bildung und Wirtschaft, zwischen Forschung und industriellem Erfolg schon durch ihre Lage im Herzen dieses Ruhrgebiets zum Ausdruck bringen. Sie soll dem Revier neue Impulse geben und umgekehrt auch von ihm befruchtet werden. Ich erhoffe mir, dass die Anziehungskraft, aber auch die Ausstrahlung der neuen Universität den Landesuniversitäten und allen übrigen Universitäten und Hochschulen der Bundesrepublik, unserer Bevölkerung und unserem Staat zugute kommt.

14. Weihnachtslieder-Umdichtung, die von Studierenden der Pädagogischen Hochschule Dortmund bei der Eröffnungsfeier der Technischen Universität Dortmund am 16. Dezember 1968 angestimmt wurde

Agitationsorgel (zu singen bei feierlichen Anlässen), Melodie nach bekannten Weihnachtsliedern, abgedruckt in: Gerhard E. Sollbach, Der Studenten-Protest bei der Eröffnung der Universität Dortmund am 16. Dezember 1968 aus historischer Sicht, in: Heimat Dortmund. Stadtgeschichte in Bildern und Berichten. Zeitschrift des Historischen Vereins für Dortmund und die Grafschaft Mark 1/2009, S. 41–43, hier S. 41.

1 Stille Macht, heilige Macht,
Holthoff[21] schläft, einsam wacht
nur die heil'ge Studentenschaft.
Hier bei uns ist sie schon versklavt,
Holt sie aus Schmeißers[22] Saft,
Holt sie aus Schmeißers Saft.

2 Kling, Uni klingelingeling – heut ist Beginn.
Kling, Uni klingelingeling – heut ist Beginn!
Öffne Deine Türen,
Du sollst uns verführen,
zur Elite küren,
Denken bald einfrieren!
Kling, Uni …

3 Kommet, Professoren, Ihr Männer und Frauen,
Kommet das liebliche Kindlein zu schauen.

---

21 Fritz Holthoff (1915–2006), Mitglied der SPD, war von 1966–1970 Kultusminister des Landes Nordrhein-Westfalen und von 1960 bis zu seiner Emeritierung 1980 Honorarprofessor für Pädagogik und Unterrichtslehre an der Gerhard-Mercator-Universität Duisburg (heute: Universität Duisburg-Essen).
22 Prof. Dr. Martin Schmeißer (1912–1981) war der Gründungsrektor der Technischen Universität Dortmund und übte dieses Amt bis 1975 aus.

Studenten werden Euch bald quittieren,
worüber Ihr wollt heute jubilieren!
Fürchtet Euch nicht!
Fürchtet Euch nicht!

4   Oh Hochschultraum, oh Hochschultraum,
wie welk sind Deine Blüten!
Du lügst nicht nur zu dieser Zeit,
bist auch zukünftig allbereit,
Oh Hochschultraum, oh Hochschultraum,
mit Napalm ist gut brennen![23]

5   Oh du fröhliche, oh du selige,
gnadenbringende Ohnmachtszeit!
Lang wirst du nicht währen,
neue Besen kehren,
dich hinweg, dich hinweg für alle Zeit!

6   Die Uni ist entsprungen,
aus einer Wurzel zart.
Wie uns die Alten sungen,
wird`s auch die neue Art.

Tragend und gefühlvoll anstimmen

15. **Der Schulausschuss der Stadt Gelsenkirchen spricht sich für die Einrichtung einer Gesamtschule aus (1969).**
Anlage zur Niederschrift über die 26. Sitzung des Ausschusses für Volks-, Real- und Höhere Schulen vom 21.2.1969. »Vorlage« vom 12.2.1969 zu Punkt 2 der Tagesordnung. Institut für Stadtgeschichte/Stadtarchiv Gelsenkirchen, Pr 1125.[24]

1. Zur Situation der Schule in unserem Land

Schulen nehmen in jeder Gesellschaft eine zentrale Stellung ein. Wir haben das in der Zeit nach dem Zweiten Weltkrieg leider übersehen; denn unser Hauptaugenmerk galt nahezu zwanzig Jahre überwiegend der Befriedigung unserer materiellen Bedürfnisse. Gewiss haben wir auch unser Schulwesen wieder aufgebaut; es geschah aber in überlieferten Denkmodellen. Wir bauten von 1945 bis 1965 im Wesentlichen die Schulen der ersten Hälfte unseres Jahrhun-

---

23 Gemeint ist die Verwendung dieser Brandwaffe im Vietnamkrieg von Seiten der US-Streitkräfte.
24 Für den Hinweis auf diese Quelle danken wir Herrn Dr. Benjamin Ziemann, Reader in Modern History an der University of Sheffield.

derts wieder auf, ohne unseren Blick auf das Jahr 2000 zu richten. Die »gute alte Volksschule« war noch bis 1968 das Fundament unseres Bildungsangebots. Realschulen und Gymnasien entstanden im Wesentlichen wieder in den überlieferten Formen. Während die moderne Welt im Westen wie im Osten die Schule des 21. Jahrhunderts suchte und erprobte, stritten wir um Dorfschule, Konfessionsschule und Sprachenfolgen. [...]

Heute erkennen wir, dass die nicht oder nur unzureichend gelösten Bildungsaufgaben zur zentralen Mitte geworden sind. Die Unruhe in unserer Gesellschaft ist bildungspolitischer Natur. Wir werden diese Unruhe nur dann bewältigen, wenn wir endlich beginnen, heute die Schule für morgen zu bauen. Der Anfang ist gemacht. 1968 ordneten wir endlich die Volksschule neu. Die Hauptschule ist weiterführende Schule geworden. Sie hat Gelegenheit, ihren Beitrag für unsere Zukunft zu leisten. Die Hauptschule darf aber nur Anfang sein. Wir müssen auch für die Realschulen und Gymnasien zu neuen Aussagen kommen. In ihrer heutigen Struktur können sie sich nicht so sehr auf ihre Schüler einstellen, wie es erforderlich ist. Zu viele Eltern sind schulisch überfordert. Sie sind »schulfern«. Insbesondere in den Gymnasien sind die Kinder von Arbeitern unterrepräsentiert. Schulgeldfreiheit und Büchergeld schufen zwar eine gewisse Startgerechtigkeit. Es fehlt aber ganz entscheidend die Platzgerechtigkeit, weil die Schüler zu viele Aufgaben zu Hause erledigen müssen. Wenn die Eltern dann nicht hilfreich beistehen können, kommt es nur zu oft zum »Erlebnis des Versagens«. Der junge Mensch wird fehlgeleitet. Seine Begabungen werden weder entdeckt noch gefördert. Hinzu kommt die erschreckend geringe Durchlässigkeit zwischen den etablierten Schulen. Wenn wir als Gesellschaft aus alledem nicht umgehend die Konsequenzen ziehen, werden wir im nächsten Jahrhundert in die Reihe der Entwicklungsländer zurückfallen. Seit einigen Jahren sind daher Schulpolitiker und Wissenschaftler dabei, neue Wege zu suchen, neue Formen und Typen zu schaffen und Antworten auf die brennenden schulpolitischen Fragen zu geben. Eine der wichtigsten Antworten ist dabei die »Gesamtschule«.

2. Realschulen und Gymnasien in Gelsenkirchen

Gelsenkirchen ist ohne Zweifel eine schulfreudige Stadt. Seit Kriegsende verdreifachten wir unsere Realschulen, verdoppelten wir unsere Gymnasien. Wir bauten moderne Schulhäuser, und trotz allem stellt sich auch uns in Gelsenkirchen die Frage: Haben wir genug getan? Strukturuntersuchungen des Kultusministeriums geben eine unterschiedliche Auskunft.

Nordrhein-Westfalen hat 94 Stadt- und Landkreise. In der relativen Schülerzahl steht der »Stadtkreis Gelsenkirchen« bei den Realschulen an der 44. Stelle, ein recht beruhigender Aspekt. Anders ist es bei den Gymnasien. Hier halten wir mit Platz 92 praktisch das Schlusslicht im Land. Diese Tatsache ist bestürzend und niederschmetternd. Sie ist es umso mehr, als wir doch gerade in den letzten drei Jahren drei neue Gymnasien mit einem Aufwand von fast 20 Millionen DM neu gebaut haben. Wo liegt die Erklärung? Nun, im Landesdurchschnitt ist noch mehr, wesentlich mehr als in Gelsenkirchen geleistet worden. Selbst Städte wie Bottrop, Gladbeck, Wanne-Eickel, Herne oder Castrop-Rauxel, die stets hinter Gelsenkirchen rangierten, haben uns im relativen Anteil ihrer Gymnasiasten mehr oder weniger deutlich überholt. Und das, obwohl wir einen für unsere Stadt sehr starken Andrang zu unseren Gymnasien erleben. Das hat dazu geführt, dass viele unserer Gymnasien bereits wieder in Raumnot sind. Selbst die Gymnasien in den drei Neubauten stehen vor dem Schichtunterricht oder zumindest vor der Notwendigkeit, »Wanderklassen« einzurichten. […]

3. Warum Gesamtschule?

In Gelsenkirchen müssen also neben Neubauten für die übrigen Schulformen so schnell wie möglich mindestens zwei Realschulen und zwei Gymnasien neu errichtet und gebaut werden. Ihr Standort muss dort liegen, wo zu wenige Schüler zu den Realschulen und Gymnasien übergehen. Das ist ohne Zweifel in den Stadtbezirken Erle und Resser Mark der Fall. Das fehlende Angebot und die Milieusperren in den Familien halten hier viel zu viele Begabungen zurück. Mit der Errichtung herkömmlicher Schulen ist es daher nicht getan. Die neuen Schulen müssen Ganztagsschulen, Schulen mit Tagesheim sein, die dem Vater und der Mutter die oft bittere Pflicht der häuslichen Nachhilfe abnehmen. Was liegt also näher, als bei der Bedarfsdeckung zugleich ein neues Angebot zu machen. Dieses neue Angebot ist die vollintegrierte Gesamtschule.

16. **Notiz über eine Besprechung zur Wohnsituation im Türkenwohnheim der Schachtanlage Friedrich der Große, Herne, am 13. und 14. Juli 1970**[25]
Anlage zu einem Brief von Josef Windisch, IGBE Recklinghausen, an Manfred Schneider, IGBE Abt. Organisation, vom 5.8.1970. Archiv für soziale Bewegungen Bochum, IGBE-Archiv Nr. 19094 A (ORG) 18, Mappe 3. (Auszug)

Folgende Mängel wurden aufgezeigt:

Im Vertrag wird den Türken eine Unterbringung in Zwei- bis Dreibett-Zimmern zugesagt. Jedoch sind in einigen Zimmern sechs und in dem Tagesraum des früheren Kindergartens acht Personen untergebracht.

In den beiden unteren Waschräumen befindet sich seit fünf Monaten kein Licht.

In einer Belegschaftsversammlung ist den Türken die Anschaffung eines Fernsehgeräts, eines Fußballs sowie ein Platz mit einem Fußballtor und die Möglichkeit zum Tischtennisspielen versprochen worden. Diese Versprechen sind bis heute nicht eingehalten worden.

Bemängelt wird auch das schlechte Verhältnis zwischen dem Heimleiter und Dolmetscher einerseits und den Bewohnern des Heims andererseits.

Die Türken fühlen sich schlecht behandelt und in ihrer Freiheit eingeengt (z.B. erfolgt die Briefausgabe erst nachmittags usw. ...). Außerdem wird ihnen nicht gestattet, frei darüber zu entscheiden, wer für sie die Lohnsteuerangelegenheit übernimmt. Es ist zu vermuten, dass der Heimleiter ein starkes Interesse daran hat, dass die Lohnsteuerberatung durch ihn erfolgt. Erwiesen und zugestanden ist, dass er für diese Beratungen von den Türken Geldbeträge genommen hat.

25 Laut Notiz nahmen u.a. 150 Türken, der Heimleiter, Dolmetscher und ein Direktoriumsmitglied teil.

Außerdem ist die Wahlmöglichkeit, über welche Gesellschaft die Flugkarten für die Heimreise bezogen werden, nicht gegeben. Es ist zu vermuten, dass dies bewusst unterbunden wird, um die Provision, die zwischen Heimleiter und Dolmetscher aufgeteilt wird, zu sichern. Erwiesen ist, dass der Heimleiter und der Dolmetscher für jede von ihnen vermittelte Flugkarte mindestens DM 20,– erhalten.

Geregelt werden muss auch die Unterbringungsmöglichkeit für leicht verderbliche Lebensmittel. Die Ausstattung der Wohnräume mit Kühlschränken scheint dringend geboten.

Recklinghausen, den 23. Juli 1970

17. Die Ruhrkohle AG bewertet die Ausländerbeschäftigung im Unternehmen (1979).

Ausländerbeschäftigung in der Personalplanung der RAG, ZB 1.2, September 1979. Archiv für soziale Bewegungen Bochum, IGBE-Archiv Nr. 700.

Derzeit beschäftigten wir bei der Ruhrkohle AG 19.540 ausländische Mitarbeiter aus 42 Ländern mit folgender Konzentration:

78 Prozent Türken

86 Prozent Untertagebeschäftigung

83 Prozent länger als vier Jahre bei RAG, 37 Prozent sogar länger als acht Jahre.

Gut 15 Prozent unserer Beschäftigten sind Ausländer, untertage beläuft sich der Anteil auf 24 Prozent. Wie in anderen Wirtschaftszweigen auch, ist die Ausländerbeschäftigung in einigen Tätigkeitsbereichen konzentriert, so z.B. in der Kohlengewinnung mit einer Beschäftigungsquote von 46 Prozent und Streuwerten bei den Schachtanlagen zwischen 18 Prozent (Fürst Leopold) und 68 Prozent (Hugo).[26] Bei einer Betrachtung lediglich der mittleren Altersstufen (25–40 Jahre) steigt der untertägige Ausländeranteil auf 50 Prozent und der in der Kohlengewinnung auf 74 Prozent.

Mit zunehmender betriebsinterner Abwanderung der älteren deutschen Mitarbeiter wird die Bedeutung der Ausländerbeschäftigung unserer Betriebe in den kommenden Jahren steigen und zunehmend ihre Leistungsfähigkeit bestimmen.[…]

Wenn wir in 1990 und auch noch in den Jahren danach in entscheidenden Betriebsbereichen und Tätigkeiten auf die Mitarbeit von Ausländern angewiesen sein werden, können wird diese Belegschaftsgruppe nicht als eine Randgruppe für die unangenehmsten Arbeitsplätze ansehen. Schwerpunktmäßig sehen wir in der Ausländerbeschäftigung folgende personalpolitischen Vorteile.

– Sie besetzen (auch längerfristig) in einem hohen Umfang Arbeitsplätze, für die wir auch bei einem relativ günstigen Arbeitsmarkt keine hinreichende Anzahl heimischer Arbeitskräfte finden können.

– Infolge ihrer langjährigen RAG-Beschäftigung können die meisten Ausländer der Stammbelegschaft zugeordnet werden, eine Fluktuationsgefährdung, wie sie in den ersten Jahren nach der Anwerbung auftrat, besteht nicht.

---

26 Die Zeche Fürst Leopold befand sich in Dorsten, die Zeche Hugo in Gelsenkirchen.

- Betriebliche und sprachliche Eingewöhnung haben einen großen Teil der Ausländer für Facharbeiten qualifiziert, gehobene Funktionen werden zunehmend von ihnen besetzt, nicht alle Begabungsreserven wurden bis jetzt genutzt.
- Die Anzahl der Ausländer zwischen 25 und 50 Jahren beläuft sich auf 16.300. Mit der hohen Kinderzahl insbesondere der Türken, ergibt sich daraus für uns ein Nachwuchspotenzial (aus eigener Ausländerbelegschaft) von etwa 30.000. Dieses Potenzial könnte insbesondere nach Auslaufen des Schülerberges für die auch dann noch notwendige bergtechnische Facharbeiterausbildung personalpolitisch sehr interessant sein.

Nach der Charakterisierung der ausländischen Mitarbeiter, insbesondere der Türken [...], lässt sich feststellen
- Bei zunehmender betrieblicher und sozialer Integration und Vervollkommnung der Sprachkenntnisse lässt sich mit Stützung des Arbeitseinsatzes und der Fortbildung ein Großteil der ausländischen Mitarbeiter in verantwortungsvollere Tätigkeiten (Vorarbeiter, Aufsicht) entwickeln. Diese Chance wirkt nicht nur auf den einzelnen, sondern auf die Haltung aller Ausländer zurück.
- Eine betriebliche Verweigerung von Qualifizierungs- und Aufstiegsmöglichkeiten (Statusgetto) kann bei den Türken zu folgeschweren Reaktionen (Unlust, Krankenstand, Fluktuation etc. bis hin zur Arbeitsverweigerung) führen.
- Grundsätzliche Vorbehalte der heimischen Belegschaft gegen Ausländer bestehen nicht, auch ihr Aufstieg in gehobene Funktionen wird bei entsprechenden fachlichen Voraussetzungen von den Deutschen akzeptiert.
- Rund drei Viertel der bei uns beschäftigten Türken haben ihre Familien bereits nachgeholt, und rund die Hälfte lebt bereits in RAG-bewirtschafteten Wohnungen. Dennoch besteht bei diesen und ausgeprägter noch bei den in Heimen lebenden Ausländern eine latente Rückwanderungsbereitschaft. Eventuelle nationalistische Entwicklungen im Heimatland könnten eine verstärkte Rückwanderung auslösen. Unsere Belegschaftspolitik sollte darauf gerichtet sein, solchen Abwanderungen vorzubeugen. Die Ansätze dazu liegen in einer stärkeren betrieblichen Bindung und einer intensiveren sozialen Integration der Ausländerfamilien.

18. Der Arbeitnehmer und Gewerkschafter Cengiz Camci beschreibt die Probleme türkischer Arbeiter in ihrer neuen Umgebung (1979).
Hamm, den 5.6.1979. Ausländerbeschäftigung in der Personalplanung der RAG, ZB 1.2, September 1979. Archiv für soziale Bewegungen Bochum, IGBE-Archiv Nr. 700. Die Schriftform der Vorlage wurde beibehalten.

Probleme und Meinungen der ausländischen Arbeitnehmer bei dem Bergbau. [...]
 Bei der Ruhrkohle AG leben 2/3 der ausländischen Mitarbeiter nicht mehr in Wohnheimen. Die Familienzusammenführung der fremdsprachigen Mitarbeiter ist, wie Anfang der 70er Jahre mit der Anwerbung, ohne Vorbereitung viel zu schnell abgelaufen.

In den Wohnheimen hatten sie die Möglichkeit der Beratung über die Heimleiter, wenn sie mit dem Arzt nicht klarkamen oder Behördengänge. Jetzt wo sie die Familie hier haben, haben sie ein paar Probleme weniger wie kochen und Wäsche waschen, was noch für einen ledigen Mann anfiel, aber auch ein paar Probleme mehr. Auch hierbei sind die Anfangsprobleme wie woanders, finanzielle Probleme. Daher die Anschaffung von Billigstmöbeln und auch Sparsamkeit beim Essen u.a. Das Ziel wieder zurück zur Türkei haben sie am Anfang nur für ein paar Jahre verschoben, dieses schiebt sich natürlich von Jahr zu Jahr in ungewisse Jahre voraus.

Die meisten haben in den Jahren 1970–76 in der Türkei ihre Ersparnisse in Wohnungen investiert, Grundstücke gekauft, oder sich in kleinen Betrieben Anteile gekauft. […]

Wenn man bedenkt, dass sie von der Armut untersten Grades, ohne vernünftige Schulbildung, manche sogar heute noch in türkisch nicht lesen und schreiben können, Bauobjekte in die Türkei gestellt haben, oder sich an Unternehmen beteiligt haben, die eigentlich sehr viel Wissen über Wirtschaft und Kalkulation der eigenen Möglichkeiten verlangte, kann man ihre Belastung nachfühlen. Man weiß, wenn jemand hier baut, was für Belastungen dieses mit sich bringt, trotz höherem Bildungsniveau und sozialer Absicherung. Sie haben dieses erduldet und sind noch einen Schritt weitergegangen, indem sie die Familie in die Bundesrepublik Deutschland geholt haben.

Nun aber haben sie hier neben solchen Problemen, Probleme mit der Familie. Die Kinder haben nicht die Möglichkeit der schulischen Bildung wie in der Türkei. Die Möglichkeiten, die es gibt, sind ihnen unbekannt. Dieses kommt aber von der Einstellung, die sie aus der Türkei mitgebracht haben, dass die Schule sich um die Erziehung und Weiterbildung kümmert.

Auch dieses Vertrauen ist ihnen unsicher geworden, denn der »Hoca«[27] sagt in der Moschee: »Die Lehrer sind Kommunisten, sie wollen euch zu Ungläubigen machen.« Da sie in Angst und Ungewissheit sind, nichts falsch zu machen, schicken sie ihre Kinder auch zum Koranunterricht. […]

Wenn die Kinder krank werden und müssen zum Arzt gebracht werden, kommt die Frau alleine nicht klar. Wiederum braucht sie ihren Mann zur Unterstützung, und er wiederum muss sich irgendwie vom Betrieb frei nehmen. Hier würde eine Sozialhelferin Wunder tun.

Im betrieblichen Bereich ist es oft so, dass die überdurchschnittliche Anzahl der Arbeiter an (türkische) Gewinnung unter Tage türkische Arbeitnehmer sind, und sie versuchen sich an deutschen Kollegen anzupassen. Da sie auch mit Emotionen belastet sind, neigen sie dazu, eher einen Krankenschein zu nehmen, wenn die paar deutsche Kollegen, die mit ihnen zusammenarbeiten einen Krankenschein nehmen. Da sie auch auf Beleidigungen sehr beleidigt reagieren, versuchen sie dem Personenkreis, der sie beleidigt hat, nicht zu begegnen. Denn der Satz gilt heute noch für die meisten Türken, der besagt: »Ich arbeite auch für meine Ehre.«

Es müssten mehr Sozialberater für den Familienbereich vorhanden sein, die nicht nur Sprechstunden geben, sondern echt in die Familien hineingehen und ihr Vertrauen gewinnen. Die Familien müssten politisch neutrale Treffpunktmöglichkeiten bekommen.

---

27 Der Begriff »Hoca« bezeichnet allgemein einen islamischen Geistlichen bzw. Lehrer.

So oft wie möglich müsste man Begegnungen organisieren, wo Deutsche und Ausländer zusammen Mitwirkungs- und Mitgestaltungsmöglichkeiten haben. Sie haben sich untereinander viel zu sagen, aber der Anfang wird oft übersehen.

19. Eine Reportage darüber, wie ein Duisburger Stadtteil zwischen zwei Kulturen zerreißt (1980)

Die Türken oder Frontstraße in Hüttenheim, in: Stefan Klein/Manja Karmon-Klein, Reportagen aus dem Ruhrgebiet. Mit Bemerkungen von Willi Wittke, Frankfurt/Main 1981, S. 126–140 (geschrieben im November 1980).

Die Straße heißt »An der Steinkaul«. Udo Baer nennt sie »Frontstraße«. Auf der einen Seite der Front haben die Häuser kleine Gärtchen, auf der anderen Seite düstere Hinterhöfe. Auf der einen Seite steht die Trinkhalle von Heidi H., einer resoluten Frau, die ausspricht, was sie denkt. Sie sagt, und dabei hat ihre Stimme einen schrillen Klang: »Türken? Die haben wir gefressen. Die stehen uns bis obenhin. Randvoll.« Auf der anderen Seite wohnt Hüseyin Horoz, Arbeiter bei Thyssen, mit seiner Familie. Acht Personen, vier Zimmer, kein Bad. Er klagt: »Die Deutschen laufen weg, wenn sie uns sehen. Am Arbeitsplatz schikanieren sie uns. Die wollen uns rausekeln.«

Die Straße »An der Steinkaul« ist Grenzgebiet. Im deutschen Teil kann man nachmittags regelmäßig die Hausfrau Margret H. die Straße fegen sehen. Weißer Arbeitskittel aus Nylon, energisches Gesicht: »Ich habe ja wirklich nichts gegen Türken, weiß Gott nicht, aber dieser Dreck und dieser Krach – vor allem abends, da werden die ja erst richtig lebendig.« Im türkischen Teil spricht Dervis Sabooglu, Schichtarbeiter bei der Mannesmann-Hütte, viel von »Vorurteilen der Deutschen« und von seinem Herzen, in dem es traurig aussehe. »Integration«, sagt er, »gibt's nur auf dem Papier.« Seine zehnjährige Tochter Zehra hat ihm berichtet, dass die deutschen Kinder in der Klasse der Lehrerin gesagt haben, sie wollten nicht mit Türken zusammen sein. [...]

Fronterlebnisse im Duisburger Stadtteil Hüttenheim. Udo Baer vergleicht die Straße »An der Steinkaul« mit der Berliner Mauer – »nur dass hier nicht geschossen wird«. Er muss es wissen. Als Mitarbeiter der Arbeiterwohlfahrt (AWO) ist er mit einer dreiköpfigen Helfertruppe seit ein paar Wochen dabei, im Rahmen eines Forschungsprojekts des Bundesfamilienministeriums in Hüttenheim Integrationsmaßnahmen zu erproben – eine denkbar schwierige Aufgabe. [...]

Dieser Stadtteil im Süden Duisburgs hat 5.973 Einwohner, davon sind 2.408 Türken, ein Anteil also von 40,3 Prozent. Noch extremer werden die Zahlen, wenn man sich spezielle Altersgruppen ansieht. Bei den unter 18-Jährigen beispielsweise ist die Zahl der Türken mit 1.226 weit höher als die der Deutschen (814). Und was die Ein- bis Dreijährigen betrifft, da sind die deutschen Kleinkinder bereits zu einer verschwindend kleinen Minderheit geschrumpft: 103 Türken, 15 Deutsche. Ein türkisches Getto hat sich hier gebildet, eine Konzentrierung und Massierung, die vor allem in einem Teil Hüttenheims enorme Probleme und Schwierigkeiten aufgehäuft hat. Es ist dies jene Ecke, wo die Mannesmann-Hütte und das Thyssen-Walzwerk im spitzen Winkel aufeinander stoßen, wo der Blick nach Norden durch eine Batterie von Hochöfen verstellt ist, wo die Schlote mal bräunliche, mal gelbliche Abgase in den Duisburger Himmel entlassen und wo die Rangierkommandos vom Mannesmann Werksbahnhof weithin zu hören sind.

In dieser Industrie-Enklave leben tatsächlich Menschen: in der einen Hälfte fast nur Türken, in der anderen überwiegend Deutsche. Die Grenze bildet die Straße »An der Steinkaul«. Die Häuser, die sie bewohnen, gehören fast ausschließlich Mannesmann. Anfang des Jahrhunderts hatte das Werk, das damals noch »Heinrich-Bierwes-Hütte« hieß, für seine Arbeiter in Fabriknähe eine Kolonie erbaut, eine – verglichen mit München-Neuperlach oder Düsseldorf-Garath – durchaus wohnliche Siedlung, deren Charakter sich freilich im letzten Jahrzehnt vollkommen verändert hat. Wie die Verwandlung von den Deutschen empfunden wird, lässt sich gut von den alteingesessenen Hüttenheimern erfahren, beispielsweise von der Bäckersfrau, die seit 31 Jahren »An der Steinkaul« ihren Laden hat.

Sie sagt: Früher, da sei das »noch eine Gemeinschaft« gewesen, die Gärten »so nett bepflanzt« und die Gardinen »eine schöner als die andere«. Und heute? Da würde sie »direkt wehmütig«, wenn sie sehe, wie sehr das »alles verkommen« ist, sicher, auch die Türken seien »nicht alle gleich«, da gebe es sogar welche, »klasse sauber« seien die, »pikobello«, aber viele andere – »Höhlenbewohner« seien das ja zum Teil gewesen – »da in Anatolien«, es gehe einfach nicht mit den Türken, abends würden die »richtig munter und laut«, sie selbst könne das gut beurteilen, sie habe mal Türken zur Untermiete gehabt, aber geputzt hätten die nie, »nur einmal« hätte sich die Türkenfrau »mit Reisig« in ihrem »schönen Treppenhaus« zu schaffen gemacht; alles sei verkratzt gewesen, und das wäre doch »klar, dass ich froh war, wie ich die nach einem Jahr wieder raus hatte«.

Was die Bäckersfrau da beklagt, ist das Ergebnis einer offenbar gezielten Belegungspolitik der Mannesmann-Wohnungsverwaltung, die aus Hüttenheim das vom Volksmund sogenannte »Türkenheim« hat werden lassen. […]

Das »alte Hüttenheim«, von dem die Deutschen etwas wehmütig reden, lebt nur noch in ihrer Erinnerung. An deutschen Geschäften sind nur noch ein Textilladen, eine Bäckerei und ein Getränkelager übrig geblieben. Hinzu kommen noch zwei Kneipen. Aber eine von beiden, so heißt es, werde demnächst zumachen, der Textilladen ebenfalls, und was die Bäckerei betrifft, da sagt die Besitzerin, türkische Interessenten würden ihr »die Bude einrennen«. Sie will jedoch standhaft bleiben, und ihr Mann hätte auch gesagt »ein Türke bei uns in der Backstube – da drehen sich die Eltern im Grabe herum.« Die Deutschen in diesem Teil Hüttenheims sind längst in der Minderzahl. Auf der türkischen Seite gibt es zwar noch hie und da ein paar deutsche Einwohner – aber die ziehen nach und nach aus. »Da flieht alles«, sagt die Bäckersfrau, allein im letzten Monat seien »sieben, acht Familien weggezogen«. Und so wird bei den letzten Deutschen jenseits der Straße »An der Steinkaul« das Gefühl immer stärker, das Baer mit dem Begriff »Minderheiten-Bewusstsein« umschreibt. […]

Eine Situation ist entstanden, wo sich der ursprüngliche Inhalt des Begriffs Integration in sein absurdes Gegenteil verkehrt zu haben scheint. Deutlich wird dies in der Hüttenheimer Grundschule, wo sich bei einem Anteil von 75 Prozent türkischer Kinder bereits die Frage nach der Eingliederung der deutschen Schüler stellt. Groteske Situation: eine deutsche Schule, wo Türkisch die Umgangssprache ist. 252 türkische Kinder und »kein Lehrer, der von der Didaktik her auf Deutsch als Fremdsprache vorbereitet worden ist« (so eine Lehrerin). [...]

In der Tat müssen Lehrer und Kinder an dieser Grundschule sowie an der benachbarten Hauptschule (wo ab nächstem Schuljahr die Türken ebenfalls in der Mehrheit sein werden) ausbaden, was Mannesmann mit seiner Belegschaftspolitik angerichtet hat. Fragt man indes bei der Wohnungsgesellschaft des Unternehmens, bekommt man von Geschäftsführer Peter Maßen zur Antwort: Die Türken wollten nun mal gerne zusammenleben, das sei »ihr Wunsch«, und außerdem wären sie eben nicht bereit, mehr Miete zu bezahlen als in Hüttenheim, wo sie mit zwei Mark pro Quadratmeter sehr günstig wohnten.

Es sind die bekannten Argumente, wie man sie in Duisburg häufig hören kann – nur decken sie sich kaum mit den tatsächlichen Wünschen vieler Türken in Hüttenheim. Hüseyin Horoz beispielsweise, in dessen 67 Quadratmeter großer Wohnung vier Söhne sich ein kleines Zimmer teilen müssen, würde bis zu 400 Mark an Miete zahlen, wenn er eine Wohnung außerhalb des Gettos bekäme. Indes hat er die gleiche Erfahrung gemacht wie Dervis Sabooglu, der seit fünf Jahren versucht, für seine fünfköpfige Familie eine andere Wohnung, weg von Hüttenheim, zu bekommen: »Wenn ich auf eine Anzeige hin anrufe und der Vermieter merkt, aha, ein Ausländer, legt er gleich wieder auf.« Auch Hasan Özen, Betriebsrat bei der Mannesmann-Hütte, wo 1.670 Türken arbeiten, hat keine Illusionen mehr: »Kaum sage ich, dass ich Türke bin, heißt es, die Wohnung ist schon vergeben!«

Und so müssen denn die türkischen Arbeiter mit ihren Familien auf der kleinen Siedlungsinsel im Industriemeer im Süden Duisburgs ausharren – ein selbst gewähltes Exil, das sich viele von ihnen anders vorgestellt hatten. Hüseyin Horoz etwa hatte vor seiner Übersiedlung nach Deutschland viel von der »traditionellen deutsch-türkischen Freundschaft« gehört und sich die Zukunft schön ausgemalt. Heute träumt er manchmal von zu Hause, einem kleinen Dorf in Ostanatolien nahe der russischen Grenze. Sobald er seine Schulden abbezahlt hat, will er sofort zurück. Er sagt: »Ich hab's voll bis obenhin.« Seine beiden älteren Söhne hingegen, Mahmut und Ali Ekber, beide Bergarbeiter auf Zeche »Walsum«, wollen bleiben. Auf jeden Fall. Sie sind beide schon länger als sechs Jahre hier, haben recht ordentlich deutsch gelernt, verdienen gut und schämen sich fast ein bisschen, als die Rede auf ihr Heimatdorf in Ostanatolien kommt. Sie fühlen sich in Duisburg heimisch – und scheinen auch nicht sehr unter der Gettosituation zu leiden. [...]

Udo Baer und seine Helfer tun ihr Möglichstes, um die Situation so gut es geht zu entschärfen. Nähkurse, Sportabende, Deutschunterricht, Gesundheitsberatung, Informationsveranstaltungen – das ist die Schiene, auf der sie türkische und deutsche Frauen einander näher bringen wollen. Jugendnachmittage, Kinderfeste, die Gründung eines Fußballklubs (als Alternativangebot zu einem von den »Grauen Wölfen« unterwanderten Kickerverein im Nachbarviertel Wanheim) – das ist der Ansatz, mit dem die Jungtürken von der Straße geholt werden sollen. Hinzu kommen Alphabetisierungskurse für die Männer.

Einer der Deutschlehrer ist Hasan Özen. Freitagnachmittags kann man ihn im AWO-Zentrum sehen, wie er vor der Tafel steht und einer Gruppe von Landsleuten den Genetiv erklärt: »Das ist Hasans Buch, oder: Das ist das Buch des Hasan.« Er gibt sich Mühe, engagiert sich – dabei weiß er genau, dass dies nur ein winzig kleiner Schritt ist auf dem Weg zur Eingliederung. Einen großen, so meint er, könnten die Politiker tun, wenn sie die Türken endlich einbürgerten. Özen sagt: »Seit zwanzig Jahren hören wir Ausländer, Ausländer, Ausländer – irgendwann muss das doch mal aufhören!« Schließlich, so argumentiert er, seien die in der Zeit der Industrialisierung ins Revier gekommenen Polen ja auch eingebürgert worden.

20. Die kulinarische Seite soziokulturellen Wandels wird anhand einer Straße in Dortmund geschildert (1982).
Karl Heinz Reith, Es ist zum Heulen, in: Magazin R. Kultur an Rhein und Ruhr 4 (März 1982), S. 9–14. (Auszug)

Weil sie von der Westfalenmetropole Dortmund stadtauswärts Richtung Rheinland führt, tauften die Stadtväter der einstmals freien Reichs- und Hansestadt ein Stückchen Hellweg vor ihren Toren »Rheinische Straße«.

Doch außer ihrem Namen hat die Rheinische Straße, knapp vier Kilometer oder 248 Häuser lang, mit dem Rheinland nicht viel im Sinn. Sie gibt ein Bild, wie viele Straßenzüge zwischen Duisburg und Hamm. [...] Dort wohnen Menschen, Deutsche, Italiener, Jugoslawen, Griechen, Türken gemeinsam hinter Jugendstilfassaden und eintönigen Betonhauswänden, reiht sich Industrie an Büros, Läden an Kneipen. Alles beieinander. Putz blättert ab und weicht Ruß und Abgasen. Die vereinzelten, ständig nachgepinselten Farbtupfer an Fassaden und Werbeflächen können das unaufhaltsam vordringende Grau nicht übertünchen, nicht einmal beleben. [...]

Ganz wie früher ist es in der »Kneipen-Szene« nicht mehr. Zwar blieb bei alten Dortmundern der Name »Saufstraße« haften, den die Rheinische wegen der Brauereien und nicht zuletzt wegen ihrer unzähligen Kneipen bekam, doch das »Braustübel« in dem sich jahrzehntelang Generationen von Brauarbeitern am Tresen vor dem Heimweg noch ein schnelles »Helles« genehmigten, heißt heute »Restaurant Metaxa«. Aus dem »Haus Hötte«, wo sich noch bis Ende der 60er Jahre der Taubenverein traf und regelmäßig sonntags Tanz war, wurde der Balkan Grill »Adriatic« und aus dem bürgerlich-deutschen »Treppchen« ein griechisches Tanzlokal mit Retzina- und Ouzo-Flaschen auf der Theke. Im Hinterzimmer flackern Disko-Lichtorgel und der »Space-Shock-Weltraum-Flipper«. Mit monotonem Dum-dum signalisiert er die abgeschossenen Kampfflugzeuge im All.

Ein Haus weiter der »Mykonos-Grill«, eine Ecke weiter »Emmis Grill« mit türkischen Spezialitäten, wie Pide, Kebap und Izgara. Dann wieder urdeutsch die »Turfstube« mit mit Schweinemett belegten Salzkuchen und Soleiern im Einmachglas. Oder das »Haus Übelhoer« mit Billard-Saloon im Hinterzimmer. Der Metzger Vollmer offeriert in Kreideschrift auf der Fensterscheibe neben schlesischen Wurstwaren im Angebot »Polnische Bockwürstchen«, 100 Gramm zu 99 Pfennig, und dokumentiert damit, dass das Revier schon einmal eine Welle von Zuwanderern zu verkraften hatte.

Während der griechische Kellner im »Treppchen« noch beteuert, neben tanzlustigem deutschen Jungvolk stellten bei ihm vor allem die eigenen Landsleute die größte Anzahl der Gäste, ist die Integration im Ristorante »Il Gabbiano« oder »Haus Middelmann«, wie es früher einmal hieß, schon weiter fortgeschritten. Gleich neben der Pizza »Napoli« findet sich auf der Speisenkarte die Pizza »Westfalen«, die neben Schinken und Ei auch unwestfälisch Oliven und Sardellen aufweist. Nur noch jeder zehnte Gast sei Italiener, erklärt einer der Brüder Fari, die aus dem äußersten Süden Italiens vor zehn Jahren in die Bundesrepublik kamen. Sie sind stolz darauf, dass am Tresen nicht nur Bier und Korn, sondern auch gleichermaßen viel Frascati und Grappa ausgeschenkt wird. Ausgerechnet in der typischen Hüttenwerk-Kneipe gleich neben dem Hoesch-Werktor können die Brüder ein seltenes »Diplom« für besondere »italienische Gastlichkeit« vorweisen, das sie 1980 von ihrer Handelsmission verliehen bekamen.

Dass die Ausländer nicht nur im Gaststättenbereich vordringen, zeigt sich auch an einer anderen Entwicklung. Nahmen die Handwerker aus dem Süden zunächst Schusterwerkstätten und Schneidereien in Besitz, so sind sie heute bei den Fernsehwerkstätten auf dem »Vormarsch«: Gleich drei kleine Reparaturwerkstätten werden auf der Rheinischen von Griechen, Italienern und Jugoslawen betrieben.

Nur die Türken bleiben noch stärker im Grill wie im Lebensmittelladen unter sich. Wenn auch über dem »Ausländischen Spezialitäten-Geschäft« neben dem Halbmond die schwarz-rot-goldene Fahne prangt, finden sich, abgesehen von einigen Studenten der benachbarten Fachhochschule, nur wenig deutsche Kunden im Laden. Neben Öl, Oliven, Waschpulver, Mottenkugeln, Obst und Cola-Kästen steht auch ein Fotokopiergerät, fünf Groschen für den Abzug. Im Angebot ist »Beyaz Peynier«, oder »Weißekäse«, wie es erklärend auf der Fensterscheibe heißt. Trotz unverhohlener nationaler Spannungen kauften auch einige Griechen bei ihm ein, erklärt der Inhaber stolz, der, bevor er nach Deutschland kam, in Istanbul einen Laden auf dem Touristenbasar betrieb.

Auf der Rheinischen Straße drängen sich Integrations-Visionen auf. Die ehemaligen Brauer- und Hüttenwerker-Kneipen, die bunten Aufschriften über den von Deutschen zuvor aufgegebenen »Tante Emma-Läden« geben einen Vorgeschmack, wie es einmal sein könnte, wenn diese Art von Integration weiter voranschreitet und eine neue Revier-Mischkultur entsteht: »Hamburger« beim Türken-Grill und Curry-Wurst mit Ketchup neben Gyros beim Griechen. Am katholischen Vereinshaus, dem »Anna-Haus«, wo seit eh und je die Kolpingfamilie tagt, hat man vor Jahren schon das Schild »Gute deutsche Küche« ausgewechselt in »Internationale Spezialitäten«.

21. Ein Journalistenpaar berichtet von seiner Freundschaft mit einer türkischen Familie in Essen (1982).
Henning Christoph (Fotos), Shawn Christoph (Text), aus dem Englischen übersetzt von Dietrich Springorum, Verloren zwischen gestern, heute und morgen. Unsere türkischen Mitbürger, in: Magazin R. Kultur an Rhein und Ruhr 4 (April 1982), S. 4–17. (Auszug)

Hand auf's Herz: Für viele von uns, für die meisten Deutschen, sind die 1,5 Millionen Türken, die unter uns leben, eine sagenhafte, fast möchte man meinen, vor allem mysteriös-fruchtbare Rasse. Ihre Frauen gebären im Schnitt – wenn die jüngste Statistik stimmt – 3,57 Kinder pro Kopf, während deutsche Frauen »nur« 1,4 Nachkommen das Leben schenken. Die türkischen Nachbarn nehmen wir bestenfalls vage wahr, wenn sie mit verschlossenen Gesichtern in Supermärkten oder vor Ämtern Schlange stehen. Vielleicht begegnet der eine oder andere türkischen Kollegen im Pütt, bei Mannesmann oder Thyssen, vielleicht türkischen Putzfrauen in Hospitälern oder Universität.

Hätte ich selbst nicht fünf Jahre lang buchstäblich unter einer türkischen Familie gelebt, eine Etage tiefer nämlich, hätte ich je Zugang gefunden zu dieser fremden, doch warmherzigen, dieser lustigen, doch tragischen türkischen Welt? Wohl kaum.

Den Kopf voller Ideen doch bar jedes nennenswerten Startkapitals, hatten mein Mann, der Fotograf, und ich uns ein »Büro« in einem verwohnten Gründerzeit-Altbau gemietet; hohe Decken, Klo auf halber Etage. Ort: Sybelstraße in Essen-Frohnhausen.

Ehe die Familie Aytac die Wohnung über uns bezog, hatten sich zwei junge Deutsche nacheinander dort zu Tode gefixt. So unauffällig hatten sie gelebt, dass wir in unserem hektischen Beruf nicht merkten, welche Tragödien sich über unseren Köpfen abspielten.

Im Frühjahr '77 zogen die Aytacs ein: Murat und Ayşe mit den Töchtern Sema (4) und Serap (2). Mit ihrem Einzug war's um unsere Ruhe geschehen.

Einige Monate vergingen. Sieht man vom gelegentlichen »Guten Tag« im Treppenhaus ab, dann hatten wir keinen Kontakt zu unseren türkischen Nachbarn. Das änderte sich erst im Sommer. Aytacs machten Urlaub in der Türkei – Ayşes jüngere Schwestern Yasemin (11) und Nilgün (9) hüteten die Wohnung, gossen Pflanzen und beteiligten sich an der Treppenhaus-Schrubberei. Für die ausgelassenen kleinen Mädchen war die lästige Putzerei willkommenes Spiel: Sie warfen die Aufnehmer treppab und rannten um die Wette den Feudeln hinterher. Lachend tobten sie gut 20 Minuten treppauf, treppab, bis ein heftiges Sommergewitter das Spiel abrupt beendete. Es klingelte an unserer Tür. Dort stand ein kleines Mädchen, deren langer Rock die nackten Füßchen kaum bedeckte. »Sie regnet«, sagte Nilgün verängstigt und, flehend, »kannst Du uns nach Hause fahren?«

Beruhigt kicherten die kleinen Mädchen, die wir von unserem Büro zu Essens Klein-Istanbul, die Gegend rund um die Röntgenstraße, brachten. Hier wie in anderen Revier-Städten sammeln sich die Türken in den alten Arbeitervierteln. In monotonen Häuserzeilen, hinter grauen Fassaden entdeckten wir Unglaubliches: den lebendigen Orient. Auf schmalen Balkonen werden Schafe gehalten, die später im Zuber oder der Waschküche mit gekonntem, schnellem Schnitt durch die Halsschlagader – so will es Allah – geschlachtet werden.

In den Hinterhöfen wuchert es an allen Ecken und Enden: Vorratsschuppen, Verschläge, aus Sperrmüll zusammengeschustert, bergen sie »Schätze«, die sie bei nächster Gelegenheit mit nach Hause nehmen wollen. Dort, in den Hinterhöfen, wird auch jeder Quadratzentimeter genutzt. Da grünt, blüht und wächst es. Da gedeihen Mais, Tomaten, Gurken, Zwiebeln, Salat, grüne Bohnen und Pfefferminz, unbeschadet wie verpestet die Luft ist mit Blei oder Cadmium.

Mustafa Kaya (52) und seine Frau Zehra (43) begrüßten uns erstaunt. Mustafa kam 1962 nach Essen. Zehra folgte ihm zwei Jahre später mit den Töchtern Ayşe und Zelda. Wie fast alle Gastarbeiter, wollten sie zunächst möglichst viel Geld sparen, um nach einigen Jahren wieder zurückzukehren. Aber, die Zeit verging und: »Allah ist groß!«… Zehra bekam noch fünf Kinder in Deutschland: Yasemin, Mustafa jr., Nilgün, Reyhan und Yöksel, den zweiten Jungen.

Nach 20 Jahren in Deutschland ist Mustafa seinem Traum ferner denn je, dem Traum vom eigenen kleinen Sägewerk in der Türkei. »Es war ein Fehler, so viele Kinder in die Welt zu setzen«, sagt er heute. »Aber, was soll ich tun? Ich muss die einfach weg-verheiraten.« Ayşe, die Älteste, wurde mit 16 verheiratet an den gut aussehenden Ex-Fallschirmjäger Murat Aytac aus Istanbul. Ayşe hatte Glück: Sie heiratete einen »modernen« türkischen Mann, der es zuließ, dass sie nach der Geburt von zwei Töchtern, aber noch vor der des so wichtigen Sohnes (!) die Pille nahm. Ayşe ist heute, auch nach unseren Begriffen, eine emanzipierte Frau. Zwar hat sie nur drei Jahre die Schule besucht, doch sie ist nun eine Selfmade-Geschäftsfrau. Sie betreibt eine gut gehende Änderungsschneiderei.

Unsere türkisch-deutsche Freundschaft, die an jenem gewittrigen August-Nachmittag begann, verschaffte uns Zugang zu der so fremd anmutenden türkischen Welt. Während der Wochentage beobachteten wir das von Wechselschichten bestimmte Leben der »Almancilar« (deutsche[n] Türken). An den Wochenenden indes lebte Klein-Istanbul sein wirkliches Leben. Wir waren mit den Aytacs in türkischen Bars und Kneipen. Wir waren Gäste bei Hochzeiten, Beschneidungsfesten, Verlobungs- und Geburtstagsparties. Samstags kauften wir mit ihnen ein (Männersache), so mit Murat bei Ali Baba, dem türkischen Lebensmittelladen an der Helenenstraße. Am Sonntagmorgen zogen wir gemeinsam zum »Autokino« im Essener Norden. Dort werden Gebrauchtwagen, am liebsten Ford-Transits, in einer Atmosphäre gehandelt, die an orientalische Kamel-Märkte erinnert.

Bald begriffen wir die etwas sublimeren Verhaltensnormen. Wann immer wir mit den Aytacs ausgingen – der taktvolle Murat wusste es stets so einzurichten, dass Henning nie neben Ayşe saß. Die verheiratete Türkin sitzt neben keinem Mann, es sei denn dem eigenen oder dem Vater. Undenkbar, dass sie mit einem anderen Mann im Auto fährt oder gar tanzt. […]

Da Gelegenheit bekanntlich Diebe macht, gibt es kaum Gelegenheiten. Türken feiern ihre Feste fein säuberlich nach Geschlechtern getrennt: in einem Raum die Herren der Schöpfung, im Nebenzimmer die Damen. Während sich die Männer (Leichenbittermienen) mit endlosen unlösbaren Rätselspielen verlustieren, sind die Frauen sehr schnell in heiter ausgelassener Stimmung. […]

Die türkischen Frauen tun gut daran, die Geheimnisse ihrer Jugend gut zu hüten, ist ihre Blütezeit doch nur von kurzer Dauer. Zeldas war bereits mit 17 vorüber. Nur ein Jahr zuvor hatte ihr Vater sie aus der Schule genommen, um sie mit einem jungen Türken aus Gelsenkirchen zu verheiraten. Der Bund wurde nicht im Himmel, sondern im Hinterzimmer von Ali Babas Kramladen geschlossen.

Als Zeldas überschäumendes Temperament dem jungen Mann zuviel wurde, ging er zu seiner deutschen Freundin zurück. Deren Schwangerschaft machte die Tragödie komplett.

»Nächste Mal«, so schwor Mama Kaya in perfektem »Tarzanja« (türkischer Ausdruck für ihr Tarzan-Deutsch) »nächste Mal Junge von Dorf nehmen! Yasemin heiraten Junge aus der Türkei«. »Mich schickst Du nicht in die Türkei«, protestierte Yasemin, Kayas dritte Tochter. Und: »Was will ich da unten?«

Yasemin (14) litt an einem Paradebeispiel deutsch-türkischer Kultur-Schizophrenie. Vormittags war sie der normale Teenager, der mit deutschen Klassenkameraden im Basketballteam der Schule spielte und, wie alle anderen auch, die Rockgruppe Abba anhimmelte. Nachmittags musste sie sich in das türkische Kopftuch hüllen, um in der Koranschule Suren in arabischer Sprache – die kaum jemand versteht – auswendig zu lernen.

Kein Wunder, dass das beliebte junge Mädchen zweimal ins Krankenhaus gebracht werden musste. Diagnose: Nervenzusammenbruch. Kein Wunder auch, dass sie gegen den Willen der Eltern immer mehr Zeit mit einer Rocker-Clique verbrachte. Als die vierzig jungen Leute mit ihren Motorrädern und Yasemin in der Röntgenstraße aufkreuzten, ging Zehra an die Decke. »Yasemin wird auf der Stelle heiraten«, entschied sie.

Es kam, wie es kommen musste. Die 15jährige Yasemin wurde an einen humorlosen anatolischen Schneider verheiratet. Seit der Hochzeit in der Türkei pendelt sie zwischen Izmir und Essen. Das letzte Kapitel ihrer Geschichte ist noch nicht geschrieben, aber ihre Fotos auf meinem Schreibtisch sprechen Bände: das etwas verloren wirkende Kind (12), das erblühende junge Mädchen (13), der schöne Teenager (14), die gefroren-lächelnde Braut (15), die verbitterte Frau (16), die keine Hoffnung mehr vor sich sieht.

Und schon erscheint die nächste Kandidatin auf dem Heiratsmarkt.

Kürzlich, bei einer Hochzeit in der Röntgenstraße, trafen wir die 14 Jahre alte Nilgün Kaya. Kunstvoll zurechtgemacht, in langem grünem Cocktailkleid, war sie kaum mehr wieder zu erkennen, unsere kleine Freundin, die vor fünf Jahren barfuß vor unserer Türe stand. Nun tanzte sie äußerst kokett auf der Tanzfläche: heiratsfähig.

Sobald Nilgün verheiratet ist, kommt Mustafa dran. Mustafa jr., ein etwas linkischer, netter 13 Jahre alter Bursche, der lieber an dreckigen Automotoren herumbastelt, als sich mit Mädchen abzugeben. Kaum vorstellbar, dass er in drei Jahren »ein Mädchen zur Frau machen muss«. Insallah! – Gott sei mit Ihnen!

Im Juni 1982 ist Mustafa Kaya zwanzig Jahre in Deutschland und die Rückkehr in die (verlorene) Heimat ist ferner denn je. Das Resümee seiner deutschen Jahre: Fünf Kinder, zwei Enkel, chronische Bronchitis, Magengeschwüre, Rückenbeschwerden und Prostata-Probleme. »Deutschland mich kaputt gemacht«, sagt Mustafa (57), eine Bemerkung, die wohl für viele Männer des gleichen Alters und der ersten Gastarbeiter-Generation zutrifft.

Aber er und seine sieben Kinder, die zwei Enkel werden bleiben. Bis die Rente fällig ist. Bis die politische Situation in der Türkei wieder normal ist, bis die Zinsen sinken. Bis Reyhan und Yöksel eine Frau gefunden haben. Bis, bis, bis…

22. Arbeiterinnen und weibliche Angestellte entwickeln in der Werkszeitschrift von Hoesch Gedanken zu Frausein und Erwerbstätigkeit in einem Männerbetrieb (1982).

Volker Becker, Hoesch-Frauen – eine wichtige Minderheit im Unternehmen, in: Werk und Wir 30 (1982), H. 4, S. 202–204.

Was hat »Karl« Hoesch mit den Frauen? Welches Verhältnis hat ein Unternehmen, das der Volksmund eher als bieder und (natürlich) männlich versteht, zu dem Geschlecht, ohne das unsere Arbeitswelt, man kann sicher sein, ein erhebliches Stück öder wäre. Wer sind überhaupt diese Hoesch-Frauen, die dieses Etikett mit Selbstverständlichkeit für sich in Anspruch nehmen können? [...] Uns Hoesch-Männern, das weiß man jedenfalls aus manchem Gespräch, fällt bei diesem Begriff zuallererst die mit 4,6 Prozent unterrepräsentierte Minderheit in der Belegschaft ein, zu der bei näherem Hinsehen mancher Mann doch ein bedenklich widersprüchliches Verhältnis hat. Oder noch genauer gefragt: Welches Verhältnis haben umgekehrt die Hoesch-Frauen zu dem Unternehmen, in dem z. Z. 773 Frauen, aber 16.684 Männer arbeiten? [...] Auch wenn mancher Mann aus seiner beruflichen Sicht und Erfahrung einiges zu diesem Fragenkomplex beitragen kann, aus Gründen der Glaubwürdigkeit und Verständlichkeit sollen zunächst einige der »Betroffenen«, also Frauen, zu Wort kommen mit ihren Gedanken, die ihnen im Zusammenhang mit dem Thema »Berufstätige Frau bei Hoesch« einfallen.

Christine Neubauer, Simone Brühl, Heike Florian, Bettina Hartmann
(in der Ausbildung zu Technischen Zeichnerinnen):

Darüber, wie die Arbeitssituation von Frauen hier bei Hoesch ist, können wir eigentlich im Augenblick weniger sagen. Das liegt wohl in erster Linie daran, dass wir uns zunächst einmal auf die Berufsausbildung als Techn[ische] Zeichnerin konzentrieren. Das ist ja einer jener technischen Berufe, in denen schon viele Frauen arbeiten. In den handwerklichen Berufen würden wir uns vielleicht nicht so wohl fühlen, weil diese Arbeiten doch körperlich schwerer sind und man ja nicht weiß, ob nicht später im Beruf dann doch Männer vorgezogen werden. Im Anfang der Berufsausbildung haben wir uns noch stärker für die Berufsinhalte und Berufsaussichten interessiert, aber jetzt rechnen die meisten von uns wohl damit, dass wir doch irgendwann eine Familie gründen und dann so mit 24 oder 25 Jahren zunächst einmal eine Zeitlang nicht berufstätig sind. Was dann die Zukunft bringt, müssen wir ganz einfach abwarten. Was unsere Arbeitssituation angeht, sind wir natürlich froh, in so einer kleinen und geschlossenen Ausbildungsabteilung zu sein. Da wird man persönlich doch besser behandelt, als man sich das so in großen Abteilungen vorstellen muss. Gut finden wir das, wenn man als Mädchen oder junge Frau in den Betrieb kommt. Da wird man von den meisten Männern doch ziemlich zuvorkommend behandelt. Wir glauben, dass es auch für viele Frauen ganz angenehm sein kann, als einzelne Frau in vorwiegend männlichen Abteilungen und Betrieben zu arbeiten. Ansonsten schätzen wir uns so ein, wie viele männliche Kollegen auch, nämlich als kleine Rädchen in dem Betriebsgefüge, die wenig Einfluss und Möglichkeit haben, etwas im Betrieb zu bewirken. Sicherlich wäre es ganz gut, wenn mehr Frauen auch in Führungspositionen kämen, oder wenn durch die Teilzeitarbeit mehr Frauen die Möglichkeit gegeben würde, sich mehr für private und familiäre Dinge einzusetzen, ohne den Beruf ganz aufgeben zu müssen. Dass man aber die Geschlechterrollen einfach austauscht und man dann einen jungen Mann kennen lernt, der einem klipp und klar sagt, dass er erwartet, irgendwann mal als »Hausmann« zu leben, für den wir berufstätig werden und sein sollten, das können wir uns nur sehr schlecht vorstellen.

Annegret Rosenkranz (Betriebsrätin Union):

Der überwiegende Teil der Frauen arbeitet in den Kantinen und Küchenbetrieben. Die Zahl der Frauen, die in »Männerberufen« vertreten sind, z.B. als Kranführerin, Dreherin, Fernmeldeelektronikerin, Gärtnerin u.ä. ist verschwindend gering. Hinzu kommt, dass sich die Frauen in den sozialen Betrieben in den unteren Lohngruppen wiederfinden. Bei den Angestellten arbeitet die Mehrheit der Frauen als Bürogehilfin, Kauffrau oder Sachbearbeiterin. Bei den qualifizierten Berufen haben wir vereinzelt Frauen, die in Stabsabteilungen tätig sind. Dabei muss man feststellen, dass fast alle hoch qualifizierten Frauen sich für den Beruf – ohne Kind – entschieden haben.

Es bestätigt sich immer wieder, je höher die Qualifikation, desto besser die Aufstiegschancen. Allerdings, und das gilt auch für Hoesch, gelingt dies nur mit dem guten Willen der Vorgesetzten, die für diese Frauen eine Lanze brechen. In diesem Zusammenhang müssen jedoch die Probleme gesehen werden, denen die Frauen im familiären und häuslichen Bereich ausgesetzt sind. Bekommt eine Frau ein Kind, so wird sie bestrebt sein, sich in den entscheidenden Jahren voll der Erziehung ihres Kindes zu widmen und somit zwangsläufig für einige Jahre aus dem Beruf aussteigen, was problemlos vonstatten geht. Erheblich schwieriger ist es jedoch für sie, danach wieder übergangslos eine qualifizierte Tätigkeit ausüben zu können. Das hat zur Folge, dass viele dieser Frauen bestrebt sind, trotz Kind ihren Beruf nicht aufzugeben und den Kontakt zur Arbeitswelt und damit ihren Arbeitsplatz nicht zu verlieren. Hat sie ihre erzieherischen Aufgaben geordnet, sei es durch ein geschicktes Arrangement innerhalb ihrer Familie oder durch Einstellung einer Tagesmutter, steht sie nun vor dem Problem, eine geeignete Halbtagsstelle zu bekommen. Job-Sharing wäre hier evtl. eine Lösung. Ein weiteres Dilemma ist bedauerlicherweise die noch bei vielen Männern anzutreffende ablehnende Haltung den Frauen gegenüber, die beruflich »ihren Mann« stehen. Sie hätten viel lieber ihr »Heimchen am Herd«. Man sieht, dass die berufstätige Frau sich an mehreren Fronten zu verteidigen und durchzusetzen hat, und nicht jede Frau hat die Kraft oder ist bereit, sich diesen Belastungen auszusetzen. […]

1978 zum ersten Mal in den Betriebsrat gewählt, hatte ich – außer dem Mut, mich der männlichen Übermacht zu stellen – zugleich auch Angst, dem nicht gewachsen zu sein. Ich benötigte einige Zeit, um klarzustellen, dass ich nicht gewillt war, nur eine Alibifunktion zu erfüllen, sondern mit allen Rechten und Pflichten ernsthaft und erfolgreich mitzuarbeiten. Ich glaube, dass es mir in der Zwischenzeit gelungen ist, auch den Männern, die einer Frau im Betriebsrat großes Misstrauen entgegenbrachten, einiges von ihrer unberechtigten Skepsis zu nehmen. Ich muss betonen, wie froh ich bin, einen Mann zu haben, der es als selbstverständlich ansieht, die häuslichen Pflichten zu teilen, und der mir zusprach, wenn ich mal down war, die Flinte nicht ins Korn zu werfen. […]

Ana Takas (Botin in der Posthauptstelle Westfalenhütte):

Ich bin Griechin, aber nachdem ich fast zwanzig Jahre hier in Deutschland lebe und arbeite, weiß ich nicht so ganz genau, ob ich mich nicht doch eher als Deutsche fühlen soll. Ich glaube, dass in Griechenland die Probleme von Frauen und Männern, die sie am Arbeitsplatz haben, noch deutlicher sind. In Deutschland ist es wichtig, dass man auch als Frau seine Arbeit voll und ganz tut, dann wird man auch anerkannt. Ich bin hierher gekommen, um Geld zu verdienen, und das kann ich hier sicher besser als in Griechenland. An berufliche Weiterentwicklung denke ich dabei gar nicht, weil mir diese Aufstiegsmöglichkeiten nicht gegeben sind. Ich habe 15 Jahre in der Drahtverfeinerung gearbeitet und bin jetzt seit drei Jahren in der Poststelle. Ich kann wohl sagen, dass ich gut mit den Kolleginnen und Kollegen ausgekommen bin, wobei ich die Erfahrung gemacht habe, dass es am besten ist, wenn Männer und Frauen gemischt arbeiten. Es gibt immer wieder Probleme, wenn nur Männer oder nur Frauen in Gruppen zusammenarbeiten. Auch hier in der Poststelle arbeiten wir in einer gemischten Gruppe, und ich stelle fest, dass ich bei den Kollegen und in all den Büros, wo ich hinkomme, auch als Frau anerkannt werde. In erster Linie geht es wohl darum, dass man sich selbst richtig verhält.

In all den Jahren haben mein Mann und ich Wechselschicht gemacht, problematisch war das für die Kindererziehung. In den ersten Jahren haben wir die Kinder nach Griechenland gegeben und zwischendurch für kürzere Zeit mal nach Deutschland geholt, dann haben meine kleine Schwester oder mein Mann auf die Kinder aufgepasst. Trotz aller Gutwilligkeit von manchen Ehemännern bleibt eben doch die meiste Belastung an den Frauen hängen. Trotzdem finde ich meine Lebens- und Arbeitssituation so in Ordnung und habe wenig Angst um die Zukunft. […]

Mitunter sind aber auch mehr persönliche zwischenmenschliche Dinge wesentlich wichtiger für die Einschätzung der Arbeitssituation auch von Frauen. Man muss feststellen, dass diese traditionell gewachsene und heute für überholt erklärte Verteilung der Geschlechterrollen auch für Frauen am Arbeitsplatz Vorteile gebracht haben, die viele Frauen gerne für sich nutzen und mit denen geschickte Männer grundsätzliche Konflikte zwischen den Geschlechtern leicht verdecken können. An Vorurteilen stricken beide Seiten, und – wie häufig – der Teufel steckt im Detail. Dennoch muss dieses Thema im Bewusstsein und in der Diskussion bleiben. Wer etwas verändern will, muss sich verständlich machen, und wer etwas verstehen soll, muss (häufig genug) wachgerüttelt werden.

23. Das Straßenmagazin »BODO« gibt in seiner Erstausgabe einen Einblick in Alltagssorgen von Obdachlosen (1995).

Christof Rose, Sozialreport Teil I: Obdachlosigkeit, in: BODO, Nr.1 (1995), S. 6–8.

Es gießt in Strömen. Der Springerplatz am Rande von Bochums »Vergnügungsviertel« glänzt nass im Licht der Straßenlaternen. Am Ende des dunklen Platzes erhebt sich ein wuchtiger betongrauer Koloss: Der »Bunker«, Bochums einzige Notübernachtungsstelle für Obdachlose. Gemächlich-träge schleicht sich Bernie auf den fahl erleuchteten Eingang des Bunkers zu. Den Regen scheint er gar nicht wahrzunehmen. Bernie steht unter Drogen, die ihn ruhig stellen und die Kälte und Nässe erträglich machen. Wie die meisten seiner Kameraden, die im Bunker ein notdürftiges Obdach finden, ist Bernie »polytoxikoman«. Dieser Fachausdruck, der dem Obdachlosen wie selbstverständlich über die Lippen geht, bedeutet: Er ist von mehreren Drogen gleichzeitig abhängig.

Bernie trägt in jeder Hand eine Plastiktüte. In der linken sind seine »sieben Sachen«, in der anderen sechs Bierflaschen, von denen er gleich zwei an der Eingangskontrolle des Bunkers ordnungsgemäß abgeben wird. Alkohol ist im Bunker offiziell verboten, praktisch wird der Konsum aber geduldet. »Das ist schließlich kein Gefängnis, sondern ein Aufenthaltsangebot«, meint der Mann vom Aufsichtspersonal lakonisch. 32 Betten stehen im Bunker für obdachlose Männer bereit, dazu noch acht Betten für Frauen.

Die Geschichten derjenigen, die im kargen Aufenthaltsraum vor dem Fernseher hocken und (heimlich »verlängerten«) Tee trinken, ähneln alle irgendwie der Lebensgeschichte von Bernie: Früher mal glücklich gewesen, mit Familie und so. Dann Beziehungskrise, seine Frau setzt ihn vor die Tür. Bernie reagiert gewalttätig, verliert deswegen das Besuchsrecht für die Kinder. Damit beginnt der Abstieg. Platte machen, Gewalt, Jobverlust, Alkohol, Raub, Knast, harte Drogen. »Der zentrale Punkt innerhalb dieses Problem-Cocktails«, sagt Gerlinde Fuisting von der Inneren Mission, die den Bunker betreut, »das zentrale Problem ist die Wohnungslosigkeit. Ohne Adresse im Ausweis bekommt man heute kaum mehr einen Job, und die Teufelsspirale von Platte, Drogen und Hoffnungslosigkeit dreht sich weiter – nach unten.«

Die Zahl der Menschen ohne eigenes Zuhause wächst ständig. In Dortmund sind etwa 1.200 Fälle beim Sozialamt registriert, in Bochum rund 500. Die Dunkelziffer, so die Faustregel der Fachleute, liegt mindestens noch einmal so hoch. Dass es keine genauen Zahlen gibt, liegt an der gesellschaftlichen Ächtung des Problems: Viele Betroffene, die ihre Wohnung verloren haben, betrachten das als Makel und schlüpfen vorübergehend bei Freunden und Verwandten unter.

Insbesondere Frauen lassen sich häufig auf kurzfristige »Männergeschichten« ein, um für einige Tage ein Dach über dem Kopf zu ergattern. »Verdeckte Prostitution« nennt das Marianne Kennert, Sozialarbeiterin in Bochum. »Die Gegenleistung für gewährte Unterbringung besteht in sexueller Verfügbarkeit.«

Obdachlose Männer dagegen machen »Platte«. Als »Penner«, »Stadtstreicher« und Bettler sind sie überall im Stadtbild präsent. Ihre Betreuungsstelle der Inneren Mission in Bochum liegt direkt beim Bunker um die Ecke. »Café Untergrund«, so der ironische Name der Beratungsstelle, in der Männer jeden Alters einen Anlaufpunkt finden. Die »Besucher-Statistik« des Cafés zeigt überdeutlich: Von Obdachlosigkeit betroffen sind in erster Linie diejenigen, die keine ausreichende Schulbildung genossen haben und oftmals auch keinen Lehrabschluss vorweisen können. Die Gruppe ist häufig überfordert, wenn es darum geht, mit plötzlicher Einsamkeit und Wohnungslosigkeit umzugehen. In den letzten Jahren allerdings beginnt diese klassische Klientel sich zu verändern. »Neuerdings«, so stellt Marianne Kennert fest, »tauchen in der Beratungsstelle auch vermehrt solche ‚Kunden' auf, die wir früher nicht hatten.« Junge Männer mit abgeschlossener Lehre, die Job und Wohnung verloren haben. Ältere, die ein Leben lang gearbeitet haben und nun mit über 50 Jahren ohne Arbeit und Familie dastehen. Was viele nicht wissen: Auch Familien mit Kindern werden in steigendem Maße Opfer von Wohnungslosigkeit. Allerdings schreitet hier das Sozialamt schnell ein, übernimmt einige Monatsmieten, sucht Unterbringungsmöglichkeiten in Sozialbauten, Wohnheimen und Hotels. Deshalb fällt diese Gruppe in der Öffentlichkeit bislang kaum auf.

Initiativen und Betroffenenverbände haben in den vergangenen Wochen zu Recht darauf hingewiesen, dass Obdachlosigkeit nicht in erster Linie ein individuelles Problem ist, sondern eins des Wohnungsmarkts. Die Mieten steigen im Bezug auf die Teuerungsraten überproportional, kleine Wohnungen sind rar, es mangelt an Sozialwohnungen. Trotz allen Anstrengungen des Landes und der Kommunen, kurzfristig sozialen Wohnraum zu schaffen, wird die Lage zunehmend dramatisch: In Dortmund fehlen nach Angaben der Stadt gegenwärtig 6.000 Sozialwohnungen. Der Engpass wird durch eine hohe Fehlbelegungsquote zusätzlich verschärft. In Bochum war im vergangenen Jahr jede fünfte Sozialwohnung durch Mieter belegt, die wegen ihres Einkommens eigentlich kein Anrecht auf eine solch günstige Wohnung hatten. […]

Für Menschen wie Bernie, die schon sehr lange auf der Straße leben müssen, ist zwar die Beschaffung einer eigenen Wohnung nicht der alleinige Weg zurück in die Gesellschaft; Entgiftung und eine geregelte Arbeit sind mindestens ebenso bedeutsam. Dennoch haben die eigenen vier Wände emotional einen ungemein hohen Wert, den wohl nur der verstehen kann, der schon einmal draußen schlafen musste. Bernie hat seit langem einen Traum: »Einmal morgens aufwachen und denken: Ich bin zu Hause.«

24. Zur Schul- und Ausbildungsfrage von »Gastarbeiterkindern« in zweiter und dritter Generation (2002)

Martin Spiewak, Staatsangehörigkeit: »deutchs«. Mangelnde Sprachkenntnisse, Selbstghettoisierung, Ausgrenzung: Die Bildungskatastrophe der ausländischen Schulkinder, in: Die Zeit, Nr. 30 vom 8.8.2002. (Auszug)

»Gerett..., Gretig..., Grecht...« Mit der Gerechtigkeit ist das so eine Sache. Hakan rutscht auf dem Stuhl hin und her, nestelt mit den Händen am Blatt, von dem er den Begriff ablesen soll. »Gerett..., Gretig..., Grecht...« Auch mit beträchtlichem Körpereinsatz bekommt der elfjährige Junge das Wort nicht in den Griff. Als hätte er es noch nie gehört. »Trägheit« liest sich einfacher. Doch was bedeutet das Wort? »Irgendetwas mit Medikament«, meint ein Schüler. »Das kommt von tragen«, weiß ein anderer. »Wenn man stur ist«, sagt schließlich ein Mädchen. Die Lehrerin nickt aufmunternd. Da scheint ein vages Wissen aufzuscheinen.

Vokabeln lernen wie in einer Fremdsprache. Dabei stammen fast alle Schüler des Deutschförderkurses an der Mont-Cenis-Schule aus Deutschland. Es sind Kinder aus dem Herner Stadtteil Sodingen. Hier sind sie geboren, aufgewachsen und eingeschult worden. Geholfen hat es wenig. Die deutsche Sprache, die Sprache des Unterrichts, ist vielen Jungen und Mädchen der fünften Klasse fremd geblieben.

Für Jugendliche mit ausländischem Hintergrund geriet die Pisa-Studie zu einem Dokument des Versagens. Rund die Hälfte der 15-Jährigen aus Einwandererfamilien versteht nur simpelste Texte - einige von ihnen nicht einmal das. Durchschnittliche türkischstämmige Schüler können schlechter lesen als normal gebildete Brasilianer. Die Dritte Welt mitten in Deutschlands Schulen.

Es hätte nicht Pisa gebraucht, um die Bildungskatastrophe der Ausländerkinder zu erahnen. Nur zehn Prozent von ihnen schaffen das Abitur. Jedes fünfte Migrantenkind hingegen verlässt die Schule ohne Abschluss und damit ohne Chance auf dem Arbeitsmarkt. […]

Kinder und Enkel von Gastarbeitern, Flüchtlingen und Aussiedlern stellen mittlerweile rund 30 Prozent aller Grundschüler, in einigen Großstädten demnächst sogar jeden Zweiten. Und mit der Ansiedlung Hunderttausender Auslandsdeutscher in Dörfern und Kleinstädten wächst auch dort das Problem der Schulschwierigkeiten ausländischer Kinder. […]

Unterricht für Ausländer war in Deutschland bislang eine Art Sonderpädagogik, die sich irgendwann von selbst erübrigen sollte. Spätestens in der dritten Generation, so hoffte man, wären die Kindeskinder der Gastarbeiter in die hiesige Gesellschaft eingepasst – oder ins Heimatland zurückgekehrt. So übernahm die Schule eine Lebenslüge der Nation: dass sich ein Land, in das Millionen Fremde einwandern, nicht ändern müsse.

»Wir dachten lange Zeit, das Problem wächst sich aus«, sagt der didaktische Leiter der Mont-Cenis-Schule Burkhard Heringhaus. Doch die ausländischen Kinder blieben, es kamen sogar immer mehr, und ihre Deutschkenntnisse wurden nicht besser. In den oberen Klassen dieser Gesamtschule stammt nur ein Drittel der Jugendlichen aus einer Migrantenfamilie. Bei den Neuanmeldungen dagegen hat schon jedes zweite Kind einen fremden Nachnamen. Zwar besitzen viele Eltern ausländischer Herkunft heute einen deutschen Pass. Doch was nützt das Papier, wenn die Mutter auf dem Anmeldebogen unter Staatsangehörigkeit »deutchs« notiert?

»Importmütter« nennen sie an der Mont-Cenis-Schule solche Frauen. Sie wurden zur Heirat nach Deutschland geholt – von türkischen Männern, die oft bereits seit ihrer Kindheit hier leben. Auch sonst machen die Lehrer »so ihre Beobachtungen«. Dass die Kinder heute statt deutschem Fernsehen hauptsächlich türkische Programme schauen. Dass Jungen häufiger als früher von der Koranschule reden. Und so viele Mädchen mit Kopftuch habe es vor 15 Jahren auch nicht gegeben. »Die Integrationsleistung der ausländischen Familien hat abgenommen«, heißt es. Wohl auch der Integrationswille. Das Wort »Getto« fällt.

Behörden ziehen die Formulierung »Stadtteil mit besonderem Erneuerungsbedarf« vor. Herne-Sodingen ist ein solcher Stadtteil. Als die Zeche hier zumachte, begann der langsame

Niedergang des Viertels. Deutsche zogen fort. Es blieben Ausländer, die sich seitdem in ihrer eigenen Welt einrichten. Gesamtschulen sind in dieser Welt beliebt. Nirgendwo sonst schaffen ausländische Schüler so oft die Hochschulreife wie in Bundesländern mit vielen Gesamtschulen. Gleichzeitig aber sind die durchschnittlichen Schulleistungen von Migrantenkindern nirgendwo sonst so schlecht. Der innerdeutsche Pisa-Vergleich zeigt zwei Wege, die beide in die falsche Richtung führen: In Bayern lernen Migrantenkinder mehr, aber sie kommen damit nicht weit. In Nordrhein-Westfalen kommen sie in ihrer Schullaufbahn weiter, aber sie lernen nicht viel.

Wohin man auch schaut, überall senkt ein zu hoher Anteil von Ausländerkindern das Leistungsniveau. Kommen mehr als die Hälfte der Schüler aus Einwandererfamilien, ist an ein normales Lernen kaum noch zu denken. An der Mont-Cenis-Schule hat die Idee von einer festgelegten Ausländerquote daher durchaus Anhänger. »Es kann doch nicht sein, dass einige Schulen überhaupt keine Ausländer haben und andere vier deutsche Schüler, die es zu integrieren gilt«, witzelt ein Lehrer. [...]

Von einer Mitschuld seiner Landsleute an der Bildungsmisere will der Vorsitzende des Herner Ausländerbeirats aber nichts wissen. Natürlich wäre es wünschenswert, dass die Schulanfänger besser Deutsch sprächen. Aber dafür möge doch, bitte schön, der deutsche Kindergarten sorgen. Und überhaupt: »Vielleicht sollten sich die Deutschen fragen, warum sich die Türken wieder stärker in Richtung alte Heimat wenden?« [...]

Was Sozialwissenschaftler »Rückzug in die eigene Ethnie« nennen, hat viele Ursachen. Sicher ist: Anfang der neunziger Jahre bekam die bis dahin vielversprechende Bildungskarriere der Migranten plötzlich einen Knick.

Lange Zeit war es bergauf gegangen mit den deutschen Ausländerkindern. Immer seltener brachen sie die Schule ab, die Zahl der Abiturienten ohne deutschen Pass stieg. [...] Mittlerweile aber wächst die Zahl der Verlierer. Heute bleiben mehr Jugendliche aus Migrantenfamilien ohne Ausbildung als noch 1994.

An der Mont-Cenis-Schule in Herne erkannte man vor drei Jahren, dass es mit dem »Standardprogramm nicht mehr so weitergehen konnte«, sagt Burkhard Heringhaus. In den Diktaten häuften sich die Fehler. Selbst in der neunten Klasse kämpften sich Schüler noch mit dem Finger auf der Zeile wortweise durch ihre Texte. Zwar beherrschten viele der kleinen Türken, Bosnier oder Russlanddeutschen das Umgangsdeutsch der Straße. Mathe- und Biounterricht mit ihren abstrakten Fachsprachen jedoch rauschten an ihnen vorbei.

Inzwischen heißt die Devise an der Mont-Cenis-Schule: Deutsch, Deutsch, Deutsch. [...] »Eigentlich«, sagen die Mont-Cenis-Lehrer, »machen wir die Arbeit der Grundschule.« [...] Ohne die Mitarbeit der Eltern aber nützen alle Konzepte wenig. Wie sehr es auf die Eltern ankommt, zeigt das Beispiel der spanischen [...] Immigranten. Sie kamen oft aus noch einfacheren Verhältnissen als die zehn Jahre später eingetroffenen türkischen Gastarbeiter. »Viele von uns waren Analphabeten«, erinnert sich Manuel Romano García, und entsprechend schlecht schnitten die Kinder in der Schule ab: Miserable Noten, viele Schulabbrüche, am Ende ihrer Schulzeit konnten viele der jungen Spanier weder Deutsch noch Spanisch. »Wir sagten uns«, erinnert sich der damalige Vorsitzende der spanischen Elternvereinigungen, »wenn wir in Deutschland bleiben wollen, müssen unsere Kinder Deutsch lernen.«

Mithilfe der katholischen Kirche und spanischer Studenten organisierten die spanischen Einwanderer Hausaufgabenhilfen und Deutschkurse. Für die Eltern boten sie Wochenendseminare über das deutsche Bildungswesen an. Bei den Behörden drängten sie darauf, die Nationalklassen für die spanischen Schüler abzuschaffen und ihre Kinder in den normalen deutschen Unterricht zu integrieren. Heute liegt der Anteil der Abiturienten unter den Deutschspaniern höher als bei den Deutschen.

25. Auszüge aus einer Fallstudie zur ethnischen und sozialen Segregation in Gelsenkirchen (2006)

Klaus-Peter Strohmeier u.a., Sozialraumanalyse. Soziale, ethnische und demographische Segregation in den nordrhein-westfälischen Städten, Dortmund 2006, S. 55–57.

Ethnische Segregation

Am 31.12.2001 lag der Ausländeranteil in Gelsenkirchen bei 13 Prozent. [...] Die türkische Bevölkerung ist mit knapp 59 Prozent aller Ausländer die in Gelsenkirchen mit Abstand am stärksten vertretene Gruppe Nichtdeutscher und macht acht Prozent der Bevölkerung aus. Besonders hohe Konzentrationen türkischer Bevölkerung weisen die Stadtteile mit den höchsten Ausländeranteilen auf. Die übrige nichtdeutsche Bevölkerung ist in Gelsenkirchen jeweils nur relativ schwach vertreten. Die Jugoslawen stellen nur zwei Prozent der Bevölkerung, gefolgt von den Italienern mit einem Anteil von nur einem Prozent.

Betrachtet man die Entwicklung des Ausländeranteils zwischen 1987 und 2001, dann zeigt sich, dass der Wert von zehn Prozent im Jahr 1987 auf 14 Prozent im Jahr 1995 stieg und dann kontinuierlich auf 13 Prozent im Jahr 2001 absank. Diese Abnahme muss auch in Zusammenhang mit dem neuen Staatsangehörigkeitsrecht, das mit dem 1.1.2000 in Kraft trat, gesehen werden.

Danach können in Deutschland geborene Kinder ausländischer Eltern mit der Geburt die deutsche Staatsangehörigkeit erhalten und werden demzufolge in der Statistik als Deutsche erfasst. Der Rückgang der nichtdeutschen Bevölkerung in Gelsenkirchen von 36.400 im Jahr 2000 auf 35.500 im Jahr 2001 geschah trotz eines positiven natürlichen Saldos (+290) sowie eines positiven Wanderungssaldos (+550) der nichtdeutschen Bevölkerung, allein durch den Abgang durch Einbürgerungen von 1.740 Personen.

Auf der Ebene von Stadtteilen zeigt sich ein differenziertes Bild der Veränderung der Ausländeranteile. Zwischen 1987 und 1995 ist die Zunahme in den Stadtteilen am stärksten, die im Jahr 2001 die höchsten Anteile haben. Das sind die innerstädtischen Stadtteile Schalke-Nord, Neustadt und Altstadt. Zwischen 1995 und 2001 kommt es nur noch in wenigen Stadtteilen zu einem Anstieg der Ausländeranteile. Dies ist der Fall in Neustadt, Altstadt und Schalke, wo auch die höchsten positiven Wanderungssalden nichtdeutscher Bevölkerung im Jahr 2001 beobachtet wurden.

Soziale Segregation/Armutssegregation

[...] Die Gesamtstadt Gelsenkirchen verzeichnet zwischen 1984 und 2001 einen Anstieg der Sozialhilfedichte von vier Prozent auf sieben Prozent. Die mit Abstand stärkste Zunahme der Sozialhilfedichte erfuhr der Stadtteil Schalke von drei Prozent auf elf Prozent. Von einer überdurchschnittlichen Zunahme sind ebenfalls die Stadtteile Neustadt, Altstadt, Rotthausen und Schalke-Nord betroffen. Die Veränderung der räumlichen Verteilung der Sozialhilfeempfänger in Gelsenkirchen zwischen 1984 und 2001 deutet demnach im südlichen Stadtgebiet auf die Tendenz zu einer zunehmend großflächigen Verdichtung. Der Stadtteil Scholven am nordwestlichen Rand hatte noch im Jahr 1984 nach Schalke-Nord die zweithöchste Sozialhilfedichte. In den Jahren bis 2001 fiel die Zunahme dieser Bevölkerungsgruppe in Scholven allerdings geringer aus als in den innerstädtischen Gebieten Schalke, Altstadt und Neustadt. [...]

Zusammenfassung

Die sozialräumliche Struktur der Stadt Gelsenkirchen lässt hinsichtlich der sozialen Problemlagen und der ethnischen Segregation eine klare Nord-Süd-Polarisierung erkennen. Die Grenze verläuft in etwa entlang des Rhein-Herne-Kanals.

Die Stadtteile mit überdurchschnittlich hohem Ausländeranteil und hoher Sozialhilfedichte liegen im südlichen Stadtgebiet, während jene mit unterdurchschnittlichen Werten dieser zwei Indikatoren in der nördlichen Hälfte anzutreffen sind. Bei dem Ausländeranteil stellt nur Hassel, bei der Sozialhilfedichte Scholven eine Ausnahme dar. [...]

Der Stadtteil Hassel weist bei überdurchschnittlichem Ausländeranteil eine unterdurchschnittliche soziale Belastung auf. Scholven hingegen weist eine sehr niedrige Konzentration nichtdeutscher Bevölkerung bei hoher Sozialhilfedichte auf.

Am stärksten von ethnischer und Armutssegregation betroffen sind Neustadt, Schalke, Schalke-Nord und Altstadt. [...]

Betrachtet man diese Stadtteile zusätzlich nach ihrer Familienprägung gemessen über den Anteil an Kindern und Jugendlichen an der Gesamtbevölkerung, dann zeigt sich, dass die meisten Stadtteile mit einem hohen Ausländeranteil einen überdurchschnittlichen Anteil an junger Bevölkerung aufweisen. Ausnahmen bilden die innerstädtischen Gebiete Altstadt und Schalke. Wenig Ausländer und wenig junge Bevölkerung lässt sich für die meisten nördlichen Stadtteile registrieren. Eine Ausnahme stellt Scholven dar. Dieser Stadtteil ist geprägt von kinderreicher deutscher Bevölkerung in sozialen Problemlagen.

In Altstadt, Schalke, Neustadt und Ückendorf wurden zudem für 2001 die höchsten Wanderungsvolumenraten, d.h. die anteilsmäßig meisten Wanderungsbewegungen registriert. Betrachtet man die Wanderungssalden, dann zeigt sich, dass Schalke und Altstadt Wanderungsgewinne erzielen konnten, während Neustadt und Ückendorf negative Nettowanderungsraten, also Wanderungsverluste verzeichnet haben. Von den anteilsmäßig höchsten Wanderungsverlusten ist der nördliche Stadtteil Hassel betroffen. Als relativ stabil und unproblematisch sind die nördlichen Stadtteile Buer, Resse, Resser Mark, Erle und Beckhausen sowie Heßler zu bezeichnen. Diese zeichnen sich durch unterdurchschnittliche Sozialhilfedichten und Ausländeranteile aus. Die am östlichen Rand gelegenen Stadtteile Resser Mark und Resse sowie Beckhausen und Erle sind aufgrund sehr geringer Wanderungsbewegungen die stabilsten Stadtteile von Gelsenkirchen. Der Stadtteil Resser Mark ist darüber hinaus am wenigsten familiengeprägt und weist die höchsten Anteile »alter« Menschen auf. Dies trifft auch auf Erle und Altstadt zu.

Zusammenfassend lassen sich für Gelsenkirchen folgende Segregationsmuster erkennen:

- In den südlichen und südöstlichen Stadtteilen von Gelsenkirchen liegt eine starke großflächige ethnische und soziale Segregation vor. In diesem Gebiet wird eine zunehmende Verdichtung von sozialen Problemlagen registriert.
- Im mittleren Teil von Gelsenkirchen gelegene Stadtteile bilden ein zusammenhängendes Gebiet, welches wenige soziale Problemlagen und nur geringe ethnische Segregation aufweist. Die Bevölkerung in diesem Gebiet wird durch nur geringe Anteile an Kindern und Jugendlichen bei hohen Anteilen »alter« Menschen geprägt.
- In nordöstlicher Randlage liegt ein stark familiengeprägtes Gebiet von sehr hoher ethnischer Segregation bei unterdurchschnittlicher Armutssegregation und den stärksten Wanderungsverlusten.
- In nordwestlicher Randlage liegt ein Gebiet von hoher Familienprägung einer überwiegend deutschen Bevölkerung und einer überdurchschnittlichen starken Armutssegregation.

Kapitel XVIII
Ruhrstadt – Kulturhauptstadt
Region und Identität nach 1945
Von Dagmar Kift

Kumpel und Klischees, Milieus und Mythen
Symbolfigur für das montanindustrielle Ruhrgebiet ist der Bergmann, dem der WAZ-Redakteur Wilhelm Herbert Koch mit der Kunstfigur des Kumpel Anton 1954 ein literarisches Denkmal setzte. Kumpel Anton, der – ganz wie sein Vorbild – eigentlich gar nicht auf einem Denkmalsockel stehen mochte *(Dok. 9)*, kommentierte viele Jahre in der beherrschenden Tageszeitung der Region pragmatisch und unprätentiös sein persönliches Umfeld und das Weltgeschehen im Allgemeinen. In den 1970er Jahren kam Adolf Tegtmeier dazu, den der Kabarettist Jürgen von Manger zeitgemäß zwischen kleinbürgerlich-arbeiterbewegter Sozialisation und linkslibertinärem Zeitgeist verloren gehen und sich entsprechend sprachlich verheddern ließ. Uwe Lykos Figur Herbert Knebel ist bereits bergmännischer Frührentner, und die Helden der im Revier verankerten Comedy-Serien sind nur noch prollig und haben gar keinen Bergbaubezug mehr.

Die Frauenfiguren und Kabarettistinnen aus dem Ruhrgebiet – die resolute Metzgersgattin Else Stratmann von Elke Heidenreich oder das Kabarettistinnenduo Missfits – sind wie ihre männlichen Gegenstücke am regionalen Idiom erkennbar. Sie thematisieren jedoch das Verhältnis zwischen Männern und Frauen im Allgemeinen und nicht die soziokulturellen Besonderheiten der Region und ihrer Bewohner. Zu diesen Besonderheiten gehörten bis zum Niedergang des Bergbaus Taubenzucht und Taubensport *(Dok. 30)*. Die Trinkhalle, einst Selbsthilfe-Reaktion auf die infrastrukturellen Defizite einer jungen Industrieregion, konnte ihre Bedeutung als Versorgungsstützpunkt im Milieu dagegen behaupten *(Dok. 36)*. Nicht mehr wegzudenken aus der Versorgung ist auch die eigentlich in Berlin erfundene, aber im Ruhrgebiet vollständig akkulturalisierte Currywurst, die der aus Bochum stammende Herbert Grönemeyer als kulinarisches Highlight zum kulturellen Erinnerungsort und bundesweit bekannt gemacht hat *(Dok. 25)*.

Imageträger für den Erfolg sind seit vielen Jahrzehnten die Fußballer des Ruhrgebiets. Heute sollen sie zudem den geglückten Brückenschlag zwischen Montanvergangenheit und Strukturwandel dokumentieren *(Dok. 32)*. In den 1950er Jahren galt ihr erfolgreiches Teamspiel als beispielgebend auch für die Arbeiterbewegung *(Dok. 12)*. Kumpel und Kicker, Trinkhallen und Tauben – hier ist vieles stereotyp, aber Stereotype sind bekanntermaßen nicht gänzlich falsch. Kumpel und Kicker, Trinkhallen und Tauben bilden Teilbereiche der Selbst- und Fremdwahrnehmung einer durch Industrie und Zuwanderung geprägten Region ab, die nach Ansätzen in den 1920er Jahren (zu erwähnen wären hier etwa die Schriftsteller Karl Grünberg, Hans Marchwitza und Erik Reger oder die Werkleute auf Haus Nyland) erst seit dem Ende der 1940er

Jahre die Frage nach einer eigenständigen und spezifischen Identität als Industrieregion intensiver zu diskutieren begann.

Vom Wirtschaftsraum zur Megastadt

Das Ruhrgebiet wurde nach dem Zweiten Weltkrieg nicht nur als Wirtschaftsraum, sondern auch als polyzentrische Megastadt wahrgenommen und wies mit seinen Theatern, historischen und Kunstmuseen schon längst alle kulturellen Einrichtungen auf, die zu einer Stadt gehörten. Mitte der 1980er Jahre sollten sich 12 der 19 von Kommunen oder Land unterhaltenen Theater in NRW im Ruhrgebiet befinden *(Dok. 27)*. Bereits während der Weimarer Republik konnte Erik Reger bilanzieren, dass es in »keiner anderen Gegend Deutschlands […] auf so engem Raum so viele Theater [gibt] wie im Industriebezirk an der Ruhr«[1] *(vgl. Dok. 2 in Kap. XIV)*. Einige strahlten weit über die Region hinaus, wie etwa das Schauspielhaus Bochum unter Saladin Schmitt *(vgl. Dok. 29 in Kap. XI und Dok. 11 in Kap. XIV)*. Auch die Kunstmuseen hatten sich einen guten Ruf erworben. Keine dieser Einrichtungen befasste sich jedoch mit der spezifischen Kultur des Ruhrgebiets als Industrieregion: Die Stadt- und heimatgeschichtlichen Museen konzentrierten sich auf die vorindustrielle Vergangenheit, und 1928 scheiterte in Essen der Plan, sich von Bertolt Brecht und Kurt Weill ein »Ruhrepos« schreiben zu lassen, an »kommunalem Kleinmut« (Thomas Parent). Auch die Frage, ob und wie die kulturellen Einrichtungen der Megastadt zusammenarbeiten sollten, wurde nicht gelöst, obwohl beispielsweise die Theater immer wieder erfolgreich kooperierten *(Dok. 1)*. Neuere Denkmodelle von Zusammenarbeit fordern entweder zentrale kulturelle Leuchttürme *(Dok. 13)* oder plädieren für Straßenlaternen, d.h. eine ortsnahe kulturelle Versorgung, besonders auch in den Stadtteilen *(Dok. 26)*.

Dass das Ruhrgebiet seine »zentrifugalen Neigungen« überwinden und »ein organisch gewachsenes und raumgültig geformtes Kulturbewusstsein«, d.h. eine eigene, industriekulturelle Identität ausbilden sollte, forderte Museumsleiter Franz Große-Perdekamp 1947 auf der Gründungsversammlung der Vereinigung der Freunde von Kunst und Kultur im Bergbau e.V. *(Dok. 4)*. Er konnte sich damit jedoch nicht durchsetzen. Noch 1960 vermisste man auf den renommierten Oberhausener Kurzfilmtagen *den* Ruhrgebietsfilm *(Dok. 14)*. Das 1959 eröffnete neue Stadttheater in Gelsenkirchen trug mit der Benennung »Musiktheater im Revier« zwar ein Bekenntnis zur Region im Titel. Es war jedoch vor allem ein architektonischer Leuchtturm *(Dok. 15)*. Dass sich dieser Leuchtturm mit einer großen Fensterfront zur Stadt hin öffnete und ein Theater für alle sein wollte, enthielt gleichwohl ein Element, das nach dem Krieg in einer ganzen Reihe von kulturellen Handlungsfeldern durchzuscheinen begann und Baustein einer neuen, auf dem montanindustriellen Fundament des Reviers basierenden Identität wurde: das Prinzip Teilhabe.

---

1   Erik Reger, Bühnenkultur im Ruhrgebiet, in: Westdeutsche Monatshefte, Jg. 1925, S. 463–486 und S. 598–609, hier S. 463. – Zu Erik Reger vgl. Dok. 12 in Kap. X und Dok. 11 in Kap. XIV.

Industrielle Arbeitswelt und industriekulturelle Identität

Partizipation, der Grundsatz der Montanmitbestimmung, hatte als Leitgedanke bereits 1946 hinter der Gründung der Ruhrfestspiele *(Dok. 2)* gestanden. DGB und Stadt Recklinghausen als Träger wollten mit diesem jährlichen Theaterfest allen eine Teilhabe am kulturellen Erbe ermöglichen – ganz in der Tradition der alten Arbeiterkulturbewegung. Thomas Grochowiak, ab 1954 Leiter der Kunsthalle Recklinghausen, bezog die Arbeiter und Angestellten auch als Kulturschaffende ein und öffnete ihnen die eigentlich der modernen Kunst gewidmeten Begleitausstellungen der Ruhrfestspiele. Mit der Künstlergruppe »junger westen« beförderten er und sein Vorgänger Große-Perdekamp engagiert die künstlerische Auseinandersetzung mit der industriellen Geschichte und Gegenwart der Region *(Dok. 6)*. Auch die Kulturpolitik der Vereinigung trug letztlich zur Herausbildung einer kulturellen Identität bei, die die spezifische Lebenswelt des Reviers zum Ausdruck brachte. Dieses Netzwerk von Unternehmens-, Gewerkschafts- und Kommunalvertretern unter dem Vorsitz von Heinrich Winkelmann, Direktor des Bochumer Bergbaumuseums, wollte im noch jungen und relativ kulturlosen Steinkohlerevier Ruhrgebiet die Entwicklung sowohl des bergmännischen Brauchtums und der bergmännischen Kultur als auch die künstlerische Auseinandersetzung mit dem Bergbau fördern.

Die Bergleute sollten als Konsumenten und als Kulturschaffende daran teilhaben und die nach dem Krieg aus Einheimischen, Flüchtlingen und Vertriebenen erneut heterogen zusammengesetzten Belegschaften *(vgl. Kap. XIII)* auf der Grundlage einer gemeinsamen Identität zusammenwachsen. Dazu griff die durch den Westfälischen Heimatbund unterstützte Vereinigung auch auf Traditionen der Zuwanderer zurück und modernisierte beispielsweise die von den Oberschlesiern »mitgebrachte« Heilige Barbara zur überkonfessionellen Schutzpatronin *(Dok. 10)*. Zwar folgten nur wenige Bergleute Winkelmanns Aufruf, der Vereinigung beizutreten *(Dok. 5)*. Von der Aufforderung, die bergmännische Kultur weiterzuentwickeln und mitzugestalten, fühlten sich jedoch Tausende von Laienmalern, Hobbysängern und -schauspielern angesprochen *(Dok. 7, 11)*. Das gilt auch für die Bildungsveranstaltungen und künstlerischen Arbeitsgemeinschaften der »Revierarbeitsgemeinschaft für kulturelle Bergmannsbetreuung«, die sich in den 1950er Jahren um die in Heimen lebenden Neubergleute kümmerte und später um die ausländischen Arbeitsmigranten *(Dok. 8)*. Walter Köpping, in den 1950er Jahren Bildungssekretär der IG Bergbau und Energie und anschließend 20 Jahre lang Leiter ihrer Bildungsabteilung, fand über die Bergarbeiterdichtung den Zugang nicht nur in die Literatur. Sie hatte ihm 1947 auch geholfen, sich als Neubergmann in der Welt des Bergbaus zurechtzufinden *(Dok. 3)*. Die neue Kulturpolitik und die kulturellen Praktiken der Bergleute wurden sogar international wahrgenommen und als »nachahmenswertes Beispiel« gewürdigt *(Dok. 16)*.

1961 gründeten der Dortmunder Büchereidirektor Fritz Hüser, der Bergmann und Schriftsteller Max von der Grün und der IGBE-Bildungssekretär Walter Köpping die Dortmunder Gruppe 61 und stellten die literarische Auseinandersetzung mit der industriellen Arbeitswelt und ihrer sozialen Probleme in den Mittelpunkt ihrer Aktivitäten *(Dok. 17)*. Zwei Jahre später eckte Max von der Grün mit seinem Roman »Irrlicht und Feuer« nicht nur bei den Bergbau-Unternehmern, sondern auch bei der Gewerkschaft an *(Dok. 18)*. Betont klassenkämpferisch gab sich der 1971 gegründete Werkkreis Literatur der Arbeitswelt, der vor allem Arbeiter und Angestellte zum Schreiben ermutigen wollte. Die seit den 1950er Jahren zugewanderten ausländischen Arbeitsmigranten thematisierten in der von ihnen selbst so bezeichneten Gastarbeiterliteratur ihre Erfahrung mit Arbeit und Leben in der Fremde *(Dok. 28)*.

Strukturkrise, Strukturwandel und neue Identitätsmuster

Mit dem Einsetzen der Kohlenkrise 1958 *(vgl. Kap. XV)* fuhren die Bergwerksgesellschaften ihre Kulturförderung zurück; die Zechenschließungen der 1960er Jahre bedeuteten für viele Aktivitäten das endgültige Aus. Gleichzeitig traten im Handlungsfeld Kultur neue Akteure und Strömungen in den Vordergrund. Bereits in den 1950er Jahren hatten Jugend- und Musikfilme aus den USA das Lebensgefühl vieler Jugendlicher besser widergespiegelt als Volkstanz und bergmännisches Liedgut, Western-Stars wie John Wayne und androgyne Rebellen wie James Dean ihrem Identifikationsbedürfnis eher entsprochen als die desavouierten deutschen Helden ihrer Eltern. Als Bill Haleys Film »Rock around the clock« 1956 in den Kinos anlief, entlud sich der Generationenkonflikt auch im Revier in Krawallen. Dortmund, zu dieser Zeit wegen der Konzertreihe »Bergleute singen für Bergleute« zur »Hochburg des deutschen Liedes« gekürt, galt gleichzeitig als geheime Hochburg des Jazz.

In den 1960er Jahren erfolgte der endgültige Anschluss des Reviers an die Pop-Kultur, wurde aus der Kultur einer Minderheit von Jugendlichen eine breite Massenbewegung: Recklinghausen, die Stadt der Ruhrfestspiele, entwickelte sich mit den vom Jugendpfleger Oster veranstalteten Beat-Festivals zum »Mekka der Beatbewegung« *(Dok. 19, 20)*. Die 1968 in Essen veranstalteten Internationalen Songtage *(Dok. 21)* gingen als »deutsches Woodstock« in die Geschichte ein. Zu diesem Zeitpunkt war das Revier mit seinen Verbraucher- und Baumärkten bereits auf dem Weg zur »amerikanischsten aller Konsumregionen Europas« (Thomas Welskopp). Bochum, in den 1950er Jahren Zentrum der neuen Kulturpolitik des Bergbaus, trieb mit dem Bau des Opelwerks (1962), des Ruhrparks (1964), des ersten deutschen Einkaufszentrums auf grüner Wiese, und der 1965 eröffneten Ruhr-Universität *(vgl. Kap. XVII)* den Strukturwandel besonders energisch voran. 1988 hatte das Musical »Starlight Express« Premiere, für das die Bochumer Stadtväter einen eigenen Zweckbau errichten ließen – in der Hoffnung auf Besucher aus der ganzen Republik und eine Belebung der städtischen Wirtschaft *(Dok. 29)*. Dass die kommerzielle wie die nicht-kommerzielle Kultur ein Wirtschaftsfaktor ist, sahen jetzt auch die Politiker und plädierten dafür, sie zur Gemeinschaftsaufgabe aller Ruhrgebietskommunen zu machen *(Dok. 31)*.

Ruhrstadt – auf dem Weg zur postindustriellen Identität

Nach dem großen Zechensterben von 1966 stellte sich die Frage, wie man mit dem industrie-kulturellen Erbe nun umgehen sollte. Alles abreißen und etwas Neues aufbauen, das wieder Arbeitsplätze schafft? Touristisch vermarkten und mit dem Alleinstellungsmerkmal »schwerindustrielle Werksanlagen« als besonderer Attraktion bewerben? Den wirtschaftlichen Strukturwandel mit einer künstlerischen Strukturreform und ästhetischen Aufwertung begleiten und die größte künstliche Landschaft Europas in das »größte Kunstwerk der Welt« umwandeln *(Dok. 22)*? Realisiert wurde zunächst die Grundlage für einen zukunftsweisenden Kompromiss, als die Landesregierung 1969 mit der Maschinenhalle der Zeche Zollern II/IV in Dortmund erstmals einen großen Industriebau unter Denkmalschutz stellte *(Dok. 23)* und der Landschaftsverband Westfalen-Lippe 1979 das Westfälische Industriemuseum (heute: LWL-Industriemuseum) gründete *(Dok. 24)*. Damit war eine nachhaltige Bewahrung von exemplarischen oder herausragenden Dokumenten der industriellen Vergangenheit vor Ort eingeleitet. 1984 erfolgte die Gründung des Rheinischen Industriemuseums (heute: LVR-Industriemuseum), von 1989 bis 1999 entwickelte die Internationale Bauausstellung (IBA) Emscher Park den Prozess der kulturellen Umnutzung von Industrieanlagen für museale und künstlerische Zwecke publikumswirksam und touristisch weiter *(vgl. die Dok. 21, 30, 31 in Kap. XVI)*. Künstlerisch gestaltete Landmarken auf ehemaligen Halden dokumentieren seitdem weithin sichtbar den auch kulturellen Strukturwandel.

Die 1986 stillgelegte Zeche Zollverein in Essen ist seit 2001 Weltkulturerbe *(Dok. 35)* und beherbergt seit kurzem u.a. das aus dem Ruhrlandmuseum hervorgegangene neue Ruhr Museum. Die RuhrTriennale, die bewusst ehemalige Industrieanlagen als originelle Spielstätten nutzt, versucht seit 2002, das Ruhrgebiet als neues Festival-Zentrum auf die internationale Landkarte zu setzen *(Dok. 33)*. Veranstaltungen wie die Extra-Schicht erschließen seit einigen Jahren die Industriekultur der Region touristisch. Fast alle diese Entwicklungen stehen in der Tradition eines Modells von dezentraler Kultur. Das zentrale wird seit einigen Jahren vor allem durch die Initiative »Ruhrstadt« vertreten, die sich für einen eigenen Verwaltungsbezirk Ruhr einsetzt *(vgl. Kap. XIV)*. Die Bewerbung Essens *und* des Ruhrgebiets zur Kulturhauptstadt RUHR.2010 schlug zwischen beiden Modellen eine Brücke *(Dok. 35, 37)*. Ihr Motto »Kultur durch Wandel – Wandel durch Kultur« könnte auch das Motto einer Kulturgeschichte des Ruhrgebiets nach 1945 sein.

Literaturhinweise

Jan Pieter Barbian/Ludger Heid (Hg.), Die Entdeckung des Ruhrgebiets. Das Ruhrgebiet in Nordrhein-Westfalen 1946–1996, Essen 1997.

W. Elmer Ehlich/Rainer Noltenius (Hg.), Sprache und Literatur an der Ruhr, 2. Aufl., Essen 1997.

Dirk Hallenberger, Industrie und Heimat. Eine Literaturgeschichte des Ruhrgebiets, Essen 2000.

Hartmut Hering (Hg.), Im Land der tausend Derbys. Die Fußball-Geschichte des Ruhrgebiets, Göttingen 2002.

Dagmar Kift, Über die Klassengrenzen hinweg. Arbeiterkultur im Ruhrbergbau der 1950er Jahre, in: dies. und Hanneliese Palm (Hg.): Arbeit – Kultur – Identität. Zur Transformation von Arbeitslandschaften in der Literatur, Essen 2007, S. 115–134.

Thomas Parent, Theater und Museen, in: Das Ruhrgebiet im Industriezeitalter. Geschichte und Entwicklung, hg. v. Wolfgang Köllmann, Hermann Korte, Dietmar Petzina und Wolfhard Weber, Bd. 2, Düsseldorf 1990, S. 361–418.

Ralf Piorr (Hg.), Der Pott ist rund. Das Lexikon des Revierfußballs, Band 1: Essen 2005, Band 2: Essen 2006.

Dokumente

1. Bericht über die Wiederaufnahme des kulturellen Lebens in Herne 1945 und die Unterstützung seitens der Bochumer und Essener Bühnen (1947)
Tätigkeitsbericht der Herner Kultur- und Pressestelle über das Rechnungsjahr 1945 vom 14.10.1947. Stadtarchiv Herne, Verwaltungsberichte Herne 10–29–00–04/3. (Auszug)

Am 15.8.1945 wurde die Kultur- und Pressestelle der Stadt Herne eingerichtet und dem Stadtamt 20 angegliedert. Aufbau und Leitung übernahm Dr. Leo Reiners.[2] Das Hauptaugenmerk richtete sich zunächst auf die Förderung und Überwachung des Herner Kulturlebens, das sich schon wenige Monate nach dem Zusammenbruch infolge des allgemeinen Verlangens nach seelischer Erhebung und anregender Unterhaltung ungewöhnlich stark regte, und auf die Gestaltung eigener städtischer Kulturveranstaltungen. Der Umstand, dass die Herner Innenstadt mit ihren Lichtspieltheatern, Sälen und Gaststätten relativ gut erhalten geblieben und im Scala-Theater im September 1945 ein dem Varieté, der Operette und Revue sich widmendes ständiges Theater entstanden war, lockte täglich Tausende von Besuchern aus den Nachbarstädten und in gleicher Weise immer mehr auswärtige Veranstalter von Unterhaltungsdarbietungen an. Besonders, als zu Beginn des Jahres 1945/46 der Saal des kath. Gesellenhauses, der während des Krieges als Lagerraum beschlagnahmt gewesen war, freigegeben und instand gesetzt und der von den Besatzungstruppen benutzte Saal der Schauburg in zunehmendem Maße auswärtigen Veranstaltern zu Vorstellungen für die Zivilbevölkerung zur Verfügung gestellt wurde, entstand eine Hochflut von manchmal weniger hochstehenden Veranstaltungen. Hier für die Herner Bevölkerung einen kulturellen Maßstab aufzustellen, an dem das gesamte kulturelle Niveau sich ausrichten konnte und sollte, wurden in vielseitiger Weise hochwertige städtische Kulturveranstaltungen durchgeführt. Im ersten Winter wurde der zu diesem Zweck ausgeräumte und mit Stuhlreihen versehene Stadtverordnetensitzungssaal im Rathaus, der sich dabei als besonders stimmungsvoller Festraum erwies, für Kammerkonzerte, Dichterabende und Vorträge zur Verfügung gestellt. Das Theater der Stadt Bochum wurde für Schauspiele und Lustspiele gewonnen, während die Bühne der Stadt Essen mit Opernaufführungen nach Herne [kam]. Diese Gastspiele, die so großen Anklang fanden, dass an den Spieltagen die Lichtburg, in der die Aufführungen stattfanden, zweimal gefüllt war und viele keine Karten bekommen konnten, brachten Opern von Rossini (»Der Barbier von Sevilla«); Lortzing (»Der Waffenschmied«), Mozart (»Die Entführung aus dem Serail«), Flotow (»Martha«), Strauss (»Wiener Blut«), Auber (»Fra Diavolo«) und ferner Schau- bzw. Lustspiele wie »Dr. med. Hiob Prätorius« von Goetz, »Liebelei« von Schnitzler, »Der Tartüff« von Molière, »Charleys Tante« von Thomas, »Bunbury« von Wilde, »Nathan der Weise« von Lessing und »Krach um Jolanthe« von Hinrichs. […]

---

2 Dr. Leonhard Reiners (1898–1958), u.a. Pfarrer und Heimatforscher, war bis 1956 Leiter des Herner Kultur- und Presseamts bzw. nach der Aufspaltung beider Bereiche bis zu seinem Tod Leiter des Kulturamts.

Insgesamt waren dies im Kulturwinter 1945/46 68 Veranstaltungen mit rd. 44.000 Besuchern. Davon entfielen u.a. 16 auf Opern-, 13 auf Schauspielaufführungen, 21 auf Konzerte und 17 auf literarische Veranstaltungen (mit allein 3.310 Besuchern). Die städtischen Kulturveranstaltungen erfreuten sich wegen ihres wertvollen Gehalts und ihres hohen Niveaus großer Beliebtheit und allgemeiner Anerkennung. Finanziell konnten sie ohne Belastung des städtischen Etats durchgeführt werden. Sie schlossen sogar mit einem stattlichen Überschuss ab.

Einschließlich der städtischen Veranstaltungen wurden im Rechnungsjahr 1945, und zwar von September ([als] das kulturelle Leben wieder begann) bis März 1946 folgende Veranstaltungen in Herne versteuert:

72 Theater- und Konzertveranstaltungen mit 42.424 Besuchern (davon waren 20 städtische mit 10.329 Besuchern), 358 Varietévorstellungen mit 203.000 Besuchern, 89 Veranstaltungen von Zauberkünstlern, Kasperletheatern und Märchenaufführungen mit 21.859 Besuchern und 1.777 Filmvorführungen mit 976.439 Besuchern (der August hatte in zwei Kinos bei 83 Vorführungen nur 39.860 Besucher gehabt, der September brachte in drei Kinos bei 223 Vorführungen 125.742 Besucher).

2. Kunst gegen Kohle: Betriebsratsmitglied Karl Biermann erinnert an Beginn und Mythos der Ruhrfestspiele in Recklinghausen 1946 [1984].

Karl Biermann, Kohlen für das Hamburger Schauspielhaus 1946, in: Walter Köpping (Hg.), Lebensberichte deutscher Bergarbeiter, Frankfurt/Main 1984, S. 403.

Im Winter 1946 fahren eines Tages zwei holzgasgetriebene Lkws bei unserer Schachtanlage vor. Zwei Leute steigen aus und verlangen den Betriebsrat zu sprechen. Es waren Otto Burrmeister, damals Direktor am Hamburger Schauspielhaus, und Karl Rosengart, der Betriebsratsvorsitzende der Hamburger Staatsoper. Sie fragten uns, ob sie hier auf König Ludwig 4/5 Kohle bekommen könnten. Sie wollten uns dafür bezahlen. Aber an Geld hatten wir kein Interesse, es war damals überhaupt nichts wert.

Trotzdem wollten wir den Kollegen helfen. Wir haben ihnen illegal, hinter dem Rücken der englischen Besatzungsmacht, Kohle zukommen lassen. Hinter der Zeche befand sich ein zweites Tor. Dort stand eine Kokskippe, die keine Waage besaß. Die beiden Lkws wurden drunter gefahren, Kippe los, Koks drauf, fertig, ab nach Hamburg.

Mit dieser Methode haben wir den Hamburgern einige Male Kohle organisiert. Es ging gut, bis eine englische Kontrolle die voll beladenen Lkws auf der Autobahn schnappte. Die Militärpolizei hat daraufhin unseren Betriebsratsvorsitzenden Stanis Jendrowiak verhaftet. Er wurde in Hamburg vor ein Militärgericht gestellt, wegen »illegalen Kohleverschiebens« verurteilt und eingesperrt. Wir restlichen Betriebsräte haben ihn aber nach ein paar Tagen gegen eine Kaution losgeeist.

Mittlerweile verhandelten Betriebsrat und Zechendirektion mit den Engländern und erreichten, dass wir legal etliche Fuhren Kohle nach Hamburg liefern konnten. Durch unsere Hilfe wurde es in Hamburg möglich, den Theaterbetrieb wieder aufzunehmen.

Im Sommer 1946 sind die Hamburger Kollegen wieder bei uns aufgekreuzt und haben für uns Theater gespielt. Ich sehe noch wie heute, wie sie mit ihren voll bepackten Lastwagen vorfahren, alle Mann aussteigen und erst mal einen Teller Erbsensuppe verputzen.

Im Städtischen Saalbau haben sie dann mehrere Tage hintereinander Stücke aufgeführt.[3] Die Kumpels von König Ludwig 4/5 sind natürlich umsonst reingekommen.

Das war der Beginn der Ruhrfestspiele. Damals, so sage ich immer scherzhaft, haben hier Künstler wie Rudolf Schock für einen Teller Erbsensuppe den Kalk von den Wänden gesungen.

3. Bergarbeiterliteratur als Orientierungshilfe und spätere Lebensaufgabe für Walter Köpping, Leiter der Abteilung Bildung der IGBE [1984]

Walter Köpping,[4] Als Bildungsobmann auf »Julia« 1947–1949, in: Ders. (Hg.), Lebensberichte deutscher Bergarbeiter, Frankfurt/Main 1984, S. 404–406.

Im Sommer 1947 begann ich als Neubergmann auf der Zeche »Julia« in Herne. Im zecheneigenen Heim am Harpener Weg (im Volksmund respektlos »Bullenkloster« genannt) lebten wir mit sechs Gedingeschleppern in einem Raum. Als Folge der rotierenden Schichtarbeit war in unserem Zimmer ein ständiges Kommen und Gehen, und insbesondere störten die Rückkehrer von der Mittagsschicht unsere Nachtruhe. Aber wir konnten uns satt essen. Das war viel wert. Und dann und wann gab es Sonderzuteilungen, einmal waren es Care-Pakete, ein andermal IK (»Import-Kauf«)-Marken. Das versöhnte mit der ungewohnten und harten Arbeit unter Tage. Es fehlten erfahrene Bergleute. Als Schlepper hätte ich zunächst angelernt werden müssen. Doch es gab zu wenig Ausbilder. Und so arbeitete ich bereits nach der dritten oder vierten Schicht selbstständig im Flöz »Sonnenschein«.

Nach einem Streit mit dem Steiger Breil wurde ich nach Dickebank-Unterbank verlegt. Die Flözmächtigkeit betrug achtzig bis neunzig Zentimeter, die Kohle war hart und schwer abzubauen. Damals war auf den Zechen Material knapp – und so musste ich ohne Knieschoner auskommen, obwohl ich in kniender Stellung arbeiten musste. Und der Presslufthammer wog schwer in den Händen. Nach Meniskusschäden in beiden Knien wurde ich in einem Betriebspunkt eingesetzt, der meiner Körpergröße von einem Meter neunzig entsprach. Oft gab es Streit um den Lohn. Oder der zugesagte Urlaub wurde abgesagt. Ich beschloss, mich zu wehren. Ich besuchte Versammlungen, hielt Kontakt zum Betriebsrat. Und später erhielt ich gar die

---

3 Eine eigene Aufführungsstätte, das in der Tradition des Bauhauses gestaltete Ruhrfestspielhaus, wurde 1965 eröffnet.

4 Walter Köpping (1923–1995) machte 1951 seine Hauerprüfung, besuchte anschließend die Akademie für Gemeinwirtschaft in Hamburg und wurde 1954 Bildungssekretär bei der IG Bergbau. 1964–1983 war er Leiter der Abteilung Bildungswesen beim Hauptvorstand der IG Bergbau und Energie in Bochum. Er gab u.a. die Anthologien »Wir tragen ein Licht durch die Nacht« (Bochum 1960), »Schwarze Solidarität. 85 Jahre kämpferische Bergarbeiterdichtung« (Oberhausen 1974) und »100 Jahre Bergarbeiterdichtung« (Oberhausen 1982) heraus.

Möglichkeit, einen Lehrgang der IG Bergbau zu besuchen. Nach der Rückkehr vom Lehrgang wählten mich die Kollegen zum Bildungsobmann auf »Julia«.

Ich hatte wiederholt erlebt, dass sich Bergarbeiter zu viel bieten ließen, dass mancher auf Rechte oder gar auf Teile des ihm zustehenden Lohns verzichtete. Die Ursache war Unwissenheit. Aus Unwissenheit wächst Unsicherheit und Abhängigkeit. Es war offenkundig, dass der Bildungsstand der Bergleute verbessert werden musste. Ich betrachtete es als meine Pflicht, Bildungsveranstaltungen für die Kollegen von »Julia« zu organisieren. Das war nicht einfach. Es gab keine geeigneten Räume, Referenten standen nicht zur Verfügung, und der Betriebsrat, der überwiegend aus Kommunisten bestand, unterstützte diese Arbeit nur mit halbem Herzen. (Gewiss spielte dabei eine Rolle, dass ich es abgelehnt hatte, Mitglied der KPD zu werden, wozu mich Betriebsratsmitglieder mehrfach aufgefordert hatten.)

Die Teilnehmer an den Bildungsveranstaltungen waren vorwiegend Neubergleute, junge Männer unter Dreißig. Die Bezeichnung »lockere Diskussionsrunde« wäre zutreffender gewesen. In diesem Kreis, der sich mal im Betriebsratsbüro, mal in einem düsteren Nebenraum traf, besprachen wir Löhne, Arbeitszeiten, Unfälle oder die Kandidatenaufstellung für die Betriebsratswahl. (Damals fand noch in jedem Jahr eine Wahl statt.) Und wir arbeiteten in diesem Kreis mehrere Bücher durch. Dazu gehörten »Das Regime der Manager« von James Burnham und eine Einführung in den Marxismus. Wir richteten auch Deutsch- und Rechenkurse ein und scheiterten mit dem Versuch, Stenografie und Englisch zu vermitteln.

Und dann fiel mir ein altes Buch in die Hände, das im Schrank des Betriebsrats verstaubte. Es handelte sich um Bergmannsdichtung, vorwiegend von Heinrich Kämpchen und Otto Wohlgemuth.[5] Ich war enorm beeindruckt. Ich war aus Mitteldeutschland gekommen, aus einer Kleinstadt, die Großstadt, der Pütt, die körperliche Arbeit – das war eine fremde und gefährliche Welt für mich. Als ich diese Bergmannsgedichte las, verstand ich diese Welt besser, konnte ich mich stärker in sie hineinfühlen, mich in ihr zurechtfinden. Einige Gedichte erschienen mir so wichtig, dass ich sie abschrieb. Und eines Abends, es muss 1949 gewesen sein, lasen wir einige Gedichte in unserem Bildungskreis vor. Den meisten meiner Kollegen ging es wie mir: Die Gedichte wirkten. Über einige diskutierten wir. Andere gefielen uns wegen ihres Rhythmus und der kräftigen Bilder. Angetan hatte es uns vor allem Otto Wohlgemuth:

Schwer zu Ende ging die Schicht,
steil hinan im Schachtgebrause
fuhr zu Tag das letzte Licht,
und nun gehen wir nach Hause,
Schwer zu Ende ging die Schicht
(Aus: »Kameraden, gute Nacht«)

---

5   Zu Heinrich Kämpchen und Otto Wohlgemuth vgl. die Dok. 31 und 26 in Kap. IV.

Oder:

Ich stehe auf dem Tippelsberg bei Nacht.
Dich grüß' ich, Ruhrland. Es ist Zeit zu schlafen.
Doch du schaffst schwer, im Hüttenwerk, im Schacht.
Fern über Wanne lärmt der Umschlaghafen.

Der Tippelsberg lag ganz in der Nähe. Damals nahm ich mir vor, ihn zu ersteigen. Doch dazu bin ich bis heute nicht gekommen.

Aber es gab auch bittere Strophen, die von schwerer Arbeit, von Not und Tod handelten. Eines dieser Gedichte, es heißt »Liebste am Abend« beginnt heiter und besinnlich: Ein junger Hauer geht mit seiner Freundin am Kanal spazieren. Sie erfreuen sich der Natur, scherzen miteinander – und dann auf einmal bricht es aus dem Bergmann heraus:

Du, und dann heiraten wir bald.
Denn, weißt du, ich will dir etwas sagen:
Wir Bergleute werden nicht alt.

Ich habe diese Worte nie wieder vergessen.

4. Plädoyer für eine eigene Kultur des Industriereviers von Franz Große-Perdekamp, Leiter der Kunsthalle Recklinghausen und künstlerischer Berater der Vereinigung der Freunde von Kunst und Kultur im Bergbau e.V. (1948)

(Franz) Große-Perdekamp,[6] Das Kulturproblem des Industriebezirks, in: Der Anschnitt 1 (1949), Heft 1, S. 6–9.

Wenn man von einer »Kulturlücke« des Ruhrkohlenbezirks spricht, dann wird diese Feststellung nicht dadurch entkräftet, dass man auf die zweifellos zahlreichen Einzelkulturleistungen und -bestrebungen in dem engeren und weiteren Raum des Industriebezirks hinweist. Dieser gewiss erfreulichen Bestrebungen in Kunst, Theater und Musik mögen als ein ehrendes Zeugnis dafür angesehen werden, dass die hier auf engem Raum zusammenwohnenden Menschen ein lebhaftes Interesse und sogar, wie man sagt, Hunger nach der allgemeinen deutschen und europäischen Kultur haben und dass die Städte sich ihrer kulturellen Verantwortung bewusst waren. Ein schlechthin überzeugender Beweis für ein organisch gewachsenes und raumgültig geformtes Kulturbewusstsein sind sie nicht. Im Gegenteil, sie tragen oft das Zeichen zentrifugaler Neigungen und einer schöpferischen Angst vor der Gestaltung des Eigenraums. Obgleich

---

6 Franz Große-Perdekamp (1890–1950) war Volksschullehrer und Autor u.a. von westfälischen Mundartstücken. Nach dem Krieg leitete er das Vestische Museum in Recklinghausen und richtete 1950 anlässlich der ersten Begleitausstellung der Ruhrfestspiele im Bahnhofsbunker die Kunsthalle Recklinghausen ein. 1947–1950 war er künstlerischer Berater der Vereinigung der Freunde von Kunst und Kultur im Bergbau e.V.

einzelne Kulturinstitute, wie das Folkwangmuseum und das Bochumer Theater, weit über die Grenzen des Ruhrbezirks hinaus wirken, so muss man sich doch darüber klar sein, dass diese Institute weder von der besonderen Lebensform an der Ruhr geprägt sind noch auch in besonderer Weise formend auf die Ruhrlandschaft als eigenen Lebensraum zurückwirken, dem sie lebensnotwendig zugeordnet wären. So sehr wir uns freuen, diese hervorragenden Kunstinstitute zu besitzen, und so notwendig sie sind, um die freizügigen, kulturell heimatlos gewordenen Menschen der Ruhr an die allgemeineuropäische Kultur heranzuführen, weder das Folkwangmuseum in seiner durch das persönliche Kunstinteresse von Karl Ernst Osthaus bedingten europäischen Prägung noch das barocke Shakespeare-Theater in Bochum, das nach Programmgestaltung und Darstellungsform ebenso wenig örtlich gebunden erscheint wie das genannte Museum, können als spezifischer Ausdruck einer Ruhrkultur im Sinne etwa einer besonderen Münchener Kulturlandschaft angesehen werden. Ganz zu schweigen davon, dass wir über ein Kunstleben verfügen, das als überzeugender Ausdruck unseres fast restlos industrialisierten Lebens angesprochen werden könnte, es fehlen so gut wie alle Ansätze zur Bildung einer raumbedingten Kulturatmosphäre. [...]

Dass die Ruhr als ausgeprägteste Industrielandschaft Europas bisher keine raumgültige Kultur zu formen vermochte, darf nicht als ein schöpferisches Versagen des Ruhrmenschen allein gesehen werden. Die Kulturferne der Industrie ist ein allgemeines Zeitproblem, das trotz eifrigen Bemühens, nicht zuletzt hier an der Ruhr, bisher nirgendwo gelöst worden ist. Wenn Berlin Kultur oder doch ein reiches, vielgestaltiges Kulturleben hat, so als Reichshauptstadt, in der sich die geistigen Strömungen einer Welt begegnen. Berlin ist aber zugleich die größte Industriestadt Deutschlands, und von den bisher im Wesentlichen nur wirtschaftlich begriffenen Industrieimpulsen ist diese Mammutstadt ebenso wenig überzeugend geformt wie das Ruhrgebiet. Der Ruhrbezirk aber ist viel ausschließlicher als irgendeine andere deutsche Landschaft auf eine Neuformung seines Lebens aus den Impulsen einer radikal industrialisierten Zeit verwiesen und kann – wir müssen mutig sagen: glücklicherweise – nicht in eine alte Kultur ausweichen, die hier einfach nicht vorhanden ist und uns wahrscheinlich auch nur zu einer unzeitgemäßen Scheinkultur verführen würde. [...]

Das Ruhrgebiet hat nach erstaunlich leistungsarmen Jahrhunderten eine noch mehr überraschende, große Anzahl von bedeutenden Künstlern gerade in den letzten 50 Jahren hervorgebracht, und unsere Landschaft könnte geradezu als Schulbeispiel zur Widerlegung der nationalsozialistischen These angeführt werden, dass die lebenskräftigsten Kulturen in Volksräumen wachsen, die von fremden Einflüssen unberührt bleiben. Mit aller wünschenswerten Deutlichkeit lässt sich feststellen, dass der Mensch an der Ruhr erst von dem Augenblick an seine latenten, schöpferischen Kräfte wirksam zu machen wusste, als er sich mit fast übermächtigen Einflüssen auseinanderzusetzen hatte. Um nur einige Künstler zu nennen: Lehmbruck (Duisburg), Hoetger (Hörde), Pankok (Mülheim), Morgner und Viegener (Soest) müssen in ihren ersten künstlerischen Antrieben durchaus von den Lebensspannungen des Industriegebiets aus verstanden werden.

Ersehen wir aus den hier angeführten Künstlern, die zum Teil zu europäischem Ruf gelangten, dass die schöpferische Gestaltungskraft der Ruhrmenschen nicht nur nicht erschüttert, sondern durch das Erlebnis der Industrie erst aktiviert worden ist, so kann man weiterhin feststellen, dass die Verhältnisse für eine fruchtbare Entfaltung der schöpferischen Kräfte, namentlich in der bildenden Kunst, auch von anderen Gesichtspunkten aus als relativ günstig erscheinen. Einmal werden hier in der massierten Bergbauindustrie die großen Zeitprobleme – nennen wir sie einmal zusammenfassend die Weltangst vor der Übermacht der unbeherrschten Materie – mit am Eindringlichsten erfahren werden, und zudem erscheint in dem fast trostlosen Zerfall der Gesellschaft der Berg- und Industriearbeiter unter den europäischen Katastrophen am wenigsten seelisch zerrüttet und stellt unsere sicherste Hoffnung dar.

5. Beitrittsaufruf von Heinrich Winkelmann, Vorsitzender der Vereinigung der Freunde von Kunst und Kultur im Bergbau und Direktor des Bochumer Bergbau-Museums, an alle Bergarbeiter im Revier (1948)

H[einrich] Winkelmann, Vereinigung der Freunde von Kunst und Kultur im Bergbau e.V., in: Deutsche Bergbauindustrie 1 (1948), Nr. 8 vom 31.5.1948, S. 5.

In der letzten Zeit sind auf den Zechen wiederholt Anschläge erschienen, die auf die oben angeführte Vereinigung hinwiesen. Sicher wird mancher Arbeitskamerad Interesse daran haben, etwas Näheres von ihr zu hören.

Was erstrebt die Vereinigung der Freunde von Kunst und Kultur im Bergbau?[7] Die Antwort lautet in wenigen Worten: Hebung des Bergmannsstandes von der kulturellen Seite aus. Seien wir doch ehrlich, trotz aller zeitbedingten wirtschaftlichen Vorteile, die wir im Augenblick als Bergleute genießen, hat sich die Gesamtdarstellung des Bergmannsstands im Volkskörper herzlich wenig geändert. Das liegt vor allem daran, dass der Bergmann nicht oder kaum am kulturellen Leben des Volks teilnimmt. Das muss anders werden! Es liegt bestimmt nicht an mangelnder Aufgeschlossenheit der Bergleute diesen Problemen gegenüber, sondern mehr an äußeren Umständen, wie Schwere der körperlichen Arbeit, ungünstige Wohnverhältnisse, zum Teil ohne direkten Anschluss an das Verkehrsnetz usw. Wenn es dem Bergmann aber infolge dieser widrigen Umstände unmöglich ist, zu den kulturellen Veranstaltungen zu kommen, dann

---

7   Initiatoren der Vereinigung waren neben Dipl.-Ing. Heinrich Winkelmann (1898–1967), dem ersten Direktor des 1930 gegründeten Bochumer Bergbau-Museums (heute: Deutsches Bergbau-Museum Bochum), Bergass. a.D. Fritz Lange (1879–1978), 1934–1964 Werksdirektor der Bochumer Krupp-Zechen und August Schmidt (1878–1965), 1946–1953 Vorsitzender des Industrieverbands Bergbau, der späteren IGBE. Im Vorstand und Beirat der Vereinigung saßen weitere Vertreter der Unternehmer, der Gewerkschaft und der Bergbehörde, der Bochumer Oberstadtdirektor und Vertreter anderer Kommunen. Zur Vereinigung vgl. Evelyn Kroker, Die Gründungsgeschichte der VFKK. Ideen, Handelnde, Programm, in: Der Anschnitt 50 (1998), H. 5–6, S. 186–195 und Rainer Slotta, Fünf Jahrzehnte Vereinigung der Freunde von Kunst und Kultur im Bergbau e.V. Ein Rückblick, in: Der Anschnitt 50 (1998), H. 5–6, S. 196–214.

muss eben ein Weg gefunden werden, dass diese zu ihm kommen. Es ist also beabsichtigt, hochwertige Veranstaltungen in den Bergmanns-Wohngebieten abzuhalten, und zwar soll es sich dabei sowohl um Konzerte und Vorlesungen, als auch um Ausstellungen usw. handeln. Die Voraussetzung dafür ist, dass Bergbau und Kunst wieder das alte innige Verhältnis zueinander finden, das in Jahrhunderten glücklichster Zusammenarbeit beide immer aufs Neue befruchtet hat. Doch wird sich die Tätigkeit der Vereinigung nicht in der Pflege der bildenden Kunst erschöpfen. Nein, sie wird daneben auch der bergmännischen, d.h. der von Bergleuten ausgeübten Volkskunst ihre ganze Aufmerksamkeit widmen. Wie überraschend aktiv die Bergleute z.B. auf diesem Gebiet sind, erwies eine Rundfrage auf allen Zechen des Ruhrgebiets und der Bergbaugebiete des Westens. Die darin erbetenen Anmeldungen zu einer für die Sommermonate d.J. geplanten Ausstellung waren derart zahlreich, dass nur ein Bruchteil des gemeldeten Materials ausgewählt werden kann. Diese Ausstellung wird also nur beste Volkskunst zeigen.

Ein ähnliches Ergebnis hatte die Rundfrage nach Bergmannserzählern und -dichtern. Es ist von der Vereinigung die Herausgabe eines Bandes aus Werken noch lebender Bergmannsdichter geplant. Man sieht also, die Freunde von Kunst und Kultur im Bergbau stecken schon mitten in der Arbeit.

Zwar konnte der zur Gründung führende Gedanke infolge der Not der Zeit nicht in dem wünschenswerten Umfang in die Öffentlichkeit getragen werden. Es steht aber zu erwarten, dass in Kürze die Werbung in den Belegschaften der Zechen in größerem Umfang einsetzen wird. Es werden Listen ausgelegt, in die sich jeder, der gewillt ist, der Vereinigung beizutreten, eintragen kann. [...]

Was habe ich davon, wenn ich der Vereinigung beitrete, wird sich mancher fragen. Nun, es erwachsen den Mitgliedern verschiedene beachtliche Vorteile, wie kostenfreier Besuch der geplanten Veranstaltungen, Konzerte, Dichterlesungen und Darbietungen aller Art, Preisermäßigungen für Veröffentlichungen, Kunstdrucke usw., kostenfreier Bezug aller Mitteilungen der Vereinigung an ihre Mitglieder. Trotzdem sei aber einem jeden gesagt, der auch bei solchen Dingen darauf sieht, dass für ihn ein Gewinn in klingender Münze dabei herauskommen muss: »Du gehörst nicht zu uns; denn Freunde sehen nicht auf Gewinn, sondern eher darauf, was sie selber zu geben vermögen«, und so wollen auch wir es halten. Wir wollen gern unser Scherflein dazu beitragen, um Kunst und Kultur soweit es in unseren Kräften steht, zu fördern. Diese beiden großen Schwestern aber werden uns dafür etwas geben, dessen Wert sich nicht nach Mark und Pfennigen ermessen lässt, das ist die große Freude an ewigen Schätzen der Kunst und der Kultur.

6. Der Künstler Thomas Grochowiak über die Gründung, Ziele und Aktivitäten der Künstlergruppe »junger westen« 1948 [2006]

»So frühlingshaft wie diese Sinfonie sollen die Klänge meiner Bilder schweben«. Jörg Loskill im Gespräch mit Thomas Grochowiak[8] in seinem Atelier in Kuppenheim, in: Ders. (Hg.), Revieratelier. Thomas Grochowiak, Essen 2006, S. 8–15, hier S. 9–11. (Auszug)

Frage: Was war damals der »junge westen«: ein Aufbruch in eine neue Zeit oder eine Überlebensgruppe von gleichgesinnten Künstlern, die ihren Zeitgenossen ihre und die aktuellen internationalen Tendenzen der modernen Kunst nahe bringen wollten?

Beides. Wir haben uns 1948 bei der Gründung in Recklinghausen viel vorgenommen, waren uns einig darin, dass wir als Künstler, als innovative Utopisten über die autonome private Malerei im Atelier hinaus auch durch neue Ideen in der angewandten, praktischen Form- und Farbgestaltung von Räumen und Gegenständen des Alltags, etwa im Sinne des legendären »Bauhauses«, die wiedererwachte Kultur in Deutschland mitgestalten sollten. Es war die Neugier auf bisher Unbekanntes, die geradezu rauschhafte Suche nach neuen, künstlerischen, geistigen Werten und Konzeptionen, die von wiedererlangter Freiheit und Euphorie beflügelte Lust zu Disputen, zu Kontakten und Freundschaften auch über die Landesgrenzen hinaus. Wir waren eine kleine dynamische Gemeinschaft, die durch ihre für die Öffentlichkeit befremdlichen, programmatischen Aktivitäten zum Bürgerschreck wurde. Vom »wilden Westen« war bald die Rede und dass solche Kunst abartig sei. Dabei wollten wir durch unser bildnerisches Wirken eigentlich signalisieren, dass wir auf gutem Wege sind, Chaos und Resignation zugunsten einer neuen Ordnung zu überwinden.

Frage: Wer gehörte damals zum »jungen westen«? Wie sah das Innenleben der Gruppe aus? Wer hatte das Sagen?

Kurz gefasst: Anlässlich einer Ausstellung, zu der Franz Große-Perdekamp, Leiter des seinerzeit zerbombten Vestischen Museums, der 1948 dreißig, vor allem junge Maler und Bildhauer aus dem westfälischen Raum eingeladen hatte – darunter so namhafte Bildhauer wie Ehlers, Jaekel, Lehmann, Breucker und Maler wie Ridder, Reker, Baretti, Tüttelmann, Dotti, Lucas, Jupp Ernst – wurde in Recklinghausen die Künstlervereinigung »junger westen« gegründet. Daraus kristallisierten sich schon früh als »gruppe junger westen« fünf Maler aus dem Ruhrgebiet heraus: Gustav Deppe, Thomas Grochowiak, Heinrich Siepmann, Emil Schumacher und Hans Werdehausen sowie der Bildhauer Ernst Hermanns aus Münster, die sich in Übereinstimmung ihrer künstlerischen Weltanschauung und ihrer besonderen Freundschaft so oft es ging in meinem Atelier im Quadenturm trafen. […]

---

8 Thomas Grochowiak (Jg. 1914), Sohn eines Bergmanns, begann 1932 eine Lehre zum Dekorations- und Plakatmaler und arbeitete nach dem Krieg als freier Maler. 1954–1980 leitete er die Kunsthalle Recklinghausen, seit 1956 auch das Ikonenmuseum. 1964 eröffnete er im Vestischen Museum die Galerie der Naiven Kunst mit Werken der bergmännischen Laienkünstler. 1969–1979 war er auch Direktor der Städtischen Galerie Schloss Oberhausen.

Unsere Gruppe haben wir bewusst klein gehalten, weil wir konzentriert und präsenter mehr erreichen und nicht in der Masse zerreden wollten. Wir sind zunächst natürlich ablehnend oder skeptisch, oft verhöhnt von der akademisch gebildeten Gesellschaft, und sehr abwartend von vielen Museumsleuten beäugt worden. Wer waren diese Revoluzzer, die sich nach den Jahren des Kunstdiktats durch das Hitler-Regime so leidenschaftlich für die Freiheit der Kunst und der Vielfalt neuer schöpferischer Ausdrucksformen ins Zeug legten? Fragen, denen wir uns in meist aufgeheizten, kontroversen öffentlichen Diskussionen und durch Ausstellungen gestellt haben. […]

Ich sagte schon, dass uns anfangs – auch ermuntert durch Große-Perdekamp – angesichts der Trümmerstädte der Gedanke bewegte, nicht exklusiv im Elfenbeinturm der Kunst zu verharren, sondern durch die Integration von Industriegestaltung und freier Kunst wirksam zu werden. In der schon erwähnten Ausstellung »Mensch und Form unserer Zeit«, in der von unserer Gruppe außer Bildern und Wandmalereien auch Tapeten- und Textilentwürfe und -Kollektionen zu sehen waren, feierte der »junge westen« einen Höhepunkt seines Wirkens, was sich auch durch Ausstellungen von Museen und Kunstvereinen u.a. in Kassel, Konstanz, Darmstadt, Berlin und Rotterdam dokumentierte.

7. Bergleute als Laienkünstler (1950)
Oskar Peter Brandt, Bergleute in ihrer Freizeit, in: Welt der Arbeit vom 16.6.1950.

Da geht der 40-jährige Hauer frühmorgens zur Schicht. Sein Weg führt ihn durch ein kleines Wäldchen, an einem Stück Feld dann vorbei, das der Bauer gerade umpflügt, und dann hin zu dem Schacht. Er nimmt seine Marke und Grubenlampe, fährt an und ist vor Ort mit sich und seiner Arbeit allein. Plötzlich Gepolter, Stempel brechen, Steine rollen, der Berg ist in Bewegung geraten. Die Lampe erlischt, der Hauer tastet nach allen Seiten. Er ist eingeschlossen.

Kameraden sind sofort ans Rettungswerk gegangen. Nach drei, vier Stunden harter Arbeit haben sie ihn frei. Ihre Hände und Gesichter sind dreckverkrustet und verschmiert, aber alle lachen sie sich an. »Da hast Du noch mal Schwein gehabt.«

Eine Geschichte aus dem Leben des Bergmanns, wie sie so und anders häufig ist. Der Hauer hat sie so erlebt, am nächsten Tag setzte er sich hin und schrieb sie so auf. Mit einfachen (das Einfache ist ja immer das Schwierigste) Worten, mit all dem, was er erlebte.

Sie wurde eine der besten und schönsten Geschichten aus dem Bergmannsleben. Sie wird darum, mit vielen anderen, in dem demnächst erscheinenden zweiten Band der Bergmannsliteratur erscheinen.

Dieser Hauer, den wir hier vorstellen, ist nur einer unter den 400 der Bergleute von der Ruhr, dem Aachener Gebiet, den Zechen Oberbayerns und Niedersachsens, die sich in ihrer Freizeit hinsetzen und schreiben, dichten, malen, zeichnen, modellieren und Theater spielen. Sie zeigen in diesen ihren kleinen und großen Werken auf, was sie über und unter Tage bewegt, sie geben uns darin ein Bild ihrer bergmännischen Umwelt oder auch – und das natürlich im Besonderen im Ruhrgebiet – der besonderen Struktur dieses Gebiets. Sie wollen nicht etwa Dichter, Schriftsteller, Maler werden, sie wollen gar nicht nach der großen freien Kunst schielen, sondern einzig und allein darstellen, was sie in ihrer Welt erleben oder erlebt haben. Das tun die einen mit der Feder, die anderen mit dem Pinsel, der Dritte schließlich durch das Modellieren und ein größerer Kreis durch Theaterspielen. […]

Wir erleben hier, bei den dichtenden, malenden, modellierenden, zeichnenden und Theater spielenden Bergarbeitern, wieder einmal, dass sie nicht etwa stumpf und schwer ihrer Arbeit nachgehen, sondern mit wachen Sinnen über diese, die Umwelt und andere Dinge nachdenken und sie betrachten. Sie werden sich demnächst alle einmal ein Stelldichein geben, und die Umwelt wird erstaunt sein zu vernehmen, was alles diese Bergarbeiter in ihrer Freizeit und in den Mußestunden geschaffen haben.[9]

8. Jahresbilanz 1953 der Revierarbeitsgemeinschaft für kulturelle Bergmannsbetreuung

H. V., »Junge Bergleute werden kulturell betreut«, in: Deutsche Bergbauindustrie 6 (1953), Nr. 44 vom 31.10.1953, S. 382.

Wenn die Jungbergleute des Ruhrgebiets – etwa 35.000 Berglehrlinge und Neubergleute im Alter zwischen 18 und 30 Jahren – nach harter Untertagearbeit von den Zechen in die Unterkunftsheime zurückkehren, finden sie beim Heimleiter häufig ein Programm vor, das ihnen Gelegenheit gibt, ihren Feierabend zu gestalten. Das war nicht immer so. Noch vor wenigen Jahren wussten viele der jungen Bergarbeiter mit ihren Freizeitstunden nichts Rechtes anzufangen.

Erst die »Revierarbeitsgemeinschaft für kulturelle Bergmannsbetreuung«[10] in Essen, die verantwortungsvolle Männer ins Leben riefen, machte eine sinnvolle Gestaltung der Freizeit der jungen Bergleute zum Leitmotiv ihrer Arbeit.

Indessen, Bergleute sind kritisch. Sie merkten aber bald, dass die Arbeitsgemeinschaft sich ehrlich um sie bemühte und ihnen interessante und lehrreiche Feierabende bescherte. Mit der steigenden Zahl der Veranstaltungen wuchs auch die Zahl der Teilnehmer. Vor fünf Jahren, im Jahr der Gründung, wurden 112 Veranstaltungen von 2.500 Jungbergleuten besucht. Von Juni 1952 bis Juni 1953 fanden sich fast 228.000 junge Bergarbeiter bei den rund 8.400

---

9   Zu den bergmännischen Laienkünstlern und Hobbysängern vgl. u.a. Dagmar Kift, Sonntagsbilder. Laienkunst aus dem Ruhrbergbau, Essen 2003 und dies., »Bergleute singen für Bergleute«. Arbeiterchorbewegung und Kulturpolitik in Dortmund, in: Volker Zaib (Hg.), Kultur als Fenster zu einem besseren Leben und Arbeiten. Festschrift für Rainer Noltenius, Bielefeld 2003, S. 475–494.

10 Die REVAG wurde 1948 gegründet. Träger und Geldgeber waren das Kultusministerium des Landes und der Bergbau. Der Landesverband der Volkshochschulen stellte die Dozenten, die vor Ort seitens der Industriegewerkschaft Bergbau unterstützt wurden. Zur REVAG vgl. Anke Asfur, Die Revierarbeitsgemeinschaft für kulturelle Bergmannsbetreuung im Kontext der gesellschaftlichen Entwicklung des Ruhrgebiets von den Anfängen bis in die Mitte der sechziger Jahre, Magisterarbeit, Ruhr-Universität Bochum 2000.

Veranstaltungen ein. Über 200 Ledigen- und Lehrlingsheime im Ruhrgebiet mit über 27.000 Bewohnern wurden in dieser Berichtszeit kulturell betreut. Das zeigt die große Bedeutung, welche die Freizeitgestaltung für die jungen Bergarbeiter gewonnen hat. [...]

»Die Beteiligung an allen Kursen und Veranstaltungen ist gut, wie ja die Teilnehmerzahlen zur Genüge beweisen«, sagt Dozent Dr. Louis, der Leiter der Revierarbeitsgemeinschaft. Sie ist eine Gründung des Landesverbands Nordrhein-Westfalen der Volkshochschulen, der DKBL[11] und der IG Bergbau. Zurzeit umfasst die Arbeitsgemeinschaft die neun Bezirke Bochum, Dortmund, Essen, Bottrop (mit Oberhausen, Gladbeck und Dorsten), Gelsenkirchen, Duisburg (mit südlichem Niederrhein), Marl, Mülheim (mit nördlichem Niederrhein) und Recklinghausen (mit Herten und Castrop-Rauxel). Weitere Bezirke sollen hinzukommen.

9. Ein proletarischer Antiheld als Symbolfigur: Herbert Kochs »Kumpel Anton« (1954)

Gedicht (mit Zeichnung) »... zollense uns mal namachen!«, in: Wilhelm Herbert Koch, Kumpel Anton. Watter sich so mit andere Leute erzählt, Bochum 1955, S. 77.

Da schraipmich sonne Olle aus Oberhausn,
Die will michen Denkmal setzen,
Innen Kaisergahtn,
Von wehng, dattich sofiel tuh
For datt Folk, watt hier anne Ruhr
Rumlaufen tuht,
Un weil wir anne Ruhr
Nur dat bißken »Glück-auf«-Singn hättn -
Un Kumpel Anton. Un sonnz nix!
Watti Olle schraipt,
Wennch dattehn Cervinski zaich,
Dä hältmich for bestußt.
'n »Denkmahl for Kumpel Anton«!
Na ja, dattissja hier bai uns
Bißken schwazz un fiel Ruß,
Unnich so schön wie in Sauerland!
Aber da is auch dat Folk für nach,
Die könn damit umgehn, Mätchen!
Istattenn nix anne Ruhr?
Bange sinnze hier nich,
Nicht für die Ahbait,
Aber aunich forn Glas Bier!

---

11 Die DKBL (Deutsche Kohlenbergbauleitung) war die 1947 von den Alliierten eingesetzte deutsche Verwaltung des westdeutschen Steinkohlenbergbaus. Sie bestand bis 1953.

Undazzollense uns woanners
Erss mal nammachen!
Aber dafor brauch man nich extra
In Oberhausn in Kaisergahtn
'n Denkmahl aufzustelln.
Dattistoch seppfaständlich.

10. Zuwanderung und Integration der Heiligen Barbara aus Oberschlesien (1954)
Heinrich Winkelmann, Der Barbaratag soll Traditionsfest aller Bergleute sein, in: Der Anschnitt 6 (1954), Heft 6, S. 24.

Mit Recht darf man feststellen, dass die Landsmannschaft der Oberschlesier im Kreis Bochum mit Unterstützung unserer Vereinigung in diesem Jahr eine Barbarafeier gestaltete, wie sie dem Sinn dieses Traditionsfestes aller Bergleute entspricht. Den Auftakt bildete ein Platzkonzert der Bergkapelle von »Haus Aden« vor dem Bochumer Rathaus, zu dem sich trotz Regens und Sturms eine ansehnliche Menge eingefunden hatte. Damit ist ein erster Schritt getan, die gesamte Bevölkerung in diesen Festtag einzubeziehen, so wie es ehemals in Oberschlesien und anderen Bergbaugebieten Brauch gewesen ist.[12]

Sitte war es auch dort, den Tag St. Barbara mit einem fröhlichen Fest bei Musik und Tanz zu beschließen. Dass dieses Brauchtum in der Landsmannschaft der Oberschlesier noch recht lebendig ist, bewies dann auch die Festveranstaltung in der »Kaiseraue«, wo zahlreiche Grubenlampen von den Tischen leuchteten, die Symbole des Bergmannsstandes und der Bergmannsgruß die Wände schmückten und die hervorragende Kapelle der Zeche »Haus Aden« den festlichen Teil umrahmte. Der Kreisvorsitzende der Landsmannschaft, Herr Hanke, konnte unter den überaus zahlreich erschienenen Oberschlesiern Herrn Landeshauptmann Dr. h.c. Salzmann, Vertreter der Stadt und des Ruhrbergbaus sowie eine Reihe Mitglieder unserer Vereinigung begrüßen. Herzlicher Beifall klang auf, als Herr Museumsdirektor Dr.-Ing. Winkelmann in seinen Begrüßungsworten darauf hinwies, dass ein großer Teil bergmännischen Brauchtums in Schlesien gewachsen ist und dass der schlesische Bergmann zu allen Zeiten bereit war, das Letzte für sein Vaterland zu opfern. »Wir westfälischen Bergleute«, so erklärte Herr Dr.-Ing. Winkelmann, »wollen es deshalb als unsere heilige Pflicht ansehen, all das zu fördern, was von schlesischem Brauchtum ins Ruhrrevier gebracht worden ist, und hoffen, dass diese Tradition nicht nur im Rahmen schlesischer Feste gepflegt wird, sondern als schönes Brauchtum auch auf unsere Bergleute übergeht.«

Einige Gedichte leiteten dann über zu einer Ansprache von Herrn Professor Perlick, der in den Mittelpunkt seiner Ausführungen die Wandlung der Barbara-Legende im Laufe der Jahrhunderte stellte und aus eigenem Erleben die Begehung des Festtags in Oberschlesien schil-

---

12 Zur Integration und Modernisierung der Heiligen Barbara im Ruhrgebiet vgl. Dagmar Kift, »Die Bergmannsheilige schlechthin«. Die Heilige Barbara im Ruhrgebiet der 1950er Jahre, in: Der Anschnitt 58 (2006), Heft 6, S. 254–263.

derte. Seine Worte gipfelten in dem Wunsch, dass der 4. Dezember wieder ein Ehrentag aller Bergleute, ein wahres bergmännisches Volksfest werde. In würdiger Weise wurde alsdann unter dem gedämpften Klang des »Tarnowitzer Glöckchen« der Toten der Landsmannschaft gedacht. Eine durch Sprechchöre verbundene Liederfolge, die von der Singe- und Jugendgruppe der Landsmannschaft dargeboten wurde, klang aus mit der Hymne »Die Himmel rühmen«. Zum Abschluss des festlichen Teils übermittelte Landeshauptmann Dr. h.c. Salzmann die Grüße des Westfälischen Heimatbunds.

Den ganz der Fröhlichkeit vorbehaltenen zweiten Teil der Feier eröffnete der »Berggeist« mit seinem Gefolge, der im heimischen Dialekt schlesische und auch Bochumer Geschichten erzählte. Leider musste gerade hier improvisiert werden, da der vorgesehene (und entsprechend hergerichtete) »Berggeist« durch widrige Umstände nicht erscheinen konnte. Höhepunkt war ein »Steigerreigen«, bei dem alle Anwesenden mit Kerzen in den Händen unter Vorantritt der Kapelle durch den Saal und um das Haus marschierten. Dieser Reigen wird auf einen alten Brauch zurückgeführt. War nämlich in alter Zeit ein Stollen fündig geworden, so machten Bergleute und Bergbeamte mit Geleucht zum Dank einen Umgang. In anderen Gegenden Schlesiens soll der Steigerreigen als Rundtanz aufgeführt worden sein, wenn ein Bergmann nach seiner Beförderung in den Kreis der Steiger aufgenommen wurde.

Der anschließende Tanz hielt alt und jung noch einige fröhliche Stunden beisammen. Diese Barbara-Feier hat manche Erinnerung an die schlesische Heimat wachgerufen; sie war aber auch in ihrem festlichen Teil eine Stunde der Besinnung auf jene ethischen Werte, die Tradition und Brauchtum in sich tragen.

11. Treffen der Bergmannsdichter auf dem Bergwerk Walsum 1956
Willy Kahlert, Dichtende Kumpelschaft traf sich in Walsum, in: Der Kumpel. Werkszeitung der Bergwerksgesellschaft Walsum mbH 6 (1956), Nr. 44 vom 12.11.1956, S. 1f. (Auszug)

Ein Ereignis besonderer Art vollzog sich in der vorvorigen Woche. Dieses Ereignis ging nicht in Schlagzeilen in die Weltpresse ein. Aber vielleicht wird einmal, wenn die Ereignisse dieser Tage und Wochen, sofern sie nicht geschichtlich neue Fakten setzen, längst vergessen sind, dieses Ereignis in Literaturbüchern verzeichnet stehen. Es trafen sich nämlich auf Einladung unserer Gesellschaft und unter dem Protektorat von Arbeitsdirektor Weber Bergmannsdichter aus dem Bundesgebiet, dem Saargebiet und aus Österreich, um ihre Anliegen zu besprechen und sie einer breiten Öffentlichkeit vorzutragen. Unsere Gesellschaft hat damit wahr gemacht, was durch den Vorstand so oft betont worden ist: Bergmännisches Brauchtum, bergmännische Sitte zu pflegen, das gute Alte dieses Brauchtums zu bewahren und verheißungsvolles Neues zu fördern. Dafür, dass hier endlich einmal wahr gemacht worden ist, was von verschiedensten Seiten als längst notwendig erkannt wurde, waren die Bergmannsdichter dankbar.[13]

---

13 An der Tagung nahm auch Otto Wohlgemuth teil. Treibende Kraft des Treffens dürfte der Bergarbeiterdichter Willy Bartock (1915–1995) gewesen sein, der 1949 die Leitung der kulturellen Betreuung

Bergmannsdichter? Was ist das? Sind es Bergleute, die mit dem dichterischen Wort angesprochen werden sollen? Sind es Bergleute, die in ihrer Freizeit zur Feder greifen und hier ihrem Steckenpferd huldigen ohne Anspruch auf Dichtung? Doppeldeutig ist das Wort von der *Bergmannsdichtung*, und doppeldeutig wurde es auch ausgelegt in den oft harten Diskussionen der Dichter und der Öffentlichkeit. Aber nur aus der Spannung, wie sie hier sichtbar wurde, gibt es Fortschritt und Weiterentwicklung. So wurde in den Diskussionen auch offen davon gesprochen, dass nicht alles, was geschrieben werde, Dichtung sei, dass nicht alles, was geschrieben werde, veröffentlicht werden müsse, dass aber manches nicht nur der Förderung bedürfe, sondern dichterische Aussage sei und daher ein Recht habe, beachtet zu werden.

12. Solidarischer Revierfußball als Vorbild für die gewerkschaftliche Geschlossenheit aller Werktätigen im Saarland (1957)

»Borussia Dortmund – zweimal Deutscher Fußballmeister«. Stadionblatt der IG Bergbau im DGB-Bezirk Saarbrücken für das Stadion Ludwigspark. Eine Erinnerung an das große Spiel Borussia Dortmund (zweifacher Deutscher Fußballmeister) – 1. FC Saarbrücken (Donnerstag, 1. August 1957, 18 Uhr), o.D. [1957]. Archiv für soziale Bewegungen Bochum, IGBE-Archiv Nr. 637.[14]

Mit den Borussen aus der Bierbrauerstadt Dortmund hatten die saarländischen Fußballfreunde am 1.8. [1957] einen wahren Meister des Fußballs zu Gast. Ihr zügiges und flüssiges Kombinationsspiel, das blitzschnelle Rochieren der schusskräftigen Fünferreihe mit ihrem Dirigenten [Adi] Preißler,[15] die betonharte Hintermannschaft mit ihrem konsequenten Deckungsspiel und nicht zuletzt die hervorragende Kondition aller Spieler befähig[en] das Borussiateam, den Titel eines Deutschen Fußballmeisters zu tragen.

Man übertreibt sicher nicht, wenn man sagt, dass diese wie aus einem Guss spielende Mannschaft zu den besten des europäischen Fußballkontinents gehört. Wenn der Europa-Pokal (es beteiligen sich daran alle europäischen Landesmeister) in diesem Jahr ausgespielt wird, muss auch mit der Borussen-Mannschaft aus der großen Bergarbeiterstadt an der Ruhr gerechnet werden.

Wie war es nur möglich, werden sich viele unserer saarländischen Fußballfreunde fragen, dass Borussia Dortmund sich zu einer solchen Spitzenklasse entwickeln konnte. Nun – die Antwort ist ganz einfach. Intensives Training und ein einheitlicher, geschlossener Mannschaftsgeist sind die so notwendigen Ergänzungen zu der persönlichen Veranlagung der Spieler. Genau wie überall im Leben, so ist auch hier im Fußball eine echte Einheit notwendig, wenn man Erfolge

---

der Zeche Walsum übernommen hatte. 1961–1970 gehörte er der Dortmunder Gruppe 61 an. »Protektor« der Tagung war Heinrich Winkelmann (vgl. Dok. 5).
14 Für den Hinweis auf diese Quelle danke ich Herrn Holger Heith, Archiv für soziale Bewegungen Bochum.
15 Alfred (Adi) Preißler (1921–2003), Stürmer und langjähriger Mannschaftskapitän, ist bis heute Rekordtorschütze des BVB.

erringen will. Wenn die Bergarbeiter an der Ruhr an einem Samstag zum Borsig-Platz[16] wandern, um die Borussen spielen zu sehen, dann wissen sie genau, dass sie heute immer noch nicht zusätzlich zu ihrem Tarifurlaub zwei bezahlte Ruhetage hätten, wenn sie nicht genau so eine gewerkschaftliche Einheit wären, wie »ihre Borussen« eine fußballerische Einheit sind. Die Elf um [Adi] Preißler zieht genau so an einem Strang, wie die 600.000 Bergarbeiter und 45.000 Bergbauangestellten der IG Bergbau im DGB mit Heinrich Gutermuth[17] es tun.

Die einheitliche Geschlossenheit brachte den Borussen zweimal hintereinander die Deutsche Meisterschaft und den Bergarbeitern in der Bundesrepublik u.a. die bezahlten Ruhetage. Aber auch die übrige Bevölkerung hat Anteil an dieser Einheit. Hier sieht man gute Fußballspiele; dort bringt eine einheitliche Bergarbeitergewerkschaft eine ruhige und stete Aufwärtsentwicklung der gesamten Wirtschaft. Genauso wenig, wie eine Fußballelf sich nicht selbst zerreißen darf, dürfen die Arbeitnehmer im Bergbau nicht in Form von mehreren gewerkschaftlichen Verbänden gegeneinander konkurrieren.

»Konkurrenz hebt das Geschäft«, so sagt man zwar, aber in der Politik kann das nur zur Unruhe und Unduldsamkeit führen.

Deshalb:

Die **G**uten **B**orussen sind goldrichtig, denn sie haben den saarländischen Arbeitern, Beamten und Angestellten eines voraus:

Die *innerliche Einheit,* denn

Damit **G**eht's **B**esser!

13. Konkurrenz statt Kooperation der Ruhrgebietsstädte zum Nachteil ihrer Bewohner und ihres Ansehens (1960)

Gerhard Steinhauer, Vom ehrgeiz der städte zum wohl der stadt, in: ruhrgebiet 2 (1960), Heft 2, S. 29–35. (Auszug)

Beispielen eines fruchtbaren Zusammenwirkens steht die Tatsache gegenüber, dass die Städte sich in vieler Hinsicht als Konkurrenten empfinden und einander zu übertrumpfen suchen.

Dagegen wäre nichts einzuwenden, wenn der Ehrgeiz der Städte sich darauf beschränkte, den Bürgern möglichst günstige Daseinsbedingungen zu verschaffen: erstklassige Schulen,

---

16 Am Borsigplatz im Dortmunder Norden war am 19.12.1909 der Ballspiel-Verein Borussia Dortmund 09 von über 40 Mitgliedern der Jugendgruppe der katholischen Dreifaltigkeitsgemeinde gegründet worden. Die Heimspiele des BVB wurden zwischen 1937 und 1974 im Stadion »Rote Erde« in der Nähe der Westfalenhalle ausgetragen.

17 Heinrich Gutermuth (1898–1977) war bereits in den 1920er Jahren gewerkschaftlich aktiv gewesen. Der gelernte Schlosser und Schmiedehandwerker wurde 1926 als Hauptfunktionär in den Gewerkverein christlicher Bergarbeiter berufen. Nach dem Verbot der Gewerkschaften in der NS-Zeit, Krieg und Gefangenschaft, baute Gutermuth die Geschäftsstelle Recklinghausen als Leiter auf. 1956 übernahm Gutermuth den Vorsitz der Industriegewerkschaft Bergbau, den er bis zu seinem Ausscheiden 1964 innehatte. 1963–1964 war er zudem Präsident des Internationalen Bergarbeiterverbands.

leistungsfähige Straßen, ausgedehnte Grünanlagen. Auf diesem Gebiet kann man gar nicht genug tun. Dem kommunalen Ehrgeiz geht es aber vor allem um Prestige, Repräsentation und Fremdenwerbung. […]

Seit Jahr und Tag wird in der Öffentlichkeit einer überörtlichen Theaterplanung das Wort geredet. In der Theaterlandschaft des Ruhrgebiets gibt es außer dem Bochumer Schauspielhaus und den Recklinghäuser Festspielen keine Gipfel mehr. Für viele bedeutende Regisseure und Schauspieler ist das Revier in den letzten Jahrzehnten nur noch Durchgangsstation gewesen. Legten die großen Nachbarstädte nur einen Teil ihrer Haushaltsmittel zusammen, so könnten sie die besten Künstler gewinnen und halten. Das Ergebnis wären Spitzenleistungen, die jeder Stadt zugute kämen. […]

Gewiss bezieht gerade das kulturelle Leben viel Antrieb aus dem Selbstbewusstsein der Städte. Es ist aber nicht zu leugnen, dass eben in diesem Bereich noch mehr und Besseres zustande käme, wenn sich benachbarte Städte zusammentäten. Den Folkwangschulen beispielsweise würde die Landesregierung die volle Anerkennung nicht mehr versagen können, wenn sie zu einer zentralen Schulungsstätte für den künstlerischen und kunsthandwerklichen Nachwuchs des Ruhrgebiets ausgebaut würden. Praktisch haben sie diese Funktion schon weitgehend, wie der stete Zuzug der Studierenden aus den Nachbarstädten zeigt; auf breitere Grundlage gestellt, könnte aber ihre Leistungsfähigkeit noch weiter entwickelt werden. Der Hügelkomplex bietet sich an, kulturellen Aufgaben von mindestens regionalem Rang dienstbar gemacht zu werden und ein Sammelpunkt des geistigen Lebens der großen Städtelandschaft zwischen Ruhr und Lippe zu sein. Sozialforschungsstelle und Max-Planck-Institut in Dortmund, Haus der Technik in Essen, längst eine technisch-wissenschaftliche Zentrale von internationalem Ruf – sie alle könnten noch mehr in die Lebensmitte des Reviers rücken, wenn ihre Verbindung mit den Nachbarstädten verstärkt würde. Das vom ganzen Ruhrbergbau getragene Bergbaumuseum in Bochum ist ein Beispiel dafür, wie mit der Breite der Trägerschaft auch die Breite der Wirkung zu wachsen vermag. Überkommunale Zusammenarbeit könnte ebenso auf dem Gebiet des Büchereiwesens und der Museumspflege Institute von wirklich weltstädtischer Bedeutung fördern. Wäre beispielsweise nicht der Gedanke überreif, in gemeinsamer Anstrengung inmitten der Landschaft, die von der Technik am stärksten geprägt worden ist, ein Museum zu schaffen, das die Entwicklung der Technik um Kohle und Eisen und die geschichtliche Herkunft des Gebiets wie seine Umwandlung darstellt, eine Thematik, die sich bis zur Raumordnung, zu den planerischen Bemühungen um die Vermenschlichung unserer Industrieheimat weitertreiben ließe? Die Mülheimer Chorfeste sollten Ansatzpunkt zu regelmäßigen Musikfesten des Ruhrgebiets sein, in denen der amtlichen wie der privaten Musikpflege Maßstäbe gesetzt und heimischen Komponisten Starthilfen gegeben werden. Wie viel mehr als bisher würden die Ruhrfestspiele in die Breite und Tiefe des Reviers wirken, wenn die Städte sie gemeinsam trügen. Der Widerhall der Oberhausener Kurzfilmtage, der Bochumer Puppenspiele, die Arbeit des Dortmunder Auslandsinstituts würde noch wesentlich gemehrt, wenn an den Orten ihres Ursprungs die Aufbereitung des Stoffes geschähe und sein Extrakt von den Nachbarstädten übernommen würde.

14. Wo bleibt der Ruhrgebietsfilm? Bericht über die VI. Westdeutschen Kurzfilmtage in Oberhausen (1960)

Hannes Schmidt, Noch sind die Filme die Hauptsache, in: ruhrgebiet 2 (1960), Heft 2, S. 44–46.

Nicht weniger als 22 Nationen waren mit rund 130 Filmen auf den VI. Westdeutschen Kurzfilmtagen in Oberhausen vertreten. Voller Genugtuung haben die Veranstalter bekannt, in diesem Jahr sei das alljährlich wiederholte Treffen zum ersten Mal vom Produzentenverband als »Festival« anerkannt worden. Das hat Vorteile bei der stets schwierigen Filmbeschaffung und ist insofern sicherlich nützlich. Im Übrigen aber hat die schmückende Vokabel, mit der nun auch Oberhausen dekoriert worden ist, inzwischen erheblich an Gewicht eingebüßt, seitdem man weiß, wie viel falsche Repräsentation, wie viel durch Lorbeerkübel nur schlecht getarnter Fremdenverkehrseifer und wie viel Umsatzbegeisterung hinter ihr sich verstecken.

Von solchem Getue war in Oberhausen auch in diesem Jahr glücklicherweise wenig zu bemerken, eigentlich kaum mehr als in den Vorjahren. Das unumgängliche offizielle Brimborium hielt sich in Grenzen. Außerdem sorgte eine Jugendsondertagung über Fragen der staatsbürgerlichen Bildung mittels Film und Tonband, durchgeführt von Filmclubleuten, Pädagogen und Wissenschaftlern mit der Staatsbürgerlichen Bildungsstelle des Landes Nordrhein-Westfalen, für die nötige Arbeitsatmosphäre, wenigstens am Rande. […]

Je mehr sich Oberhausen von dem üblichen Festivalbetrieb distanziert, desto besser. Aber nur Filme zeigen, weiter nichts, das führt immer weiter hinein in den Kulturbetrieb, den zu vermeiden allerdings ebenso schwierig wie notwendig ist. […]

Prüft man die deutschen Filme unvoreingenommen auf ihre Mängel, so fällt auf, wie oft es noch am Text hapert, während die Bildkomposition meistens stimmt. Dabei denken wir nicht an das traurigste Exemplar seiner Gattung in Oberhausen, an die glücklicherweise nur auf drei Minuten begrenzte »Kleine Wirtschaftschronik«, die wohl Wirtschaftswunderstolz erwecken wollte und doch nur in ärgerlich banalen Reimen auf den Nullpunkt einer billigen Lesebuchmoral für Zehnjährige hinführte. Nein, wir denken vor allem an Herbert Viktors Versuch, in den »Schichten unter der Dunstglocke« ein Porträt der Stadt Oberhausen zu zeichnen.

In mancher Hinsicht um einige Grade besser als die üblichen Städtefilme, verdirbt doch der allzu geschwätzige Kommentar das Gesamtbild, verniedlicht hier, begütigt dort und malt unnötigerweise dort farbig, wo ein Schwarzweißbild ehrlicher, angemessener gewesen wäre. Dass wir doch nie die Wirklichkeit wahrhaben wollen! Der Reiz des Ruhrgebiets liegt doch gerade für den, der sich noch einen Sinn für Nuancen bewahrt hat, in der Fülle der fein abgestuften Schwarz-, Grau- und Weißtönungen. Das wissen wir nicht erst seit Chargesheimer und Fenzl, aber beide habe es uns erneut bewiesen.

Wann machen endlich ein Filmregisseur und ein Autor vom Rang dieser beiden Fotografen einen Ruhrgebietsfilm, *den* Ruhrgebietsfilm! Seine Uraufführung würde den nächsten oder übernächsten Kurzfilmtagen in Oberhausen nur zur Ehre gereichen und die falsche Legende zerstören helfen, wir seien ein hoffnungslos filmunbegabter Menschenschlag. Das diesjährige Aufgebot ließ jedenfalls einige Chancen offen.

15. Gleichberechtigt neben den Stätten der Wirtschaft und ein Haus für alle: das Gelsenkirchener »Musiktheater im Revier« des Architekten Werner Ruhnau (1960)
Werner Ruhnau, Das neue Stadttheater in Gelsenkirchen, in: Bauwelt, Heft 15 vom 11.4.1960, S. 407–409. (Auszug)

Der hervorragende Ort, inmitten der Großstadt, als Kern eines neuen Forums, der als Bauplatz für das Theater bestimmt wurde, scheint mir das Wichtigste zu sein. Die Industrie- und Arbeitsstadt Gelsenkirchen hat es für richtig gehalten, ein Bauwerk, das der Kunst dienen soll, in ihre Mitte zu stellen.

Kein Versicherungsgebäude, kein Geschäftshaus, nicht einmal das Rathaus oder irgendein auf Erwerb materieller Güter gerichtetes Unternehmen hatte diesen Vorzug, in einer Zeit, der man ihre Ausrichtung auf Technik, Wohlstand und weltliche Macht gern vorwirft.

Das Außerordentliche der Lage ist von der Architektur aufgenommen und unterstrichen worden. Der große, das ganze Geschehen »Theater« umhüllende Kubus stellt sich gleichberechtigt neben die Stätten der Arbeit und der Wirtschaft. Weiterhin wurde davon ausgegangen, dass dieses Theater nicht mehr das Theater einer bestimmten Gesellschaftsschicht sein soll, sondern der Ort für jeden geistig und künstlerisch interessierten Menschen. Dem Abgeschlossensein einer exklusiven Gesellschaft von einst steht hier die Offenheit gegenüber für jeden, der gewillt ist, an der Kunst und am geistigen Leben teilzuhaben. Das Foyer ist zum Platz hin völlig geöffnet und durchsichtig.

Zum Zweiten scheint mir besonders erwähnenswert die hier am Theaterbau in Gelsenkirchen geleistete Kooperation von bildender Kunst und Architektur.[18] Was damit gemeint ist, wird deutlich, wenn man versuchen sollte, bei den Bauten der Vergangenheit die Werke bildender Kunst zu entfernen, etwa in Vierzehnheiligen die Plastiken und Deckengemälde ..., das Werk würde zerstört. Wir haben uns hier zur Aufgabe gemacht, zeitgenössische Architektur, die durch unsere Baumethoden und Materialien, wie Stahl, Beton und Glas, sehr viel leichter und immaterieller sein kann als alle Architektur zuvor, mit zeitgenössischer bildender Kunst zusammenzuführen.

---

18 Vor dem Gebäude wurden Röhrenplastiken von Norbert Kricke installiert, im Foyer des Großen Hauses großformatige blaue Reliefs von Yves Klein, im Kleinen Haus Mobiles von Jean Tinguely.

16. Europäischer Kulturaustausch und internationale Anerkennung für die Ruhrfestspiele und die Kulturpolitiker des Bergbaus auf dem »Festival du Nord« in Lille (1961)

Festival du Nord. Unsere Maler und Schnitzer begeistern in Lille, in: Werks-Nachrichten 11 (1961), Heft 6, S. 140. (Auszug)

Angeregt durch die »Ruhrfestspiele« Recklinghausen, ist man auch in Nordfrankreich bemüht, eine Einrichtung zu schaffen, die die Kunst an die Bevölkerungsteile bringen soll, die bisher noch keinen Weg zu ihr gefunden haben. Dieses »Festival du Nord, Nuits de Flandres« steht unter dem Patronat der Stadt Lille und wird unterstützt vom Kulturministerium und dem Ministerium für Auswärtige Angelegenheiten. [...]

Unter den in zwei Etagen ausgestellten Arbeiten aus Frankreich, Belgien, England und Deutschland befand sich eine nicht unbedeutende Gruppe »Arts de la Ruhr«, die in zwei Teilen, »Artistes de la Ruhr« Werke von Berufsmalern und »Peinture naive, peintures amateurs de la Ruhr«, d.h. eine Abteilung der Laienmaler, »Bergleute malen ihre Welt«, zeigte. Von 37 zur Diskussion gestellten Bergleuten gehören 15 zur Dortmunder Bergbau AG, und von 74 ausgestellten Arbeiten des Ruhrgebiets sind wir mit 21 Stücken unserer Belegschaftsmitglieder vertreten. Sie bilden in der Gruppe der Laienmaler das Herzstück der Ausstellung. [...]

Die deutschen Vertreter – Dortmunder Bergbau AG und Hibernia – entwickelten die Methoden ihrer kulturellen Betreuung und wurden auch hier als nachahmenswertes Beispiel angesehen, wie es die Ruhrfestspiele für das gesamte Veranstaltungsunternehmen sind.

17. Industrielle Arbeitswelt und Literatur: Die Dortmunder Gruppe 61 [1972]

»Programm der Dortmunder Gruppe 61«,[19] in: Peter Kühne, Arbeiterklasse und Literatur, Frankfurt/Main 1971, S. 249f. (Auszug)

Die Dortmunder Gruppe 61 stellt sich die folgenden Aufgaben:
- Literarisch-künstlerische Auseinandersetzungen mit der industriellen Arbeitswelt der Gegenwart und ihrer sozialen Probleme.
- Geistige Auseinandersetzungen mit dem technischen Zeitalter.
- Verbindung mit der sozialen Dichtung anderer Völker.
- Kritische Beschäftigung mit der früheren Arbeiterdichtung und ihrer Geschichte.

Die Dortmunder Gruppe 61 setzt sich zusammen aus Schriftstellern, Journalisten, Lektoren, Kritikern, Wissenschaftlern und anderen Persönlichkeiten, die durch Interesse oder Beruf mit den Aufgaben und der Arbeit der Gruppe 61 verbunden sind.

---

19 Zur Dortmunder Gruppe 61 und zum 1971 gegründeten Werkkreis Literatur der Arbeitswelt vgl. u.a. Rainer Noltenius, Das Ruhrgebiet – Zentrum der Literatur der industriellen Arbeitswelt, in: Jan-Pieter Barbian/Ludger Heid (Hg.), Die Entdeckung des Ruhrgebiets. Das Ruhrgebiet in Nordrhein-Westfalen 1946–1996, Essen 1997, S. 444–457.

Die Dortmunder Gruppe 61 will durch Kritik, Aussprache, Beratung und Diskussion in Lesungen, Zusammenkünften und Veröffentlichungen das Schaffen der Gruppenmitglieder fördern. Die Dortmunder Gruppe 61 ist in jeder Beziehung unabhängig und nur den selbst gestellten künstlerischen Aufgaben verpflichtet – ohne Rücksicht auf andere Interessengruppen. Die Begegnung verschiedener Charaktere, die Entfaltung unterschiedlicher Begabungen, der Austausch gegensätzlicher Meinungen und Gestaltungsformen soll befruchtend auf die Arbeit der Gruppe und ihrer Mitglieder einwirken. Unter Berücksichtigung der Thematik bleibt jedem Mitglied der Dortmunder Gruppe 61 grundsätzlich die Wahl der Themen, der Gestaltungsmittel und Ausdrucksformen überlassen. Die künstlerischen Arbeiten müssen individuelle Sprache und Gestaltungskraft ausweisen oder entwicklungsfähige Ansätze zu eigener Form erkennen lassen. [...]

Auf eine fest organisierte Form der Gruppe nach dem Vereinsgesetz wurde verzichtet. Entstehende Unkosten werden von den Mitgliedern der Gruppe gemeinsam getragen.

18. Arbeiterliteratur im Konflikt: Der Streit um Max von der Grüns »Irrlicht und Feuer« (1963/64)

Briefwechsel Max von der Grün – Walter Köpping – Fritz Hüser, in: Fritz Hüser 1908–1979. Briefe, hg. v. Jasmin Grande im Auftrag der Fritz-Hüser-Gesellschaft, Oberhausen 2008, S. 135f., 139, 141–143, 145, 151f. (Auszüge)

a) Walter Köpping[20] an Fritz Hüser[21]

z.Zt. Miesbach, den 6. Dezember 1963

Die Gruppe müsste m.E. einmal freimütig über die Tendenzen in »Irrlicht und Feuer« diskutieren. Von der Grüns Roman könnte ja so etwas wie ein Muster für den sozialen Roman in der Bundesrepublik werden. Auch ich muss sagen, dass er in der Beurteilung von Betriebsräten und der Gewerkschaft zu weit geht, polemisiert. Wenn er auf diesem Weg fortschreitet, werde ich nicht folgen können. Schließlich glaubt mir kaum jemand, dass ich keinerlei Einfluss auf »Irrlicht und Feuer« gehabt habe. Man weiß, dass ich zur Leitung der Gruppe gehöre, der von der Grün angehört, man weiß, dass er mich in einem Zusatz zu seinem ersten Buch namentlich erwähnt hat. Wir sollten diese Probleme nicht bagatellisieren, wir sollten uns nicht zu sehr auf künstlerische Freiheit berufen. Herr Boie schlug ja bei der Diskussion in Hochlarmark vor, überhaupt nicht zu fragen, was über Betriebsräte im Einzelnen im Buch steht – wichtig wäre, dass es eine Dichtung sei. Ja, nähern wir uns da nicht von einer anderen Seite wieder der

---

20 Zu Walter Köpping vgl. Dok. 3 in diesem Kapitel.
21 Fritz Hüser (1908–1979) machte eine Lehre als Former und wurde nach einem schweren Arbeitsunfall Werks-Bibliothekar. 1945 bis 1973 leitete er die Städtischen Volksbüchereien in Dortmund (ab 1970: Stadtbücherei Dortmund) und baute ein umfangreiches Privatarchiv für Arbeiterdichtung und soziale Literatur auf, deren Autorinnen und Autoren er intensiv förderte. In den 1970er Jahren machte die Stadt das Archiv als Institut (seit 1983: Fritz-Hüser-Institut) für deutsche und ausländische Arbeiterliteratur (heute: Fritz-Hüser-Institut für Literatur und Kultur der Arbeitswelt) der Öffentlichkeit zugänglich. 1973–1979 war Fritz Hüser sein erster (ehrenamtlicher) Leiter.

schlechten Formel »l'art pour l'art«? Wir sollten von der Grün nicht ermutigen, in seiner Opposition gegen alle Einrichtungen unserer Gesellschaft fortzufahren. Ich hab den Eindruck, dass er partout ein Michael Kohlhaas werden will.

Ich werde auch Gelegenheit suchen, mit ihm offen über diese Fragen zu sprechen. [...]

b) Max von der Grün[22] an Fritz Hüser

Heeren, den 6. Januar 1964
Lieber Herr Hüser.

Am Sonntagvormittag war ich zu einer Lesung in Essen-Katernberg und fuhr dann anschließend zu Walter Köpping in seine neue Wohnung. Ich wollte von Köpping hören, was sich zugetragen hat. Ich habe noch mehr gehört, ich habe mich drei Stunden mit Walter herumgestritten und hörte aus seinem Mund Auffassungen verschiedener Herren aus dem Vorstand der IGBE über mein Buch, dass mir die Haare zu Berge standen. Ich wusste gar nicht, dass es Menschen gibt, die solche Scheuklappen tragen und so literarisch unwissend sind. Ich hätte – so kam es wieder durch – einen progewerkschaftlichen Helden schaffen sollen. Die Tendenz ihrer Anschauung deckt sich in etwa mit der, wie sie in der DDR vertreten wird. Schlimmer noch. Walter Arendt gibt zu, dass es solche Betriebsräte und solche Funktionäre gibt – aber ich darf das nicht sagen. Auch Westfalia hat vor Gericht zugegeben, dass es Vorfälle und Unfälle in der Form meiner Schilderung gibt, trotzdem riefen sie nach der Zensur. Alles hätte ich erwartet, aber dass sich die Gewerkschaft von meinem Roman distanziert, das nicht. Auch war ich über Walter erstaunt, dass er solche Gedankengänge verfolgt, dass er mir zwar Recht gibt in Bezug auf meine schriftstellerische Freiheit, dass er aber in etwa die These – die amtliche These der Gewerkschaft vertritt. Natürlich, ich kann seine missliche Lage verstehen, in welches Zwielicht er geraten ist, aber er hat ein gut Teil Schuld, dass es jetzt so ist, denn er hat die maßgeblichen Leute in Bochum immer in dem Glauben gelassen, dass die Dortmunder Gruppe eine gewerkschaftsfreundliche Ansammlung von Männern und Frauen ist. Wir sind eine literarische Gruppe und keinem Interessenvertreter oder Interessengruppe verpflichtet. Das muss doch einmal in aller Klarheit gesagt werden. [...]

Die Gewerkschaft sollte sich einmal darum kümmern, warum ich plötzlich keine Arbeit mehr bekomme, was bei Hoesch vorgefallen ist, welcher Draht gespielt hat. Ich habe nämlich schon wieder zwei Vorstöße gemacht, in einem großen Werk unterzukommen, man zuckte nur mit den Schultern, man brauchte keine Arbeiter, obwohl ich dann erfuhr, dass nach meinem Weggang zehn Mann eingestellt wurden. So ist das also heut. Solange ich nicht am Hungertuch nage, soll es mir gleich bleiben.

Herzliche Grüße
Ihr Max von der Grün

---

22 Max von der Grün (1926–2005) arbeitete von 1951 bis 1964 als Bergmann, danach als freier Schriftsteller. Zu seinen bekanntesten Romanen gehören neben »Irrlicht und Feuer« auch »Stellenweise Glatteis« sowie die »Vorstadtkrokodile«. Viele seiner Arbeiten wurden verfilmt.

c) Fritz Hüser an Max von der Grün

Dortmund, den 13. Januar 1964
Lieber Herr von der Grün,
[…] Wie ich Ihnen schrieb, teile ich nicht die ängstliche Auffassung der Gewerkschaften, ich wäre an ihrer Stelle für eine harte und offene Kritik und Diskussion. Wenn Sie allerdings manche politischen Hintergründe ganz durchschauen würden, könnten Sie die Empfindlichkeit vielleicht noch besser verstehen.

Walter Köpping hat die Leute in Bochum doch nicht irrtümlich in dem Glauben gelassen, dass es sich bei der Gruppe um eine gewerkschaftsfreundliche Ansammlung von Männern und Frauen handelt – das Gegenteil ist mir bisher auch nicht bewusst geworden, ich könnte mir auch nicht vorstellen, warum man selbst bei aller kritischen Stellungnahme gewerkschaftsfeindlich sein muss. Das ist etwas ganz anderes als eine Gruppe oder Unterorganisation der Gewerkschaft!

Ganz klar müssen wir aber erkennen, dass die Entwicklung unserer Versuche nur durch Walter Köpping in der gewerkschaftlichen Presse unterstützt und gefördert wurden, und das will schon etwas heißen bei der unliterarischen Einstellung aller Gewerkschaften, die meinen, dass sie mit den Ruhrfestspielen ihre Kulturaufgabe erfüllen. […]

So gesehen ist es auch nicht besonders nachteilig, wenn die Gewerkschaften Ihr Buch nicht erwähnen, ich würde das nicht tragisch nehmen, ich würde auch niemanden, auch anderen Autoren nichts davon sagen, ehe Sie nicht einen ganz klaren Beweis in der Hand haben, dass die Gewerkschaft Ihr Buch totschweigt.

Wichtiger ist, dass eine öffentliche Diskussion erfolgt. […]

Ich glaube kaum, dass Sie in Not kommen werden; denn alle die Pläne, die Sie erwähnen, bringen ja, wenn sie verwirklicht werden sollten, mehr Geld ein, als Sie durch Handarbeit erwerben könnten.

Meine Sorge ist ja, - und ich habe ja Ihnen gegenüber und im Kreis der Autoren dieses Problem oft angeschnitten – dass durch die Berufsschriftstellerei die künstlerische Potenz der früheren Arbeiterdichter verschleudert wurde, weil sie alles Mögliche schreiben mussten, um leben zu können. Selbst große und berühmte Leute können nicht schreiben, was sie möchten und wollen, die Literaturfabriken erfordern immer ein bestimmtes Maß und eine bestimmte Form. - Ich möchte also nochmals meine Sorgen zum Ausdruck bringen und gleichzeitig noch einmal die Hoffnung aussprechen, wie sehr ich auf weitere und überzeugende literarische Werke aus der harten Welt des Industriearbeiters warte und dass ich wünsche, Sie mögen die nie versiegende Kraft besitzen, um diese Werke zu schaffen, wobei es mir selbstverständlich ist, dass Sie sich nicht zwischen zwei Stühle, aber auch erst recht nicht zwischen *drei* Stühle setzen werden, nicht setzen müssen – aber auch nicht setzen dürfen.

Ich bin mit herzlichen Grüßen und allen guten Wünschen
Ihr F.H.

d) Fritz Hüser an Walter Köpping

Dortmund, den 5. März 1964
Lieber Herr Köpping,
nach dem Gespräch mit Herrn Arendt und Herrn Jahn ist mir immer noch nicht ganz klar geworden, warum gerade Sie Max von der Grün mit der Dortmunder GRUPPE gleichstellen.

Bei allem Verständnis für die schwierige Situation, die aus der engen Haltung der hauptamtlichen Funktionäre erwächst, die das Buch als eine gewerkschaftsfeindliche Abhandlung abstempeln wollen, glaube ich doch, dass es nicht richtig war, dass Sie sich allein und einsam zu einem »Austritt« entschlossen haben, nachdem Sie selbst viele Jahre lang immer auf die Organisation der Gruppe und sogar auf genaue Festlegung der Aufgaben gedrängt haben.

Bei allen taktischen und wirklichen Fehlern, die von den verschiedensten Leuten – auch von Max von der Grün – gemacht wurden, hoffe ich doch, dass auch in Gewerkschaftskreisen das Buch von Max von der Grün anders beurteilt wird.

Ich bedauere nach wie vor die Haltung Ihrer Kollegen, das Buch in der Presse nicht zu kritisieren, weil man u.a. vermeiden will, dass der eine oder andere Bergmann das Buch kaufen würde.

Bedenklich halte ich allerdings die jetzt abgestoppte Planung, Max von der Grün in Bergarbeiterversammlungen vorlesen und diskutieren zu lassen; denn hierdurch dürften immer bei Leuten, die das Buch nicht gelesen haben, falsche Vorstellungen erweckt werden. Ich sehe es nicht nur aus der von Ihnen angedeuteten historischen oder archivalischen Sicht – ich meine gerade, dass hier die IG Bergbau ganz klar und kritisch zu dem Buch Stellung nehmen müsste. Mir ist unklar, warum der jüngere Ihrer Kollegen nicht meine Forderung nach einer harten Kritik des Buches verstehen kann – es kommt mir vor allem darauf an, das Recht zur Kritik und auch die Pflicht zur Kritik in Anspruch zu nehmen, wenn wir überhaupt die Geistesfreiheit und Meinungsfreiheit in einer demokratischen Staatsform und in einer demokratischen Organisation – selbst wenn sie eine reine Interessengemeinschaft ist – ernst nehmen wollen. Obwohl ich aus arbeitsmäßigen Gründen heraus nicht böse wäre, aus der Arbeit und Verpflichtung der Dortmunder Gruppe gegenüber entlastet zu werden, möchte ich doch alles dafür tun, um den schweren Schlag, den die Gruppe durch Ihren Rücktritt erhalten hat, zu mildern und die Autoren zusammenzuhalten.

19. Beat-Festival 1966 in Recklinghausen, dem neuen »Mekka der Beatbewegung«
Helmut Vethake, Ein Festtag für Anhänger der heißen Musik, in: Ruhr-Nachrichten (Recklinghausen) vom 19.2.1966.

»We can get no satisfaction!« – »Wir können davon nicht genug bekommen!« Dieser Titel der »Rolling Stones«, der härtesten Beat-Band der Welt, ist vielleicht bezeichnend für ein Festival, zu dem die Bands aus Barcelona und aus Gladbeck, aus Leverkusen und aus Gronau, aus Recklinghausen und aus Bielefeld kommen, nur um einmal in der geheiligten Beathalle am Saatbruch spielen zu dürfen. Wenn eine einzige Veranstaltung fast 3.000 Jugendliche aus der gesamten Bundesrepublik anzieht, wenn das Fernsehen, der WDR und der Deutschlandfunk Reportagen darüber machen, und wenn die Schallplattenindustrie ihre »Spione« mit einer »carte blanche« ausschickt, um Stars von morgen um jeden Preis aufzukaufen, so kann es sich nur um eine Mammutshow handeln. Das »beat-festival ›66‹« ist einmalig, da weder Paris noch Berlin jemals etwas Derartiges in ihren Annalen verzeichnen konnten. Eine Sternstunde des Beat spielte sich in Recklinghausen ab. Zu dieser Sternstunde standen die Uhren auf »beatle-europäischer« Zeit, und der Uhrmacher, der es verstand, dieses Räderwerk zum Laufen zu bringen, heißt Kurt Oster! Seine Devise ist: »Mit der Jugend – für die Jugend!«

Doch was ist eigentlich dieses Phänomen »Beat«, das die Jugendlichen aus ihrer Reserve lockt? Ist es der hämmernde Rhythmus des Schlagzeugs, das sonore Donnern der Bassgitarre, das jaulende Klirren der Sologitarre, der entnervende Dudelsackton der Mundharmonika, der wiederkehrende Schlag der Begleitgitarre, oder das elektronische Pfeifen der Orgel?

Ist es eine Weltanschauung wie der Existenzialismus, in der sich die Anhänger dieser musikalischen Stilart frei wähnen, oder ist es eine Masche, mit der professionelle Bands Geld verdienen und sich durch ihre Gags zu modernen Hofnarren erklären, die sich für die Gunst oder das Geld ihrer Herren lächerlich machen?

Warum gehen »Songs«, wie die Anhänger dieser Musik ihre Lieder bezeichnen, den Zuhörern »unter die Haut«? Warum verweilen 2.500 junge Leute zehn Stunden lang in einer verräucherten Halle, auf deren Bühne eine ohrenbetäubende Nonstopshow abläuft?

Das »beat-festival ›66‹« ist eine Veranstaltung, die vielleicht zum Verständnis der heutigen Jugend beiträgt. Hier treffen sich Söhne und Töchter der »jeunesse dorée« aus wohlhabenden Elternhäusern sowie Kinder aus einfachen Verhältnissen! Hier gibt es keine Standesunterschiede! Weder in der Kleidung, noch im Haarschnitt, weder in der Begeisterung für diese Musik, noch in der Auffassung über ihren Wert oder ihre Wertlosigkeit sind Unterschiede bemerkbar.

Die Vesthalle umschließt ein gleichgeschaltetes und begeisterungsfähiges Auditorium, das in gewissem Sinn einer verschworenen Gemeinschaft gleicht.

Hier spielen Amateure für Amateure. Die Bands scheuen weder den langen Anfahrtsweg noch die Kosten, die sie selbst tragen mussten. Sie kamen zu einem musikalischen Wettbewerb, dessen Spielregeln festgelegt waren und die ausnahmslos akzeptiert wurden. Eine spürbare Atmosphäre, die nur mit dem englischen Wort »fair play« umrissen werden kann, lag in der Luft.

Für das Publikum gelten gleiche Maßstäbe. Die jungen Leute kamen aus der gesamten Bundesrepublik, um einer Veranstaltung einen Rahmen zu verleihen, in der sie mehr waren als nur Statisten, da sie viel Objektivität, Verständnis und kritischen Geist mitbrachten.

Ganz sicher gehören diese Attribute zum »beat-festival ›66‹«. Man spricht von einem »Liverpool Sound«, doch könnte man ebenso gut von einem »Recklinghäuser Beat« sprechen, da der Beat erst in unserer Stadt gesellschaftsfähig gemacht wurde. Hier lassen sich Beat und zerschlagene Stühle nicht assoziieren! Hier zählen nicht nur die langen Haare oder die originelle Kleidung! […]

Die Festivalbesucher waren verschiedensten Alters. Nachmittags sah man Zwölfjährige neben Twens reiferen Alters stehen, die gemeinsam zuhörten und auch applaudierten. »Hier bist du jung, hier darfst du's sein« – ist möglicherweise ein frivoles Motto, doch begegnen sich hier alle Eigenschaften, die das Abstraktum »Jugend« so liebenswert machen.

Idealismus und Begeisterungsfähigkeit, Sensibilität und Ausgelassenheit, Lebensfreude und Weltschmerz. Hier drängt sich geradezu die Frage auf, was tun diese jungen Menschen, wenn sie nicht auf einem Beat-Festival sind?[23]

20. Fortschrittliche Jugendpflege in Recklinghausen: Kurt Oster und seine Beat-Festivals [1992]

»... Eine ganz großartige Möglichkeit der Begegnung«. Interview mit dem ehem. Jurymitglied, der Kamener Jugendpflegerin Elisabeth Schütze, vom 28.1.1992, in: Horst-D. Mannel/Rainer Obeling, Beat-Geschichte(n) im Revier, Recklinghausen 1993, unpag.

Ich meine wirklich, dass herausgehoben werden muss, dass Kurt Oster Ideen in einer Zeit hatte, als die Studentenrevolte begann, APO-Verhalten und sonstige Umwälzungen einfach neue Fragen aufwarfen und viele Pädagogen, aber auch die Hüter der Ordnung, recht verunsichert waren. Und da würde ich schon meinen, dass er mit seinem Mut, beat festivals aufzuziehen, vielen Jugendlichen dazu verholfen hat, Kreativität in sich zu wecken, er hat Perspektiven vermittelt, er hat Selbstbewusstsein gestärkt, er hat die Musik vieler kleiner Bands bekannt gemacht. Dieses Bekanntwerden war auch lohnend im positiven Sinn, einfach, weil die Jungs vor einem großen Publikum spielen konnten. Sie wurden gehört, sie wurden bewundert, ja, die Musik wurde auch weitergetragen, weil ständig Vermittler da waren, Leute von der Presse, von Plattenfirmen und vom WDR. Ich denke, dass das auch eine ganz großartige Möglichkeit der Begegnung, der Kommunikation war, aber eben auch der Entwicklung im Hinblick auf diese moderne Musik, mit teilweise wunderbaren Arrangements. [...]

Kurt Oster selbst war, meine ich, eine Vaterfigur für die Jugendlichen. Er konnte integrieren, man mochte sich auch gern mit ihm identifizieren, er konnte formen. Und vor allen Dingen, er vermittelte Verständnis der Erwachsenen an die Jugendlichen, weil er sich den jungen Menschen eben sehr oft zuwandte und ihnen den Weg zur Entwicklung öffnete. Ich glaube, da liegt sein großes Verdienst.

Das zog eben solche Kreise, dass dieser James-Dean-Club uns da in Recklinghausen seinerzeit wirklich Sorgen machte, und man glaubte, das würde irgendwie umkippen, würde viele Verantwortliche ratlos machen, und dann kam Oster auf die Idee – er hatte vorher auch mit der Polizei verhandelt – wir setzen uns einfach mal zu einem Gespräch mit diesen jungen Leuten zusammen, damit die merken, Erwachsene sind eben nicht nur eine starre Front, Erwachsene wollen nicht nur verbieten, Erwachsene wollen einfach mehr, sie wollen auch Brücken bauen. Und das ist dann auch gelungen. Also, dieser Club war nachher einfach keine Bedrohung mehr. [...]

---

23 Zu den Beat-Festivals in Recklinghausen vgl. Horst D. Mannel/Rainer Obeling, Beatgeschichte(n) im Revier, Recklinghausen o.J. [1993].

Ich meine grundsätzlich in Erinnerung zu haben, dass das ein fantastisches Publikum war. Ich kann mich nicht erinnern, dass es mal irgendwann eine Störung gegeben hat. Ich bin öfter durch die Halle gegangen. Es war Publikum, vom Äußeren her sicherlich unterschiedlich anzusehen. Es gab damals auch schon sehr flippige Typen, es gab Typen, die manchmal doch nach vorne rannten und begeistert waren und mitmachten und auf die Stühle gingen, was ja nicht gerne gesehen wurde. Gelegentlich musste dann auch mal zur Ruhe gerufen werden, leichter Ordnungsruf kam dann wohl auch mal vom Kurt Oster. Ich denke nicht, dass es ein biederes Verhalten war. Es war Aufbruch. Und wenn man dann bedenkt, Hochsaison der Studentenrevolte war so '68, '69. Das war irgendwo auch eine positive Zeit, eine Zeit, die einfach auch ein Stück weitergebracht hat.

21. Die Essener Songtage 1968 im Spiegel der konservativen Presse
F. P., »Das war Sauerei in einem Schweinestall«, in: Ruhr-Nachrichten vom 2.10.1968, abgedruckt in: Detlev Mahnert/Harry Stürmer, Zappa, Zoff und Zwischentöne. Die Internationalen Essener Songtage 1968, Essen 2008, S. 301.

»Das war kein Happening, das war Sauerei in einem Schweinestall. So etwas hat die Essener Grugahalle noch nicht erlebt, so hat die Halle nach den schlimmsten Beat- oder Rock'n Roll-Veranstaltungen nicht ausgesehen«, erklärte Veranstalter Hugo Kemkes von der Grugahalle. »Ich bin davon überzeugt: So etwas wird für die Halle nicht wieder genehmigt«.

Über die Vorfälle, die sich beim »Höhepunkt« der Internationalen Songtage in der Halle abgespielt haben, wurde gestern ein umfassender Bericht an die Verantwortlichen der Stadt geleitet. Dieser Bericht ist nicht für die Öffentlichkeit bestimmt. Die Schilderungen von Tatsachen dürften pornografischen Schriften wenigstens gleichkommen.

Vorfälle werden in diesem Bericht geschildert, die unglaublich sind: So führte ein »Hippie« mit seiner entkleideten Freundin auf einer umgekippten Stellwand den Geschlechtsverkehr aus. Zwölf Freunde saßen um das Pärchen und klatschten im Takt.

Das war nicht der einzige Fall: Schon eine Viertelstunde nach Beginn des »Trip to Asnidi« – so hatte man den »Augen- und Ohrenflug zum letzten Himmel Grugahalle«, die »wundersame Reise in das oszillierende Reich der Pop-Musen« genannt – hatte sich im »Block K« das erste Pärchen vor aller Augen auf die gleiche Art betätigt.

Andere vollführten ohne Hemmungen unter der »Ersatzbühne« Gleiches, ebenso unter den Treppen und rund um die Grugahalle. Pärchen an Pärchen. Es gab keine Einschränkung für Jugendliche, die z.B. von Catcher-Kämpfen in der Halle ausgeschlossen werden. Dann achte[n] sogar der Jugendschutz und die weibliche Kriminalpolizei am Eingang darauf. Die Polizei war von »höherer Stelle« gebeten worden, nicht beim »Happening« zu erscheinen.

Man kann es nicht einmal mehr als »Sauerei« bezeichnen, was sich sechs »Hippies« erlaubten: Sie zogen die Hosen und Unterhosen auf der Bühne aus, urinierten, zeigten dem Publikum die nackte Kehrseite und beteten laut das »Vaterunser«.

Nicht nur auf der Bühne spielten sich solche Szenen ab. Noch vor Mitternacht weigerte sich das Toiletten-Personal, weiter Dienst zu tun.

Die Reihe der üblen Vorfälle ist mit diesen geschilderten Vorfällen erst am Anfang. Kaum dem Schulalter entwachsene Mädchen wurden in eindeutigen Situationen gefunden – und niemand kümmerte sich darum. Die 30 Grugahallen-Wärter wären verprügelt worden, hätten sie sich irgendwo eingemischt. Schlägereien spielten sich am Rande ab.

Zu erwähnen ist noch, dass zwei junge Männer mit schweren Vergiftungserscheinungen durch Rauschgift ins Krankenhaus gebracht wurden und stationär behandelt werden. Eine Reihe anderer Ohnmächtiger durch Rauschgift – sie hatten Haschisch geraucht – wurde nach kurzer Zeit wieder entlassen.

22. Das Manifest des Künstlers Ferdinand Kriwet: Den Strukturwandel nutzen, um das Ruhrrevier in das »größte Kunstwerk der Welt« umzuwandeln (1968)

Ferdinand Kriwet,[24] Manifest zur Umstrukturierung des Ruhrreviers zum Kunstwerk vom 22.1.1968, abgedruckt in: Michael Fehr, Im Dickicht der Motive. Künstlichkeit, Kunst und Kommunikation im Ruhrgebiet, in: Forum Industriedenkmalpflege und Geschichtskultur, 1/2000, S. 44–50, hier S. 50.

Rettet das Revier

Künstler aller Disziplinen vereinigt euch zur künstlerischen Revolution der konstruktiven Fantasie gegen die Gefahr einer politischen Radikalisierung durch einen destruktiven Fanatismus im Ruhrrevier.

Schluss mit der falschen Romantisierung der Ruhr-Tristesse.

Schluss mit der sentimentalen Schrebergarten- und Brieftaubenidylle. Schluss mit dem unproduktiven Mythos vom Steinkohlebergbau.

Das Ruhrrevier ist auf Kohle gebaut.

Die Kohle ist unrentabel geworden. Sie unter Tage abzubauen, um sie über Tage aufzuschütten, ist wirtschaftlich ruinös. Soll aus dem Ruhrrevier kein Ruinenrevier werden, muss es sich verändern.

Als größte künstliche Landschaft Europas hat das Ruhrrevier die Chance zum größten Kunstwerk der Welt zu werden.

An diesem Projekt einer Komposition aus Städten, Straßen, Verkehrswegen, Seen, Wälder etc. sollen Maler, Bildhauer, Architekten, Städteplaner, Techniker, Ingenieure, Psychologen, Soziologen, Politiker, Gewerkschaftler, Dichter, Musiker, Filmer, Regisseure, Arbeiter, Unternehmer und all jene mitarbeiten, deren schöpferische Fantasie über die Mauern der Museen, Bibliotheken und Konzertsäle hinausreicht.

Neben einer wirtschaftlichen Strukturreform gewinnt das Ruhrrevier durch eine künstlerische.

24 Zum Düsseldorfer Künstler und Hörspielautoren Ferdinand Kriwet (Jg. 1942), der in Dortmund aufgewachsen war, vgl. Mahnert/Stürmer, Songtage, S. 182–186.

Die stillgelegten Schacht- und Förderanlagen, Hochöfen, Silos, Maschinen und Fabriken erlauben zum ersten Mal deren ästhetische Betrachtung. Dem Vorurteil von der Hässlichkeit der Industrieanlagen sollen die Künstler dieses Landes tatkräftig entgegenwirken.

Die künstlichen Berge, Hügel, Aufhäufungen der Kohlehalden sollen zu farbigen, leuchtenden, goldenen, silbernen Pyramiden, Kuben und Kegeln werden.

Brennende Hochöfen verwandeln das Ruhrrevier zusammen mit Lichttürmen, illuminierten Ölraffinerien, Projektionsanlagen in eine künstlerisch programmierte Komposition aus Licht und Bewegung.

Stillgelegte Zechen werden zu Vergnügungslabyrinthen, mobilen Theatern, endlosen Konzerträumen unter Tage usw. Über Tage ermöglicht ein ausgedehnter Hubschrauberservice die Betrachtung des größten Kunstwerks der Welt von oben. Den unterschiedlich gefärbten Rauch der noch betriebenen Schlote zerteilen Riesenscheinwerfer in ständig variierende Segmente.

Das rußige Konglomerat der Arbeitersiedlungen wird in farbige Parzellen aufgeteilt. Mit Leuchtfarbe angestrichene Häuser, Plätze und Straßen intensivieren das Nachtleben, wo es gewünscht wird. Der Himmel über der Ruhr wird nicht nur blau, sondern auch rot und gelb und grün und weiß und grau und lila. Taubenzucht und Fußballsport bleiben nicht die einzigen Hobbys der Ruhrkumpel in den klimatisierten Großräumen der nahen Zukunft.

Parallel zur Ansiedlung neuer Industrien im Revier erfolgt dessen partielle Umwandlung in eine Unterhaltungslandschaft zwischen Duisburg und Dortmund, die den vielfältigen Freizeitbedürfnissen der hier lebenden Menschen je nach Maßgabe der lokalen Verhältnisse Rechnung trägt.

Las Vegas und die Alpen sind nichts gegen das Ruhr-Kunstwerk.

Die Umwandlung der größten künstlichen Landschaft Europas in eine künstlerische bedeutet zugleich ihre Erschließung für den internationalen Tourismus.

Zur Verwirklichung dieses Projekts sollte eine Arbeitsgemeinschaft gegründet werden, in deren Aufsichtsrat Vertreter aller interessierten Verbände und Institutionen, Heimatverbände, Landschaftsverbände, Ruhrsiedlungsverband etc. zu entsenden wären.

Die Ausarbeitung von konkreten Plänen sollte durch ein von der Landesregierung Nordrhein-Westfalen beauftragtes Künstler-Team in Zusammenarbeit mit den kommunalen Verwaltungen erfolgen.

Mit der Probe aufs Exempel könnte in Recklinghausen im Zusammenhang mit den Ruhrfestspielen[25] oder in Oberhausen im Zusammenhang mit den Westdeutschen Kurzfilmtagen[26] oder an jedem anderen Ort zu jeder Zeit begonnen werden.

glückauf

---

25 Vgl. dazu die Dok. 2 und 16 in diesem Kapitel.
26 Vgl. dazu Dok. 14 in diesem Kapitel.

23. Umdenken in der Denkmalpflege: Die Rettung der Maschinenhalle der Zeche Zollern II/IV in Dortmund (1969)

Brief einer Gruppe von Künstlern und Kunstengagierten an den Ministerpräsidenten des Landes Nordrhein-Westfalen, Heinz Kühn, zur Rettung der Maschinenhalle der Zeche Zollern II/IV vom 30.10.1969. Landesarchiv NRW Abt. Rheinland, NW 434 Nr. 216.

Sehr geehrter Herr Ministerpräsident!

Wir erlauben uns, Sie auf den möglichen Verlust eines bedeutenden Industriebauwerks des Ruhrgebiets hinzuweisen und Ihnen die Bitte vorzutragen, dass Sie sich für dessen Erhaltung einsetzen möchten.

Es handelt sich um die Maschinenhalle der Zeche Zollern II in Dortmund Bövinghausen, deren Abbruch seitens des jetzigen Verwalters, der Rhein-Elbe-Bergbau AG, Gelsenkirchen, Virchowstraße, bereits ausgeschrieben sein soll. Die Halle wurde 1905 von der Gutehoffnungshütte Sterkrade errichtet. Es lässt sich nachweisen, dass nicht nur das Eingangsportal, sondern das gesamte 2.150 qm große Maschinenhaus nach Entwürfen des Architekten Bruno Möhring ausgeführt worden ist. Bei dem Entwurf waren damals modernste technische, ästhetische und sozialpolitische Gesichtspunkte maßgebend. [...]

Es ist nach unserer Meinung unverantwortlich, dieses Denkmal einer Zeit, dessen exemplarische Leistungen fast vergessen sind, abbrechen zu lassen. Was damals – lange vor Eröffnung des Bauhauses – versucht wurde: Eine menschliche Gestaltung der industriellen Umwelt dürfte bis heute nichts an Aktualität eingebüßt haben. Es sollte im Sinne weitsichtiger Planung möglich sein, auf dem Gelände der Zeche Zollern II ein Stück der überlieferten Industrielandschaft zu erhalten. Über die weitere Verwendung der Halle könnte eine Kommission beraten. Wir bereiten eine Unterschriften-Aktion vor. Da der Abbruch unmittelbar bevorzustehen scheint und das Innere der Halle schon durch Diebstahl wertvoller Installationen Schaden erlitten hat, senden wir dieses Schreiben vorab und bitten Sie herzlich, prüfen zu wollen, wie der Verlust des Bauwerks verhindert werden kann.

Mit dem Ausdruck vorzüglicher Hochachtung
Ihr sehr ergebener
Karl Ruhrberg

Jürgen Harten
im Namen von
Bernhard und Hilla Becher
Wolfgang Döring
Gotthard Graubner
Hans P. Koellmann, Direktor der Werkkunstschule Dortmund
Günther Uecker, Träger des Förderpreises des großen Kunstpreises des Landes Nordrhein-Westfalen von 1964

24. Bewahrung des industriekulturellen Erbes am authentischen Ort: die Gründung des Westfälischen Industriemuseums (1979)

Hartwig Suhrbier, Endlich erkannt und geschätzt. Burgen und Dome der Industrie, in: Magazin für Kultur an Rhein und Ruhr 1 (1979), Nr. 1, S. 4–9, hier S. 8–9.

Die Zeche Zollern II soll demnächst völlig auf den Landschaftsverband Westfalen-Lippe übergehen. Nach der Restaurierung auch der restlichen Gebäude, die teilweise durch rücksichtslosen Einbau von Glasbausteinen verhunzt wurden, könnte diese einstige Musterzeche Kern eines dezentralen Industrie-Museums werden. Damit würde der Landschaftsverband, der in Detmold ein Museumsdorf bäuerlicher Kulturdenkmale sowie in Hagen ein Freilichtmuseum vorindustriell-technischer Denkmale betreibt und dafür jeweils über 40 Millionen Mark aufwendet, seine Museumskette um das fehlende Glied ergänzen. Für die rheinische Hälfte des Reviers wäre nun auch der Landschaftsverband Rheinland gefordert; und nahe läge es, den Siedlungsverband Ruhrkohlenbezirk koordinierend mit einzubeziehen, schon wegen dessen Kompetenz für Freizeitanlagen.

Ein derartiges Museum zur Geschichte der Industrialisierung des Ruhrgebiets muss notwendig dezentral aufgebaut werden: Weder kann es kommunal finanziert werden, noch lassen sich, schon aus Kostengründen, Industriebauten wie Fachwerkhäuser in ein Museumsdorf umsetzen. Doch eine solche, um eine Hauptstelle gruppierte Dezentralität ist kein Schaden, sondern ein Gewinn, denn sie erlaubt die wünschenswertere Erhaltung der Objekte an ihrem Standort und vor allem die mehr oder minder gleichmäßige Einbeziehung aller Revierkommunen in dieses Museum. Diese Dezentralität würde also auf die gewachsene Vielfalt des Reviers »antworten« und die Betonung der je lokalen Besonderheit herausfordern. [...]

Dies alles wäre ein sinnvoller Beitrag auch zur Identifizierung der Revierbewohner mit ihrer Stadt, mit ihrer Region und auch mit dem Land, dessen Identität ganz wesentlich von seinem Kerngebiet, der Arbeitslandschaft zwischen Ruhr und Lippe, geprägt ist. Es ist an der Zeit, dass diese stets zurückgesetzte Arbeitslandschaft endlich mit ihren eigenen Qualitäten und mit ihrer eigenen Geschichte akzeptiert wird – auch im Revier selbst. Das bedeutet Lebenswirklichkeit und Lebensäußerungen, also das Bewältigen des Industrialisierungsprozesses mit allen Fehlschlägen und Erfolgen als zivilisatorische Anstrengungen ernst zu nehmen.

25. Kult im Revier: Herbert Grönemeyers »Currywurst« (1982)

Herbert Grönemeyer, Currywurst (1982), in: www.groenemeyer.de/musik/texte/c/currywurst

Text von Horst-Herbert Krause und Diether Krebs, Musik von Jürgen Triebel

1 Gehse inne Stadt
wat macht dich da satt – 'ne Currywurst.
Komme vonne Schicht
wat schönret gibt es nich
als wie Currywurst.
Mit Pommes dabei
ach
dann gebense gleich zweimal Currywurst.

2 Bisse richtig down
brauchse wat zu kaun – 'ne Currywurst
Willi
komm geh mitt
ich krieg Appetit auf Currywurst.
Ich brauch wat im Bauch
für mein Schwager hier auch
noch 'ne Currywurst.

3 Willi
wat is dat schön
wie wir zwei hier steh'n mit Currywurst.
Willi
wat ist mit dir
trinkse noch'n Bier zur Currywurst.
Ker scharf is die Wurst
Mensch
dat gibt'n Durst
die Currywurst.

4 Bisse dann richtig blau
wird dir ganz schön flau von Currywurst.
Rutscht dat Ding dir aus
gehse dann nach Haus voll Currywurst.
Aufm Hemd
auffer Jacke
Kerl wat is dat ne K...-
alles voll Currywurst.

5 Komm
Willi
Willi
bitte
bitte
komm geh nach Hause
hörma
ich kriegse
wenn ich so nach Hause komm.
Willi
Willi
bitte
bitte
du bisn Kerl nach mein Geschmack
Willi
Willi
komm geh mit
bitte Willi.

© 1982 by Edition Accord Musikverlag GmbH

26. Zur kulturellen Aufwertung der Arbeiterviertel. Reportage über den Bau des Naturkundemuseums in der Dortmunder Nordstadt (1981)

Inge Krupp, Dortmunder Naturkundemuseum zieht Besucher magisch an, in: Magazin R. Kultur an Rhein und Ruhr 2 (1981), Nr. 10, S. 26–28. (Auszug)

Kunst- und Kultursammlungen, Galerien und Kuriositäten-Kabinette haben hierzulande in den sie beherbergenden Städten zumeist eines gemeinsam: ihren Standort – entweder inmitten des Zentrums oder an dessen Peripherie – südlich orientiert. In Grünzonen und somit besten Wohnlagen, im Bereich abgeschirmter Villen-Viertel und entsprechend weiträumiger Außenanlagen, bieten Kunst-, Naturkunde- und Heimatmuseen ihren Besuchern nicht nur ihre Ausstellungen, sondern zugleich erholsame Ausflugsziele, die langsame Annäherung zur Sammlung selbst durch ausgedehnte Parklandschaften, angemessen bewachte Portale und den stufenweisen Aufstieg dem Eingang zu. Nicht so in Dortmund, wo das Naturkundemuseum, platziert im Norden der Stadt, umgeben von Unfallkrankenhaus, Industrie und Fredenbaumpark, eine lobenswerte Ausnahme macht.

Ein Risiko, ein Naturkundemuseum in den tiefsten Norden einer Stadt zu verlegen, dorthin, wo sich statt Grünzonen Grauzonen gebildet haben, statt Kultur beflissener Villen-Besitzer, Arbeit beeinflusste Mietshausbewohner ihr Dasein fristen? Als der Rat der Stadt Dortmund am 24. Mai 1972 den Standort des Naturkundemuseums Burgweg/Ecke Münsterstraße beschlossen und mit dem Entwurf für das Gebäude die Architekten Dipl.-Ing. Hans Ulrich Gastreich und Frau Dipl.-Ing. Mechtild Gastreich-Moritz beauftragt hatte, konnten die seit 1956 andauernden Überlegungen, Standortbestimmungen und Planungen für den Neubau nun endlich realisiert werden. Seit 1956 hatte das Architektenpaar Gastreich-Moritz das Naturkundemuseum geplant – jetzt, 1976, konnte unter dem Leiter Dr. W. Homann mit dem Bau begonnen werden. Der nun festgelegte Standpunkt im Norden der Stadt, war auch in Dortmund nicht in Anfangsüberlegungen zum musealen Neubau in Betracht gezogen, vielmehr waren als Bauplatz auch hier zunächst die südlichen Regionen wie »Tierpark« und »Rombergpark«, ins Auge gefasst worden. Heute, über ein Jahr nach seiner Eröffnung Pfingsten 1980, kann das Dortmunder Naturkundemuseum auf einen Besucherstrom von über 180.000 Interessenten verweisen, wozu gewiss so mancher Besucher südlich der B1 zu rechnen ist. Das Naturkundemuseum zur kulturellen Aufwertung, zur Erschließung des Dortmunder Nordens, soll auch ein Impuls sein für die Bevölkerung, besonders die Jugend der Nordstadt, ihr Interesse für die ihnen so weit entzogene Natur erneut zu wecken.

27. Regionale Arbeitsteilung, kommunale Finanzierungsprobleme und individuelle Zielvorstellungen: Die Theater 1986

Manfred Bourée, »Auf einem Seil den Niagarafall überqueren«. Anmerkungen zur Situation der Rhein-Ruhrtheater, in: Revier-Kultur. Zeitschrift für Gesellschaft, Kunst, Politik im Ballungsraum, Heft 4/86, S. 17–25. (Auszug)

Zwölf der 19 Theater, die in Nordrhein-Westfalen von den Kommunen bzw. vom Land unterhalten werden, haben im Ruhrgebiet ihre Heimat. Heimat meint hier durchaus den lokalen Lebensraum, in dem sie entstanden sind, in dem sie sich entfalten, dessen Umfeld, dessen spezifische Tradition sie inspirieren. Der Quantität entspricht auch eine typologische Vielfalt: zwei Stadttheater mit der herkömmlichen Spartenteilung von Oper, Operette, Ballett und Schauspiel (Dortmund, Essen), vier Musiktheater (Düsseldorf/Duisburg, Gelsenkirchen, Hagen, Oberhausen), sechs Sprechbühnen (Bochum, Dinslaken, Castrop-Rauxel, Moers, Mülheim, Recklinghausen). Es kann nicht verwundern, dass sich das Mehrspartentheater klassisch-deutscher Prägung nur noch in den beiden Städten erhalten hat, die für sich selbst das schmückende Beiwort einer Metropole beanspruchen, Essen für den rheinischen, Dortmund für den westfälischen Landesteil. [...]

[Die sogenannten nicht Theater tragenden Städte] zu bespielen, ist die Aufgabe des Westfälischen Landestheaters (WLT) mit Sitz in Castrop-Rauxel, dem Theater Burghofbühne in Dinslaken, des Mülheimer Theaters an der Ruhr und des Ensembles der Ruhrfestspiele Recklinghausen. Mit seinen rund zwei Dutzend Produktionen und über 300 Aufführungen pro Jahr steht das WLT tapfer im ungleichen Wettstreit mit privaten Tourneetheatern; deren mehr auf den finanziellen, denn auf den ästhetischen Ertrag gerichteten Gastspiele sind abgepolstert durch Millionen-Mark-Zuschüsse aus den kommunalen Kuluretats. Herbert Hauck, der künstlerische Leiter des WLT, hält dagegen mit einem Spielplan, der sich auf die Wirkung von Schiller und Büchner, Gorki, Toller, Brecht und Sartre verlässt und den unmittelbaren Bezug zur Region etwa durch die Uraufführung des deutsch-türkischen Musicals »Kanaken« von Cem Karaca herstellt. Von Schauspielern um Katrin Türks als private Vereinigung vor 35 Jahren gegründet, sucht das kleine Theater Burghofbühne in Dinslaken ebenfalls nach neuen Formen eines unterhaltsamen, politisch anregenden Volkstheaters für Kinder, Jugendliche und Erwachsene. Von Shakespeare über Brecht, Wedekind bis Peter Weiss und Heinar Kipphard reicht das farbige Spektrum des Spielplans.

Nach einem verunglückten Start mit einer von Götz Loepelmann zusammengestellten Truppe ist das 1983 neu formierte Ensemble der Ruhrfestspiele unter Wolfgang Lichtenstein dabei, außerhalb der jährlichen Beiträge zum Recklinghäuser Kulturfestival mobile Produktionen auf die Beine und in rund 60 Spielorten quer durch die Republik auf die Bühne zu bringen. Man spielt in Fabriken so gut wie in Schulen und Bürgerhäusern: Kabarett, Revue, Possen und Schwänke. Die Gruppenarbeit vollzieht sich meist unter dem Diktat politischer Aktualität: Ausländerhass, Sozialabbau, Wendepolitik, Rüstung sind Themen, die rascher Umsetzung bedürfen, sei es als Eigenwerk des Kollektivs, sei es als Auftragsarbeit an Autoren. Obwohl man auf Komik, Witz und Satire setzt, sind die theatralischen Mittel auf Aufklärung gepolt, wenn auch gelegentlich alte, der Gruselkiste entnommene Klassenkampf[k]lischees gewerkschaftliche Bildungsarbeit nostalgisch überlagern. [...]

Verminderte Steuereinnahmen, Arbeitsplatzschwund, hohe Arbeitslosenquoten und steigende Soziallasten haben die meisten der Theater tragenden Städte in eine fortdauernde finanzielle Notlage gebracht und dem Zwang ausgesetzt, scharf zu kalkulieren, in welchem Maße die Kopflastigkeit der Kuluretats durch die überproportional hohen Ausgaben für Theater und Orchester im Blick auf andere kulturelle Aufgaben – Museen, Büchereien, Bildungseinrichtungen, Kommunikationszentren, freie Gruppen noch perpetuierbar ist.

Pro Kopf der Bevölkerung gab die Stadt Essen in den letzten Jahren rund 40 DM, Bochum 48 DM, Dortmund 58 DM, Hagen 69 DM, Gelsenkirchen 77 DM aus, oder andersherum: Jede Theaterkarte wurde mit 90–150 DM bezuschusst. Verschärft tritt hinzu, wie jüngst der Deutsche Städtetag monierte, dass das Land Nordrhein-Westfalen unter den Bundesländern die rote Laterne in der Theaterförderung hält. Vor allem die kostenintensiven Institute, die Musiktheater mit ihren großen Kollektiven sind – Beispiel Gelsenkirchen – am ehesten in Gefahr, unter die Bleistiftspitzen der Kämmerer zu geraten. Die naheliegende, immer wieder diskutierte Lösung, durch Verbundsysteme (Kooperationen, Fusionen) ein flächendeckendes Theaterangebot zu gewährleisten, ist umstritten, obwohl die Theatergemeinschaft Düsseldorf/Duisburg den nachprüfbaren Gegenbeweis liefert.

Kulturpolitik im Ruhrgebiet, das erscheint in den nächsten Jahren wie die Quadratur des Kreises: die verarmten kommunalen Haushalte in Ordnung zu halten (oder zu bringen) und zugleich das Relief der reich gegliederten Theaterlandschaft zu erhalten.

28. Türkische Gärten und Literatur der Migranten (1986)

Fakir Baykurt,[27] Türkische Gärten, in: Horst Hensel/Heinrich Peuckmann (Hg.), Heimat ist dort, wo du dein Geld verdienst. Geschichten aus der Geschichte des Ruhrgebiets, Dortmund 1986, S. 171–185, hier S. 174–178. (Auszug)

Es war wärmer geworden, die Sonne zeigte sich, deshalb blieben unsere Landsleute viele Stunden in ihren Gärten. Ich fuhr dorthin. Die Gärten waren so groß wie die Grundfläche einer Wohnung. Sie lagen an einem leicht abfallenden Hang und waren mit Drähten, aufgeschnittenen Blechkanistern und alten Säcken abgeteilt. Deutsche, Türken und Italiener arbeiteten hier, manche hatten Hacke oder Pflanzholz aus der Hand gelegt und wühlten mit bloßen Händen in der Erde. Unsere Landsleute hatten die Nylonpantoffeln oder Schuhe ausgezogen und bewegten sich wie fleißige Käfer. Wie zu Hause in der Türkei hatten sie Nacken und Lenden der warmen Sonne zugewendet. Ihre Babys lagen auf kleinen Wolldecken vor dem Zaun, mit Schnullern in den Mündern. Einige, die den Schnuller verloren hatten, plärrten jämmerlich. Die Frauen stammten aus den verschiedensten Landstrichen der Türkei, man hörte alle Mundarten.

Ein paar unterhielten sich von Garten zu Garten, die eine fragte nach Kürbiskernen, eine andere gab einer Dritten Lattichsamen. Einige Frauen in bunt bedruckten Kattunkleidern sangen die alten sehnsüchtigen Lieder, als wären sie in ihren Heimatdörfern. Ich kam zu Tante Zeyneps Garten und klingelte. Sie war so vertieft in ihre Arbeit, dass sie mich gar nicht hörte. Versonnen, als ob sie ihr Baby liebkose, ging sie mit der Erde um. Aus Tüten und Gläsern nahm sie Sämereien und steckte sie in die Erde. Neben ihr stand eine Kanne mit Wasser, um die Saat zu begießen.

Ich stellte mein Fahrrad an den Zaun, ging zu ihr und sagte: »Tante, meine Mutter bittet Dich um drei Zehen Knoblauch«.

Sie war verärgert, was ich nicht erwartet hatte. »Hab' ich hier in Deutschland etwa große Landgüter? Wie kann ich alle Bitten erfüllen? Aber«, sagte sie dann »zu Hause hab' ich noch Knoblauch. Warte etwas«. Sie hantierte weiter mit ihren Tüten, nahm Samen aus dieser oder jener und ließ mich lange warten. Aber meine Mutter hatte ausdrücklich gesagt: »Komm schnell zurück, Erkan!«

»Tante, Zeynep, geht es nicht, dass ich mir den Knoblauch von Zeki geben lasse?«

---

27 Fakir Baykurt (1929–1999) lebte seit 1980 in Duisburg. Er wurde in der Türkei (in Akcaköy) als Sohn einer Bauernfamilie geboren und studierte Pädagogik in Ankara. Schon während seiner Tätigkeit als Gymnasiallehrer gewann er Literaturpreise, in Deutschland arbeitete er mit Günter Wallraff zusammen und übersetzte dessen Reportage »Ganz unten« ins Türkische.

»Woher soll Zeki wissen, wo Knoblauch ist und wo Sesam?«

»Sät ihr hier auch Sesam?«, fragte ich weiter.

»Hör auf mit Deinen Fragen, Erkan! Der Frau des Tölpels Hüseyin aus Dinar hatte ich mal Spinat geschenkt. Sie wollte sich wahrscheinlich erkenntlich zeigen und hat mir Sesam geschickt. Die eine Hälfte hab' ich gesät, die andere ist noch übrig. Ich geb' sie Deiner Mutter mit. Gott schütze sie vor tausend bösen Blicken, denn sie könnte in ihrem sonnigen Zimmer an der Straßenseite mehr Gemüse ziehen als wir in unseren Gärten. Aber kann man das hier überhaupt Gärten nennen? Eine Spanne breit und drei Spannen lang. So groß wie Woll- oder Steppdecken. Von allem kann man nur ein bisschen säen. An der Erde liegt's nicht. Würde sie ab und zu Sonne sehen, wären die Gärten so fruchtbar wie die von Balikli. Güdana aus Hacilar hat letztes Jahr Mohnsamen mitgebracht und mir was abgegeben. Hier hab' ich ihn gesät, den Rest geb' ich Dir für Deine Mutter mit«.

Ich hatte nur drei Zehen Knoblauch holen wollen, aber jetzt hatte sie mir schon Sesam- und Mohnsamen versprochen. Wenn ich noch eine halbe Stunde bliebe, würde sie mir auch noch Kümmel-, Kletten- oder Steckrübensamen geben. Dabei war in den Kartons meiner Mutter keine Handbreit mehr Platz.

»Gib mir die drei Zehen Knoblauch, Tante, ich muss gehen. Meine Mutter will doch nur Knoblauch«, sagte ich.

»Dummer Junge. Nimm alles mit, sie wird sich freuen«. Und nach einer Pause fragte sie: »Hat sie schon Portulak gesät?«

»Weiß nicht«.

»Du bist so uninteressiert wie Dein Vater«.

»Jaja, kann sein«, rief ich, »hast Du was dagegen«?

Ich ahnte, warum sie mich festhielt. Sie hielt mich für klug und auch ein wenig hübsch. Wahrscheinlich sah sie in mir den richtigen Partner für ihre Tochter Gülperi. Eh ich mich versah, drückte sie mir etwas Portulak in die Hand.

»Guck nicht so dumm, Erkan, steck sie in Deine Tasche«.

O Gott, bald würde ich gar keinen Platz mehr in meiner Tasche haben. »Bitte, Tante Zeynep, mach schnell. Ich muss doch noch die Hausaufgaben machen«.

»Du bist wie Deine Mutter. Soll ich etwa fliegen?«, sagte sie und setzte ihr Säen und Pflanzen fort.

Ich überlegte, was ich ihr erzählen könnte, damit sie endlich nach Hause lief, um den Knoblauch zu holen. »Nächstes Jahr«, sagte ich, »werde ich die Schule drangeben und nach Holland oder Belgien gehen. Mit Sükrüs Sohn Ertugrul aus Kaman will ich auf einem Schiff anheuern. Seeleute verdienen viel Geld«.

Sie unterbrach ihre Arbeit und wurde kreidebleich. »Du bist wie Dein Vater. Von Haus und Garten hast Du keine Ahnung, dann kümmere Dich doch wenigstens um Deine Zukunft. Mach die Schule zu Ende, die See verschlingt die Menschen. Und [werde] auch kein Bergmann wie dein Vater, mach eine anständige Lehre. Wenn Du die hinter Dir hast, findest Du schon Arbeit bei der Hütte. Da wirst Du Geld genug verdienen«. Um ihre Tochter Gülperi zu heiraten – aber das sagte sie nicht. Sie warf die Sämereien aus der Hand, nahm ihre kleine Tochter Nariye auf den Arm und lief los. Ich folgte ihr mit dem Fahrrad und wartete vor der Haustür, während sie im Haus verschwand. Kurz darauf kam sie zurück und reichte mir eine Tüte mit fünf Knoblauchzehen, außerdem waren noch Kürbis- und Gurkenkerne darin.

»Grüß Deine Mutter«, sagte sie, »und sag ihr, sie soll sich mal Zeit nehmen und zu Besuch kommen«.

29. Kultur als Wirtschaftsfaktor? Die Diskussion um das Musical Starlight Express in Bochum 1987

Thomas Wegmann, Starlight-City: Bochum, in: Revier-Kultur. Zeitschrift für Gesellschaft, Kunst, Politik im Ballungsraum, Heft 3–4/87, S. 149–152. (Auszug)

Vor dem Hintergrund der sattsam bekannten prekären Lage beschloss vor einem Jahr die Stadt Bochum im Alleingang, die Zukunft nun doch stattfinden zu lassen. Zumindest in und für Bochum. Teile dieser umfangreichen Lösungsstrategie können ab Frühjahr 1988 daselbst besichtigt werden: das »Aquadrom«, ein großzügig angelegtes Freizeitbad mit Hotelkomplex, alles auf höchstem Niveau, und eine nagelneue Mehrzweckhalle, die zunächst aber nur einem einzigen Zweck dienen wird, nämlich dem Musical »Starlight«, das bereits seit 1984 in London acht Mal pro Woche mit großem Publikumszuspruch läuft, auch in Bochum für mehrere Jahre entsprechendes Quartier zuzuweisen. Premiere für dieses von Andrew Lloyd Webber komponierte und von der Stella Theater Produktion, deren Geschäftsführer Friedrich Kurz ist, produzierte Musical soll planmäßig am 27.5.88 sein. Und der Erfolg scheint vorprogrammiert, zählt doch das Duo Webber/Kurz zu den renommiertesten seiner Branche: Webber hatte schon mit »Evita«, »Jesus Christ Superstar« und »Cats« höchst populäre Musicals mit sehr langen Laufzeiten zu verantworten, während Kurz u.a. in Hamburg mit den »Cats« seit 1986 für ein ausverkauftes Operettenhaus an der Reeperbahn sorgt.

Überhaupt Hamburg: Seitdem in Bochum feststeht, dass ein Webber-Kurz-Projekt in die neue Halle an der A 430 einziehen wird, können die Stadtverwalter den wirtschaftlichen Zuwachs, den das Gespann der Hansestadt in Form von zahllosen Tages- und Übernachtungsgästen bescherte, gar nicht genug rühmen. Von über 40 Mio. Mark Umsatzsteigerung allein durch »Cats« ist da die Rede, und vergleichbare Zahlen werden auch für Bochum erwartet, die kaum schätzbare Image-Werbung gar nicht mitgerechnet. »Starlight« garantiert, dass sie alle kommen werden, zunächst die Nachbarstädte, dann die Sieger-, Sauer- und Münsterländer und schließlich Gäste aus der gesamten Bundesrepublik, die allein im Hotel- und Gaststättenbereich für eine flugs errechnete Umsatzsteigerung von 32 Mio. Mark sorgen sollen. Bochum als Ziel mannigfaltiger Städtetrips aus Anlass eines Musicals, so jedenfalls die Vorstellung seitens der Stadtverwaltung. Und die will schließlich nicht ohne langfristige Belebung der lokalen Wirtschaft 20,5 Mio. Mark in eine Halle investiert haben, deren Fertigstellung erst den Beginn einer neuen Ära Stadtgeschichte markiert, in der die seherisch Begabteren die ehemalige Industrie- und Bergbaustadt bereits jetzt als modernes Kongress- und Dienstleistungszentrum wiedererkennen wollen. […]

Ob man denn im Revier neuerdings das Image einer Stadt in deren Amtsstuben basteln könne, wollte kürzlich ein Bekannter aus Berlin wissen, der von den kommunalen Bemühungen erfahren hatte. Und nicht, dass man sich rührte, fand er schlecht, sondern wie man sich rührte, ganz ohne Verbindung zu gewachsenen Strukturen und vorhandenen Traditionen. Ob man denn nicht wenigstens leer stehende Fabrikhallen oder Zechengebäude für vergleichbare Zwecke modernisieren und nutzen könne? – Im Prinzip sicherlich, nur seien die größtenteils bereits Anfang der 80er Jahre im Kampf gegen die Kulturzentrumsbewegung abgerissen worden. Trotzdem, das neue Image aus der Retorte, das die alten Revierklischees komplett ignoriert, könne einfach nicht funktionieren. […]

Solche und ähnliche Zweifel stellen sich der WAZ schon lange nicht mehr, da wird – zumindest im Bochumer Lokalteil – in Sachen »Starlight« überhaupt nicht mehr gefragt, sondern nur noch gefeiert. Mit der bekannten Vorliebe für Mammutveranstaltungen, deren Effizienz in einfachen Rechenschritten anhand der zugelaufenen Beine abzulesen ist, werden in Abwesenheit jeglicher Skepsis und Kritik regelmäßig Hymnen auf Halle und Musical verbreitet, die nicht mehr zu lesen, sondern nur noch zu skandieren sind. […]

Kultur […] ist Kultur und steht in einem ihr eigenen Spannungsverhältnis von Masse und Klasse, überlegt im ersten Schritt zunächst, wie und was sie zu sagen, zeigen oder spielen hat und erst im zweiten Schritt, wie ein möglichst großes Publikum zu erreichen ist. Bei »Starlight« ist das alles anders: was Herr Kurz dort nach eigenem Bekunden anstrebt, ist eine Verbindung von Industrie und Kunst, von Kultur und Kommerz, als wäre das etwas Neues oder auch nur Originelles, als würde nicht seit Jahrzehnten jeder halbwegs gebildete Filmproduzent seine Arbeit mit solch hehren Versöhnungsversprechungen krönen, als hätte nicht Adorno bereits in den 40er Jahren in seinem berühmten »Kulturindustrie«-Kapitel eine Annäherung zwischen beiden nicht nur auf der Zeichenebene konstatiert. […]

Kultur also immer weniger als zu bewertende Anstrengung, sondern immer mehr als zu berechnender Wirtschaftsfaktor, wobei erlaubt ist, was sich auszahlt.

30. Rückblick des Steigers und »Taubenvaters« Theo Ritterswürden auf Hochzeit und Niedergang des Taubensports (1986–1988)

Aus den Erinnerungen von Theo Ritterswürden (Reviersteiger, Oberführer der Grubenwehr und Taubenvater, Zeche Zollern II/IV, in: Martin Rosswog, Schichtaufnahmen. Erinnerungen an die Zeche Zollern II/IV, Essen 1994, S. 105–126, hier S. 125f.

Bei uns in der Kolonie war's ja ganz doll mit Tauben. Fast auf jedem Haus war ein Taubenschlag, der eine hatte zwei Ausflüge, der andere drei, je nachdem, wie viel Tauben er hatte. Es konnte auch jeder auf'm Dach zimmern, was er wollte. Und heute? Viele sind gestorben, viele sind weggezogen; und die, die hier noch wohnen, dürfen auf den Dächern keine Tauben mehr halten, mussten sich einen Gartenschlag machen. Dadurch ist das Hobby des Bergmanns so ziemlich verschwunden. Es gibt nur noch ein paar hier, das sind alles alte Bergleute. In Bövinghausen sind wir noch mit mir als Vereinsvorsitzender 18 Aktive, mehr nicht. Die Jugend hat kein Interesse an dem Hobby, die stehen lieber an der Theke rum und haben Autos. Das Auto und das Fernsehen hat alles verdrängt!

Was war das früher schön, wenn es hieß: Die Tauben sind los! Wir hatten ein Fräulein R., die wohnte neben der Wirtschaft Kowalke, die hatte Telefon, und die kam dann morgens zu uns in die Kolonie gelaufen und gab uns sofort Bescheid, wenn man ihr durchgegeben hatte, um soundsoviel Uhr sind die Tauben geworfen worden.

Vor dem Krieg verschickte man die Tauben hauptsächlich nach Osten, bis nach Königsberg oder Insterburg in Ostpreußen, das war die weiteste Tour. Die Tauben kamen in große Körbe, in einen Korb gingen 30 Stück rein, die wurden auf Eisenbahnwaggons verladen, und dann ging's mit dem Reisebegleiter ab zu dem Zielort. Dort lud er die Körbe ab, suchte sich vielleicht noch ein paar Jungs, die ihm halfen, die Tauben zu füttern und die Körbe parat zu stellen, dann musste ruck, zuck eine Klappe nach der anderen aufgemacht werden, und sie flogen los. Das war die Ostrichtung: Schneidemühl, Berlin, Stendal, Gütersloh, Ahlen. Die Route war schön, nicht so viel Wald, nicht gebirgig, und vor allen Dingen: Im Osten geht die Sonne auf, man konnte schon ganz früh loslassen, dann hatten sie die Morgensonne. Das war einmalig! Heute haben wir die Nordrichtung. Was früher Königsberg war, ist heute Skagen in Dänemark. Die Tauben werden auch nicht mehr mit der Bahn verschickt, sondern mit dem sogenannten Kabinenexpress, das ist ein entsprechend umgerüsteter LKW. Die Route ist aber nicht so schön, weil sie bei starkem West- oder Ostwind 'ne lange Tour über Wasser fliegen, also über die Nord- oder Ostsee. Sie haben zu viel Last mit dem Wasser.

Wie gesagt: Wir wussten, um soundsoviel Uhr sind die Tauben los, und dann saßen wir morgens alle draußen auf der Bank, entweder bei Artur E., das war 'n guter Bergmann und 'n guter Taubenkaspar, oder bei einem anderen hier in der Kolonie, tranken paar Flaschen Bier, haben geklönt und gekungelt: »Kannst Du mir mal von der ›n Jungtier geben?« usw. So ging das den ganzen Tag. Bis auf einmal: »Au, au, da kommt schon ein'n! Dat is‹ der Fahle vom N.!« N. war auch Bergmann, er wohnte nebenan. »Nee, er macht ›n Bogen!« Ich sag‹: Du, is‹ meine!« Und da bin ich gelaufen über Hecken und Zäune. Das sind schöne Stunden gewesen.

Ich halte mir heute immer noch so 24, 26 Stück über Winter. Jetzt paaren sie wieder; dann ziehe ich ein Gelege groß, und im Herbst schicke ich die als Jungtiere. Aber ich merke schon, mit mir ist die Zeit auch bald am Ende, ich schaffe das bald nicht mehr. Allein die Luft. Gestern zum Beispiel, gestern habe ich den Schlag sauber gemacht und desinfiziert, nachts dachte ich, ich ging ein. Ich kriegte keine Luft. Nachts bin ich immer am Abschaffen, wenn dann einer käm‹ und nähm‹ die ganze Kiste mit, wär‹ sie einfach am anderen Tag weg. Aber wenn ich morgens wieder die alten Klamotten anziehe und bin im Garten am Taubenschlag rein machen, geht's mir wieder am besten! Ja!

31. Der Bezirksvorsitzende der CDU Ruhr, Norbert Lammert, zur Zukunft des Ruhrgebiets als Kulturlandschaft und zur Rolle der Kultur als Wirtschaftsfaktor (1988)

Einführung von Norbert Lammert in die Tagung »Forum Kulturlandschaft Ruhrgebiet. Was kann bleiben, was muß sich ändern?« des Bezirksverbands Ruhrgebiet der CDU, in: Dokumentation »Forum Kulturlandschaft Ruhrgebiet. Was kann bleiben, was muß sich ändern?«, hg. Bezirksverband Ruhrgebiet der CDU, o. O. o. J. [Mülheim/Ruhr 1988], S. 1–7. (Auszug)

Meine Damen und Herren, über das Ruhrgebiet wird seit vielen Monaten geredet, weniger allerdings über Kultur als über Krise und Strukturwandel. Wir wollen hier das Eine nicht gegen das Andere ausspielen. Wir wollen und wir müssen über beides sprechen, weil nach unserer Überzeugung das Eine ohne das Andere nicht überzeugend zu bewältigen ist. *Die Auswirkungen der wirtschaftlichen Probleme auf die Finanzlage der Städte im Ruhrgebiet bedrohen unübersehbar die Zukunft dieser Kulturlandschaft. Und die Bedrohung der Kulturlandschaft gefährdet ganz sicher wiederum die wirtschaftlichen Zukunftsperspektiven dieser Region.* […]

Im Ruhrgebiet finden die westdeutschen Kurzfilmtage in Oberhausen statt, die Herner Tage für alte Musik, die Wittener Tage für neue Kammermusik, die Duisburger Akzente, die Auslandskulturtage in Dortmund. Wir haben das Filmbüro Nordrhein-Westfalen und den Dramatikerwettbewerb hier in Mülheim, die Folkwangschule in Essen. Die Einweihung der Aalto-Oper in Essen ist ein eindrucksvoller Beweis für das Selbstbewusstsein dieser Kulturlandschaft Ruhrgebiet – nicht weniger übrigens, wenn auch nicht ganz so spektakulär, die Renovierung und Erweiterung des Märkischen Museums in Witten. Die Vielfalt und Anziehungskraft beschränkt sich eben nicht auf die ganz großen Städte, wie etwa die Schwerter Kabarettwochen, die Verpflichtung einer Stadtmusikerin in Unna, oder die Errichtung eines Theaterbüros für freie Kulturgruppen in Herne belegen. Und ich finde erwähnenswert, dass die freie Kulturszene eine ausgeprägte Neigung zu regionsorientierten Kooperations- und Großprojekten aufweist, wie beispielsweise dem »Ruhrschreifestival« vor ein paar Wochen.

Zu den bedeutenden Unterschieden dieser Kulturlandschaft Ruhrgebiet im Vergleich zu anderen Kulturregionen gehört, dass die Eigenständigkeit von etwa 50 selbstständigen Städten, Gemeinden und Kreisen uns bislang ein einzelnes, unbestrittenes Zentrum verweigert hat. So blieb dem Ruhrgebiet zugleich die Konturenlosigkeit einer Fünf-Millionen-Megalopolis erspart. Damit sind spezifische Chancen verbunden ebenso wie besondere Risiken. Über beide müssen wir reden. Genau dies begründet die zentrale Fragestellung unseres heutigen Forums: Was kann bleiben, was muss sich ändern, damit die Breite des kulturellen Angebots erhalten, seine Tiefe und Ausstrahlung weiter verbessert werden kann? Das Ruhrgebiet wird Industrieregion bleiben, auch wenn vermutlich die Montanindustrien ihre jahrzehntelange Dominanz nicht werden behaupten können. Das Ruhrgebiet muss aber Kulturregion bleiben und sich stärker noch als solche profilieren, wenn es seinen Rang als führende Industrieregion wiedergewinnen und behaupten will.

»High Tech« und »low culture«, das geht mit Sicherheit nicht zusammen. Auch nicht und gerade nicht im Ruhrgebiet. Diese Region kann ihre wirtschaftlichen Probleme nicht durch kulturpolitische Rückzugsgefechte lösen. Die oft beschworene Revitalisierung erfordert viel mehr

offensive und kreative Anstrengung im kulturellen Bereich. Dies bedeutet aber eben nicht, dass alles so bleiben kann wie es ist. Die Verhältnisse haben sich in vielfacher Weise geändert. [...]

Man braucht nicht viel Fantasie für die Voraussage, dass wir in spätestens zehn Jahren in ziemlich genau gleicher Weise über den Abbau der Kulturlandschaft Ruhrgebiet reden werden, wie wir jetzt über den Abbau der Montanlandschaft Ruhrgebiet reden, wenn wir bis dahin nicht endlich begriffen und praktische Schlussfolgerungen aus der Erkenntnis gezogen haben, dass dies eine Gemeinschaftsaufgabe ist.

32. BVB, Schalke & Co. Der Ruhrgebietsfußball als Imageträger einer modernen und gleichzeitig traditionsbewussten Region (1997)

Walter Aden, Ruhrpott. Erfolgreicher Fußball verändert das Image, in: ruhrwirtschaft 6/1997, S. 18f. (Auszug)

Es ist schon überraschend, um nicht zu sagen erstaunlich, dass sich das Ruhrgebiets-Image fast über Nacht wieder einmal zu verändern scheint. Hatten kluge und entsprechend teure Werbeagenturen jahrelang versucht, das Ruhrgebiet als moderne Region zu präsentieren, zwar gerade noch mit etwas Liebe zu alten Industriedenkmälern, aber doch nicht ohne Befriedigung darüber, dass das Wort »Kohlenpott« und »Ruhrpott« mit jeder weiteren Zechenstilllegung unbekannter werde, dann haben nun die erfolgreichen Europa-Siege von Borussia Dortmund und Schalke 04[28] ganze Werbekonzeptionen ins Wanken gebracht.

Wenn vor ein paar hundert Millionen Fernsehzuschauern in aller Welt Hunderttausende begeisterte Fans in dem Glücksgefühl des Erfolgs vom »Ruhrpott« singen und sprechen und damit bewusst oder unbewusst an die alten Montan-Wurzeln in sympathischer Weise erinnern, dann dürfte es falsch sein, an Werbekonzeptionen festzuhalten, die diese Begriffe gerade endgültig verdrängen wollten.

Dabei gilt es zu unterscheiden. »Kohlenpott« war sicherlich nie ein freundlich zu interpretierender Begriff, weil sich mit ihm so etwas wie Umweltverschmutzung und angeblich schlechtere Lebensqualität verband. Beim »Ruhrpott« ging es mehr um die geografische Einordnung, aber eben auch um die traditionelle Montanausrichtung. Das Ruhrgebiet schließlich, in Zeitungsanzeigen als ein »starkes Stück Deutschland« präsentiert, spiegelt für seine Bewohner zwischen Duisburg im Westen und Dortmund im Osten so etwas wie eine Region im Aufbruch wider, auch wenn mindestens südlich der Mainlinie noch immer negative Einschätzungen vorherrschen, zumal Vorurteile nicht von heute auf morgen zu überwinden sind.

Vor diesem Hintergrund schwingt bei den Begriffen, zumal sie auch durcheinander schwirren, von »Ruhrpott« oder »Ruhrrevier« leicht sentimental zwar das Bekenntnis zur alten Industrieregion doch mit, die sich gewollt und ungewollt von Kohle und Stahl immer mehr löst, zugleich aber beispielsweise als dichteste Hochschullandschaft in ganz Europa positive Schlag-

---

28 Der Ballspiel-Verein Borussia Dortmund 09 gewann 1997 im Finale gegen Juventus Turin die UEFA-Champions-League, der FC Gelsenkirchen-Schalke 04 errang gegen Inter Mailand den UEFA-Pokal.

zeilen macht. Es ist schon überraschend, dass anscheinend erfolgreiche Fußballer es effizienter als noch so teure Werbekampagnen vermögen, einerseits rührselig die alten Roots zu beschwören, ohne jedoch den Blick für das Andere, das Zukunftsträchtige in Frage zu stellen, was eben zunehmend das Ruhrgebiet in seiner neuen Ausrichtung verkörpert.

Wenn selbst der Präsident des deutschen Fußballmeisters ›97, Bayern München,[29] anerkennend feststellt, dass der beste deutsche Fußball im Ruhrgebiet gespielt werde – schließlich hat auch der VfL Bochum noch die Berechtigung zur Teilnahme am künftigen internationalen UEFA-Wettbewerb erfolgreich geschafft –, dann bleibt eine solche »Sympathie-Erklärung« natürlich nicht ohne Wirkung, und zwar erfreulicherweise über den Sport hinaus. Für das Ruhrgebiet, das im Strukturwandel und auch jetzt wieder im Blick auf den Rückzug der Kohle, auf die Fusionen in der Stahlindustrie oder wegen des Abbaus von Arbeitsplätzen in der Industrie schlechthin Schläge hinnehmen muss, in den Arbeitslosenzahlen weit oben rangiert und bezüglich ungelöster organisatorischer Strukturfragen – nicht weniger als drei Regierungspräsidenten und zwei Landschaftsverbände sowie der KVR sind für etwas mehr als fünf Millionen Einwohner gleichzeitig zuständig – keine guten Schlagzeilen macht, sind sportliche Erlebnisse vielleicht noch von größerem Wert als anderswo. Deshalb sollten alle Möglichkeiten genutzt werden, die durch den Sport ausgelöste Begeisterung für das Ruhrgebiet als Chance zu verstehen und bei allem berechtigten und erforderlichen Wettbewerb der Städte und Kreise untereinander das Zusammengehörigkeitsgefühl an der Ruhr zu stärken.

33. Modernes Theater in alten Industriehallen: Die erste RuhrTriennale und ihr Leiter Gérard Mortier (2002)

Marieluise Jeitschko, Ruhrruinen_Festival. Die erste Ruhr-Triennale, in: www.operntanz.de/archiv/2002/06/kupo-ruhrruinen.shtml.

Testlauf für die RuhrTriennale – Vision einer neuen Identität für Nord-West-Deutschlands zerbrochenes Industrierevier durch ein internationales Theater- und Musikfestival auf Stahl- und Bergbau-Ruinen. Jahrelang haben betroffene Kommunen – insbesondere Essen, Duisburg, Hamm und Dortmund – mit finanzieller Unterstützung des Landes NRW »Industriedenkmäler« geschaffen und zu zeitgemäßen Kultur-Stätten umfunktioniert. Darauf will das Land nun aufbauen. Mit 41 Millionen Euro für die ersten drei Jahre lockte der grüne NRW-Kulturminister Michael Vesper den Kulturmanagement-«Magier» Gérard Mortier an. Der heute 59-jährige belgische Jurist, »Macher« von Brüssels Opernhaus »Théatre de la Monnaie« und Salzburger Festspiel-Erneuerer, soll es richten. Nur: In Zeiten wie diesen träumt kaum einer mehr von neuer Kultur an der Ruhr. Sechs Kulturdezernenten gingen – offensichtlich auch unter Druck gesetzt von den Theaterintendanten – Ende der ersten Herbst-Triennale auf die Barrikaden, weil sie auch um ihre kommunalen Institutionen fürchten.

---

29 Gemeint ist Franz Beckenbauer.

Mortier ließ aus Fabrikhallen auf Kohlehalden zwischen Hamm und Duisburg Gershwin-Improvisationen für Gitarre, Violine und Kontrabass, Mozarts »Requiem« und Schönbergs »Jakobsleiter« tönen, Euripides zwischen Schornsteinen und Kühltürmen in Szene setzen. Mikhail Baryshnikov tanzte in der Waschkaue der Essener Zeche Zollverein (dem fast schon gescheiterten »Choreografischen Zentrum NRW«). Und Messiaens »Quattuor pour le fin du temps« – wie so vieles andere bei diesem ersten Ruhrruinen-Festivaltest aus anderen europäischen Festivalstädten in die Ruhrkultur-Landschaft geholt – wurde mit stehenden Ovationen bedacht. Das macht ebenso nachdenklich wie der spärliche besuchte »Don Giovanni« im Gewerkschafts-Kulturpalast, dem Recklinghäuser Festspielhaus, von Klaus Michael Grüber inszeniert und Hans Zender dirigiert – mit atemberaubend schönen, jungen Sänger-Darstellern.

Die Vorbehalte der ansässigen Bevölkerung erlebte Mortier sozusagen am eigenen Leib: Nimmermüde wanderte er mit Journalisten über die 13 Spielstätten, traf sich mit Politikern, Künstlern und potenziellen Sponsoren, besuchte sechs Wochen lang allabendlich eine der 83 Veranstaltungen der ersten RuhrTriennale und fuhr sogar zweimal im Zug quer durchs Revier, um zu demonstrieren, dass sein neues Festival auch mit Bus und Bahn erreichbar sei.

Marieluise Jeitschko sprach mit Festival-Leiter Gérard Mortier:
Jeitschko: Ihre Bilanz?
Mortier: Ich spürte eine große Emotionalität, viel Intelligenz, hohes Bildungsniveau und ganz besonders eine unglaubliche kulturelle Neugier und Begeisterungsfähigkeit. Aber wir haben wohl zu sehr die oberste Bildungsschicht angesprochen. Deshalb verkaufte sich auch »Don Giovanni« schlechter, als ich es erwartet habe.
Jeitschko: Als Leiter der Ruhrfestspiele ist Frank Castorf engagiert. Die Sorge vieler Menschen, die hier leben, ist allerdings, diese traditionsreichen »Theater-Festspiele fürs Volk« könnten von der RuhrTriennale geschluckt werden – ebenso das »Internationale Tanzfestival NRW« (ITF), dem in dieser neben New York dichtesten Tanz-Region Pina Bausch wieder auf die Beine helfen soll.
Mortier: Keineswegs. Ich halte mich in Absprache mit Pina Bausch bei der Programmgestaltung der RuhrTriennale mit Tanzvorstellungen zurück – eben damit das ITF nicht gefährdet wird. Im Übrigen eröffnet ja Pina Bausch mit dem Tanztheater Wuppertal im Mai 2003 die Bochumer Jahrhunderthalle, diesen für mich wunderbarsten neuen Kultur-Standort dieser Region.
Jeitschko: Es werden aber schon jetzt Stimmen laut, die Zahl der Spielstätten müsse reduziert werden.
Mortier: Jeder dieser Orte hat seinen eigenen Charme. Mit genau den richtigen Programmen muss sich jeder entfalten und bewähren, um den Industrie-Arealen eine neue Identität zu geben. Ich kenne genügend Künstler.
Jeitschko: Sie kennen inzwischen aber auch den finanziellen Notstand der Region. Der zugesagte Triennale-Etat wird – wenn auch mit 300.000 Euro relativ moderat – gekürzt.
Mortier: Das Land hat uns großzügig unterstützt. Aber enttäuscht, ja eigentlich sogar richtig verärgert bin ich, dass uns die Großindustrie bisher völlig im Stich gelassen hat. Die haben ja

überhaupt noch nicht kapiert, dass sich hier das größte Kulturereignis Europas anbahnt – und werben dabei doch immer mit der Kultur als Standortvorteil.

Jeitschko: Auch die Zuschauer stürmen nicht so herbei wie erwartet. 200.000 Karten wollten Sie 2004 verkaufen – nun ist maximal die Hälfte das angepeilte Ziel. Was wollen Sie als Kulturmanager bis 2004 erreichen?

Mortier: Ich bleibe dabei: In zwei Jahren sollen alle großen Festivalstädte – einschließlich Salzburg und Bayreuth – mit Neid auf diese RuhrTriennale blicken. Die Deutsche Bahn soll Sonderzüge zur Verfügung stellen. Busse und Shuttles müssen her. Und kein Mensch in der westlichen Welt, der gern ins Theater oder Konzert geht, soll fragen: Dortmund, Essen, Bochum, Duisburg: Wo liegt denn das?

34. Selbstbild und Fremdwahrnehmung der Ruhrgebietskultur (2004)
Karsten Schüle, Populistische Feuilletons, in: taz nrw vom 3.12.2004.

Oliver Scheytt, Kulturdezernent der Stadt Essen, ist sich sicher: Schuld an der seltenen sowie stets klischeehaften Darstellung der Ruhrgebietskultur seien die Autoren der überregionalen deutschen Feuilletons. »Die schauen sich auf der Durchreise auf die Schnelle um, schreiben 50 Zeilen darüber, und denken, sie hätten alles erfasst«, sagte Scheytt am Mittwochabend im Essener Kulturwissenschaftlichen Institut (KWI). Scheytt hatte *Zeit*-Redakteur Christof Siemes zu einer Podiumsdiskussion mit dem Motto »Kultur an der Ruhr – Das Selbstbild und Fremdbild« geladen. Dieser hatte die plakative These aufgestellt, das Ruhrgebiet habe als Kunstfiguren nur Tegtmeier und Schimanski hervorgebracht. [...]

»Was müssen wir denn noch tun, um von Ihnen ernst genommen werden?«, fragt Dezernent Scheytt im KWI. »Die Ruhrtriennale und die Cézanne-Ausstellung sind doch große Erfolge gewesen.« Oftmals würde auch unter den Tisch fallen, dass Leute wie Christoph Schlingensief und Helge Schneider von hier kämen, oder viele der neuen Comedy-Größen wie Atze Schröder. [...]

Feuilletonist Siemes reagiert gelassen und betont: »Ich stehe zu meiner These.« Zwar gebe es im Revier zweifelsohne ein enormes kulturelles Potenzial, »mindestens so viel wie in der Hauptstadt Berlin«, nur leider werde das nach außen nicht vernünftig kommuniziert. Ein »Sender-Empfänger-Konflikt« sei das, erklärt er, und betont: »Wenn beim Empfänger etwas nicht richtig ankommt, so liegt das Problem beim Sender.« Für ebenso fatal hält Siemes das hiesige Kirchturmdenken: »Sie brauchen hier keine vier Philharmonien. Die Bauten verschlingen Millionen und in einigen Jahren stellt sich die Frage, welche Philharmonie geschlossen werden muss«, sagt Siemes, der für eine bessere Vernetzung der Ruhrgebietsstädte plädiert. »Sie dürfen nicht immer nach Hamburg oder Berlin schauen. Sie müssen die Kultur machen, die sie selber für richtig halten«, fordert er ein neues Ruhrgebietsbewusstsein und Gelassenheit ein. [...]

Von fehlender Absprache zwischen den Revierstädten will Kulturmanager Scheytt nichts wissen: »Wir stimmen uns sehr gut untereinander ab«. Auch einer anderen Vermutung Siemes, Industriedenkmäler seien als Spielorte wenig geeignet und auch nicht mehr wirklich gefragt, erteilt er eine Absage. »Doch als Sender«, gibt er Siemes recht, »da müssen wir noch besser werden«. Gerade im Hinblick auf die Bewerbung als Kulturhauptstadt müsse auch der öffentliche Nahverkehr noch dringend verbessert werden. Den Vorwurf an die überregionalen Feuilletons will Scheytt aber dennoch nicht fallen lassen. Vielmehr vermutet er, dass Ruhrgebietskultur deswegen so selten in den Medien auftauche, weil das regionale Angebot einfach viel zu umfangreich sei, worauf Siemes mit einem Beispiel an den alten journalistischen Grundsatz erinnert, dass nur schlechte Nachrichten gute Nachrichten seien: »Ich glaube nicht, dass Sie so oft in den Feuilletons vorkommen wollen wie die Stadt Berlin. Die kriegen doch ständig nur Haue.«

35. Essen wird »Europäische Kulturhauptstadt 2010« (2006).
Andreas Rossmann, Aus Kohlenstaub geboren. Essen ist »Europäische Kulturhauptstadt 2010«. Wie einst Athen und Florenz. Frankfurter Allgemeine Zeitung, Nr. 18 vom 7.5.2006. www.faz-archiv.de.

Essen – das ist doch Schwerindustrie, Kohle und Stahl, das sind Zechen und Schlote, Halden und Hochöfen, Krupp und auch Gruga, Maloche und Jürgen von Manger, Ruß und Rot-Weiss. Falsch. Nur noch in den Köpfen der Menschen ist das so, in ihren Vorstellungen, und die sind umso zäher und langlebiger, je weiter weg sie gehegt werden. Die vielleicht größte Bürde, welche die Stadt zu tragen hat, ist ihr Image, das sich noch schwerer abschütteln lässt als die realen Lasten der alten Industrie. Dabei drehen sich hier schon seit zwanzig Jahren keine Fördertürme mehr: Am 23. Dezember 1986 wurde auf Zollverein die letzte Schicht gefahren. Es war einmal.

Heute sind Zeche und Kokerei Zollverein Weltkulturerbe, zu dem die Unesco 2001 sie geadelt hat. Wo 54 Jahre lang schwarzes Gold gefördert wurde, ist eine kulturelle Mischanlage mit Design-Zentrum und Design-Hochschule, Künstlerateliers und Ausstellungshallen, Werkstätten und Labors, Denkmalpfad und Skulpturenpark, Choreographischem Zentrum und Kunstschacht, Bürgertreff und Luxusrestaurant entstanden. Ihr Mittelpunkt soll von 2007 an das Ruhr Museum bilden, zu dem die Kohlenwäsche umgebaut wird. Der Vorzeige-Pütt von einst, 1928 bis 1932 in der Backsteinarchitektur der Neuen Sachlichkeit errichtet, ist zum Symbol für den Strukturwandel des Ruhrgebiets geworden. Zollverein gibt das Modell dafür, was Essen sich mit der Bewerbung zur »Europäischen Kulturhauptstadt 2010« vorgenommen hat: »Kultur durch Wandel – Wandel durch Kultur«.

In diesem Sinne macht sich die sechstgrößte deutsche Stadt schon länger aus dem Staub, in den die Kohle sie gezogen hatte: Die Universität, 1972 angesiedelt, hat Einrichtungen wie das Kulturwissenschaftliche Institut und das Zentrum für Türkeistudien nachgezogen, 1988 wurde nach dem Entwurf von Alvar Aalto das Opernhaus eröffnet und 2004 der Saalbau zur Philharmonie umgebaut. Das Folkwang Museum wurde erweitert, der Domschatz mit der Goldenen Madonna gehoben und die Lichtburg, ein Kinopalast von 1928, wiederhergerichtet. Keine Stadt im Westen hat in den vergangenen zwei Jahrzehnten kulturell so stark auf- und dabei doch vor allem nachgeholt, was »bürgerlich« geprägte Gemeinwesen früher und selbstverständlicher vollzogen haben: die Komplettierung zur Stadt.

Essen gibt sich gern als alte Stadt. Erst 2002 feierte es ein Jubiläum: 852 wurde hier ein freiweltliches Kanonissenstift gegründet. Doch groß geworden ist Essen mit der Industrialisierung und dem von Friedrich Krupp 1811 begonnenen Unternehmen, das sein Sohn Alfred zur größten Gussstahlfabrik der Welt ausbaute. Von 7.700 im Jahr 1871 explodierte die Einwohnerzahl bis 1900 auf 120.000 und bis 1933 weiter auf 650.000. Ihren Scheitelpunkt erreichte sie 1961 mit 750.000. Seitdem schrumpft Essen. Nur noch zwanzig Prozent der Arbeitsplätze entfallen auf produzierendes Gewerbe, achtzig Prozent auf Dienstleistungen. Nicht mehr Kohle und Stahl bilden die Säulen der Stadt, sondern Energiekonzerne und Branchen der Medizintechnik. Zehn der hundert größten deutschen Unternehmen haben ihren Sitz in Essen.

Doch »Europäische Kulturhauptstadt«? Wie einst Athen, Florenz oder Amsterdam? Die Bewerbung, die Essen – so fordern es die Regularien – als »Bannerträger« für das Ruhrgebiet einreichte, hat erfolgreich darauf abgehoben, dass es nicht so sehr um den kulturellen Bestand des Ballungsraums als vielmehr um seine Entwicklungschancen geht. Die Jury der EU lobte vor allem: den regionalen Ansatz, die Fortsetzung eines Strukturwandels, in dem Stadtentwicklung und Kultur ineinandergreifen, Leitprojekte wie die »zweite Stadt« in tausend Metern Tiefe und ein Programm zur Integration von Migranten. Das Konzept gibt, so hieß es in Brüssel anerkennend, »ganz Europa ein Beispiel an Fantasie«. »Europäische Kulturhauptstadt« wird Essen nur für ein Jahr sein. Schon die Bewerbung hat dem Ruhrgebiet einen Schub versetzt und unter den Kommunen die Bereitschaft gefördert, das (zumindest kulturpolitische) Kirchturmdenken zu überwinden. Die Haushaltslage der Städte, der Bevölkerungsschwund und ein nachwachsendes Publikum, das sich selbstverständlicher über Stadtgrenzen hinwegsetzt, fördert diesen Prozess, und die Entscheidung von Brüssel wird ihn beschleunigen.

36. Zentraler Milieuort im Revier: Die Bude und der »Budenzauber« von Frank Goosen (2009)

Frank Goosen, Budenzauber, in: Die Bude. Trinkhallen im Ruhrgebiet. Fotographien von Brigitte Kraemer, hg. Dietmar Osses, Essen 2009, S. 4f.

Das Ruhrgebiet hat viele Vorteile: Es gibt hier keinen FC Bayern, auf je hundert Einwohner kommen mindestens zwanzig Frittenschmieden und auch wenn der Schrebergarten und die Currywurst in Berlin erfunden wurden, ist die Benutzung des einen und der Verzehr der zweiten in dieser Gegend zum selbstverständlichen Bestandteil der Hochkultur geworden.

Das größte Plus für die Lebensqualität zwischen Recklinghausen und Hattingen, Duisburg und Unna ist jedoch die Trinkhalle oder Seltersbude – kurz: die Bude – ein nicht wegzudenkender Versorgungsstützpunkt, der elementare Grundnahrungsmittel wie Flaschenbier, Kartoffelchips und Klümpchen auch jenseits der üblichen Ladenöffnungszeiten bereithält. Beim Wohnungswechsel innerhalb des Ruhrgebiets achten echte Kenner weniger auf die Anbindung an den öffentlichen Personennahverkehr als vielmehr auf die Entfernung zur nächsten Bude.

Ich selbst kann mein gesamtes bewusstes Leben und meine Wohnbewegungen in meiner Heimatstadt (Bochum) allein anhand der Buden und der dazugehörigen Budenmänner und Budenfrauen erzählen.

Ich erinnere mich zum Beispiel an den altem Lemke, der die Bude am Imbuschplatz hatte, ein frei stehendes Modell mit Schrägdach und öffentlicher Toilette an der Rückseite, ein perfektes Bild für einen funktionierenden Wirtschaftskreislauf: Vorne wurde der Flachmann Weizenjunge erworben, im Schatten neben der Bude mit dem nötigen Ernst verarbeitet und im hinteren Teil gleich ortsnah entsorgt.

Der alte Lemke selbst hatte nur ein Bein, bewegte sich aber recht behände auf zwei schwarzen Krücken über die vier Quadratmeter seines Unternehmens. Sein bester Freund war eine schwarzfellige Töle namens, und das kann man nicht erfinden, Adolf.

Kunden waren für Herrn Lemke keine Könige, sondern das lästige Pack, mit dem man sich abgeben musste, wenn man was verkaufen wollte. Vor allem aber waren Kunden keine Leute, die ein Recht auf Hygiene hatten. Die fleischige Pranke, die eben noch tief in Adolfs Nackenfell Parasiten gesucht und gefunden hatte, senkte sich im nächsten Moment in eines der durchsichtigen Bonbon-Schubfächer und kramte Salmiakpastillen, Brausebonbons oder Weingummis hervor, um sie auf die abgewetzte Wechselgeldablage im offenen Budenfenster zu knallen.

Nach Herrn Lemkes Tod wurde die Bude auf Weisung des Gesundheitsamts abgerissen, worauf noch drei Meter Mutterboden ausgetauscht werden mussten, da man eine Kontaminierung des Grundwassers fürchtete.

Als ich mit zwanzig von zu Hause auszog, fand ich eine Wohnung mit Bude gleich im Nebenhaus. Dieses war eines von den Luxusmodellen, in die man sogar hineingehen kann. Das Zeitschriftenangebot lag nur knapp unter dem, was an internationalen Flughäfen üblich ist, die Liste der angebotenen Biersorten ging über zwei handgeschriebene DIN-A4-Seiten und neben dem üblichen Kram wurde ein Haufen sogenannter Vergess-Artikel angeboten, also H- und Dosenmilch, in Folie hinein gefolterte Wurst, Gewürzgurken im Glas und – gleichsam, um den Geschlechterproporz zu wahren – Tampons und Binden.

Der Budenmann war ein breitschultriger Türke mit einem unterarmdicken Schnauzbart unter der Nase und gleich zwei echten, weit sichtbaren Goldzähnen im Oberkiefer sowie einer grobgliedrigen Goldkette, die jedoch nur undeutlich durch die dicht bis ans Kinn wuchernde Brustbehaarung schimmerte. Als er mich nach zwei Wochen als Stammkunde erkannt und akzeptiert hatte, drückte er mir auch schon mal zur WAZ ein Kondom in die Hand und sagte: »Brauchst Du mehr? Kannst Du haben! Brauchst Du Frau dazu? Kein Problem. Du sagen, ich liefern«.

37. Die »Metropole Ruhr« stellt sich vor (2010).
Wo bitte, liegt die Metropole Ruhr, in: www.ruhr2010.de/metropole-ruhr/kulturmetropole.html.

Wo bitte, liegt die Metropole Ruhr?

Keine Karte, kein Städteatlas und kein Navigationsgerät geben Neugierigen, Reisenden und nicht einmal den Bewohnern selbst Auskunft darüber. Kein Wunder. Denn die Metropole Ruhr entsteht gerade erst. Jetzt! Als Kulturhauptstadt Europas RUHR.2010 betritt sie als echter Newcomer die urbane Bühne Europas. Die Zeit von RUHR.2010 ist das 21. Jahrhundert. Die Stadtregion Ruhr ist eine Metropole im Werden, die größte Stadt in Deutschland. Der drittgrößte Ballungsraum Europas umfasst 5,3 Millionen Menschen aus über 170 Nationen in 53 Städten – in den »Grenzen« des 1920 gegründeten Siedlungsverband Ruhrkohlenbezirk, dem heutigen Regionalverband Ruhr.

Die Region ist geprägt durch die imposanten Hinterlassenschaften des industriellen und die unbegrenzten Möglichkeiten des nachindustriellen Zeitalters. Und wenn es richtig ist, dass die großen Herausforderungen und Entwicklungschancen moderner Gesellschaften insbesondere in den Städten zu beobachten und zu bewältigen sind, dann gilt das für das Ruhrgebiet in einer ganz besonderen Weise.

Aus kleinen Siedlungen, die sich um Hunderte von Bergbauschächten und Stahlhütten gebildet hatten, entstand Mitte des 19. Jahrhunderts rasend schnell eine der pulsierendsten Industrieregionen Europas. Nach dem Niedergang der Kohle- und Stahlindustrie in den 1960er Jahren hat sich das Ruhrgebiet fast ebenso schnell vom verrußten Kohlenpott zur Dienstleistungsmetropole gewandelt. Aufbauend auf den Errungenschaften der Internationalen Bauausstellung Emscher Park 1989–99 (IBA) will RUHR.2010 erneut Kunst und Baukultur als Motor der Veränderung nutzen.

Tief im Westen wächst ein starkes Stück Europa

Der Ort von RUHR.2010 ist Europa. Die Achse Warschau-Berlin-Brüssel kommt in Zukunft ohne die Metropole Ruhr nicht mehr aus. Hier, wo sich Städte wie Amsterdam, Rotterdam, Köln, Antwerpen fast berühren, haben zehn der hundert umsatzstärksten deutschen Unternehmen ihre Zentralen. Hier werden wichtige europäische Handelsströme organisiert, hier wird die europäische Energiepolitik der Zukunft gestaltet und hier arbeiten fünf Universitäten und zehn Fachhochschulen neben etwa hundert Forschungseinrichtungen an den Innovationen, die Europa in die Lage versetzen, auch in Zukunft den eigenen Werten treu zu bleiben und im globalen Wettbewerb bestehen zu können.

Die Kraft von RUHR.2010 ist die Fähigkeit zum Wandel durch Kultur. Die Kulturhauptstadt Europas präsentiert das Ergebnis eines mehrjährigen und tief greifenden Wandlungsprozesses des Ruhrgebiets. Hunderte Kulturinstitutionen, Künstler und Kulturschaffende in der Metropole Ruhr sind seit Jahren die Basis dieses Wandels und bilden eine der reichsten Kulturlandschaften Europas. RUHR.2010 zeigt anhand ausgewählter Projekte den erreichten Stand und ist ein vorläufiger Höhepunkt der stetigen Entwicklung. Das Ziel ist, durch gezielte Auswahl von

Projekten das dauerhafte Kulturangebot weit über 2010 hinaus in Europa zu etablieren. Mit der Kraft der Kulturhauptstadt Europas setzt das Ruhrgebiet seinen Aufbruch fort.

Unfertig, inspirierend und überraschend: Europas neue Metropole

Der Anspruch von RUHR.2010 geht weit über einen ganzjährig angelegten Veranstaltungskalender hinaus. Die Kulturhauptstadt Europas wird auch die materielle Gestalt der Region verändern. Wichtige Infrastrukturprojekte sind bereits auf dem Weg. Dazu gehört die Umsetzung eines dezentralen räumlichen Konzepts und Besucherzentren in Duisburg, Oberhausen, Essen, Bochum und Dortmund, mit denen der polyzentrische Stadtraum erstmals eine touristische Infrastruktur erhält. Vier Programmpassagen verwandeln die wichtigsten Ost-West-Verbindungen der Stadtregion in erlebnisstarke Themenrouten.

Die »Kulturhauptstadt Europas« hat ein Klima des Aufbruchs und der Erneuerung geschaffen. Private und öffentliche Förderer wurden zu außergewöhnlichem Engagement motiviert. So entstehen zum Jahr der Kulturhauptstadt große Projekte der Baukultur. Der Neubau des Museum Folkwang in Essen wird 2009 fertiggestellt sein. Der ehemalige Brauereiturm des »Dortmunder U« wird zu einem 80.000 qm umfassenden Ausstellungszentrum für zeitgenössische Kunst und zum regionalen Kreativwirtschaftsstandort umgestaltet und das Duisburger Museum für Moderne Kunst Küppersmühle erhält einen spektakulären Erweiterungsbau.

Dort, wo die industrielle Vergangenheit rücksichtslos ihre Spuren eingegraben hat, bricht sich heute eine neue Ästhetik Bahn. Architekten von internationalem Rang wie Norman Foster, Rem Koolhaas, David Chipperfield, Herzog & de Meuron oder Ortner & Ortner, um einige exemplarisch zu nennen, sind die baulichen Protagonisten dieser »Kunst der Verwandlung«.

RUHR.2010. Metropole der Möglichkeiten

RUHR.2010 integriert als erste Kulturhauptstadt Europas das Thema »Kreativwirtschaft« ins Gesamtkonzept. Denn Kunst, Kultur, Kreativität und neue Ideen sind starke Antriebskräfte für technologische wie ökonomische Innovationsprozesse. Sie spielen eine zentrale Rolle bei der Schaffung neuer Arbeitsplätze und zukunftsfähiger Strukturen der Region.

RUHR.2010 wird die regionale Kreativ- und Wirtschaftskraft dauerhaft stärken, die Aktivitäten der in diesem Sektor tätigen 20.000 Unternehmen überregional sichtbar machen, synergetisch bündeln und eine Vernetzung mit kommunalen Strukturen herstellen.

Die polyzentrische Metropole mit ihren fünf Millionen Einwohnern kann und will Pionierarbeit leisten, Visionen umsetzen und Vorbild für andere europäische Metropolen sein.

Wo also liegt die Metropole Ruhr? Dort, wo sich die Region mit der Kraft der Kulturhauptstadt Europas neu erfindet. Dort, wo neue Ideen und Chancen erwachsen. Genau dort, wo Zukunft entsteht.

Verzeichnis der Abkürzungen

Auf die Aufnahme der gängigsten Abkürzungen wie d. h., etc., u. a., usw. wurde verzichtet.

a. a. O.	am angegebenen Ort
Abg.	Abgeordneter
Abs.	Absatz
Abt.	Abteilung
ad	zu (bei Aufzählungen)
a. D.	außer Dienst
ADGB	Allgemeiner Deutscher Gewerkschaftsbund
AG	Aktiengesellschaft
Anm.	Anmerkung, Fußnote
APO	Außerparlamentarische Opposition
AWO	Arbeiterwohlfahrt
Bd.	Band
Best.	Bestand
BGB	Bürgerliches Gesetzbuch
Bl.	Blatt, Blätter
BRD	Bundesrepublik Deutschland
CDU	Christlich-Demokratische Union
CSU	Christlich-Soziale Union
CVJM	Christliche Vereinigung Junger Männer
DAF	Deutsche Arbeitsfront
DDP	Deutsche Demokratische Partei
DDR	Deutsche Demokratische Republik
DGB	Deutscher Gewerkschaftsbund
Dep.	Depositum
dergl.	dergleichen
DHHU	Dortmund-Hörder Hütten-Union
d. i.	das ist
Diss.	Dissertation, Doktorarbeit
d. J.	dieses Jahres
d. M.	dieses Monats
DM	Deutsche Mark (1 DM = ca. 0,50 €)
Dok.	Dokument, Dokumente
dto.	dito (lat.): ebenfalls
DNVP	Deutschnationale Volkspartei
Dr. h. c., Dr. e. h.	Doctor honoris causa (lat.): Doktor ehrenhalber
Dr. phil.	Doctor philosophiae (lat.): Doktor der Philosophie
Dr. rer. pol.	Doctor rerum politicarum (lat.): Doktor der Staatswissenschaften
DVP	Deutsche Volkspartei

Ebd.	Ebenda
EG	Europäische Gemeinschaft
EGKS	Europäische Gemeinschaft für Kohle und Stahl
et al.	et alii/et aliae (lat.): und andere
EU	Europäische Union
Ew.	Ehrenwerte/r/s
Fa.	Firma
FAH	Familienarchiv Hügel
faks.	faksimiliert
FDGB	Freier Deutscher Gewerkschaftsbund
FDP	Freie Demokratische Partei
Frcs.	Francs
Fried.	Friedrich
FWH	Friedrich Wilhelms-Hütte
GBAG	Gelsenkirchener Bergwerks Aktiengesellschaft
Gebr.	Gebrüder
gefl.	gefällig/e
Geh.	Geheimer
Gen.	Genosse
gez.	gezeichnet
GHH	Gutehoffnungshütte
HA	Hauptabteilung
HAA	(Franz) Haniel Altakten
Hg., hg.	Herausgeber, herausgegeben
HJ	Hitlerjugend
HM	Haniel Museum
Hr.	Herr/n
hs.	handschriftlich
IBA	Internationale Bauausstellung
IG	Industriegewerkschaft, Industriegemeinschaft
IGBE	Industriegewerkschaft Bergbau und Energie
IGM	Industriegewerkschaft Metall
IHK	Industrie- und Handelskammer
Ing.	Ingenieur
i. O.	im Original
i. R.	im Ruhestand
i. V.	in Vertretung
Jg.	Jahrgang
JHH	Jacobi, Haniel & Huyssen
jun., jr.	junior
KAB	Antonius-Knappenverein

Kap.	Kapitel
kath.	katholisch
KLV	Kinderlandverschickung
Königl., Kgl.	Königlich
Koll.	Kollege
KP(D)	Kommunistische Partei (Deutschlands)
KPD/ML	Kommunistische Partei Deutschlands/Marxisten-Leninisten
KVR	Kommunalverband Ruhrgebiet
KZ	Konzentrationslager
LA	Landratsamt Bochum
l. c.	loco citato (lat.): am angegebenen Ort
LRD	Landratsamt Duisburg-Mülheim
LRE	Landratsamt Essen
Ltr.	Lachter (1 Ltr. = ca. 2,1 m)
M., Mk.	Mark
MAN	Maschinenfabrik Augsburg-Nürnberg AG
MBAB	Märkisches Bergamt Bochum
MdB	Mitglied des Bundestages
MdL	Mitglied des Landtages
m. E.	meines Erachtens
misc.	miscellanea (lat.): Miszellen, Verschiedenes
Mr.	Mister
mschr.	maschinenschriftlich
Mskr.	Manuskript
NGCC	North German Coal Control
NL	Nachlass
NPD	Nationaldemokratische Partei Deutschlands
NRO	Nachlass Rohland
NRW, NW	Nordrhein-Westfalen
NRZ	Neue Ruhr/Neue Rhein Zeitung
NS	Nationalsozialisten, nationalsozialistisch
NSBO	Nationalsozialistische Betriebszellenorganisation
NSDAP	Nationalsozialistische Deutsche Arbeiterpartei
NWDR	Nordwestdeutscher Rundfunk
OB	Oberbürgermeister
OBA	Oberbergamt
OBB	Oberbergamtsbezirk
o. J.	ohne Jahr
o. O.	ohne Ort
OP	Oberpräsidium
ord.	ordentlich
OS	Oberschlesien
OstD	Oberstadtdirektor

p.	persona (lat.): Person
	pro
PDS	Partei des Demokratischen Sozialismus
PEN	internationaler Schriftstellerverband (poets, playwrights, essayists, novelists)
Pfg.	Pfennig/e
Pg.	Parteigenosse (NSDAP-Mitglied)
pp.	perge perge (lat.): fahre fort, und so weiter
PP	Polizeipräsidien
ppa.	per procura (lat.): in Vollmacht
RA	Regierungspräsident/-präsidium Arnsberg
RAF	Rote Armee Fraktion
	Royal Air Force
RAG	Ruhrkohle AG
RD (Präs.)	Regierung Düsseldorf (Präsidialbüro)
Rd. Erl.	Runderlass
RDI	Reichsverband der Deutschen Industrie
Red.	Redaktion
Reg. Bez.	Regierungsbezirk
Rep.	Repositur
resp.	respektive, beziehungsweise
RGBl.	Reichsgesetzblatt
RGO	Revolutionäre Gewerkschafts-Opposition
RM	Reichsmark
	Regierung Münster
Rt, Rtlr.	Reichstaler
RVR	Regionalverband Ruhr
RWE	Rheinisch-Westfälische Elektrizitätswerke AG
RWKS	Rheinisch Westfälisches Kohlensyndikat
RWS	Rheinisch-Westfälische Städtebahn
RWTH	Rheinisch-Westfälische Technische Hochschule (Aachen)
SA	Sturmabteilung
SAP	Sozialistische Arbeiterpartei
SBZ	Sowjetisch Besetzte Zone
SD	Sicherheitsdienst
SED	Sozialistische Einheitspartei Deutschlands
sen.	senior
Sgr.	Silbergroschen (1 Sgr. = 12 Pf.)
Slg.	Sammlung
SPD	Sozialdemokratische Partei Deutschlands
Sr.	Seiner
SS	Schutzstaffel
St.	Sankt
Stbr	Stüber (1 Stbr. = 4 Pf.)
Stellv. Gen. Kdo.	Stellvertretendes Generalkommando
SVR	Siedlungsverband Ruhrkohlenbezirk

Tit.	Titel
Tlr.	Taler (1 Tlr. = 30 Sgr. = 360 Pf.)
undat.	undatiert
unpag.	unpaginiert, ohne Seiten- bzw. Blattzählung
USA	Vereinigte Staaten von Amerika
USPD	Unabhängige Sozialdemokratische Partei Deutschlands
u. E.	unseres Erachtens
u. U.	unter Umständen
u. W.	unseres Wissens
Ver.	Vereinigte (bei Zechennamen)
Verb. Dir.	Verbandsdirektor
Verf.	Verfasser
VEW	Vereinigte Elektrizitätswerke Westfalen
vgl.	vergleiche
VHS	Volkshochschule
v. J.	vorigen Jahres
VO	Verordnung
vol.	volume, Band
VVN-BdA	Vereinigung der Verfolgten des Naziregimes-Bund der Antifaschisten
WA	Werksarchiv
WAZ	Westdeutsche Allgemeine Zeitung
WDR	Westdeutscher Rundfunk
z. Hd.	zu Händen
Ztg.	Zeitung
Ztr.	Zentner
z. Zt.	zur Zeit

Erklärung der bergmännischen Fachausdrücke (Bergbau-Glossar)

Nach: Joachim Huske, Die Steinkohlenzechen im Ruhrrevier. Daten und Fakten von den Anfängen bis 2005, 3. Aufl., Bochum 2006; Klaus Tenfelde, Sozialgeschichte der Bergarbeiterschaft an der Ruhr im 19. Jahrhundert, 2. Aufl., Bonn-Bad Godesberg 1981.

Abkehr, abkehren	Kündigung, kündigen
Abteufung, abteufen	Niederbringen eines Schachts
Anlegen, Anlegung	Aufnahme in ein Arbeitsverhältnis durch eine Grube
Aufbereitung	über Tage: Vorbereitung des Förderguts für den Absatz durch Verkleinerung, Wäsche und Brikettierung
Ausbau	Sicherung von Hohlräumen gegen Steinfall
Ausbeute	Gewinn eines Bergbauunternehmens
bauwürdig	mit wirtschaftlichem Erfolg gewinnbar
Befahrung, befahren	jede Art der Fortbewegung der Menschen untertage, auch zu Fuß
Berechtsame	Bergwerkseigentum, Gesamtheit der zu einem Bergwerk oder einer Bergwerksgesellschaft gehörenden Grubenfelder
Berge	Steine, unverwertbare Förderung
bergfrei	1. noch nicht zum Abbau verliehene Lagerstätte 2. aufgehobene Belehnung bzw. Berechtsame (= bergfrei fallen, ins Bergfreie fallen)
Berghauptmann	ranghöchster Beamter, Leiter eines Oberbergamts
blinder Schicht, Blindschacht	nicht zutage ausgehender Schacht zwischen zwei oder mehreren Sohlen
Bremsberg	einfallende Förderstrecke, in der die schiefe Ebene zur Förderungserleichterung genutzt wird
Fäustel	bergmännischer Hammer
Feiern, Feierschicht	Fernbleiben von der Arbeit; bei Feierschichten angeordnet wegen Absatzmangel
Flöz	Kohle führende Schicht im (Neben-) Gestein
Freischicht	für gemeinnützige Zwecke zu verfahrende Schicht
Gedinge	bergmännischer Leistungslohn
Geschworener	als Reviervorsteher unterste bergbehördliche Instanz
Gewerke	bergbaulicher Unternehmer
Gezähe	bergmännisches Werkzeug

Grubenbau	planmäßig geschaffener bergmännischer Hohlraum
Hangendes	Gesteinsschichten über einem Flöz
Hängebank	über Tage: Ort der Auffüllung und Entleerung der Fördergefäße am Schacht
Hauer	ausgebildeter und geprüfter Bergmann, Benennung nach speziellen Tätigkeiten: z.B. Kohlen-, Fahr-, Gesteins-, Lehr-, Zimmerhauer
Kameradschaft	Belegschaft eines Betriebspunkts, bes. Ortskameradschaft
Kaue, Waschkaue	Raum zum Umziehen und Reinigen
Knappe	literarische Berufsbezeichnung für alle bergmännischen Grade, erst später nur für den gelernten Bergmann
Kokerei	von Grube und Aufbereitungsanlagen organisatorisch, anfangs häufiger auch örtlich getrennter Betrieb zur Kohlenverkokung, seit den 1880er Jahren mit Nebenproduktengewinnung
Koks	hochwertiger Brennstoff, Erzeugung aus Steinkohle (vornehmlich Fettkohle) durch trockene Destillation
Korb, Förderkorb	Fördergefäß im Schacht
Kux	bergbauliche Eigentumsform mit Immobilienqualität, anfangs unbegrenzt, später begrenzt teilbar
Lachter	altes Längenmaß im Bergbau (1 Lachter = ca. 2,1 m in Preußen)
Liegendes	Gesteinsschichten unter einem Flöz
Mächtigkeit	Dicke einer Lagerstätte, eines Flözes oder einer Gesteinsschicht
Markenkontrolle	übertägige Ankunfts- und Abgangskontrolle der Arbeiter
Markscheider	beamteter Grubenvermesser
Mergel	Schichten der Kreidezeit über dem flozführenden Karbon
Mutung	Rechtsform der Aneignung eines Grubenfelds zur Erschürfung von Flözen; Beleihung erst nach Augenscheinnahme
Oberberghauptmannschaft	oberste Bergbehörde als Ministerialabteilung im Finanz-, später Handelsministerium
Ort, Ortssohle	1. Zwischen oder Teilsohle, meist im Blindschacht angesetzt 2. Ende eines Grubenbaus: vor Ort
Pfeiler	abzubauende Kohle oder Gestein; auch Ausbau- und Abbaumethode
Pütt	1. Grube im Oberflächenabbau 2. volkstümliche Bezeichnung für Zeche
Querschlag	Strecke quer zum Streichen der Gebirgsschichten, d.h. quer durch die Schichten

Repräsentant	von der Gewerkenversammlung gewählter Bevollmächtigter einer bergrechtlichen Gewerkschaft
Revier	Zusammenfassung mehrerer Betriebspunkte unter Leitung eines Steigers
saiger, seiger	senkrecht
schießen	sprengen
Schlagwetter	explosionsgefährdetes Gasgemisch durch Ausströmungen der Kohlelagerungen
Schlepper	Bergmann in der söhligen Förderung schleppen = Förderwagen ziehen oder schieben
Schrämmaschine	Gerät zur Kohlengewinnung
Schürfschein	von der Bergbehörde ausgestellte, ortsbezogene Schürferlaubnis
Seilfahrt	Ein- und Ausbeförderung von Personen im Schacht unter bes. Sicherheitsvorkehrungen
Sohle	Ebene der Streckenführung jeweils im am Schacht gemessenen Abstand von ca. 100 m (anfangs weniger); auf größeren Gruben werden bis um 10 Sohlen aufgefahren
Steiger	Aufsichtsperson im Bergwerk
Stempel	Ausbauform zum Abstützen der Strecke und (im Streb) des Hangenden
Störung	als Überschiebung oder Verwerfung abbauhinderliche Unregelmäßigkeit in der Gebirgsfaltung
Streb	flözfolgender Kohlenabbau, in dem die entstehenden Hohlräume gestützt und nach Verlassen verfüllt werden oder zu Bruch gehen
Strecke	söhliger Grubenbau im Tiefbau für Fahrung, Wetterführung, Förderung und Materialtransport
Streichen	Richtung der Schnittlinie einer geologischen Schicht oder Störung mit der Horizontalebene
Teufe, teufen	Tiefe; Niederbringung eines Schachts
Tiefbau	im Gegensatz zur Stollenzeche anfänglich Bezeichnung für schachterschlossene Grubenbauten
Versatz	Auffüllung der im Abbau entstandenen Hohlräume durch Berge
Wetter, Bewetterung	Luft bzw. geregelte Luftzufuhr durch Luftschächte, Wettertüren, etc., seit den 1880er Jahren auch durch Einführung von maschineller Ventilation
Zubuße	Pflicht der Gewerken zur anteiligen Verlustübernahme, wenn Verluste erwirtschaftet wurden

Auswahlbibliografie

1. Einführungen und Überblickswerke, Quellensammlungen und »Lesebücher«

Weitere Überblickswerke finden sich in den Literaturhinweisen am Schluss der Kapiteleinleitungen.

Abelshauser, Werner/Himmelmann, Ralf (Hg.): Revolution in Rheinland und Westfalen. Quellen zu Wirtschaft, Gesellschaft und Politik 1918–1923, Essen 1988.
Adelmann, Gerhard: Quellensammlung zur Geschichte der sozialen Betriebsverfassung. Ruhrindustrie unter besonderer Berücksichtigung des Industrie- und Handelskammerbezirks Essen, Bd. 1: Überbetriebliche Einwirkungen auf die soziale Betriebsverfassung der Ruhrindustrie; Bd. 2: Soziale Betriebsverfassung einzelner Unternehmen der Ruhrindustrie; Bd. 3: Registerband, Bonn 1960–1968.
Barbian, Jan-Pieter: Die Entdeckung des Ruhrgebiets in der Literatur, Essen 2009.
Barbian, Jan-Pieter/Heid, Ludger (Hg.): Die Entdeckung des Ruhrgebiets. Das Ruhrgebiet in Nordrhein-Westfalen 1946–1996, Essen 1997.
Bovermann, Rainer, u. a. (Hg.): Das Ruhrgebiet – Ein starkes Stück Nordrhein-Westfalen. Politik in der Region 1946–1996, Essen 1996.
Briesen, Detlef, u. a.: Gesellschafts- und Wirtschaftsgeschichte Rheinlands und Westfalens, Köln etc. 1995.
Canaris, Ute/Rüsen, Jörn (Hg.): Kultur in Nordrhein-Westfalen. Zwischen Kirchturm, Förderturm & Fernsehturm, Stuttgart etc. 2001.
Deckers, Daniel (Red.): Das Ruhrgebiet. Portrait einer Region, Essen 1997.
Dege, Wilhelm: Das Ruhrgebiet, Braunschweig 1972.
Ditt, Karl/Tenfelde, Klaus (Hg.): Das Ruhrgebiet in Rheinland und Westfalen während des 19. und 20. Jahrhunderts. Selbstverständnis und Fremdwahrnehmung im Raumverbund, Paderborn 2008.
Dortmunder Lesebuch. Vom Leben und Kämpfen damals und heute, hg. v. d. Geschichtswerkstatt Dortmund, Dortmund 1984.
Düwell, Kurt/Köllmann, Wolfgang (Hg.): Rheinland-Westfalen im Industriezeitalter (Bd. 1: Von der Entstehung der Provinzen bis zur Reichsgründung, Bd. 2: Von der Reichsgründung bis zur Weimarer Republik, Bd. 3: Vom Ende der Weimarer Republik bis zum Land Nordrhein-Westfalen, Bd. 4: Zur Geschichte von Wissenschaft, Kunst und Bildung an Rhein und Ruhr), 4 Bde., Wuppertal 1983–1985.
Fischer, Bruno: Ruhrgebiet 1933–1945. Der historische Reiseführer, Berlin 2009.
Goch, Stefan: Eine Region im Kampf mit dem Strukturwandel. Bewältigung von Strukturwandel und Strukturpolitik im Ruhrgebiet, Essen 2002.
Harenberg, Bodo/Busch, Frank (Hg.): Chronik des Ruhrgebiets, Dortmund 1987.
Hering, Hartmut/Klaus, Michael (Hg.): Und das ist unsere Geschichte. Gelsenkirchener Lesebuch, 5. Aufl., Oberhausen 1995.
Hezel, Dieter (Red.): Stadtgeschichte – Ruhrgebiet, Stuttgart 2001.
Hilberg, Joseph, u. a. (Hg.): Bergmännisches Lesebuch, Essen 1950.
Hochlarmarker Lesebuch: Kohle war nicht alles. Hundert Jahre Ruhrgebietsgeschichte, 2. Aufl., Oberhausen 1983.

Hoebink, Hein (Hg.): Staat und Wirtschaft an Rhein und Ruhr. 175 Jahre Regierungsbezirk Düsseldorf, Essen 1992.

Köllmann, Wolfgang, u. a. (Hg.): Das Ruhrgebiet im Industriezeitalter. Geschichte und Entwicklung, 2 Bde., Düsseldorf 1990/1992.

Köllmann, Wolfgang/Gladen, Albin (Hg.): Der Bergarbeiterstreik von 1889 und die Gründung des »Alten Verbandes« in ausgewählten Dokumenten der Zeit, Bochum 1969.

Köpping, Walter (Hg.): Lebensberichte deutscher Bergarbeiter, Frankfurt a. M. etc. 1998

Lambers, Hanno: Das Ruhrgebiet in der Geschichte von 1815 bis 1914, Essen 1991.

Leson, Willy (Hg.): So lebten sie an Ruhr und Emscher. Texte und Bilder von Zeitgenossen, Köln 1979.

Norbisrath, Gudrun (Hg.): Mehr als Romantik. Das neue Ruhrgebiet, Essen 1999.

Parent, Thomas: Das Ruhrgebiet. Vom »goldenen« Mittelalter zur Industriekultur [Reiseführer], Köln 2000.

Peukert, Detlev: Ruhrarbeiter gegen den Faschismus. Dokumentation über den Widerstand im Ruhrgebiet 1933–1945, Frankfurt a. M. 1976.

Rasch, Manfred/Feldman, Gerald D. (Hg.): August Thyssen und Hugo Stinnes. Ein Briefwechsel 1898–1922, bearb. v. Vera Schmidt, München 2003.

Robeck, Ulrike, u. a. (Bearb.): Materialien zur Geschichte des Ruhrgebiets. Quellen- und Begleithefte zur Bildplatte, hg. v. Ministerpräsidenten des Landes NRW und der Landeszentrale für politische Bildung NRW, Bd. 1 (1912–1945), Düsseldorf 1986, Bd. 2 (1766–1912), Düsseldorf 1989.

Rudolph, Karsten, u. a. (Hg.): Nordrhein-Westfalens Weg ins 21. Jahrhundert. Reform an Rhein und Ruhr, Bonn 2000.

Schlieper, Andreas: 150 Jahre Ruhrgebiet. Ein Kapitel deutscher Wirtschaftsgeschichte, Düsseldorf 1986.

Steinberg, Heinz Günter: Die Entwicklung des Ruhrgebiets. – Eine wirtschafts- und sozialgeographische Studie, o. O. 1967.

Stryk, Horst von: Auf ins Dritte Jahrtausend! Das Ruhrgebiet gestern – heute – morgen, Köln 1968.

Tenfelde, Klaus/Trischler, Helmuth (Hg.): Bis vor die Stufen des Throns. Bittschriften und Beschwerden von Bergleuten im Zeitalter der Industrialisierung, München 1986.

Verein für die bergbaulichen Interessen im Oberbergamtsbezirk Dortmund (Hg.): Die Entwickelung des niederrheinisch-westfälischen Steinkohlen-Bergbaues in der zweiten Hälfte des 19. Jahrhunderts, 12 Bde., Berlin 1902–1905.

Weber, Wolfhard: Industrialisierung. Das Ruhrgebiet – ein Fallbeispiel, Braunschweig 1982.

Zöpel, Christoph: Weltstadt Ruhr, Essen 2005.

2. Hilfsmittel (Atlanten, Beständeübersichten, Bibliografien, Forschungsberichte etc.)

Aufsatzliteratur zur Bergbaugeschichte, in: Der Anschnitt, seit Jg. 1969 in der Zeitschrift, später als Beilage.

Corsten, Hermann (Hg.): Bibliographie des Ruhrgebiets. Das Schrifttum über Wirtschaft und Verwaltung, 5 Bde. 1943–1966.

Däbritz, Walther: Das Ruhrgebiet in der Literatur, in: Geographische Rundschau 4 (1952), S. 437–442.

Dokumentationsstelle Ruhrgebiet (Online-Ressource): Neuerscheinungen zur Ruhrgebietsgeschichte

Faulenbach, Bernd/Jelich, Franz-Josef (Hg.): Literaturwegweiser zur Geschichte an Ruhr und Emscher, Essen 1999.

Foliothek Ruhrgebiet. 65 Farbfolien mit umfangreichem Lehrerbegleittext und Kopiervorlagen, hg. v. Kommunalverband Ruhrgebiet, Berlin 1995.
Gorzny, Willi (Hg.): Das Ruhrgebiet im Spiegel deutschsprachiger Hochschulschriften 1900–2006, Pullach 2007.
Huske, Joachim: Die Steinkohlenzechen im Ruhrrevier. Daten und Fakten von den Anfängen bis 2005, 3. Aufl., Bochum 2006.
Kroker, Evelyn (Bearb.): Das Bergbau-Archiv und seine Bestände, Bochum 2001.
Loth, Wilfried (Hg.): Sozialer und politischer Katholizismus im Ruhrgebiet. Eine Bibliographie, Essen 1994.
Prossek, Achim, u. a. (Hg.): Atlas der Metropole Ruhr. Vielfalt und Wandel des Ruhrgebiets im Kartenbild, Köln 2009.
Stremmel, Ralf: 100 Jahre Historisches Archiv Krupp. Entwicklungen, Aufgaben, Bestände, München/Berlin 2005.
Stremmel, Ralf: Geschichtslandschaft Ruhrgebiet. Versuch eines Überblicks, in: Jahrbuch für Regionalgeschichte 24 (2006), S. 15–48.

3. Ausstellungs- bzw. Museumskataloge und Zeitschriften

Bergarbeiter. Ausstellung zur Geschichte der organisierten Bergarbeiterbewegung in Deutschland [Ausstellungskatalog], Bochum 1969.
Bochumer Zeitpunkte. Zeitschrift der Kortum-Gesellschaft Bochum Jg. 1 ff. (1991 ff.)
Der Anschnitt. Mitteilungsblatt der Vereinigung der Freunde von Kunst und Kultur im Bergbau Jg. 1 ff. (1949 ff.)
Dortmunder Beiträge. Beiträge zur Geschichte Dortmunds und der Grafschaft Mark Jg. 1 ff. (1875 ff.)
Duisburger Forschungen. Schriftenreihe für Geschichte und Heimatkunde Duisburgs Jg. 1 (1957) – 8 (1965); 10 ff. (1966 ff.) [Band 9 ist nicht erschienen]
Essener Beiträge. Beiträge zur Geschichte von Stadt und Stift Essen Jg. 1 ff. (1881 ff.)
Ferne Welten – Freie Stadt. Dortmund im Mittelalter [Aufsatz- und Ausstellungsband], hg. v. Matthias Ohm u. a., Bielefeld 2006.
Feuer & Flamme. 200 Jahre Ruhrgebiet [Ausstellungskatalog], hg. v. Ulrich Borsdorf, 2. Aufl., Essen 1995.
Forum Industriedenkmalpflege und Geschichtskultur Jg. 1 ff. (1995 ff.)
Geschichte im Westen. Zeitschrift für Landes- und Zeitgeschichte Jg. 1 ff. (1986 ff.)
Heimat Dortmund. Stadtgeschichte in Bildern und Berichten. Zeitschrift des Historischen Vereins für Dortmund und die Grafschaft Mark e.V. Jg. 1 ff. (1986 ff.)
industrie-kultur. Denkmalpflege, Landschaft, Sozial-, Umwelt- und Technikgeschichte Jg. 1 ff. (1995 ff.)
Internationale Bauausstellung Emscher Park. Katalog der Projekte, hg. v. der IBA Emscher Park GmbH, Gelsenkirchen 1999.
Internationale Bauausstellung Emscher Park. Die Projekte 10 Jahre danach, hg. v. Fachgebiet Städtebau, Stadtgestaltung und Bauleitplanung, Fakultät Raumplanung, TU Dortmund, Essen 2008.
Jahrbuch des Vereins für Orts- und Heimatkunde in der Grafschaft Mark, hg. v. Verein für Orts- und Heimatkunde in der Grafschaft Mark (später: Märkisches Jahrbuch für Geschichte) Jg. 1 ff. (1887 ff.)
Kirche im Revier. Mitteilungen des Vereins zur Erforschung der Kirchen- und Religionsgeschichte des Ruhrgebiets Jg. 1 ff. (1988 ff.)
Magazin R. Kultur an Rhein und Ruhr Jg. 1 (1979) – 4 (1982)

Polen – Ruhr. Zuwanderungen zwischen 1871 und heute [Aufsatz- und Ausstellungsband], hg. v. Dagmar Kift/Dietmar Osses, Essen 2007.

Revier-Kultur. Zeitschrift für Gesellschaft, Kunst, Politik im Ballungsraum Jg. 1 (1986) – 2 (1987), Sonderbd. 1988

ruhrgebiet. Landschaft, Kultur, Wirtschaft Jg. 1 (1959) – 3 (1961)

Ruhr Museum. Natur, Kultur, Geschichte, hg. v. Ulrich Borsdorf u. a., Essen 2010.

Stahlzeit in Dortmund. Begleitbuch zur Dauerausstellung des Hoesch-Museums, hg. v. Karl-Peter Ellerbrock u. a., [Dortmund] 2005.

Unternehmer aus Mülheim an der Ruhr. Gründergeschichte(n) aus der Stadt am Fluss [Museumskatalog], hg. v. Horst A. Wessel im Auftrag des Förder- und Trägervereins Gründer- und Unternehmermuseum Mülheim an der Ruhr, Essen 2009.

Vergessene Zeiten. Mittelalter im Ruhrgebiet, 2 Bde. [Ausstellungskatalog], hg. v. Ferdinand Seibt u. a., o. O. o. J. [Bottrop/Essen 1990].

Vestisches Jahrbuch. Zeitschrift der Vereine für Orts- und Heimatkunde im Vest Recklinghausen Jg. 1 (1891) – 64 (1962)

Zeitschrift des Geschichtsvereins Mülheim a. d. Ruhr Jg. 1 ff. (1906 ff.)

4. Wichtige neuere Werke zur Bevölkerungs- und Stadtgeschichte

Borsdorf, Ulrich (Hg.): Essen. Geschichte einer Stadt, Bottrop/Essen 2002.

Dahlmann, Dittmar u. a. (Hg.): Schimanski, Kuzorra und andere. Polnische Einwanderer im Ruhrgebiet zwischen der Reichsgründung und dem Zweiten Weltkrieg, Essen 2005.

Goch, Stefan (Hg.): Städtische Gesellschaft und Polizei. Beiträge zur Sozialgeschichte der Polizei in Gelsenkirchen, Essen 2005.

Jessen, Ralph: Polizei im Industrierevier. Modernisierung und Herrschaftspraxis im westfälischen Ruhrgebiet 1848–1914, Göttingen 1991.

Kleßmann, Christoph: Polnische Bergarbeiter im Ruhrgebiet 1870–1945. Soziale Integration und nationale Subkultur einer Minderheit in der deutschen Industriegesellschaft, Göttingen 1978.

Kulczycki, John J.: The Foreign Workers and the German Labor Movement. Xenophobia and Solidarity in the Coal Fields of the Ruhr, 1871–1914, Oxford/Providence 1994.

Mittag, Jürgen/Woelk, Ingrid (Hg.): Bochum und das Ruhrgebiet. Großstadtbildung im 20. Jahrhundert, Essen 2005.

Murphy, Richard C.: Gastarbeiter im Deutschen Reich. Polen in Bottrop 1891–1933, Wuppertal 1982.

Niethammer, Lutz (Hg.): Wohnen im Wandel. Beiträge zur Geschichte des Alltags in der bürgerlichen Gesellschaft, Wuppertal 1979.

Parent, Thomas/Stachelhaus, Thomas: Stadtlandschaft Ruhrrevier. Bilder und Texte zur Verstädterung einer Region unter dem Einfluß von Kohle und Stahl, Essen 1991.

Peters-Schildgen, Susanne: »Schmelztiegel« Ruhrgebiet. Die Geschichte der Zuwanderung am Beispiel Herne bis 1945, Essen 1997.

Roseman, Mark: Recasting the Ruhr, 1945–1958. Manpower, Economic Recovery and Labour Relations, New York/Oxford 1992.

Reif, Heinz: Die verspätete Stadt. Industrialisierung, städtischer Raum und Politik in Oberhausen 1846–1929, Text- und Kartenbd., Köln/Bonn 1993.

Ruhrgebiet – Oberschlesien. Stadt – Region – Strukturwandel, Essen 2006.

Schambach, Karin: Stadtbürgertum und industrieller Umbruch. Dortmund 1780–1870, München 1996.

Schmidt, Daniel: Schützen und dienen. Polizisten im Ruhrgebiet in Demokratie und Diktatur 1919–1939, Essen 2008.
Stallmann, Hans: Euphorische Jahre. Gründung und Aufbau der Ruhr-Universität Bochum, Essen 2004.
Stefanski, Valentina-Maria: Zum Prozeß der Emanzipation und Integration von Außenseitern: Polnische Arbeitsmigranten im Ruhrgebiet, Dortmund 1984.
Vonde, Detlev: Revier der großen Dörfer. Industrialisierung und Stadtentwicklung im Ruhrgebiet, Essen 1989.

5. Wichtige neuere Werke zur Industrie- und Sozialgeschichte

Beyer, Burkhard: Vom Tiegelstahl zum Kruppstahl. Technik- und Unternehmensgeschichte der Gussstahlfabrik von Friedrich Krupp in der ersten Hälfte des 19. Jahrhunderts, Essen 2007.
Bleidick, Dietmar: Die Hibernia-Affäre. Der Streit um den preußischen Staatsbergbau im Ruhrgebiet zu Beginn des 20. Jahrhunderts, Bochum 1999.
Brüggemeier, Franz-Josef: Leben vor Ort. Ruhrbergleute und Ruhrbergbau 1889–1919, München 1984.
Brüggemeier, Franz-Josef: Das unendliche Meer der Lüfte. Luftverschmutzung, Industrialisierung und Risikodebatten im 19. Jahrhundert, Essen 1996.
Burghardt, Uwe: Die Mechanisierung des Ruhrbergbaus 1890–1930, München 1995.
Damberg, Wilhelm/Meier, Johannes: Das Bistum Essen 1958–2008. Eine illustrierte Kirchengeschichte der Region von den Anfängen des Christentums bis zur Gegenwart, Münster 2008.
Dascher, Ottfried/Kleinschmidt, Christian (Hg.): Die Eisen- und Stahlindustrie im Dortmunder Raum. Wirtschaftliche Entwicklung, soziale Strukturen und technologischer Wandel im 19. und 20. Jahrhundert, Dortmund 1992.
Ditt, Karl/Kift, Dagmar (Hg.): Bergarbeiterstreik und wilhelminische Gesellschaft, Hagen 1989.
Farrenkopf, Michael: Schlagwetter und Kohlenstaub. Das Explosionsrisiko im industriellen Ruhrbergbau (1850–1914), Bochum 2003.
Feldenkirchen, Wilfried: Die Eisen- und Stahlindustrie des Ruhrgebiets 1879–1914, Stuttgart 1982.
Feldman, Gerald D./Tenfelde, Klaus (Hg.): Arbeiter, Unternehmer und Staat im Bergbau. Industrielle Beziehungen im internationalen Vergleich, München 1989.
Feldman, Gerald D.: Hugo Stinnes. Biographie eines Industriellen, München 1998.
Fessner, Michael: Steinkohle und Salz. Der lange Weg zum industriellen Ruhrrevier, Bochum 1998.
Gall, Lothar: Krupp. Der Aufstieg eines Industrieimperiums, Berlin 2000.
Gall, Lothar (Hg.): Krupp im 20. Jahrhundert. Die Geschichte des Unternehmens vom Ersten Weltkrieg bis zur Gründung der Stiftung, Berlin 2002.
Gilhaus, Ulrike: »Schmerzenskinder der Industrie«. Umweltverschmutzung, Umweltpolitik und sozialer Protest im Industriezeitalter in Westfalen 1845–1914, Paderborn 1995.
Goch, Stefan: Eine Region im Kampf mit dem Strukturwandel. Bewältigung von Strukturwandel und Strukturpolitik im Ruhrgebiet, Essen 2002.
Heistermann, Marion: Demontage und Wiederaufbau. Industriepolitische Entwicklungen in der Kruppstadt Essen nach dem Zweiten Weltkrieg (1945–1956), Essen 2004.
Hiepel, Claudia: Arbeiterkatholizismus an der Ruhr. August Brust und der Gewerkverein christlicher Bergarbeiter, Stuttgart etc. 1999.
Holtfrerich, Carl-Ludwig: Quantitative Wirtschaftsgeschichte des Ruhrkohlenbergbaus im 19. Jahrhundert. Eine Führungssektoranalyse, Dortmund 1973.
Jäger, Wolfgang: Bergarbeitermilieu und Parteien im Ruhrgebiet. Zum Wahlverhalten des katholischen Bergarbeitermilieus bis 1933, München 1996.

Jäger, Wolfgang (Bearb.): Bildgeschichte der deutschen Bergarbeiterbewegung, München 1989.

Kift, Dagmar (Hg.): Kirmes – Kneipe – Kino. Arbeiterkultur im Ruhrgebiet zwischen Kommerz und Kontrolle (1850–1914), Paderborn 1992.

Köchling, Martina: Demontagepolitik und Wiederaufbau in Nordrhein-Westfalen, Essen 1995.

Kleßmann, Christoph/Friedemann, Peter: Streiks und Hungermärsche im Ruhrgebiet 1946–1948, Frankfurt/New York 1977.

Köpping, Walter: 100 Jahre Bergarbeiter-Dichtung, Oberhausen 1982.

Lauschke, Karl: Die Hoesch-Arbeiter und ihr Werk. Sozialgeschichte der Dortmunder Westfalenhütte während der Jahre des Wiederaufbaus 1945–1966, Essen 1999.

Lindenlaub, Jürgen: Die Finanzierung des Aufstiegs von Krupp. Die Personengesellschaft Krupp im Vergleich zu den Kapitalgesellschaften Bochumer Verein, Hoerder Verein und Phoenix 1850 bis 1880, Essen 2006.

Martiny, Martin/Schneider, Hans-Jürgen (Hg.): Deutsche Energiepolitik seit 1945. Vorrang für die Kohle. Dokumente und Materialien zur Energiepolitik der Industriegewerkschaft Bergbau und Energie, Köln 1981.

Mommsen, Hans/Borsdorf, Ulrich (Hg.): Glück auf, Kameraden! Die Bergarbeiter und ihre Organisationen in Deutschland, Köln 1979.

Mollin, Gerhard Th.: Montankonzerne und »Drittes Reich«. Der Gegensatz zwischen Monopolindustrie und Befehlswirtschaft in der deutschen Rüstung und Expansion 1936–1944, Göttingen 1988.

Neebe, Reinhard: Großindustrie, Staat und NSDAP 1930–1933. Paul Silverberg und der Reichsverband der Deutschen Industrie in der Krise der Weimarer Republik, Göttingen 1981.

Niethammer, Lutz: »Die Jahre weiß man nicht, wo man die heute hinsetzen soll«. Faschismus-Erfahrungen im Ruhrgebiet, Berlin/Bonn 1983.

Niethammer, Lutz (Hg.): »Hinterher weiß man, dass es richtig war, dass es schiefgegangen ist«. Nachkriegserfahrungen im Ruhrgebiet, Berlin/Bonn 1983.

Niethammer, Lutz (Hg.): »Wir kriegen jetzt andere Zeiten«. Auf der Suche nach der Erfahrung des Volkes in nachfaschistischen Ländern, Berlin/Bonn 1985.

Nonn, Christoph: Die Ruhrbergbaukrise. Entindustrialisierung und Politik 1958–1969, Göttingen 2001.

Pierenkemper, Toni (Hg.): Die Industrialisierung europäischer Montanregionen im 19. Jahrhundert, Stuttgart 2002.

Przigoda, Stefan: Unternehmensverbände im Ruhrbergbau. Zur Geschichte von Bergbauverein und Zechenverband 1858–1933, Essen 2001.

Ranft, Norbert: Vom Objekt zum Subjekt. Montanmitbestimmung, Sozialklima und Strukturwandel im Bergbau seit 1945, Köln 1988.

Reckendrees, Alfred: Das »Stahltrust«-Projekt. Die Gründung der Vereinigte Stahlwerke A.G. und ihre Unternehmensentwicklung 1926–1933/34, München 2000.

Reininghaus, Wilfried/Teppe, Karl (Hg.): Verkehr und Region im 19. und 20. Jahrhundert. Westfälische Beispiele, Paderborn 1999.

Rürup, Reinhard (Hg.): Arbeiter- und Soldatenräte im rheinisch-westfälischen Industriegebiet. Studien zur Geschichte der Revolution 1918/19, Wuppertal 1975.

Schäfer, Michael: Heinrich Imbusch. Christlicher Gewerkschaftsführer und Widerstandskämpfer, München 1990.

Schmidt-Rutsch, Olaf: William Thomas Mulvany. Ein irischer Pragmatiker und Visionär im Ruhrgebiet 1806–1885, Köln 2003.

Seebold, Gustav-Hermann: Ein Stahlkonzern im Dritten Reich. Der Bochumer Verein 1927–1945, Wuppertal 1981.

Seidel, Hans-Christoph: Der Ruhrbergbau im Zweiten Weltkrieg. Zechen – Verbände – Bergarbeiter – Zwangsarbeiter, Essen 2010.

Seidel, Hans-Christoph/Tenfelde, Klaus (Hg.): Zwangsarbeit im Bergwerk. Der Arbeitseinsatz im Kohlenbergbau des Deutschen Reiches und der besetzten Gebiete im Ersten und Zweiten Weltkrieg, Bd. 2: Dokumente, Essen 2005.

Tampke, Jürgen: The Ruhr and Revolution. The Revolutionary Movement in the Rhenish-Westphalian Industrial Region 1912–1919, Canberra/Norwalk 1978.

Tenfelde, Klaus (Hg.): Bilder von Krupp. Fotografie und Geschichte im Industriezeitalter, München 1994.

Tenfelde, Klaus: Sozialgeschichte der Bergarbeiterschaft an der Ruhr im 19. Jahrhundert, 2. Aufl., Bonn-Bad Godesberg 1981.

Tenfelde, Klaus (Hg.): Sozialgeschichte des Bergbaus im 19. und 20. Jahrhundert. Beiträge des Internationalen Kongresses zur Bergbaugeschichte, Bochum 1989, München 1992.

Tenfelde, Klaus/Seidel, Hans-Christoph (Hg.): Zwangsarbeit im Bergwerk. Der Arbeitseinsatz im Kohlenbergbau des Deutschen Reiches und der besetzten Gebiete im Ersten und Zweiten Weltkrieg, Bd. 1: Forschungen, Essen 2005.

Weber, Wolfhard (Hg.): Ingenieure im Ruhrgebiet, Münster 1999.

Weisbrod, Bernd: Schwerindustrie in der Weimarer Republik. Interessenpolitik zwischen Stabilisierung und Krise, Wuppertal 1978.

Welskopp, Thomas: Arbeit und Macht im Hüttenwerk. Arbeits- und industrielle Beziehungen in der deutschen und amerikanischen Eisen- und Stahlindustrie von den 1860er bis zu den 1930 Jahren, Bonn 1994.

Wisotzky, Klaus: Der Ruhrbergbau im Dritten Reich. Studien zur Sozialpolitik im Ruhrbergbau und zum sozialen Verhalten der Bergleute in den Jahren 1933 bis 1939, Düsseldorf 1983.

Zumdick, Ulrich: Hüttenarbeiter im Ruhrgebiet. Die Belegschaft der Phoenix-Hütte in Duisburg-Laar 1853–1914. Unter Mitarb. v. Elisabeth Kosock, Stuttgart 1990.

Verzeichnis der Mitarbeiterinnen und Mitarbeiter

Jens Adamski hat am Institut für soziale Bewegungen eine Dissertation über die Geschichte der Sozialforschungsstelle Dortmund 1946 bis 1969 abgeschlossen.

Gunnar Gawehn bearbeitet, gefördert von der Stiftung Zollverein und der Wilhelm und Günter Esser-Stiftung, eine Dissertation über die Geschichte der Zeche Zollverein bis 1914.

Holger Heith ist Mitarbeiter der Stiftung Bibliothek des Ruhrgebiets und stellvertretender Leiter des Archivs für soziale Bewegungen.

Jürgen Jenko bearbeitet, gefördert durch die Knappschaft-Bahn-See, eine Dissertation über die Geschichte der deutschen Knappschaftsversicherung 1945 bis 1969.

Dagmar Kift ist Wissenschaftliche Referentin beim LWL-Industriemuseum des Landschaftsverbandes Westfalen-Lippe.

Silvia Lagemann bearbeitet eine Dissertation über die Geschichte der Stadt Mülheim an der Ruhr in der Zeit des Nationalsozialismus.

John Wesley Löwen bearbeitet, gefördert durch ein Stipendium der Rheinisch-Westfälischen Elektrizitätswerke, eine Dissertation über die Geschichte der deutschen Elektrizitätswirtschaft 1920 bis 1950.

Barbara Michels bearbeitet, gefördert durch ein Stipendium des Berg- und Hüttenmännischen Vereins, eine Dissertation über Fachbeamtentum, Professionalisierung und bürgerliche Vergesellschaftung am Beispiel des Berg- und Hüttenmännischen Vereins.

Jürgen Mittag ist Geschäftsführer des Instituts für soziale Bewegungen der Ruhr-Universität Bochum und der Stiftung Bibliothek des Ruhrgebiets.

Julia Riediger war wissenschaftliche Mitarbeiterin im Rahmen einer durch die Deutsche Forschungsgemeinschaft geförderten Forschergruppe zur »Transformation der Religion in der Moderne« und hat in diesem Rahmen ein Projekt über die Religiosität in Bergarbeiterfamilien im Ruhrgebiet und in Südwales bearbeitet.

Karsten Rudolph hat sich als Wissenschaftlicher Assistent am Institut für soziale Bewegungen mit einer Untersuchung über die Ostpolitik der westdeutschen Industrie während des »Kalten Krieges« habilitiert, ist Privatdozent an der Fakultät für Geschichtswissenschaft der Ruhr-Universität Bochum und war bis 2010 Landtagsabgeordneter in Nordrhein-Westfalen.

Marco Rudzinski bearbeitet, gefördert durch die Alfried Krupp von Bohlen und Halbach-Stiftung, eine Dissertation über die Geschichte des Bochumer Vereins bis 1914.

Dieter Scheler ist Honorarprofessor für Mittelalterliche Geschichte an der Fakultät für Geschichtswissenschaft der Ruhr-Universität Bochum.

Gustav Seebold ist Mitarbeiter der Stiftung Bibliothek des Ruhrgebiets und leitet seit 1998 das Archiv für soziale Bewegungen.

Hans-Christoph Seidel hat sich als Mitarbeiter des Instituts für soziale Bewegungen mit einer Untersuchung über den Ruhrbergbau in der Zeit des Nationalsozialismus habilitiert und ist Privatdozent an der Fakultät für Geschichtswissenschaft der Ruhr-Universität Bochum.

Helke Stadtland war Wissenschaftliche Assistentin am Institut für soziale Bewegungen und bereitet eine Habilitationsschrift über die Geschichte der Ökumene vor.

Klaus Tenfelde lehrt »Sozialgeschichte und soziale Bewegungen« an der Ruhr-Universität Bochum und leitet das Institut für soziale Bewegungen sowie die Stiftung Bibliothek des Ruhrgebiets.

Thomas Urban hat die Forschungsarbeiten an diesem Werk geleitet. Er hat am Institut für soziale Bewegungen eine Dissertation zur Zwangsarbeit im mitteldeutschen Braunkohlenbergbau während des Zweiten Weltkrieges abgeschlossen.

Walter Vollmer bearbeitet eine Dissertation über die Unternehmenskultur während der Schrumpfungskrise im westdeutschen Steinkohlenbergbau vor Gründung der Ruhrkohle AG.

Benjamin Ziemann hat sich als Wissenschaftlicher Assistent am Institut für soziale Bewegungen mit einer Untersuchung zur Verwissenschaftlichung des Katholizismus 1945 bis 1975 habilitiert und ist heute Reader in Modern History an der University of Sheffield.

Nachweis der Urheberrechte

Textquellen

Band 1:
S. 514 f.	assoverlag, Oberhausen
S. 515 f.	assoverlag, Oberhausen

Band 2:
S. 557–560	Aufbau Verlag GmbH & Co. KG, Berlin
S. 564 f.	Hans Menzel-Severing, Bonn
S. 763–765	Helmut Disselbeck, Kiel
S. 818–820	Gertrud Golomb, Bottrop
S. 862	VGE Verlag, Essen
S. 868, 869	Romulus Candea
S. 870–872	Guido Baranowski/TechnologieZentrum Dortmund
S. 872 f.	Jennifer von der Grün, Dortmund
S. 878 f.	Die Zeit, Hamburg
S. 880–882	SPIEGEL, Hamburg
S. 882 f.	Gerhard Cromme
S. 883 f.	VGE Verlag, Essen
S. 915 f.	Pendragon Verlag, Bielefeld
S. 918–921	Heinz Michaels
S. 934 f.	Bund Verlag, Frankfurt
S. 945 f.	Jörg Bartel, Essen
S. 983–986	Stefan Klein, München
S. 994 f.	Christof Rose, Düsseldorf
S. 995–998	Die Zeit, Hamburg
S. 998–1000	ILS, Institut für Landes- und Stadtentwicklungsforschung gGmbH, Dortmund
S. 1015 f.	Bund Verlag, Frankfurt
S. 1026–1029	Jennifer von der Grün, Dortmund/Fritz-Hüser-Institut, Dortmund
S. 1037	© 1982 by Edition Accord Musikverlag GmbH

Bildquellen

Band 1:

Titelseite	Bergbau-Archiv Bochum
S. 121	Stadtarchiv Essen
S. 204	Stadtarchiv Dortmund
S. 298, 313	Stadtarchiv Herne
S. 371	ThyssenKrupp Konzernarchiv, Duisburg
S. 393	Archiv für soziale Bewegungen, Bochum
S. 394	Deutsches Historisches Museum, Berlin
S. 424	Stadtarchiv Herne
S. 495	Institut für Zeitungsforschung, Dortmund
S. 521–522	Archiv für soziale Bewegungen, Bochum
S. 534	Stadtarchiv Recklinghausen

Band 2:

Titelseite	Peter Liedtke, Herne
S. 566	Bibliothek des Ruhrgebiets, Bochum
S. 601–602	Stadtarchiv Recklinghausen
S. 629	Stadtarchiv Bochum
S. 633	Stadtarchiv Recklinghausen
S. 694	Stadtarchiv Herne
S. 750–751	Stadtarchiv Herne
S. 866	Klaus Pielert (Künstler), Haus der Geschichte, Bonn
S. 900	Stadtarchiv Herne
S. 933	Archiv für soziale Bewegungen, Bochum

Wir danken allen Personen und Institutionen für die freundliche Genehmigung des Abdrucks ihrer Texte und Abbildungen. Herausgeber und Verlag haben sich bemüht, die Urheberrechtsinhaber aller Texte und Abbildungen zu ermitteln. Sollten dennoch geltende Ansprüche nicht berücksichtigt sein, bitten wir um Nachricht an den Verlag.

Register

Angefertigt von Kathrin Oerters und Thomas Urban

In diesem kombinierten Personen-, Orts-, Firmen- und Sachregister ist der Großteil der Personen mit Vor- und Zunamen aufgeführt. Trotz intensiver Recherchen war es leider nicht in jedem Fall möglich, die Vornamen zu ermitteln. Kurzbiografien zu einzelnen, in der Quellensammlung mehrfach in Erscheinung tretenden Personen sind in der Regel durch Fettdruck hervorgehoben.

Die Ortsnamen sind nach dem gegenwärtigen Eingemeindungsstand aufgeführt. Da die großen Ruhrgebietsstädte Essen und Dortmund knapp 700-mal bzw. weit über 500-mal im Lesebuch vorkommen und auch bei Herne, Mülheim an der Ruhr, Oberhausen oder Recklinghausen 100–200 Nennungen zu verzeichnen sind, wurden diese nur dann in das Register aufgenommen, wenn ihnen in einer Quelle eine größere Bedeutung zukommt. Heutige Stadtteile/Vororte und ehemals selbstständige Gemeinden wie z. B. Annen, Kettwig, Ruhrort, Sodingen oder Wattenscheid wurden dagegen – als Untereintrag zu den jeweiligen Städten – mit jeder Nennung aufgeführt. Wegen der Vielzahl von Nennungen wurde auf die Aufnahme der beiden Regierungssitze Berlin und Bonn verzichtet. Städte wie Arnsberg, Düsseldorf und Münster wurden in der Regel nicht in ihrer Eigenschaft als Regierungssitze aufgenommen.

Die Einträge zu den bekanntesten Unternehmen der Schwerindustrie, Thyssen, Krupp und Hoesch, berücksichtigen die wichtigsten Namensänderungen bzw. späteren Fusionen im Laufe ihrer Unternehmensgeschichte (z. B. separate Einträge zur Maschinenfabrik Thyssen & Co., Thyssen AG und ThyssenKrupp AG mit Querverweisen). Die den Montankonzernen zugehörigen Zechen des Ruhrgebiets werden in einem eigenen Verzeichnis am Ende des Registers aufgeführt.

Das mit zahlreichen Querverweisen versehene Register ist bedingt hierarchisch gegliedert, d. h. an einigen Stellen wurden nähere Zuordnungen (z. B. Ruhr-Universität Bochum zu Hochschulen, Universitäten oder Gymnasien, Realgymnasien, Realschulen zu Schulwesen, Schulen) vorgenommen.

A

Aachen 98, 149–150, 353, 396
Aalto, Alvar 1050
Abbenroth (heute Nümbrecht, Oberbergischer Kreis) 681–683
Abendroth 713–714
– Erich, Fritz und Pauline 543
Abs, Hermann Josef 861
Achenbach, Oswald 560
Achtner 510
Adam Opel AG, Werk Bochum 815–816, 836, 857–858, 918–921, 939, 1004
Aden, Walter 1046–1047
Adenauer, Konrad 580, 891, 907, 911
Adorno, Theodor W. 1043
Agartz, Viktor **898**–899, 910
Agatz, Willi **749**–752, 896
Ahlener Programm (CDU) 889
Ahrens 346
Akcaköy (Türkei) 1040
Aken 72–73
Aktiengesellschaften 126, 178, 192–194, 196, 198–201, 244, 322, 341, 390, 422

Albertz
– Luise 922–923
– Peter 944
Albrecht, Richard 868
Albrich 56
Alderkamp, Goddart 78
Alias, Max 289
Alkohol, Alkoholismus 233, 273, 291, 403, 418, 436–438, 586
Alldeutscher Verband 383, 426
Altena 69, 110, 154, 811
Alter Verband *(siehe Bergarbeiterbewegungen, Bergarbeiterorganisationen)*
Altfried 56–57
Amerika 211, 350, 396, 447
Ammendorff, Philipp Jakob 90
Amsterdam 149, 203, 287, 650, 1051, 1053
Anatolien (Türkei) 984
Angenendt 510
Ankara 1040
Ansehen des Bergmannsberufs 399, 436, 442–444, 672–673
Antifaschismus, Antifaschisten 673, 718, 722, 741

Antisemitismus, Judenverfolgung 531–532, 624, 628–629, 656, 668–671, 678–679, 682, 685, 708–710, 729, 739
- Geschäftsboykotte, »Arisierungen« 577, 612, 624, 656, 671
- Reichspogromnacht 656, 669–671

Antwerpen (Belgien) 113, 1053
Anwerbung, Arbeitsvermittlung 178, 199–200, 215–216, 228, 262–263, 304, 316–318, 433–434, 492–496, 508–509, 561, 844, 949, 963, 969, 971, 980–981
Aquadrom, Bochum 1042
ARAL AG, Bochum 836
Arbeiterausschüsse 230, 260, 520
Arbeiterbewegungen, Gewerkschaften 14, 130, 249, 432, 439, 449, 451–452, 482, 485, 488, 492, 502, 536, 553, 564, 567, 611, 618–619, 647, 716, 718, 721, 730, 756–757, 838, 863, 891, 893, 921, 1001
- Allgemeiner Deutscher Gewerkschaftsbund (ADGB) 636, 641
- Deutscher Gewerkschaftsbund (DGB) 268, 394, 722, 898, 907, 909–910, 932–933, 1003, 1020–1021
- Deutscher Metallarbeiter-Verband (DMAV) 487–489, 573, 636, 703, 722
- Freier Deutscher Gewerkschaftsbund (FDGB) 723, 745, 898
- Industriegewerkschaft (IG) Bergbau *(siehe Bergarbeiterbewegungen, Bergarbeiterorganisationen)*
- Industriegewerkschaft (IG) Chemie, Papier, Keramik 889
- Industriegewerkschaft (IG) Metall 717, 722, 745–746, 755, 889, 916–921, 924–925, 930, 932, 934–936
- Revolutionäre Gewerkschafts-Opposition (RGO) 603, 640–641, 650, 704, 749, 919–920
- Zerschlagung (NS) 612, 618–619, 626–627, 636–637, 653

Arbeiterhaushalt, Bergarbeiterhaushalt 246–248, 401, 411–412, 417–418, 420–423, 436–438, 445–447, 583–587, 915–916, 958–960
Arbeiter- und Soldatenräte (Revolution 1918/19) 502–503, 520–522, 527, 767
Arbeiterwohnungen, Kolonien 222, 291, 308, 318, 334, 338, 399, 401, 416, 423, 431, 440, 448, 672, 828, 916
Arbeitskämpfe, Streiks 502–503, 520–524, 561, 588, 715–717, 861, 890, 892, 903–904, 916–918, 924, 930–937, 945, 956, 981
- Bergarbeiterstreiks 220, 230, 240, 242, 252–254, 278, 344, 357–358, 366–368, 416, 431, 449–452, 462–466, 471–472, 480–487, 491, 496–497, 512–513, 517–518, 520–524, 715, 749–752, 759–760, 890, 903–904, 940–943

Arbeitslosigkeit 225, 228, 248, 401, 506, 544–546, 548–550, 552, 554, 560–562, 593, 647–649, 654, 728, 835, 837, 846, 868–870, 872, 885, 891, 925–926
Arbeitsordnungen 207–208, 230, 232–234, 252–255, 489
Arbeitspflicht (NS) 654, 673–675, 678
Arbeitsunfähigkeit, Invalidität 234–236, 250, 254, 266, 279–280, 350, 404–406, 450, 457, 688
Arbeitsunfälle 234–238, 272–275, 450, 907
Arbeitszeiten, Schichtzeiten 127, 130, 179, 223, 234–238, 240–242, 246–247, 251–254, 317, 478–480, 507, 673, 907
Ardeygebirge, Witten/Herdecke 102
Arendt, Walter **846**, 862, 1027, 1029
Armbrust, Heinrich 258–259
Arnheim (Niederlande) 149, 158, 184, 203
Arnhold, Karl 578, 961
Arnold 58
Arnsberg 12, 54
Arys (Ostpreußen) 517
Asbeck, Godert von 61–63
Asbury, William 749
Ascherfeld 346
Aschoff 346
Athen 349, 1050–1051
Auber, Daniel-François-Esprit 1006
Auerswald, Rudolf von 209
Aufstände, Unruhen 63–66, 502, 504, 508, 513–514, 525–528, 538, 544–546, 554, 919, 931
- Herner Polenrevolte 1899 301–302, 451, 477–478

Augsburg 173, 201
Auguste Victoria, Deutsche Kaiserin 377, 379
August-Thyssen-Hütte, Duisburg 701, 834
Ausländische Arbeitskräfte, Zwangsarbeiter (Erster Weltkrieg) 501–502, 508–510, 520
Ausländische Arbeitskräfte, Zwangsarbeiter (Zweiter Weltkrieg) 397, 657, 685–688, 692, 695–699, 707, 711, 714–715, 729, 739, 742, 769
- Lagerunterbringung 688–692

Australien 210–211
Auswanderung 211, 255, 552, 576
Automobilindustrie 815–817, 836, 842–845
Avereck, Wilhelm 265–266
Aytac, Familie 988–989

B

Baade, Fritz 521–522
Baader, Ernst Wilhelm 274
Baare

- Bernhard 376
- Fritz 342, **376**–378
- Wilhelm 562

Babcock 923
Baden 351, 740
Bad Zipser Neudorf (heute Spisská Nová Ves, Slowakei) 679–680
Bäcker, Heinrich 419
Bädeker, Gottschalk Diedrich 346
Bährens 346
Baer, Udo 983–985
Bäumgen 346
Bajohr, Frank 646
Bake 185
Baldeneysee, Essen 813, 946
Balikli (Türkei) 1041
Ballestrem, Franz Graf von 480, 559
Ballspiel-Verein Borussia (BVB) Dortmund 1909 e.V. 1020–1021, 1046–1047
Balzer, Gertrud 958–960
Banasiewicz 570
Band der Solidarität *(siehe auch Arbeitskämpfe, Streiks bzw. Protest, Beschwerden)* 892, 940–943
Bangel 730
Bankwesen, Banken 126, 174, 198, 300, 303, 341, 344, 375, 391, 539, 552, 837, 861, 865, 871
Bannemann 514
Bantja, Heinrich 419
Baranowski, Guido 870–872, 879
Barcelona 1029
Bardeleben, Moritz von 223
Baretti, Robert 1014
Bartel, Jörg 945–946
Bartholdi 79
Bartlock, Anton 683
Bartock, Willy 1019
Baryshnikov, Mikhail 1048
Baur, Ferdinand 346, 407
Bausch, Pina 1048
Bayern 362, 847, 915, 945, 997
Baykurt, Fakir 1040–1042
Bayreuth 580, 1049
Bayrischer Wald 829
Beat-Festivals, Recklinghausen
 (siehe Kulturveranstaltungen, Festivals)
Bebel, August 560, 636
Becher, Bernhard 1035
Beck, Alfred 594–600
Beckenbauer, Franz 1047
Becker, Volker 991–993
Behr, Max 671
Behrendt, Oskar 644–645
Beielstein, J. 409

Beine, Theodor W. 823
Beise 176
Belgien 11, 155, 171, 184, 196–197, 268, 305, 353, 362, 502, 535, 559, 637, 672, 770, 963, 966, 1025, 1041
Belzer 570
Berahtger 58
Berckhoff, Johann 78
Berg, Großherzogtum 53, 108–109, 115
Berg, Johann Peter 90
Bergämter
- Bergamt Essen-Werden 160, 192, 232, 349, 404, 406–407, 458
- Märkisches Bergamt (Wetter bzw. Bochum) 137, 146, 186–188, 192, 197, 406, 410
- Oberbergamt Dortmund 146, 186, 192, 199, 215–218, 237, 246, 252, 256, 410, 417, 428, 456, 482, 506–507, 509, 785

Bergarbeiterbewegungen, Bergarbeiterorganisationen 224, 258, 432–434, 467, 494, 503, 536, 547, 626, 840, 888, 1021
- Anarchosyndikalisten 451, 492–496, 522, 532
- Bergbau-Abteilung der Polnischen Berufsvereinigung 262, 451, 483, 509–510, 518–519, 522, 528–529
- Gewerkverein christlicher Bergarbeiter Deutschlands 262, 268, 270, 394, 400, 436, 451–452, 476, 481, 483, 489–490, 498–500, 506, 509–510, 518–519, 522, 528–529, 557, 756, 759, 840, 1021
- Hirsch-Dunckerscher Gewerkverein der Bergarbeiter 262, 451, 483, 509–510, 518–519, 522, 528–529
- Industrieverband bzw. Industriegewerkschaft (IG) Bergbau bzw. IG Bergbau und Energie (IGBE) bzw. IG Bergbau, Chemie und Energie (IGBCE) 717, 722–725, 743–744, 749, 756–757, 759–760, 839–841, 850–851, 856, 862, 889–892, 896–897, 904, 906–909, 921, 940–943, 1003, 1008–1009, 1012, 1016–1017, 1020–1021, 1026–1029
- Verband der Bergarbeiter Deutschlands (Alter Verband) 258–259, 262, 443, 451, 472, 474–476, 478–483, 498–500, 509–510, 518–519, 522, 528–529, 560, 574, 583–587, 589, 626–627, 704, 722
- Werkvereine (Gelbe) 451, 498–500

Bergarbeiterdichtung *(siehe Literatur)*
Bergarbeiterjugend 240–242, 444–445
Bergarbeiterstreiks *(siehe Arbeitskämpfe, Streiks)*
Bergbau AG Niederrhein, Kamp-Lintfort 827
Bergbaukultur, Bergfeste 400, 406–412, 442, 1010–1013, 1018–1019

Bergbau-Museum, Bochum *(siehe Deutsches Bergbau-Museum, Bochum)*
Bergbau-Verein *(siehe Wirtschaftsverbände, Unternehmervereine)*
Berge, Haus (Rittergut) 286–287
Bergemann, Karl 793–794
Berger, Hans 940–943
Bergisches Land 9, 52, 54, 108, 130, 144, 148–150
Bergmann, Burckhard 884–885
Bergmannsheil (Knappschaftskrankenhaus in Bochum) 478, 709
Bergneustadt 69
Bergpolizei 179, 229, 250–251, 253, 428
Bergrecht, Bergordnungen 10, 126–127, 133, 165, 170–171, 179, 209, 214, 375–376, 449, 827, 841
　– Direktionsprinzip 127, 165, 179, 207, 230
　– Inspektionsprinzip 179
　– Jülich-Bergische Bergordnung 127
　– Revidierte Klevisch-Märkische Bergordnung 127, 133–136, 165, 179, 215, 252, 461–462
　– Stift Essen: Bergordnung der Kohlengesellschaft auf der Goes 53, 75–78
Bergrechtsreform 127, 164–167, 170–171, 179, 194–195, 229, 234, 238, 240, 341, 349, 399, 435, 450, 452, 493
　– Allgemeines Berggesetz 165, 167, 179, 214–215, 251, 375–376, 478, 485, 832
　– Freizügigkeitsgesetz 179, 186, 207–209, 235, 237
　– Knappschaftsgesetz 179, 460–462, 494
　– Kompetenzgesetz 179, 238
　– Miteigentümergesetz 179, 194
Bergschäden 289, 791–792, 827–828, 836, 841–842, 844, 852, 854
Berg- und Hüttenmännischer Verein *(siehe Wirtschaftsverbände, Unternehmervereine)*
Bergwerksgesellschaft Walsum AG, Duisburg-Walsum 969–971, 1020
Berlepsch, Hans Hermann Freiherr von 369
Berndorf bei Wien 351, 396
Bernhard 510
Bernhardt, Sarah 560
Bernie 994–995
Berufskrankheiten (Bergbau) 228, 258–259, 272–275, 479, 483
Bethmann Hollweg
　– Moritz August von 209
　– Theobald von **386**–387, 511
Betriebsrat, Betriebsräte 230, 270–271, 653, 663, 716–717, 722, 733, 748–749, 754–755, 757, 759, 855, 857, 869, 887–890, 892–893, 917–921, 923, 930, 934–937, 943, 992, 1007–1009, 1026–1027
Betriebsrätegesetze 230, 390, 663

Betriebsverfassung (NS) 662–664
Betriebsverfassungsgesetz 890, 918, 920
Beuth, Peter Christian Wilhelm 153
Bevölkerungsentwicklung 10, 281–283, 290–292, 334–335, 445, 769
Bewig 570
Beyrich, Ernst 365
Bialkowski 633–634
Bielefeld 110, 140, 322, 608, 709, 1029
Biermann, Karl 1007–1008
Biesten, Franz Philipp 346
Billerbeck 57
Birck, Julius 636–637
Birmingham (England) 957
Bischof 422
　– Wilhelm 962
Bismarck, Otto von 430, 451, 617
Bistum Essen *(siehe Katholische Kirche, Katholiken)*
Blank, Martin 622
Blankmeister, Willi 743
Bleckmann, Bernhard 597
Bleesen 529
Blühnbach (Schloss bei Salzburg) 396
Blüm, Norbert 935
Bochum 69, 82–87, 189–191, 199–201, 211–212, 321, 323, 497, 541–542, 578, 607–608, 617–619, 626–627, 629, 641–642, 657, 684–686, 702–711, 723–725, 730, 815–817, 857–858, 938–939, 942, 994–995, 1052
　– Altenbochum 258, 526
　– Hamme 709
　– Harpen 318
　– Landkreis 205–206, 323, 360, 465–466, 526, 792
　– Langendreer 260, 323, 603, 748, 792–793, 816
　– Leithe 290
　– Querenburg 816, 967
　– Riemke 641, 709
　– Stalleicken 174–175
　– Wattenscheid 290, 420–421, 525, 595, 608, 617, 680, 688, 691, 768, 780, 803, 811, 821, 841–842, 857
　– Weitmar 703
　– Werne 711, 763, 792
　– Wiemelhausen 258, 305
Bochumer Union deutscher Sozialisten 718
Bochumer Verein für Bergbau und Gußstahlfabrikation *(siehe auch Gußstahlfabrik Mayer & Kühne, Bochum)* 177, 199–201, 281, 321, 323, 342, 376–378, 508–509, 562, 655, 664, 685, 688, 690–691, 703, 707, 754–756, 861
Bock und Polach, Karl von 248
Bodelschwingh, Ernst von 353

Böckler, Hans 907
Böhmen 154
Böhnert 160–161, 407
Böll, Heinrich 814, 828
Bölling, Christian Johann Dietrich 140
Bölmann 346
Bömelburg, Theodor 496
Bömke, Familie 374
Böninger
    – Arnold 151
    – Carl 175
    – Theodor 354
Böninghoven 714
Börncke 462
Bohmern & Cons. 89
Bohne, Fritz 646–647
Bohrgesellschaft Wintershall, Heringen (Werra) 362
Boie 1026
Bonaparte
    – Jerome 108
    – Napoleon I. 96
Bonifatius 56
Borberg 291
Borken, Landkreis 12
Born 256
Borsig-Platz, Dortmund 1021
Bosnien 215
Boßdorf 565
Bothur, Gerhard 973–975
Bottrop 608, 617, 746, 828–830, 841–842
    – Kirchhellen 731, 829
    – Welheim 795
Bourée, Manfred 1038–1040
Braches 680
Bracht, Franz 604, 605
Brändli, Georg und Marie, geb. Rüegg 248
Brake, Hermann 514
Brand 256
Brandenburg, Friedrich Wilhelm von 90
Brandi
    – Ernst 299
    – Karl 299
    – Paul **299**–301, 373–375
Brandt
    – Oskar Peter 1015
    – Willy 838, 919
Brasilien 362
Brassert, Hermann 375–376
Brauereiwesen 321, 323, 847–848, 986
Braun, Otto 603–604
Braunkohlenbergbau 11
Braunschweig 80
Brecht, Bertolt 1002, 1039

Breckerfeld 69
Breil 1008
Bremen 70, 144, 148, 150, 153, 158, 183, 360, 397, 524
Brepohl, Wilhelm 15, **666**–668, 807, 962
Breschnjew, Leonid Iljitsch 919
Breslau (heute Wroclaw, Polen) 395, 569, 967
Bresser, L. 414
Breucker, Hermann 200, 1014
Brie (Frankreich) 591
Brilon 110
Bringhoff, Wilhelm 462
Britschgi-Schimmer, Ina 266–267
Brockhoff, Alois Joseph Wilhelm 346
Brockmann 953
Broelemann 291, 355
Brömmelhaus, Helmut 863–864
Bruchsal 740
Bruckschen, Manfred 930
Brügelmann, Johann Gottfried 149
Brühl 740
Brühl, Simone 991
Brünen, Eberhard 910–911
Brüning
    – Georg Florian Heinrich 346
    – Heinrich 391, 554, 587–588
Brüssel 353, 646, 882, 932, 1051, 1053
Brug 567
Bruhn, Bruno 389, 537
Bruil 93
Brukterergau 58
Bruns 346
Brusis, Ilse 945
Bubenzer 625
Bude, Trinkhalle 983, 1001, 1051–1052
Bücherverbrennung (NS) 638
Büchner, Georg 1039
Bülow
    – Bernhard von 379, 386
    – Friedrich (Fritz) von 396–397
Bürgerinitiativen 893, 904–905, 913–915, 922, 937–938, 944
Buhl, Dieter 878
Bulmke-Hüllen 308
Bungert 408
Bunte, Friedrich 474
Burnham, James 1009
Burrmeister, Otto 1007
Busch 636
Buskühl, Ernst 710
Butz, Robert 734

C

Camci, Cengiz 981–983
Cappenberg 96
Capri (Italien) 379, 488, 559
Carlau 640
Carrach, Johann Philipp und Tobias 90
Carstanjen, Konrad Jacob und Martin 103–104
Castorf, Frank 1048
Castrop, Castrop-Rauxel 292, 459–460, 497, 528, 608, 617, 619–620, 841–842, 868
– Habinghorst 603, 619–620
– Ickern 119, 526
Cetinje (Montenegro) 557
Chagall, Marc 646
Chargesheimer (Künstlername von Carl-Heinz Hargesheimer) 814, 828, 1023
Charleroi (Frankreich) 508
Chatel 368
Chemieindustrie 12, 344, 831, 833, 836
Chemische Werke Buna, Hüls (heute Chemiepark Marl) 688, 836
China 361, 833
Chipperfield, David 1054
Christ, Johannes Franciscus 168
Christoph, Henning und Shawn 987–990
Churchill, Winston 655, 682, 701
Clarenbach, Max 378
Claus, Fritz 618–619
Clement, Wolfgang 945
Cockerill, Friderike und William 353
Cocy, Franz und Friedrich von 346
Coesfeld 57
Cohen-Reuß, Max 615
Combes, Aloys 642
Concordia Bergbau AG, Oberhausen 192–194, 289, 688, 690
Condé (Nordfrankreich) 92
Coninx 97
Cook 567
Corda 510
Coupienne, Eugen 342, 372, **380**
Courrières (Nordfrankreich) 485–487
Coventry (England) 655
Crange, Haus (Rittergut) 315
Cranger Kirmes 282, 440–441
Creuzer 346
Cromford (Textilfabrik Ratingen) 149
Cromme, Gerhard **877**, 882–883, 930–931
Crone, Christoph Wilhelm 146
Cuno, Wilhelm 557, 561, 592
Currywurst 1037, 1051
Czichon, Eberhard 617

D

Dänemark 80, 1044
Daler 346
Dampfmaschine 10, 117, 127–128, 140–141, 144, 146, 150–151, 161, 163, 169, 173, 184, 217
Danckelmann, Eberhard Christoph Balthasar von 79
Dannenberger, Hermann *(siehe Reger, Erik)*
Danzig (Gdansk, Polen) 319, 385, 397
Darmstadt 185, 298, 1015
Datteln 958–960
David, Heinrich 603
Dawes, Charles 390, 568
Dawes-Plan 390, 552, 568
Dean, James 1004
Decker, August Heinrich 53, 88–89
De Gheugnies, Familie 92
De Gollvis 362
Degoutte, Jean Marie 592
Deichmann, Wilhelm Ludwig 198
Delfs, Heinrich 800–801
Demag AG, Duisburg 634
De Man, Hendrik 275–276
Demontage, Entflechtung 716–717, 733, 754–756, 760, 807, 880, 889, 898–899
Denkmalpflege *(siehe Industriekultur, Industriedenkmale)*
Departement Nord-Pas-de-Calais (Nordfrankreich) 485
Deppe, Gustav 1014
Derendorf 93
Dernen 412
De Ruesnes, Jean-Baptiste 93
Derwald, Walter 859, 867
Detroit (USA) 577
Deus, Friedrich August 163
Deutsche Demokratische Partei (DDP) 551, 553
Deutsche Demokratische Republik (DDR) 276, 617, 749, 770, 792, 888, 931, 948, 1027
Deutsche Edelstahlwerke AG, Krefeld 700
Deutscher Gewerkschaftsbund *(siehe Arbeiterbewegungen, Gewerkschaften)*
Deutscher Städtetag 512, 825–826, 853, 1039
Deutsches Bergbau-Museum, Bochum 817, 1003, 1012, 1022
Deutsche Volkspartei (DVP) 551, 562, 634, 792
Deutsch-Luxemburgische Bergwerks- und Hütten-AG, Dortmund 389, 481, 526
Deutschnationale Volkspartei (DNVP) 397, 562, 569, 608, 616, 625, 738
Devens, Friedrich Karl 286
Dieckmann, Resi 953–955
Dienstleistungssektor 12, 770, 826, 830–831, 837–838, 849, 865, 875, 929, 939, 947–948, 954, 1051
Dietrich, Hermann E. 584

Dietz, Peter 874–875
Dietzsch, Carl 197–198
Dillgardt 625
Dinkelbach, Heinrich 898
Dinnendahl
- Familie 144
- Franz 128, **144**–147, 162, 347
- Johann 128, 144, 151, **162**–164

Dinslaken 136, 265, 331, 530, 637, 712, 945, 1039
Displaced Persons *(siehe auch Ausländische Arbeitskräfte, Zwangsarbeiter Zweiter Weltkrieg)* 715, 729, 731–732
Disselbeck, Helmut 763–765
Disselhoff 570
Dochow-Lehmann 640
Döbler, Hannsferdinand 964–965
Döring, Wolfgang 1035
Dohmen, Frank 880–882
Donaueschingen 740
Donnersmarck, Fürst Guido Henckel von 385
Dorsten 153, 436–438, 780
- Hervest 515, 731
- Wulfen 646–647

Dortmund 9, 51–52, 58–61, 95, 98–103, 112, 203, 321, 323, 423, 425–426, 497, 531–532, 544–546, 578, 607–608, 721–722, 727–728, 800–801, 806–810, 847–848, 877, 879, 940–942, 953, 960–963, 986–987, 1037–1038
- Aplerbeck 102, 244, 322, 418–419
- Barop 88–89, 244, 256, 323, 545
- Berghofen 155, 414
- Bövinghausen 58, 1035, 1043
- Brackel 244
- Dorstfeld 58, 95, 338, 474–475
- Eving 362, 478, 872
- Höchsten 102
- Hörde 51, 53, 67, 69, 95, 102, 129, 169, 187, 195–198, 244, 291, 322–323, 338, 474, 545, 573, 650–651, 664, 688, 722, 793, 851, 1011
- Hohensyburg 119
- Hombruch 88–89
- Huckarde 95, 545, 860
- Kirchlinde 58
- Landkreis 245, 323, 336–338, 465–466, 474, 526–527, 785
- Lindenhorst 674
- Lütgendortmund 244
- Marten 338, 545
- Mengede 529, 596
- Oespel 59
- Renninghausen 89
- Wambel 58
- Wellinghofen 545, 573

Dortmund-Hörder-Hüttenverein/Dortmund-Hörder Hütten-Union 688, 760, 834
Drenger 151
Dresing, Wilhelm 573
Drogemann 510
Dubuisson 93
Duckwitz, Gerd 938
Duesberg, Franz von 355
Düren 365
Düsseldorf 52, 95, 158, 163, 175, 183–186, 189–190, 193, 215–216, 286, 294, 320–322, 391, 464, 511, 560, 578, 580, 615–617, 624, 626, 688, 700–701, 709, 728, 749, 891, 984
Düsseldorfer Gewerbeausstellung 1902 342, 376–378
Duisberg, Carl 565
Duisburg 9, 51, 63–66, 103–104, 119–120, 149–152, 320–321, 422–423, 529, 542–543, 578, 608, 617, 634–637, 670–671, 762–763, 765–766, 868–870, 899, 901, 904–905, 926–927, 942
- Duissern 973–975
- Friemersheim 529
- Hamborn 282, 324, 334–335, 532, 578, 617, 630–631, 635, 642, 650, 671, 773, 782–783, 793, 899, 965–966
- Hochfeld 905
- Huckingen 868, 923
- Hüttenheim 983–986
- Kreis 162
- Marxloh 484
- Neumühl 184
- Obermeiderich 636
- Rheinhausen 542, 733, 930–935
- Ruhrort 119–120, 125–126, 138, 149, 172–176, 183–185, 203, 248, 255, 281, 286–287, 352, 422, 484, 609
- Wanheim-Angerhausen 985

Dumme, Leonardt 78
Dunkelschlagsiedlung, Oberhausen 827–828
Dunsmore 732

E

Ebert, Friedrich 636
Eckhoff 160
Eduard VII., 1901–1910 König von England 578
Egilmar 58
Egilward 58
Eichendorff, Joseph von 709
Eichhoff, Ernst sen. und Ernst jun. 351, 388
Eicken, Johann Wilhelm von 159
Eifel 152, 196
Eilers 638
Eingemeindungen, kommunale Neugliederung *(siehe auch Urbanisierung)* 11, 15–16, 282–283,

305, 309–311, 314, 551, 768, 777–778, 784, 789–791, 792–794, 809
Eisenbahn 10, 129, 157–158, 177, 182, 196, 281, 293–295, 720
– Bergisch-Märkische 198, 206, 217, 300
– Köln-Mindener 129, 175, 177, 182–184, 198, 201–203, 206, 212, 217, 281, 286–287, 294, 297, 359, 361, 419–420, 459–460
– Rhein-Weser 129, 174, 183–186
Eisenhütte Neu-Essen, Stift Essen 128, 150, 172–173, 185, 353–354
Eisenhütte Westphalia, Lünen 129, 168
Eisen- und Stahlwerk Hoesch AG, Dortmund (siehe auch Fried. Krupp AG Hoesch-Krupp) 322, 342, 365, 655, 710, 834, 868, 877–878, 881–883, 916–918, 962–963, 991–993, 1027
Eiserne Front 599, 604, 618, 637
Eisleben 475
Elektrizitätswirtschaft, Stromversorgung 11, 720, 722, 740, 767, 833, 835, 876
Elisabeth von Preußen, preußische Königin 286
Ellenbeck, Peter 238
Emden 158
Emmanuel 95
Emmendingen 740
Emmerich 51
Emscher 292, 545, 838, 929
Emschergenossenschaft 391, 768, 799, 808
Emscherstädte, Emscherzone 125, 176, 183–184, 213, 292, 359, 790–791, 829, 838, 841–842, 894, 929
Endemann, Anna Maria, Moritz und Wilhelm 358–360
Engels, Johann Adolph 138–139, 148
England 11, 127, 129, 147–148, 150, 152, 157, 163, 170–171, 176, 184, 189–190, 196–197, 213, 228, 243, 322, 353, 362, 365, 386, 447, 474, 568–569, 684, 972, 1025
Ennepe-Ruhr-Kreis 57, 811, 821
Entlassungen (siehe Kündigungen, Entlassungen)
Entnazifizierung 732, 738–739, 742–745, 747, 752–753, 761, 897, 909
Entwicklungsprogramm Ruhr, Existenzgründerprogramm Ruhr 825, 867, 929
E.ON Ruhrgas AG 884–885
Epp, Franz Ritter von 591
Erfurt 353
Erhard, Ludwig 840–841, 846, 889
Erhardt
– Alfred 603
– Heinrich 378
Erkan 1040
Ernährungslage, Hunger 84, 130, 224, 401, 502–504, 511–516, 525, 538, 549, 684–686, 715, 731, 743, 748–749, 897

– Lebensmittelpreise 237, 248, 411
Ernst
– Bernhard 802
– Helmut 845
– Jupp 1014
Ertugrul 1041
Erwitte 112
Erzbergbau 399
Essen 9, 54, 61–63, 67, 78–81, 94, 120–123, 148, 220–222, 239, 299–304, 321, 346–348, 357–358, 373–375, 380, 464–465, 467–469, 471–472, 505, 513, 532–533, 540–541, 557–560, 567–569, 578, 596, 608, 617, 623–625, 638–640, 669–670, 728, 752–753, 804–810, 879, 942, 987–990, 1032–1033, 1050–1051
– Altendorf 174
– Altenessen 192, 199, 240, 295–297, 419–420, 432–434, 720–721, 944
– Bergeborbeck 203, 697
– Borbeck 160, 162, 248, 286, 419, 446
– Dellwig 913–915
– Frohnhausen 988
– Horst 794–795
– Huttrop 332
– Karnap 638, 794–796
– Katernberg 338–340, 886–888, 1027
– Kettwig 125, 147, 212–213, 406, 468, 768, 792, 835, 864–865
– Kray 752
– Landkreis 224, 234, 415–416, 538, 792
– Rüttenscheid 309–311, 332
– Steele 144, 158, 203, 289, 349
– Stift 51, 53, 61–63, 67, 75–78, 82, 125–128, 132
– Stoppenberg 743, 886–888
– Überruhr 459
– Werden 51–52, 54, 56–57, 80, 125–126, 138, 146–148, 158, 164, 172, 193, 208, 212–213, 232, 256, 349, 406–407, 445, 471, 537, 835
Essener Religionsgespräch 70–75
Essener Steinkohlenbergwerke AG 148, 395, 688, 692
Esser, Johann 631
Estel NV Hoesch-Hoogovens 834, 882
Eulenburg, Botho Graf Wendt zu und Friedrich Graf zu 470
Euringer, Richard 625
Europäische Wirtschaftsgemeinschaft für Kohle und Stahl (EWKS), Montanunion 710, 716
Evangelische Kirche, Protestanten 14, 83, 95, 98–103, 116, 244, 284, 290, 295, 342, 359, 402, 421–422, 432–434, 438–439, 451, 467, 488, 576–577, 613, 638–640, 682, 753–754, 763–765, 892, 911, 915, 943

- Bekennende Kirche (NS) 613, 752
- Deutsche Christen (NS) 613
- Ev. Kirchengemeinde Rotthausen 753
- St.-Gertrudiskirche, Essen 557
- St.-Marien, Dortmund 101
- St. Reinoldi, Dortmund 105

Eversmann, Friedrich August Alexander 103, **141**–144
Ewers, Hanns Heinz 581
Eylert, Friedrich Rulemann 100

F

Fahrenkamp, Emil 581
Falmouth (England) 157
Faust 510
FC Gelsenkirchen-Schalke 04 660–662, 817, 1046–1047
FDP 821, 923, 941, 943, 953
Feierschichten *(siehe auch Arbeitszeiten, Schichtzeiten)* 223, 246–247, 317, 552, 584–585, 654, 831, 839–840, 846, 891, 906, 908, 947
Feininger, Lyonel 646
Fenzl, Fritz 1023
Fiebich, Kurt 963–964
Fiedler, August Max 625
Figge 347
Firma Fried. Krupp bzw. Fried. Krupp AG, Essen 10, 129, 189, 213, 222, 224, 229, 239, 242–244, 256–257, 269, 271, 281, 309, 323, 342, 349, 361–362, 378, 386–387, 389, 396–397, 401, 451, 468, 490–491, 506, 513–516, 530–531, 533–535, 539–541, 558, 577, 583, 639, 655, 675, 678, 688, 690–691, 695, 717, 733–734, 752–753, 796, 883, 1050–1051
- Fried. Krupp AG Hoesch-Krupp, Essen *(siehe auch Eisen- und Stahlwerk Hoesch AG, Dortmund sowie ThyssenKrupp AG, Düsseldorf)* 834, 877–878, 881–882

Fischer 695
- Ludwig 421

Fischer-Eckert, Li 334
Flashoff
- Carl 347
- Christian 192
- Franz Wilhelm 347

Flecken 802
Flick, Friedrich 617
Florenz 1050–1051
Florian
- Friedrich Karl 624
- Heike 991

Florin, Wilhelm 704
Flotow, Friedrich Adolf Ferdinand von 1006
Flüchtlinge, Vertriebene *(siehe auch Zuwanderer, Migranten)* 13, 92–95, 719, 739–741, 747, 753–754, 757–758, 763, 765–766, 770, 800, 948, 951, 996, 1003
Folkwangmuseum, Essen 625, 645–646, 1011, 1050, 1054
Ford Motor Company AG 842–845, 866
Forell, F. von 462
Forschungseinrichtungen, Institute 445, 594, 646, 760, 785, 817, 837, 870–871, 879, 884, 904, 954–960, 962, 1008, 1022, 1048–1050, 1054
Fortmann 904
Foster, Sir Norman 886, 1054
Fox 582, 736–738
Fraenkel, Ernst 612
Frank, Walter 703
Frankfurt am Main 154, 175, 185, 350, 380, 385, 511, 802
Frankfurt an der Oder 117
Frankreich 99, 141, 147, 155, 170, 184, 210–211, 268, 353, 468, 485, 487, 535, 589, 591, 615, 672, 732, 741, 770, 812, 956, 963, 1025
Französische Schweiz 349
Frauenarbeit, Frauenerwerbstätigkeit 12, 130, 227, 229, 268–269, 401, 446, 762, 838, 843, 947, 953–955, 958–960, 991–993
- Fraueneinsatz (Erster Weltkrieg) 501, 507, 515–516, 520
- Fraueneinsatz (NS, Zweiter Weltkrieg) 654, 693–695

Frauenbewegung 892, 934–935
Fredenbaumpark, Dortmund 425
Freiburg im Breisgau 324, 638, 740
Freudenberg, Karl 272
Freund 732
Frick, Wilhelm 623
Frickhöffer, Wolfgang 921–922
Friedrich I., 1701–1713 König von Preußen 80
Friedrich I. Barbarossa, 1155–1190 Kaiser des Heiligen Römischen Reiches 59, 480
Friedrich II., 1220–1250 Kaiser des Heiligen Römischen Reiches 52, 59–61
Friedrich II. »der Große«, 1740–1786 König von Preußen 127, 137–138, 450, 550
Friedrich III., 1888 Deutscher Kaiser und König von Preußen 297
Friedrich Wilhelm I., 1713–1740 König von Preußen 81
Friedrich Wilhelm III., 1797–1840 König von Preußen 164, 185, 353, 407
Friedrich Wilhelm IV., 1840–1861 König von Preußen 164, 176, 192–193, 200, 237, 286, 353, 410, 460
Friedrich Wilhelms-Hütte, Mülheim an der Ruhr 129, 162–164
Friemersheim 529
Friesland 56, 108, 144

Frings, Bert 852
Fröndenberg
– Frömern 100
– Langschede 125
Führerprinzip (NS) 613, 653, 659–660
Fürstenberg, Freiherr von 201
Fuest 258, 259
Fuisting, Gerlinde 994
Funke, Fritz 305
Fusionen (Stahlindustrie) 834, 877, 881–883
Fußball 660–662, 695–697, 1001, 1020–1021, 1045–1046

G

Gaick 634
Galizien 519, 646
Gall, Lothar 379
Galmeibergbau 202
Ganser, Karl **927**–929, 945–946
García, Manuel Romano 997
Gaschinsky, Thomas 491
Gasmann 714
Gasometer Oberhausen 946
Gastreich, Hans-Ulrich 1038
Gastreich-Moritz, Mechtild 1038
Gathmann, Johann Gerhard 75–78
Gauguin, Paul 646
Gazprom 884
Gebr. Eickhoff Maschinenfabrik und Eisengießerei GmbH, Bochum 883–884
Gedingelöhne *(siehe Lohnpolitik, Löhne)*
Geheime Staatspolizei (Gestapo) 613, 627–628, 642–643, 657, 670
Gehrmann, Kurt 839
Geldern, Kreis 255
Gelsenkirchen 290, 307–309, 321, 323, 326–327, 487–489, 538, 541–542, 560–562, 578, 608, 617, 644–645, 649–650, 745–746, 778–779, 817, 977–979, 998–1000
– Beckhausen 999
– Bismarck (früher Braubauerschaft) 290, 293, 308
– Buer 132, 510, 515–516, 573, 578, 646, 718, 734–735, 783, 817, 999
– Bulmke-Hüllen 308
– Erle 510, 979, 999
– Feldmark 319, 817
– Hassel 515, 999
– Heßler 63, 290, 308, 999
– Horst 794–795
– Landkreis 311–312, 314–315, 323
– Resser Mark 979, 999
– Rotthausen 63, 561, 753, 999
– Schalke 290, 292–293, 308, 647, 999
– Scholven 999
– Ückendorf 298, 486, 999
Gelsenkirchener Bergwerks-AG (GBAG) 362–363, 374, 383, 395, 478, 480, 484, 661, 674, 688, 723
Gerfrid 57
Gerling 861
Gershwin, George 1048
Gerstein, Friedrich Carl Heinrich 155, 305
Gesamtdeutsche Volkspartei (GVP) 752
Gesellschaft für Stahlindustrie GmbH, Bochum 700
Gesetze (NS) 613, 634, 645, 653, 656, 662, 672, 640
Gevelsberg 176
Gewehrfabrikation 53, 78–81
Gewerbeaufsicht, Gewerbeordnungen 209, 240, 507, 509, 915
Gewerkschaft (Vereinigung Bergwerkseigentümer) 126–127, 133, 146, 164–167, 175, 179, 186–187, 192, 194, 199, 200–201, 235–238, 251, 301, 341, 344, 355–356, 358, 362, 373, 375, 400, 406–408, 458, 461, 464–465, 481
Gewerkschaften *(siehe Arbeiterbewegungen, Gewerkschaften)*
Gewerkverein christlicher Bergarbeiter Deutschlands *(siehe Bergarbeiterbewegungen, Bergarbeiterorganisationen)*
Gideon 639
Gierig, Gottfried Erdmann 101
Gieseler, Albert 322
Gizeh (Ägypten) 488
Gladbeck 436–438, 608, 646–647, 753, 763–765, 774–775, 777–778, 829, 841–842, 848–849, 855–856, 1029
– Brauck 764, 795
Glasindustrie 153–155, 323
Glein 627
Gneisenau, August Graf Neidhardt von 96
Godesberger Programm (SPD) 893, 910–912
Goebbels, Joseph 596, 642
Göbert, Heinrich 743–744
Göhre, Paul 421
Göring, Hermann 471, 622–623, 625, 634–636, 642, 673
Goetz, Curt 1006
Goguel, Rudolf 631
Goldbeck 97
Goldschmidt-Rothschild, Freiherr von 385
Gollancz, Victor 755
Golomb, Egon 818–820
Goosen, Frank 1051–1052
Gorki, Maxim 1039
Gorkowski, Johann 510
Gosebruch, Ernst 645–646

Gottschalk 678
Gottung 347
Grabowski, Fritz 650–651
Graffweg 347
Grahn 626
— Ernst 307
Graßmann 569
Graubner, Gotthard 1035
Graudenz (heute Grudziadz, Polen) 702
Grawe 640, 695
Gregor 56
Gren, Friedrich Albert Carl 140
Greve, Maximilian 210–212
Grevel, Familie 347, 374
Griechenland 362
Grillo
— Friedrich 293, 374
— Johann Jeremias Theodor 347
— Wilhelmine 374
Grimberg, Heinrich und Maria Marckhoff, geb. Grimberg 362–363
Grimm, Karl 812–813
Grimme, Adolf 604–605
Grimmolt, Anton 72
Grochowiak, Thomas 1003, 1014–1015
Grönemeyer, Herbert 1001, 1037
Gronau 1029
Grone 602
Groningen (Niederlande) 98
Großbritannien *(siehe England)*
Große-Perdekamp, Franz 1002–1003, **1010**–1012, 1014–1015
Grubenmilitarismus 230, 249–250, 254, 256
Grubenunglücke 228, 260–262, 264–265, 485–487
Grüber, Klaus Michael 1048
Grün, Max von der **872**–873, 915–916, 1003, 1026–1029
Grünberg, Karl 1001
Gründerkrise 180, 220–225, 240, 244–248, 360–361, 364, 417–418
Grünewald 531
Grütner 290
Grugahalle Essen 1032
Gruhier, Odile 812–813
Grzesinski, Albert 794
Güdana 1041
Gülperi 1041
Günzburger, Fritz 741–743
Gütersloh 1044
Guisez 347
Gumbinnen, Landkreis 217
Gummersbach, Kreis 140
Gunkel 714

Gußstahlfabrik Mayer & Kühne, Bochum *(siehe auch Bochumer Verein für Bergbau und Gußstahlfabrikation)* 189–191, 200
Gustav Adolf II., schwedischer König 639
Gute Hoffnung bzw. Gutehoffnungshütte, Aktienverein für Bergbau und Hüttenbetrieb, Oberhausen 10, 128, 132, 136–137, 141, 150, 152–153, 173, 183, 185, 224, 254–255, 293, 331–332, 343, 445, 520, 622, 683, 688, 710, 794, 834, 890, 898, 903, 1035
Gutermuth, Heinrich **759**–760, 840–841, 906–909, 1021
Gutjahr, Adolf 419
Gützloe 347

H

Haardt, Recklinghausen 407, 595
Haas 531
Hache, Gustav **220**–222, 467
Hacilar (Türkei) 1041
Haentjens 347
Hagemeister, Robert Eduard von 223–225
Hagen 53, 98–103, 110
— Eilpe 110, 155
— Haspe 110
— Landkreis 155
Hahn, Karl 662–664
Haiti 361–362
Halbfell, August 573
Haley, Bill 1004
Halle (Saale) 53, 98
Haltern am See 595, 731
Hamborner Bergbau AG 965–966
Hamburg 144, 147–148, 150, 301, 360, 394, 524, 748–749, 778, 781, 785, 940, 1007, 1042, 1049
Hamelmann, Hermann 53, 70–75
Hamm 67, 97, 323
Hammacher, Friedrich Adolf 219–220, 364, 367, **465**–466
Hamsterfahrten 524–525
Hanau 185
Handwerk, Handwerkskammern 130, 145, 561, 593, 859–860, 867–868, 958, 991
Haniel
— August 520
— Familie 173, 192, 352–354
— Franz 125–129, 160–162, 172–177, **183**–186, 199–200, 287, 341, 343, 352–354
— Gerhard 128, 172–173, 343, 352–353
— Hugo 217, 287, 353, 367
— Karl 565, 616
Hanke 1018
Hannover 141, 211, 301, 728, 743, 928
Hansemann, David 175

Hansen 620
Hansmeyer, Karl 960
Harcourt, George 396
Harders, Friedrich 760
Harkort, Friedrich Wilhelm 125, 129, 157–158, 169, **182**–183, 242–244, 342, 350–351
Harpener Bergbau AG, Dortmund 363, 423, 673, 711, 962, 1025
Harr, Albrecht 962
Harten, Jürgen 1035
Hartenfels, Haus (Flüchtlingslager) 766
Hartewig, Karin 501
Hartmann, Bettina 991
Hartung 704
Hartwig, Hans 537, 851
Harz 127
Hasenjaeger, Edwin Renatus 738–739
Hattingen 69, 937–938
– Landkreis 323
– Niederwenigern 413–414
Hauchcorne, Wilhelm 365
Hauck, Herbert 1039
Haux, Ernst Theodor **386**, 537
Haydn, Joseph 326
Hegenberg, Wilhelm 633–634
Hegermühle 152
Hehemann, Ludger 898–899
Heidelberg 170, 360, 740
Heidelberger Programm (SPD) 730
Heiden, Johan van der 63
Heidenreich, Elke 1001
Heidtkamp 510
Heine, Heinrich 560
Heinemann
– Fritz 858
– Gustav Walter 309, **752**–753
– Otto 309–311
Heintzmann 347
– Egmont 175
– Familie 175
– Heinrich 175, 349, 407
Heller 905
Hellermann, Josef 643
Hellweg, Hellwegstädte 11, 51–53, 111–116, 177, 281–282, 290, 322, 986
Hemer 154
Hengsbach, Franz 810–811, 837, 893
Hengstenberg 347
Henning, Max 911–912
Henrichshütte, Hattingen 892, 937–938
Hensel 714, 1040
Henssler, Fritz 953
Herbrügge 347

Herdecke 155–157, 291
Herford 110
Herfurth, Ernst Ludwig 473
Heringhaus, Burkhard 996, 997
Hermanns, Ernst 1014
Hermannshütte, Dortmund-Hörde 191, 196–198, 322, 881
Herne 288, 297–299, 305–306, 321, 340, 439, 477–478, 543, 576, 608, 617, 657, 714, 735–736, 774–775, 789–791, 823–825, 841–842, 1006–1007
– Börnig 785
– Holsterhausen 314, 596
– Röhlinghausen 314
– Sodingen 785–786, 995–998
– Wanne, Eickel, Wanne-Eickel 282, 288, 291, 297, 311–316, 327–328, 594–600, 603, 608, 617, 646–647, 680–681, 688, 691, 709, 736–738, 768, 773, 794, 797, 812, 821, 841–842, 857
Herner Polenrevolte *(siehe Aufstände, Unruhen)*
Herold 186
Herpf 117
Herr-im-Hause-Standpunkt 229, 239, 242–244, 269, 350–351, 452, 513, 889
Herrmann 524
Herten 657, 842–845, 941
Herzfeld, Karl 743–744
Herzog & de Meuron 1054
Hess, Rudolf 624
Hesseldieck, Friedrich 711
Hessen 211, 480, 784, 824
Hessen-Darmstadt, Prinz und Landgraf Georg Wilhelm von 139
Hessler 63
Heuser 512
Heyden-Rynsch, Otto Freiherr von der 245
Heydt, August von der 179, 194–195, 209, 355–356
Heymann, Bruno 272
Hibernia Bergwerksgesellschaft AG, Herne 364, 381–382, 384, 659–660, 686, 688, 691, 697–699, 836, 850, 855–856, 1025
Hildigrim 57
Hilgenberg, Familie 374
Himmler, Heinrich 657, 712
Hindenburg, Paul von 297, 516, 562–564, 579, 612, 634, 651
Hinrichs, August 1006
Hirsch-Dunckerscher Gewerkverein der Bergarbeiter *(siehe Bergarbeiterbewegungen, Bergarbeiterorganisationen)*
Hirtsiefer, Heinrich 655

Hitler, Adolf 383, 554, 562, 594–600, 604, 609, 611–617, 620–623, 625, 628, 633–634, 638–639, 643, 648–650, 664, 682, 712, 732–733, 739
Hochschulen, Universitäten 14, 90, 319, 785, 837, 858, 948, 951–952, 1050
- Alte Universität Duisburg 52–53, 89–92
- Bochumer Bergschule (heute Technische Fachhochschule Georg Agricola) 785
- Fernuniversität Hagen 837
- Folkwang Universität (bis 2010 Folkwang Hochschule im Ruhrgebiet), Essen 1022, 1045
- Gerhard-Mercator-Universität Duisburg (zuvor Universität-Gesamthochschule Duisburg) 837, 948, 976
- Pädagogische Hochschule Ruhr/Dortmund 823, 976–977
- Rheinisch-Westfälische Technische Hochschule Aachen 700, 883–884, 952, 965
- Ruhr-Universität Bochum 816, 823, 837, 857–858, 884, 894, 919, 938, 948, 967–969, 973, 975–976, 1004
- Technische Universität Dortmund 318–320, 837, 870, 948, 951–953, 957, 960–965, 973, 976–977
- Universität-Gesamthochschule Essen 837, 948, 1050
- Universität Witten/Herdecke 884
Hocker, Nikolaus 180, 216–217
Höcker 106
Höfken, Gustav 127, 170–171
Hörder Bergwerks- und Hütten-Verein 195–198, 378
Hörster, Karl 144, 743
Hoesch *(zum Gründungsunternehmen siehe Eisen- und Stahlwerk Hoesch AG, Dortmund)*
- Albert 152, 342, **365**–366
- Eberhard **129**, 152
Hoetger, Bernhard 1011
Hövel, August Werner Freiherr von 192, 415
Höxter, Kreis 524–525
Hoffmann, Albert 657, 712
Hohehaus, Theves 78
Hohenheim 111
Hohenzollern 9
Hohenzollern-Sigmaringen, Karl Anton Fürst zu 209
Hold, Hans 395
Holland *(siehe Niederlande)*
Hollberg 570
Holle, Albert 505
Holleuffer, Hans Dietrich von 428
Holthoff, Fritz 976
Holtmann 261
Homann, Wolfgang 1038
Honigmann, Ernst 160–161, 407

Hoogovens 834, 882
Horoz, Familie 983–985
Hossiep, Heinrich 755
Hosson 347
Hucks, Gerhard 749–752
Hue, Otto 259, 391, 394, 416, 481, **605**, 626
Hückeswagen 102
Hügel, Eduard 471
Hügen, Hermann 510
Hüser, Fritz 1003, 1026–1029
Hüseyin 1041
Hüttengewerkschaft und Handlung Jacobi, Haniel & Huyssen *(siehe auch Gutehoffnungshütte)* 128, 141, 150, 173, 183, 185, 286–287, 343, 354
Hüttenwerk Rheinhausen/Friedrich-Alfred-Hütte, Rheinhausen 892, 930–935
Hüttenwerk Ruhrort-Meiderich 609
Hugenberg, Alfred 426, 623
Huhndorf, G. 847
Humboldt, Alexander von 357
Hunswinkel 675
Husemann, Friedrich (Fritz) 391, 481–482, 574, 619, **626**–627, 723
Hutmacher 905
Huyssen
- August 365
- Familie 343, 347, 374
- Friederike 173, 352
- Heinrich Arnold 128, 173, **343**, 347, 352
Huyssenstift (Krankenhaus in Essen) 300

I

Ibbenbüren 217, 943
Ide 640
IG Farben Industrie AG 565, 622, 688, 836
Ijmuiden (Niederlande) 834, 882
Imbusch, Heinrich 234, **268**–269, 391–394, 500, 506
Industrieansiedlungen (seit der Bergbaukrise) 771, 815–816, 826, 836, 842–845, 854, 858, 860, 866, 926, 1034
Industrieclub, Düsseldorf 615–617
Industriegewerkschaft (IG) Metall *(siehe Arbeiterbewegungen, Gewerkschaften)*
Industriekultur, Industriedenkmale 827, 836, 881, 1005, 1035–1036, 1046–1047, 1050
Industrie- und Handelskammern 189–191, 205–206, 212–213, 318–319, 355, 360, 381–382, 820–822, 851–852, 865–866, 870–871
Industrieverband bzw. Industriegewerkschaft (IG) Bergbau bzw. IG Bergbau und Energie bzw. IG Bergbau, Chemie und Energie *(siehe Bergarbeiterbewegungen, Bergarbeiterorganisationen)*

1089

Inflation 227, 363, 396, 401, 445, 504, 539, 541–543, 552, 560–562, 591–592, 767
Insterburg (Ostpreußen) 324, 1044
Internationale 621, 704
Internationale Bauausstellung (IBA) Emscher Park 825, 894, 927–929, 944–946, 1005, 1053
Ippers, Georg 932, 934
Irland 364
Irmgard von Diepholz II. 75
Isaac, Joseph 119–120
Iserlohn 54, 69, 110, 154–155, 169
– Landkreis 169, 793
– Letmathe 197, 708
Isselburg, Caspar 70–75
Italien 147, 154, 210, 228, 267, 349, 362, 397
Itzenplitz, Graf von 238
Izmir (Türkei) 990

J

Jacob 531
Jacobi
– Gottlob 128–129, **141**, 143, 146, 150, 152, 173, 343, 353
– Ludwig Herrmann Wilhelm 203–205
Jacquel, E. 524
Jäger, Lorenz 811–812
Jaekel, Joseph 1014
Jahn 1029
Jans 259
Jansen, Peter 90
Jarecki, Christel 849
Jarres, Karl 388, 562–563, 630, **634**–636, 898–899
J. F. Hoffmann & Söhne 172
Jeitner 601
Jeitschko, Marieluise 1047–1048
Jena 98
Jencke, Hanns 300
Jendretzko 601
Jendrowiak, Stanis 1007
Jerusalem 480
Jeß 599
Jiangsu (China) 880
Jöllenbeck 98
Joemann 601–602
Joest, Wilhelm 198
Jöstingmeyer 802
Johann II., Herzog von Kleve-Mark 63, 65–66
Johann III., Herzog von Kleve-Mark-Jülich-Berg und Ravensberg 53, 67–69
Johann Wilhelm, Herzog von Jülich-Berg, Kleve-Mark und Ravensberg 85
Johannsen 638–640
Jovy, Michael 774–775

Judenemanzipation 53, 119–120
Judenverfolgung *(siehe Antisemitismus, Judenverfolgung)*
Judith, Rudolf 917, 918
Jüdischer Kulturbund Rhein-Ruhr 668–669
Jürst, G. 351
Jung 683
junger westen (Künstlergruppe) 1003, 1014–1015
Jungmännerwerk (CVJM) 753

K

Kaczmierczak 683
Kaczmierowski 519
Kämpchen, Heinrich **278**–279, 400, 1009
Kätelhön, Hermann 581
Kahlert, Willy 1019–1020
Kalifornien 210
Kaisergarten, Oberhausen 1017–1018
Kaiser, Heinrich 962
Kaman (Türkei) 1041
Kamen 67, 140
Kaminski, Franz 704
Kammradt 732
Kamp-Lintfort 886, 941
Kanada 362, 582
Kandinsky, Wassily 646
Kapitalismus 436, 488, 568, 570, 596, 640, 912
Kapp, Wolfgang 503, 590
Kapp-Lüttwitz-Putsch 15, 503, 595
Karaca, Cem 1039
Karbe 620
Karl der Große, 800–814 Römischer Kaiser 56–57
Karlsruhe 185
Karmon-Klein, Manja 983
Karolinger 9
Karsch, Paul 320
Kassel 1015
Kassmann, Fritz 862
Kater 640
Katholische Kirche, Katholiken 14, 56–57, 68, 83, 95, 244, 283–284, 288, 290, 295, 297, 340, 342, 359, 402, 423, 425–426, 429–431, 451, 469, 485, 488, 553, 613, 620–621, 641–642, 682, 718, 892–893, 901–903, 911, 915, 943
– Bistum Essen 810–812, 818–820, 837, 893
– St. Elisabeth, Duisburg-Duissern 974
Kaya, Familie 988–990
Kayser 290
Kegel
– Heinz **850**–851, 855–857, 969–971
– Sturmius **758**, 802–804
Kehl 740
Keller 347
Kelp 932

Kemkes, Hugo 1032
Kemper, Heinz P. 862
Kennert, Marianne 994, 995
Keßler, Georg Wilhelm 54, 117–119
Keunecke, Helmut 851, 865–866
Kiefer, Anselm 946
Kiel 858
Kienbaum, Gerhard 858
Killingworth (England) 158
Kinderarbeit 130, 150–152, 155–157, 229, 350
Kinderlandverschickung *(siehe Zweiter Weltkrieg)*
Kinos 327–328, 444, 537, 542, 558, 581, 742, 762, 1004, 1006–1007, 1050
Kipphard, Heinar 1039
Kirdorf, Emil 367, **383**–384, 484–485, 565, 611, 616, 628, 661
Kisch, Egon Erwin 555, **557**–560
Klausheide bei Nordhorn/Lingen 397
Klee, Paul 646
Kleer, Sigrid 934–935
Kleff, Wilhelm 720–721
Klein
 – Stefan 983
 – Yves 1024
Kleinenberg 324
Kleinow 544
Klembeck 510
Kleve, Herzogtum 52, 61, 63, 65–70, 79–80, 85, 89, 90, 92, 96–97
Klever 745
Kliemt, Walter 960
Klöckner, Peter 342, 565
Klöckner-Werke AG, Duisburg 565, 634, 898
Kloft, Christian 388
Klose, Hans 292
Klostermann, Heinrich 290–292
Klo(t)z 160, 407, 459
Kluck 519
Klüter 290
Klupsch, Franz 604
Knappschaftswesen 135, 179, 186, 209, 233, 236, 258–259, 290–292, 321, 344, 399–400, 404–408, 414–415, 428, 450, 454–457, 462, 478–479, 483, 687–688, 893
Knebel, Herbert (Kunstfigur) 1001
Knef, Hildegard 902
Knepper, Gustav 395, 526
Koblenz 111, 223, 342, 351, 353, 625, 728
Koch
 – Richard 576
 – Wilhelm Herbert 1001, 1017–1018
Köln 70, 216, 580, 729, 758
 – Deutz 175

 – Erzstift 141
Köln-Mindener Eisenbahn *(siehe Eisenbahn)*
Kölner Bergwerks-Verein 192, 199, 240
Kölner Dampfschifffahrtsgesellschaft 174
Koenig, Artur 521–524
König, Max 412, 573
Königsberg (heute Kaliningrad, Polen) 217, 479, 1044
Königsborn 140–141
Koepper, Gustav 256–257
Köpping, Walter 1003, **1008**–1010, 1026–1029
Körnemann, Willi 804–806
Kötter, Eduard 428
Kohl, Helmut 876–877, 940, 943
Kohlegesetz (1968) 833
Kohleneisenstein, Blackband 10, 178, 191–192, 196–197, 202
Kohlengesellschaft auf der Goes 75–78
Kohlenhandel 9, 149, 159–160, 172–176, 341, 359
Kohlenpott (Image) 16, 813–814, 828–830, 956–957, 969, 1047
Kohlepfennig 876
Kohlhaas, Michael 1027
Kokerei Zollverein, Essen 338–340, 887, 946
Kolle, Ludwig 318
Kollenberg 238
Kolonialwarenhandel 107, 126, 148–149
Kommunale Selbstverwaltung 623–625, 630–631, 642, 718, 736–739
Konrad III., 1138–1152 König von Rom, Italien und Burgund 59
Konstanz 740, 1015
Konzentrationslager, Lager (NS) 397, 481, 626, 628, 631–634, 654, 656, 675, 678, 688, 690, 703, 707–708, 723, 726
Koolhaas, Rem 1054
Kopenhagen 150
Kopstadt 347
Korn- und Ölmühle, Oberhausen 172–173, 353
Korreng 670
Korte 347
Kostgänger, Schlafgänger 222, 316, 416
Kowalke 1044
KPD, Kommunisten 449, 503, 523–524, 532, 538, 547, 551, 553–554, 557, 564, 567–569, 595–598, 600–603, 605, 608, 611–612, 626, 628–629, 633–634, 643–645, 650–651, 653, 655–656, 683, 702–706, 717–718, 722–723, 738–739, 741–742, 749, 759–760, 792–794, 893, 901, 919, 982, 1009
Krabler, Emil **240**, 357–358, 367
Krämer 603
Krahn 510
Krakowczyk 499
Kramer, Heinrich 70

1091

Krammwinkel 256
Krankheiten, Infektionskrankheiten 307–309, 336–338, 352, 445–447, 542, 549, 785–786, 913–915
Krebs, Diether 1037
Krefeld 162, 358
Kreft 259
Kremer, Richard 794–796
Kreutzer 339
Kricke, Norbert 1024
Kriegswirtschaft, Rüstungswirtschaft 11, 386, 501, 516, 518, 533–535, 639, 654–655, 689, 693, 700–702, 710, 715–717, 729
Kriener, Wilhelm 529
Krings, Josef 931
Kriwet
– Ferdinand 1033–1034
– Heinz 932, 934
Kriwoi Rog (Ukraine) 691
Kroll, Hans 841
Krug von Nidda, Otto Ludwig 375
Krumacher 353
Krummrey 825
Krupp *(zum Gründungsunternehmen siehe Firma Fried. Krupp bzw. Fried. Krupp AG, Essen)*
– Alfred 129–130, 178, **219**, 239, 242–244, 269, 341–342, 348–349, 351–352, 361–362, 558, 1051
– Alfried Krupp von Bohlen und Halbach 396
– Alfried Krupp von Bohlen und Halbach-Stiftung 861
– Bertha Krupp (von Bohlen und Halbach) 342, 384–385, 396, 559
– Familie 342, 396–397, 557–560, 578, 752
– Friedrich 128, 243, 342, 347, 558, 1051
– Friedrich Alfred 342, 378–380, 391, 397, 430, 558–559
– Gustav Krupp von Bohlen und Halbach 269, 342, **386**–387, 395–396, 506, 537, 559, 623, 752–753
– Helene Amalie 128
– Hermann 351–352
– Margarethe 379
– Peter Friedrich Wilhelm 107–108
– Therese 130
Kühn, Heinz 825, 860–861, 1035
Kühne, Eduard 189–191
Kündigungen, Entlassungen 207, 228, 235, 244–248, 262, 431, 462, 483, 491, 520, 584, 878, 887, 906–907, 917
Küpper
– Michael 103–104
– Wilhelm 458
Kuhlhoff 347

Kuhn 500
Kulkhuhl 98
Kulturveranstaltungen, Festivals 1004–1005, 1025, 1029–1033, 1045, 1048
Kulturwirtschaft 1042–1043, 1045–1046
Kummer, Theodor 324–326
Kumpel Anton (Kunstfigur) 1001, 1017–1018
Kumpelpastoren 763–765
Kunigunde von Sachsen, Maria 127–128, 141, 150, 172–173, 203, 325
Kunsthalle Recklinghausen 1003, 1010, 1014
Kuppenheim 1014
Kurth 711
Kurz, Friedrich 1042–1043
Kurze, Hans 643
Kutscher 530
Kutzi 514
Kuzorra, Ernst 661

L

Laakmann, Helmut 930–932
Lärchwalde 385
Lager *(siehe Konzentrationslager, Lager (NS) bzw. Ausländische Arbeitskräfte, Zwangsarbeiter)*
Lahn 170
Lammert, Norbert 170, 513, 874–875, 1045–1046
Land, Paul 596
Landarbeit, Landwirtschaft 51, 54, 111–116, 125, 130, 138, 183, 216, 255, 266, 291, 333, 479, 511, 674, 852, 959, 963
– Nebenerwerb von Bergleuten 265–266, 291
Landjahr (NS) 681–683
Landsberg (Lech) 594
Landsberg (Schloss) 793
Landschaftspark Duisburg-Nord 946
Landschaftsverband Rheinland (LVR) 1036
Landschaftsverband Westfalen-Lippe (LWL) 1005, 1036
Lange, Fritz 1012
Langhoff, Wolfgang 631
Langnamverein *(siehe Wirtschaftsverbände, Unternehmervereine)*
Lattau, Rudolf 338
Lauda 740
Laue, Otto 569–571
Lechtenberg 643
Ledergewerbe 126
Leeds (England) 957
Legien, Carl 394, **481**
Lehmann, Kurt 1014
Lehmbruck, Wilhelm 1011
Lehnert, Gustav Adolf 588–589
Leidenfrost, Johann Gottlob 90
Leimgardt 347

Leimpeters, Johann 478–480
Leipski, Gerhard 763–765
Leipzig 175, 322, 940
Leis, Johann Adam 101
Lemke 1052
Lemmer 291
Lennep 98, 149, 190
Lens (Frankreich) 485
Lensing, Lambert sen. und Lambert jun. 426, 638
Leonhard 397
Lessing, Gotthold Ephraim 1006
Letmathe 197, 708
Leverkusen 1029
Levermann, Gottlieb 722
Levy, David 119–120
Leyh 825
Liberale 340, 451, 466, 718, 902
Lichtenstein, Wolfgang 1039
Lichtschlag, Otto 590
Lieber, Ernst 425
Liebrecht, Friedrich Wilhelm 192
Liegnitz, Kreis/Landkreis 203
Lille (Nordfrankreich) 353, 1025
Limberg 491–492
Limbertz, Heinrich Wilhelm 521–522
Limburg, Grafschaft 169
Lind 291
Linz (Österreich) 147
Lippe 96–97, 111, 113, 136, 281
Lipperheide (ehem. Bezeichnung für Raum Oberhausen) 183, 286–287, 445
Lippstadt 68, 105, 107, 110
Lissitzky 646
Literatur 201, 227, 229, 271, 535, 577, 872, 1003–1004, 1019, 1025–1027, 1040–1042
– Dichtung, Bergarbeiterdichtung 229, 271–272, 278–279, 324–327, 555, 581, 609, 780–781, 913, 1003, 1008–1010, 1019–1020, 1025–1026, 1028
– Dortmunder Gruppe 61 872, 1003, 1020, 1025–1029
– Reiseberichte, Reisereportagen 92–95, 98–103, 147–150, 201–203, 229, 555, 557–560, 577–581, 741–743, 781–782, 812–813
Liudger 52, 56–57
Liverpool (England) 157, 1030
Loch 636
Loderer, Eugen 917
Lodz 508
Löbbert 734
Loepelmann, Götz 1039
Lörrach 740
Löw, Heinz 629

Lohnpolitik, Löhne 134, 186–188, 199, 203–205, 223–225, 234–238, 245–251, 255, 264, 275, 317, 350–351, 370, 399, 401, 411–412, 458–460, 466–467, 492–496, 502, 506, 539, 567–570, 583–587, 601, 664–665, 719, 757, 909, 969–971
Loisel 347
London 9, 157, 297, 390, 885, 929, 1042
Londoner Abkommen 568
Londoner Docklands 929
Longwy (Frankreich) 591
Lortzing, Gustav Albert 1006
Loskill, Jörg 1014
Lothringen 267, 322, 588, 591
Lotz, Adolf 702–706
Louis 1017
Luce, Familie 735–736
Ludendorff, Erich Friedrich Wilhelm 516
Ludwig, Alex 468
Ludwigshafen 940
Lübeck 144
Lüchtemeier 664
Lüdenscheid 69, 110, 811
Lueg
– Carl 293–295
– Heinrich 377
– Wilhelm 287, 293
– Wilhelm Heinrich 173, 354
Lührmann 347
Lünen 69, 129, 168, 282, 498, 608, 941–942
Lüninck, Ferdinand und Hermann Freiherr von 625
Lüttich (Belgien) 9, 79–80
Lüttwitz, Walther Freiherr von 503
Luicker-Walen 141
Luisenthal 149
Luther, Hans 388, 592, 645
Luxemburg 268, 322, 360
Luxemburg, Rosa 553
Lyko, Uwe 1001

M

Maas 289
Madagaskar 362
Madel 462
Magdeburg 185
Mahl 510
Mahlberg, Dieter 933
Mainz 148, 185, 347
Mallinckrodt, Arnold 52–53, 98–103, 108–109, 115
Manchester 157, 957
Manger, Jürgen von 1001, 1050
Mann, Klaus 581

Mannesmann AG, Düsseldorf 655, 710–711, 934, 986, 988
Mannesmann-Hütte/Heinrich-Bierwes-Hütte, Duisburg-Huckingen 868, 923–924, 931, 983–986
Mannesmannröhren-Werke AG, Mülheim an der Ruhr 839, 861
Mannheim 185, 354, 383
Marchwitza, Hans 1001
Mark, Grafschaft 53, 67–69, 81, 88–89, 93, 96, 111–117, 126, 133, 137–139, 143–146, 148–150, 163–164, 171, 175, 179, 185–186, 189, 192, 196–197, 201–202, 460–462
Marl-Polsum 515
Marokko 361
Marseille 147
Marshall, George C. 754–755
Martin, Ida 515–516
Martinius 544
Marx, Wilhelm 391, 562
Marxismus 600, 621, 639, 1009
Maschinenbau 127–128, 153, 162–164, 169, 202, 512, 583, 623, 817
Maschinenfabrik Mönninghof, Bochum 703
Maschinenfabrik Thyssen & Co., (Mülheim-)Styrum *(siehe auch Thyssen AG bzw. ThyssenKruppAG, Düsseldorf)* 342, 370, 518, 616, 655, 898
Masson 347
Maßen, Peter 985
Maubach, Lambert 159
Mauch 160
Maybach, Albert von 469
Mayer
 – Hans-Peter 823
 – Jacob 177, 189–191
Mechanische Werkstätte Harkort & Co., Wetter an der Ruhr 182
Mechanisierung 156, 227, 273–275, 400, 575, 831, 845, 872–873, 951
Mecklenburg 211, 582
Mehrheitssozialdemokratische Partei Deutschlands (MSPD) 519, 521–522, 526
Meidericher Steinkohlenbergwerke AG 367–368, 422
Meinike, Erich 922–923
Meininghaus, Johann Wilhelm 159
Melchers 745
Melches, Georg 695–697
Menke 620
Menn 640
Menne, Karl 550
Mennecke 407
Mergelschicht 127–128, 160–162, 184
Merker, Ernst 153, 407
Merrem, Johann Abraham 149

Mertens, H. und L. 173
Metzner, Franz 559
Meunier, Constantin Emile 559
Mevissen, Gustav 178, 198, 200
Meyer, Heinz-Werner 876
Meyer & Günther, Dortmund 531
Meyers, Franz 816, **975**–976, 978
Michaels, Heinz 918
Michels 408
Miesbach 1026
Migranten *(siehe Zuwanderer, Migranten)*
Mikolaiken (Ostpreußen) 517
Miller, Robert 510
Minden 110, 119, 129, 177, 182, 200–202, 217
Mirbach, Ernst von 377
Missfits (Kunstfiguren) 1001
Misshandlungen 221, 256, 291, 502, 509–510, 530, 591, 627–628
Mitau (heute Jelgava, Lettland) 702
Mittweg 347
Model, Walter 658
Möhring, Bruno 1035
Möllenhoff 347
Moeller 97
Möller, Georg 704
Mönchengladbach 439, 758
Moers, Fürstentum 133
Mogk, Georg 687
Moguet 93
Moholy-Nagy, László 646
Molière, Jean-Baptiste Poquelin 168, 1006
Moll
 – Heinrich 163
 – Oskar 646
Momberger 510
Momm, Johann Arnold 149–152
Montanmitbestimmung 12, 17, 498–500, 725, 746, 840, 889–890, 892, 896–899, 901, 903–904, 911, 916–918, 921–922, 1003
Monte Carlo (Monaco) 488
Moorsoldatenlied 631–633
Morgenstern 99
Morgenthau, Henry jr. 755
Morgner, Wilhelm 1011
Mortier, Gérard 1047–1049
Mosbach 740
Moses, Paul 668
Moskau 634, 646, 704, 832
Motzfeld, F.W. 82–87
Mozart, Wolfgang Amadeus 1006, 1048
Mülheim am Rhein 163

Mülheim an der Ruhr 125, 148, 159–160, 162–164, 248, 321, 372–373, 380, 407–409, 578, 608, 617, 647–649, 738–739, 744–745
- Herrschaft Broich 139, 203
- Styrum 139, 342, 370–371
- Winkhausen 160

Mülheimer Bergwerks-Verein 517–518
Müllensiefen, Gustav, Peter Eberhard und Theodor 153–155
Müller
- Ernst 630
- Fritz 686

München 268, 594, 623, 628, 763, 847, 858, 909, 968, 984
Münster 13, 52, 56–57, 80, 97, 117, 132, 163, 281, 288, 320, 355, 441, 505, 518, 544, 608, 756, 968, 1014
Münsterland 111, 144, 148–149, 201
Müsken, Hermann 636–637
Multhaupt 636
Mulvany, Thomas Robert und William Thomas 364, 462–463
Mumm, C.R. 192
Murat, Joachim 352
Museen 817, 1005, 1010, 1014, 1036–1038, 1045, 1054

N

Nagel, Alfons 905
Nariye 1042
Nassau 196–197, 211
Nationalliberale Partei 315, 439
Nationalsozialistische Deutsche Arbeiterpartei (NSDAP) 383, 395, 551, 553–554, 594–600, 603, 606, 608, 611–613, 615–616, 619–622, 625–626, 628, 630, 635, 638, 642, 648, 654, 657, 659, 665, 681, 692, 697, 707, 712, 727, 738, 742, 891, 920
Natorp, Gustav **360**, 367, 415–416
Naumann, Heinrich 713–714
Nebelung, Wilhelm 683, 687
Nedelmann, Wilhelm 347
Nemnich, Philipp Andreas 125, **147**–150
Neomagus 90
Neubauer, Christine 991
Neudeck (Oberschlesien) 385
Neuenrade 69
Neuhaus 347
- Hermann 886–888

Neukirchen-Vluyn 941, 942
Neuloh, Otto **956**–957, 961
Neumann 619
Neumark 511
Neumühl 184

Neustadt (Baden-Württemberg) 740
Newcomen, Thomas 128, 146
New York 1048
Neystens, G. 524
Nickel 730
Niederlande 79, 125, 139, 144, 147–151, 158, 174, 176, 183–184, 218, 255, 349, 362, 406, 409, 480, 575, 647, 656, 741, 1041
Niederplanitz bei Zwickau 475
Niederrhein 139, 184, 535, 712, 784
Niederschlesien 199–200, 475
Nienhaus, Karl 883–884
Nölting, Erik 902
Nokielski 825
Noot 348
Norddeutscher Lloyd 576
Norderney 855
Nordrhein-Westfalen Programm 825
Nordschleswig 565
Nordsee 125, 364, 582, 835, 880, 915
North German Coal Control (NGCC), Essen 748, 752, 897
North German Iron and Steel Control, Düsseldorf 898
NS-Organisationen 619, 654, 692, 696, 708, 713
- Deutsche Arbeitsfront 653, 665–666
- Hitlerjugend (HJ) 654, 679–680, 683, 754
- Nationalsozialistische Betriebszellenorganisation (NSBO) 637, 641, 653
- Schutzstaffel (SS) 618, 622, 626, 631, 637, 640, 656, 657
- Sturmabteilung (SA) 594–600, 605–607, 612, 618, 622, 624, 626–627, 630, 636–637, 640–643, 656, 738
- Volkssturm 657, 713–714

Nürnberg 118, 395–396
Nyenhuis, Schulte van 62
Nyß, Johann 75

O

Obdachlosigkeit, Obdachlose 222, 766, 853, 974, 994–995
Oberbergamt Dortmund *(siehe Bergämter)*
Oberhagemann, W. 256, 462
Oberhausen 192–194, 203, 287, 289, 293–295, 445–447, 512–513, 608, 617, 620–621, 671, 678–679, 922–924, 942
- Alstaden 286
- Osterfeld 128, 132, 683, 793–794
- Sterkrade 128, 136–137, 146, 152–153, 173, 331–332, 343, 354, 512, 683, 793–794, 911

Oberhausener/Westdeutsche Kurzfilmtage 1002, 1022–1023, 1034, 1045
Oberrhein 163, 218

Oberschlesien 11, 127, 176, 196, 200, 217, 229, 385, 480, 712
Odenkirchen, Friedrich 774–775
Odenthal, Matthias 279–280
Oer-Erkenschwick 763
Oesterlen 537
Österreich 96, 141, 210, 215, 396, 952, 1019
Özen, Hasan 985
Olpe 110
Opel, Fritz von 622
Opladen 183
Ortner & Ortner 1054
Osnabrück 144
Oster, Kurt 1004, 1030–1032
Osthaus
 – Karl Ernst 1011
 – Paul 645
Ostpreußen 175, 217, 283, 317, 517, 565, 582, 661, 792, 1044
Ostrop, Hermann 722, 727–728
Otto, August 462
Overweg, Carl 197–198
Oxford (Großbritannien) 396

P

Paderborn 97, 110, 113, 290, 320, 324, 617, 623, 771
Paeckelmann, Wolfgang 773–774
Paillot, Piere Hyppolite Léopold 92–95
Pankok, Otto 1011
Pankoke, Eckart 824, 825
Papen, Franz von 603–604, 617, 620, 623
Papenburg 631
Paquet, Alfons 16
Parent, Thomas 1002
Paris 9, 351, 645–646, 670, 1030
Pariser Weltausstellung 1855 202
Partei des demokratischen Sozialismus (PDS) 922
Partei Die LINKE 922, 930
Patow, Robert Freiherr von 209
Pauperismus 130, 350
Pelzer, Heinrich 159
Perlick 1018
Perschke, Günter 919–920
Peschel, Albert 471
Petermann, Hans 332
Peters, Carl 426
Petersdorf 683
Petersen 348
Petri, Wilbert 322
Peukert, Detlev 555, 640
Pfalz-Neuburg 80
Pfandhöfer, Johann Eberhard 128, 136–137, 172
Pfeiffer, Bertram 175, 349

Phönix AG für Bergbau und Hüttenbetriebe, Dortmund 203, 431, 700
Phönix-See, Dortmund 881
Pieneck, Heinrich 662
Piepenstock, Hermann Diedrich 129, 154, **169**, 196, 881
Piepenstock & Co., (Dortmund-)Hörde 196
Pieul & Pelletier (Gewehrfabrik) 148
Pilger, Martin 100
Pilgrim, Christian Adolf Wilhelm 191–192
Pittsburgh (England) 905
Pius IX., 1846–1878 Papst 359
Pius XI., 1922–1939 Papst 620
Pius XII., 1939–1958 Papst 810–811
Plein 601–602
Plewka 524
Plünderungen 85, 525, 528, 540–541, 544–546, 561, 670, 713, 715, 720, 729, 731
Poell, Josef 744–745
Poensgen, Carl Albert Ernst 616, 700
Pöppe, Moritz 702–706
Pohl 640
Pohlmann 823–824
Poladzik 499
Polen, Königreich 80, 520, 702
Polsum 515
Pommern 283, 702, 738
Portendieck, Haus (Rittergut) 132, 141
Portugal 147, 362
Posen (heute Poznan, Polen) 283, 298, 430
Posser, Heinrich 752–753
Post 155
Potsdam 117
Potsdamer Konferenz 716
Pottier, Eugène Edine 492
Poutot, Heinrich 629
Preißler, Alfred »Adi« 1020–1021
Pressburg (heute Bratislava, Slowakei) 680
Preuß 478, 714
Preußenschlag 555, 603–605
Preußische Bergwerks- und Hütten Aktiengesellschaft, Berlin 244
Preye & Jordis 154
Prinz, Heinrich 468
Prostitution 178, 212, 544
Protest, Beschwerden 229, 249, 256, 525, 569–571, 597, 604–605, 611, 763, 828, 919
 – Hungerdemonstrationen 502, 715
 – Kaiserdelegation 472–474
 – Marsch nach Bonn 840–841, 891, 906, 909–910
 – Petitionen 234–238, 242, 411–412, 450–451, 454–457, 460–462, 510

Protestanten *(siehe Evangelische Kirche, Protestanten)*
Puddelverfahren 129, 152, 169, 174, 196–197, 202, 228, 242, 881
Pückler-Limpurg, Erdmann Graf von 209
Punktsystem (Bergbau) 213, 686, 715, 749–752, 773, 825, 897
Pusemann, Karl 529

Q

Quadbech 93
Quandt, Günther 622
Quast, Karl 636
Quentin, Karl 175

R

Radnoth 58
Radzio, Heiner 864
Raitz von Frenz, Freiherr 397
Rappaport, Philipp 726–727, 798–800
Rappard, Friedrich Wilhelm von 89–92
Rasche 823
Raseneisenerz 10, 128–129, 136–137, 142–143, 150, 196–198, 592
Rath, Ernst Eduard vom 670
Rathenau, Walter 391
Rathke, Gunter 877
Rationalisierung 11, 227, 552, 571–575, 592, 719, 831–832, 835, 848, 851–852, 865, 887, 890, 909
Rau, Johannes 827–828, 942
Recke, Familie von der 140
Recklinghausen 513–514, 536–537, 608, 612, 617, 627–629, 633–634, 651, 672–673, 747, 756–757, 841–842, 872–873, 1007–1008, 1029–1032
 – Hochlarmark 1026
 – Landkreis 73, 841–842
 – Vest 82, 87, 96–97, 128, 132, 137
Reden, Friedrich Wilhelm Graf von 127
Rediger 498
Rees, Kreis 255, 712
Reger, Erik 555, **577**–581, 786–789, 1001–1002
Rehbein, A. 679–680
Reichsbanner Schwarz-Rot-Gold 564, 598, 619, 721
Reichwein, Leopold 644
Reinbach 191, 348
Reiners, Leonhard 1006
Reinhardt, Max 581
Reiseberichte, Reisereportagen *(siehe Literatur)*
Reismann-Grone, Theodor 301, 612, 623–625, 645–646
Reith, Karl Heinz 986
Remscheid 98, 189–190
 – Lennep 98, 101–102
Remy, Theodor 482

Rentmeister, Emil 637
Reparationen 390, 504, 552, 568
Resistenz, Widerstand (NS) 613, 619, 631–636, 640–642, 646–647, 650–651, 654, 664–665, 673, 683, 702–706
Rethel 505
Reusch, Hermann und Paul Hermann 520, 565, 578, 622, 794, 890, **898**–899, 903
Reuter, Karl 258–259
Revierarbeitsgemeinschaft für kulturelle Bergmannsbetreuung (REVAG) 1003, 1016–1017
Rheinbaben, Freiherr von 294
Rhein 96, 136
Rheine 608
Rheinhausen-Konflikt 930–935
Rheinische Stahlwerke, Meiderich 224
Rheinisch-Westfälische Auslandsgesellschaft 1022
Rheinisch-Westfälische Elektrizitätswerke (RWE), Essen 370, 835, 879, 885
Rheinisch-Westfälisches Kohlensyndikat 180, 240, 321, 344, 363, 368–370, 381–383, 485, 573, 808
Rheinisch-Westfälische Städtebahn Düsseldorf-Dortmund 320–322
Rheinisch-Westindische Comp. 158
Rheinländer, Paul 883–884
Rheinmetall-Borsig-Werke, Düsseldorf 378, 688
Rhein-Ruhr Fibel 675–677
Rhein-Ruhr-Hilfe 561
Richter, Willi 909
Riemer, Horst Ludwig 863–864
Riemke 709
Ritter 537
Rittershaus, Johann Georg 105
Ritterswürden, Theo 1043–1044
Riviera 488
Rochussen, Jan Jacob 176
Rodenstock, Michael 637
Roeber, Friedrich 645
Röhm, Ernst 642
Roeren, Hermann 429–430
Röse, Manfred 922
Rogge, Fritz 647
Rohland, Paul Walter 700–701
Rohrmann 823
Rohsiepe 462
Rohwedder, Detlev Karsten 878
Roman *(siehe Literatur)*
Rombeck, Conrad 147
Romberg, Christian Friedrich Gisbert Freiherr von 167, 201, 545
Rombergpark, Dortmund 657, 1038
Ronneberger, Franz **806**–810, 813–814
Rose, Christof 994–995

Rosendahl, Hugo 728–729, 752
Rosengart, Karl 1007
Rosenkranz
 – Annegret 992
 – Anton 467
Rosenthal, Rutger 70
Rossini, Gioachino Antonio 1006
Rossmann, Andreas 1050–1051
Rosteck, Karl 703
Rote Armee Fraktion (RAF) 878
Rote Hilfe 644, 702
Rote Ruhr-Armee *(siehe Ruhrkampf)*
Roter Frontkämpferbund (RFB) 702
Roth, Joseph 555, 781–782
Rothardt, Emil (Cerwinski) 661
Rothenburg ob der Tauber 829
Rotterdam (Niederlande) 149, 172, 1015, 1053
Rot-Weiss Essen e.V. 695–697
Royal Air Force (RAF) 654, 709
Royek, Wilhelm 318
Ruben 521
Rubens, Peter Paul 168
Ruhnau, Werner 1024
Ruhr (Fluss) 96–97, 102, 113, 136, 138–139, 170, 174, 196, 213, 307–309, 838, 893
RUHR.2010 Kulturhauptstadt Europas 771, 1001, 1004–1005, 1050–1051, 1053–1054
Ruhrberg, Karl 1035
Ruhrbesetzung 504, 534–551, 559–562, 564–567, 589–594, 621, 634, 645, 768
 – Passiver Widerstand 15, 504, 543, 546–550, 552, 561, 592
Ruhreisenstreit 552, 576–577, 587
Ruhrfestspiele 1003–1004, 1007–1008, 1010, 1022, 1025, 1028, 1034, 1039, 1048
Ruhrgas AG 835, 843, 879
Ruhrgebiet (früheste bekannte Erwähnung in der Literatur 1867) 180, 216–217
Ruhrkampf 15, 503, 529–532, 551, 589–594, 724, 768
Ruhrkohle AG (RAG Aktiengesellschaft) 591, 825, 827–828, 833, 850, 862, 872, 876, 879, 885, 891, 980–983
Ruhrland 324–325, 445–447, 591, 596, 798, 1010
Ruhr Museum, Zeche Zollverein, Essen 886, 946, 1005, 1050
Ruhrort *(siehe Duisburg)*
Ruhrpark, Bochum 822, 1004
Ruhrschifffahrt, Ruhrschifffahrtskasse 125–126, 138–139, 158, 175, 348–349
Ruhrschnellweg/A 40 *(siehe Verkehrsstraßen, Verkehrsnetz)*

Ruhrstadt 282–284, 768, 782–785, 804, 894, 1001, 1004–1005
Ruhrstahl AG 877
Ruhrstatut *(siehe Europäische Wirtschaftsgemeinschaft für Kohle und Stahl, Montanunion)*
Ruhrtal 127, 163, 203, 216, 321
Ruhrtalsperrenverein 799, 808
RuhrTriennale 1005, 1047–1049
Ruhrverband 799, 808
Ruhr-Zoo, Gelsenkirchen (heute Zoom Erlebniswelt) 817
Rummel, Carl 256
Rumpe, Johann Caspar 154
Runge, Erika 855
Russell 625
Russland, Sowjetunion 96, 141, 144, 147, 149, 216, 255, 361, 397, 519, 664, 685, 697, 729, 792
Rust, Bernhard 681

S

Saalbau Essen 300, 373, 513, 1008
Saargebiet, Saarland 11, 268, 370, 588, 941, 1019–1021
Sabooglu, Dervis 983, 985
Sachse, Hermann 494
Sachsen, Herzogtum bzw. Königreich 56, 147, 211, 362, 382–383, 449, 475
Sack, Johann August 96–97
Säuberungen (NS) 634–636, 640, 645–646
Salzbergbau 399
Salzburg 396, 580, 1049
Salzmann 1018–1019
Sander, Gustav 637
Sardinien-Piemont, Königreich 210
Sartre, Jean-Paul 902, 1039
Sattelmacher 482
Sattler, Paul 721–722
Sauerbruch 640
Sauerland 9, 54, 79, 138, 908, 916, 1017
Schaaffhausen, Abraham 174
Schacht, Hjalmar 622–623
Schaefer, Hermann 292, 297–299, 305–306
Schäfer, Heinrich 624
Schäffer, Caspar Heinrich 100
Schalker Gruben- und Hüttenverein 293, 374, 693
Schaper, Clara und Justus Wilhelm Eberhard von 354
Schaumberg, Wolfgang 919–920
Scheidemann, Philipp 519, 572
Scheidt, Gebrüder 147
Scheidt AG, Essen-Kettwig 864–865
Scheller, Wilhelm 510
Schepmann, Wilhelm 638
Scheppmann, Heinrich 743–744
Schering AG, Berlin 844

Scheuerlein 348
Scheytt, Oliver 1049
Schiele, Martin 584
Schiffbau 149
Schiffshebewerk Henrichenburg 323
Schiller
- Johann Christoph Friedrich (von) 1039
- Karl 860, 862, 878
- Philipp 356–357
Schimanski, Horst (Kunstfigur) 1049
Schimmeyer, Bernd 935–937
Schlattmann, Heinrich 395
Schlechtendahl, Friedrich Gottfried 90
Schlegel, Friedrich 537
Schleicher 526
- Kurt von 604
Schleinitz, Alexander von 209
Schlesien 150, 200, 203, 283, 383, 468, 475, 479, 623, 784, 967, 1018
Schleßmann, Fritz 658, 712–713
Schlingensief, Christoph 1049
Schlösser, Johann 636–637
Schlüter, Gebrüder 327
Schmeeß, Heinrich 72
Schmeißers, Martin 976
Schmettow 79
Schmid, Barbara 880–882
Schmidt
- Adolf 921
- August **722**, 756–757, 759–760, 896, 1012
- Hannes 1023
- Helmut 876–877, 921–922
- Klaus 919
- Robert (SPD) 572
- Robert (SVR) **328**–331, 572
Schmidt-Bodenstedt, Adolf 681
Schmieding, Wilhelm 318
Schmitfranz, Johann 702–706
Schmitt, Saladin 578, **644**, 786–789, 1002
Schmoller, Gustav von 383–384
Schneidemühl 1044
Schneider
- Helge 1049
- Manfred 979
- Paul 324
Schniewind 348
Schnitzler
- Arthur 1006
- Georg von 622
Schock, Rudolf 1008
Schönaich-Carolath, August Prinz von 217
Schönberg, Arnold 1048
Schönert 290

Schönfelder 640
Scholle, Hermann 61–63
Scholtissek 953
Scholz 617
Schottland 353, 488
Schrecke 324
Schröder
- Atze (Kunstfigur) 1049
- Erich 445
- Gerhard 945
- Ludwig 467, 472–**474**
Schücking, Levin 201–203
Schüle, Karsten 1049–1050
Schüler, Johannes 625
Schüleraufsätze (NS) 643, 684–686
Schürmann, Friedrich 723, 724
Schütz 517
Schütze, Elisabeth 1031–1032
Schulfunk 747
Schulspeisung 747
Schulwesen, Schulen 144, 332, 405, 428, 443, 558, 562, 667, 747, 948, 958–960, 971–973, 978, 1035
- Archigymnasium Dortmund 52, 99–100, 105
- Beisenschule (Essen-Katernberg) 338–340
- Gesamtschulen 948, 977–979, 996–997
- Grundschulen 984–985, 997
- Gymnasien, Realgymnasien, Realschulen 53, 306, 332, 344, 421, 667, 948, 972, 978–979
- Hauptschulen 978, 985
- Mont-Cenis Schule (Herne-Sodingen) 995–998
- Peter-und-Paul-Schule (Herne-Sodingen) 785–786
- Volksschulen 288, 302, 327, 332, 442–443, 672, 674, 684, 702, 747, 797, 969, 972, 978
Schulten to Monekinck (Hof) 293
Schultze, Hermann 89
Schulz
- Ekkehard 880
- Fritz 704
Schulz-Knaudt AG, Walz- und Kesselwerk 300
Schumacher
- Emil 1014
- Kurt 911
Schwager, Johann Moritz 98–103, 140–141
Schwan, Manfred 905
Schwarz, Georg 555
Schwarzschulz, Erich 644
Schweden 290, 322, 362, 582, 714, 972
Schweisfurth (Fleischwarenfabrik Herten) 731
Schweiz 154, 255, 375, 439, 488, 700
Schwelm 110
Schwerin-Putzar, Maximilian Graf von 209
Schwerte 69

- Wandhofen 793
- Westhofen 793

Schwerz, Johann Nepomuk Hubert von 54, 111–116
Sebraht 59
Seidlitz, Peter 857
Seiffert & Co. 703
Selbach, Carl 246–248
Senft, Hermann 603
Sevener 73
Severing, Carl 553, **564**–565, 591, 599, 603, 620
Shagang (Stahlunternehmen, China) 880–881
Sheffield (England) 189, 191, 816, 957
Siam 362
Sibirien 835
Siedlungsverband Ruhrkohlenbezirk (SVR) bzw. Kommunalverband Ruhrgebiet (KVR) bzw. Regionalverband Ruhr (RVR) 13, 328–331, 391, 572, 578, 726–727, 758, 768, 775–778, 783, 793, 798–800, 802, 808, 821–822, 843–845, 1034, 1036, 1053
Sieg (Fluss) 170, 196
Siegel, August 472–474
Siegerland 322, 359
Sieglar, Jakob 560–562
Siehak, R. 964–965
Siemes, Christof 1049
Siepmann, Heinrich 1014
Silverberg, Paul 391
Simmel, Georg 14
Simons, Ludwig 209
Sinti und Roma 974
Sipmann 743
Siruge 732
Siward 58
Skagen (Dänemark) 1044
Slawentzitz (Oberschlesien) 385
Slowakei 680
Sobottka, Gustav **704**, 792–794
Sölling, Familie 348, 374
Soest 68, 110, 112–113
Soester Börde 113
Sohl, Hans-Günther 395
Solingen 189, 583
Sombrowsky, Klaus 937–938
Sonsfeld, Freiherr von 348
Sors, Hermann 630–631
Soziale Segregation (Fallstudie Gelsenkirchen) 998–1000
Sozialisierung (Montanindustrie) 503, 520–524, 589–590, 717, 733–734, 748, 850–851, 889–891, 893, 896–898, 900, 924–925
Sozialisten 311, 451–452, 521–522, 526, 551, 557, 730, 901–902
Sozialistengesetz 451, 467, 470–471

Sozialistische Arbeiterpartei Deutschlands (SAP) 603
Sozialpläne 832, 848, 857, 864, 886–888, 892, 934
Spaltenburg 713
Spanien 147, 154, 211, 322, 362, 582
Sparkassen 245, 296, 303, 317, 332, 402, 420, 586, 871
Spartakisten, Spartakusbund 521–522, 525–528
SPD, Sozialdemokraten 224, 311, 315, 379, 403, 419, 421, 430–434, 438, 443, 468, 470–471, 474, 476, 479, 481, 484–485, 490–491, 494, 500, 503, 519, 551, 553, 555, 557, 559, 573, 596–598, 603–605, 608, 612, 619–620, 626, 628, 630, 636, 641, 646–647, 653, 655–656, 717–718, 721–722, 730, 738, 742, 752, 755, 763, 767, 792, 889–890, 893, 899–903, 912, 922–923, 926–927, 953, 965
- Sozialdemokratisierung des Ruhrgebiets 893, 939

Speer, Albert 710
Spethmann, Hans 183, 529, **782**–785
Spiegelberg, Friedrich 965
Spiegel zum Desenberg, Ferdinand August Graf 110
Spiewak, Martin 995–998
Springer, Karl 723
Springorum 348
- Carl 102
- Friedrich 565
- Fritz 612, 622

Sprockhövel 291
Stadion Rote Erde, Dortmund 552
Stadtplanung, Städtebau, Stadtsanierung 13, 283–284, 328–331, 768, 770, 793, 798–801, 823–825, 828, 836, 853, 927, 929
Städtische Kunstgalerie, Bochum 817
Stalin, Josef 704
Stalingrad (Russland) 693, 695, 906, 908
Stanke, Hans-Ulrich 842–845
St. Antony-Hütte, (Oberhausen-)Osterfeld 128, 132, 141–144, 150, 172–173, 185, 353–354
Steag 835, 885
Steffen, Heinz 965
Stegerwald, Adam 391, 587
Stein
- Ernst 666, 668
- Karl Reichsfreiherr vom und zum 53–54, 89, **96**–97, 110

Steinen, Johann Dietrich (Diederich) von 100
Steinhauer, Gerhard 1021–1022
Steinkamp, Hubert 609
Steinkühler, Franz 932, 934
Stenbock-Fermor, Alexander Graf von 276–278
Stendal 785, 1044
Sternwarte Bochum 817
Stieler 498

Stifft 348
Stinnes
- Georg 159
- Hugo 321, 342, 370, 380, 388, 391–394, **481**–482, 517–518, 523
- Hugo jun. 578, 612, 622
- Mathias 125–127, **159**–160, 341

Stinnes-Legien-Abkommen 481
Stoch 457
Stöcker, August 641–642
Stötzel, Gerhard 467
Stoht, Vincent 73
Stolp (Provinz Pommern) 738
Storck, Ulrich 791–792
St. Petersburg (Russland) 176, 349, 397
Sträter, Heinrich 722, 802–803
Straßburger, Gebrüder 629
Stratmann, Else (Kunstfigur) 1001
Strausberg (Brandenburg) 152
Strauß, Franz-Josef 860
Strauss, Johann Baptist 1006
Streiks (siehe Arbeitskämpfe, Streiks)
Stresemann, Gustav 382–383
Striebeck 348
Strohmeier, Klaus-Peter 998–1000
Strohn 348
Strünkede, Haus (Rittergut) 292
Studentenbewegung 892, 919, 976–977, 1031–1032
Studt, Heinrich Konrad von 319, 474
Stumpf, Wilhelm 644, 787
Stuttgart 940
Subventionen (Bergbau) 851, 866, 879, 890–891, 940–941
Sudowe, Hans 899, 901
Südafrika 396
Südamerika 847
Suhrbier, Hartwig 1036
Swederus, Georg 130
Sych, August 855
Sydow, Reinhold von 509
Synagogengemeinde Duisburg 511
Synagogengemeinde Wanne-Eickel 314
Szepan, Fritz 661

T

Täger, Curt Heinrich 789–791
Takas, Ana 993
Tante Zeynep 1040
Taubensport, Taubenzucht 543, 650, 986, 1001, 1033–1034, 1043–1044
Tauber 744
Technologiezentren 837, 870–872, 879
Tegtmeier, Adolf (Kunstfigur) 1001, 1049

Tengelmann 879
- Ernst 395, 612, 622
- Wilhelm 697–699

Tengler, Julius 763
Tenholt, D. 259, 307
Terboven, Josef 624–625
Terlinden, Reinhard Friedrich 100
Textilgewerbe, Textilindustrie 10, 54, 125, 130, 147, 149–152, 155–157, 212–213, 255, 323, 831, 835, 863–865, 955, 959
Thälmann, Ernst 602, 633–**634**, 704
Theater, Opernhäuser 392, 441, 537, 542, 581, 644, 742, 770, 774–775, 786, 875, 1002, 1006–1008, 1015–1016, 1038–1040, 1042, 1045, 1047–1050
- Musiktheater im Revier, Gelsenkirchen 817, 1002, 1024
- Schauspielhaus Bochum 644, 786–789, 817, 1002, 1006–1007, 1011, 1022

Théophile, Jean-Baptiste Joseph 95
Thomas, Brandon 1006
Thorn (heute Torun, Polen) 702
Thüringen 551
Thyssen (zum Gründungsunternehmen siehe Maschinenfabrik Thyssen & Co., Styrum)
- August 321, 342, **370**–371, 523, 565, 578
- Fritz 592, 611, **616**–617, 793–794
- Joseph 342

Thyssen Bauen und Wohnen GmbH 827
Thyssen AG, Düsseldorf 395, 834, 877–878, 880–883, 931, 934, 937, 983, 988
ThyssenKrupp AG, Düsseldorf 395, 655, 688, 707, 834, 861, 880–883, 898
Tibulski, Otto 661
Tidbald 59
Tiegelstahl 129, 229, 256–257
Tierpark/Zoo Dortmund 1038
Timmerbeul 258
Tinguely, Jean 1024
Tippelsberg 1010
Tirol 488
Tolksdorf 753–754
Toller, Ernst 1039
Torquay (Großbritannien) 269
Toussaint, Hans 802
Triebel, Jürgen 1037
Trier 216
Triest (Italien) 351
Trinter 708
Troche, Heinz 917
Troll 562
Trompeter 412
Troost & Compagnie, Luisental 149
Trümmerbeseitigung 717, 727–728, 742, 762

Truman, Harry S. 754–756
Tschammer und Osten, Hans von 696
Tschechoslowakei 569, 952
Tschenscher, Heinrich 662
Türkei 215, 982, 988–990, 1040
Türks, Katrin 1039
Tüting, Heinrich 636
Tüttelmann, Karl 1014
Tull, Matthias 378
Tutmann, F. 348

U

Ueberfeld, A. 348
Uecker, Günther 1035
Uhlental 510
Ujest, Hans Heinrich Georg zu Hohenlohe-Öhringen Herzog von 385
Umweltbelastungen, Umweltschäden 15, 283, 292, 338–340, 767, 781, 826, 844, 904–905, 913–915, 928
Umweltschutz, Naturschutz 773–777, 780–781, 893, 905, 913–915, 922–923, 929
Unabhängige Sozialdemokratische Partei Deutschlands (USPD) 503, 519, 521–522, 703
Ungrabe 619
Union, AG für Bergbau, Eisen- und Stahl-Industrie, Dortmund 322, 518, 760
Universitäten *(siehe Hochschulen, Universitäten)*
Unna 69, 128, 140–141, 150, 198, 322, 697, 748, 839, 872, 1045, 1051
Unshelm 953
Urban, Adolf 661
Urbanisierung *(siehe auch Eingemeindungen, kommunale Neugliederung)* 15, 283, 295–297, 299–301, 331–332, 778–779, 794–795, 825–826
USA 756, 847, 956, 963, 1004
Utrecht (Niederlande) 56

V

Valenciennes (Nordfrankreich) 93
Varnhorst, P.W. 348
Vechta/Oldenburg, Kreis 963
Verband der Bergarbeiter Deutschlands *(siehe Bergarbeiterbewegungen, Bergarbeiterorganisationen)*
Verein für die bergbaulichen Interessen im Oberbergamtsbezirk Dortmund, Essen *(siehe Wirtschaftsverbände, Unternehmervereine)*
Vereinigte Elektrizitätswerke Westfalen AG (VEW), Dortmund 721, 960
Vereinigte Stahlwerke AG, Düsseldorf 363, 395, 565, 616, 700, 760, 798, 898
Vereinigung der Freunde von Kunst und Kultur im Bergbau e.V. 1002, 1010, 1012–1013

Vereinswesen, Vereine 399, 425, 430, 639, 646, 651, 660
 – Arbeitervereine 221, 224, 402, 422–423, 425–426, 429–430, 432, 438–439, 468, 470, 484, 631, 639
 – Behördliche Überwachung 426–429, 441–442
 – Bürgerliche Geselligkeitsvereine 295, 310, 343, 346–348, 372–373, 708–709
 – Knappenvereine 258–259, 400, 406–419, 421, 425, 430–431, 451, 474–475
Verkehrsstraßen, Verkehrsnetz 87, 125, 205–206, 213, 222, 284, 328–334, 549, 716–717
 – Dortmund-Ems-Kanal 297, 321, 323
 – Rhein-Herne Kanal 315, 321, 720, 843, 999
 – Ruhrschnellweg (A 40) 801–804, 816
Versailler Friedensvertrag 564, 571, 659, 770
Vertrauensrat, Vertrauensmänner (NS) 490, 653, 663, 722
Vertriebene *(siehe Flüchtlinge, Vertriebene)*
Verwaltungsstrukturreform 301–302, 806–810, 820–822
Vesper, Michael 1047
Vethake, Helmut 1029
VfL Bochum 1848 e.V. 1047
Victoria von Großbritannien und Irland, Gemahlin Friedrichs III. 297
Viegener, Eberhard 1011
Vielhaber, Heinrich 390–391
Viktor, Herbert 1023
Villa Hügel, Essen *(siehe auch Krupp)* 396, 565, 752, 861, 930
Vincke, Ludwig Freiherr von 54, 89, 117, 119, **348**–349
Vögler, Albert **389**, 565, 588, 612, 622, 701, 710
Völker, K. 524
Völkerbund 564, 648
Völkerwanderung 9
Vogel
 – Hans-Jochen 931
 – Jean 306
Vogelsang
 – Günter 861
 – Hermann 391
Vogt 408
 – Johann Wilhelm 149
Vollmann, Emmy und Siegbert 708–710
Volme (Fluss) 102
Volpert, Wilhelm 704
Vormholz 411
Voß 627
 – Josef 780–781

W

Währungsreform 765, 805, 912, 952
Wageningen (Niederlande) 149
Wagner 734
- Josef 594–600, 621, 623
- Richard 560
Wahlen, Wahlrecht
- Bundestagswahlen 893, 939
- Dreiklassenwahlrecht 237, 309–310
- Kommunalwahlen 597, 635, 718, 767, 939
- Landtagswahlen 532–533, 939
- Reichspräsidentenwahlen 562–563, 602
- Reichstagswahlen 421, 425, 470, 553–554, 598–599, 608, 611–612, 617–618, 620–624, 626, 648, 653
Wahlert, G.E.A. 442
Waitz von Eschen, Freiherr 137
Waldeck, Fürstentum 211
Waldenburg (Niederschlesien) 199–200, 475
Waldger 58
Waldthausen
- Familie von 374–375
- Jobst 192
- Johann Gottfried Wilhelm 348
- Oskar von 300, 367
Wallmann, Norbert 828–830
Wallraff, Günter 1040
Waltrop 732
Warendorf 97, 110
Washingtoner Konferenz 896
Wassenberch, Johann 52, 63–66
Wasserwirtschaft, Wasserversorgung 283, 296, 307, 337, 720, 722, 740
Watt, James 128, 140
Watter, Oskar von 590
Wayne, John 1004
Weber 1019
- Hermann 969–971
- Ludwig 439
Webber, Andrew Lloyd 1042
Wedekind, Frank 580, 1039
Wedelstaedt, Carl von 778–779
Weeke 723
Wegmann, Thomas 1042–1043
Wehner, Wilhelm 973–975
Weiers, Johann 633–634
Weill, Kurt 1002
Weimar 78, 523
Weinberger, Bruno 825–826
Weinhagen 348
Weiser, Josef 734
Weiss, Peter 1039
Weißenfels 708
Weitzel 670
Weizsäcker, Richard von 825, 931
Weller 640
Welskopp, Thomas 1004
Weltwirtschaftskrise 11, 227, 401, 551–554, 609, 611, 767
Wenge, Freiherr Franz Ferdinand von 128, 132, 141
Wenke, Heinrich 721–722
Wenrong, Shen 880
Werdehausen, Hans 1014
Werkleute auf Haus Nyland 1001
Werl 112–113
Werne a. d. Lippe 469, 941
Wesel 146, 150, 163, 168, 184–185, 203, 590
Westfälische Drahtindustrie, Hamm 390
Westfälische Schauspielschule, Bochum 817
Westfalen, Herzogtum 117–119
Westfalenhalle Dortmund 552, 578, 880, 882, 918, 925, 962, 993, 1021
Westfalenhütte Dortmund 880–882, 916–918, 993
Westfalenpark Dortmund 813
Wetter an der Ruhr 129, 137, 243, 706
Wettiner 9
Weuste, Christian 408
Weyand 637
Weyer
- Wilhelm 620–621
- Willi 821
Widerstand (NS) *(siehe Resistenz, Widerstand NS)*
Wiedfeldt, Otto 388–**389**
Wienen, Horst-Jürgen 938
Wiener Kongress 10, 14, 52, 96
Wienkötter, Wilhelm und Bruder 238
Wieprecht, Christoph 271–272, 581
Wiesbaden 172, 175, 185, 352
Wiesehahn, Johann Friedrich 197–198
Wilde, Oscar 1006
Wilhelm I., 1861–1888 preußischer König, ab 1871 Deutscher Kaiser 164, 209, 297, 460, 469, 471
Wilhelm II., 1888–1918 Deutscher Kaiser und König von Preußen 324, 331, 342, 376–378, 380, 385–386, 451, 472–474, 505, 516, 559, 578, 879
- Kaiserbesuch 1899 297–299
- Tischtuchrede 1902 378–380, 559
Wilhelm V., Herzog von Jülich-Kleve-Berg 90
Wilhelm, Moritz 260–262
Wilhelmi 348
Wilhelmina, Königin der Niederlande 480
Wilke, Volker 944
Willutzki, Werner 971–973
Wilmowsky, Tilo von 397
Wilthelm 348
Wingenfeld, Paul 468

Winkelheide, Bernhard 756–757
Winkelmann, Heinrich 1003, **1012**–1013, 1018–1019
Winkhaus, Hermann 565, 710
Winkler, Heinrich August 551, 553
Winnacker, Erich 659–660
Winterberg 138
Winterfeld, Ludwig von 622
Winterhilfswerk 665, 708
Wipperfürth 102
Wirtschaftsförderung 858, 867, 870, 875
Wirtschaftsverbände, Unternehmervereine 153, 380, 383–384, 387, 390–391, 395, 553, 571, 585, 592, 615, 700, 722, 854, 904, 921–922, 932
- Berg- und Hüttenmännischer Verein (BuHV) 343, 356–357, 364–365, 442
- Deutsche Kohlenbergbauleitung (DKBL) 743, 897, 1017
- Unternehmensverband Ruhrbergbau 808, 862, 891, 970
- Verein für die bergbaulichen Interessen im Oberbergamtsbezirk Dortmund, Essen (Bergbau-Verein) 214, 217, 219–220, 223, 240, 267, 344, 355–358, 360–361, 364, 366–367, 375–376, 416, 588, 710, 785, 808, 845
- Verein zur Wahrung der gemeinsamen wirtschaftlichen Interessen in Rheinland und Westfalen (Langnamverein) 382–383, 390, 578, 617
- Zechenverband 262, 492–496, 506, 518–519, 528
Wiskott, Gottfried Wilhelm 54, 104–108
Wisotzky 704
Wißmann 72–73
Withof, Johann Hildebrand 90
Witkop, Philipp 324
Wittelsbacher 9
Witten 323, 511–512, 527, 569–571, 617, 640, 739–741, 748–749
- Annen 244, 323
- Crengeldanz 153–155
- Herbede 411
- Vormholz 411
Wittgenstein, Heinrich von 287
Wittgenstein, Kreis 204
Witzer 905
Wohlgemuth, Otto 271, 1009, 1019
Wohnungswesen, Wohnungsbau 180, 282–283, 447, 548–550, 746, 765–767, 770, 801, 804–806, 817, 995
- Arbeiterwohnungen, Kolonien 222, 304, 332–334, 336–338, 357, 415–416, 422–423, 447–448, 465, 579, 582, 746, 775–777, 799, 828, 842, 853, 858, 915–916
Wolff
- Friedrich 861
- Otto 617, 898–899
Wollenweber, Nathanael 336–338, 785–786
Würzburg 928
Wupper (Fluss) 583
Wuppertal 583, 799
- Barmen 202, 583, 773, 782
- Elberfeld 54, 158, 175, 183–185, 194, 202, 511, 583, 782

Y

York (England) 56

Z

Zajonz, Ferdinand 661
Zechen
- Alstaden (Oberhausen-Alstaden) 247
- Alte Sackberg & Geitling (Essen-Burgaltendorf) 174
- Alter Hellweg (Unna) 839
- Anna (Essen-Altenessen) 199
- Auguste Viktoria (Marl-Hüls) 692
- Baaker Mulde (Bochum-Linden) 481
- Baldeneyer Erbstolln (Essen-Baldeney) 174
- Barillon (Herne) 423
- Bonifacius (Essen-Kray) 235, 471, 753
- Borussia (Dortmund-Oespel/Kley) 487
- Brassert (Marl) 375–376, 848
- Bruchstraße (Bochum-Langendreer) 480–484, 748
- Carl (Essen-Altenessen) 199, 944
- Concordia (Oberhausen) 247
- Consolidation (Gelsenkirchen) 293, 711, 886
- Dahlbusch (Gelsenkirchen-Rotthausen) 753
- Dannenbaum (Dortmund-Benninghofen) 526
- Deutscher Kaiser (Duisburg-Hamborn) 246, 431
- Dorstfeld (Dortmund-Dorstfeld 545
- Eintracht (Essen-Steele-Freisenbruch) 174, 243, 414, 423
- Elisabeth (Dortmund-Berghofen-Benninghofen) 155
- Emil-Emscher (Essen-Altenessen-Vogelheim) 743
- Emscher-Lippe (Datteln) 498–499, 600–602, 688, 692
- Engelsburg (Bochum-Eppendorf) 174
- Erin (Castrop-Rauxel) 244, 528
- Franz (Essen-Schönebeck) 127, 160–162, 184
- Freie Vogel und Unverhofft (Dortmund-Schüren) 197, 491
- Friederica Erbstolln (Bochum-Stadtmitte-Süd) 526
- Friedlicher Nachbar (Bochum-Linden) 481
- Friedrich der Große (Herne) 477, 979–980

- Friedrich Wilhelm (Dortmund-Stadtmitte-Süd) 192, 197
- Fürst Leopold (Dorsten) 980
- General Blumenthal (Recklinghausen) 506
- Glückauf (Dortmund-Schüren) 197
- Glückaufsegen (Dortmund-Brünninghausen-Hacheney-Lücklemberg) 197
- Graf Beust (Essen-Mitte-Ost) 127, 417
- Graf Bismarck (Gelsenkirchen) 510
- Graf Schwerin (Castrop-Rauxel-Schwerin) 527
- Haard (Datteln-Ahsen/Oer-Erkenschwick) 872
- Hannover (Bochum-Hordel-Günnigfeld) 539
- Hansa (Dortmund-Huckarde) 244, 860
- Hasenwinkel (Bochum-Linden) 481
- Haus Aden (Bergkamen-Oberaden) 943, 1018
- Hercules (Essen-Stadtmitte-Ost) 259
- Herrenbank (Essen-Altendorf) 150
- Himmelscrone (Dortmund-Hörde) 197
- Holland (Bochum-Wattenscheid) 383, 420–421, 688, 691
- Hugo (Gelsenkirchen-Buer) 945, 980
- Hugo (Oberhausen-Holten) 520
- Hundsnocken (Essen-Heisingen) 232–234
- Ignatius (Bochum-Stiepel-Haar) 174
- Julia (Herne-Baukau) 477, 1008–1010
- Julius Philipp (Bochum-Wiemelhausen) 305, 526
- Kaiser Friedrich (Dortmund-Menglinghausen-Eichlinghofen-Barop) 256
- Katharina (Essen-Kray) 688, 692, 839–840
- König Ludwig (Recklinghausen-Suderwich) 259, 1007–1008
- König Wilhelm (Essen-Borbeck) 247
- Königsborn (Unna-Königsborn) 872–873
- Kronprinz von Preußen (Essen-Schönebeck) 127
- Langenbrahm (Essen-Rüttenscheid-Rellinghausen) 852–853
- Lohberg/Osterfeld (Dinslaken/Oberhausen) 941
- Lothringen (Bochum-Gerthe) 362
- Louise Tiefbau (Dortmund-Barop-Hombruch) 481
- Lucas (Dortmund-Körne) 451, 491
- Mansfeld (Bochum-Langendreer) 919
- Maria Anna & Steinbank (Bochum-Höntrop) 481
- Mathias Stinnes (Essen-Karnap/Gladbeck) 510, 764
- Minister Stein (Dortmund-Eving) 362–363, 872
- Möller/Rheinbaben (Gladbeck/Bottrop) 855–857
- Monopol (Kamen/Bergkamen) 362, 697
- Mont Cenis (Herne-Sodingen) 477, 785–786
- Neu-Cöln (Essen-Borbeck) 199
- Neumühl (Duisburg-Neumühl) 509–510
- Neuschölerpad (Essen-Altendorf-Bocholt) 200
- Nordstern (Gelsenkirchen-Horst) 759–760, 764, 886
- Oberhausen (Oberhausen) 246–247, 259, 481
- Pörtingsiepen (Essen-Werden-Fischlaken) 458
- Prinz Regent (Bochum-Weitmar) 723–725, 732
- Prosper (Bottrop) 246–247
- Radbod (Hamm-Bockum-Hövel) 228, 260–262
- Rheinelbe-Alma (Gelsenkirchen-Ückendorf) 486, 588–589, 1035
- Röttgersbank (Essen-Altendorf) 150
- Ruhr & Rhein (Duisburg-Ruhrort) 246, 422
- Schlägel & Eisen (Herten) 856, 941
- Schölerpad (Essen-Altendorf-Bocholt) 185
- Scholven (Gelsenkirchen-Buer/Gladbeck-Zweckel) 573, 857, 999
- Schwabe/Am Schwaben (Dortmund-Stadtmitte-Südost) 197
- Shamrock (Herne-Wanne-Eickel) 364, 462–463, 477, 486, 686–688, 691, 735
- Sophia Jacoba (Hückelhoven-Ratheim) 940
- Steingatt (Essen-Burgaltendorf-Byfang) 174
- Sterkrade (Oberhausen-Sterkrade) 512, 520
- Teutoburgia (Herne-Holthausen) 528
- Ver. Bickefeld Tiefbau (Dortmund-Hörde-Schüren) 197
- Ver. Constantin der Große (Bochum/Herne) 477, 479
- Ver. Dahlhauser Tiefbau (Bochum-Dahlhausen) 839
- Ver. Franziska Tiefbau (Witten) 462
- Ver. Gewalt (Essen-Überruhr-Hinsel) 459
- Ver. Hagenbeck (Essen-Altendorf) 185–186, 200
- Ver. Hannibal (Bochum-Riemke-Hofstede) 409–410, 539
- Ver. Hollenberg und Darmstadt (Mülheim-Holthausen) 246
- Ver. Humboldt (Mülheim-Heißen) 246
- Ver. Louise (Dortmund-Syburg-Buchholz/Schwerte-Westhofen) 197
- Ver. Roland (Oberhausen) 247
- Ver. Rosenblumendelle (Mülheim-Heißen) 246, 839
- Ver. Sälzer & Neuack (Essen-Altendorf-Frohnhausen) 185
- Ver. Schürbank & Charlottenburg (Dortmund-Schüren-Aplerbeck) 197
- Ver. Sellerbeck (Mülheim-Dümpten-Sellerbeck) 159, 246–247
- Ver. Stein und Hardenberg (Dortmund-Eving) 674
- Ver. Welheim (Bottrop-Boy) 510
- Ver. Wiesche (Mülheim-Heißen) 246, 407, 839
- Victor (Castrop-Rauxel) 316, 335, 526
- Victoria Anna (Essen-Altenessen) 238
- Victoria Mathias (Essen-Stadtmitte-Nord) 235, 238

- Vollmond (Bochum-Werne) 128, 150
- Walsum (Duisburg-Walsum) 985, 1019–1020
- Westende (Duisburg-Meiderich-Laar) 247, 422, 481
- Wiesche (Mülheim-Heißen) 407
- Wohlgemuth (Essen-Kupferdreh) 128, 145–146, 150
- Wolfsbank (Essen-Borbeck-Schönebeck-Bochold) 185
- Zollern II/IV (Dortmund-Kirchlinde-Bövinghausen) 1005, 1035–1036
- Zollverein (Essen-Katernberg-Stoppenberg), seit 2001 Weltkulturerbe 184, 200, 338–340, 771, 886–888, 946, 1005, 1048, 1050
- Zweckel (Gladbeck-Zweckel) 510

Zechenstilllegungen 481, 552, 569–574, 588–589, 600–602, 743, 832–833, 840, 848–849, 852–857, 860–861, 872, 886–888, 891, 947, 1004, 1046

Zechenverband *(siehe Wirtschaftsverbände, Unternehmervereine)*

Zeki 1040

Zender, Hans 1048

Zentrum, CDU 309–310, 340, 421, 425, 430, 467, 532–533, 553, 608, 611, 620–621, 624, 626, 642, 655, 718, 727, 734–735, 742, 744, 752, 756, 767, 777–778, 821, 889, 893, 902, 912, 943, 953

Zhangjiagang (China) 880

Ziese, Carl 385

Zimmermann 636, 932

Zöpel, Christoph 927

Zollpolitik, Zölle 130, 137, 158
- Deutscher Zollverein (1834) 130, 196

Zonenbeirat 745

Zuliefererindustrie (Bergbau) 833, 883–884

Zur Nieden, Alfred 311–316

Zuwanderer, Migranten *(siehe auch Flüchtlinge, Vertriebene)* 11, 13–14, 178, 211–212, 227, 282–283, 290–292, 399, 401, 443, 488, 577, 719, 763, 768–769, 784, 926, 950, 995–998, 1001, 1003
- Bosnier 997
- Griechen 770, 865, 948, 986–987, 993
- Italiener 266–267, 290, 770, 948–949, 963–964, 966, 969–971, 986–987, 998, 1040
- Japaner 965–966
- Jugoslawen 949, 986–987, 998
- Marokkaner 948
- Masuren 283, 316–318, 427, 451, 660–662
- Ostpreußen 217–218, 283, 289, 427, 577, 784
- Polen 290–291, 312, 314–315, 318, 426–428, 430, 440–442, 451, 477–478, 488, 503, 519–520, 660–662, 666–668, 770, 784, 963, 986
- Portugiesen 770, 948
- Russlanddeutsche 997
- Schlesier 199–200, 283, 290–291, 427, 757–758, 784, 1018–1019
- Spanier 770, 920, 948, 969–971, 997
- Türken 770, 948, 950, 965–966, 979–990, 997–998, 1040–1042

Zwangsarbeiter *(siehe Ausländische Arbeitskräfte, Zwangsarbeiter)*

Zweigert, Erich 299, 302–304, 311

Zweiter Weltkrieg
- Alliierte Luftangriffe 655, 684–686, 701–702, 706–710, 715, 728–729, 739
- Evakuierung 658, 701–702, 712–713, 805
- Kinderlandverschickung 655, 658, 679–680, 740

Zwick 758

Zwingli, Huldrych 71

Städte und Kreise im Ruhrgebiet

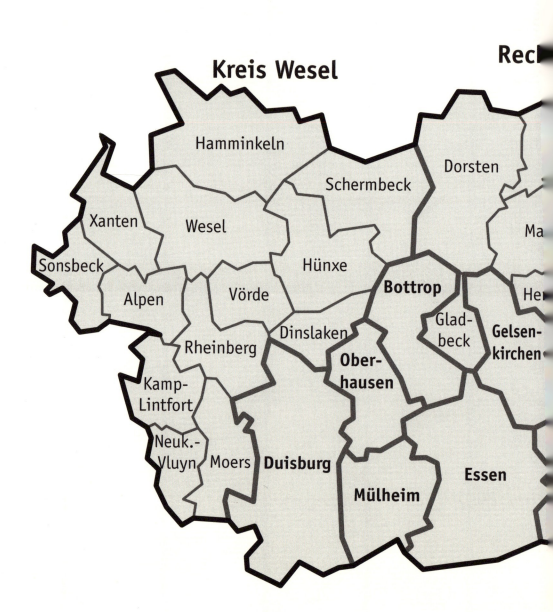